EVROPA
recens descripta
à
Guilielmo Blaeuw.

MYRMANSKOY MORE

ALBVM MARE

RVS

MOSCOV

TARTARIÆ PARS

PARS

PARS

SEVERIENSIS

DVCATVS

Tartaria Przecopski

PONTVS EVXINVS

ASIA MINOR

NATOLIA

nunc

Cyprus

MARE MEDITERRANEVM

MARMARICA

ÆGYPTVS

Æ PARS

Lawrence Norfolk
Lemprière's Wörterbuch

Roman

Aus dem Englischen und
mit Anmerkungen von
Hanswilhelm Haefs

Albrecht Knaus

Die Originalausgabe
erschien 1991 unter dem Titel «Lemprière's Dictionary»
bei Sinclair-Stevenson Limited, London

Umwelthinweis:
Dieses Buch und der Schutzumschlag wurden auf chlorfrei gebleichtem Papier gedruckt.
Die Einschrumpffolie (zum Schutz vor Verschmutzung) ist aus umweltfreundlicher
und recyclingfähiger PE-Folie.

Der Albrecht Knaus Verlag
ist ein Unternehmen der Verlagsgruppe Bertelsmann

3. Auflage
© 1991 by Lawrence Norfolk
© Albrecht Knaus Verlag GmbH, München 1992
Gesetzt aus Korpus Baskerville
Satz: Filmsatz Schröter GmbH, München
Schutzumschlag von Klaus Renner unter Verwen-
dung eines Bildes von Peter Klaucke, Frechen
Printed in Austria · Wiener Verlag
ISBN 3-8135-1046-8

Für S B-H

Barbarus hic ego sum, quia non intellegor ulli

Inhalt

1600: Die Ausfahrt

I

*Als John Lemprière an der Themse die Heimfahrt erwartet,
haben sich die meisten Ereignisse, die ihm zustoßen
sollten, bereits abgespielt*

Schtla-umpp!

Der junge Mann ließ das Buch fallen. Das Boot würde auf ihn warten. Er rieb sich die müden Augen hinter der Brille und blickte hinaus über den Fluß. Eine Möwe schoß über das Wasser und nahm dem Wind das Maß. Er zog den Mantel enger um sich und warf einen raschen Blick den Kai hinab. Die Reisetruhe, auf der er saß, kippelte leicht auf den unebenen rohen Planken der Mole. Sie würde jetzt nicht kommen. Vor ihm ruckte das Postboot leise an seinen Trossen. Einer von der Mannschaft schuftete schwer beim Verstauen von Packkisten im Heck, worauf ihm die Takelage den Blick verwehrte. Nicht sie und nicht jetzt. Er fluchte schweigend. Der Mann fluchte auch, unter der Ladung würde das Boot sich wie ein Schwein wälzen. Morgendliches Sonnenlicht schoß auf sie alle herab und warf Schatten, die sich gegen Mittag hin verkürzten. Der junge Mann fühlte es warm auf seinem Rücken. Im Innern fror er, und seine Gedanken wurden bitter. *Dahin hat man mich gebracht. Das war nicht mein eigenes Tun.* Das Buch zwischen seinen Füßen starrte ihn an. Sonnenlicht glitzerte von seinen Brillengläsern. *Nicht mein Tun.*

Die Möwe war verschwunden, aber die Themse bot ihm andere Ansichten. Fährmänner ruderten ihre Boote zwischen den Ufern hin und her und brüllten jedem Fahrzeug in Hörweite Beschimpfungen zu. Ein Postboot wie das vor ihm vertäute hatte die Tide falsch eingeschätzt und ankerte nun hundert Meter stromab. Eine Pinasse halste hoffnungslos gegen den Wind. Als die Sonne höher stieg, erwärmte sich das Flußwasser, begann zu schwitzen, und stank dann. Feiner Dunst erhob sich von seiner Oberfläche. Der dunkle Modder von Blackwall löste sich langsam dahinter auf, ein sich breitender

Streifen, als die Tide kippte und die Ebbe begann. Stromauf der Mole segelte die *Nottingham* langsam in Sicht, deren neue Leinwand im leichten Wind knarrte. Sie ging an ihm vorüber und glitt durch das schwarze Wasser, bis ihr Heck herumschwang, und das Geräusch ihrer Segel leiser wurde, um vom Geräusch des Wassers ersetzt zu werden, das gegen die Mole schwappte.

Aber die einsame Gestalt auf der Mole wollte sie nicht gehen lassen, und ihr Blick schleppte sich im Kielwasser dem Indienfahrer nach, der jetzt im Dunst aufschimmerte, als er um die Biegung setzte. Das ferne Ufer schnitt ihm durch den Bug, und da erblickte er in diesem langsamen Gleiten, in seinem massigen Verschwinden all jene anderen Schiffe, und sogar ihr allererstes, die selbst zu sehen er nie berufen war, nur von ihnen zu lesen, über sie aus der Entfernung zu lernen, ihnen verspätet bis in den Hafen nachzuspüren. Und hier an eben diesem Kai, auf dem jetzt er stand, hatte alles begonnen. Seine Gedanken griffen zurück hinter jenen ersten Tag entlang dem geheimen Pfad der Jahre, der seine Schritte bis zu dieser Stelle geführt und sich schon längst zuvor weit zurück erstreckt hatte; ein Pfad aus verblaßten Merkzeichen und verbleichten Schriftzügen. Sein Gesichtsausdruck änderte sich, und wieder stieg die bittere Erinnerung in ihm hoch. *Falsche Bescheidenheit! Die Namen waren stark genug, mich wie eine Puppe tanzen zu lassen. Nicht nur mich, uns alle. All unsere Leben, meines, das meines Vaters, das seines Vaters und das des seinen vor ihm, den ganzen Weg zurück bis La Rochelle. Die blutige Linie führte mich hierher, und von hier aus verfolgte ich sie zurück bis zu jenem ersten dieser langen Reihe. Bis zu dir, François, meinem Ahnen, der du dich selbst den Meister glaubtest und als Opfer endetest; bis zu dir und deinem Vermächtnis.* Seine Bitternis wandelte sich in Zorn auf den toten Mann, als er ihn schweigend von der anderen Seite des Grabes aus schalt, und die Sonne glitzerte auf den schwarzen Wassern, die der See zueilten.

Das Buch lag zwischen seinen Füßen. Er bückte sich, um es aufzuheben, und als er es am Einband ergriff, schlugen seine Seiten auf und das Testament des toten Mannes glitt zwischen den Blättern hervor. Die Sonne trieb ihre Strahlen auf die Mole herab. Ein Windstoß lupfte das gefaltete Pergament und trieb es wie ein kleines Segel über die rohen Planken auf den Rand zu. Laß fahren dahin, dachte er. Die Flut würde es mit sich nehmen, mit sich den Fluß hinab. Laß fahren dahin. Aber er konnte nicht. Einen Augenblick lang sah er zu, dann beugte er sich erneut vor, um es einzufangen. Das Pergament war steif wie Leinwand und knatterte, als er es auffaltete.

Den Fluß hinab. Raus auf die See. Er rückte seine Brille zurecht. Jenseits der See wartete ein Hafen, den sie vor zu langer Zeit und zu spät verlassen hatten, vergeblich auf sie. La Rochelle, der Fehler, den sie nicht hinter sich lassen konnten, der tiefe Striemen, den sein Ahne nicht auslöschen konnte. Der Kopf sank ihm, und die sauberen Schriftzeichen starrten zu ihm empor.

«*Ich*, François Charles Lemprière, *Kaufmann, an Dich, meinen Nachfahren, wann immer Du dieses lesen magst und wer immer Du seiest, willkommen.*
Vielleicht bist Du mein Sohn oder mein Enkel, doch glaube ich das nicht. Ich befürchte, daß diese Angelegenheit viele Generationen und noch mehr Jahre erfordern wird, ehe sie geregelt ist. Wenn aber Du dieses hier liesest, dann wird jene Regelung nahe sein, und während ich Dir in dieser Stadt London schreibe, meiner Zuflucht und dem Ort meines Exils, erquickt mich, daß Du nun endlich doch gekommen bist.
Ich frage mich, wieviel Du wissen wirst? Mehr, glaube ich, als ich selbst weiß. Morgen werde ich mich auf die Suche machen, um mir zurückzunehmen, was sie mir in La Rochelle nahmen. Morgen auch werde ich meine Suche nach Dir beginnen. Meine erste Familie gab ich auf, als ich La Rochelle verließ, meine sechs Kinder und ihre Mutter Anne-Marie, die schwanger war mit einem siebten. Nun muß ich meine zweite Familie auf Jersey verlassen, um die Rechnung zu begleichen, und ebenso muß ich auch Dich verlassen, meinen ungeborenen Nachfahren. Und während ich jetzt diese Worte schreibe, kann ich nur hoffen, daß Du sie finden wirst.
Von meinen Partnern und unserer Gesellschaft will ich hier nur wenig sagen. Wenn Du dieses liesest, weißt Du schon, wie wir es von den Engländern genommen haben. Es waren das gute Jahre, als wir zusammenstanden und unsere Schlachten gemeinsam schlugen. Doch jetzt sind sie vergangen, vergangen mit der Belagerung und vergessen mit den Toten von La Rochelle. Doch meine Erben will ich nicht ein zweites Mal verlieren. Auch davon wirst Du vieles wissen, und von meinem eigenen Entkommen, um unsere Sache in England zu fördern. Von diesen Küsten aus konnte ich nur beobachten, wie La Rochelle verkam und verhungerte, wie aus der Übergabe Niederlage wurde und sich mein Versprechen, als Sieger zurückzukehren, in Hohn wandelte. Nur warten konnte ich, bis meine Familie abgeschlachtet wurde, und meine Partner, und alle Bürger jener dem Untergang geweihten Stadt. Zuletzt sandte ich meinen Partnern Nachricht, daß sie um ihr Leben fliehen sollten, und um ihr Leben flohen sie. Doch die Art ihrer Flucht hätte ich niemals zu erraten vermocht, und diese Schuld muß noch

geregelt werden. Morgen werde ich diese Rechnung begleichen. Solltest Du das
hier lesen, wird die Schlußabrechnung erfolgt sein.

Du bist eine sonderbare Straße gereist, um diese Worte zu finden, meine
Botschaft an Dich; bestreut mit den Leichen derer, die vor Dir fielen, und
verstellt von Prüfungen und schwerer Arbeit. Vielleicht bist Du von Jersey aus
gereist, vielleicht aus jenem Haus, das ich selbst zu Rozel erbaute. Wie ich
selbst ließest Du Heim und Familie zurück und hast vielleicht um sie gelitten
wie ich jetzt. Doch jetzt bist Du gekommen, Dich mir anzuschließen. Noch
kann mein altes Versprechen eingelöset werden. Noch mögen wir zusammen
nach La Rochelle zurückkehren als ihre Eroberer. Erneut Dir denn, mein
ungeborener Nachfahre, mein Nachfolger, Willkommen.»

Der junge Mann starrte den letzten Worten nach. Die Schlußabrechnung war erfolgt, und er hatte verloren. Die Schuld war ihm geschuldet, doch von toten Männern, und wenn er sie bei ihnen eintreiben
wollte, dann mußte er sie zuerst in der Hölle finden. Er faltete das
Pergament erneut und legte es zurück zwischen die Buchseiten. Die
Schuld schuldete man ihm, und er hatte verloren. Sie würde jetzt
nicht kommen.

Weither vom Kai gesehen erschien der junge Mann wie das
Mittelstück eines Bildes der Ruhe. Das Boot mit seiner geschäftigen
Besatzung, die Mole, der strömend fließende Fluß; sie alle mochten
nur zu diesem Zweck arrangiert worden sein. In ihm aber wuchsen
seine Gegenvorwürfe zu eigenem Leben heran, als die Erinnerung an
jenen fernen Tag, den er suchte, Gestalt annahm, an jenen Mann, den
er verfolgte, seinen Zorn anstachelte. Die Saat ward gesät an dem
Tage, da die Schiffe segelten. *Denn du wirst hier gestanden haben,*
François, und warfest in der Menge verborgen deinen scharfen Blick über die
Schiffe, und schätztest ihre Laderäume ab und die Reise vor ihnen, und wogest
das Risiko gegen den Profit. Du konntest nicht wissen, wie viele zuletzt
zahlen würden, und nicht wieviel. Und du konntest nicht wissen, welchen
Kurs deine vertrauten Genossen schließlich einschlagen würden. Aber du hast
es in Gang gesetzt, selbst unwissend hast du all das in Gang gesetzt...
Die langen Jahre der Fehde und der verschlungene Pfad, den er bis
zu seinem Anfang zurückgegangen war, kamen dem jungen Mann wie
ein Bildnis: eine Reihe grauer Gesichter, die bei seiner Annäherung
zurückwichen, totes Fleisch, und hinter ihnen als letztes ein Antlitz,
das lebendig war und das er kannte, wie er sein eigenes kannte. Seine
Knöchel wurden weiß, als eine Ader grimmer Befriedigung anschwoll
und sich eine Stimme aus dem Inneren seines Zornes schuf. *Ich bin dir*

auf die Schliche gekommen, François. Ich bin dir zurückgefolgt durch jedes der einhundertachtundachtzig Jahre, und verlor alles, was mir lieb und wert war, und beobachtete, wie dein Scheitern jeden einzelnen meiner Schritte heimsuchte, ohne es zu wissen, und wußte nicht einmal mein Ziel, bis ich hier an der Wurzel von allem, an aller Ereignisse Anfang, dich fand.

Und während er auf der Mole saß, zählte er zurück durch die Liste aller Ereignisse, und sein innerer Zorn wuchs, bis er wahrlich den Tod des Mannes beklagte, mit dem er haderte, denn das bedeutete, daß sein Ahne sich sicher in seinem Grab befand und nicht mehr getötet werden konnte. Selbst jetzt noch wurde er betrogen. Aber diesmal würde man ihn nicht mehr hinters Licht führen, und seine Belohnung würde man ihm nicht mehr vorenthalten. *Für dein Unwissen, François, und für die Unschuld derer, die folgten, für die Tatsache, daß sie nicht kommen wird, nicht jetzt, und für meinen Vater nehme ich dich und jene Zeit in Zahlung, den Anfang von allem: alles, was ich hinter mir gelassen habe.*

Und wieder ließ er seinen Blick über das dunkle Schwellen schweifen und die Fährboote, die hart gegen den Ebbstrom anruderten, der die trägen Wasser seinen Kanal hinabschleppte. Das Wasser bewegte sich blind, als er hineinstarrte, und drehte sich und kehrte sich wider sich selbst, während die unsichtbare See ihre Netze einholte. Die Tide ward schneller wie immer und schlürfte den Fluß in sich ein wie immer, an diesem Tag wie an jedem anderen. In diesem Jahr wie in all den anderen, dachte er, schleppte sie mit sich die lange Reihe all jener Jahre und ihn mit, den ganzen Weg zurück in jene Zeit, die er gesucht und gefunden hatte und jetzt in seinem Geiste hielt, um mit seinen Augen zu sehen, was es für jeden an jenem Tag zu sehen gab, als der Pfad begann.

Ein Tag, hell und kalt wie dieser, neu das Jahrhundert gemünzt, die Luft voller Versprechung, und die Schiffe, ihrer vier, wiegen sich langsam vor Anker, und ihre Masten schwingen mit dem Fluß, während hinter ihnen auf dem vollgestopften Kai der Ausrufer die Plattform ersteigt, sein Pergament hervorzieht und über die Menge hinwegbrüllend zu lesen beginnt:

«Freibrief der Königin Elisabeth an die Ostindische Gesellschaft, Gegeben am zwanzigsten Tag im *April*, im zweiundvierzigsten Jahre Ihrer Herrschaft, *Anno Domini* 1600. Elisabeth, durch die Gnade Gottes Königin von *England*, *Frankreich* und *Irland*, Verteidiger des Glaubens etc. All unseren Offizieren, Beamten und Untertanen und allen anderen Menschen in diesem unserem Reiche *England* oder sonstwo, unter unserer Gehorsamspflicht und Rechtsprechung oder anders, denen diese unsere Freibriefe vorgelegt, vorgewiesen und vorgelesen werden, Grüße!»

Und auch dir ein Willkommen, dachte die Gestalt auf der Mole. *Finis exordium invocat.*

Die Menge brüllt lauter und überdröhnt ihn. Er fährt unhörbar von der Plattform aus fort und wedelt mit den Armen. Niemand gibt acht. Aller Augen sind auf den Schiffen, der *Hector* und der *Ascension*, der *Susan* und der *Dragon*, Rahnock um Rahnock mit Wimpeln besetzt, die Flanken steigen steil aus dem Wasser. Neu kalfatert, Mitteldeck und Dollbord von reichsten Verzierungen überkrustet, die Nächststehenden können Schwedenteer riechen und darunter den Essig, mit dem man die Decks abgeschrubbt hat. Unter den Decks mengt sich zu beiden noch der Gestank von Ballast. Die schwere Arbeit ist schon getan. Seeleute turnen prahlerisch die Webeleinen rauf und runter, und die unteren Offiziersdienstgrade haben sich herausgeputzt. Es herrscht straffe Ordnung. Die Menge ist seit einer Stunde hier und nicht ruhiger geworden, aber die Begeisterung ist jetzt oberflächlicher. Man wartet auf ein Zeichen, um in wildestes Jubelgeschrei auszubrechen, und Kapitän James Lancaster auf dem Achterdeck der *Dragon* ist fast soweit, es zu geben.

Er lehnt über der Schiffsseite, um das Anbringen der Trossen von den Pullbooten am Bugspriet seines eigenen Fahrzeugs zu leiten und ruft den Männern Ermutigungen zu, die da wie Galeerensklaven an den Rudern reißen. Langsam, so langsam beginnt der Bug sich zu wenden. Kapitän Lancaster erhebt den Arm und brüllt zu den Männern an der Heckwinde hin. Er spürt ein leises Beben im Schiff, als die Strömung es erfaßt. Er läßt seinen Arm sinken, die Männer holen den Anker ein, die Menge explodiert. Die Reise hat begonnen. Die *Hector* folgt, und dann folgen die beiden anderen, als die *Dragon* ihren langsamen Rumpf in den Mittelstrom schiebt. Der Wind erfaßt ihre Segel, aber es ist der Ebbstrom, der sie bewegt, als die Schiffe Fahrt aufnehmen. Die Seeleute winken steif. Vom Ufer sehen sie schon wie Puppen aus, kleine Figürchen, als das Schauspiel sich den Fluß hinabbewegt. Die Menge um Docks und Kais winkt zurück. Ihr Rufen reicht nur noch dünn über die Wasser dazwischen. Die Seeleute können sie jetzt kaum noch hören, sie kaum noch sehen, als sie beginnen, die Flaggengirlanden vom Dollbord zu lösen und die Schiffe aus dem grellbunten Aufputz auftauchen, Fahrzeuge aus harter Eiche, in Linie ausgerichtet nach dem Osten.

Entlang des Flußufers haben die Neugierigen bereits begonnen, sich zu verlaufen. Eine unbestimmte Enttäuschung über das Ende der Vorstellung läuft durch die Menge und teilt sie in zwei und drei, in kleine Klümpchen, die sich unbeholfen durcheinanderbewegen, als sie sich verstreuen. Die Uferkais leeren sich und machen jene sichtbar, die Grund genug haben zu bleiben, bis die Schiffe um die Biegung des Flusses verschwinden. Ein wenig kaiab beglückwünschen sich die Ratsherren, daß alles so glatt abgelaufen ist. Eingeladene Würdenträger kritisieren sie mit gedämpfter Stimme. Die Geldgeber blicken angespannt drein. War es Wahnsinn? Wird sich dieses Risiko auszahlen? Als wahre Wagehälse mahnen sie einander, sich nicht zu sorgen, als ihr Geld den Fluß hinabschwimmt. Und eine dichte Gruppe von Männern, acht oder neun, setzt sich da ein bißchen ab, außer Hörweite. Der Sprecher wird wieder hörbar, als das Brausen der Menge zu einem Brummen wird, zu einem Summen, zu tausend Einzelgesprächen.

«... daß sie und jeder von ihnen hinfort sind und sein werden eine Körperschaft in Tat und Namen, des Namens *Der Gouverneur und die Gesellschaft der Kaufleute von London, die mit Ostindien Handel treiben*, wahrlich und vollständig, für uns und unsere Erben und Nachfolger, befehlen, veranlassen, verfügen, verordnen, setzen wir fest und erklären wir durch Dieses, und durch Nämliches, daß sie unter dem Namen *Der Ehrenwerte Gouverneur und die Gesellschaft der Kaufleute von London, die mit Ostindien Handel treiben*, Erbrecht haben, und daß sie und ihre Nacherben sind und für alle Zeiten sein werden Rechtspersonen und eine rechtsfähige Körperschaft mit der Befähigung zu besitzen, zu erwerben, zu empfangen, zu eignen, sich daran zu erfreuen und zu behalten Ländereien, Einkünfte, Gerechtsame, Freiheiten, Rechtsgewalt, Vorrechte und Erbrecht von welchimmer Art, Natur und Beschaffenheit, für sich und ihre Erbfolger.»

Die neun Männer scheinen ihm höchste Aufmerksamkeit zu zollen, sehen einander nicht an, neigen die Köpfe, die Wörter zu fangen, Theater. Sie kümmert es nicht, was er sagt. Sie haben ihre Entscheidung gefällt, und der Zweck ihrer langen Reise nach La Rochelle ist ihnen klarer geworden. Auch sie haben an das Risiko gedacht. Sie haben die Wechselfälle der Reise gezählt, die gerade begonnen hat. Die Ereignisse, die sie dazu gebracht haben, sich an diesen verhaßten

Küsten auf ein waghalsiges Unternehmen einzulassen, sind selbst ihnen unklar, und trotz des Anscheins von Gelassenheit, wie sie da schweigend beisammenstehen, verrät die Tatsache ihrer Anwesenheit, so ferne von ihrem Zuhause, die Tiefe ihrer Not, ihrer Zurückhaltung und ihrer Geduld. Denn sie werden nicht in diese Reise investieren. Sie haben die Risiken gezählt und zählen nun auf sie. Sie werden jetzt darauf warten, daß die Reise scheitert, die Schiffe ihr Schicksal ereilt. Sie werden jetzt darauf warten, daß die Nerven der Geldgeber reißen und die Gesellschaft zerspellt. Sie haben ihre eigenen Vorstellungen davon, was die Szene, deren Zeugen sie waren, am Ende bedeuten mag.

Ihre Hoffnungen aufs Scheitern segeln dahin, ihrer viere, vom Ebbstrom an Gravesend vorübergezogen, vom Wind dem Osten und seinen Träumen von Reichtümern ein bißchen genähert. Sie bewegen sich flußab ins Mündungsdelta und dann zu einem Ankerplatz vor den Downs, um Lebensmittel zu übernehmen. Die Tauschwaren sind schon verstaut. Und wieder setzen sie Segel, und Neuigkeiten von ihnen werden selten. Winzige Bruchstücke ihrer langen Reise driften zurück in den wenigen Schiffen, die ihnen auf offener See begegneten, und mit Händlern, die durch jene Häfen kamen, darinnen sich die Schiffe vor Anker gelegt hatten. Geschichten, die vielleicht von ihnen berichteten, und sonderbare Zwischenfälle ohne Zusammenhang und Bedeutung, die man, da die Tage sich zu Wochen runden, aufgreift als Beweis wenigstens ihres andauernden Daseins. Der Oberkanonier der *Ascension* starb, nachdem er von der Großrah gestürzt ist, und eine Schule fliegender Fische schwamm vorüber. Ein französisches Schiff brachte seine Habseligkeiten mit zurück. Es hatte seiner Beisetzung auf See beigewohnt. Und den beiden, die sich daraus ergaben, denn das Salutschießen war sorglos gewesen. Eine verirrte Kugel hatte den Kapitän getötet und den Bootsmannsmaaten.

Neuigkeiten wandelten sich in Anekdoten, Anekdoten in Gerüchte, in Treibgut, das die Meeresoberfläche trug, veränderte und in den Hafen von London spülte, wo die Geldgeber alle Kais abkämmten nach allem, was sie nur finden mochten, bis sie schließlich zugeben mußten, daß die zusammengelesenen Fitzelchen ihnen nichts sagten. Danach begnügten sie sich mit Diskussionen und dem Einzeichnen des gewünschten Kurses in Karten. Ihre sorgfältig gezogenen Linien erreichten bald das Gebiet, in dem die Küsten Spekulation wurden, und ihre Befürchtungen wuchsen.

Sie hätten sich nicht aufzureiben brauchen, dachte die entfernte

Gestalt auf der Mole. Fast zwei Jahrhunderte später hatte er Lancasters Logbuch gelesen und in diesem straffen Katalog von Zwischenfällen und Mühsalen seine ständige Anerkennung der Bemühungen seiner Flotte bemerkt. Lancaster selbst entpuppte sich als ein Mann mit der unbeugsamen Entschlossenheit, die Reise und alles übrige zu meistern oder bei seinem Versuch unterzugehen. Während die Schiffe weitersegelten, wurde der ihm anvertraute Auftrag sein Leben, und den Fortschritt eines jeden Tages sah er als eine zusätzliche, verstärkende Faser in der Textur seiner selbst.

Die Flotte war nach Süden gesegelt, hatte die Kanarischen Inseln am 7. Mai erreicht, und den Wendekreis des Krebses fünf Tage später. Skorbut hielt sich bis August zurück, dann befiel er ein rundes Hundert. Sie umrundeten das Kap am 1. November. Ein Sturm begleitete sie durch die Weihnachtstage 1600 und nahm zwei Anker mit sich. Sie überstanden diesen und die folgenden, aber die Untiefen von Adu hätten sie fast erledigt. Umstellt von Klippen bei kaum vier Faden Tiefe ward die Pinasse voraufgeschickt, um einen Durchlaß zu suchen; fand einen, lobet Gott. Der Mai kam mit günstigen Winden und einem Blick auf die Nikobaren. Der Juni gab ihnen Dachen, und Dachen würde ihnen ihre erste Bootsladung Pfeffer geben.

Als die Flotte am Abend des letzten Junitages in die Straße von Malakka einlief, sahen die Seeleute das Licht von hunderten Feuern entlang der Küste. Sie brannten während der ganzen Nacht, und am Morgen ließ sich Kapitän Lancaster vom Ruderboot an Land setzen. Der König von Dachen begrüßte Lancaster und seine Männer mit frischen Früchten und über Holzkohle geröstetem Hammel. Lancaster gab dem König eine Silberschale und wies ihm seine Patentbriefe vor. Der König übersandte als Antwort Ihrer Majestät seine Grüße und gab Lancaster einen Elephanten. Die Holländer, dachte der König, sind ein mürrisches Pack und feilschen zu zäh. Also würde er mit den Engländern Geschäfte machen. Im August entdeckte Lancaster die Gründe für den überfreundlichen Empfang. Sie lagen in Bantam, nur wenige Tage Segelns durch die Malakka-Straße. Der König von Bantam hatte ebenfalls Pfeffer zu verkaufen; zu einem Drittel des Preises. Eine Anpassung wurde in Dachen vorgeschlagen und ein neuer Preis ausgehandelt. Die Engländer seien so mürrisch wie die Holländer, schloß der König und beschloß, daß diesen Händlern hinfort die Gastfreundschaft seiner Tafel versagt bleibe. Der Elephant wurde zurückgegeben.

Die vier Schiffe segelten zwischen Dachen und Bantam, betrieben

Tauschhandel um Pfeffer und kauften, wenn keine andere Möglichkeit blieb. Die Seeleute liebten das Segeln der leichten Tage zwischen den Ankerplätzen, während die Kaufleute sich über Verzögerungen beschwerten, Pfeffer in die Laderäume luden, und zählten, immer nur zählten. Die Holländer, wenn man ihnen denn überhaupt begegnete, schienen sie fast in ihren Geschäften zu ermutigen. Ihre Zuvorkommenheit weckte Lancasters Mißtrauen, doch konnte er in den folgenden Wochen nichts an Hintergedanken darin entdecken; außerdem war der Handel gut. Sommer und Winter vergingen auf diese Weise. Ein Handelsposten wurde auf Bantam errichtet, und im folgenden Februar entschied Kapitän James Lancaster, die Laderäume zum Bersten gefüllt, daß die Zeit gekommen sei, die lange Heimreise anzutreten. Am 20. Tag des April 1602 lichteten die vier Schiffe die Anker, feuerten ihren Salut und setzten Segel für England.

In London waren die Geldgeber in hilflose Ruhe versunken. Sie hatten die Hoffnung nicht aufgegeben, und sie hatten das Warten nicht aufgegeben. Aber ihre Erwartung hatte sich auf sich selbst gerichtet, als sie nicht länger mit Neuigkeiten befriedigt werden konnte. Nun war sie nur mehr der Lauf der Zeit. Obwohl sie sich oft genug trafen, sprachen sie nicht länger von den vier Schiffen. Seit zwei Jahren hatten sie nichts vernommen. Ihre Begegnungen waren angespannte herzliche Angelegenheiten, und jeder einzelne war sich dessen bewußt, was nun als ihr gemeinsames Scheitern erschien. Ihr Durst nach Abenteuern hatte sich erheblich vermindert, und es sah so aus, als ob nichts ihn wiederbeleben könnte.

Ihr Pessimismus sollte sich jedoch als unbegründet herausstellen, denn zwei Ozeane entfernt erhob sich das Dach der Welt über Indien. Als der Druck sank, sog es die Winde an und ließ sie ungestüm über den Indischen Ozean jagen, wo Kapitän Lancaster sie als das erkannte, was sie waren, und alle Leinwand setzen ließ, die er besaß. Der Monsun würde sie heimtragen.

Die erste Nachricht von der Rückkehr der Flotte erreichte London in unaufgeregter Weise durch einen französischen Händler, der kam, um Unschlitt zu kaufen. Unschlitt war nicht die übliche Ware für Julien Beaudeguerre, und England war nicht sein üblicher Markt. Gewöhnlich kaufte er bei den Mauren Teppiche und verkaufte sie an die wohlhabenderen Bürger in der Provence. Unschlitt war das Geschäft seines Vetters, doch war der krank geworden, eine Woche, nachdem er den Auftrag für ein Jagdschloß nördlich von Arles an Land gezogen hatte. Ein Unglück für alle, aber besonders für Julien.

Er war bekniet worden. Er war unterlegen. Er war hier. Unschlitt war ein langweiliges Zeugs, und seine maurischen Freunde hatten sich nicht gefreut. Sie hatten vorgeschlagen, ihre Brücken und Teppiche zu Schiff nach London zu schicken, wo er sie übernehmen solle. Sie hatten von ihren Handelspartnern in Afrika erfahren, daß eine kleine Flotte ihren Weg die Küste heraufkomme. Julien sollte sich in London nach ihr umhören auf die unwahrscheinliche Möglichkeit hin, daß dieser abenteuerliche Plan gelinge. Drei Tage nach seiner Ankunft begann Julien getreulich zu wiederholen, was ihm seine maurischen Freunde erzählt hatten, und füllte damit die Ohren eines jeden Seemannes, Flußmannes, Hafenmannes, den er finden konnte. Niemand konnte die fünf Wörter bestätigen oder leugnen, die er mühsam im Hafen verbreitete, aber als sein Satz die Ohren Philpots, de Veres und der anderen Geldgeber erreichte, erleuchtete er ihre resignierte Hinnahme des Verlusts mit einem schwachen Schimmer der Hoffnung. «Ein ‹Ector› un drei ande» war Juliens ganzer Sprachschatz.

Das Verfahren, durch das die Flotte zunächst außer Sicht und in Gerüchte und danach in nichts verblaßt war, begann, sich mit den Passaten umzukehren, die sie nach Hause brachten. Beaudeguerres Fitzelchen folgten andere. Alle vier sind in Ordnung, sagte ein Bericht. Alle drei, sagte ein anderer. Ihre Laderäume seien voll und ihre Laderäume seien leer. Die Mannschaft seien tote Männer, die von einem seltsamen Licht auf der Mastspitze am Leben erhalten werde, und sie würden von Meerjungfrauen durchs Wasser gezogen. Ein Wort ging um, daß ein Franzose von Philpot und de Vere zehn Guineas für seine Nachricht bekommen habe, und ein blühender Handel entstand in Shadwell, wo glaubwürdige Geschichten ausgeheckt und an die wartenden Geldgeber verkauft wurden. Die Geldgeber durchschauten diese Erfindungen, zahlten aber dennoch. Sie erwähnten sie beiläufig untereinander und lachten über die phantastischeren. Ein Bericht, daß die *Saint Anthony* aufgebracht und um ihre Ladung Silbers erleichtert worden sei, erwies sich als so volkstümlich, daß er zweimal verkauft werden konnte. Nachrichten häuften sich in den Wochen, die Beaudeguerres Ankunft folgten, und die krasseren Widersprüche und die wüsteren Phantastereien schwanden. Es waren tatsächlich vier Schiffe. Und ihre Laderäume waren zum Bersten voll. Am einundzwanzigsten Tag des Septembers 1602 wurden sie vor den Downs gesichtet. Die Geldgeber versuchten nicht länger, ihre Freude zu verbergen. Ihr Wagemut hatte sich also doch ausgezahlt. Zwei

Tage später erfuhren sie zum ersten Mal, daß die Ladung aus Pfeffer bestand, und da wußten sie, daß ihr kühnes Beginnen, ihr beharrliches Bewahren der Hoffnung und die neue Erwartung ihrer Erfüllung nichts waren, nicht einmal Staub, vor den verschlungenen Umschwüngen des Geschicks.

Die vier Schiffe segelten mit der Morgenflut die Themse aufwärts wie Frauen von starker Tugend. Tausend Verführer hatten ihnen zerstörend den Hof gemacht, und als Beweis trugen sie stolz die Narben der Abfuhren. Ihre Masten waren gesplittert, ihre Segel geflickt und ihre Flanken gescheckt von leckenden und ersetzten Planken. Die See ist ein hartnäckiger Liebhaber. An Bord der *Dragon* führte Kapitän Lancaster seine vier Schiffe bis dorthin, wo der Lotse zustieg und ihnen einen Weg durch die Untiefen und Sandbänke der Themse suchte. Sie bewegten sich langsam stromauf Blackwall zu, von wo sie fast drei Jahre zuvor ausgelaufen waren. Er dachte an den Pfeffer, der die Laderäume füllte, eine Million Pfunde, und an den Preis, den er bringen würde. Acht Schilling für jedes einzelne dieser Pfunde. Die Männer hätten auf der Rückreise fast gemeutert, und das Schiff wäre fast auseinandergefallen, aber sie waren heil zurückgekehrt, und sein Herz war voll von England. Die Menge, die sie so großartig verabschiedet hatte, war nicht mehr da, aber London sah ziemlich genauso aus wie immer. So sahen auch seine Schirmherren aus, seine Geldgeber, die er am Kai sehen konnte, als er sich der Anlegestelle näherte.

Philpot, Alexander Smith, de Vere und die anderen hatten sich am Morgen getroffen und waren zusammen nach Blackwall gereist. Als die vier Schiffe drei Jahre zuvor ausgelaufen waren, hatten sich die Geldgeber alle nur möglichen Schicksale ausgedacht, die ihnen zustoßen mochten. Sie hatten Schiffbruch, Meuterei, Seuche und Tod durch die Eingeborenen vorhergesehen. In ihren Träumen waren Schiffe unter allen nur denkbaren Umständen gesunken: auf Klippen gelaufen, in der Nacht zusammengestoßen, von Walen angegriffen, durch Feuer an Bord in Brandgräber verwandelt. Sie hatten geglaubt, daß wenn die Schiffe mit vollen Laderäumen zurückkehrten, es keine weiteren Gefahren oder Unglücke zu bedenken gebe. Als aber Kapitän Lancaster jetzt alle Mann an Deck befahl, um die letzten Handgriffe fürs Einlaufen in den Hafen durchzuführen, bemerkte er an den Geldgebern niedergeschlagene Mienen, die von weiter flußabwärts noch nicht erkennbar gewesen waren. Wie hätten sie wissen können, daß das Schicksal der Expedition nicht in den verräterischen Untiefen vor Adu lauerte, und nicht in den Stürmen rund ums Kap, und nicht einmal in den mörderischen Launen eines fernen, schwarzgesichtigen Paschas? Die günstigen Winde und die ruhigen Seen, die die Expedition sicher nach Hause gebracht hatten, waren nicht ihnen allein zugute gekommen. Während jenes ganzen Jahres war kaum ein Schiff auf der Ostindienroute verlorengegangen; eine Tatsache, die dazu beigetragen hatte, die Hoffnung in London lebendig zu erhalten. Die holländische Flotte hatte wenige Wochen zuvor eine Ladung zurückgebracht, die die von Lancaster um ein Vielfaches überstieg. Zufälligerweise, oder auch nicht, bestand sie ebenfalls aus Pfeffer, und das in Mengen, die man nur als Überschwemmung bezeichnen konnte. Der Markt hatte eine Woche lang standgehalten, bebte, schwankte, und stürzte dann ab wie ein Stein. Acht Schilling das Pfund? Einer war das beste Angebot, und kaum ein Käufer. Als Kapitän Lancaster die Gangway hinabsprang, um seine Genossen in ihrem Triumph zu grüßen, war alles, was die Gruppe auf dem Kai tun konnte, ihm gerade in die Augen zu blicken. Die Ladung der vier Schiffe, die nach einer Reise von über zwei Jahren und mehr als 22000 Meilen in Blackwall anlegten, war kaum mehr als Sand wert, und die Ehrenwerte Gesellschaft weniger als das.

In den folgenden Tagen verwandelte sich ihre ursprüngliche bittere Enttäuschung in tiefste Düsternis. Der Preis fiel weiter, und die wenigen verbliebenen Käufer reisten auf den Kontinent ab. Sorgen suchten jeden von ihnen heim, und hart auf deren Fersen ihre Gläubiger. Die teilbezahlten Schiffszimmermeister, Schiffsausrüster und Lebensmittellieferanten erfuhren schnell genug von ihren Schwierigkeiten und wurden ihrerseits nervös. Sie suchten die Geldgeber täglich auf und wurden grob in ihren Forderungen. Die Geldgeber versicherten ihnen, Käufer seien gefunden, und es sei nur noch eine Frage der Zeit. Die Gläubiger wollten nicht warten; sie wollten ihr Geld. Eine Million Pfund Pfeffer lag ungefragt in einem Lagerhaus zu Poplar. Die Geldgeber trafen sich, um ihre Schwierigkeiten zu lösen, aber konnten nichts beschließen. Sie standen fest beisammen und bekräftigten einander ihren guten Glauben als treue Genossen und ihres Namens würdige, wagemutige Kaufleute. Aber ihr Gemeinschaftsgeist bezahlte ihre Schulden nicht. Was sollten sie tun? Niemand von ihnen wußte es.

Nein, dachte die Gestalt an der Mole, niemand von ihnen wußte es. Unwissenheit und Unordnung: der Anfang, als die aus La Rochelle nicht länger warten wollten. Der Pfad begann zu zerbrechen. Danach konnte er nur noch kurze Szenen finden, flüchtige Blicke auf das, was sich abgespielt haben mußte.

Im Frühling des folgenden Jahres hätten sie nicht mehr gewußt. Die Gläubiger waren seltener gekommen, und überhaupt nicht mehr, nachdem ihnen klarwurde, daß es da nichts zu holen gab. Die Geldgeber fühlten sich erleichtert, obwohl sie wußten, daß hinter diesem Aufschub die Gerichte nicht weit sein konnten. Alexander Smith hatte im März seinen Bankrott erklärt. Sie konnten nichts tun als auf Rettung warten, ohne Erwartungen und ohne Hoffnung, daß sie einträfe, und in dieser verzweifelten Überzeugung irrten sie, wie schon zuvor, erheblich.

Niemand hätte den neun Männern irgendeine Aufmerksamkeit geschenkt, die da im April jenes Jahres die Gangway hinabschritten. Sie unterhielten sich mit gedämpften Stimmen. Niemand hörte, was sie sich sagten. Zimmer nahm man in der Lombard Street, doch dort wurden sie nicht gesehen, auch nicht in Saint Paul's, und nicht einmal auf dem Markt. Sie besuchten die Kneipen nicht. Sie blieben vier Tage, dann reisten sie ab. Alle neun hatten geduldig ausgeharrt seit jenem Tag, an dem sie zugesehen hatten, wie die Flotte zu Blackwall Segel setzte. Drei Jahre später waren ihre Geschäfte in London kurz und präzis.

Die einsame Gestalt stellte sich ihr Schiff vor, wie es davonsegelte, nebelhaft, außer Sicht, wie immer. Außer Reichweite selbst für die Geldgeber, die mit ihrem abgewendeten Ruin zurückblieben, und mit dem Gefühl des gegenseitigen Verrats, der sein Preis war.

Ihr Gemeinschaftssinn hatte nur während des Verzugs bestanden. Sie hatten keine andere Wahl, als ihn zu pflegen. Kein Käufer hatte ihre Einheit gestört, weil es keine Käufer gab. Dann kamen aus heiterem Himmel die Treffen. Vorbereitet durch Vermittler, Erwähnung eines kleinen Vorschlags, Neugier trieb einen jeden, seinen Besucher zu empfangen. Dunkel, ausländischer Akzent, höflich. Alle einander gleich, bis auf einen. Dann die Angebote für das Lager, die Gesellschaftsanteile, sofort angenommen, die Gesellschaft und ihre Schulden auf einen Streich übertragen. Gemeinschaftssinn und gemeinsame Sache hätten nicht einen von ihnen gerettet. Einzeln und ohne Kenntnis von den anderen, gleichartigen Treffen, hatte jeder von ihnen die Vereinbarungen unterschrieben. Geschäft ist Geschäft. Sie waren doch keine Kinder.

Narren und ihr Geld, dachte der einsam Sitzende. Noch durch die

Jahrhunderte erkannte er die verstohlene Diskretion der Neun. Es konnte nur ihre sein. Ihn fröstelte im kalten Sonnenschein.

La Rochelle! Ein Schiff glitt an den Zwillingstürmen vorüber in den Hafen hinein. Das lange Warten war vorbei, das Stratagem zu seinem Ende gebracht. Neun Männer brachen endlich ihre Stille und lachten entlang des Kais. Sie hatten, was sie wollten. Ihr Führer Zamorin, sein weißes Haar hob sich vom dunklen seiner Gefährten ab. Das Ende des einen Feldzugs und der Beginn eines neuen. Ein neuer Geist, ein Kriegsruf, sie voranzubringen; die Entschlossenheit ihrer geheimen Genossenschaft und ein Name für sie. Für den Anfang vielleicht ein Witz. Später nur die Wahrheit.

Er sprach den Namen aus, den er nur wenige Tage zuvor zum ersten Mal gehört hatte. Er hatte nicht gelacht. Neu für mich wie für dich, François. Oder war er deine Erfindung? Die neuen Eigentümer der Ehrenwerten Gesellschaft von Kaufleuten, die mit Ostindien Handel treiben, werden sich die Cabbala nennen. Wieder rieb er sich die Augen. Der Pfad war fast verschwunden, Fetzen und Splitter.

Andere Jahre, andere Reisen. Durchgeführt von ihren neugefundenen Agenten, zum Schweigen durch Verrat verpflichtet, zur Ehrlichkeit durch Furcht. Und durch Profit. Nein, sie waren keine Kinder. Reichtümer stapelten sich auf, wie du es vorausgesehen hast. Sehr schlau, François.

Die Mannschaft hatte die Packkisten so hoch wie nur möglich gestapelt, sie bildeten im Heck des Postbootes einen kleinen Turm. Die übrigen würde man im Bug festzurren. Ein Seemann führte eine Frau die Gangway hinab, führte sie an der Hand. Die *Nottingham* war verschwunden und die letzten Bruchstücke seiner Vision flogen ihr nach. Doch gehört sie immer noch mir, dachte er. Du gehörst immer noch mir, François. Die Frau stolperte in ihrer Nervosität. Ihr gehört mir, alle von euch, oder seid nichts. Sein Gesicht war wieder grimmig.

Reichtümer weit über ihre Erwartungen hinaus. Einfluß weit über ihre Bedürfnisse hinaus. Die Neun bewegten sich weiter und weiter hinaus, und sahen niemals zurück, und dachten niemals daran, daß ausgerechnet in La Rochelle das Schicksal seine Wechsel eintreiben würde. Ein verhängnisvoller Fehler, der in ihrer Versäumnis auf sie wartete.

Eine einsame Wolke zog hoch oben vorüber, verdunkelte das Wasser, das Schiff, die Mole. Die Tide lief schneller. Er konnte hören, wie sie gegen die hölzernen Pfähle anrannte, die die Mole unter ihm trug. Die Frau hatte wieder Tritt gefaßt. Er dachte an das verlorene Mädchen. Nicht sie und nicht jetzt.

Sein Zorn kam in langsamen Wellen zurück, die mit der Erinnerung an jene von ihm heraufbeschworene Episode stiegen und fielen, und die jenes Zurückweichen einzuladen schien. Sie lebten in seiner Schande fort, und immer noch war es ihre Geschichte. *Vergib ihnen.* Vater? Noch ein Ungerächter. Er dachte an die Idylle am verschatteten Teich, an hohe Bäume, die sich nach dem letzten Sommerhimmel emporreckten, und an das Wasser, Rot in Grau, Zorn im Vergessen. Meine eigenen Anfänge, wurde ihm klar. Die Anfänge meiner Geschichte, meerumschäumter Granit, rote Insel in der graugrünen See, Zuhause. Es erschien so fern, ferner als Indien. Und so lange her! Ein Jahr, sagte er sich, nur eines. Aber ein Jahr wie ein Zeitalter und sein Vergehen, weit älter noch als die erste Reise. Unmögliche Zeit. Der junge Mann spürte, wie sein Zorn sich zurückzog und darunter langsame Verwirrung enthüllte. Er erkannte sie als den Ansturm der Neugier, die ihn hergeführt hatte und seine Schritte durch ein Labyrinth lenkte, das sie um ihn herum gepflanzt hatten. Als er es aber auf diese Weise begriff, löste es sich ebenfalls auf, und Furcht stieg empor und nahm seinen Platz ein. Dann begriff er, daß er es war, der stürzte, durch die Abfolge seiner Gefühle hindurch und ihrer Erinnerungen, und durch seine eigenen Decks krachte. Furcht vor Schmerzen, Furcht vor Blindheit; Kindheitsschrecken, er wies sie fort. Furcht vor dem Toten und seiner eigenen Schuld, näher noch, Furcht vor dem Tod, als die harte Hand ihn voranstieß, das Messer einen Zoll vor seiner Gurgel, Furcht, sie zu verlieren. Er streckte sich, um die Erinnerung zu fassen, aber sie entglitt ihm und wich zurück, wie auch die Furcht zurückwich, und trug sie mit sich fort, und ließ ihn allein. Auf dem untersten Deck im Pechschwarzen, und kein Ton war zu hören. Einsamkeit war die letzte Stufe vor der kalten See darunter. Einsamkeit war ein Bekannter. Als Junge von vier oder fünf, der vorgab, die griechische Schrift zu lesen, bewegungslos über der Seite für endlose Stunden, in sich selbst blickend. Älter, umgeben von den raschelnden Stimmen seiner Bücher und ihrem schützenden Murmeln. Eine Lüge. Das letzte Deck zersplitterte und gab unter seinen Füßen nach, und er stürzte hindurch in die kalten Hände, die ihn erwarteten und ihm doch nur das Geheimnis hinter der Einsamkeit zeigen wollten, aber dafür war er nicht bereit, noch nicht, und noch wollte er ein wenig länger warten, als das Wasser versuchte, sich über ihm zu schließen, und er tauchte auf und schauerte zurück in kaltes Fleisch und Gebein, allein auf der Mole.

Mein Leben, dachte er leidenschaftslos, kaum abgelenkt von dem schrillen Schrei kaiaufwärts. Meine eigenen Anfänge. Jersey war immer noch sein, selbst wenn alles andere verloren war. Er konnte es nach Belieben heraufbeschwören. Das Haus seiner Eltern glitt ihm mühelos zu, und die Nächte, von denen er wußte, daß er sie nun unheimlich finden würde, denn das vergangene Jahr hatte ihn verändert. Hoch über seinem Kopf zog die Wolke davon und gab die Sonnenstrahlen frei, die ihn blendeten, und der Seemann sang aus. Der letzte ging. Er fuhr zusammen, aber er wollte die Erinnerung nicht aufgeben. Er erhob sich, von der Sonne geblendet, und fühlte sie in ihn zurückströmen. Als er sich nach seiner Truhe bückte, blickte er auf, da der Kai ihm weiß erschien und für einen Augenblick in seine Gedanken einbrach und dann in das Dunkel der erinnerten Insel zurücksank, und er sah eine schlanke Gestalt ihm winken, unglaublich ferne durch die Tiefe und Stille der Nacht von Jersey, wie sie auf ihn zukam. Wo er sich eingeschifft hatte und seine Reise anfing, versammelten sich seine Anfänge um ihn, als der Seemann wieder aussang, und er wollte sie nicht fahren lassen, nicht um der Liebe Gottes willen jetzt, nicht um der Schätze Indiens willen dort, und niemals außer für sie und den letzten Aufruf zur Ausreise, wie er ihn über die Wogen auf der Insel seiner Kindheit erreichte:

«Alle an Bord!»

I. Caesarea

Die Winde bliesen hoch über Jersey und reinigten den Himmel für die Sterne, damit sie auf die Insel unten hinabschimmern konnten. Ihre sanften Strände und hohen Klippen waren von den dunklen Gewässern kaum zu unterscheiden. Der Mond war schon vor Stunden aus der Sicht gesunken. In manchen Nächten schien er hell genug, daß man lesen konnte, aber nicht heute nacht. Die Öllampe auf dem Tisch, an dem er saß, warf ein sanftes, gelbes Licht. Ein Buch lag offen vor ihm, das er aufmerksam studierte, das Gesicht nur wenige Zentimeter vor den Buchstaben. Sein Kopf folgte der Bewegung der Zeilen, wandte sich leicht von links nach rechts und zurück, bewegte sich langsam die Seite hinab. Von draußen erreichte das Murmeln der Wellen, wie sie gegen die Klippen der Bouley-Bucht wuschen und klatschten, gerade sein Ohr.

Nach einiger Zeit brachte die zusammengekauerte Gestalt den Kopf aus den Anstrengungen hoch und rieb sich die Augen mit den Knöcheln. Sein großer eckiger Körper war verkrampft, die Beine um den Stuhl geschlungen, die Ellenbogen suchten Platz zwischen den wirren Papierhaufen auf der Platte. Er veränderte linkisch die Haltung. Als er die Hände von den Augen nahm, hatte der Raum sich aufgelöst. Der Flecken stumpfen Rots, den er ausmachen konnte, mochte das Bett sein, und die hellere Gegend dahinter die Tür. Den Fußboden konnte er mit seinen Füßen fühlen, und das Fenster erkannte er an den leichten Böen und Brisen, die kühl gegen sein Gesicht bliesen. Auf diese Entfernung hin, Meter statt Zentimeter, verlor sich ihm der Rest in einem Gewaber von Schatten; nichts als ‹Luft, des Lichts beraubt›; er entsann sich der Formulierung, Lucretius übrigens, auch nicht hilfreich. Als die Gegenstände um ihn herumtrieben, verschwanden und einer in den anderen überging, verspürte John Lemprière im Magen jene leichte Panik, an die er sich gewöhnt hatte, selbst jetzt ein unwillkommenes Gefühl. Er beugte sich über die Seite, und erneut versuchte er, den Blick wieder scharf einzustellen.

Daß ihm die Sicht verschwommen wurde, hatte begonnen, als er um die Vierzehn war, und wurde gegen die Zwanzig hin immer häufiger. Die Welt ward ihm zu einer Erscheinung wie jetzt. Dinge lösten sich in Nebel auf und verschmolzen mit anderen Dingen. Umrisse zerbrachen und versickerten in ihre Umgebung. Seine Kurzsichtigkeit löste die Welt in einen Dunst von Möglichkeiten auf, und ihre vagen Formen boten sich seinen Grübeleien als Spielfeld dar. Seine jugendliche Panik wurde später Hinnahme, und noch später etwas dem Vergnügen ähnliches. Nur die schwächsten Reste des Unbehagens blieben, und seinen Grübeleien, seinen Tagträumen und seinen Visionen ließ er die Zügel frei. Die Insel selbst konnte nicht mit den wildesten Festen der Halbgötter und Heroen, den lärmigen Versammlungen von Nymphen und Tieren wetteifern, mit denen der junge Gelehrte die Gefilde seiner Phantasie bevölkerte. Sein Kopf brauchte nur die Seiten des Livius, des Terenz, des Pindar oder des Properz zu verlassen, damit ihre zartesten oder düstersten Beschreibungen im wabernden Dämmer vor seinem Fenster Fleisch wurden. Galateia hatte in jenem Land der Visionen ihre Liebesspiele mit Akis gespielt. Und Polyphem hatte dort seine Jagdspiele mit beiden betrieben. Dort wurde der letzte Punische Krieg gefochten und von den Phöniziern verloren, deren Karthago siebzehn Tage brannte, ehe zwanzig Meilen seiner Mauern zusammenstürzten, um die Flammen zu ersticken. Scipio Africanus war nur ein Gauner, aber erhielt das Konsulat, nach dem er gierte. *Delenda est Carthago.* So war es. Achill schmollte und wütete um Patroklos, Helena erwartete die nächtlichen Freuden aus Paris' Gesellschaft. Was spielte es für eine Rolle, daß sie nur die schönste der *sterblichen* Frauen war. Paris schmeckte besser als jeder goldene Apfel. Deiphobos besser als beide. Die alten Könige, deren Leben zwischen natürlichen und übernatürlichen Welten flakkerten, die gewöhnlichen Lieben von Schäfern, für einen Augenblick von Händen berührt, die Fleisch in Holz verwandelten, in Baumnymphen und Wassernymphen – welche Vision sah in den einfachen Flammen eines athenischen Herdes die blutrünstige Folterung des Prometheus, im Sang der Nachtigall die Vergewaltigung der Philomele, in jedem Baum ein Antlitz, in jedem Fluß eine Stimme? Und hinter ihnen jene Gebote, die nicht aus der Vernunft befahlen, sondern aus der einfachen Gewißheit, daß es an ihnen sei, so zu tun; waren denn vielleicht auch die Götter Opfer jener wilden Einfachheit, fragte er sich? Opfer jener Klarheit mit ihrer stählernen Logik, ihrem gnadenlosen Spruch. Fürsten und Heroen, Nymphen und Satyrn stolzierten durch die Vorzimmer des Geistes dieses jungen Klassizisten, tollten herum und zerstückelten sich, und führten die Szenen, hinter denen er durch die Seiten der Alten herjagte, wieder und wieder auf.

«Er ist über einen Eimer gestolpert. Der stand ganz offen da, Charles.» Seiner Mutter quengelige Stimme brachte ihm den Kopf aus den Seiten des Thukydides hoch, und die griechischen Gestalten schwammen durcheinander, während seine Ohren Fetzen des nächtlichen Dialoges aufschnappten.

«Was ist los? Hat er sich verletzt?»

«Muß er sich ein Bein brechen, bevor du was siehst, Charles? Du bist so blind wie der Junge.» Sie sprachen in jenem Gewisper, das Kummer oder Intimität vorbehalten ist. Lemprières Fingerspitzen strichen über die kreidige Seite vor ihm. Drei Fuß vor seinem Gesicht konnte er sie nicht lesen, in Zoll, und die Buchstaben waren scharfkantig und deutlich. Seine Eltern waren nicht intim.

«Er wird ein großartiger Gelehrter werden, vielleicht der großartigste seiner Zeit. Warum sollte er also über Eimer klettern?»

«Das Lesen hat ihm die Augen verdorben. Hat *ihn* verdorben.» Dies letzte gezischt, von Charles Lemprière mit einem ungläubigen Schnauben beantwortet.

«Er ist uns fremd geworden, Charles, das weißt du.»

«Er ist einfach in seine Studien verliebt, das Gleichgewicht wird mit der Zeit kommen. Ich war genauso, ich erinnere mich gut.»

«O ja, die Lemprières waren immer die gleichen, das weiß ich auch. Nichts ändert sich, Charles, oder?» Ihre Stimme war bitter.

Danach fing Lemprière nur noch gedämpfte Wörter auf und seiner Mutter sanftes Schluchzen. Die Auseinandersetzung war ihm vertraut. Er blieb wach und wartete auf sie und genoß seine Hauptrolle. Er fühlte sich seinen Eltern nahe, wenn sie ihm, ohne es zu wollen, alles erzählten, was sie für ihn und um ihn empfanden. Normalerweise schien seine Mutter wenig von dem zu verstehen, was er sagte, während sein Vater sich zurückhielt und hinter einem strengen Äußeren Gefühle verbarg, über die sein Sohn nur rätseln konnte. Es sollte dies aber die letzte dieser besonderen Auseinandersetzungen sein, denn am nächsten Morgen wurde bekannt, daß eine Entscheidung gefällt worden war. John Lemprière sollte Augengläser bekommen.

So kam es, daß man eine Woche später zwei Gestalten den Viermeilenmarsch quer über die Insel von Rozel nach Saint Hélier unternehmen sehen konnte. Größer und seinem Sohn vielleicht einen halben Schritt vorauf suchte sich Charles Lemprière mit erfahrener Mühelosigkeit seinen Weg zwischen den Furchen des Fahrwegs. Ein gelegentlicher Blick zum Himmel bestätigte ihm, daß sie, obwohl bis zu den Knien mit Schlamm bespritzt, ihr Ziel schließlich doch trocken erreichten. Sein Sohn stolperte häufig, und jedesmal verbot sich Charles zurückzuschauen, sondern versteifte sich und stöhnte unhörbar. Seine Frau hatte natürlich recht, aber Blindheit – des Auges und des Geistes – hatte ihre Vorteile. Man kann auch zuviel sehen. Der Weg führte durch ein Gehölz. Er tauchte unter einen überhängenden Zweig und hielt ihn für seinen Sohn hoch. Die beiden marschierten weiter. An Five Oaks vorbei gewannen sie den Rand des Abhanges, und Charles sah Saint Hélier vor sich ausgebreitet, und dahinter Elizabeth Castle, unwahrscheinlich im Hafen treibend. Erst vor fünf Jahren hatten Rullecourt und siebenhundert Mann den Gouverneur aus dem Bett geholt, damit er den Verzicht auf die Insel unterzeichne. Und nachdem er sich den Schlaf aus den Augen gerieben hatte, hatte er unterzeichnet. Da stand Elizabeth Castle fest. Der arme Moses Corbet, der über den Marktplatz rannte, während ihm Musketenkugeln den Hut pfefferten. Jetzt gab es mehr Wachtürme als Wohnhäuser.

Sein Sohn hörte Saint Hélier, lange bevor er es sah. Die Stadt umtoste ihn, offene Arme strichen an seiner Jacke vorbei, und das Gelärme menschlicher Stimmen, die handelten, sich zankten, sich begrüßten, umfing ihn mit einem namenlosen städtischen Willkomm. Er ergriff seines Vaters Arm und wurde eilig durchs Gedränge gebracht, dessen Gelärme emporschwappte und sich über seinem Kopf brach. Charles Lemprière schlug sich, Sohn im Schlepptau, eine Gasse durch Geschäft, Geklatsch und Geschubse von Jersey. Die Marktmenge wurde dünner, als sie eine Seitenstraße am The Peirson vorbei nahmen und durch Straßen schritten, die nach dem Tumult auf dem Marktplatz unnatürlich ruhig erschienen. Eine andere Ecke, und sie erreichten schweratmend die Werkstatt von Ichnabod Bonamy, Glasmacher und Linsenschleifer. Charles griff nach der Glocke, als von drinnen eine Stimme dröhnte:

«Tretet ein, Lemprière!»

Sie traten ein und fanden sich Angesicht zu Angesicht mit Ichnabod, der eine Kohlenschaufel in der einen und eine große ausgestopfte Eule in der anderen Hand hielt.

«Willkommen, euch beiden Willkommen. Geht's euch gut, Charles? Vom Knaben weiß ich schon, dem mit den steifen Augen, hmm?

29

Vergebt die Eule», er legte die Schaufel nieder. «Ich hab abgestaubt.»
Er wies auf die Wände. Da waren auf Sitzstangen oder schwebend
oder angenagelt Reihen um Reihen ausgestopfter Eulen angebracht,
von unterschiedlichen Spannweiten und Größen, die Schnäbel nach
unten gekrümmt, die Augen (aus Glas) gerade ausgerichtet in Haltungen stummer Verachtung ihrer würdelosen Stellung. Es wurde
Charles sehr schnell klar, daß manche von ihnen nicht vollkommen
geheilt waren.

«Ich habe noch Gänge zu tun, Meister Bonamy. Werden zwei
Stunden genügen?»

«Prächtig, prächtig», fiel der andere ein, während er hier ein Auge
polierte, dort eine Kralle abwischte.

«Zwei Stunden denn, John.» Aber sein Sohn antwortete nicht, als
Charles Lemprière in Vorfreude auf die frischere Luft draußen auf die
Tür zuhastete. Der Linsenschleifer wandte sich seinem Gegenstand
zu.

«Eine Erbschaft vom früheren Inhaber», erklärte Ichnabod dem
jungen Mann.

John Lemprière hörte nicht zu. Das Glitzern der Eulenaugen drang
teilnahmslos auf ihn ein. Ihrer Hunderte, paarweise auf seine
schwächlichen Versuche konzentriert, ihr Starren zu erwidern, sein
Geist trieb frei. War dies des Kekrops Halle in klein? Sie würden mit
sanften Zurufen die delikaten Stränge der Weisheitsbänder formen,
wenn das Licht im Raum verblaßte. Die klaffende Wunde, die
Geburt. Ichnabod, Name ohne Beispiel ... sprang voll bewaffnet.

«Hier herein, John Lemprière!»

Er ging langsam die lange Theke entlang zu der kleinen Tür in der
Rückseite des Ladens, aus der die Stimme erklungen war, und trat
ein. Das Zimmer war viereckig, die Wände aus jenem Granit, der im
eigentlichen Geschäft hinter hölzernen Paneelen verborgen worden
war. Die Decke war unverhältnismäßig hoch und enthielt ein Ober-
licht, das einen Lichtstrahl hinab auf einen großen Mahagonistuhl
sandte. Am entgegengesetzten Ende des Zimmers waren ein großer
Ofen, eine Arbeitsbank und einige Schränke, die Ichnabod jetzt
durchsuchte. Der Ofen brannte heiß.

«Setz dich auf den Stuhl.» Er tat es und rutschte in der ungewohn-
ten Umgebung unbehaglich umher. Das Vorzimmer der Pallas zur
Schmiede des Hephaistos, dachte der Sitzende. Was tut er? Der
Linsenschleifer schien zu finden, was immer er da suchte, und kam
auf seinen Gegenstand zu, wobei er ein großes Tablett trug.

«Halt mal.» Und Lemprières Arme waren wirkungsvoll stillgestellt, als er da saß, das Gesicht zum Ofen, und das Tablett mit Glasscheiben vor sich hielt. «Nun das Gestell.» Er beugte sich undeutlich über seinen bewegungslosen Gegenstand und hielt eine große hölzerne Apparatur.

Im Stuhl gefangen verspürte Lemprière in seinem Magen flatternde Panik und wie sich seine Blase zusammenzog. Er hatte das starke Bedürfnis, das Tablett auf den Fußboden zu schleudern und diesen Apparat zurückzuschlagen, der jetzt zwei lange Krallen auf sein Gesicht hin auszustrecken schien. Ichnabod paßte das ungefüge Probegestell seinem Kopf an und ließ die Befestigung zuklicken.

«Meine eigene Erfindung», erklärte er stolz. Das Gestell bildete eine Art Würfel, der die unregelmäßige Kugel von Lemprières Kopf umschloß. Sein Schädel fühlte sich, vom übrigen Körper abgesondert, in seinem hölzernen Käfig bedenklich verwundbar. Er starrte unverwandt geradeaus und unterdrückte einen starken Drang, aufzuspringen und mitsamt dem hölzernen Käfig nach draußen auf die Straße zu rennen. Der Linsenschleifer achtete nicht auf die Ängste des jungen Mannes. Brennweite, Dynamik, leichter Sitz: das waren die Fragen, die ihn beschäftigten, als er unterschiedliche Linsen vor die schadhaften Augäpfel rutschen ließ.

Die Linse: ein Talisman für Ichnabod, der an solche Dinge nicht glaubte. Hatte Archimedes nicht eine verwendet, um die römische Flotte vor Syrakus zu braten? Und stellte Ptolemaios nicht eine auf dem Leuchtturm zu Pharos auf, durch die er die Schiffe seiner Feinde über sechshundert Meilen Entfernung sehen konnte? Die einfache Scheibe, deren glatte gewölbte Oberfläche sich sanft zum Rand hin verjüngt, in zwei Jahrtausenden unverändert.

Es mochte ihn manches Jahr gekostet haben, die Grundverfahren der Linsenherstellung zu meistern. Die Verfahren selbst aber reichten zurück durch die Jahrhunderte. O ja, Newton mag der Mann mit den *Opticks* sein, aber seine eigenen Gesetze hat er nie anwenden können. Die einfache Glaskugel, das sorgfältige Zerschneiden in Scheiben mit dem Emril-Stein. Ein Dummkopf mochte das tun, aber nicht das Ankleben des Handgriffs (Kolophonium gab die glatteste Verbindung), das Aufheizen bis zur vorgeschriebenen Temperatur, der Guß in die ausgehöhlte Eisenschale. Und dann begann das lange Polieren, sein Oberarm schmerzte in der Erinnerung. Zuerst mit Saldamom, später dann mit Scheidewasser und Tripelerde, und dann beginnt das Glas, seinen Überzug von Unregelmäßigkeiten abzuwerfen, und dann taucht schließlich die vollkommene Linse aus dem groben Glasstück auf, deren Eigenschaften in ihre Dimensionen eingeschlossen sind. Er erinnerte die Herstellung jeder einzelnen der glatten Scheiben, als er sie in den Schlitz vor die Augen des Jungen rutschen ließ. In manchen Nächten preßte er eine zwischen seinen Handflächen, bis ihre glatte Kälte der Hitze seiner Hände wich und er sie gegen eine andere austauschte.

Für Lemprière wurde die Welt von den Linsen nicht so sehr zusammengefügt als vielmehr unaufhörlich zerstreut. So schnell sich seine Augen der neuen Welt anpaßten, die das eine Paar ankündigte, ward es von einem anderen ersetzt, das seine Ansprüche herausposaunte, nur um seinerseits erneut verbannt zu werden. Er bekundete seine Billigung oder Mißbilligung durch ein «besser» oder «schlechter», wie es jedem Fall zukam. Ichnabod hielt inne, nachdem vielleicht zwei Dutzend Paare ausprobiert waren. Er blickte auf das Tablett hinab, murmelte vor sich hin und schien einige knappe Berechnungen anzustellen.

«John Lemprière», verkündete er in gebieterischen Tönen, «sei bereit zu sehen.»

Er reichte zum Tablett hinab und nahm eines der wenigen verbleibenden Paare auf. Lemprière hörte sie gegeneinander klicken und dann gegen das Gestell. Der Ofen glühte in bösartigem Rot. Die Linsen rutschten geräuschvoll nieder. Seine Knöchel wurden um das Tablett weiß. Die Linsen fielen an ihre Stelle.

«Aagh! Laßt mich raus! Laßt mich raus!» Das Tablett krachte auf den Boden. Die Linsen ergriffen den Raum und schleuderten ihn mit der Geschwindigkeit des Lichtes ins Antlitz des Gefangenen. Er schrie vor Furcht auf. Die Linsen sogen seine Augäpfel durchs Gestell und schmetterten sie in den erstbesten Gegenstand. Der Ofen. Er stand in Flammen. Sie leckten gierig nach ihm. Er rang mit dem Holzkäfig. Das Feuer brannte ihm heiß ins Gesicht, hinter den Flammen griffen zwei Augen nach seinen, ein furchtbares ungestaltes Gesicht, ein verzerrter Körper, Augen schwarz mit uralter Grausamkeit, die Beine kringelten und schlängelten sich auf ihn zu, wie Schlangen. Ich sehe dich, John Lemprière, zischte es aus jedem Maul. Erichthonios. Kringelten und schlängelten sich, wie Schlangen. Wie Flammen. Nur Flammen. Flammen in einem Ofen in einem Zimmer. Ein Zimmer zwischen Minervas Schrein und Vulkans Schmiede.

«Willkommen in der Welt des Sichtbaren, John Lemprière.»

Auf dem Fußboden lagen zwischen ihnen die zerschmetterten Linsen. Sie betonten die grauen Fliesen wie edle Steine, die stumm zu den beiden Männern emporstarrten. Lemprière schauderte und blinzelte. Der Ofen war nur ein Ofen, das Zimmer nur ein Zimmer. Und Ichnabod... Ichnabod war ein Mann mit einem Hinken, einem Genie für Glas und zu vielen Eulen. Lemprière konnte sehen.

Eisige Wasser wogten schweigend ostwärts unter den Wellen dahin, schossen ihre Strahlen vorwärts, die stumpf wurden und zurücksanken und von der Kraft der Gezeiten hinter ihnen eingesammelt wurden. Wasser, mit blinder Zweckmäßigkeit geladen, strömten vom lichtlosen Steinbett des Meeresbodens, stachen durch die gelassene See voraus, fühlten undeutliche Küsteneinschnürungen auf beiden Seiten, ehe sie gegen die starrköpfige Halbinsel bei Cherbourg krachten, sich gegen ihre Küste warfen und dann in den Kanal davonschlüpften.

Aus der schiefergrauen Nordsee rasten im Wettlauf, durch die Straße von Dover gelenkt, die wetteifernden Gezeiten westwärts. Sie sammelten Kraft, schwenkten ein und erkämpften sich ihren Weg durch die Ostwärtswasser, wobei sie Gewinde in die Oberfläche der See schnitten. Saugende Strömungen wurden durch die Gewalt des Zusammenpralls beiseite geschleudert. Die Massen der beiden Meere trafen aufeinander, durchschnitten einander, und inmitten ihres Kampfplatzes stand ein Granitfelsen, der die Kraft eines jeden Hiebs und Gegenhiebs verspürte. Zwölf Meilen lang und sechs Meilen breit schien er da fest gegen die tückischen Wasser zu stehen, und beobachtete das Drama unter der Oberfläche aus Strömung und Gegenströmung, aus Ebbe und Flut der Gezeiten. Die Wasser mochten vierzig Fuß hoch steigen, die Gezeiten an der Küste zerren oder gegen die Klippen im Norden toben, doch der rote Granit war alt und hart. Überall auf der Insel trat er zwischen dem Gras zutage wie Narben aus einer Schlacht der Elemente.

Heckenreihen gliederten das Land freundlich und störten die grünen Sichten kaum, die hin und wieder in Streifen purpurner Heide oder den dunkleren grünen Glanz der Farne übergingen. Auf den Abhängen nach Süden begann das Gras unter der späten Sommersonne fleckenweise braun zu werden. Ungezählte Spuren und Pfade durchkreuzten das Grün wie Risse eine feine Glasur. Wo Straßen sich trafen, mochten einige Häuser sich um die Kreuzung zusammenrotten, manchmal eine Kirche, ein neues Landhaus oder einer der älteren grundherrlichen Landsitze. Die zwölf Gemeinden der Insel – von Saint Brelade bis Saint Ouen, von Saint Clément bis zu seiner eigenen Gemeinde Saint Martin – zogen ihre unsichtbaren Grenzlinien über das Gesicht der Insel, und sie wurden wiederum in Vingtaines untergliedert. Prahlerische Beweise für das alte Begehren, die Erde zu kennzeichnen, übersäten die Insel. Die Druiden hatten ihre Menhire und Poquelays hinterlassen, die Römer ihre Houges, obwohl aufragende Befestigungen an den Stellen im Binnenland überflüssig erscheinen, wo man sie gefunden hat. Entlang der Küste sprachen Martellotürme, Beobachtungsstände, Burgen und Festungen von neueren Ängsten vor einer Invasion aus Frankreich, dessen Küste in kaum fünfzehn Meilen Entfernung gerade aufzutauchen begann, während die Sonne den morgendlichen Meeresnebel aus der Luft brannte.

Zu Charles Rechten lag die Windmühlenanlage von Rozel, wohin man in ein paar Wochen die Äpfel aus den neuen Obstgärten zum Pressen bringen würde. Unter ihm fiel der Hügel in Terrassen ab, und jede sorgsam beschnittene Stufe war von Quecke überwuchert. Der Hang war während sechs oder sieben Schnittzeiten nicht mehr bearbeitet worden. Weit hinten auf dem Hügelrücken begann eine Herde von Vierhornschafen einen kurzen Privatkrieg und schob sich als Masse im Kreis herum, bevor sie ebenso plötzlich wieder innehielten. Er wandte sich der Szene vor ihm zu. Der Duft von Cideräpfeln wurde von der südlichen Brise heran und vorüber geweht, und aus den Buchten von Bouley, Rozel und Fliquet war gerade jede siebente Welle hörbar. Die Luft trug das Geräusch und dämpfte es zugleich so, daß es ihn als andauerndes zischelndes Flüstern erreichte. Seine gleichgültige Wiederholung schien den Geist einer Botschaft zu enthalten, die einst lebenswichtig gewesen sein mochte, jetzt aber nur noch von Zermürbung und Niederlage kündete.

Schöpf keinen Trost aus unsrem Klang. Glaub nicht, du könntest irgendeinen Sinn in unserem Tun entdecken, schienen sie zu sagen. Wenn dein Fels abgerieben ist, flach wie der Meeresboden, stell dir nicht vor, das sei ein Zeichen unseres Triumphs. Es ist nur Zeichen dafür, daß dasselbe Tun an anderem Ort erneut beginnt. Wir machen weiter, wir fahren fort, das ist alles. Die See kräuselte sich und schnappte um die Insel, ihre Oberfläche überlief es wie die Haut einer ungeheuren Bestie, die ihre Muskeln zur Gewalttat anspannt und vorbereitet. Sie duldete keinen Widerspruch zu ihrem uralten Gemurmel: zu sein ist Rechtfertigung genug.

Und der Mann auf dem Hügel rang mit diesem Grundsatz. Sein Großvater, der an seine Kehle griff und «Rochelle!» schrie, ehe seine Zunge dick wurde und das Gift sie blau werden ließ. Sein Vater, der die Küste in einem offenen Boot verlassen hatte und auf der Flut, Gesicht nach unten, zurückgekehrt war. Alter Ärger, von Gram gehärtet, hatte sich in Rache verwandelt. Und jetzt hatte sie sich mit Furcht vermischt. Der Kampf würde noch eine kleine Weile andauern, gerade Zeit genug, ihn zu beenden. Er würde die nicht sehen, die er zu Fall brachte, er kannte nicht mal ihre Namen, doch brauchte das Rad nur einen Anstoß noch, um sie blinzelnd ins Licht zu bringen. Die Reihe seiner Ahnen, die zu Opfern wurden, nahm hinter seinem Rücken Aufstellung, ihn voran zur Tat zu drängen. Das langbewahrte Geheimnis hatte sie alle gefunden. Und wird auch mich finden, dachte er. Aber noch nicht, nicht an diesem schönen Sommermorgen, nicht auf dieser Insel, auf der ich mein Leben verbracht habe. Er blickte hinab auf den Fluß, der durch das flache Tal schoß. Silbrig schwarz, sie hatten ihn als Knaben eingedämmt, zu welchem Zweck aber, das konnte er nicht mehr erinnern. Es gab keine Fische in ihm. Jenseits das Wäldchen aus Ulmen und Eichen, in das, er lächelte bei der Erinnerung, Marianne ihn furchtlos geführt hatte, sich auszog und mit ihm in den harten Grasbüscheln zwischen den Baumwurzeln lag. Zu seiner Linken war die Kirche, da er sie vierzehn Tage später geheiratet hatte. Und dort, auf dem Pfad zwischen beiden, war der Sprößling jener Vereinigung, der sich einen ausgefallenen Weg zur selben Kirche bahnte.

Der Sprößling schien wiederholte und erfolglose Versuche zu unternehmen, den steilen Abhang auf der anderen Seite des Pfades zu erklimmen. Er rannte darauf los, ließ sich von dem angesammelten Schwung bis ein oder zwei Fuß vor dem Gipfel an ihm emportragen. Dann hing er da während vielleicht einer Sekunde, bewegungslos, bevor er wieder auf den Pfad zurückdonnerte. Zickzack; eine angemessene Weise, sich seinem Gott zu nähern, dachte Charles Lemprière, als er die ferne Gestalt vom Fenster seines Arbeitszimmers aus beobachtete. Die Augengläser waren die Ausgabe wert gewesen, wenngleich keine vollkommene Sicherung gegen Fehltritte, überlegte er, als sein Sohn den Fußhalt verlor und mit wirr umherwirbelnden Gliedern in die Straße krachte.

John Lemprière spie Staub und raffte sich behutsam zusammen. Nichts passiert, gut. War das das zweite oder dritte Läuten? Staub bedeckte ihn von der Taille abwärts. Er klopfte sich kräftig ab und berührte seine Brille. Die hatte ihn im reifen Alter von zweiundzwanzig in eine zweite Kindheit versetzt. Rennen, Springen, den steilen Hang zum Strand hinabklettern, Steine in die See schleudern; er liebte den Schmerz in seinen Muskeln, der ihm erzählte, daß sein Körper wieder erwache. Er hielt an und reckte sich und spürte die angenehme Spannung sein Rückgrat emporkriechen. Vor ihm winkte die Kirche. Normalerweise kamen seine Mutter und sein Vater, aber heute waren sie zu Hause geblieben. Um etwas zu besprechen, hatten sie gesagt. Er ging weiter, die schwachen Mißklänge des sich einstimmenden Kirchenorchesters erreichten ihn, als er näher kam. Sankt Martin, schon alt zu den Zeiten Wilhelms des Eroberers, streckte das lange Schiff vor, um alle Kommenden einzufangen, der Kirchturm wies himmelwärts. *Amor dei*, Genitiv des Subjekts wie des Objekts, Quints Unterricht hallte in einer dunklen Kammer seiner Erinnerung wider. Wessen Liebe denn nun? Gottes für mich, oder meine für Gott? Er atmete den Duft der Äpfel und des Grases ein. Der Himmel war von grenzenlosem Blau. Oder meine für jemand anderen. Er genoß den Geschmack des verbotenen Gedankens. «Eine andere.» Wer mochte sie sein? Eine ausländische Frau von jenseits der Grenzen dieser Welt. Eine fremde Frau, eine unauslotbare Frau. Er würde sie retten. Er blieb am Friedhofstor stehen, um die fette Mutter Welles vorbeizulassen. Und sie anbeten.

In seinen Zufallseintopf von Gedanken verloren, ließ der junge Gelehrte seine Lieblingsträumereien schweigend vor seinem inneren Auge vorüberziehen. Weiße gequälte Glieder und goldene Locken mischten sich mit undeutlichen Heldentaten. Fremdartige Bestien geiferten vor seinem Schwert, und ihr Geifer ward rot. Er trocknete die Tränen kuhäugiger Frauen und zerbrach die Ketten, die sie an den schwarzen Felsen fesselten. Ihre wallenden Gewänder waren so weiß vor der demantenen Fläche... So ging es fort, und er sah die Kutsche nicht, die langsam den Feldweg zur Kirche heranrollte. Kiesel krachten und spritzten unter den eisenbebänderten Rädern hervor. Schon begann sich in seinem Geist ein melancholisches Bedauern zu bilden, als die freudevollen Gedanken vor dem Geräusch flohen. Sie ließen nur ihre Umrisse zurück, deren Linien aufflackerten, ehe sie zerbrachen und in die Umgebung zurücksanken, die sich vor des jungen Mannes Schauen wieder zusammensetzte. Der blaue Himmel warf sein Licht auf die Felder unter ihm hinab.

Die Kutschenräder kamen zu einem langsamen Halt und drangen lautlos in seinen Tagtraum ein, in dem sie verschmolzen, als John Lemprière beobachtete, wie Aphrodite aus den Lüften in der Verkleidung von Juliette Casterleigh auf die Erde herabstieg. Der sonnenverbrannte Zyprer mit aufgerissenen Augen, der beim Anblick der Geburt der Göttin seiner Fischnetze vergaß, fand sein Gegenstück im jungen Lemprière. Ohne daß sein Blick erwidert wurde, starrte er hängenden Kiefers auf die Vision der Venus Epistrophia, wie sie in einem Schaum crèmefarbenen Linnens einen feingeformten Fuß auf den geborstenen Tritt der Casterleigh-Kutsche setzte.

Seit zwanzig Jahren aus der Mode, schrie die Vergoldung der Griffe jedem 1760 entgegen, der hoch genug steigen konnte, um zu lauschen; das kümmerte Juliette Casterleigh kein Fitzelchen. Die Bedeutung der Kutsche lag nicht in der Unbequemlichkeit ihrer Sitze, noch in den reichlichen Beweisen ihrer immer häufigeren Reparaturen (Jerseys Durchgangsstraßen waren zerfurcht von tiefen Fahrrinnen und Schlaglöchern), sondern in ihrer relativen Stellung (ganz vorne) bei der Parade von Fahrzeugen, die sich jeden Sonntag versammelten, um stumm den Rang ihrer Besitzer in einer Gemeinde zu bestätigen, die nach dem Zeugnis urteilte, das ein wohlangelegtes Pfund zu kaufen vermochte.

«Guten Morgen, Miss Casterleigh.»

«Guten Morgen, Herr Pfarrer.»

«Guten Morgen, Miss Casterleigh, gibt uns Euer Vater heute nicht die Ehre?»

«Guten Morgen, Herr Carteret.»

Ein Nicken zu den Bauersfrauen, ein Neigen des Hutes (und nicht mehr) gegenüber ihren Söhnen. Knifflige Abstufungen in Begrüßung und ‹Guten Tag› begleiteten ihren Gang zur vordersten Kirchenbank, wo sie Lemprières anbetendem Blick entzogen war. Nachdem sie sich auf ihrem Platz niedergelassen hatte, dachte sie über die hinter ihr nach und widerstand entschlossen in dieser Woche wie in allen anderen der Verlockung, sich umzuwenden und zu beobachten, wie die langsamen Reihen der Gläubigen hereinkamen. Die Laute des Jersey-Französisch drangen aus dem Hintergrund der Kirche an ihr

Ohr, untermischt mit englischen Fetzen. Die Unterhaltungen der Gemeindemitglieder von Sankt Martin vermengten sich in der gewölbten Decke der Kirche.

Nicht so unten. Von den vordersten Kirchensitzen ausgehend sortierte und katalogisierte das Protokoll des Insellebens die Gläubigen nach Reichtum und Ansehen. Grundbesitzer verblaßten zu Erbpächtern und Pächtern, die sich mit den erfolgreicheren Handwerkern mischten. Hinter ihnen drängelte sich die Masse der Gemeinde, Land- und Obstarbeiter, Schäfer und Seetangsammler, die gemeinsam mit ihren Frauen und Kindern die saftigeren Anekdoten der vergangenen Woche austauschten. Die Kirche erscholl von diesem geschäftigen Gebrumme, von dem Juliette ausgeschlossen war. Sie saß in der vordersten Kirchenbank, eine einsame Gestalt.

Und warum sollte es anders sein, dachte sie bei sich. Weil ich aus Fleisch und Blut bin, nicht mehr, nicht weniger als sie. Dem grübelte sie nach. Und doch zogen sie Hüte und Hauben vor ihr, und ihre Gören machten unbeholfene Knickse und Kratzfüße. Was sehen sie? Nimm meine feinen Kleider weg, meine Kutsche, das Gutshaus und die darum liegenden Äcker. Was bliebe dann übrig? Eine armselige Dirne, gerade gut genug fürs Feld und die Hinterhöfe? Vielleicht.

Die letzten Mitglieder der Versammlung nahmen ihre Plätze ein. Die Kirche verstummte. Sie erinnerte den Tag, an dem Lizzie Matts sie auf der Straße in Saint Hélier beleidigt hatte. Die Schlampe hatte eine Bemerkung gemacht, und ihre Freundinnen hatten gelacht. Sie hatte sie ohne nachzudenken oder zu zögern ins Gesicht geschlagen. Sie hatte die Lippe des Mädchens mit ihrem Ring getroffen, und es hatte ein bißchen geblutet. Als sie das Papa erzählte, hatte er gelacht. Und er erinnerte sie daran, als sie sich einige Wochen später unterhielten. «Merk dir das, mein Juwel», hatte er gesagt, «Schäfer mögen wechseln, aber Schafe bleiben immer Schafe. Der Schäfer mag ein niedriges Wesen sein, kaum besser als seine Herde. Aber für seine Schafe ist er ein Gott, dessen sind sie sicher. Und wenn eines fortrennt, dann nicht weil es nicht an seinen Gott glaubte. Ganz im Gegenteil, das Schaf fleht, daß der Gott ihm sein Gesicht zeige, seine Macht. Wir spielen bis zur Grube, mein Liebling ... Merk dir das.» Sie hatte damals gelacht, um Papa zu erfreuen. Später hatte sie begonnen, seine Worte besser zu begreifen. Und also stolziere ich vor ihnen, dachte sie. Und ich genieße ihren Neid.

Und wirklich *gab* es Neid, Neureiche wurde geflüstert, als ob die feine Schärfe der Feindseligkeit in der Hochachtung der Insel vor dem

Mann, den sie ihren Vater nannte, kein Vorbild im Fluch des Leibeigenen auf seinen Herrn, des Leibeigenen Sohn auf dessen Erben hätte. Die Tausende der Casterleigh, natürlich von dunkler Herkunft, sprachen ebenso laut wie die schwindenden Reichtümer irgendeiner verfallenden Dynastie. Und unsere Erde wird die niedrigsten Anfänge aus der Welt schaffen, stimmt das nicht?

Stimmt das nicht? Seine kühle Hand auf ihrem weißen Nacken, als er dieses Empfinden in ihren Geist pflanzte. O ja, das stimmte. Seine andere Hand wies ihr die Ausbreitung ihrer Ländereien auf einer Karte, die auf dem Tisch in der Halle ausgebreitet war. Sein Zeigefinger umlief Umrisse und Grenzen.

«Sie waren unser, wenn wir sie uns nahmen, meine Juliette, oft genug mein durch Gewalt. Du hast deine Rolle in all diesem gespielt, vollendet gespielt. Nun aber gibt es andere Rollen, die du lernen mußt. Und ich frage mich, ob du das kannst.»

«Natürlich, Papa.» Warum fragte er das?

Sein Daumen massierte ihren Nacken, zärtlich, und die Fresken an der Decke wirbelten ihr in den Blick, als ihr Kopf zurücksank. Kleine Cupidos.

Lemprières Nacken erlitt mühsamere Verkrampfungen, als er einige Bankreihen weiter hinten den Hals reckte und verdrehte, um einen Blick an ihrer Haube vorbei zu erhaschen. Doch spielte Aphrodite ihre Rolle vollendet, und ihr Kopf bewegte sich nie mehr als einige Grade nach links oder rechts. Er hatte in seinem ganzen Leben noch nie jemanden oder etwas so Schönes wie Juliette Casterleigh gesehen, und nun, da er im Mißerfolg des Voyeurs feststak, empfand er bereits jenen stechenden Schmerz, den er für den Schmerz der Liebe hielt. Und was ist eine Göttin schließlich ohne ihre ungekannten Anbeter? Und wirklich war er in dieser Anbetung nicht allein, auch wenn die Phantasien der Söhne reicherer Bauern mit manchem niedrigeren Motiv verschmolzen waren. Die Predigt schleppte sich weiter, und Ehrwürden Calvestons kahler Schädel glitzerte vor Schweiß, als seine Lieblingsmetaphern und -parabeln seinen Lippen entronnen:

«Wir alle sind die Fußsoldaten in der Armee Jesu... Und Sünde, die uns der innere Feind ist... Denn ist das nicht genauso wie im Leben?»

Nach dem Muster seines Vorgehens während der letzten sechs Wochen schien er die ganze Predigt an die Familie Matts zu richten. Es wurde gemunkelt, daß Lizzie Matts ihn aufs Auge gehauen hatte, doch wußte noch niemand warum. Niemand hatte den Mut, den

Priester zu fragen. Lizzie wollte nichts erzählen. Die Predigt ging weiter. Juliettes Blicke ließen Ehrwürdens Gesicht nicht los. Lemprière rang halbherzig mit seinem inneren Feind. Der Magen seines Nachbarn grummelte in Erwartung des Mittagessens. Die Messe ging zu Ende.

«Rutsch mal raus, John, rutsch raus.» Er wollte bleiben, sie betrachten, wie sie hinausgehe, aber der Hunger von Pierre Dumaresque und Familie wollte nicht warten. Er rutschte aus der Kirchenbank und wurde den Gang von der Woge der erneut Bußfertigen hinabgetragen.

«Endlich eine wirkliche Kröte.»

«Erzähl uns von Ovid, Lemprière.»

«Froschauge!»

Die unerwünschten Töne seiner ehemaligen Klassenkameraden begrüßten ihn, als er heftig blinzelnd in den starken Sonnenschein auftauchte.

«Guten Morgen, Wilfred. George.» Er versuchte, seine Scheu hinter Förmlichkeit zu verbergen, aber seine Peiniger besaßen nichts davon. Als er sich an ihnen vorbeidrückte, spürte er etwas an seinen Knöcheln, stolperte, und schlug der Länge lang in den Pfad. Wilfred Fiedler zog seinen ausgestreckten Schuh zurück. Einen Augenblick später zog er auch sein Grinsen zurück, das ein aufgesetztes schallendes Gelächter bedrohte.

«Oh, tapfrer Mister Fiedler!» Lemprière hörte eine Mädchenstimme, hart. Der Sarkasmus wischte Wilfreds Gesicht leer.

«Heldenhafter Mister Fiedler! So gewaltige Schlachten zu schlagen würde Major Peirson vor Neid grün machen. Erlaubt mir, Euch zu Eurem bevorstehenden Kriegszug gegen die Justizbeamten Glück zu wünschen. Und jetzt: aus dem Weg.» Und so aufs Knappste entlassen ging Wilfred Fiedler davon, wobei er unter anderen Dingen die Frage erwog, wie wohl Vater Fiedler darauf reagieren würde, daß er die Tochter seines Hauptgläubigers gekränkt hatte.

Der Schmutz des Kirchwegs schmeckte, wenn überhaupt, dann noch etwas schlechter als der des Weges. Lemprière rückte seine Brille zurecht, gerade noch rechtzeitig, um zu sehen, wie sich seine Peiniger in schnellem Trab den Weg hinabbewegten. Er begann sich aufzuraffen, und da ergriff eine zierliche weiße Hand seinen Arm und zog ihn auf die Füße. Einen Augenblick lang hielt sie ihn. Er roch Duft, vermischt mit einem schwachen Schweißhauch. Ihre Wangen glühten noch rot vor Ärger, und ihre schwarzen Augen blickten besorgt in seine. Als sie fragte, ob er wieder gehen könne, spürte er den feinen Hauch ihres Atems auf seiner Wange. «Macht Platz da, ihr zwei. Los doch.» Die fette Mutter Welles forderte Durchgang und konnte nicht abgewiesen werden. Ihrer mächtigen Masse folgte den Pfad hinab die leichtere Gestalt seiner Retterin. «Gebt Obacht, John Lemprière», nachlässig über die verschwindende Schulter geworfen. Woher wußte sie seinen Namen? Er starrte offenmäulig und klopfte seine Kleidung geistesabwesend ab, als sie sich vorbeugte, um die Kutsche zu besteigen. Ein scharfer Ruf zum Kutscher, und sie fuhren ab. Hätte Lemprière nicht mit aller Kraft sein starkes Begehren unterdrückt, der Kutsche nachzulaufen und in den Schrein der Göttin zu lugen, würde er Juliette Casterleigh erblickt haben, wie sie sich mit den Ellenbogen auf den Knien vorwärtsbeugte, einen Ausdruck eingeübter Nachdenklichkeit im Gesicht.

Aber er tat es nicht. Er hatte sich die Göttin vorgestellt, und sie war gekommen. Er war zu ihren Füßen niedergesunken, und sie hatte ihn erhoben. Er war von Feinden bedrängt worden, und sie hatte ihn beschützt. Er war Paris, bedroht von Menelaos, und des Hahnreis Horn war mit Bronze überzogen, ihn zu zerforkeln. Die schwitzige Angst vor Schmerz, das dumpfe Dröhnen verdickenden Blutes in seinen Schläfen, der kraftzehrende Krampf unten im Magen, der Geruch erahnten Unheils: und dann Aphrodite mit dem Mantel aus Meeresnebeln. Ihn darin einzuhüllen, ihn zu bergen, ihn in Sicherheit zu zaubern, ja, ihr gehörte er ob der Hinwegnahme. Er ging nach Hause und stellte sich vor, wie die Göttin ihn in Wolken hülle. Sie berührten seine Haut mit kühlen elektrischen Fingern, krochen in die Falten seiner Kleidung, berührten ihn. Wenn er versuchte, herauszuschreien, würde sie ihn verstummen machen, würde ihre Hand auflegen, die nichts war als ein Gedankennebel, und doch ihre Hand... Auf seinen Mund. Er würde diese Hand küssen, und durch den Äther aufwärtsgetragen, sicher in ihrer engen Umarmung.

In diese Gedanken verloren begann er, den Hügel nach Rozel emporzusteigen. Sandfarbener Staub explodierte unter seinen Füßen, als er achtlos austrat. Seine Storchenbeine standen ab wie die einer Marionette, und aus der Entfernung rasierte das vom Pfad zurückgeworfene Licht sie zu Nadeln. Sie tanzten, traten aus und sprangen, als Lemprière sich entschloß, die letzte halbe Meile nach Hause zu rennen.

Er wurde an der Tür von seinem Vater begrüßt.

«Guten Morgen, John. Hat man uns in der Kirche vermißt?»

«Father Calveston hatte sein Auge auf den Matts-Mädchen...»

«Ha! Und du hattest ein Auge auf Father Calveston. Das ließ noch ein Auge für die Straße.» Das angestrengte Ausklopfen des Sohnes war nicht gänzlich erfolgreich gewesen. «Und ich frage mich, wohin dieses überflüssige Auge gerichtet war? Zufällig auch auf die Matts-Familie? Ha, ha! Komm jetzt, das Essen wartet.» Dies letzte war schon fast gegrölt. Sein Sohn fuhr mehr als nur ein wenig vor dieser herzhaften Neckerei zurück. Charles Lemprières Benehmen war gewöhnlich reservierter. Als er eintrat, verwies seiner Mutter ständiges Geschniefe überdeutlich auf den Grund für seines Vaters vorgetäuschte Fröhlichkeit. Was *hatten* sie besprochen? Die Mahlzeit verlief ähnlich. Seine Mutter saß buchstäblich in Schweigen, während sein Vater Hammel aufschnitt, Gemüse und Wetter kommentierte, scherzte und leichthin plauderte. Der Sohn tat sein Bestes, während der Vater binnen einer Stunde die Zahl der im vergangenen Jahr an ihn gerichteten Wörter verdoppelte. Doch seine steigende Verwirrung hinderte ihn nicht daran, die Spannung hinter dieser Scharade der guten Laune zu entdecken.

Nach dem Essen floh John Lemprière einigermaßen aufgelöst in sein Zimmer. Er griff sich aufs Geratewohl ein Buch aus dem kleinen Regal neben seinem Bett, auf das er sich geworfen hatte, und hielt es wie einen Talisman, während sein Arm über die Seite baumelte. Dem Griffe fest und kühl beruhigte sein kompaktes Gewicht den jungen Mann auf unklare Weise. Wenn er das Buch hochhöbe und öffnete, würde er sich unmittelbar in einem, was war es doch, einem Anderswo befinden. Ja, einem Anderswo, das hier war und auch er war. Für ihn in jedem Augenblick vorhanden, ein sicherer Hafen für Erinnerungen; ein hübscher Ausdruck. Das Buch erwärmte sich in seiner Hand, und die Feuchte seiner Finger ließ es glatt passieren, als es nachlässig aus seinem Griff glitt, um mit einem dumpfen Bums auf den Boden aufzuschlagen. Und warum hatte er nicht erzählt, daß er mit Juliette Casterleigh Grüße getauscht hatte? Normalerweise hätte er. Geheimnisse brüten Geheimnisse brüten Geheimnisse; geheime Freuden. Sie hatte ihn gerettet, vielleicht, er tastete hoffnungsvoll, aus einem Grund? Er zerrte sich von den verlockenden Aussichten fort, zu denen diese Grübelei führen mochte, und grapschte auf dem Boden nach dem Buch. Er bog den Arm, um den Titel auf dem Rücken zu ertasten; *Sextus Propertius, Opera.* Der römische Kallimachos. Das wollten sie alle sein.

Er erinnerte sein erstes Treffen mit dem Dichter. Kein Treffen, ein flüchtiger Blickwechsel zwischen Landsleuten auf einem Boden, der ihnen beiden fremd war. Quints Klassenzimmer entstand in seinem Geist und suchte ihn wieder mit seiner Langeweile heim. Die stumpfe Eintönigkeit pulste schmerzhaft in seiner Erinnerung, als er den luftlosen Raum mit seinen unzufriedenen Einwohnern herbeirief. Quints Meinungen über die Alten waren exzentrisch und wurden als Dogma angewendet. Endlose Nachmittage lang grammatische Regeln mechanisch aufsagen und Textstellen lateinischer Prosa auswendig lernen lassen – das waren die Lehrmittel des Lehrers. Er nahm dem Knaben seine frühreife Fähigkeit übel und verspottete seinen jugendlichen Geschmack an lyrischen Dichtern. Im Gegenzug hatte der Knabe schadenfroh selbst die geringsten Fehler Quints aufgedeckt und hatte endlos gegen die Verdienste jener Prosaschriftsteller argumentiert, die Quint als seine Lieblinge bekannte und bei deren Verteidigung er geradezu in lyrische Formen wuchs. Seine Begeisterung über Livius, dessen schwülstige aufgeblasene Rhetorik ungehindert durch jegliche Interpunktion über Seiten dahinströmen kann, kannte keine Grenzen. Livius war ihm «der vollendete Meister der Redekunst», er enthalte «eine Versammlung von Figuren, die für uns tanzen werden, wenn wir sie richtig konstruieren», seine «Beredsamkeit ist unbegrenzt». Der junge Lemprière hatte sich gefragt, wann Meister Quint Gelegenheit gehabt haben mochte, Meister Livius reden zu hören. In einem solchen Schema war es weder Lemprière noch Properz wohlergangen. Properz «erweckt durch seine Archaismen ein gewisses Interesse, ist aber weit geringer als Tibull zu schätzen», wohingegen Lemprière, der im Alter von vierzehn jeden Text meisterte, den Quint in vorhersehbarer Zukunft lehren mochte, rasch zu einer Störung wurde. Er hatte die Schule im folgenden Jahr verlassen, um die *Novi Poetae* auf eigene Faust zu verfolgen. Der Zug seiner Gedanken versickerte, und er lag lange Zeit mit leerem Geist da. Gewohnte Geräusche heimischer Tätigkeit erreichten ihn schwach von unten. Sein Zimmer war sehr still, die einzige Bewegung sein Arm, der fast unmerklich an der Seite des Bettes schwang, die Hand hielt immer noch das Buch. Wie ein Pendel, das nichts zählt, und die Stunden verrannen mit leeren Händen.

Draußen ging die Sonne unter, und der junge Mann wandte sich wieder seinem Buch zu. Er las müßig, als die große rote Scheibe außer Sicht sackte. Er blätterte von Seite zu Seite und wurde sich kaum der Brüche zwischen dem Ende des einen und dem Beginn des nächsten Gedichtes bewußt und genoß die Späte des Augenblicks. Ein letztes

Scheibchen Rot schwand in das grauende Blau dahinter, und Dunkelheit brach herein. Er wandte die Seite um.

Qui mirare meas tot in uno corpore formas,
accipe Vertumni signa paterna dei

Unmöglich die Wahl. Lemprière ließ Verben und Subjekte und Objekte zueinandertreten, eines nach dem anderen, stellte um und verbesserte und genoß mit Behagen die langsame Bewegung in die Klarheit, während er die Zeilen konstruierte.

Wer sich wundert, nein, Wer immer sich wundert, oder ein Fürwort einfügen, dramatischer... Der du dich über so viele Formen wunderst, Gestalten, besser, in einem Körper, einem einzigen Körper, nimm an die väterlichen Zeichen, nein, die Zeichen der Ahnen vom Gotte Vertumnus. Nimm mit deinem Geist an, lerne. Ja, lernen war das richtige. *Formae, corpus*, eine gute Spannung im späten Rom, der ersten Stadt bewußter Täuschungen.

Das Gold wurde grau und dann bleiern, der Himmel verdunkelte sich. Wolken von Insekten schwärmten durch die Dämmerung und nährten sich hungrig aus den sanften Nacken der Rinder, die unter den Bäumen grasten. Die Äcker waren verlassen; Blei wurde Eisen, wurde Rost auf dem Pflug, als das Licht schwand und die Gestalten der Nacht entließ. Das einzelne Licht eines Bauernkotten ungefähr zwei Meilen entfernt lichtete den Anker und trieb in die Düsternis, Bäume veränderten ihre Stellung und verschmolzen mit dem Himmel hinter ihnen. Die Felder hoben und senkten und kräuselten sich. Er schwitzte. Der Graben, den der Fluß sich vor den Bäumen den Hang hinab gegraben hatte, schien die Grasflächen in seinen Schlund zu schlürfen. Was lernen? Das letzte Licht strömte hinab auf die Felder zu beiden Seiten, nur um dort von einer furchtbaren Unterströmung zu dem langen dünnen Maul hin fortgeschleppt zu werden, das sich in die Dunkelheit schlängelte, waberte, und jetzt, seine Hände um den Bettrahmen wurden weiß, sich weitete. Sich öffnete, ein monströses unförmiges Maul, wie das Opfer einer gräßlichen Beisetzung, das Gesicht zerfallen und von Wurzeln durchsetzt, die sich krümmen und durch die Oberfläche brechen und in Klumpen abfallen. Das Gesicht zerbröckelte, und darunter schien schwach ein stumpfes Schimmern. Er versuchte, seine Zunge zu bewegen, seine Kehle war verknotet und trocken. Der schwarze Schlitz jenes Maules krümmte sich, die Lippen zersprangen in Fetzen und schälten sich ab, bis die Bronzefigur darunter aufzutauchen begann. Sie schmolz und formte sich wieder.

Sie weichte auf und gewann wieder Umriß. Sie bildete sich nur, um wieder zusammenzustürzen. Ihre Anblicke wandelten sich von Sekunde zu Sekunde, und jede vollständige Wandlung war Verkünderin der nächsten. Doch durch all dieses blieben die bronzenen Augen fest auf den jungen Mann gerichtet, der schnell und flach und keuchend atmete, die Brust gepreßt, die Glieder auf dem Bett erstarrt.

Und auf ihre Weise schmolzen auch die Augen. Denn sie weinten. Die schimmernden Tropfen sammelten sich in den Augenwinkeln und fielen geräuschlos auf die Erde hinab. Große traurige Augen sprachen tonlos durch die entleerte Luft, die sich um sie schloß, von Jugend, vom Werben um Pomona durch die Obstgärten binnenlands der Küsten von Laurentum, und wie er sie gewann. Mit Blumen bekränzt war schön ich, als mir die Krone des Überflusses an den Fingern hing, und die Lieder, die man da über mich sang, und wie sie immer seltener gesungen wurden, und später nicht mehr... Von meinem Schweigen! Von der schwarzen Erde, die mich zurückforderte, möchte ich sprechen... Und doch lastet die dunkle Bestattung schwer auf meinen Gedanken, zu lange im Schweigen, zu lange... Und durch seine schweifende Schwermut fielen die Tränen, bis sich die Dunkelheit um ihn verdichtete. Seine Augen fielen zurück ins Vergessen, traurige Jahrhunderte, davon sie sprachen, zogen sich zu Punkten zusammen, zu Nadelspitzen, bis sie stumm ins Dunkel schwanden. Die Tränen eines verlassenen Gottes, ein letzter Ruf vor der Dunkelheit.

Lemprière zuckte ungestüm, als jede Sehne seines Körpers aus der Spannung schnappte. Es schüttelte ihn. Er zog die Knie an und schaukelte sich auf den Fersen. Sein Atem war hastig, und sein Nacken schmerzte. Was habe ich da erlebt, fragte er sich. Das kann nicht sein, das kann nicht... Besser ich bin verrückt, als daß das wahr wäre. Er blickte aus dem Fenster. Der Fluß, die Bäume, die Felder sahen aus wie immer. Keine Spur war von der Vision geblieben, die er erlebt hatte. Der Gott mochte zurückgekehrt sein, mochte sich erhoben und seine Vernachlässigung beklagt haben, doch war da keine Spur geblieben, den Vorgang zu bezeugen. Und was ist mit mir, dachte er danach? Ich war es, der von ihm gelesen hat. Habe ich ihn gerufen? Doch die andere Möglichkeit hämmerte hartnäckig in seinem Schädel, der Gedanke, dem er nicht entgegentreten konnte aus Angst, er wäre wahr. Ich habe ihn gerufen, ich muß ihn gerufen haben. Er umklammerte seinen Kopf mit den Händen. Seine Schläfen pochten, und in seiner Kehle sammelte sich ein leises Stöhnen. Hämmer in seinem Kopf. Er warf sich vom Bett, rannte zum Fenster, holte tief Atem, schrie ins Dunkel:

«Ich habe ihn gerufen!»

Die Dunkelheit war schwärzer als jede, an die er sich erinnern konnte. Ein absolutes Schweigen folgte dem Verstummen seiner Stimme. Doch der Ton im Innern war immer noch da, kaum hörbar da, wie die Wassertropfen, die er als Kind von der glänzenden Decke der Höhle an der Bucht von Rozel hatte herabfallen sehen und die in angemessener Zeit die kauernden Stalagmiten auf dem Höhlenboden hervorbrachten. Man mochte hundert, tausend, eine Million dieser Tropfen auffangen, sie würden dennoch den Stalagmiten hervorbringen, indem jeder winzige Niederschlag seine Ablagerung hinzufügt, bis er die Decke erreicht. Er kehrte sich vom Fenster ab und ging zurück zu seinem Bett. Während er da lag und ins Nichts starrte, öffnete er das Tor in seinem Geist.

«Ich bin es.» Er sprach die Wörter laut und hätte fast gekichert, eine wie einfache und schreckliche Erklärung er da abgegeben hatte. Irgendwo in mir, dachte er, ist ein Gott, der sein Antlitz aus der Erde reißt, der seit zweitausend Jahren nicht mehr auf Erden schritt und der vor meinem Fenster schreitet. Dann fragte er sich, was sonst noch in mir schreitet?

Das Zimmer schwieg für eine Weile. Ein paar Zischer waren zu hören, die nach und nach häufiger wurden, bis sie als schrilles Kichern erkennbar waren. Allein und in der Dunkelheit lachte Lemprière vor sich hin, ohne die geringste Vorstellung, wie oder warum er das tat. Das Gelächter schwoll und schwand. Lücken des Schweigens zwischen den Ausbrüchen wurden länger, bis er schließlich erschöpft in einen tiefen und traumlosen Schlaf fiel. Vor dem Fenster brach der Mond durch die Wolken und warf ein bleichendes Licht auf das Gesicht des jungen Mannes. Seine Glieder zuckten in regelmäßigen Abständen, als sein Körper die inneren Spannungen löste; sein Gesicht war weiß im Mondenschein und ruhig. Er schlief weiter.

Father Calveston schmierte seinen Apparat mit Fett ein, verdammt, er hatte überhaupt kein Priester werden wollen, ein Schäfer verlorener Schafe. Er schnaubte wütend. Ständig Unterbrechungen, kretinöse alte Weiber, die fragen, ob sie zur Hölle führen, weil sie es vierzig

Jahre zuvor im Heu getrieben hätten, lausiges Gehalt. Jede Woche die Predigt, jede zweite Woche ein anderes kotzendes, schreiendes Gör, das ins Taufbecken pißt, während seine blöden Eltern Matsch in den Kirchengang trampeln und grübeln, «sollen wir ihn Ezechiel nennen?», wo es derer doch schon vier in der Gemeinde gibt, und also vier zu viel. Er war für diese Arbeit nicht geeignet, er hatte keine Berufung. Das hatten sie ihm schon in Oxford gesagt. «Calveston», hatten sie gesagt, «habt Ihr denn auch die Tatsache zur Gänze erwogen, daß viele berufen sind, aber nur wenige auserwählt?» Erwogen! Verdammt, an kaum etwas anderes hatte er gedacht. Nur war er gesandt und nicht berufen worden, und wenn der Entsender sein Vater war, dann war er für den Dienst des Herrn bestimmt, ob der Herr ihn wollte oder nicht. Ausgewogen, überlegte er. Er wollte vermutlich nicht, aber welche Wahl gab es denn? Der liebe Bruder Michael bekam das Land und verkaufte es, als Vaters Leiche noch warm war. Er hatte die Kirche. Verdammt! Er fluchte laut, nicht so sehr über Bruder Michael, dieses intrigante verschwenderische kleine Ferkel, als vielmehr über seine eigene Ungeschicklichkeit – er hatte sich den Daumen in der komplizierten Maschinerie verklemmt, die er gerade reinigte, und es erwies sich als schwierig, ihn frei zu bekommen. Aah! Jetzt kam er frei, und er trat zurück, um das Objekt seiner Mühen zu betrachten.

Da stand es, etwa 1 Meter 20 hoch, mit gußeisernen Seiten, die stumpf schimmerten. Es sah einer Wasserpumpe ähnlich, nur war der Zylinder, durch den Wasser hochgesogen würde, teilweise weggeschnitten. Man konnte einen komplizierten Mechanismus erblicken mit Drahtsieben und Zahnrädern und dem Ende eines kolbenähnlichen Gegenstandes, der wahrscheinlich durch die ganze Länge des Zylinders bis zum Schwengel lief. Es war seine eigene Erfindung, die erste, die er erfolgreich vom Einfall bis zur Wirklichkeit gebracht hatte. Seine Hühnerrupfmaschine war ein zu ehrgeiziges Projekt gewesen. Als Hühnerzerschlitzer hatte sie gut gearbeitet, aber zerschlitzte Hühner mit Federn waren eine Ware, für die sich auf Jersey kein Markt fand. Auch die Haarschneidemaschine hatte ihre Probleme. Kein Wunder, daß der Junge von Crewe solchen Krach geschlagen hatte. Aber schließlich war das Haar nachgewachsen und hatte die Spuren verdeckt. Aber seine letzte und größte Erfindung war von anderer Art. Autsch! Er zog seinen Daumen aus dem Zahnrad, das ihn zum zweiten Mal eingeklemmt hatte, und lutschte trübselig daran. Eines Tages würde er doch ein großer Erfinder, ein

Mann der Wissenschaften sein. Wenn nur seine Pflichten nicht so zeitverschlingend wären.

Gedanken an seine Herde sänftigten seine Stimmung nicht. War doch, verflucht noch eins, erst heute morgen dieser besserwisserische junge Esel hereingeplatzt und hatte gefordert, daß er dem Acker hinter seinem Haus die bösen Geister austreibe. Exorzieren! Seit zweihundert Jahren hatte es auf Jersey keine Teufelsaustreibung mehr gegeben, und wenn John Lemprière eine haben wollte, dann sollte er sie sich verdammt noch mal selbst veranstalten. Der kleine Trottel, stammelt da was rum von alten Göttern, die sich aus der Erde erheben und grinsen oder heulen, eins von beiden. Wenn der Idiot nen Papst haben will, da gibt es immer noch Italien. Das hätte ihn zum Schweigen bringen sollen, aber schließlich hatte er ihn mit einem dieser Pamphlete abgewimmelt *Von der rechten Führung der rechtschaffenen Seele* oder so was. Der alte Eli hielt sich dran, diese verdammten Dinger zu drucken und ihm körbeweise ranzuschleppen. Gott mochte wissen warum, er nicht. Er bezweifelte, daß Eli selbst es wußte, dieser dämliche alte ... Aber seine Maschine wartete, für ihn gab es wichtigere Dinge als die Dämlichkeit von Eli. Höchste Zeit, den Apparat in Gang zu setzen.

Er nahm eine der fünf Kartoffeln auf, die auf seiner Werkbank lagen, und spürte ihre glatte kühle Haut in seiner Handfläche. Hochwürden Calveston reckte sich und ergriff mit fester Hand den Schwengel. Der Ausdruck eines freudigen Vorgefühls verbreitete sich auf seinem Gesicht und ließ ihn für einen Augenblick jung erscheinen. Sein kahler Kopf schimmerte glorreich, als kleine Perlen öligen Schweißes durch die Haut empordrangen und einen spiegelnden Glanz über die Oberfläche legten.

Lemprière ging von Calvestons Kate aus zurück, und nur manchmal verirrten sich seine Gedanken in jene verbotenen Landschaften, von denen er zu dem Geistlichen gesprochen hatte. Der Priester schien mit anderem beschäftigt, als er eingetreten war, skeptisch, als er um geistliche Führung gebeten wurde, und voller Hohn, als Lemprière sich schließlich dazu vermocht hatte, ihm zu erzählen, was er gesehen hatte. Er hatte seine Erwartungen nicht allzuhoch geschraubt.

Die Sonne schien herab. Einer plötzlichen Regung folgend legte er einen Spurt zu dem ehrwürdigen uralten Baum ein, den die Straße vor ihm respektvoll umging. Ohne anzuhalten kletterte er den Stamm hinauf und schwang sich in den Käfig aus Zweigen, wo er saß und die neue Aussicht genoß, die ihm die Höhe ermöglichte. Hundegebell hörte man schwach aus einigen Meilen Entfernung, und die Sonne brach in lebhaften Blitzen durch die Blätter, als die Brise mit dem Baldachin aus Blättern raschelte, der ihn beschattete. Eine lange Reihe Ameisen rückte langsam auf dem Ast zu seiner Linken vor. Er kauerte da und beobachtete sie einige Minuten lang. Er hatte an Ameisen nie als Baumbewohner gedacht. Welcher Beschluß hatte sie in einer so ordentlichen Reihe aufgestellt? Von unten hörte er den Klang leichter Schritte. Lemprière dreht sich und verbiegt sich, um zu sehen. Seine Hand streckt sich nach einem Ast, um sich festzuhalten. Alarm und Schlachtruf der Ameisen werden von Lemprière nicht wahrgenommen. Fette weiße Insektenlarven, die mit den Ameisen kriechen, werden kurz sichtbar, als Lemprières Hand den verrotteten Ast erfaßt und der unter seiner Berührung wie Papier zerkrümelt.

Die Sonne strahlte plötzlich sehr hell, als Lemprière einen unkontrollierten Abstieg aus dem Baum unternahm und schwer im Staub des Fahrweges landete. Als er sich abmühte hochzukommen, ergriff eine unbekannte Hand fest seinen Kragen und half ihm auf die Füße.

«Ihre Vorliebe für die Erde steht einem Bauern gut an, nicht einem Gelehrten», sagte eine bekannte Stimme.

Taumelnd und gleichzeitig staubend, doch ihre Worte brachten seinen Kopf jäh hoch. Juliette lächelte ihr süßestes Lächeln. Eine Strähne jettschwarzen Haares war der Umklammerung ihrer Haube entronnen und lag über ihrer Wange, dem Grübchen. Lemprière war erschüttert, die Zunge wie festgebunden. Wie lächerlich mußte er ihr vorkommen, der er mindestens fünf Jahre älter war und sich wie ein Schulschwänzer benahm. Kein Wunder, daß sie ihn auslachte. Aber sie lächelte ihn an, nicht über ihn. Er hustete, und es gelang ihm ein Antwortlächeln.

«Guten Morgen, Fräulein Casterleigh.» Das erschien annehmbar. Ein Schweigen folgte. Sie sahen einander an. Er sollte etwas anderes versuchen, ein Kompliment.

«Ihr Haar...» Und er hielt inne. Was immer er über ihr Haar sagen würde, mußte ans Skandalöse grenzen, so schwarz und dick...

«Du liebe Zeit.» Sie erwischte die lose Strähne und stopfte sie unter ihre Haube. «Das hätte ich gar nicht bemerkt», fuhr mit den Fingern über die Ohren, den Kopf ein wenig zurückgeworfen.

«Nein, nein – ich wollte nicht... Ich meine, das sah sehr hübsch aus, wenigstens glaube ich, es war sehr...» Alles lief furchtbar schief. Vielleicht sollte er Wahnsinn vortäuschen und fortrennen. Verrückte konnten sich die entsetzlichsten Taktlosigkeiten erlauben und entschuldigt werden. Aber Aphrodite schien aus der Erfahrung von zweieinhalb Jahrtausenden John Lemprière richtig zu verstehen.

«Ihr Sturz hat mir eine Reise erspart», verkündete sie heiter. «Vater möchte Sie um eine Gunst bitten...» Und Lemprière lauschte ebensosehr auf den Klang ihrer Stimme wie auf die Botschaft, während Juliette erklärte, daß die Casterleigh-Bibliothek, die man geschlossen aus einem bankrotten Besitz auf dem Festland erstanden habe, eine sehr eigenartige Lücke aufweise.

«Unter den einigen tausend Bänden...» Sie ließ die Zahl leichthin fallen, sah aber am Ausdruck seines Gesichtes, daß der Haken saß. Einige tausend! Für Lemprières Erfahrung eine fast unvorstellbare Zahl. «Unter den einigen tausend Bänden», fuhr sie fort, «befinden sich keine von jenen, in deren Studium *Sie* sich ausgezeichnet haben, Doktor Lemprière.»

«Noch kein Doktor», murmelte Lemprière.

«Unter ihnen allen befinden sich keine Vertreter der antiken Autoren, und Vater meint, daß man sich darum kümmern müsse, was Sie verstehen würden, und daß Sie der Mann seien, das in Ordnung zu bringen.» Sie plauderte leicht weiter. Ihr Vater würde sehr dankbar sein, wenn Lemprière einige gemäße Ausgaben empfehlen könnte, er habe gehört, daß Lemprière ein äußerst vielversprechender Gelehrter sei, sein Ratschlag wäre unschätzbar. Es stünde ihm frei, die Bibliothek zu benutzen, wann immer er das wünsche... könne er wohl nächsten Donnerstag kommen? Und wenn es in einem Jahrhundert in Indien gewesen wäre, Lemprière hätte nicht abgelehnt. Er errötete ob der Schmeicheleien und fummelte an seinen Augengläsern herum, als Juliette sagte, sie erwarteten ihn nach dem Mittagessen. Sie bot ihm die Hand, wünschte ihm einen guten Tag, und ging die Straße hinab davon. Zehn Schritte, und sie wandte sich um.

«John Lemprière!» rief sie hinter ihm her. «Sagen Sie, ist Hochwürden Calveston heute zu Hause?»

Fünf Kartoffeln in einer Reihe. Wie hungrig würde er wohl heute abend sein? Drei Kartoffeln hungrig, oder nur zwei Kartoffeln hungrig? Nur zwei Kartoffeln hungrig, dachte er sich. Gut, drei für die Maschine. Während er vor sich hin summte und sich zweckvoll in schnellen Schritten bewegte, drückte Hochwürden Calveston die erste Kartoffel zärtlich und warf sie in den Zylinder.

«Runterdrücken», sagte er laut, als er es tat. In den Innereien der Maschine führte ein kompliziertes System von Kolben und Zahnrädern die Siebe mit metallischem Geräusch zusammen. Sie klirrten einen Augenblick lang aneinander, ehe sie in das faserige Kartoffelfleisch bissen. Am Fuße des Zylinders sammelte ein schimmerndes Metalltablett zuerst einen Tropfen, dann einen großen klebrigen Klumpen vollständig zerstampfter Kartoffel auf. Father Calveston betrachtete seine Erfindung mit Stolz: Es war ein Kartoffelzerstampfer. Jetzt aber überlief jenes kitzlig-pricklige Gefühl seine fühlsame weiße Haut... Nur der Anblick des kühlen Pürees. Er warf eine andere Kartoffel in den Zylinder und drückte kräftig nach unten.

Wie doof Lemprière ausgesehen hatte, als er da mit ausgespreizten Armen und Beinen mitten auf der Straße lag. Warum war er oben im Baum gewesen? Papa hat gesagt, daß er sehr klug sei. Sehr gelehrt, obwohl er jedesmal rot wie eine Runkelrübe wurde, wenn er sie ansah. Rot wie eine Runkelrübe. Aber auch das mochte sie. Papa würde ärgerlich werden, wenn er das wüßte. Er würde es erraten, wußte sie. Papa wußte alles. Er hatte gewußt, daß John Lemprière sich Hals über Kopf in sie verlieben würde, und da war er nun, fiel hin und grinste und stammelte jedesmal, wenn sie den Kopf zurückwarf.

«Hallo, da!» Sie sah kaum auf. Der Landarbeiter rief sie erneut an. Blöder Kerl mit seinem blöden hochgekrempten Hut. Wie konnten sie das nur tun, den ganzen Tag auf den Feldern arbeiten. Aber jeder mußte wohl Dinge tun, die er manchmal nicht mochte, dachte sie. Warum wäre ich sonst wohl unterwegs, um mit dem Eierkopf zu reden? Da vorne war das Pfarrhaus. Ihre Füße trugen sie widerwillig voran.

Kühle, matschige, breiige Kartoffel. Weiß und klebrig, grau und zäh. Händevoll und Klumpen und glitschige Schlurpse von klecksiger schwitziger zermatschter Kartoffel. Wie er es liebte, sich davon eine große großzügige Handvoll aufzuklatschen. Hochwürden Calveston, nackt. Mit Kartoffel. Er windet sich, er schlängelt sich, er trieft von kartoffligen Freudeanfällen. Ein erkaltender Klacks tröpfelt ihm aus dem Nacken das Rückgrat hinab und verschwindet zwischen bibbernden kugeligen Hinterbacken. Glitschige Schichten auf seiner ganzen Brust, lassen seine Brustwarzen hart werden, straffen seinen Nabel. Gallertige Glupser klatschen und platschen überall auf seinem nackedeinackten Körper. *Überall* auf seinem aber schon äußerst nackten Körper. Wie er das liebt, so aufregend und abstoßend, wie sein Saft steigt, um sich mit dem Kartoffelsaft zu vereinen, sich zu vereinen, als der Türknopf sich dreht, ungesehen am anderen Ende des Zimmers, sich zu vereinen, als die Türangeln quietschen und ihn zu spät warnen, er dreht sich, sich zu vereinen...

«Guten Morgen, Father Calveston.»

Ehrwürden Calveston, seiner geistlichen Würde entkleidet, erstarrte. Langsam und mit jener Geduld, die nur dem Gefühllosen eignet, rutschte ein kleinerer Schlag zermatschter Kartoffel an seinem versteiften Penis entlang und tropfte von seinem rechten Hoden ab und landete mit einem dumpfen Platsch auf dem Fußboden. Sein Abrutschen enthüllte den glühenden leuchtend roten Kopf jenes vormals jubelnden und jetzt erschlaffenden Werkzeugs, das innerhalb der Skala von Rottönen, die Hochwürden Calvestons nackter Körper gegenwärtig anbot, an Strahlkraft nur noch vom Gipfel seines Kopfes übertroffen wurde. Er errötete vom Schädel abwärts, als ob seine Erniedrigung drohe, aus den Banden seines Körpers zu platzen wie das Küken aus seiner Eischale.

«Setzen Sie sich, Father Calveston. Bitte.» Doch der eiserne Ton jener Stimme, der bei jemand so jungem fast grotesk klang, leugnete jeden Gedanken daran, daß das eine Bitte sei.

«Und jetzt», sie hielt inne und lehnte sich rücklings gegen die Werkbank und kreuzte die Arme, «wollen wir reden.» Ihm blieb keine andere Wahl.

Er war verliebt. Daran war kein Zweifel, als er seinen Rückweg nach Hause die Straße hinauf nahm. Sie hatte ihn verzaubert, und er würde ihr überallhin folgen. Weit würde er ausfahren, durch welche Lande auch immer, und ihre Wünsche über Seen und Meere verfolgen, durch Länder, in denen fremdartige und feurige Völker leben, Hyrkanier und Saken und Parther, die sich auf ihren Pferden umdrehen, um ihre Pfeile im Rückzug abzuschießen. Er würde dem Nil folgen, bis er sich in sieben teilt und das Mittelmeer färbt, die höchsten Gipfel der Alpen besteigen, von denen aus er die Denkmäler seiner Siege und darüber hinaus die fremden Meere sehen könnte, die gegen die äußersten Inseln Britanniens schlagen, wie er selbst jetzt schwach hören konnte, als ihr Flüstern ihn über die gastfreundlichen Rundungen der üppigen Sommerlandschaft hin erreichte, die ihn sicher in ihrem Busen hielt, während seine Einbildungen sich als Tribut an seine Aphrodite die gefährlichsten Winkel der Welt suchten. Seine Aphrodite. Dieser Gedanke war ihm bittersüß, da ihn der Begleitgedanke befleckte, daß es niemals wahr sein werde. Sie hatte ihn in ihr Haus eingeladen; das war schon was. Der Haushalt der Lemprières kam in Sicht. Er würde seiner Mutter zuerst von der Einladung erzählen.

Die Vordertür war wie jede Tür offen. Seine Mutter lüftete die Ecken, wie sie zu sagen pflegte.

«Ich hab heute Juliette Casterleigh auf der Straße getroffen.»

«Ja, John?» Sie ging an ihm vorbei und trug eine große Spinne an einem Bein und warf sie aus der Tür.

«Wir haben von Büchern gesprochen.»

Marianne Lemprière zerquetschte eine Bohrassel, die versuchte, über die Türschwelle einzudringen.

«Ihr Vater sucht Hilfe für seine Bibliothek.» Marianne fing eine weitere Spinne, zertrat eine Ameise und zerschlug einen kleinen braunen Käfer mit einer Menander-Ausgabe, die auf dem Tisch lag.

«Was genau will er denn?»

Sie wandte sich für einen Augenblick von ihren insektiziden Arbeiten ab und lächelte ihn an. Ihr Sohn, gestand sie sich ein, war ein sonderbares Kind. Sie liebte ihn sehr. – Er lächelte zurück und erklärte ihr die Sache mit der Bibliothek und seine lebenswichtige Aufgabe bei ihrer Vervollständigung. Sie gab Widerstand vor, ebensosehr aus Vergnügen daran, ihrem Sohn zuzuhören, wie er ihr die Zustimmung abschmeichelte, wie aus wirklichen Zweifeln. Aber er hatte schon gewonnen. Ein schweifender Gedanke kam ihr.

«Warum macht das denn nicht Mister Quint?» fragte sie, als sie sich plötzlich ihres Sohnes früheren Lehrers entsann. «Schließlich ist er doch jetzt von den Casterleighs angestellt, oder nicht?»

Ihr Sohn blickte auf.

«Natürlich solltest du gehen», sagte sie. «Aber du mußt deinen Vater fragen, John.»

Charles Lemprière, oben in seinem Arbeitszimmer, umgeben von Papieren aller Art, hörte alles. Er schrieb schnell auf dem Blatt vor ihm. «Im Hinblick auf Ihren Brief und Ihre Einwände gegen meine Behauptung, daß...» Er hielt inne, strich dann den letzten Satzteil aus und schrieb: «erlaube ich mir, anderer Meinung zu sein. Ein Schiff von solcher Tonnage könnte tatsächlich in einem Hafen, wie ich ihn beschrieben habe, anlegen. In Lorient vielleicht oder in Nantes, La Rochelle, oder noch einem anderen. Könnten Karten beschafft werden? Tonnage gegen Hafenströmungen könnten sehr wohl Philips' Bericht bestätigen...» Wieder hielt er inne. Kapitän Guardian, sein Korrespondenzpartner, glaubte Philips nicht.

Philips hatte um das Treffen gebeten. Während sie sich über den Tisch in der schmuddeligen Kneipe zu Saint Hélier ansahen, hatte Philips von einem Schiff gesprochen. Er wußte weder dessen Namen noch dessen Bestimmung. Laut Philips (und dieser Formulierung sollte Charles sich in den Jahren, die folgten, noch oftmals bedienen) machte das Schiff zweimal im Jahr die Reise an der westlichen Küste Frankreichs hinauf zu einem Hafen, wo seine Fracht ausgeladen wurde; auf der Rückreise in den Süden aber liege es hoch im Wasser. Philips hatte sich selbst als Seezollinspektor vorgestellt. Er war ein junger Mann mit einem klugen Gesicht, schwarzgekleidet. Er sprach mit eigenartiger Eindringlichkeit von diesem Schiff, und er bot zwei eigenartige Einzelheiten an. Zum ersten sagte er von ihm, es habe eine Wasserverdrängung von über 400 Tonnen. Ein großes Schiff also, zu groß für den Küstenhandel. Und zum zweiten sein Bau; denn es war ein Indienfahrer. Ein Schiff der Gesellschaft.

Philips erzählte seine Geschichte mit bezwingender Offenheit. Was aber hatte ein Schiff der Gesellschaft in einem französischen Hafen zu suchen? Das Treffen hatte weniger als eine Stunde gedauert. John, damals kaum sechs Jahre alt, hatte die ganze Zeit in feierlichem Schweigen dabeigesessen. Seine eigene Erregung war gestiegen. Er lauschte und nickte. Nachdem das Treffen beendet war, war er in sein Arbeitszimmer zurückgekehrt und hatte die gleichen Papiere durchsucht, die jetzt vor ihm lagen. Er hatte den Bericht gefunden, den er suchte, geschrieben von der Hand seines Vaters. «Ich habe das Schiff gefunden», hatte sein Vater geschrieben. «Es segelt an den Säulen des Herkules vorbei und nach Norden, die Küste Frankreichs herauf zu einem Hafen, den ich noch entdecken muß.» Aber er hatte den Hafen nie gefunden. Noch im gleichen Jahr war er gestorben; ertrunken in ruhigen Gewässern vor der Küste Jerseys. Und Charles Lemprière hatte Philips seit jenem Tag in der Kneipe nicht mehr gesehen.

Er hatte die Suche nach dem Schiff aufgenommen und Korrespondenzpartner die Länge und Breite des Festlandes herangezogen. Ebenezer Guardian war davon nur der erste, aber Eben mißtraute diesem Philips. Es war, als sei der nur zu dem Zweck ins Leben getreten, um Charles' Neugier anzustacheln, und habe sich nach Erfüllung dieser Aufgabe in Luft aufgelöst.

Doch die Suche ging weiter, und obwohl dieses «Schiff» immer noch nur ein Phantom war, nicht mehr als eine Handvoll zusammenhangloser Fakten, hatten sich seither aber weitere Fakten ergeben, Zufallsfunde, genug um ihn weiterzutreiben. Irgendwo in diesem Sumpf von Quittungen, Rechnungen, Schuldscheinen, eidesstattlichen Erklärungen und Kauforders, die da durch den Raum verstreut lagen, gab es ein Muster. Irgendwo verlief auf den Seiten der handgeschriebenen Berichte, Tagebücher, Briefe und Notizen ein Faden. Aber er konnte ihn nicht finden. Ein einziger Vermerk, ein Gekritzel auf dem eselsohrigen Nachsatzpapier mochte die Verbindung, den Schlüssel zum Muster liefern. Es war hier, hier irgendwo vergraben. Vielleicht hatte er es schon einmal gesehen, doch seine Bedeutung nicht erkannt.

Die Stimmen in der Küche unten schwiegen. Er blickte auf seinen halbbeendeten Brief und dachte an das Schiff. Warum sollte sein Sohn nicht diese Lücke stopfen statt der von Casterleigh? Nein, nein, in Erinnerung an die zornigen Tränen seiner Frau am letzten Sonntag zügelte er diesen Gedanken. Soll der Junge gehen, soll er seinem eigenen Weg folgen.

Charles Lemprière langte nach einem Stoß Papiere am anderen Ende des Schreibtischs. Halt ihn davon fern, dachte er. Halt ihn von all dem fern.

Papa würde mit ihr sehr zufrieden sein. Papa würde sie küssen und ihr Komplimente machen. Sie war sein Juwel. Er brauchte sie wie sonst niemanden. Papa liebte sie. Kluger Papa. Armer, dummer

Father Calveston. Wie spaßig er ausgesehen hatte, vor allem als die Kartoffeln zu trocknen begannen, all diese kleinen Risse. Wie er vor ihr gekrochen war! Sie hatte ihn ein Spiel spielen lassen. Er mußte auf den Knien herumkrauchen und ihr Taschentuch holen, wann immer sie es fallen ließ. Er bat so oft um Verzeihung, daß sie ihm schließlich befahl, still zu sein. Er erzählte ihr alles, wonach sie fragte.

Er schien so begierig zu reden, ihr zu gefallen. Und selbst wenn er schluchzte, sprach er doch weiter und weiter von Dingen, Dingen, von denen sie wußte, daß Papa sie erfahren wollte. Sie würde ihm davon erzählen, wie widerlich und schweinisch Father Calveston war, denn das traf wirklich zu, aber nichts von ihren Gefühlen, als er ihr das Taschentuch aufhob. Davon würde sie Papa nichts sagen. Sie wollte ihn nicht wütend machen. Father Calveston hatte dieselben Gefühle; als sie ging, war ihm das Ding wieder hochgegangen. Davon würde sie Papa erzählen. Ja, dachte sie, als sie die Treppen emporstieg.

Das Fenster nach Osten warf ein schräges Schattengitter über den Fußboden und gegen die blendend weiße Wand dahinter. Ein Rahmen für die Gestalt, die sich in jenes Licht bewegte und ihr Bildnis gegen diese Wand warf. Die Arme erhoben und gegen die Klappläden gestemmt, der Umfang des Körpers durch den Einfallswinkel des Lichtes verbreitert, stand die Gestalt da wie ein zu Stein gewordener Urmensch. Leichte Bewegungen erschütterten ihre Oberarme und Schultern, als presse sie sich gegen den soliden Holzrahmen: ein langsames Überprüfen bekannter Gedanken, wie man ein Tau prüft und Stück für Stück auslaufen läßt. Ein grobes rauhes Geflecht von Gedanken. Und an dem Tag, an dem der Fußboden darunter nachgibt, magst du um dein Leben daran hängen. Wie fest sind die Fundamente, denen man am meisten vertraut, und was muß man tun, um sie zu schützen? Das waren die langsamen Fragen aus dem Innersten, die das Beugen der Arme, das Anspannen der Schultern fragten. Die Zeit war gekommen, diese Fragen zu beantworten, die Antworten zu beschaffen. Nicht als Linderungsmittel für bestimmte Frageweisen, sondern als Marmortafeln: Antworten, die selbst die Möglichkeit auslöschten, daß solche Fragen erneut gefragt würden. Niemals wieder gefragt würden. Hinter dem Haus bellte und jaulte die Meute. Warum hatte man sie nicht gefüttert? Casterleigh wandte sich ärgerlich vom Fenster ab, gerade als Juliette ins Zimmer stürmte.

«Papa! Papa!», lachte sie atemlos. «Setz dich, Papa, laß mich dir meinen Tag erzählen.» Ihr Eindringen steigerte seinen Ärger zur Wut.

Er wandte sich um, als sie mit gerafften Röcken auf ihn zulief.

«Ruhe!» schnauzte er.

Sofort war sie ruhig, ihr Gesicht leer. Er sah sie an und sah die zuverlässige Angst in ihren Augen. Er war besänftigt. Er lehnte sich an den Schreibtisch, dann sprach er wieder.

«Erzähl mir von dem Jungen», sagte er.

Der Sommer kündete am Himmel sein Ende an, indem er kleine dunkle Wolken über Jersey sandte. Massiv und schwarz voll Regen sahen sie vor dem tiefen andauernden Blau unnatürlich aus. Ein frischer Südwestwind peitschte die Spitzen der höheren Gräser. Die Wolken wanderten oben schnell und schweigend dahin, und ihre Schatten rasten über Felder, Straßen und Häuser. Trotz der immer wieder aufleuchtenden Sonne und trotz der starken Brise hing immer noch Morgentau an den Grashalmen, durch die er schritt. Der Pfad wurde nicht oft begangen und war zugewachsen. Seine Schuhe waren durchnäßt, aber das bemerkte er kaum. Er kam zum Zauntritt, überstieg ihn und nahm seinen Weg die Straße hinauf zum Haus der Casterleighs.

Das Haus stand zwischen offenen Grasflächen, aber zwei schirmende Baumreihen, die gegeneinander versetzt waren, verbargen es vor Zufallsblicken. Lemprière umging die zweite Baumreihe und erblickte zum ersten Mal das Haus der Casterleighs. Da es erst ein halbes Jahrhundert alt war, hatten seine pflaumenroten Ziegel den verwitternden Einflüssen der Seeluft gut widerstanden. Die Farbe stach lebhaft aus dem sanfteren Grün der umgebenden Rasenflächen hervor und ließ das Haus größer erscheinen, als es war. Selbst so aber dürfte es dreißig bis vierzig Meter in der Breite messen, schätzte er. Die vier Ecken waren abgerundet und mit Erkerfenstern besetzt, was dem Bau ein ovales Aussehen gab. All die vielen großen Fenster waren mit scharlachroten formgenauen Ziegeln abgesetzt, und Pilaster liefen zwischen ihnen die ganze Höhe des Gebäudes empor und endeten in kunstvoll ausgemeißelten Steinkapitellen, die ihrerseits ein Gebälk trugen, das sich, soweit er erkennen konnte, um das ganze Gebäude zog. Zwei der Pilaster stiegen höher empor als die anderen und begrenzten ein Attikageschoß in der Mitte des Daches, und auf ihnen standen zwei verschlungen gemeißelte Steinfiguren. Doch war er selbst mit Hilfe seiner Brille nicht imstande, ihre genauen Züge auszumachen. Zwei Steintreppen stiegen parallel zueinander empor und trafen sich auf einem Altan vor dem Haupteingang, dessen Türen jetzt, wie gewaltsam von innen gestoßen, aufflogen.

»Tretet ein, John Lemprière, Euer Schicksal harret Euer!»

Die in spöttischer Feierlichkeit intonierten Worte verrieten Juliettes Anwesenheit im kühlen Schatten der Eingangshalle. Er nahm seinen Weg über die Treppe zur Linken. Juliette trat vor, um ihn zu begrüßen, lächelnd, während sich seine Augen langsam an das gedämpftere Licht in der Eingangshalle gewöhnten. An der Decke zielten pausbäckige Cupidos spielerisch mit Pfeilen aufeinander.

«Kommen Sie, Papa möchte Sie sehen.» Der alarmierte Ausdruck in seinem Gesicht trieb sie an. «Machen Sie sich keine Sorgen. Er möchte Ihnen nur danken.»

In seiner Tasche war eine Liste antiker Autoren, die er vor zwei Tagen zusammengestellt hatte. Er umklammerte sie wie ein Amulett. Juliette schwatzte über ihre Schulter hinweg, als sie ihn durchs Haus führte. Ihre Stimme federte, und Lemprière bildete sich ein, er höre unter ihren Worten einen Rhythmus heraus, der nicht so recht zu Jersey gehöre. Französisch vielleicht. Sie durchquerten ein Vorzimmer zum dahinterliegenden Salon.

«Papa, Doktor John Lemprière ist eingetroffen, um unsere Welt in Ordnung zu bringen.» Und mit dieser Einführung ließ sie ihn mit dem Viscount allein.

Casterleigh stand am fernen Ende des Raumes beim Schreibtisch. Selbst im Gehrock, den der Mann trug, bemerkte Lemprière die kraftvollen Schultern, die Dicke der Arme. Er vermittelte den Eindruck einer Stärke, die durch die Umgebung nur knapp im Zaum gehalten wurde.

Als er sich umdrehte, um seinen Gast zu begrüßen, war da eine schnelle kräftige Kontrolle seiner Bewegung, die sich auch in den Zügen seines Gesichts widerspiegelte. Sein ergrauendes Haar war nach hinten über den Kopf gestrichen, und seine Augen schienen, gleich auf welches Objekt sie sich richteten, nie zu blinzeln. Eine große römische Nase gab ihm ein falkenähnliches Aussehen.

«Vielen Dank, daß Sie uns zu Hilfe kommen, Mister Lemprière. Es ist ein glücklicher Zufall, daß eine Insel von der Größe Jerseys den

Mann für diese Aufgabe aufweist.» Er spielte mit einem Papiermesser auf dem Tisch. «Ich habe Herrn Quint, mit dem Sie ja wohl von früher her bekannt sind, Anweisungen gegeben.» Lemprière nickte. Der Viscount starrte ihm unverwandt ins Gesicht. Lemprière begann zu empfinden, daß er sehr viel gründlicher gemustert wurde, als es die Situation verlangte. «An die Arbeit denn. Bis später, Mister Lemprière.» Er streckte eine große Hand aus.

«Ja», erwiderte Lemprière. Seine Hand wurde ergriffen, dann losgelassen. Der Viscount beobachtete, wie ein Mädchen erschien und ihn durch eine Tür in der Wand geleitete, die an jene anschloß, durch die er eingetreten war. Sie überquerten einen Korridor und blieben vor einer zweiten Tür stehen. Das Mädchen klopfte, und da sie keine Antwort hörte, führte sie Lemprière in den Raum, der die Bibliothek beherbergte.

«Danke», murmelte er, als sie ihn verließ. Die Tür fiel leise ins Schloß.

Die Bücherborde waren vom Fußboden bis zur Decke vollgestopft. Die obersten waren sechs oder acht Fuß außer Reichweite und wurden von einer Leiter auf Laufrollen bedient, die in Messingschienen im Fußboden liefen. Ein langer Tisch aus poliertem Walnuß spannte sich fast durch die ganze Länge des Raumes zu einem großen Fenster, das ein fahles leuchtendes Licht hereinließ. Am anderen Ende des Tisches tickte eine Standuhr in Mahagoni sanft die Sekunden fort. Die Luft war schwer von einem trockenen modrigen Geruch. Das Wesen von Büchern atmete Lemprière.

Er sah sich um in dem Raum, und seine Augen weiteten sich. Saffianledereinbände in rot, blau und oliv, kunstreich gepunzt und mit Gold und Silber beschriftet. Emaillierte Cloisonné-Einbände aus Deutschland, punktierte Einbände aus Frankreich, vielleicht gar vom Gascogner, erwog er, bevor der Schimmer von halbvergoldetem Silber seinen Blick fing, das Werk von Gentile? Der Sammler dieser Bibliothek war vom gleichen Rang wie Grolier. Juliette hatte den Eindruck erweckt, die Sammlung sei ein lumpiges Überbleibsel aus einem Landsitz, der in schwierige Zeiten geraten war. Er war nicht vorbereitet auf ein spätes Alexandrien. Hier fanden sich herrliche Arbeiten von Derome und Dubuisson, und einige von Padeloup, ihrer beider Meister. Die phantastischen Zeichnungen und die verschwenderischen Blumenmuster der Le-Monnier-Gruppe hielten seine Aufmerksamkeit für einen Augenblick gefangen, bevor ihn Paynes charakteristische ledergerippte Buchrücken anzogen. Stormont, französische

Muscheln, Antik und tausend andere Marmorierungen begleiteten verschnörkeltes Filetwerk, verschlungene Kartuschen und Vorsatzpapiere in jeder nur denkbaren Schattierung. Eine Enzyklopädie der Buchbindekunst entfaltete sich mit den Seiten eines jeden Buches weiter, wenn Lemprière das eine aufnahm und es durch ein anderes ersetzte, sobald das sein Auge einfing. Hier gab es das *Astrolabium* von Johannes Angelus, Aschams *Toxophilus*, das *Stundenbuch* auf Lateinisch und auf Holländisch. Viele fremdartige Bücher, davon er nie gehört hatte, fesselten ihn für einen Augenblick: *Decades de Orbo Novo* aus der Feder von Pietro Martire d'Angheri, von Ibn Bachtischu *On the uses of Animals*, Ludwig Holbergs *Nikolai Klimii Iter Subterraneum*.

Jedes Land, daran er denken konnte, schien irgendwo in der Bibliothek vertreten zu sein. Und jedes Zeitalter von den Kirchenvätern bis zu den jüngsten Autoren. Enzyklopädien, Erbauungsbücher, Werke der Dichtkunst und der Wissenschaft, Flugschriften und Handbücher, alle waren auf den Bücherborden aufgereiht, die ihn umgaben. Von der Ansammlung von Gelehrsamkeit vor sich bezaubert, bewegte er sich auf und nieder. Die Bände schienen thematisch geordnet zu sein. Blith Hancocks *The Astronomy of Comets* führte ganz natürlich zu Kopernikus' *De Revolutionibus Orbium Caelestium*, und von da weiter zu William Molyneux' *Sciothericum Telescopicum* und zu Banfields *New Treatise on Astronomy*. Von da aus verlagerte sich die Betonung auf die Schiffahrt mit Daniel Fennings *New and Easy Guide to Globes*, das Hardings *Essay on Tables of Latitude* folgte, und einer großen Anzahl von Reiseberichten. Doch immer wieder ließ eine mißtönende Folgewidrigkeit oder eine organisatorische Laune den jungen Mann bei seiner Suche nach dem Grundprinzip dieser Anordnung auf Grund laufen. Johannes Bisselius' *Argonautica Americana* vertrug sich gut mit Primèlers *Tour from Gibraltar to Tangiers*, und beide paßten zu Chetwoods *The Voyages, Dangerous Adventures and Miraculous Escapes of Captain Falconar*, doch als das nächste Buch auf dem Bord *Poems* von Maria und Henrietta Falconar war, wußte er nicht mehr, was er denken sollte. Daß die Namen sich entsprachen, war so offensichtlich wie die Nase in seinem Gesicht, aber warum das plötzlich das Ordnungsprinzip sein sollte, vermochte er nicht zu erraten.

Ähnliche Willkürakte ereigneten sich in der ganzen Bibliothek. Marsdens *Account of the Islands of Jamaica*, Brooks über *Weights and Measures in the East Indies* und Hanways *History of British Trade in the Caspian Sea* scharten sich harmonisch genug zwischen anderen Werken über Handel und Reise zusammen. Doch in ihrer Mitte plötzlich auf Giovanni Gallinis *Critical Observations on Dancing* zu stoßen, verwirrte ihn völlig. Er fühlte sich, als ob er in der Gegenwart eines Geistes sei, der sich zwar bereit erklärt hatte, ihm seine Arbeitsweise offenzulegen, aber dennoch jenseits des Verständnisses verharrte, unergründlich und gegenüber seinen Bemühungen voller Verachtung. Plötzlich erkannte er, daß die Bibliothek – nach welchem Prinzip auch immer – in Zyklen angeordnet war. Er konnte jedes beliebige Buch auswählen: dessen Gefährten führten ihn unausweichlich zu ihm zurück. Und herum und herum und herum, dachte er düster. Ohne A bis Z, ohne Damals und Jetzt war er ein glückloser Theseus, der einen teilnahmslosen Minotauros jagte, wobei beide wußten, daß es ohne Anfang und Ende auch keinen Eingang oder Ausgang geben kann. Nur sinnlose Wanderungen und Rückkehren.

Lemprière dachte erneut an das Buch über Globen. Dieser Raum, diese Bibliothek ist ein Globus, grübelte er. Hier sind alle Zeiten, und ebenso sicher sind hier alle Orte. Wenn ich hochreiche und Basinius, Rudolphus Agricola oder Aeneas Sylvius in die Hand nehme, wie ich könnte, wer möchte dann sagen, daß ich nicht in dem Frankreich, dem Deutschland, dem Italien wäre, in dem sie entstanden? Ich bin es natürlich nicht, aber genausogut ist es möglich, daß ich es sein *könnte*. Ich müßte erst diese Bibliothek verlassen, um zu sagen, daß ich es *nicht* bin, um dessen sicher zu sein. Und wenn ich Vesalius' *De Fabrica Corporis Humani* zu Rate ziehe, wessen Körper ziehe ich dann zu Rate? Und wenn ich mir von Struthius *De Arte Sphugmica* herabnehme und über die Aktion des Pulses nachlese, wessen Puls nehme ich dann? Und wenn ich diesem Puls nach dem Schlag jener Uhr lausche, messe ich dann meinen Puls oder jenen Zeitmesser? Er wurde verwirrt. Denn wenn die Uhr den Puls mißt, was mißt dann die Uhr? Die Weisheit der Bibliothek begann in sein Verstehen einzusickern, als er versuchte, an Zeit, an das Ticken der Uhr als nichts denn müßiges Klappern zu denken.

Der junge Mann stand hingerissen von diesen sonderbaren Gedanken. Er fühlte, daß er durch reinen Zufall in einer fremden und unwiderstehlichen Landschaft angekommen war und daß er, als er die Augen öffnete, um sich umzusehen, alles gesehen und nichts erkannt hatte. Er stand stocksteif, den Rücken zum Fenster, während ihn die schweigenden Reihen der Bücher von ihren Borden aus betrachteten. Er schloß die Augen und stellte sich vor, er höre sie murmeln. Ein tiefes leises Babel der Akzente und Sprachen, miteinander verschmolzen, ununterscheidbar. Und weit riß er die Augen auf, denn er *hörte* sie. Er hörte ihre Stimmen! Aber sein Staunen war kurzlebig, da die Erklärung dieser Erscheinung in Gestalt von Juliette und, eine Sekunde später, von Mister Orbilius Quint in den Raum kam.

Grauhaarig und leicht gebeugt, Quints Bewegungen waren seltsam vogelartig, als er steif durch den Raum kam. Juliette setzte sich ungezwungen auf die Tischkante.

«Nun denn, nun denn, wenn da nicht mein Schüler zurückgekehrt ist, um mir bei meiner Arbeit zu helfen.» Seine Stimme kratzte in Lemprières Ohren.

«Wohl, wohl, wollen wir arbeiten, hm? Oder sollen wir müßig bleiben und auf die mongolischen Horden warten? Auf denn, John...»

Orbilius Quint machte es sich rasch in der Rolle des Lehrmeisters bequem, aber sein früherer Schüler war nicht bereit, sich einer Autorität zu unterwerfen, die ihn vor zehn Jahren verärgert hatte und ihn jetzt nur noch störte. Nein, mein lieber Quint, dachte er, ich werde keinesfalls dein Amanuensis sein, das hier ist meine Arena, die Bibliothek, und diesmal wirst du es sein, der ins Joch muß. Laut aber sagte er lediglich, daß er nicht erwartet habe, Mister Quint zu sehen, daß er dessen Hilfe begrüße (die in Wahrheit gar nicht angeboten worden war), und natürlich sei es um so besser, je früher sie begönnen. Beide beschäftigten sie sich damit, Federn, Papier und Tintenlöscher vorzubereiten, und als Lemprière seine Gerätschaften vorbereitet hatte, war er es, der die Initiative ergriff.

«Wir wollen dann mit dem Anfang anfangen», kündigte er an, «mit Homer.»

«Die Frage ist doch wohl eher, meine ich, die nach der Ausgabe, und nicht die nach seiner Aufnahme, hmhm?» konterte Quint.

«Die beste Ausgabe ist natürlich...»

«...die von Ernesti», schnitt ihm Quint den Satz ab.

«Nein, jene des Eustathius von Thessalonica ist zweifellos die beste. Doch da sie praktisch unerreichbar ist, wird Ernesti an ihrer Stelle genügen müssen.»

Die Ehren gingen ungefähr zu gleichen Teilen an beide, und sie machten mit Hesiod weiter, wobei Lemprière erfolgreich für Wolfs Ausgabe eintrat, die im vergangenen Jahr erschienen war und vor allem deshalb gewann, weil Quint nichts von ihr gehört hatte. Juliette, die nicht das Geringste von den unterschiedlichen Verdiensten der Herausgeber des askranischen Sängers verstand, verstand sehr wohl die unterschiedlichen Verdienste ihrer Verteidiger. Sie schürte die Flammen ihrer Rivalität mit Ausrufen der Unterstützung oder der Warnung, während sie die Lanzen über abstruse Fragen der Grammatik, verderbte Fragmente und feinere Unterscheidungen der klassischen Paläographie brachen. Ihre Seiten waren übersät mit den Leichen toter Autoren, und die Luft wurde dick von umstrittenen Emendationen.

Lemprière kämpfte hart für Oppian über Fische. Quint räumte den *Halieiticon* ein, blieb aber beim *Cynegeticon* unerbittlich. Quint bestand darauf, zwanzig Zeilen von Bakchylides zu zitieren.

«Bravo!» rief Juliette aus, als er endete. Lemprière antwortete mit sechs möglichen Konstruierungen einer Zeile von Anaxilas und erntete ein ähnliches Loblied. Jeder wahrte dem anderen gegenüber strengste Höflichkeit, aber beide wußten, daß sie hier ihr Bestes taten, daß in gewissem Sinn sie dies waren. Ihr Katalysator warf den Kopf zurück und klatschte mit den Händen auf den Tisch, als die Schlacht von Athen bis Rom tobte. Vergebens versuchte Quint, ihre Begeisterung zu dämpfen, sie trieb sie weiter, da auf dem Ende des Tisches hockend. Lemprière bestritt Caesar einen Platz im literarischen Pantheon.

«Entweder waren das Notizen, oder er hat nicht einmal die ersten Grundsätze der Grammatik verstanden», argumentierte er ungeduldig. Quint kannte diesen Gedankengang, wollte sich aber nicht darauf einlassen.

«Er rechtfertigt seinen Platz als Stratege», erklärte er schlicht.

«Und die Aeneis als Reiseführer», setzte der junge Mann hinzu und entlarvte das Argument.

«Oh, aber doch nicht, doch aber gar nicht das gleiche, sehen Sie . . .»

Doch Lemprière gewann langsam die Oberhand. Catos *De Re Rustica* verursachte eine scharfe Rauferei, da Quint die Ausgabe von Petrus Victorius vorzog, Lemprière die modernere von Gesner. Lemprière gab schließlich nach, blieb aber in einem halben Dutzend weiterer Fälle fest. Noch nie waren seine Gedanken so klar gewesen und seine Begründungen so durchdringend. Er zitierte mühelos lange Textpassagen und hielt nur inne, um hier eine komplizierte Textstelle, dort eine verderbte Lesart zu erklären. Alles war klar, und während er damit weitermachte, diesen Punkt zu belegen oder jenen zu widerlegen, behielt er den alten Mann im Auge, den wirklichen

Gegenstand, das Ziel seiner Bemühungen. Juliette begünstigte jetzt offen sein Vorrücken. Das spornte ihn weiter.

Das Licht draußen begann zu verblassen, als sie Sextus Propertius erreichten. Quint schwitzte, während sein Gegner ein halb verborgenes Lächeln trug, als ob er einen nur ihm bekannten Witz genieße.

«Die Ausgabe von Santenus soll, wie ich gehört habe, ausgezeichnet sein. Prägnant, gelehrt...»

«Ich glaube nicht», schnitt Lemprière ihn ab.

«Dann die von Barthius...»

«Nein, Properz ist der Aufnahme unwürdig.»

Und Quint fand sich in der eigentümlichen Lage, einen Poeten, den er verabscheute, gegen die Vorwürfe eines zu verteidigen, den er als dessen leidenschaftlichen Anhänger kannte. Doch Lemprière ließ sich nicht umstimmen, die Gedichte seien schlüpfrig, umgangssprachlich, ungrammatisch und voller schwerfälliger Archaismen.

«...und wenn wir ihn wegen seiner Gelehrtheit lieben, dann können wir uns auch mit Ovid zufriedengeben», schloß er wegwerfend. Quint war versucht, all diesen Vorwürfen zuzustimmen, doch da er sich der Gegenmeinung verpflichtet hatte, bekämpfte er ingrimmig einen jeden. Lemprière aber wollte sich nicht überzeugen lassen. Juliette lärmte immer lauter.

«Es sei denn», räumte der junge Mann ein, «daß er allein durch sein fünftes Buch vertreten wird, denn die ersten vier erscheinen völlig unannehmbar.»

Quint stürzte sich auf den Kompromiß.

«Genau, genau, das fünfte Buch, ja auch ich...», stürzten die Worte in verwirrter Zustimmung hervor. Lemprière hielt für einen Augenblick an sich, dann lehnte er sich vornüber auf seinen ehemaligen Lehrer zu.

«Es gibt kein fünftes Buch.»

Er ließ die Tatsache fallen wie einen Stein in einen stillen Teich, der ihn verschluckt und außer Sicht saugt und nur ein Gekräusel übrigläßt, das sanft aufs Ufer zuschwappt, und noch bevor es dort ankommt wieder in Schweigen fällt. Im gleichen Augenblick war der Raum sehr still.

«Es ist spät, ich muß gehen», murmelte der alte Mann. Ohne einen von beiden anzusehen, drehte er sich um und ging hinaus. Erst als er die Türe schloß, sah Lemprière die Erniedrigung auf seinem Gesicht. Und in diesem Augenblick tat es ihm leid. Leid, in einem tiefen Bedauern darüber, was er getan hatte, und bestärkt in der Gewißheit, daß er falsch gehandelt hatte. Aber Juliette glaubte nicht, daß er falsch gehandelt habe. Nein, Juliette glaubte keineswegs, daß er falsch gehandelt habe. Sie legte ihre kühle Handfläche gegen seine Wange und berührte sie für den kleinsten Bruchteil einer Sekunde mit ihren Lippen.

«Bravo mein Krieger.»

Ihr heißes Flüstern in sein Ohr.

«Meinen Dank Ihnen, Mister Lemprière, und dieses Zeichen meiner Zufriedenheit mit Ihrer Arbeit. Gemeinsam werden wir die Buchhändler Englands für ein Jahrzehnt bei Kasse halten.»

Die Notiz war nur mit einem «C» gezeichnet. Für Casterleigh. Er wendete das Buch in der Hand um. Es war schön. «Ovidius Publius Naso *Metamorphoses*» in Silber auf das schwarze Kalbsleder geprägt. Er öffnete es irgendwo:

> *Rumor in ambiguo est; aliis violentior aequo*
> *Visa dea est . . .*

Vier Tage waren vergangen, seit er als Sieger aus der Bibliothek aufgetaucht war. Vier Tage, während derer er an wenig anderes gedacht hatte als an das Vorbeistreichen von Lippen an seiner Wange. Er war geistesabwesend zurückgekommen, dachte seine Mutter, aber glücklicher. Das Rascheln von Papieren aus seines Vaters Arbeitszimmer hörte nicht auf, und das Maß seines Tuns stieg und sank während aller Stunden des Tages wie der Nacht. Normalerweise hätte sein Sohn dieses Tun zum Gegenstand aufmerksamster Studien gemacht, ein weiterer Schlüssel zu dem Rätsel, das sein Vater darstellte, diesmal aber war er in seine eigenen Gedanken versunken. Gedanken an das Mädchen in dem Haus jenseits des Tales, Gedanken, die eher wie Verehrung waren, Verehrung, die eher wie Liebe war. Wie Liebe, doch hielt ihn irgend etwas davor zurück. Als er ihr in die Augen geblickt hatte, jenes erste Mal vor der Kirche, hatte er ein Bildnis all dessen erblickt, das begehrenswert war, alles, was er lieben *könnte*. Aber mehr sah er nicht. Über jene tiefen schwarzen Augen hinaus wußte er nicht. Das verwirrte und entflammte ihn. Ein angemessenes Geschenk, dachte er.

Lydische Frauen, Mädchen aus Theben und Haemonia, die sich in ihrem Bemühen, den knorrigen Händen zu entkommen, die nach ihren Fußknöcheln griffen, in Bäume, Vögel und Flüsse verwandelten. Er blätterte die Seiten ohne Methode um, die vertrauten Geschichten von Keyx und Alkyone, von Jupiter und Europa und von der Rache Althaias durchwandelten leichtfüßig seine Gedanken. Das Buch selbst aber war eigenartig. Der Text war, soweit er sehen konnte, fehlerfrei, aber kein Herausgeber wurde genannt. Weder gab es ein Datum noch das Zeichen eines Druckers, um die Herkunft anzuzeigen. Der einzige Hinweis war eine weitere Sonderbarkeit. In der Mitte des Frontispiz befand sich gedruckt ein Kreis, offenbar ein Symbol für irgendwas, aber der Abdruck war elend, der Kreis war an einer Seite gebrochen. In den meisten Ausgaben würde das seinen Blick nicht für eine Sekunde gefesselt haben. Unsaubere Typen waren häufig genug. Hier aber waren die Typen durchgehend ausgezeichnet, und jede Spitze und jeder Punkt vollendet geformt. Einen so offensichtlichen Fehler würde der Drucker also sicherlich gesehen haben... es verwirrte ihn. Doch ließ er sich dadurch die Freude nicht verdrießen, die ihm das Durchblättern der Seiten schuf. Fast jede Geschichte war illustriert. Kleine Holzschnitte durchsetzten den Text; sie ergänzten schön die feine römische Type, doch sie fesselten seine Aufmerksamkeit nicht. Bis er zur Legende von Aktaion und Diana kam.

Dieser hier war anders. Er füllte eine ganze Seite, enthielt weit mehr Einzelheiten als die anderen und sah aus, als habe der Künstler nur halbherzig versucht, den Stil der anderen nachzuahmen. Er bemerkte, daß die Seitenzahlen das nicht erklärten. Der Künstler hatte offenbar lange und gründlich über die Torheit Aktaions nachgedacht. Der arme Aktaion, von seinem eigenen Mißgeschick dazu verdammt, die glühende Keuschheit Dianas in ihrer Nacktheit zu erblicken. Gerade ist sie im Teich überrascht worden, ihr Bogen ist ungespannt. Doch rettet das Aktaion nicht, schon ist sein Kopf ein Hirschkopf und seine eigenen Hunde reißen an seinen Beinen und seinem Brustkorb. Ein Arm ausgestreckt nach Unterstützung zum Baum hinter ihm, der andere in vergeblichem Flehen zu den Himmeln erhoben, sein Hirschhaupt brüllt vor Schmerzen, doch vergeblich. Diana erscheint gelassen, ihr sanfter Arm, den nur mit Türkisen besetzte Lederbänder schmücken, hält den Bogen so, als zeige sie ihn einem verborgenen, aber zugelassenen Betrachter. Eine Brust ist frei. Eine Baumallee verlängert die Perspektive in den Hintergrund des Bildes, und in den schattigen Tönen und Halbtönen überblickt eine Gestalt, die ein Mann zu Pferde sein könnte, die Szene. Das Bild ergriff den jungen Mann. Er wußte nicht warum. Aktaions Schicksal hatte zuvor für ihn nur wenig Interessantes gehabt. Jetzt aber brütete er über der Geschichte und suchte halbbewußt nach Hinweisen, warum sie ihn faszinieren sollte. Doch fand er nur, was er schon immer gefunden hatte. Ovids ziemlich bleierne Ironie, ein sonderbares Beieinander von Schönheit und Gewalttat in den Beschreibungen und eine abstrakte Art Mitleid für den Enkel des Kadmos, den ein *crimen fortunae* niederstreckte. Ob Aktaion sein grausiges Geschick verdiente oder nicht, bildete für die klassische Welt ein abgedroschenes Thema. Er erinnerte sich, daß er es einst mit Quint durchdiskutiert hatte und daß sie schließlich die Seiten wechselten und es entgegengesetzt diskutierten. Das war eine glückliche Erinnerung, und plötzlich empfand er erneut Bedauern wegen seines Triumphes über den alten Mann. Doch Juliette hatte ihn beschwichtigt, und noch mehr. Sie hat mich geküßt, dachte er, und kehrte dann zurück zu Dianas Ungeheuerlichkeit ob Aktaions neugierigem Blick.

Es gab keinen Schlüssel. Jedenfalls hier nicht. Und noch nicht... Charles Lemprière hielt in seinen Mühen inne. Die Zeit war nicht auf seiner Seite. Der Pfad hatte sein Ende erreicht, doch das Ziel war noch nicht in Sicht. Er war ihm nahe, soviel wußte er, vielleicht schon nahe genug. Vielleicht konnte er die Wasser erregen, auch wenn er sie nicht herausspülen konnte, oder vielleicht würden sie aus eigenem Antrieb auftauchen? Er lächelte nicht bei diesem Gedanken. Er würde Köder für Geschöpfe sein, von denen er nur wußte, daß sie in dunklen Räumen auf ihn warteten, in denen er nichts sehen konnte. Doch war es an der Zeit, sie ins Licht zu locken... oder war es die Zeit zu sterben? Er spielte sich Ärger über sich selbst vor wegen des Melodrams seiner Gedanken. Doch irgendwo in ihm lauerte das Wissen, daß jenes Melodram nichts als die Wahrheit sein mochte. Es wartete darauf, von ihm entdeckt zu werden, und er wich ihm aus. Wann würde er für jenes Wissen bereit sein? Wann ist irgendwer das, dachte er. Durch das offene Fenster lupfte die Brise die Kanten der Papiere, die auf dem Tisch vor ihm in Unordnung getürmt waren. Von Zeit zu Zeit segelte eines sanft zum Boden nieder. Es lagen da schon eine ganze Anzahl. Wie lange bin ich hiergewesen? Sie würden von Chadwick erfahren haben, jetzt Rechtsanwalt. Das mußte er annehmen... Der Rest war einfach zu erraten. Er wünschte das für sich auch. Es war zu spät, die Sterne schimmerten aus dem Nachthimmel des Sommers auf ihn herab. Irgendwo zwischen jenen Lichtpunkten gab es eine Ordnung, irgendwo – behaupteten die Theologen – gab es die Form, die sie alle erklärte. Und vielleicht werde ich sie finden, dachte er.

Wer immer mit außergewöhnlicher Sehschärfe und der Fähigkeit begabt war, auf die Spitze der Windmühle zu Rozel zu klimmen, würde, wenn er oder sie gen Westen auf das Haus der Lemprières geblickt hätte, eine erfreuliche Gleichförmigkeit der beiden unbewußten Köpfe erblickt haben, die auf Tischen hinter den Fenstern am linken und am rechten Ende jenes Hauses lagen. Wäre er oder sie steintaub und hätte also Marianne Lemprières aufschreckenden Ruf zu den Waffen nicht vernommen, würde es wohl als kaum weniger denn ein Wunder erschienen sein, daß beide Köpfe plötzlich emporfuhren, mit vom Schlaf noch tauben Händen gerieben wurden, gähnten, sich streckten und fast gleichzeitig erschienen, als seien sie Marionetten, die am gleichen Satz Schnüre hingen. Doch wäre er oder sie in diesem Gedankengang enttäuscht worden, sobald enthüllt wird, daß danach ihre jeweiligen Morgenrituale ausreichend unterschiedlich verliefen, um die Tatsache hervorzulocken, daß jeder Kopf sehr verschiedenartige Vorstellungen von den Tätigkeiten hatte, die dem Übergang vom Schlaf in einen Zustand des Wachseins mehr oder weniger angemessen seien.

Während Charles Lemprière seinen Kopf in das Wasser einer weißen Emailschüssel steckte, riß sein Sohn den Mund auf, um seine Zähne im Spiegel anzustarren. John Lemprière nahm seine Brille ab, um sich den Schlaf aus den Augen zu reiben, und brachte dann schüchtern ein wenig kaltes Wasser in seinem Gesicht zur Anwendung. Sein Vater rubbelte sich den Hinterkopf ab und zog sich ein gestärktes frisches Hemd an. Nachdem beide ihre jeweiligen Waschungen vollzogen hatten, stiegen sie die Treppe hinab und begegneten einander zum Frühstück. Unangenehme Neuigkeiten erwarteten sie.

«Dies könnte wohl der letzte schöne Tag des Sommers sein», begrüßte Marianne Lemprière sie.

«Mag sein, Marianne, mag wirklich sein», antwortete ihr Gatte durch eine Mundvoll Ei. Ihr Sohn nickte. Beide Männer hatten zur gleichen Zeit den gleichen Gedanken.

«Nein, Marianne. Das ist wirklich nicht nötig.»

«Das Haus hat noch nie ausgesehen, nie ausgesehen . . .»

«. . . leckerer ausgesehen», improvisierte Charles den Satz seines Sohnes zu Ende.

Marianne Lemprière wartete auf Schweigen.

«Der letzte Sommertag ist der Tag, an dem das Haus vor dem Winter gereinigt wird», verkündete sie und lächelte über ihre Gesichter, die lang wurden.

«Und ich will euch beide *nicht* zwischen meinen Füßen haben. Bist du mit dem Frühstück fertig, John? Gut. Charles?» Er gab ihr seinen Teller. «Ich will vor frühestens fünf Uhr keinen von euch sehen. Und dann will ich euch beide sehen.» Sie lachte, als sie sie durch die Tür hinausschob.

«Fünf Uhr!» rief sie ihnen nach, als die Tür zuschlug.

Draußen sahen sie einander verlegen an. In ihren spaßhaften Protesten gegen ihre Vertreibung aus dem Haus lag eine seltene Ader enger Vertrautheit, die ihnen jetzt, der humorigen Verpackung entkleidet, peinlich war. Egal. Sie hatten miteinander einen Scherz geteilt, wie Vater und Sohn das wohl tun mögen. Der Sohn grinste.

«Ich glaub, ich werd nach St. Lawrence gehn», sagte er.

«Und ich zu Jake Stokes», schloß sein Vater sich an. Beide lächelten, es waren dies ihre üblichen Zufluchtsorte in Zeiten von Mariannes Säuberungskrisen. Der Klang von Töpfen und Tiegeln, die für die Tätigkeiten des Tages zurechtgestellt wurden, ertönte aus dem Innern. Das Haus dröhnte wie eine Schmiede, und bald würde Marianne, sie wußten es, auftauchen, um Wasser zu holen.

«Bis heute abend dann, John.»

«Auf Wiedersehen, Vater.» Und damit trennten sie sich.

Jenseits der dazwischenliegenden Felder von St. Martin führte, in einer Entfernung von zwei oder vielleicht drei Meilen, Viscount Casterleigh sein Pferd am Zügel zu den Hundezwingern. Das Tier schnaubte und warf seinen Kopf herum, entnervt vom plötzlichen Geheul und Gebell. Sein Gesicht war gefaßt, Entschlossenheit mischte sich mit den ersten Spuren von Erregung. Der Plan hatte Gestalt angenommen, als der Rechtsanwalt sie besucht hatte. Irgendwann hatten sie alle, sogar Jacques, gewußt, daß es wieder dazu kommen würde. So war es immer gewesen. So würde es immer sein.

Wo war das Mädchen? Schon krallten die Hunde umher und wollten losgelassen werden, sie spürten den Aufbruch. Er hob den Riegel, und sie ergossen sich in den Hof, und sie stolperten übereinander in einem gereizten Gemisch von Schwänzen und Beinen und schnappten einander nach den Ohren, und kurze bösartige Scharmützel fanden statt, als jeder um seinen Platz in der Hierarchie der Meute focht. Er saß auf, und die Hunde gerieten außer sich und tobten in Erwartung der Jagd in Kreisen herum. Wo war das verdammte Mädchen? Er rief in steigendem Ärger nach ihm, als es um die Ecke gerannt kam. Es mußte als erstes aufsitzen. Es durfte keine Verzögerung geben.

«Rauf mit dir!» befahl er, als sie erwartungsvoll dastand, für die Aufführung kostümiert.

Die Hunde waren nicht ruhiger geworden. Schwergebaute Tiere. Er fühlte das Pferd sich unter dem leichten Gewicht des Mädchens stetigen. Ihre Hände schlossen sich um seine Hüfte. Sie würde ihre Rolle wie angewiesen spielen, selbst ohne es zu wissen. Er lächelte ob der Ironie vor sich hin. Die Gestaltung der Szene mochte nicht von ihm sein, und es mochte ihm sogar zuwider sein, an ihr teilzuhaben, aber die Rolle selbst, die konnte er genießen. Plötzlich schlossen sich seine Gedanken darum und faßten hart nach dem, was er zu tun vorhatte. Das Pferd, seine Reiter und die ungeduldige Meute drehten umeinander, machten sich eine Sekunde startbereit und strömten dann aus dem Tor auf den Zaun zu und in die Felder dahinter. Die Hunde schwärmten fächerförmig aus, gierend nach Tötung.

Nachdem der Sohn und der Vater sich getrennt hatten, schlug Charles den Weg zur Kirche Sankt Martin ein, während sein Sohn quer über die Felder auf die Klippenhöhen zulief, die sich rund um die Bouley-Bucht erhoben. Sobald er die Kirche erreicht hatte, nahm auch Charles den Weg über die Felder, wobei er den Heckenreihen nach Osten folgte in Richtung La Vallée und auf das Haus von Jake Stokes in Blanche Pierre zu, das sein Ziel war. Jake würde ihn erwarten. Er wußte genausogut wie Charles, daß Mariannes hausfrauliche Kampagnen nach einer strikten Ordnung durchgeführt wurden. Und als er so durch die Felder ging, wurde immer offensichtlicher, daß dies tatsächlich der letzte schöne Tag des Sommers war.

Die Sonne war bereits hoch gestiegen, und die stille Luft hielt die Morgenhitze. Im Südosten sah er eine niedrige schwarze Wolkenbank, die dicker und dunkler zu werden schien, während er sie beobachtete. Jake würde sie ebenfalls sehen und Mariannes Reaktion erraten. Der Gedanke an seine Frau schmerzte ihn plötzlich. Sie hatte so hübsch ausgesehen, als sie ihr Lächeln hinter gespielter Strenge verbarg. So begehrenswert, und da fiel ihm ein, daß sie seit Wochen nicht mehr beisammengelegen hatten. Wie viele Wochen? Er hatte es vergessen, und plötzlich überkam ihn die Regung, auf der Stelle umzukehren. Umzukehren und die Tür ihres Hauses aufzustoßen und ihr die Hand zu küssen und zu sagen, daß er ein dummes Tier sei, sie so zu vernachlässigen. Und sie würde lachen und sagen, wie sie schon einmal gesagt hatte, daß sie ein Verlangen nach dummen Tieren habe, und ihn an der Hand nach oben geleiten.

Aber Marianne war beschäftigt und würde solches Eindringen nicht begrüßen. Das wußte er und ging weiter. Vögel sangen in den Hecken. Er glaubte, eine Elster zu sehen und aus der Ferne das Bellen von Hunden zu hören. Er liebte seine Frau. Er hoffte, es werde noch Zeit sein, seine Gleichgültigkeit wieder gutzumachen, denn so müsse sie das wohl sehen, dachte er. Das Gras unter seinen Füßen fühlte sich unnachgiebig an, ausgetrocknet von der Sommersonne. Risse waren in höher gelegenen Äckern aufgetreten und beunruhigten einige der Bauern. «Der Boden gibt seinen Geist auf», sagten sie, ohne es zu glauben. Er fing erneut den Laut der Hunde auf. Casterleighs Hetzhunde, dachte er bei sich. Gott mochte wissen, warum er sie auf Jersey hielt. Es gab wenig genug zu jagen.

Er suchte sich seinen Pfad aufs Geradewohl durch die Felder, wobei er sich eher an die allgemeine Richtung hielt als an einen besonderen Weg, und so war es denn vielleicht eine unglückliche Lüge der Hecken, die ihn statt wie üblich nach Süden jetzt nach Norden gehen ließ. Oder vielleicht hatte er sich auch einfach verlaufen. Sicher aber ist, daß er jedesmal, wenn er sich nach Süden wandte, die Laute von Casterleighs Hunden hörte. Zumindest nahm er an, es seien die von Casterleigh. Tatsächlich sah er sie nie. Er mochte Hunde nicht, aber seine halbbewußten Anstrengungen, die Meute zu umgehen, führten lediglich dazu, daß er in einiger Entfernung im Norden von Quetivel Mill wieder auftauchte, als er normalerweise erwartet hätte, sich etwa eine halbe Meile von Les Chasses zu befinden. Davon war er drei oder vielleicht vier Meilen entfernt. Verdammte Tiere. Doch war es seine eigene Ängstlichkeit, die ihn am meisten aufbrachte. Er entschloß sich, geradewegs hinab ins St.-Lawrence-Tal zu steigen und dem Fluß hinab nach Blanche Pierre zu folgen, das im Süden lag.

Die Meute wurde schneller. Ihre Spur führte durch Champs Clairs, schnitt die Kirchenstraße nach Handois, kreiselte und bewegte sich hinab nach Quetivel und ins Tal, führte über Gestrüpp und Weideland, über Hecken und Gräben, über Mauern und Zäune, über Wiesen und Brachland und durch Unterwuchs, der sich in Waldland wandelte, bis die Wurzeln emporreichten, um die Hunde zu Fall zu bringen, als sie ihren Weg einen steilen Abhang hinab nahmen. Der Mann zu Pferde suchte sich einen überlegteren Weg und lenkte sein Pferd hinab zu den Büschen, die er da unten wußte. Die Hunde hechelten, und lange Zungen. Sie bellten nicht mehr.

Die steilen Seiten des Tales bestanden aus dunkler Erde, die ihr Baldachin aus Bäumen nicht vor dem Austrocknen geschützt hatte. Sie brach unter Charles' Füßen weg, als er den Abhang halb hinabrannte, halb hinabrutschte. Er war kaum in Gefahr zu stürzen. Die Bäume warfen Ellenbogen aus dicken knorrzigen Wurzeln hoch, die ihm beim Abstieg als Geländer dienten. Als der Abhang auszulaufen begann, dünnten die Bäume aus, und dichtes Brombeergesträuch nahm ihren Platz ein. Charles kannte ihre elastischen stachligen Stengel vom Beerenpflücken als Knabe. Doch hier hatte niemand Beeren gepflückt. Sie waren am Zweig zu zähen braunen Knospen verschrumpelt. Er suchte sich seinen Weg sorgsam um die dichten Büsche herum, bis er – ein wenig zu seiner Überraschung – einen gangbaren Pfad fand. Der mußte kürzlich geschnitten worden sein, dachte er. Von wem? Er nahm seinen Weg hindurch und löste im Gehen die Dornen aus seiner Kleidung. Der Klang rinnenden oder fallenden Wassers erreichte seine Ohren, doch versperrte ihm ein Büschel hoher Farne jeden Blick. Er drängte sie zur Seite und trat hindurch. Es *war* fallendes Wasser, aber der Anblick, der seine Augen traf, ließ ihn eben so sicher in die Knie stürzen, als ob ihm die Achillessehnen gerissen wären. Sein Herz pumpte mit dickem Puls durch seinen Körper.

«Großer Gott!» rief er angesichts der Szene vor ihm aus.

Etwa jetzt, ja, dachte der Mann zu Pferde. Sein Geist war sehr klar. Und der Junge auch. Bald. Er versammelte die Hunde, als sie das Ufer des Flusses erreichten. Sie wußten, das Objekt ihrer Verfolgung war nahe. Er hielt sie zurück; wartete, zog in seinem Geist den Weg nach, den der Junge genommen haben würde, wog Entfernung und Gelände gegen Zeit. Die Sonne flammte auf ihn herab. Bald, schätzte er, würde der Junge an die Stelle kommen, die für ihn gekennzeichnet war, und seine Rolle in der Szene finden. Dann stieg in ihm unwiderstehlich das Bedürfnis, es zu beenden. Er faßte die Jagdmeute zusammen und richtete sein Pferd stromauf. Jetzt.

John Lemprière war die Klippenköpfe an der Bouley-Bucht entlanggebummelt bis Vicard Point, bevor er sich landein nach Cambrai wandte und dann zu den Mont-Mado-Steinbrüchen ging. Von da aus war er südwärts gewandert, an der Kapelle der Wesleyaner vorüber und ins St.-Lawrence-Tal. Warmes Sonnenlicht funkelte durch die Blätter über ihm und sprenkelte den Boden um ihn. Mit seinen Augengläsern hatte er geringe Furcht vor dem steilen Abhang, und auf jeden Fall war die Westseite des Tales weniger steil als die gegenüberliegende. Er ging weiter und richtete sich nach dem Klang des Flusses, der da außer Sicht unten zu seiner Linken floß.

Er liebte dieses Tal. Von menschlichen Wohnungen ungestört mochte es sich irgendwo in der Zeit befinden; ein Ort, wo antike Gestalten unentdeckt umherlaufen mochten, flüchtig gesehen werden mochten, der Schimmer eines Helmes, eine schnelle Bewegung im äußersten Winkel seines Blicks. Das Gesicht schmerzte ihn, weil es die Nacht gegen das Buch gepreßt verbracht hatte, das ihm von Casterleigh gesandt worden war. Zweimal hatte er während der Nacht den Kopf aus dem Schlaf gerissen, in geträumter Panik, daß die Gestalten sich unter seinem Augenlid bewegt hätten. Zweimal war er beruhigt zurück in den Schlaf gesunken. Aber die Erinnerung an das große Gesicht mit seinen Tränen aus geschmolzener Bronze verfolgte ihn immer noch. Und auch in Ichnabods Laden, dachte er bei sich. Er bewegte sich vorwärts, auf seinen Lieblingsplatz im Tal zu, den Wasserfall, wo der schnelle Fluß sich hinabstürzte und sich zu einem flachen Weiher weitete, ehe er sich erneut verengte und das Tal hinab nach Blanche Pierre strömte. Irgendwo war er hier zu anderen Zeiten gewesen, um nichts zu tun als dazusitzen und dem Wasser zu lauschen. Er hörte sein leises Tosen lange bevor er ihn sah und stimmte sein Ohr auf den Klang ab, als sei er eine Leitboje. Als er aber seinen Weg schräg zum Abhang hinab nahm, hörte er einen kurzen Schrei, dem ein lautes Platschen folgte. Jemand hatte seinen Weiher gefunden. Jemand war *in* seinem Weiher! Er strebte ärgerlich vorwärts, umrundete eine Baumgruppe und blieb erstarrt stehen beim Anblick von Juliette Casterleigh, nackt unter dem Wasserfall.

Er hätte da vorwärtsrennen mögen. Er hätte vorwärtsrennen mögen und niederknien und sie küssen, wo sie jetzt der Wasserfall küßte. Auf ihren Bauch und ihre Brüste, auf ihre Lippen. Doch war atmen

73

alles, was er vermochte. Begehren dörrte seine Zunge, und er spürte jeden Muskel in seinem Bauch sich zusammenziehen. Schimmerndes silbernes Wasser glitzerte auf ihrer Haut. Sie warf ihr langes schwarzes Haar zurück, und funkelnde Wassertropfen regneten in einem Bogen heraus. Ihre gewölbten Hände schleusten Wasser über ihre Beine, über ihren Bauch und über ihre Brüste, deren Warzen, steif vor Kälte, schimmernde Tröpfchen hinab in das dunklere Wasser tropften, das um ihre Füße wirbelte. Der Wasserfall stürzte auf sie herab, und sie reckte ihre Arme empor, ihn zu umarmen, öffnete ihren Mund, ihn zu schmecken, bog ihren Rücken, ihn das Rückgrat herab prikkeln zu fühlen, zwischen ihren Pobacken und auf der Rückseite ihrer Beine. Sie stand da, als ob sie die starren Blicke von beiden Seiten des Weihers festgeheftet hätten, der Vater und der Sohn. Als sie den kalten Kuß des Wasserfalls mit ihrem Körper nahm, blieb John Lemprières Blick an einem schwachen Muttermal auf ihrem Oberarm hängen, aber bevor er es erkennen konnte, hatte sie sich umgedreht.

Alabasterhaut, Jettaugen, der Körper des Mädchens schwang vom Sohn zum Vater. Auf der anderen Seite des Weihers hatte Charles Lemprière alles gesehen, was sein Sohn gesehen hatte. Alles bis auf eine Einzelheit. Weißes Fleisch im schwarzen Wasser und das dunkle Glitzern von Wassertropfen, wie sie auf ihrer Haut herabbrannten. Und als sie sich umdrehte, sah er, wie diese Tropfen um sie herumsprühten wie eine Silberschlinge, die sich aus dem Weiher hob. Er sah das schwarze Dreieck zwischen ihren Beinen, und ihre Brüste, und ihre Augen, die noch schwärzer waren, und der Atem blieb ihm in der Kehle stecken. Und als ihr Körper sich ihm zuwandte, sah er das Mal, jene Unvollkommenheit, die sein Sohn einen Augenblick zuvor erblickt, aber nicht erkannt hatte. Aber der Vater erkannte sie und wußte sie ein Zeichen, das er vor allen anderen fürchtete, und es brannte sich in ihn ein, wie es sich einst in sie eingebrannt hatte. Ein gebrochener Kreis, das Kennzeichen all dessen, wogegen er gekämpft hatte. Und da wußte er, daß seine geduldigen gesichtslosen Gegner ihn gestellt hatten, daß alle seine Anstrengungen und die seines Vaters und die dessen Vaters zuvor erneut zunichte geworden waren. Die Rechnung gegen ihn würde jetzt beglichen werden, und sein Leben war der Preis. Sie hatten ihn gefunden. Einen Augenblick noch kniete er wie durch die Erkenntnis der Niederlage gebannt, und dann erhob er sich, und Protest stieg ihm in die Kehle auf, ein sinnloser Schrei.

«Nein, nein! Nicht jetzt! Nicht hier!»

Dann hörte er die Meute. Er erstarrte, die Worte erstarben ihm in der Kehle, als er begriff, daß *er* von Anfang an, vom ersten Anfang an ihre Beute gewesen war. Doch war die Zeit für jeglichen Gedanken vorbei.

Die Hunde brachen vierzig Meter stromab durchs Gebüsch und bewegten sich schnell und flach über den Boden. Er wandte sich zu dem nackten Mädchen um, das ihn jetzt aus dem Weiher anblickte. Ihre schwarzen glitzernden Augen sanken in ihn ein. Er befahl sich, nicht zu rennen, Stand zu halten gegen alles, was da kommen mochte. Aber er rannte und schlug wild auf die Farne und Büsche in seinem Weg ein, während auf der anderen Seite des Weihers im Schutze der überhängenden Bäume ein Paar Beine zu rennen versuchte und nicht konnte. Ein Paar Hände ihren Weg aus dem hereinstürzenden Albtraum krallen wollte und nicht konnte. Eine Stimme zu schreien versuchte, und nur die Schreie des Vaters hörte.

Die Sonne brannte von oben herab und blendete den fliehenden Mann. Der erste Hund warf sich auf ihn, Melampus, seine Zähne schlossen sich in seiner Wade, der erste Schmerzensschrei, das erste Blut, Ichnobates riß an seinen Rippen, die Tunika zerfetzte, weißes Fleisch, Pamphagos senkte seine gelben Zähne in sein Handgelenk, vergeblich emporgereckt... Dorkeus erfaßt den anderen Arm und reißt ihn nieder, damit Oribasos rotes Fleisch aus dem Hinterbein der Beute meißle, das Bein verkrampft sich, er stürzt, und Nebrophonos findet die Gurgel, reißt an ihr, also keine Schreie mehr, nur der Ton von Blut in der Luftröhre, ein Todesrasseln, das Theron aufstachelt, in das weiche Fleisch der Wange zu beißen, Lailaps nach der Zunge zu schnappen und sie zu zerfleischen.

Pterelas und Agre teilen sich die Geschlechtsteile und knurren wütend Hylaios an, der seine Zähne in die Rückseite des Knies schlägt, das blutige Fleisch bewegt sich noch, bis Nape und Poimenis das Genick in entgegengesetzte Richtungen drehen, Harpyia springt zurück, erschreckt vom krachenden Geräusch, leckt gierig nach dem warmen Mark gemeinsam mit Ladon, und wird von Dromos abgedrängt, als Kanache, Stikte, Tigris und der Rest der Meute am Leichnam schlemmen. Alke sucht sich den Weg in den silbernen Weiher. Leukon hebt seine bluttriefenden Lefzen zu den Hängen empor. Die Bäume rascheln, das dichte grüne Laub tanzt in der Brise. Asbolos bellt zornig dessen sanfte Bewegung an.

Der junge Mann rollt und scheuert sein Gesicht in die sanfte Erde. Lakon jault. Seine Lippen bluten. Aëllo scharrt im Boden. Der zerstückelte Körper erbebt in einem letzten Zucken der Muskeln.

Thoos wirft sich spielerisch auf den Boden. Der junge Mann krallt in die Erde. Seine Nägel splittern. Lykiske erhebt den Kopf, als eines Pferdes Hufe ihren Weg flußauf plantschen. Kyprios führt, als die Hunde zum Reiter stürzen. Harpalos verweilt am Weiher. Das Mädchen blickt zu dem Mann zu Pferde auf, der auf es wartet. Melaneus blickt zum Kadaver zurück. Er sagt nichts, streckt einfach den Arm aus. Lachne schnüffelt Luft. Der junge Mann krümmt sich. Labros rennt im Kreis herum. Sie rennt zu dem Mann, ihre Füße spritzen Wasser in alle Richtungen. Argiodos trollt sich aus ihrem Weg. Sie trägt Fesselriemchen aus weichem braunem Leder, mit Türkisen besetzt. Hylactor leckt sich Blut vom Rücken. Marianne Lemprière nahm das Buch vom Tisch ihres Sohnes und erschauerte vor dem Bild. Melanchaetes springt vom Ufer. Das Mädchen rennt und springt nach dem Sattel, schafft es, lehnt ihre Wange gegen seinen Rücken. Ihre Wange ist naß. Therodamas hebt den Kopf und heult den Himmel an, als das Pferd sich langsam außer Sicht bewegt.

Die lange dunkle Wolkenbank wanderte oben schweigend dahin und verschattete die Hügelfelder und die Täler auf ihrem Weg. Sie verschattete den aufgerissenen und verrenkten Körper beim Weiher. Sie verschattete seinen Sohn und hüllte ihn in ihr graues Leichentuch. Ein grauer Schatten berührte seine Haut mit kalten Fingern, wie Nebel. Er fühlte trockene rüttelnde Schluchzer in seine Kehle aufsteigen. Da waren zuerst keine Worte. Tief in seinem Innern, in seinem Mittelpunkt, setzte eine schwarze Drüse bereits blutegelhaft ihre verwandelnden Gedanken durch seinen Körper und dessen Kanäle an und beobachtete ihr eigenes langsames Einsickern in die Gründe seines Gehirns und bot ihm in seinem Kummer ihren Mund und ward angenommen, als sie sich mit ihm verband. Vor seinem geistigen Auge lag das Buch noch immer geöffnet auf dem Tisch in seinem Zimmer. Aktaion lebte noch und wartete, daß ihn die Hunde erreichten. Hier war, und halb im Weiher liegend, seines Vaters zerfetzter Kadaver. Und zwischen diesen beiden Körpern war sein eigener, der sie verband und den einen in den anderen verwandelte.

Die Öllampe hatte zehn Dochte. Eine ungewöhnliche Form, die flakkerte und ein unruhiges Licht spendete. Einer war der Zünddocht; von den übrigen neun waren drei angezündet.

«Wir hören, daß Dundas' Rechnung nächsten Monat zur Diskussion ansteht. Wir hören, daß es dafür Unterstützung gibt.»

«Eine Untersuchung ist durchgeführt worden. Es sollte keine Schwierigkeiten geben, obwohl . . .»

«Eine kleine Kapitalanlage könnte das eine oder andere Gewissen beruhigen. Erledigt das. Falls es noch Schwierigkeiten gibt, werden wir sie erneut bedenken.» Er hielt inne. «Das andere Geschäft?»

Es gab ein kurzes Schweigen.

«Durchgeführt, wie wir geplant haben.»

«Jacques kann jetzt nach Frankreich geschickt werden. Wir dürfen nicht länger zögern. Das Mädchen kann mit ihm gehen.»

Zustimmung wurde angedeutet.

«Der Junge?»

«Alles unter Kontrolle. Ich kann keinerlei Schwierigkeiten vorhersehen, nicht zum gegenwärtigen Zeitpunkt.»

«Ihres Amtes ist es, *genau* vorherzusehen. Tun Sie das. Bedenken Sie, was auf dem Spiel steht.»

Eine dritte Stimme erklang. Tiefer, langsamer als die anderen.

«Alles. Alles steht auf dem Spiel.»

Das überladene Postboot stampfte und gierte trotz der ruhigen See. Jedesmal, wenn sein Bug durch die sanfte Dünung brach, kreischten die Kisten mit Küken, die vorne im Bug verstaut waren, in schrecklicher Angst, und die Männer und Frauen an Deck griffen nach der Reling, um sich festzuhalten. Ihm wurde wieder übel. Er setzte sich rittlings auf seine Truhe und blickte nach Jersey zurück, hinter dem Heck noch immer vollständig sichtbar. Der Himmel war bleiern, und die See, die ihre Färbung von oben nahm, sah undurchsichtig und uninteressant aus. Sie sieht kalt aus, dachte er, obwohl er wußte, daß die See zu Beginn des Herbstes am wärmsten war. Sein Vater hatte ihm das erzählt. Er wünschte, es würde ihm wieder übel.

Das war jetzt vor zwei Wochen gewesen. Er hatte kaum ein Wort gesprochen. Während der ersten drei Tage hatte er den Mund nicht aufgemacht. Er hatte nicht geweint. Jake Stokes hatte ihn gefunden. Auf der Suche nach dem Vater hatte er den Sohn gefunden, der geistesabwesend in den Feldern oberhalb Blanche Pierre herumwanderte. Der Regen schüttete. Er war völlig durchnäßt, so sagten sie. Er erinnerte sich nicht. Seine Finger schmerzten noch, die Nägel wuchsen langsam nach. Als sie den Leichnam nach Saint Hélier zurückbrachten, hatte er ihn identifiziert. «Das ist mein Vater», hatte er gesagt, obwohl das Gesicht unkenntlich war. Er wußte es von der Kleidung, den Resten der Kleidung, verbessert er sich. Jake Stoke erzählte ihm, der Coroner habe ihm gesagt, er wäre sehr schnell gestorben. An der Kehlwunde. Casterleigh selbst hatte die Männer dorthin zurückgeführt, wo die Leiche lag, dann hatte er die Hunde erschossen.

Ihm *wurde* übel, er schaffte es kaum zum Bordrand. Der dicke gelbe Fleck trieb vom Schiff fort. Mutter war in D'Aubissons Büro zusammengebrochen. «Das ganze Testament ist in London hinterlegt», hatte D'Aubisson gesagt, «das hier sind lediglich bezügliche Dokumente.» Der Anwalt liebte diese Art von Wörtern, *bezüglich*, *Zweitvollstrecker*, *Kodizill* . . . Er hatte lange geredet, aber das bedeutete nur, daß John nach London fahren mußte. Ihm war das egal, aber da hatte Marianne geweint.

Er sah Guernsey vor sich, vielleicht eine halbe Stunde voraus. Ich war es, mir galt es, ich habe davon gelesen, ich war Zeuge . . . Doch seine Gedanken führten ihn lediglich zu jenem Gedanken zurück, dem er sich nicht stellen konnte, der Überzeugung, die ihm wie ein verstohlener und unsichtbarer Feind nachspürte. Er starrte hinaus, über den Rand des Bootes. Dort, was lauert dort unter der vertrauten Oberfläche? Kleine Wellen schlugen an die Seite des Schiffes. Oben kreisten Möwen. Für sie war die See durchsichtig. Das Boot, ein winziger Punkt in einer unermeßlichen Einförmigkeit, ein Makel im Muster. Sie nutzten die Thermik und stiegen und ritten auf ihr, bis sie die beiden Inseln sahen, Jersey und Guernsey, und hinter ihnen die Küste Frankreichs. Und noch höher flogen sie, bis die Küste Englands schwach sichtbar wurde, ein grauer Schmierfleck am Horizont. Tief unten segelte das Postboot langsam in den Hafen von St. Peter Port. Der junge Mann schwang seine Truhe und trug sie hoch auf der Schulter das Fallreep hinab zur Lände. An ihrem Ende blieb er stehen und sah zurück, nur einmal, dann wandte er sich um und ging weiter. Möwen flogen empor in die Wolken, empor, bis sie sich in den grauen Weiten des Himmels verloren.

Lebwohl Caesarea.

II. London

Möwen kreischen und kreisen hochoben. Man kann sie im Inneren des Kutschwagens hören, wie der durch Schlick und Schlamm rumpelt und rutscht, und seine schrägstehenden Räder tiefe dünne Spuren in die Straße schneiden, die nach London führt. Von Southampton aus hat er sich über Guildford und durch das Holmesdale-Tal durch Schlamm, Regen, Eis, eine gebrochene Deichsel und die Abscheulichkeit der North Downs im November gekämpft. Im Augenblick ist der Himmel schön. Die Pferde ziehen hart in den Deichseln und schnauben, als der Kutscher sie mit Peitschenknallen antreibt. Ihr Atem geht hart in der kalten Luft. Auf ihrer Fahrt zur Hauptstadt sind sie durch verfallene Weiler und leere Felder gekommen, vorüber an verlassenen Bauernhäusern und schimmernden grünen Flüssen, an dampfenden Heuhaufen und an Kirchen, die Ulmen überwölbten. Die Straße hat durch Täler, niedrige Hügel, Moore und Marschland geschnitten. Jetzt bewegt sie sich durch Georges Fields.

Weideland und Trockensteinmauern werden von geschäftsmäßigeren Zäunen ersetzt, die terrassierte Landhäuser mit roten Ziegeldächern einschließen, und Kaminen, die Rauch husten. Der Kutscher zieht den Hut in die Stirn und bearbeitet die ermatteten Pferde aufs neue. Sie laufen schneller und ziehen durch Southwark bis ins Borough, wo die Häuser ein Stockwerk zulegen, dann noch eins und höher werden und immer schmaler auf dem Weg zur London Bridge, an der die eng gedrängten Häuser plötzlich dem Fluß weichen.

«... Lebensblut meines Geschäftes, Import–Export, alles womit man was verdienen kann», erklärt Cleaver seinen Zuhörern, während sie über das träge Wasser fahren. Niemand kümmert sich darum. Eine Frau und ihr kleines Kind nicken höflich, der junge Mann schläft, der Kopf baumelt ihm auf die Schultern. Cleaver wendet sich achselzuckend von ihm ab.

«Niemand wird behaupten, daß Ned Cleaver den Fluß nicht liebt», erklärt er. Der junge Mann stößt sich gerade rechtzeitig wach, das zu hören. Die Frau nickt wieder.

«Der Fluß? Wo ist der Fluß?» fragte er, als er zu sich kommt. Seine Stimme ist dick von Schlaf. Aber jetzt sind sie schon über ihn hinweg und rattern über die Kopfsteine der Lombard Street.

«Dahinten.» Cleaver zeigt mit dem Daumen über die Schulter. Der Wagen wird langsamer wegen der Menge, die dichter wird und lauter, als sie Cheapside hinabfahren und im Schneckentempo um St. Pauls. Cleaver schneuzt sich, ohne sich die Mühe zu machen, seine Nase zu bedecken.

«Nun schaut sie euch an!» ermahnt er sie. «Keine andere Stadt wie sie, wißt ihr.» Über ihnen zieht der Kutscher die Zügel an. Die Pferde bleiben sofort stehen. «Endstation!» schreit er runter. Cleaver klettert raus, zerrt seinen Koffer von oben herab und ist weg, ohne auch nur einen «schönen Tag». Die Frau und das Kind folgen, dann der junge Mann, wackliger, immer noch dabei aufzuwachen. Die Frau nimmt ihre Reisetasche in die eine Hand und bietet ihm die andere.

«Danke Ihnen, Frau Jemmer.»

«Einen guten Tag Ihnen, Herr . . .» Sie kämpft mit dem Namen, der ihr erst zwei, drei Tage zuvor dargeboten wurde. «Mein Beileid, Sir», sagt sie statt dessen und verabschiedet sich.

«Die hier Ihre?» fragt der Kutscher und reicht seine Truhe herab. Er nimmt sie und faßt in die Tasche. Seine Hand schließt sich irrtümlich um die Miniatur der Mutter, die sie ihm in die Hand gedrückt hatte, als er das Postboot von Jersey aus bestieg. Leute drängeln und schieben sich hinter ihm vorbei. Er fischt erneut und zieht das Papier heraus, auf das sie ihm mühsam eine Karte gezeichnet hat, die Richtungen von jedem Punkt an der Themse aus anzeigt. Er muß nur noch aus diesem Gedränge heraus den Fluß finden. Er kann nicht fehlgehen.

«Heeeda!» Er springt zurück, als ein Handkarren vorüberrattert. Die Truhe wird auf die Schulter gehoben.

«Oi!» Er wird vorwärtsgeschleudert, als ein stämmiges Individuum von hinten Platz verlangt. Die Durchfahrt ist von Händlern und ihren Kunden verstopft, die aus Fleet Market übergeströmt sind, um die benachbarten Straßen zu füllen. Standhändler schreien ihre Ware der Menge entgegen, die überall herumwirbelt und drängt. Karrenschieber erzwingen sich ihren Weg mit Tritten und Flüchen, Lastenträger ebenfalls. Das Getöse erfüllt seine Ohren, während Haushälterinnen um Pfennig und Deut feilschen und Händler ihrer Knickrigkeit widersprechen. Kleine Jungs ducken sich durch die Beine der Spekulanten. Hunde geraten einem in den Weg.

Auf der anderen Straßenseite verkauft ein Mann Orangen, ein Penny pro Stück, von einem Obstkarren mit seinem Namen an der Seite.

«Entschuldigen Sie, Sir», beginnt er.

«Kenn Sie mich?»

«Nein, ich...»

«Wollnse Orangen?» Er bietet eine an.

«Nein, ich...»

«Denn vergeudense nich meine Zeit.» Die Abfuhr wirft ihn zurück, aber egal. Weiter die Straße hinauf gibt es andere Obstverkäufer. Die werden wissen, wo die Themse ist. Sie wissen, aber niemand will es ihm sagen. Sie bieten ihm ihr Obst an; Pfirsiche, Äpfel und Birnen für Vierpence, einen Penny und Zweipence. Er bewegt sich voran, die Truhe hoch auf der Schulter, weiter in den Markt hinein, wo das Gedränge am dichtesten ist, kaufen und verkaufen, handeln und feilschen.

«Können Sie mir den Weg zur Themse zeigen?» fragt er vorüberkommende Fremde. Sie sehen ihn an, als ob er verrückt sei. Man bietet ihm gelbe Rübchen an, ein Schilling das Büschel, und weiße zum gleichen Preis. Fischweiber betreiben ihr ambulantes Geschäft und drängeln ihn immer tiefer in den Markt hinein, wo ihm ein Bursche eine Dose Schnupftabak für einen Schilling anbietet oder drei für zwei. Ein Kunde hört das, erkennt auf den ersten Blick ein gutes Geschäft und kauft, und faßt eine vorüberkommende Frau am Arm und zahlt ihr Dreipence für einen Steinbutt. Dreipence von einer Guinea, eine Guinea für eine Uhr. Sie schreit weiter, Korb auf dem Rücken, von Billingsgate um sechs. Ihr Begleiter will dir eine Wurst für weniger verkaufen, würde aber einen Steinbutt nicht für nen Schilling anrühren, es sei denn, um ihn zu essen. Dem Streichholzverkäufer wirft sie einen Penny in seine Büchse, aber läßt ihm die Streichhölzer. Beide Beine am Knie ab, bei Nacht träumt er von dem vergrabenen Schatz. «Ich hab ihn nur dreißig Schritt von hier vergraben!», tobt er auf seinen Stümpfen gegen den jungen Mann, der die Frage nicht stellt, die ihm auf den Lippen lag. Der Kaldaunenhändler macht gute Geschäfte, Vierpence das Pfund und alles, was du noch brauchst, ist Essig. Essig vom Krämer, Zweipence die Flasche. Der Gestank vom Seifensieder verstopft Mister Gyp die Nase, dem Scherenschleifer, noch vor der Lumpensammlerin und dem Blasebälgerflicker. Er schliff das Messer, das Kieran Healeys Gurgel schlitzte, und erschien vor Sir John, das zu erklären. Healeys Witwe ist für

Syphilis bestimmt, sein Sohn stiehlt Perücken aus einem Korb und trägt so zum Geschäft des Perückenmachers bei. Ohne Provision. Milady Alice de Vere trägt sie und wird in ihrem Tragsessel getragen, ihr Spaniel wird an einer Leine hinterhergeschleppt, träge die Hand aus dem Fenster, sechs schmutzige Pennies von Albemarle zur Piazza, fünfhundertzwei Schritte Geschufte pro Penny. «Paß auf da, Junge! Die Brille nur Angabe?» Alicens Träger hält in seinem Schritt für einen Augenblick inne, dann weiter. Luxusnüttchen halten den Markt fest in der Hand wie Millicent Martyns Fischbeinkorsett von Stapes in Picadilly, für 23 Schilling aus Grönland. Pasteten und Porter schlucken macht sie zum Liebling des Weinhändlers, ein Penny pro Pinte, Vierpence und ein Halber für Pökelschinken und Speck. Ihr Vater, Schilderschnitzer, machte dreihundert Pfund im Vorjahr, dieses noch mehr, hat alle Hoffnung auf einen Verehrer fahren lassen, erbleicht ob der Mitgift, Antrag von jedem mit Wichse am Stiefel erbeten. Kandidaten zur Besichtigung, der Gauner Willem (Eltern unbekannt, Gemeinde unwillig) wird sie ihnen für jeden Preis, den sie sich leisten können, wienern. Willems Bürsten werden von Simon Kirkby & Sons in Spitalfields hergestellt. Die Söhne betreiben einen schwunghaften Handel mit den Wegelagerern von Deptford, Spezialität Zinngeschirr, die Gewinne werden in Jonathans Kaffeehaus aufs Spiel gesetzt und verlieren sich in den schattenhaften Zahlenreihen, die Marmaduke Oates auf Rechnung seiner zahlreichen Kunden zieht, der einst eine Wette auf 1000 annahm, sämtliche Straßen der Stadt binnen einer Woche zu durchlaufen, und verlor, und seinen Gläubiger deportieren ließ. Jetzt bearbeitet er die Change Alley und spekuliert mit Salpeter und Chinatee, nein junger Herr, Flüsse sind nicht mein Geschäft. Blick auf die Uhr, es ist fast ein Viertel nach Zehn. Er betastet das Gold ihres Gehäuses. 31 Pfund 17 Schilling 10½ Pennies pro Unze, der Preis von heute morgen. Es rast auf Mittag zu. Bald werden die Kommissionäre der Apotheker und der Lebensmittelhändler ihren lebhaftesten Umsatz zwischen den türkischen Händlern und der Statue Charles II. im Hof der Royal Exchange machen. Sie schachern wüst, verschieben überschüssige Beute ins Westindiengeschäft auf der Südseite, aber das wirkliche Geschäft wird auf den Bänken abgewickelt, die die Gehsteige säumen. Obadiah Walker hat von Ducane eine Option auf zwanzig Tonnen Zucker genommen, deren Gegenwert auf der Bank den Kuchenbäckern von Lambeth abzuziehen ist. Heute gibt es einen Run auf Tee, die *Nottingham* ist fällig, Ladung intakt. Die da dem Gerücht glaubten, sie sei zu neun Zehntel zerstört, und auf ihrem Vorrat sitzenblieben, verlieren Zweipence, zweieinhalb pro Pfund. Niemand ist interessiert, nur ein verwirrter Idiot, der fragt, ob die Themse noch in London ist, und den Nachmittag wird man oben im Antwerpen verbringen, wo man nicht von Tee reden wird, es sei denn, die Glasverkäufer haben diesen Nachmittag gewählt, um ihre Geschäftsinteressen auszudehnen. Ein besorgter Händler seufzt, schreit nach Kunden um einen weiteren Viertelpenny billiger, hat keinen Erfolg, stapft durchs North Gate raus in die Threadneedle Street. Unten am Tisch im Jerusalem horcht eine Gruppe, die den Küstenbinnenhandel betreibt, mit halbem Ohr, wie der Wirt einen schlaksigen Witzbold rausschmeißt, der – du glaubst es nicht – wissen will, wo der Fluß ist, und schmeißt ihm sein Gepäck die Treppe runter hinterher, dem unverschämten Blödmann. Eine Frau blickt auf ob der Unruhe, suckelt an ihrer Flasche und blickt wieder nach unten, als ihr Gefährte vorbeikommt und dem Frager seinen besten Rat anbietet. «Geh nach Westen, junger Mann.» Er zeigt, wird verstanden, und geht weiter, verfolgt von der Frage des Narren nach dem Fluß, wird er es nie begreifen? Der Rat ist wenigstens kostenlos, und der junge Mann nimmt ihn an und bewegt sich durch die perückentragende Menge in Holborn, in Richtung Oxford Road, über die ein Bursche ein gewaltiges Schwein seiner rituellen Schlachtung am nächsten Samstag zuführt und seine Schwester eine Gans treibt. Ein zugängliches Paar, sie wissen wirklich nicht, wo der Wasserweg ist, und die Straße zu ihm auch nicht. Alles, was sie wissen, ist Schwein und Gans. Er wendet sich zurück in das Labyrinth der Gassen, die bei Charing Cross nach Norden und Osten laufen. Sein frisches Ausschreiten ist zu einem schleppenden Schritt geworden. Seine Füße schmerzen. Die Truhe gräbt sich in seine schmale Schulter, und sein Arm pocht. Er bewegt sich weiter, langsam, durch Gassen, in denen man vor Schmutz die Kopfsteine kaum mehr sehen kann. Frauen kreischen aus Wohnungsfenstern, und einfache Vernunft empfiehlt ihm, nicht zurückzublicken, während seine Füße sich durch die Sheath Alley zur Piazza schleppen. Wird er den Fluß je finden? Verzweiflung fällt ihn an, als er um den Platz herumgeht und sich durch die Menge quetscht, um einer kurzen Straße südwärts zu folgen. Halbenwegs bleibt er stehen, erschöpft, als er die Truhe auf den Boden setzt und sich gegen eine Tür lehnt. Ein Mann, der eine große blaue Tasche trägt, webt einen unsichren Pfad auf ihn zu. Lemprière verändert seine Stellung. Der Mann stolpert, taumelt dann. Sie stoßen zusammen.

«Verdammt!» Lemprières Enttäuschungen werden plötzlich auf seinen betrunkenen Angreifer gehäuft, der ihm vor die Füße stürzt. Lemprière stößt ihm seine Karte vor die Augen.

«Der Fluß», fordert er. «Ich will den Fluß.» Der Mann sieht furchtsam zu ihm auf.

«Wo am Fluß, Sir? Wo genau wollen Sie hin?» fragt er, als er sich hochzieht. Die handgezeichnete Karte wird drohend geschwungen.

«Da», der junge Mann sticht darauf zu, «Southampton Street.»

«Jenuun, kein Grund, mich zu verspotten, Herr. Ich bin betrunken und ich gebs ja zu, aber dafür gibt's gute Gründe . . .»

«Sags mir!»

«Ich wollte Sie ja gar nicht so anrempeln, wissen Sie . . .» Der junge Mann hob die Truhe hoch.

«Sags mir einfach», wiederholte er, langsam, mit kalter Drohung, wie er hoffte. Sein Gefangener blickte hin und her, zögerte, war dies ein Vorwand für Gewalt?

«Was denn, Herr, dies ist die Southampton Street. Sie sind drin!» platzte er verzweifelt heraus.

«Drin?»

«Dies ist sie, Herr. Ist sie.»

Er hatte sie gefunden, besser, war in ihr! Er ließ den Mann los und ließ den Atem langsam aus, und fühlte nichts als Erleichterung.

«Vielen Dank, mein Lieber», sagte er, als er sich bückte, um sich abwesend den Schmutz von seinen Bundhosen zu streifen. Der andere antwortete nicht, und als der junge Mann auf der Suche nach den Gründen dieses Schweigens aufblickte, entdeckte er, daß er geflohen war. Er blickte schnell die Straße auf und ab, aber der Unglückliche war nirgends zu sehen. Ein Stückchen die Straße hinab konnte er am anderen Ende seine Unterkunft sehen. Er ging über die Straße, nahm die Pflasterung gelassen hin und klopfte an die Tür. Fußtritte bumsten die Treppe herab, der Riegel flog zurück.

«Willkommen, Herr Lemprière!» rief die alte Frau aus, die die Tür öffnete und ihn einließ. Er folgte, zerrte die Truhe hinter sich her und überließ die Suche der Barmherzigkeit der Straße draußen. Wo war die Themse? Nichts konnte ihm gleichgültiger sein.

Die Strömungen trafen sich wirr über dem toten Wasser, das die Öffnung des Flußdeltas kennzeichnete. Die Wellen warfen kurze weiße Kämme auf, und auf der kabbeligen Oberfläche schaukelte unbehaglich ruckelnd eine Möwe. Ihre Flügel faßten prüfend in die Luft und hoben sich in den Flug, als die Flut begann, die gedankenlosen Strömungen in ihre Kanäle zu hieven, und die Bewegtheit der See einem tiefen zielgerichteten Anschwellen wich. Die Wasser regten sich zunächst unbestimmt, ergriffen dann aber den unwiderstehlichen Sog und vereinten sich zu einem entschlossenen Fluten auf die Hauptstadt zu.

Am halbdeutlichen Horizont, im Winterlicht gerade eben sichtbar, kündigte ein Royalsegel das Nahen eines Schiffes unter vollen Segeln vor dem leichten Wind an, das die Wasser in seinem Bemühen durchschnitt, die Flut zu erreichen. Die Bramsegel erschienen, dann die Großsegel, als es in das Delta einfuhr, und die Strömungen begannen, es in die Mündung des Flusses zu ziehen. Tamasa, dunkler Fluß, Tamesis. Die Themse.

1200 Tonnen ohne Ladung, ihre Jungfernreise. An Bord arbeiteten die Laskaren schnell, um die Segel einzuholen, als die flutenden Wasser begannen, es voranzuziehen. Er kam voran, der Ostindienfahrer *Nottingham*, zuletzt aus China und vom Kap Komorin. Die Kalfaterer, die Zimmerleute, die Tischler der Werft von Thomas Brown hatten ihre Arbeit wohlgetan, er sah von der Reise unberührt aus, das Takelwerk größtenteils aufgeschossen und die Luken geschlossen. Der Stolz der Ostindienflotte, die *Nottingham* lag tief und gewinnträchtig im Wasser, das sie binnenlands trug. Das Spantenwerk war gesund, hatte die Seen gut überstanden, die Spantenreifen noch dicht, die Pumpen kaum gebraucht. Mit nur geringer Verjüngung stiegen die oberen Seitenteile der *Nottingham* steil aus dem Wasser. Sie trug ihre Größe würdevoll, als sie in stummer Pracht die Themse hinaufglitt.

Es wurde teils vom größeren Schiff verdeckt, teils schien es mit dem ununterscheidbaren Grau der See zu verschmelzen. Leichtbeladen schlingerte das Schiff in der Dünung. Höchstens von halber Tonnage steuerte es einen listigen Kurs entlang des Kielwassers der *Nottingham*, ein ermatteter Verschwender, der dem anerkannten Erben folgt. An Bord gab es keine Laskaren, obwohl die Mannschaft wegen ihrer wettergegerbten Gesichter hätte dafür gehalten werden können. Sie arbeitete hart und mißgelaunt entsprechend den Anforderungen der veralteten Takelage. Die blankgewetzten Taue gaben nur wenig

Zugkraft her, da sie rasch durch die vom Gebrauch dünngeschliffenen Taljen glitten. Überanstrengte Spanten knarrten, und dies war zusammen mit dem Klatschen des Wassers gegen den Rumpf das einzige Geräusch, das man an Bord hörte, denn die Männer arbeiteten schweigend. Die beiden Schiffe fuhren weiter.

Kapitän Pannell von der *Nottingham* sehnte sich bereits nach Prahlereien im Jerusalem. Er versammelte seine Mannschaft auf Deck, um die übliche Gardinenpredigt zu halten. Teerjacken und Laskaren lauschten respektvoll, die ersteren nahmen es als das, was es war, Teil des Heimkehrrituals. Die Laskaren, deren Kenntnisse der Sprache von Taljereep und Kabeltau, Vortopsegel und Besanmondsegel den Tauwerksmaaten hätte beschämen können, lauschten ohne Verständnis, als verschleierte Anspielungen auf Syphilis und Warnungen vor der Gerissenheit der Taschendiebe ziellos vom Achterdeck herabschwebten. Nur einer unter ihnen hatte eine schwache Vorstellung vom Zweck der Rede, aber für ihn war sie auf jeden Fall überflüssig. Nazim-ud-Dowlah behielt seine Gedanken für sich und lauschte Kapitän Pannells Worten ebenso passiv wie die übrigen. Die Laskaren zitterten in der rauhen Brise, die über Deck schnitt. Während das große Schiff sich in heiterer Gelassenheit durch das Wasser bewegte und die Ufer des Flusses auf beiden Seiten deutlicher wurden, wurden Bäume und Felder vom Deck aus sichtbar. Bald konnte man die ersten Häuser erblicken. In Gravesend erwartete ein Ruderboot die *Nottingham*, das den Lotsen brachte, der ihre Fahrt auf der letzten Etappe der Reise durch die Fahrtrinnen der Themse bis nach Deptford geleiten würde. Und durch die Abfallgräben entsandte die Stadt des Lud jetzt andere Willkommensgrüße, zerbrochene Spieren, Abfälle, Fetzen. Und gelegentlich trieb da ein stinkender Scheißhaufen einher wie eine mönchische Tonsur.

Selbst im November war der Gestank des Flusses stark; Pannell sog ihn verständnisvoll ein und dachte an Typhus. Als sie sich Deptford näherten, erschienen auf den Feldern beiderseits Häuser und Schuppen und winkende Menschen. Nazim bemerkte, wie willkommfreudig sie aussahen. Der Lotse zog jetzt das linke Ufer vor. Manchmal waren sie nur noch fünfzehn Meter vom Ufer entfernt. Man konnte Frauen und Männer deutlich erkennen. Am linken Ufer war ein Krach im Gange. Bierce, James, am gleichen Morgen von Rowlands Glashütte entlassen, bemühte sich vergeblich um Einlaß durch seine eigene Vordertür. Seine Frau, die sich oben aus einem Fenster lehnte, schleuderte Beschimpfungen und seine Habseligkeiten auf den unseligen Schurken hinab. Irdenes Geschirr, Kleidung, Tiegel, das Übliche regnete herunter. Einige Geschosse verfehlten ihr Ziel und landeten im Fluß. Darunter eine Flugschrift, billig gebunden, gezeichnet nur «Asiaticus», deren Seiten flatterten, bevor sie in die Dünung stürzten, die ihr Begehr zu treiben nur für einen Augenblick aufhielt. Die Blätter schlugen im Bruststil abwärts, die Druckfarbe löste sich teilweise auf und trug ihr bescheidenes Maß zur allgemeinen Dunkelheit des Wassers bei. Der Fluß wurde belebt. Aufgetriebene Leichen, Hunde und Katzen, ein Schwein mischten sich mit kleinen Inseln schaumigen Abfalls, namenlosen Dingen ohne Form oder Farbe, allein an ihrem Gestank erkannte sie die Mannschaft.

Die *Nottingham* und ihr Schatten bewegten sich jetzt in die Mitte des Flusses. Postboote, Vergnügungsschiffe und Ketsche, die sich im oberen Bereich des Flusses drängelten, anerkannten die Fahrt des großen Ostindienfahrers und räumten die tiefste Rinne. Als die *Nottingham* sich den Upper-Wet-Docks näherte, hielten die Färgen, die von den George Stairs aus arbeiteten, ihre Fährboote still, indem sie langsam gegen die Strömung anruderten. Ihre Passagiere wogen das Schauspiel gegen ihre Ungeduld ab. Pannell dachte an seine Beiladung, 50 Tonnen einer Gesamtfracht von über 1500 Tonnen, Pfunde pro Pfund, Verhältnis von Gewicht zu Umfang, und sein Schiff bewegte sich weiter. Die Wende geschah, und die *Nottingham* glitt vorsichtig durch den engen Einfahrtskanal des Docks, das Wasser schien zu steigen, verdrängtes Volumen gleich dem Gewicht oder der Masse, oder so was. Wäge das Schiff gegen den Ozean, der Ozean steigt um Bruchteile von Bruchteilen. Wie viele Schiffe entsprechen einem Zoll? Die ganze Flotte von neunzig oder mehr, die ganzen 87000 Tonnen, nicht genug. Die Flotte bemannt und beladen, dieselben Schiffe, zusammen... er überschlug... vielleicht 180000 Tonnen, immer noch nicht genug.

«Hiev an!»

Die Vertäutrossen wurden geworfen, und das Schiff wurde festgemacht. Die lange Reise war beendet.

Eine Mannschaft Schauerleute rannte die Pier entlang. Sie, ihre Väter, ihre Großväter hatten Tausende solcher Schiffe gesehen. Ihre Vorväter haben das erste jener Reihe entladen, die sich durch die Jahrhunderte zurück zur *Susan*, zur *Hector*, zur *Ascension* erstreckt. Männer von der Arbeit gehärtet, Agenten der Copia, Hirse, Roggen und Weizen. Amalthaias Horn, Früchte und Trauben, Blumen und Perlen. Silber und Gold. Alle Güter und Gewürze des märchenhaften

Ostens waren durch ihre Hände gegangen. Portugiesen, Engländer und Holländer hatten die Seewege geöffnet, schon richtig. Aber hier war es, unten im Gestank der Frachträume, wo Schauerleute das wirkliche Gewicht der Erzählungen aller Abenteurer ergriffen: das Verhältnis von Menge zu Wert, von Pfund pro Kubikfuß, die spezifischen Dimensionen des Füllhorns. Sie schunden sich die Schienbeine an den Kisten ab, sie zerspellten ihren Schädel an den Balken. Sie fluchten. Die Öllampen schwangen und warfen sonderbare Schatten. Die Mannschaft arbeitete hart, jeder wußte im voraus die Bewegungen seiner Arbeitskameraden. Von oben sah es aus, als sei all ihre Arbeit auf jenes Lichtgeviert hin ausgerichtet, durch das schließlich auch die letzte Kiste kommen würde. Und doch arbeiteten sie davon weg. Die Schichtungen der Waren bildeten ihre Adern, und jede Gruppe schürfte an ihren Rändern. Hätte man sie gefragt, was sie da suchten, als sie sich immer tiefer in das Schiff hineingruben, keiner hätte antworten können. Und doch umgab ihre Arbeit eine unerfüllte Erwartung, die nichts zu tun hatte mit den langen Stunden und dem geringen Lohn. Kisten begannen sich auf dem Deck zu stapeln, während die Männer da unten schwitzten. Sie arbeiteten in Schiffsabteilen, die deren Befehlshaber niemals sahen, die Ladung aber war ihre Angelegenheit. Immer und immer wieder hatten die Schauerleute das Schiff bis auf die Knochen entblößt und nichts gefunden. Kein Schiff hatte ein Geheimnis, hundertmal hatten sie das bewiesen.

Und dennoch blieb in der Stimmung ihrer Arbeit, während sie aufdeckten, was da vor Monaten verstaut worden war, und es an die Oberfläche hievten, etwas von einer Suche. Als ob sie all jene Monate abschälten und sich durch die Jahre zurückarbeiteten, durch die Jahrzehnte. Sogar die Jahrhunderte. Die Augen der Zieher und Schieber, der Heber und Zerrer blieben auf einen Punkt gerichtet, immer hinter der nächsten Kiste. Was lag noch dahinter? Und wieviel darunter? Sie vor allen anderen wußten, daß das Bruttogewicht die ganze Geschichte war, und dennoch suchten sie das Märchen, die alte Legende, daß es darin irgendwann einmal mehr als nur Profit gab. Die Saga von anderen und fernen Landen, da die ersten Abenteurer die Vergoldung von den Schatztruhen kratzten, die ist es, die sie tiefer in die Last treibt. Tiefer und weiter zurück, durch die Ballen, vollgestopft mit dunklem Tee bis hin zu den Gewürzen aus Hormuz, Babylon und Trapezunt. Das ertragreiche Caffa und das Schwarze Meer, das Kap der Strömungen, Soffala und Moçambique, von da nordwärts nach Querinba, Mombasa, Melinde, ostwärts nach Musaladay, Asaday, ganz Madagaskar, und dann das Juwel, Goa, der Omphalos des portugalesischen Handels. Und Gold von ihnen, Elfenbein, Neger, Tabak, aus dem ersten Rinnsal wird ein Strom, das Rote Meer mit Segeltuch bedeckt, als die Märkte von Aden, Arabien, Ägypten und Palästina den bleichen Eindringlingen von jenseits der See mit ihrem blutenden Zahnfleisch ihre Tore öffnen. Männer tragen als Geschenke Kaliko und Perlen. Schiffe und ihre Seeleute tragen Freibriefe und Kaperbriefe. Und weiter fuhren sie zu den Komoren, nach Mohilla und Mauritius, und tiefer und ferner nach den Malediven und nach Malmallas, nach Ceylon, reich an Zimt, zu den Nikobaren, nach Sumatra und Java, zu den Molukken und weiter zu den Banda-Inseln und noch hinter ihnen nach Japan und China um Zucker, grünen Ingwer, Perlen, um Alaun und Bernstein und Gewürzwurzeln, um Moschus und Rohseide, und davon genug, um ein Segel über Indien aufzuziehen und es zurückzusegeln nach dem lärmenden England. Denn Mylady wünscht neue Parfüms, und John Company war immer ein Frauenheld: Zibet und Ambra, Sandelholz und Myrrhe soll sie haben. Für ihren zarten Hals Diamanten, Rubine, Perlen und Spinell, Armbänder aus Amethysten und Smaragden, Ringe mit allen, und Jaspis und Lapislazuli. Ihr Koch wünscht Pfeffer. Und Muskat und Nelkennägel und Ingwer. Und Zimt und Puderzucker... Und das Land giert nach Gold und Silber, Kupfer und Zinn. Und Tee, Salpeter und Seide. Und Indigo, um damit zu färben. John Company ist ein gefälliger Bursche. Persien, Indien, das Karnatik, vor nichts hat er Angst. Die Ausfahrt, die Rückkehr. Ein Befehlshaber könnte sich mit den Gewinnen von fünfen zur Ruhe setzen.

Drei noch für Pannell, der zusah, wie das erste Stauholz, Bambus und Raffia, aus der Last gehievt wurde. Geschwärzt und lackiert würde es beim Verkauf achtzig Guineas bringen, oder er wollte verdammt sein. Siebzig Ostindienfahrer im Jahr, im Durchschnitt 800 Tonnen, Frachtdurchschnitte, ach was, 900 Tonnen, insgesamt 63 000 Tonnen. Davon 1500 mein, dachte er, als die Schauerleute die Teekisten aus der Last schleppten. Der Gesellschaft, verbesserte er sich. Kiste folgte auf Kiste, sie würden den ganzen Rest der Woche entladen. Zu welcher Zeit die *Albion* angekommen sein dürfte, und nach ihr die *Belvedere*, die *Princess Charlotte*, *Earl Howe* und *Sulivan* und sechsundachtzig andere. Jede ergoß ihre Ladung auf die Kais, in die Warenhäuser und auf die Märkte der Stadt.

Drüben, jenseits des Flusses glich Wrens Kathedrale einer großen

Galeone, um die die Kirchen ein Geschwader Fregatten bildeten, die sich vor Anker drängelten. Pannell blickte weg, aber die Arbeit des Entladens ging ohne ihn weiter. Kiste um Kiste wurde aus der Last der *Nottingham* ans Ufer gewuchtet.

Nazim verließ das Schiff mit den anderen; seiner Heimat während der letzten neun Monate gönnte er nicht einen Blick zurück. Seine Aufmerksamkeit richtete sich auf das unbestimmbare Fahrzeug, das ihnen bis in den Hafen gefolgt war. Es bewegte sich langsam den Fluß hinauf nach Rotherhithe, und Lotse war sein Kapitän. Nazim beobachtete es, bis es eine Biegung des Flusses rundete und ihm so außer Sicht kam. Es fuhr weiter und schlingerte flußauf bis zu seinem Ankerplatz, wo es ohne Zwischenfall anlegte und dann vor Anker lag, knarrend und Wasser ziehend. Keine Schauerleute eilten herbei, es zu begrüßen, nur ein ergrauter und verkrüppelter alter Seemann widmete ihm mehr als einen Blick, als er sich langsam den Kai entlangschleppte. Und ein Gesicht erschien kurz am Mansardfenster des Hauses von Kapitän Guardian weiter oben. Die Mannschaft des Schiffes schlurfte unter Deck, die Köpfe gesenkt, die Fäuste in die Taschen gerammt. Ihr Fahrzeug wiegte sich sanft auf der Themsetide, seine Rückkehr war längst überfällig, weit jenseits jeden Glaubens oder jeder Hoffnung aller, von denen man hätte annehmen können, daß sie mit ihm rechneten, tap tap tap gegen den Kai, ein trüber Zapfenstreich zur Rückkehr der *Vendragon*.

Einige Meilen den Fluß hinab dachte Nazim über den langen Weg nach, den er gereist war, um dieses Schiff zu finden. Der Zufall hatte es eines Tages Segelstrecke vor dem Mündungsdelta neben die *Nottingham* gebracht. Es hatte keinen formellen Kontakt gegeben, keinen Austausch von Freundlichkeiten zwischen den Kapitänen. Das hatte Pannell überrascht, aber es hatte Nazim nicht überrascht. Er hatte eine scharfe Enttäuschung verspürt, als die *Vendragon* die Themse hinauf und aus seiner Sicht segelte. Das spiele kaum eine Rolle, sagte er sich, denn jetzt kannte er ihren Bestimmungsort. Und ihren Zweck. Die Mühe danach zu suchen war ihm erspart geblieben. Die Aufgabe vor ihm war auch ohne das gewaltig genug. Neun Männer, neun gesichtslose Männer. Ein Name.

Seine Gefährten winkten ihn zu sich, begierig, in ihre Unterkünfte zu gehen. Er hatte während der Reise ihr Vertrauen gewonnen und damit, hoffte er, ihre Hilfe. Dazu mochte es noch kommen. Ihre unschuldigen Gesichter blickten nach der Stadt mit ihren schönen Bauten aus Ziegel und Stein aus. Der Fluß strömte vorüber, stinkend.

Jetzt winkten sie wieder. Er bewegte sich über den Kai und schlängelte sich zwischen den ersten Teekisten hindurch, die sich in improvisierten Lagern aufzustapeln begannen. Er konnte die Rufe und Flüche der Arbeiter in der Last hören, aber er blickte nicht zurück.

«Nazim!» drängten seine Gefährten. An Bord des Schiffes verlor ein Schauermann den Halt, rutschte aus, und eine Kiste stürzte vom Schandeckel auf den Kai und zerbarst und ergoß eine schwarze Teepulverspur über die Molenplanken. Immer noch blickte Nazim nicht zurück.

«Komm her!» riefen sie, und zwischen ihren Stimmen war eine, die hervorstach. Es war Unsinn, aber in jenem Augenblick war er sicher, das sei eine Stimme, die er kenne, eine Laune des Windes, Zufall vielleicht; die Stimme seines Onkels. Das waren die Worte, die er gesprochen hatte, dieselben Worte, aber an anderem Ort und vor vielen Jahren. Nur eine Erinnerung, vom Winde hergetragen, sagte er sich. Ihn sollte das nicht einschüchtern. Er erreichte seine Mannschaftskameraden, die sich zu einer Gruppe zusammendrängten, zitternd und mit den Füßen aufstampfend. Er gab ihnen einen Wink, und wie ein Mann bewegten sie sich auf die Unterkünfte zu. Hinter ihm breiteten die Teekisten sich weiter über den Pier aus.

«Sir, Ihre Anwesenheit wird respektvoll für den Morgen des 22. diesen Monats November in unserem Büro in der Chancery Lane erbeten. Zu diesem Zeitpunkt werden Ihnen jene Effekten Ihres Vaters, also von Charles Lemprière, die auf seine Anweisung hin von Chadwick, Skewer & Soames aufbewahrt wurden, in Ihre Obhut als sein Sohn, Vertreter seiner Erben und zukünftiger Vollstrecker seines Nachlasses übergeben werden. Ich verbleibe mit Bedauern über diesen traurigen Anlaß der Ihre.

Ewen Skewer (Anwalt).»

Er war nach Westen gereist. Er war angekommen. John Lemprière seufzte, als er die Stiefel auszog. Der Brief hatte ihn erwartet. Unter den Haupttext der Nachricht hatte eine andere Hand eine Notiz geschrieben, die besagte, daß erstens die Mehrheit dieser Effekten aus Papieren bestand und daß es nicht nötig sei, für ein besonderes Transportmittel zu sorgen. Und daß zweitens eine interessierte Partei ihn am nächsten Morgen aufsuchen und ihn zum Büro des Anwalts geleiten werde. Die Notiz war nicht gezeichnet, und Lemprière fragte sich, wer wohl die interessierte Partei sein mochte. Woran interessiert?

Er nahm die Brille ab und massierte sich den Nasenrücken. Nachmittagslicht hüllte das Zimmer in Grau. Es war spärlich möbliert: ein Stuhl, ein kleiner Schreibtisch, das Bett, auf dem er saß, und eine Kommode. Seine Reisetruhe stand offen neben ihr auf dem Fußboden, die Papiere, die er gerade durchwühlt hatte, darin in Unordnung. Das Objekt seiner kurzen Suche saß wie eine leblose Anwesenheit neben ihm. Ein Brief. Die Erregung seines Abenteuers war bereits verblaßt und hatte einer bekannteren Ermattung Platz gemacht. Er starrte düster aus dem Fenster auf den trüben Himmel.

«London», sagte er laut und zu niemandem. Das Gelärme von der Straße unten drang an sein Ohr, Straßenhändler und ihre Kunden. Ein Hund bellte.

Er hatte in den sechs Tagen, seit er Jersey verließ, kaum einen Satz gesprochen. Seine große Reise war ihm durch die Seekrankheit verdorben worden, die ihn von St. Peter Port nach Southampton kotzen ließ. In seinem Inneren war etwas verfault. Die Kutsche war kaum besser gewesen. Ein rotgesichtiger Mann mit Bierdunst im Atem hatte ihm immer wieder erzählt, daß er im «Import-Export»-Handel sei; jedesmal mit einem kräftigen Zwinkern, als ob das von einer geheimen Bedeutung sei. Eine Frau in mittleren Jahren und ihr Kind hatten gegenübergesessen und oft genickt. Es war ihm nicht übel geworden, selbst nicht auf den schaurigsten Straßen, aber das dumpfe Unbehagen war immer kräftiger gewuchert. Er empfand es jetzt, als er auf den Brief neben sich hinabblickte, seines Vaters Brief. Lemprière spielte mit ihm herum und versank wieder in jene Gedanken, die vor zwei Wochen nach seinen Flechsen geschnappt hatten. Gedanken, von denen er fühlte, daß sie nicht auf seine Bereitschaft warten würden, ihnen entgegenzutreten, falls sie ihn anfallen sollten.

Die Tür war weit aufgeworfen worden. Eine alte Frau hatte über die anderen Gäste geschwatzt, als sie ihn die Treppe hinaufgeleitete. Im Keller wohnten wallisische Mädchen, die auf dem Markt arbeiteten. Das Erdgeschoß war leer, aber die erste Etage war besetzt. Sein Zimmer war in der zweiten Etage, und über ihm war ein Schneider mit Frau und Familie. Sie hatte es eilig, wieder zu gehen. An seiner Tür verließ sie ihn und klapperte die knarrenden hölzernen Stufen zurück hinunter.

Er hatte da gewartet und ihrem geräuschvollen Weggang gelauscht, und als die Außentür zur Straße zugeschlagen war, in diesem
Augenblick hatte er den ersten inneren Gewissensstachel verspürt,
vertraut seit dem Tag von seines Vaters Tod, zunehmend gefürchtet,
der während der letzten ein oder zwei Stunden in jenes Gefühl
gewachsen war, das jetzt mit seiner vollsten und düstersten Macht
über ihn herstürzte. Er hatte gelernt, seine langsame Ankunft zu
erkennen, sein hartnäckiges, fremdartiges Verweilen. Die letzten
Wochen hatten ihn auf langen, erschöpfenden Spaziergängen entlang
der Klippenhöhen von Jersey gesehen. Manchmal hatte er sich selbst
beim Rennen ertappt, und wenn er zu sich kam, konnte er sich nicht
erinnnern, warum. Aber er wußte warum.

Miasmen, Verschmutzung der Seele: die Tat und die Erinnerung
daran spalteten ihn in den Inquisitor und den demütigen Bittsteller;
Fragen verstopften die Kammern seiner Erinnerung. Er dachte nach
und wog den Brief in seiner Hand. Was war der Preis fürs Tragen von
Anchises? Die kalte Luft blies den widerlichen Themsegeruch ins
Zimmer. Andere Tode. Er erschauerte, zog den Mantel enger um
sich, setzte sich bequemer auf dem Stuhl zurecht. Sein Stolz hätte den
alten Mann daran gehindert, nach dem Sohn zu schreien, ihn an die
Blutschuld zu erinnern. Er würde sein Schicksal angenommen haben.

Das wollte er glauben. Doch noch während er das versuchte, konnte er den ungeheuerlich geschändeten Vater sehen, wie er Vergeltung
gegen den Flüchtigen erwog, brüllend vor Zorn, *du magst dem Schwert
entkommen, du magst deine Schuld abschütteln, doch mein Ker wird dich
verfolgen, ich werde dich verfolgen.* Und während er auf den Todes-
streich wartete, verschmähte der lachende Grieche den offenen zahnlosen Mund des Verratenen. Und wie das Schwert biß, so wird sein
Ker durch den glühenden Himmel der zerbrochenen Stadt fliegen,
die da brennt. Wird flattern wie ein Schmetterling, ein verderben-
bringender Bazillus, der durchs Gehirn Kanäle freibrennt für Nacht-
mahre und Fieber, die folgen. Kein Opfer würde ihn dann versöhnen,
kein Opfer würde hoch genug sein. Er wurde undeutlich eines schnellen klappernden Geräusches gewahr. Dido würde nicht ausreichen.
Carthago delenda est, Kreuzdorn und Pech. Seine Zähne.

Lemprière erhob sich und ging ans Fenster. Er schloß den Fensterflügel und blickte hinab auf die Männer und Frauen, die sich in der
Straße unten drängten. Sie alle würden eines Tages ihren Geist
aufgeben und ihr bleiernes Leben gegen den Äther oben eintauschen.
Und mein Vater, als Harpye, als Sirene, als Sphinx; unterschiedliche

Fleischwerdungen des Ker. Er verließ den Körper durch den Mund und flog auf schwarzen Schwingen. Er hatte das Antlitz einer Frau. Miasma. Sie hatten geglaubt, daß es Seuchen hervorrufe, daß es die Felder verfaulen mache; ein eifersüchtiger Gläubiger, der die sorglosen Schuldner unten mahne.

Oben hatte des Schneiders Jüngster mit Aufsagen begonnen. «Ethelred der Unberatene, Eduard der Bekenner, Heinrich der Fünfte...» Der Unberatene, und wieder grübelte er über dem Brief, den er auf das Bett zurückgelegt hatte, seines Vaters Worte. *Currite fusi...* Schnipp, schnipp. Stimmen aus der Vergangenheit und aus der Zukunft, «Heinrich der Siebte, Heinrich der Achte...» Jemand in der Straße schrie «Gutes Fleisch!»

Als die Zähne sich in der Wade zusammenschlossen, hatte es ein schmatzendes Geräusch gegeben, überraschend wie laut, *schuck*, wie ein Stiefel, den man aus dickem Schlamm zieht. Der Februar war der Monat der Beschwichtigung, zu früh, dachte er. Oder zu spät. Genauigkeit war das Herzstück des Rituals. Wenn ein Mann starb, gab man seine Überreste in einen großen irdenen Krug, einen Pithos, feierlich beigesetzt, und die Familie des toten Mannes vollzog Riten, um den Ker zu besänftigen, den Geist des toten Mannes. Manchmal mochten ihre Ehrerbietungen keine Wirkung haben, aber das erschütterte den Glauben oder die Furcht der Athener nicht. Sie wußten, daß der Ker ein verängstigter Geist war, der das Trauma des Todes überlebte, und daß viel später, wenn Charons Fährgeld gezahlt war, die Wasser des Acheron überquert waren und das Land der Schatten erreicht war, er immer noch die Überbleibsel der Furcht mit sich trug. Es war ein bitterer Rest im Munde der Überlebenden, der Geschmack vorausgenommener Wiedervereinigung. «Auch du wirst folgen», lockten Stimmen ohne Körper.

Der Gestank des Flusses hing immer noch im Zimmer. Das kleine Feuer am anderen Ende war fast aus. Er ging hinüber, um lustlos in ihm herumzustochern und ein paar frische Kohlen nachzulegen. Selbst die Feuer brannten hier anders. Er hockte sich hin und beobachtete, wie huschende Flammen ohne Überzeugung an den Kohlen leckten. Der Brief wartete immer noch auf ihn. Vorahnungen erfüllten ihn, als er sich umwandte, um ihn aufzunehmen, doch was hatte er zu fürchten? Fragen, auf die er keine Antwort wußte, Anklagen, gegen die es keine Abweisung gab. Unsinn; aber schon allein das Vorhandensein des Briefes war eine Art Anklage. Er rieb sich die Schultern und setzte sich wieder aufs Bett. Mit dem Umschlag in der Hand dachte er an Hipponoos, den Bellerophon, der aus dem angeblichen Bett der Stheneboia in den Hof des Iobates gesandt wurde und ohne es zu wissen sein Todesurteil in dem Brief des Proitos mit sich trug. Er aber hatte überlebt, sagte er zu sich. Charles der Erste trieb von oben herab. Seines Vaters sorgsam geformte Schriftzeichen starrten zu ihm empor. Er begann zu lesen.

Nazim hatte zusammen mit den anderen den Weg zu den Ratcliff-Unterkünften genommen. Sie drängten sich aufgeregt um ihn, schwatzend und zeigend. Sie kamen von den Pelican-Stairs, wo die Fähre sie abgesetzt hatte, und jeder Anblick war ihnen neu. Eine junge Frau, die einen kleinen Hund an einer Leine durch die Straße zog. Ein silberhaariger Ehrenmann hockte auf einer Packkiste und hielt zwei gleich lange Stücke Seide hoch. Das eine redete er an, als sei es sein Todfeind. «Import!» schrie er, und bespie es voller Haß. Ein kleiner grauer Mann mit bleistiftdünnem Schnurrbart reichte seinen Hut im Kreis der ihn Umstehenden herum. Sie ließen kleine Münzen hineinfallen. Mancher seiner Gefährten starrte offenmäulig die Huren an, die sich aus den Fenstern in der Old Gravel Lane lehnten. Die Frömmeren wandten ihre Blicke ab, aber die Jüngeren verstanden den Zusammenhang bereitwillig genug und winkten mit ihren Börsen den Frauen zu, die sich bei den Aussichten die Lippen leckten. Bald würde, wußte er, die Neuartigkeit schwinden und die kältere Logik des Straßenspektakels enthüllen, wie den Zauberer, an dem sie gerade vorübergekommen waren und dessen Junge das wirkliche Geschäft machte, indem er die Taschen der Zuschauer diskret leerte, während sein Herr, der Große Gaukler, Apfelsinen aus dem Nichts pflückte und schlaue schnelle Dinge mit Spielkarten trieb. Etwas aus dem Nichts, nichts für Etwas; ein hübsches Gleichgewicht, dachte er. Jene Hände würden heut nacht geschäftig sein. Die Laskaren von ihrer Heuer zu befreien war eine blühende und gern geübte Kunst in den Kneipen von Shadwell. Sie gingen rasch weiter und näherten sich ihrem Ziel. Monate zuvor hatte er Pannells Worte für das genommen, was sie waren, ein Märchen, um von der Langeweile der Reise abzulenken. Für jene aber, die das Märchen von den schwelgerischen Zimmern und dem reichlichen Essen geschluckt und an die anderen Versprechungen der Diener der Gesellschaft geglaubt hatten, boten die Unterkünfte ihrer Gläubigkeit wenig Unterstützung. Die langen niedrigen Holzbauten wurden immer baufälliger, je weiter sie auf dem Ratcliffe Highway auf sie zukamen. Lose Bretter klapperten auf den Dächern. Fenster waren zerschlagen. Ihr Schritt verlangsamte sich, als seine Mannschaftskameraden dessen gewahr wurden, und schweigend erreichten sie ihr neues Heim.

An der Tür stand ein kleiner bebrillter Mann, flankiert von zwei sehr viel größeren und rauheren Typen. Ein Tisch vor ihm war hoch mit Decken bestapelt. Jedem Mann, der durch die Tür ging, wurde eine gegeben mit der barschen Erklärung «Bettzeug». Sie gingen hintereinander vorbei, unterwürfiger als zuvor, und verschwanden im Düster des Inneren. Nazim blieb zurück und überlegte rasch. Als er seine Decke entgegennahm, zögerte er vor dem Beamteten und fragte in klagendem Ton, wann sie denn in ihr richtiges Wohnhaus kämen. Er hatte die Frage kaum gestellt, als auch schon der Gorilla zu seiner Linken fluchte und hart, aber ungeschickt nach seinem Gesicht schlug. Nazim ließ zu, daß er ihn am Kopf traf, und warf sich vorwärts durch die Tür, wobei er im Fallen abrollte. Er umklammerte in gespieltem Schmerz seinen Kopf und blickte zurück zu dem Mann, der jetzt die Tür ausfüllte. Er wollte herankommen, aber etwas im Benehmen des Inders hielt ihn zurück. Er wandte sich um und streckte die Brust im Triumph seines Sieges hervor. Die Kehle, dachte Nazim, die Kehle ist die schwache Stelle.

Es war ein übereilter Schritt gewesen, aber wie er vermutet hatte, war der Mann unbeholfen und ungeübt. Er fand einen Platz in der Unterkunft und setzte sich gelassen nieder. Hätten sie von ihm gewußt, hätten sie Profis geschickt, oder wenigstens Könner. Und also, schloß er, wußten sie nicht. Trotzdem beobachtete er aufmerksam, wie der kleine Mann den Rest der Decken an seine Mitbewohner verteilte. Sie suchten sich auf den nackten Brettern ihre Plätze, verwirrt von diesem plötzlichen Umsturz ihres Glücks. Nazims friedliche Hinnahme blieb unbemerkt.

Als der Abend kam, verzogen sich viele der Jüngeren in die liebevollere Umarmung von Shadwell. Shadwell würde, wie er wußte, glücklich sein, sie das glauben zu lassen. Einer oder zwei, überlegte er, würden nicht zurückkommen, und als sie gingen, beschäftigte er sich damit zu erraten, wer. Ein Streit, zweifellos sorgfältig eingeübt, würde ausbrechen, Zank mit Männern, die die Lingua franca von Ausländern in der Fremde nicht kannten; die offene Tasche, die geschlossene Faust.

Die da zurückblieben, die älteren Männer, hockten sich in Gruppen zusammen und sprachen miteinander. Er spürte ihre Verzagtheit, aber wie schon manchesmal zuvor teilte er ihre Stimmung nicht. Gewiß, die Unterkunft war ein mieser Platz; kalt und schlecht beleuchtet und seit Monaten nicht gereinigt. Was spielte das für eine Rolle? Er hielt sich an sich und schloß sich der gedämpften Diskussion nicht an. Manche sprachen schon davon, sich eine Koje zurück nach Madras über Goa zu suchen. Er wußte, daß die Gesellschaft das nicht erlauben würde. Und auf jeden Fall würden im November nur wenige Schiffe nach Indien auslaufen; die Gefahren machten das zu Unsinn. Nazim sah zu den Laskaren hin. Seine Finger trommelten absichtlich auf dem Bretterboden, eins, zwei, drei, vier, der Daumen. Drähte und Hebel. Es gab schlimmere Plätze als diesen. Und bessere.

Gegenüber der Stelle, an der er saß, murrten die Männer weiter. Seine Finger stellten ihre langsame Bewegung ein. Das war nur die andere Seite der Münze. Ihre Bauchschmerzen wären durch Freude ersetzt, ihm gleichermaßen unerklärlich, wenn sich die Versprechungen der Gesellschaft als wahr herausgestellt hätten. Eine wertlose Münze. Wenn es ihm irgend etwas eingebracht hätte, würde er über ihr Verhalten nachgrübeln, aber er hatte lange genug abseits solcher Sorgen gelebt. Er hatte die andere Seite gesehen. Männer verloren die Sprache durch das, was sie für ihr Begehren hielten. Ihre Eitelkeit. Vor vielen Jahren, als sein Onkel noch lebte, hatte er dem Palast des Nawab seinen ersten Besuch abgestattet. Er hatte an jenem Tag viel gesehen, vieles hatte er nicht verstanden, aber der Kernpunkt dieses Besuches, einer der Kernpunkte, wie er später begriffen hatte, war eine Lektion in Eitelkeit gewesen.

Seine Gedanken trieben zurück. Er und sein Onkel standen gemeinsam vor dem großen Gebäude. Er erinnerte sich an die brennende Hitze, die Glut des roten Sandsteins. Und dann der kühle Marmor innen. Ihre Füße hatten auf die Flure gepatscht, und der Klang war von den Wänden und den hohen vergoldeten Decken widergehallt. Als sie durch das Eingangszelt schritten, hatte sein Onkel ihm den Musikpavillon dahinter gezeigt. Er hatte pflichtgemäß hingestarrt. Sie hatten die Audienzhalle gequert, an den Privaträumen und der Zenana vorbei, den heißen Bädern und den Gärten, in denen Wasserkanäle und Wasserfälle die Schwimmbecken berieselten. Kuppeln und Dachpavillons blickten auf sie herab, als sie in den inneren Gemächern verschwanden, wo sich bossierte Türen aus Messing und Silber schweigend schlossen und leises Geflüster hinter den durchbrochenen Schirmwänden zu hören war. Die beiden waren lange, schattige Gänge hinabgeschritten, die sie schließlich in einen Empfangsraum führten, der mit Arabesken und Inschriften ausgeschmückt war, Einlegearbeiten mit Achat und Karneol, andere gemalt in Gold, Türkis und Purpur, den kostbarsten aller Farben. Hier hatte ein kleiner verschrumpelter Mann gesessen, dem bei dieser Gelegenheit nur ein einziger Diener aufwartete.

Sein Onkel hatte ihn ehrerbietig angesprochen. Sie hatten eine Weile miteinander geredet und er, ein schlaksiger Zwölfjähriger, war dem kleinen Mann vorgestellt worden. Er hatte es damals nicht erraten, und sollte das auch gar nicht, aber bei jenem Treffen war ein Handel abgeschlossen, eine Nachfolge gesichert worden, und von jenem Augenblick an war er, auch wenn er das nicht wußte, ein Diener des Nawab. Schließlich hatten sie nach Stunden, in denen sich sein Onkel und der Nawab leise unterhielten, ihren Respekt bezeugt und sich umgewandt, um zurückzukehren.

Bevor sie den Palast verließen, hatte ihn sein Onkel mitgenommen, daß er den Spiegelsaal sehe. Er hatte andere darüber reden hören, man sagte, er sei wunderbar. Myriaden kleiner Glasstückchen, die in Stuckleisten und Stuckplatten eingelassen waren, bildeten ein eigenartiges, sich wandelndes Mosaik. Er hatte sich selbst in tausenden winziger Stückchen gesehen, das eine gegen das andere verschoben. Ist das nicht wunderbar, oder? Er hatte höflich genickt, unberührt von dem Schauspiel. Auf ihn hätte es weder mehr noch weniger Eindruck gemacht, wenn die Wände kahl gewesen wären. Wozu war das da? Sein Onkel hatte ihn aufmerksam beobachtet und später, viel später hatte er begriffen, daß es sich um eine Art Prüfung gehandelt hatte. Nicht die Spur eines Interesses war über seine Züge gehuscht.

Da hatte sein Onkel gelächelt und ihn durch die Audienzhalle zurückgeführt, in der die Palastdiener ihnen einen Weg gebahnt hatten und ihre Augen vor den ihren niederschlugen. Nazim hätte nicht gedacht, daß sein Onkel ein Mann von solcher Bedeutung war. Er hatte ihnen in die Gesichter geblickt und in allen den gleichen Ausdruck gesehen. Da war Respekt, gewiß, und noch etwas anderes. Sein Onkel hatte ihn wegen seiner Neugier gerügt, aber dennoch hatte er gestarrt und schnelle Blicke geworfen, als sie vorübergingen, und da hatte er eine Spur von Widerwillen in den Augen der Diener gesehen, und mehr, unverkennbar eine starke und schlecht verhohlene Furcht. Er versuchte sich vorzustellen, warum sie einen Mann wie seinen Onkel fürchten sollten, einen Mann, der, wie er bis zu jenem Tage glaubte, bei niemandem großen Einfluß hatte. Später sollte er lächeln, wenn er sich dieser Fehleinschätzung erinnerte, damals aber, als sie ihren Weg zurück durch das Eingangszelt und die reichverzierten Palasttore nahmen, war seine Neubegier gewachsen. Die Höflinge, die Lieblingsdiener, die Berufsheuchler des Palastes hatten alle mit unauffälliger Aufmerksamkeit beobachtet, wie sie langsam das Gelände verlassen hatten. Sie beide: der göttlich bestimmte Meuchelmörder im Dienste des Nawab von Karnatik und sein an jenem Tage erst berufener zwölf Jahre alter Lehrling. Hand in Hand hatte Bahadur-ud-Dowlah seinen jungen Neffen nach Hause geleitet.

Plötzlich flogen die Türen der Unterkunft auf und schreckten Nazim aus seinen Träumereien hoch. Die ersten seiner Landsleute waren zurückgekommen. Er breitete seine Decke über die Planken und legte sich nieder, dabei drehte er seinen Kopf der Tür zu, wie es seine Angewohnheit war. Sie flog in unregelmäßigen Abständen auf. Jedesmal öffneten sich blinzelnd seine Augen, und da sie keine Bedrohung sahen, schlossen sie sich wieder. Seine Schiffskameraden kamen zu zweit oder zu dritt zurück; niemand kehrte allein zurück. Die erste Lektion, dachte er bei sich. Einige wenige trugen ein tapferes Gesicht zur Schau, aber die meisten kamen niedergeschlagen zurück, und einige waren blutverschmiert. Er seufzte und versuchte, sich auf dem harten Boden zurechtzulegen. Sein Schlaf war unruhig, unterbrochen vom Geräusch der Nachtbummler, die zu ihren Plätzen stolperten. Morgen würde die Aufgabe beginnen, mit der er betraut worden war.

«Mein Sohn», begann der Brief, «wenn Du dieses liest, meinen ersten und letzten Brief an Dich, werde ich tot sein. Wenn die Art meines Hinscheidens dem Muster entspricht, das unsere Vorfahren formten, wirst Du neugierig zurückbleiben, bedrängt von Zweifeln und unbeantworteten Fragen. John, gehe ihnen nicht weiter nach. Deine Neugier wird nicht befriedigt, Deine Rache niemals verwirklicht werden. Wenn die Geschichte der Lemprières der des Hauses Atreus ähnelt, so deshalb, weil dieser Rat zu selten angeboten wurde und niemals angenommen. Ich denke mir, daß Du diesen Brief in London lesen wirst oder auf dem Weg in jene

Stadt. Erledige jedes Geschäft, das Du zu erledigen hast, und gehe wieder. Was meine Papiere angeht», hierbei blickte John durch das Zimmer auf seine Reisetruhe, die davon überquoll, «verbrenne sie. Bemühe Dich nicht, sie zu lesen. Ich habe Angst davor, mehr zu sagen, tu nur, was ich Dir sagte, und ich werde Frieden finden.»

Er war ungezeichnet, aber es war ohne jeden Zweifel seines Vaters Handschrift. Was meinte er mit Rache? Und woher hatte er gewußt, daß sein Tod ein gewaltsamer sein würde? Je mehr er über seines Vaters Worte nachdachte, desto mehr setzten ihm diese und andere Fragen zu. Er lag rücklings auf dem schmalen Bett und starrte an die weißgekälkte Decke, die der Rauch des Feuers hatte gelb werden lassen. Er dachte mit gemischten Gefühlen an die Wälder und Felder Jerseys und kurz an seine Mutter. Über sich konnte er hören, wie die Familie des Schneiders sich fürs Bett zurechtmachte, während draußen das Getöse der Straße anhielt, aber seinen Charakter veränderte. Das Geräusch der Handwerker und der Markthändler, das ein ständiges Gesumm der Geschäftigkeit, der Beleidigungen, der Begrüßungen hervorgebracht hatte, erlosch, während jetzt die gebrochenen Rhythmen des Abends ihre andersartige Herrschaft durch plötzliche Rufe und kommende und gehende Schritte bekräftigten.

Er entspannte seine Haltung auf dem Bett, versuchte nicht an die Fragen zu denken, die der Brief für ihn aufwarf, und ließ sich langsam in den Schlaf treiben. Und während er ihn bisher immer als verlorene Zeit bedauert hatte, war er jetzt wegen seiner Gedankenleere ungeduldig. Er erinnerte sich kaum an seine Träume. Die Flüchtigen seines Gehirns, er jagte sie manchmal im morgendlichen Zwielicht zwischen Schlaf und Erwachen. Sie entglitten ihm, als seien sie von einer unsichtbaren Blase umgeben, die sein Zugriff bei jedem vergeblichen Versuch weiter fortstieß, bis er schließlich ins Wachsein stolperte. Am Morgen wurden die Verluste der Nacht gezählt, als ob seine Träume Berichte über ihn selbst wären, deren Flüchtigkeit undeutlich darauf verweise, daß der Kern seines Wesens Stück für Stück abgeschnitten werde. Bei Tag zunehmend, bei Nacht abnehmend. Er betrachtete diese Überreste liebevoll als Bestandteile jener Version von ihm, die der Wahrheit am nächsten kam, und stellte sich vor, daß sein träumendes Ich im Gefängnis seines wachenden Geistes eingeschlossen sei, der aber auch jeden Versuch, es zu befreien, zunichte mache.

Über ihm kennzeichneten der Schneider und seine Frau das Ende eines weiteren Tages mit widerwilligen Mildtätigkeiten an Gott und dann aneinander, bumm bumm bumm, durch die Decke. Sie hielten einen erfahrenen Rhythmus. Charles der Zweite, Oliver Cromwell, William und Mary... Cromwell? Bumm bumm, *schlupp*. Er dachte an seinen Vater. Warum hatte er geschrien? Hätte er einfach dagelegen, wäre es nicht geschehen. Hätte Casterleigh sich einen anderen Tag ausgesucht, um zu jagen, wäre es nicht geschehen. Hätte Juliette nicht gebadet, hätte Juliette nicht im Wasser gespielt, hätte Juliette nicht... hätte ich Aktaions Sünde nicht begangen... Nein, er wies seine Gedanken zurück. Nicht jetzt.

Aber ja, beharrte eine andere Stimme in ihm, *hättest du nicht einen anderen deinen Platz einnehmen lassen*... Es wäre nicht geschehen, schloß er erschöpft. So viele Wege, auf denen es nicht geschehen wäre.

Das Geräusch oben wurde für kurze Zeit lauter, das Tempo nahm zu, und er hörte ein leises unzufriedenes Grunzen. Das Zimmer wurde wieder still, und für einige Zeit war nichts mehr zu hören. Hätte ich die Geschichte nicht gelesen, sie nicht heraufbeschworen, hätte man mir das Buch nicht gegeben, hätte ich nicht versucht, mich in der Bibliothek zu beweisen. So viele Dinge, die ich nicht hätte tun sollen. Sie im Teich beobachten.

Seine Gedanken kehrten immer wieder zu dem Mädchen zurück. Nach außen erschien er ruhig, während in seinem Inneren seine wachen Sinne langsam verrannen wie weißer Sand im Stundenglas. Die Nacht schritt voran. Schließlich schlossen sich seine Augen, und er schlief.

Draußen ist die Stunde des Argwohns. Die stille Stunde, in der Männer mit der Miene von Eindringlingen in ein Drama, das sich schweigend zwischen der Stadt und der Nacht abspielt, durch die Straßen gehen. Eine verhüllte Gestalt quert schräg die Straße, ihr Schatten wird länger, während sie sich von der Laterne fortbewegt. Jemand trödelt mit einstudierter Beiläufigkeit an einer Ecke herum, blickt erst in die eine Richtung, dann in die andere, und bietet nicht einen Hinweis, der seine Wachsamkeit erklärte. Die Stadt ist fast still, aber der langsame Bogen des Mondes erweckt fast den Anschein von Leben. Schatten, sonderbare Silhouetten an Wänden, die mit dem Wandern des Mondes aufleuchten und dunkel werden. Teile der Stadt, die im Tageslicht solide und normal erscheinen, enthüllen übermütige Groteskerien, ihre verborgenen Ansichten. Eine aus Stein gemeißelte Vase mit zerbrochenem Rand wirft ein zerbrochenes Antlitz auf die Wand, die sie bei Tage schmückt. Zerbrochenes Holz, das sorglos in der Ecke eines Hofes gestapelt ist, könnte die Gliedmaßen zweier Gestalten sein, die im Kampf ineinander verklammert sind, und der Schatten eines Fahnenmastes fällt über Kopfsteine und bildet einen rechten Winkel, als er auf die gegenüberliegende Mauer fällt, einen anderen, als die Mauer um die Ecke biegt. Ein Galgen.

Während der Mond den Himmel überquert, werden die Schatten länger oder kürzer und verschwinden, und werden von anderen ersetzt. Die Stadt scheint willig, die geheimnisvollen Einzelheiten ihres Aufbaus zu entfalten, aber einige Teile werden niemals bekannt sein. Keller, überdachte Treppenhäuser, Durchgänge unter der Oberfläche der Dinge, geheime Kanäle und Zimmer, Verbindungsgänge und Korridore des Ungesehenen und Ungehörten; diese Orte bleiben unerhellt, es sei denn durch das Licht jener, die in ihre Existenz eingeweiht sind.

Und jetzt beginnt sich eine Art Leben in diesen unterirdischen Röhren und Gängen zu regen. Etwas pulsiert. Etwas bewegt sich in diesen versteinerten Adern. Zuerst ist es nicht mehr als ein schwaches Wirbeln in der kalten Luft, die Andeutung von Wärme. Steinkammern und Durchgänge, an Licht nicht gewöhnt, sind jetzt kurz erleuchtet, und das Geräusch heiseren Atmens durchraschelt die langen Korridore und die Höhlen. Als diese Geräusche und diese Lichte von den umgebenden Mauern und Fußböden zurücktaumeln, enthüllen sie eine überraschende Glätte, gerundete Umrisse und sanfte Kurven, Falten eher als Kanten. Von Zeit zu Zeit öffnen sich von engen Durchgängen aus größere Räume. Sie erscheinen mit ihren hohen natürlichen Bögen und Gewölben organisch entstanden. Mineralisches Fadenwerk fällt wie dünne Stalaktiten von der Decke zum Boden. Aber es sind keine Stalaktiten. Diese verwickelten Stränge versteinerter Arterien, Sehnen und Organe verraten eine uralte Anwesenheit.

Vor unendlichen Zeiten zermalmte etwas Ungeheures die felsigen Unterschichten. Unachtsam und anmaßend in seiner unermeßlichen Sterblichkeit fiel hier sein Schatten über ganze Ebenen und steile Böschungen. Hier waren seine Fußstapfen Krater, und hier sank es hinab in den weichen Lehm, der sich langsam über ihm schloß. Hier starb es. Und hier zog die sanfte annehmende Erde es hinab ins steinerne Bett. Eine langsame Anpassung begann. Schrittweise und unendlich langsam unterlag es dem geduldigen Stein, der in seine Glieder und Organe einsickerte und es so in jeder Einzelheit vollkommen aufbewahrte. Seine Form erhärtete und wurde zu mehr als einer Leiche; fast unmerklich wurde es zum Denkmal seines eigenen Vergehens, ein durchlöcherter Erzgang, der jetzt schweigsam fünf Eindringlingen Gastgeber ist.

Tief unter der schlafenden Stadt geschieht eine winzigste Beschleunigung in diesem Gefüge. An fünf Stellen gibt es in seinen fossilen Überresten Bewegung. Fünf Männer kriechen durch granitene Adern, diamantene Galerien, über spröde Kristallplatten. Sie rücken auf unterschiedlichen Wegen vor. Ihre Pfade krümmen und biegen sich, aber kreuzen sich niemals. Sie alle haben diese Reise schon viele Male zuvor gemacht. Niemand kennt den Pfad der anderen. Ihr Ziel ist alles, was sie gemeinsam haben, während sich jeder seinen Weg durch das Netz von Tunneln sucht. Zuzeiten mochten sie nur Zentimeter voneinander entfernt sein, getrennt durch die barste, papierdünne Haut flockigen Kalksteins, doch das würden sie nie erfahren. Jeder nimmt seinen eigenen Weg zu dem Raum im genauen Mittelpunkt des weitläufigen Leichnams, einer Kammer, die einstmals sein Herz gewesen sein mag. Ihre Tür mag einstmals seine Aorta gewesen sein, die mächtig heißes Blut durch Arterien und Adern pumpte, die jetzt nur das schwache Echo schlurfender Schritte bergen, während die fünf Männer sich nähern. Die Lampen, die sie dicht vor der Brust tragen, beleuchten den Weg vor ihnen, und ihre Körper werfen Schatten, die sich hinter ihren Rücken in die Dunkelheit verlängern. Beim Eintritt in die Kammer löscht jeder die Lampe, die er trägt, und entzündet einen Docht in einer Lampe, die an der Mauer befestigt ist. Es gibt neun dieser Dochte, den Zünddocht nicht mitgerechnet. Als fünf der neun entzündet sind, werfen sie ein stotterndes Licht gegen die Decke und die Wände der Kammer. Das ist die einzige Erleuchtung, die dieser Ort je gekannt hat. Die Kammer ist kalt, und die Luft ist sehr still. Die Cabbala tagt.

Und obwohl das Licht schwach ist, meidet der Vorsitzende es und zieht sich in die Schatten seines Sitzes zurück. Zwei Gestalten stehen hinter ihm und flankieren ihn wie Säulen. Ein wenig weiter tischab nimmt ein untersetzter Mann seinen Platz ein. Er hat das Aussehen eines, der mehr an Bewegung gewöhnt ist, und rutscht unbehaglich umher. Neben ihm läßt sich sein Begleiter, eine drahtige massige Gestalt, schneller nieder.

«Setzt euch, bitte», sagt er, als der letzte seinen Platz ihnen gegenüber eingenommen hat. Es gibt keinen Ausdruck von Erwartung, von Erregung. Von Feierlichkeit vielleicht, als ob sie versammelt wären, um endlich einen Vertrag zu unterzeichnen, dessen Bedingungen schon Jahre zuvor ausgehandelt worden sind. Er beugt sich fast unmerklich nach vorne, sein Gesicht verbleibt im Schatten. Das ist ein Zeichen. Die Gesellschaft wendet sich ihm in der erprobten Weise zu. Es hat schon viele solcher Treffen vor diesem gegeben. Der untersetzte Mann stützt seine Ellenbogen auf den Tisch vor sich und legt die Hände fest ineinander. Die Spitze des einen Fingers klopft unhörbar auf einen Ring, den er an der linken Hand trägt. Es ist Gold, roh geformt, mit einem Sinnbild. Er betrachtet seine Nägel, als ob die Worte der anderen nur einen Bruchteil seiner Aufmerksamkeit benötigten. Die beschauliche Haltung ist ihm aber so fremd, daß die Wirkung fast komisch ist. Der Redner zahlt ihm seine gespielte Gleichgültigkeit gewissermaßen zurück.

«Nachricht hat uns erreicht, daß der Nawab einen Abgesandten ausgesandt hat...» Hinter ihm ahmen die beiden menschlichen Säulen, als sei das letzte Wort ein Stichwort gewesen, seinen Tonfall nach, zuerst der eine, dann der andere, von links nach rechts und zurück.

«Ein Bote.»

«Ein Sprachrohr.»

«Ein Diplomat.»

«Ein Augen und Ohren.»

«Ein Agent.»

«Ein agent provocateur.»

Er gebietet mit der Hand Schweigen. «Bote ist alles, was wir wissen, das muß für jetzt genügen. Er wird identifiziert werden. Eine Entscheidung kann», er hält um Atem inne, «später getroffen werden. Er ist auf jeden Fall nur ein Teil unseres größeren Problems...»

«Warum warten?» Der größere Mann nimmt die Hände auseinander. «Warum ihn nicht jetzt erledigen, seine Anwesenheit kann uns doch sicher nicht von Nutzen sein?» Er blickt Zustimmung heischend in die Runde, aber die Gesichter sind wie immer unbeweglich. Der andere fährt fort und antwortet auf die Unterbrechung.

«Er wird überwacht werden. Es kann nützlich für uns sein, seine Identität zu kennen, ehe wir», er hält inne, «handeln. Es gibt keine einfachen Unterscheidungen, jedoch...»

«Schwarz.»

«Weiß.»

«Ziegen.»

«Schafe.»

«Soll.»

«Haben.»

Er bedeutet ihnen Schweigen und blickt zum fernen Ende des Tisches auf den, der als letzter seinen Sitz eingenommen hat.

«...jedoch könnten wir eine treffen zwischen der Einzelheit und dem größeren Bild, davon es nur einen Teil bildet, stimmen Sie nicht zu, Monsieur?» Dieses letzte an den Unterbrecher, der seine frühere Haltung wieder eingenommen hat, abgesehen davon, daß die Knöchel seiner Finger weiß werden, weil er die Hände fester zusammenpreßt. Jenseits des Tisches spielte das zuerst bezeichnete Individuum nervös mit einem Bündel Papiere. Er sah rasch zu dem Mann gegenüber, dessen kleinerer Gefährte den Blick auffing und ihn ohne zu blinzeln hielt. Dann sprach er nur zwei Worte:

«Den Bericht?»

Seine Stimme, zum erstenmal zu hören, war bar jeden Akzentes, metallisch und kalt. Der andere nahm kaum die fragende Betonung wahr. Er ordnete die Papiere vor sich und räusperte sich.

«Von uns abgesehen umfaßt die karnatische Schuld grob drei Parteien...»

«Grob?» fragte der größere Mann ihm gegenüber.

«Es gibt da zwischen den dreien sich überschneidende Interessen, ebenso wie Randinteressen, weitestgehend zu vernachlässigen. Das wird klarer, wenn wir fortfahren...»

«Genau», sagte der unsichtbare Mann am fernen Ende des Tisches. «Bitte fortzufahren.»

«Ja», er sah wieder nach unten, «das sind die Arcot-Interessen, die Hastings-Gruppe und, natürlich, der Aufsichtsrat. Von den dreien ist die mächtigste, aber am wenigsten organisierte Gruppe die Arcot-Interessen. Benfield stellt da eine Art Brennpunkt dar, aber nur für seine Gegner; wir sind nicht der Ansicht, daß er unter den anderen Gläubigern Unterstützung gewinnen könnte. Hastings und seine Freunde sind überraschenderweise immer noch einig. Die Beschuldigung gegen ihn hat, wenn überhaupt, seine Stellung eher noch gefestigt...»

«Wie kann das sein?» fragte die metallische Stimme.

«Wie kann ihm der Verlust von allem, dem Wenigen, das er hatte, von Vorteil sein? Oder seinen Geldgebern?» Der größere Mann warf die Hände empor.

«Daß er wenig hatte, um damit anzufangen, geht an der Sache vorbei», das unsichtbare Gesicht bewegte sich im Schatten, «seine

Position ist eine moralische, Hastings ist ein Mann von Grundsätzen.»

«Ein Vorbild.»

«Ein Catilina.»

«Ein Halbgott.»

«Ein Basilisk.»

«Ein Aristides.»

«Ein Moloch.»

Der ursprüngliche Sprecher wandte sein Blatt um. «Auf jeden Fall bestehen die Hastings-Interessen weiter. Der Aufsichtsrat verfolgt widersprüchliche Ziele, zumindest waren seine Handlungen bisher zusammenhanglos. Es gibt schwankende Loyalitäten gegenüber Pitt und seiner Kreatur Dundas.»

«Pitt hat Unterstützung der Arcot-Interessen gegen deren Unterstützung seines Wahlkampfs versprochen, wir alle wissen das. Sobald er gewählt war, hat er angefangen, sich in die Angelegenheiten der Gesellschaft einzumischen, auch das wissen wir. Das aber hat eine neue Form angenommen. Untersuchungen.»

«Untersuchungen?»

«Von Mißbräuchen, vor allem der Arcot-Interessen im Karnatischen. Es sieht so aus, als sei auch Pitt ein Mann von Grundsätzen.»

«Aber er hat die verraten, die ihn unterstützt haben», schlug der große Mann dazwischen.

«Pitt ist ein gewiefter Politiker», kam die Stimme vom fernen Ende. «Weiter.»

«Es wurde deutlich, daß der Nawab Beträge, die er für große Summen hält, von beiden geliehen hat, von den Angestellten der Gesellschaft oder wenigstens der Arcot-Interessen, *und* von der Regierung, und zwar zu hohen Zinssätzen, wobei diese Darlehen durch die Einkünfte aus dem Karnatischen abgesichert sind, dessen Herrscher er jetzt, wenigstens dem Namen nach, ist.»

«Natürlich ist er das», lachte der große Mann. «Wir haben ihn eingesetzt.»

«Zu diesem Zeitpunkt hat nun Hastings die Liquidierung der Schuld um jeden Preis gefordert, was in Wahrheit überhaupt keine Kosten verursacht hätte, eine Abschreibung. Die Einkünfte aus dem karnatischen Land decken nicht einmal mehr die Zinsen, die Schuld kann nicht bedient werden. Dundas hat sich da selbst reinverwickelt, als diese Regelung vereinbart wurde und er die Gläubiger des Nawab, die Arcot-Interessen, mit immerhin 480000 Pfund pro Jahr auf zwanzig Jahre hinaus unterstützte. Hastings Reaktion darauf war, wie wir wissen, der Beginn seines Sturzes, aber Dundas war immer noch nicht zufrieden, und er begann, andere Maßnahmen zu ergreifen, um den Verdacht zu zerstreuen, daß Benfield ihn in der Tasche habe.»

«Oder Pitt.» Wieder die harte Stimme.

«Diese anderen Maßnahmen», begann der stämmige Mann, «umfassen sie auch den Transfer der Gesellschaftsschulden nach England?»

«Genau das, und das laufende Offenlegungsgesetz. Dundas hat da zumindest eine Hand mit im Spiel gehabt.»

«Das Offenlegungsgesetz ist eher eine Belästigung als eine Drohung. Ich verstehe nicht, warum uns das beschäftigen sollte.»

«Das Problem befindet sich im Mittelpunkt des Gewebes», sagte die ältere Stimme. «Weiter.»

«Ja. Der Nawab spielt ein viel hinterlistigeres Spiel, als vorauszusehen war. Indem er zugestimmt hat, alle Schulden anzuerkennen, sowohl die bei der Regierung als auch die bei den Arcot-Interessen, spielt er die Ansprüche der einen Seite gegen die der anderen aus und bezahlt keine. Der Nawab hat sich als sehr zugänglich erwiesen; er wird allem zustimmen.»

«Was soviel bedeutet wie nicht zuzustimmen. Er ist tatsächlich völlig machtlos, hält aber alle Beteiligten kraft seiner eigenen Schulden in einer Art Geiselhaft.»

«Richtig», die Stimme kam von dem Unsichtbaren. «Ein leerer Mittelpunkt, in dem alle Interessen zusammenlaufen.»

«Einschließlich unserer eigenen?» Der Mann spannte seine Muskeln, als er sprach.

«Es gibt keinen Grund anzunehmen, daß unsere Absprache geändert oder auch nur betroffen wäre. Dennoch kommt das erregte Aufsehen», überlegte er, «ungelegen. Vorsorge sollte getroffen werden. Wir werden den Abgesandten abwarten; schließlich ist das keine Situation, die wir lösen müßten.» Er lächelte vor sich hin. «Nur . . . in Schach halten. Wird das geschehen?»

Einer nach dem anderen nickte jeder der Anwesenden seine Zustimmung. Die Versammelten rutschten in ihren Sitzen herum, bevor man sich zurücklehnte. Der Beschluß mußte verdaut werden. Einer nach dem anderen gab entsprechende Zeichen, und dann die Stimmung leisester Erwartung, das Trommeln von Fingern auf dem Tisch, eine Neigung des Kopfes. Wieder sprach die ältere Stimme:

«Nachricht hat uns von Jacques erreicht. Er hat mit unseren Mitspielern in Frankreich gesprochen.» Die Gesellschaft empfand eine schwache Spannung, als Jacques' Auftrag berührt wurde.

«Er wird in diesem Monat zurückkehren, wir werden ausführlicher nach seiner Rückkehr hören.»

«Das Mädchen?» Der größere Mann fragte, er blickte nicht auf.

«Das Mädchen wird natürlich auch zurückkehren. Wir haben noch Verwendung für sie.» Dieser Gedankengang führte ihn weiter.

«In der anderen Angelegenheit können wir gegenwärtig keinerlei Schwierigkeiten voraussehen. Ihrem Schweigen entnehme ich, daß der Junge angekommen ist.» Der schwer gebaute Mann sah leicht überrascht auf.

«Angekommen und untergebracht», bestätigte er.

«Gut», sagte er. «Die Lemprières waren zu lange aus dem Pferch. Das Spiel, meine Herren, hat jetzt wirklich begonnen.»

Das Treffen wandte sich anderen, langwierigeren Themen zu. Später, nachdem man die übrigen Geschäfte durchgesprochen, Entscheidungen gefällt oder vertagt, Verfahrensweisen beschlossen hatte und die meisten der Anwesenden einzeln abgegangen waren, verblieben nur noch zwei Dochte, und die Beleuchtung im Raum war kärglicher als zuvor. Der große Mann schritt ruhelos auf und ab, während der Unsichtbare sitzenblieb. Seine Blicke folgten jeder Bewegung des anderen.

«Sie mögen die Angelegenheit mit dem Jungen nicht, soviel ist klar, mein Freund.»

«Die Art der Durchführung ist Verschwendung», erwiderte er, «Scharaden, Spiele für Kinder.»

«Ist das Ihre einzige Sorge?» Der größere Mann blieb stehen, stützte seine Hände auf den Tisch und gab sich alle Mühe, seinen Ausdruck neutral zu halten.

«Das ist Sorge genug», erwiderte er. «Wir könnten, was wir wünschen, einfacher erreichen. Wir sollten unmittelbar handeln.»

«Vielleicht ist es ein bißchen spät, um Präzedenzfälle zu schaffen.»

«Mich beschäftigt nur das Praktische...»

«Natürlich, aber wir haben es nicht mit einem Bauernlümmel zu tun. Schicklichkeit spielt in dieser Angelegenheit ihre Rolle.»

«Schicklichkeit. Was hat die damit zu tun?» Eine Spur Verachtung konnte in seiner Stimme bemerkt werden. Tritt achtsam auf, mein Freund, dachte der andere.

«Die Ciceros und die Sokrates' dieser Welt bezweifeln selten das

Urteil», sagte er und betonte das letzte Wort. «Die Art seiner Durchführung beleidigt sie, der Wortlaut, die genauen Einzelheiten des Rituals. Es geht nicht darum, was wir tun, es kommt darauf an, wie wir es tun.» Der größere Mann schien das hinzunehmen. Er nickte und bewegte sich auf die Lampe zu. Als er einen der Dochte löschte, überraschte es ihn, die Stimme des anderen erneut zu hören.

«Ich werde alt, Nicolas. Und müde. Die Zeit für einen Wechsel kommt.» Er verfiel wieder in Schweigen. Nicolas Casterleigh wandte sich auf dem Absatz um und ging ohne Antwort. Am Kopf des Tisches blieb der Führer allein.

Er blickte auf die Steine der Wände um sich herum und des Daches und dachte an andere solcher Kammern. Das Allerheiligste der eleusischen Mysterien, die inneren Tempel der orphischen Kulte, deren längst vergessene Rituale, Gerichtshöfe, vor denen Angeklagte nie erschienen, die anderen Geheimbünde, die den Reifungsprozeß dieser Welt gesteuert haben. Verstohlene Zusammenkünfte wie diese hatten die Drähte von Marionettendespoten gezogen und den Willen der vorübergehend Mächtigen gelenkt. Der langsame Rhythmus der hier gefällten Entscheidungen bestimmte den Pulsschlag der Welt. Katastrophen, Kriege, der Tod von Königen waren nichts als verfehlte Maßnahmen, kurze Unterbrechungen in der geräuschlosen Musik hintergründigerer Tagesordnungen und Absprachen jener, deren Gesichter ungesehen blieben. Er wußte das. Doch auch Veränderungen sind Teil des Musters, dachte er. Die kommenden Monate erstreckten sich vor ihm, und der letzte Gedanke begann jene Gestalt anzunehmen, die er dafür vorgesehen hatte. Denn Veränderungen wird es geben, dachte er, als der letzte Docht zu blubbern begann. Die alte Stadt stieg in seinen Gedanken auf, Zwillingstürme, die wie Wachtposten den inneren Hafen hüten. Da wird eine Rückkehr sein.

Nazim erwachte mit dem Morgendämmer und begann, sich auf den vor ihm liegenden Tag vorzubereiten. Er lehnte sich zurück und stellte sich die Stadt vor, die ihn umgab. Im Geiste stieg er vom Boden empor und sah sie wie ein Vogel als einen Plan ihrer selbst, verkleinert und genau. Er zog ihre Gassen und Straßen nach, ihre großen Durchgangsadern. Die Aufgabe wurde methodisch vervollständigt, fächerförmig vom Skelett der Hauptstraßen aus zu den benachbarten Straßen, von den Straßen zu den Sträßchen, zu den Gassen, zu Durchgängen und Schlupflöchern. Fern von zu Hause im Sack von Patna fand er sich verfangen und trug noch immer die wirre Erinnerung in sich, huckepack durch das Labyrinth des nördlichen Viertels jener Stadt getragen zu werden. Seines Onkels erfahrener Schritt führte sie unverletzt durch die Schwerter Mir Kasims, bis sie den Mauern der Stadt entronnen waren. Jetzt konzentrierte er sich, und als er den Plan der Stadt erkannte, fixierte er ihn in seinem Geiste, ein Werkzeug für die bevorstehende Aufgabe.

Als er in den Beutel griff, der ihm als Kopfkissen gedient hatte, fanden seine Hände den breitkrempigen Hut und den Umhang, die er vor Monaten darin verstaut hatte. Er kleidete sich schnell an, sein Atem sandte kleine Dampfwölkchen in die kalte Luft. Er zog sich den Hut ins Gesicht, als er die Straße erreichte. Der Ratcliffe Highway war noch ruhig, als er westwärts auf Smithfield zuschritt. Nachdem er eine Ecke des Towers gerundet hatte, wurden seine Schritte entschlossener, und rasch querte er die Minories. Der Himmel war wolkenlos. Das Sonnenlicht blendete spiegelnd von den nassen Pflastersteinen, ohne die Luft zu erwärmen. Als er die George Street durchmaß, umfloß ihn eine kleine Gruppe von Kindern, er fühlte eine Hand an seiner Hüfte entlangstreichen und klatschte sie achtlos beiseite. Der Missetäter, ein Junge von acht oder neun, größer als die übrigen und gespenstisch dünn, kam ihm kurz in den Blick. Nazim ging weiter, und sofort erhob sich ein Schreichor.

«Schwarzer Vogel! Schwarzer Vogel!» Er beschleunigte seinen Schritt, aber sie trollten hinter ihm her und sangen den monotonen Refrain wieder und wieder. Der erfolglose Dieb führte sie an und tanzte vor ihm her zum Rhythmus des mißtönenden Chors seiner Gefährten. Er trug nichts an den Füßen. Budenhändler und Vorüberkommende begannen aufmerksam zu werden und schrien den Straßengören gutmütige Beschimpfungen zu. Nazim fühlte sich im Brennpunkt unerwünschter Aufmerksamkeit, und sein Hirn begann rasend zu arbeiten. Sie machten weiter, kein Anzeichen, daß sie ihre Jagd aufgeben wollten. Er erblickte wenige Meter vorauf eine Seitengasse und bog in sie ein. Sie war leer. Ein Stückchen weiter wurde er langsamer. Sofort umringten ihn die singenden Kinder. Ihr Bandenführer war zu seiner Linken.

«Schwarzer Vogel! Schwarzer Vogel!» schrie er.

Nazim wandte sich um und griff schnell zu. Er packte den Jungen beim Hinterkopf und trieb ihm die Fläche seiner anderen Hand gegen die Nase. Zu erschrocken um zu schreien, das Knirschen von Knorpel auf Knochen war plötzlich das einzige Geräusch. Er hielt ihn noch eine Sekunde lang fest, wobei er ihm den Kopf nach hinten bog, um seinen Gefährten das Blut zu zeigen. Die Kinder standen sprachlos, als er sich abwandte, um rasch seinen Weg die Gasse hinab fortzusetzen und außer Sicht zu kommen.

Lemprière hatte gut geschlafen. Er erhob sich widerwillig, setzte sich die Brille auf und zog sich rasch die Stiefel an, ehe ihn die Bettwärme verließ. Kein Fachmann im Feuerentfachen, bibberte er sich durch zwei erfolglose Versuche, bevor die Späne die Kohlen entzündeten und deren Flammen die Kälte aus der Luft zu nehmen begannen. Er wusch sich, zuckte zusammen, als das kalte Wasser Gänsehaut hervorrief, und brachte sein Haar in so etwas wie Ordnung. Begab sich zum Fenster, die Straße unten war mit Trägern und Fuhrkärrnern, die sich mit den Ellenbogen ihren Weg durch die Menge erstießen, zum Leben erwacht. Ein Rollwagen kam gegenüber seiner Unterkunft zum Stehen, und eine Frau von Vierzig oder Fünfzig schrie dem Rollkutscher energische Beschimpfungen zu. Weiter hinauf war die Straße noch mehr verstopft. Die Perücken der Herren sahen sehr schön aus, dachte er.

Während Lemprière beobachtete, wurde sein Blick von einer Gestalt gefesselt, die vollkommen in Schwarz gekleidet war und sich schnell und selbstsicher durch die Menge bewegte. Die Gestalt näherte sich auf der Straße seiner Unterkunft und bog dann plötzlich in den Eingang, der seinem Blick durch das Fenstersims entzogen war. Des Anwalts «interessierte Partei», dachte er bei sich. Mußte es sein, niemand sonst würde um diese Stunde im Haus Geschäfte haben. Er blieb am Fenster und erwartete jeden Augenblick sein Eintreten. Eine Minute verstrich, und er hörte nichts. Möglich, daß der Mann hinauf zum Zimmer des Schneiders gestiegen war. Lemprière fragte sich, ob es sich wirklich um die «interessierte Partei» aus dem Brief des Anwalts handele. Er ging zur Tür und warf sie auf. Da war niemand zu sehen.

«Hallo!» rief er und kam sich etwas lächerlich vor, als er den Hals hervorstreckte, um weiter hinauf ins Treppenhaus zu blicken, das eng und schlecht beleuchtet war. Keine Antwort. Ich muß mich geirrt haben, dachte er, als er sich zurückzog und die Tür zuzog. Doch als der Riegel ins Schloß klackte, bildete er sich ein, ein deutliches Knacken zu hören, als ob jemand die hölzernen Stufen hinauf oder hinab schleiche. Lemprière legte das Ohr an die Tür und lauschte aufmerksam. Fast im gleichen Augenblick hörte er ein anderes, ähnliches Geräusch, lauter diesmal. Seine Aufregung siegte. Er warf die Tür auf, und diesmal stand vor ihm ein Mann, die Faust zum Schlag erhoben. Lemprière schleuderte die Tür zu, bevor der Schlag fiel, rannte zum Ofen und riß ein brennendes Scheit aus dem Feuer. Er baute sich mit gespreizten Beinen und erhobenem Feuerbrand mitten im Zimmer auf, bereit zuzuschlagen. Er wartete, aufgereckt. Er wartete, zusammensinkend. Er wartete.

Nichts geschah. Lemprière verblieb in seiner Pose. Dann hörte man zwei Pocher an der Tür, und eine leicht gedämpfte Stimme erkundigte sich: «John Lemprière?» Die Tür öffnete sich einige Zentimeter, und ein Kopf erschien um sie herum.

«Ist dies die Wohnung von John Lemprière?»

«Wer sind Sie?» fragte der junge Mann. «Warum sind Sie hier?» Nach und nach entspannte er seine Gladiatorenpose. Der Feuerbrand war erloschen und erfüllte das Zimmer mit Rauch.

«Septimus», sagte das Gesicht, «Septimus Praeceps. Ich komme von Chadwick, Skewer & Soames, den Anwälten.» Und damit trat er ins Zimmer, die Hand zum Gruße ausgestreckt. Lemprière schüttelte sie, hustete und warf das Scheit ins Feuer zurück.

«Warum hatten Sie die Faust erhoben?» fragte er ruhiger.

«Ich wollte sie gerade gegen Ihre Tür benutzen. Um Vergebung, wenn ich Sie erschreckt habe.»

«Keineswegs, keineswegs.» Lemprière hustete wieder, dann drehte er sich um und betrachtete seinen Besucher. Mister Septimus Praeceps war vielleicht zweieinhalb Zentimeter größer als er und, wie er bereits beobachtet hatte, nahezu völlig in Schwarz gekleidet. Sein Haar, kurz und locker gekräuselt, paßte zu seiner Kleidung, und nur die Weiße seines Gesichtes, seines Hemdes und seiner Strümpfe durchbrach sein dunkles Aussehen. Sein Gesicht war eindrucksvoll, mit hohen Wangenknochen und dunkelbraunen Augen. Seine eigenen Augen tränten vom Rauch, und linkisch tupfte er mit dem Taschentuch unter die Linsen, sie zu trocknen.

«Haben Sie sich erholt?» fragte Septimus besorgt. Lemprière nickte.

«Gut, wollen wir gehen?» Lemprière nickte wieder, zog sich den Mantel an und folgte seinem Gefährten die Treppe hinab. Sie hielten einen Augenblick im Eingang an, ehe sie in die Menge tauchten. Septimus schritt langsam dahin, und Lemprière tat sein Bestes, um den Körpern auszuweichen, die sie zu trennen drohten. Er dachte an den Marktplatz in Saint Hélier und an seinen Vater.

«Vorsicht!» warnte Septimus und faßte ihn beim Ellbogen. Ein üppiger Haufen Pferdedung ward umschritten. Kutschen jagten vorüber. Die beiden mieden den Abfall zu ihren Füßen, Lemprière hielt sich nahe bei Septimus, dessen Schritt sich beschleunigte. Sie kamen den Strand hinab voran, am Somerset House vorbei auf die Temple Bar zu, wo das Menschengetriebe weniger zu toben schien.

Lemprière begann seine Gedanken zu sammeln und wollte gerade eine beiläufige Bemerkung über die hinderlichen Angewohnheiten der Stadtbewohner fallen lassen, als Septimus plötzlich zur Linken hin davonschoß und ihm zuzischte, ihm zu folgen. Lemprières Weg wurde von einem großen Typen blockiert, der ein Paar verwirrter Hühner trug. Er versuchte, sich um seinen Rücken herumzudrücken, aber ein offensichtlich betrunkener junger Mann taumelte ihm mit verschwommenem Blick in den Weg.

«Septimus!» rief er.

Der Betrunkene drehte sich aufgelöst um ihn herum. «Sebdimus?» plapperte er papageienhaft.

«Nein, ich... Ein Freund von mir, entschuldigen Sie mich.» Lemprière hatte die schwarze Gestalt aus den Augen verloren.

«Ein Freund von *mir*», gab der Betrunkene zurück. «Wo is er?» Beide Männer durchmusterten die Menge vergeblich.

«Hier», sagte eine Stimme, und beide drehten sich um und sahen Septimus sie anlächeln. «Du bist betrunken, Walter», wandte er sich an Lemprières Anrempler. «Voll, abgefüllt und zu.»

«Und besoffen», stimmte Walter zu. «Leih mir ne Guinea. Guten Abend», das zu Lemprière.

«Geh nach Hause, Walter», sagte Septimus.

«Guude Nach un vie Glück un guues Loswern», nuschelte Walter. «Kann ich Ihre Brille leihen?»

Er kicherte und stolperte durch die Menge davon.

«Ich hab nicht begriffen, daß Sie ihn kennen...», begann Lemprière.

«Walter Warburton-Burleigh, Säufer, Hurenbock und mein lieber Freund, aber zu dieser Morgenstunde unbrauchbar. Ich habe versucht, ihm aus dem Weg zu gehen.» Lemprière nickte, und sie setzten ihren Weg in Richtung Chancery Lane fort, wo die Büroräume von Chadwick, Skewer & Soames anzutreffen waren.

Als sie in die große Straße einbogen, bemerkte Lemprière, daß sich die Häuser hier von den vorhergehenden unterschieden. Eine größere Einheitlichkeit, ein Unterschied im Charakter waren offenkundig. In die weißen Mauern der Gebäude, die beide Seiten der Durchgangsstraße säumten, waren kleine vergitterte Fenster eingelassen, hinter denen Schreiber fleißig ihre feine Handschrift ausübten und beperückte Gentlemen von Zeit zu Zeit aus den oberen herabblickten, wie um zu kontrollieren, ob ihr jeweiliges Gehäuse noch mit dem Ganzen zusammenhänge. Ähnlich aufgemachte Gentlemen machten einen großen Teil der Passanten aus, die sich in lebhaften Grüppchen von vier oder fünf bewegten, obwohl auch Einzelgänger zu sehen waren.

Septimus schien ein besonderes Vergnügen daran zu finden, sich mitten durch solche Schwatzereien zu drängen. Protestgeschrei erhob sich in seinem Kielwasser. Lemprière blieb es überlassen, ihm zu folgen, wobei er mit geringem Erfolg versuchte, den Eindruck zu erwecken, daß er keinen Anteil an den Possen seines Gefährten habe. Als sie fast das Ende der Straße erreicht hatten, wandte Septimus sich in einen Eingang. Ein steinerner Treppenaufgang lag vor ihnen, aber statt ihn hinaufzusteigen umgingen sie ihn auf der einen Seite und erreichten durch einen gleichen Torbogen auf seiner Rückseite einen kleinen Innenhof. Der Weg zu ihrem Bestimmungsort führte über eine der Treppen jenseits des Hofes, deren Stufen Septimus zwei zugleich nahm. Keine knarrte. Septimus klopfte oben an der Treppe entschlossen an die Tür, die von einem kleinen untersetzten Individuum geöffnet wurde, das eine Feder in der Hand hielt.

«Ja?» fragte er abwesend, offenkundig mit anderem beschäftigt, und forderte sie dann, als er sich besann, auf, hereinzukommen. Septimus kannte den Schreiber offensichtlich, denn er schlug ihm auf die Schulter, als er in das Vorzimmer trat, und stellte ihn Lemprière als «der würdige Peppard» vor.

Der Arbeitsplatz des würdigen Peppard war ein kurzer Korridor, der auf den Innenhof führte. Ein großer Schreibtisch stand in der Mitte, dahinter des würdigen Peppard Stuhl. Eine lange Bank erstreckte sich entlang der gegenüberliegenden Wand. Peppard arbeitete so mit dem Rücken zum Fenster. Am jenseitigen Ende des Zimmers trug eine Tür die Aufschrift «Ewen Skewer, Anwalt». Septimus schritt auf sie zu.

«Er hat Besuch», rief Peppard, der sich halb von seinem Stuhl erhob, als Septimus nach dem Türknopf griff. «Ich fürchte, Sie werden warten müssen», sagte er entschuldigend.

Septimus fluchte, und Lemprière ließ sich auf der Bank nieder. Septimus schritt aufgeregt hin und her, offenbar durch die Verzögerung erzürnt. Er legte sein Ohr an die Tür.

«Sind Sie sicher, daß der Mann beschäftigt ist?» fragte er wütend. Peppard blickte von seiner Arbeit auf. «O ja, ganz sicher, wissen Sie, er hatte um zehn eine Verabredung mit zwei Gentlemen, aber sie kamen verspätet, und als dann die Dame kam, die jetzt da drinnen ist, unangemeldet, wissen Sie, mußte sie auch warten, und . . .»

«Ja, ahja, danke Ihnen; verdammt.» Er nahm seine Wanderung wieder auf.

«Sie sind ein bißchen früh gekommen, wissen Sie», fuhr Peppard zu Lemprière gewandt fort, «und durch die beiden verspäteten Gentlemen und die Dame, und Sie zu früh dran, kommt der ganze Morgen durcheinander.» Das wurde in so melancholischem Ton gesagt, daß der junge Mann Septimus vergaß und ein gewisses Mitgefühl ob der Schwierigkeiten des würdigen Peppard empfand.

«Wir verstehen das», sagte Lemprière. Aber Septimus hatte daran keinen Anteil.

«Scheiß aufs Verstehen!» schrie er, aber zugleich begannen die bisher unhörbaren Benutzer des nächsten Zimmers, sich vernehmbar zu machen.

«Sie filziger Schuft! Sie Dieb! Verflucht sollen Sie sein!» Diese Worte wurden wütend von einer Frauenstimme gerufen, und rasch folgte ihnen ein lautes Krachen. «Sie mieses Stück! Ich werde die Wahrheit aus Ihnen herausprügeln!» Die Stimme eines Mannes konnte ebenfalls gehört werden, die versuchte, versöhnliche Töne anzuschlagen, aber ein jäher Wechsel der Laune wurde angekündigt, als die Frau vermutlich begann, ihre Drohung wahrzumachen.

«Peppard!»

Peng!

«Peppard, wo . . . oh! Peppard!»

Doch Peppard rannte schon zur Tür. Er stieß sie auf und machte so eine Frau in ihren späten mittleren Jahren sichtbar, die den angegriffenen Anwalt beim Kragen hielt und ihre andere Hand verwendete, um ihm ihren Schuh auf den Kopf zu hauen. Ihre Haube saß schief, ihr Gesicht glühte. Sie erstarrte, als sie sich in dieser würdelosen Handlung entdeckt fand. Septimus hatte die Vorgänge mit erheiterter Teilnahmslosigkeit beobachtet, die andeutete, diese schmerzhafte Farce sei wohl das wenigste, was der Anwalt tun könne, um die Langeweile der Verzögerung zu erleichtern. Er nahm sich der Lage an. Er ging zu der Frau, die über ihr Opfer gebeugt blieb, offenbar gespaltener Meinung, ob sie sich die Genugtuung eines weiteren Hiebes gönnen solle oder einen Rest von Schicklichkeit bewahren, indem sie verzichtete. Unerklärlicherweise hoffte Lemprière, sie würde noch einmal zuhauen.

«Madame?» Septimus bot der Frau aufs höflichste den Arm, die ihn nahm, und gemeinsam begaben sie sich auf den Weg zur entfernten Tür. Immer noch halbbeschuht hinkte sie durchs Zimmer. In der Ahnung, daß jegliches Kenntnisnehmen der vorausgegangenen Gewalttätigkeiten höchstwahrscheinlich deren Wiederaufflammen auslösen würde, erwies Lemprière ihr die einfache Höflichkeit, aufzustehen, als sie vorüberging. Sie blieb stehen und wandte sich ihm zu. Ihre Stimme war gelassen, obwohl ihre Augen immer noch flammten.

«Ich danke Ihnen, Sir», bot sie ihm als Gruß, als er sich erhob. «Mein Tun war nicht das einer Verrückten. Mein Geist ist klar. Klar wie eine Glocke, und jener Mann da», sie machte sich nicht die Mühe, auf ihn zu zeigen, «ist ein Lügner und ein Dieb im Sold von Schurken, die noch schädlicher sind als er. Ich wünsche Ihnen einen guten Tag, Sir.»

Damit schlüpfte sie wieder in ihren Schuh, öffnete die Tür und ging. Sie lauschten ihren Fußtritten, bis sie außer Hörweite verklangen.

Der Anwalt schien keine ernsthaften Verletzungen erlitten zu haben. Ein spindeldürres Individuum mit einem verkniffenen dünnen Ausdruck im Gesicht, dessen heftige Färbung, die nicht im geringsten zu ihm paßte, schnell einer Blässe wich, die es tat. Er trocknete sich die Stirn. Peppard beschäftigte sich damit, das Büro seines Herrn wieder in Ordnung zu bringen. Mächtige Folianten lagen verstreut auf dem Boden. Ein Stuhl war umgestürzt.

«Um Vergebung, meine Herren», erklärte er, «höchst unpassend, die arme Frau ist verwirrt, eine Witwe, wissen Sie, die den Verlust nie verwunden hat. Bitte», er geleitete sie in das Büro. «Herr Lemprière, nehme ich an?»

Lemprière nickte. Der Anwalt wies auf die Stühle vor seinem Tisch, und sie setzten sich, wobei Septimus mehrmals die Beine anders übereinanderschlug, ehe er zur Ruhe kam. Ewen Skewer sah sie von der anderen Seite seines Schreibtischs aus an, die dünnen Lippen geschürzt. Er spielte erregt mit Löschpapier, Federn und Stempeln vor sich. Lemprière bemerkte, daß keine der Federn beschnitten war.

«Eine Witwe, sagten Sie?» fragte er, immer noch neugierig wegen des Benehmens der Frau. «Frau Neagle, ja. Ihr Mann war Kapitän auf einem Ostindienfahrer. Er ging mit der gesamten Besatzung unter.»

«Wie schrecklich!» unterbrach Lemprière.

«Berufsrisiko», sagte Skewer nüchtern und dann, als er Lemprières vorwurfsvollen Blick wegen der vermuteten Fühllosigkeit auffing, fuhr er fort: «Das war vor etwa zwanzig Jahren; aber die Frau wurde nie mehr dieselbe. Zuerst war es der Kummer, aber dann ließ das Gedächtnis nach, und jetzt ist sie ganz offensichtlich verrückt. Sie glaubt allen Ernstes, daß es eine Verschwörung gebe, um den Namen ihres verblichenen Gatten anzuschwärzen und daß ich, oder besser diese Firma, über die Beweise seiner Unschuld verfüge, Dokumente, Karten oder so was.»

«Welche Art von Verschwörung?» beharrte Lemprière.

«Wirklich, ich weiß es nicht», er hielt inne. «Hat wohl irgendwas mit Walen zu tun, glaube ich. Wie ich schon sagte, die Frau ist nicht ganz bei sich. Aber schließlich sind wir nicht hier, um über die Phantasien von Witwen zu diskutieren.» Er erhob sich und nahm einen großen Umschlag aus dem Regal hinter ihm. Er war auf der einen Seite vergilbt, als sei er der Sonne ausgesetzt gewesen, mit einem Band verschnürt und mit glänzenden roten Siegeln übersät. Skewer brach sie auf und löste das Band. Ein Haufen Papiere ergoß sich unordentlich auf den Tisch vor ihm. Er wühlte kurz darin herum, bis er einen kleineren Umschlag aussortierte, der auf die gleiche Weise wie der erste gesiegelt war.

«Das Testament», kündigte er an, als er die Siegel knackte. Lemprière war in seinen Gedanken durch die Begegnungen mit Septimus, mit der unglücklichen Witwe Neagle, mit der Stadt selbst abgelenkt worden, nun aber ergriff ihn ein ähnliches Gefühl wie am voraufgehenden Abend. Schlimme Vorahnungen, Neugier, hinter beiden die Farbe der Schuld. Er wünschte sich, daß der Anwalt seine flüchtige Überprüfung der Unterschriften einstellen und mit der Verlesung beginnen möge. Skewer blickte auf und erklärte, das Testament weise keine offenkundigen Unregelmäßigkeiten auf und sei zumindest der Form nach gültig. Schließlich räusperte er sich und begann vorzulesen:

«Ich, *Charles Philip Lemprière,* verfüge durch dieses mein Testament über jenen weltlichen Besitz, mit dem mich zu beschenken es Gott gefallen hat: erstlich bestimme ich, daß all meine Schulden bezahlt und beglichen werden und aus dem Verbleibenden gebe und vermache ich meiner Frau, Marianne Wroxley Lemprière, mein Haus und die zugehörigen Ländereien in der Gemeinde von St. Martin auf der Insel Jersey, und weiterhin gebe und vermache ich der genannten Frau den Inhalt jenes Hauses mit der Ausnahme meiner privaten Papiere, die sich nicht auf den Besitz und die Bewirtschaftung besagten Hauses und seines Landes beziehen, als da sind die Besitztitel und die Vermessungsunterlagen, die an meinen Sohn, John Lemprière, gehen sollen, und wenn mein Sohn ohne Leibeserben sterben sollte, dann an Jacob Romilly Stokes aus Blanche Pierre auf der Insel Jersey...»

Das Testament setzte sich in langen, ausgefeilten Satzperioden fort, wobei sich sein Sinn in den Verschlingungen und Wiederholungen nahezu verlor, und bald gab Lemprière den Versuch auf, dem Pfad dieser Gedanken zu folgen, und ließ seinen Geist wandern, wo immer er wollte. Das Dröhnen von Skewers Stimme glättete alle vielleicht gewollten Modulationen und Betonungen, und seine Satzmelodie klang sonderbar beruhigend. Nur die Namen störten das lindernde Strömen. Septimus beschränkte seine natürliche Regung, irgendwie das Ritual voranzutreiben, auf häufiges Befragen seiner Taschenuhr, deren Deckel er bei jedem Punkt laut zuschnappte. Das Testament schritt, begleitet von diesen Knacklauten, voran, während Lemprière faul vor sich hinträumte, halb zuhörend, halb darauf wartend, daß Skewer zum Ende komme.

«... unterzeichnet, gesiegelt, bekanntgegeben und als und für seinen letzten Willen erklärt in unserer Anwesenheit...»

Das Testament war von seiner Mutter und von Jake Stokes beglaubigt worden. Er erinnerte sich schwach eines kleinen feierlichen Treffens seines Vaters mit diesen beiden und einem anderen Mann. Der war nicht Mister Skewer gewesen. Damals war er fast noch ein Kind gewesen, aber jetzt fragte er sich, ob jenes Treffen die Gelegenheit zu den verblaßten Unterschriften geboten hatte, die er am Fuße des Testaments sah. Es überraschte ihn, daß er nicht früher daran gedacht hatte, doch in seinem Herzen wußte er, daß er bisher noch keiner Schwierigkeit begegnet war und daß solche Erinnerungen oft Vorspiele zu Schlachten waren, die zu schlagen er sich schlecht vorbereitet fühlte. Und er erkannte, daß jenes schwimmende Gefühl des Losgelöstseins, das er allem ihm Umgebenden gegenüber empfand, eine andere Seite jener Münze war, mit der er die Vergangenheit auszahlte, halbe Versprechungen und widerwilliges Bedauern; ein anderer Tag, noch ein weiterer Tag, aber die Münze erschöpfte sich. Der Anwalt brach in diese Gedanken ein.

«Die hier sind sehr alt», erklärte er, als er ein Bündel Papiere behutsam über den Tisch reichte. Lemprière blickte zerstreut auf.

«Was ist das?» fragte er.

«Erbstücke, vermute ich, Familiengeschichte, diese Art von Sachen...»

«Ich vermute, daß Sie darin einen Vertrag zwischen einem Ihrer Vorfahren und einem Mann namens Thomas de Vere finden werden», sagte Septimus voraus, und Lemprière erinnerte sich, daß sein offizieller Status bei dieser Versammlung der einer «interessierten Partei» war.

«Ja, das hier ist er, glaube ich.»

Lemprière entfaltete sorgfältig ein pergamentenes Dokument, das die Jahre vergilbt und ausgetrocknet hatten. Eine komplizierte Anordnung von Auszackungen markierte zwei der Kanten; es knisterte beunruhigend, als er es auf dem Tisch glattstrich. Dann begann er es, stehend und darüber gebeugt, zu verlesen.

Bei einer Zusammenkunft der nachstehend genannten Personen, so am fünfundzwanzigsten Tag im April des Jahres sechzehnhundert und drei Unseres HErrn geschehen.

Vereinbarung zwischen *Thomas de Vere*, vierter Earl of Braith, und *François Charles Lemprière*, Handelsherr.

In Anbetracht dessen, daß

– die erste der obgenannten Personen, welche mit Gottes des Allmächtigen Duldung zunächst königliche Billigung durch die Allerdurchlauchtigste Majestät unseres Herrschers und Königs erbat und erhielt, beabsichtiget, zur Ehre unseres Vaterlandes und zur Beförderung von Fernhandel und Warenverkehr innerhalb dieses Königreiches bei seinen allfälligen Unterfangen so begonnen mit anderen, gemäß den unterschiedlichen Anteilen an den Summen Geldes, so von ihnen sonderlich niedergeschrieben und mit eigener Hand gezeichnet,

– jenen Teil seiner Einlage benebst den zuwachsenden Geldern und Gütern wie den Erträgen der Reisen, so durchgeführt werden nach Ostindien und zu den anderen dasigen Eilanden und Ländern, und den Geldern aus dem Verkauf solcher Waren, so nach weiteren Erwägungen für jene Gegenden zu beschaffen beschlossen werden mögen, oder sonstwie durch Kauf oder Tausch solcher Güter, Waren, Juwelen oder Handelsgegenstände, wie sie jene Eilande oder Länder eintragen oder erbringen mögen,

– jenem zweiten der Obgenannten namens *François Charles Lemprière*, Handelsherr, zu übermachen, der sich von dem obbenannten Thomas de Vere, vierter Earl of Braith, zum Satze von einem Zehntel der Gelder und Gewinne, die auf jenen Anteil an der jüngst gegründeten Joynt-Stock Companie entfallen, welcher bereitwillig übermacht und frei hingegeben wurde, außer dem zwischen beiden Parteien vereinbarten Anteil, dessen Dienste als seines unabhängigen Agenten und Vertreters in der obgenannten Joynt-Stock Companie im Handel mit Ostindien versichert,

– und daß diese Vereinbarung gültig bleibe ohngeacht jedweder Verwirkung oder des Todes einer oder beider der Parteien, nämlich von *Thomas de Vere* und *François Charles Lemprière*, Handelsherr.

– Zum Zeugnis dessen wir diesen Brief für eine Vereinbarung zwischen uns erklären.

Bezeugt durch uns selbst zu Norwich am fünfundzwanzigsten Tag im April des Jahres sechzehnhundert und drei Unseres HErrn.

Thomas de Vere   *François Charles Lemprière*

Lemprière blickte von dem Dokument auf zu dem Anwalt.

«Verschroben formuliert», befand Skewer. «Reichlich fremdartig.»

«Gewiß eigenartig», stimmte Septimus zu. «Vielleicht ließe sich Peppard zu einer Meinungsäußerung bewegen?»

«Wirklich nicht nötig», erwiderte Skewer. «Gewiß ein interessantes Überbleibsel, aber sein Reiz liegt im Kuriosen...»

«Und was ist Ihr Interesse daran, Herr Praeceps?» fragte Lemprière.

«Überhaupt keines...»

«Aber der Brief stellt doch eindeutig fest, daß Sie eine ‹interessierte Partei› sind...»

«Überhaupt keines von mir aus», fuhr Septimus fort, «aber der zwölfte Earl of Braith, das ist Edmund de Vere, hat ein Interesse am Erwerb dieses Dokuments, will sagen, er möchte es kaufen... zu günstigen Bedingungen natürlich.»

«Das wäre eine Verfahrensweise, zu der ich raten würde», fügte Skewer hinzu. «Als Anwalt Ihres Vaters fällt die Verfügung über seine Vermögenswerte in meine Kompetenz, und ...»

«Einen Augenblick, meine Herren, einen Augenblick bitte.» Lemprière reckte sich und gebot mit Handbewegungen Schweigen.

«Zunächst einmal sind Sie, Sir, nicht der Anwalt meines Vaters, meines Vaters Anwalt ist Mister Chadwick, wie hier deutlich geschrieben steht.» Er wies auf den ursprünglichen Umschlag. «Tatsächlich würde ich gerne wissen, wo Mister Chadwick ist?» fragte er.

Das Gesicht des Anwalts nahm einen feierlichen Ausdruck an.

«Mister Chadwick ist, wie ich mit Trauer zu berichten habe, vor nicht ganz acht Monaten hinübergegangen.» Er seufzte. «Ich bedaure zutiefst, daß meine Bemühungen nicht zufriedenstellend waren, wenn ich ...»

Aber Lemprière unterbrach ihn.

«Bitte nehmen Sie meine Entschuldigung an. Ich wollte Sie nicht beleidigen. Ihre Bemühungen waren lobenswert.»

«Hundert Guineas dafür», unterbrach Septimus grob.

«Herr Praeceps!» rief Skewer aus.

«Zweihundert.»

«Meines Vaters Vermächtnis an mich steht nicht zum Verkauf.» Lemprière antwortete steif und ohne Septimus anzusehen.

«Genaugenommen nicht gerade ein Vermächtnis», murmelte Skewer.

«Na schön, dann ist das erledigt», sagte Septimus abschließend.

«Was in aller Welt meinen Sie?» Lemprière flammte wieder empört auf.

«Sie weigern sich zu verkaufen, ja?»

«Ja.»

«Gut.» Lemprière wußte kaum, was er mit diesem Schluß anfangen sollte.

Septimus' grober Einwurf von Zahlen schien die Feierlichkeit des Anlasses zu entweihen, während seine bereitwillige Hinnahme der Ablehnung so freundlich geschah, daß sie wie eine Verspottung seiner vorherigen Begier erschien. Er riß sich zusammen.

«Warum in aller Welt sollte der Earl of Braith dieses Dokument kaufen wollen? Was ist sein Interesse?» fragte Lemprière.

«Oh, Familienarchiv», antwortete Skewer. «Die Grafenwürde Braith ist nicht besonders alt. Kürzliche Neuzugänge zum Hochadel neigen, zumindest während meiner begrenzten Begegnungen mit ihnen, dazu, wie soll ich sagen, die Grundlagen zu verfestigen, die historische Seite der Dinge zu betonen . . .»

«Aber die Angelegenheit ist erledigt», sagte Septimus.

«Und woher sollte der Earl wissen, daß ich, ich meine, daß mein Vater dieses Dokument besaß? Sollte Mister Chadwick es ihm erzählt haben?»

«Guter Gott, nein.» Skewer klang, als entsetze ihn dieser Gedanke. «Die Vertraulichkeit zwischen einem Anwalt und seinem Klienten ist absolut.»

«Falls man nicht Frau Neagle Glauben schenkt», warf Septimus ein. Der Anwalt überhörte das und fuhr fort:

«Es ist absolut unzulässig anzunehmen, daß . . .» Aber Septimus unterbrach ihn wiederum:

«Er weiß es, weil er das andere hat.»

«Das andere?» echote Lemprière.

«Es gibt zwei», fuhr Septimus fort, «ganz klar; eines für den Grafen, eines für diesen Mann, Ihren Vorfahren. Es ist eine Vereinbarung, oder nicht? Zwei Kopien, eine für jeden.» Das erschien Lemprière eine annehmbare Erklärung.

«Auf jeden Fall steht es nicht zum Verkauf. Meine Entschuldigungen an den Grafen.» Er war entschlossen. Septimus sah Lemprière an. Der Anwalt sah Septimus an.

«Das übrige persönliche Eigentum ist in Ordnung, nehme ich an. Das Inventar verzeichnet alles im einzelnen. Natürlich können Sie jederzeit gerne wiederkommen, wenn Sie das Gefühl haben, daß es noch Fragen gibt, die Sie beantwortet haben möchten.»

Lemprière hatte den Eindruck, daß Skewer erleichtert war, weil die Zusammenkunft zu Ende ging. Er blickte auf das Inventar. Die meisten Einträge begannen mit «Ein Dokument . . .»; manche lauteten nur so. Sein Finger blieb in der Kolumne hängen.

«Hier ist ein Siegel aufgeführt, ‹Ein Goldsiegel unserer Besitzung›», las er laut. Skewer durchsuchte die Papiere und überreichte Lemprière einen Gegenstand. Es war ein goldener Ring, schwer und grob geformt. Am Bandreif war ein Petschaft befestigt, dessen Zeichnung einen auf einer Seite gebrochenen Kreis darstellte. Er befand sich in einer rechteckigen Platte, und das Ganze schimmerte wie neu geprägt. Da war nicht der geringste Kratzer zu sehen. Ganz offenbar war er selten oder nie getragen worden. Lemprière starrte die Zeichnung lange und konzentriert an, aber jenes feinste Empfinden einer Erinnerung wollte nicht an die Oberfläche.

«Ein Ring», sagte er ausdruckslos.

«Ein Siegelring», berichtigte ihn Skewer.

Einer plötzlichen Eingebung folgend hielt er den Ring gegen das Siegel auf dem Umschlag. Sie paßten nicht zusammen.

«Er ist nie gebraucht worden», sagte Septimus.

«Nein», sagte Lemprière, ohne nachzudenken. Er steckte den Ring in seine Tasche und stand auf.

«Vielen Dank, Mister Skewer.»

«Mein Beileid, Sir.» Skewer geleitete ihn zur Tür und übergab den Umschlag. Septimus folgte ihnen.

«Ihr Vater war ein prächtiger Mann», sagte der Anwalt zum Abschied. Du hast ihn nicht gekannt, dachte Lemprière, und trotzdem hast du recht.

«Danke», sagte er wieder und empfand plötzlich eine tiefe Traurigkeit, als ob die Beendigung dieses Rituals das Ende von etwas bedeute, das er höher geschätzt hatte, als er für möglich gehalten hätte. Er schluckte es herunter.

«Wollen wir gehen?» erkundigte sich Septimus.

«Ja, natürlich.» Er ging auf die Tür zu.

«Auf Wiedersehen, Herr Peppard.» Der Schreiber blickte von seiner Arbeit auf, als sei er überrascht, überhaupt angeredet zu werden.

«Auf Wiedersehen Mister Lemprière, Mister Praeceps», und erneut beugte er sich beflissen über seine Aufgabe.

Als sie die Treppe hinabgingen, hallten ihre Schritte laut. Die Zusammenkunft mit dem Anwalt schien ohne Probleme abgelaufen zu sein. Frühere Vorahnungen, daß die Stimme seines Vaters von jenseits des Grabes Rache fordere, hatten sich als grundlos erwiesen, und mit den Forderungen von Septimus und von Skewer war er fertig geworden, als sei er dafür geboren, dachte er. Und doch blieben da wenn schon keine unbeantworteten Fragen, so doch Antworten, die weitere Fragen verlangten. Septimus hatte nicht erklärt, warum sein Interesse an dem Dokument so rasch gewachsen und geschwunden war, und er hatte bemerkt, daß Skewer die Sache seines Verkaufs mit verdächtiger Energie unterstützt hatte, als ob er selbst irgendein Interesse daran hätte.

Da war noch eine weitere Einzelheit, die beharrlich im Hintergrund seines Bewußtseins herumkroch. Das hatte mit Peppard zu tun. Sie überquerten die Straße, umgingen die Schmutzgrate, die von Karrenrädern aufgeworfen waren, und schritten weiter die Straße hinab. Septimus war ungewöhnlich schweigsam. Lemprière hielt leichter als zuvor Schritt und grübelte über den Fragen, die ihn quälten. Sie hatten einen anderen Weg als vorher eingeschlagen, der sie hinter Lincolns Inn vorbeiführte, und als sie die Portugal Road erreicht hatten, wandte er sich an seinen schweigsamen Gefährten:

«Warum wollten Sie in dieser Sache Peppards Meinung hören?» fragte er und streckte den Umschlag vor. Septimus blieb stehen und sah auf ihn.

«Skewer ist ein Narr», sagte er kurz, und ging schon wieder weiter, schneller als zuvor. Lemprière stolperte vor Eifer, Schritt zu halten.

«Und also ist Peppard der Angestellte eines Narren?» Insgeheim stimmte er Septimus' Einschätzung des Anwalts zu. Ungerecht, tadelte er sich.

«Das ist Peppards Unglück.»

«Warum ihn also fragen?»

«Ich habe ihn nicht gefragt.»

«Aber Sie wollten ihn fragen», beharrte Lemprière. Septimus trat nach einem imaginären Widerstand.

«Ja, ich wollte ihn fragen», räumte er ein. «Skewer hat kaum begriffen, daß es sich überhaupt um einen Vertrag handelt. Peppard ...», und hielt inne.

«Peppard was?»

«Peppard ist das Gehirn von Chadwick, Skewer & Soames. Sagt man jedenfalls. Das würde Sinn ergeben.» Er schnüffelte. «Verdammt, ich verhungere.»

«Sinn ergeben?» drängte Lemprière.

«Ja. Peppard galt früher mal als einer der feinsten juristischen Köpfe in London. Man setzte auf seinen Erfolg, hohe Ämter, aber dann gab es einen Skandal. Das war vor vielen Jahren, vielleicht vor zwanzig.» Lemprière dachte an den Schreiber und dessen gedämpftes Betragen, das er für Unterwürfigkeit gehalten hatte.

«Was für ein Skandal?» fragte er in offener Neubegier.

«Da bin ich mir nicht sicher, irgendwas mit Versicherungen. Seeversicherung, glaube ich. Das ist schon so lange her.» Septimus verabschiedete das Thema mit einer unwirschen Handbewegung.

«Ich muß was essen», erklärte er, als ob Lemprières Fragen sich angesichts einer solchen Verlautbarung einfach auflösten.

«Wirklich, ich brauch was zu essen und», als ihm eine Schenke an der Ecke vor ihnen in den Blick kam, «zu trinken.» Lemprière wurde klar, daß er ebenfalls hungrig war. Verlockende Küchengerüche, die aus dem Gasthaus herantrieben, überbrachten den möglichen Gästen aufreizende Botschaften. Septimus wandte sich zu seinem Gefährten und sprach schnell:

«Hören Sie zu, ich weiß von all diesem», er flatterte umfassend mit den Armen, «das Ihnen so fremd ist, eine ganze Menge. Wenn Sie wissen wollen, warum Edmund, der Graf, diesen Fetzen Pergament haben will, warum fragen Sie ihn nicht selber? Was ich meine ist, treffen Sie sich mit ihm und mir, uns beiden. Ja?»

Lemprière war von dieser Einladung einigermaßen überrascht.

«Kommen Sie diesen Samstag. Wir treffen uns im Craven Arms, um acht Uhr oder so. Werden Sie kommen?»

«Ja», entschloß Lemprière sich jäh.

«Gut. Dann können wir jetzt vielleicht was essen.» Aber Lemprière blieb auf der Stelle stehen.

«Tut mir leid, aber ich hab noch andere Geschäfte zu erledigen.» Das Wort klang ihm fremd in seinen Ohren.

«Geschäfte? Na schön, in dem Fall werd ich eben allein essen.» Septimus schien keineswegs enttäuscht. Er lächelte breit, wobei er seine Zähne zeigte. «Samstag, im Craven Arms!» rief er, als er sich umdrehte, winkte und entschlossen von dannen schritt. Lemprière beobachtete, wie er im Gasthaus verschwand, wandte sich dann um und ging zurück in die Portugal Street.

Peppards Großvater hatte ein heftiges Verlangen nach der Bühne empfunden und wurde so ganz natürlich Strafverteidiger. Seine Mutter hatte ein heftiges Verlangen nach einem Anwalt empfunden, hatte aber einen Lebensmittelhändler geheiratet. Nach der Hochzeit war sie von einem Knaben entbunden worden und, da in erster Instanz enttäuscht, entschlossen, sich in der zweiten entschädigen zu lassen. Peppard fluchte schweigend, noch einen Klecks und er würde das Ganze neu abschreiben müssen. Sie hatte Bände mit Rechtsfällen gekauft, abgestoßen und in rotes Leder gebunden. Peppard hatte sie gierig verschlungen. Als er sein Rechtsstudium in Cambridge begann, war er bereits so weit, daß er seine Abschlußprüfungen hätte ablegen können. Sein Ausbildungsvertrag mit Mister Chadwick war eine Formalität.

Er war aus Gründen, die er selbst jetzt noch nicht ausloten konnte,

vom Handelsrecht angezogen worden. Seine lebenslange Unfähigkeit, den Wert des Geldes zu begreifen, hatte sich seltsamerweise als
Segen für seine Laufbahn herausgestellt. Die reicheren Kaufleute und
Finanzmänner fühlten sich bei einem Manne sicher, dessen Augen
sich nicht weiteten, wenn das Rechnen in Tausendern geschah, und
seine weniger glücklichen Klienten schätzten es sehr, daß diese
gleichen Augen sich nicht gelangweilt schlossen, wenn von Schillin-
gen und Pennies die Rede war. Die Dienste des George Peppard zogen
Klienten in ganzen Trauben an, die unterschiedlichsten Gesell-
schaftsschichten machten ihm den Hof, und man redete davon, daß er
«fürs Recht zu gut» sei. Eine Stellung im Schatzamt kam in Sicht. Er
begann, an Heirat zu denken.

Doch da verblaßte der Traum. Die Tage, die folgten, sich in die
Erinnerung zu rufen, schmerzte noch immer, und er verweilte nicht
gerne bei den Ereignissen, die sie erfüllten. Seine Feder bewegte sich
schnell und hinterließ in dem komplizierten Dokument vor ihm die
Striche eines Fachmanns. Er beendete die letzte Klausel, ließ ausreichend Platz für die Unterzeichner, ihre Namen hinzuzufügen, löschte
das Ganze ab, legte es dann sorgfältig in seine Schublade. Als er
aufblickte, sah er Skewer, der sich gegen die offene Tür seines Büros
lehnte.

«Wenn Sie wollen, können Sie gehen, Peppard.»

«Sehr schön, Sir.» Er war überrascht und erfreut. Beispiele für
Skewers Großzügigkeit gab es wenige und selten. Er blickte aus seinem Fenster und sah, daß das Licht bereits erlosch.

Die Luft draußen war kalt, und er schritt schnell durch den Hof auf
die Straße zu. Dabei bildete er sich ein, er höre irgendwo hinter sich
Schritte, aber als er sich umblickte, war niemand zu sehen. Er wandte
sich um und beschleunigte seine Schritte. Unter normalen Umständen
hätte er das ohne zu zögern verscheucht. Aber die letzten paar Tage
entsprachen nicht Peppards Vorstellung von normalen Umständen.

Einige zwanzig Jahre waren seit jenem Skandal verstrichen, der
Peppard in seine jetzige Stellung erniedrigt hatte. In jener Zeit hatte
er sich oft eingebildet, er stünde unter der Überwachung eben jener
Männer, die ihn so erfolgreich ruiniert hatten. Er hatte gute Gründe.
Gesichter in der Menge wurden ihm unerklärlich bekannt. Er wurde
sich jener Männer bewußt, die an der Ecke seiner Straße ohne jeden
erkennbaren Zweck herumlungerten. Sie hielten sich an dieser und
anderen vorteilhaften Stellen für einige Tage auf und verschwanden
dann, wurden nie mehr gesehen. Dreimal hatte sein Zimmer die

Spuren sorgfältigster Durchsuchung aufgewiesen; ein offengelassenes Buch, ein geleerter und bis zu einem anderen Niveau neu gefüllter Wasserbehälter. Und wie viele solcher Details mochte er übersehen haben? Als er sich zum ersten Mal ihrer Aufmerksamkeit bewußt geworden war, erschienen ihm die Anlässe ziemlich zufällig. Später war ihm klargeworden, daß solches Eindringen jeweils mit Krisen der einen oder anderen Art seines alten Gegenspielers, der Ostindischen Gesellschaft, zusammenfiel.

Spontan wandte er sich erneut um. Nichts. Der Hof war dunkel. Alles mochte sich in den Schatten verbergen. Er fragte sich, welche Aufruhr John Company jetzt befallen haben mochte. Seine Neugier hatte ihn nie verlassen. Irgend etwas war im Gange, soviel war sicher. Drei Tage zuvor war er wie üblich auf dem Weg nach Hause, als er zum ersten Mal in all diesen Jahren halbbestätigter Verdächte direkt angegangen wurde. In Wirklichkeit war es banal gewesen. Er versuchte sich einzureden, daß es nichts war. Er war auf seinem üblichen Weg nach Hause gegangen, als ein Mann neben ihm in Gleichschritt gefallen war. Er hatte ein schmales Gesicht gehabt und war ganz in Schwarz gekleidet gewesen. Peppard hatte ihn nicht beachtet. Vielleicht war er ja ein Scherzbold oder ein Verrückter irgendeiner Art. Aber nach ein oder zwei Minuten hatte der Mann ihn angehalten, hatte ihm eine Hand auf die Schulter gelegt, hatte ihm ins Gesicht geblickt. Peppard hatte nichts gesagt. Der schmalgesichtige Mann hatte nur ein einziges Wort gesagt: «Peppard.» Eine Stimme wie Metall. Nur ein Wort, aber für ihn war die Botschaft klar: Wir wissen, wer du bist und wo du bist, und unser bist du jederzeit, wenn wir das wollen... Nicht dieses Mal, nicht jetzt, hatte Peppard protestieren wollen. Er hatte es geschafft, still zu bleiben. Der Mann hatte ihm für einige lange Sekunden voll ins Gesicht geblickt und war dann in die Menge zurückgeschritten und hatte sich aus dem Blick verloren. Als Peppard sein Heim erreicht hatte, war seine Kleidung schweißdurchtränkt, und seine Hände zitterten eine Stunde lang. Man hatte ihm eine Warnung zukommen lassen. Als er jetzt die Straße erreichte, fragte er sich, ob der Besuch von Septimus oder seines Begleiters, oder der Witwe Neagle der Anlaß gewesen sein mochte, der das herbeigeführt hatte. Das konnte er nicht wissen. Verdammte Neubegier. Er hatte sich die Schritte eingebildet. Das war alles Unsinn, und da lag die Straße vor ihm. Tausende und Tausende von Schritten.

Die Chancery Lane war zu dieser Stunde überfüllt von Schreibern und ihren Herren, die sich wie er auf dem Heimweg befanden. Sie drängelten und schubsten, um den Schmutz der Gosse zu vermeiden, und es fiel Peppard in diesem Kampf schwer, seinen Schritt beizubehalten. Er wurde langsamer und hielt sich hinter einer Gruppe junger Männer, die sich als angriffslustiger Haufe durch die Menge schob, sich weigerte, irgendwem den Weg frei zu machen und jene Unglücksraben verhöhnte, die ohne weiteres in den Schmutz des Straßenrandes gedrängt wurden, oder schlimmer. Peppard fühlte sich beschützt. Holborn war genauso überfüllt, aber bei Saffron Hill begann die Masse Mensch dünner zu werden. Als er in die Vine Street einbog, sah er zufällig zurück, und da erstarrte eine Gestalt etwa hundert Meter hinter ihm auffällig. Peppard hielt seinen Blick für ein oder zwei Sekunden fest und ging dann rasch die Vine Street hinab und quer übers Clerkenwell Green. Von der anderen Seite hielt er ängstlich Ausschau nach der Gestalt, sah sie aber nicht. Niemand war ihm gefolgt. Warum sollten sie? Jetzt wünschte er, er wäre auf seinem üblicheren Weg durch Cheapside nach Hause gegangen. In diesem Teil der Stadt verliefen die Hauptstraßen von Nord nach Süd, und so war die Sicherheit, die ihre Anzahl gewährte, immer nur kurzfristig, als er mittels des Netzes von Gassen, die in diesem nordöstlichen Viertel als Straßen dienten, von der einen zur anderen gelangte. Er verfluchte seine Ängstlichkeit, aber die engen Passagen von Clerkenwell waren in den besten Zeiten schlecht beleuchtet und ihre Windungen und Biegungen so häufig, daß er kaum zwanzig Meter nach vorne oder nach hinten sehen konnte. Sein Stolz hindert ihn zu rennen, aber jedesmal, wenn er seinen Schritt verlangsamte, bildete er sich die Schritte seines ungekannten Verfolgers ein, und sein Atem ging schnell, als er sich seinen Weg nach Osten suchte.

Als er in der Golden Lane herauskam, begann er ruhiger zu werden und kam sich sogar einigermaßen lächerlich vor. Jetzt war er nur noch einige hundert Meter von zu Hause. Er sprang zurück, als ein mit Brettern beladener Rollwagen geräuschvoll vorbeirollte. Seine Blicke folgten ihm die Straße hinauf, und da erblickte er deutlich und zweifelsfrei dieselbe Gestalt, kaum fünfzig Meter entfernt.

Panik erfaßte ihn. Peppard rannte geradeaus über die Straße, seine plötzliche Bewegung warnte die Gestalt weiter oben. Er rannte in den ersten Durchgang, den er fand, und bog nach rechts in einen anderen. Die Schritte folgten ihm jetzt, lauter und schneller als seine eigenen. Erst als er das Ende der Sackgasse erreichte, erinnerte sich Peppard, daß die Jermey Road nur einen Eingang hatte.

Für einige Augenblicke war Stille, und er blickte sich nach irgendeinem Fluchtweg um. Aber die Sackgasse wies weder Türen noch Fenster auf. Ein einziger Strebpfeiler bot so etwas wie ein Versteck. Er kauerte sich dahinter und preßte sich flach gegen die Mauer. Dann hörte er wieder die Schritte. Sein Verfolger war in seiner Hast über die Gasse hinausgeschossen, hatte sie aber bei seiner Suche zurück gefunden. Kies knirschte unter Füßen. Die Schritte wurden langsamer. Sie kamen durch die Gasse näher, langsamer und langsamer. Peppard versuchte, sich selbst glauben zu machen, daß er seinen unbekannten Gegner anspringen, daß er irgendwie durchbrechen und entkommen werde. Langsamer und langsamer. Er schloß die Augen. Jetzt waren sie fast bei ihm. Er krümmte sich, als sie anhielten, und erwartete, was immer an Furchtbarem folgen mochte. Er konnte tiefe Atemkeucher hören. Sein Verfolger blickte auf ihn herab.

«Peppard», sagte er einfach und schluckte gierig Luft. Peppard blickte auf, sein Mund öffnete sich weit.

«Mister Lemprière!» rief er aus.

5452 Schiffe erstreckten sich Bug an Heck durch den Geist von Kapitän Guardian, über den Horizont hinaus und außer Sicht. Triremen, Kähne, Brigantinen und Schlepper; Kraweelboote, Karaken und Koggen. Kapitän Guardian hatte jeden dem Menschen bekannten Schiffstyp gebaut, das war sein Vergnügen. Jeden Abend seit dem einen vor fünfzehn Jahren, als er der See seine Abschiedsgrüße entboten hatte und zuerst seine Gedanken so leer fand wie das Deck, das er verlassen hatte, setzte er sich vor ein brausendes Feuer, schloß die Augen und baute ein Schiff. Er hatte Bouguer gelesen, Duhamel-Du Monceau und Leonhard Euler (obwohl ihm kein Schiff, das ein Schweizer Mathematiker entworfen hatte, hätte Vertrauen einflößen können). Er hatte Schiffswerften besucht und mit den Schiffsbauern gesprochen. Er hatte sogar Frankreich besucht.

In Sachen Bohrwurm unterstützte er vorsichtig die Befürworter des kupfernen Bodenbeschlags, war aber nicht bereit, die Tugenden von Föhrenplanken, Werg und Teer zu verleugnen, eine Mischung, deren prophylaktische Qualitäten ihm immerhin fast dreißig Jahre lang gut gedient hatten, davon sechs in Westindien. Er zog Pläne den Modellen vor, obwohl die Erfahrung der Schiffsbauer wichtiger denn je war, und er glaubte an die Berechnung und nicht die Schätzung von

Strömungen. Ein kleiner Stich, der Anthony Deane darstellte und über dem Kaminsims hing, bezeugte dieses Credo, und gelegentlich erlaubt er sich ein Kichern, wenn die hohe Frühjahrsflut niedriger ausfiel, als die Organisatoren der Stapelläufe erwartet hatten.

Nach all diesen Jahren war das Kommen und Gehen des Verkehrs auf der Themse für ihn immer noch faszinierend. Die See hatte ihn niemals wirklich losgelassen. Noch am Vortag hatte er am späten Nachmittag beobachtet, wie der letzte Ankömmling anlegte und seine Mannschaft unter Deck herumlungerte. Aus dem Fenster des Krähennestes – wie er die Dachkammer seines Hauses nannte – hatte Eben seine alten Augen gegen die sich verdickende Dunkelheit der Abenddämmerung angestrengt, um die sich abrackernden Färgen zu beobachten, wie sie ihre Geschäfte betrieben. Das Feuer, das er geschürt hatte, wärmte ihm von der anderen Seite des kleinen Raumes aus den Rücken. Entlang der Wände enthielten Bücherregale vielgelesene Bände. Ein Schreibtisch von unverhältnismäßiger Größe, viel breiter als die enge Tür, durch die er einst vermutlich seine Durchfahrt erzwungen hatte, war mit Papieren, Karten und Plänen übersät. Wenn er aus dem Fenster hinabblickte, konnte er die Umrisse des schäbigen Schiffes ausmachen, das rund hundert Meter von seinem Haus entfernt am Kai festgemacht hatte. Er hatte einmal hingesehen, dann ein zweitesmal.

Da war etwas Bekanntes um dieses Schiff. Er hatte es früher schon einmal irgendwo gesehen... Er reckte den Hals und zwinkerte, um einen besseren Blick zu bekommen. Später würde er zum Kai gehen, oder vielleicht am Morgen. Das Zimmer war warm und das Fenster beschlug. Eben kehrte an seinen Schreibtisch zurück, sank in seinen Sessel und dachte wie immer um diese Zeit, daß er froh war, warm und trocken und an Land zu sein.

Das war gestern abend gewesen, und immer noch hatte er die nähere Betrachtung vor sich, zu der er sich entschlossen hatte. Morgen früh vielleicht. Heut abend gab er sich seiner Leidenschaft für den Bau imaginärer Schiffe hin. Heut abend baute er eine Schonerbrigg.

Schon hatte er den Kiel auf seine Blöcke gelegt, Bug- und Heckbalken hoch und festgelascht, das Kielschwein an die Kielplanken angebolzt. Die hatte er an den Enden noch lose gelassen, fertig, zurechtgebogen zu werden. Als er ein solches Fahrzeug zum ersten Mal zu Gesicht bekommen hatte, hatte er gelacht. Mit ein bißchen Phantasie sah es aus, als segle es rückwärts. Irgendwo früher... Er machte sich wieder an sein Werk, befestigte Auflanger an Bodenplanken, bog sie auf und nahm sie mittschiffs doppelt. Behutsamkeit und Sorgfalt waren die Schlüssel. Das Schiffsskelett wurde jetzt erkennbar, gerade, gab er unwillig zu. Als nächstes wurden die Klampen eingesetzt und die Widerlager, die die Mastschuhe halten würden, wenn man sie später einsetzte. Die mühsamste Aufgabe waren die Kniestücke: stehende, lagernde, hängende, und bei allen mußte die Laufrichtung stimmen. Eben fragte sich, ob seine Abneigung gegen Mehrdecker etwas mit den Beschwerlichkeiten von Kniestücken zu tun haben mochte. Er verkeilte sie mit Eichennägeln und wandte dann seine Aufmerksamkeit dem Heck zu, wo die Beanspruchungen und Belastungen durch Ankerkabel und Steuerruder am zerstörerischsten sein können. Er legte immer einen Querbalken zwischen Halb- und Hauptbalken und setzte gegen die vorweggenommenen Proteste laderaumgieriger Eigentümer seine Erinnerungen, deren zwei, wie er sich mit voller Besegelung unter einer Leeküste herauskrallte, mit zehn Mann am Ruder und die Achterhölzer vorm Zerbersten. Das war auf der Walfangstrecke gewesen. Damals hatte er gedacht, jetzt habe auch seine Stunde geschlagen. Verplanken, verpichen.

Jetzt aber war er aus alldem raus und froh darüber, raus aus den «Brüllenden Vierzigern» und den Kalmengürteln, raus aus all dem Garn, das sie spannen. Er hatte sich vor dem Ende abgesetzt, gehofft, die Mannschaft würde ohne ihn weitermachen, aber verdammt, er kannte das Ende, hatte es schon früher gesehen, die Witwen, die ruinierten Männer, und davon wollte er nichts haben. Sie mochten den Aufruf ergehen lassen, aber für ihn gab es keinen Bogen mehr zu ergreifen, er hatte seinen Ruf bereits vernommen, und er wollte es nicht mehr. O ja, er verstand das Bedürfnis, das hinter den Stubsern und Winken steckte, die dem alten Knaben noch einen kauften, und mit nem Grog in der Hand würde er noch mal rausgehn, ans Steuerrad gebunden «rund ums Kap, zehn Stunden Atlantik im März, gehn in den Hafen rein, ins Trockendock, un dä: wir ham den Kiel verlorn. Glatt abrasiert! Machte nich die Spur Unterschied, Ruder rausgenommen, na un dann war da die Zeit vor den Antillen...» Und sie würden klatschen, und sie würden jubeln, und sie würden kein Wort davon glauben, und eine Woche später würden sie sagen «Hab da nen phantastischen Burschen getroffen, hat diese Geschichte erzählt...» Und nach einem Monat «Hab diese Erzählung gehört, angegeben nach Strich und Faden...», aber zum Schluß «'türlich wahr, wahr wie, wie . . .» War alles schön und gut. Nichts war so wahr wie die See. Alles schön und gut, weil man nicht über die See blickte, sondern über die See dachte, das Ankertau auswarf und das zerfetzte Ende wieder einholte, dieses Bedürfnis verstand er. Danach, sich gegen das Rollen des Dinges zu stemmen, gegen die Untersoge und die Querströmungen, gegen die freudlosen tropischen Kalmen. Gegen die Tatsache, daß auf See nichts lange besteht und daß die Leichen, die überhaupt zurückkommen, ausgelaugt zurückkommen. Deshalb hatte er einige Sympathie für diese Geschichten vom Ozean, auch wenn sie in Wirklichkeit Geschichten vom Land waren, von etwas Festem unter den Füßen und vor allen Zwischenfällen geschützt. Und er hatte einige Sympathie für die Landratten, die ihre Gedanken über See warfen und ihre Körper sicher an Land ließen. Aber mit einem Schiff, das nach den Winkelmessungen eines Genfers erbaut worden war, wäre er keine zweihundert Meilen küstenab gesegelt. Nein, Sympathie hat ihre Grenzen.

Und wieder machte er sich an sein Werk, verplankte die Schandekkel, vernagelte die Decks. Tap tap tap, das Knallen der Hammerköpfe auf Nägel, der Krummhölzer auf Molen . . . Früher irgendwo, er wußte es. Das nagte an ihm, das wollte ihn nicht loslassen. Er schnitt die Gitter ein. Tap tap tap, irgendwas fehlte, irgendwas saß quer wie der Gegenstand, den man beim Gedächtnisspiel weggenommen hat. Klopfte in ihm, bis Erinnerung oder Zorn das Loch stopfen. Kapitän Guardian stemmte sich aus dem Lehnsessel, hoch zum Fensterflügel, und als er hinab auf die Pier schaute, wurde ihm klar, daß dies nicht das Gedächtnisspiel war, an das er gedacht hatte, denn dort war der Gegenstand, und hier immer noch das Loch. Das Schiff, das da hundert Meter den Kai hinab festgemacht hatte, hieß die *Vendragon*. Irgendwas an dem Namen oder an dem Schiff quälte ihn. Irgendwo in all diesem war irgendwas falsch.

Sie wiegte sich leicht auf dem Wasser und die Männer, die die Kisten an Bord trugen, mußten sich mit ihren Schritten der Gangway anpassen. Sie schwitzten und fluchten, aber das Geld war gut und wurde pünktlich gezahlt. Ein alter Mann schleppte sich den Kai entlang nach Hause, schmerzlich langsam, mit schmerzenden Stümpfen, und Streichhölzer sprudelten aus seinen Taschen. Er beobachtete die Träger. Coker, der Truppführer, zählte die Schritte zwischen Frachtkarren und Gangway, eins, zwei, drei . . .

«Setz ab ne Minute», wies er seinen Mitträger am anderen Ende an. Er massierte sich die Hände und wischte sich den Schweiß von der

Stirn, bevor er weitermachte. Er hatte schon andere Jobs in dieser Art gemacht, doppelte Löhnung und keine Fragen. Er erinnerte sich an einen Leichter oben bei Richmond, von dem er zwanzig Kisten französischen Brandy direkt auf den Rasen auslud und wo er dann die Nacht mit einem begeisterten Kunden zechend und sein Garn spinnend verbrachte. Hätte schwören können, es war der Herzog von Marlborough. Diesmal hatte ihm der Anblick des Kunden nicht gefallen; dünner Mann, Stimme kratzte wie Metall. Fünfzehn, sechzehn, siebzehn... die Jobs mit dreifacher Löhnung überließ er Cleaver und seinen Jungs, meistens schmutziges Geschäft, zu riskant für einen verheirateten Mann. Er zog eine Grimasse und stolperte rüber zum Schiff, achtundzwanzig, neunundzwanzig, genau dreißig Schritte. Die beiden Männer setzten auf Deck ab und kehrten um, die nächste zu holen.

Von seinem Fenster aus beobachtete Eben die menschliche Kette bei der Arbeit. Hin und zurück, beladen und entladen; das war ein Muster, das er in größeren Maßen kannte. Das Schiff mochte *Vendragon* genannt sein, aber das war nicht der Name, nach dem er suchte. Der Schlüssel hing an einem anderen Zipfel, wollte aber nicht zum Vorschein kommen. Er würde seine Pläne durchsehen, aber er wußte jetzt schon, daß er die Antwort auch dort nicht finden würde, tap tap, das Klopfen von etwas Vermißtem. Ärger zog wie eine Welle, wie Kielwasser vorbei, und er kehrte zu seiner Brigg zurück.

Sie saß da gewiegt und verpicht, während ein imaginärer Ozean die Schlacht zwischen graubraunem Holz und graugrüner See begann, ihre Taufe, dieselbe alte Lüge, so Ebens düsteres Denken. Taufe? Verchristlichung also, ja. *Und Teredo war ihr Name...* Natürlich hatte er kein Recht, die alten Salzjacken oder ihre Gesänge mit Hohn zu übergießen, denn – schräger Blick auf die zerbrechlichen Rümpfe seiner Schöpfungen – was tat er denn anderes hier, wenn nicht die wegelose Monotonie des Ozeans mit winzigen Koordinaten zu punktieren, *The Necessary Limitations of the Sea*, seine Spezialversion, ein Shanty von ungezählten Strophen. Die Helling schmieren, die Winsch festmachen, das Tauende aufnehmen, und jetzt alle zusammen... eins, zwei, drei. O ja, etwas fehlte. Alle zusammen ziiieht an... tap tap tap. Und ab lief es in die marmorne See von Ebens Phantasie, deren Oberflächenbewegtheit Erlasse erließ über wildes Durcheinander, als Warnung vor Unfug eine Erklärung, daß die wirklichen Geschäfte unter der Oberfläche durchgeführt werden, wozu schließlich jeder, der in Macao Bakkarat gespielt hat, das Recht besitzt. Was die See angeht, so laufen in ihr die zweiten Akte parallel zu den ersten ab. Eben konnte doch so etwas Elementares, Einfaches nicht vergessen haben, oder? Jetzt ist es aber fast schon zu spät, auch nur noch zu fragen, während die Anagnorisis sozusagen im Gleichschritt mit *Terendos* unausweichlichem Eintauchen in ein wäßriges Rendezvous mit anschließender Peripetie voranschreitet. Sein Schiff ein schwimmendes Melodram; sein Gesicht eine Studie in vorweggenommenem Verlust. *Nie wird er ihresgleichen wiedersehn, nie mehr*, die mit vollendeter Technik hervorgerufenen Tränen lassen ihm den Blick für einen Augenblick verschwimmen, aber die aufsteigenden Lachsalven würden ihn auf jeden Fall wieder aufgeschreckt haben, als er ungläubig hinabstarrt. *Wie hab ich das vergessen können?* Und als es aus der Helling gleitet und ins Wasser eintaucht, denkt Eben an das, woran er schon viel früher hätte denken sollen. Als es sich auf der Oberfläche der See kurz mit unglaublichem Auftrieb geziert bewegt, als es schwankt und taumelt und erbebt, während die Wasser diese dem Untergang geweihte meisterhafte Vorführung in der sicheren Gewißheit ihres Scheiterns abwarten, denkt Kapitän Guardian an Steine, Kies, Sand; an Zentren der Schwerkraft. Als es kentert, den Bauch nach oben kehrt und in seinem Kopf den Nebenstrom der Kenterung und des Vergessens hinabtreibt, erinnert er, woran er sich früher hätte erinnern sollen. Er hätte an den Ballast denken sollen. Scheiße.

«Hier, hier, hier und hier. Hier und hier und hier!» Peppards forensischer Finger stieß mit Genauigkeit nieder.

«Hier auch», fügte er hinzu, während der Zeigefinger hochging.

Eine weiße Emailschale, halb mit grauem Wasser gefüllt, oder vielleicht war es das Licht; Bücher, abgenutzte rote Ledereinbände, staubig; ein Bett, ein Tisch, zwei Stühle. Kein Feuer, und das Zimmer war kalt.

«Aber was bedeutet es?» fragte Lemprière und sah sich nach dem kleinen Mann um.

Er hatte nur wenige Minuten am äußeren Eingang zum Innenhof gewartet, bevor Peppards kompakte Gestalt sichtbar wurde. Aber nur für eine Sekunde, der Strom der Passanten hatte den kleinen Mann sofort verschluckt, und Lemprière hatte die Straße verschiedentlich auf der Suche nach ihm gekreuzt. Ein flüchtiger Anblick, fünfzig Meter weiter, mehr ein Raten. Er hatte die Straße benutzt, war zu der Stelle gerannt, hatte sich rasch umgesehen. Nichts.

«Sonderbar, sehr sonderbar. Kann keiner vom Fach gewesen sein... aber vielleicht.» Er hielt inne. «Sehr sonderbar.» Peppard beugte sich tiefer über das Dokument, benutzte seine Hände wie Zirkel, um die Paragraphen zu überbrücken, Wort an Wort zu ketten.

Dann hatte er ihn wieder gesehen, für eine Sekunde vor dem Geschiebe hinter ihm erstarrt, und schon war er wieder unterwegs, beobachtete wie seine Beute von der Hauptstraße verschwand, merkte sich die Stelle und stürzte darauf los. Aber Peppard konnte jede der Nebengassen genommen haben. Kein Zweck zu versuchen, die richtige herauszufinden, er stürzte rennend hinein.

«Peppard?» erinnerte er seinen Gefährten.

«George, bitte, einen Augenblick noch...» Er las immer noch.

Weicher Matsch unterm Fuß, Pflasterplatten eher die Ausnahme denn die Regel. Er stolperte, stürzte fast, gewann gerade noch beizeiten wieder festen Stand. Stetigte seinen Schritt, hielt einen gleichmäßigen Trab, bei dem der Klang seiner Füße nur wenig lauter war als das Dröhnen seines Herzens. Die Gasse wand und drehte sich, aber jedesmal, wenn er dachte, er werde zu weit von seinem Ziel abgedrängt, drängte sie sich zurück. Vor sich hörte er das heisere Röhren der Hauptstraße.

«Skewer hielt es für eine Kuriosität, aber nicht wertlos», half Lemprière nach.

«Bestimmt nicht wertlos», murmelte Peppard, in seine Untersuchung versunken.

Er hatte gewußt, daß er die Straße vor seiner Beute erreicht haben mußte. Er bewegte sich vor und zurück, wich den Vorüberkommenden aus und hielt Ausschau nach Peppard. Er mußte jetzt bald auftauchen... Ja, da! Er rief, aber Peppard hatte sich rasch bewegt, und Lemprière zog ein oder zwei Flüche auf sich, als er seinen Weg durch die Straße drängelte, hinüber und drüben den Pfad hinab. Er konnte nichts sehen. Das war unmöglich, Peppard konnte sich einfach nicht so schnell bewegt haben. Dann bemerkte er die enge Öffnung zu seiner Linken.

Peppard stieß sich vom Tisch zurück, den Blick immer noch auf das Dokument gerichtet. Der verduckte Gesichtsausdruck, den er immer noch getragen hatte, als sie seine Zimmer betraten, war jetzt verschwunden. Er hatte aufs neue eine Welt betreten, in der er der

Dirigent war, und jetzt verströmte er das Selbstvertrauen eines, der seiner Aufgabe gewachsen ist.

«Nicht wertlos, obwohl sich die Frage nach dem Wert erhebt», sagte er schließlich.

Lemprières Gesicht blieb leer.

«Um Vergebung, das war schlecht formuliert; wenn Sie mir vielleicht sagen würden, was Sie erfahren wollen?»

Was er erfahren wollte? Lemprières Gedanken waren während seines Wartens nach außen gewirbelt und jetzt, da ihn Peppards Angebot zurückzog und ihn jene Frage einkreisen ließ, warfen verworfene Möglichkeiten ihre Berührungslinien auf. Er würde gerne erfahren haben, wieso ein Mann von Peppards Fähigkeiten einem wie Skewer diente. Er würde gerne mehr über den Skandal erfahren haben, der irgendeine Bedeutung für diese Tatsache zu haben schien. Er würde gerne eine ganze Menge mehr über Septimus erfahren haben. Er erwärmte sich für die Frage. Es gab ganze Kataloge von Dingen, die er zu erfahren wünschte. Die Bedeutung der sibyllinischen Weissagungen; den genauen Ort des Omphalos. Warum hat Alexander den Hermolaos umgebracht? Die Natur der Kanäle zwischen Lebenden und Toten, gab es sie, wer war die Schönste von allen, würde sie ihn lieben, ihr langes schwarzes Haar, das Wasser... Genug?

«Was ist das?»

Lemprière hatte den Durchgang hinabgeblickt. Er war nur wenige Fuß breit, und die Mauern der Gebäude auf beiden Seiten erhoben sich so, daß sie den Eindruck vermittelten, sie hätten sich in Wirklichkeit berühren sollen und der Raum zwischen ihnen bestehe nur aufgrund einer Nachlässigkeit. Aber die Gasse war vollständig leer, und er wandte sich verwirrt ob der Geschwindigkeit von Peppards Entkommen ab.

«Das hängt davon ab, wie man es betrachtet, verstehen Sie?»

Er verstand nicht.

«Das ist eine grobe Art Vertragsabsprache, eine Vertragsurkunde, ein Erpresserbrief, sogar ein Gesellschaftsanteil, oder nichts davon, oder alles zugleich.» Er lächelte. «Jeweils natürlich in unterschiedlichen Graden und Ausmaßen.»

«Im Grunde ist es aber doch ein Abkommen, oder?», wagte Lemprière hoffnungsvoll.

«Vollkommen richtig», bestätigte Peppard, «aber schließlich ist praktisch jedes rechtmäßige Dokument ein Abkommen. Ein Vollstreckungsurteil ist ein Abkommen, wenngleich zu erheblich ungünstigeren Bedingungen für die eine als für die andere Seite. Ich glaube nicht, daß wir es dabei bewenden lassen können. Das Recht ist, denken Sie daran, ein ungenaues Instrument, daher Rechtsanwälte. Es befindet *zugunsten*, oder natürlich auch nicht, wobei die Wahrheit soweit wie möglich ausgeschlossen wird. Die neigt dazu, die Dinge zu komplizieren. Wollen wir Tee trinken?»

Peppard der Schnellfüßige, dachte er bei sich. Der Name der elenden Gasse war irgendwann einmal auf die Mauer gekritzelt worden, aber der Regen, oder welche Flüssigkeit auch immer in dieser Gegend vom Himmel fallen mochte, hatte ihn teilweise wieder abgewaschen. Nun las man «er ow».

Sie saßen da, hielten sich an den heißen Bechern fest und wärmten daran ihre Hände. Peppard hatte dafür gesorgt, daß er den angeschlagenen bekam. Die beiden Männer kauerten über dem Tisch, das Dokument zwischen ihnen ausgebreitet.

«Eine Vertragsurkunde wäre die einfachste Erklärung», begann Peppard.

«Eine Vertragsurkunde?»

«Das hier», er ließ den Finger am Saum von Auszackungen an der Kante des Pergaments entlanglaufen, «die hier verweisen auf die Existenz einer weiteren Kopie, oder von Kopien, obwohl vermutlich nur eine.»

«Die eine, die der Earl of Braith hat?»

«Wenn sie sich noch in der Familie befindet, ja.» Er schlürfte. «Das ist eine Art von Sicherung, wissen Sie, wenn nämlich die beiden Sätze von Einschnitten nicht übereinstimmen, dann muß eine eine Fälschung sein.» Er beugte sich vor, um die Auszackungen gründlicher zu untersuchen. «Saubere Schnitte, demnach dies also das obere Exemplar, nicht daß das irgendwas bedeutet. Natürlich haben», Peppard wechselte den Kurs, «Einschnitte in Papierstücken keine Gesetzeskraft, sie dienen nur der Bequemlichkeit der Parteien», er hielt inne. «Wirklich verwirrend, es könnte in aller Eile aufgesetzt worden sein, was immer da zur Hand war...», und er verlor sich in privaten Erwägungen, die Lemprière für den Augenblick nur erraten konnte.

Es galt, verzweifelte Maßnahmen zu ergreifen; Lemprière hatte auf die Geometrie zurückgegriffen. Wenn die Gasse diese Länge hatte, was bedeutete, daß Peppard *nicht* rechtzeitig vor Lemprières Ankunft hätte verschwinden können; und der Fluchtweg eine von Er und Ow abzuleitende Linie von endlicher Länge war (das letzte Tageslicht offenbarte eine Mauer, die das andere Ende blockierte), dann, dann... Eine Voraussetzung mußte falsch sein. Andernfalls war die Gegebenheit unmöglich. Er schritt ein paar Meter weiter hinein, dieselben paar Meter zurück. Dann sah er den Strebpfeiler.

«Sie sehen, das Abkommen war zwischen zweien von ihnen», erklärte Peppard. «Die Anerkennung einer Kopie durch einen anderen geschah zusätzlich zu ihrer gegenseitigen Anerkennung, es sei denn, beide hätten Vertreter eingesetzt, aber das halte ich für unwahrscheinlich.»

«Warum?» fiel der andere ein.

«Dazu komme ich noch. Wenn sie sich aber gegenseitig anerkannten, warum mußten die Dokumente das bestätigen? Es sei denn, der eine oder der andere hätte das Aussehen geändert. Kann sein, daß sie sich nur sehr selten getroffen haben», Peppards Finger trommelten. «Das ergäbe Sinn.»

Lemprière spürte, daß etwas erklärt worden war, aber seine Frage blieb unbeantwortet.

«Ich weiß», sagte Peppard, der den Gedanken las, «dazu komme ich jetzt.» Beide schlürften.

«Wie Sie gesagt haben, es ist ein Abkommen.»

«Und wie Sie gesagt haben, bedeutet es alles und nichts.»

«Nun ja. Im wesentlichen handelt es sich um folgendes. Thomas de Vere stimmt zu, als Vertreter Ihres Vorfahren in Angelegenheiten tätig zu sein, die nicht genau beschrieben sind, aber etwas mit dem Auslandshandel zu tun haben, dem Ostindienhandel.» Peppard brütete über dem Papier. «Ihr Vorfahr wird der Empfänger von allem... Aha, ja, von seinem gesamten Anteil sein und davon ein Zehntel an den Grafen für seine Dienste zurückzahlen. Das ist aber nur die halbe Geschichte, wenn der Earl kein Idiot war. Wie das Abkommen aussieht, hat der arme Earl einfach neun Zehntel seines Anteils abzuliefern...»

«Anteil wovon?» fragte Lemprière.

«Natürlich von der Joynt-Stock Companie, der guten alten Gesellschaft auf Aktien, des Vorläufers jener guten und großen Institution, die unsere ausländischen Interessen schützt», Peppards Stimme war beißend. «Dieser wohlwollende Fonds für die Notleidenden und Heruntergekommenen, dieser, dieser» zischte er, sein Mund arbeitete. «Verflucht!»

«Dieser was?» Lemprière fragte sanft und wunderte sich, welcher Nerv hier bloßgelegt worden war.

«Die Gesellschaft», sagte sein Gefährte schließlich mit gelassener, wenngleich erstickter Stimme.

«Die Ostindien-Gesellschaft?»

«Genau die.» Peppard schien um seine Selbstbeherrschung zu kämpfen. Sein Gesicht war rot. Er schluckte etwas herunter und fuhr dann ohne Überzeugungskraft fort, als sei nichts falsch. «Auf jeden Fall muß Ihr Vorfahr dem Earl etwas angeboten haben, und wir können nur raten, was das gewesen sein könnte.»

Lemprière hätte gerne etwas von diesem Raten gehört, aber er hielt den Mund. Des kleinen Mannes Stimme war jetzt wieder gleichmäßig. Nur eine gewisse Starrheit in seinem Benehmen verriet seinen früheren Ausbruch.

«Dieser Paragraph ‹Die erste der obgenannten Personen› und so weiter hat keinerlei Bedeutung. Es spielt keine Rolle, wie die Gemeinsame Gesellschaft auf Aktien gegründet worden ist, da ihre Charta hierauf keinerlei Einfluß hat; ich möchte annehmen, daß er aus einem früheren Dokument übernommen wurde; Auspolsterung, sonst nichts. In dem übrigen gibt es vier Punkte, die Hinweise enthalten.» Peppard war jetzt ganz Geschäft. Sein Gast entspannte sich.

Er schritt langsam die Linie von Er und Ow aus hinab, sein Herz hämmerte teils vor Erregung, teils vor Anstrengung. Seine Füße knirschten auf dem Kies, als er sich dem einzigen möglichen Versteck näherte. Und richtig, da war Peppard.

«Peppard», sagte er.

«Mister Lemprière!» rief Peppard erstaunt aus.

«Was ist?» Lemprière blickte zerstreut auf. «Um Vergebung, George, mein Geist war auf Abwegen, ich war...» Aber er wollte Peppard kein zweites Mal in Verlegenheit bringen und erklärte nicht, wo sein Geist gewandert war.

«Ich sagte, der erste ist dieses Wort ‹Reisen›, ‹Reisen so durchgeführt werden nach Ostindien› und so weiter, die Frage ist wie viele, und darauf gibt es keine Antwort. Jedenfalls nicht hier. Der zweite sind die ‹Dienste›, die Thomas de Vere anbietet», fuhr Peppard fort. «Aber es wird nicht gesagt, *welche* Dienste, obwohl ich sie erraten kann mit Hilfe des dritten Punktes, diesem ‹als seines unabhängigen Agenten und Vertreters›. Wieso unabhängig? Oder besser, wieso war ‹unabhängig› nötig?» Lemprière hatte keine Ahnung. Peppards Gedanken formten bestimmte Muster, sie führten irgendwohin, soviel konnte er erkennen, ansonsten verstand er nichts.

«Der vierte Punkt wirft all diese Fragen auf; sehen Sie her, ‹ohnge-

acht jeder Verwirkung oder des Todes›, des Todes, achten Sie darauf,
‹eines oder beider›, und so weiter und so weiter. Nun aber ist dieses
Abkommen zwischen diesen beiden Männern, wie also kann der Tod
es *nicht* beenden? Die Unschärfe steckt nicht in der Wortwahl, sie
steckt in der Idee dieses Dings.» Er pochte irritiert mit seinem Finger.

Peppard hochziehen, Beine nicht zu stabil, die gegenseitigen Erklärungen, Peppard von Verlegenheit übergossen. Sie waren zusammen
zurückgegangen, Peppard hatte Richtungshinweise gemurmelt,
Lemprière sich für dies und das entschuldigt. Er hätte energischer
winken, lauter rufen können, und die ganze Zeit Gedanken daran,
daß er die Jagd genossen hatte. Jetzt waren sie dem Mietshaus in der
Blue Anchor Lane nahe, das Peppard sein Zuhause nannte.

«Ausweitung.»

«Ausweitung», echote Lemprière.

«Wie viele Reisen? Wie sehr Agent? Wie unparteiisch? Für wie
lange? Das sind die Fragen», beteuerte Peppard beharrlich.

«Die Fragen, ja, das sind sie...»

«Sehen Sie, hier gibt es eine Voraussetzung, die zweischneidig ist.
Zum ersten wird die Zukunft für gesichert angesehen, die Abmachung gilt ewig, ‹ohngeacht› und all das, hier.» Er wies zu Lemprières
Gunsten darauf. «Zum zweiten ist das so, weil das ganze Ding zu
unscharf ist, um überhaupt bindend zu sein. Die Schlüsselbereiche
sind nicht beschrieben. Und der Stil ist sonderbar. Ich habe viele
Urkunden gesehen – meistens Übertragungsurkunden und Testa-
mente, aber das ist alles ein und dasselbe –, von beiden Parteien grob
mit einem juristischen Handbuch und ein bißchen schlichter Vernunft entworfen. Die armen Teufel machen sich immer ungeheure
Mühen. Dann sind zwar alle Rechtsformulierungen da, aber irgendwas geht immer schief. Sie sind selten rechtsfähig, um genau zu sein.»

«Und die hier ist wie die; also gibt es irgendwo einen Formfehler?»
sagte Lemprière.

«Ganz im Gegenteil. Das hier ist vollkommen. Was sie zu vereinbaren versuchen, ist, meine ich, unmöglich, es sei denn sie wären unsterblich, aber die Form ist völlig gesetzmäßig. Ich habe fast den Eindruck», er stockte und rieb sich den Nasenrücken. «Ich habe fast den
Eindruck, daß das hier von einem Rechtsanwalt gemacht wurde, den
man beauftragt hat, seine Spuren zu verwischen, damit es aussieht
wie die Arbeit eines Laien.»

«Aber warum in aller Welt...?»

«Das paßt zu dem zweiten Punkt, der Unschärfe hinsichtlich

dessen, was sie vereinbaren. Ein Abhängigkeitsplan, könnte ich mir vorstellen.»

«Abhängigkeit, abhängig wovon?» Lemprière wieder zurückgeworfen. Peppard blickte ihn über den Tisch hin an.

«Verrat natürlich.»

Sie hatten sich ihren Weg von der Golden Lane zur White Cross Street gebahnt, Lemprière den Kommentar Skewers wiederholend, Peppard den Punkt nicht begreifend. Lemprière hatte ein paar Rechtsformeln eingestreut. Peppard konnte nicht anders, als ihn in den Einzelheiten verbessern. Während sie sich zwischen den Reihen von Häusern vorwärtsbewegten, die sich einander zuneigten und sich gegenseitig zuwendeten, war es Peppard gewesen, der Fragen stellte.

«Warum so überrascht?»

«Aber welcher Verrat? Was meinen Sie damit?»

«Ihre Familie ist französisch, nicht wahr?»

«Nein. Wir sind von Jersey.» Lemprière war immer noch verwirrt. Wonach suchte er?

«Lange zuvor aber, als dieses Abkommen unterzeichnet wurde, war Ihre Familie französisch, nehme ich an?»

«Ich vermute, ich weiß nicht, doch, ich verstehe immer noch nicht...»

«Die damalige Regierung, oder selbst die heutige, könnte durchaus der Ansicht sein, daß als Agent eines Franzosen handeln nicht der Pflicht entspräche, die», er überdachte das Datum, «Königin und Vaterland von einem getreuen Bürger erwarten. Natürlich ist das Verrat. Und der ist die bindende Kraft dieses Dokumentes. Wirklich offensichtlich.»

«George, das ist nicht offensichtlich. Es ist überhaupt nicht offensichtlich.»

«Hören Sie, die Bedingungen des Dokuments sind so schlecht beschrieben, daß sie praktisch auf nahezu jede Konstruktion angewendet werden können, richtig?»

Lemprière nickte.

«Deshalb muß es irgendeine Klammer geben, die die beiden Parteien auch ohne das Gesetzliche bindet, verstehen Sie mich?»

Lemprière nickte wieder.

«Wenn de Vere seiner Verpflichtung nicht nachgekommen wäre, hätte dieses Dokument als sein Todesurteil dienen können, und deshalb ist es bindend. Ich könnte mir vorstellen, daß die Undeutlichkeit der Formulierungen seinen Versuch, einen nach meiner Meinung ziemlich fruchtlosen, darstellen, sich gegen eine Verurteilung zu schützen.» Er hielt inne und sah näher hin. Dann kicherte er. «Wissen Sie, was der bindendste Teil dieses Dokumentes ist?» und ohne auf eine Antwort zu warten, wies er mitten in den Vornamen jenes Ahnen von Lemprière. «Das», sagte er, «das hier würde Thomas de Vere gehängt haben.»

Lemprière besah sich François Lemprières verblaßte Unterschrift, wobei er zum ersten Mal bemerkte, wie unheimlich jene Handschrift seiner eigenen glich.

«Ein ‹c›?»

«Nicht das ‹c›, sein Anhängsel: die Cedille. Entscheidender Hinweis, daß der Mann Franzose war. Kein Engländer würde seinen Namen mit einer Cedille schreiben. Der arme Thomas de Vere, das war der Haken für das Seil, das er fürchtete.» Peppard wurde wieder ernster. «Natürlich beantwortet nichts davon die Frage, warum der Earl unterzeichnet hat. Wir wissen nicht, was ihm angeboten worden ist, aber das muß es schon wert gewesen sein. Das Risiko war enorm.»

Sein Gefährte brütete über näherliegenden Fragen. «Deshalb also wollte Septimus es kaufen: Verrat ... Grund genug.»

«Nicht so ganz, das Abkommen bindet lediglich den vierten Earl. Heute würde es schlimmstenfalls eine unbedeutende Peinlichkeit sein.»

«Trotz ‹ohngeacht jeder Verwirkung oder des Todes eines oder beider Parteien› und so weiter?»

«Stimmt, aber niemand würde einen solchen Fall verfolgen. Es sei denn, das Abkommen wäre irgendwie wieder rechtskräftig gemacht worden.» Peppard war versucht, diesen Gedankengang weiter zu verfolgen, aber nein, Skewer hatte vermutlich im Hinblick auf die Motive des Grafen recht, und warum dem Jungen Hoffnungen machen? Wenn das Dokument rechtskräftig wäre und man den Anteil jedesmal rückinvestiert hätte, wenn sich die Gesellschaft neu fusionierte, dann allerdings würde Mister Lemprière ein wahrhaft sehr reicher junger Mann sein ... Und die Gesellschaft um ebendieses ärmer, ein Gedanke, der ihm Vergnügen bereitete. Sie redeten weiter, gingen die Punkte durch, die Peppard erläutert hatte, und brüteten gemeinsam über dem alten Pergament.

«Die wesentlichen Punkte sind diese», sagte Peppard. «François Lemprière übernimmt einen Neuntelanteil an der Gesellschaft und zahlt Thomas de Vere davon ein Zehntel. Dafür handelt Thomas de Vere als sein Agent, um seine Besitzerschaft zu verschleiern. Welchen

Vorteil zog Thomas daraus? Ich weiß es nicht.» Lemprière starrte düster auf das Dokument vor ihnen.

«An dieser Angelegenheit ist mehr dran als das», sagte er. Peppard nickte nur.

Es wurde spät. Die beiden redeten weiter, aber Peppard hatte seinen Erklärungen nur wenig hinzuzufügen. Schließlich kam ihre Unterhaltung zu ihrem Ende. Lemprière faltete das Pergament sorgfältig zusammen und knöpfte sich den Rock zu. Peppard hatte die Tür geöffnet. Lemprière dankte ihm.

«Auf Wiedersehn!» rief Peppard seinem Gast nach. Lemprière winkte zum Abschied und drehte sich um, den Heimweg anzutreten.

Das in seinem Hemd verstaute Pergament knisterte, als er seinen Rock um sich zusammenzog und die Straße hinabschritt. Er wanderte gedankenvoll dahin, und das zunehmende Gefühl, irgendeine Verpflichtung erprobe seine Kräfte, lastete angenehm auf seinen Schultern. Der Strom von Menschen in der Golden Lane hatte nicht abgenommen, eine Masse, die sich kraftvoll mit unterschiedlichen Zielen bewegte, sie nahm ihn auf und trug ihn mit sich, dem seine Gedanken neuen Auftrieb gaben. Ein Stückchen vor ihm trottete ein Korbflechter dahin, der sich seine Körbe um die Hüften gebunden hatte und eine Kiste hinter sich herzog. Er machte den Weg für Lemprière frei, der ihm folgte.

Er sann über das Dokument in seiner Tasche nach, als sei es das Bruchstück von etwas sehr viel größerem, etwas, das für einen quälenden Augenblick sichtbar wurde und dann verloren war. Fern aller zuvor erträumten Orte und alle Karten als Mutmaßungen verworfen, kreisten seine Verdächte langsam. Da war ein Rätsel, aber sonst war da – wenigstens im Augenblick – nichts. Wer immer dieses Gefüge für welche verlorenen Zwecke auch immer errichtet hatte, war dahingeschieden und hatte nur diese Hinweise hinterlassen, und die reichten gerade dazu aus, anzudeuten, daß es da noch mehr gab, unentdeckte Gründe. Motive, die noch zu verdächtigen waren. Vor ihm schrammte die Kiste des Korbflechters voran. Es gab zu viele Antworten. Er stellte sich vor, daß sie wie Tropfen des Gorgonenblutes fielen und hingemäht würden wie Schlangen in Libyens Sand. Zu viele Ursprünge.

Doch für jetzt besaß er nur das trockene Bruchstück und das Problem, nach Hause zu kommen. Er umklammerte die Miniatur seiner Mutter in seiner einen ganzen Tasche und versuchte, seine Bürde zu tragen. Es war jetzt schon sehr dunkel, und obwohl die Straßenlaternen bereits entzündet worden waren, leisteten sie doch kaum mehr, als ihre eigenen Standorte zu kennzeichnen, bis eine Biegung der Straße sie auslöschte. Wenn der Weg beleuchtet war, dann eher durch das Licht der Gasthäuser und Kneipen, die er in der Aufregung seiner früheren Jagd gar nicht bemerkt hatte.

Sie machten gute Geschäfte. Männer und Frauen schienen in ihre Türen gesaugt zu werden, und jeder Eingang entließ ein lautes Gesumme aus undeutlichen Stimmen und Gelächter, das jene wenigen, die sich zu gehen entschlossen, in die stilleren Straßen trieb, wo sie offenbar nur wenige Meter überstanden, ehe sie in das nächste lärmige Etablissement gesogen wurden. Die Durchfahrt hallte von diesen aufbrandenden Geräuschen, und Lemprière schaute neugierig, als ihm flüchtige Blicke auf Männer geöffnet wurden, die Humpen hoben, das Geld für die nächsten zählten und Pfeifen entzündeten.

Die Straße selbst war mit Menschen gefüllt, darunter, wie er wahrzunehmen nicht vermeiden konnte, eine unverhältnismäßige Zahl von Frauen. Sie wogten in ihrem ganzen Aufputz umher, sammelten sich auf einige wenige Worte in Gruppen zu zweit oder dritt, die für ein oder zwei Sekunden vor jenen Herren paradierten, die zu keinem erkennbaren Zweck das Pflaster hinauf und hinab wandelten. Hier war ein Geheimnis zu lösen; hier war ein Jagdwild jener Verworrenheit, die er suchte.

Einige der Frauen schienen lediglich auf ihre Kutscher zu warten, denn immer wieder hielt eine Equipage an, eine oder zwei stiegen hinein, und die Equipage trug sie davon. Vielleicht zu einem gemeinsamen Ziel, überlegte er. Aber als er die zurückbleibenden Frauen beobachtete, wuchs seine Verwirrung. Mal brachen sie in schallendes Gelächter aus, dann schlurften sie umher, als laste alles Leid der Welt auf ihren Schultern. Ihre Kleider waren bunter als die der Frauen, die er am Morgen gesehen hatte, und doch schienen sie in Schatten zu lauern. Manche Männer gingen einfach zu ihnen hin und sprachen mit ihnen. Sie konnten sich doch nicht alle kennen?

Er wußte, daß dies der Weg wäre, die Wurzeln des Rituals bloßzulegen, aber er zögerte, ihrem Beispiel zu folgen. Während er schaute und schwankte, kam ein schwarzbärtiger Mann, der ohne seinen Stout-Trinker-Bauch, der ihm aus dem Bund seiner Kniehosen quoll, eine elegante Figur abgegeben hätte, langsam die Straße herab auf ihn zu. An seinem Ellbogen flatterte ein Geschöpf in Dunkelrosa, Abendkleid *à l'Anglaise*, Haube mit passenden Bändern, der gefältelte Saum fiel ihr ums Gesicht, als sie da einherhuschte und mal zu seiner Linken, mal zu seiner Rechten auftauchte. Ihre Finger zupften an seinen Ärmeln, aber er schien keinerlei Notiz von ihr zu nehmen, bis sie plötzlich auf Zehenspitzen stand und ihm hinter gewölbter Hand etwas ins Ohr wisperte. Daraufhin blieb der Mann stehen, ließ sich herab, den Kopf zu beugen und blickte, als sie geendet hatte, einige Meter vor sich über die Straße, wo zwei Damen in Blau ihre Gesichter bescheiden in üppigen Sträußchen vergruben. Etwas schien ihm zu mißfallen, und als die Kokette in ihren Bemühungen ihn zu dirigieren fortfuhr, schwang er sich plötzlich herum, erwischte sie nichtsahnend und schleuderte sie aufs Pflaster. Das erheiterte ihn ungemein. Er lachte laut auf, ehe er die Straße hinab davonschritt. Der Jäger erblickte seine Chance. Er ging zu dem Mädchen, das sich abmühte, aus einer Masse lila Chintz, der mit Volants besetzt und gefälbelt war, aufzutauchen. Ihre weißen Fesseln lugten unkeusch unter dem flatternden Kleidersaum hervor. Waren das auf ihren Schuhen Silberschnallen?

Behandschuhte Hände winkten flehentlich, als sie zur Ruhe kam, der Schock ließ bereits nach, ihre Augen zogen sich im Bemühen, sich wieder zu richten, zusammen. Sie konnte kaum siebzehn sein. Groß, eckig, bebrillt, nervös; Jäger, der in all der Zuversicht seiner Entschlossenheit naht, wird von Gejagtem abgeschätzt. Beide sind auf ihre Weise hier hineingeschleudert worden, als er jetzt nach unten reicht und seine Hand anbietet.

«Darf ich?»

Auffff... und sie scheint wegen des Sturzes nicht schlechter dran zu sein, ausgenommen, daß sie einen antrocknenden Schmutzfladen nicht so recht erreichen kann, daher die Frage, können Sie? Er kann und macht, genau da, jawohl, und so natürlich, daß man meinen würde, es enthalte für keins der beiden Befürchtungen. Der Jäger verführt seine Beute zu einem kurzen Spaziergang, doch scheint es, daß einer jener hübschen Fußknöchel indisponiert ist, und sie hinkt und humpelt, kleine Schmerzkeucher schon nach wenigen Schritten, ehe «Dürfte ich vielleicht?», und ihr Arm umschlingt seine Hüfte, alle Arten «zu Hilfe»- und «Danke Ihnen»-Gefühle werden durch eine bestimmte Sorte Druck übermittelt, ihre Fingerspitzen in Taschenklappen, Knopflöchern und Rockborte verfangen. Ob dies die Zeit ist, zu fragen, was sich denn da genau abspielt? Sie wandeln weiter, Rosalie (denn diesen Namen hat sie genannt) schwatzt über das kalte Schneiden der Luft, über die Frauen, an denen sie vorüberkommen, märchenhafte Gefährte, mit Satin und Musselin besegelt in Purpur, Rosarot und Blau, ihr Hinken verschwindet dann und wann für ein oder zwei Schritte und kehrt plötzlich mit verdoppelter Stärke wieder. Der Jäger wird zum Beschützer, gibt vor, diese Mißschritte nicht zu bemerken, vielleicht jetzt? Aber nicht doch, nicht jetzt, während ihr Geplapper ihn so köstlich umströmt, hin und wieder eine Andeutung, nicht mehr, eines anderen lebendigen Gesichtes, der Glut wohltuender Umarmungen, und eines anderen Wisperns in sein Ohr...

«Was geht hier denn eigentlich vor?» unterbrach er und fürchtete sofort, daß er den Zauber gebrochen habe, daß sie auf irgendeinem weitläufigen Umweg *gerade dazu gekommen* sei und daß sie ihm jetzt mit flacher Tatsachenstimme erzählen werde, was ihn sich fragen machen würde, warum er überhaupt gefragt habe, wo es doch besser gewesen wäre, sie auf ihre eigene süße Weise dahinkommen zu lassen, und warum er solch ein Narr gewesen ist? Aber nein, keineswegs, das hier war einfach der Ort, wohin Gentlemen kamen, um sich mit Gefährtinnen für den Abend zu treffen, nur das. *Für den Abend... aha.* Diese Damen da drüben, ihre Schwestern *(aber das mußten über vierzig sein)*, erwarteten ihre Besucher, und sie... führte lediglich die geeigneten Herren zu ihnen, verstehen Sie?

Er versteht. Er wartet auf die gefürchtete Einladung, aber die kommt nicht. Ihr Hinken ist jetzt vollständig verschwunden, irgendwie sind sie darüber hinausgekommen. Sie löst sich anmutig von ihm, fragt, wo er her sei, was er tue. Sie hat sein Maß genommen. Er, Jäger, verzichtet auf alles, und leichtes Necken steht plötzlich auf der Tagesordnung, mit sorgfältig berechneten Spötteleien über Jünglinge und Mutters Schürzenbänder, die linkische Art des Landvolkes und dergleichen.

«Ich wette ne halbe Guinea, daß Sie ne goldgerahmte Miniatur von Mama bei sich tragen, um Sie daran zu erinnern, nicht mit Leuten wie mir zu reden», wirft sie ihm hin, lachend. Und er errötet ob des Volltreffers und versucht gleichzeitig, nicht daran zu denken, was genau eine solche halbe Guinea kaufen würde.

«Nur Messing, fürchte ich», das mit einem Lächeln dargeboten, immer noch halb verlegen. Rosalie manövriert sich immer noch lächelnd zu «wie er denn wegen seiner eigenen Mutter verlegen sein könne?» und fragt «nur Messing?», und er bestätigt das. Dann vertraulich, daß sie auch eine bei sich trage, und ob er die sehen wolle? Natürlich will er, und sie sucht danach und wölbt ihre Hände, plötzlich scheu, und winkt ihn näher, will nicht, daß die anderen sie sehen, Kichern entweicht ihren Mundwinkeln und ziert die Luft... und öffnet die Handflächen, und da ist sie.

Da ist sie, und dem Jäger gefriert das Blut in den Adern, sein Gesicht entblutet zu Grau. Er ist nicht Fleisch; er ist Stein. Der Kopf, den sie ihm vor die Augen hält, ist der seiner eigenen Mutter. Doch Kichern wird zu schallendem Gelächter, erfahrene Hände können ihre Heiterkeit nicht mehr unterdrücken, und dann preßt sie ihm die Ähnlichkeit in die Hand und schließt ihm die Finger über ihr, als es ihm zu dämmern beginnt, jene geschäftigen kleinen Händchen, die an seinen Taschen herumzupften... Ungeheuerlichkeit! Wie kann sie, wagt sie! Dann denkt er nach und sieht, wie sie ihn anlächelt und die bittere Süße des Scherzes genießt.

«Ich muß arbeiten...», sagte sie und erlaubte ihm, sich das als eine Entschuldigung auszulegen, als sie Abschied nahm. Lemprière war immer noch betäubt von der Entsetzlichkeit des Gedankens, der ihm da so geschickt dargeboten worden war. Erst später wird er daran denken, wie sie wohl sein offensichtliches Entsetzen beurteilt haben mag. Sie sagte ihm auf Wiedersehen, sie hatte ihm etwas gegeben, etwas, das er hoch schätzte, und dabei das Risiko seines Zornes auf sich genommen...

«Rosalie!» Sie wandte sich um, und jetzt war er nicht sicher, was er sagen wolle.

«Mein Name ist», der Satz war absurd, aber jetzt blickte sie zurück, daß er ihn beende, «ist John.»

«Natürlich», erwiderte das Mädchen. Sie wandte sich um und ging langsam auf die beiden Frauen in Blau zu, die während dieses Austauschs geduldig gewartet hatten.

«Erfolg, Rosie?» fragten sie, als sie näher kam.

«Nicht die Bohne», lächelte ihre Genossin betrübt, «nicht mal ein Portemonnaie.»

«So geht das nicht, Rosie», sagte eine, «nicht für dich, und nicht für uns. Auf die Weise werden wir verhungern, wenn du nicht...» Ihre Worte erstarben. Der anderen Stimme war härter.

«Du mußt an die Arbeit gehn, Rosie. So einfach ist das.»

«Einfach?» Rosalie sah weg. «Arbeit ist es», sagte sie.

Lemprière küßte die Miniatur und dankte seiner Mutter, daß sie die andere Tasche nicht geflickt hatte. Ein flüchtiges Klopfen auf den unteren Saum seines Rockes, und ein Klirren bestätigte ihm die Sicherheit seiner Börse und des Ringes. Dieses kleine Biest, sagte er sich ärgerlich. Aber das war nicht, was er empfand. Er wußte die zufällige Ähnlichkeit, die ihn angezogen und ihn in sein leichtgläubiges Wohlbefinden versetzt hatte. Jedoch war das nicht zuoberst in seinem Denken, als er sich auf die Wanderung heimwärts machte. Er erinnerte sich, lange war's her, eines Gefühls ähnlich dem, das er jetzt empfand. Sein Vater und ein anderer Mann, Jake höchstwahrscheinlich, hatten sich am Küchentisch in Rozel gegenübergesessen. Sie waren nicht wichtig, nebelhaft jetzt, wurden deutlicher und verschwanden wieder. Was seine Aufmerksamkeit gefesselt hatte, waren die Figuren zwischen ihnen, die sie abwechselnd hochgehoben und wieder hingesetzt hatten, und in unregelmäßigen Abständen, und das mit dem Ausdruck der höchsten Konzentration, der nicht so sehr von den beiden Männern ausging, als vielmehr von dem Brett, dessen quadratisches Gitter alle Figuren festhielt. Das war natürlich Schach, und er hatte schon fast vergessen, daß es eine Zeit gegeben hatte, in der er das Spiel nicht kannte. Er hatte über Stunden, wie es ihm vorgekommen war, zugesehen, um das Geheimnis auszuloten, aber jedesmal, wenn er glaubte, einen Grundsatz abgeleitet zu haben, widersprach ihm irgendeine unerklärliche Abweichung, und das grobe Gebäude seiner Spekulationen brach zusammen. Die Rochade war Hauptschuldige daran gewesen.

Später, als er die Regeln gelernt hatte, schien es unfaßbar, daß sie hätten anders sein können als sie waren, und als er begann, die strenge Schönheit jener Regeln zu würdigen, verstand er auch seines Vaters Bemerkung, der vollkommene Schachspieler sei ein Mann ohne Willen. Diese Wahrnehmung erbitterte ihn; er hatte seinen Vater beim Schach regelmäßig geschlagen. Jetzt empfand er wieder jenes erste beunruhigende Gefühl, eine Mischung aus dem Wissen, daß die genauesten Regeln anzuwenden waren und gleichzeitig nicht einmal deren einfachsten Grundsatz zu kennen. Und Rosalie, oder wie immer ihr wirklicher Name sein mochte, hatte gespielt, gewonnen und den Gewinn zurückgegeben. Ein Teil von ihm lehnte sich gegen diese Demütigung auf, ein anderer Teil wünschte sich, daß sie oder andere wie sie ihn durch andere solcher Spiele, andere Rituale, andere Rätsel geleite.

Rätsel wie Septimus. Skewer verstand er, wenigstens soweit, wie er das wollte. Peppard, empfand er, verstand er nicht nur, sondern ihn mochte er auch. Septimus hingegen ... Nicht daß er den Ausdruck eines Verheimlichers hatte, eher daß es da zuviel zu sehen gab. Und warum hatte er das Abkommen haben wollen? Das Abkommen!

Nein... sie konnte nicht, seine Hand fuhr hin, nein, sie hatte nicht, jetzt wieder beruhigt... Aber es ging auch gar nicht wirklich um das Dokument. Und in Wahrheit hatte er überhaupt keine Idee, worum es eigentlich ging. Sich zu wundern, warum er sich über Septimus wunderte, würde ihn nicht nach Hause bringen, noch würde es die Fragen beantworten, die Peppard aufgeworfen hatte. (Warum hatte der Hinweis von Septimus sich so fest in ihm verhakt?) Das würde bis Samstag zu warten haben. Bis Samstag mindestens.

Also ging er weiter, ein hastender Punkt in einer Ameisenarmee von Hastenden, der in die und aus der Sicht aller mit Ausnahme der wachsamen, schweigenden Häuser witschte. Sie warteten auf seinen Auftritt, die dicht geschlossenen Reihen ihrer Balkone und Stockwerke, eines über das andere geschichtet, übereinander und empor, und jedes höhere übertraf das vorhergehende an Leidenschaftslosigkeit, bis schließlich den steinernen Augen oben nur noch ein Mosaik drängelnder Köpfe verfügbar war. Die geschäftige Straße hatte ihre eigenen Bedürfnisse, die Straßengeschöpfe ihre Sehnsüchte, aber irgendwie war das von hier oben aus viel zu fern, viel zu schwach. Vielleicht war es irgendwo während des Aufstiegs verlorengegangen. Die Häuser nahmen es in dem wilden Durcheinander der Straßengeräusche wahr, eine ständig abnehmende, aber immer glühende Möglichkeit, daß die Formlosigkeit da unten sich plötzlich zusammenschließen könne. Sie verspürten einen Drang fort von den festgelegten Wegen und hin zu, nun ja, dem kitzelnden Prickeln kalten Wassers das Rückgrat hinab, dem scharfen Geruch von Essig und tausend anderen kleineren Abweichungen vom rechten Weg. In Wirklichkeit hin zu der Lehre ihres Vetters, der Zikkurat, auf deren achter und höchster Ebene kein Bildnis ist, nur du selbst, und die Zweifel, die deiner Hinlänglichkeit ihre Aufwartung tanzen.

Lemprières Zweifel drehten und wirbelten um ihn, während er seine Gedanken heimwärts trug. Seine persiadische Burleske nahm irgendwie im Scheitern (und in Lächerlichkeit) mehr an Gewicht zu, als das vielleicht im Erfolg geschehen wäre. Es war ihm gleichgültig, daß seine Andromeda ihn verlassen hatte, daß geflügelte Sandalen und prophysaktischer Schild sorgfältig weggepackt waren, denn jetzt gab es nur eine gewisse Neigung ihres Hauptes, Fältchen um die Augen, nicht einmal das, ein leichtes Stocken in ihrer Stimme, Hinweise auf eine andere Anima, einen anderen Ort, und die Worte, die ihm einst in einer Zeit vor dieser zugeflüstert wurden. *Bravo mein Krieger.* Lobrede genug.

Zang. Er wurde beobachtet, als er seinen Weg entlang der Fleet Street nahm, nach Westen stapfte, um den Strand zu gewinnen. Müde Schritte durch die Southampton Street, beobachtet, bis er außer Sicht war.

Der dünne Mann, der vom fernen Ende des Kais beobachtete, ja, ohne jeden Zweifel. Die Kette der Träger, die mit den Kisten an Bord torkelte, nein, ebenso ohne jeden Zweifel. Der Krüppel war zu offenkundig, ihn brauchte man nicht zu berücksichtigen, aber das Gesicht, das jetzt schon zweimal in dem Fenster des Dachzimmers runde hundert Meter kaiauf erschienen war, würde man in Betracht ziehen müssen. Ein Plan nahm in Nazims Geist Gestalt an, eine Vorsorge. Die *Vendragon* hielt man im Auge, sie wurde aber nicht bewacht – eine Schwachstelle. Wenn er bei seiner ersten Mission versagte, würde er bei seiner zweiten triumphieren. Mancher hätte Gründe dafür anführen können, daß der beste Weg, einen Fluß anzuhalten, darin bestehe, es an seiner Quelle zu tun, daß die Regel des Nawab in gewisser Weise durch diesen Notbehelf untergraben werde. Aber Nazim wußte, ihm war tatsächlich vom Nawab selbst gesagt worden, daß größere Dinge im Spiele seien. Es gebe die Notwendigkeit der Geheimhaltung, und unter dem vertraulichen Ton war der ausdrückliche Befehl, sich wenn überhaupt dann nur tot festnehmen zu lassen, nicht ausgesprochen, aber von beiden verstanden worden. Der dünne Mann würde nicht in seine Richtung blicken. Das war Teil des Spiels; Nazim wußte, daß man ihn bemerkt und in Beachtung genommen hatte. Dich auch, dachte er zurück. Er tippte dem dünnen Mann zum Gruß an seinen Hut, sah dessen Augen flackern. Sein Opfer wandte sich um und ging ostwärts über den Kai davon. Nazim hoffte, daß er ihm nicht zuviel Spiel lasse, denn wenn der dünne Mann verschwände, ehe er selbst zurückkommen könnte, würde er mit nichts dastehen als dem alten Mann im Fenster, der nichts mit allem zu tun haben mochte . . .

2.

Nachdem John Lemprière festgestellt hat, daß sein Vater ihm ein Abkommen hinterlassen hat, durch das die Ostindische Gesellschaft zwischen seinem Vorfahr und Thomas de Vere aufgeteilt wurde, bereitet er sich auf einen Saufabend mit Septimus Praeceps vor

Unzeitige Anthesterien, bittere Frucht außerhalb ihrer Jahreszeit. Seine Hochstimmung hatte sich als kurzlebig erwiesen. Er sichtete seines Vaters Papiere, saß da auf dem harten Boden. Ein anderer, gehaltvollerer Haufen Papier befand sich in der Kiste und wartete auf Durchsicht. Eine Weltkarte mit einem Fragezeichen, das ins Mittelmeer gekritzelt war, eine Reihe monatlicher Quittungen «erhalten von Mme K, 43, V. Rouge, rue Boucher des Deux Boules, Paris», alte Briefe von Menschen, deren Nachsilben (i. R., Kapt. a. D., Frl.) winzige Geschichten von Enttäuschungen erzählten. Da gab es Skizzen von Schiffen, lange Spalten mit Zahlen, Pläne von Gebäuden und die Karte einer Struktur, die er nicht identifizieren konnte. Ferner: ein Notizbuch, aus dem alle Seiten herausgerissen waren, die zweite Hälfte eines Sonetts, eine Liste der zehn zahlreichsten Schmetterlinge auf Jersey mit kurzen Beschreibungen und Skizzen, eine Abhandlung seines Großvaters und einige Kritzeleien. Er hatte das meiste davon gelesen, über dem Inhalt gebrütet, versucht, Handschriften, Tintenfarben, Papierarten miteinander zu vergleichen, alles in dem Bemühen, die eine Einzelheit zu finden, den Satz, die Spur, die, dessen war er sicher, offenbaren würde, was immer sein Vater gesucht haben mochte. Bisher hatte er nichts entdeckt.

Septimus hatte ihm am folgenden Tag einen Besuch abgestattet, vorgeblich, um ihm aufzuzeichnen, wo das Craven Arms war.

«Ich würde Sie selbst dahinführen, aber als Zeremonienmeister muß ich vorher da sein.» Lemprière hatte sich gefragt, auf welche Zeremonien da angespielt wurde, aber Septimus war bereits wieder sprunghaft geworden, machte Papierpfeile aus den zermürbter aussehenden Dokumenten und bot an, Lemprière die Kunst des Boxens zu lehren. Als er begonnen hatte, vom Fenster aus Frauen Anträge zu machen – «Kommen Sie doch rauf!» –, hatte Lemprière ihn aufgefordert zu gehen. – «Bis Samstag also!» rief er, als er ging, und übte seinen linken Haken die ganze Treppe hinab.

Jetzt war Samstag gekommen, und er wußte nicht mehr als zuvor. Er wandte lustlos Seiten um und sah sie kaum noch an. Überreste. Konnte das soviel bedeuten? Da gab es ein Schiffsinventar, da gab es auf einem Planobogen eine Ballade wie jene, die ihm Father Calveston (aus Versehen?) gegeben hatte, da war eine, die Septimus ruiniert hatte. Er schlug verärgert nach den Papieren. Als sie sich wieder niederließen und nur wenige Fuß entfernt zur Ruhe kamen, wurde ihm plötzlich klar, daß dies die ersten Wörter waren, die er seit Wochen gelesen hatte. Sonderbar. Warum hatte er nicht früher daran gedacht? Natürlich hatte er keinerlei Bücher eingepackt (natürlich?), aber dann . . .

Er war dieser Gedankenlinie gefolgt, aber jetzt wollte er ihr nicht bis ans Ende folgen. Peppard hatte den Vertrag gelesen; er selbst hatte ihn nur flüchtig angesehen. Er hätte ihn lesen können, wenn er gewollt hätte. Er hatte nicht gewollt. Bücher hatten ihn in all das hier geführt; weiter schon, als er zu gehen wünschte. Alle Bücher? Nein. Nur die Bücher, die er am meisten geliebt hatte, Bücher mit goldenen Buchstaben auf den Rücken, mit Blättern aus Haderlumpenpapier, die Bücher der Alten, die Geschichten, die überdauert hatten. Geschichten aus Zeiten, als getane Taten nicht mehr bedeuteten, als sie zu sein vorgaben, als die Welt noch aus ihrer Mitte heraus vermessen werden konnte. Er dachte an seines Vaters Leiche, wie sie beim Teich lag. Er dachte an die Geschichte, die er müßig gelesen hatte. Die Hunde rannten tief über den Grund. Er hatte niemals geträumt, daß es wahr werden könnte. Und doch *hatte* er es geträumt. Die Wolke oben machte die Wasser grau, und seines Vaters Blut machte sie rot. Der Traum gehörte ihm und niemandem sonst.

Es wurde zu spät für all das, zu dunkel, und bei weitem zu spät. Lemprière erhob sich, zog Rock und Stiefel an und stapfte treppab zur Straße. Kalt. *Dein Vater?* Nein. Seine Füße pochten auf das Pflaster, die Straße seltsam leer und wenig, seine Gedanken abzulenken, während er dahineilt, den Rock gegen möglichen Regen eng zusammengezogen. Schneller jetzt, will nicht zu spät kommen. Warum krümmen sich die Füße auf solche Weise einwärts? Muß wohl der Grund sein, warum Stiefel sich am Rist durchtragen, ein guter Anatom könnte Englands Flickschuster arbeitslos machen, Skelette waren nie seine Sache . . . Links, rechts, links beim Henry VIII and the Seven Bells, vorwärts und aufwärts, schließlich sind wir alle Protestanten, gezeugt zur Taufe des neuen Glaubens.

Pfützen spiegeln sein Gesicht wider, während er den Kopf gesenkt hält, um den Pilastern mit ihren dorischen Sockeln und den überladenen korinthischen Kapitellen, dem Blick der Karyatiden und anderen Resten und Überbleibsel zu entgehen. Er biegt in die Hogg Street ein, geht immer noch schneller. Überbordend barocke Steinmetzarbeit kann jeden Augenblick herabstürzen und ihn zu Tode quetschen, niemand kann behaupten, die Straßen seien sicher, tap tap tap auf dem Pflaster. *Dein Vater?* Nein, noch nicht, besser noch abwarten, oder ein vorüberfliegender Adler mag ihm eine Schildkröte auf den Kopf fallen lassen wie Aischylos, besser sich langsam heranarbeiten, schanghaien macht die schlechtesten Seeleute, die Triremen waren mit Freien bemannt, Galeerensklaven eine Sache der Zukunft... Das ist schon besser, sich jetzt nach den Zeremonien zu fragen, die Septimus erwähnt hat. Jetzt ist er in der Stimmung für Gesellschaft, und zu singen (obwohl er es nicht kann), nein, ja, und vielleicht auch zu trinken, freitragend zwischen etwas der Hysterie nahem, geht sogar noch schneller, und diese andere Stimme, von der er hofft, daß er sie irgendwo dahinten in den Nebenstraßen verloren hat und daß man sie dort am nächsten Morgen ermordet findet: Tod durch Schildkrötenbombardement.

Oben ist der Mond unnatürlich silbern, Wolkenbeleuchtung steht heute auf seiner Tagesordnung obenan. Weit hinter ihm nehmen einige besonders regnerische Exemplare ihren Weg nach Osten über die Grafschaften, um der Stadt die Wolkenfunktionen zu demonstrieren (Mondfinsternis, Regen, symbolische Bedürfnisse der einen oder anderen Art), die der Zufall ihnen als ihr Ziel aufgetragen hat. Im Augenblick aber bummeln kompakte wollige Wölkchen (ausschließlich malerisch) am Himmel umher, lösen sich auf, wenn sie das mondliche Antlitz passieren, und versehen es für Augenblicke mit einem büscheligen Haarkranz.

Wenn Lemprière aufgeblickt hätte, würde er einen Vergleich zwischen dieser Erscheinung und dem stahlgrauen Löwenhaupt des Schwadroneurs haben ziehen können, der am anderen Ende der Straße voller Zorn eine Fahne wider einen unsichtbaren Gegner zu schwingen scheint. Der Fahnenschwinger ist sehr ärgerlich, während er über Eitelkeit brüllt und den Warenaustausch und das Land unserer Väter. Wirklich, denkt Lemprière, es ist viel zu spät für so was, aber eine Menge von fünfzehn oder zwanzig Menschen steht herum und hört zu, Verzeihung, Verzeihung, während er sich seinen Weg bahnt, «...und das Schlimmste daran, das Schlimmste daran ist, daß...» (mehr Fahnenschwingen). Aber Lemprière wird das

Schlimmste daran niemals hören, wenigstens nicht, bevor es zu spät ist, denn jetzt ist er durch sie hindurch, um die Ecke herum und sieht sich schon in das Gasthaus eintreten, dessen Zeichen er wenige Meter vor sich erblickt hat, schnell jetzt, fast schon da und Zerstreuungen zuhauf, find all die Dinge raus, die ich, fummeln an der Tür, all die Antworten, all die Fragen... *Dein Vater?* Neihein, und auf gehts...

«*Will*-kommen im *Schweineclub*!!» Septimus, marktschreierischer Impresario, ist in Hochform und tänzelt auf dem Tisch. Die Wogen schlagen hoch. Hat er dazu ja gesagt? Ringsumher verübt eine Horde Laffen in Brokat Verkehr der verschiedensten Arten mit schlampigen aufgeknöpften Schönen.

«Oink!» Gleichzeitig wenden sich alle ihm zu, um ihrem verkündenden Zeremonienmeister zu huldigen. Keiner schreit wirklich (mit Ausnahme von Septimus), aber das Getöse ist gräßlich. Lemprière blinzelt nervös, das hat er wahrlich nicht erwartet, und jetzt hat Septimus seinen Eintritt bemerkt und beschlossen, *über* die versammelten Schweineclub-Mitglieder vorzuspringen in eine Begrüßung, die zugleich die Aufmerksamkeit auf seinen bebrillten Freund lenken und dieses Bündel Erstlingsnerven als Teil des Ganzen bestätigen soll, als einen der Bande. Als er dieses Manöver versucht, halten ein kreischender Frischling und ihr Hirte den Augenblick für gekommen, einen Trinkspruch auszubringen. Flascheschwingen und Springen geraten ineinander, als Septimus unachtsam gegen das Gefäß tritt und ins Gedränge kracht, wo Herumstehende seinen Fall mildern.

«Ha!» Er springt auf. Die Flasche ist inzwischen auf Septimus' gescheiterter Flugbahn über die Menge hin weitergeflogen und endet, *schlaap*, in Lemprières Hand.

«Nimm nen Glucks», eine Stimme irgendwo von unten nahe seiner Hüfte. Er gluckert.

«Ihr habt Euch also gefunden?» Septimus hat sich aus dem Gewirr von Armen und Beinen herausgearbeitet, die Zudringlichkeiten von Etwas mit zu viel Mascara zurückgewiesen, und naht nun in vollendeter Haltung, eine Hand fischt in der Tasche.

«Speck?»

«Was...?»

Aus den Falten seines Rocks bringt Septimus das längste, röteste, schmierigste Stück Speck hervor, das Lemprière je gesehen hat. Es muß fast einen Meter lang sein. Ist das die erste Zeremonie dieser

Nacht? Ein Schwein von der Größe eines Pferdes starb für dieses Ungetüm, aber Septimus erwartet doch wohl nicht im Ernst, daß irgendwer es ißt, oder?

Scheint nicht so. Es baumelt lüstern, als Septimus vorstellt.

«Teddy, John Lemprière. John, Edmund de Vere.» Das also ist der Earl. Erste Eindrücke sind nicht immer die besten.

«Wir spielen später zusammen, John», fährt er zu Lemprière fort, senkt dann die Stimme, «trink noch nicht zuviel, heb dir Reserven auf.»

«Zusammen spielen? Was spielen?»

«Närrchen, das Spiel der Becher natürlich», strahlt Septimus.

«Err . . . Septimus?»

Aber Septimus ist schon zurück ins Gedränge verschwunden, um jenen kleinen Rotschopf zu suchen, dem er einen feuerfesten Kartentrick versprochen hat, jenen, bei dem der Pikbube im Strumpfband steckt . . .

«Scho'rech'», das lordliche Schluren nahe seiner Hüfte kommt in fuseligen Rülpsern, die, da etwas wärmer als die umgebende Luft, zu seinen zuckenden Nüstern aufsteigen und sich dort mit den Gerüchen von Rauch, Feuer und Pfeife, Schweiß, halberstickten Fürzen, Bergamot-Schnupftabak, Jessamin-Haaröl und anderem vermischen.

Da Septimus sich zurückgezogen hat (im Augenblick seine schlappe Wünschelrute einer nichtsahnenden Maid auf der anderen Seite des Raumes um den Hals drapiert, der Kartentrick kann warten), kann es das nicht sein. Seine Nase durchprüft die geruchliche Szene, bis sie, dahinten, die Feuerstelle ortet, von der aus köstlich schweinerne Düfte die Luft mit Erinnerungen an Frühstücksspeck und Mittagswürstchen, zischende Koteletts und schimmernde Schinkensteaks schwängern. Jumm. Über das Feuer ausgestreckt, die Füße wider die eine Wand des Kamins, die Schnauze die andere begrasend, träufelt ein feistes Schwein sein Fett in die Flammen darunter. Der Bratspieß biegt sich unter seinem trägen Gewicht, und auf seinem Antlitz lagert (trotz des Apfels in der Schnauze) ein Ausdruck ironischen Martyriums, der an den heiligen Laurentius gemahnt, der nach zwanzig Minuten auf dem Grill darum bittet, umgewendet zu werden, damit die eine Seite nicht zu durch wird.

Dieses Schwein hatte für die Versammlung offenkundig eine numinose Bedeutung. Die ihm zunächst sitzenden Zecher neigen der Saftige-Gespräche+Pfeiferauchen-Seite der Unanständigkeit zu und überlassen das andere Ende des Raumes den mehr gymnastisch

Gesonnenen, während dem Hutzelweib, das es von Zeit zu Zeit mit seinem Stock ansticht, größter Respekt zuteil wird; Nicker und herrenmäßige «Guten Abend» fliegen ihr dicht und schnell zu.

Inzwischen ist die Stimme an seiner Hüfte durch eine Hand ersetzt worden. Er wirbelt herum, eine Erscheinung in crèmigem Satin und roten Löckchen erklärt bereits, nein tut mir leid, hab Sie verwechselt... tut mir so leid, bevor sie hinweggleitet und nur einen Duft nach Rosenwasser und eine kurze Spur Spielkarten hinterläßt, die aus ihrer Behausung irgendwo unter ihren Röcken zu Boden flattern.

«Brillenmann!» Der gleisnerische Warburton-Burleigh taumelt heran, «Grog?»

«Danke, ich nicht...», Lemprière steif.

«Ich hab nix dagegen», und damit schnappt er sich die Flasche und lehnt sich zu einem überschwappenden Einguß zurück, durch den Lemprière einen Blick auf Septimus erhascht, der einen lebhaften *pas de chat* vorführt, während in der Ecke jemand acht Flaschen mit Kordeln am Geländer oben angebunden hat und versucht, *genau die richtige Menge* Bier in jede zu schütten, um Do Re Mi etc. herauszubekommen. Unglücklicherweise muß er jedesmal, wenn er zuviel hineingießt, wieder bis auf den richtigen Pegel abtrinken; Erfolg erscheint sehr fern, und das gurrende Mensch, das vor knapp einer halben Stunde den Wunsch äußerte, auf diese Weise ein schottisch Lied gespielt zu hören, bereut bitter, ihren Mund überhaupt geöffnet zu haben, denn der Monsieur mit dem Schnurrbart dort drüben zeigt seine glimmernden gelben Zähne und zwinkert ihr gerade auf die Weise zu, die ihr gefällt.

Für Lemprière scheint sich alles *da drüben* abzuspielen, während er *hier* ghettoisiert ist. Spielt keine Rolle, er ist geschäftlich da. Er setzt sich neben den Earl und weiß sofort, daß er das Falsche getan hat. Der Earl spielt auf dem Tisch «Such die Bohne» und vertauscht dabei die drei Gläser angesichts seines fortgeschrittenen Zustandes erstaunlich geschickt. Die Bohne ist bereits seit einigen Runden verschwunden, und sein Gegenspieler war schon zuvor abgewandert. Im übrigen sind all die Gläser aus Glas... Der Augenschein überzeugt Lemprière, daß der Earl in keinem guten Zustand ist, um groß was auszuplaudern, aber, denkt er sich, das wird eher noch schlimmer als besser, also jetzt oder nie, und er legt los.

Zur Eröffnung antwortet der Earl auf überhaupt nichts. Lemprière stachelt ihn an, was Anlaß zu einigem unbestimmtem Herumdreschen und massenhaftem Schluren wird. Nichts Nützliches, aber er bleibt dran und spricht vom Treffen ihrer Ahnen und so weiter. Sicherlich, das war vor anderthalb Jahrhunderten, nicht von unmittelbarer Bedeutung, aber möchte der Earl nicht den Bericht über dieses tête-à-tête der Vorfahren kaufen? Nach und nach pickt er sich heraus, daß der Earl zwar weiß, wovon er redet, aber nicht einmal im entferntesten interessiert ist, und warum Lemprière denn nichts trinke?

«Trinken ist nicht meine starke Seite», erklärt er dem Trunkenbold.

«Gut der Mann, nie anfangen», lobt ihn der Earl und bietet ihm mit der einen Hand eine glitschige grüne Substanz an, und stützt sich den Kopf mit der anderen.

«Hören Sie, dieses Abkommen . . .»

«Ein Fingerhut voll würde aber doch nicht schaden, oder?»

«Wirklich nicht, danke.»

«Hier, versuchen Sie das. Ist wirklich sehr, sehr . . .» Der Earl sucht ein Adjektiv. «Is wirklich sehr», schließt er. Lemprière lehnt wieder ab, was den Grafen zu deprimieren scheint.

«Ich mein, Sie könnten mir wenigstens erzählen, warum Sie nicht trinken», fragt er in beleidigten Tönen. «Wär nur höflich.» Der Ellbogen des Grafen ist auf einen Flecken Schweinefett geraten, vermutlich früher von Septimus' übergroßem Speckbraten dahingeträuft, und jetzt rutscht ihm jedesmal, wenn er den Kopf auf der Hand lagern will, der Arm zur Seite und läßt seinen Kopf, *bang*, auf den Tisch knallen. Das Gespräch wird zur Begleitung dieser Niederbrüche fortgesetzt.

«Natürlich, gerne», Lemprière kommt dem Wunsch des Earl nach. «Das ist ziemlich einfach, *bang*, man hat mich davor gewarnt», er hält inne, «meine Eltern.» Er blickt für einen Augenblick nieder. «Nun, was dieses Abkommen angeht . . .»

Bang.

Die Befragung setzt sich auf einer gleicheren Ebene fort, wobei Lemprière zu jeder Frage eine Rechtfertigung fürs Nichttrinken liefert, aber es kommt nicht viel dabei raus, und er ist mit seinem Witz am Ende, als er einen letzten Zug macht (der Earl kann nicht mehr viel länger durchhalten) und anbietet, das Dokument zu verkaufen. Daraufhin bietet der Earl drei Pennies und den Rat, er solle es bei «Sebdimus brobieren, der is sowieso viel inressierder . . .» Lemprière hat das halb erwartet und würde den Earl dazu weiter ausgeholt haben, aber das Verhältnis von Fusel zu Körpergewicht ist gegen ihn, und der Earl scheint abzurutschen.

Tatsächlich ist diese Überlegung Lemprières, obwohl auf den gesündesten induktiven Grundsätzen errichtet, reichlich falsch. Allem Anschein zum Trotz wird Thomas de Vere nicht betrunkener, sondern nüchterner. Da ist etwas an diesen ruinösen Zusammenkünften, das in ihm das Progressive hervorbringt. Ein mutierter Strang jener Meinungsverschiedenheit, deren viröser Ahn gut und gerne etwas mit jenem kleinen Treffen zu tun haben mag, das Lemprière so sehr interessiert, lungert irgendwo in Thomas de Veres Lymphsystem herum und träufelt nun während sporadischer phagozytischer Attacken seine Vorstellungen von Glückseligkeit durch seine Schleimhäute und venösen Kapillaren. Was Symbiosen angeht, ist sie einseitig. Die Leukozyten behalten sich ihr Urteil vor.

Schwer zu sagen, was es ist oder auch woher es kommt, aber da ist ein strenger Hauch von Selbstverleugnung. Ein Hauch Preußentum, der von Königsberg herüberweht wie eine Grippe und ihre Spuren verwischt. Nur ein Spritzer Umlaute verrät es, flüstert von einem Vetter namens Friedrich, oder Immanuel, ein schwacher Duft nach Bratwurst und eine vage ererbte Sehnsucht nach schwarzen Wäldern im Regen, wo der Dunst die Hügel in der Morgensonne hinabrollt, alles sehr *frisch*.

Daran ist auch irgendwas *Zukunftsträchtiges*, ein blinder Glaube an die innere Biochemie des Grafen, daß die Dinge irgendwie sich immer zum Besseren wenden. Seine Sauftouren sind der Stoff, aus dem Legenden sind, aber es ist eine junge Legende. Sie hat nichts mit Heldenmut zu tun, und eine Flasche Sherry auszutrinken, nur um wieder nüchtern zu werden, ist ihm oftmals als grausame Umkehr erschienen. Für seine Freunde ist die Angewohnheit des Grafen, betrunken aufzutauchen und nüchtern wieder zu gehen, nichts als eine Schrulle, er braucht dafür keinen Grund zu haben, *Schadenfreude* allein reicht.

Hätte Lemprière all das gewußt, würde er seine Befragung wohl auf den späteren Abend verschoben haben, aber sein rückfälliges Herz ist darauf gerichtet, daß die Dinge schlechter eher als besser werden, und das tun sie auch, denn Monsieur der Schnurrbart haben das Mädchen erwischt, während ihr vormaliger Gefährte immer noch erfolglos vor sich hin läutet, fehlt noch ein Viertelton, das Tonic ist ein bißchen ausgegangen, und zu allem kommen auch noch andauernd Leute und trinken lebenswichtige Teile des Instruments weg. Die Alte hat ihren Platz beim Feuer verlassen und zeigt Septimus den Schritt. Zeh einwärts und *Flick!* schießt ihr Schuh quer durch den Raum, um

gegen eine Öllampe zu krachen, die eine wellenförmige Flammenzunge über den Fußboden ergißt, aber alles ist unter Kontrolle, als
der Schweineclub sich in der gemeinsamen Krise zusammenfindet
und den Brand mit Bier, Apfelwein und den übleren Weinen (froh um
ne neue Füllung jedenfalls) ablöscht, und niemand ist auch nur
angesengt.

Alles fängt wieder von vorne an, aber eine allgemeine und vielschichtige Bewegung greift um sich, ein undeutliches konzentrisches
Drängen strahlt von der Mitte der Wollüstigen aus, genau gesagt von
der Alten. Sie hat den Tanzunterricht als schlechtes Geschäft aufgegeben und wendet sich um und heftet den Blick auf Schmuser,
Schlecker und Schlucker, die sich unter diesem unheimlichen Druck
voneinander zu lösen beginnen. Hände werden unauffällig aus Mie-
dern zurückgezogen, aufreizend feistgerundete Knackärsche nicht
mehr betätschelt, die Geschlechter teilen sich wie das Rote Meer, und
zärtliche Abschiedsworte, Luftküsse sowie flehentliche Treueersu-
chen erfüllen die melodramatische Luft wie schlappe Übersetzungen
eines Librettos von Calzabigi. Erwartungen nehmen ihren Platz ein.
Fatzkes, feile Laffen, feine Pinkel und Gecken haben sich jetzt auf
Lemprières Seite des Raumes zusammengerudelt, während Flittchen, Hürchen, Nüttchen, Nymphchen auf der anderen Stellung
beziehen; einige sehen irgendwie bekannt aus, aber darüber nachzu-
sinnen ist jetzt die Zeit nicht, denn die hutzlichte Alte hat ihren
stämmigen Stab dreimal auf den Boden gestampft und sich ans Feuer
zurückgezogen. Die Bühne ist frei, und auf sie springt Septimus.

Sein Gesicht ist ernst. Gewichtiges dräut, als er die Orgiasten
anspricht.

«Meine Freunde», beginnt er, «liebwerte Damen», und dreht sich
nach hinten um, «in diesem hervorragendsten und geselligsten aller
Clubs» (Schreie von «Hört! Hört» und «Keiner besser!») «haben wir
alle so manche glückliche Stunden verbracht, die uns, könnten wir
uns ihrer nur erinnern, mit Sicherheit unvergeßlich wären. Wir haben
getrunken» (Gemurmel wie «Sehr wahr» und «Keinerlei Zweifel»),
«wir haben gesungen, wir haben», eine Pause um des obszönen Effek-
tes willen, «gelottert!» («Ha! Und ob!» und «Beste Lotterei in der
Stadt». Gegenseitige «Wohl gelottert, Sir!» werden ausgetauscht.)
«Aber», Septimus hebt den Finger, und alle wissen, was jetzt kommt,
«vor allem haben wir gegessen», sie sind vorbereitet, «riesige Mengen
vom Schwein!»

Bei der Nennung des Schweins explodiert der Platz, Jubelgeschrei und Hüteschleudern sind allgemein, eine Prügelei bricht aus, und die Kämpfer werden inmitten von Szenen der Zügellosigkeit und festlicher Unzucht voneinander getrennt. Vom Feuer aus dankt die Altschlunze für das Kompliment, indem sie einen brutzelnden Streifen knuspriger Kruste mitten unter die Frohlockenden schleudert, die sich in rasender Begeisterung mit kreischenden Zähnen darüber hermachen.

«Madame!» Septimus salutiert vor ihr, und die Gesellschaft erhebt die Gläser.

«Trinkt herzhaft, ihr meine Jungs!» gibt sie zurück und versucht eine schneidige Pirouette, der lärmig applaudiert wird. Septimus hat sie in aufgeschlossener Laune eingefangen.

«Meine Freunde», fährt er fort, «heute abend haben wir eine mir sehr liebe Bekanntschaft unter uns.» (Neugierige Blicke der Gesellschaft, wer ist es?) «Einen jungen Mann, der auf den Strömungen des Lebens dem Treiben ausgesetzt wurde. Wenn er auch noch zu jung ist, um Waise zu sein, ist er doch schon alt genug, unser Freund zu sein. Begrüßet mit mir meinen Partner im Spiel dieser Nacht, Mister John Lemprière!» Es gibt höflichen Beifall, als Lemprière für die Vorstellung dankt. Septimus wechselt zu einem spöttischen Vortragston über.

«Nun wissen alle guten Köche, daß das saftigste, das duftendste, daß das wunderbarste Speckstück Schweinefleisch verflucht ist, weit unterhalb seines Gipfels zu verharren, aus dem Zenit des eumaeusischen Pferchs hinabzustürzen, wenn es seines natürlichen Begleiters, seines flüssigen Bettgenossen beraubt wird... Meine Freunde, ich spreche natürlich vom Trinken.»

Der Schweineclub knallt die Gläser dreimal auf den Tisch.

«Ja, meine Freunde, trinken. Die Tröstung verlassener Ehefrauen, das Schmiermittel unserer Flotte; wenn es denn aber gut genug für Seeleute und ihre Flittchen ist», um Beifall ausgestreckte Hände, schallend fährt er fort, «dann wird das doch sicherlich, *sicherlich* gut genug für uns sein?» Ein paar Grunzer «Aber bestimmt doch» bekräftigen die Wahrheit seiner Worte.

«Wesmaßen wir ein Spiel haben.» Woraufhin Septimus in Schweigen verfällt und hin und her tigert, die Finger am Nasenrücken plötzlich in tiefen Gedanken. Eine Vorstellung.

«Ist ja vielleicht nicht das athletischste unter den Spielen, ist ja vielleicht nicht für die Gelehrten, vielleicht nicht mal für die *hoi polloi*, aber es hat zwei große Vorteile. Erstens verlangt es nach Jerobeamen, nein, wahren Salmanazars an Getränken», der Schweineclub poltert seine kollektive Zustimmung, er bringt sie auf Touren, «und zweitens ist es zumindest *unser* Spiel.» Ersterbender Abklang, aah... Gefühlvolle Blicke werden ausgetauscht, die Starken und die Ausschweifenden blicken auf ihre Füße. Tränen mögen in ihre Augen emporquellen.

«Meine Freunde», Septimus ruft sie zurück, ehe das zu rührselig wird, «unser Dank gilt zwei lieben Menschen, unserer anmutigen Gastgeberin», Jubelschreie für die Schlumpe, «und heute vielleicht auch ihrem prospektiven Abendgatten, jenem strammen Ahnen, dem König Archon!»

Das ist eine Falle. Der Schweineclub buht und zischt, Todesdrohungen werden vorgebracht, und widerliche Haßfratzen können auf jedem Gesicht gesehen werden. Lemprière ist völlig verwirrt und blickt sich nach dem Gegenstand solchen Hasses um.

«Da drüben», flüstert ihm der Earl zu zwischen Schreien «Schneidet ihm die verschrumpelten Eier ab!» und «Schlagt ihm die Visage ein!»

In einem Sessel neben dem Feuer am Fuß der Treppe, die diagonal an der fernen Gegenwand emporläuft, sitzt König Archon. Sein einst majestätisches Gesicht zerfällt in muskellose Falten ohne Ausdruck, seine Lippen zucken und sabbern, und der Sabber schmiert seine Spur über das Hemd hinab. Er scheint sich des geifernden Widerwillens des Schweineclubs unbewußt zu sein. Die Jahre haben ihm das Leben von innen heraus weggebrannt, bis nur noch das hier übriggeblieben ist, und was immer ihn einst getragen hat, ist länger ausgedehnt worden, als die Natur erlauben sollte; scheußliche Gemeinheit, alter Auswurf, er verdient den Tod, aber die Strafe für sein Leben, das Leben selbst, ist grausamer und noch ausgedehnter als das. Schweiniger, schmieriger Überrest: lang lebe der König! Das Mitgefühl seiner Untertanen diktiert ihm die Erduldung seines Lebens, obwohl der König in irgendeiner anderen Form oder Gestalt in dieser Nacht getötet werden wird.

Septimus beruhigt jetzt das Gesindel und bereitet es auf das Ende vor. Die Schrumpelschlunze humpelt unter Beifallsgeschrei in die Bühnenmitte, während die Tapferen sich paarweise zusammenfinden.

«Viel Erfolg», wünscht der Graf seinem vormaligen Befrager sportlich.

Am anderen Ende des Raumes haben zwei der ehrbaren Kurtisanen ein Buch aufgeschlagen und schreien eifrig die Wettvorgaben aus und nehmen Wetteinsätze in Münzen und allen möglichen Scheinen an. Lemprière wird zu 6 angeboten (so großzügig aber nur wegen Septimus), während Walter Warburton-Burleigh und der Mops (ein faßförmiges Individuum mit schielenden Augen) mit 13 zu 8 heftige Favoriten sind. Lemprière rutscht zu 10 ab. Das schlaue Geld verschmäht ihn. Die Buchmacherinnen kommen ihm bekannt vor, bevor er aber darüber nachdenken kann, sieht er, wie Septimus ihnen eine Börse voller Münzen reicht, die nach einigem Zögern angenommen wird, und dann steigt der Preis plötzlich zu 4.

Das Schrumpelweib verteilt inzwischen Stücke vom Schwein an die Teilnehmer und baut auf dem Tisch in der Mitte eine Batterie Flaschen auf. Da gibt es Flaschen aller Formen, Größen und Farben, manche in Raffiabast gewickelt, andere mit Wachs versiegelt, und vor jede stellt sie eine kleine Tonschale mit einem aufgeprägten Buchstaben. Es sind ihrer sechsundzwanzig. Auf der anderen Seite des Raumes trägt ein kleiner Tisch eine Schale voller schwarzer Bohnen. Irgend etwas regt sich in Lemprière, eine unausgesprochene Antwort auf die Bildgestaltung, aber er weiß nicht genau was, und ehe er darüber nachdenken kann, stolziert Septimus heran, war ja auch Zeit. Lemprière beginnt, seine Zweifel zu zischen, was er hier tue, was sich abspiele? Doch sein Mitspieler wischt das beiseite, da zu metaphysisch, um ernst genommen zu werden.

«Das meine ich doch gar nicht», zischt er.

«Paß du nur auf, was die anderen tun», rät Septimus, kaut auf Lemprières Schweinestück herum, «und hör auf zu zischen.»

Die meisten Wettbewerber haben ihre Partner gefunden, Schlußwetten werden angenommen, und die Spiele scheinen unmittelbar vor dem Beginn zu stehen. Die Schrumpelschlunze hat ihre Wünschelkrallen um Stille ausgestreckt.

«Das Spiel der Becher!» schrillt die Schlunze.

«Oink!» oinken Septimus, der Earl und die anderen Teilnehmer.

«Der Preis erwartet den Sieger, lasset das Spiel beginnen.»

«Pithoigia!» schreien alle außer Lemprière. Pithoigia?

«Was *ist* der Preis?» fragt er Septimus, als der Lärm abebbt.

«Wirst du schon rausfinden», erwidert Septimus.

Die Schlumpe hat sich zum Feuer zurückgezogen. Die ersten Wettbewerber eilen an ihre Plätze.

«Iß mehr Schwein», rät Septimus, und der Graf nickt weise Zustimmung.

«Je mehr Schwein, desto besser die Aussichten», bekräftigt er.

Das erste Paar ist schon kräftig in der ersten Runde des Spiels. Der eine leert die Becher vor ihm in ihrer Reihenfolge, Arrak, Brandy, Cider und so weiter, während sein Partner Stellung neben der Bohnenschale bezieht.

«Paß auf den Rhythmus auf», drängt Septimus, «der Rhythmus ist der Schlüssel.»

Nach jedem dritten geleerten Becher nimmt sich der Spieler bei den Bohnen eine davon und spuckt sie in kontrollierter Parabel in den leeren Becher, den der Trinker hoch hält, während er nach dem nächsten greift. Von neun gespienen Bohnen finden nur drei ihren Weg, *ping!*, in den angewiesenen leeren Becher, deren jeder dann sofort wieder für den nächsten Wettbewerber gefüllt wird.

«Schwache Runde», urteilt der Earl.

Als sie beendet ist, schwankt der Trinker, und es fällt manche höhnische Bemerkung über seine bescheidene Fassungskraft.

«Choes!» gellt die Alte.

Das kündet die zweite Runde an, und die ersten beiden nehmen ihre Stellungen mit gebeugten Knien ein, der eine bei König Archon, der andere bei der Schlumpe selbst. Sie scheinen sie inständig anzuflehen, aber ohne Erfolg. Inzwischen hat das zweite Paar Stellung bezogen, trinkt und speit, speit und trinkt, Eierflip, Furlauer, *pfft, ping!*, Gin, Highland Malt, Irish Coffee, und weiter, fünf Bohnen von sechs bisher, sehr gut.

Lemprières Aufmerksamkeit ist beim ersten Team, wie das die Alte anfleht und ihren dürren Anhang, König Archon.

«Kümmer dich nicht zuviel um den Choes-Teil des Spiels», sagt Septimus.

«Aber was tun sie denn?»

«Der eine versucht, König Archon zu überreden, die Alte zu heiraten, der andere ebenso umgekehrt; aber vergiß es. Es ist nur ein Zwischenspiel, sieh es als Atempause an.»

«Werden wir denn nicht verlieren, wenn...»

«Nein, keineswegs. In der gesamten Geschichte des Schweineclubs ist es keinem je gelungen, einen der beiden zu überreden. Wir sehen das als Sport an, es zu versuchen, aber schone deine Kräfte für...»

«Chytroi!» schreit die Alte, als der Trinker des zweiten Teams den letzten Becher leert. Sie haben sieben von neun Bohnen hinbekommen, und der Trinker steht noch, besser als erwartet. Sie kommen zum letzten Teil des Spiels, eine Art Posse.

«Was ist das?» flüstert Leprière.

«Hier wird das Spiel gewonnen oder verloren», erwidert Septimus. «Die Hoffnungsvollen improvisieren eine dramatische Unterhaltungspièce, weitgehend nach tragischen Spielregeln; die einzige feste und strenge Regel ist, daß es mit dem Tod des Königs Archon enden muß, sieh hin, jetzt.»

Einer der Wettbewerber sah aus, als bemühe er sich, eine Leiter aufzurichten, während der andere wie rasend imaginäre Bienen von sich abwischte. Plötzlich rennen beide auf König Archon zu, mit etwas zwischen sich, das ein großer Kessel hätte sein können, und gießen ihm dessen imaginären Inhalt über den Kopf. Dafür gibt es verstreuten Beifall.

«Schwungvoll, aber unsinnig», kommentiert Septimus.

Das Spiel der Becher ist jetzt in vollem Schwung. Leidenschaftliche Beschwörungen, ausgetüftelt kodierte Körpersprache und Bohnen fliegen im Raum umher. Die Wettkämpfer, die das Spielende erreicht haben, kauen auf Schweinefleisch und tauschen untereinander Komplimente über des jeweils anderen Auftritt aus.

«Mein Lieber! *War* dein Töten aber schön.»

«Wieviel hat George geschafft? Guter Gott, wirklich?»

«Oh, du bist wirklich zu bescheiden. Das war *einfach* plautinisch!»

Bohnenspucker schlucken schneller, um ihre Partner einzuholen, unter den Fertigen herrscht ein Gefühl der Kumpanei. Der Graf ist losgezogen, um seinen Partner zu finden. Das Spiel geht weiter, und erst als Walter Warburton-Burleigh und der Mops antreten, um ihre Plätze beim Pythoigia einzunehmen, wird Leprière klar, daß er und Septimus die letzten sind.

«Wir sind die letzten!» sagt er zu seinem Partner, aber Septimus wechselt mit dem Mops feindselige Blicke.

«Die beiden müssen wir schlagen», teilt er vertraulich mit.

«Sie erwarten doch wohl nicht ernsthaft, daß wir gewinnen, oder?» Leprière ist ob der Verantwortung entgeistert.

«Du solltest besser darauf hoffen», erwidert Septimus, «ich hab dein ganzes Geld auf uns gewettet.»

Waaas?

Und ja, der Saum seines Rockes ist leer ... eine Erscheinung mit roten Ringellöckchen und in crèmefarbenem Satin, schlaue Finger in seinen Taschen, o du Narr ...

Da ist eine gewisse Voraussehbarkeit in dem Ausfall, mit dem Leprière sich auf Septimus wirft. Und etwas sehr Unausweichliches in seinem Verfehlen. Lemprière ist empört. Er starrt Septimus einige lange Sekunden hindurch an, soll er noch einmal versuchen, ihn zu treffen? Lemprière ist wütend, aber Überraschung über sich selbst und ein halberfreutes Gefühl mischen sich mit dem immer noch starken Drang, Septimus die Nase einzuschlagen, ebnen sich ein, und außerdem entschuldigt Septimus sich ja... und ob wir beim Teufel gewinnen können, und solcherlei Gefühle schwellen sich steigernd an; ein unwiderstehlicher Drang, etwas wirklich Blödes zu tun und durchzusetzen ist für diese Gelegenheit der richtige Stoff.

Der Mops und Warburton-Burleigh arbeiten wie ein Uhrwerk, schlürf, schlürf, Arm raus, *pfft... ping!* Warburton-Burleigh schickt die Bohnen in Bogen aller Art, zieht hohe Proszeniumsbogen, vollendete Halbkreise und schnurgerade Bohne-zu-Becher-Linien in die beißende Luft, Kinderspiel. Sie stellen neun von neun ein.

«Denk dran, Rhythmus», zischt Septimus, als sie aufstehen. «Schluck in deiner eigenen Geschwindigkeit runter, aber schluck alles runter.»

«Vielleicht sollte ich lieber die Bohnen spucken», schlägt Lemprière vor, der sich nicht daran erinnert, der Trinkerrolle zugestimmt zu haben.

«Keine Zeit mehr, jetzt die Feinheiten der Taktik zu besprechen. Paß auf, siehst du die beiden da? Weißt du, warum sie lächeln? Die haben mich die Wette machen gesehen, die wollen uns verlieren sehen, verstehst du? Blasierte Bastarde, wir werden mit ihren Visagen aufwischen. Um Gottes willen, *komm schon*, John. Ist doch dein Geld...»

Die anderen Wettstreiter beklatschen Warburton-Burleighs akrobatische Kunststückchen, aber jeder hat ein halbes Auge auf Septimus; wie kann er das aus dem Feuer holen? Vor allem mit dieser halbblinden lahmen Ente als Partner... Nicht viel Vertrauen, aber die besten Wünsche begleiten sie. Niemand möchte den Mops und Warburton-Burleigh wirklich den Preis gewinnen sehen, Septimus ist da die letzte Bastion.

«Komm schon, John. An die Arbeit.» Und damit ist Septimus auf den Beinen, streckt sich und schluckt, während Lemprière hinter ihm herstolpert.

«Du weißt, was zu tun ist?»

Er nickt.

«Jeder dritte Becher.»

«Ich weiß.» Lemprière nimmt seine Stellung vor Becher A ein,

Septimus die seine bei den Bohnen, ein Blick wird getauscht. Kein «Viel Glück», das hier ist Ernst. Sie haben angefangen.

Bis zu diesem Augenblick plagte Lemprière vor allem die Angst vor einem unbestimmten Scheitern mit nachfolgender öffentlicher Demütigung. Er hat vage über die Schwierigkeiten des Bohnenfangens nachgedacht, doch der Gedanke, daß er möglicherweise physisch nicht imstande wäre, die Getränke vor ihm zu schlucken, ist ihm nicht gekommen. Bis jetzt. Aber der frühere Schluck hätte ihn darauf vorbereiten können. Der Gestank des Arrak füllt seine Nüstern, als er den ersten Becher an die Lippen hebt, hier und da löst sein Zögern Gekicher aus. Er ist sicher, daß wenn er das schlucken würde, wenn er dem verderblichen Gift gestatten würde, durch seine Gurgel zu rinnen, er sofort kotzen müßte. Das Gekicher wird zu Beleidigungen, o nein, das riecht nach Tod, nur eins zu tun... Er schluckt, und durch ein Wunder des Gedärms gelingt es ihm, es unten zu behalten. Der Brandy brennt, ist aber weniger widerlich. Den Cider hätte er fast freiwillig trinken können, vergißt fast, sich umzudrehen, gerade noch rechtzeitig, *pfft... ping!* Eine von einer. Etwas ermutigt versucht er, daran zu denken, den Rhythmus zu halten, Drambuie, Eierflip, Furlauer, *pfft... ping!*, Gin, Highland Malt, Irish Coffee, und weiter macht er, gluckern und sich rumdrehn, die anderen Bewerber treiben ihn durch ihren Beifall voran, wer hätte das gedacht, schlürf, schlürf! Das Trinken geht entschieden leichter, der erste Schluck ist der schlimmste, o ja, Julep, Kümmel, Lethe, umdrehn und auffangen, Malvasier, Nektar, Oggersheimer, *ping?*, Porter, Qwaß, Rum, *ping!* Er fängt mit dem Augenwinkel einen Blick vom Mops auf und versucht ein feindseliges Grinsen. Sekt, Trester, Unkensaft rinnen ihm übers Kinn, egal, Veltliner, Würzbier, Xeres, umdrehn und neun von neun, Yggdrasilschnaps, zwings runter, noch einen. Er kippt den letzten mit Schwung runter, gießt ihn nach hinten auf seine gierigen Mandeln, Zythum, Pyramidensaft. *Schlürrffff.*

Lemprière knallt den Becher auf den Tisch und dreht sich um und dankt für die Jubelschreie des Schweineclubs. Der Alkohol hat ihm Tränen in die Augen getrieben, aber dafür braucht er nur die Ohren.

«Gute Arbeit», Septimus schlägt ihm auf die Schulter. Warburton-Burleigh und der Mops sind (wie erwartet) bei dem Versuch gescheitert, König Archon und die Schlunze vom Zauber des jeweils anderen zu überzeugen, und grinsen höhnisch durch die Menge. Septimus und Lemprière protzen zur nächsten Runde heran.

«Wie fühlst du dich, John?»

«Sehr gut, neun von neun, wie?» Wirklich fühlt er sich nur ein bißchen erregt, und sein Magen bewegt sich auf bisher unbekannte Weise, aber es ist tatsächlich nicht besonders unangenehm, noch.

«Geh die nächste Stufe langsam an, ja. Du übernimmst den König, ich die alte Krähe. Kein Problem, John.» Dieses letzte, als Lemprières Befürchtungen beginnen, in seinem Gesicht aufzutauchen. «Beschreib sie in den glühendsten Farben, die du dir ausdenken kannst, und wenn du steckenbleibst, lüg eben ein bißchen.»

«In Ordnung.» Lemprière ist es wärmer als noch ein paar Minuten zuvor, und er lockert seinen Kragen, als sie ihre Stellungen einnehmen, wobei Septimus vor der Alten kniet und sein Partner vor dem König.

Der Mops und Warburton-Burleigh warten ungeduldig auf den Anfang, und darin stimmt der Schweineclub mit ihnen überein. Auf ein Zeichen der Alten hin beginnen alle, der Mops und Burleigh stürzen sich sofort in ein reichlich scharfes Degenduell, während Septimus die Schlunze mit den ausgefallensten Beteuerungen der Fortpflanzungsfähigkeiten von König Archon und seiner allumfassenden ehelichen Potenzen angeht, «...das Äußere kann täuschen», sagt er.

Lemprière aber steckt fest. Er sieht hinüber zu der Schrumpligen, dann zurück zum König. Nichts Schmeichelhaftes kommt ihm in den Sinn.

«Sie wird Euch vermutlich gut versorgen», beginnt er lahm.

«Sie füttert ihn sowieso!» schreit ein sommersprossiges Mastschwein hinter ihm. Seine Sprachlosigkeit zieht unfreundliche Aufmerksamkeit auf ihn, und Septimus schießt ihm Blicke zu. Der Mops stellt jetzt einen Kahn dar, während Warburton-Burleigh darüberspringt und Dinge in einer unerkennbaren, aber überzeugenden Weise erschlägt. Lemprière entschließt sich, es mit Lügen zu versuchen.

«Ihre Augen sind... ihre Augen, sie hat wunderschöne Augen», bricht er hervor. Ein paar Zuschauer nicken einander anerkennend zu, denn das war mit Sicherheit unwahr.

«Wunderschöne Augen und ein großzügiges Herz», macht er weiter. «Ein Herz voller, voller Milch, der Milch der Menschenliebe!»

Warburton-Burleigh ist jetzt der Todeskampf eines Krokodils, windet sich und drischt um sich und murmelt im Walzertakt *habibi*, während der Mops den Völkermord an den Titanen darstellt, wobei nicht einer, sondern Hunderte zu Boden stürzen, mit Fingern wie Bratspießen.

«Sie liebt Euch, das wenigstens ist wahr», lügt Lemprière und da, als er wieder zur Schlumpe hinüberblickt zwecks frischer, nun ja irgendeiner Anregung, da ist ein Flackern in ihren Zügen, das besagen könnte, *Ja, das ist wahr; er täuscht nicht.* Das kann zwar nicht stimmen, aber... Er fährt mit einem Phantasiegemälde des Schwungs ihrer Wangen fort, irgendwas über den Sang langer Geigentöne, wenn sie die Luft sich kräuseln machen (bißchen sehr blumig, oder?, erwägt der Schweineclub), und sieht wieder hinüber. Nein, das kann doch nicht wahr sein. Da spielt sich unmittelbar vor seinen Augen schwach, aber unverkennbar eine entschiedene Veränderung der Alten ab. Um genau zu sein, da gibt es einen Wandel in der Form ihrer Wange, keine Möglichkeit eines Zweifels. Was schlimmer ist, oder besser, die Form gewinnt eine sichtbar geigenähnliche Qualität. Gewiß, der Mops und Warburton-Burleigh bieten mit verbundenen Augen eine synchronisierte Nachahmung des Erdbebens von Lissabon dar, kann das aber mit einer echten, wenn auch schwachen Verwandlung konkurrieren? Lemprière blickt sich nach Beifall um, nach Verblüffung, vielleicht sogar einem Spritzer bestürzter Hochachtung. Der Schweineclub bildet sich eifrig eine Meinung über das Erdbeben, wovon «Ist das das Trockenfallen des Hafens?», «Vielleicht die Alhambra» und «Was?» Zufallsbelege der Reaktionen sind. Nur Septimus schaut zu ihm herüber. Sind sie denn alle blind?

«Bemerket ihre prunkend roten Lippen», dazu läßt er sich hinreißen, «die Blume ihrer Grübchen, die Weiher ihrer Augen», das sollte genügen, und ja: es scheint zu genügen. All diese Dinge beginnen tatsächlich zu geschehen. Nicht auf groteske Weise, sondern so, als ob die Jahre sich schichtweise abschälten und als ob die Zeit schon immer in dieser Laufrichtung gedacht gewesen, die andere aber ein Irrtum sei, und daß die Dinge sich zum Besseren entwickeln sollten, gar nicht so übel.

Die Hutzelschlumpe wird annehmbar, gerät geradezu an den Rand des Begehrenswerten, und Lemprière fühlt sich zu immer noch höheren Gipfeln der Beredsamkeit angespornt. Straffe rhetorische Figuren und inbrünstige Beschreibungen ernten unmittelbare Belohnung. Tausend drittklassige Sonettzeilen misten ihre Kammern aus; Lemprière muß nur noch den Staub fortpusten und die Orthographie ein bißchen aufräumen, damit die Worte an der Alten zu greifbarem

Fleisch werden, zu Brüsten wie reifen Früchten, zu einem Nacken aus weißem Marmor.

«O glücklicher Mann!» jubelt er König Archon zu, und beim Zeus: er meint das so; die Schlampe ist jetzt hinreißend; ihr Stab knistert und sprüht vor nicht zuzuweisenden Lustgedanken. Jeder dieses Namens würdige Mann würde sich dazu getrieben fühlen, die Gelegenheit wahrzunehmen, seinen Rüssel in ihren Trog zu senken. Er versucht einige Zeilen von Anakreon, und ihre neugefundene Schönheit nimmt einen knäbischen Hauch an, sehr erfreulich, aber besser nicht zu vertiefen. Als er sich jetzt umdreht, bemerkt Lemprière, daß der Schweineclub weniger deutlich spricht als zuvor. Ein größerer Anteil am Hintergrundgesumme wandelt sich zu Grunzen und Schnüffeln. Einige sind auf ihre Hände und Knie hingestreut und wühlen mit ihren Schnauzen zwischen den leeren Flaschen, den ungegessenen Knorpelbrocken und den zersplitterten Gläsern herum, die den Fußboden übersäen. Der Mops und Warburton-Burleigh kommen zum Höhepunkt ihres Aktes, wobei dieser auf jenes Schultern seine Finger in Tiergestalten verrenkt, ein Kaninchen, eine Wühlmaus, eine große Schlange, ein Krokodil (schon wieder, was hat diese Bildgestaltung hier nur zu bedeuten?), die mächtige, einander folgende Schatten auf die Wand dahinter werfen, während der Mops ungefähre aufstampfende Gigue-Schritte versucht, tap tap.

Lemprière fügt ein paar Grübchen hinzu und schaut sich wieder um. Hinter ihm greift eine Verwandlung Platz. Die meisten, wenn nicht alle der zuschauenden Feierlinge zeigen Anzeichen einer schweinischen Metamorphose, die Nasen werden dicker und flacher, die Bäuche schwellen in straffe gerundete Umrisse. Oinken und Schnüffeln sind allgemein, und nicht wenige scheinen die Tischtücher zu verschlingen. Das alles hat er keineswegs gemeint, er hat Schweine nicht genannt, könnte das ein Zufall sein? Es ist jetzt entschieden heißer, und jemand hat den unangezündeten Lüster über sich in eine Drehbewegung versetzt. Und zu alldem kehrt die Alte zu sich zurück, wird unscharf und verschrumpelt, sein Magen empfindet flüchtige und unwillkommene Erinnerungen, andere Verwandlungen, andere Orte, er hat sie den ganzen Abend von sich ferngehalten, und schließlich ist es doch nur ein Spiel, oder?

Gewiß ist es das. Der Mops reißt König Archon den Kopf ab und verfüttert ihn an die grunzende Herde hinter sich, während Warburton-Burleigh seine Perücke herabreißt, um sieben schneeweiße Tauben freizulassen, die durch die schweinsgeräucherte dunstige Luft aufwärts steigen und sich durch die Decke auflösen, die Unschuld des oberen Stockwerks suchend. Irgendwo schreit eine Gans. Septimus lächelte ihm zu, Daumen nach oben. Die Runde ist beendet.

Der Earl klopft Lemprière auf die Schulter.

«Ausgezeichnet. Brauchen Sie Hilfe?» Lemprière taumelt hoch. Der Earl sieht überhaupt nicht verschweint aus, vielleicht ein bißchen dunstig, aber die Dunstigkeit ist von ganz anderer Art als die zuvor. Seine Knie schmerzen. Kommentare zur Vorstellung des Mopses und Warburton-Burleighs erreichen sein Ohr. Die Meinung kocht zusammen zu: einfallsreich und gut ausgeführt, aber doch ein bißchen obskur und übermütig. Das Archon-Haupt aus Pappmaché wird als Theatercoup anerkannt, obwohl er nach Professionalismus schmecke. Ein paar Glückwünsche werden ihm zugeworfen, keiner von Schweinen, und die Schlunze ist dasselbe Gerippe wie vorher. Lemprière steht verblüfft da, hat er alles geträumt? *Nein, hast du nicht.*

«Nein, du hast nicht...» Septimus erklärt ihm, daß die Schlunze und König Archon sich nach allem entschlossen haben, den Knoten doch nicht zu schürzen, obwohl seine überzeugenden Verse einen günstigen Eindruck bei allen hinterlassen haben, die sie hörten. König Archon ist teilnahmslos wie zuvor, aber das solle ihn nicht entmutigen, das sei das Übliche. Alles ist so, wie es sein soll.

Lemprière hält sich daran fest, und an Septimus. Unwillkürliche Kniebeugungen befallen ihn, und der Raum wird undeutlicher. Auch lauter, verschwommener. Vielleicht kommt das von dem Rauch, der in Streifen und Schichten träge durch die Luft treibt und den Streitfall verwirrt.

«Reiß dich zusammen, John. Los doch, Mann», bricht Septimus in diese unwillkommenen Gedanken ein.

«Meinst du, daß er vielleicht zuviel zu trinken hatte?» fragte der fürsorgliche Graf.

«Los doch, John. Jetzt werden wir den Tag gewinnen, steh auf! Los gehts!» Lemprière versucht, das bleierne Götterblut nicht zu beachten, das ihm durch den Körper kriecht.

«Habs schon!» platzt er heraus.

«Prächtig. Dann komm mir nur nach.»

Der Schweineclub hat die vorhergegangene Aufführung verdaut und bereitet sich auf die nächste vor. Ihre Liebchen haben sich ihnen nach langer Enthaltsamkeit wieder zugesellt, und Neupaarungen werden mit hochgezogenen Augenbrauen, Fächergeflatter, frechen und einnehmenden Lächeln verhandelt. Gemeinsame Vorfreude ist die greifbare Stimmung. Schon gibt Septimus ihnen, was sie verlangen, tigert auf und nieder und rennt von Zeit zu Zeit kurz gegen die Zuschauer an, die «Huuu!» zurückschleudern und mitspielen. Lemprière sitzt auf dem Trockenen, bis Septimus beginnt, mit seinen Fingern über seinen Ohren zu wackeln, eine unnatürliche Zugabe, hier wird ein Monster unbekannter Herkunft angedeutet, was für Lemprière ausreicht. Er versetzt sich in heldische Stimmung (zu jedem Monster gehört ein Held, oder umgekehrt), und stochert mit einem imaginären Wurfspieß nach Septimus, der nun immer dringlicher wackelt. Da dämmert es dem Stocherer, daß Septimus' Finger wohl Schlangen darstellen sollen, und daß seine flammenden Blicke Annäherungen an Medusas versteinerndes Starren sind. Der Schweineclub geht mit und johlt ihn zwischen langen Trünken voran. Lemprière hofft, daß Septimus-Gorgo der Ovid-Version folgt; das tut er offenbar, benutzt einen nichtexistenten Schild sorgsam als Spiegel, Ausfall und Parade, bis er das Biest erschlägt, Rrrabums!, und spektakulär ersterbende Todeskämpfe von Septimus.

Jetzt werden die Dinge etwas wirr, als Septimus in Verzückung gerät und seine Hände ringt und einen Charakter darstellt, den Perseus-Lemprière nicht erkennen kann. Er beschließt, sich auf eine Heldenfahrt zu begeben, um seine Gedanken zu sammeln, und wandert ziellos umher und versucht, das Gebrüll des Schweineclubs «Links, links! Nein, nach rechts! Rechts!» zu überhören. Andromeda! Natürlich! Aber jetzt wird ihm die Zeit knapp, los doch und erschlag den Drachen in der halben Zeit und schnapp dir das Mädchen. Das Mädchen will aber nicht geschnappt werden, und weitere Verwirrung entsteht; sollte Septimus-Andromeda auf das berühmte (aber verlorene) Iolus-Fragment anspielen, in dem (Gerüchten zufolge) die Perseus-Geschichte praktisch genau umgekehrt verläuft? Scheint unwahrscheinlich, aber die Show muß weitergehen. Lemprière entschließt sich zu einer kühnen Auslassung, übergeht die Sache mit Phineas (auf jeden Fall zu kompliziert), widmet Atlas keinen weiteren Gedanken und landet in den Larissischen Spielen. Septimus schwankt jetzt hin und her, vielleicht die Menge in Larissa, denkt sein Partner. Er greift sich eine unsichtbare Wurfscheibe, treibt die dramatische Spannung noch höher, schwingt den Arm hoch, und dann wieder tiefer, bereit, die Scheibe auf ihre Schicksalsbahn wider das zerbrechliche Haupt des Akrisios zu schleudern. Beifall bricht im Schweineclub aus, verstreutes Klatschen zuerst, dann lauter und immer lauter, und als es den Höhepunkt erreicht, läßt er das Geschoß sausen und beobachtet seinen Weg in die Ferne mit dem Haupt des Akrisios-Archon als unausweichlichem Ziel.

Er verharrt in seiner Pose, als der Tumult sich zu Glückwunsch wandelt.

«Bravo, Theseus!»

«Hurra!»

«Sieg dem Athener!»

Einige vom Schweineclub erscheinen ein bißchen verwirrt ob des genauen Inhalts und der Charaktere der Vorstellung, jetzt aber sind sie alle um ihn herum, schütteln ihm die Hand und schlagen ihm auf den Rücken.

«Wunderbar, John!» Der Graf löst sich aus der Masse. «Löst das entscheidende Probleme der Nichtmitwirkung des alten Archon, brillanter Einfall, einfach brillant...» Eine gewisse Lydia (die von der crèmigen Seide, den roten Ringellöckchen und den Fingern) bietet ihm einen verzeihungheischenden Kuß, als er sich zu Septimus durchdrängt. Alles ist gut, und Septimus ist ganz Lächeln.

«Habe ich den Eindruck gewonnen, daß du Perseus dargestellt hast?» fragt er leise, als Lemprière sich naht.

«Ja, mein Wurfscheibeschleudern.» Er demonstriert (anschließendes Jubelgejohle ob der Wiederholung). «Nicht schlecht, was?» Er streckt die leere Hand aus, aber Septimus unterbricht.

«Wir haben Theseus gegeben», zischt er. «Das Fingerwackeln war der Minotauros, und du solltest Ariadne verlassen und nicht Andromeda heiraten. Das letzte Stückchen war deine Rückkehr nach Athen mit dem schwarzbesegelten Schiff...»

«...das der alternde Aigeus als Zeichen nimmt, daß ich tot bin.» Lemprières letzte Verwirrungen sind aufgeklärt.

«...und also Selbstmord begeht, ja. Glücklicherweise sah dein Scheibeschleudern dem Winken des Theseus vom Schiff aus einigermaßen ähnlich und vertiefte so die dramatische Ironie und so weiter. Kurz gesagt, mein Freund, sie haben es geschluckt, also behalt es für dich. Ach ja, John, und...», Lemprière wendet sich um, «...wir haben gewonnen. Gut gemacht.» Er lächelt und übergibt seinem Waffengefährten eine Flasche. Der Mops und Warburton-Burleigh sind etwas eingeschnappt, aber der Schweineclub ist einhelliger Meinung, der Lorbeer gebührt ihnen. Septimus zieht einen Korken für sich selbst, mgnk mgnk mgnk, nacheinander, der Likör erinnert Lemprière am ehesten an Becher R, mit vielleicht einem Spritzer aus J, mgnk mgnk, er gleitet runter wie Sirup.

Zu diesem Zeitpunkt zwängt sich die Altschlunze in den Kreis, der sich um die Sieger gebildet hat. Lemprière nimmt sie nur undeutlich war. Die Flasche in seiner Hand ist halbleer, und es dämmert ihm, daß daraus zu trinken möglicherweise ein Fehler war.

«Der Preis! Der Preis!» kakelt die Krücke.

«Oink!» bekräftigt der Schweineclub.

«Der Preis?» schlurt Lemprière.

«Der Preis», bekräftigt Septimus.

«Wer ist als erster am Trog, meine kleine Ferkelchen?» schrillt die Schlunze den beiden zu. Der Schweineclub mümmelt vor sich hin. Septimus löst die Frage. «John soll als erster gehen», kündigt er an. «In Anerkennung seines erleuchteten Amateurismus.»

«Auf seine Seebeine!» ruft jemand, denn jetzt schwankt Lemprière im Takt mit den Wänden, die ebenfalls schwanken.

«Tretet ihm nicht die Beine weg», schnauzt die Schrulle. «Er wird sie noch brauchen!» Einige fürchterlich übertriebene Blinzeleien und obszöne Armbewegungen sprengen die kärgliche Verhüllung der Anzüglichkeit.

«Bin nich sicher, ob ich jetzt schon dafür bereit bin. Fühl mich wie ne Milbe, wissen Sie», murmelt Lemprière.

«Du wirst absolut gigantisch sein, John!» brüllt Septimus. «Vorwärts Theseus!»

«Fühlen Sie sich wohl, John?» fragt der Graf.

Es ist ein Maß für Lemprières Entartung, daß ihn die Ermahnung von Septimus überzeugt. Jawohl, gigantisch.

«Rischisch. Nie besser», antwortet er und torkelt auf die Treppe am jenseitigen Ende des Raumes zu. Als er sie erreicht hat, torkelt die Treppe auf ihn zu. Sie tanzen eine Quadrille in der Langsamkeit Shandys (wobei die Treppe drei Teile übernimmt), und als sie vorüber ist, ist er oben.

«Bon soir, süßer Prinz», ruft Septimus dem unachtsamen Helden zu, der als Antwort eine spöttische Verneigung versucht. Das Getöse des Mobs da unten klingt, als ob ein Orchester seine Instrumente stimme, und das Licht kommt in Wellen, immer und immer intensiver. Er fühlt sich gar nicht gut. Irgendwo lauert ein kreischendes Fagott darauf, hörbar zu werden, und die Luft ist mit winzigen Seifenblasen gefüllt, die pro Sekunde zu Millionen platzen, ein sprühender Massenselbstmord, der die Luft so weiß bleicht, wie es der Himmel ist, wenn die Wolkendecke vollkommen gleichmäßig ist und es weh tut, sie anzusehen. Er fühlt sich entschieden sonderbar.

3

Als John Lemprière oben seinen Siegespreis entgegennehmen
will, erwarten ihn bereits Erinnerungen –
willkommene, unwillkommene

Unten wird sein Sieg mit Trinksprüchen gefeiert. Jemand hat eine Pfauenfeder durch Lydias Klüftung hinabgeschoben, und sie kreischt vor Lachen. Selbst der Mops hat eine Gespielin gefunden und stemmt sie über seinen Kopf, während sie ihm Bröckchen Schwein in seinen sich öffnenden und sich schließenden Mund fallen läßt und das Menü mit Spritzern Glühweins auflockert, sobald sich sein Kaurhythmus verlangsamt, und zwischendurch die Flasche fellationiert. Ein allgemeiner Drang, mit jemandem enge und zugeneigte Bande herzustellen, mit irgend jemandem, verbreitet sich durch den Schweineclub; nicht gerade die reine Wollust, aber auch nicht nur das Bruder-und-Schwester-Zeug. Die Laune der Auferweckung durchsintert alles, selbst die Möbel haben ein neues kokettes Wesen an sich, und oben greift auch Lemprière sie auf, da sie ihm den Kern seiner Überlegungen bestätigt, was denn sein Preis sein mag.

Das soll nicht sagen, daß *er* aufgeweckt sei. Im Augenblick steht er, was ausreicht, um damit fortzufahren, denn bauchmäßig gesprochen könnten die Dinge besser sein. Ein Jahrgang, der weit unter dem Standard lag, prügelt sich mit dem Kümmel, Brandy und Cider vertragen sich ganz gut, alle aber ignorieren den Y-Schnaps, der in schmerzlicher Konzentration irgendwo nahe seines Abdomens hockt. Der Rum, den er erst spät heruntergestürzt hat, ist immer noch auf seinem Weg nach unten, aber dort ist seine Ankunft ebenso unmittelbar bevorstehend wie unwillkommen. Dennoch, während er sich langsam auf die ferne Tür zubewegt (ist die nicht vor einer Minute noch näher gewesen?), erhebt sich keine Frage, ob dies sein Weg ist. An dieser Desorientierung gibt es, so bitter das schmeckt, Aspekte, die er mag, darunter an erster Stelle die Tatsache, daß sie nicht aus ihm entstand. Er denkt jetzt nicht an die Metamorphose der Schlunze. Er denkt nicht an die Geschichte, die er gerade aufgeführt hat, und an ihre zufälligen Parallelen... Der unachtsame Held, würde Septimus diese Verbindung gewußt, vorausgeahnt haben? Sicherlich nicht. Zu umwegig, Professor. Noch nicht. Nicht daran (noch ein Schritt) denken, und er tut genau einen weiteren Schritt, entschlossen, nicht zu denken. Tür sollte sich nicht so krümmen, der Türknopf, benutz ihn als Stütze, ja so, sieh in die Zukunft und voran, Perseus, Theseus, wer auch immer. Augen hoch. Nicht so, Augen hoch. Nein, er weigert sich, torkelt, schwankt, rutscht ab, torkelt, entschieden nein dazu, als sich die Tür öffnet und ihn hineinstürzen läßt.

Unten erklärt Jemimah, daß sie das doch nicht tun wollte. Nein, hat sie nicht, tut mir leid, Autsch!, als ihr die Alte einen Spatel auf ihre robuste Rübe knallt, und um des guten Glückes willen noch einmal, lieber Gott, jeder würde doch denken, daß alles Absicht gewesen sei. Wie hätte sie denn wissen können, daß das Mädchen einen so schlechtgelaunten Vogel zu verkaufen wagte, der der Herrin des Hauses mit seinem Flügel einen solchen Hieb versetzen würde (hihihi)? Jemmy hat die Gans jetzt unterm Arm eingeklemmt, gut und fest, einen Halbhandschuh um den Schnabel, und die starrt jetzt durch die Tür, während der Graf Lydia erklärt, warum das zu schweren Verletzungen für einen oder beide von ihnen führen würde, Ausrenken der Hüfte zum allermindesten, geduldig, was für ein guter, freundlicher Mann er ist. Und so nüchtern. Heirate mich, denkt Jemmy. Mach mich zur Gräfin von Braith! Jemand macht da drüben ein Flaschengeräusch, *ding ding*, und später wird man den Fußboden fegen. Gänschen gibt keine Ruhe. Und auch aufwischen, so schmierig wie er aussieht. Jemimah faßt den Vogel fester, *ding*, der kunstgerecht darum kämpft, freizukommen.

Ding. Sehr leise oben in Lemprières Ohren. Vielleicht tropft eine silberne Fontäne Musik in einen silbernen Teich, in dem märchenhafte weiße Vögel baden und trinken? Nein. Schwere Hunde mit traurigen Gesichtern strolchen heran und platschen ins Wasser und rühren den Schlamm auf, ist es das? Wiederum nein. Es ist ein Schlafzimmer. Schwarz, rot, weiß. Ein Feuer brennt, Teppiche bedecken den Boden. Sie fangen Lemprières Sturz auf. Ein Zimmer mit einem Bett darin. Es löst jenes Schaudern aus; für einen Zweck hierhin gestellt zu sein. Horizontale und Waagrechte. Der Teppich ist von sehr dunklem Rot. Das Bett ist aus schwarzem Schmiedeeisen. Pfosten steigen an jeder Ecke senkrecht empor. Sie sind aus dem gleichen schwarzen Eisen. Es gibt keine Kissen. Lemprière taumelt hoch. Die Stille dieses Zimmers und das Gefühl, es warte auf ihn, sei für ihn vorbereitet (von wem?), fügt jener Schraffur aus Trunkenheit und Entkommen, die immer noch seine Hauptgedanken bilden, eine weitere Spannung hinzu. Die Anordnung tut ihr Bestes, ihn umzuwerfen. Er widersteht. Das Zimmer mag wabern und schwanken und auf Schläfrigkeit drängen. Lemprière hält sich am nächsten Pfosten fest und blickt hinab. Ja, denkt er, als sein Blick sich an dem für ihn hier ausgebreiteten Preis festigt. So mußte es sein.

Das Mädchen ist ausgespreitet und Gesicht nach unten an die schwarzen Pfosten gebunden. Natürlich ist sie nackt, nur das rote Band, das einen Mittelstrang ihres Haares umwindet, war zugelassen worden. Ein Laken aus weißer Rohseide ist über sie geworfen worden. Obwohl es die genauen Ausmaße ihrer Nacktheit verbirgt, ist die dennoch selbstverständlich. Da gibt es Einzelheiten, die der Bedekkung entronnen sind. Ihre Fußknöchel und Handgelenke, die mit ledernen Armbändern an das Eisenwerk des Bettes gefesselt sind, sind sichtbar. Die Armbänder sind mit Türkisen besetzt.

Lemprière kennt diese Fußknöchel. Er hat sie schon einmal gesehen. Funkelnde Wassertropfen sprühten von ihnen, und der rote Streifen, die rote Farbe des Wassers... Er lehnt sich über das Fußende des Bettes, seine Beine hier so gut wie nutzlos, festgehalten, und das kann es nicht sein, nicht das, alles sehr langsam und überlegt, konzentrier dich jetzt. Zieht das Laken zurück, eine Hand hält ihn noch aufrecht, gerade noch, deckt zuerst den Schopf ihres schwarzen Haares mit dem scharlachroten Band auf, Jett auf ihrem milchigen Rücken, leicht gewölbt, es kann nicht sein, er muß es wissen, schwimmend in einer See aus Milch, muskulös und schimmernd, die glatten Pobacken, gespalten und erwartungsvoll, die Sehnen in ihren Beinen kräuseln die Oberfläche ihrer Haut, als der Körper sich in der kühleren Luft bewegt, wie viele Stunden hat sie so dagelegen, auf die Aufmerksamkeiten ihres Vergewaltigers wartend? Die Weiße ihres Fleisches blendet, eine flüssige Weiße strömt heran und um ihn herum, alles verschwimmt in ihr, während er da hängt und den Griff verliert.

«Juliette?» Seine Stimme klingt schwach. Aber er weiß, daß die Szene unvollständig ist. *Dein Vater!* Er stolpert vorwärts, stürzt, und ist still.

Unterdessen hat unten, und angesichts der Nähe von Weihnachten nicht allzu verwunderlich, die Gans Wind von ihrem Schicksal bekommen und ist entfleucht. Oder – halb entfleucht. Wenn es um kontinentüberspannende Langstreckenflüge (mit unerklärlicher Nadelkopfnavigation obendrein) geht, gibt es weithin Übereinstimmung, daß die Gans dein Vogel ist. Jedoch wird fernerhin auch anerkannt, daß bestimmte Manöver keine Stärken der Gans sind, und darunter vor allem die Kunst des Eckenumrundens. Diese Gans will treppab fliegen, vom Schweineclub durch Jubelgeschrei angetrieben, trägt aber eine Art verblüffter Miene, was nicht allzu überraschend ist angesichts der Tatsache, daß sie versucht, geradenwegs durch die Wand zu fliegen. Es ist ein Wunder, daß sie sich immer noch in der Luft hält, *klonk*, drei oder vier Fuß über aller Häupter taumelnd.

Die Schlunze sieht es nicht ganz auf diese Weise. Sie türmt Polster auf und versucht, so eine Sperre aus den Dingern zu errichten, die die Gans herabbringen soll. Bisher hat es nicht funktioniert, doch gibt es an den Wänden gewisse Nägel, an denen einst einige ziemlich üble Wasserfarbenbilder hingen, in der Art von John Opie, dem Wunder von Cornwall, ausgeführt von einem einstigen Stammgast, jetzt tot. Die Gans ist ihnen bisher entkommen (ein weiteres Wunder), einige der Polster jedoch nicht, und unter der Gans schneien Daunen wie Schnee auf den Schweineclub. Angesichts all des noch abzuwaschenden Fetts von Speck und Schwein sind die meisten ganz schön anhänglich, und so gibt es denn jetzt eine ganze Reihe gefederter Leute, die auf und nieder hüpfen und die Gans nachmachen, die ob der Aufmerksamkeit gar nicht sehr erfreut ist. (Außerdem zählt sie zwei und zwei zusammen, was den Ursprung dieses vermaledeiten weißen Zeugs angeht.)

In all diesem hört lediglich Septimus den Krach, der von oben kommt. Vielleicht empfand er das als unausweichlich. Er rast rauf und stürzt rein und findet Lemprière zusammengebrochen auf dem Fußboden. Ihn schlagen entlockt ihm nichts Zusammenhängendes, nur einen krächzenden Laut aus der Tiefe seiner Kehle. Septimus hebt ihn mühelos auf, und als er sich umdreht, um zu gehen, glitscht Walter Warburton-Burleigh durch die Tür.

«Dachte, du könntest Hilfe brauchen», grinst er. «Sie angerührt?»

«Offenkundig nicht», sagt Septimus kurz, als er sich Lemprière aufbündelt und das Zimmer verläßt, wobei er sich an zwei Frauen in Blau vorbeidrückt, die mit besitzerhaftem Interesse ins Zimmer starren. Lemprière wird geschleppt, seine Kniekehlen über Septimus' Schulter geschlungen, seine Arme streifen fast den Boden. Die ältere der beiden Frauen hält Septimus an.

«Ihre Gewinne», sagt sie.

«Seine», Septimus zeigt auf den kopfüber hängenden Körper. Die Frau versucht, die pralle Börse in Lemprières Hände zu drücken, doch ohne Erfolg. Er will sie nicht festhalten. Schließlich stopft sie sie ihm in den Mund. Warburton-Burleigh hat inzwischen seine eigene Börse gezogen und legt eine kalte Reihe Münzen auf den warmen Rücken des Mädchens, eine auf jeden Rückenwirbel. Sie zuckt etwas zusammen.

«Nur ruhig, Rosalie», murmelt er seidig. «Die erste ist immer die schlimmste.»

Lemprière kommt zu sich, während er die Treppe hinabsteigt, *muhbubh*, mit seinen Gewinnen geknebelt. Er steigt aufwärts, denen entgegen, deren Füße an der Decke kleben. Unten klingelt ein kristallener Baum mit seinen Blättern, und ein großer weißer Vogel umkreist ihn unbeholfen. Sein Kopf ist leicht, so leicht, daß er seinen Körper hochzieht, bis auf wenige Zentimeter an die Decke heran. Jeder steht kopfüber, die armen Teufel.

Der Schweineclub hat sein Interesse an der Gans nicht verloren. Sie haben beschlossen, ihr ein Ständchen zu bringen, und teilen sich zu diesem Zweck in Chor und Gegensänger. Während sie sich um sie aufbauen wie zwei gegnerische Mannschaften aus stehenden Herunterrasslern, wurde darauf hingewiesen, daß der Flug der Gans (reichlich) grob kreisförmig sei, und jemand hat die alte Theorie von der Sphärenmusik vorgeritten. Man hat ein Gefühl, daß die Gans beim richtigen Lied herabkommen werde. Das ist ein schwaches Argument, aber der Wille ist da, und sie haben nach informellen Handzeichen beschlossen, zu singen, was sozusagen die Hymne des Schweineclubs ist. Sie heißt «Der Erbschafts-Song» und geht so:

> Who stalks the courts of t'poorer sorts
> Who's known as The Open Purse?
> Who hands out alms to punks and charms
> The widows 'hind the hearse?

Refrain
> Your father! Your father!
> Your rampant, fleshly sire.
> Your father! Your father!
> The spendthrift of the shire.

> When the heir is left of all bereft
> Save bastards, bills and slatt-erns,
> He gambles, drinks and marries a minx
> D'you recognise the patt-ern?

Refrain
> Your father! Your father! & c.

Lemprière speit die Börse in Septimus' Stiefel.

«Bring mich raus, Septimus. Um Gottes willen...», versucht er, die Dringlichkeit, die er empfindet, in seine Stimme reinzuspritzen, und ist nicht einmal sicher, daß sie überhaupt hörbar ist. *Your father! Dein Vater!* Septimus hat es gehört, oder weiß es sowieso. Sie taumeln auf die Tür zu, die der Earl für sie aufhält. Septimus und er wechseln ein paar Worte, nach denen sich der Graf vor Lemprière hinkniet.

«Sir?» Der Earl klopft Lemprière auf die Schulter. «Mister Lemprière?»

«Grnnh?»

«Mister Lemprière!» Das Gesicht des Grafen sieht kopfunter sehr merkwürdig aus.

«Das Abkommen, von dem wir früher gesprochen haben...» Die Stimme des Earl und in Wahrheit seine ganze Person sind verändert. Da gibt es keine Spur des Schlurens, wenn er spricht, und seine Augen blicken stetig. Der Earl erscheint plötzlich ganz als Geschäftsmann, als er den Kern ihrer früheren Diskussion umreißt, quer durch den Raum dorthin weist, wo sie sich abgespielt hat, und wann und wie, bevor er sich an die zugehörige Geschichte heranmacht, die weit über Lemprières gegenwärtiges Verständnisvermögen hinausgeht. Warum tut er das?

«...zwischen den Einlegern. 1600 sollte de Veres *annus mirabilis* sein, die erste Reise ungeheure Gewinne bringen... Wir borgten... Der Einsatz überforderte jeden; aber die Gewinne, die Gewinne würden so gigantisch sein... Die de Veres waren immer schon Fernhändler gewesen, immer ein Blick für verkaufbare Ladungen. Als das Unternehmen scheiterte, besaß Thomas, der vierte Earl, nichts mehr. Die Familie wäre ruiniert gewesen, hätte es da nicht Ihren Vorfahren gegeben. François Lemprière war unser Retter, die Anteile waren ja nichts mehr wert, verstehen Sie? Natürlich hat er verkauft. Und als die Gesellschaft wieder aufblühte, wurden die de Veres aus ihrem Anteil reich. Ihr Ahne muß das Zehnfache eingeheimst haben. Tausende über Tausende! Natürlich ist dann, als das Abkommen gebrochen wurde, unser Vermögen wieder geschwunden. Aber wir haben nie erfahren, warum. Die Belagerung, oder irgendeine Verräterei. All das ist Vergangenheit... Aber das Abkommen galt für unbegrenzte Dauer, für immer, was Sie, wie ich annehme, wissen. Theoretisch würde es einfach immer weiter gültig sein...»

Ahnen, Abkommen; offenbar redet der Graf von etwas, das Lemprière betrifft. Aber was?

«...wer weiß, wo sich jener Anteil heute befindet? Der von Lemprière und jener de Veres... Das wären Millionen, die sich über die Jahrhunderte aufgehäuft haben, unvorstellbar», fährt der Earl zu Lemprières speiübler Teilnahmslosigkeit fort. Seine Augen werden hinter seiner Brille glasig.

«Millionen!» schreit der Earl Lemprière ins Gesicht. Das ist eine Herausforderung.

«Verpiß dich», sagt Lemprière und benutzt den Ausdruck zum ersten Mal. Das Gesicht des Grafen wabert ein bißchen, bleibt aber wenige Zentimeter vor seinem eigenen Gesicht an der Stelle. Abkommen, Ahnen, Grafen von Braith. Aber das war vor Stunden, vor Jahren, jedenfalls vor einiger Zeit, wer will sich denn an all das erinnern? Das war alles zu spät und zu weit in der Vergangenheit und es spielte keine Rolle mehr, nein, jetzt nicht. *Dein Vater!*

«Ihr Vorfahr!» brüllt der Earl. Aber Lemprière will den Kern des Ganzen nicht begreifen. Der Earl ist ein verdammt lauter Kerl, denkt er. Vielleicht betrunken. Lemprière erwägt, ihm auf die Stiefel zu kotzen. Der Earl schreit schon wieder was, aber es ist alles zu spät, zu laut, zu betrunken, und bitte geh doch weg, geh ganz weit weg...

Der Graf will nicht weggehen. Er verlangt eine Antwort. Lemprière sammelt alle ihm noch verfügbaren Kräfte.

«Frag Sebdimus», gelingt ihm schließlich. Der Graf wendet sich für einen Augenblick ab.

«Total konfus», kommentiert er zu Septimus, und wendet sich wieder um.

«Ein andermal, Mister Lemprière!» brüllt der Graf. «Leben Sie wohl!»

«Verpiß dich!» Lemprière versucht es noch einmal. Diesmal scheint es erfolgreicher zu sein, denn das Gesicht verschwindet. Des Grafen Stimme ist in der Nähe zu vernehmen, dann die von Septimus, vermischt mit dem Hintergrundgebrabbel und dem schrecklichen Gesinge. Über (oder unter) ihm klatscht irgendwas Großes, Weißes und vermutlich Geflügeltes *klonk!* gegen die Wand. Die Gans flog immer noch.

«Wiedersehn Gans», murmelte Lemprière, als Septimus ihn hochhievte und die Tür auftrat.

Vatermörder zischte die Gans. Sie gingen in die Nacht hinaus.

Die Wolken waren aufgerissen. Gefrierender Regen fiel in die schwarzen Straßen und schlug wie mit Ruten auf Dächer und Giebel. Er stürzte in Strömen auf Dachschiefer und Dachziegel, überschwemmte die Regenrinnen und spülte die Wände hinab. Er tanzte in Fahnen auf dem Pflaster und strömte in Gräben und Abflüsse. Regen peitschte die Kopfsteine und löste Mist und Dreck und Kot auf, und trieb das als dicke Woge Unrat die Straße hinab. Sie schwappte durch die Elendsviertel, bewässerte die großen Durchfahrtsstraßen, taufte die Höfe, stieg, während sie sich in Haufen von Pferdeäpfeln fraß, verschlang Fischköpfe und alte Fleischeinwickelpapiere und Ratten, die in den offenen Kloaken ertrunken waren, und nahm das alles als reichen flüssigen Mulch mit. Morgen würde es stinken. Jetzt aber setzte der Regen seine Gewalt ein, um die Stadt zu reinigen, und bohrte sich in das Steinwerk geborstener Mauern und in Säulenstümpfe, und jeder Regentropfen explodierte weiß, wenn er der sich auflösenden Stadt ihre Formen zugestand. Die Einzelheiten der Gebäude schienen zu verschwimmen, und der Wolkenbruch ersetzte sie durch erbärmliche Wasserfälle und Springbrunnen, zerbrochene Regenrinnen und durchsickerte Minarette; Schablonen zur Befriedung der Vergangenheit; nur wieder Wetter für den Auserwählten, denn der Himmel vergibt natürlich gar nichts.

Da es sich von diesen Hinzuwucherungen entfernt hält, stört eine schwache Erkenntnis der Bedürfnisse dort unten die tiefe Gelassenheit des Wetters kaum. Seine Zyklen kreisen, und die Städte fallen. Regen heute, morgen keiner. Seit diese Strukturen ihr Pathos oder ihre graue Anmaßung darbieten, war es so. Sieben Hügel umgaben den Sumpf, erinnern Sie sich? Ein Zwischenreich, in der Mitte schon voller Malaria, verbreitet seine Eroberungen und Rückfälle, deren Maskierung als Gesundheit später den Abfluß jenes Bedürfnisses verbergen wird, sein Exil. Jetzt werden die Umrisse seiner Form durch die Textur erkennbar, wie das Mädchen auf dem Bett, und seine Unschärfe ist Teil des Spiels, während es durchdringt, mit leichten und eisigen Fingerspitzen, seine Rückkehr andeutend. Jeder kalte Regentropfen ein Erinnern an seine Schulden, jeder gefrierende Tropfen in den silbernen Scheitelpunkten seines Bogens *eine angemessene Weise, wie man sich seinem Gott nähere.*

«Der Regen... so kalt.» Sie stolperten weiter, Septimus schleppte ihn jetzt aufrecht mit, die Füße nachschleifend und nutzlos. Der Regen kam in Wellen und wusch in sein Hören herein und wieder hinaus. Sie hatten den Fluß erreicht. Lemprière versuchte, sich zu seinem Freund umzudrehen.

«Was weißt du?» fragte er. «Verdammt noch mal, was weißt du von all dem?» Er konnte sich nicht länger zurückhalten. «Was weißt du von mir? Von dem, was ich getan habe? Von dem, was ich bin!» Er hätte weinen können. Es regnet jetzt so stark, daß niemand sicher sein kann.

Septimus' Gesicht war ganz ruhig, Lemprière sah es zum ersten Male so, wie Marmor, das Gesicht einer Statue.

«Erzähl mir», sagte er und legte seinen Arm um Lemprières Schulter. «Erzähl mir alles.»

Aber der Regen fiel stärker und übertönte die beiden. Sie waren füreinander fast unhörbar, als Lemprière da schwer in der Nässe saß; fast unsichtbar vom Schlamm der Straße aus, in dem sich jetzt die beiden Frauen in Blau selbst beschmutzten, als sie bleifüßig durch den Unrat des Sturmes stapften, nach Hause. Die Straßen quollen von Schlamm über; der Strand, an Fleet Market vorbei nach Ludgate und weiter, während der Regen niederpeitschte und sich in die Stadt bohrte. Regen.

Von Ludgate zum Ziel der Frauen; nicht unter einer Stunde zu erreichen; ein Haus stand mit verdunkelten Fenstern in der Stonecutter Lane. Das Wasser strömte über sein Dach, überschwemmte die Regenrinnen, entdeckte die geborstenen Dachziegel und machte sie durch Zufallspfützen auf den Fußböden darunter bekannt. Der Regen verlor seine auslöschende Kraft, kroch in schwarzen Zungen an den schrägen Kanten des Fußbodens entlang, bis er in das Erdgeschoß durchsickerte. Von da aus drang er durch Ritzen zwischen den verzogenen Bohlen in einen Kohlenkeller ein, bis die dunkle Erde, auf der das Haus gründete, durchweicht war. Feuchtkalte Luft erfüllte die abgeteilten Zimmer wie ein unerwünschter Mieter, es roch nach Vernachlässigung. Das Haus stand wider den belagernden Wolkenbruch, verlassen, verdunkelt, aber nicht leer.

Vom Keller aus hörte man den Regen in matten, unregelmäßigen Wellen. Nazim konnte durch das enge Gitterfenster, das eine Froschperspektive auf das Pflaster und die verlassene Straße dahinter gewährte, sehen, wie der Wind ihn in die Straße herabpeitschte. Wassertropfen platschten in schneller Folge vom Fensterbrett genau über ihm herunter. Wenn er durch die Ritzen zwischen den Bohlen über seinem Kopf blickte, konnte er den schwachen Schimmer eines Fensters in dem Zimmer genau über seinem Kopf ausmachen. Der

Fußboden aus blanker Erde fiel unter ihm schräg ab, während er da lag und zu den Deckenbalken hinaufstarrte. Es war dies der trockenste Platz, aber als er so hochschaute, sammelte sich eine Wasserperle, schwoll an und fiel, dann eine weitere und noch eine, *Platsch!*, mitten auf seine Stirn, und widerwillig machte er sich daran, sein Behelfsbett zum drittenmal in dieser Nacht fortzubewegen. Ein Tropfen erwischte ihn im Nacken, und er fluchte schweigend. Mehr Regen.

Nazim schleifte seine Planke sorgsam von der Tropfstelle weg und legte sich wiederum nieder. Seine schwarzen Augen blickten ins Nichts auf, und er atmete von Feuchtigkeit schwere Luft. Die Augen schlossen sich. Er streckte seine Beine entlang der Planke aus. Er stellte sich vor, er fühle, wie der Regen in ihn einsickere und sein Körper schwerer und schwerer werde. Er würde aufwachen und sich voller Wasser finden, unfähig, sein eigenes durchtränktes Gewicht zu bewegen. Unsinn... Er würde sich auflösen und nichts sein. Er würde schlafen, und erwachen, und weitermachen. Morgen, die Docks. Schlafen, wachen, weitermachen, schlafen, wachen... in Wellen über ihn. Des Kellers weiche Erde gab unter seinen Schultern ein bißchen nach, die Planke verschob sich, und er seufzte vor sich hin, während die Nacht sich langsam weiterbewegte.

Der Morgen war noch Stunden entfernt, das Dämmern und sein graues Licht, in dem er seine Dockbewachung fortsetzen würde. Das Schiff würde da sein, die *Vendragon*, mit ihrer ganzen Mannschaft von Stauern und Schleppern, und er würde beobachten, während die Kälte ihnen den Schweiß als Wolken vom Rücken nahm. Coker, war das nicht der Name gewesen? Coker, der Truppführer, dessen Worte er aus seinem Versteck zwischen der am Kai aufgestapelten Ausrüstung gehört hatte. Der dünngesichtige Mann hatte ihn beobachtet, als er seinen Hut nach vorne geschoben und sich schnellen Schrittes um die Ecke davongemacht hatte. Vorgetäuschter Abgang, verborgene Rückkehr. Coker, ja. Er bedeutete nichts. Nichts Wichtiges. Er war zurückgekommen und am Kairand entlanggekrochen, haufenweise Deckung, leicht für ihn, nahe heranzukommen, die beiden zu belauschen.

«... binnen Wochen. Wie die Fuhren ankommen; Sie werden benachrichtigt. Sie werden zur Verfügung stehen?» Aber das war keine Frage. Nazim hörte Berechnungen in der Stimme des dünngesichtigen Mannes. Coker hatte seine Hände verdreht. Er würde zur Verfügung stehen, seine Männer auch. Die Kisten, deren Verladung Nazim während der letzten Tage beobachtet hatte, trafen unregelmäßig ein. Aber woher? Und wann? Nazim hatte sich bemüht, Einzelheiten aufzuschnappen, aber die beiden hatten sie nur flüchtig berührt. Irgendwo in London, in der City. Halte den Fluß an seiner Quelle an. Nazim stellte sich vor, wie er sich in Nebenflüssen und Abzweigungen verging, verloren, und auf das Summen der Maschine an der Oberfläche wartete. Er konnte nicht erwarten, noch mehr zu erfahren, indem er weiterhin Wache über die *Vendragon* hielt. Die Kisten, die Männer, das Schiff, das alles kennzeichnete eine Spur, die ihn von den Neun wegführte. «Misser Mara» hatte der dünngesichtige Mann ihn genannt. «Misser Mara» war einer von ihnen.

Das alte Gesicht, das an jenem ersten Tag in dem Dachfenster ein wenig kaiauf erschienen war, war seither noch einige Male erschienen. Er bildete sich ein, ihre Augen hätten sich einmal getroffen, aber die Entfernung war zu groß. Das Gesicht beunruhigte ihn, aber er war geneigt, es zu übersehen. Sie würden nicht zwei von sich schicken, um das Laden zu überwachen. «Mara» hatte Coker seine Anweisungen in kratzigem Monoton gegeben. Da war fast keine Modulation in seiner Stimme, und ihre Klangfarbe hatte Nazim erschreckt.

«...dafür zwei Guineas pro Mann, nicht mehr und nicht weniger, einverstanden? Von heute an zwei Wochen und ab sechs Uhr morgens, einverstanden? Genau dieselben Männer, kein neuer, kein unerprobter, wir verstehen uns, einverstanden?» Einverstanden einverstanden einverstanden, beide, ohne einen Ton von Coker, in dessen großen roten Händen Nerven zuckten, obwohl sie die Größe des Kopfes vom kleineren Mann hatten. Es war die Stimme, und Nazim hatte sie oft gehört, von seinen eigenen Lippen.

«Vergrabener Schatz! Dreißig Schritt!» Ein verkrüppelter Seemann war zurückgekehrt und schwenkte seine Krücken und tobte gegen die beiden. Seine Stümpfe stampften den Boden, als er sie anging. «Dreißig Schritt von hier!» Coker winkte ihn fort, aber er blieb da stehen und gellte sie an wie ein Verrückter, selbst als der große Mann vortrat.

«Geh. Weg.» Die Worte waren ruhig gesprochen, aber der Krüppel wurde still. Ein Schwung mit seiner Krücke, und er hatte sich umgedreht, um sich fortzuschleppen, den Kai entlang nach Hause. Geh. Weg. Die Stimme schien ihm den Willen auszusaugen. *Ja, Bahadur, deine Lehre...* Dann Erkennen für Nazim. Es war auch seine Stimme; aber nur für letzte Augenblicke, die intimen Abstände, die sich zwischen ihm und den Männern, den Frauen öffneten... Sie war ein Werkzeug, nur das, um den Raum zwischen ihrem Begreifen und ihrem Ende zu füllen, eine Brücke. Es war die Betonung, die Furcht oder krähenden Triumph oder Vergnügen beiseite wischte und nur die Tat übrigließ. Männer und Frauen hörten diese Stimme nur einmal, in dem Augenblick, bevor der Meuchelmörder des Nawab ihnen das Leben nahm. Nazim aber, als er sie von einem anderen gesprochen hörte, verlor für einen Augenblick die Nerven. Er wußte, was «Mara» tat. Auch Mara war ein Töter.

«*Le* Mara», kam die Stimme wieder. Er verbesserte den anderen Mann. «Misser *Le* Mara», wiederholte Coker wie ein Kind, und murmelte wieder «*Le* Mara» zu sich selbst, als er zu seinen Männern zurückschlurfte. Nazim hatte aufgeblickt und aus dem Augenwinkel gesehen, wie der Vorhang des Dachfensters oben am Kai fiel. Der Krüppel hatte sich in entgegengesetzter Richtung entfernt und war schon gute fünfzig Meter weg.

Die folgenden Tage fügten seinem Verständnis nichts hinzu. Er hatte beobachtet, wie Coker und die anderen Männer Kisten hin und her schleppten, und Le Mara hatte sie genauso beobachtet. Schiffe waren auf dem Fluß vor ihm hinauf und hinunter gegangen, die Sonne hatte geschienen oder nicht, aber er hatte nichts mehr erfahren, und jetzt, während er auf das stete Tropfen des Wassers in den Keller und den unerbittlichen Regen draußen lauschte, begann er sich zu fragen, was sein nächster Schritt sein werde. Unbekannter Boden, und dann «Du wirst nicht versagen», der Nawab einfach und direkt, ein Ausdruck des Respekts vor ihm; Aufnahme in das innerste Heiligtum nicht übermittelter Wünsche des Nawab, er und er allein. Nazim sein erwähltes Werkzeug für eine Aufgabe. «Du wirst nicht versagen oder es an etwas fehlen lassen», hatte der Nawab ihm gesagt. Er würde nicht versagen. Er würde es an nichts fehlen lassen. Das war der Kern ihres Treffens Monate vor dem jetzigen Augenblick gewesen: jene Forderung und seine Versicherung, daß es so sein werde. Der Nawab hatte unter dem Druck der sich um ihn aufhäufenden Beweise nach ihm gesandt. Nazim hatte sich durch die Korridore des Palastes bewegt, dessen Kühle eine Eigenart besaß, die er nirgendwo sonst in seiner Erfahrung fand. Wie immer spürte er, wie sich die Ruhe des Palastinneren in ihn senkte, ein Gefühl der Stille. Er wurde in einen namenlosen Empfangsraum geleitet, der in Schattierungen eines blassen Rosa gestrichen war, damit er dort die Ankunft seines Herrn erwarte. Nazim hatte sich niedergesetzt und seinen Geist leer gelassen. Stunden mochten vergehen, er aber bewegte sich nicht. Die bunten Vögel, die in einem nahegelegenen Garten angebunden waren, sangen zum Himmel empor, und Springbrunnen sprudelten feine Tröpfchen in einen Teich klaren Wassers hinab, doch Nazim hörte beides nicht.

Des Nawab Gedanken gingen so: Er würde in die Partnerschaft eintreten, die Karawanen empfangen, die bei Nacht eintrafen, sein Ohr dem Rat seiner Höflinge (die nichts wußten) verschließen, die verschlossene Kiste zu einem Ziel in vielen hundert Meilen Entfernung senden, das er nie sehen würde, auf das Schiff, das sie über das Mittelmeer mitnehmen würde, das er ebenfalls nie sehen würde. War er ein Narr? Er würde seinen Palast zu nutzen wissen, eine bessere Verrechnungsstelle, er nicht besser als ein Geldverleiher, nicht mehr als das, und der Hohn seiner Ahnen war mühelos vorzustellen, mühelos in den Schatten der Korridore und in den sonnenlosen Ecken zu hören... Der Nawab, Treuhänder seines Titels und später Borger bei den Briten, deren schwitzende Nabobs ihn höflich mahnten und mit Taschentüchern auf den Stirnen bei aller korrekten Beachtung von Rang und Sitte drängten, und keine Entlastung. Und er konnte nicht zahlen. Er konnte nicht.

Da hatte er sich gewendet, da war er mit der Miene eines Diebes zu den verschlossenen Truhen gegangen, nur mit dem Gedanken, wie es getan werden könnte. Die Gesellschaft würde sich kaum eine Vorstellung vom Ausmaß der Unterschlagung machen können, den zahllosen unbedeutenden Lecks in den Schatztruhen aus Indien und den Löchern in den Nebenflüssen, die sie bildeten, während sie unausweichlich und unerklärlich in das Panzergewölbe unter seinem Palast strömten. Da waren neun Männer in England, nur neun, und die kontrollierten das Ganze mit subtiler Hand und feinsten Wendungen, die der Nawab, ihr Diener, nur bewundern konnte. Eine Partnerschaft, ja, in der ihm eine Vergütung gezahlt wurde, eine große Vergütung, jetzt aber brachen sie den Vertrag. Die Kisten, die sich nach und nach im Palast ansammelten, immer mit anderen Mitteln auf anderen Wegen eintrafen, die gesammelt und jedes Jahr an seine namenlosen Herren geschickt wurden, sie kamen weniger häufig. Er hatte den Verdacht, daß wenn er sie aufbräche und hineinblickte, er lediglich Steine und Sand finden würde, und einen Spottbrief. Seine Nützlichkeit endete, und er fühlte das volle Gewicht der Reichtümer, die durch seine Hände in jene der Neun gelangt waren, Hunderte und Tausende von Meilen entfernt, Reichtümer, die nicht von der Macht zu trennen waren, die er innegehabt und die man ihm gestohlen hatte, und was war er jetzt? Eine Puppe und ein Spielzeug, der Arsch der

Engländer, den Räubern seines Thrones. Nein, darauf würde er nicht hereinfallen, und wieder dachte er an die verschlossenen Kisten und ihren Inhalt, die herrlichsten Edelsteine, die reinsten Edelmetalle, Silber und Gold, die in seiner Vision wolkig wurden und miteinander verschmolzen, fast in Reichweite, fast sogar jetzt. Denn er wußte mehr, als sie glaubten.

Sie glaubten, sie kennten ihn. Sie hatten Bahadur gefangengenommen und ihn verwandelt, einen Fremden zurückgegeben. Aber er war ein Fremder, der Geschenke brachte, die benötigten Mittel für die Wiedereinsetzung des Nawab und die Wiedergewinnung seines Vermögens. Der arme Bahadur, ein getreuer Diener, der auf dem äußersten Klippenrand erprobt und für nicht genügend befunden wurde. Nun würde sein Nachfolger die Fackel aufnehmen und sie aus ihren Schlupflöchern heraustreiben, alle Neun... im hellen Lichte blinzelnd wie er jetzt blinzelte, als er den Binnenhof querte, der von seinen hohen weißen Wänden das Sonnenlicht in die enge Arkade darunter spiegelte. Bahadur hatte ihm im Rahmen seiner Grenzen gut gedient. Der Nawab wendete diese Gedanken um und um und zog ihre Linien heraus wie Altweibersommerfäden, während er durch die kühlen Korridore trottete. Verwickelte Gewebe nahmen in den Arabesken und Mosaiken um ihn herum Gestalt an. Er stellte sich seinen Diener Nazim vor, wie er den ihren willkürlichen Leitern und Trapezen nachkroch, unerwartet wie eine Fliege, die der Spinne nachstellt, ihr nacheinander jedes einzelne ihrer schwanken Glieder abzwackt und ihr schließlich ihren prallen Bauchbeutel um der flüssigen Seide darinnen aufschlitzt. Ja, Nazim. Nazim würde tun, was sein Onkel nicht tun konnte.

Nazim stand auf, als der Nawab den Raum betrat. Er verneigte sich, und der Nawab winkte ihm zu, sich zu setzen. In dem Augenblick, da er saß, begann der Nawab zu sprechen. Die Worte kamen in einer langen flachen Rede heraus, Punkt reihte sich an Punkt, diese oder jene Passage wurde wiederholt, sich kreuzende Linien, die bereits aufgegriffen waren, wurden ohne Unterbrechung bis an ihr Ende verfolgt, bis Nazim begann, das größere Muster zu begreifen, wie es Form und Widerhall in seinem eigenen Geist gewann, während er der Geschichte vom Nawab und seinen neun Handelspartnern lauschte, ihrer Förderung der Gesellschaftsprofite, ihres Betrugs am Nawab, der langen Reise der Schätze aus dem Palast, in dem er saß, zu jener fernen Insel, auf der die Gesellschaft ihren Sitz eingerichtet hatte und von wo aus des Nawab Partner, seine Betrüger, sie aus geheimen

Häusern kontrollierten; mache sie ausfindig – sein Befehl blieb noch unausgesprochen, aber er würde kommen, und Nazim folgte der Geschichte geheimer Lieferungen, Überseesendungen und Vorratslager, wie sie aus dem Munde des Nawab kam, von gebrochenen Verträgen und daraus folgenden Bestrafungen, eine Geschichte, in der er schon jetzt Figur und Mitspieler war.

«Als Bahadur nach Frankreich entsandt wurde, glaubte ich, sie hätten sich ihre Höhle in Paris eingerichtet. Aber, ich ... irrte mich. Sie sind bösartig und gerissen. Bahadur hat das herausgefunden, und mehr ...»

Die Erwähnung der Mission seines Mentors erweckte Erinnerungen an jene Zeit in Nazim, Bahadurs Abwesenheit, damals war er noch ein Knabe. Vor siebzehn Jahren, er hatte sich den Zeitpunkt gemerkt, denn Bahadur war nach seiner schließlichen Rückkehr ein anderer. Er war in Frankreich gewesen, in Paris.

«Er hat meinen Irrtum herausgefunden», der Nawab gewann etwas Farbe, «daß sie sich nämlich in England niedergelassen haben. Nur zufällig kam er ihnen auf die Spur, nur dank seines kühlen Kopfes und seines Mutes kam er zurück. Er war ein außergewöhnlicher Mann.» Die Stimme des Nawab badete Nazim in ihrer Wärme. «Und du bist es auch, Nazim-ud-Dowlah.»

Bahadur hatte sich in etwas Kaltes und Fernes verwandelt. Er war niemals wirklich zurückgekehrt. Er hatte wenig über die Zeit seiner Abwesenheit gesprochen, da schien ein Loch zu gähnen, in dem etwas von ihm selbst verlorengegangen war. Sie hatten ihn gefangen und hatten ihn gehen lassen. Vielleicht war es sein Stolz.

«Er hatte aber sein Wort gegeben», der Nawab sprach wieder, «daß er die Männer finden würde, die mich betrügen ... Er hielt sein Wort.»

Für Nazim war die Implikation klar, und es war ihm das auf jeden Fall ein vertrautes Gefühl, *deine Zustimmung ist die Tat*, eine andere vor langer Zeit schon gelernte Lektion, die bedeutete, daß selbst der flüchtigste Gedanke, der vor des Nawab innerem Auge vorüberhuschte, schon so gut wie getan war, und daß er, Nazim, jetzt dessen Vollstrecker war. Der Nawab sprach weiter und berichtete Nazim, wie der stete Strom der Reichtümer durch seinen Palast weniger stetig und dann immer dünner geworden war, bis er schließlich vor einigen Monaten vollständig versiegte.

«Sie glauben, daß ich etwas bin, was man einfach weglegen kann», sagte er wegwerfend. Nazim belächelte ihren Wahn. «Sie bringen es nach England, und danach... Sie müssen gezwungen werden, damit aufzuhören. Wir müssen zurückholen, was uns genommen wurde. Du mußt sie finden und sie töten, alle neun. Du mußt finden, was mein ist, und es zurückbringen...» Nazim blickte neugierig auf seinen Herrn, der, während er sprach, zerstreut in die Ecke der Decke starrte, wobei er den Kopf drehte, als erwarte er dort etwas, das nicht da war.

«Es sind ihrer neun», er blickte wieder nach unten, «sie sind in der Stadt London. Dorthin mußt du gehen und sie finden.» Er verfiel in Schweigen, dann plötzlich: «Und das Schiff! Das Schiff, es heißt die *Vendragon*. Damit transportieren sie es, ja. Du mußt das Schiff finden, verstehst du? Über das Schiff wirst du sie finden.» Der Nawab zupfte am Saum seines Ärmels und blickte Nazim dann ins Gesicht. «Du wirst es tun.» Nur das. Ja mein Herr. «Ja», erwiderte Nazim.

Es war getan. Die Audienz war zu ihrem Ende gekommen, und Nazim erhob sich, um zu gehen. Doch da streckte der Nawab die Hand aus und umklammerte ihm den Arm und erstaunte Nazim.

«Da ist mehr», er sprach drängend. «Einen Augenblick, mehr; ein Name.» Nazim wartete, daß der Nawab ihn ausspreche, doch er mußte näherkommen, noch näher, ja so, damit er ihn ihm ins Ohr flüstere, und Nazim beugte wie gefordert den Kopf vor. Der Nawab lehnte sich vornüber, wobei Nazim auf seinem Atem den Duft von etwas Süßem einfing, während er auf das Wort wartete, dann hörte er es und übergab es der Erinnerung, als der Nawab den Griff von seinem Arm löste und sich mit einer sonderbar schlurfenden Bewegung rasch rückwärts auf seinen Diener zubewegte. Nazim blickte auf seinen Herrn zurück. Der Name bedeutete ihm nichts, aber jetzt hatte er ihn, und er wiederholte ihn laut. Das schien den Nawab zu erfreuen, dessen Mund sich tonlos öffnete und dessen Hände sich bewegten, als ob er klatschen wolle, aber sie blieben erfreut ausgestreckt. Dann wandelte sich ebenso plötzlich sein Ausdruck, er drehte sich auf dem Absatz um und ging schnell durch die Tür. Nazim blieb allein in dem rosenfarbenen Raum und starrte den Korridor hinab. Als auch er sich abwandte, um zu gehen, erreichte ihn aus der Richtung, in die der Nawab verschwunden war, eine Folge schriller Schreie wie Gelächter. Aber das Geräusch ging nicht vom Nawab aus. Es war allgemein bekannt, daß der Nawab nicht lacht.

Nazim verließ den Palast an jenem Abend tief in einen einzigen Gedanken versunken. Die neun Männer finden, das Schiff, den

Reichtum seines Herrn, irgendwie mußte das alles eins werden, eine einzige Tat. Er hatte ihr bereits zugestimmt. Jetzt mußte er ihr Wesen kennenlernen. Und um diese Hauptaufgabe herum schwebte der geflüsterte Name wie ein Insekt, das es zum Netz hinzieht, aber noch nicht gefangen, noch nicht ins Gitterwerk eingeordnet ist. Nazim war nach Hause gegangen mit Bahadurs Geist an seiner Seite, der denselben Namen flüsterte, dieselben Dinge erzählte, dieselben Versprechungen forderte.

«Hast du nicht! Hast du verdammtnochmal nicht.» Eine Stimme riß Nazim unvermittelt aus seinen Träumereien und in die Gegenwart. Er fuhr auf und atmete tief. Sein Körper spannte sich. Seine Ohren spitzten sich, als eine zweite Stimme hörbar wurde:

«Es tut mir entsetzlich leid, Bet. Hab ich denn gesagt, daß ich das wollte?» Zwei Frauen in der Straße, über ihm und draußen. Die zweite mit einem Akzent. Nicht englisch. Nazim blickte durch das Gitterfenster hinaus, konnte aber nur noch einen Blick auf Blau erwischen, ein Kleid, bevor sie aus dem Blickwinkel des Spionierlochs hinausgeraten waren, und dann hörte er sie an der Tür herumfummeln. Das Haus war unmöbliert und mit Brettern vernagelt. Er hatte es verlassen geglaubt. Er war durch die Kohlenschütte hereingekommen. Sie stritten miteinander. Nazim lauschte und erwog die Maßnahmen, die vielleicht zu ergreifen wären.

«...dieses dreckige Loch. Mir tun die Knochen davon weh», beklagte sich die eine namens Bet. «Warum hast du bloß die Wette angenommen? Wir hatten genug Geld, und jetzt haben wir nichts. Jetzt sind wir hier.» Die Stimme war gehässig und verriet frühere Bekanntschaft mit kalten harten Böden.

«Alles Vertretbare, hast du gesagt, hast du mir gesagt.» Die fremdländische Frau schien den Tränen nahe. «Hast du mir gesagt», äffte die andere sie grob nach. Und wirklich, Sekunden später drang das Geräusch sanften Schluchzens an Nazims Ohr. Die Nörglerin gab nach, ging zu ihrer Gefährtin und tröstete sie.

«Ist ja gut, Karin. Wir werden ein Feuer machen und unsere Kleider trocknen. Wein doch nicht.» Karin ließ sich beruhigen. Eine Kerze wurde entzündet, und in ihrem schwachen Schimmer konnte Nazim die beiden Gestalten ausmachen, die Körper von dem Winkel und den schmalen Spalten verzerrt, durch die er die beiden ausspähte, beide über ihm in Blau. Dann begann die Jagd nach Brennstoff, die ein paar Stückchen Holz aus dem Haus ergab, nicht genug, und Karin behauptete, daß es im Keller immer noch ein paar Kohlen geben müsse. Bet wühlte im hinteren Zimmer herum. Sie wolle nachsehen.

«Ja!» rief Bet über die Schulter. Nazim glitt von seinem Horchposten weg und griff nach seinem Beutel. Das kurze Messer würde richtig sein. Die Falltür würde sich von ihm weg öffnen. Nazim bewegte sich schnell, in der Stille im Keller.

«Bet!» rief Karin. «Sie geht nicht auf.» Aber noch während sie das sagte, gab nach, was immer die Falltür geschlossen gehalten hatte, und sie öffnete sich, plötzlich, und warf sie rücklings auf den Boden. Ein schwacher Lichtstrahl reichte in den Keller. Als sie rückwärts hinkrachte, kroch Nazim lautlos hinüber zur Luke. Bet rief sie, aber Karin hörte sie nicht, raffte sich mit einem leisen Ächzen auf und kam wieder auf die Öffnung im Fußboden zu. Nazim wartete außer Sicht unten in der Dunkelheit, geduldig, als Karin behutsam mit ihrem Fuß in die Leere tastete. Ihr Körper begann nachzufolgen, und Nazim straffte seine Beine. Bet rief wieder, und Nazim zog seinen Arm zurück. Karin hatte sie nicht gehört.

«Kohle!» Bet wiederholte irgendwas, «...Kohle hier!» Nazim mußte sich rasch zurücklehnen, als Karins Beine durch die Luft scherten, sie hatte das Gleichgewicht verloren, würde sie herabstürzen? Nein, sie strampelte sich hoch, zurück durch die Luke, die mit einem lauten Knall zugeschlagen wurde, fast ehe sie noch hindurch war.

«Husch!» zischte ihre Gefährtin, als sie mit der Kohle ins Zimmer kam. «Wenn wir erledigt sind, heißt das Straßenstrich», aber ihre Aufmerksamkeit galt der Aufgabe vor ihr. Einmal entzündet schlug das Feuer rasch an, die feuchte Kohle krachte und warf ein wild tanzendes Licht über die beiden. Wolken bläulichen Rauchs quollen auf und brachen ins Zimmer, als der Sturm einen Fallwind durch den Kamin preßte.

Im Keller streckte Nazim seine Gliedmaßen und begann nachzudenken. Sie waren also Hausbesetzer wie er selbst. Vielleicht konnte ihre Anwesenheit ihm helfen, indem sie seine verbarg. Er lauschte ihrer Unterhaltung und ließ sich von deren Ebben und Fluten, dem Schweigen und dem plötzlichen Innehalten einlullen, bis es ihm fast so war, als sei er bei ihnen in dem Zimmer, auf einem Ellbogen, gegen die Wand gelehnt und sie betrachtend, wie sie da im Licht des Feuers schwatzten.

«Arme Rosalie!» sagte Karin. Ihr Akzent wurde mit ihren Gefühlen schwächer oder stärker.

«Die Armut gehört uns beiden», und man hörte ein bißchen Geklirre, als ein paar Münzen zwischen ihnen zu Boden fielen. «...alles meine Schuld.» Karin begann zu schluchzen.

«Keiner hätte ahnen können, daß der Junge gewinnen würde, selbst nicht zusammen mit Septimus», sagte die Freundin tröstend, aber es half nichts.

«Und Rosalie war... sie war mir wie eine Tochter, und was wird jetzt aus ihr werden?» Karin weinte nun ernstlich. «Wir haben sie verkauft, wie Fleisch, und sie gehörte doch zu uns.» Die Stimme ihrer Freundin wurde härter.

«Sie hat uns nicht gehört, sie hat niemandem gehört. Nun gehört sie jemandem...» Wem? Nazim fragte sich, während er zuließ, daß die Schläfrigkeit, die er empfand, sich durch seinen Körper ausbreitete. «...und da gibt es noch mehr Arbeit. Er zahlt gut, dieser Spaßvogel. Der Junge ist auch darauf reingefallen, hielt sie für jemand anderes, oder?» Aber Karin schniefte weiter. «Das war alles ein Spiel. Und es wird noch andere geben.» Die arme Rosalie, als die beiden unterschiedlich um die Rollen herumschlichen, die sie gespielt hatten, und Nazim lauschte gegen seinen Willen mit einem halben Ohr auf den Klang ihrer Stimmen von oben und hörte, wie der Gang der Ereignisse sich aus ihren unterschiedlichen Sichten entwickelte. Ein Geschäft, ein Mädchen, ein Mädchen als Requisit in irgendeiner Maskerade zugunsten eines jungen Mannes, an jenem Abend an anderer Stelle. Eine Wette angenommen und ausbezahlt, und das Geld auf diese Weise verloren, daher Kummer. Hoffnung kam in Gestalt von mehr Arbeit aus derselben Quelle.

«Wir treffen uns bei Galloways, morgen», erklärte Bet ihrer Gefährtin. «Galloways», wiederholte Karin, aber ihre Stimme verschwamm. Es spielte keine Rolle.

Nazim wandte sich wieder seinen eigenen Gedanken zu, über das Schiff, die neun Männer und den Namen, den Bahadur vor Jahren herausgefunden hatte. Seine eigenen Anstrengungen waren die Fortsetzung jenes Vorhabens, das sein versinkender Geist hin und her wendete und mit den Stimmen von oben vermischte. Seine Träume nahmen von jenem Vorhaben ihren Ausgang, und durch sie stieg ein großes Gesicht auf, das von Bahadur, drückte sich an seines, in ihn hinein und wieder heraus, bis ihm jene familiäre Szene kam: Sie beide durchwanderten eine Landschaft, die er als die Hügel nördlich des Palastes erkannte. Er hatte diesen Traum viele, viele Male geträumt. Sie befanden sich am Rande einer Klippe aus rotem Sandstein, die vor ihnen abfiel, dreißig Meter oder mehr hinab bis zu mächtigen umgestürzten Platten aus weißem Gestein. Sie wanderten Arm in Arm, Bahadur und sein Neffe. Bahadur war aus Paris zurückgekommen, das für Nazim ein Zauberwort wurde, während sein Onkel es ihm beschrieb. Da gab es Häuser höher und weißer als alle Paläste, die er je gesehen hatte, und Horden von Menschen strudelten um sie herum. Sonderbare schweigende Frauen standen an den Straßenekken und boten ihre Körper feil, und die Straßen waren von Pferden, Droschken, Männern und Frauen, reich wie arm, verstopft. All das war durcheinandergewürfelt und zu phantastischen Formen aufgehäuft, und das Wort dafür war «Paris».

Als sie so dahinwanderten, spürte Nazim, daß er zur gleichen Zeit der junge Mann auf der Klippe war und irgendwo anders, ein anderer, der sie beide wie die Vögel sehen konnte, die über ihren Köpfen kreisten. Es war Mittag, und Bahadur hatte ihn fest am Arm gepackt. Zu einer anderen Zeit und an anderem Orte flüsterte der Nawab ihm einen Namen ins Ohr. Ein Geheimnis. Bahadur liebte ihn mehr als sich selbst, laß los, laß doch los. Er erklärte etwas, irgendwas, das sich ereignet hatte, während er fort war, aber seine Hand war ein Ring aus Eisen, und Nazim konnte nur daran denken. Oben lachten die Frauen. Die Klippen stürzten ins Schweigen ab.

«Er konnte nicht mehr gehen! Hätte nicht mehr in einen Pott pissen können...» Die Vögel waren kleine Punkte, und er flog mit ihnen davon.

«Wer?» Karin gab keine Obacht, sie stocherte im Feuer. Tief unten schienen die beiden Gestalten auf der Klippe sich näher auf den Rand zuzubewegen, die eine versuchte, sich von der anderen zu lösen.

«Der Junge, der Reingelegte», erklärte Bet. «Es war nur ein Scherz, sag ich dir. Vielleicht heiratet er morgen...» Nazim konnte die beiden kaum noch sehen, er bemühte sich, ins Früher zurückzukehren, aber die beiden Frauen waren im Weg, ihre Stimmen.

«Wer denn? Der Freund von Septimus, ich weiß. Aber wer ist er?» Und dann war Nazim plötzlich zurück im Keller und zugleich in dem rosenfarbenen Raum, in dem ihm der Nawab den Namen zugeflüstert hatte, den Namen, den Bahadur errungen hatte, damit er später seinen Besitzer finde, und jetzt hörte er den Namen wieder, als Antwort auf ihre Frage: Wer ist er? Der Name; des Nawab lautloses erfreutes Lachen. Nazim starrte wieder hellwach empor und sah ein Geschenk des Himmels, ich danke euch, dachte er, als die Frauen mit ihrem Geschwätz fortfuhren, und Bahadur ward für den Augenblick durch das eine Wort ausgelöscht, das er selbst zurückgebracht hatte. Das Feuer krachte und spuckte, die Fußbodenbretter knarrten, als die Frauen ihr Gewicht verlagerten und sich für die Nacht zurechtlegten. Überreicher düsterer Regen dröhnte auf dem Dach und strömte tosend in die Straße, er tropfte in den Keller, und der Sturm heulte ums Haus. Nazim hörte diese Geräusche wie Stimmen, die zu ihm sprachen und das gleiche mit verschiedenen Zungen sagten, den geflüsterten Namen, der im Zimmer oben wiederholt wurde.

«Septimus nannte ihn Lemprière», sagte Bet. Lemprière, der Name, den der Nawab ihm ins Ohr geflüstert hatte. Er lebte noch, lebte in London, konnte gefunden werden.

Die Nacht schleppte sich mit ihren Geheimnissen und ihrem Wetter weiter und franste langsam aus, als die Stunden vorrückten und die Dämmerung ihre ersten gezackten Einfälle in das Dunkel unternahm. Schauer fielen planlos, als die Sonne endlich aufstieg und ein leichter hoher Wind die letzten Wolken seewärts vertrieb. Die Stadt glitzerte im glatten Schimmer des Regenwassers, und Frühaufsteher mußten an jenem Sonntagmorgen ihre Augen beschatten, wenn sie auf ihre funkelnde Oberfläche schauten. Nazims Herz hatte dumpf wie ein Kolbenwerk gestampft, als er den Namen hörte. Lemprière, der Gimpel eines handfesten Scherzes, ein Säufer, ein Freund von «Septimus», das war ein Name, den er nicht kannte. Lemprière, dessen Name von Paris nach Indien gereist war und dann wieder zurück aus Indien nach London, um ihm hier siebzehn Jahre später zu begegnen und sich ihm entgegenzustellen. Einer der Neun vielleicht; einer, der ihn zu den anderen acht führen würde. Lemprière war hier, in London, und Nazim würde ihn finden. Das versprach er sich in dem Keller, und wiederum am Morgen, als er erwachte, sich erhob und durch die Außenluke auf das Pflaster dahinter kletterte.

Die Luft war kalt, und Nazim bibberte. Er bezog in einem gegenüberliegenden Torweg Stellung und wartete darauf, daß die Frauen erschienen. Eine Stunde später schritt er gelassen zwanzig Meter hinter Bet her, die in dem gleichen verdreckten blauen Kleid wie zuvor aufgetaucht war und nun ihrer Verabredung durch ein wirres Durcheinander von Gäßchen und Durchschlupfen zustrebte, durch das ihr zu folgen Nazim Mühe machte. Kirchenglocken übertönten den Klang seiner Schritte. Als sie Galloways Kaffeehaus erreichten, erinnerte Nazim sich des Namens vom Abend zuvor. Hier also sollte sie den Mann treffen, der für den Streich gegen Lemprière bezahlt hatte, der für weitere Dienste wieder zahlen würde, der für das Mädchen Rosalie gezahlt hatte. Vielleicht war er ein Feind Lemprières. Vielleicht sein, Nazims, größter Verbündeter. Nazim beobachtete, wie die Frau eintrat. Nach einigen Minuten folgte er ihr ins Innere.

Das Innere des Kaffeeladens erstreckte sich weiter, als er gedacht hatte, und war mit hochwandigen Sitznischen gesäumt, jede mit einem Tisch und einander zugewandten Bänken. Die Frau hatte sich eine im hinteren Teil des Ladens ausgewählt und saß da so, daß sie den Eingang überwachen konnte. Sie blickte auf, als Nazim durch die Länge des Ladens schritt, um sich die letzte Nische hinter ihr zu nehmen, und nahm dann ihre Wache wieder auf. Nazim saß mit dem Rücken zur Tür und lehnte seinen Kopf gegen die Trennwand. Der Ladenbesitzer erschien, und Nazim bestellte eine Kanne Kaffee. Als der Mann sich der Nische der Frau zuwandte, geschah es, um sie des Ladens zu verweisen, «keine Frauen». Eine kurze Auseinandersetzung folgte, der Mann blieb fest, dann plötzlich schien eine Übereinkunft erreicht. Die Frau blieb sitzen wie zuvor, der Mann zog sich hinter eine Theke am Ende des Ladens zurück. Nazim hörte Münzen in die Kassenlade fallen.

Eine Uhr an der Rückwand tickte die Minuten fort, als er auf Bets Verabredung wartete. Ein weiterer Kaffee folgte dem ersten. Minuten wurden Stunden, und der Laden füllte sich langsam. Irgendwann nach Mittag verriet ihm ein Geräusch in der Nische hinter sich, daß die Frau sich erhoben hatte, um ihre Anwesenheit zu zeigen. Jemand war durch die Tür gekommen, und obwohl der Laden jetzt fast voll war, hörte Nazim die Schritte aus dem allgemeinen Stimmengewirr heraus, wie sie auf die Nische der Frau zukamen, dann aufhörten.

«Ich dachte schon, Sie hätten uns aufgegeben...», die Stimme der Frau. Nazims Kopf befand sich nur wenige Zentimeter vom Empfänger der Beschwerde, aber er konnte die Antwort nicht verstehen. Die Stimme eines Mannes, undeutlich, abgeschirmt durch die Zwischenwand. Er konnte nur Bet hören, als die Eröffnungsfloskeln geschäftsmäßiger wurden, zu einem gewissen Zeitpunkt Geld übergeben, mehr Kaffee bestellt wurde. Es schien, als frage Bet nach Rosalie, dem Mädchen, das die andere Frau am Vorabend erwähnt und beklagt hatte, aber das Geschäft war jetzt erledigt, es ging sie nichts mehr an, und sie gab es auf. Ein neues Angebot wurde unterbreitet. Ihre eigene Teilnahme wurde gefordert und würde bezahlt werden. Wieder irgendeine Maskerade, aber Nazim konnte die Einzelheiten nicht verstehen, nur die Zustimmung der Frau. Nazim beherrschte seine Enttäuschung und bezwang den starken Drang, über den Rand der Nische zu blicken und des Mannes Identität zu entdecken. Die Stimme der Frau nörgelte; sie wollte mehr Geld, denn ihre Dienste wären, wie sie sich verwahrte, am Weihnachtsabend nicht billig. Weihnachtsabend, Nazim hielt sich daran fest. Eine Adresse, drängte er sie schweigend, nenn die Adresse.

«Meine Familie kommt zuerst.» Sie versuchte immer noch, ihn zu beschwatzen. «Ich kann ihnen doch nicht erzählen, daß ich am Weihnachtsabend arbeiten muß?» Aber der Mann hatte die Geduld verloren, seine Stimme klang lauter und härter als zuvor, endlich auch für Nazim hörbar.

«Huren haben keine Familie», sagte er ihr kategorisch und stand auf, um zu gehen. In der Nische dahinter hörte Nazim die Stimme, sein Arm zuckte vor Schreck und stieß die Kaffeekanne vor sich um. Er wußte, wer der Mann war. Die Stimme war dieselbe flache Stimme, die er zwei Tage zuvor an den Docks gehört hatte. Der Retter der Frau, ihr Zahlmeister mit einem erbarmungslosen dünnen Gesicht war Le Mara; Le Mara war der Architekt der Täuschung dieses Lemprières. Beim Geräusch seines aufgebrachten Abgangs erhob sich Nazim, um zu folgen, und was er sah, bestätigte seine Vermutung.

Anacharsis von Skythien, der Erfinder von Ankern, von Zunder und der Töpferscheibe, beobachtete, daß jede Weinrebe drei Arten von Weinbeeren hervorbringt: die erste erzeugt Heiterkeit, die zweite Trunkenheit, die dritte Reue. Eine Tür knallte, Glocken klangen; Stiefel dröhnten die Treppe herauf. Die warmen Bettdecken, von seinen eigenen schwachen Dünsten durchdrungen, umhüllten den Schläfer, der den Kopf auf der Flucht vor dem Lärm in die Kissen grub. John Lemprière erwachte und fand seine Augen von einer Kruste getrockneten Schlafes verklebt und seinen Schädel mit sprödem knisterndem Papier bezogen. Seine Augen tränten und lösten den Schlaf auf, dann öffneten sie sich, und Sonnenlicht schlug ihm ins Gesicht. Blut hämmerte unter seinem Schädel und preßte ihm aufs Gehirn. Er wälzte sich um und ächzte. Als er seinen Kopf bewegte, fühlte der sich an den Seiten sonderbar schwer an, was ihm die

Backen herabzog, und seine Haut erschien ihm wie mit einer Öl-schicht überzogen. Wenn er sich bewegte, schmerzte es, und wenn es schmerzte, hörte er auf. Er versank wieder in etwas, das der ganzen Welt als Schlaf erschienen wäre, aber kein Schlaf war. Im Augenblick, dachte er bei sich, will ich überhaupt nichts tun. Aber das Dröhnen der Stiefel wurde lauter und lauter, bis Septimus ins Zimmer einbrach, ihn hochzujagen, grinsend und herumstampfend und ihn bedrängend, sofort aufzustehen. Die vergangene Nacht trug sonderbare und bittere Frucht.

«Wach auf, wach auf!» brüllte Septimus, lärmte umher und warf Lemprière seine Sachen zu. Die Helligkeit des Sonnenlichtes schien noch zuzunehmen und erhitzte sein Inneres. Ein Krampf packte seinen Magen, und einen Augenblick lang dachte er, es werde ihm übel. Aber es wurde nicht, und als der Krampf nachließ, merkte Lemprière, daß er sehr hungrig war. Das erschien kaum angemessen, dann aber entsann er sich, daß ihm in der vergangenen Nacht ausgiebig übel gewesen war. Vergangene Nacht... deshalb war Septimus hier. Er hatte irgend etwas zugestimmt. Ein weiterer Krampf packte ihn, und in tiefem Elend umschlang er seinen Bauch.

«Frühstück», verordnete Septimus vom Kamin aus. «Frühstück, danach Geschäft.» Lemprière lehnte sich über die Seite seines Bettes. Er hatte Septimus in der vergangenen Nacht irgendwas erzählt, und das war ein Fehler gewesen. Er legte seine Kleider an, die von der letzten Durchweichung noch feucht waren, und auch das war ein Fehler. Es war Sonntagmorgen nach der vorhergehenden Samstagnacht... Die Sonne schien hell, und es regnete nicht. Lauter Fehler.

Einige Minuten später standen die beiden im Torweg des Hauses, Septimus sprühte von Gutermorgengefühlen, während sein Begleiter zurückblieb und sich vor dem Sprung in die Straße fürchtete. Seine Stiefel waren feucht und bestärkten ihn in seiner Übelkeit und seinem schweigenden Elend.

Der Wolkenbruch hatte Londons Straßen nur unvollkommen gewaschen. Flutmarken aus Dreck und durchweichtem Zeugs liefen in gehäuften Reihen an den Mauern entlang. Lemprière trat widerstrebend vor. In der Southampton Street gab es um elf Uhr an einem Sonntagmorgen nur Dampf, der sich von den Pflastersteinen erhob, ein bißchen Abschaum auf der Oberfläche, und Kirchengänger. Die Glocken veranstalteten ein ohrenzerreißendes Getöse, als Septimus und Lemprière sich der drängelnden Menschenmenge anschlossen und halb auf den Platz zu getragen wurden.

Den eigentlichen Platz füllten die Londoner Gemeinden, die zu ihren jeweiligen Hoch-, Nieder-, Breit- oder Freikirchen marschierten. In diesen Schmelztiegel der Kirchenlehren wurden Septimus und Lemprière gesogen, mitgewirbelt und bald von einem hartgesichtigen Haufe Calvinisten getrennt, der sich seinen vorherbestimmten Weg durch nachgiebige Kongregationalisten schnitt. Die Einmischung von Latitudinariern führte zu weiteren Verwicklungen, wobei Lemprière nach Septimus schrie, von diesem aber nicht mehr gehört wurde, als sie immer weiter auseinandergetrieben wurden. Ein Klumpen Quäker versuchte, gleichzeitig Glassiten, Sandemaniten und einer Gruppe reisender Ultramontanisten auszuweichen. Ein Antinomianer trat Lemprière auf den Zeh. Er bückte sich und tauchte inmitten lebhafter Supralapsarier auf, die sich im Kreise drehten, nirgendwohin gingen, und das mochten. Sein Kopf war ein großer heißer aufsteigender Ballon. Methodisten schubsten Episkopalisten beiseite, Deisten zersprengten die wenigen sephardischen Juden. Der Anblick dieser verdrossenen zänkischen Menge hätte ausgereicht, um die früheren Träume von George Calixtus zu Staub zu zermalmen, aber sie waren schon Staub. Jede Sekte frei, ihrem erwählten einzig wahren Weg zu folgen und ihr eigenes goldenes Kalb anzubeten, ihr eingeritztes Bild, ihren Moloch, ihren Fetisch: tat genau das.

Die Gemeinden wirbelten umher, drängten sich beiseite, knurrten sich wütend an, stapften und trampelten durcheinander und brummelten Verhöhnungen und Verfluchungen gegen die Horde der Ungläubigen, verdammt seien sie alle, und aus dem Weg mit ihnen ... Septimus lugte über die auf und nieder hopsenden Köpfe und durchmusterte die Menge nach seinem Gefährten. Da war er, gerade noch sichtbar zwischen den Köpfen einer Marschsäule schwerbestiefelter interkonfessioneller Eindringlinge aus den Niederlanden, die von dort herübergekommen waren, um Flämischsprechenden allüberall Gutes anzutun. Flüche im Namen von zwanzig spitzfindigen Gottesunterscheidungen verfolgten Septimus, als er Lemprière am Arm ergriff und in die Sicherheit der Kolonnade zerrte, von wo aus sie beobachteten, wie die späten Kirchengeher ihren Marsch fortsetzten. Eine Nonne, die neben ihnen stand, beobachtete mit ihnen. Septimus schielte neugierig auf sie herab. Die Nonne blickte zu ihm auf und lächelte. Septimus lächelte zurück. Die Nonne lächelte breiter, ein wunderbares Lächeln.

«Papistin!» schrie Septimus sie plötzlich an, und sie ergriff erschreckt die Flucht, und ihr Ordensschleier wehte hinter ihr her wie ein überlebensgroßer Schmetterling. «Die Kirche», kommentierte er mit unverhohlenem Abscheu. «Was bist du?» plötzlich zu Lemprière, der einen Augenblick lang nachdachte. Es gab ein Wort dafür. «Hugenotte», antwortete Lemprière nach einigem Nachdenken. «Natürlich», und Septimus ging schon wieder weiter, wobei er diesmal das fromme Gedränge vor ihnen umschritt, sich vom Platz aus nach Osten hielt, quer über die Bow Street und dann auf Lincoln's Inn Fields los.

«Frühstück, und danach werden wir den Gentleman aufsuchen, von dem ich dir gestern abend erzählt habe», erklärte Septimus sorgfältig, als er ein Speisehaus erblickte und darauf zustrebte.

Gestern abend. Vieles daran war Lemprière ein Geheimnis, vor allem der spätere Teil. Sie hatten das Becherspiel gewonnen, daran erinnerte er sich. Er hatte einen Preis gewonnen, auch daran erinnerte er sich, an ihren weißen glatten Rücken und ihr jettschwarzes Haar. Aber das konnte nicht sie gewesen sein, nicht im kalten Licht des Morgens, nicht dort oder so, nicht Juliette. Später hatte er die Themse gefunden. Er hatte sich auf einer Brücke hingesetzt. Septimus hatte ihn eine Frage gefragt.

«Hier hinein», Septimus duckte sich unter einer niedrigen Türe hindurch und winkte ihm zu folgen. Da erinnerte er sich an seinen Fehler. «Ausgezeichnet», rief Septimus Lemprière und dem Inneren im allgemeinen zu. Er hatte Septimus alles erzählt.

«Pastete und Porter», schrie Septimus querüber der Frau zu, die ein Feuer schürte, das noch lustloser war als sie. Alles; und jetzt würde Septimus ihn bei Laune halten, den Verrückten, der Dämonen aus Büchern hervorspringen sah. Und Juliette! Was hatte er über sie gesagt? Das wäre die Unwürde, die er nicht würde ertragen können, der Gedanke war, er wußte es, lächerlich, seine Unbeholfenheit. Lemprière überwachte Septimus auf einen Hinweis darauf, was er wußte, aber es kam keiner. Septimus war mit seiner neuen Umgebung beschäftigt, und Lemprière folgte seinem Blick, als der durch das Speiselokal wanderte.

Es war ein einziger Raum, eine Höhle mit niedriger Decke, schlecht beleuchtet, mit ungekehrtem Fußboden und schmierigen Tischtüchern; ein durchdringender Geruch nach Kohl und Zwiebeln hing in ihr, durchsetzt vom Gestank schalen Biers und der Klos hintenraus. Als Septimus sich niedersetzte, schlug er sich auf die Knie und sah immer noch aus, als sei er ein Zuschauer beim Ball des Oberbürgermeisters.

«Genau das!» sagte er begeistert, und Lemprière stimmte schweigend zu. Ihm war immer noch speiübel, und Septimus war kein bißchen leiser geworden. Das Speisehaus war bis auf sie und zwei Gentlemen leer, die schweigend an einem Tisch am anderen Ende des Raumes saßen. Die beiden sprachen nicht, nicht einmal miteinander, und Lemprière fragte sich, ob sie überhaupt zusammengehörten oder nur zufällig am selben Tisch saßen, denn der war dem Kamin am nächsten. Er setzte sich.

«Frühstück?» fragte Septimus ihn, aber Lemprière schüttelte den Kopf. Das kam überhaupt nicht in Frage. Dann kam Septimus' Pastete, ein gallertartiger unregelmäßiger Gegenstand, der braune Soße spie, als er sich dem Messer gegenübersah. Lemprière sah weg, während Septimus glücklich praßte, und stützte dann den Kopf mit den Händen. Der Tisch rückte ihm bedrohlich in den Blick.

Einer der Gentlemen am anderen Ende des Raumes rief mürrisch nach einem weiteren Trunk. Er hatte einen schwachen schottischen Akzent. Lemprière blickte auf die Tischplatte hinab und versuchte zu entscheiden, von welcher Farbe sie war. Sein erster Eindruck war Braun, dann dachte er an Braungrün, vielleicht mit einem Schuß Dunkelrot und gesprenkelt mit einem orangenen Ultramarin, bei einem reichen malvenfarbenen Unterton, und das Ganze mit einem Gelb gefärbt, das irgendwie ans Schwarze grenzte. Das dürfte wohl alles sein. In Wirklichkeit, mußte er einräumen, war es überhaupt keine Farbe, oder eine zwischen allen diesen, worin Lemprière jetzt bei näherer Betrachtung eine Menge von Kratzern, Namenszeichen und Kerben ausmachte, allerlei Akte des Vandalismus und des Selbstausdrucks, schlechte Witze, Flüche und obskure Warnungen. «Wilkes und Freiheit!» stand noch deutlich auf einer Ecke, gemeinsam mit Schlagwörtern aus unbekannteren Schlachten, den Gelbtalgaufständen von 1777 und dem Großen Kamm-Protest. Die Mitte der Tischplatte quoll über von Obszönitäten. Die Namen von Menschen, von deren Liebhabern oder Exliebhabern, Herze mit Pfeilen oder Kreise mit Ketten, all das hatte da seinen Platz. Der jüngste Beitrag war der Anfang eines Wortes BOSW, leicht über mehr als den halben Tisch hingekritzelt.

Während er seinen Blick über all das wandern ließ, grübelte Lemprière den Verfassern nach, den Männern und den Frauen, die hier ihre Stunden vertrödelt hatten, allein oder in Gesellschaft, die eine Hand um die Halbe, während die andere auf der Tischplatte vor sich hin kratzte und schabte, um die Zeichen zu hinterlassen, die er jetzt sah. Sicherlich Unzufriedene, aber auch Agitatoren. Und Träumer und Projektemacher, Schwärmer und Kunstliebhaber, alle hier auf der zerkratzten Oberfläche vereint. Was hatten sie sich gewünscht?

Als Lemprière diesen zusammenhanglosen Inschriften nachspürte, begann ihm ein Umriß aufzufallen, der planlos aus den unterschiedlichen Kratzern und Namenszügen entstand. Er schien nahe der Tischkante entlangzulaufen, wobei er die Ecken vermied, tatsächlich ein grober Kreis, dem er nun mit seinem Finger nachzufahren begann, eine unregelmäßige Linie voller Einkerbungen, Auswüchse und mit abweichenden Tangenten, bis er plötzlich gegen den Rand von Septimus' Teller stieß.

«Pastete», Septimus mampfte mächtig und tat so, als böte er Lemprière davon an. Er hatte fast aufgegessen.

«Gehn wir zu Ernst und Elly», vertraute Septimus sich ihm an, «mand.» Er schluckte. «Bald, wollte ich sagen.»

Lemprière nickte. Seine Hand lag flach auf dem Tisch. Er konnte die Kerben und Furchen spüren; Stimmen aus dem Holz wie von Baumnymphen. Septimus wischte seinen Teller leer und schlürfte aus dem Humpen vor ihm. Die Frau kam herüber und nahm den Teller fort. Sie blickte auf Lemprière hinab, dessen Hand flach auf der Tischoberfläche blieb.

«Schneiden Se ja nich in de Platte», warnte sie ihn streng. Septimus leerte endlich seinen Humpen, und beide standen auf. Sie waren zu der Frau hinübergegangen, und Septimus beklopfte seine Taschen, ehe er sich seiner Börse, das heißt der Börse Lemprières vom Vorabend, entsann, die er auf dem Tisch hatte liegenlassen. Lemprière holte sie und kehrte mit einem sonderbaren Ausdruck im Gesicht zurück. Die Frau war ungeduldig und klopfte mit dem Fuß.

«Ich hab sie in meinem Stiefel gefunden», erklärte Septimus. «Du hast sie da reingespuckt. Schau mal, dein Gewinn. Die Wette, erinnerst du dich?» Und er nahm sie und zeigte Lemprière seinen gewachsenen Wohlstand, um die Behauptung zu beweisen.

«Gewinn? Ja», antwortete Lemprière geistesabwesend. Aber er verdächtigte Septimus nicht. Als er die Börse geholt hatte, hatte er noch einmal auf die Tischplatte geblickt und auf den Umriß, den er erfolglos nachzuziehen versucht hatte. Vorhin hatte er es nicht gesehen, aber jetzt, nachdem Septimus und sein Teller und sein Humpen entfernt waren, war es offensichtlich. Es war kein Kreis, oder genauer, es war kein ganzer Kreis. Er war an einer Stelle gebrochen und der innere Bogen war phantastisch unregelmäßig. Lemprière starrte ihn an. Er kannte ihn, ein mißgestaltetes C, aber es entwischte ihm, war nicht recht faßbar, und die Frau wartete.

«Danke.» Sie nahm die Münzen, und die beiden wandten sich ab, um zu gehen. Als Lemprière an dem Mann vorbeikam, den er schon früher bemerkt hatte, schloß sich eine Hand um seinen Arm. Lemprière blickte dem Mann ins Gesicht hinab, das genau wie zuvor geradeaus starrte. Tränen rannen dem Mann lautlos über die Wangen. Er war ganz offensichtlich betrunken. Lemprière schickte sich an, sich loszureißen, aber in diesem Augenblick wandte der Mann seinen Kopf und sprach mit einer vor Kummer dicken Stimme.

«Sam ist tot!» schrie er.

«Tot seit Jahren», erwiderte die Frau barsch und ohne aufzublicken. Lemprière blickte auf den aufgewühlten Mann hinab.

«Tut mir entsetzlich leid», sagte er mit Gefühl.

«Wir ham immer dadrüben gesessen.» Der Mann wies auf den Tisch, an dem Lemprière gesessen hatte. «Brings jetz aber nich übers Herz.» Er blickte wieder vor sich nieder, und Lemprière spürte, wie die Hand von seinem Arm absank. Die Frau winkte ihm schweigend zu gehen. Der Mann hatte wieder seine vorige Position eingenommen und starrte elend vor sich hin.

Als er die Straße erreichte, wartete dort sein Gefährte und wollte wissen, was ihn aufgehalten habe. «Hast du je darüber nachgedacht, allein zu sein?» fragte er Septimus. «Nie», erwiderte Septimus, stürmte mit rasenden Schritten von dannen und überließ es Lemprière, hinterherzustolpern. Für den Augenblick schwiegen die Glocken. Die Übelkeit war zurückgewichen, aber die Kopfschmerzen hatten zugenommen.

«Ernst und Elly sind meine Freunde...» Es war dies eine Formulierung, der Lemprière zu mißtrauen lernen sollte.

«Gehen wir jetzt zu ihnen?»

«Jetzt, ja. Du warst damit einverstanden, und es war gewissermaßen sogar deine Idee.» Lemprières Idee. Er hatte daran keinerlei Erinnerung. Vermutlich hatte er ihr zugestimmt, als er auf der Brücke mit Septimus gesprochen hatte, oder vielleicht früher oder vielleicht später, oder vielleicht überhaupt nicht und es war wieder nur eine Form von handfestem Schabernack, oder vielleicht etwas noch Schlimmeres. Was *hatte* er Septimus erzählt? Alles, alles.

«Du wirst sie mögen, und auf alle Fälle werden sie dich mögen. Ernst ist in gewisser Weise geradezu brillant...»

«Gut, aber was sind sie? Und warum besuchen wir sie?» Sie gingen an einer Zeile bescheidener Häuser vorüber. Plötzlich blieb Septimus stehen und klopfte laut an eine hellrote Tür. Dann wendete er sich zu dem Frager um. «Sie sind Doktoren für den Geist, John. Und wir sind hier, weil du nicht gesund bist.» Nicht gesund, Lemrières Gesicht löste sich für einen Augenblick auf. Dann wurde die Tür aufgeworfen, und er kam rechtzeitig genug wieder zu sich, um einen knollenförmigen lächelnden Mann zu erblicken, der Septimus wie einen lange verlorenen Sohn begrüßte.

Auf Vorstellungen wurde verzichtet, und beide wurden sofort in den Salon geführt, der zugleich als Sprechzimmer für Elmore Clementi und Ernst Kalkbrenner diente, Männer, die im Verlauf ihrer Zeit von Septimus Ketzer, Sodomiten, Amateure, Quacksalber, Aufwiegler und zuletzt Freunde genannt worden waren.

«Opfer von Verleumdungen», sagte Septimus vertraulich, als sie den Raum betraten. «Gute Freunde, verdammt gute Freunde.»

Der Salon war überwältigend rot. Dunkelkarmesinrote Bucharas lagen auf dem Fußboden, rote Samtvorhänge und Ölgemälde in Magenta und Zinnober hingen an den Wänden. Das Piano am anderen Ende war in dunklem Rostbraun gebeizt. Ihr Geleiter stand erwartungsvoll da, während sie mit all dem fertig zu werden suchten. Ein blaßrot gestreifter Tuchrock, abgesetzt mit scharlachroter Seide, mit Wellenlinien verzierte Ärmelstulpen à la Seefahrt und Totenkopfknöpfen, überspannte eine zweireihige Weste aus scharlachfarbenem Samt, die mit orangenen Lilien bestickt war, und beide übergipfelte eine vielfach um seinen Hals geschlungene spitzenverzierte Krawatte. Sein Gesicht war gepudert und mit Rouge belegt unter einer sorgfältig frisierten langbezopften Marlborough-Perücke, deren Zopfschwanz frei hin und her schwang, während er in Erwartung einer Vorstellung auf und ab trippelte.

«Septimus?» trällerte er, als einige Sekunden verronnen waren. Septimus kam zu sich.

«John, mein gelehrter Freund Elmore Clementi.»

«Nennen Sie mich Elly.» Das Geschöpf bot seine Hand dar.

«Und ich», erklang eine Stimme hinter ihnen, «bin Ernst Kalkbrenner.» Eine hohe dünne Gestalt erschien in Grau gekleidet in der Tür. «Erneut willkommen, Mister Septimus.» Er bot Lemrière die Hand, der den Händedruck erwiderte.

«Wir möchten Ihre Meinung hören», kündigte Septimus an.

«Ausgezeichnet, ausgezeichnet. Tee bitte, Elly.» Daraufhin warf Clementi seine Hände verwirrt hoch und verschwand. Septimus und

Lemprière nahmen auf dem malvenfarbenen Diwan mitten im Raum Platz. Clementi kam bald mit Tee zurück.

«Hier ist ein bißchen Kamille drin», vertraute er Lemprière an. «Das hilft, das System zu reinigen. Schreckliches Zeugs, trinken Sie...» Lemprière war insgeheim von dieser Diagnose beeindruckt. Er saß da und schlürfte seinen Tee, der ihn sich tatsächlich ein bißchen kräftiger fühlen ließ als zuvor. Das Rot wurde erträglicher. Ernst Kalkbrenner hatte am Klavier Stellung bezogen, während sein Partner den samtenen Sessel gegenüber einnahm. Er wandte sich an das Paar auf dem Diwan.

«Es wäre am besten, wenn Sie mir die genaue Art des Problems erklärten», begann er.

«Ernst ist in Sachen Genauigkeit ein Pedant, ein absoluter Pedant», sagte Elly.

«Elly.»

«Um Vergebung, erklären Sie also bitte. Wenn Sie wollen, kann es durchaus schwierig sein, wie ich weiß...»

Lemprière wandte sich seinem Gefährten zu.

«John war ziemlich betrunken», begann Septimus.

Und es regnete, dachte Lemprière. Sie waren auf der Brücke.

Seine Beine hatten aufgegeben. Schließlich saß er da, schwer im Nassen. Er konnte seine eigene Stimme hören, wie sie in dem Wolkenbruch zerfiel, der aus dem unverstöpselten Himmel auf sie beide herabgoß. Zwei Frauen in blauen Kleidern wurden langsam außer Sicht gezogen, sie bewegten sich linkisch wie Lumpenpuppen am anderen Ende der Brücke vorbei. Septimus sagte «Erzähl mir alles», und seine eigene Stimme schlingerte vorwärts, um dieser Forderung zu entsprechen, und stolperte und riß sich hoch und fuhr mit der Geschichte fort, deren Charaktere sich im Regen wie Tinte auflösten, und die geschrubbten Fasern der Seite tauchten sauber und schneeweiß auf, in ihrem Urzustand und ehrlich, und völlig leer. Er konnte sich nicht erinnern. «Mach weiter», sagte die Stimme an seiner Seite. Die Tinte löste sich jetzt umgekehrt auf, kam in grauen und dunkelblauen Tönen zurück, in ungleichmäßigen Flecken, die verschmolzen und aus der leeren Tafel auftauchten, in eine zweite Szene zurückkehrten, ein Abklatsch der ersten, nur daß jetzt das Gewirr aus stimmlosen Lauten und Glyphen ein Gewirr aus Armen und Beinen war, freibewegliche Zellen und losgelassene Agenten, die über die Oberfläche rannten, schnell und tief über den Boden, *Blupp*, die Albtraumszene sickerte jetzt zurück, nicht als zahme Erzählung in einem Buch, sondern als graue Verseuchung, als schwarzes Gesicker in den weichen Schwamm seines Geistes, *Blupp*, die Geschichte, die er las, entfaltete sich in seines Vaters Fleisch, ein hungriger Parasit, der aus seinem Wirtswesen ausbrach, während der verbrauchte Körper ins Wasser rollte und weit weg auf der anderen Seite der Insel die Geschichte sich wieder in unschädlichem Papier und harmlosem Druck niederließ. Das Geräusch, als sich die Zähne in der Wade trafen, *Blupp*.

«Elly!»

«Verzeihung, bitte verzeih mir.» Clementi zog den Daumen aus seinem Mund und wischte den beleidigenden Finger trocken. Septimus hatte seinen Vortrag beendet. Ernst Kalkbrenner schürzte seine Lippen nachdenklich.

«Liest Dinge?» Kalkbrenner dachte laut nach. «Sie geschehen? Kann ich nicht recht sehen. Wie kann ein Geschäftsschild geschehen? Nur als Beispiel, oder eine Rechnung...»

«Oh, *die* geschehen...», legte Elly los, nur um sofort zum Schweigen gebracht zu werden.

«Nicht alles», sagte Septimus. «Es ist zweimal ganz sicherlich geschehen, und vielleicht noch zwei weitere Male.» Lemprière nickte. Septimus war wenigstens direkt; er konnte sich vorstellen, wie er den ganzen Tag redete und es sich selbst erzählte. «Zunächst war da aus dem 14. Jahrhundert...»

«Dem 15.», verbesserte ihn Lemprière.

«...aus dem 15. Jahrhundert ein athenischer König in einem Ofen auf Jersey; dann eine örtliche Gottheit, der Vertumnus, der durch die Felder um seiner Eltern Haus strolcht; dann Diana mit ihren Hunden, ebenfalls auf Jersey.» Lemprière blickte weg. «Und schließlich ist da die Umwandlung einer Puffmutter zu Covent Garden in Circe. Das war gestern abend.»

Lemprière krümmte sich bei diesem Bericht vor Verlegenheit. So klang es selbst ihm lächerlich. Kalkbrenner jedoch war tief in Gedanken versunken, während Clementi ihn mit dem Ausdruck eines beobachtete, der zuversichtlich eine Offenbarung erwartet. Septimus begann schon nervös herumzuzappeln. Schließlich kündigte der gute Doktor seine Bereitschaft zur Diagnose dergestalt an, daß er vor dem Klavier auf und nieder zu schreiten begann.

«Ich glaube», verkündete er, «daß ich einen gemeinsamen Faden entdeckt habe, der sich durch diese Zwischenfälle zieht.» Clementis Hand flog an den Mund; Ernst begann, sein Urteil zu verkünden.

«Verbessern Sie mich, wenn ich mich irre», fuhr er in einem Ton fort, der eine solche Mutmaßung ausschloß, «aber ist hier nicht ein *antikes* Element am Werk? Ein Hauch der Alten, oder?» Clementi strahlte.

Lemprière fragte sich, ob das ein Bonmot sein sollte, vielleicht um ihn aufzuheitern. Septimus jedoch nickte ohne jede Spur von Ironie.

«Sehr scharfsinnig», kommentierte er.

«Natürlich könnten wir diesen unglücklichen Zustand beschreiben. Wir sind im Stande, das zu tun...»

«Beschreib ihn, Ernst!» platzte Clementi heraus.

«...aber das wäre nutzlos. Wir müssen von den ersten Grundsätzen ausgehen, vergleichen und entgegensetzen; eine Klassifizierung nach dem Symptomatischen ist etwas für *Enzyklopädisten.*» Lemprière begann, die Spur der Überlegungen von Kalkbrenner zu verlieren, eine Tatsache, die ein Gefühl der Sicherheit mit sich brachte.

«Der Geist besteht nur aufgrund der Qualitäten, die er mit anderen Geistern teilt, so», er schlug den Deckel des Pianos zurück und schlug die Tasten an:

«Glücklich oder traurig?»

«Traurig», erwiderte Lemprière umgehend.

«So ist es, eine allgemeingültige Antwort, aber noch wollen wir diese Linie nicht weiterverfolgen...»

«So was wie eine letzte Zufluchtsstätte», warf Clementi ein.

«Alkmaion hätte Sie wohl schon allein deswegen für gesund erklärt, wir aber sind seit Crotona weitergekommen, Isonomie reicht da nicht mehr aus. Empedokles würde geschlossen haben, daß Sie Teil-Klavier sind, und Protagoras würde dem zustimmen, aber natürlich hinzufügen, daß das Klavier Teil-Lemprière ist. Womit wir bei Aristoteles wären...» Kalkbrenner bewegte sich durch eine fließende Serie von Verwerfungen weiter, begleitet von Clementis begeisterten Bekräftigungen. Plotin, Augustin und der Aquinate waren zufällige Mitwanderer auf der Hohen Straße, die er gewählt hatte, Descartes' Fixierung auf die Zirbeldrüse war lachhaft und Linnaeus ein Schreiberling, ein Oneirodyniker, der nur träumte, wach zu sein... Kalkbrenner hatte ihnen allen Maß genommen, seine teutonischen Zertrümmerungen ließen von Gebäuden, die in veralteten Stilen erbaut worden waren, nichts als Ruinen übrig. Er gestand eine teilweise Bewunderung für Locke ein, entschuldigte sich aber mit sentimentalen Gründen. Und erst als er den Namen von Etienne Bonnot, Abbé zu Condillac, erwähnte, endete seine Tirade, und panegyrische Töne nahmen ihren Platz ein. «Der göttliche Abbé» (wie er ihn nannte) hatte einen tiefen Einfluß auf den jungen Kalkbrenner gehabt. Er besaß den glühenden Eifer des Apostaten und war als junger Mann beobachtet worden, wie er an den Zehen einer Marmorstatue in Darmstadt saugte, aber die Autoritäten («allesamt Cartesianer, verflucht seien ihre anmaßenden *sum*'s») hatten sich geweigert, zu verstehen.

«Wie hätten sie auch können, da ihre Einsicht durch eben jenes System konditioniert war, das ich ihnen als falsch bewies? ‹Aufruhr! Exil!› schrien sie, und so begannen die Jahre meiner Wanderungen, durch die Niederlande und Frankreich, allein bis auf meinen lieben Elly hier; das war, bevor die Schwierigkeiten begannen, weshalb ich denn von dorten an eure schönen Küsten gelangte und das Wort des göttlichen Abbé verbreitete, wo immer ich ging. Das war eine harte Zeit, oder nicht, Elly?» Elly nickte traurig. «Aber wir haben die widrigen Wechselfälle als wahre Reisende ertragen.» Er erreichte eine Art von Höhepunkt. «Und wir haben auf unsere bescheidene Weise der Sache vorangeholfen.»

«Auf die Sache!» Elly trank seinem Gefährten mit erhobener Teetasse zu.

«Dank dir, Elly.» Er hielt mit seiner Geschichte inne und erlaubte seinen Fingern ein weiteres Mal, auf dem Klavier herumzuspielen. Zwei oder drei Noten klangen auf. Kalkbrenner griff sich ein vielgelesenes Buch von dem Regal hinter dem Klavier herunter.

«Hier. Der *Traité des Sensations*. Ihre Geschichte erinnert mich an die Widmung.» Seine Augen schweiften himmelwärts, während er seinen Talisman hielt und aus dem Gedächtnis vortrug: «Wir können uns der Unwissenheit nicht erinnern, in der wir geboren wurden. Das ist ein Zustand, der keine Spuren hinterläßt. Wir erinnern uns unserer Unwissenheit nur, wenn wir uns an das erinnern, was wir gelernt haben. Wir müssen etwas wissen – ehe wir uns mit dem befassen können, was wir lernen. Wir müssen Gedanken haben, ehe wir beobachten können, daß wir einst ohne sie waren.» Er seufzte. «Erhaben...»

Seine Augen schlossen sich vor der *ex-nihilo*-Größe dieser Zeilen. «Ist das nicht die Lage eines jeden Arztes? ‹Wir erinnern uns unserer Unwissenheit nur, wenn wir uns an das erinnern, das wir gelernt haben...› Genauso; meine Freunde, fasset Mut aus diesen Worten, denn ihre Botschaft ist universal. Die Statue gewinnt nur dann die volle Vernunft, das volle Leben, wenn sie ihre eigene frühere Leere erkennt, wenn sie die Konstruktion erkennt, aus der sie wurde. Dies aber ist es, was wir in Ihnen erahnen müssen, Sir», sagte er und blickte auf Lemprière. «Wir müssen Ihre Geschichte nehmen und deren Räder- und Hebelwerk bis zum Urfehler zurückverfolgen; wir müssen die Justierung der Schrauben vornehmen, die entscheidende Vierteldrehung, die Sie wieder ordnungsgemäß gehen läßt...»

Aber trotz dieser Vorbemerkungen hatte Doktor Kalkbrenner nicht die leiseste Neigung, Lemprières Lebensgeschichte zu hören. Er fuhr fort, sich über die Grundsätze des menschlichen Geistes auszulassen, den Ruhm des «göttlichen Abbé von Condillac» zu singen und hin und wieder auch Lemprières Fall zu berühren, als habe der nur am Rande mit diesen Lieblingsthemen zu tun. Gelegentliche Fragen wurden gestellt und von Lemprière beantwortet, dessen Übelkeit wiederkehrte und die Kopfschmerzen ersetzte, die seiner Vermutung nach durch die reiche Röte hervorgerufen worden waren, die ihn umgab. Nach Abschweifungen über den Fall der schwangeren Frau und des Schnabelfisches, über die bemerkenswert geschrumpfte Zirbeldrüse, der er in Aachen begegnet war, und über den «Monsieur Siénois», dessen zwanghafte Harnverhaltung erst durch den Nachbarn geheilt wurde, der sein Haus in Brand steckte, kam der gute Doktor endlich zu seiner Diagnose.

«. . . und so wird aus diesen Beispielen klar, daß die Erkrankung, an der Sie leiden – eine besonders seltene, wie ich hinzufügen möchte –, keine andere ist als die projektiv-objektive palilexische Echopraxie. Palilexie begegnete ich erstmals in Salzburg, wo ein Gentleman ein Handbuch der Geburtshilfe gelesen hatte, verkehrt herum natürlich.» Er gestikulierte mit der Hand, als ob die Folgen dieses Tuns zu schrecklich seien, um darüber zu sprechen. «Echopraxie ist normalerweise eher mit Massenhysterien verbunden. Die Neigung, die Körperbewegungen jener, die einen umgeben, nachzuahmen, ist in militärischen Umgebungen alltäglich. Der Abbé de Condillac behandelt diese Dinge nicht unmittelbar, müssen Sie wissen . . . Sie scheinen als eine Art Leitung zu funktionieren; Lesen, Verbergen, Ausscheiden würde das Muster sein . . .», Kalkbrenner runzelte die Stirn.

«Vielleicht eine Zerstreuung», bot Septimus an.

«Genau die Lösung, zu der ich kommen wollte», bekräftigte Kalkbrenner.

«O Ernst!» von Elly.

«Ein Steckenpferd vielleicht . . .»

«. . . das einen Auslaß für sein exzessives Leben böte», vollendete Septimus den Satz.

«Einen Auslaß? Oh. Ja, einen Auslaß. Ich wollte das gleiche anregen. Ein Auslaß wäre die Lösung, ein Ventil, ja, ein Auslaß.» Kalkbrenners Heilbehandlung nahm Gestalt an. «Nun zur Form dieses Auslasses; die Chirurgie bietet uns da verschiedene Möglichkeiten . . .»

«. . . die nur ein Mann von Ihrer Erfahrung, Doktor Kalkbrenner, zurückzuweisen die Zuversichtlichkeit besitzt. Wie Ihr bewunderungswürdiger Condillac uns ermahnt, ist es der Geist, der den Geist prüft», mischte Septimus sich ein.

«So ist es, so ist es in der Tat. Ach, der Geist. Der Geist braucht einen geistigen Auslaß . . .»

«Eine Tätigkeit», unterbrach Septimus erneut. «Irgend etwas, um dieses *Lesen* zu exorzieren.»

«Es zu exorzieren? Nun ja, nicht gerade das, aber doch sind das die allgemeinen Linien meiner Diagnose, ja Septimus.» Kalkbrenner suchte nach der Antwort; «der Geist», «der Auslaß», «das Lesen», um diese Eckpunkte angeordnet wurde die Form langsam sichtbar . . . «Schreiben!» rief er aus. «Er muß schreiben!»

«Bravo, Ernst! Bravo!» schrie Elly.

«Aber natürlich», sagte Septimus, als sei er von der blanken Richtigkeit der Kalkbrennerschen Verschreibung überwältigt. «Die Antwort starrte uns ins Gesicht, aber nur Sie vermochten sie aufzudecken. Ausgezeichnet, Ernst. Ausgezeichnet!» Kalkbrenner wischte sich die Stirn und lächelte, halb verlegen – war seine Brillanz zu auftrumpfend gewesen? Seine Instinkte sagten ihm: nein.

«Schreiben?» Lemprières Stimme ging in dem allgemeinen Tumult von Selbstbeglückwünschungen unter. «Was schreiben?»

Eine Stunde später bewegten sich die vier am gleichen Orte auf eine Antwort für diese Frage zu mit Hilfe eines Verfahrens, das zu einem von Ausschließungen geworden war. Über die Kriterien waren sie sich einig: Es mußte Lemprières Liebe zu den Alten einbeziehen, und zugleich mußte es all die Wege behandeln, auf denen diese Liebe zurückkehren mochte, um in Lemprières wachen Stunden umzugehen, einschließlich der bereits genannten Vorfälle. «Sie müssen die Geister der Antike zur Ruhe betten!» hatte Ernst ausgerufen. «Tu das mit denen, ehe die es mit dir tun.» Septimus hatte diese Meinung bekräftigt. «Aber wie?» hatte Elly gefragt.

Bisher waren verworfen worden:

ein	Almanach	*(zu spät im Jahr)*,
ein	Brevier	*(witzlos)*,
ein	Choralwerk	*(zu gregorianisch)*,
ein	Damenkonversationslexikon	*(zu bürgerlich)*,
eine	Enzyklopädie	*(würde zu lange dauern)*,
ein	feszenninischer Dialog, gereimt	*(nur Lemprière wußte, was das überhaupt ist)*,
ein	Glossar	*(schon zu viele)*,
eine	Homilie	*(nein)*,
eine	Inkunabel	*(zu spät)*,
ein	Jugendwerk	*(auch zu spät)*,
ein	Künstlerroman	*(zu früh)*,
ein	Logbuch	*(Lemprière haßte Schiffe)*,
ein	Manual	*(alle Handbücher sind langweilig)*,
eine	Novelle	*(zu vulgär)*,
eine	Oper	*(zu ehrgeizig)*,
ein	Pamphlet	*(zu bescheiden)*,
eine	Quantitätstheorie	*(läßt Geld nicht weniger stinken)*,
eine	Restitutionsediktsklage	*(zu unzugänglich)*,
eine	Symbolistik	*(zu verstiegen)*,
ein	Traktat	*(vielleicht, aber wenig Begeisterung)*,

eine Upanischade *(zu ausgefallen)*,
eine Variantenausgabe *(von was?)*,
eine xenophontische Kosmologie *(unmodern)*, und
eine Ypsilanti-Dynastengeschichte *(zu fanariotisch)*.

Leprière, Kalkbrenner und Clementi waren in Düsternis versunken, steiniger Boden für Septimus' Anregungen, deren Rate sich bis auf einen gelegentlichen Gedanken verlangsamt hatte, der dann mit geringer Überzeugung und wenig Aussicht auf Zustimmung vorgebracht ward.

«Nein», sagten sie zum letzten (einem *zetetischen* Traktat). «Zu neugierig.» Selbst Septimus schien für einen Augenblick der Mut zu verlassen. Plötzlich änderte sich sein Ausdruck. Er stand auf und ging schnell zum gegenüberstehenden Bücherregal. Er hatte zwei große, gleich aussehende Bände erspäht. Der Name des Verfassers glänzte golden von den Buchrücken.

«Ich hab es», sagte er und nahm einen herab. «Das ist es. Das mußt du schreiben, John. Schreib so etwas.» Der Name starrte ihn an. «Samuel Johnson.»

«Samuel Johnson», las er laut.

«Samuel Johnson», echote Kalkbrenner. «Natürlich! Wie haben wir das nur übersehen können? Sie haben in der Tat völlig recht, Herr Praeceps; Herr Leprière, Sie müssen dem guten Doktor Johnson nacheifern, das ist meine endgültige und sichere Verschreibung.» Septimus schwang das Buch wie eine Keule und warf es dann Leprière zu, der es auffing und neugierig das Titelblatt anstarrte.

«Was ist das?» fragte Elly.

«Sie wollten ein Werk, das alles abdeckt, oder etwa nicht? Dies ist es!»

«Wahrhaftig», sagte Leprière, den Kopf im Buch.

«Wie klug von dir, Ernst, aber darf ich fragen, was es ist?» gurrte Clementi.

«Endlich die Antwort. Glaubst du, du kannst das schaffen, John?» fragte Septimus.

«Ja», erwiderte der andere, immer noch lesend. Septimus marschierte hinüber, um Kalkbrenners Hand zu schütteln.

«Wußt ich doch, wir würden's finden.»

«Ausgezeichnet, Ernst!»

Clementi hüpfte auf und nieder und entbot beiden Glückwünsche und Lobgesänge. «Ausgezeichnet von euch! Wirklich, jetzt scheint alles in die richtige Ordnung gebracht. Dürfte ich aber jetzt, schrecklich ungebildet von mir, dürfte ich fragen, was genau, meint ihr, ist das?»

Lemprière blickte von seiner Lektüre auf.

«Es ist ein Wörterbuch», erwiderte er. Er würde ein Wörterbuch schreiben. Doch in dem Augenblick, da er seine Entscheidung bekanntgeben wollte, durchfuhr Lemprière die eigenartigste Wahrnehmung. Die Ereignisse seines Lebens, Kleinkinderzeit und Kindheit und Jugend, seine Liebe zu Juliette, seines Vaters Tod, selbst die Erinnerungsfetzen an den voraufgegangenen Abend, all das schien ihm plötzlich in den Blick zu kommen. Die Ereignisse und Peinigungen seines Lebens rasten heran und gingen gegeneinander vor wie hundert Kampfwagen mit ihren Pferden und Wagenlenkern, die in einem Wirbel von Gliedmaßen und zerbrochenen Deichseln ineinanderkrachen. Lemprière befand sich in dessen Mittelpunkt. Aus einer Stille heraus, die sich verlängerte, Geschwindigkeit gewann und sich fortbewegte, beobachtete er, wie sie aufs neue ausritten und über die Ebene hin ausschwärmten wie die Speichen ihrer Räder. Sie waren seine Ausgesandten, die Agenten des Wörterbuchs.

«Engel des Wörterbuchs?» Septimus' Ton war plötzlich scharf. Lemprière hatte den Titel laut vor sich hingemurmelt, ohne sich dessen bewußt zu sein.

«Agenten», verbesserte er seinen Freund. «Nichts.» Die drei betrachteten ihn, warteten auf ihn. Es war ganz klar.

«Ich werde ein Wörterbuch schreiben», erzählte er ihnen, und sie umdrängten ihn, plötzliche Zelebranten seiner Entscheidung.

Nach gegenseitigen Beglückwünschungen und verlängertem Abschiednehmen gingen wenig später Lemprière und Septimus ihren früheren Weg zurück, entlang derselben Häuserzeilen und durch dieselben Straßen wie zuvor. Lemprière bedachte seines Freundes Bericht über den eigenen Ausbruch in der vergangenen Nacht. Wohl wahr, er hatte alles aufgezählt, was Lemprière zugestoßen war, aber Lemprière wußte, daß er ihm mehr erzählt hatte. Wieviel mehr? Damit quälte er sich, während sie ihren Gang schweigend fortsetzten, Lemprière in Ungewißheit siedend, Septimus mit Gedanken beschäftigt, die undurchsichtig blieben. Schließlich konnte Lemprière seine Neugier oder Furcht nicht länger zurückhalten.

«Du hast das Mädchen nicht erwähnt», forderte er Septimus heraus.

«Das Mädchen? Welches Mädchen? Wann?» Lemprière hatte die Frage vieldeutig gefaßt, Juliette vielleicht, oder eine andere. Das

Mädchen auf dem Bett, das er betrunken für die eine gehalten hatte, die er liebte, aber das war unmöglich. Das war nicht sie gewesen. Jetzt zwang Septimus ihn, Farbe zu bekennen.

«Ich glaube, ich war . . . verwirrt.»

«Ja, das glaube ich auch», stimmte Septimus bereitwillig zu. Sie schritten weiter, aber das Schweigen, das zuvor wie vereinbart erschienen war, wurde jetzt drückend. Lemprière fühlte sich gezwungen, wieder zu sprechen.

«Ich glaube nicht, daß einer von beiden auch nur ein Wort geglaubt hat», brach er aus.

«Ernst und Elly? Was spielt das für eine Rolle? Schließlich ist es immerhin möglich, daß du dir all diese Dinge eingebildet hast. Ich sage nicht, du hättest, aber es ist möglich. Monstren und Götter in Feldern, in Läden, Circe im Craven Arms. Du liest von ihnen, gewiß, und sie erscheinen. Aber vielleicht nur für dich. Sie waren für dich wirklich, aber eingebildet, verstehst du?» Rot auf Grau, Teich, Himmel.

«Nicht die Hunde», sagte Lemprière. «Ich hab mir die Hunde nicht eingebildet.»

«Nein», räumte Septimus ein. «Die Hunde waren wirklich. Und natürlich das Mädchen.»

«Das Mädchen?» Lemprière wandte sich scharf an Septimus.

«Das Mädchen im Teich, badend, wie Diana. Dieses Mädchen.»

«Natürlich.» Lemprière ging wieder weiter. Dieses Mädchen. Juliette, nackt im Teich.

Es war der mittlere Nachmittag, und als die beiden sich durch Holborn auf Covent Garden zubewegten, wurden die Straßen langsam voller. Gruppen von Lehrlingen und Arbeitern bewegten sich zwischen Teehäusern und Bierschwemmen hin und her, lärmige Haufen mit schlechten Manieren schweiften ziellos umher, und die unterschiedlichsten Bummler, auf der Suche nach Vergnügungen am Sabbat, verfolgten ihre unterschiedlichsten Wege, wobei sie die Straßen mit leeren und leicht verzweifelten Mienen durchstrichen. Es war Sonntag; es gab wenig oder nichts zu tun. Lemprière und Septimus erdrängelten sich ihren Weg durch einen engen und vollgestopften Durchgang, um eine offenere Straße zu erreichen. Eine Gruppe von zwanzig oder dreißig Arbeitern war gerade in der Kneipe ein Stückchen straßauf ausbezahlt worden und begann jetzt, in die Straße zu strömen, wobei sie einen schwarzen Vierspänner zum Halten brachten. Lemprière schnüffelte und bemerkte einen Geruch, an den er sich von seinen glücklosen Fragen im Jerusalem nach der Lage der Themse vor über einer Woche erinnerte: Kaffee.

Kopfschmerzen und Übelkeit hatten ein zerbrechliches Gleichgewicht erreicht, und obwohl ihm Essen immer noch eine unerfreuliche Aussicht bot, hatte Clementis Tee bewiesen, daß Flüssigkeiten mit ein wenig Anstrengung möglich waren. Septimus schien es auch gerochen zu haben, entfernte sich tatsächlich schon von der Kutsche und der Gruppe der Arbeiter, querte die Straße auf das Kaffeehaus hin, es war Galloway's, auf der anderen Straßenseite.

Der Eingang zum Kaffeehaus war überfüllt. Septimus hatte ihn bereits erreicht und blickte sich nach Lemprière um. Als er ihm über die Menge hin Zeichen machte, drängelte sich eine Frau in Blau, deren Röcke selbst aus dieser Entfernung verdreckt aussahen, ihren Weg durch die Tür und durch das Knäuel Menschen vor ihr. Sie starrten sie an ebenso wie Lemprière, der in ihr eine der unglücklichen Buchmacherinnen vom Vorabend erkannte. Er versuchte, Septimus diese Tatsache zu signalisieren, doch machte sich die Frau hinter ihm rasch von dannen. Tatsächlich erschien es Lemprière, als versuche sie, die Aufmerksamkeit von jemandem vor ihr zu erregen. Er streckte sich nach einem Blick, wurde aber in diesem Augenblick von einem großen Mann angerempelt. Entschuldigungen folgten, und als Lemprière wieder Ausschau halten konnte, war sie verschwunden; das Ziel ihrer Verfolgung ebenfalls.

Lemprières Überquerung der Straße war voller Püffe und Rempeleien, während er sich einen Weg zwischen den Frauen und Männern hindurchbahnte, die sich in der Straße auf und ab bewegten. Er erreichte die Tür mit einigen Schwierigkeiten und rannte in seiner Hast und Einbildung, drinnen einen sicheren Hafen zu finden, einen Kunden über den Haufen, der gerade herauskam. Lemprière beugte sich vor, um dem Mann aufzuhelfen, doch das verwirrte die Angelegenheit nur, da das Opfer sich erhob, sich seinen breitkrempigen Hut zurechtrückte und sich in einer einzigen schnellen Bewegung durch die Tür schob. Lemprières Entschuldigung verhallte ungehört.

Das Innere des Kaffeehauses war mit Männern vollgestopft, die mit ihren Nachbarn Fragen diskutierten und sich ausließen über den schändlichen Zustand der Straßen, das Tanzverbot, des Königs Gesundheit, Katzenquälerei, vergangene Bräuche, die Armen, und all das mit lärmigem Temperament, während sie dampfende Kaffeebecher in sich hineingossen und zufrieden in die verräucherte Luft rülpsten. Septimus war bereits in den Hintergrund des Ladens vorgedrungen und dort in eine Auseinandersetzung mit dem Besitzer verwickelt, der schwitzte und sich die Hände an einer schmutzigen Schürze abwischte, während er erklärte «Das hier ist ein Kaffeehaus...» Septimus bestand auf Tee, Lemprière schloß zu ihnen auf und verfolgte müde ihre Auseinandersetzung, die Septimus immer leidenschaftlicher führte.

«Tee, Tee, Tee! Hat man denn dem Bodhikarma umsonst die Augenlider abgeschnitten? Hat denn der spürsinnige Kaiser Sri Long seinen glücklichen Unfall vergebens erlitten? Wenn ein Mann des Tees müde ist, ist er des Lebens müde! Doktor Johnson hat gesagt, daß...»

«Nein, hat er nicht», unterbrach der Besitzer.

«Aber er hat es *geglaubt*», schlug Septimus zurück und ließ dann eine Reihe langer und fader Zitate aus dem Ch'a Ching des Lu Yu und aus obskuren Traktaten des verblichenen Kitcha Yojoka vom Stapel, ehe er sich jählings dem Frankreich von Joan de Mauvillain zuwandte.

«‹*An the chinensium mentis confert?*› Wenn ich je einen rhetorischen Titel gehört habe, dann diesen, pah!» Der Besitzer aber focht für seine Sache, und als Septimus die Meinung des Doktors Bontekoe zitierte, daß zweihundert Tassen pro Tag nicht über die Maßen seien, verwies er darauf, daß der gute Doktor von der Holländischen Ostindien-Gesellschaft bezahlt worden sei, Hauptimporteure von Tee damals wie heute, um nur das zu sagen.

«Profite spielen da keine Rolle.» Septimus wies die Unterstellung einer üblen Gaunerei zurück, aber jetzt war sein Widerpart in Fahrt, und Lemprière lauschte, wie der Mann mit einer leidenschaftlichen Verteidigung der Kaffeebohne zurückschlug, ihrem Stammbaum, ihrer Herkunft und ihrer Verwendung, mit einer langen weitschweifigen Erzählung von arabischen Sklavenjägern, die schnell über die Steine Äthiopiens dahinpreschten, von Kaldi dem Ziegenhirten, dessen herumtobende Ziegen als erste den Menschen auf die schlaffeindlichen Eigenschaften der Frucht aufmerksam machten, und davon, wie Ali bin Omar al Shadhilly wieder in die Gnade des Königs aufgenommen wurde (nachdem er die Gunst seiner Tochter genossen hatte), weil er ihm ein juckendes Fieber mit Hilfe eben jener roten Beeren heilte, «die ich gerade jetzt selbst röste, mahle und aufkoche, ohne Rücksicht auf die Feuergefahr, und solch Undankbaren wie euch serviere. Bedeutet euch denn die Selbstaufopferung des Mathieu de Clieux Nantes nichts?»

Septimus gab zurück, daß sie ihm in der Tat nichts bedeute, was den Mann veranlaßte, die ganze Geschichte von Mathieus Diebstahl einer Kaffeepflanze aus dem *conservatoire* des Königs von Frankreich zu erzählen, und wie er sie unter seiner Jacke nach Martinique brachte, wobei er so weit ging, seine Wasserration mit ihr zu teilen, während er die bittersten Verhöhnungen und Verspottungen von seinen Mitpassagieren zu erdulden hatte. «Abschaum! Unwissender Abschaum sie alle!» spie er mit polyphenoler Heftigkeit hervor und war gerade dabei, sich in die noch extravagantere Geschichte Francescos de Melho Palheta, einer Kaffeepflanze und der Frau des Gouverneurs von Martinique zu stürzen (gewissermaßen eine Fortsetzung der ersten), als Lemprière höchstselbst sich einmischte und sagte, vielen Dank, und ja, sie würden beide sehr gerne einen Becher Kaffee nehmen, den er, als er kam, durchaus nach seinem Geschmack fand. Septimus war verärgert, daß er inmitten der Auseinandersetzung unterbrochen worden war, und ihm schmeckte er nicht. Lemprière sah ihn verteidigungsbereit über seinen Becher hin an und schlürfte vorsichtig die heiße bittere Flüssigkeit.

«Der Mann, bei dem wir gegessen haben.» Lemprière redete ebensosehr, um das Schweigen zu brechen, wie aus beliebigen anderen Gründen. «Der traurig aussehende Mann, wer war das?»

«Oh, es gibt viele traurige Männer», erwiderte Septimus, und Lemprière wurde klar, daß was ihm als Verärgerung erschienen, in Wirklichkeit Geistesabwesenheit oder etwas Ähnliches war. «Kaffee macht einen unfruchtbar, hast du das gewußt?» fügte er hinzu. Lemprière zuckte die Schultern und nahm sein Schlürfen wieder auf.

«So, ein Wörterbuch...», begann er einige Augenblicke später munter. Das hatte mehr Erfolg, denn es veranlaßte Septimus, eine lange verschlungene Geschichte über ein Nachschlagewerk, das er einstens gelesen hatte, und das einen der flämischen Dialekte numerologisch behandelte, zum besten zu geben. Die Geschichte wurde anekdotischer, und die Sprache wechselte vom Flämischen zum Assyrischen, und dann wieder zurück, bis Lemprière sich gezwungen fühlte, ihn sanft herauszufordern.

«Mir ist noch nie ein solches Werk begegnet», sagte er.

«Nein?» Septimus dachte einen Augenblick lang nach. «Vielleicht habe ich mich geirrt. Das wäre doch eine Erklärung, meinst du nicht auch?» Ein kurzes Schweigen folgte. Septimus sah sich leeren Blickes im Raume um. Verschiedentlich erschien es Lemprière, als ob er zu sprechen ansetze, aber sein Gefährte blieb stumm. Septimus preßte einen Finger hart gegen den Tisch und betrachtete ihn, als die Farbe zurückkehrte.

«Ich fürchte, ich muß dich jetzt verlassen», sagte er und stand dann auf. Auch Lemprière stand auf, für einen Augenblick verwirrt. Zusammen bahnten sie sich einen Weg zur Tür, wobei Septimus innehielt, um den Besitzer zu bezahlen, der ihm dankte («Eine gute Nacht wünsche ich, Mister Praeceps!»), als sie den Laden verließen.

«Mister Praeceps», echote Lemprière. «Du kennst ihn?» Das war ihm nicht klargeworden. Ihre Auseinandersetzung hatte das nicht verraten.

«Ja, ja», erwiderte Septimus, «er ist ein...»

«Er ist ein *Freund von mir*!» beendete Lemprière den Satz für ihn und lachte laut.

«Ja», sagte Septimus ausdruckslos. Lemprière hörte auf zu lachen.

«Alsdann das Wörterbuch», sagte er, als wäre es ein Trinkspruch. Das schien Septimus zu sammeln.

«Das Wörterbuch, ja. Das Wörterbuch ist sehr wichtig.» Die beiden letzten Wörter wurden mit einiger Betonung ausgesprochen. «Du mußt so rasch wie möglich damit anfangen.»

«Ich werde noch heute abend damit anfangen», versprach Lemprière zuversichtlich. Septimus sah weg. Er erschien verloren, irgendwie abgelöst. Der Augenblick schleppte sich dahin.

«Na schön, alsdann dir gute Nacht.» Lemprière klopfte ihm auf den Arm.

«Ja, gute Nacht, John», erwiderte er. Lemprière lächelte, drehte sich dann auf dem Absatz herum und strebte auf die Straße hinaus, auf einen entschlossenen Heimweg. Septimus blieb noch einige Sekunden stehen, blickte um sich und schritt dann in die entgegengesetzte Richtung von dannen.

An jenem Abend saß Lemprière am Tisch in seinem Zimmer. Vor ihm waren seine Feder, ein Tintenfäßchen und ein einzelnes Blatt weißen Papieres aufgereiht. Er tauchte die Feder rasch in das Fäßchen, hielt sie dann ruhig und beobachtete, wie drei schwarze Tintentröpfchen lautlos von der Spitze abtropften. Er blickte hinab auf das Blatt Papier auf seinem Tisch. Die Feder bewegte sich in einer Generalprobe rasch unmittelbar über seiner Oberfläche. Lemprière hielt inne, dann schrieb er sorgfältig in die linke obere Ecke den Buchstaben A.

Nun hinab durch die straffe Haut der Stadt hinein in den Misch-masch aus Felsen und Erde unter ihr. Durch blaugraue und zähe rote Tonerden, durch krümelige Sedimentschwarten, durch schwar-zen Granit und durch wasserführende Formationen, vorüber an Grubengasflammen, Ölschiefern und Kohleadern, um eine zweite, geheimere Haut zu durchbohren und in den Körper der Bestie einzudringen. Hier winden sich lange flötenförmige Kammern fort in Honigwaben und öffnen sich in Höhlen groß wie Kirchen, in denen Wiegen aus Kieselerde von spröden verkalkten Fäden herab-hängen, und Firste und Flansche und Plattformen in Stein gefroren sind, um unter der Stadt die Jahrhunderte abzuwarten. Einst war das ein Gebirg aus Fleisch, rotem pulsierendem Fleisch und Muskel. Jetzt ist es toter Stein, dessen Adern trockengesogen sind wie Staub und dessen Arterien alle von der Zeit sauber ausgeblasen sind; ein wissenloses Denkmal, das Gastgeber spielt für neun Männer, jetzt acht, die durch die Durchschlupfe kriechen wie Parasiten und sich in ihrem Verständnis der Kammern, Tunnel und Gitterwerke unter-scheiden – nicht unnatürlich –, die können auf so vielfältige Weise erklärt werden!

Boffe, riesig und rot, plantschte energisch in seiner Badewanne und versuchte, sich das Steingeschöpf vorzustellen, das ihn auf allen Seiten umgab. Jetzt saß er in seinen Flüssigkeiten und sann über die Kammer nach, wie das während der Badezeiten seine Angewohnheit war, wobei er sich schwach jener Millionen Tonnen von Mergel, Fels und Erde bewußt war, die von der Oberfläche Hunderte Fuß über ihm auf ihn herabpreßten. Schieres Gewicht, ein tiefes Baßgerumpel in seinen schlecht orchestrierten Gedanken. Verflucht sei Vaucanson, der ihn «das schwache Glied» genannt hatte und doch nichts ohne ihn war, er, der Kaiser der Schau, der Lotse der Illusionen. Boffe spritzte und gurgelte sich durch seine Waschungen und tauchte dann auf, um seinen dampfenden Rumpf in der kälteren Luft der Kammer trocken-zurubbeln. Vaucanson tauchte, Boffes Oberfläche reizend, wie ein Ausschlag auf, Boffes Gereiztheit vertiefend. Seine Inszenierungen (wunderbare Dinge), seine Vorführungen und Séancen – kompo-niert, geplant, genehmigt, ausgeführt – waren vom Genie des anderen Mannes abhängig; seinen mechanischen Vorrichtungen. Boffe brauchte Geräte und Maschinen und gelegentlich Schauspieler (ob-wohl diese, unwandelbar steifgliedrig und sprachlos, seinen Einfalls-reichtum dermaßen auf die Probe stellten, daß er sich zu ermahnen hatte, alle große Kunst entstehe nur gegen den Widerstand des

Mediums). Boffe!, er betrachtete sich in dem Spiegel am anderen Ende der Kammer. Er war unverkennbar.

Hinter ihm stand der Tisch mit seinen Modellen und Plänen, kleine Baumgruppen, von Hand aus Schwamm und Draht gemacht, Figuren aus Ton, und Vaucansons Maschinen, aus Holzspänen und Kordel nachgebildet. Boffe war kein schwaches Glied, der Plan vor ihm bewies das. Vaucanson konnte ihn nicht leiden, Cas de l'Île haßte ihn. Seine armen mißbrauchten prostituierten Gaben konnten es kaum hinnehmen, Le Mara, der wie eine Todesmaschine herumkroch, und die Höhlen, die furchtbaren Höhlen, er haßte es, konnte es kaum ertragen, es war zu schrecklich. Boffe tätschelte seinen Bauch voller Selbstachtung und zog sich an. Angekleidet war er prächtig, die Beine vielleicht ein bißchen dünn im Verhältnis zum übrigen, aber durchaus noch dienstfähig, als er zum Tisch ging, wo er sich über das Miniaturherrenhaus und dessen Gärten beugte, den Rasen (aus gestrecktem Boi), den stoppligen Grund dahinter (gefärbte Schweineborsten in Papiermaché), die Bäume und das Mittelstück, ein Scheiterhaufen, auf dem die Frau in unerträglichen Folterungen brennen und unvorstellbare Todesqualen erleiden würde, die über eine oder zwei Minuten hinaus zu verlängern selbst Boffes Einfallsreichtum keine Mittel gefunden hatte.

Vaucansons Unternehmung würde hinter den Bäumen errichtet werden. Boffes dicker Zeigefinger drückte leicht auf das Dach des blättrigen Baldachins, wie er ihn sah. Von hier aus würde der blendende Blitz geschmolzener Qual emporgehoben, hinübergeschwungen und wie aus dem Himmel auf die unglückliche Frau abgesetzt, gar in sie hineingesetzt werden. Das würde auf die bestmögliche Weise spektakulär sein und die Illusion jener Unvermeidlichkeit schaffen, die gewöhnlich nur Gott erreicht.

Boffe rückte seinen Sack zurecht, der sich in der vorgestellten Erregung verfitzt hatte, und wandte seine Aufmerksamkeit dem Haus zu, aus dem der Junge auftauchen würde. Sein selber Finger zog einen Pfad über Rasen und Gestrüpp in die Bäume und von dort zum Scheiterhaufen, und im Geist durchmusterte er noch einmal die Arten der Verlockung und Zerstreuung, die er erdacht hatte, um den Jungen zur erforderlichen Zeit an den erforderlichen Ort zu leiten, damit er dort seine Rolle als Zeuge und (wie der Anführer ihm versichert hatte) als indirekter Teilnehmer spiele. Boffe entwarf den Raum um den Scheiterhaufen als einen ausgefallenen Staatsthron, auf dem der Knabenkönig sitzen mochte, um gleichermaßen zu sehen wie gesehen zu werden. Boffe sah erneut in seinen Aufriß, den geöffneten Band, der auf der einen Seite lag und von der feurigen Empfängnis des Perseus sprach, jener sagenhaften Heimsuchung der Jungfrau durch Zeus, den Wolkenschieber, der in arglistigen Tropfen auf sie herabregnet, ein Goldschauer. Die eherne Höhlung würde natürlich vorgetäuscht werden müssen, und dann mußte man an die Frau denken, obwohl ihre tätige Teilnahme nicht erforderlich war... Vor allem aber war es der Junge, der Boffe beunruhigte. Er würde natürlich ohne Proben sein, unvorhersehbar in seinen Beziehungen zu der Aufführung, vielleicht widerstandsfähig gegen das Ganze, hmm. Aber Boffe hatte Spielraum, Widerstände, Gegengewichte und anreizende Begegnungen eingebaut, die ihn auf der Spur halten sollten, während sie zugleich Bewegungsfreiheit beließen, denn jeder Skeptiker muß einen Knochen für seine Vernunft haben. Boffe trat zurück und bewunderte. So viele knifflige logistische Probleme, und er hatte für sie alle Lösungen gefunden! Er anerkannte die grobe Kraft der Maschinen von Vaucanson, der Kran war gut, und er liebte die Hundemaschinen, großartige Konstruktionen.

Boffe raffte seine Pläne zusammen und dachte an die anderen sieben, aber Jacques war in Frankreich, sechs also, an ihre schockierte Überraschung ob seiner Findigkeit, aufgeregte Kritik an den feineren Punkten (ihre Einwürfe würde er *comme ci comme ça* abtun), Beifall, Lob und dann Applaus, der vielleicht ins Wilde wüchse und ganze Opernhäuser auf die Füße brächte, Reihe um Reihe, die ihn unter Rosen und Ruhm begrüben, der länger halten würde als eines Pharaos Grab. Boffe der Meister, denn was wäre das Leben ohne das Theater, es als solches zu bestätigen? Eine leere Schale. Eines Tages würde er aus seiner Zurückgezogenheit auftauchen, sehr bald, und er würde vergessen, daß er jemals die Antwort auf jene Frage gewußt hatte. Boffe griff nach seiner Lampe und strebte der Kammertür zu. Bald würde das Treffen beginnen. Sein Eintritt wurde erwartet.

Boffes Durchgang durch die inneren Organe des Tieres querte, obwohl er fast eine ganze Stunde brauchte, nur einen kleinen Querschnitt des versteinerten Rumpfes. Das konnte teilweise durch das widerspenstige Wesen des Geländes erklärt werden, den Hohlraum zwischen Lunge und Brustkorb insbesondere, denn die poröse Oberfläche der ersteren bot ungezählte Strudellöcher und Unregelmäßigkeiten, doch die Hauptschwierigkeit war eine des Ausmaßes. Ihrer alle acht konnten, wenn sie all ihre Kenntnisse in idealer Verständigung zusammenfügten, gerade eben die Größe des Tieres erfassen.

Einzeln hatte keiner eine Chance. Es war nicht nur die Länge – obwohl ein Geschöpf, das sich von einem Punkt östlich von Ludgate bis einiges über Haymarket hinaus erstreckt, sicherlich lang genug ist –, sondern auch die Tiefe. Keiner der acht war bis in die tiefsten der Katakomben vorgedrungen. Keiner von ihnen wußte, wie tief genau ihre Freistätte hinabreichte. Daß die ganze Masse die Oberfläche an verschiedenen Stellen berührte, war eine bekannte Tatsache, die ihnen die Frage aufhalste (obwohl sie keinen praktischen Wert hatte), ob aus dem Grundsatz der festgestellten Endlichkeit das Verfahren der Vermessung unausweichlich folgen müsse. Und dann gab es da die Frage des Wassers.

Die Nähe der Themse war durch Messungen festgestellt und dann als Faktor ausgeschlossen worden. Komplizierte Konstruktionen unter Einschluß von Stützpfeilern und Lehm schützten die schwächsten Stellen. Nein, das Wasserproblem bezog sich auf das Tiefenproblem. Später, wenn Boffe seine Badewanne leert, wird das Wasser den Fußboden überspülen, sich in Ecken sammeln und in Möbel kriechen, wie Wasser das eben tut, und für eine Weile stehenbleiben, und dann zu versickern beginnen... Da. Das war das Problem. Die Bestie war vollkommen und unheimlich trocken, absolut und vollständig ausgetrocknet. Da gab es nicht eine einzige Oberfläche, auf der sich Wasser sammelte, kein Sammelbecken in seinen Innereien, keine geheimen strömenden Durchlässe und keinerlei große Masse porösen Steins, der von Feuchtigkeit tropfte. Wohin verschwand das Wasser? Diese Frage wirkte auf die acht in unterschiedlicher Weise, doch formte sich eine besorgte Übereinstimmung als eine weitere, weitaus besorgniserregendere Frage. Was denn war unter der Bestie? Unter der Stadt war der Untergrund, unter dem Untergrund die Bestie, unter der Bestie aber... Ein unterirdischer See? Eine Leere? Die Ungewißheit steckte sie an, als ob die Grundlagen ihrer Leben plötzlich fortgerissen würden, oder schlimmer: als ob sie sich dessen ständig als einer starken Möglichkeit bewußt wären – die es war. Die Folge war eine schauervolle Ruhe, nicht Fatalismus, sondern unterdrückte Hysterie. Wohin *verschwand* das Wasser? Keiner von ihnen wußte es. Alle mutmaßten.

Der Anführer schnürte es in eine komplexe theologische Spekulation über die Natur des Bösen als Teil eines Aufruhrs des Selbsthasses, in dem das Böse immer höher emporstieg, immer härter und schwärzer und dichter, bis es schließlich in sich selbst zusammenstürzte und nichts übrig ließ als seine wabernden Umrisse, die sich niemals ganz auflösten. Er stellte sich vor, daß dies sich buchstäblich unterhalb der Bestie abgespielt habe, diese Ansammlung von Bösem, die sich von tief unten herauf auftürmte, bis die ganze verfaulte Masse hinweggefegt wurde, wie das Feuer des Sapeurs die ganzen stützenden Streben wegbrennt, um die ganze Konstruktion zum Einsturz zu bringen und ihre geheimen Träume hinab in das Vergessen stürzen zu machen. Wenn des Anführers beide flankierende Kohorten Gedanken über diese Frage hatten, waren sie unzugänglich, doch mochte ihre gegenseitige Nichtübereinstimmung als sicher gelten. Boffe selbst, der jetzt in die Aorta eindrang, erblickte in dem schwerfälligen Schweben der Bestie das Schweben der Ungläubigkeit. Illusion war ihm Alltäglichkeit, eine straff gespannte Membran, die fast danach schrie, durchbohrt und so zerrissen zu werden, um die Spieler in unverkleideten Zuständen zu enthüllen, die Bühnenarbeiter und die Maschinerie. Es war die Tragödie der Schau, die als Farce der Materie wiederholt wird, oder so was. Jacques war in Paris, und man konnte von ihm wirklich nicht erwarten, daß er in einer solchen Entfernung vom zu untersuchenden Gegenstand Mutmaßungen über ihn anstellte. (Er hielt es für eine geologische Mißgeburt!) Le Mara glaubte, daß das Biest nichts darstelle. Eines Tages würde es zusammenbrechen, und er würde tot sein, nichts mehr. Vaucanson flog vom Ende zum Anfang und konstruierte imaginäre Ursprünge, in denen sich Stahlaale durchs Gefels bohrten und Millionen winziger Schnappvorrichtungen weitläufige Kavernen aushöhlten und Armeen von Zangen, mit Blei gegen Funkenbildung beschichtet, Brennstäube aus der Luft griffen und sie in vollkommenen nichtmenschlichen Reihen zu einem unbekannten Ziel verbrachten, irgendwo unter ihm, irgendwo da unten.

Da unten, ja. Das war dort, wo dermaleinst alles endet. Nur Casterleigh sah dem ins Gesicht. Irgendeine negative Anziehung da unten hatte ihm ein Halsband angelegt. Etwas zog ihn hinab, ein langsamer Druck zuerst, der nach und nach stärker wird, bis er unwiderstehlich ist und er selbst kopfüber durch einen unterirdischen Trichter hinabstürzt, der immer enger wird, bis er kaum noch zwischen seinen glatten Seiten hindurchkommt, und dahinter ein Loch – dahinter Schwärze. Dahin verschwand das Wasser. Dahin verschwindet alles, nirgendwohin, ins Nichts.

Jetzt stand Casterleigh am Rand einer Lichtpfütze aus der Öllampe, die den Eingang zum Versammlungsraum kennzeichnete. Die Tür hinter ihm schloß luftdicht. Da gab es keine Lichtritze. Vor ihm erstreckte sich eines der flachen Gelände der Bestie in die Dunkelheit hinein. In Wirklichkeit war es eine hohe halbkreisförmige Plattform, bedeckt mit Kies, der laut unter den Füßen knirschte, ein Geräusch, das von der gewölbten Decke fast dreißig Meter darüber verstärkt wurde. Dic Wand des Versammlungsraumes teilte die Fläche, wobei die Kiesfläche als eine Art Vorbühne übrigblieb, auf die sich eine Reihe von Durchgängen öffnete. Auf der einen Seite erhob sich eine hohe schräg aufsteigende Wand, aus der schließlich die Decke wurde, auf der anderen war ein schierer Felsabfall. Die Vorbühne maß einige zwanzig oder dreißig Meter im Durchmesser und war zum größten Teil unbeleuchtet. Die meisten seiner Kollegen befanden sich bereits drinnen. Nicht Jacques, der immer noch in Paris war, mit dem Mädchen... Nicht Boffe, der unpünktlich war, totes Gewicht, dachte Casterleigh. Und nicht Le Mara, den er jetzt erwartete.

Nach einigen Minuten hörte er ein schlurfendes Geräusch aus der Dunkelheit vor ihm und ein bißchen nach links. Das würde Le Mara sein. Es hatte keinen Sinn zu rufen. Die Akustik des durchlöcherten Raumes, der sich vor ihm öffnete, war eigenartig. Von seinem Standort nahe der Tür konnte man Geräusche aus der Umgebung mit unfehlbarer Genauigkeit ausmachen. Le Mara kam direkt auf ihn zu, auf die Tür zu, genauer. Die Bestie erschien Casterleigh als ein Zufluchtsort für Anomalien, die aus den zerfetzten Säumen der Theorie ausgestoßen waren und hier ihre Probleme vorstellten. Andere Höhlen waren bar jedes Lautes, die Wände saugten Geräusche auf wie ein Schwamm, und wenn man einen anderen nicht unmittelbar ansprach, verschwand der Ton und ließ einen mit Mundbewegungen zurück, die für niemanden mehr hörbar waren. Die Temperaturen waren ebenfalls sonderbar. Man konnte in wenigen Minuten aus frierender bitterer Kälte in die schwülste Hitze gelangen. Einige Teile der Bestie waren zu heiß, als daß man sie betreten konnte, die unteren Teile vor allem, aber darin gab es keinerlei System. Le Mara kam näher, seine Schritte wurden lauter, als er aus der Düsternis auftauchte und Casterleigh zum ersten Mal sah. Er blieb stehen und blinzelte. Casterleigh winkte ihn heran. Casterleigh hielt nach Neugier im Gesicht des anderen Mannes Ausschau. Da war keine.

«Die erste Sendung ist an Bord?» fragte er. Le Mara nickte.

«Der Inder begnügt sich immer noch damit, zu beobachten?» Le Mara nickte wieder und sagte dann:

«Er sollte gestoppt werden. Er verfolgt unsere Bewegungen. Sucht nach irgendwas.» Casterleigh haßte die Eintönigkeit in Le Maras Stimme, der Stimme eines toten Mannes. Er überragte den Meuchelmörder. Das Warten war bedrückend gewesen.

«Ich bin einverstanden.» Casterleigh wußte, daß der Anführer dagegen war; mehr noch, sich dem unerbittlich widersetzte. Diese Tatsache schwebte zwischen den beiden, potentielle Verschwörer. Keiner sprach. Le Mara drehte sich jäh um und starrte zurück in die Dunkelheit hinter ihm. Dann hörte Casterleigh das Geräusch, das seine Bewegung verursacht hatte, Schritte. Boffes Schritte, als er mühsam über den Kies auf die Tür und das Treffen hinter ihr zustapfte.

«Wollen wir gehen?» Casterleigh wies auf die Tür. Es war Zeit. Le Mara nickte und bewegte sich, hielt dann inne. Der Meuchelmörder sprach, als wäre es das logische Ergebnis eines Vorganges, der seine vorgegebene Zeit zur Erledigung gebraucht hat.

«Der Inder sollte getötet werden.» Da war es gesagt. «Der Schreiber auch.»

«Noch nicht, wir warten noch etwas.» Casterleigh hielt ihn hin. Le Mara wandte sich erneut um. Casterleigh lächelte. Sein war die Entscheidung. Er ging mit Le Mara zur Tür und sah zu, wie der kleinere Mann vor ihm hindurchging. Sein war auch Le Mara.

Sechs Kerzen erhellten die innere Kammer. Boffes atemlose Ankunft eine Minute später fügte eine siebente hinzu. Jacques Stuhl blieb leer und der eine an der Seite des Anführers natürlich. Dieser saß wie immer etwas weiter zurück, sein Gesicht in den Schatten verborgen. Die Stunden schleppten sich in zusammenhanglosen Gesprächen, Plänen hin. Le Mara berichtete über die Fracht der *Vendragon*. Coker und seine Männer erwiesen sich als zufriedenstellend. Die nächste Sendung wurde gebilligt.

«Bleibt der Inder...»

«Nicht anrühren», die Stimme des Anführers schnitt scharf durch die Le Maras. Vaucanson blickte auf. Casterleigh fing seinen Blick ein. Sie dachten denselben Gedanken. Der Inder war nicht der erste, der gekommen war, nicht der erste «Ausgesandte» des Nawab. Über dem früheren Vorfall hatten sie gezögert, hatten sich zu einem Kompromiß entschlossen. Boffe hantierte ungeduldig mit seinen Plänen. Das war ein Fehler gewesen, und er war infolge des Beharrens ihres Anführers geschehen. Der Spion war zurückgeschickt worden. Sicherlich verändert – Vaucanson hatte mit seinen Zangen und silbernen Drähten dafür gesorgt –, aber dennoch zurückgekehrt mit dem wenigen, das er erfahren hatte. Nun war sein Nachfolger hier und wußte mehr als er sollte, eine Gefahr.

«Er darf nicht angerührt werden», wiederholte der Anführer. Le Mara starrte stetig zurück, dann sah er beiseite, Befehl angenommen. «Der Schreiber auch», sagte er plötzlich.

«Der Junge hat sich mit ihm getroffen», wandte sich Casterleigh an ihren Führer und fuhr mit einer Beschreibung des Treffens zwischen Peppard und dem Objekt ihrer Aufmerksamkeit fort. «Der Junge könnte verleitet werden. Peppard weiß mehr, als er je zugegeben hat.» Die Erinnerung an den Neagle-Skandal beschäftigte für einige Sekunden alle ihre Gedanken. Das Risiko war unannehmbar.

«Wenn es weitere Begegnungen geben sollte, mehr als flüchtige Begegnungen», der Anführer sprach sorgfältig zu Le Mara, «dann müssen wir schließlich handeln.» Le Mara nickte. Casterleigh beobachtete, wie es zu dem Kompromiß kam. Er würde seinen Wunsch ohne Diskussion auferlegt haben. «Der Junge muß vor solchen Leuten geschützt werden», fuhr der Anführer in väterlichem Ton fort. «Es ist verletzlich, beeindruckbar . . .» Einige der Männer lächelten. Casterleigh dachte an Juliette.

«Sind wir für ihn vorbereitet?» Die Frage erforderte keine Antwort. Aus den Schatten heraus, die seine Züge verbargen, durchforschte der Führer die Gesichter um den Tisch.

«Die Frau ist vorbereitet», sagte Le Mara. Casterleigh nickte Bestätigung. Er und Le Mara tauschten Blicke.

«Der Inder war da, als wir sie ergriffen, er sah . . .»

«Nicht anrühren!» Die Stimme des Führers kratzte rauh. Die Versammlung verfiel in Schweigen. Boffe erwog, jetzt seinen Plan vorzulegen, aber der Führer sprach wieder.

«Unser Freund hat bessere Neuigkeiten gebracht . . .» Casterleigh blickte finster. Diesen Teil des Planes verabscheute er am meisten. Die endlose Ausklügelei, die Feinheiten, das ganze Unpraktische daran – all das verstärkte schon seine Zweifel, aber auch noch einen Außenseiter hereinzuziehen und ihn ins Herz des Ganzen zu setzen, das rührte an die Wurzel der Dinge. Und nicht nur einen Außenseiter, sondern auch noch einen scheinbar ohne Vergangenheit. Ihre angestrengtesten Bemühungen hatten nichts entdeckt, überhaupt nichts. Sie wußten nur, was sie sahen, und er gab weiter nichts preis. Diese Anordnung stank nach Hast und Unvorsicht. Der Anführer sah Mißtrauen deutlich in Casterleighs Gesicht geschrieben, als er von den betrunkenen Fehlern des Jungen erzählte, vom Chaos jenes

Abends. Juliettes Name fiel. Der Zwischenfall rief Lächeln hervor, und die Stimme des Führers war fast liebevoll.

«...das Mädchen wird für den Augenblick in Sicherheit gehalten. Die Ähnlichkeit wird sich als nützlich erweisen.» Le Mara nickte Zustimmung zu Rosalies Gnadenfrist. Der Bericht kam zum folgenden Tag, zu Lemprières Bewegungen durch die Stadt, zu seinem Besuch, zu seiner Entscheidung.

«Er will das Wörterbuch schreiben», kündigte der Anführer an, und dabei war vielleicht ein Hauch von Erleichterung in seiner Stimme. Die anderen blickten angesichts dieser Tatsache zustimmend auf. «Wir können jetzt fortfahren...», und Boffe wußte, daß seine Zeit gekommen war. «Heute in zwei Wochen werden wir ihm einen zweiten Dämonen einpflanzen», fuhr der Führer fort. Boffe schob die Papiere vor sich umher, seine Pläne.

«In zwei Wochen?» fragte Vaucanson. Boffe räusperte sich bereitwillig.

«Ja», bestätigte der Führer, als Boffe sich schließlich erhob, um seine Darlegung zu beginnen. «Weihnachtsabend.»

Die beiden Wochen nach Lemprières Entscheidung brachten Septimus und einige seiner Freunde. Lemprière vergaß seines Freundes Zerstreutheit im Kaffeehaus in der Verwirrung und Geschäftigkeit ihrer Ankunft. Sie kamen einzeln, begleitet von Septimus, der grinste, wenn er sie vorstellte – Männer von unterschiedlichem Nutzen für das Projekt.

Ein Mister Stone öffnete seinen Leinwandsack, um Lemprière Papierstücke zu zeigen, kleine schmuddelige Fetzen und größere Bogen, alle eselsohrig, die er zusammengekratzt und über lange Jahre für gerade solch eine Gelegenheit aufgespart hatte.

«Um drauf zu schreiben», erklärte Septimus. Mister Stone murmelte vor sich hin, als er die Fetzen auslegte und sie aufstauchte, um sie von ihrer besten Seite zu zeigen.

Zwei Tage später führte Septimus Tom Cadell ein, Buchhändler. Mister Cadell verbrachte eine Stunde oder mehr damit, die vollständigen Eintragungen in Lemprières Wörterbuch durchzusehen. Er schnupfte Tabak, und jedesmal, wenn er eines der Blätter sorgfältig geprüft hatte, hob er es auf und schnipste mit ihm so, daß die losen

Krümelchen unsichtbar zu Boden gingen. Und jedesmal, wenn Lemprière danach in diesem Zimmer nieste, mußte er an Mister Cadell denken.

«Ihr seid ein Mann von beachtlicher Gelehrsamkeit», sprach er Lemprière an, nachdem er das letzte Blatt abgekrümelt und abgelegt hatte. «Ich würde glücklich sein, Euer Buch zu kaufen und dann zu verkaufen.» Das in seinem «würde» eingeschlossene «aber» wuchs in der nachfolgenden Stille zu mächtiger Größe heran. «Ein Hauch mehr Menschlichkeit», sagte er schließlich. «Vor allem anderen muß es lesbar sein. Eure Leser bedürfen des Mannes ebenso wie des Werkes.» Lemprière war verblüfft. «Bringt Erröten auf ihre Wangen, ein Lächeln auf ihre Lippen.»

«Sie lachen machen?» fragte er.

«Sie zahlen machen», sagte Mister Cadell endgültig. «Ich werde glücklich sein, Euer Buch zu kaufen, zu drucken und zu verkaufen, Herr Lemprière», sagte er, und die beiden schüttelten sich die Hände. Es war vereinbart. Septimus sollte die Feinheiten aushandeln, und hinter Mister Cadells Rücken grüßte er mit geballter Faust, als sie beide gingen.

Es folgte Jeremy Trindle von den Porson Trindles, der anbot, Lemprière die benötigten Bücher leihweise und zu einem vernünftigen Satz zu bringen. Es sei dies ein unübliches Verfahren, aber für einen Freund werde er es tun. Septimus sah mit sich zufrieden aus.

«Ich danke Ihnen», sagte Lemprière, und einen oder zwei Tage später «Nein danke» nach Lydias Seitenblick zu dem Angebot nicht genannter Dienste während der langen Winternächte. Septimus küßte sie, als sie ging, und brachte ein erfahrenes Erröten auf ihre Wangen.

Zuletzt und am verwirrendsten von allen kam da ein schwer zu beschreibender Bursche, hochgewachsen, zeitgemäß gekleidet mit braunem oder schwarzem Haar, vielleicht auch nicht ganz so hoch, jedenfalls nicht kurz und eher hager denn voll im Gesicht, obwohl keine beider Beschreibungen ganz daneben läge. Septimus brachte ihn mit minimalen Fanfaren an und sagte zuerst überhaupt nichts. Lemprière blickte den Mann mißtrauisch an.

«Wer sind Sie?» fragte er schließlich.

«Dies ist Mister O'Tristero», sagte Septimus. Danach gab es ein zweites langes Schweigen.

«Ich bin Ihr Konkurrent», sagte Mister O'Tristero. Das war der Kern alles dessen, was er sagte.

Nachdem er gegangen war, wandte Lemprière sich um eine Erklärung an seinen Freund. »Hält dich auf Trab», erklärte Septimus. An jenem Tag war er besonders lebhaft.

«Mach noch zwei Eintragungen.» Er wies auf das Manuskript, das sich bereits auf Lemprières Tisch zu türmen begann. «Sind die alle unterschrieben und datiert?» Er blätterte durch die Seiten.

«Unterschrieben? Nein.»

«Und datiert. Unterschreibe und datiere jede Eintragung. Das ist sehr wichtig, verstehst du? Unterschreibe und datiere alles, absolut von größter Wichtigkeit.»

«Gewiß», sagte Lemprière.

«Beweise», sagte Septimus. «Cadell kennt in solchen Dingen keine Skrupel. Alles...»

«Natürlich», sagte Lemprière.

«Alsdann noch zwei Eintragungen, für den Augenblick nicht mehr. Ich werde sie am Abend von Edmunds Ball abholen und abliefern. Hast du ein Kostüm?»

Aber Lemprière hatte keinerlei Erinnerung an Edmunds Einladung, über seinen wirbelnden trunkdurchtränkten Kopf geflüstert, am Abend im Schweineclub, vor zwei Wochen. Sie war da irgendwo, in dem Wirbel von schimmernden Gesichtern, Kerzenleuchtern, der Gans, dem Mädchen, das Juliette war und nicht war, dem Trinken, dem Sieg, dem strömenden Regen – irgendwo jenseits der Erinnerung. Er hatte keine Vorstellung, wovon Septimus redete.

«Kostüm?» Septimus erklärte, daß sie beide eingeladen seien, zusammen mit den meisten vom Schweineclub und vielen anderen, Männern und Frauen, Jungen und Alten. Man erwarte sie. Die jährliche Einladung bei den de Veres sei ein Ereignis, auch wenn es in den letzten Jahren ein bißchen verloren habe.

«Aber wo ist das, und wann?» fragte Lemprière.

«Die haben da nen Schuppen in Richmond», erzählte ihm Septimus, als er sich durch die Türe schob. Er war spät dran.

«Sei um drei fertig.» Er trampelte die Treppe hinab.

«Aber wann? An welchem Tag?» rief Lemprière ihm nach.

«Heute in drei Tagen», schrie Septimus zurück. «Weihnachtsabend!» Und war gegangen.

Lemprière setzte sich an seinen Tisch und verarbeitete die Neuigkeit. Schon kamen ihm Bedenken. Er kannte niemanden, oder fast niemanden. Man erwartete von ihm, daß er sich seiner Rolle gemäß kleide, und er wußte nicht, welche Rolle das war. Am meisten aber verwunderte ihn, warum er überhaupt eingeladen worden war.

Von der Straße stieg chaotischer Lärm empor, aber daran war er inzwischen gewöhnt. Wenn er schrieb, hörte er nichts. Der Earl war, wie er sich erinnerte, ganz umgänglich erschienen. Vielleicht ein bißchen betrunken... Und ging nicht gerade aus sich heraus. Aber vielleicht irrte er sich. Auf jeden Fall würde keine seiner Fragen vor Montag ihre Antwort finden. Montag war Weihnachtsabend.

Lemprière blickte auf die Blätter hinab, die sich vor ihm stapelten, sein Wörterbuch – zumindest dessen Anfang. Er nahm das erste Blatt auf, auf das oben das sachkundige A gekritzelt war. «Aaras'sus, eine Stadt in Pisidien.» Manchmal war es schwierig, sich vorzustellen, daß je jemand an solchen Tatsachen interessiert sein könnte, ganz davon zu schweigen, sie damit zum Lachen oder zum Weinen zu bringen. «Es handelt sich vermutlich um das Ariasis bei Ptolemaios», hatte er hinzugefügt. So war es. Wen kümmerte es? Die Antwort darauf lautete, daß er sich darum kümmerte. In ihm wirbelte alles umher, also mußte er sich kümmern. Er schrieb seinen Namen sorgfältig unter die Eintragung und datierte sie, «einundzwanzigster Tag des Dezember, 1787». Nach seiner Entscheidung, mit dem Buch zu beginnen, nach seiner Trennung von Septimus, der zum Schluß reichlich eigenartig gewesen war, war Lemprière zurückgekehrt und hatte die Arbeit sofort aufgenommen. Der Kaffee, den er getrunken hatte, machte ihn unermüdlich und nervös. Er schrieb durch die Nacht und ging bei Morgengrauen zu Bett, mit glasigen Augen und Schmerzen vom Kopf abwärts. Danach versuchte er, nur während der Stunden des Tageslichtes zu schreiben, aber sein Schlaf, der immer regelmäßig gewesen war, begann, sich seine eigenen Zeiten und Gelegenheiten zu suchen. Manchmal nahm er sich drei Stunden am Mittag und weitere vier irgendwann nach Mitternacht. Oder er wachte und schlief, jeweils zwei Stunden, oder einen Tag oder eine Nacht und einen Tag überhaupt kein Schlaf. Dann eine Ewigkeit Schlaf. Das erschien ihm unnatürlich. Mehr und mehr seiner wachen Stunden verbrachte er nachts, und einige der Besuche von Septimus hatten ihn in tiefem Schlaf in seinem Bett oder über dem Schreibtisch zusammengesunken angetroffen. Es war, als ob sein Wörterbuch vorziehe, bei Nacht geschrieben zu werden, und das ergab für Lemprière einen dunklen Sinn, worob er bekümmert war, aber in der Sache keine Wahl hatte. Er hatte zwei Wochen lang durchgearbeitet, war mit Septimus' Störungen fertig geworden, und da lagen die Ergebnisse seiner Bemühungen vor ihm: achtunddreißig engbeschriebene Seiten, voller Lücken und Irrtümer, die er später zu füllen und zu verbessern hatte, von Aaras'sus in Pisidien bis Cyzicus im Marmarameer.

Nun saß er da und unterschrieb und datierte, unterschrieb und datierte wie ein Automat, während ihm die Ergebnisse seiner Bemühungen ihre alten Widerständigkeiten und ihre zerbrechliche Anmut zurückbrachten; die Geschichten, die Charaktere und Orte der letzten vierzehn Tage suchten ihn wieder heim, und besonders Aktaion, was ihn nicht verwunderte, noch auch seine Furcht, und die Hunde und die hingestreckte Gestalt, als seine Feder rasch über das ehrliche Papier huschte, «John Lemprière, einundzwanzigster Tag des Dezember, 1787». Da. Er hatte seinen Namen hinzugefügt, und obwohl es, wenn er die Augen schloß und seinen Geist leer werden ließ, dieselbe dräuende Wolkenbank war, die sich da oben bewegte, und der Leichnam seines Vaters unter ihr, empfand er doch die Wahrheit dessen, was Kalkbrenner gesagt hatte. Es alles niederzuschreiben, es aus sich herauszuschreiben: Das war seine Aufgabe, und jetzt wurde die wahre Natur dessen, was das bedeutete, klarer. Der aufgeregte Optimismus seiner Rückkehr vom Kaffeehaus, als er vorwegnahm und vorausplante, war verdunstet und durch etwas Härteres und Dauerhafteres ersetzt worden, Entschlossenheit vielleicht, denn die Arbeit erwies sich als härter denn gedacht und bezog ihn viel mehr mit ein und auf Wegen, die er sich nie vorgestellt hatte. Was vor erst vierzehn Tagen als einfache Liste von Personen, Orten und Ereignissen begann, war seither auf eigenartige Weise gewachsen, mit sonderbaren Verknotungen und mit Ranken, die in alle Richtungen sprossen und sich miteinander verbanden, um Schlingen zu bilden und Gitterwerk, und das ganze Ding krümmte sich unter seiner Feder wie ein Haufen Würmer auf einer Nadel. Es schaute in alle Richtungen, sprach untereinander vermischte Sprachen und zog ihm wilde Grimassen, ein argusäugiger, babelzüngiger, chimärenköpfiger Katalog all der wahren Dinge, die Träume, und der Männer, die zu ihren Träumern geworden waren. Jetzt alle tot. «John Lemprière, einundzwanzigster Tag des Dezember, 1787». Wieder.

So früh schon war das Wörterbuch zu einem eigenen Tier geworden, mit kleinen Lebenszuckungen, die untereinander ihren eigenen Handel betrieben, ihm sehr wohl sichtbar, während er sich stetig und mühsam durch die Eintragungen arbeitete. Wiederauftritte von größeren und kleineren Charakteren führten die Geschichte auf sich selbst zurück, Orte tauchten wieder auf, zunehmende und sich ausbreitende Bedeutung, Ereignisse glichen einander. Es war ein kurvenreiches Ding, alles andere als eine Liste. Lemprière hielt über seiner Eintragung zu Akrisios inne, dem Großvater üblen Vorzeichens, der seinem vorbestimmten Tod zu Larissa begegnete, der seinen Enkel in eine Truhe eingeschlossen hatte und auch seine Tochter, das Gefäß seiner Zerstörung in ihrem eigenen Gefäß (hierzu *siehe* Danae), doch hatten sie überlebt und waren nach Argos zurückgekehrt, und der Knabe hatte sich der Liste angeschlossen: Adrastos, Verbündeter von Theseus, Aigisthos, Liebhaber von Klytaimnestra, und Agenor, Vater von Krotopos – Könige von Argos, wie er, Perseus, einer sein würde, Lemprières Alter ego in der Schweineclub-Posse, seiner Persiade der Irrungen. Perseus hatte Andromeda errettet («John Lemprière, einundzwanzigster des Dezember, 1787») und heiratete sie mit den Segnungen des Kepheus und dem Dank seines Weibes Kassiopeia, und Argos hatte ihn zurückgerufen. Argos, Stadt der Altäre und der widerrechtlichen Machtergreifungen, jener der Admeta für Juno und der des Danaos vom Gelanor, woher vielleicht der Name Danae. Er wußte es nicht. Für Admeta brachte Chirons Schüler den Gürtel der Hippolyte zurück, und wieder war er es, der Stallknecht des Augias, der Alkestis aus den Höllenregionen zurückbrachte, des Charon einjährige Haft verursachte und den Cerberus zähmte, den dreiköpfigen Hund. Und Alkestis sollte den Admetos heiraten, der sie mit einem Rennwagen gewann, den ihm der verbannte Apollo gegeben hatte, sein Schäfer und höchst eigenartiges Mündel... Admeto, Admeta. Danaos, Danae.

Während Lemprière geschrieben hatte, war er von Zeit zu Zeit zurückgetreten und hatte zugesehen, wie sich Vorfälle und Zufälle faul verbunden hatten, um Geschichten zu formen, die sich wanden und zerbrachen und wieder neue, aber noch bizarrere Ketten von Gegebenheiten formten. Das Ergebnis seiner Bemühungen veränderte sich unter seinen Augen. Mit dem Acheron im Rücken konnte der Mörder des Antaios den Höllenrichtern trotzen, darunter Aiakos, den Aigina empfangen, nachdem Jupiter sie in Gestalt einer Flammenzunge genommen hatte, was Lemprière erneut an Danae erinnerte, und der nämliche Held, der Sohn der Alkmene (Buphagos, wie die Argonauten ihren gefräßigen Freund nannten), brach dem Acheloos eines seiner Hörner ab, dem Flußgott, der ihn als Schlange bekämpfte und dann als Ochse, als einhörniger Ochse, denn das Horn ward der Copia gegeben, auf daß sie es mit Getreide fülle, und Lemprière wurde immer verwirrter, als Jupiter der Amaltheia ein Horn nahm, der Ziege, die ihn genährt hatte, und es den Nymphen gab. Ein zweites Füllhorn, oder irgendwie das gleiche?, rätselte Lemprière. Und hatte das irgend etwas mit der Agrotera zu tun, dem Ziegenopfer zu Athen, so üppig, daß es Hungersnöte verursachte? Wahrscheinlich nicht, dachte er, und unterschrieb «Agrotera» wie den Rest und datierte es wieder «einundzwanzigster Tag des Dezember, 1787», vielleicht hätte er eines Schreibers bedurft. Das Gered von Hörnern erinnerte ihn an Elektryon, obwohl er zum E erst noch kommen mußte, der Alkmenes Vater war und Großvater ihrer Zwillinge, die sie von ihrem Gatten und einem anderen empfangen hatte, wiederum Jupiter während dreier Nächte (ihr Zeichen des dreifachen Mondes gab soviel zu), dessen Anstrengungen den Schlächter des Acheloos selbst hervorbrachten, wiederum er, aber... Hörner, ja. Elektryon war durch Hörner getötet worden (das Keraton war ein Tempel, vollständig aus *Gehörn* erbaut), durch Kuhhörner auf den Kühen, die Amphitryon ihm gab und für ihn hütete dergestalt, daß er mit Wurfgeschossen nach einer abseits streunenden Kuh warf, bis eines der Geschosse von deren Hörnern mit solcher Macht an Elektryons Kopf zurückprallte, daß es ihn tötete. Und Amphitryon wurde König von Argos mit Alkmene als Braut. Und natürlich war Elektryon der Sohn der Andromeda, und seine Großmutter jene Frau, die inmitten der See getrieben war, eingeschlossen in der Truhe des Akrisios, bis die bei den Kykladen antrieb: Danae wieder. Irgendwie schien sie Lemprière im Zentrum der Dinge zu sein, obwohl sein Wörterbuch sie erst noch erreichen mußte. Danae.

Elektryons Tod erschien Lemprière als der unwahrscheinlichste von allen, bis er sich an Aischylos erinnerte, den ein Schlag auf den Kopf tötete, durch eine Schildkröte, die ein vorüberfliegender Adler hatte fallen lassen, und dann an die berühmte Behauptung des Kapaneus, daß in Kappadokien gute Redner ebenso gewöhnlich seien wie fliegende Schildkröten. Unglücklicherweise hat Kapaneus die Belagerung erfunden, und dafür gibt es genügend Denkmäler: Karthago, nach dessen Zerstörung Cato im Senat bellte, Babylon mit seinen hundert Bronzetoren und seinen Wällen zweihundert Ellen hoch mit Erdpech verpicht, und als größtes Alexandria, wo die Bücher brannten... Ein Poltern auf der Treppe vor seiner Tür. Der Schneider. Er würde sich den Mann irgendwann noch ansehen müssen. Lemprière kehrte zu der Plackerei des Unterschreibens und Datierens der Arbeiten zurück, die er abgeschlossen hatte.

Während der beiden folgenden Tage überprüfte er die Seiten sorgfältig und fand die Zeit, wie angewiesen zwei weitere Eintragungen zu schreiben. Er war nicht überrascht zu entdecken, daß der Name, der nach dieser Arbeit übrigblieb und über der Seite hing, die Eintragung, die die dritte gewesen wäre, hätte er sie geschrieben, der von Danae war.

«Rutsch rüber, Lydia, danke.» Lemprière quetschte sich in den Sitz.

«Brille!» Walter Warburton-Burleigh schien erfreut, ihn zu sehen. Der Mops kicherte. Sie saßen ihm in der Kutsche gegenüber. Es war fast vier, Weihnachtsabend, und das Licht schwand. Walter fuhr fort, «Rosalie sendet Grüße». Septimus kletterte herein, schlug die Tür zu und schlug gegen das Holzwerk.

«Das reicht», sagte er kurz, und die Kutsche fuhr los.

«Sie hat sie mir persönlich gebracht», erklärte Lemprière in geziertem Ton. Nur Septimus besaß den Takt, nicht überrascht aufzuschauen, wußte er doch mit Gewißheit, daß das nicht wahr war.

«Und wo ist sie?» fragte der Mops angriffslustig.

«Das reicht», sagte Septimus wieder. Warburton-Burleigh lächelte vor sich hin. «Sie ist verschwunden, weißt du? Letzten Samstag. Ich kam vorbei, und sie war weg. Hab dir aber ein Andenken mitgebracht», und er griff in die Tasche. Es war eine der Fußfesseln. Lemprière sah Leder und Türkis und ihre weißen Knöchel ans Bett gefesselt.

«Wo hat sie denn gewohnt?» fragte ihn Walter. Lemprière sagte etwas Ausweichendes. Lydia sah ihn scharf an, und er hatte das Gefühl, das Mädchen irgendwie verraten zu haben. Waffenschwestern. Wohin *war* sie gegangen? Auf seiner Seite sagte Septimus etwas über ihre Beine, und Lydia lachte plötzlich, als ob sie versuche, es nicht zu tun. Die Atmosphäre wurde freundlicher. Der Mops steckte sich eine Pfeife an und paffte Gerüche, bis Warburton-Burleigh sie ihm wegschnappte und aus dem Fenster warf. Nach sehr kurzer Auseinandersetzung wurde die Kutsche angehalten, und sie alle stiegen aus, um nach dem Ding zu suchen. Niemand war sich sicher, ob es noch brannte oder nicht. Septimus behauptete, daß er imstande sei, es allein nach dem Geruch zu finden. Die Stadt lag schon einige Meilen hinter ihnen, und der Himmel war bewölkt. Es war fast dunkel. Sie trennten sich und krochen einige Minuten auf der Straße herum. Es hatte in der vergangenen Nacht geschneit. Der Schnee füllte noch die Gräben auf beiden Seiten der Straße und lag auf den Feldern dahinter wie nächtliche Brandung, fahl und schwach leuchtend, irgendwie fehl am Platze. Einige Straßen waren immer noch blockiert, und die Post kam spät. Sie hatten das Glück, den Schlagbaum offen zu finden. Lemprière konnte nichts sehen.

«John.» Er drehte sich um. Es war Lydia. «Hast du sie gefunden?» fragte er.

«Nein, hör zu. Hat Rosalie dich wirklich besucht?»

«Natürlich, warum in aller Welt sollte ich sonst sagen...», dann aber sah er ihren Ausdruck, der ernst war. Eine Pause.

«Nein», sagte er ruhig, dann «tut mir leid», und beide wußten, daß sich das auf den früheren Kommentar bezog, nicht auf die Lüge.

«Irgend jemand hat sie abgeschleppt. Komische Stimme», sagte Lydia. «Bet und Karin wußten was darüber, aber sie sind auch verschwunden. Für mich kein Verlust, aber immerhin...»

«Bet und Karin?»

«Ah ha!» von weiter die Straße hinab.

«Blau gekleidet...»

«Ja...» Und er hatte eine von ihnen auch gesehen, vor dem Kaffeehaus, sonderbar. Aber nicht Rosalie. Soviel sagte er Lydia.

«Natürlich, und ganz egal...», begann sie, aber der Mops brüllte, daß er sie gefunden habe, daß sie zerbrochen sei, und daß Warburton-Burleigh der Sohn einer Hure sei. Sie kehrten zur Kutsche zurück und setzten die Fahrt fort, der Mops schmollend. Gelegentlich tauchte er daraus hervor. Dann wedelte Warburton-Burleigh mit der zerbrochenen Pfeife, und der Mops tauchte ein weiteres Mal unter. Hübsche Unterhaltung. Lemprières Bedenken wuchsen, je mehr sie sich den de Veres näherten. Er trug einen neuen Gehrock und einen Umhang, die Septimus früher am Tag beschafft hatte, eine Leihgabe.

«Ausgezeichnet», hatte Septimus gesagt, als sie sie anprobierte, und dasselbe, als er die fertiggestellten Seiten des Wörterbuchs durchgeblättert hatte. Sie zusammenzustellen war seine Hauptbeschäftigung gewesen. «Danae?» Er hatte die letzte Seite gelesen.

«Noch nicht...», Lemprière wollte gerade Septimus' frühere Anweisung als Erklärung wiederholen, wurde aber kurz abgeschnitten.

«Gut, gut...», von Septimus. Es war alles sehr geschäftlich gewesen. Keine Spur jener verwirrenden Undeutlichkeit, als sie sich beim Kaffeehaus getrennt hatten.

«Und wer wird da sein, ich meine, genau?» fragte Lemprière munter, als die Unterhaltung einmal abflaute. Aber die Kutsche rüttelte mächtig, und als alle sich wieder gerichtet hatten, war die Frage vergessen. Er mußte erneut fragen.

«Jeder», sagte ihm Septimus. «Teddys Freunde und Bekannte und die seiner Mutter.» Septimus empfand in Lemprières Schweigen das Bedürfnis nach Bestärkung.

«Gewöhnlich gibt es Musik, Essen natürlich, und irgendeine Zerstreuung...»

«Feuerwerk», fügte der Mops hinzu. Lemprière nickte.

«Und dann das Fleisch», sagte Walter Warburton-Burleigh. Lydia seufzte theatralisch. «Fette Mädchen, deren Alten Dinge im Norden gehören.»

«Der verblichene Earl hatte Schiffahrtsinteressen, haufenweise alte Seeleute, Jungs von der Gesellschaft», fuhr Septimus fort. «Militärtypen... Teddy kennt sie alle. Seine Mutter packt den Platz mit Witwen und Matronen voll, aber die bringen ihre eigenen Freunde mit. Wirklich eigenartige Mischung; ich hab letztes Jahr Dundas bemerkt...»

«Langweiligster Kerl in England», mischte Warburton-Burleigh sich ein.

«... und Byrne, Byrne war da, wer noch?»

«Chadwick?»

«Nicht dieses Jahr, er ist gestorben.» Lemprière blickte beim Namen des alten Anwalts seines Vaters überrascht auf.

«Und dieser unheimliche kleine Kerl sagte den ganzen Abend nichts...» Walter Warburton-Burleigh versuchte, sich eines Namens zu erinnern.

«Mit wem war er?» fragte Septimus.

«Ich glaub allein, nein, nein, er war mit Croesus.»

«Croesus?» Lemprière wurde durch diesen Austausch von verschiedenen Seiten aufgeschreckt.

«Wie in: reich wie.»

«Viscount Casterleigh», entzifferte Septimus und warf einen Blick auf seinen Freund. Casterleigh.

«Und der Schweineclub», schrie Warburton-Burleigh.

«Oink!» Septimus und der Mops schrien zurück und taten, als prosteten sie sich zu.

«Jeder», sagte Lydia dazu abschließend.

«Natürlich! Du wirst Casterleigh kennen. Sein Haus auf Jersey...», sagte Septimus plötzlich zu Lemprière, der sich zurücklehnte, das Gesicht straff und ausdruckslos. Casterleighs Name und

Juliette stiegen bereits in seinem Geiste auf, aber er hatte auch Zeit, an sein betrunkenes Geständnis auf der Brücke im Regen zu denken. Er hatte Casterleigh trotz allem Septimus gegenüber nicht erwähnt, noch seine Tochter. Eine Welle der Erleichterung durchströmte ihn insgeheim.

«Ja, ja! Ich kenne den Mann», gab er bereitwillig zu und erklärte seine Rolle in der Bibliothek auf Jersey. Warburton-Burleigh sah ihn mit erneuertem Interesse an.

«Natürlich bist du seiner Tochter vorgestellt worden?» fragte er verschlagen. Lemprière dachte einen Augenblick nach, er wollte nichts preisgeben.

«Natürlich», stimmte er zu.

«Aha», sagte Warburton-Burleigh kurz, und Lemprière sah am Ausdruck in den Gesichtern seiner Mitreisenden, daß man ihm einfach nicht glaubte. Er widersprach und beschrieb sie in beredten Einzelheiten, ihre Manieren und ihre üblichen Gesten, alles unauslöschlich in sein Gedächtnis eingegraben.

«Wir haben sie alle *gesehen*», sagte der Mops.

«Er bewacht sie wie Akrisios», fügte Septimus hinzu. Lemprière blickte ihn scharf an.

«Denkt doch, was ihr wollt», sagte er. Und plötzlich war es ihm ganz egal, ob sie ihm glaubten oder nicht. Sie mochte wohl an diesem Abend anwesend sein. Die Aussicht durchraste bereits sein Hirn. Die Mitreisenden waren vergessen. Er konnte Lichter in der Dunkelheit jenseits des Fensters sehen, die Juliette buchstabierten, vielleicht Juliette.

«Wir sind da», sagte Lydia, als sie ankamen.

«Und spät», sagte Septimus.

Das war wahr. Kutschen füllten den Hof und darüber hinaus die Auffahrt. Hecken und Zäune erstreckten sich in eine Dunkelheit, die Bäume und Büsche umfing, wildes Gestrüpp und wurzellose Dornensträucher und anderes wucherndes Pflanzenleben: alles da draußen, ungesehen, wartend und insgeheim grün. Lydia, Lemprière, Warburton-Burleigh, der Mops, dann Septimus kletterten steif aus der Kutsche und gähnten und reckten sich in der kalten Abendluft. Der Nachthimmel war schwärzer als zuvor.

Als Lemprière um die Kutsche trat, kam das Haus in Sicht. Ein großer Fachwerkbau mit weißem Verputz, die Vorderseite mit Querbalken und Querblenden und gotischen Vierpässen übersät, und mehr davon tauchte auf, als sein Blick von Giebeln und unregelmäßigen Dachlinien nach beiden Seiten gezogen wurde, die sich in die Dunkelheit zurückwanden, wo sie sich in einem Getümmel von planlosen Anbauten, niedrigen Galerien und Nebengebäuden verloren. Zumindest die Front war beeindruckend mit ihren Mittelpfostenfenstern, die eine massive schwarze Tür aus ländlicher Eiche flankierten, mit einem großen Klopfer, dessen sich Septimus bemächtigte und anklopfte, ein, zwei, drei dröhnende Schläge hallten in der Halle dahinter wider wie eine große Steintrommel.

Alle fünf warteten darauf, daß die Tür geöffnet werde, für den Augenblick durch ihre unterschiedlichen Erwartungen zum Schweigen gebracht, und Lemprière dachte wieder an Mister Chadwick, dem er niemals begegnet war und den er niemals sehen würde. «Erfrierung», zischte der Mops durch zusammengebissene Zähne.

Die Tür wurde geöffnet. Auch Mister Chadwick hatte hier gestanden und sich gefragt, was der Grund für seine Einladung sein mochte. Ein kleiner kahler Mann in roter Jacke wurde unter Mänteln begraben. Der Mann fragte ihn: «Sir?» Lemprière gab dem Mann seinen Umhang und ging hinter den anderen her. Warum hatte man seines Vaters Anwalt hier haben wollen?

«Hier durch, Sir.» Lemprière nickte. «Ziemlich schlimme Nacht, würd ich sagen, Sir.» Aber Lemprière bekam nur den allgemeinen Sinn des Geplappers des Butlers mit, als er ins Haus geleitet wurde, bis jene Stimme von einem allgemeineren Gemurmel, einem anderen Sinn ersetzt wurde. Das allgemeine Gesumme wurde lauter, bis es in ein Durcheinander aus Tönen und Akzenten auseinanderbrach, aus dem merkwürdige Stimmen hervorbrachen wie Köpfe aus einem Irrgarten hochspringen, und mehr und mehr, bis das Geräusch einen neuen Pegelstand erreichte, und dann noch einen, als der Butler die Flügel einer Doppeltür auftat und so der Gesellschaft dahinter den Maulkorb abnahm.

Das Geräusch krachte hervor und brach über Lemprière als wildes schnatterndes Gebabbel zusammen, ein brüllendes Geräusch aus Getratsche und Gläsern und Bechern, die aneinanderklirrten, und die Szene war voller statuöser Damen, die aufeinander einschwatzten, während ihr Männervolk an den Wänden aufgereiht disputierte und Reihen von Dienern sich vorsichtig ihren Weg durch die Menge bahnten und Tabletts und Karaffen schleppten und Körbe voller Flaschen, und Tischdecken und Stühle, und «tschulljung, tschulljung» in abbittender Prozession. Stühle verknoteten ihre geschwungenen Beine und behinderten den Fortschritt der Bediensteten. Protzig vergoldete Beistelltischchen widerstanden jeder vernünftigen Nutzung. Tabletts voller leerer Glasgeschirre übersäten den Fußboden, riefen milde Befürchtungen bei den Feiernden hervor und bildeten den Kern lebhafter Unterhaltungen unter den Frauen. Die Männer verachteten diese Schwatzerei und zogen es vor, über den Araberhengst Godolphin zu sprechen, über Mendozas nächsten Boxkampf und über die eigenartigen jüngsten Explosionen an Bord eines Sklavenschiffes, der *Polly*, querab von Bristol, und in der Pulverfabrik von Mister Hervey in Battle vierzehn Tage später, beide einigermaßen rätselhaft.

«Liegt in der Natur der Bestie», sagte Mister Lifter von der Zehnten Infanterie. «Niemals irgendein Beweis.» Er war nervös, ein Kapitänspatent stand an.

«*Darling*, sie war wirklich die *La Chudley*. Man fragt sich, warum sie sich überhaupt anziehn...» Der Sprecher ganz Hüftpolster, Popolster und Wäschegeraschel, als Lemprière sich hinter Septimus her durch das Gewühle drängelte, bis sie gemeinsam das andere Ende erreichten und sich nach den anderen umsahen, die nicht mehr zu sehen waren. Die Halle war groß, und ihre gewölbte Decke bildete für die Hunderte von Gästen darunter einen mächtigen Schallverstärker. Lemprière beobachtete, wie die Frauen umherwirbelten und nach und nach die Männer aus ihren zähe widerstrebenden Haufen herauslösten und sie in einer freieren Vermischung der Geschlechter tauschten. Ältere Damen hinkten an Stöcken mit Silberknäufen einher und trugen große Blumenhüte und *maladies imaginaires*, während ihnen ihre steifbeinigen Gemahle nachstakten und ihre Stöcke umkrampften. Jüngeres Volk preßte die Gläser an die Brüste, wenn sich die Älteren im Schneckentempo mit glänzenden Augen ihren Pfad durch ihre Mitte bahnten. In gespielter Unschuld rollten ihre Blicke himmelwärts. Galane stellten sich zur Schau. Mädchen lugten hinter ihren Sträußchen hervor.

Lemprière erkannte Gesichter aus dem Schweineclub, den Burschen mit Pferdezähnen und Schnurrbart, den Flaschenspieler und andere. Nicht Rosalie, aber Lydias Freundinnen, und dann den Earl, der herüberblickte und winkte. «Komm rüber», machte sein Mund über das Gewimmel der Körper. Und nicht Septimus. Er war kurz zuvor zur Seite geglitten, abgefangen von einer nachttopfgesichtigen höheren Witwe, der er jetzt seine Abenteuer in einem sizilianischen Bordell erzählte, während die ungebärdigen Teenagernichten der Dame weitäugig schweigend lauschten.

«Entsetzlich!» bellte die Wittib nach dem Bericht, und ein Klümpchen ihres Gesichtspuders löste sich und plumpste in ihr Glas. Die Nichten bissen sich auf die Lippen und sahen weg. Septimus zwinkerte ihnen zu.

Lemprière kam ins Schwimmen. Er hatte sich auf dessen Signal hin entschlossen auf den Earl zu durchgedrängt, war aber irgendwie abgetrieben worden. Plötzlich war der Earl nirgendwo mehr zu sehen. Er machte sich erneut auf den Weg, aber die Halle hatte sich noch mehr gefüllt, mit Unterhaltungen und formlosen Begrüßungen, mit kleinen eisigen Abtäuschen zwischen höflichen Gegnern und herzlichen Umarmungen allüberall um ihn herum, was ihn dermaßen ablenkte, daß er sich dabei ertappte, wie er das Partygeschwätz seiner Mitgäste belauschte.

«...und die Köchin sperrt den Hund ein, wie man sie angewiesen hatte, und macht mit den Kaldaunen weiter, und als sie sich wieder umguckt, ist der Hund weg.»

«Weg?»

«Weg. Also saust sie raus und fängt an, nach dem Hund zu schreien, aber das verdammte Biest hat sich versteckt oder ist abgehauen. Also schmeißt sie n Stück Fleisch hin und rechnet auf seinen Bauch und denkt, der Hund wird schon kommen.»

«Kein Bauch, kein Hund.»

«Richtig, also schmeißt sie das Stück Fleisch hin...»

Ein dunkler kleiner Mann mit hängendem Schnurrbart, der ein Notenpult trug, schnitt sich einen Weg zwischen Lemprière und die Geschichte und drängte ihn zur Seite hin ab, wo ein farbenprächtiger Herr mit purpurner Krawatte ein Wort hochschleuderte, das wie lange erwartete schlechte Nachricht auf ihn niederstürzte.

«...Schildkröten.»

«Absurd!»

«Schildkröten sag ich dir. Hunderte von riesigen Schildkröten. Lies deinen Livius. Die Belagerung von Sparta.

«Bist du sicher, Marmaduke?»

«Natürlich bin ich sicher.» Lemprière war sich ebenfalls sicher und kicherte ob der Verwechslung der Schildkröte-Kriegsformation mit dem Tier selbst vor sich hin. Marmaduke mimte jetzt das Anrücken der massierten Schildkröte-Reihen. Der kleine dunkle Mann kam mit einer großen schweren Truhe zurück, die er mühsam durch den unzugänglichsten Teil der Menge schleifte. Er zwängte sich durch, rot im Gesicht und keuchend, und Lemprière trat zum dritten Mal beiseite, um Marmaduke erklären zu hören, wie die heroischen römischen Schildkröten die spartanischen Linien zerschlugen, um einen großen Sieg zu erringen.

«Nie davon gehört, was? Schön, aber jeder wird bald davon hören, jeder wird es *sehen*, die ganze Geschichte...» Sein Begleiter sah ihn zunächst ausdruckslos und dann entgeistert an.

«Du willst dieses Schauspiel doch nicht etwa auf die Bühne bringen, Marmaduke...» Ein Schauspieler, dachte Lemprière.

«Das ist meine Bühne», fuhr Marmaduke auf ihn los, bemerkte dann aber den entsetzten Ausdruck. «Aber nein, nicht *auf* die Bühne. Über sie.»

«Über sie?» Ein Theaterdirektor, korrigierte Lemprière seine frühere Überlegung und stellte sich dann vor, wie sich Riesenschildkröten von den Seiten her über eine Aufführung von, was, der Orestie? schwangen. Ein Verrückter.

«Auf dem Dach!» rief Marmaduke. «Ich hab sie schon bestellt, die Coade-Werke werden sie gießen, 6 Fuß Durchmesser, 4 Guineas pro Stück, weniger, wenn ich mehr als ein Dutzend nehme.»

«Mehr als ein Dutzend!»

«Ich denk mir, vielleicht zwei Dutzend oder so, eine auf der Brüstung, eine zum Angriff aufgerichtete Schildkröte. Wir könnten vor jeder Aufführung eine Führung auf dem Dach veranstalten, Anzeigen in den Zeitungen, all so was...» Marmadukes Begleiter schüttelte den Kopf und murmelte *o Gott, o Gott, o Gott* ganz leise vor sich hin, während Marmaduke ihm auf die Schulter schlug und Lemprière an Aischylos dachte und an die Schildkröte, die für seinen Schädel bestimmt war, und schwankte dann, als der schnurrbärtige Mann wieder vorbeikam, diesmal trug er ein Bündel Papiere und einen kleinen messingnen Schraubenzieher. Lemprière beobachtete, wie er verschwand, und überlegte, ob er ihm vielleicht folgen und einen weiteren Versuch unternehmen solle, den Earl zu finden, oder Septimus, oder Lydia, oder selbst den Mops, sogar vielleicht Warburton-Burleigh.

«John! Mein Lieber!» Ein kräftiger Schlag auf den Rücken trieb ihm die Luft aus den Lungen, so daß Lemprière hustete und speuzte und dann, als er sich umwandte, sah er Edmund Earl of Braith mit einem breiten Grinsen im Gesicht und einem trichterähnlichen Gegenstand in der Hand, den er an die Lippen hob und durch den er brüllte: «Gut, dich zu sehen!» Eine Reihe Leute drehten sich um, einschließlich Marmaduke.

240

«Bist du schon Marmaduke Stalkart begegnet?» Der Earl nahm beide bei den Ellenbogen und zog sie zueinander. «Marmaduke ist der Besitzer des Haymarket-Opernhauses, gegenwärtig traurig dunkel...»

«Wird bald wieder eröffnet», Marmaduke bot seine Hand an, die Lemprière ergriff. Die Unterhaltung ermattete sofort. Der Graf sah vom einen zum anderen. «Du wirst dich fragen, warum du hier bist», sagte er fröhlich zu Lemprière als eine Art spöttischer Entschuldigung für den Abend.

«Ja, warum *bin* ich hier?» fragte Lemprière.

«Du bist deiner Verdienste wegen hier», sagte der Graf. «Und außerdem glaube ich, daß meine Mutter, Lady de Vere, dich sprechen möchte.»

«Deine Mutter? Ich bin deiner Mutter nie begegnet. Wo ist sie?»

«Oben. Sie nimmt an diesen Angelegenheiten nie teil, nicht seit Vater gestorben ist. Tatsächlich tappe ich genauso im dunkeln wie du. Sie ist sehr alt, weißt du.» Der Graf sah ständig über die Schulter, während er das sagte, und dann fanden seine Erklärungen ein plötzliches Ende. «John, ich muß die Vorführung ansagen. Monsieur Maillardet scheint endlich fertig zu sein. Entschuldige, wir reden später. Reichlich dämlich, ich weiß...»

Der Earl schob sich davon, in Richtung auf den kleinen Mann zu, der mit seinen Gerätschaften am anderen Ende der Halle Aufstellung genommen hatte, zunächst der Doppeltür. Lemprière feuerte einen Schuß ins Dunkel.

«Mister Chadwick!» rief er hinter Edmund her, und der Earl drehte sich um, und sein Gesicht zeigte bestürzte Erkenntnis des Namens. «Wegen Mister Chadwick bin ich hier!» wiederholte Lemprière mit stärkerer Betonung, und wußte, daß er einen Treffer gelandet hatte. Er hatte keine Ahnung, warum.

«Später, John», war alles, was der aufgeschreckte Graf herausbekommen konnte, während er sich durch seine Gäste kämpfte, um zu Monsieur Maillardet zu gelangen, der jetzt kniete, den Kopf in der Truhe, und etwas mit dem Schraubenzieher machte.

4

*Auf de Veres jährlicher Weihnachtsfeier erlebt Lemprière als eine
der vom Earl für seine Gäste vorgesehenen Zerstreuungen
einen Roboter*

«Das wird niemals funktionieren», sagte eine weiche schottische
Stimme, und Lemprière wandte sich um und entdeckte, daß ihn ein
großer Mann mit einem Gefilz jettschwarzen Haares anredet.

«Byrne», stellte er sich vor, und Lemprière tat desgleichen.

«Maillardet ist ein verdammter Spielzeugmacher; ein brillanter
Mechaniker, aber er würde eine Befehlsstruktur nicht erkennen, und
wenn sie ihm ins Gesicht schlüge.»

«Ja, ich nehme an... Ich weiß nicht.» Lemprière setzte an, wurde
aber durch einen laut hallenden Ton unterbrochen. Der Earl hatte
einen Stuhl erklettert und forderte von der Gesellschaft Schweigen.

«Ein fröhliches Weihnachten euch allen», begann er reichlich seltsam, und von dieser eingangs falsch genommenen Kurve sollte sich
die Rede nie mehr wirklich erholen. Nach länglichen Widerlegungen
und Einschränkungen von Dingen, die er bereits gesagt hatte, länglichen peinlichen Pausen und Neuanfängen, schwenkte er sein Glas in
glücklicher Verwirrung, während seine Zuhörer anerkennende Geräusche von sich gaben oder in bestimmten Augenblicken «Hört!
Hört!» murmelten.

«Sehr verbessert», sagte eine bekannte Stimme in Lemprières Ohr.
Es war Septimus. Marmaduke und Mister Byrnes nickten ihre Hal-
los. «Letztes Jahr war viel schlimmer. Dauerte Stunden.»

«...und keineswegs ist es meine Absicht, nicht abzustreiten zu
wünschen, oder vielmehr *wünsche* ich abzustreiten, nein, im Gegenteil, zumindest bis wir so weit sind...», sagte der Earl gerade, «was,
wie ich hoffe, keinem Zweifel unterliegt, daß wir sind.» Das letzte
Wort war betont und rief zustimmendes Gegrunze bei jenem Teil der
Zuhörerschaft hervor, der seinen Satz positiv auslegte, während andere, die glaubten, das Gegenteil sei der Fall, «keine Ursache» murmelten oder «keine Sorge». Danach steigerten, als nichts mehr kam,
beide Lager die Lautstärke ihrer Zustimmung in dem Glauben, die
Rede sei zu Ende, und ein höflicher Schreiwettkampf entstand. Mit-
tendrin nahm Edmund seinen Satz wieder auf, von dem das meiste in
dem Tumult unterging, bis seine Zuhörer erkannten, daß er aufs neue

begonnen hatte. Und sie hielten gerade rechtzeitig inne, um zu vernehmen «... Monsieur Maillardet, und vielen Dank euch allen», was nun wirklich das Ende war. Es gab einiges verwirrtes Klatschen. Kapadokier, dachte Lemprière.

«Sie haben recht, wie immer, Mister Praeceps», sagte Mister Byrne. «Eine entschieden bessere Bemühung.» Etwas geschah vorne. Der kleine Mann mit dem Schnurrbart sprach durch das Horn, das Lemprière zuvor den Earl hatte tragen sehen, und quetschte fremde Vokale durch den Trichter und feuerte sie hoch gegen die Decke, wo sie umherkrachten und dann als vermischtes Echo zurückkamen. Dann hielt er inne.

«Sollen wir näher rangehen?» Mister Byrne drängte die anderen drei, und sie folgten ihm, als er sich durch die Menge, die Monsieur Maillardet beobachtete, bis ganz nach vorne schlängelte, der jetzt seine Maschine zusammensetzte. «Was ist das?» fragte Marmaduke.

«Eine Demonstration«, sagte Septimus.

«Blutiges Dilettantentum», fügte Mister Byrne hinzu. «Ich hab schon Maschinen gebaut, die hätten ein besseres Spielzeug als das entwerfen können.» Lemprière hob zu Septimus hin die Augenbrauen. «Ein Konkurrent», flüsterte Septimus. «Er hat die Demonstration im Vorjahr gemacht.»

Monsieur Maillardet hob erneut sein Horn empor und sprach kurz, wobei er auf seinen Apparat wies. Es handelte sich um eine Truhe, auf der eine lebensgroße Puppe in der Uniform eines französischen Soldaten kniete. Vor der Puppe stand ein Pult mit Schreibpapier. Einer ihrer Arme hing an ihrer Seite hinab, der andere war erhoben und im Ellbogen gebeugt, als ob er einen Schlag abwehre.

«Wirklich wunderbar, meint ihr nicht?» sagte Marmaduke.

«Nein», sagte Mister Byrne.

Eine kleine Gruppe von Männern in den Sechzigern, ihrer Haltung nach Marineleute, schlurften nach vorne, um sich das näher anzusehen.

«Was ist das?» fragte Lemprière.

«Teil von dir und mir», sagte Septimus.

«Ein Automat», antwortete ihm Mister Byrne. «Eine bewegliche Statue. Eine Nachahmung des Menschseins.»

«Das sollte Ernst sehen», flüsterte Lemprière Septimus zu. «Das entspricht all seinen Theorien.» Septimus lachte darüber laut auf, was ihm einen ärgerlichen Blick von Monsieur Maillardet einbrachte.

«Ruhe da drüben», sagte einer von der Marinegesellschaft, der scharf auf die Vorgänge achtete.

Lemprière sah sich um nach dem Automaten und dessen Schöpfer, der hinter seinem Rücken kniete, etwas aufzog und mit sich selbst murmelte. Offenbar war er bereit, anzufangen. Noch einige Drehungen, und er trat auf die eine Seite, ziemlich nahe zu Mister Byrne, der seine Fingernägel studierte. Alle übrigen beobachteten den Automaten. Ein paar Sekunden vergingen, ohne daß etwas geschah, ein langsames Lächeln breitete sich auf Mister Byrnes Gesicht auf, dann plötzlich war von einer der Frauen ein schrilles Kreischen zu vernehmen. Der Automat bewegte sich. Monsieur Maillardet schenkte Mister Byrne einen Blick, als ob er ihn erst jetzt bemerkt hätte. Der Kopf drehte sich zur Seite und blickte in die Gesichter der Menge empor. Das falsche Haar unterm Helm war schwarz, und die Augen von einem unnatürlichen Blau. Ein bewegungsloses Lächeln war ihm ins Gesicht geschnitten. Die Puppe blickte auf das Papier auf dem Pult hinab, und ihr Arm zuckte, hielt an, zuckte wieder, bewegte sich dann langsam nach unten, die Finger öffneten sich und schlossen sich dann mit einem Klicken um die Feder. Lemprière nahm wahr, daß die Lage der Feder auf dem Pult genau gekennzeichnet war. Im Rücken der Menge klatschten einige. Als sie wieder still waren, hörte Lemprière einen leisen surrenden Laut, durchsetzt mit unregelmäßigem Klicken. Als die Demonstration fortschritt, kamen noch einige gedämpfte Knalle aus dem Inneren der Truhe hinzu, weniger häufig als die anderen Geräusche. «Hat nich mal die Nockensätze gedämpft», flüsterte Mister Byrne ihm ins Ohr.

Innerhalb der Maschine wechselte die Kontrolle zwischen dem Antrieb und den Servomotoren hin und her, so, wie die Einstellräder die Programmnocken regulierten und die Schneckenkegel durch Übersetzungen kodierte Kraft auf verbundene Hebel übertrugen, die sich lautlos in den Gliedmaßen des Automaten bewegten. Nachdem die Puppe ihre Feder in das Tintenfaß getaucht hatte, durchlief sie eine Serie winziger mechanischer Beben, bevor ihr Arm sich abwärts bewegte, um zu schreiben, und der Informationsfluß wieder aufgenommen wurde. Der Arm schien sich sehr steif zu bewegen, aber Lemprière bemerkte, daß die Feder selbst glatt übers Papier glitt. Nach zwölf oder vierzehn Zeilen nahm Monsieur Maillardet das Blatt an sich und übergab es einer Frau, die ziemlich vorne stand.

«Ein Liebesgedicht! O mon amour!» hauchte sie übertrieben der Maschine zu. Ihre Begleiter lachten und klatschten. Monsieur Maillardet nahm diese Komplimente zugunsten seiner Schöpfung entgegen. Die Puppe selbst starrte stur geradeaus. Die Vorführung wurde zwei weitere Male wiederholt, jedesmal zum gleichen Entzücken der Damen, die die Bemühungen des Automaten verglichen und miteinander um einen Platz in seiner Zuneigung wetteiferten. Danach hob Monsieur Maillardet die Hand um Ruhe und sprach alsdann ebenso unverständlich durch sein Horn wie zuvor. Dann legte er Feder und Papier wieder zurecht und zog mit einer Kurbel hinter der Truhe die Mechanik wieder auf. Jeder beobachtete schweigend. Die Maschine begann sich zu bewegen, schneller diesmal, und das innere Klicken und Summen lauter als zuvor.

«Er hat den Motor zu hoch geschaltet», sagte Mister Byrne zu Lemprière. Der Automat brachte mit schnellen Hieben und ruckhaftem Zustechen seiner Feder ein Bildnis hervor. Es war ein Schiff, ein Dreimaster mit voller Besegelung und allen Einzelheiten bis hin zu den Reelingspfosten und den Verbindungen der Stevenstücke. Die Marineleute schoben sich näher heran, um einen besseren Blick zu gewinnen, vor allem einer schob sich direkt an die Maschine heran und verstellte so Lemprière die Sicht. Er hatte ein wettergegerbtes Gesicht, das aussah, als sei es nicht gerade für außergewöhnliche Ausdrucksformen bestimmt, jetzt aber, als der Mann auf das entstehende Bildnis hinabblickte, war sein Gesichtsausdruck der tiefen Erstaunens. Monsieur Maillardet bewegte sich schützend an seine Schöpfung heran, während sie die letzten Falleinen am Schiff anbrachte.

«Großer Gott!» rief der Mann aus. «Ich sage euch, ich kenn das Schiff!» Und damit riß er das Papier an sich, gerade als die Puppe ansetzte, den Namen des Schiffes auf seinen Bug zu schreiben.

«Monsieur!» protestierte der Erfinder. Er kam zu spät. Als des Mannes Hand sich um das Papier schloß, schwang die Puppe ihren linken Arm herüber, ihre linke Hand öffnete sich und schloß sich dann fest um des Mannes Handgelenk. Die linke Seite der Maschine schien zu erstarren, als der Mann versuchte, sich loszureißen.

«Verdammt», murmelte er, und dann schrie er plötzlich laut auf, als der rechte Arm entschlossen herabschwang und den Namen des Schiffes mit der Feder in die weiche Haut seiner Handfläche einschrieb. Blut und Tinte quollen auf.

«Bei Jesus, macht mich los!» schrie der Mann und schüttelte das Ding wütend. Seine Begleiter zerrten an dem Metallarm.

«Meine Herren! Bitte!» rief Monsieur Maillardet. Mister Byrne handelte. Er trat zu seinem Konkurrenten und riß den Schraubenzieher, der immer noch in dessen Hand war, an sich. Er kniete sich hinter den Automaten, versteifte sich und trieb dann den Schraubenzieher in die Rückseite hinein. Sofort spreizten beide Hände ihre Finger und ließen den Mann los, und in der Maschine begann ein schrilles, ohrenzerfetzendes Gewinsel. Die Arme flogen auseinander, dann kam langsam und sehr absichtsvoll die linke Hand herüber, ergriff die rechte und drehte. Die Hand löste sich aus dem Gelenk. Einige Leute sahen weg. Kleine Messinghebel zuckten innerhalb des Stumpfes. Dann stieg dieselbe Hand empor, als wolle sie an die Nase fassen. Lemprière beobachtete, wie sich die Bewegung einfach fortsetzte und der Automat sich fünf Finger durch sein Gipsgesicht trieb. Die Hand schloß sich um etwas im Inneren des Kopfes, der Arm begann zurückzuziehen. Es gab ein reißendes Geräusch und dann ein lautes Schnappen, und dann brach der Kopf im Genick ab. Die Motoren im Inneren kreischten, die Nocken klackten wütend, doch die Bewegungen des Automaten zeigten keinerlei Mangel an Kontrolle. Er saß da, sein lächelnder Kopf baumelte ihm aus der Hand, und er begann, den Kopf auf das Pult zu schmettern, einmal, zweimal, dreimal. Der Automat zuckte heftig, und dann stand er still. Der Kopf fiel ihm aus den Fingern und rollte über den Boden. Die Aufmerksamkeit wandte sich Monsieur Maillardet zu, der dastand, die Hände theatralisch über den Ohren, und der jetzt vorwärts zu seiner geschlagenen Kreatur stürzte. Er hob Kopf und Hand auf und sank dann verzweifelt zu Boden. Der kopflose Automat war vorwärts über das Pult gefallen.

«Warum?» schrie Monsieur Maillardet der Gesellschaft insgesamt zu, dann erneut und lauter «Warum?» zu Mister Byrne, der ihm den Schraubenzieher zurückgab.

«Dinge fallen auseinander», sagte Mister Byrne lakonisch. «Das ist wissenschaftlich.»

Die Schaustellung war vorüber. Die Gäste des Earl sahen sich nach dem nächsten Spektakel um. Den verletzten Mann umgab eine kleine Gruppe seiner Gefährten, er tupfte mit einem Taschentuch an seiner Hand herum.

«Verdammt, das verfluchte Schiff. Ich *kenn* das Schiff», sagte er, immer noch von seinem Zusammenstoß mit der teuflischen Maschine erschüttert.

«Beruhige dich, Eben», sagte eine ältere Dame gebieterisch.

«Ich sag dir, die liegt genau hier vor Anker», widersprach der

Mann. «Hier in der Themse.» Er war sechzig oder mehr, mit stahlgrauem Haar und kräftig gebaut. Besorgter Rat begann von allen Seiten auf ihn herabzuregnen, als die Gäste ihre Aufmerksamkeit seinem Mißgeschick zuwandten. Einige der jüngeren Burschen stießen einander an. Man war sich einig, daß die Hand gesäubert und verbunden werden sollte. Eben duldete, daß ein Dienstmädchen ihn fortführte, während er immer noch von Schiffen und dem Schock des Wiedererkennens vor sich hinmurmelte, ruhiger jedoch, vielleicht im Bewußtsein des Schauspiels, das er geboten hatte.

«Das ist die *Vendragon*, sag ich Ihnen, die verdammte *Vendragon*...», sagte er, als er an Lemprière vorüberging.

«Warum?» fragte Monsieur Maillardet erneut vom Boden hoch. Niemand antwortete ihm.

«John?» Das war der Graf, und Lemprières Gedanken wurden wieder die eines Untersuchungsrichters, wobei er sich des erschreckten Gesichtsausdrucks des Grafen bei der Erwähnung Chadwicks erinnerte, seiner eigenen Zweifel und der hundert anderen Fragen, die er stellen wollte.

«Meine Mutter hat den Wunsch geäußert, dich zu sehen», sagte der Graf. Mister Byrne hatte sich zu Maillardet auf den Boden gesetzt. Gemeinsam klaubten sie winzige Messingschräubchen, Dichtungsringe und Stücke der Motorverkleidung zusammen. Das wettergegerbte Gesicht des verletzten Mannes verschwand durch eine der Türen an der Seite der Halle. Septimus war nirgends zu sehen. Auch Casterleigh nicht, wie Lemprière bemerkte. Auch seine Tochter nicht. «Hat dir Monsieur Maillardets Vorführung gefallen?» fragte der Graf, worauf Lemprière antwortete, er habe sie einzigartig gefunden.

Die beiden nahmen ihren Weg zur Rückseite der Halle. Der Graf erschien ausgelassen, wechselte Kommentare mit seinen Gästen und lachte ein bißchen lauter als sie.

«Hier entlang», sagte er, und die beiden traten durch eine Tür in einen langen Korridor. Der Radau aus der Halle erstarb, ihre Schritte waren das einzige Geräusch.

«Wie ich gesagt habe, sie *ist* sehr alt.» Der Earl redete über die Schulter, während er voranging. «Sie wünscht sich die Dinge genau so. Verstehst du?» Lemprière schüttelte den Kopf. «Sie wünscht sich die Dinge so, wie sie waren oder wie sie sich einbildet, daß sie gewesen seien.» Sie erstiegen eine Treppe und gingen durch einen langen Raum mit abbröckelnden Stukkaturen, die die unterschiedlichsten mythologischen Szenen zeigten, Hydren und Männer mit Schwertern und Frauen in Türmen. Der Raum dahinter war voller leerer Regale. Sie bewegten sich durch das Haus zurück, dessen Geographie sich in Stücke auflöste und immer verwirrender wurde. Sonderbar geformte Räume, Räume ohne Fenster und ungezählte kurze Treppen sprachen von einem wahllosen Plan, als ob er eher zusammengewachsen als entworfen worden sei. Edmund lieferte einen laufenden Kommentar, während sie hindurchgingen, und erklärte Lemprière, daß der ursprüngliche Bau von Thomas erbaut worden sei, dem vierten Earl, zur Zeit Elisabeths, mit Geld aus seinen Handelsinteressen.

«Aber natürlich weißt du das alles...», sagte er, während Lemprière an den Vertrag mit dem Namen von Thomas darauf dachte, und dem von François.

«Erzähl mir mehr», sagte er, aber der Earl nahm lediglich seinen häuslichen Reisebericht wieder auf und erzählte Lemprière von späteren Anbauten, die weder nach Größe noch Pracht dem ursprünglichen Haus entsprachen. Brocken und Stückchen, die im Verlauf der nachfolgenden Jahrhunderte je nach Bedarf angeklebt worden waren, und in einigen Teilen des Gebäudes trat die Lausigkeit der Ausführung klar zutage. Dennoch fühlte Lemprière sich genötigt, würdigende Kommentare abzugeben, als sie sich durch das Innere bewegten.

«Oh, es gibt da schon faszinierende Ecken», sagte der Earl obenhin. «Ich wünschte nur, ich könnte dir die Gärten zeigen. Ich arbeite da an einem Entwässerungsprojekt, das du interessant finden könntest. Ein bißchen Familientradition. Alle de Veres haben irgendwas hinzugefügt.» Des Earls Redeweise begann während dieses Berichtes etwas undeutlicher zu werden, war aber immer noch verständlich. «Mein Vater hat die neuen Ställe gebaut, bevor er starb, aber natürlich können wir die Dinge nicht so in Gang halten wie *er*. Unter uns, das Ding steht kurz vor dem Zusammenbruch. Mutter kann sich damit nicht abfinden. Sie denkt an kaum etwas anderes. Versuch das zu verstehen, John.» Lemprière stimmte dem in aller Aufrichtigkeit zu. Sie gingen weiter, in einen Flügel, in dem die Wände getäfelt und die Möbel in besserem Zustand waren als die zuvor. Bilder säumten ihren Weg, steif posierende Männer und Frauen in sonderbaren Kostümen. Der Earl blieb vor einem von ihnen stehen.

«Thomas de Vere, der vierte Earl als junger Mann», sagte er. «Eigenartig, oder?» Und Lemprière pflichtete dem bei. Abgesehen von dem vergilbten Firnis und den grell verfärbten Fleischtönen hätte das Bild eines von Edmund sein können. Die Ähnlichkeit war ziemlich beunruhigend.

«Hier rein.» Der Earl öffnete eine Tür neben dem Porträt des vierten Earl, und sie betraten einen langen Salon mit Sofas, einem Klavier und einigen Schreibtischen, die gegen die entgegengesetzte Wand geschoben waren. Ein Feuer brannte munter im Kamin. «Wenn du hier einen Augenblick warten würdest...» Der Earl durchquerte den Raum und verschwand durch eine zweite Tür. Lemprière begann sich umzusehen, aber schon nach wenigen Sekunden kehrte der Earl zurück. «John Lemprière, laßt mich Euch meiner Mutter vorstellen, Lady Alice de Vere», sagte er. Und während er sprach, erschien eine Gestalt in der Tür, eine Frau, sehr dünn, in sehr blasses Blau gekleidet. Ihr Gesicht war weiß gepudert, ein Tupfer Rouge auf jeder Wange, und ihr Haar türmte sich sehr hoch empor, ganz anders als das der Frauen in der Halle. Sie blieb stehen und erhob ein Pincenez, um Lemprière anzuschauen. Lemprière machte eine kleine Verbeugung, und die Augengläser wurden gesenkt.

«So, das ist also Lemprière», sagte sie mit klarer Stimme. «Die de Veres heißen Sie willkommen, Mister Lemprière, wie sie es bei François taten, Ihrem Ahnen.» Lemprière blinzelte hinter seiner Brille. «Einhundertfünfzig Jahre mögen unsere Umstände verändert haben, aber unser Willkomm wenigstens ist der gleiche geblieben.»

«Ich danke Ihnen, Lady de Vere», sagte Lemprière.

«Der Schnee hat Sie nicht behindert?»

«Nein, nein.»

«Edmund? Vielleicht möchte Mister Lemprière einen Wein nehmen.» Der Earl hatte neben einem üppig gepolsterten Sessel gestanden, auf den er sich jetzt lehnte, wie um sich zu stützen. Als er ging, um die Karaffe zu holen, stolperte er leicht. Lemprière nippte an seinem Glas. Der Earl kippte seins hinunter und nahm sich dann ein weiteres. Seine Mutter sah ihn an.

«Ich sollte wieder zu den Gästen gehen», sagte er. Seine Redeweise war klarer als zuvor. «Ich werd Septimus sagen, daß du hier bist», sagte er zu Lemprière und ging dann durch die Tür, durch die sie gekommen waren.

Lemprière fand sich allein mit Lady de Vere, die jetzt näher kam.

«Sie sind ein junger Mann», sagte sie. «Kinder?» Ihre Schritte waren eine gebrechliche und wackelige Angelegenheit. Lemprière wünschte, daß sie sich hinsetze.

«Nein, keine», sagte er.

Aus der Nähe war sie noch dünner, irgendwie ausgehöhlt. Ihre Augen waren sehr dunkel und unentwegt auf Lemprière gerichtet oder auf eine bestimmte Stelle hinter ihm.

«Es war Skewer», sagte sie rasch und setzte sich und deutete an, daß Lemprière ein Gleiches tun solle. «Sie wundern sich, warum Sie hier sind. Es war Skewer, nicht Chadwick. Mister Chadwick ist alte Schule. Mister Skewer war es, der uns Nachricht von dem Vertrag gebracht hat.»

«War», sagte Lemprière. «Mister Chadwick *war* alte Schule. Er ist vor einiger Zeit gestorben.»

«Tot?» sagte Lady de Vere. «Ja, natürlich.» Das war mehr zu sich selbst als zu dem Gast gesprochen.

«Ihr Vater ist auch tot?» Lemprière nickte und fühlte sich durch diese platte Feststellung der Tatsache ein wenig verletzt. «Ihr Vater hatte vor einem Jahr oder mehr Geschäfte mit Mister Chadwick. Skewer war damals sein Assistent. Er hat uns von dem Vertrag erzählt. Sie werden sich über unser neuerliches Interesse gewundert haben. Heute vor einem Jahr auf den Tag genau haben wir Mister Chadwick gebeten, uns zu sagen, was er wisse. Er weigerte sich, war sogar beleidigt, daß wir ihn das fragten, aber wir mußten ihn fragen: In Ihrem Interesse ebenso wie in unserem.» Lady de Vere war lebhafter geworden. «Als Ihr Vater starb, kam Mister Skewer erneut zu uns...»

«So also haben Sie von dem Vertrag erfahren...», sagte Lemprière.

«Wir wußten zuvor davon», erwiderte sie scharf. «Wie ich Ihnen gesagt habe. Aber die veränderten Gegebenheiten veranlaßten uns zu einem weiteren Versuch, Mister Praeceps Einbeziehung und unser Angebot, das Dokument zu kaufen.» Lemprière dachte an Skewers Gesicht jenseits des Schreibtischs, wie er ihm eifrig beteuerte, es handle sich um ein Kuriosum. Das Bild der Witwe Neagle, wie sie ihn mit ihrem Schuh schlug. «Im Sold von Schurken», ihre ärgerlichen Worte. Alles wahr.

«Sie wollten den Vertrag kaufen», sagte er grob. «Sie wollen ihn kaufen. Es handelt sich um etwas, das Sie brauchen.»

«Nein, Mister Lemprière», sagte sie sanfter. «Der Vertrag hat uns von Dingen berichtet, die wir längst vergangen glaubten.» Lady de Vere betrachtete den jungen Mann ein, zwei Sekunden lang und sprach dann wieder. «Was wir brauchen, wie Sie es nennen, ist etwas ganz anderes. Der Gegenstand unseres Handels bis jetzt, Mister Lemprière, ist nicht der Vertrag. Sie selbst sind es.»

Lady de Vere erhob sich von ihrem Stuhl, als sie das sagte, und ging rasch zu einem Schreibsekretär am anderen Ende des Raumes. Selbst in seiner Verblüffung ob ihrer letzten Erklärung bemerkte Lemprière ihren verbesserten Schritt. Der wackelige Eintritt, der Eindruck der Gebrechlichkeit waren lediglich Vortäuschungen zu seinen Gunsten gewesen. Oder zu ihren, dachte er, während die Frau den Sekretär durchkramte, und dann einen anderen, um dann mit einem hohen Stapel von Papieren und mehreren grob gebundenen Büchern zurückzukommen.

«Wirklich, weshalb sollten wir Ihren Vertrag wollen», sagte Lady de Vere und übergab ihm ein Blatt von dem Stapel, «wo wir doch schließlich unseren eigenen haben.» Das war der Vertrag, identisch in jeder Hinsicht bis hin zu den Unterschriften und der Zahnung entlang der unteren Kante. Thomas de Vere. François Lemprière.

«Mein Sohn hat Ihnen von seiner Bedeutung erzählt», sagte Lady de Vere, aber Lemprières Gesicht war leer. Eine wirre Rede, vermischt mit den betrunkenen Geräuschen des Schweineclubs, seine Übelkeit, des Earls Gesicht kopfüber vor seinem eigenen, wie es sagte «ein Zehntel... inzwischen Millionen... auf Ewigkeit...» Da war mehr gewesen, viel mehr als das, aber es war zerronnen, wie Wasser durch seine Finger geronnen. Er konnte sich nicht erinnern.

«Der vierte Earl war ein Wagehals, einer der ursprünglichen Einleger.» Die Worte fielen aus dem Nichts. «...ein Kaufherr. Die erste Reise war der Schlüssel zu allem, was ihm später widerfuhr. Es war in jedem Sinn ein Abenteuer.» Alice de Vere hatte den Stapel beim Reden neu geordnet. Nun übergab sie Lemprière eine eselsohrige Broschüre, vor Alter vergilbt, und der junge Mann las laut «Die Reise nach Indien und die Abenteuer des Kapitän Lancaster von der *Dragon*, zusammen mit der *Hector*, der *Ascension* und der *Susan*. Ein getreuer Bericht.»

«Das war die erste Reise.» Lemprière nickte und wandte die Seiten vor ihm um und las müßig von den Prüfungen und Triumphen der Expedition. Lady de Vere sprach wieder, die Tatsachen folgten einander in schnellem Fluß, ein geläufiger Vortrag.

«Es gab im Anfang viele Einleger. Die Schiffe liefen 1600 aus. Alles, was sie wußten war, daß es jenseits des Kaps die Gewürzmärkte des Ostens gab. Die holländischen Kaufleute brachten Gewürze in ganzen Schiffsladungen zurück. Es gab genug. Die Schiffe fuhren aus, und während über zwei Jahren hörte man nichts von ihnen. Zwei Jahre, Mister Lemprière. Die meisten der Einleger verloren die Nerven. Nur einige wenige behielten ihre Anteile und kauften natürlich die Anteile der Hasenherzen auf. Schließlich gab es ihrer nur noch neun.»

«Einschließlich Thomas de Vere», sagte Lemprière.

«Natürlich. Alle neun waren bis zum Hals verpfändet. Die de Veres schuldeten Tausende Pfund. Die Schiffsbauer waren nicht bezahlt worden, und nicht die Lebensmittellieferanten. Ihre Haushalte lebten von der Geduld der Geldverleiher in der City. Alle neun hatten gewaltige Schulden, aber gemeinsam besaßen sie die gesamten Anteile, und sie besaßen den Glauben.» Lemprière blätterte immer noch durch den Bericht.

«Die Schiffe kehrten zurück», sagte er. Selbst nach all den Jahren drang Kapitän Lancaster immer noch durch die gestelzte Prosa als ungewöhnlicher Mann.

«O ja, sie kehrten zurück. Es gab da einen frühen Bericht von einem Franzosen, Beaudeguerre. Dann wurden alle vier Schiffe vor der Westküste Frankreichs gesichtet. Der Wert der Anteile verdoppelte sich, verdreifachte sich, verdreifachte sich erneut, und Thomas hätte dann und dort verkaufen können. Es gab Angebote. Aber seine Nerven hatten so lange standgehalten, zwei Jahre waren vergangen. Wie die Dinge lagen, wäre er ein Narr gewesen, wenn er alles aufgegeben hätte.» Lady de Vere hielt inne und tupfte sich den Mund.

«Die Schiffe waren leer?» mutmaßte Lemprière.

«Nein! Sie waren voll! Ihre Laderäume waren mit Pfeffer vollgestopft. Lancaster hatte alles getan, was man von ihm verlangt hatte.»

«Also war jeder reich . . .»

«Jeder war ruiniert», sagte die Frau. «Die Holländer hatten den Markt seit Monaten überflutet. Es gab überhaupt keinen Markt mehr. Der Pfeffer war praktisch wertlos. Weder hier noch auf dem Kontinent konnte man auch nur einen einzigen Käufer finden. Gott weiß, wie Thomas versuchte, seinen Anteil zu verkaufen, aber . . .» Es gab ein kurzes Schweigen. «So sind sich unsere Familien zum ersten Mal begegnet, Mister Lemprière.»

Die Uhr tickte leise in ihrem Kasten. Vier Öllampen warfen ein gleichmäßiges Licht über den Raum. Lady de Vere saß sehr gerade da mit den Händen im Schoß. Ihre Finger zupften an ihren Ringen, und drehten sie rund und rund, während sie weiterredete.

«Das war wirklich die schlimmste Zeit für Thomas de Vere. Er selbst sollte später anders denken, aber das war wirklich die schlimmste Zeit. Die Reise war erfolgreich verlaufen und war doch gescheitert. Seine Familie hatte sich des Reichtums sicher gefühlt und war doch bankrott. Gläubiger hetzten ihn. Er schuldete Summen, von denen er wußte, daß er sie nie würde zurückzahlen können. Schlimmer noch, er wußte, daß er die ganze Zeit recht gehabt hatte. Lancaster hatte bewiesen, daß Indien ein voller Geldsack war, reicher noch, als er sich das vorgestellt hatte. Aller Gewinn auf Erden wartete auf ihn, aber er konnte nicht zu ihm gelangen. Niemand wollte einem von ihnen die Kosten für eine zweite Reise vorstrecken. Er war gestrandet, auf einer einsamen Insel ausgesetzt; wie Tantalus, dem das Wasser zurückwich, wenn er sich beugte, um zu trinken. Können Sie sich das vorstellen, Mister Lemprière?» Lemprière dachte an seine Träume, halb geahnte Dinge, die Geschichte, die sie ihm erzählte. «Ja, ich glaube, ich kann», sagte er.

«Alle neun Einleger befanden sich in denselben Schwierigkeiten, in demselben Boot, ha!» Das Lachen war bitter. «Aber sie wurden in gewisser Weise gerettet.»

«François?» wagte Lemprière zu sagen.

«Und andere. Neun insgesamt, ein Spiegelbild. Sie waren ihrerseits ebenfalls Kaufleute und Wagehälse, eine Art Club. Sie segelten einige Monate später von La Rochelle aus, aber lesen Sie selbst», und damit händigte sie Lemprière ein Bündel Papiere aus, die einstens ein Buch gewesen waren, aber der Rücken war gebrochen, und die Seiten quollen hervor. Lemprière nahm das Bündel Papiere und überflog es. Zahlenkolonnen, Listen.

«Ein Geschäftsbuch?» fragte er.

«Sozusagen», stimmte Lady de Vere zu. «Aber lesen Sie weiter.» Sie sah herüber, als Lemprière den Kopf erneut beugte, und wies dann oben auf die Seite. «Das Datum, sehen Sie? Winter 1602, kurz nachdem die Expedition zurückgekommen war.» Lemprière nickte, ohne zu antworten. Er las eine Liste von Namen.

«John Bonwicke Vater 3 Pfund Lohn pro Jahr und außerdem die Ansaat von 1 *Maß* Gerste in den Lehmgründen und als Handgeld 1 Schilling. *Zahlte ihm sein letztes Viertel.*

John Bonwicke Sohn 2 Pfund 10 Schilling Lohn pro Jahr und als Handgeld 1 Schilling. *Zahlte ihm sein letztes Viertel.*

William Crosswood 2 Pfund 6 Schilling 8 Pence Lohn pro Jahr und als Handgeld 1 Schilling. *Zahlte ihm sein letztes Viertel.*

Ellin Sigston 1 Pfund 6 Schilling Lohn pro Jahr und als Handgeld...» eine Zahl, die Lemprière nicht entziffern konnte. 6? *«Zahlte ihr ihr letztes Viertel.»* Andere Namen folgten: Symon Huson, Ellin Dixon; andere Beträge.

«Die Diener wurden immer bezahlt, wenn auch Monate im Rückstand», sagte Lady de Vere mit einem Anflug von Stolz. Lemprière las weiter, nahm den Verkauf eines Schafes früh im nächsten Jahr zur Kenntnis, dann den eines Stückes Land, dann eines anderen. «Februar 1603. Mister Woodall kam heute wieder zu mir, zum siebten Mal, aber konnte ihm kein Pfand geben. Thomas Wilbert, das gleiche.»

«Seine Gläubiger», sagte Lady de Vere. Die Eintragungen wurden häufiger, zusammen mit «Treffen. Philp. Sm. und die anderen» allein im März fünfmal.

«Philpot & Smith», erkärte Lady de Vere. «Die anderen waren die anderen sechs Wagehälse. Sie waren alle gemeinsam in Schwierigkeiten.» Gegen Ende der Märzabrechnung war Inventur. «Alle Gegenstände und Möbel im Langhaus in unserer hiesigen Gemeinde. Im großen Zimmer: item 1 Bett mit Überdecke, Tagesdecke, 2 Decken und Wandbehänge, 1 Federbett, 1 Matratze, 1 Polster, 2 Kissen, 3 Vorhänge, 1 *Baldachin*, 1 Truhe und 1 *Baldachin* mit 2 Stühlen. Dafür 9 Pfund 9 Schilling. In der Hauskapelle: item...» und so weiter, durch den mittleren und den Hauptsalon, die Halle, die Butterkammer und die Küche, durch zwei weitere Zimmer, und bei jedem «Dafür» und eine Summe. Soweit Lemprière sehen konnte, war das das einzige Geld, was in diesem Monat eingenommen wurde.

«Er hat die Einrichtung verkauft?» fragte er.

«Er hatte keine Wahl. Das Langhaus war der alte Teil des Gebäudes. Die Familie schloß es und zog in einen Flügel. Harte Zeiten.» Lemprière blickte wieder hinab, aber Lady de Vere lächelte grimmig. «Nicht nur die Sünde der Väter, Mister Lemprière, auch ihr Unglück kommt über einen.» Er spürte seine Wangen brennen, aber einen Augenblick später waren all solche Gedanken gebannt. Die nächste Seite enthielt quer über sie gekritzelt ein einziges Wort: «Gerettet», und darunter mit ruhigerer Hand «Traf den Franzosen heute, ein Kaufmann, namens François Lemprière.»

Die nächsten Tage verzeichneten eine Anzahl weiterer Begegnungen, doch waren sie jetzt nur noch angedeutet. «F. L. getroffen und für einige Stunden gesprochen», oder «F. L. weiter bis sehr spät gesprochen.»

«Sie handelten den Vertrag aus», sagte Alice de Vere.

«Natürlich», murmelte Lemprière, irgendwie in der Dringlichkeit ihres Geschäftes verfangen, verschwörerische Treffen in tiefster Nacht, gedämpfte Stimmen, Erschöpfung.

«Haben mit uns nach Norwich genommen, am achtzehnten Tag des April, im Jahr unseres Herrn 1603, Gewürznelken, 3 Unzen zu 6 Pence pro Unze, 1 Schilling 6 Pence. Kaneelstangen 2 Pfund 2 Unzen zu 3 Schilling 3 Pence pro Pfund 6 Schilling 11 Pence. Stärkemehl 12 Pfund zu 4 Pence 1 Pfund 4 Schilling. Holzteller 2 Dutzend 11 Pence.» Die Liste lief die Seite hinab, Seide, Faden, Bänder, Zwirnband, Nadeln, Rosenwasser und süßer Traubensaft, große Muskatblüten und mittlere Muskatblüten, graues Ambra, Safran und Meerrettich. Pfeffer. Eine ganz schöne Expedition. Dann erinnerte Lemprière sich der letzten Worte des Vertrags. *Gezeichnet den heutigen Tag zu Norwich.*

«Thomas ist dahingefahren, um François zu treffen und den Vertrag zu unterschreiben», sagte er.

«Ja», sagte Lady de Vere. «Er wurde am 25. April unterschrieben.»

«Warum Norwich?»

«Es hätte überall sein können. Nur nicht London, und nicht hier. Sie mußten das geheimhalten, die Dinge lagen nicht so wie heute. Frankreich war unser Feind nicht nur dem Namen nach, es war...»

«Verrat», sagte Lemprière und erinnerte sich an den Abend mit Peppard, als er zugehört hatte, wie der kleine Mann den Vertrag auseinandergenommen hatte, einen verwickelten Satz nach dem anderen.

«Verrat, ja», erwiderte Lady de Vere. Ihre Augen blickten ihn an.

«Skewer hat so was erwähnt», sagte er.

«Hat er.» Das hätte eine Frage sein können. Ihre Blicke trafen sich. Sie wußte, daß er log.

«Aber ich verstehe nicht *warum*», sagte Lemprière. «Nicht die Geheimhaltung, sondern die ganze Teilhaberschaft. François hätte seine eigenen Schiffe losschicken können. Warum sollte er sich überhaupt auf einen solchen Vertrag einlassen? Thomas sollte als sein Agent agieren und für seine Mühen ein Zehntel vom Gewinn bekommen, das begreife ich, aber nicht, warum überhaupt ein Agent. Warum segelten diese Männer nicht einfach von La Rochelle los?»

«Sie hatten ihre eigenen Schwierigkeiten. Denken Sie daran, sie waren Abtrünnige, Hugenotten.» Wieder das Wort, Septimus' Frage im Gewühl der Kirchgänger in Covent Garden. «Protestanten», sagte sie, «und der französische Hof war, ist katholisch bis in die Knochen. Wissen Sie, die englische Aktiengesellschaft hatte nichts außer beschlagnahmten Schiffen und ihrem Handelsprivileg: aber genau das fehlte denen aus La Rochelle. Ihr eigener König hätte ihnen das niemals gewährt, und sie wußten das. Das Handelsprivileg schützte das Monopol auf der Handelsroute. Und wenn es nicht Schiffe der Gesellschaft waren, die ums Kap segelten, dann überhaupt keine. Das haben die aus La Rochelle von Thomas, Philpot, Smith und den anderen gekauft.»

«Aber die Holländer segelten doch auf der Route, oder benutzten sie eine andere?»

«Nein! Es *gibt* keine andere Route. Wenn es eine andere gäbe, würde die jedes seefähige Schiff durchpflügen, glauben Sie mir. Die Holländer waren lästig, aber sie hatten damals wie heute weder eine nennenswerte Armee noch eine solche Flotte. Sie konnten die Route nicht schützen, wenn sie herausgefordert worden wären.»

«Und sie wurden herausgefordert?»

«O ja», und die Frau wies erneut auf das Rechnungsbuch. «Lesen Sie.»

Die Seiten, die der Unterzeichnung des Vertrages folgten, erzählten eine ganz andere Geschichte als vorher. Gläubiger wurden ausgezahlt, Land wurde zurückgekauft, Handwerker wurden für dieses oder jenes Projekt verpflichtet, Geld wurde in andere kleine Unternehmen gesteckt, neue Dienstboten wurden eingestellt.

«Der größere Teil dieses Hauses wurde damals gebaut», Lady de Vere berichtete weiter. «Die Vereinbarung lief glatt während fast einem Vierteljahrhundert. Natürlich wetzten sich die Zungen ab, als die zweite Reise Segel setzte, die Leute wunderten sich, wie sie finanziert wurde, aber nichts unter all ihrem Geschwätz war so eigenartig wie die Wahrheit. Und die Wahrheit machte unsere Familie sehr reich; die anderen Einleger ebenfalls. Reise folgte auf Reise, Handelsstationen wurden eingerichtet. Nichts verglichen mit der Größe der heutigen Gesellschaft, aber die Gewinne waren riesig. Ihre eigene Familie muß reich wie Krösus geworden sein. Das wurde sogar zum Problem, denn Gold in solchen Mengen wird selbst zur Fracht, sichtbar.»

«Was haben sie mit dem Geld gemacht? Wenn alles so geheim sein sollte, die Vereinbarung meine ich?»

«Ich weiß es nicht», sagte Lady de Vere. «Die aus La Rochelle kümmerten sich darum, *das* weiß ich, aber wie... Der vierte Earl hat nie darüber geschrieben, und ich habe danach gesucht, glauben Sie mir. Thomas erhielt von Ihrem Ahnen sein Zehntel, aber ich weiß nicht einmal, wie *das* geschah. Thomas hat die Summen nie aufgeschrieben, doch kann man sie nach seinen Ausgaben abschätzen, Tausende und Tausende von Pfund.»

«Schwer zu verbergen», sagte Lemprière.

«Nicht unmöglich», sagte Alice de Vere.

Außerhalb des Raumes, in dem sie sich unterhielten, war das schneeverhüllte Land still. Feuchte Luft lag schwer auf Haus und Gärten. Jenseits, im rauheren Gelände, wurden alle Laute vom Schneefall abgetötet und aufgesogen. Die Maschinen standen umher wie im Schlaf. Alle Spuren von Tätigkeit waren in der Nacht vergraben. Boffe hatte seinen Fuß in Wurzeln oder so etwas verfangen. Er kam nicht frei. Er trat einen Schritt zurück und versuchte es von neuem. Er war immer noch verfangen. Er hob den anderen Fuß und stampfte dann auf. Etwas krachte, und mit einem Ruck bekam er den Fuß frei. Er hatte unterhalb der Knie jedes Gefühl verloren, schien ihm. Er sollte nicht hier sein. Er eilte hinüber zu dem anderen Mann, der still dastand und auf ihn wartete.

«Alles fertig», verkündete er etwas atemlos, als er näher kam. Der größere Mann drehte sich um und begann zurückzugehen. »Ich sagte, alles ist fertig», wiederholte Boffe und beeilte sich, den anderen einzuholen, der sich plötzlich umdrehte.

«Ich habe Sie gehört!» bellte Casterleigh und wandte sich wieder dem Haus zu.

«Also errangen die Kaufleute aus La Rochelle die Kontrolle über die Ehrenwerte Gesellschaft. Die Vereinbarung mit Thomas de Vere und den anderen wurde eingehalten. Alles war in Ordnung», vermutete Lemprière.

«Ja, François und die anderen kehrten nach La Rochelle zurück, nehme ich an. Alles war für fast ein Vierteljahrhundert in Ordnung. Die Gesellschaft wuchs und wuchs. Dann ging alles zugrunde.»

Das Feuer war niedergebrannt, und Kälte kroch in den Raum. Lemprière zitterte. Der Teppich auf dem Boden zwischen ihnen hatte ein Rautenmuster in Rot und Grau. Wenn Juliette überhaupt kommen sollte, würde sie inzwischen eingetroffen sein. Der Schnee vielleicht. «Zugrunde?»

«Die Belagerung.» Aber über die wußte er nichts. Ein blauer Kobold flackerte auf dem Rost und tanzte auf dem schwarzen Schmiedeeisen vor und zurück, vor und zurück. Er zog seine Blicke mit sich, vorbei an der alten Frau, die zu ihm sprach: «...vollständig eingeschlossen, zu Land und zur See, Mister Lemprière!»

«Ja, ich habe davon gehört, ich...» La Rochelle, die Belagerung von La Rochelle. Deshalb also ging alles zugrunde, und sie alle waren darin gefangen, so auf ihren Handel bedacht, daß sie sie nicht hatten kommen sehen, die in ihrer Nachlässigkeit auf sie lauerte.

«Sie zog sich über Monate hin, ein Jahr und länger. Alle Zahlungen waren eingestellt, irgendwie abgefangen. Vermutlich lief das Geld über La Rochelle. Jedenfalls hörte es auf. Die Gesellschaft konnte sich im Großenganzen selbst betreiben, aber die Gewinne waren eine ganz andere Sache. Vielleicht waren sie verloren. Vielleicht nicht.»

«Also starben François und seine Verbündeten in der Belagerung?» unterbrach sie Lemprière.

«Das alles wird jetzt sehr kompliziert», sagte Lady de Vere. «Der französische König wollte kein Pardon gewähren. Er wollte sie vernichtet, jedes hugenottische Leben genommen, die Stadt dem Erdboden gleichgemacht. Es gab Geschichten von Massenschlächtereien auf dem Land um die Stadt, furchtbare Geschichten... Die Engländer stellten eine Expeditionsgruppe auf, angeblich gemeinsame Sache, alle Protestanten zusammen, aber sie scheiterte, oder sollte scheitern. Die Belagerung schleppte sich weiter bis ins nächste Jahr, 1628. Die Katholiken unter Richelieu bauten eine Art Seewall, und das war dann wirklich das Ende.»

«Die Stadt wurde genommen?»

«Was von ihr übriggeblieben war. Die meisten in La Rochelle waren verhungert, und die, die nicht verhungert waren, sollten ihnen bald folgen.»

«Abgeschlachtet?» fragte Lemprière.

«Sie töteten sich selbst», Lady de Veres Stimme war kalt, «lieber als sich gefangennehmen lassen.»

«Aber Sie sagten, daß François und die übrigen entkamen...»

«Vielleicht die einzigen. Ich weiß nicht wie. Sie waren einfallsreiche Männer. Aber irgend etwas ist dann geschehen, etwas zwischen ihnen, glaube ich. Das war einige Monate nach der Belagerung, im Frühjahr 1628. Seit fast zwei Jahren waren keine Zahlungen mehr geleistet worden. Die Einleger in London glaubten, daß ihre Partner umgekommen seien, Thomas, der vierte Earl, war davon überzeugt. Und damals geschah es, daß Ihr Ahne wieder an ihn herangetreten ist. Bedenken Sie, sie hatten einander seit fünfundzwanzig Jahren nicht mehr gesehen. François war in London, und da trafen sie sich. Es war ein eigentümliches Treffen, aber sehen Sie selbst.» Lady de Vere nahm Lemprière das stark angeschlagene Bündel Papiere aus der Hand und schlug dessen Seiten um, fünf oder sechs jeweils zugleich. «Er hat die Begegnung in seinen Abrechnungen beschrieben», sagte sie, ein paar weitere Seiten wurden überflogen, dann wurde ihm der ganze Haufen zurückgegeben. «Da», sie wies auf die Stelle, an der Thomas de Veres Bericht begann. «Frühjahr 1629.» Lemprière nahm die Papiere und begann zu lesen.

«Am heutigen Tag ward ich zum reichsten Mann unter den Lebenden oder zum geringsten unter den Bettlern, und ich weiß nicht was. Ich habe den Mann getroffen, der mich einst ruiniert antraf und mich mit Reichtum überlud, und jetzt verspricht er das gleiche. Ich meine François Lemprière, Handelsherr. Fünfundzwanzig Jahre sind vergangen, seit wir uns zuletzt getroffen, und beide sind wir sehr verändert. François führt einen Stock mit sich, denn sein Bein ist verletzt und will nicht besser werden. Er ist grau geworden, aber seine Haltung ist immer noch reich an Ausdruck, und seine Rede ist voller Extravaganz, und voller Wahrheit, bete ich, denn sonst bin ich ruiniert und meine Familie muß ihre Speise beim Herzog Humphrey suchen.
Unsere Begegnung geschah durch einen Zufall, und doch hatten wir uns kaum von unserer Überraschung erholt, da begannen wir sofort zu reden und speisten Rinderbraten und Schinken. Tausend Rätsel fielen mich an, doch hielt ich meine Zunge von nutzlosem Geschwätz zurück, und nie noch ward Geduld eine höher bewertete Tugend als da, denn François war wie eine Blase voll mit Rede, davon viele furchtbar. Er sprach von der Belagerung und ihren Schrecken, worob es mich entsetzte, seine Worte waren so lebendig und seine Haltung so wild, doch will ich davon hier nicht schreiben. Wir speisten weiter und tranken einen Krug Malmsey, und François sprach von seinen Abenteuern während der Flucht aus jenem unseligen Platze La Rochelle. Sein Bein ward innen ganz zerschmettert, und er trägt eine Narbe. Er war als eine Art Gesandter zum guten Herzog von Buckingham gesendet worden und zum Hof von England, doch trug es den armen Männern und Frauen in ihren Mauern nichts ein, denn ich weiß, daß der Herzog die Belagerung nicht durchbrochen hat, und als der Herzog zurückkehrte, war François mit ihm gesegelt, wie sehr er sich auch

gab, als wolle er die Freunde nicht verlassen. Doch als ich ihn dann frug, ob er die Mitkaufherren noch betraure, ist es doch jetzt schon einige Monate seit der letzten Abschlachtung, sagte er mir nein, denn noch lebten sie, und wären sie gleich zu Tode gebrannt wie die anderen, so bliebe seine Antwort immer nein, denn er hasse sie wie Vögel, die ihre Jungen fräßen, und schlimmer. All dies ward in einem großen Zorne wie im Wahn gesagt, aber er beruhigte sich wieder und redete wie eine gesunde Person. Er hat während der Monate seit der Belagerung auf der Insel Jersey gewohnt. Er hat mit seinen Mitkaufleuten gebrochen und sie herausgefordert. Er will nicht sagen warum, sondern sagt nur, daß die Geister von La Rochelle wissen warum, und das sei genug. Ich habe ihn weiters nicht bedrängt, sondern habe ihm vielmehr von meinen eigenen Leiden berichtet, obwohl sie nichts sind gegen seine, da sein Weib und seine sechs Kinder alle tot sind. François war voller Geist, als ich sprach, und sagte mir, daß ich bald reicher als jeder andere Mann sein würde außer ihm selbst, denn er habe ein Abkommen mit mir getroffen und werde es halten. Ich glaube, er plant Böses gegen seine alten Gefährten, die anderen acht Kaufleute, aber er sprach nur davon, ihre Papiere zu markieren, oder markierte Papiere zu besitzen, und sagte *Merke dir*, und machte viel Aufhebens um dieses Merke mit seiner Betonung. Mich betreffend, so hielt ich Frieden, und wir sprachen von anderen Dingen, wie den schändlichen Angriffen käuflicher Scribifaxe auf die Gesellschaft. Als ich ihm das sagte, war ihm meine Empörung eine Komödie, denn er lachte sehr laut, und sein Wahnsinn kam zurück, wenngleich auf einem anderen scherzenden Wege. Ich fragte ihn, wie es denn geschehen könne, daß wir so reich würden wie er sage, aber er wollte nichts mehr sagen denn zu vertrauen oder nicht, und mein sei die Wahl.

Jetzt bin ich wieder zu Hause an meinem kleinen Tisch, und mein Kopf schmerzt mich von der späten Stunde und dem Wein. Der Herr geleite mich in dieser Sache, ob ich mir gleich seine Geleitung deutlicher wünschte, und François ist ein fremdartiger Mensch, mir aber kein Fremder. Ich will ihm vertrauen. Das ist meine Entscheidung.»

5

*150 Jahre, nachdem Thomas de Vere sich entschlossen hat, François Lemprière
zu vertrauen, bereiten außerhalb des Hauses von Lady de Vere zwei
Mitglieder jener Schattenorganisation, deren Hand die blutige
Geschichte der Lemprières anrichtete, für John eine
häßliche Eröffnung vor*

«Und er irrte sich», sagte Alice de Vere. «Denn er hat François niemals
wiedergesehen, und niemals hat er auch nur einen Penny empfangen.»
Lemprière ließ seine Blicke über die hastig geformten Buchstaben
schweifen, «wie im Wahn ... und sein Wahnsinn kam zurück ... Ich
will ihm vertrauen.»

«Aber was ist denn geschehen? Wenn François einen Plan gegen
die anderen hatte, irgendeine Art Rache ...»

«Wenn, wenn», sagte die Frau. «Ich habe niemals entdeckt, was es
hätte sein können. Auf jeden Fall ist nichts daraus geworden. Ich
habe die Papiere des vierten Earl nach irgendeinem Hinweis durch-
kämmt, und ich glaube, daß er nicht mehr wußte als ich. Weniger ...»
Lemprière aber dachte an François' Wahnsinn, und stellte sich seine
rollenden Augen vor und sein unkontrolliertes Lachen, den Zorn.
Irgend etwas hatte ihn dazu gebracht, etwas in La Rochelle.

«Was waren das für Angriffe?» fragte er, «und die Geschichte mit
den markierten Papieren oder den Markierungen. Als François lachte
wie», Lemprière zögerte. «Als er lachte?»

«Die Angriffe waren Flugschriften», sagte Lady de Vere, wühlte
erneut in den Papieren und gab ihm ein schäbiges Produkt, gedruckt
mit unregelmäßigen Typen und nicht in der Mitte des Blattes. «Ein
ABC-Buch für Hänschen Gesellschaft, darinnen er seine Buchstaben
groß geschrieben finden und aus ihnen seine wahre Natur erlernen
mag.»

«Davon gab es eine Serie», sagte sie. «Das hier ist die zweite.»

«Höllenhund! Dies ist das meineidige Gewürm, das raubt und das
gemeine Wohl mit Geschwätz von Handel blendet, worunter es den
eigenen Profit und Gewinn versteht und wir sie als die Gesellschaft
erkennen ...» A stand da für Ansteckung und G für «Gerechter Krieg,
den ich gegen sie führe, denn wie Krankheitserreger bedürfen sie des
Abführmittels, der Auspeitschung», und so weiter über K und L und
M, das Ganze ein Katalog von groben Beschimpfungen und Schmä-

hungen gegen die Gesellschaft, geschrieben in der wüstesten Sprache. Da war viel die Rede von Demaskierung, doch keine Demaskierung geschah, und auch keine präzisen Vorwürfe wurden erhoben. Erst als Lemprière die pseudonyme Unterschrift auf der letzten Seite sah, klingelte ganz leise etwas in ihm, *Asiaticus*. Er legte den Kopf nach hinten, als ob die flüchtige Erinnerung sich im gesprungenen Stück der Decke enthüllen könnte. Die Truhe. Das war es. Seines Vaters Truhe enthielt eine solche Flugschrift, *Asiaticus*, er hatte sie flüchtig am Abend des Schweineclubs gesehen, und jetzt erzählte er das der Frau.

«Ah ja», sagte Lady de Vere. «Der geheimnisvolle *Asiaticus*», und sie schien mehr sagen zu wollen, hielt sich aber zurück. «Der Punkt ist», hub sie in einer anderen Tonart an, «daß François spurlos verschwunden ist. Seine Familie war während der Belagerung getötet worden, und nach dem Treffen, von dem Sie gelesen haben, haben wir nichts mehr von ihm gehört. Vielleicht ist er getötet worden, oder er starb einfach an seiner Krankheit, oder er machte sich davon. Genauso waren die Monate zwischen dem Ende der Belagerung und ihrem Treffen für Thomas ein Rätsel. Was ihn betraf, war François aus dem Nichts erschienen. François muß den größten Teil dieser Monate auf Jersey verbracht haben. Der vierte Earl hat niemals daran gedacht, dorthin zu reisen, doch wenn er das getan hätte, würde er François' zweite Familie gefunden haben, und alles wäre vielleicht anders gekommen.»

«Zweite Familie? Woher wollen Sie wissen, daß François eine zweite Familie gründete? Er war dort nur für», Lemprière blickte erneut in den Bericht, «einige Monate.»

«Sie sind erst seit einigen Stunden hier, Mister Lemprière, und doch bin ich ziemlich sicher, daß Sie existieren. Wie lange auch immer er sich da aufgehalten hat, François Lemprière nahm sich die Zeit, eine Familie zu gründen. Als Skewer uns sein bißchen Neuigkeit brachte, war es nicht der Vertrag, der uns interessierte, Mister Lemprière. Sie waren es.»

«Ich? Aber...»

«Die von François in jenen Monaten gegründete Familie ist Ihre eigene. Sie sind ein wirklicher Lemprière, die andere Hälfte der Partnerschaft, begreifen Sie das nicht? Der Vertrag gilt zeitlich unbegrenzt. Mister Lemprière, ein volles Neuntel der Gesellschaft gehört von Rechts wegen Ihnen, und davon ein Zehntel gehört uns. Lesen Sie selbst.» Ihre Hände lebten ihr eigenes Leben und zuckten bei jedem Punkt auf den niedrigen Tisch hinab, und ihr Ring pochte auf das Titelblatt der Flugschrift, die da vor ihnen auf dem Tisch lag.

«Für immer, begreifen Sie nicht?» Lemprière sah das frühere Treffen zwischen Thomas de Vere und seinem Ahnen in einem neuen Licht, die Schärfe in Thomas' Bedürfnis zu erfahren, was sich ereignet hatte, dessen Dringlichkeit, und die aufgestaute Zurückhaltung, als er darauf wartete, sein Schicksal zu hören, während François herumtaumelte wie ein Betrunkener, wie ein Wahnsinniger. Da war es auch in Alice de Veres Augen, das gleiche, und ihr Arm lag auf seinem Arm, und er wußte, daß es absurd war. Alle diese Männer waren seit langem tot, und ihre verrückten Hoffnungen mit ihnen. «Millionen über Millionen», sagte sie, und ihre Hand war wie eine Kralle, die sie über dem Vertrag zusammenhielt. Er konnte sich selbst sagen hören «Nein, nein, unmöglich», die Dinge sagen, die Peppard gesagt hatte, die sie schon zuvor gehört haben dürfte, und die sie auf jeden Fall sogar davor schon gewußt hatte. Es konnte nicht getan werden, es war zu spät.

Ihr Haus mochte über ihr zusammenbrechen, wie sie behauptete, und doch würde niemand auf sie hören. Sie waren alle tot. Lemprière schüttelte den Kopf und wiederholte sich selbst. «Wem immer die Gesellschaft gehören mag, er wird sie doch nicht einfach aufgeben. Nicht deswegen», und er hielt den Vertrag hoch, den Lady de Vere ihm plötzlich entriß.

«Dann zur Hölle damit!» Sie stand schnell auf und rannte fast zum Kamin. «Zur Hölle mit dir!» schrie sie, als sie das Dokument in die Flammen warf, die es in einem Augenblick verzehrten und zu Asche verbrannten.

Die alte Frau stand über das Feuer gebeugt. Lemprière starrte sie an und blickte dann zu Boden. Ein Stückchen Asche wirbelte auf einem kleinen Aufwärtsstrom heißer Luft empor und ließ sich im stachligen Brokat ihres Kleides nieder. «Ich muß um Entschuldigung bitten, Mister Lemprière», sagte sie nach einem langen Schweigen. Lemprière murmelte irgend etwas in Richtung seiner Füße, tut mir leid. Lady de Vere blickte ebenfalls zu Boden, dann wandte sie sich ihm wieder zu. Ihre Haltung war so aufrecht wie zuvor. Als sie wieder sprach, war ihre Stimme gleichmäßig, fast so, als ob sich nichts ereignet hätte.

«Ich möchte Ihnen gerne etwas von der Trockenlegung der westlichen Wiese erzählen», sagte sie mit veränderter, klarerer Stimme. Lemprière blickte zu ihr hinüber, immer noch erschreckt, als sie die

Hand hob und um Geduld bat. «Bevor Sie sich den Gästen wieder anschließen, Mister Lemprière, wenn Sie mögen.»

«Natürlich», sagte Lemprière, obwohl die Erwähnung der anderen Gäste seine Ungeduld verschärfte. Er wünschte sich, fort zu sein.

«Dieses Haus steht auf einer kleinen Anhöhe», sagte Lady de Vere zu ihm. «Sie werden den Anstieg bei Ihrer Ankunft bemerkt haben.» Er hatte nicht, aber nickte. Die Pfeife vom Mops hatte seine Aufmerksamkeit beansprucht, das und andere Gedanken. «Die Gärten umgeben es und jenseits, im Osten und im Westen, sind zwei Wiesen, jede von einigen Morgen Größe. Beide sind sich in fast allen Punkten ähnlich, beide wurden in der Zeit des vierten Earl gerodet, der Boden ist ähnlich, sie erdulden das gleiche Wetter, und beide liegen niedrig. Als sie gerodet waren, wuchs auf der östlichen Wiese gutes weiches Gras, und sie konnte binnen eines Jahres beweidet werden. Aber die westliche Wiese stellte sich als ein Moor heraus, das im Sommer von allen Arten Fliegen schwärmte, während es im Winter zufror. Völlig nutzlos. Der vierte Earl beschloß also, es trockenzulegen, und mit einiger Anstrengung gelang es ihm. Jetzt war auch die westliche Wiese guter Weidegrund, das ganze Unternehmen war ein Erfolg. Aber nach einigen Wochen bemerkte Thomas' Verwalter, daß die östliche Wiese immer nasser wurde, und ehe das Jahr vorüber war, war sie tatsächlich so sumpfig, wie die westliche Wiese zuvor gewesen war.»

«Sie waren wohl durch einen unterirdischen Wasserlauf miteinander verbunden», vermutete Lemprière.

«Sehr gut möglich», sagte Lady de Vere. «Edmund nun, der viel praktischer ist als seine Mutter, hat sich entschlossen, das gleiche Projekt in Angriff zu nehmen, und hat tatsächlich vor einem Jahr die östliche Wiese trockengelegt.»

«Und die westliche Wiese wurde wieder überflutet?»

«Natürlich. Jetzt hat er eine kleine Armee von Ingenieuren mit ihren Maschinen in der westlichen Wiese. Wenn das Wetter besser wird, will er die westliche Wiese abpumpen, und dann vermutlich die östliche, und dann wieder die westliche. Wenn ich ihn frage, warum er sein Leben damit verbringen will, einen Sumpf über einen Kilometer hin und her zu bewegen, sagt er mir, das sei Fortschritt. Er bringe das Land wieder in Nutzung. Die örtlichen Bauern verstehen diesen Wahnsinn, Mister Lemprière, die loben ihn und glauben, er sei besonders vorausschauend. Weder ich noch mein Sohn suchten uns aus, als Narren zu handeln, und doch begreife ich es nicht. Ich begreife nur, daß unsere beiden Familien, die Lemprières und die de

Veres, einst mächtige Kräfte waren, und jetzt sind wir erschöpft. Das ist alles, was ich jetzt noch begreife, Mister Lemprière.»

Lemprière schlug sich mit dieser sonderbaren Geschichte herum und versuchte, ihr einen Sinn im Hinblick auf ihre vorhergehende Unterredung abzupressen. Der lag wohl irgendwo in dem keine Narren sein. «Wenn Graf Edmund das Land trockengelegt hat, was will er dann . . .»

«Sehr gut, Mister Lemprière», ihre Stimme war stahlhart. «Er wird es verkaufen, und die Dienstboten werden bezahlt werden. Wenn nicht, dann nicht. Wir alle treffen unsere Entscheidungen, wie wir sie verstehen.» Da begriff Lemprière, daß die ganze Geschichte eine Erklärung für ihren Ausbruch war; eine Entschuldigung, und er bedauerte zutiefst, daß er sie nicht begleiten konnte, aber das war unmöglich. Wahnsinn.

«Ich danke Ihnen fürs Zuhören, Mister Lemprière.» Sie kam herüber und streckte ihre Hand aus, nein, nahm etwas vom Tisch. «Nehmen Sie das, Mister Lemprière. Eine Erinnerung.» Er wurde zur Tür geleitet, und ihm ward die Flugschrift des Asiaticus übergeben. Sie war voller Würde. Er war eingeschüchtert. Noch konnte er seine Meinung ändern, konnte ihr sagen, daß sie die Gesellschaft vor jedem Gericht Englands bekämpfen und schließlich auch noch siegen würden.

«Danke», sagte er und würde auch noch etwas mehr gesagt haben, aber was? Die Tür schloß sich.

«Auf Wiedersehen, Mister Lemprière», mit einer Stimme gesprochen, die in der Luft hing, als sich die Tür schloß, *klick*, sanft, und dann war er draußen im Korridor allein.

Thomas de Vere blickte aus seinem goldenen Rahmen auf ihn herab. Den Korridor erleuchteten Girandolen, deren Licht ein Spektrum von schmuddeligen Gelbs und Brauns aus dem Holzwerk, den Faltenfüllungen der Paneele, aus Polsterstühlen und einfarbigen, feingeschnitzten Stühlen aus Grenobler Eiche hervorbrachte. Der Fußboden war mit Teppichen belegt, und Lemprière trottete ihn längelangs, während François' häßliche Fratze ihn aus vergoldeten Cupidos anzustarren schien; Kaufmann, Abenteurer, Flüchtling, Rächer. Verrückter. Irgend etwas war geschehen, das ihm die geistige Gesundheit genommen, das ihn zum Feind seiner früheren Kollegen und Freunde gemacht hatte, irgend etwas in La Rochelle.

Er stieg die kurze Treppenflucht am Ende des Ganges hinab und folgte dann weiter den unerwarteten Winkeln des Flures. Welchen Plan hatte er in seinem Kopf entworfen und dort behalten, ein verborgenes Geschenk für den vierten Earl, das da in seinen verschatteten Gedanken hing? Vielleicht nichts, oder aber etwas Weitläufiges, das sich irgendwo da draußen ausbreitete und unsichtbar wartete. Er schritt durch einen hochwandigen Lichtgaden, dessen glitzernder Fußboden aus *pietra dura* von einer anderen, aufgegebenen Verwendung sprach. An seinem Ende führte eine Treppe Lemprière hinab in ein Gebiet, in dem die Durchgänge enger, die Decken niedriger und die Türen aus einfachem Holz waren. Unverputztes Mauerwerk. Er erinnerte sich nicht, ging aber weiter und blickte in alle Zimmer, an denen er vorüberkam, die alle unterschiedliche Funktionen zu haben schienen. Manche waren völlig leer, manche mit Küchenmöbeln oder mit Packkisten vollgestopft. Keine Seele war in Sicht, und langsam wurde Lemprière klar, daß er sich verlaufen hatte, als von irgendwo draußen ein sanftes *plop!* in den Gang klang, dann noch eins und noch eins. Das Geräusch umrollte ihn in dem Gang und schien einmal die eine, dann wieder die andere Richtung anzudeuten. Er bewegte sich vorwärts und erinnerte sich dann, was er nach den Erzählungen von Septimus während des Abends zu erwarten hatte. Was er da hörte, waren die Töne des Feuerwerks, aber ob sie von vorne, von hinten oder von einer der beiden Seiten kamen, hätte er nicht sagen können. Er schien sich in Kellerräume verirrt zu haben und begann, seine Spur zurückzuverfolgen. Er ging zurück zu der Treppe, um die Ecke, dann um eine weitere, von denen beiden er erwartet hatte, sie gäben ihm den Blick auf die Treppe frei, die ihn mit den übrigen Gästen vereinen würde, mit Septimus und den anderen, mit Juliette. Er ging weiter, aber die Ecken enthüllten ihm immer nur mehr vom gleichen; hallende Empfangsräume, leere Salons, lange düstere Korridore und Türen. Dutzende von Türen.

Am Anfang des nächsten Korridors begann Lemprière, sich in die sichere Umgebung seines Wörterbuchs zu Hause zurückzusehnen, als er im Halblicht am Ende des Korridors einen Gegenstand wie übergroße Beine erblickte. Er ging näher heran.

Es war eine Trittleiter. Direkt über ihm war in die niedrige Decke eine Lukentür geschnitten. Lemprière sah sich die Lukentür an. Er war ziellos, stundenlang, wie es ihm vorkam, durch diese Korridore und Gänge gewandert. Er war von Minute zu Minute mutloser geworden. Die Entscheidung, wie er sie sah, war einfach. Widerwillig begann er, die Trittleiter zu ersteigen, die von Seite zu Seite und nach hinten und vorn schwankte, als er ihre Spitze erreichte und gegen die Lukentür drückte. Sie war nicht verschlossen und bewegte sich einige

Zentimeter, aber irgend etwas befand sich auf ihr, etwas, das um so schwerer zu werden schien, je kräftiger Lemprière drückte. Hinzu kam, daß ihn der Winkel seines Kopfes zwang, über seine Brille hinwegzuschielen, so, daß die ganze Anstrengung tatsächlich blind unternommen wurde. Er schwitzte in seinem geborgten Gehrock, und die Trittleiter hatte eine wilde und ihr eigentümliche Kreiselbewegung angenommen, als Lemprière endlich die Lukentür hochbekam und sie zur Seite schob. Irgendwo über ihm ertönte ein Bersten, und mit dem Kopf berührte er etwas Rauhes, irgendeine Art Stoff. Er drückte dagegen, und plötzlich hörte er schnelle Schritte, die sich auf ihn zubewegten, dann gab die Leiter unter ihm nach, er hatte sie unter sich fortgestoßen. Warum?, sein Gedanke, als er in die Trümmer der Leiter hinabkrachte. Die Antwort: Jemand im Raum über ihm hatte ihm mit Macht über den Schädel gehauen; jemand hatte ihn tatsächlich, sein letzter rascher Gedanke, als er sich in ein entgegenkommendes Bett aus zersplitterter Trittleiter niederließ, bewußtlos geschlagen.

Gekenterte Karaken trieben die Themse hinab, auf deren Unterseite ganze Bündel von Entenmuscheln saßen, in seiner Phantasie sang die Menge «Ballast! Ballast! Ballast!» nebst anderen unfreundlichen Erinnerungen an sein allzu menschliches Scheitern, während Sir Anthony sich im Grabe herumdrehte und er stolz und einsam auf dem Podium rot anlief und seine zernarbten Daumen umeinanderdrehte und von einem Fuß auf den anderen trat. Unwillkommene Lektionen in Demut. Aber von einem mechanischen Spielzeug bedrängt zu werden; das war unerträglich und wurde außerdem verschlimmert durch die Aufmerksamkeiten freundlicher Matronen, die sich um ihn geschart und gegackert und gegurrt hatten «Eben! Eben!», als die Mischung aus Blut und Tinte ihm die Hand füllte, und ihm schneeweiße Taschentücher boten, damit des verurteilten Mannes Lebensblut aufzutupfen und Souvenirs mit zum Teegeschwätz zu bringen, das seinen Namen durch ihre Salons und ausgesuchte Speiselokale hetzen würde, wochenlang, monatelang, jahrelang! Kapitän Guardian wußte, daß die Entscheidung, ein Schiff aufzugeben, unwiderruflich war und niemals leichthin gefällt werden sollte, jetzt aber war die Zeit für eine solche Entscheidung. Dank sei dem Herrn für Mister Byrne, der Teufel hole Maillardet und seine Schöpfung.

Seine Kameraden und sogar Pannell hatten eine verständige Distanz gewahrt, als er es duldete, fortgeführt zu werden, während er ein Bündel Taschentücher mit seiner inbeschrifteten Hand umklammerte und Versprechungen um sich streute, sie wieder zurückzugeben, und einer geschäftigen beschürzten Frau durch eine Seitentür folgte und seine Gedanken zu sammeln begann, wobei er immer noch das Gekicher aufgeblasener Laffen und angemalter Stutzer vernahm, gräßlich. Genauso hätte er auch einen alten Possenreißer bekichert, der den Hornpipe mit einer Sammlung von Zahnrädern, Hebeln und billigem Gips tanzte, mechanischer Schrott jetzt, ha! Das ermunterte ihn, autsch, die Frau tupfte ihm kaltes Wasser in die Handfläche, die war einst von Schwielen hart wie eine Haifischhaut, war es jetzt aber nicht mehr, nein, und wieder autsch. Was Weichliches im Leben an Land. Kuck dir bloß die Jugend an. Und es *war* das Schiff.

«Ruhig halten, Sir, so.» Barscher Dank war zulässig, und so stattete er ihn ab. Als das abscheuliche Spielzeug seine Linien gezogen und er sie in seinem geistigen Auge mit dem Erscheinungsbild der *Vendragon* verglichen hatte, war er immer überzeugter geworden, daß sie ein und dasselbe waren. Nicht zwei Schiffe waren genau gleich, da konnte es wirklich kein Vertun geben, und er hätte seinem eigenen Urteil durchaus vertrauen können – wenn er's doch nur getan hätte –, aber er hatte es noch näher besehen wollen, um es ganz genau zu sehen. Identisch bis hin zum Winkel der Frachtraumluken, dasselbe Schiff. Da hatte Guardian sicher gewußt, daß er den Kahn irgendwoher kannte, und auch das war sonderbar, denn es war ein Ostindienfahrer, so ziemlich das einzige Schiff, das er nie gesegelt hatte. Aber woher? Seine Handfläche hatte zu pochen begonnen, und er umkrampfte die Taschentücher fester. Die Aussicht, diese blutgetränkten Abzeichen ihren Eigentümern zurückzugeben, entzückte ihn keineswegs. Das Gekicher und das verstohlene Gelächter seiner Mitgäste... Mochte sogar Mitgefühl dabei sein, aber das zu erwägen war zu scheußlich.

«Danke», sagte er noch einmal zu der Frau, die auf irgendeine Entscheidung seinerseits wartete. Sie ging, und Kapitän Guardian entschied, daß ein kurzer Gang durchs Haus in Ordnung sein mochte. Er könnte sich den anderen ja nach dem Feuerwerk wieder zugesellen, ein schicklicher Abstand. Mal das Terrain erkunden, ja.

So begann Kapitän Ebenezer Guardians Rundgang, eine ausgedehnte Übung im Trödeln, die ihn durch das Geklirre der Küche und das Schweigen des kühleren fliesenbelegten Korridors hinter ihr in die Säulenumgänge von Innenhöfen mit Konsolsäulchen führte, in denen das einzige Geräusch das Klatschen oder Trapsen seiner Füße auf *pietra dura* oder heimischen Dielen war, und weiter durch lange verlassene Galerien mit Spiegelkabinetten, dem Anschein nach aus Vauxhall-Silber, aber alles alt und verfleckt wie die vernachlässigten Arbeiten der Stukkateure im anschließenden Salon, in dem sorgsam geformte antike Szenen in zufällige Obszönität oder in gar nichts zerkrümelt waren, kurze Treppen hinauf, die zu Zimmern und Durchgängen unerkennbarer Funktion führten, mit wurmzerfressener und verschmutzter Täfelung, und wo Versuche zur Wiederherstellung der *trompe l'oeil grisaille*-Malerei ihren Zweck so wenig erreicht hatten, daß sie den allgemeinen Verfall nur um so deutlicher hervorhoben. Das alles hätte seine schwachen Lebensgeister zweifellos niedergedrückt, wenn er diesen überreichen Anzeichen des Niedergangs der de Veres überhaupt Aufmerksamkeit geschenkt hätte.

Nachdem Kapitän Guardian sich entschlossen hatte, ziellos umherzuwandern, ließ er seine Gedanken sich wie Bohrwürmer durch die verpichten Planken und die Rundhölzer der *Vendragon* bohren, die rauhen Hanfgeflechte der Taue hinauf und um sie herum kriechen, die abgenutzten Leinwände vom Hauptsegel bis zum Bramsegel kreuzen und wieder hinab zum Deck, das ihn wie eine zerbrechliche Gedankenplattform trug, aber immer noch wollte er nicht kommen – der Name. Nicht *Vendragon*, der wirkliche Name, irgendwo da, eingeschlossen in die Linien und Winkel des Schiffes, das den Abklatsch eines sich dem Zugriff entziehenden Originals darstellte. Wo? Und wann? Kapitän Guardian schnaubte wütend vor Verärgerung und schlug mit der Faust gegen die Türe neben ihm, ein Fehler. Er fluchte laut, als der Schmerz erneut in seiner verbundenen Hand hochquoll, ihm in den Arm hineinschoß und an seiner Schulter riß. Die Tür war durch den Schlag aufgesprungen und ließ in ein Zimmer blicken. Die Lampen brannten.

«Verzeihung, ich scheine...» Guardian war bestürzt und beschämt, daß man seinen Ausbruch gehört haben könnte, er stammelte seine Entschuldigung und lugte vorsichtig durch die Tür. Aber trotz der Beleuchtung war da niemand.

«Hallo?» Er rief wieder. Es gab keine Antwort. Er tappte behutsam hinein und sah sich um, wobei ihm sein Tun den heftigen Eindruck des Widerrechtlichen erweckte, aber Neubegier war schon immer seine Schwäche gewesen. Außerdem, wer würde davon erfahren? Das Zimmer enthielt einen Aktenschrank, einen Schreibtisch und einen

Stuhl, es war mit einem Teppich ausgelegt, und in der Mitte des Teppichs stand ein niedriger Tisch, mit Stühlen umstellt. Ein größerer Tisch am anderen Ende des Zimmers war mit Plänen und Karten übersät, die Ebens Blick anzogen. Er schloß die Tür leise hinter sich und ging zu einer näheren Besichtigung hinüber. Es waren Pläne des Gutshofes mit punktierten Linien von Ost nach West, und auf Sonderblättern vergrößerte Einzelheiten, und Zeichnungen von Maschinen, in Ebens ungeschultem Auge große unpraktische Dinger, mit Anmerkungen über die Bodenbeschaffenheit und quergekritzelten Angaben über den Wasserstand. Es schien sich um ein Trockenlegungsprojekt zu handeln. Während er das alles überflog, konnte er nicht umhin, eine Flasche Weines zu bemerken, die halbgeleert auf dem Schränkchen neben dem Tisch stand. Ein Augenblick Nachdenkens überzeugte ihn, daß ein Schlückchen die Grenzen der Gastfreundschaft nicht übertreten hieße, und er öffnete das Schränkchen auf der Suche nach einem Glas, fand aber nur lauter gleiche Flaschen, alle leer. Sonderbar, dachte er, als er direkt aus der Flasche schluckte. Der Abend wurde besser. Kapitän Guardian lehnte sich in den Sessel zurück, nahm einen weiteren guten Zug, und fuhr mit der Arbeit an dem imaginären Kanalboot fort, dessen Kiel er früher am Tag verlascht hatte. Ein ziemlich langweiliges Projekt, die Wahrheit zu sagen, aber irgendwie würde er es schon noch lebendiger machen. Ein Ausleger vielleicht. Haufenweise Flaggen ... hmm.

Auf diese Weise verrann eine Stunde oder mehr, während der das einzige Ereignis von Bedeutung das Ende der Flasche war und Ebens Entdeckung einer weiteren in einer Schublade des Schränkchens. Eine Reihe dumpfer Schläge kündigte den Beginn des Feuerwerks irgendwo draußen an. Die Welt begann einen rosigen Schimmer anzunehmen, und der Sessel bot all die Kurven und Winkel, nach denen sein alter Körper verlangte. Das Kanalboot nahm in seiner Phantasie an Größe zu. Ein königliches Galaboot vielleicht, mit Hornisten auf einer kleinen Plattform vorne nahe beim Bug und kleinen heraldischen Dingen, die an der Seite herabhängen. Und noch mehr Flaggen. Das Kanalboot war nach allem doch ein guter Gedanke, wie es da unter einem purpurnen Himmel den Fluß hinabtrieb, und weitab war Regen sichtbar, der ihn niemals treffen würde, *mmth*, ein weiterer Schluck, und jubelnde Massen entlang der Ufer, die Fähnchen schwenken, so entworfen, daß sie den Farben der Flaggen auf seinem Boot entsprachen, eine Art Signalsystem, dessen einziges Wort Harmonie wäre, von tausend glücklichen Winkern in all seinen

Bedeutungen ausgeklügelt dargestellt, ja er war betrunken, und es war ihm egal. *Rrumps!* Und Kanus! Geschmückte Kanus, in einer Reihe angebunden hinter *Rrumps!* Diesmal wurde es zur Kenntnis genommen.

Eben brachte den Kopf hoch und probte schon Entschuldigungen, und nahm die Füße vom Tisch, er habe sich verlaufen, sicherer Hafen und all das, aber als er sich im Zimmer umsah, war das immer noch leer. Ein Eindringling? Schlagt Enterer zurück! Eben schleuderte die Füße vom Tisch und sah sich nach einer Waffe um. Keine Hoffnung auf einen Belegnagel, aber, aber die leere Flasche, jedenfalls eine, ja. Jetzt zum Angriffsziel.

Er war ein bißchen betrunkener, als er gedacht hatte. Der Fußboden in der Mitte des Zimmers schien sich zu bewegen. Die Stühle, die um den niedrigen Tisch herumgestellt waren, krochen aufeinander zu, und der Tisch selbst bewegte sich auf und nieder. Plötzlich sprang der Tisch in die Luft und stürzte krachend auf die Seite. Es war der Teppich, er schwoll in der Mitte an. Etwas drängte empor durch den Teppich.

Kapitän Guardian handelte. Er marschierte schneidig auf die Schwellung los, die aus dem Fußboden hochkochte, schwang die Flasche empor und ließ sie mit einem blitzartigen Schlag auf den höchsten Punkt des Dinges herabkrachen. Die Schwellung verschwand, und einen Augenblick später gab es ein lautes krachendes Geräusch. Dann Schweigen. Jetzt sackte der Teppich durch, wo der Tisch gestanden hatte. Es war eine viereckige Vertiefung, die Guardian zu spät als Lukentür erkannte. Vielleicht hätte er abwarten sollen, ehe er auf wasimmer, wenimmer einschlug, derdiedas da hereinzukommen versucht hatte, und eine leise Angst begann den alkoholischen Nebel zurückzurollen, als er Stühle und Tisch beiseite schob, um den Teppich von dem Loch im Fußboden wegzuziehen.

Eine offene Lukentür wurde sichtbar, und als Guardian in eine Art Durchgang unten hinablugte, sah er sein Opfer, einen dünn aussehenden Jüngling, der in einem Haufen zerbrochenen Holzes ausgespreitet lag.

«He!» rief Eben und winkte dem jungen Mann unten zu, wobei er das Bündel Taschentücher und die Flasche vergaß, die er in der Rechten und der Linken hielt und die er jetzt fallen ließ, wobei die Flasche ohne Schaden anzurichten einen knappen Meter neben seinem Opfer zerbarst und das blutgetränkte Bündel ihm genau ins Gesicht fiel.

Aber Eben kümmerte sich nicht darum. Alle seine Gedanken waren plötzlich bei seiner Hand, in die früher am Abend der Name des Schiffes von Maillardets verfluchtem Apparat eingeschrieben worden war, der sich ihm jetzt enthüllte, eine ausgefranste Tätowierung des Namens, den er vor zwanzig oder fünfundzwanzig oder noch mehr Jahren natürlich gekannt hatte und den er jetzt, wie um ihn zu bekräftigen, laut sagte, die *Falmouth*.

He! Ein gelber Nebel rollte zurück, wurde rot, und feucht. Da lag etwas auf Lemprières Gesicht. Irgendwer da oben schrie *Falmouth!* Das Ding auf seinem Gesicht hinderte ihn am Atmen. Bald würde er es entfernen. Jetzt vielleicht. Da lag auch etwas auf seinem Kopf. Lemprières Körper erhob sich aus den Bruchstücken der Leiter, etwas Rotes und Nasses fiel ihm in den Schoß, und über ihm lugte ein bärtiges Gesicht durch die Decke und erzählte ihm, daß die *Falmouth* keine hundert Meter von seinem Haus entfernt vor Anker liege. «Überhaupt nicht die *Vendragon*. Ich hab mir das schon gedacht... Stellen Sie sich das bloß vor! Vor zwanzig Jahren verlorengegangen, und jetzt ist sie wieder da. Die *Falmouth*, ich wußte es, wußte es einfach. Vergeß nie ein Schiff...» Auf seinem Kopf war eine eiförmige Beule. Der Mann da oben hatte ihm die gehauen, und jetzt schwatzte er von Schiffen, der *Falmouth*, der *Vendragon*. Er war von der Leiter gestürzt, deshalb war sie zerbrochen. Jetzt hatte der Mann seine Hände durch die Falltür gestreckt. In die Handfläche der einen war das Wort «Falmouth» geschrieben. Schmerzhaft. Dann erkannte er das wettergegerbte Gesicht, das ihn fragte, ob er verletzt sei.

«Der Automat», sagte Lemprière. Seine Zunge fühlte sich dick an. «Sie sind von dem Automaten angegriffen worden. Ihre Hand...» Das war genug für jetzt.

«Festhalten!» sagte der Mann. «Ich hab gedacht, Sie wären, ich hab gedacht, es sei ein Angriff, wissen Sie. Ich werd Sie hochziehen.» Lemprière reckte sich, aber zwischen ihnen fehlte über ein Meter, es war einfach nicht möglich. «Warten Sie», sagte das Gesicht. «Ich werd ein Tau holen.» Das Gesicht verschwand und kehrte dann mit einem erstaunten Ausdruck zurück. «Ist kein Tau da», sagte es. «Jemand muß es weggenommen haben.» Eine Sackgasse.

«Ich werde hierbleiben», sagte Lemprière nach einem Augenblick nachdenken, und das schien das Problem zu lösen. Er rubbelte sich den Kopf. «Wer sind Sie?» fragte er das Gesicht.

«Um Entschuldigung, daß ich Sie geschlagen habe. Guardian, Kapitän Ebenezer Guardian. Im Ruhestand.» Der Name, irgend etwas in Lemprière. Sein Gesicht war immer noch feucht. Er strich sich mit einem Finger über die Wange und sah Blut. Seine Nase? Nein, das Tuch. Es lag auf dem Fußboden zwischen seinen Füßen. Guardian hatte es wohl geworfen, um ihn aufzuwecken. Guter Einfall. Er warf es zurück.

«Lemprière», sagte er zu dem Mann, dessen Gesicht in Lächeln ausbrach.

«Lemprière! Aber warum haben Sie mir das denn nicht gesagt? Ich habe einen älteren Mann erwartet. Guter Gott, wie geht es Ihnen?» Der Mann kannte ihn, aber woher? Dann erinnerte sich Lemprière an die Briefe in seines Vaters Truhe, Kapitän Ebenezer Guardian (im Ruhestand), ein Name, den er am Abend des Schweineclubs flüchtig wahrgenommen hatte. Guardian glaubte, er sei sein Vater.

«John», sagte Lemprière, «nicht Charles. Mein Vater ist gestorben, schon vor einigen Monaten...» Das Gesicht oben nahm den Ausdruck des tiefsten Bedauerns an.

«Ihr Vater wußte mehr über die Westküste Frankreichs als irgendein anderer lebender Mensch», sagte Guardian warm. «Wir haben korrespondiert, wissen Sie? Charles tot. Tut mir wirklich leid, junger Mann.» Sein Gesicht wurde traurig.

«Wie geht es Ihrer Hand?» Lemprière wechselte den Kurs.

«Hand? Oh, sehr gut, scheint mir. Alles reichlich peinlich. Das Schiff hat das getan, die *Falmouth* oder *Vendragon*. Sie liegt ein Stückchen unterhalb meines Hauses. Aber das ist eine lange Geschichte. Hören Sie, wir werden noch miteinander reden. Ich habe Briefe Ihres Vaters und ein Buch, das er für seine Studien brauchte. Alles, was er gefragt hat, hatte einen Zweck.» Lemprières Nacken wurde vom Aufsehen zu Kapitän Guardian steif.

«Wir könnten uns vor dem Haus treffen», schlug er vor.

«Ausgezeichnet», erwiderte Guardian. «Bis dann also.» Sein Kopf verschwand. Lemprière hörte seine Füße zur Tür gehen und die Tür zuknallen. Er blickte um sich, dann erinnerte er sich, daß er sich verlaufen hatte.

Eine Stunde später, eine Stunde aus Minuten, die sich wie lange sinnlose Korridore dehnten und Lemprière zu Stellen führten, die er erst wenige Minuten zuvor verlassen hatte, war er dieses ausgedehnten Gebäudes, das die de Veres ihr Heim nannten, von Herzen müde. Durchgänge: ebenso schnell, wie er sie abhakte, schien das Haus neue hervorzubringen, mit Fluchten von Zimmern, die zu neuen Zimmerfluchten führten, denen sich weitere Fluchten und andere Möglichkeiten anschlossen, und so weiter, bis er schließlich in einem weiten leeren Raum stand, der sich, soweit er wußte, auf jeder der drei Etagen befinden konnte, und er verfluchte Septimus, weil der ihn einfach gegen seinen Willen hierher verschleppt hatte, verdammt sei er.

«John?» Septimus? Von jenseits der gegenüberliegenden Tür. Und Schritte. Er hörte Schritte.

«Septimus?» Durch die Tür, ein identischer Raum, mit einer identischen Tür, die sich schloß, als er eintrat.

«Septimus!» Er rannte hinüber und riß sie auf, erblickte einen weiteren Raum, doch dieser war anders, eher einem kurzen Korridor ähnlich, und die Tür führte unmittelbar nach draußen. Man hatte sie offengelassen. Er hatte die Rückseite des Hauses erreicht. Wohin in aller Welt dachte Septimus, daß er gehe? Der Schnee hatte sich gegen die Tür gehäuft, deren Öffnen ihn in einem vollendeten Halbkreis zurückgedrängt hatte. Lemprière sah Fußstapfen im frischen Schnee, die über die ebene Rasenfläche hinwegführten.

«Septimus!» schrie er noch einmal, aber da war keine Antwort. Lemprière trat hinaus und begann, den Fußstapfen zu folgen. Der Schnee knirschte unter seinen Füßen, und das Licht aus der Tür verblaßte rasch, was die Aufgabe, der Spur zu folgen, erschwerte. Die Fußstapfen selbst wurden undeutlicher, schwächer und waren nach einigen weiteren Schritten nicht mehr zu sehen. Lemprière fand sich auf eine vollkommen glatte Schneedecke starren, so als ob sein Jagdwild einfach hochgekurbelt worden sei. Unmöglich. Es gab nichts anderes zu tun, als zurückzukehren, und als er das tat, fand er die Tür geschlossen. Und verschlossen. Er hatte nichts gehört. Ein übereifriger Diener, oder vielleicht hatte er Septimus in dem fahlen Dämmer verpaßt, und sein Freund befand sich jetzt wieder drinnen und wunderte sich, wohin er, Lemprière, gegangen sein mochte. Also hämmerte Lemprière gegen die Tür und schrie, aber es gab keine Antwort. Es war ziemlich kalt. Verabredungen häuften sich in seinem Geiste auf: Septimus und die anderen, Guardian, Casterleigh, und absurderweise stellte er sich vor, daß das Haus zu schwachem Bewußtsein erwacht sei und ihn jetzt zurückweise, wie einen Fremdkörper, der ausgestoßen werden muß. Er wußte, wo er war; die Rückseite des Hauses. Es würde einfach sein, zur Vorderseite zu gehen und wie zuvor einzutreten. Das Feuerwerk mochte noch im Gange sein. Alle würden draußen sein. Lydia, der Mops, Walter und die übrigen. Juliette.

Da die Tür zu war, erschien das ganze Haus schwarz, und seine durcheinanderlaufenden Perspektiven, die in der Düsternis verschmol zen, schienen noch wirrer durcheinanderzulaufen als zuvor. Der schneebedeckte Rasen, der sich vor dem Haus erstreckte, war eingefaßt von säuberlich geschnittenen Buchsbaumhecken. Er dachte, halt dir das Haus zur Rechten, und begann dann seine Wanderung durch die weiße Landschaft.

Als Lemprières Augen sich langsam an die Dunkelheit gewöhnten, erschien es ihm, als strahle der Schnee selbst ein sehr leichtes Licht ab, als bringe jede einzelne Flocke, in ihren eigenen winzigen Eiskäfig eingeschlossen, winzigstes Glimmen hervor. Die Szene war sehr ruhig, abgesehen von Lemprières Schuhen, die quietschten, als sie in den Schnee einsanken, und von einem leisen Rascheln, Ästen, die sich irgendwo außer Sicht aneinander rieben. Der Schnee bedeckte alles. Rasen, Hecke, Steinornamente, zu Formen geschnittene Bäume. Wege, die von den gleichen hohen Hecken gesäumt wurden, liefen alle paar Meter nach rechts und nach links. Lemprière schlug einen ein, der wie er glaubte parallel zur Hauswand verlief. Das Haus selbst war nicht zu sehen.

Die Nachtluft hing schwer von Feuchtigkeit zwischen den Hecken. Der Pfad ließ Lemprière in eine Tangente einschwenken, fort von einem Ziel, das er sich jetzt von Gesichtern umringt vorstellte; rote und blaue und grüne im Licht des Feuerwerks. Der Garten war still. Lemprière lauschte auf das Geräusch, das seine Füße machten, wenn sie im Schnee knirschten, und probierte unterschiedliche Sprünge und besonders verwinkelte Hüpfer aus, um etwas andere Geräusche hervorzubringen. Hinter ihm erstreckte sich eine bizarre Spur. Vor ihm lief der Weg trichterförmig aus. Die ordentlichen Reihen des symmetrischen Gartens verloren sich, die sauber beschnittenen Hecken verwahrlosten. Nicht einmal der Schnee konnte das noch verhehlen, nicht länger eine glatte Decke, als der gebrochene Erdboden sich auffaltete und aufwarf und die früheren Gewalttaten der Gärtner, Verbesserer, Projektemacher, Gläubigen an das Ideal der Ausdehnung zurückwies. Kleine Grate schlängelten sich davon wie Fragezeichen *claire et distincte? claire et distincte?*, davon in ein wildes nichteuklidisches Drüben.

In seine Schneemusik verloren blickte Lemprière nur auf, wenn seine Füße mißtönende Klumpen vom gefrorenen Boden hochrissen. Die Schneedecke war dünn geworden. Es war dunkel. Das Haus war unsichtbar. Da gab es hinter ihm vielleicht die Heckenreihe, aber die Nacht zog den Boden um ihn herum hoch wie ein Laken, und er ertappte sich, wie er gegen Mauern aus schweigender Weiße starrte, die sich von ihm fort empor in den Himmel krümmten. Wie eine Vorhölle, dachte er, oder das Paradies der Perser. *Pairidaezo*: eine Einfriedung. Aber Alice de Vere hatte ihm erzählt, das Land falle vom Haus aus ab. Er mußte einen weiten Halbkreis gegangen sein, wobei ihn seine stetige Fehlerspanne zunächst fortgeführt, dann aber wieder umgekehrt auf derselben glücklichen Parabel zurückgeführt hatte. Als er nach vorne blickte, wuchs der weiße Abhang an, bis er ihn sich nach beiden Seiten erstrecken sah, einen langen niedrigen Rücken, hinter dem sich das Haus finden würde. Aber der Boden begann sich in sanfter Neigung nach unten zu senken, nur unterbrochen durch einen unregelmäßigen Graben, in den Lemprière zunächst hinabkletterte und dann ohne Mühen wieder heraus. Der niedrige weiße Rücken kam näher und erstreckte sich immer weiter zurück. Das Gehen wurde schwieriger, und Lemprière mußte seine Füße immer sorgsamer setzen, um niedriges schneebedecktes Gestrüpp zu vermeiden. Er begann, von Büschel zu Büschel zu hüpfen, ein neues Spiel, und kämpfte sich dann durch einen Gürtel aus Wacholdergebüsch, der das ganze weiße Vorgebirge einschloß. Es war kein Hügel. Es waren Bäume, vor denen niedrige Büsche und Schößlinge standen, über die sich Schnee als trügerischer weißer Baldachin gebreitet hatte und festen Boden vorspiegelte, der tatsächlich einige Zentimeter oder Meter oder viele Meter tiefer lag. Lemprière erzwang sich einen Weg durch ein Gebüsch aus totem Holunder, das um ihn in die Höhe wuchs, wie wenn er in einen See aus weißem Puder wate. Seine Hüften, seine Brust und schließlich sein Kopf wurden verschlungen, bis er sich zuletzt unter dem Baldachin befand.

Dicht verzweigtes hohes Geäst hielt den Schnee oben wie das Dach eines Zeltes. Darunter troff das Waldland von Leben. Wilder Weißdorn krallte nach seinen Beinen, und die Stämme sich ausbreitender Weißbuchen reckten sich hoch, spalteten sich und spreiteten sich als eine Matte aus Geäst hoch oben aus, als sei der Schnee von der Erde abgeschält worden und hätte diese Fasern und Fäden hinterlassen, um sein früheres Anhaften zu kennzeichnen. Mächtige Wipfel schwollen aus den Baumstämmen hervor. Der Boden dampfte, als Lemprières Füße in den Mulch aus verfaulendem Gras, verrottenden Blättern und Ästen knirschten, dann ihn krachend zermalmten. Eine Art langsamer Verbrennung schien um ihn herum stattzufinden, während Stinkender Nieswurz, Rebendolde und Bilsenkraut nach und nach kleineren und bösartigeren Lebensformen wichen und der

Abfall des Waldes sich zu kleinen wirkmächtigen Vulkanen aus dampfendem Kompost türmte. Große kondensierte Wassertropfen fielen von irgendwo hoch oben aus dem Geäst herab auf den schlüpfrigen Boden. Der Schnee über ihm schien einen orangenen Schimmer anzunehmen, und die Senke führte ihn immer noch tiefer hinab. Das Erdreich wurde immer noch sumpfiger und nasser als zuvor, roch weniger beißend, und Lemprière mußte immer häufiger träge daliegenden Pfützen ausweichen. Der Wald änderte seinen Charakter, er wurde kälter und stiller, weniger lebendig im Geheimen. Die Bäume hier waren verkrüppelte Eichen und Haselnußsträucher, die in den verrücktesten Winkeln gegeneinander gestürzt waren; einige standen aufrecht, andere nicht, aber alle waren tot in dem Wasser, das da abgesehen vom gelegentlichen Gurgeln des Sumpfgases in schweigenden schwarzen Teichen stand. Lemprières Füße waren durchweicht, ehe ihm bewußt wurde, daß er sich in der überfluteten Wiese westlich des Hauses befinden mußte. Alice de Vere hatte die anderthalb Jahrhunderte Unterwuchs nicht erwähnt. Offenbar war der seit den Tagen des vierten Earl nicht mehr ausgerodet worden, und Lemprière fragte sich, ob sie das wußte. Er hatte sich verirrt. Er hätte umkehren sollen.

Aber er kehrte nicht um, er ging weiter, er glaubte, daß er auf der anderen Seite herauskommen und den Wald umgehen werde, zurück zum Haus, das irgendwo in seinem Rücken liegen mußte, oder auf einer der Seiten, oder vielleicht auch vor ihm. Durchaus vorstellbar, ja, denn der Orangeschimmer auf dem Schneebaldachin wurde stärker, je weiter er vorankam.

Dann war da noch seine Sturheit, und auch die frische Erinnerung an andere unvollendete Reisen: die Hilflosigkeit des Jungen vom Lande zwischen Karrenknechten und Fischweibern nach seiner Ankunft in London, seine duckmäuserische Unterwerfung unter Septimus' entschlossene Streifzüge durch die nämlichen Straßen, und hinter beidem ein Pfad, der ihn zu dem Teich oberhalb von Blanche Pierre auf Jersey geführt hatte, aber nicht weiter. Damals war er nicht weitergegangen. Er hatte wie ein Feigling zugesehen, als die Geschichte, die er gelesen und sich vorgestellt und hervorgebracht und zu Fleisch gemacht hatte, ihre Gewalt an dem zuckenden Körper ausließ, der einst sein Vater gewesen war. Geh weiter, sagte jene Szene. Geh voran.

Der Sumpf war tiefer, das tote Unterholz sogar noch dichter, aber er stürzte sich kopfüber hindurch. Die orangene Glut wurde immer deutlicher, und er konnte etwas hören, einen schwachen brausenden Ton. Ihn überzogen Streifen von schlammigem schwarzem Wasser, das seine Anstrengungen hochgeschleudert hatten. So viele Dinge unbeantwortet, unbeendet, Begegnungen, die noch stattfinden mußten. Sein früherer Gedanke suchte ihn wieder heim: kalt, allein, verängstigt wünschte er sich glühend, er wäre wieder an seinem Schreibtisch und vor ihm läge das leere Blatt, überschrieben «Danae». Unter diesem Namen die leere Seite: makellos wie Alabaster, oder Fleisch, oder die Schneedecke selbst. Dann würde seine gestochene Handschrift die Geschichte in einer Menge winziger schwarzer Stiche niederlegen. Danae in ihrem bronzenen Turm, oder ihrer Grube, wie Apollodoros geschrieben. Danae, von der Gewalt des Zeus heimgesucht, verkleidet als ein goldener Regen.

Die orangene Glut war jetzt näher, ein mächtiger undeutlicher Pfeiler erhob sich aus dem Boden. Das brausende Geräusch hatte aufgehört. Er platschte näher heran, ging jetzt rascher, watete durch die Pfützen und rutschte rittlings über die gestürzten Baumstrünke, bis er erkannte, daß das Wesen der Farbe eine Art Nebel und sie selbst eher gelb als orangen war. In diese Beobachtungen verfangen stürzte Lemprière fast über eine untergetauchte Wurzel, richtete sich wieder auf, zog einen verrotteten Vorhang aus Efeu beiseite, und dann sah er die Quelle dieses eigenartigen Lichtes.

Sie war in die Erde versenkt; ein Loch, drei oder vier Meter im Durchmesser. Der mit Wasser vollgesogene Boden hätte hineinfallen sollen, aber er tat es nicht. Die orange-gelbe Glut kam aus dem Loch in der Erde, einem sauber geschnittenen Kreis, dessen Vollkommenheit der vermodernden Logik des umgebenden Geländes zu widersprechen schien. Das war etwas, das nicht hineingehörte. Sein Mund war trocken. Er wußte, er würde hinsehen. Die Beine, die zum Rande schritten, schienen nicht seine zu sein, und sein nicht die Augen, die hinabsahen. Er sah den stumpfen Schimmer von Bronze, und in der Grube eine Frau. Ihm war heiß. Das blaue Satinkleid war zerfetzt, an das er sich jetzt vom Schweineclub erinnerte, und von der Straße vor dem Kaffeehaus. Da waren Dinge, die sie in der Grube festhielten, und etwas war in ihrem Mund. Ein Metallring, der ihr den Mund aufhielt. Ihre Augen waren schlimmer, die an ihm vorbei auf etwas über ihm starrten. Dann war ein brausendes Geräusch in seinen Ohren, und plötzlich sah er ihrem Blick folgend empor, und er sah den großen schwarzen Schatten, wie er sich aus dem schwarzen Himmel herüber und herab schwang, und wie er sich öffnete, und der Himmel war nicht mehr schwarz, sondern voller Licht. Die Hitze war in seinem Gesicht, und das verschwommene Gelb war so grell, daß es ihm alles andere wegblendete, als es an ihm vorbeizischte, eine Kaskade geschmolzenen Metalls, hinab in die Grube. Gold. Seine Ohren hörten Fleisch zischen; seine Augen sahen ihren Kampf, ihre Glieder umherpeitschen wie die einer Puppe, als das verbrennende Gold fiel. Nicht seine Augen. Nicht seine Ohren. Wie konnte sie so schreien? Ihr Mund war gefüllt, ihr Schlund. Wie? Seine Glieder schlugen wild durch den Sumpf, ehe ihm klar wurde, daß die Schreie seine waren, und er konnte sie nicht unterdrücken. Und schon breitete sich seine Angst aus und dehnte sich in einen weiteren Zusammenhang. Die Kerkerknechte werden kommen und dich einsperren. Hörte er ihren Leib platzen? Sie blieb lange am Leben. Dich einsperren. Kleine Goldtropfen bewegten sich wie Fackeln in einem Haufen, Meilen entfernt. Er rannte. Die Nacht war ein schwarzer Mund, groß genug für sie alle. Die Frau war schon tot, Meilen und Meilen entfernt verbrannt. Kleine Goldtropfen. Dich einsperren. Helle Tropfen goldenen Lichtes wie Feuerwerk und Fackeln Meilen hinter ihm, als er in die Nacht floh.

Dem Suchtrupp begann der Mut zu sinken, als die Schreie gehört wurden. Ein hoher klagender Ton, irgendwie verzerrt, als ob die Nachtluft überlastet sei und es Töne gebe, die sie nicht länger tragen wolle. Septimus spitzte die Ohren. «Da drüben.» Er wies zu ihrer Linken.

Der Earl stöhnte. «Das ist ein Sumpf», sagte er. Die Gruppe wandte sich pflichtbewußt um und stapfte mühsam auf die Quelle des Geräusches zu. Die Flammen ihrer Fackeln flackerten in der feuchten Luft.

«Er sagte, wir sollten uns vor dem Haus treffen. Hätte er wirklich den ganzen Weg da hinausgeraten können?» Guardians Füße waren durchweicht, sein Geist befand sich auf der *Falmouth*.

«Ja», sagte Septimus, «er hätte.» Sie fächerten aus und fanden sich, wie der Earl vorausgesagt hatte, rasch wieder, wie sie durch die aufgeweichte Westwiese platschten. Das Rufen hatte aufgehört, und die Suchenden bewegten sich leise. Das einzige Geräusch war das ihrer Füße, wie sie durch die Nässe vorrückten. Sie schwärmten noch weiter aus, und dann sagte einer «Oh», als sei er vor etwas leicht zurückgeprallt. Die anderen bewegten sich zu ihm hin und sammelten sich um ihn. Gemeinsam blickten sie in die Grube hinab.

«Gütiger Gott», sagte Kapitän Guardian. Der große Mann am Ende der Gruppe war der einzige, der nicht hinabschaute. Es gab ein langes Schweigen. Der Earl brach es.

«Wir werden ins Haus zurückkehren», sagte er. Das schien die richtige Entscheidung zu sein. Er wandte sich zu dem großen Mann hinter ihm um.

«Es war sehr freundlich von ihnen zu helfen, Viscount», sagte er. Der Mann trat vor und blickte auf den Körper hinab.

«Keine Ursache», sagte Casterleigh. Er blickte um sich in die Gesichter, rot und gelb im Fackellicht. «Wer kann so was nur getan haben?» Niemand antwortete.

Er bewegte sich nach links, dann nach rechts, dann wieder nach links. Auf dem hohen Gelände lag der Schnee dünner. Er stolperte und fiel, kroch vorwärts, stand auf, fiel wieder. Er bewegte sich, aber nicht *nach* oder *von*. Aus der Nähe betrachtet ging sein Atem schnell. Ringsumher lag der Schnee still auf der Erde.

Lemprières Lungen brannten von der kalten Luft. Sein Gesicht fühlte sich immer noch heiß an. Er hatte keine Vorstellung, wo er sich befand. Er war gerannt, und er hatte dagelegen. Wie lange? Jetzt stand er wieder auf und begann zu gehen. Seine eigenen Schritte schienen ihm fremd, die Art, wie seine Beine sich bewegten. Er ging weiter, er mochte für immer so weitergehen. Er griff nach der Miniatur seiner Mutter, aber sie war in seiner eigenen Jacke. Diese hier hatte er sich geliehen. Daß er sie nicht fand, erfüllte ihn mit Grauen. Niemand wußte, wo er war. Niemand würde wissen, wo nach ihm suchen. Und wenn sie nach ihm suchten, sie ihn fänden, würde er rennen. Bliebe er stehen, würde er erfrieren. Seine Fußspur erstreckte sich ins Dunkel hinein.

Einige Zeit später begann er zu zittern. Sein Kopf fühlte sich größer an, als er sollte. Seine Hände auch. Er begann mit den Füßen aufzustampfen, und das Geräusch erheiterte ihn. Da es kein Zurück gab, schleppte Lemprière sich vorwärts, während er fühlte, wie ihm die Kälte in die Knochen kroch. Er fragte sich, wie kalt es ihm wohl noch werden mochte, ehe er aufhörte, es zu fühlen. Er war gegen etwas geprallt. Die Wolken hatten sich gesenkt und waren zu Nebel geworden. Ein Zaun. Er kletterte hinüber, dann fingen seine Ohren ein Geräusch auf, ein undeutliches Pochen vor ihm. Lemprière bewegte sich vorwärts, dann hörte er ein zweites Geräusch unter dem ersten, das er erkannte. Räder. Das Pochen waren Pferde. Eine Kutsche bewegte sich auf ihn zu. Für einen Augenblick sah er nichts. Dann war sie da, ein schwarzer Umriß, dreißig, vierzig Meter vor ihm zu seiner Linken, und bewegte sich schnell über die Straße. Lemprière rannte vorwärts, als eine schwarze Kutsche, gezogen von vier schnaubenden Rossen, plötzlich aus dem Nebel herandonnerte. Man würde ihn nicht sehen, schneller. Er schrie. Die Kutsche hielt senkrecht auf ihn zu, ihre stahlbebänderten Räder rollten fast über ihn. Aber sie hielt nicht an.

Er hämmerte mit den Handflächen gegen ihre Tür, und ein weißes Gesicht tauchte aus dem schwarzen Inneren auf, eingefaßt vom Glas des Fensters, als die Kutsche vorbeiraste. Lemprière ließ die Hände fallen und stand da, starrend, keuchend, offenen Mundes, bis die Kutsche wieder von Nacht und Nebel verschlungen war und ihn allein auf der Straße zurückließ, mit dem Bild des Gesichtes, das nur wenige Zentimeter von ihm entfernt gewesen war, als es zurück ins Dunkle gezogen wurde, für ihn verloren. Die Kutsche war verschwunden. Juliettes Gesicht.

6.

Das Stratagem der Cabbala zielt darauf ab, Lemprière in eine Reihe grauenhafter Morde zu verwickeln, deren Beweise sich in seinem Wörterbuch finden sollen, und Sir John Fielding läßt sich paradoxerweise immer mehr vom Augenschein verleiten

Sir John Fielding, stattlich und bandagiert, ging auf Drängen von Mister Rudge am Weihnachtsmorgen aus. Sofort begann sein Blindenjunge vorauszurennen.

«Hör auf!» brüllte er und riß scharf am Seil.

«SeJohn.» Die Stimme des Jungen klang einfältig. Jetzt würde er an seiner Kappe zupfen. Einfältiger Junge, aber besser als der letzte, der es verdiente, gehenkt zu werden. Kirchenglocken läuteten. Die Straßen würden überfüllt sein. Er spürte geschäftiges Treiben und rückte sich die Bandage zurecht, die über seinen Augen lag.

«Weiter!» befahl er, und die beiden zogen weiter. Er hörte Gesprächsfetzen, sonderbare Wörter, Geräusche, den üblichen städtischen Lärm, und Sir John spitzte die Ohren. Sein alter Feind war in der Stadt – ihm lagen Berichte vor – und hetzte von einer Apfelsinenkiste herab zu Unruhen auf, wiegelte auf, indem er das Große und das Gute falsch darstellte, und – gefährlicher noch – das nicht so Gute. Sir John konnte ihn in den Straßen spüren, in dem anwachsenden Klagen, in den Hetzreden gegen den Import oder gegen die Gesellschaft oder gegen beide, ein Unterton der Unzufriedenheit, die hochkochen und Straßenräuber in der Stadt und an den Landstraßen, Ladendiebe, Falschspieler, Taschendiebe und Plünderer aller Art aus der Gosse und den Schlupflöchern treiben würde, um die gute Ordnung zu stören, die *seine* Aufgabe war. Sir John war Richter in der Bow Street, der blinde Schnabel, wie sie ihn hinter seinem Rücken neben anderen Namen nannten. Er kannte sie alle und vergaß nichts. Ein schleifendes Geräusch. «Gyp!» brüllte er über die Straße.

«Sir John.» Ja, es war Gyp. Ein anderer einfältiger Bursche. Er hatte Gyp in der Healey-Sache befragt und mochte ihn nicht. Zu schlau für einen Scherenschleifer, bei weitem zu schlau.

«Ehrliches Gewerbe, Gyp!» verwarnte er den Mann, ehe er weiterging. Schmutzige Arbeit. Sir John zog einen reinrassigen Schurken vor, einen ausgesprochenen Halunken. Etwas in ihm liebte Mörder. Diebstahl brachte das Korrupte im Volk hervor, in Opfern gleichermaßen wie in Tätern. Ein Mord aber, ein Mord besaß eine gewisse Klarheit. Er ergab Sinn. Mord stellte sich als ein Rätsel dar, das nach seiner Auflösung schrie. Seine forensischen Fähigkeiten waren berühmt, das wußte er. (Schließlich konnte er jeden Gesetzesbrecher, der das Unglück hatte, seinen Weg zu kreuzen, allein an der Stimme erkennen.) Aber Ruhm war eitler Tand. Den Weg zur Lösung, den genoß er. Da war die Leiche oder der Bericht, ein oder zwei Zeugen, oder auch nicht, und daraus sollte er nun Motiv, Mittel und Mörder ziehen, alle drei. Und das tat er denn auch, zog langsam die Fäden zusammen, schnitt Bedeutungsloses weg, Irreführendes und offenkundige Lügen, bis schließlich ein ansonsten unauffälliger armer Teufel vor ihm stand, umhüllt von einer schwarzen Aura, die allerdings seine, Sir Johns, eigene Erfindung war. Dann ließ er den Mann hängen. Wirklich eine Verschwendung, aber schließlich gab es nichts, was Sir John mehr genoß als einen

Mord. Selbst einen scheußlichen. Selbst einen unlösbaren, wenn es denn sein mußte. Das war fast wie ein Koitus. Nein, falsch, aber unschuldige und lasterhafte Freude waren darin vermischt. Sir John hatte keine Freude am Tod. Es war ein furchterregendes und schreckliches Geschäft, sein Geschäft. Er hätte es nicht anders haben wollen.

Mann und Junge setzten ihre Reise zu Mister Rudge fort. Leute sahen ihn an. Er spürte es.

«Farina!» Ein Ruf aus der Menge, und Sir John erstarrte. Ein Stachel, ein Köder, und wenn er ihn schluckte und mit einem scharfen «Tretet vor, Mann!» erwiderte und niemand vortrat (was niemand tun würde), dann würde er plötzlich eine lächerliche Figur sein, ein fetter blinder Mann, den ein Junge am Strick führte und der verlegene Fremde anbrüllte. Zurückhaltung, schwere Zurückhaltung, ließ ihn schweigen. Farina war sein Feind; auch bekannt als der zweite Wilkes, als der Freiheitsmann, als des Volkes Schild. Nach Sir Johns Überzeugung mit Sicherheit ein Schurke. Er durfte nicht antworten, kein fetter blinder Mann sein. Zu gegebener Zeit würde er Farina von seiner Apfelsinenkiste herunterzerren. Die Stimme war von hinten gekommen, was ihm gefiel. Unter den Halunken und Aufhetzern lauerte der Verdacht, daß Sir Johns Blindheit nur vorgetäuscht sei. Das war fast abergläubisch; er selbst der vorsitzende Schwindelmann. Sir John entmutigte diesen Glauben nicht. Farina war in der Stadt, irgendwo, streckte hier und da seinen Kopf hervor und verleumdete, was er schon immer verleumdet hatte. Ein würdiger Feind, aber das Gericht, das er servierte, war vielfältig, überwürzt. Da war die Politik. Die war nicht halb so appetitlich wie ein Mord. Außerdem hatte Farina den Vorteil, vom Volk geliebt zu werden, womit Sir John bei der Angelegenheit mit Henry war.

Halbbruder Henry hatte ähnlich Gericht in der Bow Street gehalten. Sir John wurde fast überall respektiert. Ihm wurde in bestimmten Kreisen Loyalität entgegengebracht, aber er wurde nicht geliebt. Um die Wahrheit zu sagen, Henry war kein guter Richter gewesen – Peulez unter dem Aufruhrgesetz exekutieren zu lassen, mein Lieber, was für ein Fehler –, aber er war geliebt worden. Warum nur? Henrys Schatten lag auf Sir John wie ein drückendes Beispiel, unter dem alle seine Anstrengungen nichts nutzten. Der kleine Bruder John, der tüchtige John, der geborene Zweite. Er hätte sich darüber ärgern können, aber das Leben war zu kurz. In Krisenzeiten betastete er es wie einen Talisman: diese oder jene Situation brachte es ans Tageslicht wie die Suggestivfrage eines verlierenden Anwalts: Was würde *Henry* getan haben, was *würde* Henry getan haben?

Der Junge hatte sich angepaßt, seine klappernden Schritte entsprachen genauer Sir Johns schwererem Gang. Sie hatten Rudge schon fast erreicht, und Sir John fragte sich, was für ein Geheimnis ihm der Pathologe wohl diesen Morgen vorsetzen würde.

«Hier, Sir», sagte der Junge.

«Guter Junge.» Sir John stieg die Stufen hinauf und betrat das Gebäude. Sonderbare chemische Gerüche ließen seine Nüstern zucken.

«Guten Morgen, Sir John.» Perse, Rudges Assistent, ein Genie des Schrubbens. «Mister Rudge ist im Laboratorium, Sir John.»

Laboratorium? «Danke Ihnen, Perse.» Sir John ließ den Jungen warten und stieg hinab in den Leichenschauraum. Seine Begegnungen mit Rudge machten ihm Freude. Rudge war methodisch, sein Gehirn arbeitete durch Streichung. Bei einem anderen hätte man das Deduktion genannt, aber Rudge ein Arbeitstier. In all den Jahren ihrer Bekanntschaft hatte alles, was der Pathologe gesagt hatte, zugetroffen. Eine außergewöhnliche Leistung, obwohl gesagt werden muß, daß Rudges Äußerungen um so langweiliger wurden, je weiter sie sich vom Thema toter Körper entfernten. Er war Junggeselle.

«Sir John! Einen schönen guten Morgen.» Der Leichenschauraum war ein stiller, ruhiger Ort; ein Hafen, in dem all die gewalttätigen Wirbel des Todes zur Ruhe kamen, dachte Sir John.

«Mister Rudge.» Da lag ein Leichnam auf dem Tisch, er konnte ihn unter dem Karbolgeruch riechen. Er ließ zu, daß man ihn zur Leiche führte.

«Mord», sagte Mister Rudge. «Ein eigentümlicher Fall, vielleicht der eigentümlichste, dem ich begegnet bin, Sir John.» Eigentümlich: das bedeutete gewalttätig, entsetzlich, widerwärtig, obszön, bizarr, unheimlich in Rudges beschränktem Wortschatz, das eine oder mehreres, oder alles davon. Aber *der* eigentümlichste. Ihr Spiel begann.

«Man hat sie letzte Nacht hergebracht, in den frühen Morgenstunden.» Sir John legte seine Hand leicht auf die Leiche. «Ich muß sie noch aufmachen», fuhr Rudge fort. Das Fleisch war kalt, kälter als der Raum.

«Sie wurde draußen gefunden.»

«Wurde sie.» Erster Punkt für Sir John. Er begann mit den Füßen, dann kamen die Knöchel, die geschwollen waren. Irgendeine Art von Einschnürung, die Haut war unverletzt, vielleicht ein Strick. Die

Beine waren dick, eine kräftig gebaute Frau. Sir John hielt an der linken Hüfte inne, die sich locker bewegte, wenn man sie anfaßte.

«Gebrochen?» fragte er.

«Ausgerenkt», sagte Rudge. «Ich hab so etwas noch nie gesehen.» Sir John erreichte den Bauch und fühlte die zerfetzten Ränder einer großen Wunde. Aber Rudge hatte sie nicht geöffnet, und außerdem war das kein Messerwerk. Das war ein Zerren, ein Aufreißen. Dann wußte er es. Der Bauch war geplatzt, und das bedeutete Hitze, sehr viel Hitze. Sir John bewegte seine Hände schnell über die Haut der Leiche. Sie war glatt, kein bißchen verbrannt. Einige Rippen waren gebrochen. Kalte harte Grate aus irgend etwas schienen an ihren Seiten zu haften, und das Fleisch darum herum war gerunzelt. Wieder Hitze. Die Grate waren aus irgendeinem Metall, und Sir John dachte an ausländischen Schmuck, irgendein Hurenschmuck. Aber Rudge würde solche Sachen schon längst entfernt haben. Sein Geist raste. Hitze, Metall ... Nein, das war zu fürchterlich. Nicht daß er zimperlich war, aber das war zu fremdartig, zu eigentümlich. Er fuhr den Körper weiter hinauf.

Die Regeln ihres diagnostischen Spieles sahen gewisse Spielräume vor. So hatte ihm Rudge in der Vergangenheit einmal ein Herz präsentiert, nur das Herz, das man in Poplar gefunden hatte, und hatte es ihm unter Gerede über rituelle Schlachtungen und maurische Bräuche und sogar über Grabräubereien übergeben. Es war Sir John zu einem Rätsel geworden, als er das klamme Organ in den Händen hin und her gedreht hatte, sehr zur Erheiterung von Rudge, der ihm später erzählte, daß das Herz tatsächlich dem Opfer einer rituellen Schlachtung gehört hatte. Einem Schwein. Andererseits war eines Tages Sir John hereinspaziert gekommen, hatte ein paar Sekunden damit verbracht, die ungewöhnlich zusammengepreßte Taille einer jungen Frau zu betasten, und dann erklärt, sie sei durch Erschöpfung und Wassermangel umgebracht worden, derart nämlich, daß man sie um die Taille an einen Türknopf gefesselt habe, so daß sie weder sitzen noch liegen konnte, und zwar vermutlich während einer Zeit von drei oder vier Tagen. Außerdem habe man sie in einer Senkgrube gefunden, wahrscheinlich in der Chick Lane, oder doch in der Gegend, und der Mord sei tatsächlich bereits vor Wochen verübt worden. Er hatte Rudge nicht erzählt, daß ein Herr Rooker, Teehändler, an diesem Morgen über die Arbeitgeber des Mädchens, ihre Mörder, Bericht erstattet hatte. Rudge war beeindruckt, wenngleich mißtrauisch gewesen. Es war ein herrlicher Wettstreit, allerdings ein bißchen schauerlich.

Seine Hände erreichten die Schultern der Frau. Beide ausgerenkt. Sie mußte sich wild widersetzt haben. Eines ihrer Augen war herausgesprungen. Sir John ließ seine Fingerspitzen über das Gesicht gleiten, das mit harten Knötchen aus Metall wie mit glatten Knöpfen übersät war.

«Ist ihr Ausdruck wie vergewaltigt?» fragte er.

«Sehr vergewaltigt», bestätigte Mister Rudge.

Sein früher Verdacht wurde wahr, dennoch fuhr er erschreckt zusammen, als seine Finger ihren Mund berührten. Rudge würde dämlich grinsen. Der Mund war verstopft, gefüllt mit dem gleichen kalten Metall, das hier hervorstand wie ein in ihrem Schlund verwurzelter Stumpf. Sir John nahm die Hände weg. Er wußte genug. Rudge gab ihm ein Handtuch.

«Sie haben recht», sagte er und wischte sich die Hände ab. «Höchst eigentümlich. Sie ist auf eine schauerliche Weise ermordet worden.» Er gab das Tuch zurück. «Man hat ihr den Mund aufgehalten. Wenn Sie das Metall aus ihrem Mund herausholen, werden Sie vermutlich die Vorrichtung finden. Man hat ihr geschmolzenes Metall in den Mund gegossen, und zwar eine große Menge aus großer Höhe. Die Spritzer auf ihrem Gesicht.» Er zeigte darauf. «Das Metall hat ihre Innereien gekocht, weshalb ihr Bauch platzte. Mehr noch, es brannte sich von innen durch ihre Organe und durch die Haut. Daher die Spuren an ihren Seiten. All die Wunden dürften durch die Hitze ausgebrannt worden sein, also kein Blut, habe ich recht?»

«Ja», sagte Rudge.

«Mehr als eigentümlich», fuhr Sir John fort. «Wirklich der grausamste Mord, dem ich begegnet bin. Ihre Todesqualen...», aber er ließ diesen Satz unbeendet.

«Da ist noch was, ein weiteres Rätsel», sagte Rudge. Sir John streckte den Kopf vor, noch was? «Es handelt sich um das benutzte Metall...»

«Ja?»

«Gold», sagte Mister Rudge. «Diese Leiche ist ein kleines Vermögen wert.»

Minuten später schrieb Rudge auf Sir Johns Bitte hin die Einzelheiten nieder, wie die Leiche entdeckt worden war.

«Unterhalb von Richmond?»

«Die de Veres, eine Meile oder so westlich vom Haus.»

«Wie hat man sie gefunden?»

«Es gab einen Ball. Einer der Gäste wurde vermißt. Der Suchtrupp fand die Leiche in einem Sumpf auf dem Grundstück.»

«Dort wird man sie nicht ermordet haben.»

«Allem Anschein nach doch.»

«Der Suchtrupp...»

«Ich hab hier eine Liste. Edmund de Vere.»

«Der Earl?»

«Ja.»

«Ich habe seinen Vater gekannt, und seine Mutter. Eine bemerkenswerte Frau, obwohl inzwischen reichlich gebrechlich.»

«Also der Earl, Mister Warburton-Burleigh, ein Mister Septimus Praeceps, die Kapitäne Pannell, Guardian und Stokeley, drei Bedienstete und Viscount Casterleigh.»

«Casterleigh, wie? Sonderbare Gesellschaft für ihn.» Sir John Fielding ging die Liste im Geiste erneut durch, aber der Leichnam auf dem Tisch zog seine Aufmerksamkeit an sich.

«Keiner von denen hat sie gekannt, haben sie gesagt.»

Eine tote Frau. Gold. Beides gewöhnlich genug, aber auf diese Weise vereinigt wurden sie etwas ganz anderes. Wie Schwefel, Salpeter und Holzkohle. Unbehagen erfüllte Sir John Fielding. Und die Frau war namenlos. Die öffentliche Ordnung war ihm ein Instinkt. Er konnte spüren, wie schon jetzt Störungen unter der Oberfläche der Stadt hochquollen und in zerstörerischen Strahlen emporschossen. Gold in ihrem Mund. Was würde Henry getan haben? Zügle und zwing es, Sinn zu ergeben. Farina macht aus solchen Dingen Revolten, der Mob trampelt Aufrufe zur Vernunft mit Füßen; Fackeln in den Straßen. Nein, nicht solange, wie er der Angelegenheit seinen Stempel aufdrücken konnte. Nicht solange die Staatsverwaltung ihn unter ihre Diener zählte. Eine Leiche mit Gold ausgestopft. Das würde er nicht ermutigen.

«Mister Rudge?»

«Sir John.»

«Wer außer uns weiß vom Tod dieser Unglücklichen?»

«Der Suchtrupp. Ich hab ihnen gesagt, sie sollten ihren Mund halten, um die Untersuchungen nicht zu gefährden.»

«Gut. Ich werde vermutlich selbst mit ihnen reden. Ich glaube, hier ist Diskretion nötig, um nicht zu sagen Geheimhaltung. Es ist ein entsetzlicher Mord, schlimm genug, und doch befürchte ich noch Übleres, wenn er bekannt würde. Ein Brennpunkt...»

«Ich verstehe.»

Rudge verstand. Natürlich. Wie er, außerhalb der Leidenschaften der Menge, mit gutem Blick auf sie. Natürlich verstand er.

«Nach wem haben die denn gesucht? De Vere und die anderen?» fragte er abrupt.

Rudges Gedanken waren etwa den gleichen Linien gefolgt wie die von Sir John. Für einen Augenblick war er aus der Bahn geworfen. «Man hat es erwähnt. Ich hab es aufgeschrieben.» Er sah in seinen Notizen nach. «Lemprière», sagte er. «Einem Mister John Lemprière.»

«Lemprière», Sir John wiederholte den Namen mit abwesender Stimme. «Ich werde wohl auch mit Mister Lemprière sprechen.» Er ging besorgt auf die Treppe zu. Dann drehte er sich plötzlich um und sprach drängend. «Mister Rudge, erzählen Sie niemandem davon. Verstecken Sie die Leiche. Sie haben meine Genehmigung.» Er hielt inne, seine Befürchtungen sammelten sich in ihm. «Erzählen Sie das niemandem, Mister Rudge. Absolut niemandem.»

III. Paris

7.

*Fernziel des Stratagems der Cabbala ist es, ihre Macht über ganz
Europa auszubreiten, weshalb Jacques mit Juliette,
dem Bauern im Spiel, als seiner angeblichen
Tochter insgeheim nach Paris reist*

Nach Paris, mit dem Postboot von Saint Hélier nach Saint Malo,
mit der Kutsche entlang den Stationen auf der Normannischen
Straße; die Räder ratterten über die Schotterstraße, die aus Trésaguets
Dreischichtengenie und dem Straßenfronbau wie ein Teppich her-
ausgerollt ist, Meile um Meile unter niedrigem grauem Himmel
durch Alleen aus Platanen und lombardischen Pappeln, mit Vorrei-
tern als Eskorte, obwohl einem über endlose Meilen niemand begegnete als bemützte und bekittelte Bauern, die Sicheln und Sensen zur
letzten Ernte tragen und die Postkutsche in einer Art Reflex durch-
winken, grinsend und winkend und mähend: Le-Nain-Landschaft.

Weiter, ins Binnenland, Île de France, wo der Boden bäuerlicher
wird, Schweine, Kühe, Schafe, Sauerkleefelder, die in den leichten
Böen beben, beleben die flachen Hänge, die die Straße durchschneidet, und Wolken von Hühnern, vom Aufruhr der Kutsche hochgewir-
belt, taumeln in der Luft umher, und Apfelbäume, und verkümmerte
Weinstöcke treiben ihre Reben aus der Erde wie Arme von Toten,
flache Rasen und vernachlässigte Gärten. Alles hilft, selbst der
Himmel, der immer noch bleigrau ist, selbst die Bauern, auch wenn
sie weniger beitragen und kaum mehr hochblicken, als die Kutsche
sich der Hauptstadt nähert, ihre städtische Gleichgültigkeit ist ein
Zeichen, daß die Stadt nicht mehr fern ist, und wenig später bestätigt
das ein purpurgrauer Schmutzfleck vorauf am Horizont, höchstens
noch vier oder fünf Stunden entfernt. Es ist Spätherbst.

Im Innern der Kutsche verspürten die beiden Passagiere die
Annäherung, wie sie immer näher auf sie zukroch, Paris, Stadt der
weißgetünchten Mauern, der überhängenden Mietskasernen und des

Palais Royal, in dem die beiden später herumwandern und die Laubengänge und die Roßkastanien bewundern und an geringeren Bauten herumrätseln würden, die sich dann aber als ebenso außergewöhnlich, wenngleich auf andere Weise, herausstellen sollten, Trompetenschulen, eine Tapetenfabrik, oder ein Eingang zu den Katakomben, die die Innereien der Stadt mit Durchgängen und Kanälen wie ein Sieb durchlöchern, denn der Boden ist sehr kalkig, und ganze Gebäude sind über Nacht verschwunden, oder selbst am hellen Tag – das ist eine Stadt der jähen Zusammenbrüche und der Gerüchte von Zusammenbrüchen, die sich dann als wahr erweisen. Straßen laufen ineinander wie alte Freunde, die einander die nutzlosen Maskierungen durchdringen (später wird ihnen klar, daß sie von entfernten Rivalenherrschern entsandt wurden, um einander zu zerstören), Geometrie kann nicht länger für die Winkel verantwortlich gemacht werden, in denen sie aufeinandertreffen, nur die Zugabe der ständigen unerwarteten und überraschenden Aussichten, die dieser Nichtplan in sich birgt und ständig für die nächste Ecke verspricht, immer erwartet, immer aufgeschoben.

Entsetzliche Langeweile hängt über dem Ort wie Rauch, und selbst wenn die Tatsache zuträfe, daß die Stadt aussieht, als ob sie aus großer Höhe herabgestürzt und in tausend Stücke zerborsten sei, wäre doch selbst diese Katastrophe langweilig. Die Straßen, die aus allen Himmelsrichtungen mit Ausnahme des Nordwestens auf die Stadt zulaufen und sie als Mittelpunkt der Anziehung bestätigen, tun das nur aus Notwendigkeit und spritzen ihr die Energie der Provinz und die rauhe ländliche Gutmütigkeit ein, ohne die sie wirr und schlampig würde und schließlich in einen vollständigen Stillstand geriete, in dem alle und jeder für immer an seinem Platz erstarrten, wie Phineus und seine Mannen bei der Hochzeit von Danaes Sohn zu Stein erstarrten. In einer der tiefen Unterschichten ihres nur zu bald kollektivierten Unterbewußtseins weiß die Stadt das und nimmt es übel, wandelt es um in Hochmut. Die Arterien, die ihr aus den außenliegenden Bezirken das Leben zutragen, ziehen sich zusammen, wenn sie sich ihrem Ziele nähern, steigern den Verkehr von Kutschen und Kabrioletts, Lastwagen und Postkutschen, bis sie sich anrempeln und gegeneinanderprallen und ihre Fahrer in dem hektischen Bemühen, sich auf das Einstechen in den steinernen Schorf der Stadt selbst vorzubereiten, übellaunig machen. Ein Wall aus Abfällen, den die Stadt ausscheidet und ausstößt und der Tag für Tag ein bißchen höher wächst, umringt das Gebiet und verleiht ihm irgendwie den falschen Zauber eines ummauerten Gartens, in dem – Gerüchten zufolge – blasse junge Männer lasterhaften arabischen Schönheiten vergeblich den Hof machen und vernachlässigte Orangenbäume dennoch Jahr um Jahr um Jahr Frucht tragen, und große faulreife Stücke fallen ihnen aus den Mündern, und wenn alles um sie herum in Staub fiele, würde es sie doch nicht kümmern, nichts bedeutet etwas. Paris. Stadt der Liebenden, in die die Kutsche über die Rue de Sèvre eingefahren ist, wobei ihre Fahrt von Viehtreibern und Fuhrleuten zum Schritt verlangsamt wurde. Juliette wandte ihren Kopf gegen das Glas, um zu beobachten, wie die Stadt sich an ihnen vorbeischleppte, und die Turmspitzen und Dachfirste zogen ihren Blick bald in diese Richtung, bald in jene, bis da zuletzt nur noch Häuser um sie herum waren, und der Kutscher durch das Mauttor fuhr, und sie sich durch Straßen zwängten, in denen sich Blumenverkäufer, öffentliche Schreiber und Frauen drängelten, die Pasteten verkauften, und Männer, die Heringe mit Essig und Schnittlauch gewürzt verkauften. Die Gerüche ließen sie alles erinnern. Die Kutsche hielt in der Rue Notre Dame des Victoires, und sie stieg aus und betrat den Boden, der unter ihren Füßchen hart und wirklich wurde und zu Paris kristallisierte, plötzlich die Stadt ihrer Rückkehr.

Hinter ihr kletterte der andere Passagier langsamer heraus. Sie waren seit dem ersten Morgenlicht auf der Straße gewesen, und jetzt war es später Nachmittag. Jacques beobachtete das Mädchen, wie es zur Rückseite der Kutsche lief und französisch schwatzte und die Männer hierhin und dorthin zerrte, als sie die Koffer abluden, und einen offenen Wagen heranrief. Ihr Eifer kam in Schüben, wie er bemerkt hatte, und in den Phasen der Trägheit konnte nur noch ein gebrüllter Befehl sie beleben. Casterleighs Werk, dachte er, oder aber frühere Begegnungen, die er nicht miterlebt hatte und über die er nur mutmaßen konnte. Die Reise von Jersey hatte ihn erschöpft, obwohl sie gemessen an der letzten glatt genug verlaufen war. Er wurde ihrer müde, aber wenn alles gutging, würde das die letzte sein.

«Wartet!» rief Jacques zu dem Mädchen hinüber, das erstarrte und über die Schulter zurückblickte mit dem Gesicht einer Diebin. Wieder Casterleigh. Hat seine Prägung hinterlassen. Jacques wies auf die Reisetasche des Mädchens, die immer noch auf dem Kopfsteinpflaster hinter der Kutsche stand. Abgenutztes Segeltuch, ein billiges Ding. Den ganzen Weg von Saint Hélier aus hatte sie es an sich gepreßt, auf die Seiten waren blaue Blumen gemalt, die schon fast ganz verblichen waren.

Das Haus lag etwa eine Viertelmeile entfernt jenseits der Rue Montmartre, in einem Innenhof nahe der Rue du Bout du Monde. Man betrat ihn durch einen Vorhof. Die schweren Torflügel der Wagenauffahrt wurden hinter ihnen geschlossen, als der Wagen durchrollte, eine dreistöckige Villa, weiß verputzt, die unteren Fenster schützten eiserne Gitter, die in die Mauer eingelassen waren. Lakaien warteten darauf, das Gepäck auszuladen. Stallburschen spannten die Pferde aus. Im Innern knicksten die Mägde vor Juliette, bevor sie ihrer Arbeit nachgingen. Ein schwacher Staubgeruch hing in der Luft. Sie konnte irgendwo außer Sichtweite Schrubber und Eimer klappern hören. Das Haus hatte leer gestanden und wurde jetzt für sie beide wieder aufgemacht. Außer der Dienerschaft waren sie die einzigen Bewohner. Jacques war bereits verschwunden. Sie war mit ihren Koffern und einem Lakaien, der ruhig am Fuß der Treppe wartete, allein in der Eingangshalle, die vertraute Szene, zig, vielleicht Hunderte solcher Hallen, kühl widerhallende Interieurs mit Alabastersäulen und japanischen Vasen, ausgeklügelten Stuckarbeiten, und sie selbst, die auf den Diener wartet, der sie treppauf durch ein Schweigen führt, das nur von ihren Schritten gebrochen wird.

Dieses Mal wartete er auf sie, aber das Schweigen dauerte an, als sie ihm winkte, sie zu ihrem Zimmer zu geleiten, wo eine Zofe sie erwartete, knickste und begann, die Koffer auszupacken. Sie preßte die Segeltuchtasche an ihre Brust. Hohe Fenster blickten nach Süden, über die Stadt hinweg, deren Ziegeldächer wie Schuppen aussahen, und den Fluß und die Turmspitze von Notre Dame, bis sich die Einzelheiten in der Entfernung und im herabsinkenden Abend verloren. Zwischen ihrem Aussichtspunkt und der Turmspitze lag der Marché des Innocens, und jenseits von ihm das Gewirr der Straßen, das die Saint-Denis-Fernstraße und der Quai de la Mégisserie begrenzten. Sie hätte jede Straße in diesem Viertel herunterrattern können, jede Gasse, jeden Hof, selbst die namenlosen Durchgänge, die einige der Etablissements und ihre verschwiegenen Hintereingänge mit den ruhigeren Durchfahrten verbanden. Sie kannte sie alle, seit sie mit ihren Spielgefährten darin herumgerannt war, nach dem Fluß stinkend, Schorf auf den Knien, die Haare wie ein Junge kurz geschoren, und selbst damals bildhübsch. Sie hatten zugesehen, wenn Hochwasser kleine Boote krachend den Fluß herunterbrachte, und gejubelt, wenn sie an den Steinen der Pont Neuf zerspellten. Ihre Mutter hatte sie geohrfeigt, bis sie doppelt sah, aber sie hatte vergessen warum, fast vergessen wann. Fast Maman vergessen.

«Mademoiselle?»

«Ja, ja natürlich.» Die Zofe war fertig. Ein Pfeilerspiegel an der Wand zwischen den Fenstern warf ihr Bild zurück. Hier war sie nun, zu einem Zweck zurückgebracht. Der Viscount kannte ihn, wollte aber nichts sagen. Sie war klug genug, nicht zu fragen, als sie im Wagen hinab zu dem wartenden Boot fuhren. Er hatte auf der Pier mit Jacques gesprochen. Sie hatte durchs Fenster beobachtet, dann hatte Jacques sie ins Haus zurückgebracht. Die Abreise des Viscount hatte ihr undeutliches Gefühl verstärkt, verraten zu sein, denn sie empfand eine neue Phase in ihren Beziehungen und hörte das Knirschen des Gangwechsels. Sie dachte an den Teich. Das Wasser war sehr kalt gewesen, und als der Mann, kaum noch ein Mann, hingestürzt war und sein Arm emporkam mit der zu Fetzen zerfetzten Hand, da hatte sie an ihren eigenen Körper gedacht, weiß, nackt in dem Wasser, das sie wie mit Gewichten um ihre Knöchel hielt. Mehr und mehr wurde er zum Viscount; Papa schon längst nicht mehr. Mal wollte er der eine sein, mal der andere, und sie konnte nicht folgen, und blieb zurück, gequält von seiner Mißbilligung, eine Kokotte, ein völlig aus dem Tritt geratenes frühreifes Hürchen, doch im Teich hatte sie sich auf eine neue Weise gefürchtet. Später hatte er die Hunde erschossen. Sie hatte in ihrem Zimmer gesessen. Es hatte eine Stunde gedauert, und jedes Mal, wenn das Gewehr krachte, war sie hochgefahren und hatte dann versucht, sich wieder zu beruhigen, und wartete doch die ganze Zeit auf den nächsten Knall, der sie wieder zurück in den Teich schleudern würde, zu jenem Augenblick, als sie zu ihm auf dem Pferd aufgeblickt und er auf sie herabgeblickt, und sie in seinem Gesicht das Nachspiel einer Entscheidung erblickt hatte. Sie war allein und nackt, und die Hunde waren da, ziellos, wartend; die Entscheidung hatte sie betroffen. Das Gewehr krachte, und wieder fuhr sie zusammen. Es war der Vater des Jungen gewesen, doch das hatte sie erraten. Später, als sie zum Viscount gegangen war, hatte er ihr erzählt, daß der Junge alles gesehen habe. Das war es. Sie schämte sich, daß er sie gesehen hatte. Casterleigh war wieder Papa geworden, zärtlicher oder strenger, wie es die Situation erforderte, nicht länger der Viscount, genau so wie er gewesen war, als sie ihm erzählt hatte, was Father Calveston ihr erzählt hatte, was Lemprière ihm erzählt hatte.

«Visionen?» hatte er gefragt.

«Er liest Dinge. Er glaubt, daß sie wahr werden ...»

«Was für Dinge?»

Wie der Mann sich umdrehte. Wie die Hunde ihn fraßen. Briefe wurden an Männer in London gesandt, und er war wieder der Viscount geworden, tobend und fluchend. Kinderspiele. Er wollte den Jungen töten, und die Briefe befehlen ihm nein. Juliette bespitzelte ihn, wie er da wie ein Tier über seinen Schreibtisch gekauert die Briefe in den Fäusten hielt, kleine Papierstücke, die ihm nein befahlen, und der Junge lebte immer noch. Jacques hatte es ihr während ihrer gemeinsamen Wochen auf Jersey erzählt. Der Junge war wegen seines Vaters Testament nach England gesegelt. Sie und Jacques waren vierzehn Tage später nach Frankreich aufgebrochen. Dort würde sich der Grund für beides finden. Dort gab es den Grund dafür, daß die Hunde harmlos durch den Fluß zurück zu ihrem Herrn trieben und sie zitternd und ungezeichnet im Wasser zurückließen; Gründe wie die kleinen Papierstücke in seinen Fäusten, die Lemprière am Leben erhielten. Die Männer in London, seine Partner, hatten ihm nein gesagt.

Die Zofe war zurückgekommen. Ein Mahl sei für sie auf Anordnung von Monsieur Jacques bereitet worden. Juliette gab ihre Gedanken auf und folgte der Frau in den Speisesaal, in dem ein langer Mahagonitisch für eine Person gedeckt war. Juliette aß allein und in einem Schweigen, das nur durch die Bediensteten gebrochen wurde, wenn sie Speisen auftrugen, an die sie sich erinnerte: gewürztes Lamm mit Schinken, süße weiße Zwiebeln. Als sie fertig war, war Jacques noch immer nicht zurückgekommen. Es war jetzt schon ganz dunkel. Die Lampen waren entzündet worden, und Juliette durchwanderte das Haus, durch eine Neugier von Zimmer zu Zimmer gezogen, die um so mehr anwuchs, als eines wie das andere und ihre Inhalte ihr nichts erzählten; Zimmer, die mit gerundeten Beistelltischen und Stühlen aus Rosenholz mit geigenartig geschnitzten Lehnen möbliert waren. Da gab es damastbezogene Sofas und einfache Kästen mit Schubladen. An den Wänden hingen Bilder von alten Herzögen, von Rohan und Orléans, von Barry und Condé, dessen Waldungen sie in der Nähe von Chantilly durchquert hatten, wie Jacques ihr erzähle. Gerahmte Karten säumten einen der oberen Korridore, die sich entlang der westlichen Küste Frankreichs zu erstrecken schienen; Le Havre, Boulogne, Calais, Cherbourg, La Rochelle. Sie sagten ihr nichts. Der Raum am Ende dieses Ganges war ein großes Arbeitszimmer, aber der Schreibtisch war leer, die Schubladen verschlossen und, vermutete sie, ebenfalls leer. Ledergebundene Bücher säumten die Wände hinter ihm. Sie wiesen noch immer ihren Glanz auf, neu, dachte sie, dann Nachahmungen. Nein, sie waren nur ungelesen. Ihre Finger spielten über die gepunzten Lederrücken hin, aus denen die Namen in Gold herausstachen, wunderbar, alles Griechisch und Lateinisch. Anthologien von Fragmenten. Sie standen in den Regalen chronologisch aufgereiht, und als ihr Blick über die Namen hinglitt, wurde ihr bewußt, daß sie sie alle niedergeschrieben hatte, an jenem Tag, als Lemprière zu Besuch gekommen war, in der Bibliothek auf Jersey. Er hatte diese Bücher durch Quints Proteste gerammt wie Rammböcke und ihn gedemütigt. Er hatte also in gewisser Weise doch Biß. Lemprières Bücher: denen Flügel oder Hörner wuchsen.

«Er liest sie. Und er glaubt, sie würden wahr.» Die Hunde kehrten um und trotteten zu ihrem Herrn zurück. Lemprière: seine Gedanken waren in den Bäumen jener Szene, im Teich, in den Hunden, selbst in Casterleigh und in ihr selbst. All seine Träume waren wahr geworden, sie waren alle hier. Im Teich war sie in ihrem Mittelpunkt gewesen. Die Entscheidung des Viscount und Lemprière, der sie dort geträumt hatte, schoben sie nach deren Willen hierhin und dorthin, während die Hunde den Körper auseinanderrissen. Sie war irgendwie beide, nur deren Wahl. Es war eine neue Phase. Papa war gegangen. Jetzt gab es nur noch den Viscount, und Lemprière.

Ihre Suche hatte sie bis oben in das Haus hinaufgeführt. Von dort hörte sie tief unten eine Kutsche in den Hof einfahren. Juliette glitt von ihrem hohen Sitz am Schreibtisch herab und rannte leichtfüßig die Gänge und Treppen hinunter.

Als Jacques die Eingangshalle betrat, bereitete sie sich fürs Bett vor, saß an ihrem Umkleidetisch, zog sich Nadeln aus dem Haar. Sie machten leise klickende Geräusche, als sie sie eine nach der anderen in ein kleines Glastablett auf dem Tisch fallen ließ. Sie kämmte sich das Haar. Jacques stand in der Tür, sie sah ihn im Spiegel. Jacques war fast kahl, er hatte ein sanftes, intelligentes Gesicht. Er stand da herum, weder im Zimmer noch außerhalb. Sie wandte sich um, ihn anzusehen, überrascht, sie hatte nicht gedacht, daß das von ihr verlangt werde. Ihr Kamm hatte sich verhakt, sie hatte eine Nadel übersehen und zog sie bei gebeugtem Kopf sorgfältig heraus. Ihr Haar hing ihr über den Rücken hinab, *klick*, sie sah bei dem leichten Geräusch erneut auf. Er hatte die Tür geschlossen. Die Nadel fiel zu den anderen, *ping*, auf das Tablett. Sie sah sich um. Jacques war gegangen.

Der folgende Morgen fand sie Arm in Arm die dreispurige Avenue des Cour de la Reine durchbummeln. Sie war seine Tochter, sein Mündel, eine Lieblingsnichte, etwas von all diesem, als sie sich am Port aux Pierres entlang zurück auf den Place de Louis Quinze treiben ließen. Später bewunderten sie Häuser mit den Säulengängen, die sich an drei Seiten der Tuilerien erhoben hatten. Der nächste Tag war ziemlich gleich und sah sie den Quai Pelletiers entlangwandern, wo Spieler auf Klappstühlen zwischen den Heringsständen *passe dix* und *biribi* spielten.

Andere Tage, andere Ansichten. Als der Novemberhimmel mit Regen drohte, ließ sie sich die Haare bei Baron richten. Sie aßen im Véry oder im Beauvilliers und beobachteten, wie in Astley die Reitschüler von ihren Pferden fielen. Juliette, für die Routine eine Reihe von ineinander verflochtenen Zufällen war, fand das aufregend. An den Abenden spielten sie bei Madame Julien *trente et un* oder Domino im Café Chocolat, oder sie gingen ins Theater. Manchmal wurde sie allein gelassen. Es war eine berechnete Ziellosigkeit in ihren Tagen. Jeder einzelne war irgendwie das Faksimile des vergangenen. Nur die Einzelheiten unterschieden sich.

Die Tage wurden zu Wochen. Ihr unbestimmtes Umherbummeln in den Straßen wurde noch unbestimmter, als ob jede Planung und jedes Vorausbedenken verboten sei, und sie fanden sich in den Vierteln der Halles oder der Courtille, wohin sich Juliette niemals aus eigenen Stücken gewagt haben würde, oder gingen durch Straßen, deren Abflüsse mit Stroh, tierischen Ausscheidungen und Abfall verstopft waren. Diese Wanderungen schienen kein Ziel, keine Absicht zu haben, doch begaben sie sich nicht ein einziges Mal in das Gebiet unterhalb des Marché des Innocens, den sie an ihrem ersten Abend aus der Ferne erblickt hatte. Sie machten lange ermüdende Umwege, um es zu vermeiden, und dem Anblick, den Juliette fürchtete, begegneten sie nie. Casterleigh würde es ihm, mußte es ihm gesagt haben. Noch einmal «Papa», vielleicht.

Sie wurden beobachtet. Sie konnte sich dessen nicht sicher sein – es waren immer andere –, sie sah sie aus dem Augenwinkel, gerade noch innerhalb Hörweite, und zu unregelmäßigen Zeiten, an Orten, die nichts bedeuteten. Sie redete nicht über sie; ein weiteres Teil, das gewogen und mit den anderen in das Puzzle eingefügt werden mußte, wie Lemprières Liste von Büchern, die da im Arbeitszimmer auftauchten. Ihre Ziellosigkeit, ihr Warten, ihr Beobachten; irgendeine zentrale Aufgabe, irgendein Ereignis würde sie alle zusammenfügen, aber sie wußte nicht welches. Ihre Rolle hatte sich verändert, jetzt war sie eine Fremde. Ihre erste Umarmung, als sich die Stadt gegen sie preßte, wie sie aus dem Wagen stieg, die war vergangen. Sie trieb ziellos umher. Manchmal während dieser sich wiederholenden, vertrödelten Tage hatten sie sich verloren. Selbst die Beobachter verschwanden oder verschmolzen sich erfolgreicher mit der Menge. Die Zeit wurde mit Ereignissen und Zerstreuungen gefüllt, mit Dingen, die sie taten oder zu tun vermieden. Irgendwo in all dem gab es einen Sinn.

Der Dezember kam, und nichts änderte sich. Durch Salons und Foyers und weitläufige Empfangsräume mit Lüstern aus schwerem Kristall zogen sie auf ihrer lustlosen Promenade weiter. Sie kannte die Stadt kaum, sie war in ihr verloren, während sie flüchtige Konversationen mit Menschen führte, die sie dieses eine Mal und dann nie wieder traf und hierhin und dahin von der Menge getrieben wurde, die sich in den Straßen gegen sie preßte, und doch auch ferne war, schon in der nächsten Straße, schon in ihren Haustüren, schon da, und sie am nächsten Tag erwartete, und wieder schloß sie sich ihr an, Hunderte und Tausende Mal am Tag das gleiche Gesicht. Nur Jacques war beständig. Er wartete auf etwas, und daran klammerte sie sich. Der Winter blutete die Farbe aus ihren Gesichtern. Die weißen Gebäude waren nicht weiß, sondern graubraun, vom Ruß gestreift und vom Schlamm, den die Räder der Karren und Kutschen hochschleuderten, wenn sie vorbeifuhren. Die Stadt begann zu frieren. Männer und Frauen bewegten sich langsam, langsamer, durch Sträßchen und Gassen. Das Leben der Hauptstadt war ein träges Aufhalten der Flüssigkeit, die sich um sie verfestigte. In der Seufzerallee hoben totäugige Kreaturen schlappe Gelenke, wenn sie mit den anderen fröstelnd vorübergingen, und ihre Zähne schimmerten wie Porzellan. Die Betrunkenen konnten von Eis träumen und von der bitteren Kälte. Ihr Atem rollte in den Rinnstein.

Zu all diesem, der Kälte, den trübseligen Drohungen und dem matten Gewisper, dem glasigen Fleisch der Fremden sagte das Palais Royal *Nein!* Die Kutschen rollten durch die Rue Saint Honoré heran, es mit hoch und niedrig zu füllen, Gräfin und Gemeiner, Handwerker und Speiseverkäufer, Straßensänger und Soldaten, Kinderschausteller und Pornographen, Bankiers und ihre Schreiber und Frauen und ihre Geliebten, die immer Tänzerinnen waren und Sängerinnen, und immer in wallende Gewänder gehüllt, in leichte Seiden und in Chintz, und mit leuchtenden Shawls, und an den Fingern funkelnde Steine. Da gab es Vorführungen mit der Laterna Magica, Parterreakrobaten, Cafés, Buchhändler und Speisehäuser. Herren in zitronengelben Jacken und gestreiftem Satin sprachen mit Halbweltdämchen, die sich die Augenlider schwarz gepudert hatten und Federn und italienische Gazeschleier trugen, in einer Sprache, die sich kräuselte wie Rauch im Kerzenlicht. Rote Wangen, weiße Handschuhe wedeln vor den Mündern, Samtbänder und das Rascheln von Seide, während sie dahingleiten und sich gegeneinander drängeln, und ihr Geschwätz schien sogar die Luft zu verbrennen.

Juliette strich durch all das hindurch wie eine Veteranin. Jacques hielt sie am Arm, sie war ein Tier mit juwelenbesetztem Halsband. Selbst zu dieser Jahreszeit waren die Gartenrestaurants voller Menschentrauben, und Männer und Frauen sprachen in hastigen Grüppchen miteinander. Es war ein Orchester aus Stimmen, Untertöne, die sich mit schrillen Schreien, zischenden Zischlauten und tiefem gurgelndem Gelächter mischten. Die beiden durchschnitten das alles in einer Diagonale von links nach rechts, und Juliette erahnte halb, halb sah sie, sie war sich unsicher, da war die Treppe, und sie war voller Frauen. Sie blickte wieder hin. Sie kamen an einer Gruppe von Kavalieren vorbei, die kunstvolle Hüte vor ihr zogen, so daß sie sich abwandte, und dann wußte sie, daß sie recht hatte. Ein Mann in einfachem Anzug. Er hatte sich parallel zu ihnen quer durch die Länge und Breite der Gartencafés bewegt. Sie nahm seinen Umriß wahr, wie er durch Lücken in der Menge flackerte. Dann war er verschwunden. Er trug einen schmalen schwarzen Hut. Sie waren in der Großen Galerie, in der die Köpfe der Frauen hüpften und nickten, deren Bewegungen durch ihre aufgetürmten Frisuren und die farbigen Federn noch verstärkt wurden. Plötzlich war er wieder da, jetzt vor ihnen. Das war unmöglich, und sie wirbelte dermaßen herum, daß Jacques sie zurückzerren mußte. Er befand sich zu ihrer Rechten, aber so schnell hätte er sich nicht durch das Gewühle bewegen können. Es waren zwei, plötzlich ganz klar, zwei. Oder mehr. Sie drängelten sich zu dem Punkt hin, an dem sie den ersten erblickt hatte. Juliette blickte zu Jacques auf und sah sein Gesicht verändert, straff jetzt, seine Blicke schossen von Seite zu Seite. Sie war im Begriff, den Mund zu öffnen und den Arm zu heben und zu zeigen, aber er ergriff rasch ihr Handgelenk und zwang es nieder.

«Sagt nichts!» zischte er ihr zu. Der Mann zu ihrer Rechten näherte sich ihnen, sie würden ihn bis zu den Türen am fernen Ende der Galerie hinter sich gelassen haben, nicht aber den anderen, der ihnen voraus war und jetzt langsamer wurde. Sie kamen ihm immer näher, als sie sich ihren Pfad durch die müßigen Schwätzer und die Puderlarven pflügen, und als sie die Tür erreichten, war er nur noch wenige Meter entfernt. Sie konnte das scharfe Klacken der Absätze des zweiten Spürhundes hören, der hinter ihnen her lief. Der erste bewegte sich jetzt schneller als zuvor. Jacques zog sie am Handgelenk hinter sich her. Fast rannten sie über den Platz, ihr Atem ging in der kalten Luft schnell, und dann *rannten* sie, hinaus auf die Straße, und die Schritte hinter ihnen waren noch lauter, näher. Der Mann vor ihnen bewegte sich mitten in die Straße, als eine Kutsche an ihnen vorüberrollte, langsamer wurde, der erste Mann riß die Kutschentür auf, und Jacques riß sie hinter sich her, als er in die Kutsche stolperte, und der zweite Mann warf sich hinter ihnen herein, dann der erste, die Tür krachte zu, und die Kutsche nahm Geschwindigkeit auf, als die vier in ihr waren, und die Pferde fielen in Galopp.

Die beiden Männer saßen ihnen gegenüber und sahen sie an. Der eine beugte sich vor, und Jacques schüttelte seine Hand. Der andere Mann war unbewegt.

«Neun Wochen», sagte Jacques. «Seit neun Wochen sind wir hier.»

«Ich weiß», sagte der andere, «Sie wurden beobachtet», und Juliette wußte plötzlich, daß das Treffen mit diesen Männern, wer immer sie waren, das Ereignis war, auf das Jacques gewartet hatte.

Ihr Bestimmungsort stürzte ihnen entgegen. Die Kutsche machte ratternden Krach, als sie die Rue Saint Honoré hinab nach Osten jagte. Juliette blickte aus dem Fenster, wie die Stadthäuser vorüberglitten und die Menge sich von den Bürgersteigen auf die Straße ergoß. Ihre Gesichter waren verwischte weiße Nebelflecken direkt vor dem Glas. *Bleibt draußen*, dachte sie.

Die Kutsche bog vor dem Marché des Innocens links ab, als ob sie den Fluß über die Pont Neuf queren wolle, aber nein, sie wurden langsamer und kamen zum Stillstand. Juliettes Haut prickelte. Jacques blickte auf sie herab und fing ihren Blick ein. Das Labyrinth von Straßen und Gassen, das sie während ihrer Zeit in der Stadt wie eine feindliche Festung durchstreift hatten, lag jetzt zu ihrer Linken. Vor ihnen war ein Rollwagen umgestürzt und blockierte die Straße mit Hölzern. Ein Pferd war tot. Juliette hörte die Hufe ihrer eigenen

Pferde unsicher klappern, als der Kutscher sie herumzwang, und selbst ohne hinzusehen kannte Juliette die Straße, die ihren Umweg bildete.

Dann sah sie hin, als die Kutsche in die Rue Boucher des Deux Boules einbog, und sie spürte, wie ihr etwas in die Kehle emporstieg. Da war die Bäckerei, und ein paar Türen weiter das Hotel, wo sie den kleinen Restif beobachtet hatte, wie er auf der Brüstung gestanden und – wie sie alle – geschrien hatte, als er den unten Vorübergehenden auf die Köpfe pißte. Dahinter lag die Gasse, die keinen Namen hatte, die sie aber nach den Farben ihrer Mauern «Schwarz und Grün» genannt hatten, weil sie von einem Schimmel schimmerten, wie sie ihm sonst nirgends je begegnet waren. Die Straße krümmte sich auf halber Länge, und die Kurve kam plötzlich und gab ihr für eine Sekunde den Blick auf die Häuser weiter die Straße hinab frei, bevor die Kutsche mächtig ruckte, sich wieder aufrichtete, und da griff Jacques herüber und zog den Vorhang zu.

Aber sie hatte es schon erblickt, die Lichter flammten hinter den roten Vorhängen – denselben –, und sie konnte den langen Raum im Innern sehen, ihn lebhaft erinnern, mit den verstreut stehenden Sofas und Sesseln, und den brennenden Feuern in den Kaminen an beiden Enden. Morgens war das Sonnenlicht durch die hohen Fenster geströmt, und sie hatte auf dem Fußboden gespielt, während Oudin, Petit Pas, Minette, Grosse Bonne und die anderen Mädchen herumlungerten, schwatzten, gähnten, sich kratzten. Und auch Maman. Oben waren die Schlafzimmer und darüber der Dachboden, wo sie mit jedem Gramm ihrer Kraft gestampft und geschrien hatte, aber ohne Erfolg. Dann, ein oder zwei Jahre später, das gleiche Fenster, Maman war die Straße hinabgegangen und hatte ihre blaue Segeltuchtasche geschwungen und sich nicht umgesehen. Sie hatte gegen die Scheibe gehämmert, aber niemand hatte sie gehört. Petit Pas war ihr nachgerannt und war später mit derselben blauen Tasche zurückgekommen. Ein Andenken. Da hatte sie gewußt, daß Maman nicht zurückkommen würde. Madame Stéphanie hatte sie nicht nehmen wollen, und da war sie eben gegangen. Die Tasche war der Abschied, und sie war mit den langen Nachmittagen und der Erinnerung an Maman zurückgeblieben, wie sie ihre weitschweifigen Geschichten um ihre Liebhaber spann, von denen einer Juliettes Vater war.

«Ein feiner Mann. Ein Mann, der zu seinem Wort steht.» Aber das hatte sie nur gesagt, weil er jeden Monat Geld geschickt hatte, Geld für Juliette, das sie ihrer Mutter gab und für sich nur die Tatsache behielt, daß ihr Vater irgendwo von ihrer Existenz wußte. Er würde sie nicht holen kommen, sagte sie sich selbst. Sie würde ihm nachspüren. In ihr tobte Wut, die ließ sie niemanden sehen.

Jetzt dürfte die Kutsche das schwere Vordertor passieren, das sie zuletzt vor vier Jahren gesehen hatte, als es sich endgültig hinter ihr schloß und die Kutsche des Viscount wartend in der Straße stand. Sie hatte in ihr gesessen, während er seine Geschäfte mit Madame Stéphanie erledigte. Ihr Gesicht war weiß, damals wie jetzt, und sie zerknüllte ihre Röcke in den Händen. Als er zu ihr in den Wagen kam, erfuhr sie, daß sie die Stadt verlassen würde. Nach Jersey.

«Papa?» Diese schwache Möglichkeit war in einem Sturzbach falscher Hoffnungen aus dem Namen der Insel geflossen. Das Geld wurde von Jersey gesandt, ihr Vater befand sich auf Jersey, wenn überhaupt irgendwo. «Papa?» Sie wußte, er war nicht dieser Mann, gebaut wie ein Stier. Nichts war in seinem Gesicht, und das wurde ihr außerdem fast unmittelbar nach der Abfahrt der Kutsche bestätigt. Er hatte sie da und dann genommen, grob auf dem Kutschensitz. Papa: Er bestand darauf, daß sie ihn so nenne. Sie hatte daran gedacht, fortzulaufen, sogar in ihrem unordentlichen Zustand. Aber als es aus ihr herausbrach, daß er nicht ihr Vater sei, daß er sie hereingelegt habe (obwohl er keinerlei Anspruch erhoben hatte), da hatte der Viscount über ihr Elend gelacht.

«Dein Vater! Absurd! Dein Vater und ich sind uns absolut unähnlich.» Die Worte waren fast greifbar gewesen. Als ob er sie ihr wie eine Peitschenschnur um den Hals geschlungen hätte. Sie konnte ihn nicht verlassen oder seine Bedürfnisse mißverstehen. Er würde mehr als das von ihr verlangen, und sie würde sich seinen Forderungen unterwerfen. So viel war klar, als er sah, wie sich die Folgerungen seines Satzes in ihrem Gesicht widerspiegelten. Er kannte die Identität ihres Vaters. Das gab sie ihm zueigen.

Einer der Männer klopfte gegen das Holz und rief «Halt!». Sie hatte jedes Gefühl dafür verloren, wo sie waren, während ihre Gedanken über den Ereignissen vor vier Jahren schwebten. Sie fühlte Jacques Hand an ihrem Ellbogen. Die beiden Fremden folgten ihnen nach draußen. Sie waren in einer Hintergasse, die auf einer Seite von einer hohen Mauer abgeschlossen war. Die Kutsche fuhr ab, und eine niedrige Pforte öffnete sich vor ihnen. Alle vier duckten sich hindurch und fanden sich in einem großen Garten wieder. Es war schon ziemlich dunkel, und die sorgfältig gruppierten Bäume sahen vor dem Nachthimmel wie schwarze Berge aus. Juliette konnte geschnittenen

Rasen unter ihren Füßen fühlen. Sie bewegten sich schweigend um ein Gehölz herum, und plötzlich wurde ein großes Haus, größer noch als das des Viscount, sichtbar. Die Lichter im Innern flammten, und Juliette konnte durch die Fenster sehen, daß in einem langen Raum im Erdgeschoß ein Bankett stattfand. Zwanzig oder dreißig Männer saßen um einen Tisch, redeten, aßen, tranken. Sie bewegten sich über den Rasen, und die Szene verschwand aus dem Blick. Die beiden Männer führten sie zu einer Tür an der Seite des Hauses. Ein unbeleuchteter Korridor führte zu einem Salon und dahinter in ein größeres Zimmer, in dem die Lampen entzündet waren.

In seiner Mitte stand ein langer Tisch. Jacques nahm Platz und winkte Juliette, das gleiche zu tun. Der unbeweglichere der beiden Männer saß ihnen gegenüber. Der andere schloß gerade die Tür, als sein Gefährte ihn ansprach.

«Duluc! Jetzt sollte man den Kardinal holen.» Duluc nickte und ging. Die drei blieben zusammen. Juliette bemerkte, daß Jacques, der während ihrer gemeinsamen Wochen abwesend und distanziert gewesen war und dessen Nerven sich während der Fahrt zu diesem Haus angespannt hatten, jetzt eine dritte Maske übergestreift hatte. Er lümmelte sich in seinen Sessel. Er war entspannt, sogar unbekümmert.

«Wie geht's Ihnen, Protagoras?» fragte er beiläufig. Der andere nickte, als ob die Angelegenheit von großer Bedeutung sei. Jacques ließ seine Blicke durch den Raum schweifen. Er hätte auf einer Bank in den Gärten des Elysée sitzen und die vorüberkommenden Spaziergänger beobachten können. Die Tür öffnete sich, und Duluc trat wieder ein, gefolgt von einem Mann, der in graue Gewänder gekleidet war und eine scharlachfarbene Kappe trug.

«Kardinal», Jacques bot ihm über den Tisch hinweg die Hand.

«Jacques», ein kurzes Händeschütteln. «Ihr scheint wohlauf zu sein.» Seine Blicke glitten über Juliette hin, die kerzengerade in ihrem Stuhl saß. «Ihr habt meinen Ratschlag angenommen, wie ich sehe. Die Berichte, die mich erreichten, haben sie als Eure Nichte bezeichnet, ist das die Geschichte?»

«Wir sind natürlich Besucher.» Der Kardinal lächelte. Seine Zähne waren klein und gelb.

«Um Vergebung ob der Verzögerung. Ihr wurdet bis ganz zuletzt überwacht, hat Duluc das erklärt?»

«Natürlich. Verzögerung ist unvermeidlich. Nur Risiken sind unannehmbar.»

«Ja, ja. Und scharf überwacht.» In der Stimme des Kardinals war eine Schärfe, er war nervös. «Selbst heute abend... Wißt Ihr, wer heute abend mein Gast ist?»

«Wir sahen.»

«Eine Ironie. Er würde sie genießen, käme sie ihn nicht so teuer zu stehen.» Der Kardinal lächelte wieder.

«Ihr solltet uns vorstellen», sagte Jacques. Seine Stimme klang ernst. Der Kardinal lächelte nicht. «Auf jeden Fall werden wir uns später begegnen. Wenn sich die Umstände geändert haben.»

«Vielleicht darauf einen Toast?» Der Kardinal wandte sich an Protagoras, der begann, sich auf die Karaffe auf einem Beistelltischchen zuzubewegen.

«Vielleicht nicht», sagte Jacques. Protagoras blieb stehen und nahm seinen Platz wieder ein. Der Kardinal lächelte wieder. Juliette begriff plötzlich, daß er in seinem eigenen Haus Jacques nachgegeben hatte. Fürchtete der Kardinal etwa Jacques, selbst hier?

«Der Viscount konnte nicht zu uns kommen; wie schade.»

«Wir haben auch andere Angelegenheiten zu regeln», erwiderte Jacques. «Unser Geschäft hier sind keine Verhandlungen; die Verhandlungen sind abgeschlossen, stimmen wir darin überein?» Der Kardinal pflichtete bei. «Und wir sind lediglich hier, um die Dinge zu klären, die bereits Teil unserer Vereinbarung sind, ist das klar?» Ja, so schien es. «Wenn ich zu Euch spreche, Kardinal, geschieht das im ungeteilten Willen der Cabbala. Ebenso vertretet Ihr hier jedes einzelne Mitglied der *Les Cacouacs*, wenn ich nicht irre?»

«Den *Conseil des Conseils*», berichtigte der Kardinal. «Ja, ohne jeden Zweifel. Es gibt da allerdings eine Reihe kleiner Punkte, die einige der Mitglieder zu betonen wünschen, den Zeitplan der Rückzahlungen zum Beispiel...» Jacques Haltung veränderte sich sofort.

«Hört mir zu, Kardinal.» Er beugte sich vorwärts über den Tisch und stieß sein Gesicht fast in das des Kardinals. «Es wird kein Gespräch über Punkte geben. Als Ihr und die anderen Patrioten», er betonte das Wort geradezu beleidigend, «zu uns gekommen seid, habt Ihr uns außer einer schlichten Tatsache nichts gebracht: Wenn Euer Land mit Sack und Pack verkauft würde, reichte das nicht aus, seine Schulden zu bezahlen. Ihr kennt nicht einmal Eure Schulden! Monsieur Necker glaubt an einen Überschuß, der in Wirklichkeit ein Defizit von 40 Millionen Livres ist. Monsieur Calonne glaubt an 80 Millionen Schulden, und wir nehmen an, daß sie sich eher auf 120 Millionen belaufen. Wer von uns hat recht, Kardinal? Ihr und ich und jeder andere Mann in Europa mit Sinn für Zahlen weiß, daß Frankreich aus einer Million Löcher blutet. Allein die inländischen Schulden übersteigen alle seine Anstrengungen, sie zurückzuzahlen. Und jenseits der Grenzen sind seine Schulden noch größer, und jeder holländische Bankier weiß, daß sie Papier sind, ein Kartenhaus. Ihr steht auf nichts. Wir, die Cabbala, sind bereit, Eure Schulden zu übernehmen und zu bezahlen. Ihr werdet nicht länger Dividenden an eine Million Gläubiger zahlen, sondern nur noch an einen. Uns. Wir stellen Euch alle unsere Reserven zur Verfügung. Unser Reichtum wird wie eine Granitplatte unter dem Ganzen Frankreichs liegen. Und dafür verlangen wir nichts anderes, als daß Ihr uns erlaubt, das zu tun, und Ihr werdet uns das erlauben, Kardinal. Niemand sonst wird Euch noch zu Hilfe kommen. Frankreich ist die Hure, die sich zu oft und zu billig verkauft hat. Begreift, Kardinal: Wenn Ihr verloren habt, was Ihr seid, gibt es nur noch Geld.»

Duluc und Protagoras zeigten steinerne Gesichter. Zu oft und zu billig. Juliette wendete den Gedanken in ihrem Geist hin und her. Der Kardinal versank in feiges Schweigen. Duluc sprach.

«Wir haben diese scharfe Kritik hingenommen. Der *Conseil aux Conseils* anerkennt alles, was Ihr gesagt habt. Wenn aber Eure Reserven erst einmal die Reserven Frankreichs geworden sind, was könnte Euch dann daran hindern, sie wieder herauszuziehen und unser Land in den Ruin stürzen zu lassen?»

«Euer Land ist bereits ruiniert, aber um Euch zu antworten die Frage: Warum sollten wir, wenn wir einmal unsere Unterstützung geben, sie zurückziehen wollen?»

«Aus jeder beliebigen Anzahl von Gründen, Monsieur Jacques, eine Politik, die Euch mißfällt, ein Edikt . . .»

«Dann werdet Ihr eben eine solche Politik nicht verfolgen, ein solches Edikt nicht erlassen.»

«Dann werdet in der Tat Ihr unser Land regieren.»

Jacques lehnte sich erneut zurück. «In der Tat habt Ihr uns genau damit beauftragt.»

«Wir wissen nicht einmal, wer Ihr seid», der Kardinal hatte sich wieder gefangen. «Ihr könntet die Agenten jeder beliebigen Macht sein. Wir wissen nicht einmal, ob Ihr Eure Versprechen halten könnt. Wo sollten solche Summen herkommen? Wie wären sie verborgen worden?»

«Kardinal, wir wissen von Euren Bemühungen, unsere Identität zu entdecken. Ihr werdet diese Bemühungen einstellen, Ihr werdet sowieso nichts entdecken. Wie wir solche Summen angesammelt haben, ist unsere Angelegenheit, ebenso wie wir sie verbargen. Aber die Masse unseres Vermögens befindet sich bereits in Frankreich, mehr braucht Ihr nicht zu wissen. Wir vertreten keine Macht außer unserer eigenen, keine Nation, noch eine Gruppe innerhalb einer Nation. Wir haben kein Interesse an Eurer Politik. Wir sind Investoren, nicht mehr und nicht weniger. Ihr werdet niemals erfahren, wer wir sind, es sei denn, wir erzählten es Euch. Wir werden Patrioten sein wie Ihr, die *Cacouacs*, es seid. Das Ausmaß unseres Reichtums wird Euch wie auch ganz Frankreich enthüllt werden, sobald die Zeit gekommen ist, die Veränderung vollzogen ist. Und diese Veränderung ist etwas, über das wir diskutieren müssen, denn wir werden uns nicht wieder treffen, ehe sie nicht geschehen ist.»

«Duluc hat diese Aufgabe übernommen», erwiderte der Kardinal und sah sich nach seinem Gefährten um. Duluc hatte den Inhalt eines Aktenschrankes am anderen Ende des Raumes durchsucht, während Jacques sprach. Jetzt trat er heran und band eine große Rolle auf, die auf dem Tisch ausgebreitet wurde, um eine Karte von Frankreich zu enthüllen. Er wies rasch auf eine Reihe von Gebieten, die mit malvenfarbener Tinte gekennzeichnet waren.

«Von diesen Städten breitet sich jede Unruhe so schnell aus, wie die Berichte über sie. Wir haben da unsere eigenen Männer, die nichts anderes zu tun haben, als sich im geeigneten Augenblick zurückzuhalten.» Sein Finger kam auf einem deutlicher als die anderen gekennzeichneten Gebiet zur Ruhe. «Hier», er pochte, «wird die Revolte siegen oder scheitern. Hier in Paris . . .»

«Sie wird siegen», sagte Jacques ausdruckslos. «Unsere einzige Sorge betrifft die Verzögerung bis zu jenem Zeitpunkt. Ein Jahr und sechs Monate; während einer solchen Zeit kann sich alles ändern. Eure Revolte, wenn sie denn scheitert, wird im Nachspiel scheitern. Ihr werdet Eure Parteigänger ernähren, kleiden, bewaffnen müssen. Es wird tausend Ausgaben geben. Wie vereinbart werden wir die alle decken. Bereits jetzt wird ein Schiff in London beladen. Seine Ladung stellt lediglich einen Bruchteil unseres Reichtums dar, doch er wird genügen. Es wird in sieben Monaten auslaufen und am 13. Tag des Juli Eure Küsten errcichen. Ich werde an Bord sein, um den Transfer zu überwachen. Ihr, Duluc, werdet mich in jener Nacht erwarten.» Jacques lehnte sich über den Tisch und setzte seinen Finger auf einen Punkt an der westlichen Küste. «Hier. Ihr werdet Männer und eine Pier brauchen. Die Bucht liegt isoliert und hat nur einen Ankerplatz.

In jener Nacht werdet Ihr drei grüne Lichter von einem Hügel links der Bucht leuchten lassen, versteht Ihr?» Duluc nickte. «Der Abhang des Hügels ist dergestalt, daß das Zeichen nur von See aus gesehen werden kann. Dort wird das Gold entladen.»

«Gold?» Duluc hob eine Augenbraue.

«Habt keine Angst. Es ist gut getarnt. Ein Zollboot würde nichts Erwähnenswertes finden.» Jacques hielt inne und wies dann auf die Karaffe. «Wir werden den Trunk jetzt tun. Ein Trinkspruch.» Protagoras kümmerte sich um die Gläser. Juliette war nicht einbezogen. Jacques hob die Arme. «Auf den Umsturz und das neue Frankreich.» Die vier Männer tranken.

«Ich muß zu meinen Gästen zurückkehren», sprach der Kardinal.

«Wir werden uns im Juli wieder treffen», sagte Jacques, und der Kardinal zog sich zurück, als sei er entlassen.

«Unsere Kutsche ist bereit?» Protagoras bestätigte das. Duluc war bereits an der Tür, die Karte in der Hand. Die vier folgten demselben Weg durch Haus und Garten. Jacques sah, wie Juliette neugierig über den Rasen zu den erleuchteten Fenstern hinschaute, hinter denen das Bankett noch immer im Gange war. Der Kardinal war zu sehen, wie er lächelte und mit einem großen reichgekleideten Mann mit überströmender Perücke sprach. Duluc und Protagoras begleiteten sie nur bis zur Kutsche. Als Jacques hineinkletterte, ergriff ihn Duluc beim Arm.

«Jacques. Ich weiß den Namen des Schiffes nicht.» Die Seitenstraße war leer, aber er durfte hier nicht gesehen werden.

«Das Schiff heißt die *Vendragon*», antwortete er schnell. «Versäumet nicht, da zu sein.»

Als die Kutsche anfuhr, wurde ihm klar, daß Duluc den Namen des Schiffes nicht zu wissen brauchte. Er war in diese Enthüllung gehetzt worden. Duluc war geschickter, als er gedacht hatte. Die Kutsche gewann Fahrt. Juliette saß ihm gegenüber, in ihre eigenen Gedanken verloren. Jacques lehnte sich in seinem Sitz zurück und stieß einen tiefen Seufzer aus.

Der Abend hatte ihn erschöpft. Als er jetzt durch das Kutschenfenster blickte, begannen die dunklen Straßen, die wie Schatten vorüberflogen, in seinem Geist mit der früheren Straße zu verschmelzen. Er hatte sie gemieden, bei all ihren Spaziergängen hatten sie sie umgangen. Jetzt aber kroch die Rue Boucher des Deux Boules wie ein Geist aus den Reihen der hölzernen Fensterläden, den überladenen Schmiedeeisenarbeiten, den hohen schmalen Türen hervor, an denen sie vorüberfuhren, und Jacques spürte die Ereignisse von vor siebzehn Jahren ihn anspringen und durch die Straßen hinter ihm herjagen. Früher am Abend hatte er den Vorhang zugezogen, aber das Mädchen war erbleicht. Duluc hatte es bemerkt und vorgegeben, nichts zu bemerken. Als sie am Haus von Madame Stéphanie, bekannt als die Villa Rouge, vorübergekommen waren, hatte die Kutsche gebockt, und ihm war es erschienen, als sei er emporgeschleudert und in der Luft hängengelassen worden. Er hatte mit dem Anstrom der Erinnerungen gekämpft und sie angesichts der neutralen Blicke der beiden Männer gegenüber niedergezwungen. Jetzt aber krochen sie, stiegen sie zurück und erinnerten ihn an jene Nacht. Er konnte nicht mehr widerstehen.

Es hatte geregnet. Das war eine fixe Größe. Die ganze Nacht hatte es geregnet. Er und Charles waren seit einer Woche in der Stadt gewesen, um Papierfabriken zu besuchen, von denen sie später eine kaufen würden, um sie noch später mit einem solchen Verlust wieder zu verkaufen, daß das Charles ruinierte. Das war der Plan. Notwendigkeit würde ihnen den Mann in die Arme treiben, aber Notwendigkeit hatte sich für diese Aufgabe als nicht stark genug erwiesen. Das war eine andere Geschichte. Die war in den Gefilden oberhalb von Blanche Pierre auf Jersey zu Ende gegangen, und Jacques hatte dieses Ende siebzehn Jahre zuvor vorausgesehen. Deshalb war er mit Charles in Paris gewesen, deshalb hatte er ihn belogen, ihn betrogen, ihn ruiniert, und als er Jahre später den zerfetzten Körper auf der Steinplatte in Saint Hélier gesehen hatte, wußte er, daß er in gleichen Maßen recht behalten hatte und gescheitert war. Charles war zu stolz und zu tatkräftig gewesen. Die Lemprières waren nicht lange arm geblieben. Als sie in jener Woche Paris durchstreift hatten und Jacques seinen Freund durch die Straßen und Gassen, die Kaffeehäuser und Kneipen, die Parks führte, hatte er als richtig empfunden, was er tat. Der Betrug war berechtigt. Das hatte er damals geglaubt, und das glaubte er immer noch. Aber die Nacht, in der es geregnet hatte, hatte das Wesen von Jacques Glauben verändert, hatte ihn vielschichtiger und düsterer gemacht.

Sie aßen im Puy, als der Wolkenbruch begann, und sie waren dort den ganzen Nachmittag geblieben und hatten darauf gewartet, daß er nachlasse. Die Fabrik, die sie an jenem Morgen besucht hatten, war genau das Richtige gewesen. Sie tranken einander bis zum Abend mit Gannetin und Condrieu zu. Der Regen hatte nicht nachgelassen, war im Gegenteil noch stärker, als sie gingen. Inzwischen waren sie schon ziemlich betrunken. Charles hatte sich die Taschen mit saftigen Winterbirnen aus Limoges vollgestopft, und die aßen sie, während sie durch die Straßen stapften, die vom überschüssigen Regenwasser aus den offenen Abflüssen überflutet waren. Beide waren bald durchnäßt, aber immer noch guter Dinge, als sie die Rue Saint Martin hinabgingen und *Tod's Buckler* sangen. Charles alberte herum; das sah ihm gar nicht ähnlich. Ihn hatte das eigenartig verwirrt. Nichts war in jener Nacht typisch gewesen.

Charles hatte ihn als erster gesehen, obwohl er es da nicht erwähnt hatte. Sie hatten sich in die Rue de Venise gewandt und beschlossen, nach Westen zu gehen. Aber die Rue de Venise führte nur zu einem Friedhof, und sie gingen denselben Weg zurück, um sich bei erster Gelegenheit nach rechts zu wenden. Charles sagte etwas über Papiere oder Papiere mit Wasserzeichen. Er war angeregt. Jacques stapfte durch den Wolkenbruch und hatte seinen Hut in antwortlosem Schweigen herabgezogen. Der Regen fiel in Strömen. Die Straße, die sie einschlugen, führte sie zu einer Ecke des Marché des Innocens, wo sich eintönige Häuserreihen nach Süden und Westen erstreckten, gegen das Wetter verschlossen. Der Platz war verlassen. Regen verhängte das ferne Ende. Der Anblick der weiten Fläche aus schwarzen Kopfsteinen und verstreuten schlammigen Pfützen ernüchterte Charles, und schweigend überquerten sie sie.

Am anderen Ende drehte sich Jacques zu dem trostlosen Platz um, wandte sich dann an Charles und wies auf ihren Weg zurück. Beide starrten in den Regen. Es gab da einen undeutlichen Umriß, der ein Mann sein konnte, dreißig oder vierzig Meter hinter ihnen. In der Dunkelheit und der Nässe hätte es jedes Ding sein können. Charles meinte, sie sollten den Fluß finden und sich an ihm orientieren. Sie begannen, sich einen Weg durch das Labyrinth enger Sträßchen und Gäßchen unterhalb des Marktplatzes zu suchen. In der Rue de Déchangeur lud sie eine Kneipe ein. In zufriedenem Schweigen saßen die beiden da und bliesen auf Becher heißen Weines, während ihre Kleider auf die Bohlen troffen. Da hatte Charles ihm, zu spät, von dem Mann erzählt, der ihnen seit der Rue Saint Martin gefolgt war, und dazu hatte ihn plötzlich das Erscheinen eben dieses Mannes veranlaßt, in der Menge vor ihnen, in dieser Schenke.

Er war durchnäßt wie sie, ein großer Mann mit einem dunklen ovalen Gesicht. Jacques erhob sich unsicher, um einen besseren Blick zu gewinnen. Der Mann war gut angezogen, auch wenn seine Kleider verdreckt waren, und saß da in der Ecke allein an einem Tisch. Er starrte zu nichts Besonderem empor. Seine gespielte Behaglichkeit hatte auf Jacques die gegenteilige Wirkung, der mit brodelndem Kopf hinaus zu den Aborten stapfte. Es gab jede Menge Möglichkeiten. Charles mochte sich geirrt haben, aber Le Maras Warnung vor «dem Inder» dröhnte ihm in den Ohren. Der Mann des Nawab suche nach ihnen, so hatte die Nachricht gelautet. Und Jacques war mit Charles belastet, dem er nichts sagen konnte. Ein enger Gang führte in das Nebenhaus, mit einer Seitentür zu einer Küche. Eine fette Frau war dabei, sich mit einem dampfenden Gericht aus Lauchgemüse hoch über ihrem Kopf an ihm vorbeizuquetschen, hatte aber etwas vergessen und tauchte zurück in die Küche. Jacques bewegte sich im Gang zurück, am anderen Ende erwartete ihn der Inder. Jacques erstarrte, alle seine Zweifel waren jählings gelöst. Der Inder bewegte sich auf ihn zu. Jacques konnte nicht denken, stand da festgeklebt, aber dann kam die fette Frau wieder aus der Küche hervor und blockierte den Gang zwischen ihnen. Sein Geist arbeitete wieder, und er schob sich an die Frau heran, die mit einem Stapel Teller, der sich gefährlich in ihren Händen auftürmte, nach vorne ging. Der Inder war verwirrt. Die Frau zwang ihn aus dem Gang hinaus. Er konnte nicht an seinen Mann herankommen. Als der Gang zur Schenke wurde, schob Jacques sich zur Seite, um die Frau zwischen ihnen zu halten, und er sah in der Hand des Inders den Griff eines Dolches. Aber jetzt befand er sich in dem belebten Raum und ergriff Charles beim Ellbogen, riß ihn hoch und wirbelte ihn durch die Tür auf die Straße hinaus.

Die beiden krachten in die Straße. Jacques mit seinen Visionen von einem kalten Kitzeln an den Rippen und von Blut, das durch den Gang strömte, und der Regen strömte noch immer herab, und Charles murmelte immer noch was vom Fluß und war betrunkener, als Jacques angenommen hatte. Hätte ihn verlassen sollen, hatte er damals gedacht; und würde das sehr viel später mit sehr viel besseren Gründen erneut denken. Sie rannten stolpernd die Straße hinab und witschten um die Ecke, als sich die Tavernentür hinter ihnen erneut öffnete. Die Häuser waren verrammelt und ohne Licht, als Jacques Charles am Kragen mit sich zog. Sie mußten von der Straße weg. Jacques sah schnelle häßliche Bewegungen, eine schnelle Bewegung in der Straße. Eine weitere Ecke und ein Blick zurück über die Schulter. Der Inder war immer noch da und federte um die letzte Ecke, als sie in die Rue Boucher des Deux Boules rannten. Und da war ihre Zuflucht, deren Lichter hinter den blutroten Vorhängen flammten, die Villa Rouge, der Name roh in eine Holztafel eingebrannt. Charles schwatzte zusammenhanglos von einem Boot auf dem Fluß, er wolle ein Boot kaufen und zum Fluß tragen. Jacques donnerte gegen die Tür, als der Inder in Sicht kam, sie an der Tür sah und zu rennen begann. Eine Frau von Vierzig oder Fünfzig in Lila gekleidet öffnete die Tür und würde sie bei ihrem Anblick auch wieder geschlossen haben, aber Jacques drückte ihr bereits Münzen in die Hand, und sie waren drinnen, vornüber gebeugt, und keuchten in der Eingangshalle, und troffen auf die Fliesen. Die Frau bot ihnen die Hand, sie war Madame Stéphanie, und sie hieß sie in ihrem Etablissement willkommen. Jacques begriff, daß ihre Zufluchtsstätte ein Bordell war.

Wenn Jacques später darüber nachdachte, erschien ihm Charles in jenen Stunden, die folgten, als ein übersehenes Detail, ein winziges vernachlässigtes Fleckchen auf der größeren Leinwand, das aber anwachsen sollte, bis es alle anderen Elemente überwältigte, so als vermisse man seinen eigenen Namen auf einer Liste anderer, unbekannter Namen und unterzeichne den Befehl blind. Die Madame redete affektiert. Sie forderte beide auf, sich in ein Gästebuch einzutragen. Alle ihre Gesten waren überspannt. Für den Augenblick war Jacques froh, daß Charles zu betrunken war, um Erklärungen zu fordern. Schon war er in den langen Salon hinter der Eingangshalle gedriftet, in der zwei Feuer munter brannten und ihn eine schlaffe Hand auf eines der Sofas niederzog. Jacques bezahlte Madame noch mehr Geld. Le Mara, Vaucanson und ihre Männer befanden sich quälend wenige Straßen weiter. Der Inder würde wohl irgendwo draußen außer Sicht warten. Er hatte Geduld. Jacques redete schnell auf Madame Stéphanie ein und erzählte ihr einen Haufen Unfug über einen handfesten Streich, über Verlaufen in den Straßen und besorgte Freunde; der wesentliche Punkt – ein Bote. Das ließe sich machen, und Jacques verbarg die Erleichterung, die ihn durchströmte. Der Inder hatte seine beste Chance im Gang verpaßt, und in den Straßen hatte er sie an zu langer Leine gelassen. Jetzt würde sich seine eigene Geduld gegen ihn richten. Ein Junge wurde gerufen. Er würde die Dächer benutzen, die sich hinter dem Haus fast vom Boden aus ausbreiteten. Er war jung und für sein Alter zu förmlich. Niemand dürfe ihn sehen, zu dem Hinweis schüttelte er den Kopf. Die Botschaft wurde schnell hingekritzelt, und der Junge ging. Jacques bewegte sich durch den Salon und wartete, er spürte, daß sich die Ereignisse des Abends verlangsamten und zu seinen Gunsten wendeten.

Ein oder zwei Stunden später führte Madame Stéphanie einen kurzen, massigen Mann herein, und Jacques wußte, daß der Zwischenfall erledigt war. Es war Vaucanson. Die Botschaft war angekommen. Der Inder war irgendwo draußen in den Straßen geschnappt worden. Er war ein Fachmann, in Le Maras Kehle war ein Schnitt, aber er ging nicht tief. Der Inder befand sich sicher in Vaucansons Gewahrsam, und schon hatte der Mann Pläne mit seinem Gefangenen. Dem Nawab sollte in seiner eigenen Münze zurückgezahlt werden. Dann ging Vaucanson, und Jacques kehrte in den Salon zurück, um ein Glas Wein zu trinken. Die Mädchen und ihre Kunden führten leise, stockende Gespräche, ein wohltuendes Geräusch, als er das Getränk schlürfte, den Rücken zum Feuer. Charles, den er zuletzt von dünnen Armen des Etablissements umschlungen erblickt hatte, war nirgendwo zu sehen. Jacques trank seinen Wein aus und fragte eines der Mädchen, ob es ihn gesehen habe. Sie hatte nicht, aber eine andere rief herüber, daß er bei der «kleinen Gräfin» sei. Sie hätten sich vor etwa einer halben Stunde in die Ungestörtheit der oberen Etage zurückgezogen.

Jacques stieg die Stufen empor und öffnete Türen, bis er am Ende des Ganges in ein Zimmer kam, in dem eine junge Frau mit säuerlicher Miene mitten in einem großen Eisenbett saß. Jacques bemerkte, daß ihre Haare dick und schwarz waren und ihr in Zöpfen über die Schultern fielen. Charles lag neben ihr, größtenteils entkleidet, bewußtlos. Die Frau war nackt und machte sich nicht die Mühe, sich zu bedecken, als er in der Tür stand. Einzelheiten, kleine Einzelheiten.

Der nächste Morgen brachte Charles Übelkeit und Schüttelfieber, die er als sein Schicksal hinnahm, er saß im Bett, als kleine Erinnerungsinseln in einem Meer von Regen und Suff an ihm vorübertrieben. Er erinnerte die Straßen und die Schenke, Szenen aus dem Bordell, das Gesicht einer Frau. Er ließ Jacques schwören, über die ganze Angelegenheit zu schweigen. Einige Tage später waren sie zu ihrer Rückkehr nach Jersey aufgebrochen, und keiner von beiden hatte diesem Teil ihrer Abenteuer einen weiteren Gedanken gewidmet, bis ungefähr ein Jahr später Charles in Jacques' Tür stand, einen Brief aus Paris in der Hand, und stammelte, die Frau sei in jener Nacht schwanger geworden, der Nacht, in der es geregnet hatte. Charles hatte seinen wahren Namen in das Gästebuch im Bordell eingetragen, eine weitere Einzelheit. Jetzt verlangte die Frau Geld für ihr Töchterchen. Jacques stand da in tiefem Zorn auf sich selbst und sagte seinem Freund, er solle die Forderung nicht zur Kenntnis nehmen, aus dem Schweigen würde sie schließen, daß der Name falsch sei.

«Schick ihn ungeöffnet zurück», waren seine Worte gewesen. Aber Charles hatte in seiner dickschädeligen Anständigkeit das Geld geschickt. Und mehr Geld. Jeden Monat ohne Ausnahme wurden seine Zahlungen in die Villa Rouge in der Rue Boucher des Deux Boules geschickt, eine Papierspur aus Zahlungen und Quittungen, die zwischen Paris und Jersey hin und her führte. Und natürlich dadurch hatte Casterleigh das Mädchen siebzehn Jahre später gefunden, eine Hure wie ihre Mutter und im selben Etablissement. Nicht mehr als ein Kind, doch älter als sie alle. Jetzt blickte Jacques dieses selbe Mädchen an, das ihm in der Kutsche gegenübersaß, nicht länger ein Kind, fast eine Frau.

Juliette blickte aus dem Fenster, wie die Straßen vorüberjagten, und die niedrigen Wolken, die da oben den ganzen Tag gedräut hatten und jetzt im dunklen Himmel unsichtbar waren, entließen endlich den versprochenen Regen.

Am nächsten Morgen regnete es noch immer, als die beiden zusahen, wie ihr Gepäck auf die große Kutsche geladen wurde, die sie aus der Stadt bringen sollte. Sie stiegen ein, und Juliette begann, sich für die lange Reise einzurichten. Ihre Segeltuchtasche lag neben ihr auf dem Sitz. Jacques saß ihr schweigend gegenüber. Als die Kutsche anfuhr, dachte sie an das letzte Mal, da sie diese Reise getan hatte. Damals war es der Viscount gewesen. Der Regen machte die Stadt grau, und die Hausierer auf der Pont Neuf kauerten sich schutzsuchend zusammen. Paris glitt unter den Rädern der Kutsche davon, bis es nur noch etwas hinter ihnen war, vergraben unter den abgelegenen graugrünen Rasendecken ihrer Gedanken. Der Platzregen wartete ihrem holpernden Fortkommen durch kleine Städtchen und Poststationen auf, unbequeme Nächte in fremden Betten, und schließlich, als das Boot von Calais in der Dünung rollte und sein Kapitän in einen Himmel aufblickte, der ihm Schnee verkündete, war Paris nur noch eine hinkende Erinnerung, die unwiederbringlich zurückgesunken war, verkrüppelt durch die Vorausschau auf ihre Asche.

Ihre Überfahrt war eine langsame und unruhige Angelegenheit. Der Wind blies in Stößen und ließ die Mannschaft nach seinen Launen krabbeln und kriechen, das Segel je nachdem zu straffen oder zu lockern. Juliette, die auf dem Postboot nach Saint Malo nicht seekrank geworden war, wurde es jetzt. Jacques flößte ihr etwas Süßes und Sirupartiges aus einer dunkelbraunen Flasche ein, und binnen einer Stunde war ihre Übelkeit verschwunden. Die kabbeligen kleinen Wellen erschienen ihr wie poliertes Glas, gezackt und natürlich bewegt, aber die Bewegungen kamen wie eine Reihe von Stößen, einer blitzschnell nach dem anderen. Auch das Gieren des Bootes war eigenartig. Wenn sie sich auf den Horizont konzentrierte, ein dunkler Streifen, irgendwo weit weg, geschah es, daß die Bewegung vollständig verschwand. Oder wenn sie ihr Gewicht im Rhythmus des Rollens von einem Fuß auf den anderen verlagerte, schien es immer extremer zu werden. Sie fühlte, daß es mit einer kleinen Anstrengung möglich sein würde, das Boot in eine vollständige Umdrehung zu rollen, und dann mochte es sich vielleicht der Küste auf diese Weise nähern, seitwärts, sich im Wasser um und um drehend wie ein Baumstamm. Der Himmel war purpurn getönt. Die Sonne war irgendwo in den niedrigen Wolken verborgen, aber Juliette fand heraus, daß ihr Auge, wenn sie sich einen bestimmten Teil der Wolkendecke auswählte, das zerstreute Licht in eine fahle Scheibe sammeln konnte, nicht die Sonne, aber ihr ähnlich. Oder sogar ihrer zwei, die wie riesige Augengläser im Himmel hingen. Ihr Gesicht fühlte sich kalt und prickelnd an, als sie zu ihrer Schöpfung aufblickte und daran dachte, daß deren Besitzer hinter ihnen schemenhaft auftauchte wie ein zögerlicher Riese, nur das Haupt. Dann wurde ihr übel. Ein ungewöhnliches Zeugs. Dann wurde sie ohnmächtig.

Wieder. Nein. Jemand schubste sie. Jacques. Er schüttelte sie am Arm und weckte sie auf. Ihr Mund stank, und sie zitterte. Die Beine anderer Passagiere traten um sie herum. Juliette erhob sich unsicher und sah Molen, eine niedrige Reihe von Häusern und Männer, die herumliefen und Dinge trugen, und einen steilen Hügel, schon fast eine Klippe. Der Himmel war immer noch grau, und das Gesicht, das sie erblickt hatte, wie es seine undeutlichen Züge aus den Wolken auf sie herabstieß, war verschwunden, obwohl sie ihm jetzt, da Jacques sie zur Gangway geleitete und ihre Hand auf das Geländer legte, einen Namen gab. Sie war außerhalb von alledem und blickte darauf hinab wie das junge Gesicht in den Wolken. Ihre Tasche. Auf dem Kai schleppte eine Reihe von Männern Säcke und lud sie auf eine Karre. Neben der Karre wartete eine schwarze Kutsche. Neben der Kutsche stand der Viscount.

Straßen, Pfade, Fahrspuren, Zollschranken, angestrengte Aufstiege und sanfte Abfahrten, zwei durchfrorene Nächte in Zimmern, die für den Winter bereits geschlossen waren, Schneewirbel, und all die Meilen zwischen Dover und ihrem Bestimmungsort, den sie nicht kannte. Jacques war verschwunden, zu Pferd nach London, ihr Gepäck in der Kutsche. Also nicht nach London, folgerte sie. Der Viscount betrachtete sie schweigend. Ihre Frage nach ihrer Zeit in Paris lag Stunden zurück. Er sagte ihr nichts. Paris war ein alter Traum. Die Meilen schleppten sich dahin, und es war fast dunkel. Ihr Fortkommen wurde langsamer, der Schnee lag dicker, die Pferde zogen die Kutsche im Schneckentempo. An manchen Stellen gab es Schneeverwehungen, und sie standen fast, ehe eine Durchfahrt entdeckt wurde und sie weiter durch die stille Nacht fuhren.

Juliette war in ihren Gedanken ruhig. Die Beine des Viscount waren ausgestreckt, und von Zeit zu Zeit veränderte er seine Position, als sei der Zustand der Ruhe ihm fremd. Auch er war ein Teil des Inneren. Paris war immer noch das Etikett der Reise, und auch davon war Casterleigh ein Teil: die gleiche schweigende Anwesenheit, die sie vor vier Jahren in diesem vertrauten Raum begleitet hatte. Sie hatten beide dagesessen, Bestandteile des gleichen Systems, trotz ihrer unterschiedlichen Kriterien und Ziele, während die Umgebung als Landschaft vorüberschoß. Die Kutsche war neutral, ein Kasten auf Rädern, nicht mehr. Woher dann aber die Überlagerung der früheren Szene? Damals hatte sie ihm seine Attribute zugeschrieben, seine rohe Gewalttätigkeit und seinen Ausdruck brütenden Eingeschlossenseins. Sie waren Einwohner der gleichen Logik. Ihre Schatten brachen aus Haltungen hervor, die einer dem anderen zuwies. Casterleighs Parodie der Vaterschaft nahm ständig neue Formen an, die des Autokraten, des Vertrauensschwindlers, des Vergewaltigers, auch andere. Konnten sie alle Teile dieser Vaterschaft sein? Er schien während der vier Jahre ihrer Benutzung anzuschwellen und zu wachsen, während seine Persönlichkeit neue Auswüchse wie Tumore hervortrieb. Die Linien um «Papa» waren fließend, eine neue Form zeichnete sich ab, und sie wartete ab, um zu sehen, was da auftauchen werde. «Der Viscount» war irgendwas im Wandel. Er ging über sich hinaus. Auch ihr Verständnis für ihre eigene Rolle bei diesem Vorgang nahm zu; sie war ein Wirkstoff irgendwo im Innern, wie auch der Junge, um den sich ihre jüngsten Manöver zu drehen schienen. Ihre Rolle änderte sich. Ihre Beziehungen zum Viscount waren irgendwie ins Schiefe geraten, und Lemprière war selbst in seiner Abwesenheit Teil dieser Veränderung. Sogar ohne es zu wissen war er jetzt der Mittelpunkt ihrer Interessen, eine Chiffre für sie beide, so daß sie, als der Viscount sich über sie beugte und auf die Lichter des Hauses über ihnen wies, ihrem Ziel, sicher fühlte, daß er sich irgendwo darin befinde.

Da waren schon viele Kutschen im Hofe, als ihre vorfuhr. Casterleigh führte sie zur Tür, die von einem kleinen Mann in scharlachroter Uniform geöffnet wurde, sie wurden einen langen Korridor hinab in eine Halle geleitet, die mit Leuten gefüllt war. Ihr ward gesagt, sie möge sich amüsieren, und sie verbarg ihre Überraschung, als Casterleigh den Ellbogen eines fetten Mannes ergriff, den sie nicht erkannte, um mit ihm durch eine Nebentür zu verschwinden. Die Gäste in der Halle hatten sich in Hufeisenform versammelt und beobachteten jemanden, der sich als «Monsieur Henry» ankündigte, Veranstalter brillanter «philosophischer» Feuerwerke. Er bat wegen des unfreundlichen Wetters und wegen des Verzichts auf die Vorführungen im Freien um Entschuldigung. Dennoch wolle er sich bemühen, nicht zu enttäuschen.

Noch sprach die Menge untereinander. Juliette schob sich durch die Menge, um einen besseren Blick zu gewinnen.

«Zunächst», sagte Monsieur Henry, «werde ich eine Vertikale Sonne und einen Nordstern vorführen, die abwechselnd die Farben der Britischen Marine zeigen.» Anerkennendes Gemurmel wurde laut. Hinter sich konnte Juliette einen Mann von einem Hund und einem Kaninchen reden hören. Jemand sagte «Schildkröte».

«Erlauben Sie mir, alle von empfindlicher Beschaffenheit zu versichern, daß es in meinen Vorführungen weder Rauch noch Geruch, noch Pulver gibt; und vor allem wird es keine Detonationen geben.»

«Gott sei Dank», sagte eine ausladende Dame, die ein bißchen links von Juliette stand. Ein Grüppchen ihrer jüngeren Schutzbefohlenen kicherte hinter vorgehaltenen Händchen. Die Vorführung begann.

«Und nun eine Drehende Sonne mit zwölf Strahlen, die eine Vielfalt von Farben bilden, vor allem in Lila und einem lebhaften Rot», fuhr Monsieur Henry fort.

«Und jetzt zwei Sachsen, die sich in verschiedene Richtungen wenden – erlauben Sie mir, Ihre Aufmerksamkeit auf einen feinen goldenen Funken zu lenken...»

Juliette begann sich zu langweilen. Sie sah sich nach den anderen Gästen um, manche bekannte Gesichter von anderen solchen Gelegenheiten, aber niemals hatte sie sich mehr als ein paar Meter von der Seite des Viscount entfernt. Sie wandte den Kopf, als der Gedanke an diese kleine Freiheit ihren Geist durchlief, und da sah sie Casterleigh, wie er die Halle wieder durch die gleiche Tür betrat. Er ging zu einer kleinen Gruppe junger Männer, die sich um einen grauhaarigen Mann mit verbundener Hand versammelt hatten. Casterleighs vormaliger Begleiter war nicht mehr zu erblicken. Es waren da acht oder neun, die alle in eine angeregte Diskussion vertieft waren. Sie hatte freie Sicht nur auf drei: den Mann mit der verbundenen Hand, einen jungen, ernsthaft aussehenden Burschen, der mit den Händen umherfuchtelte, und einen ein bißchen Älteren, drei oder vier Jahre, ganz in Schwarz gekleidet, mit gutgeschnittenen Zügen. Dieser wandte sich bei der Annäherung des Viscount um und bot ihm die Hand. Der Viscount blickte nicht herüber. Er schloß sich der Diskussion an, die noch ein oder zwei Minuten weiterging, ehe man offenbar zu einer Entscheidung kam. Die ganze Gruppe bewegte sich auf die Seitentür zu, die sich öffnete, um – wie es ihr schien – einen Lakaien freizugeben, der in jedem Arm ein Bündel Fackeln trug. Jeder von der Gruppe ergriff eine, als man an ihm vorüberkam, und dann wurde die Tür erneut geschlossen.

Nur wenige Gäste bemerkten das oder widmeten ihrem Aufbruch einen Gedanken. Die meisten waren noch immer von Monsieur Henry gebannt, dessen matte Feuerwerke ihren eigenen Schwung entwickelt hatten. Ein doppeltes Katharinenrad wurde in Gang gesetzt. Juliette bewegte sich durch die einzelnen Zuschauer fort, die sich wieder zu kleinen Cliquen zusammenschlossen. Eine fadenscheinige Stunde verging in Klatschereien mit Frauen, die ihr von früheren Vorstellungen flüchtig bekannt waren. Sie vermied den Blick eines stupsnäsigen jungen Mannes, als eine Berührung an der Schulter sie auffahren ließ.

«Ja?» Der Lakai war herübergeschickt worden, und über seine Schulter konnte sie erneut die hohe Gestalt des Viscount erblicken, der sie zu sich winkte. Sein Gesicht war von der Kälte rot.

«Komm, wir gehen jetzt. Beeil dich», sagte er, als sie sich ihm näherte. Seine Stiefel waren schmutzig. Sie folgte ihm hinaus in die Halle und dann in den Gang, wo der restliche Suchtrupp etwas zwischen sich trug, als seien sie Sargträger. Es war fünf oder sechs Fuß lang und in ihre Mäntel eingehüllt. Sie spannten sich unter dem Gewicht an. Juliette ging schnell auf sie zu, im Gleichschritt mit dem Viscount. Sie dachte an jene, die jeden Winter in den Straßen erfrieren und dann am nächsten Morgen wie Holzklötze auf den städtischen Karren abgefahren werden. Als sie an ihnen vorüberkamen, sah sie den grimmen Ausdruck auf den Gesichtern der Träger.

Da sie an solche Arbeit nicht gewöhnt waren, bedeckten ihre Mäntel die Last nicht ganz.

«Hier entlang», wies der Viscount sie an. Draußen schritten sie zwischen den Kutschen zu ihrer eigenen. Casterleigh hielt die Tür auf, als sie auf die Straße trat. Im Innern saß bereits eine Gestalt und wartete auf sie. Es war der fette Mann, den sie früher gesehen hatte, wie er mit dem Viscount sprach, der, mit dem er zunächst verschwunden war.

«Nun?» fragte der Mann, als die Kutsche die Auffahrt verließ. Der Viscount nickte.

«Und der Junge?» Lemprière. Juliette spürte, wie sich ihre Fingernägel in die Handfläche gruben.

«Keine Spur.»

«Keine Nacht, um spazierenzugehen. Die Kälte kriecht in einen hinein, man merkt es kaum . . .»

«Ob er lebt oder stirbt, ist nicht meine Sache», sagte der Viscount kurz.

«Der Anführer würde nicht . . .»

«Nicht meine Sache», wiederholte Casterleigh, aber schärfer. Die Kutsche fuhr an. Juliette hielt ihr Gesicht abgewendet, die Wange gegen die Scheibe gepreßt. Die groben Bewegungen der Kutsche konnten sie nicht wachhalten, selbst dann nicht, als sie Geschwindigkeit aufnahm und sie träumend und immer schneller durch die weißen Felder dahintrug, ihre Umgebung. Das Licht war fast blau, das kam vom Schnee. Sie raste an der Seite der Kutsche mit langen flachen Sätzen dahin. Es war leicht, mitzuhalten. Da waren niedrige Zäune, die sie glatt übersprang, und dann immer mehr davon. So weit sie sehen konnte, gab es nichts als Schnee, und sie konnte so weit sehen, wie sie wollte. Dann begann der Schnee vor ihr in kleine gezackte Spalten aufzubrechen, die manchmal nur den Bruchteil einer Sekunde erschienen, bevor sie aufsetzte, um weiterzuspringen. Sie wurden immer häufiger, aber die Straße war davon nicht betroffen, und die Kutsche jagte dahin. Sie wollte in die Spalten hinabblicken, aber dann blieb sie zurück. Die Kutsche zog vor ihr davon. Sie schrie dem Kutscher zu, er solle langsamer fahren, schwache Schreie, dann den Kutscheninsassen. Sie konnte sie nicht sehen, aber sie waren darin und beobachteten, wie ihr Vordringen immer verzweifelter wurde. Sie versuchte, gegen die Seiten der Kutsche zu hämmern, und blickte dann hinein, aber sie sah nur die Eintönigkeit des Himmels über Dover und die leuchtenden Scheiben, die sie da wie große Linsen hingehängt hatte, und dann erschien hinter ihnen das Gesicht. Es stürzte sich auf sie herab, es preßte sich gegen sie, und das Hämmern wurde betäubend, als schlüge eine Hand gegen die Seite ihres Kopfes, Lemprières eckiges Gesicht mit den Eulengläsern, der Mund offen wie der eines Fisches hinter Glas, sich bewegend, und jemand schrie «Nein! Halt!» Plötzlich war sie wach, und sein Gesicht fiel zurück in die Nacht. Es war kein Traum. Sie war es, die schrie. Als die Kutsche weiterbrauste, sah sie den Viscount an, dessen Gesicht die Wirkung ihres Ausbruchs als Erstaunen wiedergab, dann als Zorn. Papa war nicht mehr, fortgerissen wie eine Stoffmaske. Irgendwo hinter ihr stellte sie sich Lemprière auf der gefrierenden Straße vor, wie er da allein stand, während die Kutschenlampen in der Dunkelheit verschwanden und sie von ihm forttrugen. Sie sah sich zum Viscount um, und dann hinaus in die Nacht. Jetzt befand sie sich zwischen ihnen, und sie begriff, daß auch sie allein war.

Eine Stunde war vergangen, vielleicht zwei. Die Kutschenlampen waren zu Pünktchen verblaßt und verloren sich dann in der Düsternis. Lemprière hatte das Gehen aufgegeben. Er war zitternd stehengeblieben. Während er da am Rande der Straße saß, konnte er kaum damit belästigt werden, den Kopf dem schwachen Geräusch zuzuwenden, das sich hinter ihm erhob. Er war gegangen und hatte nichts gefunden als die Straße und die umgebende Dunkelheit. Und den Schnee. Das Geräusch wurde etwas lauter. Es würde wohl eine Kutsche sein. Eine Kutsche, dachte er. Die Kälte war in seinen Knochen ein dumpfer Schmerz. Sein Gesicht war taub, der Kopf hing ihm schlaff herab. Eine Kutsche, kein Zweifel mehr. Seine Beine waren steif und schwer. Da war sie, vor ihm. Sie hatte angehalten. Leute stiegen aus. Septimus. Fragte, was er hier tue. Irgendwas obendrauf. Blau. Hallo? Er sollte wenigstens antworten. Wird getragen. Lydias Schoß. Als er aufwachte.

«Er schläft», sagte Lydia.

«Bewußtlos», sagte Septimus.

«Fünf zu eins, daß seine Zehen schwarz sind.» Warburton-Burleight zerrte an seinen Stiefeln herum. Die Kutsche krachte in ein Schlagloch, das unter dem Schnee verborgen war, und alle schleuderten in ihren Sitzen umher, während etwas laut gegen das Dach donnerte. Lydia blickte auf und erblaßte.

«Hätte Casterleigh sie nicht mitnehmen können?» fragte sie. «Schließlich ist er doch als erster gefahren.»

«Wir hätten sie Gesicht nach oben festbinden sollen», sagte der Mops. Wieder rumpste die Kutsche, und wieder war da ein scharfes Donnern.

«Schrecklich!» sagte Lydia und bedeckte sich die Ohren, um das Geräusch auszuschließen. Lemrières Kopf rollte in ihrem Schoß umher. Die anderen drei waren ruhig. Die Kutsche fuhr weiter über die rauhe Straße nach London, den Körper der Frau auf das Dach geschnallt. Jedesmal, wenn die Kutsche einen Stoß gab, ruckte der Kopf hoch, und der Metallstumpf aus ihrem Mund schlug auf das Dach der Kutsche. Im Innern träumte der zusammengebrochene Lemrière von Frauen, die durch die Felder über Ströme brennenden Goldes springen. Die Kutsche fuhr weiter durch die Felder aus Eis und Schnee, zurück nach London.

««Danae, die Tochter des Akrisios, Königs von Argos, und von Eurydike. Sie wurde von ihrem Vater in einen metallenen Turm eingeschlossen, da ihn ein Orakel unterrichtet hatte, daß der Sohn seiner Tochter ihn töten würde . . .»» Septimus' Stimme, da, stand an seinem Tisch. Lemrière wußte, daß er wach war, und strampelte sich hoch.

««Seine Bemühungen, Danae daran zu hindern, Mutter zu werden, erwiesen sich jedoch als fruchtlos; und Jupiter, der sich in sie verliebt hatte, brachte sich in ihr Bett, indem er sich in einen goldenen Regen verwandelte.› Hmm, gut. Hast du nicht im Club in jener Nacht Akrisios getötet?» Septimus ahmte Diskusschleudern nach. Aber sein Freund war immer noch kaum wach. Irgendwann in der Nacht hatte ihn sein eigenes Zittern geweckt. Er war aufgestanden und hatte die Eintragung geschrieben. Sein Schlaf war voller sonderbarer Unterbrechungen.

«Wie geht es aus?» fragte Septimus. Die Befragung würde bald beginnen. Er hätte in der Kälte sterben können.

«Schlecht», brachte Lemrière nach einer langen Pause heraus. Septimus stand immer noch über den Tisch gebeugt.

«Wir haben nach dir gesucht, weißt du? Suchtrupp, Fackeln...»
Er erinnerte sich an eine Kutsche, die Straße, ein klopfendes Geräusch. «Ihr habt mich gefunden», sagte Lemprière.

«Nein, wir haben eine Frau gefunden...» Lemprière hatte den Kopf zurück ins Kissen sinken lassen. Septimus würde sein Gesicht nicht sehen können. «Eine tote Frau...» Lemprière dachte, *erzähls ihm.*

«Eine tote Frau?» und bevor er sich fangen konnte, «wie ist sie... ich meine...»

«Draußen in der westlichen Wiese, mehr ein Moor. Ziemlich scheußlich. Du warst Meilen entfernt.» Wie konnte er die Eintragung lesen und es nicht erraten? «Meilen entfernt», eine Anweisung?

«Ich habe mich verirrt, obwohl ich zurück zum Haus gegangen bin. Es war dunkel.»

«Um damit anzufangen: Du warst draußen?»

«Ja, natürlich...» Natürlich, geleitet von frischen Fußspuren im Schnee auf dem Rasen, von einem flüchtigen Blick auf Septimus. «Ich dachte, ich hätte dich gesehen, ein Gang im hinteren Haus, ein Zimmer», sagte Lemprière.

«Ja», sagte Septimus.

«Auf dem Rasen.»

«Ja. Ich hatte eine Runde auf dem Rasen gemacht und ging dann wieder hinein. Ich habe nach dir gesucht. Du hast das Feuerwerk verpaßt.» Runde auf dem Rasen. Feuerwerk.

«Ich hab versucht, um das Haus herumzugehen», sagte Lemprière. Die Fußspuren waren nicht zurückgekommen.

«Soll ich das nehmen? Du hast es bereits unterschrieben.» Er hielt die Eintragung. Nimm es, ja ja, nimm es fort. Das heraushängende Auge, der Mund, nimm sie alle weg.

«Wenn du möchtest», sagte Lemprière. Die Fußspuren hatten gerade aufgehört. Septimus faltete die Eintragung sorgfältig.

«Du hättest sterben können, weißt du? Von der Kälte.»

«Ja, ich weiß.» Lemprière blickte auf zu Septimus, der auf die Tür zuging. «Danke dir», sagte er. Septimus verließ ihn.

«Alice de Vere ist ein komischer Vogel, oder?» sagte er.

«Eine außergewöhnliche Frau», erwiderte Lemprière sorgfältig.

«Und du hast Casterleighs Mädchen versäumt.» Das war schon gerufen, während er die Treppe hinabpolterte. Und dann «du Narr!» Die Vordertür knallte zu. Exit Septimus, dachte Lemprière, *cum mea culpa*, wofür mein Dank.

In den folgenden Tagen rang Lemprière mit dem Buchstaben D. Er saß an seinem Tisch und entwirrte die 13 Domitius. Über 20 Personen hießen Dionysios. Bisher hatte er 24 identifizieren können und hatte das nagende Gefühl, es gebe noch einen weiteren. Der Bibliothekar von Atticus war der eine, Cicero hat ihn erwähnt, aber da war noch etwas mit Bücherdiebstahl, hatte auch mit Cicero zu tun – derselbe?

Als sich die Nachschlagewerke auftürmten, wurde der Gang zwischen seinem Tisch und dem Turm von Büchern am anderen Ende des Zimmers zu einem mühseligen Ritual. Also schlug er alle Bücher auf und ordnete sie auf dem Boden in einer Art Bücherteppich an. Lücken ließ er für seine Füße, damit er vom einen Teil des Zimmers in den anderen gehen konnte. Das war eine weit bessere Anordnung und verhinderte wildes Bücherfischen. Er erinnerte sich an den 25. Dionysios.

Lemprière hüpfte über die Stoiker und einen Teil von Euripides, um die Quelle zu bestätigen. «Eine Sklave Ciceros, der aus seines Herrn Bibliothek eine Anzahl Bücher stahl, *Cic. Fam. 5 ep. 10 1.13 ep. 77*» kritzelte er hin, das war es. Er war der «Dionysios» herzlich überdrüssig, ihrer aller 25. Er arbeitete planlos weiter. Er hatte vergessen, daß Daidalos mechanische Menschen gebaut hatte, *automata*. Und Pasiphae in ihrer unnatürlichen Leidenschaft beigestanden hatte. Jedermann wußte vom Fliegen; in seiner Ausgabe gab es ein kleines Bild von Daidalos und Ikaros, wie sie ihre Flügel der Sonne entgegenschwangen. Vielleicht waren das Fliegen und die *automata* irgendwie durcheinandergeraten, und es handelte sich um fliegende Maschinen und nicht um fliegende Menschen. Das war möglich, obwohl er lieber an die fliegenden Menschen glaubte. Fliegen: wirklich eine außergewöhnliche Idee, *wuusch*! Lemprière machte eine tolpatschige aufsteigende Flügelbewegung mit seinen Armen. Schwere Karren rumpelten unten über das Kopfsteinpflaster. Er hatte den Eindruck, daß es noch einen Dionysios gebe, einen 26., aber es wollte ihm nicht kommen. Er kehrte zu den Doberes, den Dobunni und den Dochi zurück, Völkern im nördlichen Makedonien, in Gloucestershire und in Äthiopien, in seinem Wörterbuch alle zusammengepreßt; eine neue Geographie. Dokimus hat zu viele heiße Bäder genommen.

Während der folgenden Tage und Nächte blieb sein Schlaf gestört: drei Stunden da, zwölf Stunden dort, und alle zu ungewöhnlichen Zeiten. Das Wörterbuch schien weiterhin seinen eigenen unergründlichen Zeitplan zu erzwingen. Wenn er sich Punkt sieben oder acht, wie er sollte, aus dem Bett zwang, fand er sich später wieder, wie er ins Leere starrte, tagträumend, auf anderen Strömungen treibend. Bei einer dieser Gelegenheiten hatte er sich an Alice de Vere denkend gefunden, besser Lady de Vere, die Septimus für «komisch» hielt und er in Wahrheit auch. «Eine außergewöhnliche Frau». Das war gut. Hatte den Klang der Autorität. Verkündung vom Kaminsims, Sätze wie «das bringt einen zu der Überzeugung, daß» und «wenn etwas einen von der Wahrheit dieser Sache überzeugen kann, dann ist es dies» und «Dieser Lemprière weiß mehr, als er sagt», würden sie sagen. Alice de Vere hatte ihm Reichtum jenseits aller Träume verheißen. Was hatte sie denn schließlich haben wollen? Gib mir diese Kleinigkeit, und du wirst all den Reichtum und all die Macht haben, die deine Vorfahren genossen. Mehr, was immer du willst. Lemprière erinnerte sich an Peppards Pause, «für unbegrenzte Dauer...» Der kleine Mann hatte mehr sagen wollen, aber seine Worte zurückgehalten. «Theoretisch gilt die Vereinbarung ununterbrochen fort...» Alice de Vere hatte ihm zu jener Theorie die Praxis geboten. Er war ein Lemprière, er hatte Anspruch auf ein Neuntel der ganzen Gesellschaft. Das sagte ihm die Vereinbarung. War das die Nachricht, die sein Vater in den langen Stunden in seinem Arbeitszimmer gesucht hatte? Sein Vater hatte ein Geschäft mit Mister Chadwick gehabt, und dieses Geschäft hatte die Vereinbarung eingeschlossen. Das wußte er, weil Alice de Vere es ihm erzählte hatte. Und sie wußte es, weil Skewer es ihr erzählt hatte. Der eifrig bemühte Skewer. Der Gauner.

Also hatte die Witwe recht gehabt, und Lemprière hatte sie für verrückt gehalten. Peppard hätte ihm mehr von den Folgerungen aus der Vereinbarung erzählen sollen, selbst wenn sie phantastisch waren. Und Skewer. Skewer hatte ihn belogen, hatte seinen Vater betrogen. War zu Alice de Vere gerannt und hatte ihr sein Wissen für ein Butterbrot verkauft.

Lemprière beobachtete die Menge unten in der Straße, als er sich in seinen Rock zwängte. Er hatte den schlimmsten Dreck abgebürstet, nachdem er getrocknet war. Jetzt wies er große gefleckte Gebiete auf. Die Stiefel folgten, und dann kontrollierte er seine Taschen, Schlüssel, Münzen, die Miniatur seiner Mutter, deren Vorhandensein ihn an Rosalie erinnerte und an Lydia, die nach ihr fragte, und an die Bumser, gespenstische Erinnerungen, die ihn sogar durch seine Erschöpfung hindurch in der Kutsche erreicht hatten. Vor Tagen. Ihr Kopf pochte auf das Dach. Doch als er die Straße erreichte, kehrten seine Gedanken zu Skewer zurück, auch zu Peppard, aber vor allem zu Skewer. Mister Skewer hatte ihm eine offene Einladung ausgesprochen, «bei jedem Problem, wie klein auch immer». Das waren seine Worte gewesen. Als Lemprière in die Southampton Street einbog, dachte er über diese Einladung nach. Er *hatte* ein kleines Problem. Es betraf Vertrauensverrat, und er würde Ewen Skewer bei seiner Einladung nehmen.

Seine zweite Reise zum Büro des Anwalts folgte dem Pfad der ersten. Hier hatte ihn Septimus aus der Bahn des Zusammenstoßes mit einem Dunghaufen gezogen, der Strand hatte Körbe mit Hühnern gesehen, und Warburton-Burleighs Genuschel, Aufwiedersehn, und die Fortsetzung ihres eiligen Fortschreitens durch die Fleet Street, die Chancery Lane hinauf, ein Spaziergang von Seitensprüngen bis auf den Platz, den er jetzt betrat, querte, und dessen Treppen auf der anderen Seite er hinaufstieg. Wie früher nahm er zwei zugleich, doch dann verschob sich die Parallele, und der Zeitplan der ersten verfolgte den der zweiten, eine Angelegenheit jener Minuten, die er früher ungeduldig im Wartezimmer verbracht hatte, denn als sich Lemprière der Tür oben an der Treppe näherte, erscholl ein bekanntes Gelärme. Ärgerliche Stimmen. Die Tür öffnete sich, und er stand der Witwe Neagle gegenüber. Sie sollte sich noch in Skewers Büro befinden. Den Schuh hoch über seinen Kopf geschwungen, aber sie war es nicht, und der Schuh wieder angezogen, obwohl ihr Zorn offensichtlich war.

«Warum sind Sie hier? Hab ich es Ihnen nicht gesagt?» Sie wandte sich an Lemprière. Auf der anderen Seite der Türe würde Peppard sich in seinen Stuhl zurücklehnen, durch das Zusammentreffen verwirrt. Skewer würde sich den Kopf halten. Lemprière grinste.

«Da gibt es nichts zu Lachen, junger Mann», fuhr die Witwe fort. «Ich bin mir des Eindrucks wohl bewußt, den eine ältere Frau in ihrer Empörung hervorruft. Sie andererseits wissen glücklicherweise die Gründe dafür nicht, Mister Lemprière. Und solange kümmern Sie sich um sich selbst. Sie haben genug eigene Probleme.» Lemprière grinste nicht länger. Die Witwe schob sich an ihm vorbei und stapfte die Treppe hinab. Lemprière war im Begriff, an die Tür zu klopfen. Da hielt er inne, wandte sich um und eilte die Treppe hinunter. Die Witwe überquerte gerade den Hof.

«Welche Probleme?» fragte er, als ihn ihre ärgerlichen Worte erreichten. «Ich habe nicht über Ihr Unglück gelacht. Über Skewer, wissen Sie, bevor . . .»

«Begehen Sie nicht den Fehler, mich gönnerhaft zu behandeln, Herr Lemprière.» Sie wandte sich erneut um und wäre weitergegangen, hätte Lemprière nicht ihren Arm ergriffen.

«Ich behandle Sie nicht gönnerhaft. Ich habe nicht über Sie gelacht. Ich will versuchen zu erklären.» Er hatte die gleichen Empfindungen wie in der Kutsche, als sie ihm die Bekanntschaft mit Juliette nicht glaubten. Die Witwe blickte ihn an, von seinem Ausbruch nicht im mindesten eingeschüchtert. Ihr Blick suchte seinen. Seine Hand fiel von ihrem Arm ab.

«Sie haben meinen Rat nicht befolgt. Ich habe Ihnen gesagt, Sie sollten Skewer nicht trauen, und wenn Sie sich jetzt erklären wollen, erklären Sie sich ihm.» Welche Probleme? Lemprière dachte nach.

«Sie hatten recht», sagte er schnell.

«Von Ihren Angelegenheiten weiß ich nur dies», sagte die Witwe. «Skewer dient nur einem Herrn, und das sind nicht Sie. Nichts, was er tut, wird zu Ihrem Vorteil sein. Und wenn Sie mich jetzt entschuldigen wollen . . .»

«Einem Herrn?» Lemprière wollte mehr hören.

«Das ist eine lange Geschichte, Mister Lemprière, wenn Sie sie hören wollen.»

«Dürfte ich Sie besuchen?» fragte Lemprière. «Heute nachmittag vielleicht.»

«Nach Ihrem Treffen mit Mister Skewer? Ich fürchte, dann würden Sie nicht willkommen sein.»

«An einem anderen Tag, morgen.»

«Wählen Sie, Mister Lemprière, entweder kommen Sie jetzt mit, oder belästigen Sie mich nicht mehr», sagte die Witwe und wandte sich zum Gehen. Der Ton ihrer Stimme ließ keinen Platz für Zweifel. Skewers Heimtücke. Einem Herrn. Sie verschwand durch die Öffnung am anderen Ende des Hofes. Lemprière hing da, zerrissen zwischen Neugier und sanfter Rache. Die Witwe war außer Sicht, nur noch Schritte.

«Warten Sie!» schrie er und rannte ihr nach.

«Wenn sie ihre Geschichtsbücher schreiben, wird mein Name ein Loch in die Seiten brennen. Farina!»

Lemprière erkannte den Prahlhans, als sie sich durch die Menge vor dem Gasthaus drängten. Er und die Witwe nahmen an einem Tisch beim Fenster Platz.

«Das waren meine Freunde, die die Lunte angesteckt haben, nicht ich und nicht Sie. Die denken an ihre fetten Töchter und ihre fetten Vermögen, während uns die Schwarzen Vögel von Saint Giles das Brot vom Munde wegfressen und die Mütter von Spitalsfield ihre Babys auf den Stufen der Gemeinde aussetzen...» Die Menge rumpelte um ihn herum. Lemprière hatte ihn vor dem Craven Arms gesehen, in der Nacht des Schweineclubs, als er ein Stück Seide schwang und eine kleinere Menge anschrie. Jetzt war die Menge größer. Schlechter gelaunt. Die Witwe blickte vom Fenster fort.

«Wenn Sie Skewer so sehr hassen, warum besuchen Sie dann sein Büro?» fragte Lemprière.

«Nicht Haß», antwortete die Witwe, «Verachtung. Skewer ist ein kleiner Mann, ein Nichts, kaum des Hasses würdig. Auf jeden Fall enthält Skewers Büro mehr als nur Skewer.»

«Hat er etwas von Ihnen, ein Dokument?» rief Lemprière. Die Witwe lächelte und blickte auf den Tisch nieder.

«Wenn man es so nennen will», sagte sie. Lemprière wartete, daß sie fortführe, aber sie fügte nichts hinzu.

«Skewer sagte, daß Sie Ihren Mann verloren haben», drängte er.

«Und auch, daß ich vor Kummer verrückt wäre», gab die Witwe zurück. Sie sagte noch etwas, aber die Menge war lauter geworden, ein dumpfes Brüllen überdröhnte ihre Worte. «...beliebte Geschichte in den Kneipen. Ich höre sie von Zeit zu Zeit immer noch: Neagles Wal. Es hat sogar eine Ballade darüber gegeben. Aber das war vor über zwanzig Jahren.» Sie lächelte vor sich hin. «Mein Mann würde sie gemocht haben.»

«Dann ist er also tot?»

«O ja, darin hat Skewer die Wahrheit gesagt. Die Fragen für mich sind wie und warum. Skewer könnte die Antwort wissen, obwohl ich es bezweifle. Aber er weiß mehr, als er sagt; und auch die Versicherer, und die Anwälte der Versicherer, und die Kollegen meines verstorbenen Mannes, und vor allem die Gesellschaft. Und vielleicht wissen Sie auch mehr, als Sie sagen, Mister Lemprière?»

«Ich weiß nur, was Sie mir erzählt haben», begann er zu erklären, aber die Witwe lächelte, sie hatte ihn gefrotzelt.

8.

*In einem nahen Gasthaus erzählt die Witwe Neagle ihre
Geschichte und erklärt ihren Haß auf die
Ostindien-Gesellschaft*

«Ich habe mit Achtzehn geheiratet und war mit Vierundzwanzig
Witwe», erzählte sie ihm. «Alan, mein Mann, war fast zehn Jahre
älter. Das spielte kaum eine Rolle. Er war einer der jüngsten Kapitäne, die je auf einem Indienfahrer das Kommando übernommen
haben. Wir waren ein schönes Paar. Er besiegte alle seine Mitbewer-
ber, machte mir den Hof, gewann mich.» Die Witwe schnellte mit
einer koketten Geste eine lose Locke zurück, legte dann die Hand aber
schnell wieder hin.

«Wie auch immer, wir heirateten, Alan und ich, und nahmen uns
ein Haus in der Thames Street. Ich habe es immer noch. Der nächste
Teil der Geschichte gehört Alan, oder besser Kapitän Neagle. Ich
kenne ihn aus seinem Bericht. Sein Schiff lief 1763 nach Madras aus,
es war überholt worden, und es war schon spät im Jahr, aber er
glaubte, er könne noch den Schwanz der Passatwinde erwischen, und
er überzeugte auch die Gesellschaft. Nach allgemeiner Ansicht war er
ein ausgezeichneter Seemann, aber die Reise geriet in alle möglichen
Schwierigkeiten. Er mußte in Lissabon einlaufen, um Reparaturen vornehmen zu lassen – die Schiffszimmerer der Blackwall-Werft waren
zu sehr gehetzt worden, verstehen Sie –, und wenige Tage später traf
sie eine Sturmbö. Alles, was sie tun konnten, war, vor dem Sturm
laufen. Sie wurden ostwärts auf die Säulen des Herkules zugetrieben,
durch die Straßen von Gibraltar und ins Mittelmeer hinein. Dabei
hatten sie aber auch Glück. Als der Sturm vorüber war, stellten sie
fest, daß sie sicher zwischen den Säulen durchgesegelt waren und in
der See von Alboran lagen. Der Ausguck hatte keine der Küsten
erblickt. Es war wie ein Wunder. Alan rief die Männer auf Deck
zusammen und erzählte ihnen von ihrem guten Glück, es gab ein
Gebet, und dann begann man mit dem Loten. Das hätte eine Form-
sache sein sollen, denn schließlich befanden sie sich auf offener See,
doch als die Lotung ausgerufen wurde, verfiel das ganze Schiff in
Schweigen. Sie saßen sozusagen auf Grund. Alan hatte keine Karten,
aber er konnte es nicht glauben. Eine zweite Lotung wurde vorge-
nommen. Diesmal erwies sich die Steuerbordseite als frei, aber auf der

Backbordseite ergab sich weniger Tiefe als der Tiefgang des Schiffes. Mit anderen Worten, sie saßen auf Grund. Aber das taten sie nicht. Das Schiff schwamm frei. Die Mannschaft wurde nervös, sie starrte über Bord, sah aber nichts. Alan konnte nicht verstehen, was sich da abspielte. Weitere Lotungen wurden genommen, aber keine zwei stimmten überein. Einige der Männer verfielen in Panik, und Alan postierte seine Offiziere rund um das Schiff, als sich das Rätsel plötzlich löste. Auf Backbord entstand ein tiefes brausendes Geräusch, und im Wasser erschienen große Wirbel. Dann dasselbe auf Steuerbord. Ein mächtiger Wasserstrahl schoß empor, der alle hinter dem Hauptmast durchnäßte, und fast wie ein Tier tauchte eine ganze Walschule rings um das Schiff auf. Mindestens zehn oder fünfzehn, und sie waren riesig, länger als das halbe Schiff. Die Lotungen waren auf ihre Buckel getroffen. Für einen Augenblick schwieg das ganze Schiff, dann jubelte alles, obwohl die Gefahr noch nicht vorüber war. Die Wale aber umkreisten das Schiff für ein oder zwei Minuten, und dann schwammen sie kurz unter der Oberfläche ab, in Richtung Osten. Das Schiff war in Sicherheit.» Die Witwe blickte über den Tisch hin zu Lemprière.

«Alan kam im folgenden Jahr mit Schiff und Ladung unversehrt zurück. Als er mir die Geschichte mit den Walen erzählte, erfüllte mich nur Erleichterung. Aber es ist eine sonderbare Geschichte, und zwar aus einer ganzen Reihe von Gründen. Warum haben die Wale das Schiff nicht beschädigt, oder gar versenkt?» Lemprière schüttelte den Kopf.

«Ich habe nie gewußt, daß es Wale im Mittelmeer *gibt*», sagte er.

«Genau!» rief die Witwe aus. «Da gibt es nur sehr wenige, zumindest war man davon überzeugt. Aber das ungewöhnlichste war die Richtung, die die Wale nahmen, als sie das Schiff verließen. Wale schwimmen nicht ziellos umher, und diese Wale schwammen nach Osten. Fort von der Öffnung des Mittelmeeres, in Richtung Arabien.»

«Arabien, und dann wohin?» Aber die Witwe wischte die Frage beiseite.

«Mein Mann hatte Skizzen gemacht, die Finnen und Fluken zeigten, und sogar einige Notizen darüber, wie sie schwammen. Er zeigte sie Freunden in den Walfängerflotten, aber er war kein Zeichner, und alle erkannten in ihnen andere Arten, bis er die Größe erwähnte, gut über dreißig Meter. Dann stimmten sie alle überein: Die Tiere waren Blauwale, die größten aller Wale. Als man ihn aber fragte, wo er die Leviathane gesehen habe, erntete er Spott. Es gebe keine Blauwale im westlichen Mittelmeer, und überhaupt keine Wale im östlichen. Wissen Sie, da gibt es nämlich keine Nahrung für sie. Die nächsten Weidegründe befinden sich im nördlichen Indischen Ozean, und dahin gab es keinen Weg für sie, es sei denn, sie könnten irgendwie die ägyptischen Wüsten durchqueren. Mein Mann wurde zum Ziel einer ganzen Reihe von Witzen, man nannte eine neue Walart spöttisch Neagles Wal. Man behauptete, sie habe Beine. Aber Alan wußte, was er gesehen hatte, und mehr noch, was es bedeutete. Seine Forderung an den Rat der Direktoren, die Sache weiter zu untersuchen, wurde glatt abgewiesen, und als er hartnäckig darauf bestand, wurde er verwarnt. Wir entdeckten einen alten Reisebericht, der uns davon überzeugte, daß wir recht hatten, dieselbe Gegend, dieselben Wale. Ein Schiff der Gesellschaft hatte vor fast anderthalb Jahrhunderten diese Beobachtungen gemacht.»

«Aber was *bedeutete* es?» fragte Lemprière. «Wohin sind die Wale gegangen?» Die Witwe antwortete etwas, aber ein Aufschrei der Menge draußen übertönte sie erneut.

«...die Charter der Gesellschaft erteilte ihr das Monopol der Route, sehen Sie. Jeder kann mit Indien Handel treiben, vorausgesetzt, daß man nicht auf der Route um die Südspitze Afrikas segelt. Solange es nur diese einzige Route gibt, ist der Handel der Gesellschaft in Sicherheit.» Die Witwe hielt inne und erkannte, daß Lemprière nicht zugehört hatte. «Indien», sagte sie. «Die Wale wandten sich nach Osten dem Indischen Ozean zu, ihren Weidegründen. Sie hatten einen zweiten Weg nach Indien entdeckt, wahrscheinlich durch das Rote Meer. Deshalb mußte die Gesellschaft meinen Mann zum Schweigen bringen.»

Lemprière lehnte sich zurück und stellte sich vor, wie Walschulen durch unerforschte Kanäle zwischen Mittelmeer und Rotem Meer dahinschwammen.

«Die Geschichte ist unwahrscheinlich genug, das will ich zugeben», sagte die Witwe. «Aber nicht so unmöglich wie sie erscheint, und sie ist auch noch nicht zu Ende.»

Schatten warf sich jäh über den Tisch. Die Menge in der Straße war dermaßen angeschwollen, daß schließlich die Rücken der Männer am Rande gegen die Fensterscheibe gepreßt wurden.

«Ist noch nicht zu Ende?» drängte Lemprière, aber die Witwe blickte aus dem Fenster. Die Menge wurde gewalttätiger. Farinas Stimme war für sie im Innern des Gasthauses kaum noch hörbar.

«...dies ist für die Weber von Spitalfield...» Selbst über die Menge hin konnte ein lautes zerreißendes Geräusch gehört werden, und ein betäubender Jubelschrei stieg auf, «...und dies ist für die Wollpacker, die ihre Fähigkeiten mit ihren Kindern begraben haben...» Ein weiteres Reißgeräusch, und diesmal war der Jubel lauter, ärgerlicher.

«Wir werden unser Gespräch anderswo fortsetzen», sagte die Witwe schnell zu Lemprière. «Kommen Sie.» Er zögerte, verwirrt durch die Wendung der Dinge. Sie redete scharf. «Beeilen Sie sich!» Er stand auf, und die Witwe zerrte ihn zur Tür, wo sich ihnen das ganze Ausmaß ihrer Lage enthüllte.

Die Menge, die anfänglich aus zwei Dutzend Zuschauern bestanden hatte, zählte nun mindestens zweihundert oder mehr, und zumal grobes Volk, wie es Lemprière erschien, während ihn die Witwe an der Vorderseite des Gasthauses entlangzog und sie sich hinter den Rücken der Männer durchquetschten. Farina war in ihrer Mitte sichtbarlich erhöht, stand wohl auf etwas. An seiner Seite nahm Lemprière einen kleinen kahlwerdenden Mann wahr, der von Zeit zu Zeit angesprochen wurde – «Sag mir die Zahlen, Stoltz!» oder «Stimmts oder nicht, Stoltz?» –, wozu der Mann antwortete oder nickte. Stoltz. Seine Haltung machte ihn neben Farina nahezu unsichtbar, der jetzt ein Stück roter Seide hielt. Stoltz machte damit etwas, kniend?

«Hier entlang!» Die Witwe riß heftig an seinem Arm, und er drängte sich hinter weiteren Männern vorbei, die jetzt einen Schrei ausstießen, und noch einen und noch einen. Er war betäubt, die Menge hieb in die Luft. Farina stand da, den Kopf zurückgeworfen, die Seide straff in den Händen, die Menge drängelte sich und geriet außer sich, und Flammen leckten an dem Stoff empor, als Farina ihn in zwei riß, und er stand da, den Kopf zurückgebeugt, die Arme ausgestreckt, die Seide in jeder Hand flammte plötzlich auf, zwei lodernde Banner, die ihn einrahmten wie einen unheiligen Racheengel. Das Gelärme der Menge dauerte an und an. «Indische Spione!» Dann eine andere Stimme. «Spione! Indische Spione!» Die Seide war Asche. Die Witwe stieß rundliche Handwerker aus dem Weg. Der Schrei wanderte durch die Menge, Farina blickte herab. Ein Schlag fiel, dann ein anderer.

«Farina!» Eine Stimme wie Kieselsteine drückte dem Gelärme des Mob ihre Autorität auf. Ein Mann stand auf der anderen Seite der Masse, den Stock erhoben, und zeigte ohne zu schwanken auf den

Schreihals. Seine Augen waren verbunden. Ein Mann war zu Boden gegangen und wurde getreten.

«Drücken!» schrie die Witwe Lemprière zu.

«Nein!» gellte Farina den Mob an, doch der Kampf griff um sich wie die Flammen an der Seide.

«Indische Spione!» Der Schrei nach Gewalt stieg empor, während der blinde Mann wies und erneut rief. Es war zu spät, die Schlägerei war rings um Lemprière im Gange, der sich duckte, stolperte, stürzte, dann spürte, wie sich eine Hand wie Stahl um sein Handgelenk schloß und ihn über den Boden davonschleppte. Nicht die Witwe; ein breitkrempiger Hut, Umhang. Er fand sich am Rande der Menge. Die Witwe wandte sich um. Sie hatte ihn erblickt, zog ihn hoch, und als er sich nach seinem Retter umsah, war der Mann gegangen. Alles, was er gesehen hatte, waren der Hut und der Umhang. Und die Hand, die wettergegerbt war und braun. Ein Seemann, dachte Lemprière.

«Kommen Sie», sagte die Witwe und zog ihn dann am Arm, und er stolperte hinter ihr her. Hinter ihnen erlosch die Wildheit des Mobs. Männer lagen auf der Erde. Der blinde Mann schrie noch einmal «Farina!», und sein Stock wies immer noch in die Mitte der Masse. Aber Farina war verschwunden.

«Beeilen Sie sich!» Die Witwe sprach atemlos über die Schulter. «Sir John wird die Polizeimiliz rufen, und mit den Grobianen wollen wir nicht zusammenstoßen.» Lemprière nahm an, daß er sich das Knie verletzt habe, und paßte sich dem raschen Schritt der Witwe die Straße hinab mit einem schiefen Trab an, wobei er schweigende Danksagungen an seinen geheimnisvollen Erretter richtete. Der Hut kam ihm irgendwie bekannt vor. Sein Rock hatte einen Riß über der Tasche erlitten, an dem er herumzupfte, während sie durch die Shoe Lane gingen und dann in die Stonecutter Lane einbogen. Er war immer noch erschüttert und erwartete halbwegs, plötzlich breitschultrige Randalierer aus dem Nichts auftauchen und sich auf ihn stürzen zu sehen. Am Ende der Gasse sah er sich ängstlich um, sah aber nur harmlose Fußgänger, einen Haufen Kinder, dahinter zwei Korbträgerinnen, dahinter eine schlankere Gestalt, einen Hut, den er wiedererkannte, die breite Krempe.

«Verdammt!» die Witwe zog ihn herum. «Sehen Sie da.» Sie zeigte, und Lemprière konnte durch das Gedränge auf Fleet Market einen Trupp Rotröcke sehen, die durch das Gewühle stießen. Er sah sich noch einmal um, sah die Kinder, die beiden Frauen, aber die Gestalt in Hut und Umhang war verschwunden. Die Straße war zu lang, als daß er sie ganz hätte zurücklaufen können, aber noch ehe er über dieses zweite Verschwinden nachdenken konnte, umgingen sie den Marktplatz und bahnten sich ihren Weg südöstlich durch Ludgate. Ein anderer Trupp, fünfzehn oder zwanzig, kam ihnen mit Piken und Musketen in der Thames Street entgegen. Lemprière bewegte sich, als wolle er umkehren, aber die Witwe bewegte sich jetzt zielbewußt vorwärts, kaum zwanzig Meter vor den rotberockten Gurgelschlitzern, die auf sie zustolzierten, und Lemprière drückte sich gegen die Mauer und sandte stille Gebete zu den Göttern der Versöhnlichkeit und des Friedens.

«Hier», sagte die Witwe, als sie einen Schlüssel aus der Tasche zog und dann in den nächsten Eingang einbog. Der Schlüssel drehte sich, die Tür öffnete sich, und als sie hinter ihnen zuschlug, waren sie sicher im Innern.

«Hier wohne ich», sagte sie. «Seien Sie willkommen. Sie sollten sich hier ein bißchen ausruhen.»

«Ja», sagte Lemprière.

«Und dann müssen Sie die Professoren treffen.»

Einige Minuten später saßen sie in einem Salon im ersten Stock. Die Möbel waren luxuriös, die Zimmer groß und luftig.

«Mein Mann setzte im folgenden Jahr 1766 Segel», sagte die Witwe. «Wir hatten unser Vorgehen sorgfältig geplant.» Lemprière nippte Tee aus einer Porzellanschale. «Mein Mann wollte der üblichen Route bis zur Straße von Gibraltar folgen, dann aber, statt die Westküste Afrikas hinabzusegeln, ins Mittelmeer einbiegen...»

«Und die Passage finden», beendete Lemprière den Satz.

«Genau. Und wenn eine Schule Wale hindurchgehen konnte, dann sollte das ein vollbeladener Indienfahrer auch können. Dann würde er im Indischen Ozean Monate vor aller Erwartung auftauchen. Dann würde das Monopol der Gesellschaft zu Ende sein.»

«Und hat er die Passage gefunden?»

«Warten Sie. Ich blieb in London zurück, auch ich hatte eine Rolle in all dem. Wenn die Route eingerichtet werden konnte, mußte sie gesichert werden. Wenn ein Mann sie finden konnte, konnte das ein anderer auch. Also hatte mir mein Mann alle Skizzen, Karten und Überlegungen anvertraut. Sie waren zusammengeschnürt und versiegelt, und nur unser Anwalt sollte sie sehen, und auch er nur, falls er eine verbindliche Verpflichtung zur Geheimhaltung abgab. Erst dann sollte er damit beginnen, die Patente, die Freibriefe und andere

Dokumente zu entwerfen; kurz, die Macht des Gesetzes hinter den Anspruch meines Mannes zu stellen. Aber wir hatten große Schwierigkeiten, einen Anwalt zu überreden, unsere Sache zu übernehmen.

Es war dies eine vielschichtige Angelegenheit, juristisch gesprochen, wie Sie sich vorstellen können. Ich muß in hundert Kanzleien gesessen haben, jeder Anwalt in London hatte eine Vorstellung von dem, was wir wollten. Manche spotteten, manche zeigten ein höfliches Desinteresse, die meisten lehnten den Auftrag schlicht und einfach ab. Die wenigen, die zusagten, die Arbeit zu übernehmen, kamen unweigerlich nach einigen Tagen mit Entschuldigungen zu mir, mit Ausflüchten, mit Ablehnungen. Sobald sie erfuhren, daß vor Gericht ihr Gegner die Gesellschaft sein würde, rannten sie mit eingekniffenen Schwänzen nach Unterschlupf. Ich war mit meiner Weisheit am Ende. Soviel ich wußte, durchpflügte mein Mann das Mittelmeer und kartierte die letzte der großen Handelsrouten, während ich nicht einmal einen Rechtsanwalt finden konnte. Damals besuchte ich Chadwick & Soames, die Anwälte Ihrer Familie.»

«Und haben sie den Fall übernommen?»

«Nein, haben sie nicht. Aber sie haben mich an einen ihrer Juniorpartner verwiesen. Er hatte vor einigen Monaten die Firma verlassen, um selbständig zu arbeiten.»

«Mister Skewer!» brach Lemprière aus. Die Witwe sah ihn überrascht an.

«Was für eine absurde Idee», sagte sie. «Skewer war damals immer noch Schreiber bei Mister Chadwick und sollte das noch für weitere zwanzig Jahre bleiben. Nein, nein. Bestimmt nicht Skewer. Der junge Mann, den Chadwick mir empfahl, war ein aufgehender Stern, sehr schnell, sehr brillant. Und er war jemand, den ich noch von früher kannte, noch aus der Zeit vor meiner Heirat mit Alan.»

«Und warum sind Sie nicht schon früher zu diesem Mann gegangen?»

«Eine andere lange Geschichte», sagte die Witwe ruhig. «Vielleicht wußte ich da schon, daß sich die Sache gegen uns kehren würde. Jedenfalls, ich ging zu ihm, und nachdem ich ihm die Geschichte erzählt hatte, erklärte er sich bereit, den Fall zu übernehmen. Ich ließ die versiegelten Papiere bei ihm und ging nach Hause. Drei Monate waren vergangen, seit Alans Schiff abgesegelt war, drei Monate der Enttäuschungen und des Scheiterns, jetzt aber spürte ich endlich, daß wir vielleicht doch etwas ausrichten könnten. In Wahrheit aber war das immer noch nur ein Traum. Alan war immer schon ein ehrgeiziger Mann gewesen, das war kein Geheimnis. Für mich bedeutete der Anwalt einen Triumph. Zur gleichen Stunde am nächsten Tag aber sollten alle diese Träume, alle diese Dinge, die wir uns wünschten, sollte alles, was mir am liebsten war, verloren, zerstört, ertrunken, tot sein...» Ihr versagten die Worte. Lemprière sah zu, als sie Tee in ihre Schalen nachgoß. Die ihre klapperte gegen die Untertasse, als sie sie aufnahm.

«Es begann am folgenden Morgen. Der Anwalt, der erst am vergangenen Tag zugestimmt hatte, für uns tätig zu werden, kam zu mir. Er hatte die Nacht damit verbracht, die Papiere meines Mannes zu lesen, und seine Botschaft war kurz. Er sagte mir, er würde unseren Fall nicht aufgreifen. Aber ich kannte ihn von früher, wir waren mehr als nur Bekannte.» Die Witwe drehte den Ring an ihrem Finger, was Lemprière an Lady de Vere erinnerte, die gleiche Geste.

«Es werden Händel abgeschlossen, die nicht abgeschlossen werden sollten, aber abgeschlossen werden müssen, verstehen Sie mich? Und ich kannte diesen Mann von vor meiner Hochzeit. Er hatte mir den Hof gemacht. Er wollte mich immer noch, wissen Sie. Er wollte nicht nehmen, was ich ihm anbot, aber ich hätte es gegeben, wenn er es gefordert hätte. Er wußte das, und ich wußte, daß er wußte. Das war unser Vertrag. Und es war für meinen Mann...» Die Witwe lachte kurz und bitter auf.

«So schrecklich ist das nicht», sagte Lemprière.

«Nein», sagte die Witwe, «so schrecklich nicht, außer daß ich wußte, daß er mich immer noch wollte, aber zu sehr Gentleman war, um sich zu nehmen, was er wollte. So schrecklich nicht, außer daß an jenem Tag auf der anderen Seite der Erde – wie hätte ich das wissen können? – mein Mann bereits tot war, und alle seine Männer mit ihm. Wirklich so schrecklich nicht, außer daß der Anwalt unsere Sache aufnahm, als sie bereits verloren war, und sie ruinierten ihn, brandmarkten meinen Mann als gemeinen Erpresser, seine Frau als eine Verrückte oder als die Hure des Winkeladvokaten. Alan war tot, er trieb im Meer vor Arakan, und ich wurde, wie Sie mich gefunden haben, versorgt von der Gesellschaft, offenbar nicht einmal ihrer Feindschaft würdig, obwohl ich sie in einer Sekunde vernichten würde, hätte ich die Möglichkeit dazu. Das ist», sie wählte ihre Worte sorgfältig, «eine angemessene Demütigung.»

«Und der Anwalt?» sagte Lemprière. «Was wurde aus ihm?»

«Aber das wissen Sie doch», sagte die Witwe sanft. Lemprière schüttelte den Kopf. «Der Anwalt war George Peppard», sagte sie.

Ein Dienstmädchen lungerte herum und wartete darauf, die Lampen zu entzünden. Lemprière sah Peppards Gesicht in dem schmuddeligen Zimmer in der Blue Anchor Lane und erinnerte sich, wie sich seine Stimme bei einer Erwähnung der Gesellschaft verhärtet hatte. Er sah die Witwe an, sein Geist setzte Peppard an ihre Seite, der ihr den Hof gemacht hatte, vielleicht den Platz ihres Gatten usurpiert hatte, aber der Gatte war ertrunken, betrogen und den Fischen überlassen. Das war es, woran sie dachte. Tote Männer. Ertrunkene Männer, die in den langsamen Strömungen des Meeres treiben, und ihre Gliedmaßen wedeln langsam vor und zurück, während sie langsam auf ihr letztes und tiefstes Bett sinken und da liegen, durchlöchert von Pfeilwürmern und den Träumen ihrer Trauernden. Sie schaukelten langsam nach unten. Hoch über ihnen sammelte sich das verlassene Treibgut, um ein chaotisches Floß zu bilden. Der Dreimaster war zersplitterte Planken und zerfetzte Segel, zusammengefitzt ins zerspleißte Tauwerk, und schlingerte hoch über den toten Seeleuten auf den Wogenkämmen dahin, ein vom Meer getragener Ceraton, der die Tiefseeschläfer zu einem zweiten Gebet ruft. Die Meeresböden verschoben sich, und die Wasser bewegten sich. Leichtes Rucken in dem ruhigen Wasser störte der toten Männer kriechenden Fortgang, als die Wasser des Abgrundes ihre langsame Aufwärtsbewegung begannen. Die Leichen stiegen empor.

Die Lampen brannten etwas heller und brachten die Geister in andere Formen zurück. Das Dienstmädchen verließ das Zimmer, und Lemprière beobachtete sie, bis die Tür geschlossen war.

«Die Wracktrümmer hat man nie gefunden», erzählte ihm die Witwe. «Nicht die leiseste Spur. Und denken Sie daran, Alan hatte sich entschlossen, durchs Mittelmeer zu segeln. Arakan liegt an der indischen Küste. Entweder ging das Schiff anderswo verloren, oder...»

«Oder er hat die Mittelmeerpassage gefunden», sagte Lemprière.

«Ja, und das wäre die Kenntnis gewesen, die wir brauchten und die die Gesellschaft am meisten fürchtete. Ich wußte, sie hatten mich belogen, sie hatten ihn irgendwie vernichtet. Sie wußten weit mehr, als sie zugaben, aber ich griff sie wie ein Narr von vorne an. Mich machten die Lügen und die Halbwahrheiten verrückt, und auch Alans Tod. George bat mich aufzuhören, aber ich wollte nicht. Ohne Alan war es hoffnungslos. Nur er kannte die Tatsachen in der Angelegenheit, und er war ertrunken. Im Gericht machten sie uns lächerlich und zerbrachen George Peppard durch ihre Verleumdungen. Ich hatte ihn dazu gebracht . . . Er stellte sich im Gericht hin und redete von Walen und Freibriefen und geheimen Wasserwegen. Ohne Alan war das Unsinn.»

Lemprière erinnerte sich an Septimus' Worte vor Skewers Büro. Seeversicherung, irgendein Versicherungsbetrug. Er fragte die Witwe, ob das stimme.

«Das war nach der Verhandlung. George hatte irgendwelche Beweise, um die Sache zu stützen. Er verwendete sie, um eine Regelung auszuhandeln, außergerichtlich, verstehen Sie. Ich weiß sehr wenig von dem, was da vorgegangen ist, aber auch das explodierte ihm ins Gesicht. Die Gesellschaft beschuldigte ihn und meinen Mann der Erpressung. Es hat mich wohl vor allem anderen diese Verleumdung während all dieser Jahre vorangetrieben. Mein Mann ist tot, aber seinen Tod will ich an der Gesellschaft und ihren Agenten rächen. Etwas so Ungeheures mag jenseits aller Wiedergutmachung erscheinen. Vielleicht, und doch habe ich während der letzten zwanzig Jahre genau das zu tun versucht. Kommen Sie, ich will Ihnen etwas zeigen.»

Die Witwe stand auf und geleitete Lemprière zur Tür. Ein Gang führte zu einem Raum am Ende des Hauses, wo die Straßengeräusche von den leiseren Rufen der Färgen auf der Themse hundert Meter weiter ersetzt waren. Es war schon dunkel.

«Sehen Sie», die Witwe zeigte auf die sich durchbiegenden Bücherregale, die den Raum umgaben und unter dem Gewicht von Hauptbüchern, Rechnungsbüchern, Verhandlungsprotokollen, Atlanten, alten Flugschriften, amtlichen wie nichtamtlichen Geschichtsdarstellungen ächzten.

«Das Beweismaterial», sagte sie. «Nahezu sämtliche Vorwürfe und Anklagen, die jemals gegen die Gesellschaft vorgebracht worden sind, haben hier irgendwo ihren Platz. Jede Korruption, die Laster, jedes Verbrechen ist hier aufgeschrieben und notiert, einschließlich der gegen meinen Mann.» Sie betastete ein dickes Bündel vergilbender Papiere. «Der Fall Neagle», sagte sie. Lemprière blickte auf das Beweismaterial, voll der heiligen Scheu vor dem Fleiß der Witwe. Der Raum war eine einzige gewaltige Anklage.

«Kennen Sie einen Schriftsteller namens Asiaticus?» fragte er sie. Die Witwe sah ihn überrascht an.

«Aber natürlich. Allerdings verwundert mich, daß Sie davon wissen. Wie haben *Sie* von ihm erfahren?» Lemprière erzählte ihr, wie er das erste Flugblatt zwischen den Papieren seines Vaters gefunden hatte und wie ihm Lady de Vere das zweite zum Geschenk machte. Die Vereinbarung erwähnte er nur am Rande.

«Sie haben nicht zufällig das vierte Flugblatt?» erkundigte sich die Witwe eifrig. Lemprière schüttelte den Kopf. «Schade. Ich habe die ersten drei. Sie sind voller edler Gefühle, aber die Beweise fehlen. Die vierte Flugschrift sollte alles enthüllen, aber ich habe nie ein Exemplar entdecken können. Ich bezweifle fast, daß es je gedruckt worden ist.»

«Vielleicht war das alles nur geprahlt», vermutete Lemprière. «Vielleicht hatte er gar nichts zu berichten.»

«Vielleicht», stimmte die Witwe zu, «aber ich neige zur entgegengesetzten Ansicht. Er vermittelt den Eindruck, als wisse er mehr, als er sagt. Es gibt da einen drohenden Ton, vernichtende Enthüllungen werden versprochen. Ich mag den Mann eigentlich.»

«Wer war er?» fragte Lemprière.

«Das ist immer noch ein Rätsel», sagte die Witwe. «Aus offensichtlichen Gründen hielt er zu der Zeit seine Identität geheim. Die erste Flugschrift erschien einige Zeit nach Buckinghams Rückkehr von La Rochelle, spät im Jahre 1628 oder zu Anfang des folgenden Jahres. Die anderen beiden folgten einige Monate später, dann nichts mehr. Asiaticus, wer immer er war, tauchte unter und kam nie wieder hoch.»

«Jedenfalls nicht unter diesem Namen», wagte Lemprière sich vor, und die Witwe nickte.

«Alles nur Denkbare kann ihm zugestoßen sein», sagte sie, «wie das jedem zustoßen könnte, der mit den Interessen der Gesellschaft zusammenstößt.» Sie blickte ihn an. Lemprière stand da, umgeben von Regalen, die unter den Katalogen der Schmähungen und Gegenbeschuldigungen ächzten, unter all dem, was von Tausenden von Opfern übriggeblieben war. Von jedem. Der Blick der Witwe ruhte stetig auf ihm, dann sprach sie wieder.

«Ich weiß ein bißchen von Ihren Nachforschungen», sagte sie. Lemprière blickte sich zu ihr um. «Ihre Angelegenheiten gehen nur Sie etwas an», sagte sie rasch, «doch was immer Sie ans Tageslicht heben, es wird nicht genug sein, nicht genug, um das zu bekommen, was Sie wollen. Ich möchte nicht mehr wissen, aber wenn Sie an diesem Punkt angelangt sind, dann kommen Sie wieder zu mir, Mister Lemprière.» Sie wies auf die Regale. «Ich will Ihnen sagen, was Sie brauchen. Alles, was Sie wissen müssen, ist irgendwo hier. Erinnern Sie sich an das Angebot.» Zum zweiten Mal an diesem Tag rief die Witwe in Lemprières Gedanken Alice de Vere herauf. «Aller Reichtum, den Sie sich vorstellen können...», lautete das Versprechen, das vor einer Woche in dem zerfallenden Landsitz gegeben worden war. Jetzt «Alles, was Sie wissen müssen...» Er ließ das Schweigen anwachsen, während in seinem Geist die beiden Frauen und ihre Angebote miteinander wetteiferten, und er schwankte wie Paris mit dem goldenen Apfel; unvorstellbarer Reichtum, unabschätzbares Wissen, und neben ihnen gab es ein schimmerndes Drittes, noch nicht, entfernter, weiter weg, es verschwand in die Nacht.

Die Witwe blickte aus dem Fenster. Er konnte ihr Gesicht in der Scheibe widergespiegelt sehen. Sie wandte sich um und klopfte leicht auf seinen Arm, und unterbrach so seine Träumerei.

«Behalten Sie Ihre Meinung für sich, John Lemprière», sagte sie. «Kommen Sie mit zu den Professoren, bevor Sie gehen.» Sie hatte seinen Arm genommen. «Sie haben so selten Gelegenheit, mit einem gebildeten Mann zu sprechen.» Lemprière zögerte ob der Beschreibung, ließ sich dann aber aus dem Arbeitszimmer führen und eine enge Treppe hinauf, die unter ihrem Gewicht krachte. Als sie oben an einer Tür ankamen, war von drinnen ein lautes stolperndes Rumsen zu hören, und es ertönte ein streitendes Stimmengewirr.

«Aha», sagte die Witwe. Lemprière sah sie von der Seite an. «Sie spielen Spring oder Stirb», sagte sie und öffnete die Tür, wodurch drei graubärtige Männer sichtbar wurden, die sich über einen großen Tisch beugten, der mit einer großen stilisierten Karte bedeckt war.

«Mister John Lemprière», stellte sie vor, während sie sich aus ihren Sitzen erhoben, dann «die Professoren Ledwitch, Chegwyn und Linebarger», und man tauschte Freundlichkeiten aus.

«Wir haben gerade eine Partie Spring oder Stirb begonnen», sagte Ledwitch zu Lemprière. «Wollen Sie mitmachen?» Lemprière lehnte höflich ab. Er sah auf die Karte hinab, die in Hunderte von verschieden gefärbten Quadraten unterteilt war, hellrote und blaue und malvene nahe den Rändern der Zeichnung, weniger unterscheidbare wie khaki, olivene und braune mehr zur Mitte hin. Genau in der Mitte befand sich der Aufriß einer ummauerten Stadt, und in der Mitte der Stadt stand ein geflügelter Mann. Lemprière starrte die Gestalt neugierig an.

«Der Fliegende Mann», erklärte Linebarger. «Um ihn geht es in dem Spiel. Jeder Spieler versucht, der Fliegende Mann zu werden.»

«Und wie macht man das?» fragte Lemprière. Er untersuchte die

Karte genauer und bemerkte, daß in jedes Quadrat in enger Schrift eine kurze Mitteilung gekritzelt war; die Mitteilungen wurden immer unlesbarer, je näher der Mitte sie sich befanden, besonders auf den stumpf getönten Feldern, bis sie schließlich an den Mauern der Stadt kaum noch sichtbar waren.

Professor Chagwyn wandte sich zu ihm um. «Würfeln bringt jeden Spieler von Feld zu Feld», sagte er. «Wenn Sie auf einer der Anweisungen landen, sind sie selbstverständlich. Wenn ich beispielsweise eine Zwei werfe, lande ich hier», er wies auf ein hellgelbes Quadrat und las die Aufschrift. «Hier müßte ich ein taktisches Bündnis mit dem Duc de Guise schließen. Eine Sechs», wieder blickte er hin, «macht mich zum Führer des Widerstandes in Montauban im Juli 1621. Natürlich bin ich an diesem Punkt nahe daran, der Duc de Rohan zu sein, was mich für drei Würfe davor schützt, abschwören zu müssen.»

«Sehr nützlich, wenn Sie La Tremouille zu La Rochelle 1628 werden», fügte Ledwitch hinzu.

«Haben Sie begriffen?» warf Linebarger ein. Aber Chegwyn warf eine Fünf, und die beiden anderen stöhnten auf. Alle drei kletterten auf ihre Stühle und sprangen dann gleichzeitig herab, was ein beeindruckendes Donnern hervorrief.

«Ich bin mitten im Massaker der Bartholomäus-Nacht gelandet», sagte Chegwyn und wies auf ein düsteres Quadrat.

«Das bedeutet, daß das Spiel von vorne beginnt», fügte Ledwitch hinzu.

«La Rochelle?» sagte Lemprière.

«Hier», Linebarger zeigte auf die ummauerte Stadt im Mittelpunkt des Spieles. «Das ist La Rochelle. Es ist belagert. Alle diese hellgefärbten Quadrate stellen dar, was wir *die Politik* nennen, die düsteren sind die Ereignisse der Belagerung selbst, in denen die Dinge einigermaßen verworren sind. Die Stadt ist, na ja, es ist die Stadt. Und der Fliegende Mann in der Mitte ist natürlich der Fliegende Mann.»

«Man muß durch die Politik kommen, um die Belagerung zu erreichen», sagte Ledwitch.

«Und durch die Belagerung, um in die Stadt zu kommen», sagte Chegwyn.

«Und in der Stadt ist der, arrch, der Fliegende Mann», verkündete Linebarger.

«Ich verstehe», sagte Lemprière. Ledwitch warf eine Vier. «Eisenarm!» sagten die beiden anderen, und Ledwitch streckte einen seiner Arme in die Luft.

«Jetzt ist er Monsieur La None geworden, kurz nachdem ihm der Silberschmied Vaucanson ein künstliches Glied angepaßt hat», erklärte Linebarger. «Das ist einer der indirekteren Zwischenfälle.»

Lemprière beobachtete das Spiel mit wachem Interesse, das aber schnell schwand. Das Spiel hatte zweimal neu begonnen, und keiner der Spieler war aus der Politik herausgekommen, als er fragte, was geschehe, wenn einer der Spieler die Stadt erreiche.

«Wir glauben, daß er sie mit seinem Leben verteidigen muß», sagte Professor Chegwyn.

«Sind Sie sich dessen nicht sicher?»

«Es ist ein ungeheuer schwieriges Spiel», sagte Chegwyn. «Bisher hat es noch keiner geschafft, die Stadt zu erreichen.»

«Also ist der Fliegende Mann», Lemprière wies auf die geflügelte Gestalt in der genauen Mitte der Stadt, «in Wirklichkeit bedeutungslos.» Das rief bei den Professoren Tumult hervor. Die Witwe hatte sich auf einer Seite einen Stuhl genommen und weigerte sich, an der Debatte teilzunehmen.

«Der Fliegende Mann ist alles», protestierte Ledwitch.

«Natürlich ist er bedeutungsvoll, er ist der einzige Überlebende», erklärte Linebarger. «Jeder andere ist entweder gesprungen oder gestorben; auf jeden Fall sterben alle, außer dem Fliegenden Mann.»

«Sie behaupten also, daß es am Ende der Belagerung einen fliegenden Mann gab, der entkommen ist . . .»

«Natürlich», sagte Chegwyn. «Der Geist von La Rochelle. Am letzten Tag der Belagerung. Hunderte haben ihn gesehen. Die Zitadelle stand bereits in Flammen, brennende Männer und Frauen stürzten sich von den Mauern, Kanonen feuerten Breschen in die Mauern. Und mitten in all dem wirft sich einer aus La Rochelle von den Mauern, aber er stürzt nicht.»

«Er fliegt», sagte Ledwitch. «Darüber gibt es zahlreiche Berichte. Es war offenbar ein Kind.»

«Der Geist von La Rochelle», sagte Lemprière mehr zu sich als zu den Professoren. «Fliegende Menschen?»

«Das ist nicht so unglaubwürdig, wie es erscheint», sagte Chegwyn. «Schließlich haben es Daidalos und Ikaros bereits geschafft. Sie sollten das wissen, Mister Lemprière.»

«Und der persische König Kar Kawus hat sich selbst an hungrige Adler gebunden und dann ein Stück Fleisch auf einem Speer gerade außerhalb ihrer Reichweite gehalten, und sie flogen nach dem Fleisch auf und», Ledwitch schlug mit den Armen, «na ja, das ist ja selbstverständlich.»

«Alexander der Große verwendete dieselbe Methode», sagte Ledwitch. Lemprière hatte den Zwischenfall vergessen und erinnerte sich jetzt seiner Eintragung über Alexander, die sich bereits bei den Setzern von Cadwell befand.

«Ki-kung shi hat einen fliegenden Wagen erfunden», bot Chegwyn an, «aber hat nicht gesagt wie.»

«Das erscheint mir alles reichlich weit hergeholt», bemerkte Lemprière. Die Professoren nickten Zustimmung. «Gute Bemerkung, richtiger Punkt.»

«König Bladud!» brach es aus Linebarger hervor. «Er ist über eben diese Stadt geflogen. Hat sich natürlich zu Tode gestürzt.»

«Hatte aber immer noch Zeit, Bath zu gründen», fügte Ledwitch düster bei.

«Was ist mit Oliver von Malmesbury?» Die Witwe hatte sich der Diskussion angeschlossen.

«'Ich ließ mir ein Paar Schwingen fertigen'», zitierte Linebarger.

«Nur ein Turmspringer», sagte Ledwitch.

«Zählen wir Turmspringer mit?» fragte Linebarger. Brummelnde Zustimmung wurde gegeben, und das Gespräch wandte sich Giambattista Danti von Perugia zu, dann einem ungenannten Kantor aus Nürnberg und des Abtes von Tungland Sprung von den Mauern Stirling Castles. Boliris tödlicher Sprung von der Kathedrale in Troyes wurde rasch übergangen. Burattinis federngetriebener Schwebewagen ward von allen applaudiert. Ledwitch machte viel her von Ahmed Hezarfens Flug und sicherer Landung auf dem Markt von Skutari. Chegwyn setzte sich für Besniers Sprung über ein Haus in Sable ein. Mit Verachtung überschüttete man Cyrano de Bergeracs Anbringung von Flaschen mit Tau an den Flugapparat, den der Tau dann mit der frühen Morgensonne in den Himmel ziehen sollte.

«Sie müssen noch die Engel erwähnen», sagte die Witwe.

«Keine Beweise», sagte Linebarger reichlich grummelig.

«Hat nicht Wilkins Engelgeister erwähnt?» überlegte Ledwitch. «Und vom Geist von La Rochelle wurde gesagt, er habe Flügel gehabt. Er wurde zuletzt gesehen, wie er über die Wellen dahinstrich, hinaus auf die See . . .»

Doch fand sich wenig Begeisterung für Engel. Lemprières einziger Beitrag zur Diskussion war eine Erwähnung von Hermes gewesen (als zu mythologisch verworfen) und «von jemandem auf einem Papierdrachen». Er empfand, daß es Zeit zu gehen sei, und begann, von den Professoren Abschied zu nehmen, die ihn bedrängten zu bleiben und ihn mit weiteren Partien von Spring oder Stirb lockten, doch er blieb hart. Es war nach elf, als die Witwe von ihm auf der Türschwelle Abschied nahm. Sein Heimweg wurde in einfachen Worten erklärt. «Denken Sie an mein Angebot», waren ihre letzten Worte, bevor sie sich trennten. Die Tür schloß sich hinter ihm, und er begann den Heimweg.

Die Thames Street war fast völlig verlassen. Sein Atem kam in Wölkchen, als er schnell durch Ludgate und in die Fleet Street ging, wo ein einsamer Bummler eine bevölkertere Szenerie voraus ankündigte. Fröhliche Gruppen von Lehrlingen und ihren Meistern, gut gekleidete junge Frauen und freundliche Säufer schwankten umeinander und tranken einander auf ihre Gesundheit und das neue Jahr zu, das – wie Lemprière sich erst jetzt erinnerte – in wenigen Minuten anbrechen würde. Doch unterbrach diese Erkenntnis seinen Gedankengang kaum, der zwischen der Witwe, Lady de Vere und George Peppard verlief, dessen traurige Umstände jetzt umfassender erklärbar waren. Er fragte sich von neuem, warum ihm der Mann nichts von der Möglichkeit gesagt hatte, die ihm Alice de Vere so kraftvoll vorhielt. «Reichtum jenseits ihrer Träume...» Doch in Wirklichkeit, fing er sich, war das ebenso phantastisch wie Neagles Wal, obwohl er spürte, daß es zu dieser Geschichte noch weit mehr gab, als die Witwe hatte laut werden lassen. George Peppard würde das wissen, wenn überhaupt jemand. Und natürlich die Gesellschaft. Der arme Thomas de Vere, und François, der sich gegen seine Miteinleger gewandt hatte, irgendwas während der Belagerung, nach der Belagerung.

Fragen drehten sich in seinem Geist um und um, wie Akrobaten, die niemals wirklich auf die Erde fallen. Irgendwo war so was wie ein Krieg verschwunden. Wale, verschwindende Schiffe. Falsche Lotungen. Lemprière ging durch Fleet Street und Strand weiter, bis seine eigene Behausung in Sicht kam. Er rammte die Hände in die Taschen, hörte ein lautes Reißen und sah, als er hinabblickte, daß er den Riß in Septimus' Rock um weitere sechs Zoll erweitert hatte. Und da kam ihm ein guter Einfall.

Lemprière erstieg die Treppe des Hauses, aber statt an seinem eigenen Zimmer stehenzubleiben, stieg er die Treppe weiter hinauf bis zu dem, das sich unmittelbar über ihm befand, und klopfte an die

Tür. In diesem Augenblick zogen die letzten Sekunden des Jahres die Zeiger der Uhren zusammen, und einer nach dem anderen ließen die Glockentürme von Saint Paul und Saint Clement und Saint Anne und Saint Mary im Strand und Saint Mary beim Savoy und der Kirchen überall in London eine klingende, schrillende, rasselnde, schmetternde Geräuschkakophonie los. Auf dem Absatz, auf dem Lemprière wartete, war das ein endloser betäubender Krach. Er stand da und hielt sich die Hände schützend über die Ohren und wurde in dieser Haltung entdeckt, als die Tür sich endlich öffnete und er der Person gegenüberstand, die er gesucht hatte, ein kleiner Mann mit einem angriffslustigen Ausdruck und einer plattgeschlagenen Nase.

«Ja?» schrie der Mann.

«Sie sind ein Schneider!» schrie Lemprière über das Getöse zurück.

«Bin ich», erwiderte der Mann.

«Ich hab einen Riß in meinem Rock», brüllte Lemprière. Er wies auf den Riß. «Ich dachte mir, ich könnte Sie in Anspruch nehmen, um das zu reparieren!» Der Schneider sah den Rock an, dann Lemprière.

«Hosenschneider», sagte er.

«Aha!» gellte Lemprière. «Aber vielleicht könnten Sie es doch zusammennähen!» Der Schneider schüttelte den Kopf.

«Hosen», sagte er wieder, trat dann in sein Zimmer zurück und schloß die Tür. Das Gelärme der Glocken nahm ab. Lemprière stand da in seinem schmutzbefleckten rosenfarbenen Gehrock und betrachtete den Riß. Nur ein verspätetes bösartiges *dong* störte den Frieden, und die Stille der Nacht war fast wieder hergestellt. Er stieg zu seinem Zimmer hinab, in dem ihn sein Wörterbuch erwartete. Ein neues Jahr hatte begonnen. Der Mob vor dem Gasthaus, sein geheimnisvoller Retter, die Witwe und die Wale, die drei Professoren und der Fliegende Mann rasten ihm durch den Geist, als er seine Feder nahm und ein weiteres Mal zu schreiben begann.

Lemprière: Der Name packte Nazim wie eine sich um seinen Schädel schließende Hand, fünf stählerne Finger gruben sich in die weichen Fasern seines Hirns. Bahadur war der erste, der den Namen in Paris entdeckt hatte und mit dem Preis von seiner Seele abgezogen zurückgekommen war, *Wir ändern uns im Innern*, die Stimme aus seinen Träumen, nie dieselbe. Der zweite war der Nawab, der ihn wie ein

Kind flüsterte, «Lemprière», im kühlen Innern seines Palastes, und sein Befehl «Finde ihn, finde sie alle». Alle neun. Dann die beiden Frauen, die ihr Unglück während der Nacht des Regens fortschwatzten und ihm den Namen wie einen Leitfaden zugeworfen hatten, aber er hatte ihn vor dem Kaffeehaus verloren. Le Mara war der stumpfe Daumen, der auf ihn wartete, damit er sich erkläre. Aber er hatte Le Mara an jenem Tag ebenfalls verloren, in seiner Unentschiedenheit zwischen der schwarzen Kutsche und dem Meuchelmörder gefangen, in seiner Suche durch die Menge behindert, und von dem Idioten im Kaffeehaus auch. Entschuldigungen. Nazims Gedanken folgten verblassenden Fußspuren und halbgehörtem Geflüster, und der Name *Lemprière* zerrte seinen Argwohn phantastische Linien entlang, bis er Monstren und Dämonen verfolgte und alle seine vergrabenen Ängste ausgegraben waren wie tote Dinge, die lebendig aussehen. *Wir ändern uns im Innern.*

Die Neun waren uneins, das wußte er. Le Maras Geschäft mit der Frau in Blau war kein harmloser Streich. Dieser Lemprière war das Ziel einer Verschwörung. «Weihnachtsabend» war es über die hölzerne Trennwand zu ihm gekommen, aber der Ort war nicht genannt worden. Die schwarze Kutsche hätte ihn dorthin führen können, aber er hatte die Kutsche verloren. Am nächsten Morgen hatte er seine Wache am Kai wieder bezogen und Cokers Männer beobachtet, als die langsame Karawane der Kisten erneut begann. Le Mara war nur kurz erschienen, ausreichend für Nazim, der ihm in einer gewissen Entfernung über die Ratcliffe-Ausfallstraße zu einem Haus in den ehemaligen Stallungen südlich der Tower Street gefolgt war, für das Le Mara den Schlüssel hervorzog. Als er im Innern verschwunden war, hatte Nazim sich einen Weg zur Rückseite des Hauses gebahnt. Es war der Themse näher, als er gedacht hatte. Trügerische Stadt, ein Gedanke, den er nicht weiter verfolgte, als er bemerkte, daß die Vorhänge vor allen Fenstern zugezogen waren. Es war Mittag.

Stunden waren in geduldiger Beobachtung von nichts verronnen, als Nazim an die Hintertür herankroch, durch den Spalt zwischen Türsturz und Türoberkante lugte und ein Inneres erblickte, das ihn davon überzeugte, er könne sich den Eintritt ungestraft erzwingen. Nachdem er drinnen war, bestätigte sich seine frühere Annahme. Das Haus war von den Fliesen der Halle bis zu den bescheideneren Dienerzimmern unterm Dach vollständig leer. Abgesehen von den Vorhängen, die diese Tatsache vor neugierigen Blicken verbargen, gab es nicht ein Stück Möblierung im Haus, keinerlei Habseligkeiten, keinerlei Gegenstände. Nazims spähende Suche führte ihn direkt in den Keller, wo sein Verdacht durch eine Falltür bestätigt wurde, die mit großen Steinplatten verkleidet war. Und selbst ohne es auszuprobieren wußte er, daß sie von innen verschlossen war. Unter ihr würde ein Schacht sein, und irgendwo dahinter Le Mara. Das Haus war nichts als ein Durchgang, aber wohin? Die Zeit war nicht günstig für Konfrontationen, der Geist von Bahadurs Irrtum hielt ihn zurück. Auch hierfür würde die Zeit kommen, und dann würde er bereit sein. Nazim stand über der Falltür und fühlte, wie das Blut durch seine Adern pumpte. Da unten waren sie, irgendwo da unten: die Neun. Und vielleicht auch dieser Lemprière.

Die Tage vor Weihnachten brachten Nazim unterschiedliche Enttäuschungen, da der Zweck der Vereinbarung mit der Frau im Kaffeehaus nicht deutlicher wurde. Irgendein Plan fand gegen diesen Lemprière statt, und doch konnte er ihn nicht entdecken. Le Maras Routine änderte sich nicht, bot ihm keine Hinweise. Sie war nutzlos für ihn. An dem Tag selbst konnte er das Schiff nicht länger bewachen und stürmte ziellos in stiller Wut durch die Straßen. Er wußte, daß sie irgendwo ihre Karten aufdeckten, und er war nicht da, sie zu sehen, und obwohl er seinen nagenden Zorn unterdrückte, kam er doch zurück, als Le Maras üblicher Standort auf dem Kai zugunsten eines anderen aufgegeben wurde. Irgend etwas war getan worden, um diesen neuen Stand der Dinge herbeizuführen, eine Tat, die ihn hätte zu diesem Lemprière führen können, aber es war ihm nicht gelungen, sie ausfindig zu machen, und Nazim fragte sich, wie viele Irrtümer und verlorene Gelegenheiten ihm die ungeschriebenen Gesetze seines eigenartigen Spiels noch erlaubten.

Le Maras neuer Standort befand sich im Norden der Stadt, ein Gebiet, das die Goswell Street im Westen und Moorfields im Osten begrenzten, nahe der Stelle, wo die vollgestopften Straßen um die Golden Lane sich verliefen und jenseits von Saint Agnes zu offenen Feldern wurden. Und wieder nahm Nazim die Beobachtung des Mannes auf und folgte ihm jeden Morgen von dem Haus in der Tower Street aus zu Orten, die über die ganze Gegend verstreut waren, niemals denselben zweimal, nach einem Muster, dessen Bedeutung ihm entging.

Obwohl er sich sorgfältig außer Sicht hielt, wußte Nazim, daß der andere Mann seine Anwesenheit als Tatsache voraussetzen würde. Der andere bestätigte das durch seine gewundenen Umwege, die er sich aussuchte, um das Gebiet zu erreichen, über das er Wache hielt.

Weitere Beweise waren die kreisförmigen Wanderungen durch die Stadt, die Le Maras Wachen unterbrachen, unergründbare Reisen, die in den Hyde Park, nach Southwark oder nach Wapping führen mochten, die nur zum Zweck ihrer eigenen Undurchschaubarkeit zu bestehen schienen. Nazim hatte das als Teil des Schiebens und Schubsens in ihrem Wettbewerb hingenommen, ehe es ernst würde. Es war einfach, Le Mara durch Clerkenwell oder Poplar zu verfolgen, oder selbst um die Chancery Lane herum, wohin Le Mara ihn an dem Tag geführt hatte, als seine Unterschätzung des anderen Mannes ihn fast das Leben gekostet hätte. Chancery Lane, oder genauer: die Gassen, die nach beiden Seiten von der Fetter Lane abgehen, sehr nahe seinem eigenen Versteck.

Er war Le Mara geduldig während mehr als einer Stunde gefolgt. Es war Neujahrsabend, und alle möglichen Arten von Betrieb waren in die Straßen losgelassen. Das hätte Nazims Aufgabe schwieriger machen sollen, aber Le Mara schien alle seine früheren Listen aufgegeben zu haben; nichts von den plötzlichen Spurts durch Nebengassen, nichts von dem Herumlungern vor Schaufenstern, nichts von den langen Aufenthalten in Kaffeehäusern und Schenken, die Nazim während der vorangegangenen Tage verwirrt hatten. Le Mara wanderte gelassen die Straße hinab und sah weder nach rechts noch nach links, auf ein Gasthaus zu, vor dem Nazim eine große Menge erblickte. Sie wurde von einem silberhaarigen Mann angesprochen, der auf einer Apfelsinenkiste stand und ein Stück rotes Tuch hochhielt. Seine Rede war eine Schimpfkanonade gegen Einfuhren und Textilien, über die Leiden der Armen, die Gier der Nabobs und der ausländischen Fürsten, und vor allem der Gesellschaft. Die Menge füllte die Straße bis hin zu dem Gasthaus, dem der Sprecher am anderen Ende zugewandt stand, und Nazim beobachtete, wie Le Mara in ihrer Mitte verschwand und mit den Tagelöhnern und Handwerkern zu verschmelzen schien, aus denen sie bestand. Le Mara wurde immer weniger sichtbar, je weiter Nazim ihm in die Menge hinein folgte, gelegentliche flüchtige Sichtungen zwischen den sich drängenden Körpern, Verwirrung, als er ihm nachdrängte, dann ein mächtiger Aufschrei der Menge, auf den hin Nazim aufsah und den Schreihals zwischen zwei brennenden Bannern erblickte, ein Höhepunkt, und Le Mara war aus der Sicht verschwunden.

Nazim drängte sich hierhin durch und dahin, aber sah nichts, bis er sich plötzlich nach dem Sprecher umblickte und Le Mara direkt vor dem Mann stehen sah. Er starrte ihn ausdruckslos an, und Nazim konnte nur zurückstarren, als Le Mara sich zu einem kleineren Mann hinabneigte, der neben ihm stand, und ihm etwas ins Ohr flüsterte. Es dämmerte Nazim, daß er hierhergeführt worden war. Er konnte sehen, wie das Geflüster die Menge durchkräuselte, wie eine Woge an Wucht gewann und sich schließlich in den Schrei «Spione! Indische Spione!» aufbäumte, und plötzlich wußte er, daß er sich in großer Gefahr befand.

Nazim zog den Hut in die Stirn und begann, sich einen Weg aus der Menge heraus freizuschubsen. Schon war ein Schlag geschlagen worden. Der Mann hinter ihm hatte sein Gesicht gesehen, als er sich umdrehte, und krallte nach seinen Schultern. Nazim fuhr herum, rammte dem Mann zwei Finger in die Augen und drehte sich wieder um, als der Mann schrie. Der Mob hatte sich gegen sich selbst gewendet. Ein Riese von einem Kerl drosch mit einer Planke ziellos um sich. Ein dünner junger Mann fiel fast auf ihn drauf und scharrte nach seiner Brille umher. Der Riese kam auf ihn zu. Nazim schnappte sich das Handgelenk des jungen Mannes und zerrte ihn vorwärts. «Der stirbt, verdammt noch mal, stirbt!» Ein Schrei an den Riesen gerichtet, der zögerte, verwirrt, lange genug für Nazim, zur Seite zu gleiten, seinen menschlichen Schutzschild fallen zu lassen und auf den freien Raum in der Straße zuzurennen. Le Mara war verschwunden, wieder verloren. Ein weiterer Fehler.

Er war die wenigen Meter bis zur Stonecutter Lane gegangen, die fast verlassen war: zwei Frauen mit Körben, ein Haufen Kinder und hinter ihnen entfernter noch zwei Gestalten, die alle in die andere Richtung blickten, als er rasch durch die Kohlenschütte glitt, und nur eine der beiden entfernten Gestalten sah sich um, als er in den verdunkelten Keller schloff, und Nazims letzter Anblick der Nachmittagssonne war ihre Rückspiegelung von etwas im Gesicht der Gestalt, von etwas, das eine Brille sein mußte.

Das neue Jahr kam, und von diesem Zwischenfall abgesehen war die Routine so trübselig wie zuvor. Le Maras Gebiet hatte sich verengt und konzentrierte sich auf die Straßen unterhalb der Chequer Alley östlich der Germey Row, hauptsächlich auf die Blue Anchor Lane. Der Meuchelmörder wartete und hielt Ausschau nach etwas oder jemandem, und da Nazim gezwungen war, das gleiche zu tun, begann er die lange Aufhäufung der Minuten und Stunden zu spüren, mit der der andere es aufnehmen würde, ein langsamer Aufbau auf eine abschließende Tat hin. Danach war er begierig, obwohl es nicht seine war, wartend und wachend.

Die Wochen vergingen. Mitte Januar glaubte Nazim, den Gegenstand von Le Maras Interesse zu kennen: einen kleinen Mann, weniger als fünf Fuß hoch. Er hatte ein Zimmer in der Blue Anchor Lane gemietet. Jeden Morgen brach der Mann vor sieben Uhr auf und kam etwa um die gleiche Stunde abends zurück. Wohin er ging oder was er in der Zwischenzeit tat, blieb für Nazim ein Geheimnis, vermutlich aber nicht, wie er annahm, für Le Mara. Vielleicht waren andere Agenten beauftragt, ihm während des Tages auf der Spur zu bleiben, doch erschien ihm die Anordnung reichlich locker. Und warum wartete Le Mara? Er hätte es jetzt beenden können, wenn er wollte. Er wartete also auf noch ein anderes Ereignis, irgend etwas mehr, irgendwas Verschiedenes, von dem Nazim nichts wußte.

Und so dauerte die Dreieckswache an; den kurzen Mann überwachte Le Mara, Le Mara überwachte Nazim. Kühle Abende und kalte Nächte, lange Tage voller Regen oder Sonnenschein, die Tage zogen einer nach dem anderen dahin, einförmig und ereignislos. Manchmal fand Nazim sich erschöpft, vom direkten Einschlupf in den Keller in der Stonecutter Lane abgeschnitten durch die Frühmorgenmenge, die die Straße zum Fleet Market verstopfte. Dann gewann er Zugang zum Haus durch den ungedeckten Hintereingang, wobei er eine Begegnung mit der Frau in Kauf nahm, die immer noch verstohlen in den Räumen oben hauste, allein jetzt, offenbar von ihrer Freundin verlassen.

Seine Nächte im Keller waren schweigende Empfänge wilderer Flüge und Einbildungen. Während dieser Stunden besuchte ihn seine Jagdbeute in Verkleidung: als der geflügelte Lemprière oder der Lemprière mit dem Geweih, der untermeerische oder der unterirdische Lemprière. Doch seine lebhaftesten Träume waren immer noch die von Bahadur, dessen Gesicht sich während der Stunden des gebrochenen Schlafes gegen das seine preßte. Wie ehe sie auf die rote Klippe gingen. Sie waren Silhouetten vor einem hohen blauen Himmel. Ihre Schatten fielen schwärzer als schwarz hinter ihren Rücken auf die Erde. Die Sonne brannte herab. Eigenartige gleitende Bewegungen der Maschine. Sie gingen weiter, bis das Gebüsch zu Füßen der Klippen zu den weißen Steinen wurde, an die er sich deutlicher erinnerte. Weiße Steine, und Bahadurs Hand um seinen Arm. Sie sprachen miteinander, und bald würden die Worte kommen, die er fürchtete, und dann, dann würden sie am Rand der Klippe vor und zurück schwanken. Er würde spüren, wie die Poren seiner Haut Schweißperlen herauspreßten, und er würde sehen, daß Bahadurs

347

Gesicht trocken ist. Vor und zurück, vor und zurück schwanken. Seine Augen zuckten unter den Lidern. Wie ein Pendel... *sich im Innern ändern*. Sein Gesicht war naß. Bahadur wurde zum Kind, zur Puppe, ein winziges strampelndes Ding, das seine Gliedmaßen wirbeln ließ und zu nichts schwand.

Die Frau war zurückgekommen, Karin. Die Spalten zwischen den Bodenbohlen gaben ihm einen Ritzenblick auf die Frau, ihr blaues Kleid war schmutziger und zerrissener als zuvor. Die Frau sang sich leise auf Französisch vor, ein Wiegenlied. Plötzlich wurde Nazim klar, daß er die Frau seit dem Verschwinden ihrer Gefährtin nicht mehr hatte essen sehen. Ihre Bewegungen in den Zimmern oben waren zögerlich und schwach. Sie verbrachte mehr und mehr Zeit im Haus. Eine Leiche würde Probleme schaffen; Tote erregen unvermeidlich mehr Aufmerksamkeit als Sterbende. Sie sprach zu sich in einem Akzent, der den Gossenjargon der Marktfrauen mit Babysprache mischte, und unter beidem der Tonfall von Paris.

«Wird mich nich verlassen? Wirrsiiee wirrsiiee wirrsiiee? Naajin...» Der Klang war ein einschmeichelndes Gemisch aus Halbworten und Halbsätzen. Es beruhigte Nazim, der langsam wieder in den Schlaf zurücktrieb, in dem ihn die Gesichter des Nawab und Bahadurs erwarteten. Hinter beiden stiegen langsam die Züge des Lemprière empor, um sich zu Chiffren seines Unwissens zu ordnen.

Antworten. Der nächste Morgen fand Nazim auf seinem Posten am Eingang der Blue Anchor Lane. Le Mara wartete hundert Meter weiter oder mehr straßauf, vierzig Meter jenseits der Tür, aus der bereits der kleine Mann aufgetaucht war, der jetzt munter von dannen schritt. Das Wetter war herrlich, der Himmel klar und trocken. Ein Nordostwind stieß böig die Straße herab.

Nazim hatte die Nacht von Träumen gequält verbracht und sich auf der kalten Erde des Kellers hin und her geworfen, und während des ganzen Tages kehrten ihre lebhaften Gesichter wieder und verfolgten ihn. Jeder, wirklich jeder konnte der Lemprière sein. Selbst der kleine Mann erregte, als er einige Stunden, nachdem die späte Januarsonne hinter die Dachfirste gesunken war, nach Hause zurückkehrte, in Nazim schweigende Grübeleien. Eine Frau, die ihr Kindchen an der Hand führte, starrte ihn neugierig an. Ein Arbeiter begegnete seinem Blick offen, ehe Nazim gezwungen war, wegzuschauen. Er blickte auf einen großen Mann, der weiter die Straße hinab auf ihn zukam. Nazim erkannte etwas in seinem Gang, dann sah er die silbernen Ränder seiner dicken Brille. Da erkannte er ihn aus dem Mob vor dem Gasthaus und schrumpfte an die Mauer, aber der junge Mann sah weder nach rechts noch nach links, als er in die Gasse einbog. Nazim beobachtete, wie er bis zu der Tür ging, durch die der kleine Mann nur Minuten vorher verschwunden war.

A B C. Lemprière schniefte. D. Er wischte sich die Nase und dachte dann daran, das gleiche mit seiner Brille zu machen. E. Er schniefte wieder. Lemprière empfand einen leichten Widerwillen gegen den Buchstaben E. Der Anblick, aber auch die Aussprache, die ihm irreführend erschien. Iii. Wie oft lautete E wie Iii? Sein launisches Verhalten schien eher einen neuen Vokal einzuschließen, ein «jar» oder «ar», ein «iih». Es war eine wahllos umherhurende, schwänzelnde irrationale Größe, die sich ständig mit den benachbarten Konsonanten mischte (dem R insbesondere), was Lemprières Bild von ihr als einer perfiden kleinen Hieroglyphe bekräftigte; E, iie, *ijarh*. Er blickte auf das Blatt vor sich und bemerkte, daß die linke Linse seiner Brille jetzt leicht mit Rotz verschmiert war. Er rieb sie erneut ab.

Die Seite erschien als sein Eintrag über *Euripos*, eine Meerenge zwischen der Insel Euboia (drei Seiten zurück) und der Küste von *Boiotien* (schon in dem Bündel bei Cadell). Das Hin und Her ihrer Strömungen war so unregelmäßig, daß es nicht erklärbar schien, was Aristoteles veranlaßte, sich selbst zur Klärung hineinzustürzen. Entweder war es während der ersten achtzehn Tage (oder einigen zufolge neunzehn) regelmäßig und wurde dann unregelmäßig, oder aber es war jeden Tag gleich, veränderte aber während dieser Zeit vierzehn Mal die Richtung. Daher *euripio mobilior*. «Ich wandle mich nach der Art der euripinischen Meerenge», will sagen «bin launisch», woran Lemprière sich aus Ciceros Briefen an Atticus erinnert hatte. «John Lemprière. Dreiundzwanzigster Tag des Januar, 1788» schrieb er an den Fuß der Eintragung.

Das oberste Blatt eines dünnen Papierstapels daneben erhob sich und glitt und schaukelte zu Boden, als ein scharfer Windstoß den Ritz im Fensterrahmen fand. Septimus war vor zwei Tagen vorbeigekommen, um die abgeschlossenen Eintragungen einzusammeln, voller Auftrieb durch Cadells Loblieder auf die bisher geleistete Arbeit. Die übermittelte er Lemprière und ermutigte ihn, jetzt das E wieder mit jener Begeisterung anzugehen, die inzwischen fast verflogen war. Der Rock wurde nicht erwähnt. Lemprière hatte Septimus von seiner Begegnung mit der Witwe und den Professoren erzählt, die bei ihr wohnten. Er hatte sich in einen langen Bericht über die Wale, geheime unterseeische Durchfahrten und Kapitän Neagles Verschwinden gestürzt, bis Septimus offensichtlich gelangweilt wurde und mit dem Bündel Papier unterm Arm gegangen war. Später hatte es geregnet.

Jetzt legte Lemprière das verirrte Blatt auf den Stapel zurück und überschattete den Eintrag über *Empedokles*. Die ungewöhnliche Geschichte der Witwe war beim Wiedererzählen nicht weniger unwahrscheinlich geworden, die Wale vor allem, aber auch das sonderbare vollständige Verschwinden von Kapitän Neagle, seinem Schiff und der ganzen Besatzung. Empedokles hatte, dem Tode nahe und in dem Wunsch, als Gott angesehen zu werden, sich selbst in Luft aufgelöst, indem er sich in die Gluten des Ätna schleuderte. Kapitän Neagles Verschwinden hatte nach Lemprières Meinung einiges davon an sich. Er war sicherlich verschwunden, aber wohin?

Empedokles war nach seinem Tode entdeckt worden, durch eine verschmorte Sandale, die aus dem Krater des Vulkans emporgeschleudert worden war. Lemprière stellte sich einige der Ausrüstungsstücke von Kapitän Neagle und ihre Schicksale vor: eine an den Strand von Arakan angeschwemmte Mütze, Stiefel, die zwischen dem Mittelmeer und dem Roten Meer dahinsegelten, ein gestreiftes wollenes Unterhemd, das ziellos in der Themse trieb. Der Wind stieß als Bö erneut zu und ließ die Dachpfannen rattern. Verwesende Hosen, die aus dem Bauch eines Wales geschnitten wurden.

Die Witwe war dem toten Mann ergeben. Vielleicht *hatte* die Gesellschaft sein Verschwinden verursacht, aber trotz ihres Zorns war es Schuld und nicht Wiedergutmachung, die sie vorantrieb. Die Erinnerung an seinen eigenen Vater lauerte nahe bei diesen Gedanken und näherte sich und wich mit ihren Ebben und Fluten zurück, und kleine Wellen schlugen an den Rand des Teiches. Und Peppard! Der kleine Mann hatte in Lemprières Sicht fast als Witzfigur zu leben begonnen, wie er da kleinlaut herumschlurfte, während die Witwe Skewer mit ihrem Schuh angriff. Aber Peppard war dann derjenige gewesen, der in dem frostigen Zimmer in der Blue Anchor Lane die Vereinbarung entziffert hatte. Er, Lemprière, hatte nicht einmal das erste Wort verstanden. Dann erinnerte er sich jener peinlichen Augenblicke jener Nacht, in denen der Mann, der möglicherweise der

Liebhaber der Witwe gewesen war, hinter dem zerbrochenen Äußeren des in Ungnade gefallenen Rechtsanwalts, des niedrigen Schreibers, flüchtig sichtbar wurde, ein verlorener Bauer in dem Spiel, das
die Witwe und ihr Mann mit der Gesellschaft gespielt hatten.

Er wandte sich der Seite vor ihm zu und hob erneut die Feder.
Peppard hatte seine Verbindung mit der Witwe verhohlen, und dann
war da die Sache mit der Vereinbarung. Weit hergeholt oder nicht,
die Überlegung, daß er vielleicht der Erbe eines solchen Vermögens
sei, hätte wenigstens erwähnt werden müssen. Lemprière erinnerte
sich, wie die Wut der Witwe in Skewers Büro plötzlich verebbt war,
Folge ihrer Fassung. Das war nicht für Septimus oder für ihn geschehen. Das war für Peppard geschehen. Es gab da um Peppard und die
Witwe mehr, als dem Auge sichtbar wurde, und dennoch waren seine
Verdächte spekulative, freischwebende Dinge; eher aus Neubegier
denn aus Angst entsprungen. Ihre Komplizenschaft war zu ver-
schämt.

Lemprière erwog das Wort, das er hinschreiben wollte, wiederum
Euripus, ein Grieche. Seine Feder schwebte über dem Papier, dann
siegte seine Neugier. Er stand auf, legte seinen rosa Rock an und
überließ Euripus sich selbst.

Peppard lag unter seinem Bett, als es an die Tür klopfte. Er las. Sein
Kopf kam zu plötzlich hoch und stieß mit dem Gitterwerk aus
starkem Draht zusammen, das der Matratze, die es hielt, einen
letzten Hauch von Federung gab. Zwischen das Drahtnetz und die
Matratze geklemmt drückte sich das Blatt, sein jüngster Lesestoff,
durch die Lücken. Da es dort während der letzten zwanzig Jahre
eingesperrt und vom Gewicht der Matratze und Peppards leichtem,
aber berechenbarem Gewicht während seiner Wälzbewegungen oben
belastet worden war, hatten diese schwachen Bewegungen den Draht
das einst weiche, aber zunehmend spröde Papier durchscheuern
machen, so, daß er das Papier jetzt nur mehr an seinen feinen Fasern
hielt.

«John!»

«George!» Brüderliches Handschütteln ward zwischen den beiden
getauscht, ehe sie darangingen, über die drei Monate zu reden, die
seit ihrem letzten Treffen vergangen waren. Während sie redeten,
verbarg Peppard seine Unruhe. Seine jüngsten Verdächte bezogen
sich auf Gestalten, die hinter seinem Rücken lauerten, unsichtbar
zunächst, dann aber zwei verschiedene Gesichter in der Straße,
bisher von ihm nicht zur Kenntnis genommen, aber dennoch da

draußen, und sie wanden sich um ihn wie die Tentakel der Gesellschaft, wachend und wartend ... Worauf?

Seinerseits erwähnte Lemprière den Mord beim Haus der de Veres nicht, und vielleicht war dieses gegenseitige Ausweichen für die Überherzlichkeit während der ersten Minuten ihres Beisammenseins verantwortlich. Peppards frühere Erklärung geriet unter hintersinnige Attacke, als Lemprière über sein Zusammentreffen mit dem unseligen Kapitän Guardian und seine Begegnung mit Alice de Vere berichtete. Er betonte ihre Überspanntheit, umschlich aber nichtsdestoweniger die früheren Auslassungen des kleinen Mannes in der Art eines sondierenden Belagerers, der seine Beute nicht beschädigen möchte. Lemprière versuchte, zwischen Klatsch und Tee abstruse Rechtsfragen aufzuwerfen, bis nach vielerlei Umschweifen Peppard den Stier bei den Hörnern packte.

«Sie wollen also wissen, ob es möglich ist, daß Ihnen ein Neuntel der Gesellschaft gehört», sagte er. «Und wenn ja, warum ich es Ihnen nicht gesagt habe. Ist das so?» Lemprière errötete und sagte, so sei es. Peppard setzte sich fester in seinem Stuhl zurecht. «Tun Sie nicht», sagte er. «Womit beide Fragen beantwortet sind. Ich weiß, daß die Vereinbarung für unbegrenzte Zeit abgeschlossen wurde, also für immer, aber das geschah zwischen Personen. Für immer bedeutet in diesem Fall für die Dauer ihres Lebens. Und deshalb sind Sie in streng legalem Sinn nicht der Besitzer des in der Vereinbarung festgesetzten Anteils.»

«Und außerhalb des Legalen?» drängte Lemprière.

«Ich bin Rechtsanwalt», sagte Peppard, «oder war es. Ich kann ausschließlich innerhalb der Gesetze Rat geben, aber ich will Ihnen dieses sagen. Wenn Ihre Vereinbarung noch irgendeinen Wert hat, dann weil sie von Dingen spricht, über die die Gesellschaft nicht gesprochen haben will. Nicht die Vereinbarung, John, die Geschichte dahinter. Das ist ihr Wert und ihre Gefahr.»

«Und was ist die Geschichte?» fragte Lemprière und lehnte sich eifrig vor.

«Wie in aller Welt sollte ich das wissen?» Peppard lachte, unterdrückte es dann aber, und sein Ausdruck veränderte sich. «Hören Sie mir mal zu. Wenn diese Männer, diese Einleger, von denen die Vereinbarung spricht, immer noch die Gesellschaft leiten, dann haben sie für fast zwei Jahrhunderte überlebt. Gefährlich, solche Männer als Gegner zu haben. Und wenn Sie ihnen nachrennen und mit Ihrem Stückchen Papier wedeln und den Anteil Ihrer Familie fordern, dann werden sie sich verteidigen, und Sie werden als Erpresser dastehen. Innerhalb des Gesetzes natürlich. Als Erpresser gebrandmarkt zu sein ist eine böse Sache, aber sich allein gegen die Gesellschaft zu stellen ist Wahnsinn, wie wir beide wissen. Ich aus Erfahrung, und Sie, John, aus meinem Beispiel.» Lemprière blickte schuldbewußt auf und fühlte sich plötzlich beschämt, daß er die Einzelheiten vom Sturz des kleinen Mannes kannte.

«Ist es nicht so?» fragte Peppard. Lemprière nickte. «Annabel, die Witwe Neagle, hat das Büro besucht. Sie hat mir erzählt, daß Sie beide miteinander gesprochen haben.»

«Ich habe nicht gefragt . . .», begann Lemprière.

«Ich weiß», sagte Peppard. «Aber es ist besser, daß Sie es wissen. Eine warnende Erzählung.» Er lächelte.

«Ich weiß nur, daß es etwas mit Versicherungen zu tun hat», sagte Lemprière.

«Seeversicherungen», fügte Peppard hinzu. «Doch begann die Geschichte schon ein bißchen früher, mit den Walen . . .» Er sprach weiter und umriß Kapitän Neagles Entdeckung im Mittelmeer genau so, wie die Witwe sie erzählt hatte, nur erschien sie jetzt noch phantastischer als zuvor.

«Eine geheime Segelroute aus dem Mittelmeer nach Indien und ein Monopol auf eine solche Route würden in der Tat eine Entdeckung gewesen sein», sagte Peppard. «Alan Neagle wäre in die Geschichte eingegangen. In gewisser Weise tat er das ja auch. Und der Anwalt, der die Gesellschaft vor Gericht geschlagen hätte, denn sie würde das natürlich bis zum Letzten ausgekämpft haben, glauben Sie mir das, dieser Rechtsanwalt wäre ebenso in sie eingegangen. Damals war ich jung und voller Ehrgeiz; ein großer Fall würde mir alles gesichert haben, was ich mir wünschte. Alan Neagle hatte alle seine Notizen und Anweisungen versiegelt und bereits Segel gesetzt. Seine Frau sollte einen Anwalt beauftragen. Der Fall war ein Spiel, aber viele würden ihn übernommen haben. Ich hatte schon lange von ihm gehört, bevor sie zu mir kam. Und ich hörte, wie die Gesellschaft die Leute warnte, bestach, bedrohte, Gewalt oder Belohnung anbot. Eine alte Geschichte. Auch mich hat man aufgesucht und mir eine Sinekure in der Leadenhall Street angeboten; ich warf den Schuft raus.» Lemprière sah, wie Zorn über das Gesicht des kleinen Mannes flammte. «Als die Witwe zu mir kam, war ich bereit, allein deswegen den Fall zu übernehmen, aber je mehr sie mir erzählte, desto hoffnungsloser erschien er mir.»

«Aber Sie haben diesen Fall übernommen», sagte Lemprière.

«Sie wußte, daß ich das tun würde, sie brauchte nur zu fragen... Ein altes Versprechen.» Peppards Stimme wehte über den Tisch. «Ich war Annabels Verehrer, wissen Sie, vor Alan Neagle. Zu mir kam sie zuallerletzt, habe ich das schon gesagt? Es war Verzweiflung. Das wußte ich gut genug, und sie bot an... Nun ja, ich habe den Fall übernommen. Darum geht es. Warum spielt keine Rolle.» Peppard schluckte seinen Tee. «Jedenfalls ließ sie Kapitän Neagles Papiere bei mir. Sie waren versiegelt, und sie selbst hatte sie noch nicht gesehen.»

«Beweismaterial, über die Wale», vermutete Lemprière.

«Endgültige Beweise, hieb- und stichfest, könnten Sie sagen. Ich öffnete in jener Nacht das Päckchen und las Alan Neagles Bericht über die Ereignisse im Mittelmeer zunächst in Verwirrung, dann in Erstaunen. Das Schiff war durch Sturm vom Kurs abgetrieben worden, wie man behauptet hatte, und die Mannschaft hatte die Beweise mit ihren eigenen Augen gesehen. Was sie entdeckt hatten, war Stück für Stück eben die große Offenbarung, die Neagle behauptet hatte.»

«Beweise für die Wale?» Lemprière wurde ungeduldig.

«Es gab keine Wale», erwiderte Peppard. «Nicht damals, niemals. Diese ganze Geschichte war blanker Blödsinn. Was Alan an jenem Tag entdeckt hatte, war ein Schiff, ein Schiff, das niemals dort hätte sein sollen. Ein Schiff, das er niemals hätte sehen sollen.»

Draußen erstarben langsam die frühen Windböen. Die geschichtete Luft ließ sich ruhig über der Stadt nieder. Weit darüber rollte lautlos das Sternenwerk ab, während alle Bemühungen darunter auf der himmlischen Maschinerie schaukelten und ihre Kräfte ausbalancierten, für den Augenblick.

Nazim wartete in der Kälte. Le Mara stand weiter die Straße hinab auf seinem Posten. Zwischen ihnen befand sich der Gegenstand ihrer geduldigen Aufmerksamkeit. Nazim zitterte und zog sich die Krempe seines Hutes tiefer über die Augen. Le Mara wartete. Seine Augen bewegten sich rasch, durchschweiften die Straße nach rechts und links, kontrollierten und kontrollierten wieder. Wartete.

«Als der Sturm abflaute, fanden Neagle und seine Mannschaft sich in der See von Alboran treibend, wie er es seiner Frau erzählt hatte, aber was sie sahen war ein Schiff. Nicht außergewöhnlich, und die Mannschaft widmete ihm größtenteils auch kaum Aufmerksamkeit. Es lag weniger als eine Seemeile entfernt auf Backbord, ein Dreimaster. Mehr noch, ein Indienfahrer.»

«Ein Indienfahrer? Also gab es eine Durchfahrt zum Mittelmeer!»

«Wer weiß? Es konnte sich da aus einer Menge von Gründen befinden. Der kritische Punkt ist nicht so sehr, warum es sich da befand, sondern daß es sich überhaupt da befand. Sehen Sie, Alan Neagle erkannte das Schiff. Es war die *Sophie*, auch wenn sie damals nicht unter diesem Namen lief.»

«Also war sie umgetauft worden», sagte Lemprière.

«Umgetauft, ja. Und nach Neagles Notizen auch neu ausgestattet. Aber am wichtigsten ist, daß sie als gesunken gemeldet war, mit allen Mann verloren. Und das war über zwanzig Jahre zuvor gewesen. Sie hätte auf dem Meeresboden verfaulen müssen, aber hier war sie und pflügte im Küstenhandel zwei Jahrzehnte später durch das Mittelmeer.»

«Also ein Versicherungsbetrug», sagte Lemprière, der sich an die Worte der Witwe erinnerte und an die noch früheren von Septimus.

«Das war Neagles Vermutung; nicht fürs Schiff, aber für die Ladung. Die Gesellschaft baut keine eigenen Schiffe. Es gibt Pachtverträge mit den Werften, aber das ist sehr kompliziert. Die Ladung hingegen ist vollständig ihr Eigentum, ein Versicherungsanspruch ist eindeutig und weniger genau zu bestimmen. ‹Tausend Ballen Stoff› können zu ‹Tausend Ballen Seide› werden, ‹farbige Steine› zu ‹Amethysten› und so weiter. Und das Schiff könnte ebenfalls verkauft werden. Das würde sich schon ganz hübsch summieren, nehme ich an.»

«Aber Sie sind nicht überzeugt?»

«Als ich in jener Nacht Neagles Bericht las, fiel mir auf, daß die fraglichen Summen tatsächlich ziemlich klein waren im Vergleich zum Risiko. Ein paar Tausend, nicht mehr, und dafür ein saftiger Skandal in Sicht, wenn es herauskäme. Nun sind Risiko und Profit zwei Dinge, die die Gesellschaft sehr genau abwägt. Ich kam zu der Überzeugung, daß sie das Schiff für andere Zwecke brauchte. Warum schließlich *war* es da?»

«Aber sie hätten sich doch einfach ein Schiff kaufen können.»

«Sicherlich, aber wenn es dann ohne sichtbaren Grund verschwände, würden Fragen folgen. Sie müssen versucht haben, das zu vermeiden. Also, etwas im geheimen und die Mittel, es zu tun.»

«Was?» fragte Lemprière.

«Ich habe keine Vorstellung», sagte Peppard. «Als ich in jener Nacht Neagles wirkliche Absichten herausfand, konnte ich den Fall nicht länger übernehmen. Es war Erpressung, durch ein oder zwei feierliche Vereinbarungen und eine Menge feiner gesetzlicher Prosa aufgeputzt, aber trotzdem Erpressung. Das sollte meine Aufgabe sein. Annabel wußte nichts davon, oder fast nichts. Sie glaubte an die Lügen ihres Mannes über die Wale, und tut es immer noch. Ich entschloß mich, daß ich nichts mit der ganzen Geschichte zu tun haben wollte, packte die Beweise zusammen, wie Kapitän Neagle sie genannt hatte, und ging am nächsten Morgen zu ihr. Ich wollte den Fall nicht übernehmen.»

«Aber Sie haben den Fall übernommen.» Lemprière konnte mit Peppards Schwankungen kaum Schritt halten.

«Ja, ja, ich tat es. Da gibt es noch mehr, als ich . . . Das ist eine lange Geschichte, aber der Punkt ist, daß ich Annabels Verehrer gewesen war, vor Neagle, verstehen Sie? Und ich war verliebt.» Peppard schluckte. «Aber Annabel hatte ihre Wahl getroffen, den Kapitän. Ich wußte, daß die Entscheidung sie mehr geschmerzt hat, als sie mich je erkennen ließ. An jenem Tag aber, als ich ihr die Papiere zurückbrachte, sind wir . . .» Peppard blickte weg. «Es war uns beiden klar, erschreckend klar, daß Annabel die falsche Wahl getroffen hatte. Sie hätte mich heiraten sollen, nicht Alan Neagle. Keiner von uns hat das ausgesprochen, aber später hat sie mir geschrieben und mir von ihren Gefühlen an jenem Tag erzählt. Sie waren wie ich vermutet hatte, und meine waren ebenso stark. Wir waren immer noch jung, es war immer noch Zeit. Aber der Betrug verletzte sie, der Betrug an Alan Neagle. Deswegen habe ich den Fall schließlich wohl übernommen. Wir wußten, was wir taten. Vielleicht glaubten wir, daß wir Alan etwas geben müßten. Wie es sich herausstellte, haben wir Alan alles gegeben und blieben beide mit nichts zurück, nicht einmal miteinander. Der Prozeß begann, und von Anfang an wußte ich, daß er eine Katastrophe war. Wale . . . man lachte mich aus. Die Gesellschaft focht zunächst verhalten. Unsere eigenen Motive wurden untersucht, und aus ihnen wurde alles, was sich die Gesellschaft nur wünschte. Annabel kümmerte es kaum. Wenn wir es nur versucht hatten, war das genug. Doch dann erreichten uns die Nachrichten vom Untergang des Schiffes, und da begriff ich, warum die Gesellschaft es mit ihren Angriffen gegen mich so langsam hatte angehen lassen. Sie hatten auf freie Hand gewartet, und Neagles Tod gab sie ihnen. Ohne sein Zeugnis war der Fall eine Farce. Da begannen sie, mich mit Anklagen zu überziehen.»

«Mit welchen denn?» fragte Lemprière.

«Alles und jedes, alles, was sie sich ausdenken konnten. Es spielte kaum eine Rolle. Wirf genügend Dreck, und etwas wird schon kleben bleiben. Ich behielt die Nerven, bis sie begannen Annabel hineinzuziehen, eine Witwe der Gesellschaft, bedenken Sie, und da beging ich meinen Fehler.»

«Neagles wirkliche Beweise . . .»

«Das Schiff, der Versicherungsbetrug, ja. Ich wollte die Angelegenheit nur noch zu einem Ende bringen. Ich wollte nichts mehr von ihnen. Im Gegenzug dafür mein Schweigen. Aber es war Erpressung, ich hatte keine wirklichen Beweise, und sie wußten das. Es war einfach für sie. Ein Treffen wurde arrangiert, Zeugen wurden versteckt gehalten. Jedes meiner Worte wurde niedergeschrieben, während ich redete, und am Ende wurde mir die Niederschrift vorgehalten. Sie war sehr eindeutig. Falls ich jemals ein Wort über die Angelegenheit verlieren sollte, würde man mich anklagen und verurteilen lassen, oder Schlimmeres. In der Zwischenzeit, forderte man mich auf, sollte ich nie mehr als Anwalt praktizieren. Ich war ein Erpresser, und jeder, der mir hätte helfen können, wurde an diese Tatsache erinnert. Die Schande hängt immer noch über mir. Ein Erpresser. Und für Annabel war Alan Neagle der Mann, der sein Leben für sie geopfert hatte. Sie liebte ihn nicht, aber im Tode war er zwischen uns da, als hätten wir auf seinem Leichnam beisammenliegen müssen. Wir haben alles verloren, selbst einander.»

«Und die Schiffe?»

«Von keinem der beiden hat man je wieder etwas gehört, und dabei hätte schon eines von ihnen mich entlasten können. Mir geht es nicht länger um meinen guten Namen, aber Annabel und ich . . .» Peppards Stimme trieb erneut ab in die Regionen dessen, was hätte sein können, wohin ihm Lemprière kaum folgen konnte, den die Frage beschäftigte, was noch kommen mochte.

«Sie haben Familie?« fragte Lemprière, um das Thema zu wechseln.

«Kaum», schnaubte Peppard verächtlich. Lemprière griff in die Tasche seines Rocks und brachte das Messingetui mit der Miniatur seiner Mutter hervor. «Marianne Lemprière.» Peppard las die Inschrift laut. «Sie ist sehr schön.»

«Heute sieht sie etwas älter aus», sagte Lemprière. Er ließ die

Miniatur offen auf dem Tisch liegen, wo sie Peppard langsam wieder in die Diskussion zu ziehen schien.

«Aber Sie könnten es doch, Schande hin oder her, besser treffen als bei Skewer, oder nicht?» Peppards Wahl des Arbeitsplatzes war Lemprière ein Rätsel. Skewer war das Hassenswerte in Person, und für Peppard auch, vermutete er.

»Ja, ja, ich nehme an. Aber da gibt es Entschädigungen.» Die Wahrheit begann Lemprière zu dämmern, daß die Tiefe der Sehnsüchte des kleinen Mannes sich noch tiefer erstrecke, als er zuvor vermutet hatte.

«Sie bleiben da um der Witwe willen», sagte er. Peppard nickte nur.

«Sie wissen, daß Sie ihr immer noch viel bedeuten. Deshalb ihre Besuche.»

«Ich glaube kaum, daß das so ist.»

«Es *ist* so», Lemprière verdoppelte den Nachdruck. «Wenn Sie beide nach allem immer noch so empfinden wie früher...»

«‹Nach allem›», wog Peppard die Formulierung ab. «Zu viel ‹nach› und zu viel ‹alles›», sagte er. «Meine Hoffnungen sind noch tiefer versunken als die *Falmouth*. Neagle verrottet in seiner Kabine und ich leiste ihm Gesellschaft... John? Sie könnten meinen Weitschweifigkeiten wenigstens zuhören...»

Aber Lemprière hörte nicht zu. Er sah Peppard über den Tisch hin an, seine Augen unmittelbar in denen des anderen, aber auf einen Punkt irgendwo weit hinter ihm konzentriert, ein anderes Zimmer, ein anderes Gesicht, und vor allem eines anderen Hand. Kapitän Guardians Worte klangen aus jener Nacht bei den de Veres zu Lemprière herüber, als Peppard Neagles Schiff nannte, die *Falmouth*, und der Name war da, in die Handfläche des Kapitäns geschnitten, und Guardians Schock der Erkenntnis wurde im Zimmer in der Blue Anchor Lane zu Lemprières Schock. Die *Falmouth*, «*seit zwanzig Jahren verloren, und jetzt ist sie wieder hier*», waren die Worte gewesen, als er zu sich kam, in den Trümmern von was? Einer Trittleiter!

«Sie ist hier», sagte Lemprière langsam. Seine Augen fanden Peppards Gesicht wieder. «Die *Falmouth*, sie ist hier, in London.» Und noch mehr fiel ihm aus jenem früheren Treffen ein.

«Die *Falmouth*?» Peppards Mund öffnete und schloß sich.

«Nein.» Lemprière zermarterte sein Gehirn. «Sie ist umgetauft worden wie das Schiff, das Neagle gesehen hat. Sie heißt jetzt...» Er griff nach dem Namen. «Sie heißt jetzt, glaube ich, heißt jetzt

Vendragon.» Er sprudelte den Namen heraus. «Sie hatten recht, George. Sie haben dasselbe noch einmal gemacht. Nur ist ihr Schiff jetzt nicht im Mittelmeer. Es ist hier, liegt in London vor Anker!»

Peppard starrte Lemprière an, und als er sprach, kamen seine Worte gemessen. «Diesmal wird es keine Fehler geben», sagte er. Er hielt inne und dachte nach. «Ich werde die Beweise geduldig sammeln, ich werde beobachten, warten. Wir werden die Logbücher des Schiffes brauchen, alles,»

«Aber wie können wir . . .»

«Es gibt jemanden, der mir eine sehr große Gunst schuldet, eine sehr große Wiedergutmachung. Er wird helfen.»

«Wer?» fragte Lemprière, aber Peppard war schon aus seinem Stuhl hoch, zur Tür hinaus.

«Ich werde ihm noch in dieser Minute Nachricht senden», hörte er Peppard von der Vordertür aus rufen. Nach einer Minute oder so kam er mit einem braunhaarigen Jungen zurück, den er mit der Überbringung der Botschaft beauftragt hatte. Lemprière sah zu, wie Peppard ein paar Zeilen hinwarf.

«Weißt du, wo das ist?» fragte er den Jungen. Der Junge nickte und ward entsandt. Peppard kritzelte ein paar weitere Zeilen. «Das Wann und Wo», sagte er. «Wenn Sie kommen könnten, wäre das eine große Hilfe. Es wird nicht leicht sein, meinen Freund zu überzeugen.» Lemprière faltete die Nachricht in seine Tasche.

«Aber wen treffen wir denn?» fragte er wieder.

«Jemanden, den ich seit über zwanzig Jahren nicht mehr gesehen habe, aber Sie werden ja sehen.»

«Sie könnten ihn nicht wiedererkennen», bohrte Lemprière.

«Oh, ich glaube, ich werde», erwiderte Peppard mit einem breiten Lächeln. Aber er ließ sich nicht weiter über die Identität des Mannes ausholen. Sie redeten weiter, und schon konnte Lemprière sehen, daß Peppard an die Witwe dachte.

«Sie hätten ihr von Neagles Lüge, den Walen und so, berichten können», wagte er sich vor.

«Um mich bei ihr einzuschmeicheln?» zog Peppard die Folgerung.

«Schließlich hat er also doch recht gehabt», sagte Lemprière und schlug einen anderen Weg ein.

«Mmm.»

Peppard fläzte sich in seinem Stuhl, das Bild der Zufriedenheit.

«Nein! Keineswegs!» platzte er heraus. «Ich glaube nicht, daß die Angelegenheit irgendwas mit Ladungen oder Versicherungen zu tun hat. Es ist das Schiff, das sie brauchen. Das ist so offenkundig. Ich wette mit Ihnen, daß die *Sophie* ebenso spurlos verschwunden ist wie die *Falmouth* oder die *Vendragon*, oder welchen Namen Sie vorziehen. Sie benutzen das Schiff für irgendwas, für irgendeinen Zweck, der mit der Gesellschaft in Beziehung stehen muß, und sie haben das seit mindestens zwei Jahrzehnten getan, vielleicht auch schon viel länger. Wofür benutzen sie das Schiff?»

«Kapitän Guardian sagte, das Schiff liege bei seinem Haus vor Anker. Wir könnten einfach hingehen und nachsehen, obwohl ich sein Haus nicht kenne . . .»

«Wir könnten es finden», sagte Peppard. «Aber darüber wollen wir in einer Woche ausführlicher reden.» Lemprière nickte seine Zustimmung. Es war spät, und die Aufregung hatte ihn erschöpft, ohne daß er das gemerkt hatte. Peppard erschien genauso angeregt wie zuvor. Er stand auf, um zu gehen, und strich sich den Gehrock glatt. Peppard stand ebenfalls auf, sein Gesicht wurde nachdenklich.

«Tut mir leid, daß ich Ihnen mit Ihrer Vereinbarung nicht behilflich sein konnte», sagte er.

«Oh, spielt keine Rolle.» Lemprière wischte es leichthin beiseite, dann sah er Peppard genauer an. «Was? Worum geht es?» fragte er.

«Wahrscheinlich um nichts», sagte Peppard. Lemprière wartete. «Es ist nur . . . Seit der Verhandlung habe ich eine Bedrohung, eine sehr leichte Bedrohung für die Gesellschaft dargestellt, was ich weiß, verstehen Sie? Über die Jahre hin hat es eine ganze Reihe von Skandalen und Krisen und Angriffen auf die Gesellschaft gegeben. Der Punkt ist, daß sie mich nicht vergessen haben. In Zeiten, die für die Gesellschaft schwierig waren, bin ich überwacht worden. Deshalb bin ich gerannt und habe mich versteckt in jener Nacht, in der wir uns getroffen haben.»

«Überwacht? Von wem?»

«Von den Agenten der Gesellschaft. Eine Vorsichtsmaßnahme, nehme ich an.» Lemprière begriff. «Es macht Ihnen Sorge, daß man versuchen könnte, Sie wegen des Schiffes zum Schweigen zu bringen. Keine Angst», beruhigte er den kleinen Mann. «Meine Lippen sind versiegelt. Kein Wort.» Er grinste.

«Nein, niemand kann von dem Schiff wissen. Nur wir beide sind da eingeweiht. Es geht um Ihre Vereinbarung, John. Wissen Sie, ich glaube, daß ich während der letzten Wochen wieder verfolgt worden bin. Ich bin zwar noch nicht sicher . . .»

«Von wem verfolgt?»

«Da gibt es zwei; einem bin ich schon früher begegnet, der andere ist neu. Er trägt einen eigenartigen Hut.» Peppard streckte die Arme aus. «Sehr weitkrempig. Doch ich kann mich auch irren.»

«Aber die Gesellschaft steckt doch jetzt in keiner Krise? Warum sollte man Sie also überwachen?»

«Nichts, was bisher bekannt ist. Es sei denn . . .»

«Es sei denn was?» Peppard zögerte einen Augenblick.

«Es sei denn, die Krise sind Sie.»

«Ich?»

«Die Vereinbarung, John. Skewer weiß, Annabel, Alice de Vere, deren Sohn, ich, wer sonst noch?»

«Septimus.»

«Natürlich. Und Sie selbst. Sieben Leute können kein Geheimnis wahren. Ich kann zwar den Wert des Dingens nicht erkennen, aber es wirft unangenehme Fragen auf, John. Die Antworten könnten alle unsere Spekulationen übertreffen. Aber andererseits könnte ich mich auch irren. Ich will nur das sagen: Wenn sie mich überwachen, dann wissen sie auch von Ihnen. Dann habe ich sie zu Ihnen geführt. Seien Sie vorsichtig, John.» – «Werde ich», versicherte Lemprière ihm. «Bis nächste Woche dann.» – «Bis nächste Woche!» Peppard grüßte ihn, und Lemprière polterte die Treppe hinab.

Auf der Straße blickte er sich in versuchsweisem Verdacht um. Der böige Wind hatte sich sehr zu seiner Erleichterung gelegt. Daß die Gesellschaft wegen seiner Vereinbarung, einem bloßen Stückchen Papier, in Aufruhr versetzt sei, schien zu unwahrscheinlich. Er grub seine Hände gegen die Kälte in seine Hüfttaschen und bewegte die Finger. Die Straße war verlassen, als Lemprière schnell auf die Golden Lane zuging. Seine Hände ballten und entspannten sich in den Taschen seines Rocks. Sie waren leer. Er blieb stocksteif stehen. Er klopfte die anderen Taschen ab. Nichts. Er blickte die Straße zurück zu Peppards Haus, wo er, wie er sich jetzt erinnerte, die Miniatur seiner Mutter offen auf dem Tisch hatte liegen lassen.

Hochzeitsglocken, die vor zwei Jahrzehnten hätten läuten sollen, aber es nicht getan hatten, läuteten jetzt für Peppard. Die Zukunft tauchte auf, weiträumig und feststehend: ein ephesischer Tempel aus Säulen, die Könige errichteten und die die Zeichen seiner lange genährten Liebe eingeschnitten trugen. Heil Lemprière, Ktesiphon seiner neuen Hoffnungen. Er war in Hochstimmung. Eine Treppe von zwanzig Metern Höhe, die aus einem einzigen Weinstock geschnitten war, durchstach das tröpfelnde Dach seiner Sehnsüchte und ließ den Strom der Jahre aus dem Himmel darüber abfließen. Die Jahrzehnte waren Augenblicke, und die Augenblicke waren Stäubchen, die langsam in dem fernen Sonnenlicht eines Landes kreisten, das er schon vor Jahren verlassen hatte. Sein Schiff, er lachte leise vor sich hin, war endlich in den Hafen eingelaufen. Vom Tisch her beobachteten Mariannes gemalte Augen ihn, wie er sich sorglos in seinem Stuhl räkelte.

«Annabel», sagte Peppard zu sich selbst, und dann «Lemprière», als er die Miniatur bemerkte. Sein Freund war noch keine zwei Minuten gegangen. Peppard stand auf und ergriff die Miniatur, da er daran dachte, hinter dem Eigentümer herzurennen. Aber als er zur Tür ging, hörte er leise Schritte draußen auf der Treppe. Die Mühe war ihm erspart worden. Ein Klopfen ertönte. «John!» rief George Peppard. Er zog den Riegel zurück und öffnete die Tür.

Zwei Schatten waren aufgetaucht, als die Tür zum Haus in der Blue Anchor Lane sich geschlossen hatte. Nazim lauerte auf seinem Posten etwa zwanzig Meter von dem Eingang entfernt, durch den der bebrillte Jüngling verschwunden war. Etwa zwanzig weitere Meter jenseits der Tür empfand er die Störung von Schatten, die Le Mara waren. Eine Stunde trödelte vorüber, und der frühere Strom von Menschen verebbte zu einem Getröpfel von Seelen, die einzeln oder in Paaren zu obskuren Zielen vorüberwanderten. Die Straße war leer, abgesehen von einer kleinen Bande Kinder, deren Anwesenheit weiter straßauf ihn zu Wachsamkeit anstachelte. Nazim erinnerte sich des früheren Zusammenstoßes, an das Geräusch, das die Nase des Jungen gemacht hatte, als ihr Knorpel gegen seine Hand knirschte. Sie schrien und rannten herum, sechs oder sieben. Als ihr lärmiges Spiel weiterging, erschien es Nazim, als seien sie Teil einer belebteren und bewegteren Szene. Aber von ihnen abgesehen war die Straße tot.

Der Nordost stieß in Böen, erstarb dann aber mit den verstreichenden Minuten. Abgesehen von dem dünnen Geschrei der Kinder und den Bewegungen Le Maras, die sich Nazim auf seinem Posten einbildete, war der freudlose Frieden ungestört. Sein Gegenspieler ging ungesehen und ungehört, ein dunkles Flattern von Verdächten.

Weiter die Straße hinauf öffnete sich eine Tür. Der kleine Mann tauchte auf. Er stand da auf der kleinen Treppe, die zur Tür des Mietshauses führte. Nazim beobachtete, wie er die Straße hinaufwinkte, zu den Kindern. Eines von ihnen trabte heran, ein schlaksiger Junge mit einem Schopf braunen Haares. Nach einem kurzen Wortwechsel verschwanden sie im Gebäude. Die anderen Kinder fuhren mit ihrem Spiel fort. Ein oder zwei Minuten verstrichen, dann tauchte der Junge wieder auf. Er wandte sich um und begann, auf Nazim zuzugehen. Er umkrampfte einen Brief. Nazim trat ihm aus seinem Versteck aus Schatten in den Weg. Die Füße des Jungen stolperten zu einem Halt. Die beiden sahen einander an. Eine einfache Frage, und der Austausch wurde vollzogen.

«Theo, zwanzig Jahre sind zu lang. Triff mich um acht am nächsten Freitagabend im *Ship in Distress*. Eine dringende Angelegenheit. Geo.»

Nazim las die Note, dann faltete er sie zusammen und gab sie zurück. Der Junge setzte seinen Weg fort. Geo. an Theo. Nazim glitt zurück außer Sicht. Le Mara war immer noch dahinten, wartete immer noch. Mehr Zeit: die langsame Ansammlung von Sekunden zu Minuten. Im Innern des Gebäudes redeten die beiden oder dachten schweigend nach, stritten sich oder lösten ihre Differenzen, entwarfen ihre Pläne, zogen Verbindungslinien zwischen unvereinbaren Punkten.

Die Minuten tickten langsam vorüber, und Le Maras Gegenwart sammelte sich in näherer Entfernung. Die Tür öffnete sich wieder, und der große Jüngling kam heraus. Auch er kam auf Nazim zu, er blickte sich nervös um. Er war nur noch wenige Meter entfernt. Nazim bog sich auf den Hacken zurück. Plötzlich blieb der Jüngling stehen und blinzelte hinter seiner Brille. Er klopfte seine Taschen ab. Nazim stand bewegungslos im Schatten. Er hatte etwas verloren. Er zögerte, sollte er zurückgehen oder nicht? Immer noch unentschieden. Nazim beobachtete, und dann sah er ihn weitergehen, von dem Haus fort auf das Ende der Straße zu, wo er um die Ecke bog und aus der Sicht war.

Nazim richtete seine Aufmerksamkeit zurück auf das Haus. Für einen Augenblick schien es so, als habe sich nichts verändert. Dann sah er den Schatten, der sich die Straße herabbewegte. Le Mara rannte lautlos auf das Haus zu. Von Kopf bis Fuß in Schwarz gekleidet, war er kaum sichtbar, als er über die Straße huschte. Dann sah Nazim Silber aufschimmern und wußte, daß er das Treffen, das er beobachtete, falsch eingeschätzt hatte. Was immer besprochen worden war, es hatte den Wert der Mitspieler verändert. Der Abgang des Bebrillten hatte einen letzten Besucher zu dem kleinen Mann gebracht. Le Mara hatte das Haus betreten. Jetzt würde es nicht mehr lange dauern. Er hatte den kleinen Mann für einen zufälligen Mitspieler gehalten. Er hatte sich geirrt.

Ein oder zwei Minuten später öffnete sich die Tür erneut, und ein Schatten rannte die Straße hinab von dannen. Le Maras Arbeit war getan. Le Mara war entflohen. Es war ganz ruhig. Nazim bewegte sich seinerseits zur Tür. Sie war aufgebrochen worden. Er bewegte sich die Treppe hinauf. Nazim hörte die Worte des Nawab in seiner Erinnerung widerhallen, und den Namen, der ihn zu ihnen führen würde. Die Tür war nicht verschlossen. Er stieß sie auf und trat ein.

Nazim sah einen Tisch, Stühle, Bücher und auf dem Bett liegend einen Körper. Bahadur hatte ihm beigebracht, wie man so etwas macht. *Nimm den Mann von hinten. Halt ihm den Kopf fest.* Die Augen seines Onkels waren ruhig, während er sprach. *Treib das Messer auf der Seite des Nackens rein. Halt das Messer still. Zieh den Kopf zurück. Schieb das Messer von dir fort.* Dafür gab es Gründe. *Das Messer wird die Luftröhre blockieren und deinen Mann still machen. Der erste Blutstrahl wird von dir wegspritzen. Er ist sehr kräftig.*

Rotes tropfte von der anderen Wand herab. Der Körper lag auf dem Bett, sonderbar zusammengekrümmt, als wolle er sich erheben. Nazim sah, daß die eine Hand fest um etwas gekrampft war. Ein Gegenstand. Er stemmte die Finger auf und entdeckte, daß des kleinen Mannes letzter Talisman eine Miniatur war. Nazim öffnete sie und las die Inschrift. Er ließ sich schwer auf das Bett nieder. Er war zu spät gekommen. Die Miniatur zeigte ihm eine Frau mit feinen Zügen, einem weiten Mund, graublauen Augen. Die Inschrift lautete «Marianne Lemprière». Nazim stand auf und starrte auf die Inschrift herab. Er ließ den Gegenstand in seine Tasche gleiten und ging zur Tür. Lemprière, dachte er und verfluchte sich selbst. Jetzt würde seine Aufgabe sehr viel schwieriger sein. Der Name, für den Bahadur alles gegeben hatte, war nichts. Der Lemprière war tot.

Auf dem Bett lehnte sich der tote Mann langsam über und fiel dann auf die Seite. Das Bett krachte unter dem langsamen Aufprall. Unter der Matratze fiel der von dem Drahtgitter festgehaltene Brief, den er zuvor zum letzten Mal gelesen hatte, endgültig auseinander, rhombusförmige Fetzen flatterten wie Konfetti zu Boden, Fetzen einer früheren Nachricht. «Mein liebster George, mein alles», «denn wenn unsere Zeit kommt, und sie wird», «mit all meiner Liebe, Annabel». Nazim wandte sich um und schloß die Tür. Blut sickerte durch die Matratze und tropfte unten stetig auf die Überbleibsel des Briefes.

Es war nach sieben, und sein Ziel lag noch über eine Stunde Fußweg entfernt. Lemprière schritt energisch den Strand entlang zunächst nach Süden und dann nach Osten. Somerset House lag als weißer Koloß zu seiner Rechten. Er bewegte sich durch und um die Menge. Er befolgte Peppards Rat und sah sich in regelmäßigen Abständen nach links und rechts um. Das hatte er während der ganzen Woche getan. Seine Wachsamkeit war ihm zu einer unklaren Ehrensache geworden. Die *Falmouth* war in ihre Leben gesegelt, die jetzt anders sein würden, und der Agent dieser Veränderung würde Theo sein, der Empfänger der Note, wer immer er war. Lemprière hastete an den Höfen bei Temple Bar und den Arkaden des Fleet Market vorbei, wo der Gestank aus dem Fleet Ditch unter den Steinplatten in Blasen emporstieg, die kurze Steigung nach Ludgate empor, um Saint Pauls herum und nach Cheapside hinein durch den Abendverkehr in die Milk Street. Vor ihm lag die Schenke, wo ihn sein Freund und der geheimnisvolle Theo erwarteten.

Da sie fast eine Meile von schiffbarem Gewässer entfernt lag, mußte sich jedes Schiff, das Grund für die Benennung des *Ship in Distress* geboten hatte, wirklich in der allergrößten Not befunden haben. Und wenn die Herkunft ihres Namens unklar war, so war es auch ihr Entwurf, denn das Gebäude schien nur aus Gesimsen zu bestehen. Aufeinanderfolgende schmale Stockwerke standen das eine über das andere hinaus wie eine Treppe, die von der Innenseite gesehen wird, und die ganze Konstruktion schwebte drohend über der Milk Street wie das Denkmal des letzten betrunkenen Torkelns vor dem eigenen Zusammenbruch. Dennoch betrachtete Lemprière die Schenke ohne Vorahnungen. Wirrwarr war statt Bedrohung ihr Grundton. Die Mietshäuser zu beiden Seiten versorgten sie mit einem stetigen Strom von Stammgästen, deren Kreis in dieser Nacht noch durch ein Treffen der Seidenwebergilde erweitert wurde. Lemprière sah sie zu seiner Rechten, als er eintrat, ein streitsüchtiger Haufen, den man getrennt von der Hauptmenge der Kunden gesetzt hatte, die trinkend herumstanden und schwach Verärgerung über die Invasion absonderten.

Zwischen den Webern kochte eine wilde Auseinandersetzung auf. «Ich wer doch kein'n Roggen essen!» gellte ein hitziger Geist. «Ehr werd ich verhungern!» Lemprière bemerkte, daß die Maßvolleren unter ihnen Sir John Fielding anriefen, während die Chaossüchtigen, denen mehr nach dem Zerbrechen von Fensterscheiben oder dem Anstecken des Laskarenheims war, nach Farina schrien. Er fragte sich, wie viele andere ebenso unzufriedene Versammlungen in der Stadt zwischen Klage und Aufruhr schwanken mochten. Der Mob vor dem Gasthaus war mit beängstigender Geschwindigkeit bedrohlich geworden. Er stand da und fingerte an dem Riß in seinem Rock herum. Peppard war nirgendwo zu sehen.

Die Weber waren zu einer Untersuchung der Glaubwürdigkeit Farinas abgeschweift, und Lemprière hörte ihrem Geschnatter zu, während er sich in der schmuddeligen Umgebung umsah. Die Berichte über seine Herkunft wechselten: Bastardsohn des Kapitäns eines Kohlendampfers aus Whitby, Waise, Hervorbringung der Elendsquartiere in Wapping oder ein in seinen jungen Jahren naturalisierter Franzose aus einer thronräuberischen Linie merowingischer Könige, ein Glücksritter, Hochstapler, Thronanwärter, Marktschreier oder Moses; man tat seiner Fehde mit Wilkes Erwähnung, seiner schattenhaften Rolle in den Gordon-Aufständen zwei Jahrzehnte später, des nachfolgenden Exils in den Niederlanden oder in Spanien, und wie er eine Frau in Stepney zum Schweigen brachte (nie bewiesen). Jetzt war er zurück und beanspruchte für sie zu kämpfen und dafür zu kämpfen, was sie beanspruchten, ihr Vorkämpfer, Verführer, Führer und Irreführer, eine englische Dogge, die Königen, Adligen und Nabobs die Köpfe abreißen würde. Ein Trinkspruch ward ausgebracht und sie bejubelten «Farina!».

Lemprière schob sich nervös weiter. Die Stammkunden standen zusammengedrängt, umkrampften ihre Bierkrüge und blickten mißbilligend über die Schulter zu den Radaubrüdern. Lemprière wirkte sich einen Pfad durch sie hindurch zum anderen Ende des Raums, wo er an einem der Tische, die an der Wand standen, eine einsame Gestalt sah.

Abgesehen von ihm war der Mann der einzige Kunde im Lokal, der alleine trank. Er schob sich immer noch unsicher von der Seite heran, um den Mann im Schutz zweier massiger Bürger zu beobachten, die einander mit gutturalen Stimmen zugrunzten. Der schwarze Umhang des Mannes war über die Lehne des Stuhls neben ihm geworfen. Er starrte gerade vor sich hin, die Hände um einen Bierkrug geschlossen, wie es schien in Gedanken verloren. Die blakenden Öllampen gaben ein trübes gelbliches Licht, aber er konnte eine vorspringende, leicht gebogene Nase ausmachen und große dunkle Augen in einem ovalen Gesicht. Alterslos, der Mann hätte ebensogut dreißig wie fünfzig sein können. Das Licht verdunkelt seine Haut, dachte Lemprière zuerst, aber die anderen Bewohner der Schenke waren rötlicher, blasser, mit Schmutz oder Ruß beschmiert, was diese Hypothese Lügen strafte. Glattes kurzgeschnittenes schwarzes Haar, weiße Nägel ... Ein Laskare. Die Kleidung hatte ihn auch getäuscht; er war sauber gekämmt. Das war es, und Lemprière wagte undeutliche Verknüpfungen mit der allgemeinen Richtung von Peppards Angriffen, Indien, Inder, verschwindende Schiffe, auf Schiffen der Gesellschaft arbeiteten Laskaren. Nichts war entschieden, aber seine Gewißheit, daß dies der Theo von Peppards Note sei, wuchs, bis er sich schließlich dem Inder näherte, der sich umdrehte und ohne Überraschung aufblickte, als sei er sich Lemprières Anwesenheit schon seit einiger Zeit bewußt gewesen. Lemprière streckte die Hand aus und erkundigte sich: «Mister Theobald?» Der andere erhob sich und nahm seine Hand. Sein Blick glitt hinab zu dem Riß in Lemprières Gehrock.

«Peppard ist unser gemeinsamer Freund», sagte er. Mister Theobald nickte, entfernte seinen Umhang vom Stuhl neben Lemprière und legte ihn neben seinen Hut auf dem Stuhl links neben ihm. Lemprière blickte auf den Hut. Der Inder sah ihn an. «Natürlich, wie ungehörig», erkannte er. «Mein Name. Ich bin John ...»

Nazim wartete auf den Nachnamen, aber in diesem Augenblick erschien Peppard und schritt unmittelbar an ihnen ohne ein Zeichen des Erkennens vorüber.

«George!» rief Lemprière hinter ihm her. Der kleine Mann ging weiter.

«Mister George!» rief der Inder und schüttelte Lemprières Hand.

«Nein, ich ... entschuldigen Sie mich einen Augenblick», und Lemprière drängelte sich auf der Verfolgung seines Freundes durch die Trinker. «George!» rief er wieder. «George Peppard!» und Peppard drehte sich um.

Auf den ersten Blick war zu sehen, daß Peppards Glück sich gewendet hatte. Der abgetragene Schreiber von vor einer Woche war jetzt ein echter Bond-Street-Bummler. Einen einreihigen Überzieher und ein Hemd mit passendem Kragen krönte ein geknoteter Musselinschal. Glänzende Ochsenlederschuhe mit kunstvollen Messingschnallen schmückten seine Füße. Aber die größte Veränderung waren seine Haare. Wo er zuvor eine dünne dunkelbraune Bedeckung aufwies, hing ihm nun ein hellgelber Haarschopf mit gekräuselten Locken fast bis auf die Schultern.

«Kenne ich Sie, Sir?» Peppard befliß sich eines höhnisch hochnäsigen Tones. Lemprière lachte und klopfte ihm auf die Schulter.

«Ausgezeichnet, George!« rief er aus. «Wirklich ganz ausgezeichnet. Aber kommen Sie jetzt, Theobald wartet schon.» Er wies über die Schulter.

«Tut er *in der Tat*», sagte das exotische Geschöpf. «Er erwartet zumindest eine Erklärung.»

«George?»

«Ich bin nicht George», sagte der andere. «Ich bin Theobald.» Lemprière spürte, daß der Unfug jetzt lange genug gedauert habe.

«Ich habe schon mit Theobald gesprochen», sagte er zu Peppard und sah sich dahin um, wo der Inder stand.

Der Inder war verschwunden. «Er war...», begann er und dachte dann wütend nach. Hatte er einen Fehler gemacht? Peppards Gesicht starrte ihn an, die Falten auf seiner Stirn waren verschwunden, die Augen standen ein bißchen enger.

«Sie haben sich umgedreht«, sagte er. «Ich habe Ihren Namen gerufen und Sie...»

«Sie haben ‹Peppard› gerufen», unterbrach ihn der andere. «Ich bin Theobald Peppard, Georges Bruder, und jetzt würde ich gerne wissen, wer in aller Welt Sie sind?»

Der Inder hatte sich nicht gerade vorgestellt, hatte tatsächlich kaum ein Wort gesagt. *Mister George*, vielleicht sprach er kein Englisch, war vielleicht ziellos abgezogen, da er an Lemprières Rückkehr verzweifelte. Das schien die einzige Erklärung zu sein, und doch hatte der Mann eindeutig erkennen lassen, daß er jedes seiner Worte verstand. Und dann war da der Hut. Er kannte den Hut von irgendwoher.

«...Georges Zwillingsbruder», sagte der neue Theobald. «Ich habe diese Note vor einer Woche bekommen.» Er zeigte Lemprière die Note, die George in der Nacht seines Besuches hingeworfen hatte. «Wo ist George?»

«Bitte vergeben Sie mir meinen Irrtum», bat Lemprière. «Sie beide sind sich sehr ähnlich. Im Äußeren, meine ich.»

«Ja», sagte der andere kurz. Er sah sich in dem überfüllten Innern um. «Nun, jedenfalls kann ich nicht mehr länger warten.» Theobald betrachtete seine Umgebung mit Verachtung. «Es ist schon eine halbe Stunde über die Zeit.»

«Sie sind doch eben erst angekommen», widersprach Lemprière.

«Aber ich hätte pünktlich eintreffen können und dann eine volle halbe Stunde herumlungern müssen», gab der andere zurück.

«Wollen Sie sagen, daß Sie zwanzig Jahre gewartet haben und jetzt

Ihren Bruder wegen einiger weniger Minuten verpassen wollen?» Lemprière war ungläubig.

«Wenn George mich hier hätte treffen wollen, wäre er pünktlich gekommen. Aber was interessiert Sie das überhaupt?»

«Er hat eine Möglichkeit, mit Ihrer und meiner Hilfe seinen Namen zu reinigen.»

«Seinen Namen reinigen! Natürlich! Georges Schiff muß immer mit der gesamten Mannschaft untergehen, oder nicht? Ich bin hier schon früher gewesen, Herr...»

«Lemprière», sagte Lemprière.

«Ich habe mich vor zwanzig Jahren geweigert, mein Leben für George wegzuwerfen. Ich weigere mich heute wieder.»

«Nein, nein. Es ist wirklich ganz einfach. Wir haben alle Beweise, wir brauchen nur noch eine Bestätigung.» Lemprière umriß die Geschichte von Kapitän Neagle und der *Falmouth*, von ihrem Verschwinden und ihrem Wiederauftauchen.

«Absurd!» rief Theobald aus. «Soll ich etwa diese Verleumdung bestätigen? Haben Sie überhaupt eine Vorstellung, wer ich bin?» Lemprière schüttelte den Kopf. «Ich bin der Chefarchivar der Ostindien-Gesellschaft», verkündete er und streckte die Brust heraus.

Zwanzig Minuten später stapften die beiden über das Pflaster der Golden Lane. «Wir brauchen nicht so sehr eine Bestätigung», hatte Lemprière gesagt, «sondern eine Entscheidung; für oder gegen. Natürlich ist die ganze Sache, wie Sie gesagt haben, absurd. Sie sind der einzige Mann, der es beweisen kann, so oder so. George ist besessen, er muß überzeugt werden. Wir müssen Beweise haben, verstehen Sie?»

Theobald Peppard hatte verstanden, daß er unentbehrlich war. Seine widerwillige Annahme des Vorschlags von Lemprière – seinen Bruder in dessen Wohnung aufzusuchen – war kurz danach erfolgt.

«Ich verstehe aber immer noch nicht Ihr Interesse», sagte Theobald, während sie sich mühselig nordwärts schleppten.

«An der *Vendragon*? Überhaupt keins», antwortete Lemprière. «Ich habe Georges Rat zu einem alten Dokument gesucht, einem Familienerbstück. So wurden wir bekannt.»

«Also macht es für Sie überhaupt keinen Unterschied, ob dieses Schiff existiert oder nicht, ob es mit irgendeinem geheimen Plan befaßt ist oder nicht?»

«Genau so», sagte Lemprière. «Nur insoweit, wie es George betrifft.»

«Aha», sagte Theobald skeptisch. Lemprière widerstand einem starken Verlangen, mit Georges Bruder die Klingen zu kreuzen.

«Wann sind Sie Archivar der Gesellschaft geworden?» fragte er in neutralem Ton.

«Was geht das Sie an?» schnappte Theobald schnell zurück. Ein bloßer Nerv.

«Neugierde», sagte Lemprière.

«Kurz nach Georges törichten Streichen vor zwanzig Jahren. Sind wir endlich da?»

«Fast», sagte Lemprière. Der Streit zwischen den Brüdern wurde klarer. Theobald hatte die Sinekure genommen, während sein Bruder zum Schweigen gebracht worden war.

«Hier», sagte er zu seinem Begleiter und wies auf den Eingang zur Blue Anchor Lane.

Sie bogen ein und begannen das letzte Stück ihrer Reise. Eine kleine Menge hatte sich vor ihnen versammelt, und als sie näher kamen, sah Lemprière, daß sie sich vor dem Eingang zu Georges Haus zusammendrängten. Sie lugten durch die Tür und streckten einer dem anderen die Hälse über die Schulter, um eine bessere Sicht zu haben. Einige von ihnen hatten Decken um die Schultern geschlungen. Lemprière schob sich durch ihre Mitte und wurde von zwei Gerichtsbütteln aufgehalten, die den Durchgang versperrten.

«Entschuldigen Sie.» Er winkte, daß er durchgehen wolle.

«Ein Verwandter?» fragte einer der Beamten. Das Fallgefühl in seinem Magen verhärtete sich zu einem kalten Knoten.

«Ein Freund», sagte er und wurde durchgewunken. Skewer stand in der Diele. Als Lemprière vorüberging, setzte er wie zum Sprechen an. Die Tür zu Peppards Zimmer war offen. Ein Beamter, der vor ihr saß, blickte nicht auf, als Lemprière sich schwer gegen den Türpfosten lehnte. Zwei Männer waren im Zimmer. Der erste stand zwischen Tür und Bett, sein Rumpf verdeckte teilweise den zweiten, der auf dem Bett selbst zu knien schien.

«...ja, ungefähr eine Woche», sagte der zweite Mann. «Das würde dem Bericht seines Arbeitgebers entsprechen. Mister Skewer hat gesagt, daß er am Donnerstagmorgen nicht zur Arbeit erschienen ist, richtig?»

«Richtig», sagte der andere. «Aus dem Augenschein hier würde ich vermuten, Mittwoch abend. Sie werden mit jedem reden, der ihn um diese Zeit besucht hat. Professionell gemacht, soviel ist klar, Kopf weggedrückt, Einschnitt an der richtigen Stelle...» Der Mann, der stand, wandte sich abrupt um, und Lemprière sah, daß seine Augen bandagiert waren. Es war Sir John Fielding. «Sind Sie ein Verwandter?» fragte Sir John in energischem Ton. «Ein Freund?»

«Ein Freund», sagte Lemprière.

«Wir brauchen einen Verwandten», sagte Sir John. «Mister Rudge, wir brauchen einen Verwandten, wegen der Formalitäten.»

«Sind Sie am letzten Mittwoch abend hier oder in der Gegend gewesen?» fragte er Lemprière. Lemprière konnte nichts sagen. «Wer sind Sie?» fragte Sir John.

«Nein», brachte Lemprière schließlich heraus und dachte, sie werden nachforschen, es herausfinden... «Smith», sagte er.

«*John* Smith?» Sir Johns Ton war sarkastisch. George, dachte Lemprière. George. Rudge scharrte unterm Bett herum.

«Hier ist ein Brief, in Stückchen.» Er sprach mehr mit sich selbst als zu seinem Begleiter. Theobald erschien in der Tür.

«John, was auf Erden...» Dann sah er das Bett.

«John also», sagte Sir John Fielding mit rauher Stimme.

«Ein Liebesbrief.» Rudge las Papierstückchen auf, die von Blut gesprenkelt waren, das durch die Matratze gesickert war. «‹Mit all meiner Liebe, Annabel›», las er laut. «Annabel wer?»

«Machen Sie eine Notiz», sagte Sir John. Das hätte Henry gemacht. «Mach dir von allem Notizen.» Georges Leiche. Lemprière drehte sich um und stolperte die Treppe hinab.

Als er draußen war, atmete er die kalte Nachtluft tief ein, die Hände in den Taschen geballt, die Augen geschlossen. «Warum?» Theobald war zu ihm getreten. «Warum George?» Lemprière starrte den kleinen Mann an, der wirklich verwundert zu sein schien. «Kann denn jemand seinen Unsinn über Neagles Schiff geglaubt haben? Das ist alles so lange her, war alles schon vor Jahren vorbei.»

«Eine Woche», sagte Lemprière. «Nicht Jahre, eine Woche. Und das werde ich auch beweisen, mit oder ohne Ihre Hilfe. George hatte recht. Ich werde das Schiff finden, und den Grund, warum es hier ist. Jeder soll erfahren, daß George recht hatte und alle anderen, und Sie auch, Unrecht hatten.»

«Natürlich werde ich helfen», widersprach Theobald. «Im Rahmen meiner Kräfte. Aber lassen Sie mich Sie daran erinnern, daß George tot ist, weil er seine Nase in Dinge steckte, die ihn nichts angingen. Wie ich schon gesagt habe, Georges Schiff mußte immer mit der ganzen Mannschaft untergehen...»

«Aber es ist nicht untergegangen, oder?» fuhr Lemprière zu ihm herum. «Es ging mit George unter, während Sie sicher in einer Sinekure der Gesellschaft saßen, und nichts hat sich da geändert, nicht wahr? Nur wird sein Glück nicht wieder aufsteigen, denn er ist tot, und Sie leben und wollen nicht helfen!»

«Jetzt hören Sie mir mal zu», schnappte der andere. «Mister Smith oder Lemprière oder wie immer Sie sich nennen, ich werde helfen, wenn ich das will, aber tun Sie nicht so, als seien Ihre Bemühungen aus anderen Gründen, als Ihre Haut zu retten. Wenn George tot ist, weil er von einem, einem *Geschäft* wußte, dann sind Sie der nächste. Ich wollte mein Leben früher nicht für George wegwerfen, und ich will es auch jetzt nicht. Guten Tag, Lemprière, und angenehmes Aufräumen!» Theobald drehte sich auf dem Absatz und stapfte die Straße hinab.

«Er war Hunderte von Ihnen wert!» spie Lemprière hinter dem Mann her. Theobalds Worte hatten ihn getroffen, obwohl er sich wegen des Schiffes irrte. George hatte keine Gelegenheit gehabt, irgend jemandem vom Wiedererscheinen der *Falmouth* zu erzählen. Eigeninteresse, hatte Theobald behauptet. Georges Worte, fast seine letzten, kamen ihm wieder in den Sinn. *Es sei denn, die Krise sind Sie . . . die Vereinbarung, John, wirft unangenehme Fragen auf . . . Ich bin verfolgt worden.* George hatte sogar daran gedacht, ihn zu warnen: *wenn sie mich überwachen, dann wissen sie auch von Ihnen.* Aber er hatte sich geirrt. Es war andersherum. Er, Lemprière, hatte sie zu George Peppard geführt. Und nicht das Schiff hatte sie dazu gebracht, ihn zu ermorden. Nur sie beide hatten von seiner Existenz gewußt. Wenn es aber nicht die *Falmouth* war, dann blieb nur noch eine Möglichkeit übrig. Es war irgend etwas in der Vereinbarung.

An den folgenden Tagen wurde das Wetter schön und kalt. Ein scharfer Wind durchschnitt die erste Hälfte des Februar. Peppard war tot. An einem jeden Tag räumte Lemprière dieser Tatsache ein bißchen mehr Gewicht ein, einen weiteren ihrer Aspekte. Die straffe Membran seines Verständnisses bog sich unter der Last durch und berührte leicht andere tiefere Oberflächen. Lemprières Gedanken führten zu der Witwe, von da zu sich selbst und dem Gesicht, das durch die Nacht davongetragen worden war, *ja, jene Nacht*, und er dachte, *Er hätte vielleicht geheiratet, und vielleicht hätte seine letzte Chance den Kreis der Wiederkehr vollendet, die jetzt noch mehr ersehnt und benötigt wurde als zuvor*, da er seine eigene Chance, vom Kutschenfenster umrahmt, in eine ungewisse Nacht davonbrausen sah. Verloren? Nein, alles würde sich am Ende wieder runden. Aber da war diese böse

Geschichte aus Fleisch und Blut, Peppards Leiche, ein Ende seines eigenen Zyklus'. Kurz abgehackt: ein zerbrochener Kreis, oder einer, der nie vollendet wurde. Als Peppard endlich nach der Frau griff, die er durch die Jahre des Skandals und der Schande hin gesucht hatte, stürzte sie von ihm fort. Lemprière dachte an Juliette. Peppards Körper durchbohrte die Oberfläche des Wassers und sank langsam in die Tiefe; ein ertrunkener Seemann, in dessen Augen sich die schlagende Fluke seines Vernichters abbildete, der kleine Mann, der Papiere und ihre Erklärungen auf Papierstreifen hochschoß, Konfetti, das in einem Theatersturm niederwirbelte. Eine kalte Wahrheit wartete. Sie steckte in der Verhüllung der Charaktere, in den schmutzig schaukelnden Wassern, in der Nacht. Es war eine Vereinbarung zwischen toten Männern, ein Schiff, das verlorenging und dann wiedergefunden wurde. Es war Juliette.

Nach seiner Begegnung mit Rosalie und sich seiner Verletzbarkeit bewußter, nachdem Lydia ihm so schnell die Börse im Schweineclub gezogen hatte, hatte Lemprière den goldenen Siegelring in die Sicherheit seiner Reisetruhe verbracht. Jetzt fingen seine rauhen Oberflächen die Morgensonne ein. Ein grobes C. Er diente als improvisiertes Gewicht auf Briefen, Dokumenten, Ausschnitten und Zetteln, die Lemprière der Truhe bereits entnommen, untersucht und als unwesentlich verworfen hatte. Die Truhe stand offen auf dem Boden neben ihm. Ein Berg Papiere vor ihm erwartete Durchsicht. Er hockte zusammengesunken auf dem Boden, ein Bein war ihm eingeschlafen.

«*A* steht für *Anraffsucht* und einen *Abgrundzorn*, der John Companys Schiffe verbrennen und seine papieren Versprechungen verkrumpeln und seine Männer auf einem groben Karren zum Henker schicken wird, so daß man sie mit der angemessenen Bekleidung bewerfen kann, verfaulenden Dingen und ähnlichem. *B* steht für *Bastard*, denn *Bastarde* sind sie alle, auch John Company, der sein Geburtsrecht für ein Bettelgeld an eine ausländische Hure verkaufte, und jetzt raubt und plündert und mordet auch ihr Wurf...»

Der Zorn des Asiaticus gegen die Gesellschaft; dies war die erste Flugschrift, die jener vorausging, die Alice de Vere ihm gegeben hatte. Lemprière überflog die Sintflut dieser Wut. Konnten John Company und die ausländische Hure die ursprünglichen Fernhändler und die Investoren aus La Rochelle sein; das «Geburtsrecht» ihre Charta? Der «grobe Karren» deutete auf eine kleine Gruppe hin. Der hätte kaum jene Hunderte oder gar Tausende umfassen können, die um 1620 beschäftigt wurden. Das alles mochten Nachrichten sein, aber wie die zweite wurde auch die erste Flugschrift undeutlich, wo sie enthüllen, fauchte Verschrobenheit, wo sie Anklagen vorbringen sollte. Die Identität des geheimnisvollen Asiaticus beunruhigte Lemprière mindestens ebensosehr wie die quälende Zurückhaltung seiner Geheimnisse, doch waren beide Ablenkungen von seiner gegenwärtigen Suche, die einer Abschrift galt.

Er wühlte weiter, und der Stoß vor ihm nahm so ab, wie er mehr von den Papieren seines Vaters verwarf. Die schwankende Masse stürzte zweimal zusammen und sandte beide Male den Siegelring schlitternd unters Bett. Ein Zug kroch durch die schlecht schließende Tür. Sein zorniges Auftrumpfen gegenüber Theobald Peppard, daß er Neagles Schiff finden und den Namen seines Freundes reinigen werde, klang ebenso windig. Wenn im übrigen Georges Tod einen Sinn haben sollte, dann würde die Vereinbarung ihn enthüllen. *Nicht die Vereinbarung, die Geschichte dahinter.* Peppards Worte.

Er fuhr mit seiner Suche fort. Ein dickes Bündel, das mit gilbendem Band zusammengeschnürt war, platzte auf, ergoß sich und kam in einer stehenden Kaskade zur Ruhe. Er wußte, daß der gesuchte Brief sich nicht in dem verschnürten Bündel befand – er hatte ihn bereits gesehen – vor dem Schweineclub. Neugierde allein zog Brief um Brief aus den Umschlägen, *Charles Lemprière, Rozel Manor, Island of Jersey*, auf jedem in verblaßter Tinte.

Die Briefpartner waren ein verwirrender Haufe von Informanten; Priester, alte Jungfern, Seeleute, Bankrotteure, zweite Söhne zurück von der Bildungsreise, ihre Erzieher und Tanzlehrer, Kartenzeichner und Schiffszimmerer. Ohne die ursprünglichen Anfragen seines Vaters konnte Lemprière den Sinn dieser Antworten nur zu erraten versuchen. Ein Mann war in ein Loch in Houndsditch gestürzt und hatte sich den Knöchel gebrochen. Ein anderer teilte mit, daß der Hafen von Saint Malo vor vier Jahren einen Tiefgang von fünfzehn Fuß gehabt habe, doch sei er sich jetzt nicht sicher. Ein dritter war über die Straße von Gibraltar gerudert und legte ein Zufallsdiagramm der Strömungen bei. Nach etwa zehn oder mehr von dieser Art war Lemprières Bild von den Nachforschungen seines Vaters zwar sehr viel dichter geworden, aber keineswegs verständlicher als zuvor. Er machte sich kaum die Mühe, den Rest zu öffnen.

Der einzige Brief ohne Umschlag befand sich da durch Zufall. In Wahrheit kaum ein Brief, eher ein Entwurf. Ausstreichungen und Verbesserungen verdarben die saubere Handschrift, die er sofort erkannte. Von allen Briefen in dem Bündel war dies der einzige, den sein Vater geschrieben hatte. Nach dem ersten Satz nahm Lemprière seine Brille ab und reinigte sie, und setzte sie wieder auf. Am Ende des Absatzes überprüfte er die Unterschrift unter dem Brief. Er bewegte sich zum Schreibtisch, setzte sich nieder und setzte die Lektüre fort. Manches Mal hielt er inne und holte tief Luft. Am Ende des Briefes war, soweit es den Sohn anging, der Vater ein anderer Mann. Der Brief lautete:

«Meine liebste Marianne,
während ich Dir aus diesem Zimmer in Southampton schreibe, weiß ich zugleich, daß ich Dein Ehemann und Dein Betrüger bin, beides in einem. Ich wollte, daß ich nur der erste wäre, mit meinem ganzen Leben wünsche ich das, aber es kann nicht sein. Ich bin beides.
Soviel weißt Du bereits, Du meine Frau, doch nicht das Wann und Wo, und nicht das Wie. Das Warum ist mir immer noch unzugänglich, aber das übrige will ich Dir erzählen, und dann magst Du mich mit allen Zufälligkeiten und Umständen vor Dir nach Deinem Willen beurteilen. Ich will Dir die Geschichte einfach erzählen, auch wenn der Schmerz, den sie Dir bereitet, mich ebenfalls schmerzt, und sie niederzuschreiben ist in Wahrheit eine Todesqual. Aber ich will es tun. Das schulde ich Dir, und vieles andere noch zudem.
Es war in Paris, als Jake und ich Geld in die Tapetenfabrik steckten (und was für ein tollkühnes Unternehmen das war!). Der letzte Tag unseres Besuches – an jenem Morgen hatten wir unsere Fabrik gefunden und feierten den Nachmittag durch. Wir aßen und tranken viel in einem Speisehaus – dem Puy (Marianne, ich weiß nicht einmal, ob Du alle diese Dinge erfahren möchtest, aber ich muß Dir jetzt alle Einzelheiten erzählen). Es war im Dezember 1769, wie Du wohl weißt. Die folgende Nacht war sonderbarer, als ich sagen kann.
Nachdem wir das Speisehaus verlassen hatten, war ich in der besten Stimmung, aber Jake war wie immer nach einem Besäufnis mürrisch. Es regnete. Wir gingen die Rue Saint Martin hinab, überquerten den Marché des Innocens, wie die Pariser ihn nennen, und gingen durch all die kleinen Straßen, die unter ihm liegen. Als wir den Marktplatz verließen, drehte Jake sich um und bildete sich ein, er sehe da eine Gestalt hinter uns im Regen stehen. Sie war ganz schön weit weg, aber sogar betrunken habe ich sie deutlich genug gesehen, wie ich glaubte. Damals mußte ich die Seine finden, aber Jake zerrte mich in eine Schenke, wo wir heißen Wein mit Nelkennägeln tranken, davon hatte ich zwei Gläser. Dann erschien der Mann, den wir eine kleine Weile zuvor auf dem Marché des Innocens gesehen

hatten, ebenfalls in der Taverne, dem Aussehen nach ein Inder. Ich wies auf ihn hin, und Jake bekam Angst. Marianne, das muß Dir erscheinen, als wolle ich ablenken, eine Ausflucht, aber ich schwöre Dir, daß das alles dazugehört. Irgendwie hatten alle diese Dinge ihre Auswirkungen auf das, was folgte; vergib mir. Jedenfalls haben wir beide die Taverne in einer schrecklichen Aufregung verlassen. Ich weiß nicht warum. Es regnete immer stärker. Jake war ganz ungewöhnlich und zerrte mich durch die Straßen mit sich. Ich war ziemlich betrunken und konnte seine Dringlichkeit nicht begreifen. Später erzählte er mir, der Inder habe Böses gegen uns im Schilde geführt, aber wie er das wissen konnte, ist mir immer noch ein Rätsel. Jake suchte in den Straßen nach einer Zuflucht für uns, aber alle Häuser waren dunkel. Wir rannten und rannten, daran erinnere ich mich. Ich stolperte und fluchte, und der Inder war immer noch hinter uns her. So kamen wir in das Rote Haus. Es war das einzige, das uns Schutz gewähren wollte. Ich war durchweicht und schwankte vom Trinken.

Jetzt, da ich hier sitze und Dir meiner Frau schreibe, kann ich mir nur noch Teile dessen, was sich da abspielte, in die Erinnerung rufen. Das Rote Haus war ein Ort schlechten Rufes – ein Freudenhaus, um es deutlich zu sagen –, und die Madame hielt uns für Freier, obwohl wir nur Schutz suchten. Es gab da einen Salon, wie sie ihn nannten, wo die Mädchen herumgingen. Ich erinnere mich an brennende Feuer. Es war sehr warm. Ich trank da ein oder zwei Gläser. Da war eine Frau, die nannten sie ‹die Gräfin›, soviel kann ich noch im Geiste sehen, auch wie ich die Treppen hinaufkletterte, aber nur noch schwach. Als nächstes erinnere ich mich, wie Jake mich wachrüttelte und mich aus jenem Haus schleppte. Die Frau war verschwunden, und ich habe keinerlei Erinnerung an das, was mir da zugestoßen war. Und was auch immer aus dem Inder geworden ist, der uns dahin gejagt hatte, weiß ich nicht.

Den Rest der Geschichte weißt Du; die Konsequenzen jener Nacht folgten mir aus Paris bis nach Jersey und sogar in unser Haus. Die Zahlungen, die ich leistete, sorgten für all ihre Bedürfnisse, beider Bedürfnisse sollte ich sagen, und insofern Paris betroffen ist, ist das das Ende der Geschichte. Marianne, ich habe das Kind nie gesehen und werde es nie sehen. Ich sitze in diesem Zimmer und bin mit einer Scham bedeckt, die ausschließlich meine ist. Ich wollte, ich könnte sie abwaschen, aber ich kann nicht. Wenn Du wünschst, bleibe ich hier. Ich kann Dich nicht bitten zu vergessen, nur zu vergeben, wenn Du kannst.

Mit all meiner Liebe,
Dein Ehemann Charles»

Sie hatte ihm vergeben, natürlich. Charles war zurückgekehrt, reuig, gebessert, und jetzt war er zu seinem Sohn zurückgekehrt, erneut gebessert. Die zurückweisende Miene, die sein Vater gezeigt hatte, fiel ab, während Lemprière den Brief las, und ließ einen glücklosen und unglücklichen Ehebrecher sehen, einen liebenden Gatten, einen verängstigten Mann, allein in einem fremden Hafen. Und da gab es auch in Charles' und Jakes Eskapade, er konnte es nicht übersehen, etwas von einem Possenspiel, die Trinkerei, der Regen, die Frauen. Etwas von seinen eigenen Erfahrungen im Schweineclub. Septimus hatte ihn hinausgeschleppt, wie neunzehn Jahre zuvor Jake seinen Vater. Er hatte auch einen Gedanken auf den Sprößling gerichtet – eine so flüchtige Erwähnung, daß er sie hätte übersehen können –, irgendwo verloren in den Pariser Slums, sein eigener Bruder, seine Schwester. Sonderbar, er fühlte sich so sehr weiterhin das einzige Kind, als ob jenes andere lediglich eine spekulative Existenz besäße oder eine Erfindung der «Gräfin» sei, um des Geldes willen vielleicht. Das Geld. So wird Marianne es herausbekommen haben. Sie hat immer die Rechnungen beglichen.

Lemprière wühlte sich rasch durch die übrigen Papiere. Ja, er hatte recht. Die Quittungen waren als Bestätigungen geschickt worden, zugleich Vorrechnung für die nächste Zahlung, *reçue par Madame K., Villa Rouge, Rue Boucher des Deux Boules, Paris*, deren Reihung sich Monat für Monat durch die Jahre erstreckte. Es war schon fast naiv von seinem Vater zu glauben, die Mutter würde das nicht herausfinden, dachte Lemprière, fast so, als habe er sich gewünscht, daß sie es herausfinde.

In ihrem Handeln spiegelte seine Mutter die sicheren Grenzen des Lebens auf einer Insel wider, die stets ihr Heim gewesen war. Innerhalb dieser Grenzen waren die sanften Umrisse der mütterlichen wie der ehelichen Liebe, die stets frei und bedingungslos gegeben worden waren. Aber man überschreite diese Grenzen, und ein völlig anderes Tier erscheint, die Verkörperung eines Zorns, die er nur bei unregelmäßigen, aber lebhaft erinnerten Gelegenheiten erblickt hatte. Er stellte sich seinen Vater vor, wie er seine Frau in jenen graublauen Augen suchte, die da rot wurden, und wie seine Hand instinktiv an die Tasche fuhr. Dann innehielt. Lemprière schmetterte seine Hand gegen den Fußboden und dachte wieder an die Nacht, in der er Peppard auf Wiedersehen gesagt hatte und dann einige zwanzig Meter vom Haus entfernt stehengeblieben war, um seine Taschen abzuklopfen. Er hatte die Miniatur offen auf Peppards Tisch liegen gelassen. Er hätte sie zu holen zurückgehen können. Aber er war nicht. Bei seiner Wiederkehr war sein Blick durch das Zimmer gewandert, hatte beim Anblick der Leiche gestockt, der Schock. Würde er sie gesehen haben, wenn sie dagewesen wäre? Bestimmt, ja. Der Tisch war unmittelbar vor ihm. Also war sie weggenommen worden. Von Sir John? Nein, sie hatten nach «jedem in der Nachbarschaft» gefragt. Sie hatten keinen Namen. Vielleicht hatte Peppard sie weggenommen, sie versteckt. Doch waren alle diese Überlegungen nur ein Vermeiden der richtigen Schlußfolgerung: Die Miniatur war von Peppards Mörder weggenommen worden. Niemand anders hätte das tun können. Peppards Mörder, wer immer das war, hatte das Messingetui auch jetzt noch, und auf dem Etui war sein Name. Lemprière. Er stellte sich vor, wie kalte Blicke über die Inschrift fuhren, die Gefahr abwogen, die Notwendigkeit des Schweigens.

Warte, warte – sagte er zu sich selbst. Wenn er, der Besitzer der Vereinbarung, den Mörder zu Peppard geführt hatte, dann war er selbst bereits gebrandmarkt gewesen. Bereits verschont. Er war ein symptomfreier Träger, und nur die litten, die er berührte. Dann dachte er an seine erste Nacht in eben diesem Zimmer, als er sich vorgestellt hatte, wie der *Ker* seines Vaters emporflog und all seine Schwierigkeiten mit sich in den Äther trug, sie emporsandte wie ebensoviele Seuchenzeichen, um auf seine eigene Verseuchung hinzuweisen. Miasmen. Denn trotz aller Exorzismen seines Wörterbuchs, aller Fesselungen seiner Dämonen, sie waren immer noch in ihm und flogen heraus, um ihn mit dem Blut der Unschuldigen zu umringen: sein Vater, wie er sich herumdrehte und einen anklagenden Arm himmelwärts reckte und ihn vergeblich beschwor, die Frau in der Höhle, als das geschmolzene Gold herabströmte, und George, sein Freund, die blutige Masse auf dem Bett. Wie hätte er irgend jemandem erzählen können, wo schon allein ein Hauch davon zum Tode führte? Nur Septimus hatte vernommen und lebte noch. Was schützte Septimus? *Du kannst Peppard vertrauen.* Die Worte wurden von Bedeutung schwer und doch nicht klarer. Es war das ein reichlich deutliches Zeichen. Ihm von Septimus zugesandt, von ihm aufgefangen, aber nur unvollständig entziffert. Die Betonung lag auf allen oder auf jedem dieser vier Wörter und formte sie um und zerrte sie in diese oder jene Richtung. Septimus hatte zu Anfang überdeutlich darauf hingewiesen, daß er mit Peppard sprechen solle. Er hatte beide Treffen mit den de Veres zustande gebracht. Er hatte ihm bei seinem Wörterbuch geholfen. Septimus hatte es arrangiert.

Der Morgen wurde zum Nachmittag. In seine Gedanken verloren

hörte Lemprière das Getöse des Mittagsläutens von den Glockentürmen der Stadt nicht. Seine Suche ward auf lustlose Weise fortgeführt. Papierfetzen wurden müßig umgedreht, flüchtig betrachtet, ohne Bedauern verworfen. Sein Vater war zum Scheitelpunkt einer Unmenge von Korridoren geworden, die sich unter seiner Durchmusterung einer nach dem anderen auftaten, in alle Richtungen ausstrahlten und die Pfade enthüllten, denen der tote Mann gefolgt war, alle jetzt verlassen. Sie alle stellten Aspekte dar, die der Sohn kaum je erraten hätte. Nach drei fand er den Gegenstand, der seine Suche in Gang gesetzt hatte.

Charles hatte in seinem Arbeitszimmer gesessen und Fragen, Notizen und Briefe an ungesehene Empfänger nahe, fern und weit geschrieben. Er hatte über das Thema der Westküste Frankreichs korrespondiert, insbesondere über ihre Häfen und deren Eignung für Schiffe mit einer Verdrängung von 400 Tonnen. Ein weiterer Korridor endete blind.

Lemprière saß in seinem eigenen improvisierten Arbeitszimmer in der Southampton Street und drehte einen Briefumschlag um. *Captain Ebenezer Guardian (retired), the Crow's Nest, Pillory Lane, Wapping* hieß es in unordentlicher Schrift auf der Rückseite, ein Schlüssel zu seines Vaters früheren Nachfragen (als was auch immer die sich herausstellen mochten), und von da aus ein Wegweiser zu Peppards Schiff, also zu dem von Neagle, der *Vendragon* oder der *Falmouth*, zu einem oder ihnen allen.

Würde also Kapitän Ebenezer Guardian (im Ruhestand) diese Verwirrungen aufklären? Er würde die Geheimnisse eines jeden Hafens südlich der Halbinsel von Cherbourg erklären und Charles' Interesse an ihnen, nicht zu sprechen von der Bedeutung eines Schiffes, das seit zwanzig Jahren verloren und jüngst zurückgekehrt war, was sie stark vermehrte. Als Lemprière den Gehrock anlegte, den Brief in die Tasche steckte und sich auf die Reise vorbereitete, erschien ihm das alles reichlich unwahrscheinlich.

Das Problem war grundlegend. Die Begrenzungen des Materials (Holz) schufen Schwierigkeiten zum Zeitpunkt des Entwurfes. Die berüchtigt diensteifrigen Lübecker Zollbeamten erhoben Zoll auf die Decksfläche, also je weniger Deck, desto besser. Zugleich erforderte das Überqueren der Untiefen der Zuider Zee ein Schiff mit geringst-möglichem Tiefgang. Kapitän Guardian saß in seinem Krähennest vor einem wohlbeschickten Feuer und erwog diese Probleme.

Offensichtlich wurde für die Zuider Zee ein Flachschiff benötigt, dessen Stauräume genügend Fassungskraft haben mußten, um noch Gewinn zu ermöglichen, während eine besonders starke Einziehung der Bordwände nach innen den Lübecker Zollpächtern ihre unrecht-mäßige Steuer auf die Decksfläche verweigern würde. Kurz, eine Fluyt. Von vorne gesehen würde sie einem aufrechtstehenden aufge-schwollenen Dreieck mit Masten ähneln; einem wirklichen schwim-menden Stauraum. Probleme überreichlich: Wie könnte man ohne wirkliches Deck die Fluyt bemannen? Und angenommen, ihr geräu-miger Stauraum wäre bis zum Bersten vollgestopft, wie sollte man diese selbe Ladung ausmannen? Guardian spielte einbildungsreich mit einem Vorderdeck in Scharnieren und einem Zugbrückenmecha-nismus herum, aber das wurde wirklich eine besonders Häßliche, diese Fluyt. Zumindest aber brauchte sie wenig Ballast. Der Stehauf-kahn würde wergverpichte Planken brauchen, haufenweise. Kapitän Guardian seufzte. Er haßte Beplanken und begann sogar schon sich zu wünschen, er hätte das Projekt nie in Angriff genommen, als die kleine Messingglocke, die in dem engen Treppenaufgang vor der Tür hing, plötzlich bimmelte und einen Besucher unten ankündigte.

Eben hetzte seine steifen Glieder die Treppen hinab, neugierig auf die Identität seines Besuchers. An der Tür sah er sich einem eckigen Individuum gegenüber, groß, in einen rosafarbenen Gehrock gekleidet, mit Brille, das seine Hand ausstreckte und sofort zu reden begann.

«Sir, ich bin...»

«Ich erinnere mich, wer Sie sind», sagte Eben. «Sie sind Charles Lemprières Junge. John, oder?» Er schüttelte die dargebotene Hand. «Kommen Sie rein, kommen Sie herein. Wir haben alle nach Ihnen gesucht, bei den de Veres, wissen Sie? Üble Sache das. Kommen Sie rauf.» Kapitän Guardian wies auf das enge Treppenhaus, das, wäh-rend sie emporstiegen, immer enger zu werden schien, bis sich der Kapitän schließlich auf dem letzten Treppenstück buchstäblich zwi-schen den Wänden durchquetschen mußte, obwohl sein Gast sie nicht einmal berührte, und das sie schließlich beide keuchend in ein Zimmer brachte, vollgestopft mit Papieren, Seekarten und eselsohri-gen Bänden aller Art, in dem ein kleines Feuer hell brannte und dessen vier Fenster in die vier Himmelsrichtungen blickten.

«Das wirkliche Krähennest», kündigte Kapitän Guardian an. Er bot seinem Gast einen Sitz. Lemprière verstaute seine Beine. Eben betrachtete seinen Gast. Ein nervöser Dünnling; in der zusammengebrochenen Trittleiter hatte er irgendwie spinnenhaft ausgesehen, komisch. Der Körper war derselbe, aber jetzt war nichts Lächerliches um ihn. Angespannt sah er aus. Machs ihm behaglich. Eben hatte den Tonfall seines Vaters gemocht, sachlicher Bursche, soweit man das beurteilen konnte. Die Fluyt konnte warten.

«Mein Beileid zum Tod Ihres Vaters», sagte er, und der junge Mann nahm es mit einem feierlichen Nicken entgegen. «Ich würde gerne wissen, wie er...»

«Jagdunfall», sagte Lemprière rasch. «Tut mir leid, daß ich unsere Verabredung verpaßt habe.»

Verabredung? dachte Guardian. Natürlich, vorm Haus der de Veres. «Aber nicht doch, nein, wir rannten sowieso herum, um Sie zu suchen.» Die Fluyt tauchte wieder in Guardians Gedanken auf. Ladepforten mit Deckeln, wie Bullaugen, nur größer, genug, um das ganze Ding zu beladen. Das müßte reichen. Rampen für den Zugang.

«Ich bin neugierig», sagte der junge Mann, «was die Briefe meines Vaters an Sie betrifft.»

«Natürlich. Sollten Sie auch. Faszinierender Mann, Ihr Vater. An Häfen war er interessiert.»

Charles Lemprière hatte Ebens Neugier angefacht. Schiffe bauen war eine Sache, und eine bedeutende, kein Zweifel. Aber das war ja doch noch nicht alles. Vom Stapel lassen, aufschwimmen, steuern, navigieren, alle diese Handlungen verbanden ein Schiff fest mit seinen Rahen, seinem Hafen, der See, den Launen der See und darüber hinaus mit den Sternen. Aus all dem bestand das Leben der Sache. Zwänge auch, aber das alles mit der Tonnage und dem Willen der Männer an Bord aufzuwiegen, das war das wirkliche Schiff. Ein dynamisches Tier, mit der Brust gegen die Brecher der Landzunge, wißbegierig durch die Sandbänke schnüffeln, ein lebendiges Ding, das Häfen als Wohnungen nahm, einer vom anderen ebenso unterschieden wie ein Luxusstadthaus von einem Fachwerkschuppen. Eben durchsuchte die vollgestopften Regale im Krähennest.

«Häfen an der Westküste Frankreichs. Alles, was ein Schiff von 400 Tonnen aufnehmen würde. Ihr Vater hatte die Vorstellung, daß ein Schiff dieser Größe im Küstenhandel unterwegs sei. Schien mir reichlich unwahrscheinlich.» Der junge Mann sah verwirrt aus. «Zu groß», fuhr Eben fort. «Küstenhandel bedeutet Flüsse. Schwierig zu befahren, und was Frankreich angeht nicht zu besegeln. Die vorherrschenden Winde wehen nach Osten, von der Westküste aus ins Binnenland.» Immer noch verwirrt, schien es. «Man kann dann nicht segeln», buchstabierte es Guardian. «Man muß die Strömungen benutzen. Ein so großes Schiff würde eine sehr starke Strömung brauchen, aber auf jeden Fall würde die Tiefe zu flach sein. Die Loire fließt nach Westen, aber nicht von der Westküste aus. Die Rhône ist ganz gut bis Arles, aber danach, na ja ... Die Karten sind nutzlos, das ist das wirkliche Problem. Die Flußbetten wandern. Eine tiefe Rinne im einen Jahr kann im nächsten eine Sandbarre sein. Einfach nicht machbar.»

«Was also wollte mein Vater nun wirklich wissen?» fragte Lemprière.

«Hafenpläne», sagte Eben, «von jedem Hafen mit dem richtigen Zug.»

«Verzeihung, ‹Zug›, ich bin kein ...»

«Die Tiefe des Wassers, das ein Schiff zieht, die Tiefe, die es benötigt.» Eben wies anstelle einer weiteren Erklärung auf einen Kupferstich über dem Kaminsims. «Anthony Deane war der Mann. Hatte es alles mit Tabellen und so was ausgearbeitet. Unschätzbar. Charles, Ihr Vater, wollte Karten haben, die ihm die Häfen zeigten, die ein solches Schiff anlaufen könnte.»

«Und Sie haben sie ihm gesagt?»

«Nun, nein. Ich mußte um die meisten von ihnen nach Holland schicken, zu alten Freunden drüben ... Auf jeden Fall kam die letzte vor ein paar Wochen an. Ich hab sie auch binden lassen. Braucht alles seine Zeit.» Kapitän Guardian gab seinen Posten am Bücherregal auf und marschierte zu einer Kartentruhe auf der anderen Seite des Zimmers, gegen die ein Gegenstand lehnte, den Lemprière für eine Tischplatte gehalten hatte. Eben stemmte sie hoch und schwankte zurück. «Das Binden mag ein Fehler gewesen sein», grunzte er. Die ledergebundene Schwarte wurde auf den Boden gelegt.

Die beiden hockten sich nieder. Eben beobachtete sorgfältig, wie der junge Mann den schweren Einband aufschlug und die Karten von Cherbourg, Le Havre und Brest durchsah. Charles Lemprière hatte seine Begeisterung wie seine Neubegier gleichermaßen in Anspruch genommen. Die ins einzelne gehenden Nachfragen in den Briefen des toten Mannes schienen um eine größere Frage zu kreisen. Er konnte sich dessen natürlich nicht sicher sein, aber seine ganze Erfahrung sagte ihm, daß ein Schiff von 400 Tonnen, das sich zahm an den

Küsten Frankreichs entlangdrückte, ein unwahrscheinlicher Vorgang war, wenn nicht gar ein unmöglicher. 400 Tonnen: das war ein Hochseeschiff. Das hatte keine regelmäßige Küstentour.

Lorient. Nantes. Dieser sein Sohn tat nichts, um Ebens Wißbegier zu befriedigen. Da war mehr an diesem Besuch als die Hinterlassenschaft eines toten Mannes. Eben sah ihn von der Seite an, als er zur letzten Karte kam. La Rochelle. Der junge Mann starrte darauf nieder, plötzlich angespannt, während sein Interesse wenige Augenblicke zuvor noch oberflächlich gewesen war. Also La Rochelle, dachte Guardian. War La Rochelle der Heimathafen dieses Geisterschiffes?

«Wunderbarer Hafen, und von der besten Art.» Der junge Mann blickte auf, aus seinen Gedanken gerissen.

«Art?»

«O ja», sagte Eben. «Ein Naturhafen. Nehmen Sie sich einen guten Lagunenhafen, geben Sie ihm fünf Jahre, und der Fluß wird ihn gründlich mit Sand zuschütten. La Rochelle hat diese natürlichen Landzungen.» Er wies auf Minimés und Chef de Bay. «Sie halten das schlimmste Wetter ab. Natürlich ist die Einfahrt schwierig. Da gibt es zwei Inseln, hier und hier, und ein Paar Schlammbänke, Pen Breton und La Longe, hier und hier. Und hier ist dann Richelieus lächerlicher Turm, der den Kanal eng hält.» Lemprière blickte auf und verstand nichts. «Man kann die Spitze des Hauptmastes sehen, aber der Rest des Schiffes bleibt hinter dem Turm verborgen. Die Tiefe ist aber gut. Einziges Hindernis sind die Überreste der Mole . . .»

«Eine Mole?»

«Während der Belagerung gebaut. Richelieu blockierte den Hafen. Ließ hier Schiffe versenken», Guardian zog eine Linie über die engste Stelle, «und genau hinter ihnen ließ er eine Mole bauen, eine Art Seewall. Machte den englischen Schiffen unmöglich, durchzugehen und der Stadt Entlastung zu bringen. Das war schon vor vielen Jahren, aber Reste von dem verdammten Ding sind immer noch da.»

«1627», sagte Lemprière. Er starrte auf den Plan.

«Ja, nehme ich an. Wäre es nicht wegen Richelieu, würde La Rochelle einer der besten Häfen Europas sein. Das ist natürlich nur meine Meinung.» Der junge Mann zog den Umriß des Hafens mit dem Finger nach. «Der Hafen selbst ist am fernen Ende der Mündung; man geht zwischen diesen beiden Türmen durch und entlädt in der Stadt selbst. Man muß natürlich mit der Flut reingehen.» Er war komisch, dieser bebrillte Besucher. Hörte er überhaupt zu?

«Die Form», sagte Lemprière abwesend und starrte immer noch auf den Hafen. «Ich kenne sie.»

«Was? Woher?»

«Verzeihung, ich dachte... Ich muß mich geirrt haben.» Der junge Mann schien seine Gedanken zu sammeln. «Und La Rochelle würde also ein Schiff von 400 Tonnen aufnehmen?»

«Kein Zweifel. Eine gute Flut würde Ihnen vier oder fünf Faden geben. Mehr als genug. Aber natürlich ist das nicht die wirkliche Frage, Ihres Vaters meine ich.»

«Nein?»

«Oder?»

«Verzeihung?»

«Aber bitte», sagte Guardian. War der hartleibig, dieser Lemprière.

«Was ich meine ist, daß die wirkliche Frage sich auf ein Schiff bezieht, oder?»

«Oh, jaja, ich verstehe.»

«Auf ein Schiff dieser Größe, das die Küste auf und ab geht», fuhr Eben fort. «Was treibt es? Oder genauer: Was transportiert es?»

«Genau», sagte der andere.

«Nun?»

«Ich habe nicht die geringste Vorstellung. Ich hatte mir gedacht, daß Sie das vielleicht wüßten.»

«Sie haben keine Vorstellung, wonach Ihr Vater gesucht hat?»

«Nicht die geringste», sagte Lemprière mit überzeugender Offenheit.

Eben seufzte und schloß dann das Buch. Ein weiteres Geheimnis. Die See, natürlich. Aber warum ein Schiff? Warum gab es am Grunde von allem immer ein Schiff? Seine Knie knackten, als er sich vom Boden erhob und zum Ostfenster ging.

Es war später Nachmittag. Das Licht begann zu schwinden. Seine Blicke wanderten über die sich drängelnden Schiffe, die im Upper Pool der Themse zusammengestopft waren. Seine Stimmung war eigenartig abgefallen. Die ständigen Kais waren voll wie immer. Die Ersatzkais auf der Südseite ebenfalls. Dreimaster, kleine Briggs und Schaluppen, ein paar Kohlensegler, sie alle waren da Bug an Heck aneinandergeschoben. Nur die Treppen, die die Lagerhäuser trennten, boten noch Platz. Flußboote schnüffelten unbeholfen um die größeren Schiffe herum, die da wie blinde Fische mitten im Strom vor Anker lagen. Abgesehen natürlich von der *Vendragon*. Um die

Vendragon kümmerte sich niemand. Kapitän Guardian blickte über die wirre Masse von Kais, Piers, Treppen und Schleusen, größeren und kleineren Fahrzeugen mit ihren Masten und Takelungen, ihren unterschiedlichen Zuständen der Reparaturbedürftigkeit, und sah Hierarchien, Vorränge, Hackordnungen: all die verschlungenen Unterordnungen und Rangstufen, die da der See geheime Sprache sind, zu Holz und Segeltuch und Tau geworden, unterschiedliche Antworten auf ihre Launen. Jede Sorte See hat ihr eigenes Schiff, sagten die Schiffsbauer, und die See lieferte ihre Widerlegungen ohne Gunst oder Ungunst. Eben besah sich die Fahrzeuge vor ihm mit einem kälteren Auge. So viele Schiffe und Boote. So viele Geheimnisse.

«Welch eine Menge Masten.» Der junge Mann hatte sich ihm angeschlossen. «Ist das ein guter Hafen?»

«Könnte er sein», korrigierte Eben ihn, «wenn man sich die Mühe machte, ihn von Zeit zu Zeit auszubaggern, und ihn nicht mit Gerbereien und Mühlenrädern erstickte. Die andere Seite der Brücke ist praktisch ein Stauwehr. Sehen Sie Dyces Kai?» Er zeigte.

«Der mit dem großen Boot?»

Eben biß sich im Geiste auf die Lippen. «Schiff, ja. Der hat fünf Fuß Wasser in ebenso vielen Jahren verloren. Die meisten anderen noch mehr. Die Flut läuft da aus, und sie alle schmeißen Ballast aufs Ruhige. Verdammte Schande. Die Kaileute hindern jeden daran, den Bau neuer Kais auch nur zu versuchen. Bristol hat mehr Anlegeplatz als der Hafen von London, aber nur ein Viertel der Tonnage, würden Sie das für möglich halten?» Aber er sprach zu sich selbst. Der junge Mann blickte über das Hafenbecken hinweg, hierhin und dahin. Was suchte er denn?

«Ihre Hand ist wieder geheilt?» Er blickte auf die Überbleibsel des Zwischenfalls.

«Verdammte Tätowierung», erwiderte Eben. Die Wunde vom Automaten hatte sein Fleisch mit spinnwebartigen schwarzen Linien gebrandmarkt, *Falmouth*, unauslöschlich in seiner Handfläche. Teil von ihm. Der junge Mann blickte wieder aus dem Fenster.

«Ich habe einen Freund, hatte einen Freund; George Peppard...» Der Name klingelte schwach in Ebens Erinnerung. Peppard, Peppard... Die Affäre Neagle, natürlich. Peppard war der Anwalt gewesen, war wie das Schiff untergegangen, die *Falmouth*. Dieser zweite Lemprière hatte die Wunde in seiner Hand gesehen, den Grund seiner Handlung gehört, als er versuchte, die Skizze aus Maillardets

Apparat zu zerren. *Vendragon*. *Falmouth*. Eins und dasselbe. Der Junge erzählte ihm von der Neagle-Affäre, den Walen... Jetzt erinnerte er sich an alles.

«Niemand, der Alan Neagle kannte, hat an die Geschichte von den Walen geglaubt», unterbrach Eben. «Ein großartiger Seemann, der beste seiner Generation, aber maßlos ehrgeizig. Hat seine eigene Frau belogen, oder nicht?» Der junge Mann sprach immer noch und erzählte ihm Dinge, die er längst wußte. Neagles Schiff ohne Spur gesunken, Meilen vom Kurs ab, Neagle zum Schweigen gebracht, ein Versicherungsbetrug, der wegen Mangels an Beweisen nie verfolgt wurde.

«Die Gesellschaft konnte sich einen Skandal nicht leisten, sie *mußte* ihn zum Schweigen bringen, und seine Frau, und seinen Anwalt...» Jaja, dachte Eben, Versicherungsbetrug. Schlimmere Dinge sind geschehen.

Jetzt aber war der Beweis hier in London, lag eine Taulänge entfernt vor aller Augen vor Anker, die *Vendragon* geborene *Falmouth*, Neagles verlorenes Schiff. Er hatte es seit Wochen gewußt, und er hatte Neagle gekannt, als das Schiff zum ersten Mal ausgelaufen war. Hatte ihn bewundert. Ihn ein bißchen nicht gemocht. Gerissen und hohl. Hübsche Frau. Jüngster Kapitän eines Indienfahrers in der Geschichte der Gesellschaft, brillanter Redner. Jeder kannte Neagle, oder wußte von ihm.

«Mein Freund George geriet in Schande, obwohl er recht hatte, und dann haben Sie mir erzählt, das Schiff sei hier, und es beweist, daß er recht hatte. Sie haben es umbenannt, aber es ist immer noch Neagles Schiff. Das ist nicht die *Vendragon*, oder? Das ist die *Falmouth*.»

«Freu mich zu helfen. Wenn ich den Namen eines Mannes reinigen kann», begann Eben schroff.

«Können Sie nicht. Niemand kann es. Er ist vor zwei Wochen umgebracht worden, am gleichen Abend, an dem ich ihm erzählt habe, was ich von Ihnen wußte.» Umgebracht? Der Kern des Ganzen begann Eben aufzudämmern. Die Gesellschaft hat ihn umgebracht..., ja, das konnte er glauben.

«Es war kein Raubmord, nichts wurde gestohlen. Auch kein Zufall. Ich hatte ihm versprochen zu helfen. In jener Nacht habe ich ihm versprochen, ich würde ihm helfen, seinen Namen zu reinigen.» Die Stimme brach. Verlorene Freunde, Eben verstand das. Verschwendung und Kummer, der Zoll, den die See von den Reisenden auf ihr fordert. Man hatte also seinen Freund umgebracht, und dieses schlaksige Exemplar wollte sie zur Rechenschaft ziehen und vor den Masttopp bringen. Sehr schön, sehr schön. Jetzt wußte er, warum Charles' Sohn gekommen war. Der Beweis, um den er gekommen war, war immer noch da und stieß im Takt mit dem langsamen Anschwellen des Flusses sanft gegen den Kai, taptaptap.

«Da», Eben wies zum Kai. «Das ist die *Falmouth*. Das ist Neagles Schiff.»

Eben beobachtete, wie der junge Mann sich vorwärtslehnte, die Nase fast an der Scheibe. Die Träger waren bei der Arbeit und schleppten Kisten mit Taugriffen wie zuvor den Kai entlang, ein Mann an jedem Ende. Ein Frachtkarren spie weitere Kisten aus, weiter die Mole hinab. Die beiden Beobachter konnte er nicht sehen. Deren Anwesenheit war in letzter Zeit weniger gewiß gewesen. Das Gesicht des jungen Mannes war unbewegt, sein Blick auf die *Vendragon* geheftet. Er würde die Szene nicht verstehen können; sehen ja, aber nicht mehr.

«Wenn Ihr Freund, dieser Peppard, wenn er umgebracht worden ist, sind Sie dann nicht selbst auch in Gefahr?» fragte Eben. Sie schleppten Kisten vom Frachtkarren herüber.

«Ich glaube nicht, das ist eigenartig, eine lange Geschichte.» Abwesende Stimme, die Augen auf das Schiff geheftet, und auf die Kisten. «Warum haben sie es zurückgebracht? Warum jetzt?» Eben sah ihn an. Das war mehr als nur Neugier, dieses dünne Gesicht.

«Sie ist leer reingekommen», sagte er. «Sie haben etwas Ballast ausgeladen, sonst nichts. Und sie wußten, daß sie kam. Der Kai war schon eine Woche, ehe sie anlegte, geräumt. Wird ein kleines Vermögen gekostet haben.»

«Ist sie schon lange da?»

«Seit Monaten. Normalerweise würde sie in wenigen Tagen beladen worden sein. Die Nachfrage nach diesen Kais ist ungeheuer.»

«Was geht da vor?»

«Ich hab keine Ahnung. Das sind Cokers Männer, die da unten arbeiten. Aushilfen. Wenn alles in Ordnung wäre, würden sie Reguläre nehmen.»

«Ich muß das rausfinden», sagte der junge Mann abrupt und ging schon auf die Treppe zu, als Ebens Stimme laut in der Begrenzung des Zimmers erscholl.

«Nein!» Der junge Mann blieb stehen, sah sich um, schon fragend. Eben überlegte, wie er es erklären könne, daß er sich nicht im Strand oder im Adelphi befinde, daß er hier sei, bei den Docks, am Rande des Flusses, wo die Gesetze und Regeln und Verhaltensnormen des Landes zerlumpen und zerfetzen wie das Land selbst, wenn es sich im Wasser verliert und zu Schlammbänken wird, die die Tide Land und Wasser nennt. Für den Außenseiter eine fragwürdige Landschaft mit ihren eigenen Regeln, ihren eigenen Freiheiten und Strafen. Sie würden ihn in das Hafenbecken werfen, in eine Kiste nageln und reinschmeißen. Sie würden nicht zweimal darüber nachdenken. Er wußte von nichts, er würde Fehler machen und gegen die Spielregeln verstoßen. Er kannte sie nicht. Sag ihm das.

«Das ist ein rauher Haufen, wissen Sie», sagte er. «Sie werden keine Antworten bekommen. Viel eher was viel Schlimmeres, verstehen Sie mich? Bleiben Sie mit Ihren Fragen von den Docks weg. Das ist ein guter Rat, junger Lemprière...»

In diesem Augenblick wurde er durch einen lauten Krach und eine Salve von Flüchen vom Kai aus unterbrochen. Sie hatten sich wieder am Fenster getroffen und streckten die Hälse aus nach einem Blick. Eine der Kisten war hingestürzt, ein gerissener Handgriff. Sie lag in Streichhölzer zerschmettert um ihren Inhalt herum. Irgendeine Statue, jemand, der einen Topf auf der Schulter trug, ein Meter achtzig oder mehr, wenn sie aufrecht gestanden hätte. Packstroh begann sich von den Gliedern der Statue zu lösen. Das also schleppten sie. Ein massig gebauter Mann brüllte die Männer an.

«Das ist Coker», sagte Eben. Ihrer zwei rannten zum Schiff und kamen mit einer Plane zurück, die rasch um die Statue gewickelt wurde. Die ursprünglichen Träger und die Holer hoben die Last gemeinsam an, und die Statue setzte ihren Weg fort, und schaukelte in der improvisierten Hängematte zwischen ihnen. «Da!» Eben stach mit dem Finger, und Lemprière sah gerade noch einen drahtigen Mann in Schwarz, ohne Hut, der hinter einer Reihe von Dockskränen ging.

«Sehen Sie ihn? Er überwacht die Beladung.»

«Wer?»

«Weiß nicht. Normalerweise zwei, die sich einer vor dem anderen verstecken.» Die Statue war den halben Weg die Gangway hinauf. «Coker bekommt seine Befehle von dem da, der andere ist mir ein Rätsel. Aber der da gibt die Befehle.» Beide sahen erneut hin. Der Mann in Schwarz war verschwunden.

«Das wird der Mann der Gesellschaft sein», sagte Lemprière. Eben nickte, beide unsicher. Die Statue war in der Last verschwunden. Die

Reihe begann von neuem. «Statuen», sagte Lemprière. «Da muß mehr dran sein. Wenn ich wüßte, welche Statue, dann vielleicht.»

«Das ist Neptun, der eine Urne schultert», sagte Kapitän Guardian. «Durch die vielleicht Wasser fließen kann, wie in einer Grotte.»

«Neptun? Aber er hatte doch keinen Dreizack, und wie können Sie...»

«Kann keinen Dreizack schleudern. Zu knifflig», sagte Eben.

«Wie, Verzeihung, woher wissen Sie? Ich habe es selbst ja kaum gesehen, aber...»

«Ich hab's schon mindestens fünfzig Mal zuvor gesehen. Jeder Garten mit fließendem Wasser und einem Besitzer von der mittelmäßigen Art hat einen. Das ist Coade-Stein. Sie machen sie zu Hunderten. Gehört Ihnen für 9 Guineas, 3 Schilling und 10 Pence, wenn mein Gedächtnis nicht trügt. Das Schiff ist voll von falschen Statuen», Guardian lachte. «So, jetzt wissen Sie's.» Der junge Mann bot als Erwiderung ein gespanntes Lächeln an.

«Ich brauche mehr als das», sagte er. «Die können jeden Augenblick absegeln, und ich stünde da mit nichts.» Er starrte auf die Männer und das Schiff hinab. Guardian konnte seine Gedanken lesen.

«Ich sag Ihnen nein», sagte er. «Bleiben Sie weg. Wenn die an irgendeinem Betrug arbeiten, werden sie Sie abservieren wie diesen Peppard. Mit der Gesellschaft sollte man nicht herumspielen.»

«Die Gesellschaft ist eine üble Sache», sagte der junge Mann bitter. «Ein kaltes kriechendes Ding. Soll ich denn nichts tun?»

«Ein wahrer Asiaticus», sagte Eben wohlwollend. Lenk diesen Lemprière ab, dachte er, beruhige ihn. Narren rennen in was rein... Halt ihn von den Lohnarbeitern fern, vom bösen Ende fern. Jetzt blickte sein Gast sonderbar drein, nicht ruhig, aber abgelenkt. Wodurch?

«Asiaticus, wie haben Sie von ihm erfahren?» fragte der junge Mann scharf. Guardian dachte zurück, von dieser Wendung seiner Fragen überrascht. Er erzählte ihm von der Flugschrift, die vor einigen Monaten auf der Schlammbank ein wenig kaiauf angetrieben wurde, «A. Bierce» sorgfältig aufs Vorblatt eingetragen, des Autors Gift und Galle verdreckt und verwaschen, vom Tidenwasser eingefangen und herumgewirbelt und patschnaß von seiner Hand am Flußrand aufgefischt. Nach Hause gebracht und vor eben dem Feuer getrocknet, das jetzt am anderen Ende des Zimmers niedrig brannte, hatte es Guardian erheitert, einen solchen Haß auf die Gesellschaft zu lesen. Er selbst liebte sie auch nicht gerade. Ein später Herbstabend war dadurch belebt worden und hatte ihn aus der Melancholie herausgeholt, in die ihn das Fiasko mit dem Ballast gestürzt hatte, das seiner Ankunft um eine einzige Nacht voraufgegangen war. Er reichte die Flugschrift jetzt Lemprière, der seinen geübten Blick über das Alphabet des Zorns wandern ließ. Sie war die dritte von vieren. Und wieder mehr Versprechen von Enthüllungen als Enthüllungen. Versprechen oder Drohungen.

«Behalten Sie es, wenn Sie eine Verwendung haben...» Lemprière nahm die verkrumpelten vertrockneten Blätter. Ja, hatte er, wußte noch nicht genau welche, aber ja trotzdem. Ich danke Ihnen. Seine Augen wanderten zurück zum Schiff.

«Hören Sie mir zu, junger Lemprière. Ich werde auf das Schiff aufpassen. Lassen Sie es in Ruhe. Wenn sie sich zum Absegeln fertig machen, werde ich Sie benachrichtigen. Und wenn die Zeit knapp ist, werde ich selbst das Ruder nehmen, verstehen Sie? Sie haben mein Wort.» Der Zweifel sammelte sich bereits im Gesicht seines Gastes. Mußte er zusätzlich zu seinem Wort Beglaubigungen vorlegen? «Ich bin aus diesem Hafen als Junge und als Mann fast vierzig Jahre lang ausgelaufen. Wenn die Dinge sich zuspitzen, werde ich die Männer finden, die ich brauche, glauben Sie mir», bekräftigte Eben. Der Zweifel schwand langsam. Die beiden schüttelten sich darauf die Hände.

«Ich stehe in Ihrer Schuld», sagte Lemprière feierlich.

«Ach was», Eben wischte die Verpflichtung beiseite.

«Sie sagten zwei Männer?»

«Zwei? O ja. Der eine, den Sie gesehen haben, das ist der eine. Der andere ist ein merkwürdigeres Geschöpf. Schwarzer Umhang, Hut...»

«Wie sieht er aus?»

«Könnte ich nicht sagen. Der Hut bedeckt sein Gesicht. Eine breite Krempe, so», Eben zog einen weiten Kreis in die Luft über seinem Kopf. «Kennen Sie ihn?»

Lemprière dachte an Hüte. «Nein», sagte er.

«Jetzt habe ich auch eine Frage», sagte Eben. «Wonach hat Ihr Vater wirklich gesucht? Dieses sein Schiff, was betrieb es?»

«Ich wünschte, ich wüßte es, aber bis heute habe ich nicht einmal gewußt, daß er nach einem Hafen suchte, geschweige denn nach einem Schiff. Ehrlich, ich weiß nicht mehr als Sie.» Eben nahm das widerstrebend hin. Er stocherte im Feuer, dann sprach der junge Mann wieder.

«Welche Tonnage hatte die *Falmouth*?» fragte er plötzlich. Eben lächelte.

«Ja», sagte er, «400 Tonnen, so etwa.»

«Mein Vater suchte nach einem Hafen für ein Schiff dieser Tonnage.»

«Es gibt dreißig oder vierzig Schiffe dieser Größe, die allein aus diesem Hafen absegeln. Alle älteren Indienfahrer sind ungefähr von dieser Größe.»

«Also suchte mein Vater nach einem Indienfahrer», sprang Lemprière nach der Tatsache.

«Es gibt auch massenweise andere Schiffe dieser Größe, Hunderte...»

«Aber die meisten von ihnen sind Indienfahrer. Ich meine, was, wenn das verlorene Schiff meines Vaters und das von Neagle in irgendeiner Weise miteinander verbunden sind?»

«Sie meinen, ‹Was, wenn sie dasselbe Schiff sind›?»

«Ja...»

«Weil sie beide wahrscheinlich an die 400 Tonnen haben.»

«Ja.»

«Und weil sie beide möglicherweise was mit der Gesellschaft zu tun haben.»

«Ja.»

«Nach meiner Meinung», sagte Kapitän Guardian, «ist das ungefähr ebenso wahrscheinlich wie, daß ein Frachtsegler aus Ijmuiden der Schiffssteuer in Lübeck entgeht. Und das», fügte er mit Nachdruck hinzu, «ist allerdings sehr unwahrscheinlich.»

Allerdings. Lemprière verließ das Krähennest kurze Zeit später mit Guardians Versprechen, seiner Warnung und dem Kartenband, dieser ein schwarzes Ledersegel, dessen Breite einen Zoll oder so über seine Reichweite hinausragte, beidhändig einen Fuß vor seinem Gesicht getragen, der Gewalt einer jeden Bö oder anderer städtischer Turbulenzen ausgesetzt, die ihn vom glatten Kiel blasen, herumwirbeln und seine zerbrechliche Barke vollständig kentern machen mochten. Da waren Hüte im Spiel: die breitkrempige Angelegenheit, die der ungreifbare Wächter Nr. 2 trug und die Guardian erwähnt hatte, ein ähnlicher, für den panikerfüllten Bruchteil einer Sekunde gesichtet, als ihn eine stählerne Faust aus Farinas Mob grub und ihm den Rock – immer noch nicht repariert – zerriß, und jetzt, da er seinen flappenden Atlas gegen den boshaften Wind den sanften Abhang der Pillory Lane auf die Thames Street zu nach Hause trug, kam ihm der Inder im *Ship in Distress* in die Erinnerung, dessen Augen die zerrissene Tasche suchten, sein Umhang (ein *schwarzer* Umhang) über den Stuhl geworfen, auf dem ein schwarzer breitkrempiger Hut ruhte, genau wie Guardian es beschrieben hatte. Waren die alle derselbe Hut? Verschiedene Hüte? Derselbe Hut, von verschiedenen Männern getragen, in gleichmäßigen Abständen von Kopf zu Kopf ausgetauscht? Irgendein anderes, weniger ersichtliches Arrangement?

Eine Windwoge zog seine schwarze Plane mit sich, als die Thames Street betreten, durchsegelt und verlassen wurde. Lemprière schlingerte und stolperte, ein fröhlicher Anblick für die Vorüberkommenden. Das ungewöhnliche Segel verstellte ihm die Aussicht. Die leichten Unregelmäßigkeiten der Straße waren kielzermalmende Riffe und seine Mitbürger Wracks in der Windstille, die zu Zusammenstößen herausforderten. Eine gefährliche Reise, und unter dem Oberflächenwirrwarr drang ein uralter Monoton aus hadalischen Urtiefen empor, der sich mit ihm verband und dann erneut nach einem lange toten Griechen hinabtauchte, dessen schwarzbesegeltes Schiff Aigeus die Klippe hinabstürzen ließ, tot wegen des Fehlers aus der Vergeßlichkeit jenes früheren Sohnes. Seine Finger waren vor Anstrengung und vor Kälte taub. Es war dunkel. Hinweise auf den bevorstehenden Pöbelaufstand schmückten die Mauern der Hauptstadt: *Ihre Banner Werden Mit dem Blut In Den Straßen Befleckt Sein* an der Mauer von Rowlandsons Glasfabrik, dann einfacher, kühleres Parteigängertum: *Farina*, mit Kreide auf die Ziegel des angrenzenden Hofes geschrieben, schon zerbröselnd, schon an den großstädtischen Mulch verloren, der unter seinen Schritten zermalmte, als er sich seinen Heimweg gegen einen unnachgiebigen Wind nach vorne erzwang. Er stellte sich vor, wie Wind und Regen peitschend die Gesichtszüge der Götterbilder verwittern, bis ihre Nasen und Münder gleichgültig und pittoresk sind und bereit für den Zugriff des Restaurators. Theseus mit dem Grinsen eines Idioten. Neptun mit einem Topf, «durch den vielleicht Wasser fließen kann, wie in einer Grotte...» Da war mehr dran als Statuenfälschung, mehr als die Massenproduktion von Coade...

Auf diese Weise machte er weiter, von Segeln gezogen, die Bilder der See waren, Bilder von Häfen, eine krängende klappernde Hülle, die sich gefühllos zwischen bekannten und unbekannten Küsten drehte. Das ruderlose Fahrzeug, gesteuert von hundert verschiedenen Winden, schlingerte über ein Meer alter Irrtümer, und sein Hauptmast sank langsam hinter den Horizont auf die schroffe Mündung seines letzten Hafens zu, wo es zwischen den Landzungen eingeklemmt und im Becken von La Rochelle bekalmt wird, ein verlorenes Schiff.

Es gab da eine Art Vertrautheit mit dem Hafenplan, eine halberfaßte Übereinstimmung. Vielleicht war er in einer anderen unerinnerten Zeit im Becken von La Rochelle getrieben, hatte nach den herausragenden Ausläufern und Bänken geblickt, die hierhin und dahin liefen, und als er dann die Abstraktion dieser Szene auf Guardians Karte betrachtete, verkleinert und von oben gesehen, waren ihm die früheren Umgebungen zurückgekommen, als sei er über sie hingeflogen und hätte den Naturhafen erblickt mit seiner Mündung, dem einzigen Zugang, dem einzigen Bruch im rohen Kreisschlag des Hafens, der sein Bild als weites und unregelmäßiges C schuf.

Ein durchnäßter Botenjunge hatte in der Halle des Bordells gewartet. Sie hatten Jacques' Note gelesen und waren sofort losgegangen. Vaucanson erinnerte den strömenden Regen. Sie hatten den Inder in der Rue Boucher des Deux Boules gefunden, vor dem Freudenhaus. Die Lichter der Villa Rouge hatten durch das dünne Material der Vorhänge in Vierecken von glühendem Rot geflammt. Der Inder hatte wie eine Wache draußen gestanden. Le Mara hatte ihn herumgewirbelt, die Luft aus ihm herausgeschlagen, einen messerschnellen Stahlgriff an die Kehle getan. Die angeheuerten Männer hatten es beendet.

Siebzehn: Vaucanson zählte die Winter seit jener Nacht. Sie hatten ihn zur Kutsche getragen. Er erinnerte sich, wie das ovale Gesicht des Inders zu ihm aufgesehen hatte. Sie hatten ihn nach England gebracht. Von Dover zur Hauptstadt, dann hinab durch die verborgenen Schächte und Tunnel hatte Vaucanson ihn zurück an diesen Platz geschleppt, eine Werkstatt, die mit Silberdraht, Kupferstäben, Winkelstücken, federbestückten Reglern, winzigen Schalträdern und vernetzten Ketten, Uhrmacher- und Chirurgengeräten übersät war. Hier, in der Heimlichkeit einer fernliegenden Drüse der Bestie, verschwendete Vaucanson keine Zeit mehr, schlitzte dem Inder die Finger auf, schob die schimmernden Stäbe hinein, rollte das Fleisch

393

des Gesichtes zurück und setzte die durchbohrte Gesichtsplatte ein. Den Boden überschwemmten Flüssigkeiten und seine Arme überzog geronnenes Blut bis zu den Ellenbogen. Er konnte dem Inder in die Augen starren und zusehen, wie den ursprünglichen Mann die geschaffene Maschine durchdrang mit ihren Getrieben und winzigen Winden, ihren selbststeuernden Extensoren und Sensoren, deren reine Untätigkeit eine Neutralität war, die nicht menschlich sein konnte: der Frieden des Nullzustandes.

Dann hatte er den Schädel geschlossen, und die gravierte Stahlplatte hatte ihre tiefen Grate in die weiche Textur des Gehirns gesenkt und diese Verbindung gesperrt und jene freigegeben, und den Kortex zurück zu einem begrenzten Bewußtsein kanalisiert und getrieben. Die Augenlider waren vor und zurück geglitten, als der Fluß der Inputs und Outputs begann und Rückkoppelungen und Kontrollschleifen sich aus Reihen unverbundener Einheiten zusammenfügten, und hatten dann begonnen, sich aus den Null- und Einszuständen zu zwinkern, nie ganz das eine noch das andere, Leben und Nichtleben, menschlich und nichtmenschlich, irgendwo dazwischen, als die Verbindungen zweckdienlich wurden, der Mund sich öffnete und Vaucansons Hervorbringung ihr erstes Wort hervorkeuchte, ihre letzte Brücke zurück zu einer Existenz, die jetzt nur mehr als passive Erinnerung programmiert war.

«Bahadur», hatte die Maschine gekrächzt.

So hatte er den letzten «Gesandten» des Nawab umgedreht. In jener Nacht in Paris war Jacques rotäugig mit dem Betrogenen aus dem Bordell aufgetaucht, den letzten der Lemprières, bewußtlos, über die Schulter geworfen; ein anderes gefährliches Spiel, das, und wer hatte es am Ende siebzehn Jahre später aufgelöst? Wer hatte lange Monate hier unten geschwitzt, während die Hunde heulten und ihn mit ihrer Scheiße bespritzten, während er ihren Haß und ihre Zuneigung auf Stahlfäden aufzog und ihre weichen Gehirne mit Silberdraht vernähte, daß sie Den Teich sahen und Den Mann, daß sie ungefährlich an Dem Nackten Mädchen vorbeiliefen und an Dem Jungen, der im Gebüsch auf der anderen Seite verborgen sein würde, so wie er an ihren hündischen Zuneigungen vorbeiging, um ihre wölfische Unterströmung zu erreichen, die sie antrieb, Charles Lemprière auseinanderzureißen?

Grobe Maschinen, diese Hunde. Casterleigh hatte sie später erschossen, eine gute Lösung. Aber Bahadur, seine frühere und viel wertvollere Hervorbringung, war etwas ganz anderes, ein insgesamt viel delikaterer Balanceakt zwischen den nötigen menschlichen Erinnerungen und seiner Umwandlung in eine Maschine unter Schraubfaden, Skalpell und Säge. Sie hatten ihn zurückgeschickt, diesen Meuchelmörder, zurückgeschickt zu seinem Herrn, dem Nawab, als lautlose Lunte, mit einem Stahlkäfig als Körper und den mörderischen Kontrollschleifen, so fein eingestellt, daß derselbe Mann, der ihn nach Paris geschickt hatte mit dem Auftrag, sie alle zu vernichten, seinerseits das Opfer des Inders werden würde. Das war eine weitere Schleife, das Summen einer Milliarde synaptischer Schalter, die aufklicken bis zur entscheidenden Schließung, dann Schweigen; nichts.

Irgendwie hatten sie ihn verloren. Nachdem er ins Karnatik und zu seinem Herrn zurückgekehrt war, hatten sie nichts mehr gehört. Der Nawab machte weiter wie zuvor. Und nun war Bahadurs Nachfolger in der Stadt, besser für die Aufgabe vorbereitet. Besser imstande, sie zu erreichen.

Und so auch Charles Lemprières Sohn. Vaucanson sah hinter sich auf die Reihen humanoider Formen. Das matte Licht fing Stahlplatten ein, in ein Flechtwerk aus Draht wie Girlanden gehängt, Knötchen aus Messing und Zink, Schnittpunkte von Metall und Nichtmetall. Ihre Arme und Beine waren zusammengefügte Stäbe, ihre Köpfe kupferne Kreisbänder, die zueinander in Winkeln standen, ihre Augen einfache Linsen, die mit groben lichtempfindlichen Platten hinter dem Metallgitter der Rippen vernetzt waren. All das würde man aus Ton befleischen. Ein bemerkenswertes Amalgam, man würde sie in der Fabrik gießen und als Gartenstatuen verkleiden. Ein weiteres von Boffes scheußlichen Schauspielen, und mißbilligend dachte er an die de Veres und daran, wie man den Schmelzer und den Kran als Drainagegerät durch die Gärten hinab zum Sumpf geschleppt hatte. Drainagegerät! Die Coade-Fabrik kam da zupaß, schon bestochen, schon für andere Zwecke eingesetzt, und doch...

Vaucanson blickte um sich. Die Automaten starrten stumpf aus dem Düster zurück. Sie träumten ihre eigenen Träume, wußte er. Er erschauerte. Das waren die Befehlssequenzen, die konnte er nicht abschalten; die Stimuli. Jede Maschine mußte von A direkt bis Z springen können. Jede brauchte einen Raum, der «frei» war, neutral, eine Unterbrechung in der Kausalschleife: ein Nullzustand. Und da träumten sie. Da kamen die Erinnerungen zurück, das zerfetzte Fleisch, die durch tropfende Einschnitte ausgesogenen Knochen, die Nervenenden, die dem Gehirn von seinen genauen Verstümmelungen berichteten, als er das Menschliche abgezogen und es durch schimmernde Metallplatten und Stäbe und Drähte ersetzt hatte, hier auf der qualdurchtränkten Bank vor ihm. Alle diese Verwundungen wurden, wenn überhaupt, im Nullzustand erinnert. Er dachte wieder an die Automaten, die hinter ihm aufgereiht waren. Grobe Dinger, beschränkt, für einen einzigen Zweck geschaffen. Die Pläne des Führers umfaßten sie alle, verwirrten sie, warfen sie hierhin und dahin, und auch ihn hatte die Forderung geworfen, er hatte genickt und die neuen Parameter hingenommen. Konnte dieser letzte Lemprière diesen ganzen Schutzaufwand rechtfertigen, dieses überwältigende Narrenkleid, in dem die acht wie Puppenspieler kauerten, in Schwarz gekleidet vor einem schwarzen Hintergrund, all diese Schichten der Verschleierung und der vorgetäuschten Wappnung? Der Führer verkrustete sie mit seinen unmöglichen Plänen, als ob ein Verbindungsstück, das eine einfache Schleife hätte sichern sollen, sich irgendwo in seinem Inneren losgearbeitet hätte und nun hierhin und dahin peitschte und sie mit dem Wahn seiner Gedanken übersprühte. Welchen Funktionen sollten diese Pläne dienen, wenn ihr Ziel so einfach war?

Vaucanson nahm die Öllampe von der Arbeitsbank, hielt sie in Kopfhöhe und trug sie an der Reihe der Automaten entlang; ein General, der seine Truppen inspiziert. Eines nach dem anderen klickten ihre Linsenlider, als er die Lichtquelle an den Automaten vorübertrug, auf-zu-auf, in einem vollendeten Spiel chinesischen Geflüsters, *klickklickklick*... bis er das Licht wegnahm und wieder Stille herrschte. Da standen sie, leer, bewegungslos. Tausend widerspiegelnde Oberflächen verzerrten sein Bild. Was dachten sie in ihrem Schweigen, in den Tiefen ihres Nullzustandes? Dachte überhaupt einer von ihnen?

Über seiner Werkbank surrte und schlug die Uhr. Vaucanson trug die Lampe vor sich her, als er die Werkstatt verließ und sich vorsichtig über das Gesims dahinter schob. Das schwache Eigenleuchten der Bestie reichte kaum aus. Er dachte wieder an den Inder und an Le Mara, das schnelle Handgemenge in einer regendurchpeitschten Pariser Straße, das seine Bewegungen immer und immer von neuem in seinem Gehirn herum und herum abzuspielen schien. Sein eigener Schöpferstolz konnte sich nicht an sie heften, nicht an einen von ihnen. Selbst die Spielzeugmacher, die Maillardets, der andere Vaucanson (sein Namensvetter), selbst die Mittelmäßigkeiten besaßen das, aber ihm war es irgendwie verwehrt. Denn trotz all des Inputflusses, der Interaktionen und Abreaktionen, der zuckenden Sinne und korrigierten Dysfunktionen waren sie geschlossene Systeme. Le Mara kämpfte mit Bahadur, die Automaten wisperten untereinander und würden in der Fabrik gemeinsam handeln, er aber blieb isoliert, so, als hätten sie ihre eigenen Hierarchien und Vorurteile, die nichts mit ihm zu tun hatten oder mit jeder anderen Konstruktion aus Fleisch und Blut. Vielleicht glaubten sie, daß auch sie menschlich seien, daß sie irgendein Analogon zur Sterblichkeit besäßen, das sie irreführe, alle ohne zu wissen, daß ihr Blut als Befehlssequenzen in Schleifen durch einen Rahmen aus Kupfer, Zink, Stahl und Glas in ein Leben strömte, das die Outputfunktion einer Maschine war. Sie gingen, sprachen und funktionierten wie Menschen. Warum sollten sie keine Menschen sein? Er mißtraute diesem Gedanken, der tief in ihm selbst in einer unverbundenen Schleife vergraben war, in der er herumwirbelte, endlos herum und herum. Wenn der entkommen könnte...

Metall kroch durch Fleisch, Draht durch Adern, Blutströme wurden Sequenzen, Milliarden um Milliarden tonloser synaptischer *Klicks*, eins/null, eins/null, eins/null, wenn die Haut abgeschält wurde und eine Metallplatte ihren Platz einnahm. Eine unermeßliche Automatisierung begann, die Sinne und Rezeptoren miteinander verband, geschlossenes System mit geschlossenem System (aber wie? wie konnten sie das?), und alle sich nicht der Tatsache bewußt, daß sie unterschiedlich waren, bis die Erinnerung an eine frühere Inkarnation ihnen zurückkam, berühren, sehen, schmecken, hören, befühlen, Blut pumpt, Drüsen sondern Sekrete ab, Neuronen glühen in der Umfassung des Schädels, ein verlorenes Paradies, ein Garten, den schon vor langem eine Mauer aus metamorphen Qualen eingeschlossen hat. Das Glutbecken des Konferenzzimmers befand sich jetzt vor ihm, jenseits der Kiesplatte des Vorplatzes. War das Casterleigh? Ja, und bei ihm Le Mara.

Zwei Silhouetten glitten in den Raum. Seine Schritte vervielfachten sich in der gewölbten Decke der Höhle, als sich die kleinen trockenen Steinchen unter jedem seiner Tritte geräuschvoll zurechtschoben.

«Sie warten nur noch auf unser Schiff...» Jacques sprach schon, als Vaucanson eintrat. Sieben Kerzen brannten, seine wurde die achte. Nur die neunte blieb übrig. Nur der Sitz neben dem Führer blieb leer. Alle waren da: Der Führer flankiert von Monopole und Antithe, seinen beiden echotischen Wachen, Boffe, Le Mara, Casterleigh und Jacques, der ihnen aus Paris berichtete.

«Duluc, Protagoras und der Kardinal haben ihre Männer bereits eingewiesen. Sie wissen, was von ihnen gefordert wird. Sie haben allem zugestimmt. Die ersten Unruhen werden kleine Proben sein, Paris selbst wird bis zum letzten Augenblick unberührt bleiben. Das kann Wochen und sogar Monate vor sich hin köcheln, ehe es überkocht. Paris ist der Schlüssel. Von Paris aus wird es sich durch die Provinzen bis zu den Grenzen hin ausbreiten. Darüber hinaus vielleicht. Dann müssen wir handeln.»

«Aber können denn unsere Mittel das stützen? Das ganze Unternehmen stützen?» erkundigte sich Casterleigh. «Wir stünden mit nichts da, wenn...»

«Es gibt keine ‹Wenn›.» Jacques sprach gelassen. «Paris wird fallen. Frankreich wird fallen. Und wir werden es auffangen.»

«Und wenn nicht?»

«Jacques hat recht.» Die zerstörte Stimme des Führers sprach aus den Schatten. «Das Land wird erneut uns gehören. Wenn wir es verlieren, werden wir alles verlieren. Über diese Dinge besteht bereits Einigkeit. Wir haben uns verpflichtet. Wir können hier nicht auf ewig als Exilanten bleiben. Wir müssen wie einer handeln. *Alle* von uns.» Der Führer gab dem Wort eine unnatürliche Betonung.

Vaucanson blickte von einem zum anderen. Casterleigh gab nach. Jacques berichtete ihnen über das Schiff, die Verabredung am Point Minimés, die farbigen Lichter, die Zeiten, die vereinbarten Zeichen.

«Duluc wird mit seinen Männern da sein. Sie werden bereit sein, das Schiff in der festgelegten Nacht auszuladen.» Vaucanson versuchte, sich ihre Rückkehr vorzustellen, das Knarren der Takelage, das Klatschen der Wellen, während sie heimwärts segelten, aber alles, was ihm in den Sinn kam, war eine andere fernere Reise, eine schändliche Flucht über die Palisaden, der Geruch ihres Schweißes, während sie im Boot kauerten, und dahinter ein übler Gestank, der wie ein Leichentuch über der zerbrochenen und verlassenen Stadt hing. Der Geruch von Bränden... Konnten sie dahin zurückkehren? Das Brennen, die erlöschenden Schreie, aber schon so lange her, sagte er sich, tot und unbegraben zurückgelassen, der Preis für sicheres Geleit. Nun würden sie ihn zurückzahlen, bis zum letzten *sou*, alles hergeben, um ihre Ländereien zurückzubekommen. Die Wahl war bereits getroffen. Casterleigh war schweigend in seinem Sitz zusammengesunken, voll schweigenden Zorns. Es hatte Streitereien wegen des Anwalts gegeben, dieses Peppard, der um die Gesellschaft herumgebrummt war, seit zwanzig Jahren ein geflügeltes Ärgernis, das zu nahe herangeflogen war. «Haltet ihn fern», hatte der Führer befohlen. Aber Le Mara hatte ihn getötet, und Casterleigh stand dahinter. Das alles ging auf diesen Jungen zurück, diesen Lemprière, den sie in eine künstliche Welt der zwielichtigen Wahrheiten und Kompromisse, der Ungewißheiten und Halluzinationen bringen wollten, ihre eigene Welt, und all dieses Herumkreisen und Ausweichen geschah anstelle der alten Lösung, die gegenüber all den hartnäckigen Generationen der Lemprières ausgeübt und erprobt worden war, und Le Mara wußte am besten, was sie war. Der Anwalt war ein Verbündeter dieses letzten Lemprière gewesen, und für ihr Zögern hatte es keinen anderen Grund als nur diesen gegeben; seine Auslöschung war schon längst überfällig gewesen. Vaucanson dachte zurück, während Jacques' Stimme weiterdröhnte. Die Lemprières schlängelten sich zurück durch die Jahre wie die Stücke eines Wurmes, den sie in Stücke schnitten, jedesmal wenn eine neue Generation aufs Geratewohl da weitermachte, wo die letzte aufgehört hatte. Der ungleiche Kampf ging weiter und weiter, bis es so ausgesehen hatte, als gebe es für ihren schlangenhaften Gegner kein Ende. Medusenhaft, würde dieser John es nennen. Nun befand sich der letzte von ihnen in Reichweite, und immer noch hielt der Führer zurück. Eine gewisse Angst vor ihrer Ausrottung ergriff den Führer, die andere Verbindung mit diesem bebrillten Knaben.

«Er wird von hier kommen.» Boffe hatte seinen absurden Plan vor ihnen allen ausgebreitet und erbat ihre Nachsicht, ihre Aufmerksamkeit, die ihm so wichtig waren. Die Fabrik wurde durch einen rohen Kasten dargestellt. Das Dach wurde abgenommen, als Boffe den nötigen Verlauf der Ereignisse andeutete. «...hier durch und durch diese Tür...»

«Ist ihre Teilnahme denn nötig?» fragte Jacques.

«Er muß ihr folgen», begann Boffe zu erklären.

«Sie ist der Köder», schnitt Casterleigh ihn ab. «Und ich werde sie so einsetzen, wie ich das will.» Juliette, Casterleighs Geschöpf. «Sie wird tun, was ich sage.» Vaucanson sah diese schwache Andeutung sich in Jacques Gesicht abzeichnen, aber er hatte keinen Anspruch auf das Mädchen, kein besonderes Interesse, abgesehen davon, daß sie ihn nach Paris begleitet hatte. Vaucanson dachte kurz an die Nacht, in der es geregnet hatte und Jacques aus der Villa Rouge aufgetaucht war.

«Sie haben doch schon ein Mädchen für diesen Zweck, diese Rosalie, oder nicht?»

«Die ist uns sicher genug», sagte Casterleigh. «Kein Grund zur Sorge, Monsieur Jacques.» Das war fast Hohn.

«Klar genug, Monsieur le Vicomte», kam die Stimme des Führers. Vaucanson sah, wie Casterleigh mit einer nur schlecht verhohlenen Grimasse beiseite blickte. «Lemprière wird die Rolle spielen, die wir ihm geben», fuhr der Führer fort. «Unser Freund garantiert uns dafür, und die Zeit wird jetzt knapp, denn er hat das Schiff gefunden.»

Die anderen sahen überrascht auf, und niemand mehr als Le Mara, den Vaucanson beobachtete, wie er mit unvereinbaren Tatsachen rang und mit seiner rauhen monotonen Stimme «Unmöglich» sagte.

«Allem Anschein nach sah er eine Kiste zerbrechen. Unser Freund berichtet uns, daß er den Inhalt sah...» Und da war es wieder, etwas wie Wärme in der Stimme des Führers, stolz auf die Behendigkeit, mit der dieser Lemprière durch ihre Reifen sprang. «Er weiß von dem Schiff, er weiß von der Fabrik, oder wird es wissen. Unser Freund selbst wird sich darum kümmern. Sind wir uns einig?» Das Nicken kam zögerlich, widerstrebend. Vaucansons Anteil an dem Arrangement war bereits abgeschlossen und wartete blind in seiner Werkstatt tief unten, bereit aufgereiht, *klickklickklick*.

Das Treffen endete. Vaucanson nahm seinen Weg zurück über den Vorplatz. Er hörte ein Geräusch hinter sich, blieb stehen und wandte sich um. Casterleigh und Le Mara tauchten aus dem Dunkel auf.

«Auf ein Wort, Monsieur...» Ein Wort, bevor er sich erneut umwandte, während ihr Vorschlag sich in seine Gedanken einreihte, bevor er seinen Abstieg durch die verlassenen Galerien und steinernen Raumfluchten fortsetzte, entlang schmaler Simse und durch röhrenförmige Korridore, und seine Entscheidung schwankte zwischen ja und nein, ein und aus, in Gebiete angespannter Neutralität und Bruchteilen von Augenblicken, ehe entweder/oder zu «dies» oder «das» wurde, zwischen Stimulus und Reaktion, bevor er antwortete ja, er schließe sich ihnen an, auf dem schmalen Skalpellrand des Nullzustandes.

Irgend etwas war falsch mit dem Himmel. Während des ganzen Tages waren die Kumuli aus Kanonenmetall darüberhingekrochen und hatten ihre Monotonie in alle Himmelsrichtungen verbreitet. Irgendwo weit oberhalb der fetten Wolkenbäuche hatte sich eine unsichtbare Sonne mühsam versucht, aber ohne Erfolg. Jetzt goß mit dem Anbruch des Sonnenuntergangs eine drastische Wunde außergewöhnliche Purpurs und Gelbs in die entsprechend klaffende Wunde des Flusses.

Lemprière beobachtete von der Westminster Bridge aus, wie grelles Licht die Oberfläche des Flusses mit dem Himmel verband. Die messingne Statue hinter ihm würde in schimmerndes Leben aufflammen, wenn das Licht seine Ufer gesprengt hätte und wenn ihr Sockel in der jüngeren Vergangenheit poliert und von Taubenkot und anderen absichtlicheren Verunstaltungen gereinigt worden wäre. *Die Straßen Schreien Nach Farina* war mit Hieben grüner Kreide auf den Sockel geschmissen, das Werk flüchtiger Schlagwörtler. Solche Gefühle wuchsen an und gewannen Kraft in der Stadt und beschleunigten ihr leises Murmeln und Grummeln, ihre Bösartigkeit und ihre feigen Proteste, und spritzten kraftvollere Begriffe in die Rituale der Unzufriedenheit. Ihre Lösungen mochten auch noch das Einschlagen von Kutschenfenstern, das Beschmieren von Kirchen, das Niederbrennen von Opernhäusern, Akte ungezielter Gewalttätigkeit umfassen. Lemprière sah einmal hin, dann noch einmal, ehe er nervös federnd auf die Brücke lief, auf der das Licht jetzt die Farben billigen Schmucks hatte, und dachte, *sie werden denken, ich hätte es getan*, seiner Verabredung mit Septimus entgegen, der verspätet war und sich nicht zeigte. Eine Frau, die Äpfel verkaufte, folgte ihm. Der Himmel zu diesem Zeitpunkt vorwiegend grau. Der Fluß immer noch purpurn.

Über die Brücke auf der Suche nach Coade, angeregt durch Guardians Nennung des Materials der Statuen vor einer Woche, die Lemprière an ein früheres Gespräch erinnert hatte, verstreut durch den Tumult bei den de Veres; Gerede über Riesenschildkröten, gegossen bei Coade, hatte was mit einem Opernhaus zu tun, jemand namens Marmaduke. Coade-Stein.

«Aus der Coade-Fabrik», hatte Septimus ihn informiert, «in Lambeth.»

Das war vor zwei Tagen gewesen. Zwischen seiner Rückkehr aus dem Krähennest und der Ankunft von Septimus hatte er fleißig an seinem Wörterbuch gearbeitet und schließlich bei «Iphigenie» eingehalten, deren Überschrift zu ihm aufstarrte mit ebenso anklagenden Augen wie die von Iphigenie selbst, wie sie durch die späteren Träume ihres Vaters Agamemnon geisterten.

«Opfert sie», hatte Kalchas den griechischen Befehlshabern in

Aulis gesagt. Ungünstige Winde hatten sie an der boiotischen Küste aufs Trockene gesetzt, und so wie das zeitweilige Lager von Erklärungen überquoll, wurden wirkliche und eingebildete Verstöße als mögliche Verursacher ihres Mißgeschicks in Umlauf gesetzt, während die Soldaten sich die Füße an den Stränden kühlten und ihre Offiziere sich darüber stritten, wen die Schuld treffe. Vielleicht war Agamemnon während des entscheidenden Treffens abwesend gewesen, auf dem die Auseinandersetzung zu ihrem Beschluß kam und das Sühneopfer ausgesucht wurde. Vielleicht war er auf der Jagd, und vielleicht hatte das den zusammengedrängten Kommandeuren die offizielle Linie angedeutet. Agamemnon hatte so viele Hirsche geschossen, daß einer unter ihnen Dianas Liebling sein mußte. *Hirsche, Diana, die bekannten Gründe sammeln sich an, eine neue Runde beginnt...* Das war glaubwürdig, und mit Kalchas' Zustimmung, mit ihrer eigenen Solidarität...

Agamemnon ging gegen die Entscheidung standhaft an, verstand dieses besondere Bedürfnis, schickte nach dem Mädchen. Nachricht ging an Klytaimnestra, irgendein Unsinn über die Heirat ihrer Tochter mit Achilles. Iphigenie kam im Angesicht der unheilschwangeren Vorbereitungen an, jungfräuliche Ängste wurden durch Todesängste ersetzt, und sie flehte mit jenen tränenfleckigen Augen, die später Agamemnon sich nachts unter den Mauern Trojas herumwerfen und herumwälzen lassen sollten. Und doch, als das Messer des Kalchas emporgehoben, niedergeschwungen wurde, in einem ersten Ausbruch hellen Blutes durch unschuldiges Fleisch und unschuldiges Gebein zu schlitzen schien, genau dann, ja... Eine Ziege, ja, stand da meckernd auf dem Altar und zwinkerte allen sichtbar mit den gelben Augen zu. Eine Unterschiebung? Metamorphose? Die demütig Flehenden spekulieren. Eine göttliche Einmischung, höchstwahrscheinlich, und in der Tat ging die Geschichte weiter, obwohl die Griechen das nicht wußten, und bezog andere, noch weiter entfernte Stammesmitglieder mit ein sowie eine außerordentliche Auflösung, die die Zeit blubbernd an die Oberfläche bringen wird.

Lemprière sah Iphigenie von den falschen Kreuzströmungen eines drohenden Krieges zerrissen und wieder zusammengefügt, eine Vorschau auf einen umfassenderen und grauenhafteren Konflikt. Er stellte sich Agamemnon als gescheiterten Pater familias vor, von der aufgeregten Verschwörung seiner Verbündeten gegen sein Widerstreben überredet, vorgeblich Widerstand leistend, während seine Frau hinters Licht geführt und zu stillschweigender Duldung verführt wurde. Eingeschlossen in Mykenai, mit den Sklaven, den Frauen und den Geistern der argivischen Könige, Elektryon und Perseus und Akrisios, die alle auf einfältige Hinnahme drängten, jenem Enkel, jenem Sohn und jenem Vater Danaes, die das Opfer eines ähnlichen Arrangements geworden war, schickte Klytaimnestra das Mädchen auf seinen Weg. Wie viele Töchter sind verloren worden? Wie viele durch Zufall, Glück, Schicksal oder die Einmischung von höherer Seite gerettet? Lemprière stellte sich Iphigenie als ein Püppchen vor, ein Spielzeug der verstohlenen Bande von Helden, sich die langen windlosen Tage zu vertreiben, von ihren unterschiedlichen Gelüsten hierhin und dahin gezerrt bis in die Opferung selbst, als sie von der absurden Ziege verspottet dastanden, die so augenscheinlich die Hervorbringung einer weitergreifenden Logik war, einer Idee noch weit jenseits selbst des Verschlagensten unter ihnen. Und, wie gesagt, hatte auch dieser Vorfall seinen Schlußsatz.

Der aufgefetzte Mund des Himmels schloß sich und saugte violettes Licht aus dem Fluß. Lambeth legte sich Lemprière in den Weg. Eine alte Frau versuchte, ihm Äpfel zu verkaufen.

«Lambeth», hatte Septimus gesagt, während er das meiste von G, das ganz H und den größeren Teil von I aufsammelte. «Alles unterzeichnet?»

Zwei Tage waren in äußerlichem Müßiggang verstrichen, während Lemprière sich vorstellte, wie er selbst auf den Altar in Aulis sprang, ein grinsender plautinischer Sklave, der auf die versammelten *milites gloriosi* in ihren zeremoniellen Brustpanzern hinabsah, sich das Mädchen schnappte und mit ihm zu einem wartenden Kahn raste. Ein verirrter Pfeil (*verirrter Pfeil?*) würde es treffen, während er gegen die schwache Küstenflut anruderte, es gäbe Trauer (die Konvention verlangte das) und Rache. Er dachte an Juliette und träumte Gedanken von einer herrlichen Zukunft, die schrecklichen gegenseitigen Verlust und lange Jahre der Trauer auf beiden Seiten einschlossen. Sie zu verlieren war auch eine Art Romanze. Er konnte schon fast daran glauben, daß er sie zunächst gewonnen hatte. Und dann war da der Kuß, sein erster, leichthin in der Bibliothek geschenkt. Der wirkliche Druck ihrer Lippen, ihrer Hände, als sie ihn vor der Kirche hochzog, all das unterstützte seine wolkigen Konstruktionen, bis er sich die Augen rieb, sich reckte und durchs Zimmer stapfte. Warum konnte das nicht genug sein? Er erwartete Zeichen, schicksalhafte Begegnungen, Zustimmung aus dem Jenseits. Septimus und Lydia, Warburton-Burleigh, selbst der Mops, sie alle hatten einen Ausdruck an sich, eine Selbstsicherheit. Jeder schien sie zu haben. Juliette hatte sie. Er nicht.

Sie heilten sich da oben selbst, drängten das zerquetschte Licht zu einem Spalt zusammen, zu einer bläulich verfärbten Linie, und dann senkten Wolken von dunklerem Grau ihre bauchigen Unterseiten auf die Stadt herab wie sinkende Schiffe. Westminster Bridge warf ihre Einzelheiten ins Zwielicht, und Lemprière wurde klar, daß Septimus nicht auftauchen würde. Es war weit über sechs. Lemprière kaufte sich ein paar Äpfel, wandte sich ab und ging nach Süden über den Fluß in Richtung Coade.

«Komische Sache», hatte Septimus gesagt. «Und Eleanor ist auch nicht verrückter, als sie sein sollte. Hat das Ding vor zwanzig Jahren übernommen, macht Ornamente, Statuen. Man sieht sie in Gärten, auf Gebäuden, überall.»

«Aber ich hab sie noch nirgendwo gesehen», hatte er widersprochen. «Was *ist* Coade-Stein?»

«Das ist das Schlaue dran. Es sieht genau wie Stein aus, ist hart wie Stein, aber zu einem Bruchteil des Preises. Niemand weiß genau, was es ist, irgendeine Art Steingut, fast wie Porzellan. Die genaue Formel ist ein Geheimnis. Sie formen es, dann brennen sie es in den großen Brennöfen in der Fabrik. Du kennst doch diese Sockel mit Delphin? Edmund hat ein Paar. Die sind von Coade.»

Lemprière erinnerte sich, wie er vom Krähennest aus die auf dem Kai aufbrechende Kiste beobachtet hatte.

«Die beladen also ein Schiff damit», war Septimus fortgefahren, nahm eine Flasche aus der Tasche und sah sich nach einem Glas um. «Na und? Was spielt das für eine Rolle?»

Lemprière hatte an das vorschnelle Versprechen gedacht, das er in jener Nacht in der Blue Anchor Lane Theobald hinterhergeschrien hatte, an George, tot in einem Zimmer mit einer Handvoll billiger Möbel. Er dachte an Guardians Warnung, an Peppards Warnung, daran, daß sein eigenes Glück zu Ende ging. Es würde leicht für sie sein, leicht wie bei George. Er hatte sich zu Septimus umgedreht.

«Ich brauche deine Hilfe», hatte er gesagt.

Der Fluß lag jetzt hinter ihm, nach Norden zu durch das planlose Straßengewirr der New Road. Ein grünlicher Ton hing in der Luft, so als ob Lambeth unter Wasser gesunken sei.

Wein war in sich überlappenden Schichten von Rosa in sein Glas geglitten. Septimus hatte der Erzählung von verschwindenden Schiffen, von wiederauftauchenden Schiffen, von Walen, Kisten, Statuen,

Versicherungen und dem Tiefgang im Hafen von La Rochelle zugehört. Er hatte Lemprières Vermutungen hinsichtlich der Vereinbarung angehört, und ihm war berichtet worden, daß die bereits das Leben eines Mannes wert war, vielleicht auch eines weiteren.

«Peppard wußte, daß das Schiff hier war, hier in London, aber nicht warum. Deshalb muß ich zu der Fabrik gehen», hatte Lemprière geendet.

Muß gehen? Ärgerliche Überlegungen über Septimus' Unzuverlässigkeit mischten sich mit den Gründen für diese jüngsten Enthüllungen. Wem sonst hätte er es erzählen können? Wer sonst würde zuhören? Die *Falmouth* lag in London vor Anker, umbenannt in *Vendragon*; sie wurde mit Statuen beladen. François hatte eine Vereinbarung mit Thomas de Vere getroffen, irgend etwas hatte sich in La Rochelle ereignet, George war tot. Diese Tatsachen waren seine Begleiter. Sein Vater war tot. Er dachte wieder an den Teich, die Hunde, die großen grauen Wolken, und an das Mädchen, wie es seine Füßchen aus dem Wasser hob. Die Elemente sammelten sich um ihn. Sein Vater rollte herum, den einen Arm emporgehoben, um Gefahren abzuwehren, die bereits vorüber waren, und in seinem Geiste wickelte sich die gleiche Szene wie ein feiner Silberdraht ab. Die Frau mit ihrem verzerrten Gesicht, die vor dem glitzernden Niederschlag zurückzuckte, das Zischen des Metalls, sein Geruch. Diese Dinge hingen in ihm zusammen. Vergrabene Legenden brachen aus ihrer generationenlangen Bestattung aus und strömten auf sein unwissendes Geheiß hin zurück. War er selbst es, der all diese Dinge zusammenhielt? Peppard war nicht um eines Schiffes willen gestorben, sondern wegen eines Stücks Papier, das vor anderthalb Jahrhunderten unterzeichnet worden war. Wegen weniger: wegen seiner Meinung über dieses Papier, die er erbeten hatte. Schuldig.

Die Coade Artificial Stone Manufactory stand in Narrow Wall bei den Kings Arms Stairs. Zwei weite Höfe, die von hohen Ziegelmauern bewacht wurden, umgaben hintereinander ein großes dreiflügeliges Haus, vier hohe schmale überdachte Schuppen, die einer gegen den anderen errichtet waren, und eine lange fensterlose Halle, die praktisch die Größe des Komplexes verdoppelte. Die Schuppen standen seitlich zur Straße, überragten das Haus deutlich um drei oder mehr Meter, ihre steilen Giebeldächer reichten außer Sichtweite. Zwischen diesen vom Himmel beleuchteten Schuppen und dem Haus, auch kein bescheidenes Gebäude, verlief eine Straße, die durch die Eisengitter eines Tores in der Ziegelmauer sichtbar war. Zwei größere

Doppeltore ermöglichten dreißig oder vierzig Schritte die Straße hinab den Zugang zu den Höfen, und über diesen war die Inschrift «Coade Stone Manufactory» auf Schmiedeeisenbänder montiert. Tagsüber füllte die Szene lebhafter Betrieb, Rohmaterial kam im einen Hof an und Fertigprodukte, für den Versand in Kisten verpackt, verließen den anderen. Arbeiter karrten Ton und Koks herein, Heizer beschickten Hochöfen, die «Grog» lieferten – vorgebrannte Tonkügelchen –, durch deren Beigabe die bemerkenswert geringe Schrumpfungsrate von eins auf zwölf erreicht wurde. Porzellanerde, Sand und Glas bildeten die Formel, auf der der Reichtum der Manufaktur beruhte.

Als Lemprière sich jetzt dem kleinsten, dem mittleren von den drei Toren näherte, das sich öffnen und ihm Zugang zu der Straße dahinter gewähren würde, war der Komplex verlassen. Er ergriff in seiner einen heilen Tasche die Äpfel als Talisman und trat ein. Die Straße führte ihn zu zwei hohen Kutschpforten, die offen standen und das undeutliche Innere des ersten Schuppens enthüllten.

Er ging hinein und ließ seine Augen sich an das schwache Licht gewöhnen, das durch ein Dachfenster hoch über ihm herabfilterte. Große hölzerne Fülltrichter lehnten neben einer großen Anzahl von Jutesäcken voller Kohle an der einen Wand. Eine Anzahl Öllampen war auf einer Seite der Tür auf einem Bord aufgereiht.

«Hallo», sagte Lemprière. Niemand antwortete. Er nahm sich eine der Öllampen und begann, den Schuppen der Länge nach auf der Suche nach Streichhölzern abzuschreiten. Die Trennwand, die ihn vom nächsten Schuppen abteilte, endete einige Meter vor der Endwand. Lemprière begriff, daß die Eingänge versetzt waren. Er mußte die Länge eines jeden Schuppens durchschreiten, um den Ausgang zu finden, der sich jeweils in der dem Eingang gegenüberliegenden Mauer befand. Er gelangte in einem förmlichen Zickzack in den zweiten Schuppen, ebenso schmal und ebenso hoch wie der erste. Er konnte nassen Ton riechen. Der Grundriß dieses Teils der Fabrik war ihm nun deutlicher, und mit wachsendem Zutrauen bewegte er sich an einer Reihe niedriger Bottiche vorüber, hinter denen Kübel an der Wand hingen. Er sprang über eine Art Rührgerät, stolperte über ein anderes und fiel schwer gegen den letzten Bottich, wobei er sich nur dadurch rettete, daß er den Kübel an der Wand dahinter ergriff, der langsam seinen Haken aus der Wand zog und einen Strom zermahlenen Glases in den Bottich entleerte. Die unentzündete Lampe fiel sanft in den glasbedeckten Ton, während Lemprière selbst auf dem

Bottichrand schwankte, hierhin, dahin, bis er schließlich rückwärts gegen die Wölbung einer mächtigen Esse stürzte. Er blieb eine Sekunde lang gegen sie gelehnt, dann roch es verbrannt. Seine Hand! Die Ziegel waren glühend heiß. Die Esse bildete eine Seite eines großen Brennofens. Er blies auf seine Handfläche und tastete vorsichtig im Bottich nach seiner Lampe. Unzerbrochen.

Lemprière schob die Haube zurück und machte sich daran, die schwere Tür zum Brennofen zu öffnen. Eine Berührung des Dochtes mit den immer noch glühenden Kohlen brachte ihn zu flammendem Leben. Er kehrte erneut zu dem Bottich zurück und versuchte vergebens, das Glas aus dem Ton zu schöpfen. Schließlich hängte er geschlagen den Kübel wieder auf. Die Lampe warf riesige Schatten gegen die steilen Wände des Schuppens. Auf die Seite des Bottichs war mit grüner Kreide das Wort «Stalkart» gekritzelt, darunter die Buchstaben «H. O.». Lemprière ging weiter, an dem Brennofen vorbei, und suchte sich seinen Weg um Niederbettkarren, Seilknäuel, Schaufeln und einen hohen Wassertank herum in den vierten Schuppen, in dem die Landschaft sich plötzlich änderte.

Gesichter starrten aus den Mauern, Gliedmaßen hingen bewegungslos von gezahnten Schultern und Hüften herab, Tiere stülpten sich selbst in verschlungenen Haltungen aus. Gußformen, begriff er. Er beeilte sich, seinen Weg durch den engen Durchgang zwischen ihren gestapelten Reihen zu finden. Der vierte Schuppen brachte ihn in eine Ecke der Halle, die er von draußen gesehen hatte.

Ein paar der Gußformen schienen in diesen weiteren Raum übergeflossen zu sein. Es waren große halbkugelförmige Dinger, mit unregelmäßig einwärtsgekehrten Kuppeln von etwa einsfünfzig Durchmesser. Etwas war auf jedes gekritzelt, wieder grüne Kreide. Wieder «Stalkart», jetzt «M. Stalkart», und «H. O.» war «Hmkt. Op.». Er sah näher hin. Schildkröten, das Innere nach außen, erkannte Lemprière, Riesenschildkröten.

Die Halle war ein Lagerhaus. Ihr Inneres erstreckte sich weit in eine Dunkelheit hinein jenseits der flackernden Vorbühne aus Lampenlicht. Die Mauer am anderen Ende war unsichtbar. Sie war mit Statuen gefüllt, fahlen, fast leuchtenden Abbildern. Blinde Augen starrten ihn an, als er die Lampe hochhielt. Hunderte von ihnen, Tausende, ein versteinerter Wald aus Drachenzähnen. Cupidos und kleine Cherubime, Götter und Göttinnen waren zu einem weiten, ungeordneten Tableau aufgestellt. Er konnte Pomona sehen, Vater Zeit, Neptun «mit einer Urne...» und ohne, drei Grazien, Samson,

Herkules, Schlangen erwürgend, Zeus mit seinem Donnerkeil, alle in Coade-Stein, und sie standen da wie schweigende Zeugen. Und sie alle schienen ihn anzublicken. Drei Frauen hielten ihre Arme ausgestreckt, die erste von Kopf bis Fuß verschleiert, die zweite behelmt, die dritte aus einem steinernen Schaum aufsteigend: Juno, Minerva und Venus, die das Urteil des Paris erwarteten. Lemprière legte jeder einen Apfel in die offene Hand und kicherte vor sich hin. Die Göttinnen blickten weiter, unerheitert.

Ein sanftes Klirren drang von irgendwo oben an sein Ohr. Er hielt das Licht empor und sah Ketten, lange Kettenschleifen mit Haken, die etwa alle drei Meter von schweren Schienen herabhingen, von denen ein Gatterwerk das ganze Lagerhaus durchzog. Eine Art Hebesystem. Die Statuen standen zu eng beieinander, um...

Bang! Das war die Tür, die Tür zum ersten Schuppen, und Lemprière war ein unbefugter Eindringling, ein Dieb, ein Spion hinter der Formel her. Er erstarrte, bewegte sich dann auf die Statuen zu und dachte daran, sich in ihrer Mitte zu verbergen. *Klick*, irgendwo in ihren Reihen, dann *klickklickklick*... Etwas krachte im zweiten Schuppen zu Boden.

...klickklickklick, angespannte Metalloberflächen tauchten aus Nullzuständen auf. Lemprière hörte Stein sich an Stein reiben, irgendwo dahinten, im Dunkeln bewegten sie sich. Schritte? Schritte! Die näher kamen, im dritten Schuppen jetzt, und er konnte sich nicht dazu bringen, in die Menge der Statuen hineinzugehen, mit ihren im Halblicht zuckenden Gliedern, Stein, der sich an Stein bewegte. Er sah sich rasch um, dachte daran, die Lampe zu löschen, und während er nach einem Versteck suchte, und sogar in seiner Panik, da die Schritte lauter wurden und näher kamen, sagte eine kühle klare Stimme in seinem Kopf, die nicht seine Stimme war, *«es fängt wieder an, du kennst den Umriß, jetzt fehlt nur noch deine Anwesenheit...»* Nicht sein Kopf. Wo sonst?

Lemprière zerrte eine Schildkrötengußform von der Wand ab, schwerer als er dachte. Er kroch unter die Schüssel ihres Panzers und ließ sie wie eine Falltür herab, um sich damit zu bedecken, als die Schritte die Ecke des letzten Schuppens rundeten. Er steckte sich die Finger in den Mund, nicht weil er Furcht hatte, obwohl er die hatte, sondern weil er, als der Rand des Panzers sich herabsenkte, sah, wie die Göttinnen, die er kurz zuvor angekichert hatte, ihre Finger um die Äpfel schlossen und Apfelmatsch zwischen ihren steinernen Fingerknöcheln hervorsickerte und zu Boden tropfte. Tot. Es schüttelte ihn, er versuchte nicht zu atmen, als die Schritte innehielten und die Vorgänge begannen.

Ein Luftloch. Lemprière preßte das Auge an, während er in der Schildkrötengußform kauerte. Er hörte Schritte ihn umkreisen. Er konnte die leeren Gesichter der Statuen sehen, von gelbem Lampenlicht erleuchtet. Nicht sein Licht. Ein Schatten nahe dem Luftloch, ein anderer, jemand war vorübergegangen, Fußknöchel, Röcke, langes schwarzes Haar, als sie sich weiter weg bewegte. Waren das Fußreifen, Lederbänder mit Türkisen besetzt? Erkennen dämmerte auf, als sie sich halb umwandte, er versuchte sich zu erheben, einen Zoll, und dann knallte etwas auf die Form, bedeckte etwas das Luftloch.

«Juliette!» rief er. Sie ging mitten zwischen die Statuen hinein.

«Lauf weg!» Er hörte das mahlende Geräusch lauter werden, den Panzer der Form durchdringen, und dann einen weichen Ausruf «Oh», in nicht überraschtem Ton. Das Mahlen wurde lauter, und er spannte seinen Rücken an, um die Form abzuwerfen, doch sie wurde festgehalten. Er trat und schrie wieder. Etwas krachte innerhalb der Form, eine Scherbe vom Coade-Stein, die sein Fuß abgebrochen hatte. Er griff nach ihr und hämmerte blindlings, aber das brachte nichts. Er konnte spüren, wie die Scherbe in seine Hand schnitt. Draußen gab es einen weicheren Ton, einen schmatzenden Ton, als ob ein Stiefel aus dem Sumpf, der ihn gefangenhielt, freikomme, *schlupp*... Die Ketten begannen, sich zu bewegen und dumpf zu rasseln.

Klick. Das Luftloch war wieder frei. Die Statuen waren unverändert, unbewegt. Er drückte von neuem und stellte fest, daß er imstande war, das Gewicht der Form hochzuheben. Er erhob sich und stand aufrecht. Eine Lampe brannte, einige Meter hinter ihm auf den Boden gestellt.

«Juliette?» rief er zögernd, dann wieder, lauter. Die Ketten schaukelten sanft, ihre Glieder klirrten gegeneinander. Er nahm die Lampe auf und hielt sie hoch und versuchte, durch die Reihen der Statuen hindurchzublicken. Irgendwo tropfte ein Tank. Er bewegte sich ein wenig näher und reckte den Kopf. Ein stetiges Tropfen, irgendwo in den Schuppen, hinter ihm.

«Juliette?» Das tropfende Geräusch wurde lauter, um ein Bruchteil schneller. Er blickte nach links, nach rechts. War sie gegangen? Entkommen? Das dachte er einen Augenblick lang. Als er sich umdrehte, sah er den schwarzen Flecken auf dem Boden. Das gleichgültige Licht fing die Tropfen, wie sie in einem schnellen *dripdripdrip* fielen. Er sah zu den Ketten auf. Ein Tierkadaver hing drei Meter über seinem Kopf. Eine Ziege. Ausgeweidet bildete sie eine Art Hängematte. Lemprière sah die Stauer mit der Statue kämpfen, als sie sie in ihrer Plane an Bord des Schiffes schleppten. Ihr Kopf hing herab. Ihre Haare, lang und schwarz, hingen herab. Ihre Füße ragten am anderen Ende hervor, die Lederbänder immer noch um die Knöchel. Es war schwierig, ihr Gesicht zu sehen. Auf dem Weg von ihrer Kehle zur Pfütze auf dem Boden war das Blut über ihr Kinn geronnen und hatte Augen und Nase und Mund bedeckt. Und seine Augen trogen ihn. Drüben stand eine Tür auf. Hinter ihr lag der zweite Hof. Er ging auf sie zu, einen vorsichtigen Schritt im Anfang, aber als er sie durcheilte, rannte er, schneller noch durch den Hof, an den aufgestapelten Kisten vorüber, schneller schien ihm, als er je zuvor gerannt war. Hinter ihm schwang sich das Mädchen zärtlich in der Umarmung der Ziege. Die Glieder der Kette klirrten sanft, fast unhörbar gegeneinander, *klick*, wie nervöse Militärabsätze, massiertes Militär, das einander beschnüffelte und betrachtete, seine verlegenen Kommandeure auf der Stelle erstarrt, aschgraue Gesichter angesichts der Ziege, wie sie mit ihren schimmernden Hufen auf den Altar klopfte, auf dem Iphigenie dieses Mal zu lange auf ihre Errettung gewartet hatte...Juliette?

Er hatte von Bahadur geträumt, den alten Traum und mehr. Sie waren Arm in Arm oben auf der Klippe gewandert und hatten geredet, wobei die Worte seines Onkels in den Luftraum absprangen wie taumelnde Vögel, *wir verändern uns*, die mit warmen Luftströmungen aufsteigen, *wir verändern uns im Innern*, und wieder auf die Felsen zu herabtauchen, und sich drehen, und wiederkehren. Waren da Vögel gewesen? Sein Onkel wies auf seine Brust, etwas Stummes, etwas, das er zu sagen versucht hatte. Sie hatten sich gestritten, es war zu Schlägen gekommen. Nein, gerungen, und es war ihm aufgedämmert, daß es nicht im Spiel geschah, daß dieselbe Brust sich gegen ihn preßte, kalt wie Stahl und mit Stahlfingern und einem abstürzenden Gesicht... Dann ging es da weiter, wo früher der Traum abgebrochen war. Bahadurs überraschtes Gesicht stürzte von seinem eigenen fort auf die gleißenden weißen Steine hundert Meter tiefer zu; während langer Sekunden, ehe der Aufschlag heraufklang. Nazim hatte seinen Onkel die Klippe hinabgestürzt, und es war kein Unfall gewesen. Ein Schatten raste die Klippe hinan, während der Körper herabstürzte, die Arme ausgreifend, die Hände in die Luft krallend. Der Schatten griff nach ihm, und er fiel der Länge lang auf den Sandstein, sein Kopf hing in der Luft, und er blickte hinab und dachte, er könne einfach vorwärtsgleiten. Bahadur hatte versucht, ihn zu töten.

Zufall und Absicht. Das eine verfolgte ihn, im anderen verlor er sich. Die Dunkelheit des Kellers hatte sich mit Geistern bevölkert, die ihm unterschiedliche Geschichten in unterschiedlichen Sprachen erzählten. Hinter ihnen allen wand sich zärtlich eine züngelnde Urzunge, die sie auf eine Übereinstimmung zustreichelte, eine Art Sinn. Noch nicht, noch nicht. Die neun, die er suchte, waren jetzt nur noch acht. Sie hatten sich gegen einen der Ihren verschworen in jener Nacht, da der Sturzregen die Straßen durchschwemmt hatte und zwei Frauen in blauem Satin vor einem improvisierten Feuer von einem Mädchen sprachen, Rosalie, und einem handfesten Possen, den man dem Lemprière gespielt habe. Drei Monate später war er tot, seine Kehle in einem Zimmer in der Blue Anchor Lane durchschnitten. Bahadurs «Lemprière» und seiner: Sie drei waren in ihrem Dreieck gefangen. Nun war es zerbrochen, der Lemprière war tot, und durch diese Tatsache wurde in Nazim eine Verbindung frei, etwas, das ihn an seine Aufgabe gebunden hatte, *finde sie*, im Palast des Nawab gesprochene Worte, das eigenartige angespannte Lachen, *töte sie*.

Der Lemprière war sein vieldeutiger Gast, der über den Pfaden seiner Gedanken schwebte und dessen Umriß in die Sicht und aus dem Blick flackerte, plötzlich und ohne Vorwarnung erkennbar, wie der Vogelschwarm, der sich oben dreht, plötzlich eine sich schnell bewegende Wolke ist. Absicht wiederum. Aber Nazim stellte sich jeder ihrer Tausende von Flügen als völlig unabhängig vor, wobei jeder einen einmaligen Vektor befliegt, schneller entlang den Rändern und langsamer näher beim Zentrum, alle aus eigenem Antrieb, und sich entlang Bogen größeren oder kleineren Durchmessers bewegt, alle nach Zufall. Die Wolke war ein weiträumiger Zufall, und er war in ihrer Mitte und flog mit ihnen allen, und war durch seine Richtung einigermaßen verwirrt. Die Wolke floß ihren eigenen vorbestimmten Scheitelkreis natürlich entlang, vom Pol zum Horizont entlang des Kugelbogens, der sich selbst durch eine gefällige

Umlaufbahn krümmt, von größeren oder kleineren Einflußsphären in diese und jene Richtung gezerrt. Zufall und Absicht.

Er rollte sich herum und spürte, wie die harte Dose sich ihm in die Rippen grub: die Miniatur, die Frau mit den blaugrauen Augen. Die Mutter des Lemprière. Über ihm bewegte sich die übriggebliebene der beiden Frauen lustlos. Wieder hatte sie kein Feuer entzündet. Fast schon Morgendämmerung.

In dem Durcheinander vor dem Gasthof, in der Blue Anchor Lane in der Todesnacht des Lemprière, im *Ship in Distress* eine Woche später, als er fast seinen Namen entdeckt hatte: «John . . .» blieb in der Luft hängen – Enttäuschungen folgten dem großen jungen Mann in seinem absurden rosafarbenen Gehrock; ein reisender Zufall, dieser Gefolgsmann des verblichenen Lemprière. Er war beiseite geglitten, als der junge Mann Theobald in ein Gespräch verwickelte, und hatte draußen gewartet. Er war ihnen pflichtbewußt zur Blue Anchor Lane gefolgt, obwohl er wußte, was sie dort vorfinden würden, und auch wußte, daß ihre Entdeckung ihm nichts sagen würde. Eine weitere Spur bis zu ihrem Ende verfolgt, an dem sie sich in einer spurenlosen Ebene verlor, auf der er, Nazim, sich wiederum in der bekannten Vorhölle befand. Er war zu den Docks zurückgekehrt, aber sogar das Geschäft des Beladens der *Vendragon* wurde nur noch mit Unterbrechungen betrieben. Lange Tage der Untätigkeit begrüßten seine neue Wache, und die Leichtigkeit, mit der er diese neue Weise hinnahm, beunruhigte ihn. Er dachte an Bahadur, an die Frau der Miniatur, und über ihm schnatterte in diesem Augenblick Karin, die Frau in Blau, Geschwätz, dem er kaum folgen konnte, in einem Ton, den er kaum hören konnte. Der Geruch nach Verrottung erfüllte das Haus, und Nazim ertappte sich dabei, daß er ihren Niedergang mit abnehmender Distanz verfolgte. Schatten rasten die Klippe hinauf. Er spürte die Veränderungen.

In der zweiten Woche dieser neuen Phase seiner Wache war eine der Kisten auf dem Kai aufgebrochen. Eine große Statue von jemandem, der einen Wasserkrug trug, hatte kurz in voller Sicht auf dem Boden gelegen, bis man einen Streifen Leinwand fand, sie zu bedekken und an Bord zu schleppen. Le Mara war wie ein Aal aus seinem Loch hervorgeschossen und hatte sich dann wieder in sein Versteck verzogen. Die Statue war in einer improvisierten Schlinge an Bord getragen worden. Nazim war von allen ungesehen geblieben, wo er war, hatte die Panne beobachtet und sich nach allen Seiten umgesehen. Und nach oben. Das Fenster oben im Haus war erleuchtet, dreißig

Meter vom Schiff entfernt, aber kaum fünfzehn von seinem Posten. Zwei Gesichter starrten über seinen Kopf hinweg auf das Fiasko auf dem Kai. Der alte Mann, den er früher für den einzigen Bewohner des Hauses gehalten hatte, und neben ihm, durch seine Brille identifiziert und durch die dünnen Linien seines Gesichtes bestätigt, während er auf das Schiff und die unter dem Gewicht der Statue ächzenden Männer hinabschaute, stand der Begleiter des Lemprière.

Der Lemprière selbst war plötzlich anwesend; unsichtbar und grinsend und den ersten seiner Stellvertreter ankündigend: *begegne ihnen, schüttle ihnen die Hand* ... Nazim, der sich seitlich hinter ein Durcheinander aus Kisten und zersplitterten Planken schob, hielt seinen Blick auf die Gestalt da oben geheftet, sah ihn sehr aufrecht in dem Gasthaus, in dem er herumgelungert hatte, erinnerte sich an die Weise, in der er seinen Kopf jedesmal ein bißchen zurückgeworfen hatte, wenn er beim Reden zögerlich betonte. Er war wie ein Strauß heranstolziert, der Riß in seinem rosaroten Rock immer noch nicht genäht. Der leise reißende Ton war in dem zornigen Getöse kaum hörbar gewesen. Die Prügelei hatte ihn umfangen, als Farina um Ruhe gebrüllt hatte, eine Vertagung der Feindseligkeiten, und er, Nazim, hatte den jungen Mann am Kragen herausgeschleift. Die Rohlinge schlugen sich. Farina brüllte. Jetzt gewann er immer mehr an Bedeutung, war bei ungezählten Vorgängen überall in der Stadt anwesend, großen wie kleinen, vom Riß im Gehrock des Jungen und den Schlagworten bis zu den dichten Haufen von Männern, die sich an Straßenecken zusammendrängten, und zu weniger klar umrissenen dringlicheren Vorgängen, schnellen Treffen, verstohlenes Geflüster, winzigen Rissen in der Glasur der Stadt, die ein langsames Muster in der seismischen Ruhe bildeten. Bald, dachte Nazim, aber wann?

Und da war der Lemprière wieder; vor sich hin lachend, täuschend, *j'adoube* murmelnd, während das Stratagem sich erneut weigerte aufzugehen, und Nazim erinnerte sich des ersten Males, bei dem er den Namen gehört hatte, im Palast des Nawab. Das kennzeichnete einen jetzt sehr fernen Punkt in Zeit und Raum. Die Befehle des Nawab waren schwache Rufe, abschwellende Schreie, vernachlässigbare Klagen. Die Geschichte blieb die gleiche, denn er würde sie finden und würde sie töten, aber jetzt ging es um ihn und andere. Ihn und Bahadur. Ihn und den Lemprière. Sogar um ihn und die Frau im Geschoß über ihm, oder die Frau in der Miniatur, oder die beiden, die schon verschwunden waren. Sogar um ihn und Le Mara.

Der Junge, der Pseudo-Lemprière, hatte später das Haus verlassen, sich auf dem Kai umgesehen, unter einem großen schwarzen Buch stolpernd. Nazim war Le Mara zurück in die Thames Street gefolgt, wo sich in den nächsten Tagen andere Ereignisse abzuspielen beginnen sollten.

Es begann mit der schwarzen Kutsche. Er hatte sie zuletzt gesehen, wie sie Fußgänger auseinanderjagte und die Frau in Blau vom Kaffeehaus fortbrachte. Sie erschien wieder um die Ecke der Tower Street und hielt vor Le Maras Haus. Drei Tage waren seit dem Zwischenfall auf dem Kai verstrichen. Die Tür öffnete sich, und ein massiger Mann mit Adlernase erschien und ging sofort in das Haus. Nazim beobachtete, wie die Tür geschlossen wurde. Als der Nachmittag verblaßte, erschien kein Licht in den Fenstern. Er dachte an die Falltür im Keller des Hauses. Der Mann erschien erst wieder in den frühen Morgenstunden. Die Kutsche brauste ab. Nazim lauschte, bis das Schweigen der Nacht das Geklapper der Hufe auf dem Pflaster ersetzte. Ein anderer der neun, dachte Nazim. Jetzt acht, korrigierte er sich. Der Lemprière rührte sich in ihm und sank wieder zurück.

Am zweiten Tag wiederholten sich die gleichen Ereignisse, und Nazim wartete mit der Kutsche und den dösenden Pferden. Kurz nach Mitternacht erschien ein Licht in einem der oberen Fenster, und kurz darauf schrumpfte Nazim in die Schatten, denn dort, kaum zwanzig oder dreißig Meter von ihm entfernt, war ein junger Mann, fast unsichtbar in einem schwarzen Gehrock, in schwarzen Schuhen und Strümpfen, und kam die Straße herab auf das Haus zu. Die Tür öffnete sich, um ihn einzulassen, und der junge Mann trat ein. Als er nach einer Stunde oder später ging, war das Licht oben im Haus gelöscht. Was immer sich unter der Falltür befand, war nichts für seine Augen; man traut ihm nicht, dachte Nazim, ein Hilfsspieler.

Die beiden folgenden Tage sahen Le Mara wieder auf dem Kai, wo Nazim beobachtete, wie die Anstrengungen der vorangegangenen Monate sich in sich selbst zurückzubiegen schienen. Kisten, die früher auf die *Vendragon* geladen worden waren, wurden jetzt wieder herabgebracht. Doch handhaben die für diese Arbeit eingesetzten Männer ihre Ladungen müheloser als zuvor. Offenbar waren die Kisten leer. Nazim beobachtete, wie die Behälter auf einen Wagen gestapelt wurden, der dann langsam durch die Straßen zu Le Maras Haus fuhr.

Hier erschienen der Vorarbeiter, seine Helfer und Le Mara. Zwei weitere Kisten, etwas größer als die anderen, wurden zugeladen. Die angeheuerten Arbeiter kämpften mit dem Gewicht. Der Wagen fuhr erneut los, und erneut folgte ihm Nazim, wie er die Thames Street hinabrollte und dann weiter nach Westen zur London Bridge, auf der er den Fluß überquerte. Die Borough führte beide südwärts, den Wagen und seinen Schatten, bis die breite Ausfallstraße gegen ein Labyrinth winziger Sträßchen ausgetauscht wurde, das sie in die Narrow Wall Street und dann zu den Kings Arms Stairs geleitete. Der Lastwagen bog durch ein weitgeöffnetes Tor in einen Hof ein. Nazim las die Inschrift: Coade Artificial Stone Manufactory. Der Himmel war bleiern und schon den ganzen Tag so gewesen. Jetzt öffnete sich oben ein Spalt, ein eigentümliches Licht strömte durch die Öffnung, irgendwo im Norden.

Die beiden Kisten wurden abgeladen, und der Deckel von der ersten wurde aufgestemmt. Nazim beobachtete, wie ein junges Mädchen herausgehoben wurde. Irgend etwas war mit ihren Beinen falsch. Sie sah betäubt aus, hübsch, langes schwarzes Haar hing ihr über den Rücken hinab. Die beiden Männer schleppten sie zwischen sich, Gesicht nach unten, um die Ecke des großen Ziegelgebäudes, das die eine Seite des Hofes bildete, in dem hinten eine Reihe hoher Schuppen stand. Hinter diesen erstreckte sich ein niedrigeres längeres Gebäude weiter bis zu einem zweiten Hof, der, dem ersten ähnlich, die Manufaktur vervollständigte. Le Mara folgte der häßlichen Prozession.

Die zweite Kiste blieb neben dem Wagen auf dem Boden stehen. Nazim konnte hören, daß ein scharfes Klopfen, ein kratzendes Geräusch aus dem Innern kamen. Das Geräusch kam in unregelmäßigen Ausbrüchen. Einige Minuten verstrichen, ehe Le Mara und seine Komplizen zurückkamen. Das Mädchen war nicht mehr bei ihnen. Le Maras Haltung war unverändert. Seine Helfer schienen zögerlich zu gehen. Ein Befehl wurde gebellt, und sie begannen, die zweite Kiste aufzustemmen. Die beiden Männer hatten unter Le Maras Anleitung schwer mit dem Inhalt zu kämpfen, griffen hinein und hoben den Insassen heraus. Er stand da und zwinkerte sogar in dem schwindenden Licht. Eine Ziege. Le Mara kniete sich rasch an ihre Seite, und die Ziege taumelte zur Seite. Ihre Hinterläufe wollten sie nicht mehr tragen. Sie stürzte und zuckte auf den Ziegeln, bis sie ruhig war. Blut rann ihr aus der Kehle. Die beiden Männer nahmen sie auf und trugen sie auf die Schuppen zu. Der klaffende Himmel schloß sich von selbst wieder, der Abend nahte.

Die Ereignisse beschleunigten sich. Die schwarze Kutsche erschien, brauste über die Straße heran und durch die Torflügel hinein.

Le Mara gab Zeichen. Eine Gestalt nahte sich zögernd, von zwei Paar Augen beobachtet. Es war der Pseudo-Lemprière, der auf sie zustolperte, mitten an der Seite der Manufaktur stehenblieb, durch eine schmale Tür in der Ziegelmauer eintrat. Die schwarze Kutsche spie einen Fahrgast aus. Dasselbe Mädchen, einen Augenblick lang, die gleiche Kleidung, das gleiche lange schwarze Haar. Waren die Züge feiner, auf subtile Weise anders? Schwierig im Zwielicht und auf die Entfernung zu sagen. Der Pseudo-Lemprière hatte die Manufaktur zwischen dem Ziegelbau und den Schuppen betreten. Le Mara hielt das Mädchen am Arm. Derselbe betäubte Gesichtsausdruck, sie sah um sich, als sei sie mit verbundenen Augen aus der Luft gelandet. Die Kutsche fuhr ab, die Straße hinab zum zweiten Hof. Le Mara führte das Mädchen auf demselben Weg wie das erste hinter das Gebäude. Nazim nutzte die Kutsche, um seine Annäherung die Straße hinab bis zum ferneren Hof zu maskieren, indem er zusammengekauert neben ihr herlief, bis die Tore passiert waren und er sich auf der anderen Seite des Gebäudes hinter den Schuppen befand. Das Mädchen tauchte auf. Es preßte etwas an sein Gesicht. Die Kutschentür öffnete sich, der massig gebaute Mann hatte sie ergriffen. Sie wehrte sich. Nazim beobachtete, wie man ihr die Hände fesselte, dann blickte der Mann auf sie herunter.

«Das war unsere Abmachung», sagte er kalt. Das Mädchen sträubte sich. Es wurde schnell zu der Kutsche geführt, die wieder davonbrauste. Nazim hörte schlurfende Schritte irgendwo im Inneren, die schneller und schneller wurden, bis die Tür aufflog und der Pseudo-Lemprière plötzlich über den Hof rannte. Nazim duckte sich hinter eine Kiste. Der Junge stolperte, fing sich fast wieder, stürzte dann, war wieder hoch und rannte noch schneller durch das Tor hinaus und die Straße hinab. Nazim dachte einen Augenblick lang nach, dann rannte er hinterher.

Später, als er in der kühlen Ruhe des Kellers lag, stellte Nazim seine Wahl in Frage. Er hätte die Manufaktur durchsuchen sollen, ihr Inneres hätte ihm sicherlich mehr erzählt als die Ereignisse, die folgten. Der Pseudo-Lemprière war keuchend ein paar hundert Meter die Straße hinab zusammengebrochen. Vorübergehende hatten ihn neugierig angestarrt. Er schien nichts mehr wahrzunehmen, als er ziellos weitermachte, hin und her über die Straße schwankte und dann auf die nächste Kneipe zuschoß. Nazim sah ihn ein Glas Branntwein bestellen, dann ein weiteres. Jemand stieß gegen ihn, da holte er aus und erwischte den Rempler oben am Kopf. Der schlug zurück, und er ging zu Boden und wurde dann von einer Gruppe Männer aus der Tür geworfen. Er ging wieder hinein und hätte Übleres erfahren, doch da tauchte eine schwarzgewandete Gestalt aus der rohen Menge auf und stand dem jungen Mann bei. Sicherlich hätte die Gruppe mit ihm fertig werden können, aber irgendwas hielt sie zurück, irgend etwas in seiner Haltung. Der Pseudo-Lemprière wurde von seinem Retter vom Boden aufgehoben, woraufhin er ihn zu schlagen versuchte. Mehr Gläser folgten. Als er sich vom Tresen abwandte, sah Nazim, daß es der Besucher von Le Maras Haus vor zwei Tagen war, der, dem man nicht vertraute und dessen Schritte er nicht gehört hatte. Und als er durch das schmierige Fenster der Kneipe blickte, war ihm so, als gebe es eine Ähnlichkeit zwischen beiden, sehr schwach, die noch schwächer wurde, als die Prellungen im Gesicht des Pseudo-Lemprière aufblühten.

Die beiden kippten Glas um Glas, und da wußte Nazim, daß er die falsche Wahl getroffen hatte. Er hätte der Kutsche folgen sollen oder dem Lastwagen, oder die Manufaktur durchsuchen sollen. Hier würde er nichts erfahren. Selbst nach seinem Tode hatte der Lemprière ihn wieder betrogen. Er hatte sich von der Kneipe abgewandt und war über die Westminster Bridge, auf der ihn eine alte Frau belästigte, er solle Äpfel kaufen, nach Hause gegangen. Sie füllten seine Taschen, als er das Haus in der Stonecutter Lane erreichte. Karin schlief, auf dem Fußboden über seinem Kopf. Nazim hob die Falltür auf und kletterte leise in das Zimmer. Ruhig zog er die Äpfel einen nach dem anderen heraus und legte sie neben sie. Er kletterte zurück in den Keller. Er hatte einen weiteren Fehler begangen, eine Sackgasse gewählt statt einer Spur. Mehr denn je zuvor fühlte er sich auf offener See als ein Spielball der widerstrebendsten Winde, völlig ab von seinem Kurs. Mehr denn je zuvor fühlte er, daß er mangels einer einzigen guten Positionsbestimmung scheitern müsse. Die Frau war aufgewacht und hatte die Äpfel neben sich gefunden. Die Sonne ging endlich auf, ein hellglänzender Strahl. Während er da im Keller lag, hörte Nazim, wie sich die Zähne der Frau in die Äpfel gruben. Er hörte sie kauen und schlucken. Er lächelte vor sich hin, und der Lemprière lächelte neben ihm.

9.

Zunehmende Unordnung im Königreich Frankreich, verschiedene
internationale Grenzstreitigkeiten und der Krieg zwischen
Österreich und der Türkei werden von oben betrachtet

Jetzt entfalten sich starke Schwingen über der weiteren Leinwand.
Der März schält sich von Afrikas Küsten ab und breitet sich nordwärts über das Mittelmeer und hinauf in den wurstartigen pelagi-
schen Isthmus Adria aus. Hier, wo der wackre Thunfisch inmitten
glitzernder Sardinenschwärme schwimmt, haben die Meeresströ-
mungen ihren Geist schon fast aufgegeben. Gewässer, die an die
Küsten um Triest, Fiume und Venedig stupsen, haben vier Jahrzehnte gebraucht, um diesen Punkt zu erreichen, und vier weitere werden
verrinnen, ehe sie die Straße von Gibraltar wiedersehen. Die März-
winde, die falsche weiße Grate aus den Wellengipfeln peitschen,
treffen auf diesen Landkragen und schießen danach hoch, um der
dortigen Geographie ihre verrückten Wettersysteme aufzuzwingen.
Noch stäubt Schnee die ungarischen Steppen und treibt ins Klagen-
furter Becken, wo wärmende Föhnwinde den lockeren Puder herum-
wehen, ehe sie das zerklüftete Bosnien durchziehen, und weiter durch
die trockenen Täler der Herzegowina und Dalmatiens. Der berüch-
tigte ungarische Winter ist am Ende, und die Jahreszeit der Feldzüge
steht ein weiteres Mal bevor. Um die Täler von Save, Drau, Donau
und Una, um die Städte Belgrad, Choczim, Wihaoz und die drei so
unterschiedlichen Gradiškas kreisen die Heere des Kaisers Joseph
und des Großherrn der Hohen Pforte zu Konstantinopel, täuschen
sich gegenseitig und lassen einander bei ihren gegenseitigen takti-
schen Capricen gewähren; sie passen die gegenseitigen unterschiedlichen territorialen Ansprüche einander an und sind, trotz eines trägen
Grummelns und eines *Flapflapflap* hoch oben in dem von Frühlings-
sonnenschein erwärmten Äther, unterschiedliche Formen der gleichen kaiserlichen Mattigkeit, in der Tat römisch, doch doppelköpfig,
der gleichbleibende Norden gegen den sinnenlüsternen Süden. Das
alte Reich hätte jeden der beiden Wege einschlagen können, da es sich
aber für beide zugleich entschieden hat, ist Byzanz jetzt wieder hinter
dem Prätendenten her, und umgekehrt, da des kaiserlichen Gesandten Kriegserklärung in Konstantinopel von den deutschsprachigen
Zeitungen nachgedruckt wird und jene uralte Kriegsgurgel, der

General de Vens, sofort die Zerstörung von Dresnick befiehlt. Türkische Kanonaden puffen wirkungslos gegen die lautlosen Qualmsäulen der österreichischen Haubitzen tausende Fuß tiefer an, bis die glücklosen muselmanischen Verteidiger nach Karlstadt verbracht werden, sei es für einen Freikauf, sei es für die österreichischen Galeeren. Eine trübselige Kolonne schleppt sich mühsam über die kroatischen Maisebenen, und einer oder vielleicht zwei blicken hoch und sehen fliegen, was, eine Möwe vielleicht, sicherlich richtige Größe und Form, aber offenbar viel höher, was auf eine viel *größere* Art Vogel hinweist. Die Namen mohammedanischer Engel durchlaufen die Kolonne, verstohlenes Gemurmel mit einem halben Auge auf Feldwebel Wittig, der es liebt, die Ungläubigen mit einem Holzprügel totzuschlagen, den er Der Imam nennt. Sehr bald ist der kaiserliche Gesandte spurlos verschwunden, und die Venezianer haben einem türkischen Geschwader gestattet, von Castel Nuovo aus zu operieren. Der Kaiser selbst reist nach Triest. In Wien wird der venezianische Botschafter selten in der Öffentlichkeit und nie bei Hofe gesehen. Geschichten über seine privaten Gewohnheiten zirkulieren in der Stadt und tauchen dann wieder, schwach verschlüsselt, in jenen deutschsprachigen Zeitungen auf. Das türkische Geschwader segelt die Adria auf und nieder. Zu Lande stehen die militärischen Angelegenheiten schlecht. Die Nachschublinien sind unberechenbar, Belgrad ist eingekreist (wieder General de Vens, der um so munterer wird, je geschwinderen Schritt der Feldzug gewinnt), und der Reïs Effendi streitet sich mit dem *Kapudan Pascha*, der auf Befehl des Großherrn vom Diwan verbannt ist. Inzwischen werden eines Tages drei Jäger, die gemächlich über die blaugrauen Wasser der Una rudern, gegen das rechte Ufer geweht und in einem Bauernhaus für einen Tag und eine Nacht belagert, bis sie von einer Abteilung kroatischer Patrioten entsetzt wurden. Die drei haben inzwischen achtzehn ihrer Belagerer getötet und werden rechtens befördert. Achtzehn Janitscharen liegen tot da in ihren Haschischträumen, die ersten Sommerfliegen trinken aus den Tränendrüsen von Augen, die offen in den Himmel starren, der in ihnen rundgebogen und gespiegelt ist. Wolken, die vor der Sonne vorüberjagen, Vögel, einer größer als der andere, wirklich mächtig, die Schwinge an Schwinge fliegen, sind für einen Augenblick in der Dunkelheit der Pupille verloren, bevor sie wieder auftauchen und dann in einen unendlich verlängerten Punkt schrumpfen, die Rückansicht eines Pfeils, der nach Westen fliegt, fort von diesem Fummelkrieg, über die bayerischen Alpen und die schwäbischen Hopfenfelder hinweg nach Frankreich hinein. Hunderte Meilen weiter wird in Konstantinopel im Serail die Standarte Mohammeds entrollt, um die Kriegslust des Volkes anzustacheln. Immer noch kein Wort vom kaiserlichen Gesandten.

In Paris sind die Spaltungen weniger greifbar, verschlungener. Eine unsichtbare Ordnung beginnt, sich unter der sichtbaren zu bilden. Nur der König weiß das nicht. Er setzt seinen *arrêt* unter die amtliche Einnahmeerklärung und weigert sich erneut, den *lettre de cachet* abzuschaffen, und beschwichtigt ein widerspenstiges Parlament: «Mein Parlament sollte sich mit Respekt und Schweigen allem unterwerfen, was meine Weisheit für richtig befindet. Ich verbiete Euch zum letzten Mal, Eure Erörterungen über dieses Thema wieder aufzunehmen.» Das hat er schon viermal gesagt. Er ist besorgt. Jemand versetzt ihm immer wieder die Orangenbäume, und das bedeutet etwas, das er nicht recht erfassen kann. Sowohl er wie Monsieur leiden an der Wassersucht. Madame hat versprochen, ihren Haushalt so zu reorganisieren, daß man 50000 Louisdor einspart; das ist ermutigend. Der König hat eine Reihe von Steuerämtern aufgelöst; zur Feier wurde eine Oper bestellt. Aus der Vendée wird gemeldet, daß unzufriedene Schmuggler, denen seine Steuerreform den Lebensunterhalt genommen hat, zum Waffenschmuggel gegriffen haben. Die Versammlung der Notabeln gibt bekannt, daß die Einnahmen sich auf 185 Millionen Francs belaufen. Der König ist erfreut. Defizit. König niedergeschlagen.

Unnnd... Die Lüfte über Paris sind angenehme Zephire, neckische Böen und Thermen, hervorragend zum Herabstürzen und Tauchen, oder auch nur angenehm dahinzuschweben, während die nahende Wärme des Frühlings den Himmel füllt. Die Luftgötter sind allüberall und unendlich gefällig, wie sie da so herumkaspern und ihn stürzen, den Hauptstadtengel, OK, runter und zurück zum Job. Verglichen mit ihnen ist die Stadt eine zerborstene Abschußrampe, ein zerbrochener Teller, keramischer Abfall, den der Drecksfluß in zwei schneidet, durchlöchert von Eremitenzellen und Treffs von Aufrührern, all die Engramme verstohlener Begegnungen und Verhandlungen, die da wie Schwielen herausragen und kreuz und quer und zickzack laufen und ihre Farben vertiefen, wo sie sich überlappen. Die dunkelsten blaugrauen Markierungen sind sein Geschäft, die Orte des intensivsten Zusammenlaufens. Es erscheint so zufällig, wie der Kardinal Monsieur Calonne besucht, wie Duluc eine Reihe von Kellern direkt unter dem Justizpalast mietet, oder Protagoras eine

Untersuchung der Katakomben in Auftrag gibt, die den Boden unter der Stadt durchlöchern und Zugang zu den obskursten und überraschendsten Teilen der Stadt gewähren, wobei manche dieser Ausgänge erst noch entdeckt werden müssen, daher die Untersuchung... Was könnte natürlicher sein als die rankengleichen Unternehmungen von *les Cacouacs*, ihre gemessene Expansion und ihre schrittweisen Vorbereitungen? Aus dieser Entfernung betrachtet erscheint alles so klar, so offensichtlich. Wie nur konnte jemand das nicht sehen? Vor allem jene, die dem Ganzen am nächsten waren, inmitten all dieser gezischelten Zustimmungen und geräuschlosen Verständigungen, dieser gekauften Winke und klebrigen Händedrücke, sozusagen vom ganzen Geschäft umgeben. Und wer *versetzt* die Orangenbäume?

Holzverzögerungen in Cherbourg. Die Befestigungen (die im Amtschinesisch der jetzt gebirgehohen Korrespondenz *Refortifikationen* heißen) sind wegen des Holzmangels Monate hinter dem Zeitplan zurück. Die Höhen blicken immer noch bewillkommnend auf alle und jeden herab. Sie sollten drohend, entmutigend, wenigstens unheilvoll aussehen. Die Arbeit ist zum Stillstand gekommen. (Turbulenzen in großen Höhen klären den Himmel und vermitteln die Illusion einer heiteren blauen Unendlichkeit, weiter.) Über dem Kanal türmen sich hohe weiße Cumulus-Formationen auf. Unten liegen Schiffe vor der Küste bei Deal auf Reede, die Schaluppe *Cockatrice* und die Kutter *Nimble* und *Wasp*. Charles Mitchell vom Indienfahrer *William Pitt*, der für Fort Saint George bestimmt ist, sieht die *Commerce* hinter dem Horizont nach North Carolina verschwinden. Fischerschmacken voller Stint und Salm reiten die Sandbänke in der Themsemündung, die nördliche Landspitze liegt bereits weit zurück, vorauf steigen die bewaldeten Hänge von Kent hinter dem sumpfigen Land der Geflügeljagd und den Kiesstränden empor. Erle, Weide, Eiche und Birke schieben sich aus dem Nichts flußwärts, um die Ufer des dicht bevölkerten Flusses zu säumen, und die Tide zerrt stetig fünf oder sechs Stunden am Stück an den Fahrzeugen, die sich vorsichtig ihren Weg flußauf suchen zu den Anlegeplätzen in Blackwall oder im Upper Pool. Die *Countess of Mexborough* geht nach Oporto ab, aber es gibt eine Verzögerung, ein Fehlbetrag wird entdeckt und Kapitän Guardian beobachtet, wie Wollballen an Porter's Kai ausgeladen werden. Kapitän Roy hastet unten vorbei. Er will heute morgen nach Charing Cross fahren. Francis Battalia alias der Steinschlucker gastiert in der Cockspur Street Nr. 10 für zwei Schilling und sechs Pence (der Stolperstein des Kapitäns) und wird von Menschen der unteren

Schichten als außerordentliches Phänomen bestätigt, die ihm offenmäulig zuschauen, wie er Kiesel, Steine und kleine Felsbrocken schluckt. «Besucher mögen nach Belieben ihre eigenen Steine mitbringen», und sie tun es. Nur sehr wenige beachten die untersetzten Männer, die sofort nach oben gehen und von jeder Zahlung befreit zu sein scheinen. Herr Boyle (Chirurgus) hat des Steinschlucker gröbere Ausscheidungen untersucht und gibt bekannt, sie seien der Farbe nach beige und von sandiger Zusammensetzung. Zweifler bleiben übrig, meistens auf Künstler machende Snobs, aber selbst Francis kann über die animalisch-mineralische Symbiose, die sich in seinem Inneren abspielt, nur rätseln, ein Bauchgeheimnis, um das herum seine Technik flattert, der Mundwärts-Rückwärts-Flip und *gluppp*, die Kiesfeder, die Steinchenkanonade (zu der er gegenwärtig eine Kappe mit einer kleinen österreichischen Fahne trägt) und das Große-Steine-Schlucken. Aber selbst durch tränende Augen muß er das Kommen und Gehen treppauf, treppab und durch die Korridore oben und all die anderen scheinbar unschuldigen Treffen der Unterführer von Farina bemerken. Und selbst wenn jemand lärmig über die Stümpfe eines Krüppels der See im Rücken seiner Zuschauer stolpert, wanken sie nicht. Ein Tribut an seine Kunst, sogar wenn sie unauffällig von diesen Verschwörern mit ihren einstudierten Alltagsmienen benutzt wird. Junge Männer und Frauen in verblichenem Kaliko und grellem Chintz sehen staunend zu. Der Seiden- und Satin-Set bleibt fort. Die warten auf die goldene Kehle von Signor Marchesi, der jüngst in der Stadt eingetroffen ist, um Sartis *Giulio Sabino* zu singen. Seine Stimme wird als ein ebensolches Wunder wie die von Gabrielli eingeschätzt, ein Tenor, dessen Mezzobaß flüssig durch den Kontraalt bis in die höchsten Sopranhöhen läuft, und das ist noch nur sein Ruf. Er ist hervorragend in Portamento und Ausdruck und durchläuft drei Oktaven Halbtöne ebenso rasch, glatt und genau wie Cramers Geige, wird behauptet. Die Angebote waren hoch, Lord Lansdownes Angebot von einhundert Pfund für eine Privatvorführung ist bereits abgelehnt worden. Marmaduke Stalkart, den eine Rechnung von Coades erwischt hatte, hatte nie mitgeboten. Er setzt auf die Signori Morelli, Calveri und Merigi in einer Neuaufführung jenes komischen Publikumslieblings *Gli Schiavi Per Amore*, im März abwechselnd mit Storaces *La Cameriera Astuta*. Das Publikum ist verständig, und das tänzerische Zwischenspiel mit *pas seul, pas de deux, cinq, sept, Bernois* und *Russe* wird seltener als sonst ausgebuht. Nur die Schildkröten stören seine Gemütsruhe. Marmaduke hatte gehofft, sie spätestens zum März aufgestellt zu haben, aber die Manufaktur hat verzögert, hat Bruch erlitten, hat Entschuldigungen angeboten. Siebenundzwanzig der freundlichen Tiere hätten weise vom Haymarket Opernhaus lächeln und Theaterbesucher von Cobb's weglocken sollen, aber sein Dach ist immer noch kahl und sein Konto bei der Bank geleert. Er würde am liebsten das Konzert für den New Musical Fund absagen (ein sicherer Verlustemacher), aber er will nicht enttäuschen. Wenn nur die Schildkröten einträfen, dann wäre alles gut. Was geht *wirklich* bei Coades vor? Und was sollen die Schlagwörter, die immer wieder an den Wänden des Theaters auftauchen? *Fang Den Feind Lebendig, Farina*, in grüner Kreide?

London im März ist reichlich kalt und regnerisch. Lincolnshire steht großenteils unter Wasser, und London empfängt einen neuen Zustrom unzufriedener Flüchtlinge, die sich den kornischen Kupferbergleuten anschließen, die man nach den Neuigkeiten über die Defizite des letzten Jahres entlassen hat, und den immer noch wild schimpfenden Seidenwebern. Die Lotterieselbstmorde dauern an. Eine alte Frau wird in der Great Wild Street ertrunken in ihrer Badewanne aufgefunden, und General Carpenter, der die schönen schwarzen Pferde ausgesucht hat, die des Königs Kutsche ziehen, bewirkt, daß man seinen Kokardenhut aus der *Serpentine* zieht. Mit Netzen, Haken und Pfählen wird bis in den Abend gefischt, ehe der blasse Körper aufgefunden wird. Herr Antrobus stirbt. Ein Dreiakter namens *Francomania* eröffnet in Covent Garden. Cruikshank seziert eine Leiche, deren Organe vollständig umgeordnet sind, die von links exakt nach rechts, von rechts nach links. Mufti gewinnt das Craven-Rennen, und die Königin von Neapel ist schwanger.

In den Tälern Kroatiens folgen verzögerte Lärmexplosionen kurz auf schweigende türkische Rauchfahnen. Der Schießbogen der Kanone liefert eine dreifache Ladung ab, wobei die sichtbare Rauchfahne und der Kanonenknall zwischen sich die Kanonenkugel einklemmen, das *Ding an sich*, das die Szenerie zu Fetzen zerblasen wird. Die Szenerie ist zu still, bei weitem zu still.

Aber der März ist voller sonderbarer Einfälle, und also beschäftigt sich der Schweineclub, der sonst um diese Stunde mit einem Glas *Maraschino de Zara* und der jüngsten Pariser Mode in Schuhschnallen befaßt ist, heute mit Mord. Man ist im Craven Arms zusammengekommen.

«Eine Ziege?» Walter Warburton-Burleighs Blick erhob sich aus einem Bericht über den österreichisch-türkischen Konflikt, der ihm nichts über das Schicksal des kaiserlichen Gesandten erzählte, dafür aber ziemlich begeistert über die Heldentaten von drei Jägern, die, als sie über die blaugrauen Wasser der Una rudern . . .

«Eine Ziege», bestätigte Monsieur Moustachio und las laut aus dem *Lud's Town Monitor* vor. ««Ein Mädchen, im Alter zwischen fünfzehn und zwanzig, schwarzes Haar und kostbar gekleidet, wurde in der vorvergangenen Nacht oben an den King's Arms Stairs nahe Coade's Fabrik für Künstliche Steine von einer Gruppe von Leichterschiffern gefunden. Das Mädchen war in eine Hängematte gewickelt, die aus einer geschlachteten Ziege hergestellt war . . .»»

«Ziege!» rief der Graf aus. «Schrecklich!» Septimus durchblätterte fieberhaft, doch ergebnislos *The World*. Lemprière rührte sich nicht.

«‹. . . Kehle von Ohr zu Ohr durchschnitten . . .»»

«Wo?»

««Der Coroner Rudge gab der Meinung Ausdruck, daß sie den verschiedenen Anzeichen des entwichenen Lebens zufolge am gleichen Abend getötet worden sei . . .»» Lemprière stand abrupt auf.

««Gegenwärtig ist weder die Identität des Mädchens noch die ihres Angreifers bekannt . . .› Heh!»» Lemprière war in Mister Moustachios Stuhl geprallt und stolperte weiter auf die Tür zu.

«John?» Der Earl erhob sich halb aus seinem Sitz. Septimus blickte auf.

«Juliette», sagte Lemprière. «Das Mädchen ist Juliette.» Dann war er gegangen, die Tür knallte hinter ihm zu, und der Schweineclub blieb in verstörtem Schweigen zurück. Der Mops brach es.

««Lady Yonges Konzert»», buchstabierte er, und sein dicker Zeigefinger stach in den Zeitungsdruck, ««besuchten auch Vater und Tochter Casterleigh». Sie ist also nicht tot.»

«Sie schläft nur . . .», summte Warburton-Burleigh schmachtend.

«Was hat John denn gemeint?» fragte der Earl allgemein, und sein Blick landete endlich bei Septimus, der hinter *The World* herüberblickte.

«Nur John weiß, was John meint», sagte Septimus wegwerfend. «Das ist seine Arbeit. Das Wörterbuch macht ihn von Zeit zu Zeit eigenartig.» Er erwärmte sich für das Thema. «Er hat doch tatsächlich vorgestern abend in einer Kneipe in Lambeth einen Streit mit Fährjungs angefangen, ich mußte ihn da selbst rausholen.» Der Schweineclub war dadurch schwach beeindruckt.

«Ich kann die Geschichte nicht finden», ächzte der Mann neben dem Kamin.

«Ich auch nicht», sagte ein anderer und durchflog die Spalten. Ein Chor von Verneinungen brandete empor, denn tatsächlich brachte keine der anderen Zeitungen die Geschichte in irgendeiner Form, weder die *Morning Chronicle* noch die *Gazette* oder *The World*, und nicht einmal das feierliche *Universal Daily Register*, das noch in diesem Monat seinen Namen wechseln und ein weitaus vertrauenswürdigeres und bekannteres Organ werden wird, ein Kennwort geradezu für Nüchternheit und aufrechte praktische Vernunft, selbst wenn es sich typischerweise ein bißchen zur Seite der Interessen des Establishments hin neigt, solange die Dinge im Gleichgewicht sind, aber kein ausgesprochenes Vorurteil, keine Sorge.

Färgen hatten sie eine Stunde vor der Flut an den King's Arms Stairs aufgesammelt und sie wie ein Totem, Kopf hoch, über den Fluß zurück in die Bow Street getragen. Fünf Männer hatten sie gefunden. Die Prozession zählte bei ihrer Ankunft gut hundert Menschen, und Sir John stand, die Arme in die Seiten gestemmt, vor einer Menge, die nach dem Blut des Mörders schrie. Er hob die Arme und mahnte sie: «Männer, ihr habt richtig getan!» Aber er konnte ihre unbefriedigten Gelüste spüren, ihre enttäuschten Bedürfnisse, ihren Drang, irgend etwas, irgend jemanden zu opfern, Sir John zu Aulis vor dem versammelten Militär, vom gelben Auge der Ziege angestarrt. *Was tun? Was tun?*

«Gerechtigkeit wird getan werden», fuhr er in starkem Baßton fort, mit der Stimme der unerbittlichen Rache, wie sie es wollten. Laß ihrer Blutlust frei die Zügel schießen, und Gerechtigkeit könnte lebendiges Begraben sein, oder Glieder abhacken, alles, was den Bedürfnissen ihrer Phantasie entspricht. Großer Gott, war er jetzt das, der Pandar des Pöbels, der ihm eine Opferhure übergibt? Doch jetzt wandten sie sich ab und drifteten zurück. Keine Flut würde ihn verschlingen, nicht heut nacht; heute nacht war er ein Leuchtturm, der Befehle ausstrahlte, ja, ein ragender Leuchtturm in seiner Blindheit, der über die Straßen der Sicherheit strahlte.

Eine üble Sache war das. Die Symbole häuften sich: die Ziege, Golddraht vernähte den aufgeschlitzten Rumpf mit grobem Stich, das Mädchen Aas im Aas, mit ihm auf den Stufen am Fluß gepaart und dort den wechselnden Tiden überlassen, besserem Wetter und der Fleet.

«Fünfzehn mindestens, zwanzig höchstens», sagte Mister Rudge später, als er den Draht durchkniff, und Sir John hörte, wie die Ziege aufgeschält wurde, um ihre Frucht zu enthüllen. «Und hübsch.

Haare schwarz und lang. Ein bißchen unterernährt.» Die Kehle war durchgeschnitten worden, das Messer von der Seite hineingetrieben, nach vorne und heraus gestoßen. Sir John dachte an Peppards Leiche, ein professionelles Töten. Dieselbe Hand?

«Ja, das halte ich für möglich.» Wasser ergoß sich ins Becken. Mister Rudge wusch sich die Hände. Aber die Symbole... die Auswirkungen der Tat reichten weiter. Sie hatten den Mob angerührt, ihn selbst; sogar Rudge. Im kältesten Keller der Leichenhalle starrte die Frau in Blau einäugig ins Dunkel; Gold, ein obszöner Stummel schwoll ihr aus dem Mund, durchbohrte ihre Seiten, kühlte jetzt mit ihrem Rest ab und wartete darauf, daß das umgebende Fleisch abfalle. Ein süßer Geruch hing in der kalten hallenden Luft. Sie verweste, und Rudge wollte sie begraben. Er wagte es nicht. Diesen Fall hatte er im Schweigen gehalten. Auf das Schweigen des jungen Grafen konnte man sich verlassen. Aber immer noch hatte er das lose Ende jener Nacht nicht aufgetrieben. Lemprière, der, dem die Sucher nachgespürt hatten, ehe sie auf die Leiche stießen. Der süße Geruch wurde stärker, Verwesung griff nach ihm, nach ihnen allen. Rudges Schritte glitschten über die Fußbodenplatten. Er mußte den Mörder finden. Die Menge verlangte Opfer. Er mußte ihr Bedürfnis befriedigen. Da draußen war Farina, in den Elendsvierteln und den Höfen, in den sichtbaren und unsichtbaren Gäßchen, und wartete auf einen Fehler Sir Johns. Er würde schon von dem Mädchen wissen, und wenn das mit dem Tod dieses Peppard zusammenhing und die Abschlachtung der ersten Frau ans Tageslicht käme, die Art und Weise, dann würde er das sprachlose Herz des Rituals mit allem füllen können, was er wählte, mit jeder Art Furcht, mit jeder Art sorgsam geplanter Ausschreitung. Schon veränderte sich die Atmosphäre, durchschnitten von aufrührerischen Regungen und durchsetzt mit Nestern voller Verdrehungen, der paternalistische Vertrag lag auf einer blockierten Frequenz, die in undeutlichen und unverständlichen Tönen auftauchte. Sonderbare Handlungen überwogen. Der vielbeschriene Katzeneßwettbewerb zwischen Lord Barrymore und dem Herzog von Bedford war in der letzten Woche in seine dritte Runde gegangen. Auch noch lebende Katzen. Carpenters Selbstmord quälte ihn, wie alle Selbstmorde, um die Wahrheit zu sagen. Und deren Zahl stieg an. Das politische Wesen stülpte sein Inneres selbst nach außen und bot seine Organe lüstern pöbelhaften Fingern dar, sie zu kneifen und in ihnen herumzustochern. Die Zeit bedurfte der moralischen Beispiele, aber die Besseren kleideten sich wie die

Lehrlinge in einer Gerberei, und die Lehrlinge schlürften ihren Kaffee bei Lloyds. Bollwerke wurden gebraucht, Schutzwälle gegen Farinas skorbutischen Einfluß, der sich da draußen massierte und sammelte. Was würde Henry getan haben? Irgendwas Blendendes und Elegantes, überlegte Sir John düster. Schnelles Erkennen und schnelle Verfolgung, seine eigenen Parolen, schienen fehl am Platz. Schnelles Erkennen wovon? Verfolgung wohin? Die Krankheit war schon da, in der Stadt. Vielleicht war die Stadt selbst die Krankheit.

Der Gestank der Verwesung wurde stärker. Rudges schaurige Bewegungen, kleine knorpelige Schneidegeräusche und scharfes Reißen, füllten seine Gedanken mit totem Fleisch. Getrappel von Füßen, des Jungen.

«Sir?» Ja. Eine Frau erwarte ihn oben, habe schon eine Stunde gewartet. Sie sei der Leiche von der Westminster Bridge aus gefolgt.

«Einen Augenblick.» Sir John schickte ihn eilends zurück. Der Junge machte sich. Die Schnur um seinen Hals war nicht länger nötig.

«Rudge!» rief er. Sein Mitarbeiter wischte Ziegenblut vom Körper ab und arbeitete sich methodisch über die Oberfläche der Haut voran.

«Ich hab einen Namen für Sie, einen unwahrscheinlichen Namen...», Rudge schlug einmal, zweimal in die Hand und blickte am stattlichen Sir John empor. «Einen äußerst gewöhnlichen und doch unwahrscheinlichen Namen.»

«John Smith», sagte Rudge prompt.

«Genau.» Beide dachten sie an den jungen Mann, der wildäugig in Peppards Zimmer gestürzt war, schon von Kummer geschlagen, dem der ruhigere Theobald gefolgt war, der lediglich «John» bestätigt hatte.

«Nicht Smith?» wagte Rudge sich vor.

«Sicher nicht Smith. Aber was?»

«Der Bruder, Theobald, der wird es wissen. Sie waren zusammen. Auf jeden Fall ist der Gehrock ein Kennzeichen. Hellrosa.»

«Natürlich, elem...» Fast hätte Sir John «elementar» gesagt, doch war das Wort fehl am Platze, nicht einlösbar jetzt, da die Zeiten so zerstückelt waren. «Mister *Smith*», grübelte Sir John.

«Und Brille», fügte Rudge hinzu, während Sir John hinaufstieg, und zog die Fädchen zusammen *currite fusi*, schnapp schnapp, Lösung und Auflösung, und der Geruch der Verwesung wurde unerklärlich schwerer in der Luft, und die Leichen waren unten, während der

427

Junge ihn zu der wartenden Frau geleitete, die ihn in dem nämlichen Augenblick, da er eintrat, in kaum verständlichem Akzent anzuschnattern begann, Unsinn und Sinn durcheinander.

«Ruhe», befahl Sir John. Die Frau rutschte in ihrem Stuhl umher. «Was haben Sie zu sagen?»

«Ich hab sie gesehen, Sir, als sie sie zurückgeschleppt haben. Wissen Sie, ich war draußen, da unten, wissen Sie, und hab mir schon gedacht, daß sie verloren ist, sie war zu...» Sir John griff nach dem Hauptpunkt.

«Sie wollen sagen, daß Sie das Mädchen kennen, das Mädchen, das heute abend ermordet wurde?»

«O ja, die kenn ich, Sir, wirklich. Das ist Rosalie, wissen Sie, Sir...»

«Gebt dieser Frau zu essen», ordnete Sir John an, «und bringt sie binnen einer Stunde zu mir.»

Vor der Tür standen maulend und mit den Füßen scharrend, fetthaarig und tintenfingrig, und schon unwillig die Stirnen runzelnd in Erwartung schlechter Nachrichten von noch üblerem Geruch, denn sie hatten in Sir John den Zensor gewittert, die Redakteure.

«Nicht ein Wort», sagte Sir John, als er sich dieser meuternden Mannschaft nahte. «Nicht ein einziges Wort...», wie es denn auch, abgesehen von ihrem neunzüngigen Protest und der schlecht beratenen Indiskretion des *Lud's Town Monitor*, der Fall sein sollte. Die Redakteure druckten Geschichten über die Lotterieselbstmorde, Lades und Bullocks großen Hahnenkampf, Mendozas Boxkampf in Epping, den Zusammenbruch des kornischen Kupfers, den Leichtsinn im Leinenhandel, Schmähreden gegen den Ostermarsch und Artikel über Reiter, die in der Blackfriar's Road von einer immer noch frei streunenden Bulldogge angegriffen worden waren, eine erweiterte Anzeige für Welchs Pillen gegen Weibliche Verhinderungen und Jungfrauen Eigentümliche Beschwerden, und zwischen all dem einen Bericht über Lady Yonges Konzert...

«‹...dem beide Casterleighs, Vater und Tochter, beiwohnten.›» Septimus nahm dem Mops die Zeitung weg und machte sich an die Verfolgung seines Freundes.

«Was auch immer du bei Coades gesehen hast, es war nicht Juliette Casterleigh. Vorgestern abend war sie noch gesund und munter und lauschte Händel und», er blickte genauer hin, «‹Clementis Trauermarsch›.» Über seinen Tisch gekauert lachte Lemprière bitter.

An dem fraglichen Abend waren sie über die Brücke bei Westminster nach Hause gestolpert, Lemprière am Arm seines Freundes, betrunken und von seiner Begegnung mit den Fährknechten zerschlagen. Er blubberte Unsinn, als sie an jener Stelle vorüberkamen, wo er Monate zuvor erstmals Juliettes Namen herausgestammelt hatte, während der Regen auf sie beide herabgoß. Zwar wurde sich Lemprière der Brücke kaum bewußt oder des dumpfen Rauschens des Flusses unten, erkannte aber dennoch die alte Frau wieder, die die Vorübergehenden mit ihren Äpfeln belästigte, und er riß sich von seinem Gefährten los. Er schnappte sich einen von der Frau und hielt ihn hoch.

«Nahrung für die Götter!» schrie er, und wandte sich hierhin und dorthin und versuchte, ihn verwirrten Matronen und erschreckten Marktleuten zu geben, bis Septimus die Verkäuferin bezahlte und ihn fortzerrte, der immer noch herumschrie und übel fluchte. Als sie zur Southampton Street kamen, wurde Lemprière ruhiger. An der Tür endete sein Toben. «Sie haben sie also umgebracht», sagte er nüchternen Tones. «Jetzt haben sie Juliette umgebracht.»

«Wer?» fragte Septimus. Aber Lemprière schwieg. Juliettes Antlitz entschwand in die Nacht, ein Pferd klapperte mit seinen Hufen bachab vom Teich, alles vorüber.

«‹... und man wohnte dem Abend in großer Heiterkeit und *bon ton* bei›», endete Septimus. Lemprières erste Reaktion war Ungläubigkeit, der Erleichterung folgte. Er stand auf, und das Zimmer schwankte, während sich seine Gefühle umkehrten. Er war während der beiden Tage seit ihrem «Tod» über Eis gewanderte, das sich zu einer mürben Oblate verdünnte. Stunde um Stunde warteten die kalten Wasser auf einen ersten Riß, darauf, daß sich seine Falltür öffne. Sie lebte, sie war in die Lebendigkeit zurückgebracht worden, und Lemprière sank unter dem Gewicht dieser Tatsache auf sein Bett. Sein Kopf fiel ihm vornüber. Dann erwachte das erste Mißtrauen, ein aufschwellender Kern des Zweifels.

«Dieser Steinschlucker...», Septimus las laut, aber Lemprière achtete nur auf seine eigenen Gedanken. Wenn nicht Juliette, wer dann? Wer war an ihrer Stelle gestorben? Der Kopf hatte herabgehangen, schlaffmündig, und Juliettes Angesicht nach unten und mit Blut maskiert. Er hörte es schnell auf den Steinboden tropfen und die Kettenglieder gegeneinander klirren, während sie in ihrer klebrigen Schlinge schwang, dem Kadaver der Ziege, ihrer Stellvertreterin. Iphigenie.

Denn die Geschichte ging weiter. Während sie die Ziege an ihrer Stelle auf dem Altar zu Aulis ließ, ward sie nach Taurien verbracht, wo sie, jetzt selbst Priesterin der Diana, ihrerseits das Messer über den Opfern schwang. Jeder Fremde, den man in jenem Lande fing, verfiel ihrem Altare, bis zwei Griechen, gute Freunde und Argiver wie sie selbst, vor sie geschleppt wurden. Kein Wunder, daß ihr langes Exil ihre Neubegier angeheizt hatte und sie dazu brachte, nach Neuigkeiten aus ihrem Heimatland zu fragen. Sie schrieb Briefe an ihren Bruder Orest und erklärte den Männern, daß ihrer einer geschont werde, auf daß er ihr Bote sei. Ihre Freundschaft führte sie dazu, je einander zu beschwören zu gehen, doch endlich stimmte der eine der beiden, Pylades, zu, die Briefe zu überbringen. Als er aber sah, an wen sie adressiert waren, erklärte er Iphigenie, sie möge sie selbst überbringen. Er wolle dahin nicht gehen, sagte er ihr. Dazu bestehe auch keine Notwendigkeit. Denn der Empfänger sei bereits eingetroffen. Orest sei sein Gefährte; ihr eigener Bruder. Ferne Meilen jenseits der Ägäis stürzte ein weiterer Tragepfeiler des Hauses der Atriden zusammen. Die drei flohen zusammen aus Taurien. Die Statue der Diana, die die drei mit sich fortnahmen, «wurde später im Hain zu Aricia in Italien aufgestellt». Einige Verweise folgten, Pausanias, Ovid, Vergil, obwohl der die Opferung zu Aulis nicht erwähnt hat. Lemprière unterschrieb die Eintragung und datierte sie, *Freitag, 14. März 1788*.

Orest und Pylades, Theseus und Peirithoos; sprichwörtliche Freundschaften. Peirithoos, um dem berühmten Theseus zu begegnen und den Stoff zu erproben, aus dem der Minotaurosschlächter gemacht war, ging so weit, in dessen Land einzufallen. Die beiden begegneten sich auf dem Schlachtfeld und wurden einander unmittelbar Freunde, und später vermochten die Qualen der Hölle sie nicht voneinander zu trennen. Als Septimus am nächsten Tag kam, um diese und andere Eintragungen einzusammeln, hielt Lemprière inne, um über ihre eigene Freundschaft nachzudenken. Die Schrunden in seinem Gesicht waren geschwunden, und der Quetschfleck auf seinem Bein war eindrucksvoll, aber schmerzfrei. Der einzige bleibende Schaden aus jener Nacht war ein Schnitt in seiner Hand, den er sich zugezogen hatte, als er die Scherbe aus Coade-Stein umklammerte, die von der Schildkrötenform abgesplittert war. Er hatte sie am nächsten Morgen gefunden, immer noch von seiner Hand umklammert. Jetzt residierte sie auf dem Kaminsims. Der Schnitt verheilte gut, und gewißlich hatte Septimus ihn vor sehr viel Schlimmerem bewahrt. Würde aber Septimus darauf bestanden haben, daß er Iphigenies Brief überbringe, oder ihm als Freund zwischen ihren sich einander gegenüberstehenden Heeren begegnet sein? Lemprière hegte den Verdacht, daß er so nicht handeln würde, ja schlimmer, gegebenenfalls jede Menge blendend überzeugender Entschuldigungen für seine Weigerung bereit hätte.

«Vielleicht hast du dir das Ganze auch nur eingebildet», sagte Septimus, während er sich mit den Resten eines Eisbeins bediente. Aber Lemprière hatte es sich nicht eingebildet, das tote Mädchen war wirklich, ob es nun Juliette war oder nicht. Die Frage änderte sich. Er hatte in der Fabrik nach Hinweisen auf die Art des Zwecks der *Vendragon* gesucht und nichts gefunden, doch als die Tage zwischen damals und jetzt vergingen und er über die Ereignisse nachdachte, die jene Nacht umgaben, war es sein eigenes Wesen, das aufzutauchen begann.

«Was meinst du mit ‹sie haben sie umgebracht›?» fragte er, während Lemprière die Eintragungen aufsammelte. «Wer sind ‹sie›?» Und Lemprière besaß keine wirkliche Antwort auf diese Frage, außer der Erinnerung an Peppards Warnung, daß man ihn überwache, an das Zimmer in der Blue Anchor Lane, die Kehle, die durchschlitzt gewesen war wie die des Mädchens, durchmischte Ängste.

«‹Sie›, nicht ‹ich›», sagte er deutlich und begriff, was das bedeutete, während die Worte hervorkamen. «Ich hab das Mädchen nicht umgebracht. Ich hab sie nicht wie ein Stück Fleisch verpackt und sie nicht an eine Metzgerkette gehängt. Sie haben das getan. Und ich glaube, sie haben auch Peppard umgebracht.» Er blickte nieder und hätte den Gedanken weiterführen und ihm bis in seine Schlußfolgerung folgen mögen, aber in diesem Augenblick war es genug.

«Ich bin nicht verrückt.» Er sprach klar und blickte Septimus an, der einen Augenblick lang erstarrte und dem die Worte zu fehlen schienen.

«Ausgezeichnet», sagte er schließlich. «Glänzende Arbeit. Und jetzt, wenn du nichts weiter mit diesem Eisbein vorhast...» Lemprière spürte, wie sich die Distanz zwischen ihnen weitete, als ob sie Hervorbringungen ganz unterschiedlicher Gattungen wären.

In den folgenden Wochen kehrte er zu seinem Wörterbuch zurück. Oder vielmehr, er warf sich hinein. Während er zuvor methodisch von A nach Z gearbeitet hatte, schmierte und kritzelte er jetzt dem Zufall folgend in einer Art Wut vor sich hin. Seine Arbeitsgewohnheiten unterwarfen sich keinerlei Regeln, seine Eintragungen folgten keinem Muster. Er jagte die Gestalten von Geschichten, die zufällig gerade sein Interesse fesselten, bis er ihrer müde wurde und sie wegen anderer verließ. Er schlug Texte an beliebigen Stellen auf, wählte Überschriften nach Laune, folgte seinen Grillen, warf Münzen. Von allen therapeutischen Funktionen befreit, wurden die Eintragungen keinen festen Weg geleitet, sondern folgten den Leidenschaften ihres Verfassers. Er schrieb zu jeder beliebigen Stunde und unter allen beliebigen Umständen. Es war eine Art von Befreiung, das Fahrenlassen einer Besessenheit und auch, irgendwo im Hintergrund seines Geistes, wo sich eine Frage außerhalb des Zugriffs seines Wörterbuches drehte, eine Art Flucht. Er ging nicht mehr pingelig auf die Einzelheiten dieses oder jenes verderbten Textes ein. Es bekümmerten Emendationen ihn nicht mehr besonders. Seine Querverweise wurden ziellos, und Septimus übermittelte einen Strom kleinerer Beschwerden von Cadell, die alle durch die Tatsache ausgelöst wurden (worauf hinzuweisen Septimus sich beeilte), daß bei dieser Geschwindigkeit das Wörterbuch im Juli abgeschlossen sein werde. Er kam jetzt häufiger, als das Abholen der Einträge gerechtfertigt hätte. Oft begleitet von Lydia. Sie bemühten sich, Lemprière durch eine Vielzahl von Ausflügen zu verlocken, die er lediglich als Ablenkungen ansah. Ihre Beharrlichkeit begann, ihn zu ärgern. Warum zum Beispiel sollte er wünschen, sich einen Katzeneßwettbewerb anzusehen, oder exotische Bäume bei Burgess?

«Apfelsinenbäume, Jasminbäume, Zitronenbäume . . .», Septimus umklammerte einen Handzettel.

«Arabische und katalanische», las Lydia über seine Schulter.

«Nein», sagte Lemprière.

Lydia hielt seine Arbeit für ungesund, sogar für morbide. Sein Wörterbuch war ansteckendes Gift. Sie fügte ihre Aufforderungen denen Septimus' hinzu und begann sogar, ihm ob seiner Weigerungen zu schmollen, die ihr, dachte Lemprière bei sich, nicht paßten. Er wollte keine Bäume betrachten und wünschte sich nicht, Lord Barrymore zuzusehen, wie der eine Katze aß. Er wollte nichts mehr, als mit seiner Arbeit fortfahren, und das war alles. Trotzdem folgten ihre Einladungen einander und wurden sogar immer drängender. Als Lydia aus Burgess' Warenhaus mit einem Apfelsinenbaum zurückkam, den Septimus den ganzen Weg von den Savoy Steps geschleppt hatte, begann seine Entschlossenheit nachzugeben.

In Wahrheit war das ein scheußliches Ding. Anderthalb Meter hoch stand es in seinem gelben Zuber, mit unerfreulich vereinzelt stehenden Zweigen, bereits von den unterschiedlichsten Baumkrankheiten befallen, pustulöse Beulen und harzige Wunden bedeckten den spindeldünnen Stamm, und die Gott sei Dank nur wenigen Blätter waren spröde und papieren und mit obskuren Narben und Parasitenspuren übersät. Insektenkolonien verseuchten das Blattwerk und schufen sich für den geringen Lebensraum Ersatz durch lebhafte Fortpflanzung und häufige bösartige Ausfälle ins Zimmer.

«Das wird für Aufheiterung sorgen», sagte Lydia. «Und wenn er größer wird, kannst du die Apfelsinen essen.»

Als er den Apfelsinenbaum betrachtete, fühlte Lemprière das hartnäckige Mißfallen des Exilanten gegen seinen Ort des Exils. Er dachte grüblerisch an Apfelsinenhaine, Morgen um Morgen sandiger sonnengebackener Böden mit langen Alleen fruchttragender, saftstrotzender Jungbäume, schwer von schwellenden Kugeln, und wie weit entfernt sie waren, und um wieviel glücklicher dieser Eindringling dort sein würde. Dennoch war er gerührt, und als Septimus anregte, man wolle zusammen ausgehen und einem Mann zusehen, der am Charing Cross Steine verschlinge, lautete seine Antwort «Nicht diesen Monat» statt «Nein».

«Ausgezeichnet», sagte Septimus. «Dann werden wir am vierzehnten gehen.» Lydia fügte ihre Begeisterung bei, und Lemprière fühlte sich durch all das leicht unbehaglich.

«Am vierzehnten», sagte er.

Er arbeitete wie rasend weiter, und zum ersten Mal, seit er das Projekt begonnen hatte, fühlte er sich von seiner Arbeit verschlungen, ohne daß sie in ihn aufgenommen wurde. Er produzierte Papiergebirge, die unmittelbar danach seinetwegen hätten zum Teufel gehen können, seine Produktion hatte für ihn keine Bedeutung. Er überprüfte nichts. Und im Hintergrund seines Geistes, weit entfernt vom Zentrum seines Tuns, drehte sich immer noch die Frage. Wenn nicht Juliette, wer dann? Die Frage war vertraut, überfiel ihn aber aus einem sich verhüllenden Winkel. Sie bereitete ihm keine Schmerzen. Er war geschäftig, eingesponnen und sich selbst gegenüber voller Nachsicht. Als aber der Monat sich seinem Ende nahte, rollte die Frage über wie ein Schiff wohl überrollen mag in den wenigen Sekunden, ehe es untergeht, um einen Anblick zu enthüllen, der einmal zu sehen ist und niemals wieder, und wandte ihm einen Aspekt zu, der seine Verdächte erhärtete und sein Sehnen verstärkte. Wenn das Mädchen nicht Juliette war, warum sah es ihr dann so ähnlich? Ein anderer Aspekt. Und in dem Augenblick, ehe die Luft aus der

Last schießt und Kiel und zerschrammter Rumpf sich verhängnisvoll zeigen, bevor sie in die Wasser versinken, in diesem letzten Augenblick fragte er sich, welche Rolle denn wohl Juliette spiele?

Weit entfernt von solchen Besorgnissen brachte in den geschützten Parkanlagen und Gärten der Stadt das milde Märzende Mandelbäume und Steinlorbeer zur Blüte. Am letzten Tag des Monats standen die Stachelbeerbüsche in vollem Blattschmuck und waren die ersten Sommerfliegen aufgetaucht. Sehr plötzlich wurde aus dem März April.

10.

Kaiser Joseph sucht im Griff jener psycho-sexuellen Ängste,
die der österreichisch-türkische Krieg hervorgerufen
hat, vor allem eine klare Einsicht in die ihn
umgebenden Ereignisse

Scheußliche Träume von ansteckenden Grippeepidemien quälten den Kaiser Joseph. Sie dauerten über Wochen hin an und schlossen Grenzen ein und Kanten, Verteidigungslinien, gesichtslose Angreifer und Katharina die Große, die russische Zarin und seine Verbündete in diesem mörderischen Narrenspiel von Krieg. Er erwachte gewöhnlich im Griff schlecht beschreibbarer Ängste und seiner eigenen wüsten Erektionen und schand sich zur Strafe für seine eigene Dummheit bis aufs Blut. Die Türken hätten sich mit dem Schnee zurückziehen sollen, hatten es aber nicht. Belgrad hätte fallen sollen wie eine reife kroatische Zwetschge, war es aber nicht. Zum wenigsten hätte sein Gesandter zurück sein sollen, aber in Wirklichkeit war kaum etwas geschehen. Die Armeen der Zarin lagerten müßig bei Otschakow. Seine eigenen fingen sich Krankheiten ein, desertierten zugweise und hungerten im ganzen Banat bei Temeschburg. Schlimm genug, aber über dieses Schachmatt war ein weiterer Schatten gefallen, ein Gespenst, ein verkörpertes Gerücht: der Hertzberg-Plan.

Mitteilungen Preußens an seinen Gesandten bei der Pforte, abgefangen und im Wiener Korrespondenzbüro entziffert, schlugen eine Neuordnung im Herzen Mitteleuropas vor. Auf dem Rücken der alten österreichisch-ungarischen Schreckensvision einer preußischtürkischen Allianz entworfen, stellte sie ein ausgewogenes System von

Tauschgeschäften dar: Danzig und Thorn an die Preußen, Galizien an die Polen, und Moldauen an ihn selbst. Unausgesprochen stand hinter diesem glatten Austausch die preußische Verpflichtung gegenüber türkischen Forderungen, wenn nötig mit Gewalt durchzusetzen. Der Hertzberg-Plan hing wie ein Köder über seinen Grenzen und forderte die umgebenden Mächte geradezu auf, mit ihren Armeen gegen sie zu drängen. In seinen Träumen verbogen und verzerrten sich die Grenzen unter diesem Druck wie ein bewegliches Trapezoid, in das er selbst an Händen und Füßen gebunden ausgespreitet war, sich wand und langsam zwischen den sich schließenden Winkeln zerquetscht wurde, während Katharina kühl zusah und von überlangen Nachschublinien, Mißernten in der Ukraine und unvermeidlichen Verzögerungen sprach. Ihre Hand bewegte sich erfahren zwischen ihren Beinen, ein scharfes *Klick*, und ein abgebissenes Stück Fingernagel fiel kaum hörbar auf den Boden. Sie rückte vor, und er konnte die polierten Zähne hinter von Blut glitzernden und beschmierten Lippen zubeißen sehen, während sich sein Glied in selbstmörderischem Gehorsam *klick klick klick* aufrichtete, da ihr stummer Ukas jetzt klar war: die steigende Furcht Österreichs mit dem weiten Mund Rußlands zu paaren. Als das Trapezoid sich schloß, kauerte sie sich über ihn, um sein Zepter ein- und aufzusaugen, ein kurzes Herumschnüffeln blindlings in ihren Innereien, ehe die gezähnten Ränder ihm diesen Kopf unbehaglich kitzelten, sich fest um die Wurzel schlossen, und *Klick*!

Er erwachte und sah in der Höhe seiner Leisten silbrige Spuren hierhin und dorthin übers Laken laufen, wie von verspielten Schlangen. Er erhob sich mit immer noch wild schlagendem Herzen und entzifferte sein glitzerndes Ideogramm so: Der Krieg läuft nicht gut.

Rätselvoller Schleim. Mit Hilfe einer Camera obscura auf die Räte und Komitees, die Schreibbüros und die Ratsversammlungen der Hohen Pforte zu Konstantinopel übertragen, führen uns die nächtlichen Ergießungen des Kaisers unmittelbar ins Herz der türkischen Kriegsmaschine. Sonderbar zu berichten, aber Josephs befleckte Bettlaken stellen ein genaues Modell der inneren Gespräche der Pforte dar, eine Fließkarte der Memoranden und Communiqués, der detailliertesten Empfehlungen und Titular-Ordres, eine Karte ihrer geheimsten und gewundensten Erwägungen. Man beobachte das österreichische Vorrücken während des Marsches über die Grenzen Moldauens und der Walachei, die von verstärkten Garnisonen in Boza und Penitska aus unternommenen Ausfälle, und die unwillkommene

Flucht des moldauischen *Hospodar*. Man sei Zeuge der venezianischen Bewegungen unter der gichtgeplagten Admiralschaft des Chevaliers Emo, das türkische Geschwader, das gegenwärtig die Schifffahrt zwischen Lissa und Ancona belästigt, aus der Adria in die Ägäis zu jagen. Man nehme Kenntnis von General de Vens entschlossenen Scharmützeln an den Ufern der Save gegenüber von Belgrad, dem Wüten des Lagerfiebers in den Garnisonen an der Una, den Haufen unverbrannter Toter, den von Kundschaftern in den Dörfern westlich der Drave entdeckten kopflosen Leichen, der Massakrierung einer türkischen Gefangenenkolonne nur zwei Marschtage vom Lager zu Karlstadt entfernt, den innerhalb des Niemandslandes im Bereich der Belgrader Artillerie liegenden Verwundeten, deren Schreie die Männer bei Nacht wach halten und denen Christen wie Türken lauschen und sich den Tod als Gnade wünschen. Schreckliche Schreie von Männern, und der Geruch, der Gestank von sterbenden Männern und toten Männern, die zu Krähenfutter werden, rohe Materie und Erde, fett wird hier die Hundsquecke wachsen. Das ist der Krieg im April. Halte Höhe, steig langsam über dem Goldenen Horn hinab, fang dich ab über den glitzernden Wassern des Bosporus, folge den Botschaften, die zwischen den Zwiebelkuppeln und den Spitztürmen Konstantinopels hin und her gehen. Folge dem rätselvollen Schleim.

Schon hatte sich eine Reihe außerordentlicher Ratsversammlungen aus dem Nachmittags-Diwan mit dem ausdrücklichen Zweck der Lösung dieser Frage abgespalten. Ein tückischer Dreieckskrieg zwischen den Ämtern des *Beylik*, des *Ruus* und des *Tahvil* war innerhalb des Oberamtes des großherzoglichen Diwan entbrannt. Die Inhaber der jeweiligen großen Amtssiegel mieden einander in den Gängen und suchten einfallsreich nach der Ausweitung vernachlässigter Funktionen, um ihr Recht auf alleinige Verwaltung der wachsenden Krise nachzuweisen. (Die *Beylik*-Abteilung tat das unter dem Titel «Fremden Regierungen eingeräumte Kapitulationsprivilegien», und Verwaltungsbeamte niederen Ranges, die eher an die Kärrnerarbeit des Überprüfens von Kleingedrucktem in Grenzverträgen gewöhnt waren, gerieten bei sich türmender Korrespondenz in Verwirrung.) Der Großdolmetsch drängte mit Macht, aus persönlichen Gründen – wurde vermutet, und der Justizminister widersetzte sich ihm. Der Reïs Effendi interessierte sich, und der Großwesir betraute einen getreuen Leutnant oder *Kaymakam* damit, seine Interessen in dieser Angelegenheit wahrzunehmen. Die unterschiedlichsten Palastschranzen, Haushofmeister und Sekretäre hatten ihre Hände im Spiel, dessen Vielschichtigkeit schließlich einen blendenden Kompromiß verlangte, wenn den Interessen aller beteiligten Parteien Rechnung getragen werden sollte. Die anstehende Frage war die andauernde Einkerkerung von Peter Rathkael-Herbert, dem kaiserlichen Gesandten. Der Kompromiß war eine Lattenkiste.

In der zweiten Aprilwoche schleppte sich ein rahgetakelter Zweimaster in den Hafen von Konstantinopel. Die Glattdeckskorvette *Tesrifati*, abgeordnet vom Ägäisgeschwader, wurde von einem frischgesichtigen Absolventen von Gazi Hassans Marineakademie in Midilli kommandiert. Halil Hamit hatte sein erstes Kommando in der Hoffnung übernommen, eine wohlgeölte Kampfmaschine vorzufinden, bereit, die vierzehn Rohre der Breitseite der *Tesrifati* abzufeuern, geschickt durch die engen Durchfahrten des Archipels zu manövrieren und tage- oder wochenlang von nichts als dem Geruch des Feindes und der Hoffnung auf ein Gefecht zu leben. Er hatte einen leckenden Eimer vorgefunden, bemannt mit Unzufriedenen und bevorratet mit verfaulendem Fisch und feuchtem Pulver. Dieses letzte war unwichtig, da man lediglich dreien der achtundzwanzig Rohre der *Tesrifati* so weit vertrauen durfte, daß sie abgefeuert werden konnten, ohne sich selbst, die Kanoniermannschaft und vermutlich das Pulvermagazin des Schiffes in die Luft zu jagen. Wo er wohlgedrillten Gehorsam erwartet hatte, fand er bestenfalls Zustimmung aus Trägheit, schlimmstenfalls gewohnheitsmäßigen Widerstand. Sie waren einer wie der andere Verschuldete, Zwangsdienende, kleine Diebe, Kiffer und Opiumsüchtige. Jetzt lagerten süßliche Dämpfe über dem Unterdeck. Während er in den Hafen hinkte, rekapitulierte Hamit seinen Bericht. Der war kurz und bündig. «Zwei Monate zwischen Lissa und Ancona gesegelt. Nichts gesichtet.» Die *Tesrifati* legte an, und Hamit beobachtete, wie seine Mannschaft die Gangway hinabschlurfte. Mann für Mann haßte er ihren Anblick. Sicherlich, hoffte er wider alle Hoffnung, sicherlich würden sie desertieren.

Zwei Tage später, und die gesamte Mannschaft war wieder an Bord. Jeder einzelne von ihnen. Sie waren am Vorabend in Handschellen abgeliefert worden, nachdem man sie erwischt hatte, wie sie *en masse* an Bord einer Fregatte nach Trapezunt gingen. Jetzt lagen sie angekettet unter Deck. Hamit mußte sich selbst um die Verproviantierung kümmern. Er überwachte, wie die alten Fässer mit verfaultem Fisch ausgeladen und neue an deren Stelle eingeladen wurden. Eine Ladung Salpeter für das Arsenal in Midilli wurde auf dem ganzen Unterdeck verstaut, was er jetzt als den Zweck seines Rückrufs verstand. Sein Bestimmungshafen rührte ihn an, denn er rief ihm jene Tage zurück, da er unter der grausamen, aber gerechten Aufsicht der Bootsmannsmaaten mit ihren ungewöhnlichen und ermutigenden Strafen und ihren rauhen Zärtlichkeiten im ägäischen Mondenlicht Strickleitern erklomm und in den Nächten Trigonometrie studierte.

Hamit wurde aus diesen liebevollen Erinnerungen plötzlich durch eine Lattenkiste gerissen, die über die Seite hereinschwang. Grobe anderthalb Quadratmeter groß landete sie mit einem Bums auf dem Achterdeck. Ein Beamter aus der *Beylik*-Abteilung des Amtes des Großherrlichen Diwans wünschte, daß er irgendwas unterschreibe.

«Es hat eine kleine Planänderung gegeben», begann der Beamte, während er kritzelte.

Binnen einer Stunde war die Ladung verstaut, die Mannschaft von Ketten frei und sofort faul, und die *Tesrifati* lief vor einem sanften achterlichen Wind durch die Dardanellen. Hamit stand unter Deck und betrachtete die Kiste. Sie war umgehend in Livorno abzuliefern. Das war der vorrangige Befehl, und: Er hatte sich nicht um den Inhalt zu kümmern. Danach würde der Dienst bei der Ägäis-Patrouille wieder beginnen. Hamits Mannschaft sah stumpf zu. Als er sie von den Ketten löste, hatte er den Impuls ersticken müssen, sich bei ihnen für diese Unbequemlichkeiten zu entschuldigen. Sie sahen hungrig aus. Sie wollten ihm nicht in die Augen blicken. Sie warteten auf ein Unheil. Jetzt versetzte Hamit der Kiste einen aufmunternden Schlag. Sofort begann eine Stimme aus dem Innern zu schreien.

«Ich verlange sicheres Geleit! Ich verlange Zugang zum venezianischen Botschafter, angemessene Erleichterungen, einen Dolmetscher, mein Eigentum, eine Audienz beim Diwan...» Die Forderungen wurden noch eine Weile fortgesetzt. Hamit lauschte ihnen, wie sie immer weniger schneidend wurden und schließlich verloren endeten mit «Ich bin der kaiserliche Gesandte bei der Hohen Pforte, und ich verlange Wasser». Dann «Wasser bitte», dann «bitte», und dann wieder Schweigen. Halil Hamit wog seine Pflichten gegeneinander ab und ging dann, ein Brecheisen, einen Becher und einen Krug klaren kalten Wassers für seinen Gast zu holen.

Die Kiste befand sich da, wo sich die extremsten Positionen der Auseinandersetzungen schließlich getroffen hatten, in der Mitte zwischen der Rücksendung des abgetrennten Kopfes des Gesandten in einem groben Leinwandsack und dessen Geleitung zur Grenze mit allem erdenklichen Pomp als Wiedergutmachung für seine Einkerkerung, nunmehr als entsetzlicher Fehler eines untergeordneten Beamten erklärt. Natürlich reichten die Verwicklungen sehr viel weiter. Die Enthauptung des Gesandten würde auf rücksichtslose Kriegshetze hindeuten, in Übereinstimmung mit jüngsten Gewinnen in Transsylvanien und den letzten Massakern an der Drave, eine kräftige Andeutung, daß die türkischen Streitkräfte bis zum Jüngsten Tag zu kämpfen bereit seien. Eine Eskorte auf der anderen Seite würde Befriedung bedeuten und ein schnelles Ende eines Krieges, der niemandem nützte. Das Schachmatt bei Belgrad und die verschiedenen antitürkischen Erhebungen innerhalb Serbiens unterstützten diese Linie. In der eigensinnigen Kistenatmosphäre hatte man einen wackligen Kompromiß gefunden. Sollte der Gesandte überleben, gut und schön. Wenn nicht, naja, er war schließlich doch der Feind. Die Kiste bezeichnete einen Knotenpunkt des Krieges. Spuren liefen in ihr zusammen, all die Argumente und Gegenargumente innerhalb der Pforte, die Ausbalancierung von Politik und Praxis, und aus jener Höhe, in der die Möwen kreischend herumwirbelten, konnte man im phosphoreszierenden Kielwasser der *Tesrifati* eine letzte Übereinstimmung mit den befleckten Bettlaken des Kaisers erblicken, einen letzten hervorspritzenden Vektor jenes glitzernden rätselvollen Schleimes, wie er prophetisch einem Schicksal entgegenschoß, noch sonderbarer als sogar dieses.

Als die *Tesrifati* sich als meuterische Kapsel über die Weite der See quälte, war sie ein Warnlicht unter vielen anderen, während die Nacht über Europa herabsank. Bauernmurren gegen die zwangsweise Roboter-Arbeit, ein Aufstand unter den Zwergen eines Magdeburger Zirkus, Wiedertäufergären in Thüringen, auch diese blinken hinein und heraus, weiter und fort. Und es gibt andere. Im April ist die Konfiguration noch undeutlich, aber so wie die Gärung in den Völkern zunimmt, werden solche Ausbrüche sich häufen, die Warnlichter zahlreicher, bis eine seit langem vorbestimmte Form aus Linien auftaucht, die sich zwischen dem einen Punkt und dem anderen schließen, wie eine vom Heliographen gesendete Botschaft das Stationennetz bestätigt, das sich von der Bergspitze zum Kampanile, vom Wachtturm zur Plattform in Lichtblitzen erstreckt, helle Kreuzungen von x und y, die auf präzise Bogengrade ausgerichtet sind, in Übereinstimmung mit exakten Zeittafeln der Übermittlung und des Empfangs. Verglichen mit dem Netz, das ihr kurzes und flackerndes Leben unterhält, erscheint die Botschaft selbst als unbedeutend, ebenso wie der einzelne Brief nichts ist für das mächtige

Postsystem der Thurn und Taxis und die Beinkapsel unwichtig, verglichen mit dem Flug der Brieftaube. Ebenso ist die Botschaft, die in dieser Aprilnacht auftaucht, neben den Mitteln ihres Auftauchens, dem System, bestenfalls zweitrangig. Das Problem ist der Maßstab, die Einheit Mensch gegen die geopolitische Masse, Monokultur gegen Eurosystem. Zukünftige Vulkanausbrüche erscheinen dem sterblichen Beobachter wie willkürlich und aus völlig heiterem Himmel, trotz buchstäblich äonenlanger Warnungen durch die regelmäßigen Bewegungen der Erdplatten – wie aber die explosive Gewalt, den Regen geschmolzenen Materials, der pro Sekunde Tausende von Metern durchschießt, mit jenem tektonischen Kriechen von Zentimetern pro Jahrhundert in Beziehung setzen, das ihm vorausgeht und ihn verursacht? Die mittleren Größen fehlen, und nur urtümliches Wahrsagen aus dem Vogelflug füllt diese Lücke. Kann des Kaisers Bettlaken tatsächlich die Reise der *Tesrifati* durch diese Aprilnacht voraussagen? Scharlatane werden an solchen Zusammenhanglosigkeiten reich. Aus Mangel an einem ausreichend hohen Aussichtspunkt greifen *Haruspices* darauf zurück, die Innereien zu lesen und den Vogelflug, und alle Arten von Geomantik und Schicksalsdeutung werden ausgeübt. Vollkommen unschuldige Strukturen und Ordnungen werden als Vorzeichen wirkmächtig, da sie auf Katastrophen und andere Formen der Unordnung vorausdeuten. Man nehme beispielsweise den Orangenbaum.

In Le Notres Plan war alles ganz klar. Die Orangenbäume laufen in geraden Reihen auf einer doppelten Terrasse beidseits der Gärten von der Rückseite des Palastes fort auf den künstlichen Teich zu. Louis' erster Mathematiklehrer hatte ihm gesagt, daß Parallelen sich in einem vom Beobachter unendlich weit entfernten Punkt treffen, oder – augenfälliger – am Fuß des Thrones Gottes. Louis zog diese zweite Metapher vor und verwendete sie häufig, wobei er sie vage mit seinem eigenen Gottesgnadentum verknüpfte. Wenn er nach dem Levée über die Terrassen hinwegschaute, empfing er von den säuberlich skulptierten Orangenbäumen in ihren kubisch geformten Kübeln, die da in Reihen dem Teich zuliefen, ohnmächtigen Trost. Wenn er seine Augen anstrengte, trafen sich die Linien und war Gott im Teich.

Die erste Veränderung trat vor einem Monat ein, zunächst eine unauffällige Neuausrichtung, die gegen Ende März immer deutlicher wurde. Im April war sie nicht mehr zu bestreiten. Die Orangenbäume liefen aufeinander zu. Als erstes dachte er an einen übereifrigen Schmarotzer, der sie im Mondenschein eifrig neu ausrichtete und nur auf ein günstiges Zeichen wartete, um sich zu erkennen zu geben. Ein Er, eine Sie. Entsprechend lächelte er in der Nähe der Orangenbäume oft, klatschte in die Hände, wies und rief fröhlich «Ha!». Niemand trat vor. Die Gärtner vielleicht. Eine Wache wurde unter die Orangenbäume gestellt, doch kein Unterling gefaßt. Die Orangenbäume, die einst friedlich seinen absoluten Vorrang in der Ordnung der Dinge bestätigten, trugen jetzt lediglich zu seinen Kümmernissen bei.

Das Muster wiederholte sich. In der Vendée waren abgefallene Steuerbeamte zu Räubern geworden, die ihr eigenes geheimes Steuersystem durch jene Organisation erzwangen, die er angeblich aufgehoben hatte. Beamte, die er entsandte, um diesen fiskalischen Umsturz zu zertreten, wurden mit Gewalt verfolgt, ihre Familien bedroht. Ein lärmendes Parlament hatte sich beruhigt, als er die Aufhebung bekanntgab, und danach hatte er sich bestätigt gefühlt, in klarer Heiterkeit und an seinem Platz. Jetzt schlug diese Angelegenheit auf ihn zurück. Er vernahm das Wort «Steuerreform» mit scharfem Unbehagen und fragte sich, welche Katastrophe seine nächste hilfreiche Maßnahme auslösen würde. Wenn er still stand, nahm er wahr, daß sich die Dinge nach ihrem eigenen Willen bewegten. Bewegte er sich, hielt alles inne. Und wieder die Orangenbäume.

Sein Plan, das Uhrmacherhandwerk neu zu beleben (Uhrmacherinnen) war ermutigend, und wenigstens war das neue Amt für Marineangelegenheiten sicher besetzt. Doch die Ereignisse verschworen sich weiter gegen ihn. Berichte, daß die Direktoren der Bank bei ihrer Generalversammlung einander verprügelt hätten, drangen an die Presse, und der Rücktritt von Monsieur Caburrus schien solche Berichte zu bestätigen. Unterschiedliche Agenturen ergötzten sich daran, aus Neckers Zahlen das Defizit neu zu berechnen, und es wuchs und wuchs, als die neuen Daten auf wöchentlicher Basis veröffentlicht wurden. Er hatte offenbar Steuern genehmigt, die man «Zwanzigsten» nannte und die die Parlamente von Toulouse, Rouen und Montpellier jetzt zu zahlen sich weigerten. Kleinere Aufstände fanden in diesen Städten statt, und in anderen, in denen sein Ratschluß auf die übliche feindselige Haltung stieß. Die Arbeiten in Cherbourg verzögerten sich entsetzlich, und die Kosten – vier oder vielleicht fünf Millionen – stiegen monatlich. Das wenigstens war das Problem des Marineamtes. Vaudreuil und Bougainville hatten ihren Sekretären außerordentliche Vollmachten eingeräumt, damit sie das Projekt zeitgerecht und im Haushaltsrahmen zum Abschluß brächten. Sie waren in der Vorwoche abgereist. Die Herren Duluc und Protagoras würden, vom Finanzministerium abgeordnet, in dem ihre labyrinthischen Schadensbegrenzungsmaßnahmen hinsichtlich des Defizits allgemeines wenn auch einigermaßen verblüfftes Lob erfuhren, von Cherbourg nach La Rochelle gehen. Dort erwarteten sie neue Aufgaben. Vaudreuil setzte große Hoffnungen auf sie, und selbst der Kardinal gab seine Empfehlungen. Das Defizit war natürlich immer noch gewaltig, aber wieviel schlimmer mochte es wohl ohne ihre Bemühungen sein? Er fürchtete sich, daran zu denken.

Sonnenlicht erglänzte auf den Giebeln hinter ihm und schien auf die Terrasse und ihn herab, glitzerte vom Teich, erwärmte die gähnenden Schloßkorridore und ließ die kleinen zusammengeschrumpelten Orangen auf den furchtsamen Bäumchen vor ihm reifen.

Dieselbe Sonne prallte auf seine vertrauten Untersekretäre herab, die jetzt auf den Höhen über Cherbourg standen.

«Narrheit», sagte Protagoras. Sein Begleiter überblickte mit müden Augen die Szene und bewegte zustimmend den Kopf. Ihre Reise von Paris her hatte eine ganze Woche gedauert. Sie hätte in drei Tagen getan werden können, aber eine Reihe kleinerer Umwege hatte mehr Zeit erfordert als erwartet. Keiner von ihnen hätte in der turbulenten Hauptstadt viel Kommentar ausgelöst, doch wäre auch keiner leicht zu erklären gewesen. Selbst angesichts des vollen Ausmaßes ihrer außerordentlichen Machtbefugnisse war die Bedeutung untergebener Beamte der Parlamente von Toulouse, Rouen und Montpellier für ihren Auftrag bedenkenswert. Und warum hätten sie sich nachts in einem Dorf bei Argentan treffen sollen? Und selbst angesichts ihrer nahezu unbegrenzten Zahlungsmöglichkeiten erschienen informelle Treffen mit unzufriedenen Steuerpächtern aus der Vendée doch einigermaßen außerhalb ihrer amtlichen Aufgaben. Und während sie in kurzen Abschnitten unauffällig in öffentlichen Kutschen reisten, wurde ihre Reise von solchen Zerstreuungen durchsetzt, bis sie am Vorabend in einem Gasthof einige Meilen außerhalb Cherbourgs jenen Kontaktmann trafen, den zu beschaffen sich der Kardinal besondere Mühen gegeben hatte.

Keinerlei Vorstellungen fanden statt. Die drei saßen oben in einem Zimmer um einen Tisch, auf dem Papiere sich häuften. Das Gespräch wurde auf Englisch geführt. Duluc und Protagoras sahen zu, wie der dritte Mann lange Zahlenreihen in ein vielschichtiges System von Querverweisen eintrug und Summen unterstrich und kennzeichnete.

«Sie könnten sie mit Teichen innerhalb eines Reservoirs vergleichen», sagte er, während sie ihm über den Tisch hin zusahen. «Die

Wasserstände in den einzelnen Teichen können steigen und fallen, aber die Wassermenge innerhalb des Reservoirs bleibt konstant. Nur die Verteilung ändert sich. Europa betreibt auf diese Weise, wie übrigens die ganze Welt, seine Geschäfte. Jeder Teich ist ein Land mit größerem oder kleinerem Wohlstand. Frankreich hier zum Beispiel ist ohne jeden Wohlstand, ein Minuswert. Frankreich kann aber immer noch Geschäfte betreiben, denn würde man den ganzen Klumpatsch verkaufen, überstiege der Betrag das Defizit um ein Vielfaches. Wenn man nun Importe gegen Exporte wägt, Auslandsschulden gegen Investitionen, und den Pro-Kopf-Wohlstand eines jeden Untertanen hinzufügt, kann ein Staat ‹bewertet› werden, kann man ihm entsprechend seinem Wert eine Zahl zuordnen. Das ist bekannt. Wenn man diese Werte kombiniert, ergeben sie eine weitere Zahl, die dem Volumen des ganzen Reservoirs entspricht, also dem Wohlstand aller Nationen. Ich bin aber mit den Teichen befaßt.»

«Teiche?» unterbrach Protagoras.

«Einzelne Nationen. Die können berechnet werden, indem man Rückzahlungen und Ausgaben von Anleihen und Gewinnen abzieht, und natürlich die Importkosten von den Exporten. Die Schlußzahl stellt den Wohlstand der Nation dar. Theoretisch ist das einfach. Die Praxis», er wies auf seine Truhe hin, die von Papieren überquoll, «eine andere Geschichte. Immerhin hat aber Ihr Kardinal sehr ordentlich dafür gezahlt, daß...»

«Kardinal?» unterbrach Duluc scharf. «Wir wissen von keinem Kardinal.» Der dritte Mann blickte einen Augenblick lang verwirrt auf, fing sich dann aber.

«Natürlich», sagte er rasch. «Nun gut, Ihr *Freund* hat eine Übersicht über die letzten drei Finanzjahre Englands in Auftrag gegeben. Wie ich schon sagte, sind solche Berechnungen niemals ganz genau. Mathematisch gesehen ist die Aufgabe von tödlicher Langeweile. Irrtümer schleichen sich ein. Und es gibt Faktoren, die nicht berechnet werden können, Schmuggelware, informelle Darlehen, Transitwaren und so weiter. Im allgemeinen sind die aber zu vernachlässigen und können, falls nicht, durch entsprechende Rundungen einbezogen werden. Ich behaupte, daß ich eine Genauigkeit bis auf 2 oder 3% erreiche. Deshalb stellen diese Zahlen mich vor ein Rätsel. Ich habe sie jetzt zweimal überprüft. In jedem dieser drei Jahre gibt es eine Diskrepanz von fast 4%. Das bedeutet einige Millionen Pfund. Das ist fast so, als ob jemand eine Nationalbank betreibt, aber völlig außer-

443

halb des Banksystems. Noch eigenartiger ist, daß dieses Geld niemals wieder ins System eintritt, aber auch kein anderes Land einen entsprechenden Anstieg verzeichnet. Das Geld wird nicht eingesetzt. In der einen oder anderen Form hockt es einfach irgendwo herum. Wo weiß ich nicht und wie weiß ich nicht. Aber es ist vorhanden, meine Herren, das ist sicher.» Dabei blickte er auf und erwartete Überraschung, oder wenigstens Neugier. Protagoras und Duluc aber nickten nur Zustimmung.

«Da ist noch etwas anderes», sagte er. «Ich habe dieselbe Berechnung für dieselben Jahre im vorigen Jahrhundert durchgeführt. Die Ergebnisse waren dieselben, und ich wette, daß die dazwischenliegenden Jahre dieselben Defizite aufweisen. Wer oder was auch immer diesen Prozeß kontrolliert, kontrolliert eine Summe, die das Kapital eines jeden Staates auf Erden übersteigt.»

Nachdem der Mann seine Papiere zusammengepackt hatte und eilig fortgestürzt war, um das morgendliche Postboot zu erreichen, setzte Duluc sich an denselben Tisch und schrieb zwei kurze Nachrichten. Die erste ging an den Kardinal. Sie lautete: «Alles, was Jacques von sich und seinen Verbündeten behauptet hat, trifft zu. Wir haben die Bestätigung. Wir reisen zu den Abschlußvereinbarungen nach La Rochelle. Unsere Sache ist sicher.» Die zweite ging an Jacques selbst. Sie identifizierte lediglich ihren Gesprächspartner und umriß die Ergebnisse seiner Berechnungen. Das genügte. Jacques oder seine Partner würden die Angelegenheit von da aus weiterverfolgen. Er unterzeichnete statt mit seinem Zeichen mit «Bis zum Dreizehnten» und versiegelte den Brief sorgfältig. Er würde vermutlich mit demselben Postboot reisen wie sein Opfer.

Am Morgen beobachtete er mit Protagoras, wie das Postboot vorsichtig an den «Verbesserungen» vorbeilavierte und aus dem Hafen glitt. Für größere Schiffe war die Einfahrt in den Hafen zum Albtraum der Lotsen geworden. Die Gründe dafür waren offenkundig. Ein hölzernes Monstrum suhlte sich im Hafen von Cherbourg. Es war bei unterschiedlicher Breite zweihundert Meter lang, und Pfosten und bizarre Vorbauten sprossen aus ihm in den unterschiedlichsten Winkeln über seine ganze Länge hervor, die sich wellte, wo Haufen unbenutzter Baumaterialien abgekippt worden waren und verrotteten oder sich verzogen. Der erste Abschnitt stellte grob eine Gerade dar, der zweite grob eine Kurve, und der dritte grob beides. Das Monstrum lief diagonal durch das Hafenbecken und endete in einem vierschrötigen Turm, der – er schielte – aus Schubkarren errichtet zu sein schien. Diese ganze Konstruktion hieß im Behördenjargon einer Korrespondenz, die inzwischen dermaßen angeschwollen war, daß sie in die Büros der Direktoren des Marineamtes überschwappte und dort weiter anstieg, bis deren Rücktrittserklärungen der Masse beigefügt wurden, die Neue Mole. Sie war das heilige Krokodil des Marineamtes und hatte seine Priester verschlungen.

«Blanke Narrheit», sagte Protagoras erneut. Die Befestigungsanlagen waren bescheidener, größtenteils dünnbeinige Holzplankengerüste. Die Mole hatte den Schaden angerichtet. Die Bürger von Cherbourg beklagten, daß Schiffe, die noch vor zehn oder zwanzig Jahren hier vor Anker gingen, jetzt Häfen im Norden und Süden anliefen. Die Schenken waren leer, und die Werften lagen müßig. Die Stadt starb. Man war dabei, eine Petition aufzusetzen, die dann an den König selbst geschickt werden sollte. Der Holzmangel sei ein Vorwand. Weniger Holz, nicht mehr werde gebraucht, und vor allem keines im Hafen. Während der beiden folgenden Wochen würden Duluc und Protagoras ihren Rollen Lippendienst leisten, indem sie aufmerksam diesen Klagen lauschten. Sie würden kleinere Sabotageakte mit blinden Augen betrachten und mit tauben Ohren Berichte darüber anhören, daß auf Meilen im Umkreis jede Scheune mit abgefangenen Holzlieferungen vollgestopft sei. Ihre Empfehlung würde sein, das Projekt bei der erstbesten Gelegenheit aufzugeben. Weit unten segelte eine Fregatte, die später in der Petition auftauchen würde, über eine Seemeile draußen nach Nordost. Duluc und Protagoras wandten sich von ihrem Aussichtspunkt ab und schritten hinab zu der wartenden Kutsche. Schon flogen ihre Gedanken südwärts entlang der Küste nach La Rochelle, wo ein ganz anderes Projekt sie erwartete.

Die umgebaute Fregatte *Tisiphone* segelte vor einer steifen Brise den Kanal herauf auf Deal zu. Sie hatte gemahlene Holzkohle geladen. Ihr Kapitän hegte immer noch die Hoffnung, am nächsten Tag die Flut zu erwischen. Der achterliche Wind währte bis in die späten Nachmittag und erstarb dann. Als man am folgenden Nachmittag um vier Deal erreichte, war die Flut schon gekippt. Die Schaluppe *Cockatrice* und der Kutter *Nimble* lagen da bereits vor Anker. Die *Tisiphone* gesellte sich über Nacht zu ihnen und lief am nächsten Morgen nach dem Upper Pool aus. Die erschlaffenden Wellen von

Schiffen, die bereits weiter stromauf standen, und Querströmungen, die vom Boden des Flußbettes heraufschossen, prallten von Ufer zu Ufer und wiegten den Dreimaster sanft, während er sich mit den langsamen Wellen der Flut der Stadt näherte. Unterdecks verschob sich die Holzkohle in ihren dicht gepackten Fässern und bildete unsichtbare Muster, fruchtbare Wirbel und sich entfaltende Karussells schwarz auf schwarz, langsame Kreiselbewegungen und Wellungen so wie sich die Schichten in einem geheimen Echo auf die einander widerstreitenden Kräfte des Wassers von oben nach unten verschoben. Als er gegen sechs an jenem Abend am Zollkai bei Queen's Wharf anlegte, zog der Dreimaster Kapitän Guardians wachsames Auge fünfzig Meter stromauf der *Vendragon* auf sich, diesen Neuankömmling zu beobachten.

«Die *Tisiphone*», kündigte er Kapitän Roy an, der bewundernd seinen Kaminsims betrachtete. «Aus Lissabon über Cherbourg mit Holzkohle.» Er hatte die Schiffsnachrichten gelesen, die ihr Auslaufen einen Monat zuvor gemeldet hatten. «Ziemlich früh», sagte er.

«Hat vermutlich Cherbourg ausgelassen», überlegte Kapitän Roy.

«Ah.»

Die Arbeiten zu Cherbourg kannte man aus Berichten. Eben blickte den Kai hinab zur *Vendragon*. Wie versprochen hielt er ein achtsames Auge auf den Indienfahrer, obwohl es wenig zu berichten gab. Die Beladung war schon vor einigen Wochen beendet worden, und bis auf einen einsamen Wachmann war die Mole vor dem Schiff leer. Verschiedentlich hatte er sich eingebildet, er habe Lichter gesehen, die sich unter Deck bewegten, kurze Blitze, die durch die Planken entwichen, aber seit Wochen war niemand mehr an Bord gegangen, und man hatte keine Lebensmittel übernommen. Es schien ihm ein unwahrscheinliches Versteck für blinde Passagiere zu sein. Seine Besorgnisse während dieser Überwachung waren von weniger offensichtlicher Art, nichts, das er genau hätte beschreiben können, nichts Besonderes, und doch ergriff ihn in diesen Wochen eine vage Furcht. Wie sollte er es fassen? Die Kais entlang des Flusses veränderten sich, ihr Wesen war anders als zuvor. Diese Veränderung war unbestimmt, noch kaum zu beschreiben, aber zum Schlechteren hin.

Die Docks waren immer eine rauhe Landschaft gewesen, hatten immer ihre eigenen Sitten und Gebräuche, ihre eigenen Fehden und Blutrachen gekannt. Seit jüngstem aber schien es Eben, als seien die Sitten und Gebräuche außer Kraft geraten und die Fehden und Blutrachen gewalttätiger geworden. Eine neue Bösartigkeit war im

Gange. Er hatte gesehen, wie man auf Butler's Wharf einen Mann zu Tode getreten und liegen gelassen hatte. Berichte liefen um, daß man am Südufer einen Zollbeamten in Brand gesteckt und dann habe Spießruten laufen lassen. Die üblichen Streitereien gerieten zu Prügeleien, die Prügeleien zu brutalem Zusammenschlagen. Zum ersten Mal in seinem Leben empfand er den Hafen als einen bedrohlichen Ort, und eine bedeutende Konsequenz aus dieser Veränderung war Kapitän Roy.

Der Amputierte war auf den Pieren und Werften des Hafens eine allgemein geachtete Gestalt. Geschützt durch Gerüchte über einen riesigen vergrabenen Schatz, durch Hochachtung vor einer Kenntnis der Häfen dieser Erde ohnegleichen, die er in seinen jüngeren Jahren auf See gesammelt hatte, und durch Mitgefühl wegen des Verlusts seiner Beine hatte Kapitän Roy die Docks schon patrouilliert, ehe noch Eben sich dort niederließ. Morgens verhökerte er Streichhölzer auf den Märkten der Stadt. Die Nachmittage und Abende zogen ihn unausweichlich zum Fluß. Niemand legte Hand an Kapitän Roy. Das war die Regel. Dann war er vor zwei Wochen, am ersten des Monats, auf eine Gruppe von Schlicklerchen gestoßen. Die beluden eine Jolle mit Kisten. Kapitän Roy hatte ihre Dieberei gezielt übersehen und seinen Weg den Kai entlang fortgesetzt. Auch das entsprach der Regel. Nach wenigen Metern hatte er schnelle Schritte gehört. Plötzlich wurde er hochgehoben und ins Wasser geworfen. Die hohen Schiffsseiten boten keine Handgriffe. Seine Stümpfe pumpten wirkungslos. Er begann zu ertrinken, und die Schlicklerchen überließen ihn seinem Schicksal.

Offenbar hatte ihn ein Leichter an Bord gezogen, keuchend und spuckend, vor Kälte bebend und seine Angreifer verfluchend. Vom Schock war er wie betäubt. Da gab es keinen Raum für Zweifel, sie hatten ganz beiläufig versucht, ihn umzubringen. Das entsprach nicht der Regel.

Als Guardian von dem Zwischenfall erfuhr, hatte er sich nach dem Verbleiben des Kapitäns erkundigt und fand ihn immer noch zitternd unter der kurzen Pier jenseits von Tower Stairs. Ein Blick auf Kapitän Roy hatte Eben davon überzeugt, daß zwanzig Jahre einsamen Lebens ihr Ende finden mußten. Der Kapitän wurde an jenem Nachmittag im Krähennest einquartiert. Die Docks hatten sich verändert, und indirekt hatte sich sein Leben mit ihnen verändert. Bisher hatte sich sein Gast als ein angenehmer Gefährte erwiesen. Sie teilten die gleichen Begeisterungen und unterhielten sich in vertrauten Begriffen. Roy hatte seinen Streichholzverkauf wieder aufgenommen, Eben seine Wache über die *Vendragon*. Heute abend wollten sie zum ersten Mal zusammen ausgehen. Das war ein Versuch, und auch, soweit Eben verstand, Zeichen des Dankes für seine Gastfreundschaft. Auf Kosten von Kapitän Roy und auf seine drängende Einladung wollten sie sich den Steinschlucker ansehen.

Zwei Stunden, vier Meilen und fünf Schillinge später standen die beiden Kapitäne in einem überfüllten Raum in der Cockspur Street und warteten darauf, daß Francis Battalia, der Steinschlucker, seinen Auftritt nehme. Kapitän Roy hatte draußen einen Tumult ausgelöst, als vier massige Männer unter Führung eines kleineren, farblosen Kerlchens sofort zur Spitze der Schlange gegangen und ohne zu zahlen eingetreten waren. Warum sollte er zahlen, wenn sie nicht zahlten? Es wurde erklärt, daß sie keinen Zugang genommen hätten, und tatsächlich konnte Eben, als er sich in dem Raum umsah, keine Spur von ihnen sehen. Eine Treppe führte ins Stockwerk darüber. Die Menge bestand aus jungen Frauen und Männern, meistens von der ärmeren Art. Ein Kopf aus schönen roten Löckchen fing seinen Blick, zwei junge Männer bei ihr, er blickte noch einmal hin, dann ein weiteres Mal. Es erschien ihm ein unwahrscheinlicher Ort, ihn vorzufinden, sich selbst übrigens auch. Die Rotlockige sagte etwas, und beide wandten sich ihr zu. Die Brille, der verrückte Rock, er hatte recht. Er winkte über die Zuschauer hin und rief. «Junger Lemprière!» Der junge Mann sah sich um. Er gestikulierte wieder. «Kommt zu uns», rief er hinüber. Eben sah zu, wie die drei sich durch die Menge auf ihn zu drängten.

«Erfreut, Ihre Bekanntschaft zu machen, Lydia.» Eben schüttelte die dargebotene Hand.

«Und Mister Septimus Praeceps.» Lemprière beendete die Vorstellungen. Eben stellte allen dreien Kapitän Roy vor und musterte den jungen Mann, der als «Septimus» vorgestellt worden war.

«Sind wir uns schon begegnet?» fragte er offen. Das Gesicht war bekannt. Entfernt, aber erinnert.

«Die de Veres, letztes Weihnachten», sagte Septimus.

«Natürlich, ja...» Aber die Erinnerung stammte von anderswo, und von lange vor letztem Weihnachten. Er suchte danach.

«Neues von der *Vendragon*?» Lemprière fragte das, und Guardian wollte ihm von dem neuen Wind erzählen, der über die Kais blies, und von Kapitän Roy, und von seinen eigenen schwebenden Ängsten, aber er sagte: «Ein paar Lichter unter Deck, sonst kaum was. Sie ist beladen und segelfertig. Was haben Sie bei Coades gefunden?» Lemprière hätte ihm gerne eine noch sonderbarere Geschichte erzählt, einen noch tiefer dringenden Verdacht anvertraut.

«Nichts, was mein Verständnis von den Zwecken der *Vendragon* fördern könnte.»

«Statuen», sagte Kapitän Roy. «Das verbirgt sie.»

«Das weiß er», sagte Eben.

Bedienstete drehten im Hintergrund des Raumes die Öllampen niedriger. Ebens Blicke wurden wieder von Septimus' Gesicht angezogen.

«Saint Hélier!» rief er plötzlich aus. «Wir sind uns auf Jersey begegnet.»

«Jersey?» Lemprière blickte von Eben zu Septimus.

«Glaube ich nicht», sagte Septimus.

«Vergeß nie ein Gesicht», sagte Eben.

«Unmöglich», sagte Septimus. «Ich habe nie einen Fuß auf Jersey gesetzt.»

«SchSchSch!» zischte eine junge Frau vor ihnen.

«Hier ist es ziemlich dunkel», sagte Lemprière sozusagen als Kompromiß.

Die Menge bewegte sich und teilte sich dann, um einen kurzen, untersetzten Mann auf die niedrige Bühne vorne durchzulassen. Er wandte der Menge ein häßliches kluges Gesicht zu.

«Ich bin Francis Battalia», gab er bekannt, «gewöhnlich ‹Der Steinschlucker› genannt. Meine erste Vorführung heute abend ist ‹Die Kiesfeder›.» Und damit schnappte er sich eine Handvoll Kies, füllte sich den Mund und warf den Kopf zurück. Seine Wangen zuckten, zogen sich dann zusammen, und der Kies schoß in einer sauberen Säule empor, hing, dann abwärts, zurück in seinen Mund. Sofort wurde der Akt wiederholt. Der Kies schoß wieder empor, die Säule diesmal ein wenig dünner. Lemprière beobachtete, wie sich die Gurgel des Steinschluckers zusammenzog und die kiesigen Teilchen hinab in seinen Magen zwang. Die Kiesfeder wurde immer dünner, als mehr und mehr geschluckt wurde, und stieg und fiel, bis nur noch ein einziges kleines Kieskorn übrig blieb, zwischen den Zähnen gehalten. Er blies, das Teilchen flog empor, knallte gegen die hölzerne Decke, und prallte hinab, um sofort verschluckt zu werden. Einen Augenblick Schweigen, dann brach der ganze Raum in lauten Applaus aus.

«Vielen Dank», sagte der Steinschlucker. «Jetzt muß ich für die Steinchen-Kanonade meinen Hut aufsetzen...»

Eben genoß die Vorführung mehr, als er erwartet hatte. Nur Septimus lenkte ihn ab. Ein Blick hinüber zu dem jungen Mann bekräftigte lediglich seinen ersten Gedanken. Sie waren sich auf Jersey begegnet, dessen war er sicher. Wenn er sich nur die Umstände zurückrufen könnte, oder wenigstens das Jahr. Niemals ein Gesicht zu vergessen, schien zu bedeuten, sich nur an wenig mehr zu erinnern.

«Für meine nächste Vorführung muß ich das Publikum um Unterstützung bitten», sagte der Steinschlucker.

«Los doch», Lydia stieß Lemprière an.

«Dafür hast du das verdammte Ding doch mitgebracht», fiel Septimus ein. Zögernd zog Lemprière einen crèmefarbenen Stein aus der Tasche.

«Fürs Große Steine-Schlucken erbitte ich von Ihnen einen Stein», fuhr der Steinschlucker fort. Dasselbe Gesicht, dachte Eben.

«SchSchSch!» ermahnte die junge Frau Lemprière, dem es plötzlich widerstrebte, seinen Stein anzubieten und der protestierte, als Septimus ihn vorwärts schob.

«Selber SchSchSch!» zischte Kapitän Roy die Frau an. Ein kleiner Beifallsausbruch begrüßte Lemprières zögerliche Ankunft vorne an der Bühne. Er rückte vor und hielt seinen Stein.

«Häßlicher kleiner Mann», bemerkte die Frau zu ihrem Begleiter, der auf seine Schuhe blickte, nur um dort Kapitän Roy zu entdecken.

«Vielen Dank», sagte der Steinschlucker und nahm das Coade-Fragment von Lemprière entgegen. Er befingerte den Brocken und runzelte dann die Stirne. Daran war etwas Eigentümliches. Francis Battalia legte den Kopf zurück, paßte den Brocken sorgfältig in seinen Mund ein und begann, mit seiner Gurgel zu arbeiten. Langsam verschwand der Brocken Zentimeter um Zentimeter. Als nur noch die Spitze sichtbar war, überfiel ihn plötzlich eine Panik. Irgend etwas an diesem besonderen Brocken war zutiefst beunruhigend. Dann ereigneten sich drei Dinge sehr rasch. Sir John Fielding erschien im Rücken der Versammelten und ordnete an, daß jeder dort bleibe, wo er sich befinde. Kapitän Roy biß die protestierende Frau ins Bein. Und Francis Battalia schluckte den Brocken herunter, der seine Laufbahn zu einem vorzeitigen und unverdienten Ende bringen sollte. Danach wurden die Dinge wirr.

Die Frau kreischte und schlug aus. Eine Schar Polizisten stürmte den Raum und die Treppe hinauf. Lydia taumelte rückwärts gegen die Wand. Eine Öllampe zersplitterte auf dem Fußboden. Septimus sprang von den Flammen fort. Kapitän Roy biß die Frau erneut. Die vier Schlange-Überspringer rasten die Treppe herab, verfolgt von Sir Johns Polizisten. Septimus schrumpfte gegen die Mauer. Die Frau versuchte, Kapitän Roy zu treten. Lemprière zog Lydia von der zerschmetterten Öllampe fort. Das Öl streckte eine Flammenzunge über die Bodenbretter aus. Sir Johns Polizisten sprangen auf die vier Schlange-Springer. Die Zuschauer blieben nicht, wo sie waren. Kapitän Guardian sah Lemprière intensiv den farblosen kleinen Mann anstarren, der die vier Schlange-Springer begleitet hatte. Sir John Fielding sah nicht, wie der kleine Mann Lemprière Zeichen gab. Septimus schien an der Wand zu kleben. Die Polizisten, die eifrig damit beschäftigt waren, auf die Schlange-Springer einzudreschen, sahen den kleinen Mann nicht beiläufig zur Tür hinausgehen. Kapitän Roy biß aus Versehen Lydia. Lydia schlug mit Absicht die sich beklagende Frau. Francis Battalia schluckte hart und bat um Ruhe. Die Polizisten schleppten die vier Männer ab. Sir John Fielding dankte allen Betroffenen für ihre Mithilfe, und alle dankten Sir John mit einer Beifallsrunde.

«Septimus?» Lemprière stieg über die ersterbenden Flammen der Öllampe und schüttelte seinen Freund an den Schultern. Septimus antwortete nicht. Er war an die Wand gepreßt, die Augen fest geschlossen. Alle Farbe war aus seinem Gesicht gewichen.

«Laß ihn», Lydias Stimme erklang hinter ihm. Sie trat eifrig die letzten Flammen aus. Als sie erloschen waren, ergriff sie ihn bei den Schultern und zog ihn vorwärts.

«Er ist nicht verletzt», sagte sie, während sie ihn, dessen Augen immer noch geschlossen waren, auf die Tür zu führte. «Das machen die Flammen», sagte sie als Erklärung. «Mach dir keine Sorgen, ich hab das schon früher gesehn.» Lemprière begriff, daß er entlassen war. Er schloß sich wieder den beiden Kapitänen an.

«So ne Furcht hab ich seit meinen Walfängerzeiten nich mehr gesehn», sagte Kapitän Roy. Kapitän Guardian nickte.

«Feuer», sagte Lemprière. «Er hat große Furcht vor den Flammen.» Das hatte er zuvor nicht bemerkt. Guardian nickte erneut.

«Ich hab mich in ihm geirrt», sagte er. «Und doch ist er das genaue Ebenbild des Mannes, den ich in Saint Hélier getroffen habe.» Die Umstände der Begegnung waren ihm wieder gekommen. Eine Sauferei.

«Das war vor zwanzig Jahren, mindestens.»

«Ebenbild des Mannes?» fragte Lemprière. «Wie?»

«Er sieht genau so aus wie der Mann, an den ich mich erinnere, aber Ihr Septimus hätte damals ein Kind sein müssen, oder aber er ist während zweier Jahrzehnte nicht um einen Tag gealtert.»

«Ich bin sicher, daß er einen solchen Besuch erwähnt hätte», sagte er zu dem Kapitän, «wenn er stattgefunden hätte.»

Die drei standen da, Teil einer Menge, die nicht wußte, ob sie bleiben oder gehen sollte. Gerichtliche Schritte dröhnten durch die Decke über ihren Köpfen.

«Sie hätten wie alle zahlen sollen, nehme ich an», sagte Lemprière und dachte an die Schlange-Springer. Jetzt in sicherem Gewahrsam. Eben sah ihn von der Seite an. Er dachte an den kleinen farblosen Mann und die kleine Geste des Wiedererkennens, die er Lemprière gemacht hatte, während er kühlen Herzens floh. Gehörte der Junge zu dem Mob? Kaum vorstellbar, aber . . .

«Deshalb hat man die doch nicht geschnappt, mein Lieber», verspottete Kapitän Roy Lemprière. «Die waren doch überhaupt nicht unter den Zuschauern.»

«Warum denn dann? Wer waren sie?» Aber noch während Lemprière sprach, begann er, sich des kleinen Leutnants vor der Gaststätte an jenem Tag, da er mit der Witwe gesprochen hatte, zu erinnern, derselbe Mann, Stoltz. Also waren die vier Männer, die man heute Abend fortgeschleppt hatte . . .

Eben sagte es ihm. «Sie waren Männer von Farina», sagte er.

«5 Pritschen, 5 Stühle, 1 Tisch, 1 Stadtplan, 5 halbleere Gläser, 5 Teller, 5 halbgegessene Mahlzeiten . . .»

«Wieviel Männer, Wachtmeister?» unterbrach Sir John die Bestandsaufnahme.

«Vier, Sir John.»

«Noch mal.»

«Vier, Sir John.»

«Danke Ihnen, Wachtmeister.»

Stoltz war in dem Wirrwarr entkommen, oder war in ihm zurückgekommen, oder war überhaupt nie dagewesen . . . Nein, die Information war richtig.

«Klagen Sie sie wegen Verschwörung an, wegen Auflaufs, wegen irgendwas.» Müde entließ er den Wachtmeister. Überall in der Stadt entstanden Zellen, aber Stoltz wäre ein Fang gewesen. Farinas rechte

Hand, seine Graue Eminenz, der Organisator und Zahlmeister seines Haufens. Stoltz hätte ihn vielleicht sogar zu Farina führen können, der ein Phantom war. Seine Razzien kamen immer zu spät, seine Beute war immer vorgewarnt und hinterließ ihm warme Laken, schwingende Türen, qualmende Kerzen, schmallippige Dienstboten, die «nie nichts gesehn ham». Heute abend hatte er erneut nach dem Mann geschlagen und ihn wieder verfehlt. Farina war immer noch frei, arbeitete sich immer tiefer in die Säume der Stadt hinein, nährte sich von ihren Unzufriedenen, wurde stärker und stärker.

Andererseits nährte die Stadt ihn gut. Da gab es Verbrechen, die nach Motiven suchten, und Farina, Parasit der Masse, würde ihnen die geben. Der Fall gegen Clary würde binnen Tagen zusammenbrechen. Sir John kannte ihn als Brandstifter, die Sonnenfeuerversicherung kannte ihn auch, doch keiner von beiden wußte das Warum der Sache. Mit Garrow und Leech war es das gleiche. Die Gefängnisse waren voller Deserteure, unglückliche Zwangsgezogene, die in der vergangenen Woche das Savoy-Gefängnis in Brand gesteckt hatten. Ein Gefängnisbeschließer war als Geisel genommen und fast zur Fackel gemacht worden. Die Brandstifter waren jetzt im Tilt-Hof eingesperrt, aber die Sympathie der Öffentlichkeit war mit ihnen. Auf der Südseite des Flusses *war* ein Zollbeamter zur Fackel gemacht und dann gezwungen worden, auf einer Mole Spießruten zu laufen. Ein immer noch nicht identifizierter Mann war bei hellem Tageslicht erstochen worden, als er aus der Kutsche von Dover ausstieg. Sir John hatte herausgefunden, daß er am Vortag aus Cherbourg abgesegelt war, mehr aber wußte er nicht. Seine Truhe war voller Papiere, und die Papiere waren voller Zahlen, aber keines seiner Besitztümer trug einen Namen. Selbst aus seiner Bibel war das Titelblatt herausgeschnitten worden.

Das war der springende Punkt. Nichts trug einen Namen. Alle diese beschwerlichen Vorgänge waren auf irgendeine Weise unheilschwanger, mit irgend etwas belastet, das er nicht zu fassen vermochte, Farina aber – wie er vermutete – wohl. Die Lotterieselbstmorde nahmen weiter zu, was bedeutete das? Ein Mister Wyatt hatte ein mobiles Krankenhaus erfunden. Man hatte es auf der Somerset-Place-Terrasse aufgebaut, eine schlaue Sache, mit Fenstern und Ventilationsöffnungen. Abgeschlagen paßte es auf zwei Wagen. Schlau, aber es brachte Sir John aus der Fassung. Ein Krankenhaus sollte fest an seinem Platz stehen, ein standfester Ort wie das Amt des Untersuchungsrichters oder das Gericht, wie das Parlament, das

Schloß oder das Gefängnis. Dinge, die an ihrem Platz standen, während alles andere dahintrieb. Henry würde es begriffen und gewußt haben, was zu tun. Er aber schien immer weiter zurückzufallen, während die Geschwindigkeit der Ereignisse wuchs und wuchs. Er ging rückwärts. Sein Junge verlor an Sympathie; er hatte wieder zu der Schnur greifen müssen. Nur seine Nachforschungen in Sachen jener eigenartigen Morde (die jetzt in seinen Gedanken als «Die Ritualmorde» auftraten) gaben ihm ein bißchen Ermutigung, aber selbst hierbei gab es nur tastende Fortschritte. Die Frau, Karin, hatte, nachdem man sie gespeist und ins Untersuchungsgericht zurückgebracht hatte, da vor ihm gesessen, während er sie sanft und beharrlich befragte, wobei er manche Gebiete in Ruhe ließ, zu anderen aber verschiedentlich zurückkehrte, bis jede Ecke ausgeräumt war und die Ergebnisse in einem ordentlichen Haufen vor ihm lagen.

Sie hatte das letzte Opfer fünf Monate zuvor zuletzt gesehen, in einem Lokal namens Craven Arms, das Sir John seit Urzeiten kannte. Rosalie war in jener Nacht verschwunden, und ihr Verbleib zwischen damals und der Nacht ihres Todes war immer noch ein Rätsel. Ein Besuch in dem Etablissement und eine Reihe diskreter Fragen hatten ihm nichts über diese verlorene Zeit berichten können. Ein Club traf sich da auf regelmäßiger Basis, Ferkel, Schweinchen, irgendwas dieser Art. Trinkspiele beschäftigten ihre Anstrengungen vor allem anderen, die offenbar unter dem Regiment der Besitzerin durchgeführt wurden, einer unglaublich alten Frau, an die sich Sir John als schon vor zwanzig Jahren uralt erinnerte. Ihr Mann war ein Invalide. Sie sah ihre Gäste insgesamt als gute Jungs an. Sie konnten gemein sein, aber im wesentlichen waren sie junge Männer, die sich nur für ihre Becher und ihre Hürchen interessierten. Die Vertracktheiten des Becherspiels wurden Sir John von der Schlunze erklärt; wie es gespielt wurde, wie gewonnen.

«An jenem Abend war Rosalie der Preis», erzählte ihm die Schlumpe.

«Preis?»

«Der Gewinner würde sie, falls dazu noch fähig, für die Nacht haben.»

«Und wer war an jenem Abend der Gewinner?» fragte Sir John langsam.

«Ach du lieber Himmel, mit Sicherheit ein Neuling, hab ihn nie zuvor gesehen und nur einmal seither. Der Name, warten Sie, er war

vor nem Monat oder so wieder hier, ein Franzose, glaube ich . . .» Eine
Dienstmagd kam durch die Küche und trug eine tote Gans.

«Jemmy!» rief die Schlunze sie herbei. «Wer war der Knabe, der
das Spiel der Becher gewonnen hat, der Neuling, hatte einen französischen Namen?» Jemmy dachte einen Augenblick lang nach.

«Pierre», sagte sie. «Typ aus Haut und Knochen. Sie haben ihn gerufen, warten Sie, war das nicht Long Pierre?»

«Das war's wohl», sagte die Schlunze unsicher. «Long Pierre.» Sir
John wandte der Schlunze langsam den Kopf zu. Ein schwaches Lächeln breitete sich über seine Züge.

«Lemprière», sprach er sorgfältig aus.

«Ja», sagte die Schlunze mit plötzlich starker Überzeugung, «*das*
ist sein Name. Lemprière.»

II.

*Als im Mai 1788 Lemprières Wörterbuch, dieses Bollwerk gegen
den anbrandenden Wahnsinn, seiner Vollendung entgegengeht,
stellt John plötzlich fest, daß drängendere und
weltlichere Fragen sein Bollwerk zum
Einsturz bringen*

Keine halbe Meile entfernt und dieser Beschwörung unbewußt saß
ihr Gegenstand in seine Gedanken eingesponnen. Durch einen milden April hin, den lediglich sein Besuch beim Steinschlucker und eine
Schneebö am fünften unterbrachen, patrouillierte Lemprière durch
die Königreiche seines Wörterbuches.

Wie ein Geist aus der Zukunft bewegte er sich zwischen den
Isauriern und den kriegerischen Lakedaimoniern, den Laistrygonen,
die an ihre Küsten verschlagene Seeleute verschlangen, und den
Mandurianern, die Hunde verschlangen. In Latium drängte er sich
durch dickblättrigen Lorbeer über Boden, wo später Rom sich erheben und von angemalten Kurtisanen wimmeln sollte, die durch die
Subura stolzieren, von in den Tabernae Novae zusammengepferch-
ten Boxen, und von Eingekerkerten, die aus den unterirdischen Ebenen des Tullianum emporklagen. Über die Landschaften Mesopota-
mien, Pannonien und Sarmatien zog er Linien, die Grenzen waren,
und markierte Punkte, die zu Städten heranwuchsen. Er sah Dörfer,

die später Rivalen von Rom und Babylon wurden: Lutetia, Olisippo und Londinium, und noch fremdartigere Orte, die in der Erde versinken und nur ungeglaubte Geschichten hinterlassen sollten: Ophiades, die Topasinsel, so blendend, daß sie nur bei Nacht erschien, die Labyrinthe auf Lemnos und auf Kreta und in Assinoe, darinnen die heiligen Krokodile einbalsamiert tief verborgen in einer der dreitausend Kammern ruhen; Samothrake, wo Mysterien ihr Leben begannen, ehe sie noch das Denken der Menschen aufsogen. Er suchte sich durch Trapezus an der euxinischen Küste hinaus ins Schwarze Meer, wo auf der dreieckigen Insel Leuke in einer anderen Version der Erzählung Achill Iphigenie zur Braut nahm. Aber dort war sie nicht. Aus dem eingeschlossenen *Palus Maiotis* durch die kimmerischen und thrakischen Bosporen ins Mittelmeer, nördlich nach Liburnia, südlich über die Sandbänke der Syrten nach Melita und Utica, wohin die Karthager flohen, nachdem die Belagerung beendet und die Stadt verbrannt war. Entlang der steinigen Küsten von Seriphos, an denen Danae angetrieben wurde, über die fruchtbaren Hügel von Naxos, auf denen Ariadne nach Theseus schrie, und binnenlands zum Skamander, den die Göttinnen Xanthos nannten, die darin vor dem fatalen Urteil des Paris gebadet hatten: Minerva, Juno, Venus. Sie alle suchte er.

Aber der Xanthos war ein schlammiger Fluß, Karthago ein Trümmerhaufen, Zama ein Ort, an dem das Blut der Heere von Scipio und Hannibal schon vor langem in die Erde versickert war. Er war ein Eindringling, der durch leere Hülsen stapfte. Liburnia war jetzt, wie er vernommen hatte, Schauplatz eines erbärmlichen Grenzkrieges. Quiza irgendwo an der mauretanischen Küste. Wenig Bemerkenswertes ereignete sich zu Oneion. Tainaron war die südlichste Spitze Europas. Velinus war ein stehender Teich, und in Umbrien regnete es häufig. Jemand erwähnte Xylinepolis. Plinius? An den Ufern des Zyras wuchs kaum etwas.

Als die Aprilwochen dahingingen, begann er zu glauben, daß diesen Städten, Königreichen, Inseln und Meeren etwas verloren gegangen sei. Wie sich ihr Bann über ihn löste, änderte sich seine Vorstellung von ihnen. Ihre Konturen blieben, aber nur trocken und papierdünn. Wenn er seinen Arm durch die straffgespannte Haut stieße, würde er feststellen, daß das Fleisch von innen heraus abgestreift war, Herz und Lunge losgelöst waren. Zwar würde diese Welt niemals verlorengehen, doch ihre Erden und Felsen, ihre Flüsse und Seen schwanden dahin, und ihre Materie ging an ihre Idee verloren, wie sich die Sände im Stundenglas austauschen, während die Zukunft stetig in die Vergangenheit verrinnt. Weniger enttäuscht – Lemprière wußte, daß sein Skeptizismus seinen Preis hatte. Die Felder, auf denen seine Phantasie einst spielte, vertrockneten und barsten. Die alten Helden waren enteignet. Er fragte sich, wo sich denn nun ihr Königreich befinde? Sie wanderten in ziellosen Gruppen, Männer und Frauen durchschritten ungewisse Straßen auf zwecklosen Wegen. Er war dort unter ihnen in einer Stadt der Verbrannten, sah ihnen in die Gesichter, wandte sich von der einen Gruppe zur nächsten, immer auf der Suche nach ihr. Iphigenie floh mit ihrem Bruder und dessen Gefährten aus Taurien. Wohin ist sie geflohen? Die Statue der Diana, ihre Beute, traf später in Komana oder Sparta oder Aricia ein, die Berichte widersprachen sich. Orestes und Pylades kehrten nach Argos zurück. Doch Iphigenie schloß sich den Haufen der Verlorenen an, die ihre Anfänge vergessen und ihr Ende aus den Augen verloren hatten. Jenseits der Stadt gab es nichts als flache Ebene und trüben Himmel. Die Gesichter waren Masken, die man von den Zügen der Toten genommen hatte, Hülsen der Erinnerung. Nur die Stadt hielt stand; Troja oder Karthago, das erste oder das zweite Rom, die Mauern hielten fest und umschlossen die Erinnerungen. Der Geruch nach Brennendem, die erste Bresche. Er würde sie finden, ehe die Belagerer durch die Straßen stürmten, die Türen einschlügen, Feuer auf die Dächer setzten, nach dem Preis des Paris suchten, jenem Juwel, das sie alle aufsog. Gesicht um Gesicht wirbelte auf ihn zu, doch sie alle waren nicht die richtigen, keines von ihnen das eine, das er suchte. Danae, Iphigenie, Helena . . . Keine von ihnen Juliette.

12.

Da die Türken eine neue und noch wüstere Taktik anwenden, nimmt der türkisch-österreichische Krieg einen so düsteren Fortgang, daß Kaiser Joseph in der Sicherheit einer Garnisonsstadt den Katalog seiner Kümmernisse überprüft

Aus dem Müßiggang des Genesens, den ihm seine Ärzte aufgezwungen hatten, verfolgte Kaiser Joseph den Konflikt mit Hilfe unregelmäßig eintreffender Kriegsberichte und zweifelhafter Communiqués, Berichten aus dritter oder vierter Hand über tastende Aktionen und übertriebene Vormärsche. Niemand erzählte ihm die ganze Wahrheit über diesen Krieg. Der Mai brachte scharfe Treffen bei Choczim und Klevik, wo Fürst Liechtenstein die türkischen Batterien aushob. Der Aga der verteidigenden Janitscharen wurde gefangengenommen und mit seinen Männern nach Böhmen verbracht. In einer seltenen menschlichen Geste eskortierte man Frauen und Kinder in die Sicherheit von Zwornich.

Schläge bei Iassi und Schabatz ließen die türkische Einheit ostwärts taumeln, und der Fürst de Ligne wurde zum Obristen der Pioniere gemacht. Doch dann wurde die Blockade des Fürsten Liechtenstein bei Dubica gebrochen, wurden seine Männer über die Una zurückgetrieben. Kriegsberichte sprachen von Überfällen auf sein Rückzugslager in Kroatien und schweren Verlusten bei Choczim. Ein Gerücht, das seine Informanten innerhalb der Hohen Pforte auffingen, wollte wissen, daß man seinen Gesandten freilassen wolle, doch hörte man nichts mehr davon.

Die öden Ausblicke von Peterwardein zeigten ihm die slawonischen Ebenen, bedeckt mit Buchengesträuch und wilden Eichen. Die breite Donau strömte hinter seinem Bunker auf Belgrad zu, wo die Belagerung in den dritten oder vierten Monat ging. Seine Generäle waren entmutigt, der Sommer kam, und während er jetzt in den milden Sonnenschein aufblickte, der ihn in der schützenden Umhüllung seiner Strahlen badete, kamen mit dem Sommer Seuchen. Seine Botschaften an seine russischen Verbündeten wurden kurz und sehr ironisch. Jemand hatte eine Belohnung ausgeschrieben für jeden, «der eine sehr große und sehr schäbige Armee wiederfindet, verlorengegangen früher in diesem Jahr zwischen Petersburg und Belgrad», aber Joseph hatte nicht gelächelt. Die Zarin Katharina und Ewald Friedrich von Hertzberg hatten seine Träume verlassen, um ihn in Person anzugreifen, die Hurenschlampe durch Untätigkeit, ihr schleicherischer Gefährte durch seinen Plan. Der preußische Gesandte stand bei der Pforte in gutem Geruch. Der Hertzberg-Plan, eine genau auf ihn zugeschnittene Foltermaschine, gewann Boden, meißelte tiefe Wunden in seine Grenzen, schnitt verteidigungslose Gliedmaßen ab, verkleinerte ihn zu einem hilflos zappelnden Torso, den seine Verbündeten wie seine Feinde hin und her traten. Eine Fouragierabteilung war auf dem jenseitigen Ufer der Drau überrascht und bis auf den letzten Mann abgeschlachtet worden. Als ihre Leichen zurückgebracht wurden, entdeckten ihre Kameraden grauenhafte Zerstücklungen.

Joseph hörte lange scharfe Messer an Schleifsteinen wetzen. Er sah grausige Arbeit und wollte sie zum Halt bringen. Er wollte diesem bereits steckengebliebenen Krieg Einhalt gebieten. In Konstantinopel gesammelte Nachrichten erwähnten einen Sack. Er hing von jenem Bogen herab, der den Eingang zum Serail kennzeichnet. Der Sack hing, größer als ein Mann, an einem Strick, der unter dem Gewicht ächzte, und war aus einer Art Maschennetz gefertigt. Kaiser Joseph dachte viel über diesen Sack nach. Gewißlich waren seine eigenen Männer auch nicht ohne Tadel. Er wußte, warum die Lager bei Zemlin am einen Tag voll sein konnten, und schon am nächsten wieder Gefangene aufzunehmen vermochten. Aber der Sack war etwas anderes. Zunächst war er schwarz, aber wenn man mit einem Stab dagegen schlug, wurde der Grund dafür klar. Der Sack war schwarz von Fliegen, die in Schwärmen aufflogen, ehe sie sich wieder niederließen. Sie nahmen Nahrung auf. Der Sack war voller Ohren, Nasen, Zungen und Augen, die man seinen Soldaten aus den Gesichtern geschnitten hatte.

Das erschien grauenhaft und grundlos. Joseph erwog die Verwaltungsanstrengungen, die man hatte unternehmen müssen, um diesen Karner als Standarte über der Stadt aufzuziehen. Er dachte an das alte Byzanz mit seinen aufgebrochenen Toren, an die Barbaren, die auf die ruhigen Schreiber starrten, die dichtgeschlossenen Schreibtischreihen, die Gebirge ungezählter Papiere, die ferne Ereignisse in Tabellen brachten, die ordentlichen Listen. Er dachte an die langsame Annäherung dieser beiden Ordnungen; die Organisationen der Wildheit dieser Eindringlinge, neues Blut für die alte Maschine. Hier war es von neuem. Aufgelistet von ihren Schreibern und verwaltet von Ausschüssen; aber immer noch das gleiche. Innerhalb seiner Gesetze und Zölle, seiner Bürokratie, seinem Regierungssystem und dessen Instrumenten wurde im Herzen dieses Reiches ein verfaulender Sack voller Organe von Fliegen aufgefressen.

An schönen Tagen, wenn der Schirokko nach Norden über die Stadt blies, pflegte Joseph auf dem Balkon seiner Quartiers zu stehen, um die trockene Saharaluft zu atmen. Oftmals folgten Schauer, und danach dampfte der Boden in der wiederauftauchenden Sonne. Zu solchen Zeiten dachte der Kaiser Joseph besonders lebhaft an die Stadt seiner Feinde.

Sich auf den Sack konzentrieren heißt, am Kern der Sache vorbeigehen. Reihen von Vorzimmern und Korridoren, ebenso umwegig wie ihre schlurfenden Schreiber, bestätigten diese Wahrheit. Innerhalb der Pforte zu Konstantinopel weiß man von Unterschreibern, die am ersten Tag ihrer Anstellung mißgeleitete Memoranden weiterleiteten und dann fünfzig Jahre lang arbeiteten, und langsam durch die Schichten hochkrochen zum Schreiber, Unterbeamten, Übersetzer und Verwalter auf die ihnen vorbestimmte Position zu, wo sie dann beim Aufräumen der unerledigten Arbeiten ihrer Vorgänger jenes erste Memorandum wiederfanden, das erneut auf sie wartete. Vorzimmer führen zu weiteren Vorzimmern, Korridore zu weiteren Korridoren. Herausgehende Anweisungen sind Funktionen der Verwaltungsentropie, mit einem Wort Fehler. Ihre Bediensteten und ihre Schreiber befinden sich im Mittelpunkt eines Reiches, das sich weit über die eigenen Augen und Ohren der Verwaltung hinaus erstreckt und ihnen auf die gleiche Weise bekannt ist wie der Serail jenen Kolonien von Fliegen, die sich in jenem Sack fortpflanzen, ernähren, leben und sterben, der von seiner Pforte herabhängt, ohne je die Außenwelt zu Gesicht zu bekommen. Und doch braucht das Reich sie alle, bedarf auch noch des letzten Aufschubs und der letzten Verzögerung, jeder Umschreibung und Ämterverdoppelung, jeder Vertagung des Unausweichlichen. Hier im Herzen des Reiches am Kern vorbeizugehen, ist der Kern selbst. Und als Beweis ihrer professionellen Kompetenz erfreute nichts die Verwaltung mehr als das Unerwartete.

Entstehende Sommerhitze strahlte ihre Weihe auf die Kuppeln der Stadt, sog Dampf aus den Straßen, glitt von den kabbeligen Seen in der Meerenge ab, als sich die *Tesrifati* dem Hafen von Konstantinopel näherte. Unter einem wolkenlosen Himmel legte die *Tesrifati*, die Masten notbetakelt und den Rumpf träge in der leichten See wiegend, ohne Zwischenfall am selben Liegeplatz an, den sie erst einen Monat zuvor verlassen hatte.

Unter den Wasserverkäufern, Fischfrauen, Tabakhändlern, Topfhökerinnen, Marktschreiern und Abrechnern, die sich im Hafen drängten, verbreitete sich die Nachricht rasch. Im Stadtteil Pera übermittelten naturalisierte Griechen, die den preußischen Gesandten als *Sprachknaben* à l'improviste dienten, die Neuigkeiten zweifelhaften Pilgern im Sold des österreichischen Geheimdienstes, der die Nachricht seinerseits in fliegender Eile nach Wien weiterreichte, von wo aus der Pforte freundliche Mächte sie wiederum nach Osten zurückspielten, damit sie dort möglicherweise in einer der vielen Desinformationskampagnen Verwendung finde. Von Gerüchtehändlern aufgelesen und an die Informanten der Verwaltung verkauft, würde sie ein wichtiges Glied im zweiten Ereigniszyklus bilden; eine Schadensbegrenzungsübung zugunsten einer lange geschuldeten Gunst seitens der Befriedungsaktion, deren Sympathisanten in diesem Augenblick dabei waren, ihnen die schlechte Neuigkeit der Rückkehr der *Tesrifati* zu übermitteln.

Im Hafen lud man Fässer mit Fisch aus dem Schiff. Die Mannschaft saß, erneut in Handschellen, stumpf auf der Mole. Unterbeamte aus der *Beylik*-Abteilung des Schreibamtes und Junior-Sonderassistenten des *Reïs Effendi* schrieben wild mit, während die Bestandsaufnahme gemacht wurde. Fischgestank hing in der Luft. Abgesehen von drei Einzelheiten war die Szene mit jener vor einem Monat identisch. Während damals die *Tesrifati* tief im Wasser gelegen hatte, ritt sie jetzt hoch auf dem Kabbelwasser des Hafens. Ihre altmodische Takelage lag zerfetzt in wirren Haufen auf Deck. Von ihrem Kapitän war nichts zu sehen. In der Düsternis der Last fanden die Beamten Hohlräume. Die Fässer mit Salpeter waren fort. Die Kiste mit Peter Rathkael-Herbert, dem Kaiserlichen Gesandten, war ebenfalls verschwunden. Angesichts dieser Entdeckungen wandten sich die Gedanken der Beamten der Besatzung zu. Die Verwaltung forderte Erklärungen. Und in den Kellern und Tiefgeschossen der Festung der Sieben Türme würden Erklärungen bald hervorkommen.

Fünf Tage auf See, fünf Tage, in denen die Besatzung unter Deck saß und harzigen Rauch aus den Pfeifen einsaugte oder glücklos vom Heck der *Tesrifati* aus Thunfisch angelte, und Hamit wußte, daß sich nichts geändert hatte. Sie waren schlimmer als Hunde, stanken und kratzten sich, taten nichts ohne Fluchen und Treten, und lachten hinter seinem Rücken über ihn. Sie nannten ihn «Knabe», und er haßte sie.

Er dachte oft an Midilli, an seine Kameraden und die Bootsmannsmaaten. Dann besah er sich sein Schiff, sah den von Ungeziefer überrannten Rumpf, und das Herz sank ihm. In solchen Augenblicken der Verzweiflung war die Last seine Zuflucht, wo er pflichtbewußt den rätselhaften Mann in der Kiste nährte und tränkte. Jeden Tag kletterte er den Niedergang mit einem Krug Wasser und einem Beutel Schiffszwieback hinab. In einer Kiste in der mittelmeerischen Hitze eingekerkert zu sein war schlimm genug. Deshalb wollte er seinem Gast nicht auch noch Fisch antun. Wenn es ihm seine Pflichten erlaubten, sprachen sie lange miteinander: Hamit jammerte über die Mängel seiner Mannschaft, sein Gast erwiderte in einer Mischung aus außerordentlich schlechtem Türkisch und einer Sprache, von der er lediglich ein Wort verstand. Das war «Wasser». Das war immer sein erstes Wort. Der *Knabe* hockte da mit dem Rücken zur Kiste, der Gesandte verkrampft im Innern, während um sie herum die Hölzer der *Tesrifati* krachten, Wasser in den Bilgen schwappte, und Ratten furchtlos über die Salpeterfässer rannten. Sie waren Flüchtlinge, einander durch unterschiedliche Arten des Elends verbunden.

Während der ersten Woche war das Wetter gut, der Wind blies günstig, und die *Tesrifati* pflügte sich westwärts auf ihren Anlegeplatz zu. Hamit entschloß sich, die Straße von Messina zu verlassen und einen Kurs um Sizilien zu nehmen und so aus Süden zwischen Marsala und Karthago ins Tyrrhenische Meer einzulaufen. Die Sandbänke der Syrten ließ man weit in Backbord, und das stetige Wetter bedeutete wenig Arbeit für die Mannschaft, die sich auf ihre inneren Dämonen und Engel konzentrierte und mit tellergroßen Augen die Meeresoberfläche anstaunte, während sie ihre Pfeifen stopfte und süße Wolken blauen duftenden Rauchs durch die Decks trieben. Dann begann am achten Tag der Schirokko zu blasen.

Während des ganzen Tages nahm sie der Wind mit nach Norden. Hamit bildete sich ein, er sehe die ägadischen Inseln an Steuerbord vorübergleiten. Als der Abend kam und die Segel eingezogen wurden, schritt Hamit durch die Länge des Schiffes und erklärte der Mannschaft, man müsse mit Nebel rechnen. Der heiße Wind würde Dampf aus der See hochziehen und ihn bei der ersten Flaute in dicken Bänken auf sie herablassen. Die Mannschaft kümmerte das nicht. Einige waren in ihren Hängematten bewußtlos zusammengesunken, andere saßen kerzengerade und starrten mit glasigen Augen nach vorne. Einige stöhnten und zuckten hilflos im Griff geheimer Schrekken, andere schwatzten mit nicht vorhandenen Gefährten. In der umgebenden Stille der See trieb die *Tesrifati* dahin wie eine ausgesetzte Wiege. Die einzigen Lichter waren schwaches Flackern aus den Pfeifen, die einzigen Geräusche das Stöhnen und das sinnlose Geschwätz ihrer Raucher. Die Nacht sank. Die Sterne wurden einer nach dem anderen ausgelöscht. Am Morgen trieb das Schiff wie vorhergesagt im Nebel.

Hamit stand allein auf dem Achterdeck. Der Nebel schloß das Schiff in eine Welt ein, die plötzlich auf den schmalen Seestreifen reduziert war, der höchstens einige Meter breit den Rumpf umgab. Bänke aus Weiß stiegen auf allen Seiten empor, gestaltlose Riesen, die sich auflösten, wenn das Schiff sich durch sie hindurch bewegte oder die über das Schiff hinwegzogen, denn Hamit wußte nicht, ob sein Schiff sich bewegte oder bekalmt lag. Er warf Holzstückchen ins Wasser, die davontrieben, aber alle in unterschiedliche Richtungen, aus denen einige zurückkamen, während andere der Nebel verschlang. Er konnte kaum den Vordermast sehen und dachte sich, das Schiff könne überall sein, auf Felsen oder Riffe treiben, von den Gezeiten in einen feindlichen Hafen gezogen werden. Das weiße Gespinst würde sich heben und... Nein, er würde die Brecher hören, das Rauschen des Wassers über Korallen, die Rufe der Seeleute, und der Nebel, der ihn und sein Schiff umgab, war lautlos. Nur das Klatschen der Wellen gegen den Rumpf unterbrach die Stille. Hamit blickte auf lückenlose graue Wände, und der Nebel trieb und trieb, wurde weder dicker noch dünner, rollte einfach Welle um Welle über das schweigende Schiff. Zu Mittag hatte der Nebel noch nicht aufgeklart. Die Sonne war nicht gesichtet worden. Er bildete sich ein, er sehe riesige Formen sich entlang der *Tesrifati* bewegen. Seine Mannschaft trieb träge auf dem Oberdeck umher, aber Hamit kümmerte sich nicht um sie. Bewegungslos stand er da und starrte voraus in Wände von sich auflösendem Weiß und wurde mit seinem Schiff tiefer und tiefer in den Nebel hineingezogen.

Dann das dunkle Wunder. Zuerst war es der eigene Schatten der *Tesrifati*. Irgendeine eigenartige Brechung des Nirgendlichts hatte einen dunklen Doppelgänger seines Schiffes nach Backbord geworfen. Dann war es seine Einbildung, ein aus den schweigenden hypnotischen Stunden aufsteigendes Bild, das sich jetzt verdoppelte und wiederkehrte. Und dann war es ein schwarzes Schiff, das aus dem Nebel auf ihn zu lief. Hamit wandte sich um und begann zu rufen. Eine dunkle Form lief neben seinem Schiff her, in einem so engen Einfallswinkel, daß sie sich dort bereits seit Stunden befinden mußte. Hamit jagte in taumelnder Hast Leitern hinab und durch Luken, durch die Gänge, und brüllte, und schlug seiner Mannschaft auf die Köpfe. Keines der Geschütze war geladen. Er konnte das Wasser durch den Kanal rauschen hören, den die beiden Rümpfe bildeten. Zwei oder drei der Männer begannen sich zu rühren. Hamit sah auf und erblickte das schwarze Schiff, wie es aus dem Nebel aufragte und die Stückpforte ausfüllte. Er trieb das Pulver hinein und stampfte die Kugel fest.

Das Dollbord des schwarzen Schiffes säumten vom Bug bis zum Heck von Alter verdorrte Gesichter. Zwei von der Mannschaft zerrten an seinen Armen. Er stieß sie fort. Das Schiff war fast über ihm, erfüllte den Himmel, löschte den Nebel aus, groß und schwarz wie die Nacht. Er zündete die Lunte. Die Männer seiner Mannschaft schrien ihn an und bewegten sich rückwärts. Hamit legte die Lunte an und drehte sich um und sah sie von ihm wegrennen, die Hände um die Köpfe, weg von der Kanone. Die Lunte zischte, er hörte den ersten Enterhaken oben mit einem Bums aufs Deck fallen. Dann explodierte die Kanone.

Berichte, die in den Sektionen *Ruus* und *Beylik* des Schreibamtes zu Konstantinopel zirkulierten, wiesen später darauf hin, daß Halil Hamit, der Kapitän der *Tesrifati*, tatsächlich *mit* seinem Schiff zurückgekehrt sei. Ein mächtiger Stapel interner Korrespondenz, den die unterschiedlichsten Memoranden und Empfehlungen aufschwellten, die alle heftig auf eidesstattliche Erklärungen zurückgriffen, die man während der Befragungen in der Festung der Sieben Türme aus der Mannschaft herausgeholt hatte, stimmte in sehr wenigem überein, das über die unbezweifelte Tatsache vom Heroismus des jungen Kapitäns hinausging.

Eine Anzahl knapper Anweisungen an die Gießerei in Herakleia sollte das einzige offizielle Anerkenntnis des Vorfalls bleiben, aber die *Tesrifati*-Affäre, als die sie später bekannt war, rumorte noch einige Jahre weiter. Ehrgeizige junge Beamte, die sich einen Namen machen wollten, pflegten originelle und ausgeklügelte Erklärungen für die Vorgänge jenes Tages zu finden, die ihren Beförderungschancen in keiner Weise hinderlich waren. Männer, die sich in einer der ständigen Krisen der Verwaltung als fähig erwiesen hatten, erhielten den Spitznamen «ein wirklicher *Tesrifati*-Mann». Die Dokumentation wuchs, als Hinzufügungen hinzugefügt, Berichte überarbeitet wurden und man den Gesamtbericht regelmäßig umschrieb, um den sich verschiebenden Machtmustern innerhalb des Schreibamtes Rechnung zu tragen. Schließlich sollte sich die *Tesrifati* völlig mit dem Papierausstoß umhüllen, den ihr kurzes Gefecht ausgelöst hatte, und sobald das geschehen würde, wäre zumindest offiziell die Krise erledigt.

Auf dem Kai zu Konstantinopel aber, wo man das Schiff entlud und die Mannschaft in Ketten lag, hatten die jungen Beamten diese Phase der Verwaltung der *Tesrifati* erst noch in Gang zu setzen. Für den Augenblick war das Schiff da als eine Tatsache und schleifte hinter sich die Kette von Tatsachen her, die es wieder heimgebracht hatte. Jetzt würde die Verwaltung beginnen, sie einzuholen, Glied um Glied, bis die Geschichte das Schiff einholte, das ihr Ende bildete, und

die Vorgänge jenes Tages die erste ihrer einander folgenden Heim-
stätten in einem Bericht fanden, den ein junger Sonderassistent ein-
reichte, der vom Schreibamt zeitweilig an den Diwan des *Reïs Effendi*
abgestellt war, und in dem es hieß:

Im Nebel 20 Seemeilen westlich von Sizilien bekalmt, wurde die
Tesrifati von einem unbekannten Schiff angegriffen. Ein schwarzes
Schiff kroch aus dem Nebel und überwältigte Kapitän wie Mann-
schaft durch Überraschung. Kapitän Halil Hamit feuerte den
einzigen Schuß dieses Treffens aus einer Kanone, deren Lauf
explodierte, und auf diese Weise fand der Kapitän sein Ende. Nach
seinem Tod gab die Mannschaft ihre Bemühungen auf, und die
Tesrifati wurde von den unbekannten Angreifern geentert. Das
Schiff wurde seiner Ladung, seiner Vorräte und seines einzigen
Passagiers beraubt, uns bekannt als PETER RATHKAEL-HERBERT,
GESANDTER DES KAISERS JOSEPH, UNSERES FEINDES. Mit zerstörter
Takelage und nur einigen Fässern Fisch, um die Mannschaft am
Leben zu erhalten, kehrte die *Tesrifati* in den Hafen zurück. Das
schwarze Schiff bewegte sich vom Schauplatz seines Piratenaktes
fort in den Nebel. Zu diesem Zeitpunkt sind weder seine Identität
noch seine Position, noch seine Staatsangehörigkeit bekannt.

Eine Reihe von Anhängen notierte einige Folgen des Vorfalls. Ohne
die Ladung Salpeter der *Tesrifati* seien die Vorräte von Holzkohle
und Schwefel im Arsenal von Midilli ebensoviel nutzloser Staub. Die
Angelegenheit der sich selbst zerstörenden Kanone solle weiter untersucht werden. Die meisten Anhänge aber befaßten sich mit dem
kaiserlichen Gesandten. Die Entführung von Peter Rathkael-Herbert
warf alle jene delikaten Verhandlungen und feinsinnigen Kompromisse, die in seiner Transportierung gipfelten, über den Haufen. Von
allen unverdaulichen Brocken des Treffens sollte sich das Verschwinden des Gesandten Peter Rathkael-Herbert als der am härtesten zu
schluckende erweisen.

13

Doch noch sonderbarer sind die Geschicke seines Gesandten, der in eine Kiste
genagelt an Bord der phosphorführenden vergammelten türkischen
Kriegsfregatte Tesrifati *dahinvegetierte, die in einem nebligen*
Augenblick von einem eigentümlichen Schiff, der Herz *des*
Lichtes, angegriffen wurde, an deren Bord der
Gesandte alsbald Identität und Geschichte
seiner neuen Herren erfährt

Im Inneren seines Kistenkerkers vernahm der Gesandte gedämpftes
Geschrei, irgendwo oben ein dumpfes Dröhnen, eine betäubende
Explosion, mehr dumpfe Dröhner, ein schrecklich knirschendes Geräusch und Füße, die um ihn herum in alle Richtungen rannten. Das
Schiff war geentert worden. Er hörte Fässer, die über die Gangplan-
ken gerollt und aus dem Lastschacht gehievt wurden. Das Loch,
durch das ihn sein junger Freund genährt und getränkt hatte, erlaubte einen Blick direkt nach oben. Nutzlos. Dann kam die Reihe an
ihn, und er preßte sich gegen die «Wände» und den Boden, als die
Kiste aufs Deck gehievt wurde, und schien dann in der Luft zu
hängen, ehe er auf dem Deck des Angreifers der *Tesrifati* landete. Er
hörte Stimmen Englisch sprechen. Wieder kam da das knirschende
Geräusch. Die Rümpfe rieben sich aneinander, begriff er verspätet,
und dann waren die Schiffe voneinander frei. Er konnte die Mannschaft die Deckel der Fässer aufstemmen hören. Er hob den Kopf,
seine Anwesenheit herauszuschreien, und der Ton erstarb ihm in der
Kehle. Seine Kiste stand unmittelbar unter dem Großmast. Als er
durch das Nahrungsloch emporblickte, sah er wirbelnde Nebel,
nackte Spieren und Takelage. An der Spitze des Mastes wehte eine
zerfetzte Flagge, und auf der Flagge waren ein Totenkopf und gekreuzte Knochen. Sie arbeiteten sich die Reihen entlang und brachen
die Fässer mit Brecheisen auf. Peter Rathkael-Herbert hockte in
seiner Kiste und wartete hilflos, hoffnungslos auf seine Entdeckung.
Dann kam die Reihe an ihn, Holz splitterte über seinem Kopf, und
Splitter regneten auf ihn herab, während er sich zusammenrollte und
den Kopf in den Händen barg. Der Deckel wurde aufgestemmt, und
eine krächzende Stimme über ihm sagte «Aha!», bevor starke Hände
herabgriffen, um ihn aus seiner Zuflucht zu reißen und auf dem Deck
abzusetzen. Verkrumpelt, von Schmerzen und Pein verwüstet, er-

schöpft, blickte Peter Rathkael-Herbert hoch und sah über sich einen alten Mann, ergraut und wettergegerbt. Der alte Mann reichte hinab und bot dem kaiserlichen Gesandten die Hand.

«Ich bin Wilberforce van Clam», erzählte er dem kläglichen Häufchen. «Willkommen an Bord der *Herz des Lichtes*.»

Der Schirokko begann, den Nebel fortzublasen.

An Bord der *Herz des Lichtes* sah Peter Rathkael-Herbert zum ersten Mal seit vierzehn Tagen das Licht der Sonne. Als er in die Takelage emporblickte und sich auf Deck umsah, wo die Mannschaft sich darauf vorbereitete, Segel zu setzen, drängte sich ihm das ungewöhnliche Alter der Seeleute geradezu auf. Keiner schien unter Fünfzig zu sein. Wilberforce van Clam stand am Ruder.

«Nehmen Sie sich Tee.» Er wies auf einen Topf, der auf einem Tischchen neben ihm brodelte. «Wilkins!» rief er. «Eine Tasse für unseren Gast, bitte!» Webley «Muschel» Wilkins, ein rüstiger Sechziger mit langem weißem Schnurrbart, stürzte sich in den Auftrag.

«Sie sind... Piraten?» wagte sich Peter Rathkael-Herbert vor und beobachtete, wie die ältlichen Männer die Takelage hinauf und herunter jagten.

«Piraten? O ja, Piraten, richtige Piraten sind wir, oder Jungs?»

«O ja!» kam die Antwort aus allen Winkeln des Schiffes.

«Aber wir sind Pantisokratische Piraten», fuhr Wilberforce van Clam fort. «Wir wollten eigentlich nie Piraten sein.» Er unterbrach sich und schlürfte seinen Tee. «Die Gesellschaft hat uns zu dem gemacht, was wir heute sind.»

«Die Gesellschaft?» Diese Vorstellung verwirrte Peter Rathkael-Herbert. «Wie denn?»

«Aha!» sagte Wilberforce zum zweiten Mal an diesem Tag. «Nun, das ist eine Geschichte, die zu erzählen sich lohnt. Wilkins! Einen Stuhl für meinen Freund!»

Und so lauschte der kaiserliche Gesandte in einem herrlich gepolsterten Sessel und von Tee gestärkt, wie Wilberforce van Clam die Geschichte der Pantisokratischen Piraten entfaltete.

«Wir kamen zuerst 1753 in London zusammen», begann Wilberforce. «Das war nach dem Großen Kämme-Krawall, und da wurden ausländische Andersgläubige unter dem Aufruhr-Gesetz eingesperrt, nämlich wir, sehen Sie. Wir waren Polen, Preußen, Serben, Dalmatier, aus jeder Nation, die Sie sich denken können. Sogar ein Franzose. Von allen Straßen wurden wir ins Newgate-Gefängnis zusammengefangen und warteten darauf, daß es vorüberginge. Aber es ging nicht.

Noch Tee?» Peter Rathkael-Herbert schüttelte den Kopf. «Na ja, dachten wir, also warten wir auf die Anklage. Standard-Verfahren, wissen Sie. Man wird angeklagt, gesteht sich schuldig, wird ausgewiesen, drei Tage in Boulogne, und binnen einer Woche ist man zurück. Aber die Zeit verging, und wir waren immer noch nicht angeklagt. In der Zwischenzeit beschäftigten wir uns, politische Debatten, Diskussionen, ein bißchen Dialektik. Wir sehen auf jene Tage zurück als auf die Geburt der Pantisokratie. Das war der einzige Kompromiß, auf den wir uns einigen konnten. Wissen Sie, wenn man sture Wiedertäufer und thüringische Ultramontanisten in seinen Reihen hat, braucht man, glauben Sie mir, schon etwas Umfassendes. Und Pantisokratie ist wenigstens umfassend, wenn schon nichts sonst.»

Wilberforce griff nach seiner Pfeife und begann, sie mit einem klebrigen Zeug zu stopfen. «Alle Menschen sind gleich», sagte er, als er die Pfeife ansteckte, und Peter Rathkael-Herbert roch einen süßlichen Duft, der ihm von der *Tesrifati* vertraut war. «Das ist so ziemlich alles. Diese Sachen über Grundbesitz lassen sich an Bord eines Schiffes kaum anwenden. Jedenfalls sind wir schließlich hinter die Verzögerung gekommen. Der Abschnitt des Gesetzes, unter dem wir angeklagt werden sollten, mußte noch verabschiedet werden, und nachdem die Gefahr eines Aufstandes vorbei war, war niemand mehr sehr daran interessiert, ihn ins Gesetzbuch zu bekommen. Wir konnten nicht freigelassen werden, ehe wir vor Gericht gestanden hatten, und wir konnten nicht vor Gericht gebracht werden, weil es das Gesetz nicht gab. Wir faulten da über ein Jahr vor uns hin, bis der Richter, der uns zu Anfang beschuldigt hatte, ein Schiff charterte. Dieses Schiff übrigens, obwohl es damals *Alecto* hieß.»

Wilberforce entsandte Wolken süßlichen blauen Rauches zu seinem Gast hin. «Die Überlegung war: eine Flucht vortäuschen, an Bord dieses Schiffes springen, wegen der Flucht angeklagt werden, sich schuldig bekennen, nach Frankreich abgeschoben werden, nach ein paar Tagen zurück sein. Das einzige Problem war der Richter. Er trat genau in dieser Woche zurück und ließ uns an Bord der *Alecto*. Da waren wir, plötzlich Flüchtige vor der Justiz, mit nichts und niemandem zwischen uns und dem Galgen. Technisch gesehen waren wir schon Piraten. Nach einer schnellen Beratung beschlossen wir, jetzt wirklich Nägel mit Köpfen zu machen. Wir setzten Kapitän und Mannschaft in die Pinasse, zogen die Piratenflagge auf und setzten noch in der gleichen Nacht Segel zur Berberküste. Das ist jetzt ungefähr dreißig Jahre her, und ich kann Ihnen der Wahrheit gemäß bestätigen, daß seither auch nicht einer von uns sich zurückgesehnt hat. Ich denke immer noch an jenen Richter, und jedesmal, wenn ich das tue, hebe ich mein Glas und trinke ihm zu: ‹Glücklichen Ruhestand, Henry Fielding!› Ohne ihn lebten wir alle unter dem englischen Stiefel, aber wir sind hier, und hier bleiben wir. Für uns ein Räuberleben, und das ist ein verdammt schönes Leben, oder nicht, Jungs?»

«Stimmt, Käp'n», antwortete ein Trio behaarter Teerjackenköpfe vom Achterdeck.

Wilberforce van Clam reichte die Pfeife dem Gesandten. «Suckel mal dran, mein Junge.»

Heißer süßer Rauch kräuselte sich in Peter Rathkael-Herberts Kehle. Kleine metallene Hundertfüßler rasten in seinen Kniescheiben herum.

«Nnn», sagte er, atmete aus, und reichte sie zurück.

Der Himmel war ein leeres Auge, tiefblau. Die Sonne flammte tief über der See. Er hustete und dankte dem Kapitän.

«Nur für heute», erklärte ihm Wilberforce. «Wilkins ist morgen Kapitän, und dann Schell, wie Sie sehen, rotieren wir, alle sind Gleiche und so. Führt manchmal zu einiger Verwirrung.»

Sein Kopf drehte sich, langsame Halbkreise, in denen das Schiff und seine uralte Besatzung irgendwie verschwammen und so noch unwirklicher wurden, als sie sowieso schon waren. «Piraten», schlurte er. Der Sessel war so einhüllend, eine Welt für sich.

«Ob Sie es sich nun finanziell oder moralisch oder politisch ansehen, oder wie immer Sie wollen», Kapitän van Clam lehnte sich vornüber, «wir sind die erfolgreichsten Piraten, die dieses Gewässer je gekannt hat.»

«Mit einer Ausnahme.» Webley «Muschel» Wilkins war von hinten an ihn herangetreten.

«Oh?» Die Innenseiten seiner Kniescheiben waren jetzt mächtige hölzerne Höhlen. Hunderte von kleinen Metallbällchen hüpften umher und prallten von der Beplankung ab.

«Der Indienfahrer ist kein Pirat», protestierte van Clam.

«Die Piraterie geschieht an Land, aber es ist ein Piratenschiff, merk dir meine Worte», erwiderte Wilkins.

«Danke.» Der Gesandte nahm die Pfeife, sog tief und gab sie an Wilkins weiter. «Welcher Indienfahrer?»

«Mehrzahl», sagte der Kapitän. «Als wir hier anfingen, hieß sie *Sophie*. Sie war ein offenes Geheimnis. Gazi Hassan hat uns im Anfang

469

vor ihr gewarnt, in seinen Freibeutertagen, bevor er anfing, Marine-akademien für den Sultan einzurichten, die türkische Flotte zu reorganisieren und was nicht noch alles.»

«Türkische Flotte!» spuckte Wilkins.

«Wie auch immer, er hat uns erzählt, nichts sei je näher als eine Seemeile an das Schiff rangekommen und habe überlebt, um davon zu erzählen. ‹Macht nen weiten Bogen drum›, hat er uns gesagt, und wir habens gemacht. Niemand kennt ihren Heimathafen, niemand hat je ihre Mannschaft gesehen, und niemand weiß, warum sie diese Gewässer befährt.»

«Sie macht zwei Reisen im Jahr», nahm Wilkins die Erzählung auf. «Jedes Jahr taucht sie irgendwo vor der Küste von Jaffa auf, nie genau an der gleichen Stelle, aber immer in der Südostecke des Mittelmeeres. Niemand hat je gesehen, wie sie beladen wurde, aber auf ihrer Rückreise liegt sie tief im Wasser. Sie segelt nach Westen, raus durch die Straße von Gibraltar, und geht dann nach Norden. Weiter weiß niemand was, aber zwei oder drei Monate später ist sie wieder zurück. Spanien vielleicht, die Westküste Frankreichs, sie könnte sogar England erreichen, aber wo immer sie anlegt, da wird sie auch entladen. Von West nach Ost schwimmt sie hoch auf, leer würde ich sagen.»

«Mehrzahl, haben Sie gesagt.»

«Mehrzahl, mmh. Zwei. Da war die *Sophie*, wie ich gesagt habe, und dann war da ein zweites. Wir waren in diesen Gewässern so acht oder neun Jahre gesegelt, würd ich sagen, als Gerüchte von einem zweiten Schiff aufkamen. Auch ein Indienfahrer, gut gebaut, Haufen Kanonen, starke Innenneigung, aber allem Anschein nach ein Neubau. Ungefähr um diese Zeit ist die *Sophie* verschwunden, einfach verschwunden. Kein Schiffbruch, nichts. Der *Corso* hat Schiffe verloren, die Korsaren haben auch Verluste gehabt. Sie war ein Höllenschiff, und an der nördlichen wie an der südlichen Küste herrschte überall das Gefühl vor, gut daß sie weg ist. Die Feier dauerte aber nur kurze Zeit. Der zweite Indienfahrer machte weiter, wo der andere aufgehört hatte, schlimmer noch als vorher. Wer immer ihn befehligt, scheint diese Gewässer besser als jeder andere von uns zu kennen und segelt das verdammte Schiff wie ein Argonaut.»

Der Gesandte ließ sich die Erzählung sanft um die Ohren wehen. Der Himmel begann sich zu wellen, ein großes Schattenlid kroch über das Blau. Er wollte wissen, warum diese Reisen unternommen wurden, er wollte den geheimnisvollen Zweck des Schiffes erklärt haben. Vielleicht hat er diese Fragen gefragt, und vielleicht hat ihm van

Clam von der Karawane erzählt, die die Küste bei Jaffa erreicht und dort das Schiff trifft und es mit den seltensten Metallen und den kostbarsten Edelsteinen belädt. Als er unter einem Himmel so klar, daß in ihm alle Sterne genutzte oder vertane Gelegenheiten waren, in einen Traum glitt, hat er vielleicht nach dem Namen des Schiffes gefragt, einem Namen, den zu nennen sie vermieden hatten, wie die Alten es vermieden, von den Furien zu sprechen aus Furcht, der Name würde den Träger heraufbeschwören. Aber die Fürchte der Piraten waren grundlos, da sich ihr Gegenstand Hunderte von Meilen entfernt befand und niemals zurückkehren würde, und sie nannten ihn jetzt mit Silben, die tief in den Schlaf des Gesandten hinabreichten. «*Vendragon*», sagte Wilberforce schaudernd. «Und Gott stehe uns allen bei, wenn wir diesen Namen wieder sehen.»

«Die *Megaera*!» Der Name wurde aus dem Krähennest gebrüllt, riß den Gesandten aus seinem Schlaf unter der schon hochstehenden Sonne und jagte ältliche Piraten die Wanten hoch, und ließ sie durch die Gänge rollen und in die Luken tauchen.

«Die *Megaera*!» Da war sie, eine kleine schwarze Form am Horizont, und der Gesandte spürte, wie die *Herz des Lichtes* herumschwang, als Kapitän Wilkins Kurs auf seine Beute setzte.

«Sie fährt Schwefel», warf Wilkins über die Schulter. «Uns geht das Pulver aus, wissen Sie. Hart Backbord! Deshalb haben wir den Salpeter der *Tesrifati* gebraucht. Jetzt ein paar Fässer Schwefel, und dann noch Holzkohle, und im Handumdrehen haben wir alles, was wir brauchen.»

Die Sonne stieg höher, und Peter Rathkael-Herbert schien es so, als kämen sie ihrer Beute näher. Gegen Nachmittag war sie kaum mehr fünf Seemeilen entfernt.

«Setzt mehr Segel!» röhrte Wilkins. Ein dünner grauer Schmutzfleck hing über dem Horizont und wurde langsam zu Land.

«Verflucht!» explodierte der Kapitän. Sie überholten die *Megaera*, aber zu langsam. Das Land würde sie zuerst erreichen.

«Jetzt verpassen wir sie zum dritten Mal in diesem Jahr. Da haut sie ab, seht sie euch an.» Wilkins schüttelte die Faust. «Nächstes Mal, du Eimer Würmer, nächstes Mal!»

Die *Megaera* war wirklich entkommen, und als die *Herz des Lichtes* Segel reffte, um von der Küste fortzukreuzen, glitt sie sicher in den Hafen von Marseille und verfluchte zum dritten Mal in diesem Jahr das Fehlen eines Geschwaders, das gesetzestreue Schiffe vor der Ausraubung durch Freibeuter schütze.

Ein Brief wurde entworfen und der Maat noch am gleichen Tag nach Paris entsandt. Man wollte dem König eine Petition vorlegen. Der Reeder der *Megaera* hatte genug. Schwefel aus Caltanissetta zwischen Cagliari und London zu fahren, sollte Routine sein. Die *Flota* vor zweihundert Jahren hatte es leichter dabei. Und da draußen erwartete ihn irgendwo auf der offenen See das schwarze Schiff, die *Herz des Lichtes*. Es brauchte eine Eskorte, etwas mit Feuerkraft, etwas, um die *Herz des Lichtes* in die tiefsten Abgründe der Hölle zu blasen.

«Nein», sagte Louis zur Forderung der *Megaera* nach Korvetten mit 24 Rohren, und «Nein» zu Monsieur Neckers Forderung, die Vorwürfe seines Nachfolgers, Monsieur Calonne, zu widerlegen. Louis war in einen strahlenden frühen Morgen erwacht, voller Entschlossenheit. Schon hatte er das Parlament von Bordeaux nach Libourne verbannt, den Rücktritt eines Obristen zu Toulouse abgelehnt und Proteste gegen seine Katholische Majestät in der Bretagne gescholten. – «Nein», sagte er zu der Forderung seiner Schweizer, die das Schloß bewachten, man möge ihnen ihren Sold zahlen. Heute würde er sich nicht einschüchtern lassen. Noch vor dem Frühstück würde er mindestens zehn weitere Entscheidungen fällen, und zwanzig vor dem Mittagessen. Der Dauphin, wußte er, war wieder krank. Ein kränkliches Kind, der Dauphin. Und seine Frau... Seine Frau wurde nicht überall geliebt, das war nicht zu bezweifeln. Heute war ein Tag, den Dingen offen ins Gesicht zu sehen.

«Ein Bittgesuch aus Cherbourg, Sire.» Ein Sekretär nahte. «In Sachen eines blockierten Hafens.»

«Nein», sagte Louis, «auf gar keinen Fall. Wenn sie einen blockierten Hafen wünschen, sollen sie sich selbst einen bauen.»

«Ich glaube, sie haben schon einen, Sire. Sie wollen ihn wieder geöffnet haben...»

«Sie wollen, sie wollen nicht. Was soll ich denn denken? Meine Entscheidung steht fest. Nein, wartet, schickt die Bittschrift an...» In seiner Erregung über das Bittgesuch aus Cherbourg hatte sich Louis von seinem Schreibtisch erhoben.

«Majestät?» Die Feder des Sekretärs war gezückt, er blickte auf seinen Herrn, der aus dem Fenster hinabstarrte. Morgendliches Sonnenlicht glitzerte auf dem künstlichen See.

«Majestät?» erneut, aber Louis' Blicke waren auf die Orangenbäumchen geheftet. Die Reihen waren durchbrochen, in Unordnung, verwirrt. Sie sahen aus, als habe man sie dorthin aus einem Ballon abgeworfen. Wo waren seine Wachen gewesen, als diese Schändlichkeit stattfand? Waren sie mit in dieser Orangenbaumverschwörung?

«Der Sold der Schweizer», sagte er über die Schulter zum Sekretär. «Verdoppelt ihn.»

«Und die Bittschrift aus Cherbourg, Majestät?»

«Ans Marineamt», bellte Louis, als er sich von der Beleidigung abwandte, die ihm da unten geboten wurde. «Sollen die sich damit befassen.» Er machte eine Pause. «Das ist genug für heute», sagte er ruhiger. «Ich bin es für jetzt leid.»

Und also ward die Bittschrift aus Cherbourg zusammen mit anderer amtlicher Korrespondenz zurück nach Paris und in die Amtsräume des Marineamtes geschickt, wo sie sich etappenweise von schwanken Haufen zu unordentlichen Stapeln bewegte, durch sauber beschriftete Mahagonischubfächer über überquellende Büroschreibtische hinweg auf lackierte Memorandenvorlegetabletts und goldbronzierte Louis-Quinze-Beisetztischchen, in Dienst gepreßt von der reinen Masse angesammelter vernachlässigter Beschaffungsanweisungen, abgewiesener Angebote, Protokollen von Sitzungen, über seit Jahren aufgegebenen Vorhaben, Planungsentwürfen so weit in die Zukunft hinein, daß die zur Durchführung benötigten Techniken erst noch erfunden werden mußten, aufbewahrten groben Skizzen und spekulativen Kostenansätzen für Pläne, die den einander folgenden, vergangenen, gegenwärtigen und sogar zukünftigen Direktoren am Herzen lagen (kindische Ausführungen in bunten Kreidestiften in Verbindung mit dem endemischen Nepotismus des Marineamtes in Sachen Personalpolitik hinsichtlich der Amtsnachfolge unterstützten das «zukünftige»), abgelegt, aufgelistet und mit Querverweisen versehen im Rahmen von Klassifizierungssystemen, die in einzigartiger Weise von aufeinanderfolgenden Sekretären mit unabhängiger Gesinnung entworfen worden waren, welche sie eines auf das andere übertragen hatten, bis schließlich jeder Punkt in einer Kategorie eingesargt war, deren einzigen Inhalt der jeweilige Punkt bildete, und das ganze Kunterbunt keinem anderen Ding ähnlicher als einem Teeservice aus feinstem Porzellan, das aus großer Höhe auf eine demantharte und unnachgiebige Oberfläche herabgestürzt worden ist, wie etwa auf einen Granitblock, und rasch (die Bittschrift nämlich) zur Kenntnis von Monsieur Bougainville gelangte, der sofort erkannte, daß es sich hier um eine Angelegenheit für seine zuverlässigen Lieutenants handele, die Herren Duluc und Protagoras, in jenem Augenblick auf dem Weg von Cherbourg zum Hafen von La Rochelle, wo – falls das Wetter es erlaubt – die Bittschrift sie bei ihrer Ankunft erwarten würde. Und so geschah es.

Am zwanzigsten Tag des Mai schleppten sich ein Vierergespann und eine Kutsche erschöpft über die Ebene auf La Rochelle zu. Die Kutsche war rot von dem Staub, den ihre Fahrt über die Bressuire-Straße emporgewirbelt hatte. Sie war durch Marans gefahren und rollte jetzt über ebenes Gelände, da die Straße sich schlängelte und wand, um auch der kleinsten Erhebung zu entgehen, und so den Blick hierhin und dorthin schleuderte, bis die beiden Reisenden sich fragten, ob sie wohl je ankämen. Duluc starrte aus dem Fenster auf die Ebene, die vor anderthalb Jahrhunderten den roten Röcken der Armeen Richelieus Gastfreundschaft geboten hatte. Eine Zeltstadt war hinter den Gräben und Mörsern emporgeschossen, außer Reichweite jener Mauern, die mit jeder Windung der Straße in den Blick glitten und wieder hinaus. Hinter den Mauern hatten die von La Rochelle gekämpft und gehungert und sich schließlich lieber selbst verbrannt, als den Dragonern des Kardinals in die Hände zu fallen. Alte Geschichten. Duluc fragte sich, ob wohl in zukünftigen Jahren Reisende nach La Rochelle auf diese selben Mauern schauen und seinen Namen murmeln und ihre Augen schließen mochten, um sich die Szenerie vorzustellen, die er in den kommenden Wochen schaffen würde. Als sie schließlich durch die Tore in die Stadt rollten, überraschte ihn, wie wenige Gebäude aus jener Zeit überlebt hatten. Er kannte die Tatsachen, aber hier waren die Tatsachen Stein und Holz, Fleisch und Blut, die vor Jahren zu nichts geworden waren. Die Stadt, wurde ihm plötzlich bewußt, hatte sich von der Belagerung nie wieder erholt.

Ebbe ließ sie die Überreste der Mole sehen, die den Hafen blockiert hatte. Der Hafen selbst war ein ausgefranster Kreis, zerbrochen da, wo er sich mit der See traf. Dahinter lag die Île de Ré und im Süden die Île d'Oléron, wo eine Wasserfläche dunkler erschien als das sie umgebende Wasser. Die See zwischen den beiden war unruhig von Kreuzströmungen und eigenartigen Wirbeln, von denen die Legende berichtete, sie seien durch den Flug eines Kindes über diese Gewässer hinweg am letzten Tag der Belagerung entstanden.

Als Beamte des Marineamtes wußten Duluc und Protagoras, daß der wahre Grund in einem komplexen System von Sandbänken bestand, das sich unter der Oberfläche unsichtbar mit den Gezeiten bewegte. Zwei Türme kennzeichneten den Eingang zum inneren Hafenbecken. Als er seinen Blick über die ärmlichen Schmacken und die Leichter schweifen ließ, die sich an den Kais zusammendrängten, fand Duluc es schwierig zu glauben, daß die Partner der *Les Cacouacs* jenseits der See von diesem Hafen aus zuerst ihr Vermögen gemacht hatten. Von hier aus war die Cabbala geflohen, und hierher würde sie zurückkehren. Nein, keiner würde sich an Duluc erinnern. Le Mara, Cas de l'Île, Romilly, Vaucanson, Boffe, die Blas, Lemprière und ihr Anführer, dessen Namen man ihm nicht gesagt hatte. Das würden die Namen sein, die man in La Rochelle eingravieren wird, wie die der griechischen Befehlshaber in Troja, den Scipios in Karthago. Duluc wird vergessen sein, ein Diener im Dienste der Fürsten jenseits der Gewässer. Ausgelöscht durch ihre Rückkehr.

In der folgenden Woche beobachteten die Einwohner des Dörfchens Lauzières nördlich der Stadt mit schwindender Neubegier, wie zwei Männer mit Leinen, Stäben, Kompassen und Karten auf dem engen Isthmus herumhantierten, der beim Point du Plombe endet. Sie waren aus Paris, Landvermesser, nahm man an. Die beiden Männer schritten die Küstenlinie auf und nieder, schrieben Zahlen in kleine blaue Notizbücher, hielten Lotleinen hoch, mieteten sogar ein Boot und ruderten umher, um die Tiefe zu loten. Auch die wurde in die Notizbücher geschrieben.

Zwei Tage später wurde in Lauzières, Nieul-sur-Mer und Marsilly angeschlagen, daß die Herren Duluc und Protagoras vom Marineamt eine Arbeitsmannschaft aufstellten. Eine Mole sei beim Point du Plombe zu bauen. Sie solle fünfzig Meter lang sein mit einer Anlegestelle am Ende, die stark genug sein müsse, um ein Schiff von 400 Tonnen zu sichern. Angesichts des Hafens in La Rochelle würde kein Schiff am Point du Plombe anlegen. Trotz all ihres Maßnehmens und Notierens und Herumstapfens mit Gezeitentafeln und Karten fehlte den Männern aus Paris ganz klar der Verstand. Wofür sollten sie denn wohl eine solche Lände haben wollen? Und ausgerechnet hier? Binnen eines Tages hatten Duluc und Protagoras alle Arbeiter zusammen, die sie brauchen würden.

Die Vermessung war ein Vorwand. Alle ihre Bemühungen waren eine Scharade. Die Mole war bereits sechs Monate vorher gezeichnet und markiert worden. In der Pariser Residenz des Kardinals hatte Jacques sich über den Tisch gelehnt, und das Mädchen hatte mit stumpfen Augen zugesehen, wie er auf die Karte zeigte. «Hier, und bis hier. Das Schiff wird 400 Tonnen haben, könnt Ihr mir folgen?» Der Kardinal hatte seine Zustimmung genickt, ehe er den Auftrag an seine Lieutenants weitergab. Das Marineamt erleichterte alles.

«Es gibt da einen Kanal, sehr eng, von der Breite der Schulter eines Mannes. Wo er tiefer wird, schließt sich der Boden darüber, und er wird zu einer Aushöhlung, einem Tunnel.» Jacques' Gesicht hatte sich gespannt. «Einem langen Tunnel.» Seine Stimme kam von weit her. «Baut die Mole da, wo der Kanal ins Meer mündet.»

Duluc hatte den Kanal am zweiten Tag gefunden, von kleinen Bäumen und Buschwerk überwuchert und zugewachsen. Zusammen mit Protagoras hatte er einen Weg durch den Unterwuchs erzwungen. Sie gingen hintereinander, denn der Kanal war so schmal, wie Jacques ihn beschrieben hatte. Schrittweise schoben sich die Seiten des Kanals hoch und trafen sich über ihren Köpfen, der Bewuchs wurde dünner und wurde dann von Kies ersetzt, der unter den Füßen knirschte. Sie bewegten sich tiefer in den Raum hinein, bis das Licht vom Eingang schwand und Duluc eine Kerze hervorzog. Einige Schritte weiter vergrößerte sich der Durchgang und öffnete sich dann in eine lange weite Höhle. Der Pfad endete plötzlich.

Sie standen am Rande eines Sees, der sich von ihnen fort erstreckte, und das Licht ihrer Kerze konnte zwar die Decke finden, aber nichts zur Rechten oder zur Linken oder nach vorne außer Wasser, das sich in die Dunkelheit erstreckte. Was aber ihre Aufmerksamkeit fesselte, war das Boot. Ein Dinghi, vielleicht drei Meter lang, das auf dem Kiesufer des Sees lag. Irgendwer war irgendwann über den See gerudert. Duluc nahm seinen Kompaß heraus und beobachtete, wie die Nadel auf ihn zu schwang. Sie blickten nach Süden, zur Stadt hin. Die beiden standen da und blickten über die Dunkelheit des Sees hin, und ihre Gedanken reichten nach Süden nach La Rochelle und hundertsechzig Jahre zurück, als die von La Rochelle mit ihrer Stadt verbrannten, aber neun Männer, jetzt ihre Partner, unter dem Schutz des Gemetzels flohen. Als sie an dem lichtlosen Ufer standen und ihre Kerze über dem Dinghi flackerte, dämmerte beiden Männern die gleiche Erkenntnis.

«So also sind sie entkommen», sagte Duluc.

Stromab vom Krähennest verdrängte die *Vendragon* 400 Tonnen des sie umgebenden Wassers und erwartete die Rückkehr ihres Herrn.

«Algen blühen vor der Île de Ré», las Kapitän Guardian von seinem Posten am alles überblickenden Fenster aus vor.

«Fische?» fragte Kapitän Roy.

«Haufenweise zu Hunderten», sagte Eben. Sein Blick wanderte erneut vom Kleingedruckten zu dem unten liegenden Schiff. Er wartete darauf, daß der Wächter wieder erscheine.

«Der junge Lemprière hat an Bord von Schiffen nichts zu suchen», bemerkte er.

«Netter Kerl.» Roy erinnerte sich seines erfreulichen Abends beim Steinschlucker vor einem Monat. «Sein Freund war in einem feinen Zustand.» Eben sah Septimus von harmlosen Flammen gegen die Mauer gepreßt, bleichgesichtig und mit zugekrampften Augen.

«Das Feuer», sagte er, und beide Männer nickten, denn sie erinnerten sich ähnlicher Szenen an Bord. Jeder Mann hat sein heimliches Grauen, und die See brachte das oft genug hervor.

«Das könnte die letzte Vorstellung gewesen sein.» Der Name des Steinschluckers fing in einer anderen Spalte Guardians Blick ein. «Das Gebäude steht unter Sir Johns Verbot, und der König meint, daß Cockspur Street eine Schande für die Nachbarn sei. Er will alles abgerissen haben.»

«Er kränkelt», sagte Roy. «Das ist der wirkliche Grund. Ich hab gehört, daß er Bulwer konsultiert hat, wegen Verstopfung.» Eben dachte an das letzte Schlucken und wie Lemprières crèmerosafarbener Stein durch die Gurgel des Steinschluckers hinabgerutscht war, während Sir Johns Männer sich mit den Raufbolden von Farina herumprügelten. An das sonderbare Zeichen, das zwischen Lemprière und dem Anführer der Raufbolde ausgetauscht wurde, Stiltz, Stoltz, auf jeden Fall Farinas rechte Hand. Roy biß eine Frau ins Bein, nicht einmal, nein, mehrere Male, und dann hatte der Abend sich in ein Getümmel verwandelt, fast in einen Aufstand. Heute abend wollten sie ins Theater gehen. Er konnte das Gefühl zunehmender Vorahnungen nicht unterdrücken. Er sah erneut zum Schiff hinab, aber nichts hatte sich verändert. Eine Oper. Er hoffte, Kapitän Roy würde sie ebensosehr genießen, wie er den Steinschlucker genossen hatte. Seine Blicke wanderten über das Schiff, aber noch immer gab es kein Anzeichen vom Wächter.

Am gleichen Morgen hatte Marmaduke Stalkart, der bei den Herzögen von Cumberland und Queensbury, bei Lord Brudenell, Lady Cramer, Sir W. W. Wynne und anderen Kennern saß, in Düsternis zugesehen, seiner eigenen und der seiner Umgebung, wie die Herren Morelli und Morigi auf der Bühne vor ihm die Arien aus *La Frascatana* hin und her austauschten.

«Nehmen Sie den Seiltänzer hinzu», rief er zu Bolger hinauf. «Richter, oder wie immer er heißt.» Bolger nickte und schrieb die Anweisung auf.

«Juuuu-uuu-huuu!» sang Signor Morelli. «Miii-ii-ii!» erwiderte Morigi. Lady Cramer winkte mit dem Taschentuch ihrem Gatten zu, der das Rumpforchester auf seiner Geige führte. Er winkte zurück, als er sie erblickte. Das Orchester kam knirschend zum Stehen.

«Sehr gut, Morigi», rief Stalkart dem Tenor zu. «Sehr süß auf den *rispondi*.» Morigi zuckte die Achseln und begann, zur Seite hin abzuwandern. «Könnten wir heute abend ein *allegro* hinzugeben?» fragte Stalkart Bolger, während der von der Bühne herabkletterte. «Etwas kurzes?»

«Se serce, se dice», Lady Cramer rollte eine Menge nicht vorhandener Rs.

«Etwas mit n bißchen Schwung», fiel der Herzog von Cumberland barsch ein.

«Dazu ist es viel zu spät», sagte Bolger. Stalkart seufzte. «Pause, um elf ist jeder zurück!» Er klatschte in die Hände, erhob sich und ergriff Bolger beim Ellbogen. Zusammen gingen sie durch das Halblicht des Zuschauerraumes. «Diese Oper wird binnen eines Monats dunkel werden. Sehn Sie her», Bolger wies auf die Zahlenreihen in seinem Hauptbuch. Marmaduke blickte nieder.

«Morelli ist bei guter Stimme, haben Sie ihn gehört?» Liebliche silbrige Töne verbannten für einen Augenblick die Reihen schwindender Zahlen.

«Macht die Lampen aus!» rief Bolger zurück, als sie über die Treppe hinausgingen. «Verstehn Sie mich, Marmaduke. Einen Monat und dann...», er zog einen Finger quer über seine Kehle. «Vorhang.» Marmaduke ging voran und wußte, was folgen würde.

«Es gibt eine Zeit, Schluß zu sagen, und ich sage das jetzt.» Marmaduke wartete. «Ihre verdammten Schildkröten werden uns über den Rand kippen. Sie werden dieses Theater und jeden, der hier investiert hat, in den Bankrott treiben...»

Da war es. Die Schildkröten. Bolger hatte recht, natürlich, aber er hatte keine Vision. Marmaduke hatte seit langem die Bürde auf sich genommen, die prosaischeren Augen seines Partners zu öffnen. Die schwindenden Besucherzahlen bei *La Cameriera Astute, Gli Schiavi per Amore* und jetzt *La Frascatana* waren nichts Neues. Das war wirklich der Kern. Die Leute gierten nach Neuem, und deshalb packte er das Programm mit Seiltänzern, Degenfechtern, Konzertstücken und Balletts voll. Und dennoch erstreckten sich die leeren Sitze bis ins Parterre, und die Galerien waren verlassen. Er blieb hinter ihren Begierden zurück. Manchmal, wenn er sie von hinter der Bühne beobachtete, wurden ihre Gesichter leer. Selbst wenn sie schrien oder sich mit ihren Nachbarn prügelten, lösten sich ihre Züge in die saugenden Fetzen ihrer Lumpenpuppenköpfe auf, zusammen mit dem Feuer und dem Leben des Stückes auf der Bühne vor ihnen, und sie saugten das in irgendeiner hungrigen Reaktion auf, irgendein Mangel, den sie auffüllen mußten, mehr und mehr mußten sie haben. Es war ein neuer Hunger, den er mit dem alten Repertoire nicht länger stillen konnte. Im Sadler's Wells packte sie ein Theater (ein Theater? – ein Krämerladen mit drei Kerzen und vier Stühlen) mit Keulenkämpfen. Ein Mann, der in der Cockspur Street Steine schluckte, machte bis vor drei Wochen gute Geschäfte, und er stand da mit Tanzfinales, wenn das Parterre Seiltanz wollte, mit Seiltanz, wenn es Kunstreiter wollte, und so weiter und so fort. Und so hing er an seinen Schildkröten, wie ein Prophet, dem niemand Glauben schenkt; noch waren sie weit weg, aber versprochen, und wenn sie eintreffen, wird sein Königreich wiederhergestellt sein.

«Nehmen Sie den Auftrag zurück», sagte Bolger. Nein, niemals, unter keinen Umständen, selbst dann nicht, wenn das Theater brennend auf den Heumarkt stürzen sollte.

«Zur Hälfte sind sie schon bezahlt», sagte er und sah zu, wie Bolger seine Retourkutsche runterschluckte, die gewesen wäre, daß diese Teilzahlung weitgehend für ihre Schwierigkeiten verantwortlich war. Die Schildkröten hätten von Coade schon vor drei Monaten eintreffen sollen. Eine Aufeinanderfolge von Entschuldigungen – die letzte war eine gesplitterte Gußform – hielt Marmaduke in der Klemme.

«Außerdem wird sowieso niemand sie sehen», sagte Bolger, der wußte, daß es immer ein langwieriges Geschäft war, Marmaduke von einer seiner Narrheiten abzubringen.

«Aber stimmt doch gar nicht, passen Sie auf...», und Marmaduke erklärte, wie die führende Schildkröte am Rand des Daches aufgestellt werden würde, zum Angriff aufgerichtet, vielleicht die Legionsstandarte tragend, den Minotauros, der das Geheimnis ihres Schlachtplanes andeute. Dahinter würden sich die massierten Schildkrötenreihen herrlich zusammenscharen. Sie würden selbstverständlich zum größten Teil unsichtbar sein. Aber Marmaduke war kein Irrer. Genau dadurch, daß sie unsichtbar blieben, würden seine Schildkröten eine Neuheit darstellen, von der die Menge niemals zuviel haben werde, nicht während dieser Saison, noch während der nächsten, noch in der darauf folgenden. Sie würden geheimnisvoll bleiben im besten und verlockendsten und die meisten Besucher anziehenden Sinn.

«Ich überlasse Sie Ihren Träumen.» Bolger stand auf und schritt auf der Suche nach Richter von dannen. Marmaduke sah seinem Abgang schweigend zu. Natürlich würden selbst die Schildkröten das Theater nicht binnen eines Monats retten können. Er war nicht so dämlich, daran zu glauben. Was er brauchte war ein Coup, eine Offenbarung, eine blendende Überraschung, etwas, um ganz London in Erwartung zu schocken. Kurz: Er brauchte Marchesi.

Cobb hatte ihn bereits engagiert, aber bisher hatte man von dem berühmten Tenor noch nicht eine Note gehört. Eine Vielfalt von Infektionen peinigte Marchesis Kehle, es gab Probleme mit der Einstudierung, mit dem Bühnenbild, mit den anderen Sängern... Marmaduke begriff diese Zeichen ohne Mühe. Marchesi wollte mehr Geld und er, Marmaduke, war entschlossen, es ihm zu geben. Scheiß auf die Seiltänzer, die Kunstreiter, die Tänzer, die Steinschlucker und all die anderen Scharlatane, ein Ruf wie der Marchesis war so gut wie Geld auf der Bank. Geld aber war das Problem. Bolger legte zwei oder drei Male pro Tag einen überzeugenden Beweis dafür vor. Es gab kein Geld. Absolut kein Geld.

Marmaduke lehnte sich in seinem Sessel zurück und lächelte vor sich hin. Während er da so saß und diesem *circulus vitiosus* das Innere nach außen kehrte, hörte er ein klirrendes, schallendes Geräusch draußen durch den Korridor scharren. Marmadukes Kopf erschien seitlich um die Tür, als Tim, Bühnenarbeiter und Mädchen für alles, einen Eimer mit dem Fuß über den Boden schob. Marmaduke sah hinab in schmutziges graugrünes Wasser, das in dem Eimer schwappte.

«Noch mehr Schmieranten?» Tim grunzte bestätigend und setzte seinen Weg fort. Marmaduke hatte die Schlagwörter an den Mauern des Theaters vor zwei Monaten auftauchen sehen. Zuerst hatten ihn die rätselvollen Botschaften beunruhigt, dann wurden sie lästig, und Tim brauchte einen Vormittag oder mehr, um sie zu entfernen. Nun machten sie ihm Sorgen. Das Theater schien für eine Sonderbehandlung seitens der Männer Farinas auserwählt zu sein, eine besondere Verunstaltung dieser *Cittadella* der Begnadeten und Begünstigten. Sir John war extrem kurz angebunden, als er sich beschwert hatte.

«Unsinn Stalkart. Sehen Sie denn nie aus Ihrem kostbaren Theater raus? Diese Schlagwörter findet man überall...» Und dann *hatte* Marmaduke sich umgesehen, und es stimmte. Sie waren überall in der Stadt. Farina. *Farina.*

Tims Eimer entschwand nach und nach seinem Hören, und erneut schloß er die Tür. Einige Minuten danach ertönte ein Klopfen und kündigte die Ankunft seiner Besucher an. Stalkart, der den einen undeutlich erkannte, begrüßte sie vertraulich.

«Sind wir uns nicht bei den de Veres begegnet?» Der Größere der beiden lief in dem Raum hin und her, während sein drahtiger Gefährte ruhig und ausdruckslos in der Tür stand, als ob ein Angriff erwartet werde. In gewisser Weise war das komisch, aber Marmaduke lächelte nicht. Er lauschte aufmerksam, als Bedingungen und Entgelt umrissen wurden. Schon dachte er an Marchesi, eine fette Börse Goldes, um diese Kehle fetten Goldes freizumachen.

«...Zugang zu allen Räumen und Gegebenheiten, Garderobe, Requisiten, Bühnenmaschinerie...», sagte der große Mann.

«Eine Aufführung, ausgezeichnet. Das Orchester wird...»

«Es wird keinerlei Orchester gewünscht.»

«Natürlich, natürlich», stimmte Marmaduke zu.

«Wir mieten das ganze Theater für eine einzige Nacht. Mehr als das brauchen Sie nicht zu wissen.» Und dann wurde eine Zahl genannt, die all die dunklen Befürchtungen Marmadukes ob der Vereinbarung beiseite fegte, wie sie später auch die Bolgers beiseite fegen sollte, obwohl dessen Freude, als er erfuhr, das Geld sei bereits ausgegeben, wenn auch für die Engagierung Marchesis, weniger überschwenglich war.

«Das ist annehmbar», sagte Marmaduke gelassen, schon schwangen sich goldene Noten empor, der lasterhafte Kreislauf wurde tugendhaft, und Schildkröten, Marchesi und das Geld rutschten auf ihre Plätze. «Bleibt nur noch das Datum, Viscount», trieb Marmaduke seinen Besucher an.

«In zwei Monaten. Am 10. Tag des Juli», sagte Casterleigh, als er und Le Mara hinausgingen und Marmaduke Stalkart in Hochstimmung über den gelungenen Coup zurückließen, wobei er sich ohne allzu viele Sorgen fragte, für welchen Zweck genau sie wohl sein Theater wollten. In seinem Geiste flogen die Schildkröten schon.

Nein, Sir John hatte sich wegen Stalkarts Beschwerde keine großen Sorgen gemacht. Farinas Name fand sich gekritzelt und geschmiert auf jedem öffentlichen Gebäude von Green Park bis Shadwell. Die grüne Kreide – war das ein Schlüssel, eine ebenfalls zu lesende Botschaft? Er wußte es nicht und konnte sich überdies Grün nur vorstellen. Farinas Feldzug war zum Stehen gekommen. Seine Leutnants, darunter Stoltz, waren verschwunden, und der Anführer selbst, nun, da vervielfältigten sich die Geschichten. Er war um Waffen nach Paris gereist, oder Amsterdam, oder Lissabon. Er war in den geistlichen Stand getreten und hatte sich den Wesleyanern angeschlossen, er arbeitete als Arbeiter in Tothil Fields, er war nach Indien gesegelt, war tot, oder als Racheengel von den Toten auferstanden, er führte eine Kohorte des Teufels, er war eine Erfindung seiner selbst. Sein Schädel war aus massivem Silber, er trank Gift und starb nicht, er hatte mit den Korsaren unter Gazi Hassan gefochten. Er konnte sich an seine eigene Geburt erinnern und wußte, wo und wie er sterben würde. Er war Farina.

Für Sir John, der die straffe Haut der Stadt unter seinen Füßen pulsieren fühlte, war er ein Monster, das in den Abflüssen und unterirdischen Verläufen heckte, in den Kellergeschossen und Zellen, in den lichtlosen Räumen unter der alltäglichen Stadtschaft. Schon einmal hatte er seinen dürren Lumpenhals empor ins Licht geschoben, nach Fleisch gekrächzt, und war wieder aus der Sicht gesunken. Das nächste Mal würde der kaum flügge Vogel eine Harpyie sein, hungrig und um Futter aufgetaucht. Er war alles, was in der Stadt falsch war. Verkommenheit, Gestank, Ruin. Er war die unerklärten Tode und die unvorhergesehenen Zusammenbrüche, und Sir John konnte ihn nicht finden.

Er forderte mehr Polizisten und erntete höfliches Lächeln. Er erklärte die Notwendigkeit, sprach von den zusammenbrechenden Textilfabriken, die die Straßen mit arbeitslosen Arbeitern überfluteten, von einer neuen Bösartigkeit in den Unterschlupfen und Elendsvierteln, von einer Frau, die mit dem Fuß aufstampfte, wobei ihr eine Vene platzte, und sie sich auf der Straße zu Tode blutete, von den Straßenbälgern, die um sie herumtanzten und sich ihre Gesichter mit ihrem Blut anmalten, vielleicht hatten sie es nicht begriffen, vielleicht ließ ihre Unschuld sie so handeln, aber er glaubte nicht daran. Man wies ihn ab. Wenn Unruhen ausbrächen, stünden die Kasernen nahe. Auch als Sir John ihnen erzählte, daß die Gefängnisse voll seien mit Deserteuren aus jenen Kasernen, wollten sie dennoch nicht nachgeben. Und dann begriff er, daß sie ihm seine Männer nicht geben wollten, weil sie einen blinden Mann und die Streitkraft seiner Polizisten fürchteten, wie sie ihre eigenen Regimenter fürchteten, und die Masse. Sie vertrauten ihm nicht. Was würde Henry getan haben? Er hatte alle Ausländer zusammengerafft und per Boot abgeschoben, aber als Sir John sich den Vorfall über die dazwischenliegenden drei Jahrzehnte in die Erinnerung rief, erinnerte er sich auch, daß das kein Erfolg gewesen war. Sie waren mit dem Boot, oder besser Schiff, entkommen oder untergegangen. Und das war der Kämme-Aufstand gewesen, ein sanftes Gekräusel verglichen mit seinen jetzigen Befürchtungen. Seine eigenen Männer fürchteten sich und meuterten. Sogar sein Leitjunge, das war ein scheußlicher Zwischenfall, er mochte gar nicht daran denken. Er hätte in einer Katastrophe enden können; Spott, eine höhnische Bemerkung, ein Aufstacheln, ein Anrempeln, Straucheln, und dann würde ein fetter blinder Mann unter den Tritten des Mobs herumrollen, der ihn träte und träte. Stimmungen konnten blitzschnell umschlagen. Der Junge hatte die Schnur gelöst, die Sir John ihm um den Hals befestigt hatte. Er hatte sie um den Hals eines kleinen Hündchens gebunden. Das Hündchen hatte Sir John die Treppe in der Bow Street hinabgeleitet und hin zum Markt, und es war Mister Gyp gewesen, der Messerschleifer, der ihn gerettet hatte, indem er ihm im Vorbeigehen ins Ohr flüsterte «Ihr Junge ist ein Hündchen, Sir John». Der Witz war so offensichtlich, daß ihn niemand hätte übersehen können: Ein kleines Hündchen führt den Hauptuntersuchungsrichter durch die Spießrutengasse des Marktes. In Gyp hatte er sich geirrt. Der Junge trug jetzt ein Vorhängeschloß. Dessen Klirren verärgerte Sir John.

In jeder Hinsicht beunruhigt erledigte er seine Obliegenheiten in der Bow Street mit einer neuen Oberflächlichkeit. Das auf den heraufziehenden Sturm gerichtete Wetterauge und das Ohr am Boden, der tief unten bebte, zogen seine Aufmerksamkeit hierhin und dorthin, während die Liste von Brandstiftungen und Prügeleien im Untersuchungsamt immer länger wurde. Er brauchte eine Zuflucht, und er fand sie in Rudges kühler Leichenhalle. Rudge nahm die Ängste der Stadt kaum wahr. So weit Sir John wußte, begab er sich niemals vor die Tür der Leichenhalle. Unter dem Vorwand seiner Untersuchungen in Sachen Ritualmorde (eine Bezeichnung, die mit Rudge zu teilen er halb bedauerte) verbrachte Sir John lange Stunden mit den Einzelheiten der Tode von Peppard und den Frauen, eine Art Reinigung, aus der er für kurze Zeit frei von seinen Sorgen auftauchte.

Die Untersuchung selbst war ein einsamer Erfolg auf der Liste seiner jüngsten Versagen. Die Gestalt Lemprières schwamm in der Angelegenheit herum, nie ganz mit ihr verbunden, nie weit weg. Er war bei den de Veres am Abend des ersten Mordes gewesen, und er war wahrscheinlich der letzte gewesen, der Rosalie lebend gesehen hatte. Aber vor fünf Monaten...

Zweifel nagten an Sir John. Er hatte den Geruch seines Jagdwildes in der Nase, aber nicht mehr. Angeregt durch seinen Besuch im Craven Arms hatte er sich der Leichtermänner entsonnen, die Rosalies Leiche gefunden und ihm von einem sehr einseitigen Kampf zwischen ihnen und einem Verrückten im King's Arms erzählt hatten. Das war die Nacht des Mordes, und ihr Angreifer hatte Augengläser und einen rosafarbenen Gehrock getragen. Er hatte Rudge befragt, ob er sich des Jünglings in George Peppards Zimmer erinnere, des Begleiters von Theobald Peppard, und Rudge hatte bestätigt, daß man in jener Nacht «John Smith» im King's Arms gesehen hatte, abgesehen davon, daß John Smith nicht sein richtiger Name war.

Sir John wartete im Untersuchungsamt darauf, daß der vorgeladene Zeuge erscheine. Er konnte in seinen Schlußfolgerungen nichts Falsches entdecken. Nichts fehlte in der Kausalkette, mit der er die Morde ineinander verhakte. Und doch beunruhigte etwas die Gelassenheit seiner Logik, etwas, das ihm sagte, alle seine Schlußfolgerungen führten ihn in die Irre und seine Schritte seien in Wirklichkeit ihre, die anderen Herren dienten. Zweifel und immer mehr Zweifel verdunkelten den Fall vor ihm und fügten seinen Kümmernissen eine weitere Schicht hinzu. Ein Klopfen erscholl an seiner Tür.

«Herein!» befahl Sir John. Er hörte die Tür sich öffnen und pingelige Schritte sich über den Fußboden bewegen.

«Nehmen Sie Platz, Herr Peppard.» Er wies vor sich hin.

«Sir John», sagte Theobald als Begrüßung, während er sich setzte.

«Sie sind Theobald Peppard, Bruder des verschiedenen George, Angestellter des Ostindien-Hauses in der Leadenhall Street?»

«Chefarchivar und Verwalter der Korrespondenz, ja, das bin ich», antwortete Theobald.

«In der Nacht, in der die Leiche Ihres Bruders gefunden wurde, sind Sie in Begleitung eines anderen Gentleman eingetroffen. Erinnern Sie sich an diese Nacht?»

«Natürlich, Sir John, der Tod meines eigenen Bruders, wie könnte ich den vergessen?» Weil du nach allen Berichten mit ihm kein Wort mehr gesprochen hast, seit sein guter Name zusammen mit der *Falmouth* und Kapitän Neagle vor zwanzig Jahren untergegangen ist, dachte Sir John bei sich.

Laut sagte er: «Erinnern Sie sich an den Namen Ihres Freundes in jener Nacht?»

«Er war nicht mein Freund! Überhaupt nicht, nein. Ich war ihm erst an jenem Abend begegnet, er bemühte sich, George in eine furchtbare Sache zu zwingen. Erpressung, können Sie sich das vorstellen? Ich sage Ihnen, ich habe meine eigenen Zweifel hinsichtlich *dieses* Gentleman . . .»

«Natürlich.» Sir John versuchte sich gegen den Strom zu stemmen. «Aber kennen Sie seinen Namen, Herr Peppard?»

«Lemprière», sagte Theobald prompt. «L-E-M-P-R-I-E mit so einem Akzent.» Er gestikulierte mit der Hand, und Sir John seufzte innerlich. «R – E.»

Ein Geist aus der Zukunft rührte sich in der Stadt der Toten, erhob sich und schritt inmitten der Schatten vergessener Helden durch Straßen, die hoch ragten und sich einander zuneigten, bis der Himmel nur noch ein schmaler Lichtschlitz weit oben war. Hier waren die mächtigen Götter nur Ortsgottheiten, zu Laren geschwächt, Lemuren ungepflegter Gräber. Er sah den falschen Propheten, Laokoon, dessen Irrtümer jetzt niemanden in die Irre führen würden, da es keinen Ort gab, dahin zu führen. Er sah die ungehörten Propheten, Nereus und Oinone, die Paris den Ausgang seines Raubes voraussagten und sein eigenes Ende, aber das hatte damals keinen Unterschied gemacht und würde ihn nie wieder machen. Larga und Lais schritten Arm in Arm dahin und schmähten die Schatten des Lykurg, der auf seinen Stümpfen durch Straßen humpelte, die sich mit ihren schwachen Krümmungsgradienten und ihren regelmäßigen Pflastersteinen einander so sehr glichen, und auch so sauber waren, als ob unsichtbare Straßenkehrer ständig jenseits des nächsten Hügels, hinter der letzten Ecke am Werke seien, um alle Spuren der Einwohner auszulöschen. Macco schwatzte, und Mandane blickte seitwärts auf ihren Rinderhirten. Manto schwieg, denn hier gab es nichts mehr zu prophezeien. Niobe schleppte ihre Überheblichkeit hinter sich her, Schatten eines Schattens, als sie vorbeiglitt. Odatis weinte bittere

Tränen, die in die Pflastersteine einzusickern schienen, während sie bei Pasiphae stand, die mit jener Geduld auf die Aufmerksamkeiten ihres Liebhabers harrte, die aus der Gewißheit geboren wird, daß er nicht kommt; der Minotauros würde niemals geboren, niemals von Theseus im Labyrinth abgeschlachtet werden, der seinerseits niemals entkommen wird, um seine Komplizin nach ihm klagend am Strande von Naxos zu verlassen. Niemals würde er zurückkehren. Niemals würde sie auf ihn warten. Penelope würde tagsüber weben und nachtsüber wieder auftrennen und niemals von dieser Aufgabe ablassen, denn auch ihr Gatte würde Ithaka niemals erreichen. Auch er wanderte hier aschen und wesenlos wie alle die anderen, ein grauer Mann in grauen Straßen, die sich hierhin und dorthin und zurück wanden und Haken schlugen und die wieder zurücknahmen. Theseus und Peirithoos gingen aneinander vorüber, ohne sich zu erkennen; Volumnius und Lucull vergaßen ihre alte Freundschaft. Xenodike und ihre Mutter standen in der Nähe, oder so, und da drüben, das war Zenobia, die wußte, daß sie ihr Kind irgendwo in den sich windenden Straßen der Stadt verloren hatte, einer Stadt, die sich rechtzeitig aus sich selbst verdoppelte und verdreifachte, das erste und das zweite und das dritte und das vierte und all die anderen Städte Rom, all die Städte Karthago und all die anderen Städte, die sich die eine in die andere gefaltet hatten, bis selbst der allerletzte Stein ein Stein jener tausend solcher Städte war, und jede Mauer tausendmal eingestürzt, und jedes Tor in dieselbe flache Landschaft führte, und Geröll rollte Meilen um Meilen unter einem Himmel dahin, der niemals regnet und niemals erstrahlt ...

Und hier also ging seine Suche weiter, dieser Geist aus der Zukunft, denn die Stadt war ihm das Gegengewicht zu seinem Wörterbuch, das sich auf Kosten dieser Straßen füllte, und er war der Makler zwischen verschiedenen Fassungen der Vergangenheit: der Stadt und dem Buch. Die Gesichter wurden ihm grauer und grauer und fast durchsichtig, während die Straßen sich um irgendeinen unsichtbaren zentralen Knoten spiralig schlangen und ihre sanften Neigungen steiler wurden. Es waren ihrer jetzt weniger, und sie tappten gleich blinden Menschen in dem sich ausweitenden Licht umher, denn die Dächer zogen sich zurück, und die Straßen öffneten sich in weite leere Kahlschläge aus grauem Stein. Immer noch bemerkte er die schrumpfenden Geister, obwohl sie inzwischen unter seiner Berührung zu schwinden schienen. Er sah sie ins Nichts fallen, wußte sie aber in Sicherheit, in Kolumnen und Reihen die Seiten hinab zusammengedrängt wie Leichen, die aus einem Schiffbruch ans Ufer geschwemmt werden und da dann aufgereiht liegen. Im Zentrum der Stadt stand die Zitadelle, und selbst aus der Entfernung schien er schon an deren Pforten zu pochen, ein mächtiger dröhnender Klang aus dem schweren Eisen, denn sie mußte im Innern sein, was immer er gesucht hatte, mußte da sein, denn außer dem Raum hinter diesen Portalen gab es nichts mehr, und seine Fäuste krachten wider sie, *rrum bumm bummm* ...

... *bumbumbum*, «John!» *Bumm*. «Bist du da?» Seine Hand zuckte und spritzte eine Tintenzunge über die Eintragung zu Xenodike. «John!»

«Ja! Einen Augenblick...» Er tupfte an der Tinte herum und lief dann zur Tür, sie zu öffnen. Septimus trat an ihm vorbei ins Zimmer.

«Ah», er fügte seine eigenen Bemühungen jenen Lemprières hinzu, als die letzte Tinte fortgewischt wurde. «Ausgezeichnete Arbeit.» Er durchblätterte die Aufzeichnungen und griff sich eine heraus. «Ungezeichnet?» Lemprière kritzelte eine Unterschrift und ein Datum hin, und sammelte immer noch seine Gedanken.

Er war am Werk gewesen und hatte die Geister in einem Wachtraum in sein Wörterbuch übertragen. Septimus schwang das Bündel abgeschlossener Eintragungen, als ob er ihn ob seines Fleißes beglückwünschen wolle. Er nahte sich der Vollendung. Noch ein Monat und die graue Stadt würde leer sein, und alle ihre Bürger würden begraben sein mit nichts als seinen Eintragungen als Grabsteinen. Septimus redete über seine Arbeit und erzählte ihm von einem obskuren Zwischenfall, der den Mops und Warburton-Burleigh betraf. Lydia ging es gut. Er sprach von Cadells Begeisterung über das Projekt, das Wetter, unerfreuliche Vorfälle im Opernvolk, die Lotterieselbstmorde, Lemprières Apfelsinenbäumchen, das in seiner Ecke gleichzeitig blühte und Krankheiten bekam, und Lemprière, der entschlossen gewesen war, ihn nach dem Abend zu fragen, an dem sie den Steinschlucker besucht hatten – in der Zwischenzeit hatte er ihn nicht gesehen, drei oder vielleicht vier Wochen lang –, lauschte statt dessen, wie dieses bezwingende Geschwätz weiter und weiter von jener Nacht fortführte zu immer abseitigeren Dingen: die Schwärme toter Fische, die im Kanal trieben, ein transportables Krankenhaus, das am Somerset House errichtet worden war, die Flucht einer Zwergentruppe aus dem Zirkus zu Magdeburg.

«Man hat sie gestern vor einer Woche in Perpignan gesehen», sagte er. Aber Lemprière sah sein Gesicht mit geschlossenen Augen und völlig blutleer, und er hörte Lydia sagen, daß dieses harmlose Feuer ihn so erschreckt habe. Er dachte sich Septimus nicht besonders tapfer, aber andererseits konnte er so Erschreckliches auch nicht mit seinem Freund verbinden. Er war den Leichterleuten im King's Arms entgegen getreten, bis sie zurückwichen. Er befand sich niemals in einer Verlegenheit. Warum war er während der letzten Wochen fortgeblieben, wenn nicht, um sein Gesicht wieder hinter dieser unerschrockenen Maske zu verbergen? Er würde fragen. Jetzt, dachte er. Nicht warten.

«Septimus», unterbrach er ihn und begann, seine Frage zu formen, als es zum zweiten Mal an seiner Tür klopfte.

«Das wird Lydia sein», sagte Septimus, als er öffnete.

Aber es war nicht Lydia. Es waren die drei Professoren Ledwitch, Linebarger und Chegwyn, die hereingestürmt kamen und alle zugleich zu reden begannen.

«Mister Lemprière!» sagte Ledwitch. «Wir sind sofort hergeeilt, nachdem wir es vernommen haben.»

«Wir haben uns Ihrer Forschungen entsonnen», fügte Chegwyn hinzu.

«Fliegende Menschen.» Linebarger zog Septimus mit ins Gespräch. «Endlich sichere Beweise.»

«Über was auf Erden reden Sie denn da?» sagte Septimus, was die Professoren wirklich sehr gut fanden.

«Hoho! Auf *Erden*, Hahaha!»

«Wer *sind* diese Leute?» fragte Septimus.

Eine Stunde später saßen Lemprière, Septimus und die drei Professoren in jenem Raum, in dem Lemprière einst der Witwe Neagle gelauscht hatte, während sie ihre Erzählung von ihrem Mann und ihrem Liebhaber, einem Schiff und einem Wal spann. Ledwitch wedelte mit einem Exemplar der *Morning Chronicle*. Septimus saß da mit aneinandergelegten Fingerspitzen, was intensivste Skepsis ausdrückte, während Ledwitch von türkischen Gefangenen sprach, die auf dem Marsch aus dem Banat nach Norden einen fliegenden Mann sahen.

«Zuerst haben sie geglaubt, es sei eine Möwe», sagte er.

«Es war keine Möwe», sagte Chegwyn. «Keine Möwe hat die Größe eines Mannes.»

«Keine Möwe», sagte Ledwitch.

«Wir erinnerten uns Ihres Interesses an dem Geist von La Rochelle», sagte Linebarger zu Lemprière, «und diese Sichtung ist so ähnlich, so überaus ähnlich.»

«Sie haben sein Gesicht gesehen», fuhr Ledwitch fort. «Schwarz wie es war, wie das des Geistes, das Gesicht eines Kindes . . .»

«Davon haben Sie mir noch nie etwas erzählt», sagte Lemprière.

«Kaum verwunderlich», murmelte Septimus.

«Das verkohlte Gesicht eines Kindes», sagte Lemprière, mehr zu sich selbst als zu seinen Gefährten.

«Von dem Feuer», sagte Ledwitch. «Dem Feuer in der Zitadelle, als die von La Rochelle starben. Natürlich haben die Türken ihn für einen mohammedanischen Engel angesehen . . .»

«Was haben sie noch gesagt?» fragte Septimus.

«Nichts», sagte Ledwitch. «Sie sind tot. Zwei Tagesmärsche von Karlstadt entfernt hat man sie mit eingeschlagenen Schädeln gefunden. Ein ‹Wachtmeister Wittig› steht unter Arrest.»

«Also gibt es keine weiteren Einzelheiten. Ein fliegender Mann, ein geschwärztes Gesicht, das Gesicht eines Kindes . . .»

«Der Geist, ja. Es gibt da Berichte, daß die Männer von Richelieu gesehen haben . . .»

«Ich spreche von der Sichtung bei Karlstadt. Sie sagen, das geschwärzte Gesicht eines Kindes?»

«Das Gesicht eines Mohren, eines Muselmannes. Wenn es ein mohammedanischer Engel war, mußte sein Gesicht doch dunkel sein, oder nicht?»

«Dann aber wäre es nicht der Geist gewesen, falls es den überhaupt je gegeben hat, oder?» Septimus kam darauf zurück. «Und der Bericht erwähnt kein Kind oder ein Kindergesicht, und dieser Bericht stammt aus den Wiener Depeschen, oder nicht?» Er wandte sich zu Lemprière um. «Käme es nicht höchst gelegen für die Österreicher, wenn ein solches Wunder auf diese Weise geschehen wäre; schließlich würde es von Meister Wittigs Massaker ablenken, oder etwa nicht? Und ein Massaker an Gefangenen durch einen österreichischen Renegaten wäre zu einer Zeit, da der Kaiser deutlich bemüht ist, sich aus diesem Krieg zurückzuziehen, da sein eigener Gesandter, wie man sagt, von den Türken als Geisel festgehalten wird, zumindest eine Ungelegenheit, oder nicht? Und was deinen Geist angeht», er gab dem Wort eine ungläubige Betonung, «wie gelegen wäre dieser Geist wohl Richelieu und seinen Freunden gekommen? Ein Engel, ein fliegender Mann. So viel spannender als die widerwärtigen Einzelheiten einer Belagerung. Wer wird von Frauen und Kindern sprechen, die lebendig verbrannten, wenn man die Geschichte von einem Geist erzählen kann? Willst du wirklich was auf diese Beglaubigung geben, John?» Sein Tonfall klang gleichzeitig verletzt, verwundert, verärgert.

Diese Niederschmetterung machte die Professoren schweigen. Lemprière las den Artikel rasch durch.

«Der beschäftigt sich ja vor allem mit dem Massaker», sagte er. «Das hätten Sie mir auch in meiner Wohnung erzählen können.»

«Ein solches Wesen gibt es nicht», mischte Septimus sich ein. «Weder in Karlstadt noch in La Rochelle, weder hier noch andernorts. Warum verschwenden Sie die Zeit meines Kollegen auf solche Weise? Er hat auch ohne solchen Unsinn genügend Arbeit. Komm John, Lydia wird in jedem Fall auf uns warten . . .»

«Nein, warten Sie!» sagte Ledwitch. Lemprière war aufgestanden und legte seinen Gehrock an. Er drehte sich überrascht um.

«Ich wollte sagen, warten Sie bitte», wiederholte Ledwitch. «Wenn Sie könnten . . .»

«John?» Septimus war bereit zu gehen.

«Wir wollten Sie nicht täuschen», sagte Linebarger.

«Mich täuschen?»

«Wir brauchen Ihre Hilfe, Mister Lemprière. Wir mußten Sie hierher bringen.» Er hielt inne und blickte die beiden anderen an, die ihm zunickten, fortzufahren.

«Es betrifft die Witwe», begann er.

Und natürlich hatte Lemprière an die Witwe gedacht. Er hatte an sie an jenem Abend gedacht, an dem er in der Blue Anchor Lane hinter Theobald Peppard hergeschrien hatte, an jenem Abend, an dem sie George verloren hatte, ohne es da schon zu wissen. Sie hätte ihn haben können; sie hätten einander haben können. Gegen alle Widrigkeiten hatten sie miteinander ihre Möglichkeiten lebendig gehalten. Gegen alle Widrigkeiten waren ihre Aktien gestiegen, war ihre so lange erwartete Ladung mit dem Schiff eingetroffen, das unterhalb des Hauses des Kapitäns vor Anker lag. Aber George war tot, und Lemprière hatte an die Witwe gedacht, ohne etwas zu unternehmen. Jetzt forderte man von ihm Rechtfertigung. Die Professoren wußten nichts von seinem Anteil am Tode Peppards, nichts von dem Abkommen, das den Mörder in Georges Zimmer geführt hatte. Wenn es schon eigentümlich war, daß die Professoren ihre Gastgeberin nicht früher erwähnt hatten, so war es noch eigentümlicher, daß Lemprière nicht nach ihr fragte. In ihrem Haus zu sitzen und zu reden und ihren Namen nicht zu nennen; das war eine kleine Lüge, an die ein größeres Ausweichen geknüpft war. Als Lemprière fragte, wie er helfen könne, und Ledwitch sagte, er sei der einzige, der «einen Mister Peppard» kenne, empfand er, wie die ganze Last sich auf ihn legte, als ob die inzwischen vergangenen Monate ebensoviel Spielraum gewesen wären, der jetzt aufgezehrt war.

«Sie hat sich sehr verändert», sagte Ledwitch, «seit sie von seinem Tod gehört hat. Sie verläßt ihr Zimmer kaum noch und wir, wir wissen nicht, was man tun könnte. Wir haben gedacht, wenn Sie vielleicht mit ihr redeten...» Seine Worte trieben davon, verloren irgendwo in ihrem Verlust.

«Natürlich», sagte Lemprière und begann, die Treppe hinabzusteigen, und dachte an die Dinge, die er sagen würde, und jene, die er ungesagt lassen mochte.

Später, nachdem er den Professoren Lebewohl und gesagt hatte, sie sollten nicht mehr an ihre kleine Täuschung zurückdenken, und daran dachte, daß seine um so vieles größer war, als er durch Lärm und Chaos der Thames Street mit Septimus zurückging, seinem typischen Gegenpart in strahlender Laune, als sich sein düsteres Schweigen gegenüber allen witzigen Ausfällen Septimus' als widerstandsfähig erwies und sein Freund schließlich gezwungen war zu fragen, wie er denn die Witwe getröstet habe, mochte er nur sagen, daß er ihr die Wahrheit nicht gesagt habe. Jetzt, da er anklopfte und die Tür zum Zimmer der Witwe öffnete, hegte er noch den Gedanken, daß er ein wenig von Georges Hoffnungen in die Asche blasen werde und daß sie sich dann erhöbe, glühend und erfüllt von der Schmach, die ihre eigenen Hoffnungen während all der Jahre bewahrt hatte, in denen der Anwalt in seiner Schande versank. Aber ein Blick auf die alte Frau, die da in dem hochrückigen Sessel saß und von den Fenstern hinter Vorhängen wegstarrte, und er wußte, daß es so nicht war.

Die Witwe blickte nicht auf, als er eintrat. Er begann die lange Litanei der Beileidsbezeugungen und stand vor ihr in dem verdunkelten Raum. Er endete murmelnd und schlang seine Finger ineinander. Er konnte ihr Gesicht nicht sehen, das leer war, oder ihre Augen, die ihn nie ansahen oder beschuldigten. Er kannte die Wahrheit, und die Wahrheit hatte sich weiterbewegt und sie gestrandet in diesem Raum zurückgelassen, den sie jetzt wohl kaum noch verlassen würde, da es nichts mehr gab, sie daraus hervorzuziehen. Keine zornigen Besuche im Büro von Skewer, keine Fremden, die sie ansprechen und mit ihren zweckdienlichen Fragen festnageln konnte, kein Liebhaber jenseits der Gewässer, der darauf wartete, sie zu verlangen und umgekehrt von ihr verlangt zu werden. Lemprière dachte an all dieses, während er durch die sanften Phrasen stolperte, die er d'Aubisson zu seiner Mutter hatte sagen hören, als sie gemeinsam in sein Büro gegangen waren. Er konnte ihr sagen, daß es ihm leid tue, daß er George gemocht habe, daß er auch traure, und all das war wahr. Er hätte ihr sagen können, daß George sie geliebt habe und sie hätte heiraten wollen, da er Wege gefunden habe, seinen Namen zu reinigen, und daß George ihm all das gesagt und jedes Wort so gemeint habe. Dann hätte er absegeln können, kalfatert mit diesen Wahrheiten und versichert gegen spätere Entdeckung. Er schob seine Brille zurecht und blickte auf die zerbrechliche Frau hinab.

«George hat sie geliebt», sagte er. «Aber er konnte nicht zu Ihnen kommen. Ich weiß, daß er das verstanden hat. Zuviel hatte sich gegen Sie beide verschworen.» Lemprière dachte an Peppards Jubel bei der Erwähnung von Neagles Schiff, das schließlich doch zurückgekehrt war, um sie beide zu retten. «Er hätte Sie niemals heiraten können», sagte er und krümmte sich innerlich ob der Lüge. Die Witwe schien sich zu bewegen, und Lemprière wartete einen langen Augenblick, eher er sich der Tür zuwandte. Dann sprach die Witwe.

«Wir verlieren immer», sagte sie.

«Das stimmt nicht», sagte Lemprière. Er dachte an Juliette. «Das stimmt nicht immer», sagte er, aber diesmal antwortete die Witwe nichts.

In den frühen Morgenstunden des 1. Juni gab er seine Bemühungen auf und ging an die Luft. Der Nachthimmel mit seinen Sternen und der Mondsichel zog ihn empor, hoch über Stadt und Fluß, und die Himmelsgötter zogen ihn nach Süd und Ost, und das dunkle Land fiel unter ihm fort, bis die Luft um ihn herum still und kalt war, und da war er von silberweißem Licht bedeckt. Er wandte sich um und sah das Land enden und die See gegen hohe Klippen schlagen, und die Flut die Höhen hinaufsenden, und sie wieder hinabstürzen. Er bewegte sich nach Süden, und drehte sich und glitt dahin und spürte die Nachtluft unter seinem Körper dahintosen. Eine See aus Glas erstreckte sich zu beiden Seiten, umsäumt von schwachen Lichtern aus den westlichen Häfen und im Osten von einer silbernen Straße, wo der Mond von der Oberfläche des Wassers zurückspiegelte. Zwischen diesen beiden Linien, deren eine zerrissen und wirklich war, deren andere vollkommen unwirklich, glommen als winzige Punkte Schiffslaternen. Schmacken und Leichter bewegten sich in Küstennähe. Weiter draußen konnte er größere Schiffe sehen, mit nackten Masten für den Durchzug der Nacht. Die Sonne stand unsichtbar unter dem Horizont und raste einen Bogen entlang, der bald Dämmerung bringen und ihn zurück in die Stadt jagen würde, und – er genoß den Gedanken – in die letzten Arbeiten seiner Abrechnung. Zu lange, dachte er da. Zu viele Jahre.

Die Lichter von Cherbourg, Lorient und Nantes glitten tief unten vorüber. Das Mondlicht war ein stetiger Strahl, der ihn gen Süden zog. Er sah blaugrüne Algen aufleuchten, wenn die Strömungen der See sie vor La Rochelle aufrührten, und von einem Hügel nördlich der Stadt leuchtete ein grünes Licht und schien ihnen zu antworten. Ein Schiff, das wenige Seemeilen unterhalb der Stadt nach Norden segelte, zeigte überhaupt keine Lichter. Der Mond fing seine Segel ein, als es die Spur des Mondlichtes kreuzte. Dann erblickte er noch weiter im Süden den Grund dafür, daß es Segel trug, aber keine Lichter. Ein zweites Schiff verfolgte das erste durch die Nacht. Ein Dreimaster, voll besegelt wie der erste, der Rumpf war unsichtbar, schwarz vor der schwarzen See, und es schien so, als bewegten sich seine Segel über das Wasser dahin mit nichts verbunden als dem sanften Wind, der sie füllte und gen Norden dem ersten Schiff nachtrieb.

Da hätte er hinabtauchen und flach über die Wellengipfel dahingleiten mögen, um das Geheimnis dieses schwarzen Schiffes herauszufinden, aber zu seiner Linken hob sich der Himmel klar von der dunklen Masse Europas ab, und wurde heller, als die Sonne sich vom Osten heraufbewegte. Es war Zeit, nach Norden abzudrehen und erneut in die Stadt zurückzukehren. La Rochelle glitt vorüber, und er blickte von der Zitadelle fort, fort von den Zwillingstürmen, die die Einfahrt in den Hafen kennzeichneten, und fort von den Îles de Ré und Oléron. Das Mondlicht schien ihm auf den Rücken, und die Widerspiegelung lief vor ihm her über das Wasser, und über ihm waren die Sternenräume eine Einladung, höher und höher zu steigen und niemals zurückzukehren, und die alte Schuld ungeregelt zu lassen. Aber die Zitadelle war ein durch Verluste ausgehöhltes Denkmal, und es zog ihn nieder, wie Wellentröge in bestimmten Seen ein Schiff hinabziehen können. Unter ihm stürzten die Wellen die eine auf die andere, und ihr Gemurmel stieg empor wie entfernte Schreie. Die Stadtlichter trieben aus La Rochelle fort und wurden in seinem Geist menschliche Fackeln, die stolperten und stürzten, Männer und Frauen, die vor langer Zeit brannten. Zu lange, dachte er wieder. Der kalte Sog der Sterne blieb unbeachtet, und er wandte sein Gesicht nordwärts der Stadt zu, wo er die Geister zur Ruhe betten würde; nach London, wo die Schuldigen die Gerechtigkeit von La Rochelle erwarteten. Die würde er ihnen nicht versagen.

Im Osten war der Himmel eine klaffende Wunde aus Rosa und Gold. Dämmerung breitete sich als Farbfleck über den Horizont aus. Morgendliches Sonnenlicht fing die Berggipfel und Abdachungen ein und warf lange Schatten, die sich verkürzten und dann schwanden, als die Sonne höher in den Himmel stieg. Die See war kabbelig und glitzerte unter ihren Strahlen, und der Mond schrumpfte zu einer fahlen Einzelheit im leuchtend blauen Himmel.

An Bord der *Herz des Lichtes* öffnete Peter Rathkael-Herbert seine Augen in die Glut eines Sommersonnenaufgangs und überlegte, daß es für einen Mann nichts Besseres gebe, als im Juni auf der hohen See zu segeln und Pirat zu sein.

«Aye, aye!» Wilberforce van Clam begrüßte den Gesandten. Dreiundzwanzig Tage waren seit seiner Befreiung aus der Last der *Tesrifati* verronnen, und das Ruder war wieder zu Wilberforce zurückrotiert.

«Wo ist sie?» fragte er. Sie hatten vor dem Hafen von Marseille auf der Lauer nach der *Megaera* gelegen. Als deren Kapitän schließlich an einer Eskorte verzweifelt war, war er im Schutze der Dunkelheit hervorgeglitten in der Hoffnung, seinen Verfolger loszuwerden. Die Bramsegel waren gerade noch über dem Horizont sichtbar, als die Dämmerung aufkam. Eine weitere Stunde Dunkelheit, und ihre Flucht wäre vollendet gewesen, aber so hatte die Jagd wieder begonnen.

«Zehn, fünfzehn Seemeilen», Wilberforce wies voraus. «Jetzt etwa wird sie an La Rochelle vorbeigehen.» Die Verfolgung hatte sie nach Westen über das Mittelmeer gebracht, durch die Säulen des Herkules und in die mächtige Dünung des Atlantik. Die *Megaera* pflügte nach Norden der Westküste Frankreichs entgegen, während die *Herz des Lichtes* ihr in ihrem Kielwasser folgte.

Tatsächlich war das Piratenschiff bei weitem das schnellere Fahrzeug, aber unter ihren Seeleuten waren, zumindest als Rudergänger, manche gleicher als die anderen. Ganze Tage gingen in Kalmen verloren. Leinwand wurde für Winde gesetzt, die niemals eintrafen. Während dieser ganzen Zeit zog die *Megaera* davon, bis ein besserer Rudergänger das Steuer übernahm und die Lücke sich ein weiteres Mal zu schließen begann. Die Verfolgung war während einer Woche Tag und Nacht weitergegangen, und beide Schiffe standen jetzt 10 Seemeilen vor der Westküste Frankreichs, voneinander noch durch eines Tages Segeln getrennt. Sogar vollgeladen mit Schwefel ritt die *Megaera* die Dünung hervorragend ab, so daß eines Tages Wilberforce während eines ihrer abendlichen Plausche, bei denen sie zusammenzusitzen und süßlichen blauen Rauch über das Heck zu blasen pflegten, und der Himmel orangen oder grün wurde, zu dem Gesandten sprechend über ihren Kapitän bemerkte, der «versteht was vom Kreuzschlag», was der Gesandte als höchstes Lob verstand.

Nun stieg die Sonne höher, und ältliche Piraten erschienen nach und nach an Deck. Heinrich Winkell, einst Bayerns einziger Jansenist und heute niedrigster Leutnant der *Herz des Lichtes*, krümmte versuchsweise seinen Rücken, ging langsam zur Reling, hustete ab, spie aus, und begrüßte die Gebrüder de Vin, Oiß und Lobs. Amilcar Buscallopet, Mystiker aus Smyrna und einfacher Seemann, zog sein schlechtes Bein vorwärts. «Slim» Jim Pett tauchte aus einer schwierigen Sitzung auf dem Abtritt auf.

«Herrlich!» begrüßte er den Junisonnenschein, der die Decks überflutete, und dann «Autsch», als ihn sein Rücken zwickte. «Gotto-Gott...»

«Komm her!» Horst «die Wurst» Craevisch brüllte von irgendwo unten nach ihm. Nach und nach versammelten sich die Piraten, keuchten in der kalten Morgenluft, und vom Ruder aus beobachteten sie Wilberforce und der Gesandte. Sie kratzten sich und murrten, als morsche Knochen und rheumatische Gelenke ihr eigenes langsames Erwachen begannen. Offenkundig waren die Morgen schwierig für sie. Ein Scharren irgendwo oben, und «Muschel» Wilkins stieg aus dem Krähennest herab, um sich ihnen anzuschließen.

«Hab sie gegen drei Glasen gesehn», keuchte er, «schnitt durchs Mondlicht. Sie steht näher, als wir dachten.» Wilkins hielt inne, um Atem in seine Lungen zu wuchten.

«Wie nahe?» fragte Wilberforce.

«Nahe. 8 oder 10 Seemeilen. Der Mond hat gerade für nen Augenblick ihre Segel erfaßt. Sie hat keine Lichter gesetzt. Ich nehme an, sie wird...»

«Ojee!» erscholl ein Schrei vom Unterdeck. Alle drei blickten hinab und sahen Horst auf seinem Rücken liegen, und die fetten Arme und Beine strampelten in der Luft herum, während er versuchte, sich vom Deck zu erheben.

«Machen das Schnecken? Auf den Rücken fallen und nicht mehr aufstehn können?» fragte Wilkins.

«Schildkröten», sagte der Gesandte. Lobs und Oiß de Vin hatten jeder einen Arm ergriffen und zogen ihn hoch. Wilberforce blickte wieder nach Norden.

«. . . wird jetzt so ungefähr bei La Rochelle stehen.» Wilkins beendete seinen Satz.

«*Megaera*», las Duluc laut. Er senkte das Gewicht des Teleskops auf den Boden. Das Schiff stand unter vollen Segeln eine Seemeile oder mehr vor der Küste. Protagoras nahm seinem Gefährten das Instrument aus der Hand und schaute selbst hindurch.

«Mmm», sagte er und schwang es dann linkswärts auf die Île de Ré zu und durchmusterte die See zwischen der Insel und ihrer Nachbarin. Der dunkle Flecken Wassers, den sie an ihrem ersten Tag in La Rochelle erspäht hatten, hatte sich als ein Algenfeld herausgestellt. Die Fischer am Orte beklagten sich, daß es die Oberflächenfische in diesen Gewässern vergifte, und tatsächlich hatte man ganze Schwärme bauchoben durch den breiten Kanal zwischen den Inseln treiben gesehen. Bei Nacht glomm das Gebiet in einem geisterhaften Grün, wenn die von der Küste abprallenden Strömungen die Zellen der winzigen Geschöpfe erregten. Ihr Licht spiegelte sich auf den weißen Bäuchen der Fische wider, die in ihrer Mitte trieben und um die sich die Algen zu sammeln schienen, als ob sie eines Mittelpunktes, eines kräftigenden Totems bedürftig seien. In der vergangenen Nacht hatte Protagoras an Bord eines geheuerten Leichters gestanden und in einem improvisierten Code mit Hilfe eines Mondheliographen mit Duluc kommuniziert, der die speziell angeforderten grünen Glasscheiben so vor einer Reihe von Öllampen und beweglichen Jalousien anordnete, daß sie sicher waren, die vorbereiteten Signale würden von einem Schiff, das sich aus der vereinbarten Richtung nahte, klar zu sehen sein. In den langen Pausen, während denen Duluc seine kleine Arbeitsgruppe anwies, diese Jalousie oder jenen Flansch am

Hügelabhang anders einzustellen, hatte Protagoras beobachtet, wie die Algen langsam hinter dem niedrigen Vorgebirge der Île de Ré hervorkrochen. Der Geruch nach totem Fisch trieb über die schwarze See. Grüne Lichter blitzten mit Unterbrechungen am Ufer auf, und schweigend drängte er seinen Kollegen, sich zu beeilen und die Sache zum Abschluß zu bringen. Es schien, als ob die Algen das kleine Boot gewittert hätten und sich ihm ganz langsam näherten, um es zu umfangen.

Als er jetzt durchs Teleskop suchte, schien der Lichtteppich völlig verschwunden zu sein. Die Gezeiten, vermutete er. Wenn die Algen auf die Rückseite der Île de Ré getrieben wären, wie er annahm, würde die *Megaera* unmittelbar durch sie hindurchgehen. Er gab Duluc das Teleskop zurück.

Unter ihnen arbeitete am Fuße des Hügels und jenseits des dichten Unterwuchses, der in einem Streifen hinter dem Strand entlang lief, ihre Arbeitsmannschaft hart an der Mole. In den zwei Wochen seit ihrer Ankunft hatte, im Gegensatz zu dem Monster in Cherbourg, eine einfache kräftige Konstruktion vor Point du Plombe Fuß gefaßt. Eine doppelte Pfahlreihe, die vier Meter aus dem Wasser ragte, erstreckte sich einige zwanzig Meter in die See hinaus, als ob eine Allee auf der mittleren Höhe ihrer Stämme abgeschlagen worden sei. Jetzt war Ebbe, aber wenn die Flut kam, konnte sie bis auf ein Meter unterhalb der Spitze dieser Pfähle stehen. Am 13. Juli würde die Flut um drei Uhr morgens nach Dulucs ausführlichen Berechnungen (kontrolliert durch eigenen Augenschein und häufiges Nachschlagen in den veröffentlichten Tabellen) etwa zwei Meter unterhalb der Pfahlspitzen stehen und demnach rund drei Meter unter dem breiten Plankengang, den die Pfähle tragen würden. Es war das ein Kompromiß: genügend Wasser, um das ankommende Schiff zu tragen, deren Decks aber tiefliegend genug, um auf gleicher Ebene mit dem Plankengang zu sein. Die Geschwindigkeit des Leichterns; das war entscheidend. Aber wenn das Schiff auflief... Er sorgte sich um den knappen Spielraum, und überprüfte seine Berechnungen wieder und wieder.

Ihm gefiel seine Mole, und es tat ihm sogar leid, daß nach einer einzigen Nacht, sicherlich einer alles entscheidenden, aber doch nur einer einzigen kurzen Nacht, seine Bemühung den Gezeiten und dem Wetter überlassen würde. Natürlich erwähnten seine Berichte an den Kardinal lediglich die kargen Tatsachen der Arbeit: diese oder jene Stufe erreicht, an Materialien benötigt das und das, und so weiter.

Der *Conseil aux Conseils* hatte kein Interesse an seiner Begeisterung, war tatsächlich eher geneigt, sie mit Mißtrauen zu betrachten. Im Hinblick auf seinen Kollegen Protagoras befolgte er ein lockeres Protokoll, war aber auch hier vorsichtig. Insgeheim verschönerte er seine Mole und schämte sich sogar. Das war ein starkes und ausgezeichnetes Biest, und seine Begeisterung steckte die Arbeitsmannschaft an. Ein dumpfes Rumpeln störte seine Gedanken, als er sich aber umsah, um dessen Ursprung zu entdecken, erblickte Duluc mit Vergnügen zwei von vier Ochsen gezogene, aneinandergehängte Karren, und deren Fahrer runter vom Sitz, wie er hart an der Bremse riß, als das Gefüge den Hügel herab auf ihn zu kam. Das Gewicht war augenfällig. Es war sein Vertäupfosten. 30 Fuß lang und 4 Fuß im Durchmesser, solide Eiche. Er ging den Hügel hinab auf seine Mannschaft zu, die am Strand wartete. Ein guter Tag lag vor ihnen.

Später, als die Sonne schon tief am Himmel stand und seine Mannschaft auf die Ellenbogen aufgestützt dalag, erschöpft, während an ihren Beinen der Schlamm in der letzten Tageshitze trocknete, konnte Duluc hinausschauen und seinen Pfosten da stehen sehen, senkrecht und hoch aus dem Wasser heraus. Für die nächsten hundert Jahre, dachte er. Als sein Blick die Pfeilerallee hinabwanderte, kam plötzlich das zweite Schiff in Sicht, vollkommen in die Perspektive der Mole eingefangen, als ob sie einzig für diesen Zweck errichtet worden wäre. Fischerschmacken fuhren zwischen ihm und dem Schiff hin und her, Tagesfischer wurden von denen abgelöst, die ihre Netze bei Nacht auswerfen. Das Schiff ähnelte oberflächlich der *Megaera*, aber das frühere Schiff war schon vor Stunden hinter das nördliche Vorgebirge geglitten. Duluc nahm sein Teleskop erneut hoch und suchte sich den Namen dieses zweiten Schiffes. Wie das erste lief es unter vollen Segeln nach Norden. Sein Blick wanderte über die Decks, auf denen einige Gruppen alter Männer müßig herumstanden. Der Rumpf des Schiffes war schwarz. Nicht teerschwarz oder farbschwarz; absolut schwarz. Er spiegelte nichts wider, die See und die sinkende Sonne, heute abend ein roter Junifeuerball, schienen ganz verschluckt zu sein. Selbst das Wasser an seinen Seiten sah dunkler aus. Dann schwang er das Teleskop am Großmast empor. Er sah einmal hin, blinzelte, dann noch einmal, dann rief er «Protagoras!» An der Spitze des Mastes wehte eine Flagge, und auf der Flagge waren ein Totenkopf und gekreuzte Knochen.

«Protagoras!» rief er wieder. «Sie fährt die Piratenflagge!» Er setzte schon fast zum dritten Ruf an, aber Protagoras war nirgends zu sehen,

und da wußte Duluc plötzlich, daß er wieder einmal in den Untergrund zurückgekehrt war, in die Höhle und den unterirdischen See
hinter ihr.

«Piraten», sagte er zu sich, und dann – immer noch nur halb
überzeugt – sah er erneut hin. «Sehr alte Piraten.»

Als er zwei oder drei Seemeilen vor der offenen Mündung von La
Rochelle vorüberging, wies Wilberforce auf die Zwillingstürme hin,
die die Einfahrt zum inneren Hafenbecken bewachten, und auf die
Zitadelle, in der die von La Rochelle gestorben waren, und auf die
Linie durch den äußeren Hafen, wo bei Ebbe die Überreste von
Richelieus Mole zu sehen waren. Peter Rathkael-Herbert erblickte
eine Stadt, in der Platzmangel die Gebäude in die Höhe gezwungen
hatte. Schiefergraue Dächer drängten sich in winkeligen Zickzacks
aneinander, und die Kamine schoben sich noch höher empor mit
ihren schwachen Rauchfahnen, die gegen die Senkung des Horizontes
hin schwanden, als die Sonne unterging und die Stadt in graue
Schatten zurückgezogen wurde wie ein alter steinerner Geist. Er
blickte auf den Hafen und versuchte, sich Buckinghams Flotte zu
einem Halbkreis zusammengezogen vorzustellen, und die Kriegsschiffe ließen ihre Kriegsflaggen und die Signalwimpel wehen, und
Richelieus Barriere hielt sie zurück. Sie mußten da knapp hundert
Meter vor der Sicherheit der Zwillingstürme und des inneren Beckens
dahinter geschwommen sein, und für die von La Rochelle, die hinter
jenen Mauern verhungerten, mußten diese hundert Meter wie ein
Ozean gewesen sein, den sie niemals überqueren würden.

Die Île de Ré trieb an ihrem Heck vorbei, als die *Herz des Lichtes*
weiterfuhr. Sie saßen backbords. In Übereinstimmung mit dem
Rotationsprinzip hatte «Muschel» Wilkins am Mittag Wilberforce
abgelöst. Jetzt war die Sonne fast untergegangen. Eine halbfertige
Mole lief vom Vorgebirge aus in den Norden der Stadt, und eine
Gruppe von Männern stieg den Hügel hinter ihr hinauf. Dahinter war
das Land bewaldet, ein paar niedrige Hügel und der Rauch eines
Dorfes irgendwo hinter ihnen. Peter Rathkael-Herbert beobachtete,
wie Wilberforce die Pfeife stopfte und wie seine Hand etwas zitterte,
als das Harz in den Kopf gepreßt wurde. Er zündete sie an, nahm zwei
oder drei tiefe Lungenzüge, und gab sie an seinen Gefährten weiter.

«Sie sind also alle gestorben?» fragte er und nahm die Pfeife. Der
Rauch war heiß und kräuselte vom Kopf in dichten Schwaden hoch,
als er das Mundstück freigab und abwärts richtete. Wellen schwappten lauter gegen die Seiten des Schiffes.

«Gestorben? Gestorben, ja. Einige von ihnen. Am Ende sind sie alle gestorben.»

Die See war dunkler, auch blauer. Sein Mund war trocken, und als er abhustete, war seine Spucke dick und sehr weiß. Er sah ihren Bogen sich über die Seite verflachen und schneller werden, Meter pro Sekunde pro Sekunde, und in die kabbeligen Wasser fallen in einem Klatscher blaugrünen Lichtes.

«Armes La Rochelle», sagte der Gesandte. Ein von der *Tesrifati* vertrauter Geruch trieb über die Decks. Er blickte erneut über die Seite und sah seine Ursache. Hunderte toter Fische trieben bauchoben im Wasser. Zum Bug hin gab das Wasser ein schwaches Glühen ab, als es vom *Herz des Lichtes* durchschnitten wurde.

«Ich hab meine Ladung gehabt.» Er gab die Pfeife an Wilberforce zurück.

«Hmmh?»

«Genug. Ich hab jetzt genug. Die See ist, benimmt sich merkwürdig . . .» Wilberforce rührte sich und blickte über die Seite.

«Algen», sagte er nüchtern. «Glühen, wenn man sie stört. Scheußlich lästig, aber wir werden bald durch sein.»

So beruhigt nahm Peter Rathkael-Herbert die Pfeife zurück und trieb binnen einer Stunde in einem Traumland, wo er als Präsident einer gerichtlichen Untersuchung dem Verfahren gegen seinen früheren Arbeitgeber wegen Verrats vorsaß.

14.

Nachdem Peter Rathkael-Herbert mit den Pantisokratischen Piraten zu einer Verständigung gelangt ist, segelt die Herz des Lichtes *entlang der Westküste Frankreichs, wobei sie auf eine Algenkolonie trifft, die durchaus eigene Absichten mit der* Herz des Lichtes *hegt*

Wilberforce lehnte sich zurück und beobachtete das blau und grün aufblitzende Zwinkern der Algen, wenn das Todespeitschen eines roten Schnappbarsches oder eines unvorsichtigen Seewolfs ihre giftgeladene Ruhe störte. Der Gesandte schlummerte in seinem Stuhl neben ihm. Gelegentlich brachen aus seinen gequälten Träumen ein Wort oder Bruchstücke eines Satzes hervor. Wilberforce van Clam bildete sich ein, er höre «Schuldig» und ein wenig später «Hängt den Kaiser». Die Algen nahmen kein Ende. Muß ihr stärkstes Blühen auf den sieben Meeren in den letzten hundert Jahren sein, war sein letzter Gedanke, ehe die Opiumpfeife aus fühllosen Fingern glitt, seine Lider sich schlossen, und ihn ebenfalls der Schlaf übermannte.

Als die *Herz des Lichtes* siebzehn Segeltage später Cherbourg erreichte, schwamm sie immer noch in den gleichen Algen. Zu diesem Zeitpunkt war der Mannschaft klar geworden, daß ihnen jene Billionen winziger Geschöpfe folgten, aus denen der giftige blaugrüne Teppich bestand. Ein wirksames System hatte sich gebildet, um die unmittelbare Umgebung des Schiffes von größeren gefährlicheren Fischen zu reinigen, und die unterschiedlichsten Theorien waren vorgebracht worden, um die offenkundige Anhänglichkeit der Algen an die *Herz des Lichtes* zu erklären. Der Algenteppich erstreckte sich über fünfzig oder sechzig Meter nach Backbord und Steuerbord, und über fast hundert Meter hinterm Heck. Ab und zu rissen Teile des Teppichs ab und trieben von dannen, um Unheil über glücklose ichthyo-ökologische Systeme andernorts zu bringen, doch erneuerten sich die Algen schnell, und gegen Sonnenuntergang war die Lücke von Millionen neuer biolumineszenter Zellen aufgefüllt. Der Grund für die Anhänglichkeit an die *Herz des Lichtes* war einfach. Unkraut.

Als die *Herz des Lichtes* damals 1752 von Wilberforce und den übrigen Piraten als *Alecto* gekapert worden war, war ihr Rumpf sauber wie ein frisch geschrubbter Fleischerklotz. Sechs Wochen zuvor war sie in Blackwall gekielholt und abgeschabt worden, daß man die Maserung in ihren Eichenplanken hätte sehen können. Aber sechsundzwanzig Jahre auf See hatten ihren Tribut gefordert. Oberhalb der Wasserlinie hatten sich ungezählte winzige fleischfressende Mollusken festgesetzt und sich langsam bis zum Dollbord hoch ausgebreitet, wo sie zu spät erkennen mußten, daß die Bestie, an die sie sich klammerten, nicht animalisch, sondern vegetabilisch war, und da begannen sie vor Hunger zu sterben. Tot jetzt und immer noch dort festgeheftet waren ihre verwesten Überreste der Grund des matten Schwarz am Rumpf der *Herz des Lichtes*. Die Piraten hatten oftmals schweigend für diese Mollusken gedankt und ihre Erbschaft nächtlicher Tarnung, die ihnen ihre Massenselbstaufopferung hinterlassen hatte. Unter der Wasserlinie war die Geschichte nicht so glücklich. Unkraut, der Fluch eines jeden Steuermannes, hatte den Rumpf befallen und machte die *Herz des Lichtes* träge und unempfindlich für den Druck des Steuers. Wenn Unterströmungen den dichten

Wald unterseeischen Rankenwerks erfaßten, krängte das ganze Schiff auf die eine Seite. Fische kamen von unten herauf und jagten selig in diesen unerwarteten Weidegründen. Reich an Proteinen und Nährstoffen, voller Muscheln für den klammermäuligen Seewolf und saftigem knolligem schwimmschneckenbesetztem Seetang für sich schlängelnde Aale, bildete die rauhe, zottelige Unterseite der *Herz des Lichtes* den Algen ein unwiderstehliches Habitat, dem sie leidenschaftlich anhingen, sich in untypisch dicken Schichten unter der Wasserlinie aufbauten, sich jeder Ranke und jedem nachschleifenden Tangwedel anschmiegten, bis die ganze Hulk in eine gallertartige parasitische Suppe eingehüllt war. Freibewegliche Zellen schwangen eifrig ihre Geißeln in fröhlicher Selbstbeglückwünschung, im Dunkeln leuchtende Lichter pulsten an und aus und flackerten zwischen Meer und Himmel, Wasser und Luft, zwischen ihren Eins- und Null-Zuständen, bis sich die Szintillonen der dreschenden Geißeltierchen, die Zehntausende glitzernder Quadratmeter füllten, in einer weitläufigen Konfiguration vereinigten, einem ausgedehnten Liebesbrief der Algen an ihren widerwilligen Gastgeber. Jagd auf die *Megaera* oder nicht, die Algen hatten ihren wilden treibenden Jahren Lebewohl gesagt und *en masse* beschlossen, dort vor Anker zu gehen. Ihr Drang dazu war unwiderstehlich, weil absolut. Die Algen liebten die *Herz des Lichtes*.

Liebe, sorglose Liebe. Hätten sie gewußt, daß ihre hartnäckige Beiwohnung wie indirekt auch immer zur Zerstörung der *Herz des Lichtes* führen würde, hätten sie sich vielleicht forttreiben lassen und resigniert ihr Luziferin oxydiert, um das große Spiel von Fressen und Gefressenwerden in neuen Weidegründen zu spielen. Sicherlich durchdrang eine undeutliche, nur halb formulierte Melancholie die Kolonie, als massives Fischsterben ihr Fortkommen die französische Westküste hinauf begleitete: Die Algen waren nicht ohne Mitgefühl. Wie aber hätten sie vom schließlichen Geschick der *Herz des Lichtes* wissen können? Als das umworbene Schiff Cherbourg erreichte, unverkürzbare zehn Stunden hinter der *Megaera*, ihrem Jagdwild, schwangen sich die Algen immer noch wie der weite Umhang eines Liebhabers aus Blau und glitzerndem Grün herum, und blähten sich über das Meer hinter dem Schiff her, das sie ihr Heim zu nennen gelernt hatten.

Liebe also, eine hoffnungslos nachschleppende Liebe. Wenn er übers Heck hinabblickte, beklagte Wilberforce van Clam sich bitterlich über die unerwünschten Freier. Es war schon waghalsig genug, sich so weit aus den vertrauten Jagdgründen entfernt zu haben. Aber nach diesem Sprung vor Cherbourg vor Anker zu liegen und von einem Meer aus Licht umgeben die Piratenflagge zu zeigen, war Wahnsinn. Glücklicherweise schien der Hafen so vollgestopft zu sein, daß es zweifelhaft war, ob ein Geschwader auslaufen könnte, um sie anzugreifen; aber auch so... Amilcar Buscallopet widmete seine Abendgebete ausschließlich dem Problem der Algen, und «Muschel» Wilkins unternahm mit Hilfe von Lobs und Oiß de Vin fruchtlose Versuche, sie mit langstieligen Sensen abzuschneiden, die aus den Rudern des Beibootes improvisiert waren. Doch all ihre Bemühungen führten zu nichts, und während all dieser Zeit floh die *Megaera* weiter, der Sicherheit in der Themsemündung zu. Angesichts der Probleme mit den Algen, dem Unkraut, der entkommenen *Megaera* und ihrem zu Ende gehenden Vorrat an Schießpulver wußten die Piraten, daß sie in einer verzweifelten Klemme waren. Unter diesen Umständen geschah es, daß Wilberforce van Clam zum vierten Mal in der sechsundzwanzigjährigen Geschichte des Schiffes die höchste gesetzgebende Körperschaft der *Herz des Lichtes* einberief, in der jedes Mitglied der Mannschaft eine Stimme hatte, das Pantisokratische Parlament des *Lichtes*, und auf diesem Forum schlug er einen einfachen, aber verwegenen Plan vor.

Der lautete: die *Herz des Lichtes* solle ihren ursprünglichen Namen wieder annehmen und als *Alecto* maskiert (tatsächlich also als sie selbst) die *Megaera* themseauf verfolgen und dort einen umfangreichen und erbarmungslosen Piratenzug gegen den Hafen von London selbst unternehmen. So wieder mit dem verzweifelt benötigten Schwefel versorgt, würde man dann unter der wirklichen Flagge stromab segeln, vielleicht unterwegs ein oder zwei Uferdörfer plündern, und wieder zu der früheren glücklichen Lebensform zurückkehren, die fetten mittelmeerischen Handelsrouten zu belauern. Wilberforce legte gegenüber seinen Schiffsgenossen besondere Betonung auf das Überraschungsmoment und, feinsinniger, auf den Ruhm, den ihnen allen eine solch verwegene Tat einbringen würde. Wie das Protokoll es verlangte, lauschte das Pantisokratische Parlament des *Lichtes* schweigend seinem Vorschlag, und als er beendet war, kämpfte Horst Craevisch sich auf die Beine.

«Idiotie!» rief er aus und fuchtelte mit einem Warnfinger in der Luft umher. «Der reine Irrsinn!»

Sein Bauch bebte vor Bewegung, als er damit fortfuhr, alle Arten von Präzedenzfällen und möglichen Fallen zu zitieren, davon jeder einzelne Punkt gegen Wilberforces Plan sprach. Aber Wilberforce war vorbereitet. Als er sich scheinbar Stunden später erhob, war seine Stimme gemessen und ruhig und sprach von einem Kompromiß, der die Gestalt seines zweiten Planes war.

«Algen», sagte er und hielt inne, um das Wort einsinken zu lassen. Grauköpfige Piraten hockten schmerzhaft auf ihren Waden, wie das Protokoll ebenfalls verlangte, und nickten weise.

«Algen», wiederholte Wilberforce, «und Unkraut. Die Algen werden von dem Unkraut an der Hulk angezogen. Irgendwann und irgendwo werden wir diese *Herz des Lichtes* kielholen und das Unkraut abkratzen müssen.»

«Und die Entenmuscheln», kam eine Stimme.

«Und die Entenmuscheln», stimmte Wilberforce zu. «Nun teile ich alle eure Ängste vor dem Londoner Hafen. Wir alle sind von dort geflohene Flüchtlinge. Wir alle haben aber auch am Ruder gelitten, wenn sich die alte Dame ohne jeden Grund herumschwang, oder in ruhiger See rollte, oder mit dem Kiel auflief, wenn das Lot einen ganzen Faden Tiefgang auswies.» Die weniger erfahrenen Rudergänger, die solcherlei Mißgeschicke auch ohne das Unkraut erlitten, nickten besonders energisch. «Ich schlage also einen zweiten Plan vor. Einen Anhang, wenn ihr so wollt: Falls wir bei unserer Ankunft die *Megaera* durch Seiner Majestät Fregatten verteidigt vorfinden sollten, dann ist unsere Geschichte einfach. Wir sind auf dem Weg ins Trockendock von Blackwall, und unser einziger Zweck ist es, die Hulk zu säubern. Und das ist die Wahrheit. Wenn wir die Hulk schon abkratzen müssen, warum nicht da? Und wenn wir uns jemals selbst von unseren Gästen befreien wollen» – er wies in weitem Kreis auf die umfangenden Algen, die grünlich überall herumschwappten –, «muß dieses Schiff eingedockt, aufgerichtet und bis auf die Planken abgeschrappt werden.»

Das Vierte Pantisokratische Parlament des *Lichtes* währte noch weitere drei Wochen, mit Plenarsitzungen und Überweisungen an Ausschüsse, die auf der Unterausschußebene zu Ergänzungen führten, denen Gespräche folgten und Gespräche über Gespräche, Absprachen, diskrete Einflußnahmen unter Deck, einige schamlose Vorführungen vom Filibustern, und sogar der einmalige Fall des Stimmenkaufs, aber schließlich sollte Wilberforce van Clam seine Doppelresolution mit einer Mehrheit von zwei Stimmen angenommen sehen, und erst danach sollte die *Herz des Lichtes*, immer noch von ihrer verliebten Eskorte aus Phytoplankton verfolgt, die Segel für Deal setzen, entweder für die *Megaera* und den Ruhm, oder für die Docks zu Blackwall und eine Woche Schrappen; wie aber auch immer (und die endgültige Entscheidung dieser Frage würde eine weitere Abstimmung ergeben, sobald sie in der Themse waren), privat war Wilberforce überzeugt, daß in all diesem Politikastern die Algen die Abstimmung zu seinen Gunsten beeinflußt hatten. Ihre ständige umkreisende Anwesenheit belagerte die Schwankenden, überzeugte die Zweifler und übte einen einzigartigen Druck auf Männer aus, die an die freie See gewohnt waren und jetzt, wenn sie über die blinzelnden Lichter ihrer Eskorte hinblickten, hinter deren Anwesenheit einen umfassenden und undeutlichen Zweck verspürten, einen finsteren Handel irgendeiner Art, der – am beunruhigendsten – nichts mit ihnen zu tun zu haben schien, sie irgendwo auszuschließen schien, als ob sie, die Mannschaft, die Eskorte wären und die Algen die wirklichen Hauptpersonen, was ja auch, wenigstens aus der Sichtweise der Algen, wirklich der Fall war. So fand denn Wilberforce für seinen Plan, die *Herz des Lichtes* nach Hause zu führen, in den Algen seine stärksten Verbündeten. Ohne ihre stumme Einmischung wäre die Schlacht um die Herzen und Geister der Mannschaft verloren gewesen, die *Herz des Lichtes* würde aufgrund einer schwachen Mehrheit nach Süden gesegelt sein, und die Katastrophe, die über sie kommen sollte, wäre wohl vermieden worden.

Und Wilberforce? Der Gesandte beobachtete ihn, wie er die Prahler aussaß, die Zweifelnden überzeugte, lange erschöpfende Auseinandersetzungen verlor, sie zurückgewann und stundenlang übers Deck schritt, während seine Augen Meilen übers Wasser hinschweiften nach England, zum Hafen von London, und über sie hinaus bis zu dem ins Herz der *Herz des Lichtes* genagelten Geheimnis, und er beobachtete, wie der Mann, nachdem ihm die letzte Abstimmung den Sieg gebracht hatte, sich auf einem Hängebrett vom Bug herabseilte und die Nagelköpfe mit einem Meißel abbrach, bis das Namensschild sich mit einem Krachen löste und in die Algen hinabstürzte, «*Herz des Lichtes*», wo ein Film winziger blaugrüner Kreaturen es vor seinen Augen überschwemmte und es verschwand, um Teil der Kolonie zu werden, die sie alle einkreiste und umgab. An seiner Stelle erblickte Peter Rathkael-Herbert das dunklere Holz des ursprünglichen Schildes, das während all dieser Jahre durch seinen Ersatz gleichermaßen vor dem Wetter wie vor spähenden Augen geschützt gewesen war, bis dessen Wegnahme den ersten Namen des Schiffes enthüllte, *Alecto*, jetzt selbst eine Maskierung, eine inmitten eines Regenbogens fal-

scher Farben, der sie tief ins Herz des Hafens von London bringen sollte, und der daher eine Abwandlung von La Rochelle.

Der Kapitän der *Megaera* glaubte, er habe seine Verfolger bei
Cherbourg abgeschüttelt. Nachdem sie den Kanal überquert und
sich bis nach Deal eng an der Küste entlang vorgearbeitet hatte,
erreichte sie die Themsemündung am 13. Tag im Juni. Eine Barke
geleitete sie an den Untiefen der Mündung und den Sandbänken
vorbei bis nach Gravesend, wo der Lotse das Schiff traf und es flußauf
zwischen den geduckten Siedlungen Shadwell und Rotherhithe hindurch an den wimmelnden Ersatzkais am Südufer vorbeiführte, bis
der Tower erreicht und der Fluß mit kleinen Booten gefüllt war, mit
Leichtern, Fährbooten und Barken, die sich um die größeren Schiffe
herumdrängten, die im Upper Pool vor Anker lagen und alle wegen
des Streits darauf warteten, anlegen und entladen zu können. Ein
knapper Platz ward hinter der Queen's Wharf gefunden, und man
vertäute längsseits der *Tisiphone*, die immer noch auf eine Schauer-
mannschaft wartete, damit ihre Ladung Holzkohle ausgeladen
werde.

«*Megaera*», stellte Kapitän Guardian am folgenden Morgen fest.
«Aus Caltanissetta.»

«Ne Guinea, daß sie Schwefel geladen hat», forderte ihn Roy
heraus.

«Angenommen», nahm Guardian an, und zahlte sie später am Tag
an seinen Gast aus, als sie langsam in der kochenden Hitze den Kai
entlang spazierten und herausgefunden hatten, daß Roys Vermutung
zutraf.

«Mußte Schwefel sein», sagte Roy, als er seinen Gewinn entgegen
nahm. «Da gibts nichts anderes.»

Es war später Nachmittag, und die Luft war drückend.

London kochte in der Junihitze. Der Sommer funkelte aus jeder
Straße und von jedem Dach. Gassen und Plätze fingen die Hitze ein
und verfütterten sie bei Tag wie bei Nacht an die Städter, bis die sich
herumdrehten und herumwarfen und sich hohläugig erhoben, nur
um zu sehen, daß dieselbe Sonne sie am nächsten Morgen wieder
erwartete. Und am nächsten. Eben erhob sich in der Dämmerung
und erledigte seine Besorgungen früh. Nach neun oder zehn am
Morgen stanken die Rinnsteine, das Licht flammte ihm in die Augen,
er schwitzte, wurde reizbar und sah auf mittlere Entfernung einen
schimmernden Dunst aus aufsteigender Hitze, in dem Männer und
Frauen auftauchten und wieder verschwanden wie Spiegelungen auf

einer bewegten See. Auf den Kais stockte alles, wenngleich daran wenigstens nicht die Hitze, sondern der Streit Schuld trug.

Der Streit hatte in der ersten Juniwoche begonnen. Niemand wußte genau, worum es dabei ging, oder auch nur zwischen wem er sich abspielte, aber schon war er allumfassende Ausrede für jedes Versäumnis und jede Pflichtverletzung, und daher mangelte es ihm auch nicht an Abonnenten. Wenn sich Wollballen auf Butler's Wharf aufstapelten, wie es geschah, dann wegen des Streites. Wenn ein Kohlenprahm drei Monate im Upper Pool lag und seine Ladung sackweise nächtens verschwand, während die Schlicklerchen seine Decks plünderten – natürlich, wenn sie zunächst einmal unbewacht war –, dann wurde auch das dem Streit angelastet. Es gab Treffen. Treffen zwischen Kaibesitzern und Reedern, zwischen Reedern und Lagerbesitzern, zwischen Lagerbesitzern und Stauern, sogar zwischen Stauern und Kaibesitzern. Aber die Streitpunkte waren undeutlich, und in der Zwischenzeit verbreitete sich der Streit über die Kais und die Molen nach Norden und nach Süden wie eine unbekannte Lähmung. Männer kamen zur Arbeit, brachten es aber irgendwie nie fertig, damit anzufangen. Waren verrotteten in den Lasten und verstopften die Kais, und quollen aufwärts und zurück auf die Thames Street zu, bis die Zufahrtstraßen blockiert waren und Ebens und Roys Nachmittagsspaziergänge entlang der Wasserfront immer mehr einem Hindernislauf zwischen Kisten, Säcken, Trossen, Ketten, Planken, Balken und abgelegtem Ballast glichen. Es schien, als ob niemand dieses Faultier beim Schwanz zu packen vermochte, das keinen Namen und keinen Ursprung hatte, bis es Eben wie alles andere in diesen Tagen so vorkam, als habe der Streit etwas mit Farina zu tun. Sein Name war sogar auf die Fassade des Opernhauses gekritzelt worden, bei welcher Erinnerung Eben jäh stehenblieb.

«Welchen Tag haben wir?» fragte er Roy, als sie in die Sicherheit des Krähennestes zurückschritten, und als er vernahm, daß es der dreizehnte sei, fluchte er sanft aus zwei unterschiedlichen Gründen. Roy blickte überrascht zu ihm auf.

«Die Schildkröten», sagte Eben.

«Aha», sagte Roy.

Sie waren in die Oper gegangen. Als Dank für Kapitän Roys Ausflug zum Steinschlucker (der nach jüngsten Berichten immer noch an einer rätselhaften Erkrankung seiner Innereien litt), hatte Kapitän Guardian seinen Hausgast mit in eine Vorstellung von *La Frascatana* im King's Theatre am Heumarkt mitgenommen. Trotz einer Reihe gegenteiliger Beteuerungen anderer Konkurrenzunternehmen war Eben versichert worden, daß der goldkehlige Marchesi, um den soviel Aufhebens in den Zeitungen gemacht wurde, die Rolle des Cambio singen werde. Der Abend erwies sich dann nicht als Erfolg.

Eben hatte die Oper zum letzten Mal vor fünfzehn Jahren besucht. Er kannte ihren Besitzer flüchtig. Stark, Starkart. Irgendwas in dieser Art. Er erinnerte einen langsamen Aufstieg über breite Fluchten flacher Stufen, die nach links wie rechts ausschwangen, einen Eingang in den Zuschauerraum, das Begrüßen halbgekannter Bekannter, eine allgemeine Geselligkeit. Die Aufführung, deren Namen er vergessen hatte, war angenehm gewesen: einschmeichelnd und italienisch, mit aufgeregten Geigen und fetten Frauen in rotem Samt, die Männer ansangen, die zurücksangen, und dann alle zusammen, und *tout va bien*, und Ende der Vorstellung und mit der Kutsche nach Hause zu einem Glas Portwein am Kamin. Das alles war sehr anspruchslos und angenehm. Er hätte schon längst wieder hingehen sollen. Stalkart, das wars.

Ihr letzter Besuch hatte sich als eine ganz andersartige Angelegenheit herausgestellt. Als sie das Foyer betraten, wußte Eben sofort, daß es kein Abend für Liebhaber war. Es war vollgestopft mit Leuten, die rüpelhaft johlten und rempelten. Roys unvermeidlich langsamer Aufstieg über die breite Treppe zog ungeduldige Flüche aus diesem niedrigen Mob auf sich. Sie wurden angerempelt und überrannt, bis Roy ob dieser unbotmäßigen Horde zu fluchen und zu grollen begann. Nachdem sie die Sicherheit ihrer Sitze erreicht hatten, fanden die beiden sich umgeben von Lehrburschen und Zöfchen, die sich höchst anmaßend benahmen, aufstanden, herumliefen, sich setzten, wieder aufstanden, so als ob jede nur mögliche Sitzordnung ausprobiert werden müsse, ehe die Vorstellung beginnen könne. Dann wurde bekannt gegeben, daß Marchesis goldene Kehle unter einem «Anfall von Knötchen» leide und daher an diesem Abend die Aufführung nicht beehren könne. An seiner Stelle werde Signor Morigi den Cambio geben.

Die Zuhörerschaft buhte, und sie fuhr fort zu buhen, als der Vorhang sich hob und ein palladianisches Bühnenbild mit Scheinperspektiven und Spiegelsäulen enthüllte, hinter denen eine riesige Schildkröte gemalt war mit einem vage römischen Soldaten rittlings auf dem Rücken. Jemand schmiß was, und dann traten die Sänger auf, und eine Geschichte der hoffnungslosen Liebe entfaltete sich, oder würde sich entfaltet haben, wenn sie nur durch die Körper hätten sehen können, die aufstanden, um Beschimpfungen zu schreien, die Plätze zu tauschen, zu gehen, zurückzukommen und sich in zotige Gespräche zu stürzen. Ganze Reihen brachen während Cambios Schlußarie auf, und er wußte nicht wohin, nur um zurückzukommen und Beleidigungen in die Hervorrufungen zu schreien, die kurz waren. Einige irische Weisen folgten, und die wurden besser aufgenommen. Es gab einen Seiltänzerauftritt und eine stumme Pantomime, die verstreuten Beifall erzielten.

Kapitän Roy saß stumm neben ihm alles aus. Eben fühlte sich durch die Scheußlichkeit gedemütigt und wußte, daß auch Roy das wußte. Als sie sich erhoben, um mitten in einer Wiederholung des Seiltänzeraktes zu gehen, sagte Roy, das sei ganz anders gewesen als das, was er sich vorgestellt habe.

Als sie das Theater verließen, begegneten sie auf der Treppe Stalkart. Mit wirrem Haar, unrasiert, rotäugig ergriff er Eben beim Ellbogen.

«Haben Sie's gesehn?» fragte er und starrte geradeaus.

«Wir haben erfahren, daß er indisponiert...», begann Eben steif.

«Nicht der! Die Schildkröte, haben Sie sie gesehen?»

Eben erinnerte sich der Bruchstücke des Bühnenbildes, die er zwischen den massierten Körpern hindurch hatte erblicken können. «Oh, ja...»

«Siebenundzwanzig davon! Stellen Sie sich das vor! Warten Sie nur ab, Sie werden sehen, Sie werden sehen. Alle werden es sehen. Schildkröten, was? Wo, glauben Sie? Wo?» Eben schüttelte den Kopf und schob sich seitwärts. «Das Dach! Wir werden sie», Marmaduke wies zur Decke, «auf dem Dach aufstellen. Heute in einer Woche, warten Sie's nur ab. Eine Tonne pro Stück, die Schmuckstücke, raufziehn, absetzen. Kommen Sie und sehen Sie zu, jeder ist eingeladen, und wenn sie» – er blickte verschwörerisch um sich, bevor er die Stimme senkte – «oben sind, wird niemand sie jemals wieder sehn. Verstehen Sie? Die sind ein Mysterium!» und er begann, leise vor sich hinzulachen. Eben beobachtete ihn aufmerksam. Als er wieder ruhig war, fragte er, ob Eben die Aufführung genossen habe, und als er das Gegenteil vernahm, zog er die beiden Männer mit sich hinab ins Foyer, wo er schnell etwas auf einen Fetzen Papier kritzelte.

«Da.» Er gab ihn Eben. «Das läßt Sie beide rein. Aber zu niemandem ein Wort...» Eben sah hinab und las «Die Geheimgala. Am 13. Juli. Einlaß für zwei.» Das war «M. Stalkart» gezeichnet.

«In fünf Wochen. Nur für Kenner, verstehen Sie? Marchesi wird in einer Aufführung von ...» Er tänzelte vor Enttäuschung herum. «Ich kann es Ihnen nicht sagen, es ist ein Geheimnis, verstehen Sie? Ja, ein Geheimnis. Aber die Schildkröten.» Er war plötzlich wieder ernsthaft. «Die sind das wirkliche Schauspiel. Ihre Erhebung wird um zwei beginnen. Kommen Sie!» drängte er. «Genießen Sie's!» Er winkte ihnen Aufwiedersehen, als Eben und Roy aus dem Foyer schlurften. «Kommen Sie, kommen Sie alle!»

Er winkte immer noch, als sie schon entkommen waren. Roy schwieg während des größten Teils ihres Heimweges, dann aber, als sie in die Thames Street einbogen, räusperte er sich.

«Klingt ganz spannend, diese Schildkröten», sagte er. Eben sah ihn überrascht an.

«Dann werden wir hingehn», sagte er, glücklich, etwas aus dem Schiffbruch dieses Abends retten zu können.

Jetzt, da sie acht Tage später über den Kai zurückwanderten und er das Datum erfuhr, war die Erhebung der Schildkröten Marmadukes der erste der beiden Gründe für Ebens Fluchen. Sie hatten sie versäumt.

«Es ist aber nicht nur das», sagte Eben. Er war sichtlich über sich selbst verärgert. «Ich hätte heute zu einer Beisetzung gehen sollen.»

Mitten durch die Stadt stiegen durch die Hitze und den Dunst eines glühenden Nachmittags über die Fleet, den Strand hinab und an den kochenden Elendsquartieren von Charing Cross vorbei die Schildkröten auf. Fette rosafarbene erstarrte Schildkröten, zweimal bereits in den Brennöfen des Werkes gebacken, ein weiteres Mal in der Hitze dieses Juninachmittags, schwangen von links nach rechts und schlugen in ihren Schlingen wie unwirkliche Pendel hin und her, als sie Zoll um Zoll himmelwärts stiegen, dachwärts, empor zu den Männern, die auf dem Gipfel des Opernhauses den wackligen Mastkran bemannten, und schwitzten, und fluchten, und die Viecher über die Brustwehr zogen – einen Meter oder mehr, jedes eine halbe Tonne –, während die Männer an den Tauen unten sechsundzwanzigmal auf die Knie sanken, wenn sie endlich die ungeheuerlichen Statuen hoch oben auf das Dach aufsetzen hörten. Siebenundzwanzig Wagen hatten Coade an jenem Morgen verlassen, um im Konvoi am Narrow Wall vorbei zu rollen, den Fluß bei Westminster zu überqueren, sich angestrengt durch Whitehall zu schleppen, und schwer die kurze Steigung der Cockspur Street hinauf zu ihrem Ziel am Heumarkt zu zerren. Jeder Wagen trug eine dicht mit Stroh verpackte Kiste, und in der Mitte einer jeden lag eine Schildkröte eingesponnen, mit ihrem sanften blöden Pflanzenfressergrinsen und ihren Stummelbeinen und all ihren anderen Einzelheiten bis hin zu den individuellen Platten ihres Panzers, vollendet in crèmerosafarbenem Coadestein verwirklicht.

Stroh und zersplitterte Kisten lagen überall am Opernhaus verstreut herum. Sechsundzwanzig Wagen standen leer da. Marmaduke Stalkart rannte in höchster Aufregung hin und her, als die letzte Schildkröte aus ihrer Verpackung auftauchte, um die Mitte vertäut wurde und dann langsam zu ihrer Vorrangstellung unter ihnen allen emporstieg, die Brustwehr selbst, denn diese Schildkröte war der Anführer des Bataillons, der *primus inter pares*, die einzige, die für immer von jenen Horden gesehen werden konnte, die jetzt sicherlich ins Theater strömen würden, der hochgereckte Schildkrötheld persönlich. Bolger verfolgte ihn mit seinem Hauptbuch, aber das kümmerte ihn nicht. Es kümmerte ihn nicht, daß Marchesi sie schröpfte, indem er Krankheiten und Vertragsbrüche erfand, um seinen schon beträchtlichen Vorschuß noch weiter hochzutreiben. Es kümmerte ihn nicht, daß Casterleighs Geld bereits ausgegeben war, daß keines mehr da war und daß die Kenner haufenweise ausblieben. Es kümmerte ihn nicht, daß Bolger sich wegen der Vermietung des Theaters an den Viscount Sorgen machte, weil er daran dachte, daß am 10. Juli alle möglichen Zwischenfälle das Theater für immer ruinieren könnten, so daß er – Marmaduke – bankrott wäre und er – Bolger – dann für die Verluste aufzukommen hätte. Er kümmerte sich nicht um die Schlagworte, oder Farina, oder die Prügelrüpel, von denen es hieß, sie durchstreiften die Straßen in organisierten Banden und verprügelten Passanten grundlos, oder die Hitze, oder die Beisetzung, an der er wie Eben und andere an diesem Morgen hätte teilnehmen sollen (sie würde ihn verstanden haben), oder die Arbeit der Heuermannschaft von Coade. Nein, alles, um was er sich kümmerte, während er hochblickte, um zu sehen, wie das letzte Viehstück an seinem Platz verkeilt wurde und sich auf einem Bein hochreckte, um über die Brustwehr hinabzugrinsen, waren seine Schildkröten. Wenn einer kommt, werden alle kommen, dachte er triumphierend bei sich. Es möge Freund wie Feind kommen, meine Schildkröten werden euch alle zurückschlagen!

Tief über seine Aufgabe gebeugt und um die Taille zur Sicherheit angeschnallt, stopfte James Bierce den Sockel, der die siebenundzwanzigste und Gottseidank letzte Schildkröte hielt, mit zähem grauem Zement voll. Die Sonne brannte auf seinen Rücken herab und glitzerte auf dem Standbein der Schildkröte. Winzige Lichtstrahlen funkelten an ihrem Standfuß. Er sah sich schnell um, aber seine Arbeitskollegen hatten nichts bemerkt. Einer von ihnen, er wußte nicht welcher, wußte es schon. Sechsundzwanzig Schildkröten starrten ihn an, und er beugte sich wieder über seine Arbeit, und stopfte Zement in die Risse, und verarbeitete ihn mit dem Daumen. Der Zement würde hundert Jahre halten. Aber nicht das Bein. Er hatte geglaubt, sie würden den Fehler an diesem Morgen entdecken. Er hatte mit gespielter Gelassenheit zugesehen, wie Hanley, dessen lange Jahre der Erfahrung niemand vergessen durfte, sein Ohr gegen jedes der Tiere gelegt und jedes nacheinander mit einem kleinen Hammer abgeklopft hatte. Siebenundzwanzig dumpfe Bumser dröhnten durch den Verladehof. Hanley hatte genickt und James Bierce wieder zu atmen begonnen.

Es hatte in der Nacht nach der Geschichte mit dem Mädchen bei den King's Arms Stairs angefangen. Büttel überall, Sir John selbst sprach mit der alten Eleanor Coade in den vorderen Büros, und er ging seiner Arbeit nach und überprüfte die Behälter in den Schuppen. Da hatte er es entdeckt. Ein Schüttkorb war losgerissen worden und hatte zermahlenes Glas in den Ton in einem der Fässer gestreut. Er sah es da glitzern und dachte nach; kein Zufall. Man konnte ihn zufällig lösen, aber man konnte es nicht darin lassen ohne Absicht. Er sah nach links und nach rechts. Niemand in Sicht. Er dachte an den Tag vor acht Monaten, als Rowlandson ihn aus der Glasfabrik entlassen, seine eigene Frau die Flugschriftensammlung seines eigenen Vaters in die Themse geschmissen, ein junger Heißsporn ihn in der Southampton Street über den Haufen gerannt und versucht hatte, ihm den Kopf mit seiner Truhe einzuschlagen. Er dachte an Farina und seinen Aufruf zu den Waffen, und er dachte, das hier ist es, das ist mein Aufruf, eine Erprobung...

Er hatte hinab gegriffen und das Glas in den Ton eingearbeitet. In den folgenden Tagen hatte er darauf gewartet, daß sich sein Mitsaboteur zu erkennen gebe, aber niemand hatte ihm ein Zeichen gegeben. Dann hatte er daran gedacht, daß er erst, wenn seine kleine Rebellion ausbricht, wenn die Giebelzier tatsächlich zusammenbricht, wirklich Farinas Mann sein werde. Er glättete den letzten Zement und stieg hinab, um sich seinen Arbeitskameraden anzuschließen.

Zusammen mit der mageren Menge, die sich versammelt hatte,

um der Erhebung zuzusehen, starrten sie hinauf zu dem einzigen sichtbaren Beweis ihrer Mühen. James Bierce blickte hinauf, um eine Schildkröte zu sehen, die sich in den Raum hinaus lehnte, zwei kurze Gliedmaßen zornig hochgereckt, ein Bein trat über die Brustwehr hinaus. Es sah aus, als ob die Schildkröte gleich losfliegen werde. Hoch da oben unsichtbar wurde die Schildkröte nur von ihrem anderen Bein getragen, und das bestand, wie James Bierce wußte, unter dem dünnen Coadeüberzug vollständig aus Glas. Hinter ihm machten sich die siebenundzwanzig leeren Wagen bereit, zum Arbeitshof zurückzufahren. Die Fahrer überprüften einen Augenblick lang ihre Pferde und zogen die Hüte zu respektvollem Gruß. Ein Leichenwagen fuhr vorbei, aber als er sich mit seinen Arbeitsgefährten umwandte, um zuzuschauen, sahen er, James Bierce, die kleine Menge, die Kutscher, die anderen Arbeiter, Bolger und schließlich auch Marmaduke Stalkart, sahen sie alle, daß er leer war. Eine halbe Meile weiter nördlich begannen die Glocken von Sankt Anna in der Dean Street zu läuten.

«Verdammt!» Rudge sah Sir John überrascht an. Er konnte keinen Anlaß für den Ausbruch erkennen. Die Glocken läuteten wieder.

«Die Beisetzung! Verdammt sei meine Vergeßlichkeit!» rief Sir John aus. Rudge wartete, bis sich sein Kollege wieder beruhigt hatte, und fuhr dann mit seinen Fragen fort.

«Mit einem Akzent, sagen Sie?»

«So.» Sir John zog eine Diagonale durch die Luft von links oben nach rechts unten. «So wie Sie es gesehen haben. L.E.M.P.R.I.E mit einem solchen Akzent», er wiederholte die Bewegung, «R. E.»

«Erpreßte George Peppard?»

«Dieser Lemprière besitzt ein Abkommen irgendwelcher Art zwischen einem seiner Vorfahren und der Ostindischen Gesellschaft. Offenbar gehörte dem ein Anteil an der Gesellschaft, ein Neuntel…»

«Ein Neuntel? Guter Gott!» Rudge klang ungläubig. Sir John nickte.

«Genau meine Gedanken. Aber Theobald bestand darauf. George sollte den Fall übernehmen, oder irgendeine Art Handel ausknobeln, sonst würde Lemprière, nun, da wurde Theobald ziemlich vage. Irgendein neuer Aspekt der Neagle-Affäre, dachte er.»

«Das war doch schon vor Jahren gegessener Kuchen», schnaubte Rudge. Er wischte die Platten sauber. Sir John konnte ein feuchtes Tuch sich über den Marmor bewegen hören, die leisen Geräusche der Bemühungen seines Kollegen. Wassertropfen auf den Steinfußboden fallen.

«Jedenfalls hat George sich geweigert, und dieser Lemprière hat ihn umgebracht, um ihm den Mund zu stopfen, das behauptet Theobald.» Die letzten drei Wörter hingen zwischen den beiden Männern in der Luft. Die Straße oben war ein fernes Summen, nicht mehr. Nur die Glocken schienen diesen tiefsten Keller der Leichenhalle zu erreichen.

Sir John wollte, daß Theobald die Wahrheit erzählte. Er wollte Lemprière schuldig, ohne Zweifel. Oder nicht schuldig, wiederum ohne Zweifel. Aber in seinem Herzen wußte er, daß George Peppards Bruder ein Lügner war. Vielleicht hatte er die Wahrheit gesagt, wenn aber, dann nur, um eine noch größere, noch nebulösere Lüge zu unterstützen. Theobald wurde jedesmal verwirrt oder vergeßlich, wenn Sir John in seiner Geschichte herumstocherte. Was immer sonst dieser Lemprière sein mochte, ein Erpresser schien er nicht zu sein. Und dann war da auch noch die Frage mit den Frauen. Welche Rolle hatten sie gespielt? So weit er sehen konnte, waren die Morde an George Peppard, an dem Mädchen Rosalie und an der älteren Frau, deren Leiche jetzt in einem Korb im Keller nebenan vor sich hin verrottete, nur durch den verdächtigen Täter miteinander verbunden. Es gab da keine Muster, und vor allem anderen suchte Sir John in diesen Tagen leidenschaftlich nach Mustern. Das schließlich hätte auch Henry getan.

«Noch was», sagte Rudge plötzlich. «Wenn Theobald niemals vor dem Abend, an dem sie sich begegneten, von diesem Lemprière gehört hat, und wenn es seither nach Lage der Dinge keinen Kontakt mehr gegeben hat, woher wußte er dann, wie man den Namen buchstabiert?»

«Den Namen? Naja, so schwierig ist das nicht...» Dann begriff Sir John die Richtung von Rudge. «Der Akzent», sagte er und machte zum dritten Mal die Bewegung. «Sie haben recht. Er hätte den Namen geschrieben sehen müssen. Eine Kneipe, ein Gang zur Blue Anchor Lane... Dazu gab es keine Gelegenheit.»

In diesem Augenblick wurden in einem Raum, der zugleich früher und ferne war, Schlinge und Knoten und Seil, die sich um den Hals des jungen Mannes zusammengezogen hatten, ein ganz klein wenig gelockert, eine Lockerung, die den Haken in Sicht brachte, an dem er hing, wie eine Mondsichel, oder eine kleine Sense, oder eine Cedille.

«Gleichermaßen», fuhr Sir John fort, «wenn sie sich zuvor nie begegnet sind, warum sollte Theobald dann eine solche Verleumdung erfinden?» Er dachte laut. «Darin ist noch ein anderer verwikkelt», sagte er.

«Mindestens einer», erwiderte Rudge.

Auf dem Rückweg ins Untersuchungsgericht in der Bow Street versuchte Sir John, diesem Gedanken zu widerstehen. Der Fall Lemprière war klar konturiert und solide. Sicherlich gab es da noch Unvereinbarkeiten und Komplikationen, sagte er sich, aber die Wurzel war im wesentlichen stabil. Er bedurfte dieser Überzeugung, bedurfte eines einzigen Verdächtigen. Nicht Hunderte. Einen. Er spürte, wie der Fall zu rutschen begann, wie er unter ihm davonglitt, um sich der allgemeinen Strömung anzuschließen, die in Richtung Weitschweifigkeit und Verwirrung und Undeutlichkeit ging. Unordnung. Alles mochte ins bunte Durcheinander verkommen, aber er wollte, daß Lemprière unverdorben und von all dem unberührt bleibe, oder besser noch, daß all das mehr von den Eigentümlichkeiten des Lemprière-Falles annehme.

Aber «all das» wollte sich im Juni nicht fügen. Die Mißgeschicke der Stadt traten in Horden auf, in schicksalhaft gebündelten Schwällen. Die Hitze schien sich selbst einzusperren und zu konzentrieren, sich zu steigern, um mit geisterhafter Ausrichtung auf einzelne Ziele Löcher in das Gewebe der Stadt zu brennen. Kinder: Sie ertranken, zwei während eines Bades in der Themse; verbrannten, als das Haus eines Tuchhändlers in der Union Street niederbrannte; wurden von einer Kutsche zerschmettert, die an der Lambeth-Straßenkehre umwarf; nahmen sich selbst das Leben, nachdem sie ein Hängen in der Pultney Street beobachtet hatten; bekamen den Schädel eingeschlagen, ein Blumentopf, die Nachlässigkeit einer Dienstmagd in einer dritten Etage in der Berwick Street. Einstürze: Ein Sommersturm untergrub die Fundamente der Kohlensteuerbehörde, Risse erschienen in der Pflasterung über dem Fleet River, zwischen den Pflastersteinen in der Leadenhall Street, in Wapping verschwanden vier Häuser über Nacht, ohne daß dem irgendwelche Luftbewegungen, Störungen in der Erde oder unterirdisches Rumpeln irgendeiner Art voraufgegangen wären. Aus Norwood wurde ein kleines Erdbeben gemeldet, das zwei verschlang, und ein Wirbelsturm in Deptford riß ein Bauernhaus und vier Schuppen in die Höhe und verursachte so einen monströsen Luftzwischenfall. Ein Mann wurde von einem herabrollenden Obstkarren getötet. Und schließlich Gliedmaßen: Lord Chathams Fuß verfiel aufgrund einer Ritzung durch seine Schuhschnalle dem Gasbrand; ein Bein mit Hüfte, dem Schuh nach weiblich, wurde am White Friar's Dock angespült; Arme, die aus den Bullaugen einer Brigg zu Blackwall hervorragten, enthüllten eine Ladung Sklaven, rund dreihundert tot, rund sechzig zwecks Verheimlichung zerstückelt; ein einzelner Finger wurde Sir John im Untersuchungsgericht abgeliefert, nur der, ganz sauber und ohne Erklärung.

So also sahen der Juni und ein Teil des Juli für Sir John aus. Und hinter diesen pervers angeordneten Vorgängen breitete sich die Kai-Streitigkeit weiter aus, marschierten die Seidenweber, nahm die Hitze zu, wurde die Ankunft von Unzufriedenen über Land und über See gemeldet, von Agitatoren, Abtrünnigen, ausländischen Krawallmachern, die in die Stadt strömten wie Fliegen zu einem faulenden Schinkenstück, ein alter Fehler (nicht seiner) trat wieder auf, um ihn zu verfolgen, und hinter all diesem, selbst dem Fehler, selbst der Hitze (vermutete er) steckte Farina.

Und also klammerte sich Sir John an Lemprière als der einzigen Gewißheit in diesen Strömen des Übels, und sprach darüber endlos mit Rudge und Frau Fielding, die das eine ungesunde Besessenheit nannten und ihm Freaks Balsam aus Perurinde kaufte, und er plagte seinen Blindenjungen mit verwirrenden rhetorischen Fragen. Und dann sollte am 10. Juli sogar dieser letzte Halt fortgestoßen werden wie die Stützbalken im Unterminiertunnel der Belagerer, und die Fundamente der Stadt sollten beginnen, von der Ecke her zusammenzubrechen, und das würde sich unter den Mauern, Türmen und Bastionen durch die ganze Stadt hin fortsetzen, und meilenweit würden die Steine einstürzen und die Dächer aufflammen, sobald ihn ein junger Mann unangekündigt in seinem Büro aufsuchen würde, an dessen Stimme er sich vage erinnerte und der mehr von diesen Morden und diesem Lemprière wußte als Sir John selbst, und sich einen «besorgten Freund» Lemprières nennen und alsdann die Morde nacheinander und in allen Einzelheiten behandeln und danach das Untersuchungsgericht verlassen sollte, ohne seinen Namen zu hinterlassen, an den sich Sir John mit wachsendem Zorn erst einige Stunden später als an den jenes Mannes erinnern würde, der das erste Opfer auf dem Dach seiner Kutsche zurück nach London gebracht und mit Sir John vor sechs Monaten gesprochen hatte, und das war natürlich Septimus.

Er kam spät, zu spät für Sir John und zu spät für die Stadt. Er war noch weit entfernt, als der Blindenjunge vor ihm herklirrte und Sir John sich abmühte, die Undurchsichtigkeiten des Falles auf ihrem Rückweg zur Bow Street zu durchdringen: noch fast einen Monat entfernt. Der Blindenjunge blieb stehen.

«Was ist los?» bellte Sir John. Er hatte gehofft, Kette und Halskragen wieder abnehmen zu können. Deren Eindruck war ungünstig.

«Beisetzung, Sir», sagte der Blindenjunge. Sir John fluchte erneut sanft vor sich hin.

«Der Leichenwagen ist leer», sagte er zu dem Jungen und fügte so seinem Ruf der Hellsichtigkeit eine weitere dünne Lage hinzu.

«Ich weiß, Sir», sagte der Junge. «Wir könn aber wegen die Wagen nich rüber, Sir.» Sir John lauschte, während siebenundzwanzig schwere Wagen langsam an ihnen beiden vorüberrollten.

«Guter Junge», sagte er. Vielleicht konnte er doch auf die Kette verzichten. Es wieder mit der Schnur versuchen.

Als der Konvoi vorüber war, setzten die beiden ihren Weg fort. Sir John dachte an die letzte Benutzerin des Leichenwagens und verspürte zum zweiten Mal Gewissensbisse wegen seiner Abwesenheit. Dann dachte er an die Unterhaltung in der Leichenhalle, die ihn aufgehalten hatte. Die beiden Gedanken vermischten sich, und er empfand ein schwaches Gefühl der Heiterkeit ob einer kleinen Gewißheit, die aus ihrer Synthese aufstieg. Der Mord an George Peppard, die Geschichte von Rudge, Lemprière und dieser halbgare Unfug von einem uralten Abkommen bildeten ein Durcheinander von Halbwahrheiten, mit dem allem wenigstens Alice de Vere nichts zu tun haben würde.

Dong!
Lady Alice de Vere of Braith, Witwe des verstorbenen elften Earl und Mutter des zwölften, starb friedlich, während sie am Freitag, dem 9. Juni, das Drainageprojekt ihres Sohnes begutachtete, nachmittags um drei.

Dong! Da alle Versuche, sie wiederzubeleben, sich als hoffnungslos herausstellten, bereitete ihr trauernder Sohn alles für ihre Beisetzungsmesse fünf Tage später in Sankt Anna in der Dean Street vor.

Dong! Jetzt, nachdem die Todesanzeigen verschickt und Sargträger wie Leichenwagen gemietet waren, stand Edmund de Vere in der Kirche, während der Vikar, dessen Vorgänger die Verstorbene mehr als fünfzig Jahre zuvor dem Earl angetraut hatte, an ein Leben erinnerte, das sich über zweiundsiebzig Jahre erstreckte. Neben dem Earl stand John Lemprière. Gemeinsam bildeten sie zu zweit die Trauerversammlung.

Der Vikar richtete seine Ansprache an sie und bemühte sich angestrengt, nicht auf die Reihen leerer Kirchenstühle zu blicken, die sich hinter ihnen erstreckten und ein Zeugnis darstellten, das, obwohl stumm und dunkel in seiner Bedeutung, sein eigenes völlig auszulöschen schien. Außer Lemprière hatte niemand sich die Mühe gemacht zu kommen.

Danach saß Lemprière mit dem Grafen in einer Schenke in der Berwick Street. Der Graf nahm einen Humpen Porter, dann noch einen. Lemprière sah zu, wie Edmunds Kräfte zurückkehrten, und hörte seine Vokale deutlicher werden, während er Ale zu sich nahm.

«Das war sehr plötzlich», sagte er. «Wir sahen uns gerade mein Drainageprojekt für die Westweide an.»

«Aha.» Lemprière erinnerte sich des Projektes von seiner einzigartigen Begegnung mit Alice de Vere.

«Ich glaube, sie war von dem Unternehmen überrascht. Oder von seinem Mangel. Ein Loch in der Erde, ein Kran... Nicht viel zu sehen. Der Kran hätte übrigens schon vor Monaten wieder fort sein sollen.»

«*Das* ist das Drainageprojekt?» Lemprière lehnte sich nach vorne und dachte an den schwarzen Arm, der aus dem Nachthimmel heranschwang, und an die flammende Höhlung. «Das ist alles?»

«Ja.» Der Graf war etwas verblüfft. «Ich habe selbst mehr erwartet, man hat mir mehr versprochen. Tatsächlich ärgert mich heute einiges an Septimus.»

«Septimus? Was hat denn der...»

«Hat die Ingenieure empfohlen, die Vorstellungen gemacht, die Garantien gegeben. Jetzt sind sie spurlos verschwunden. Naja, jetzt spielt es kaum noch eine Rolle, nehme ich an. Meine Mutter war von Anfang an dagegen; sie hatte ihre eigenen Begeisterungen.» Lemprière verdaute Septimus' Anteil schweigend.

«Sie hat ein paar Tage vor ihrem Tod von dir gesprochen.» Lemprière blickte wieder auf. «Die selben Besessenheiten wie immer. Das geheime Abkommen, der vierte Earl, ein märchenhafter Schatz irgendwo vergraben, du, die Gesellschaft.» Er nahm einen tiefen Zug aus seinem Humpen. Lemprière wischte sich die Stirn. Die Hitze in der Schenke war erdrückend. Der Ausbruch kam plötzlich, ohne Zusammenhang.

«Und keiner von denen hat sich die Mühe gemacht, aufzutauchen. Nicht einer!»

Das erwischte Lemprière unvorbereitet. Diese Tatsache hatte seine Gedanken in der verlassenen Kirche erfüllt. Es war dies der Augenblick, den er seit jener Sekunde gefürchtet hatte, in der die Messe endete. Jetzt hörte er sich selbst Entschuldigungen für Leute vorbringen, von denen er nichts als ihre Abwesenheit an diesem Tage wußte. Es waren die Hitze, die sommerliche Flucht der sich in ihren Sommerschlaf auf ihre Ländereien zurückziehenden Grundbesitzer, die unzuverlässigen Droschken, die verstopften Straßen, der Streit, unzureichende Benachrichtigungen, sogar Farina, das eine oder andere, oder alles gemeinsam, und so auch für jene, die er aus der flüchtigsten Begegnung kannte, Stalkarts mitgehörte Bemerkung, Maillardets Kummer, Byrnes Schadenfreude, der herrschsüchtige Blick einer Witwe, das Gekicher kichernder Nichten, die ihn hinter ihren Fächern verwarfen. Sie alle waren verwirrt, hatten sich geirrt oder verspätet, oder waren aufgehalten worden, doch als er dann zu ihren gemeinsamen Freunden kam, stockte er, seine Erfindungsgabe erschöpft.

«Ich hab geglaubt, wenigstens der Club würde auftauchen.» Die Stimme des Grafen bebte. «Ich hab's Walter noch vorgestern gesagt. Er wollte sich darum kümmern, daß die anderen alle es erführen. Ich glaubte, daß wenigstens Septimus, oder Lydia, du weißt, sie kümmert sich, ich hab geglaubt, wenigstens sie...» Der Ausdruck des Earl begann sich unmerklich zu verändern. «Ich hab wirklich geglaubt, ich könnte mich auf Lydia verlassen, weißt du. Ich hab tatsächlich...»

Lemprière war sofort klar, daß Walter Warburton-Burleigh niemandem vom Schweineclub etwas von der Beisetzung gesagt hatte, und das sagte er Edmund de Vere ohne jede Verzierung. Der Earl nickte resigniert zu der Tatsache, doch konnte Lemprière sehen, daß seine Gedanken anderswo waren.

«Lydia wird es gewußt haben», fügte er hinzu, und der Earl nickte wieder. Er blickte auf, aus dem offenen Fenster hinter Lemprière. Lemprière drehte sich um und musterte die oberen Stockwerke des gegenüberliegenden Gebäudes, einer Bäckerei. Die Fenster waren geöffnet, und im Innern wischte ein Dienstmädchen Staub.

«Herrliche Geranien», sagte der Graf und wies auf eine Reihe von Töpfen auf dem Fensterbrett, herausgestellt, um die Nachmittagssonne einzufangen, und jetzt war es an Lemprière, zu nicken. «Wie unhöflich von mir!» rief der Graf plötzlich aus. «Da sitz ich hier und plärre über meine Mißgeschicke. Das muß dich bis zur Abwesenheit langweilen. Erzähl mir, wie geht es mit dem großen Werk voran? Wie weit bist du denn in deinem Wörterbuch?»

Irgendwo vor dem A und in Räumen hinter dem Z, in der Mitte angekettet und sich an die äußersten Ränder festklammernd, in den Randbemerkungen und im Text, halbiert und geviertelt, während das Wörterbuch sich seinem Abschluß näherte. Es war sein eigenes monströses Denkmal, eine Erweiterung seiner selbst. Es war eine alles an sich reißende Version, es war ein Scheinbild, das ihn untergrub und beiseite drängte, bis er ein verströmter Geist war, erschöpft von seinem Parasiten. Lemprière pflegte früh aufzustehen und in der sengenden Junihitze an seinem Schreibtisch zu sitzen, und auf die Manuskriptblätter vor sich zu blicken, manchmal mit Freude und Stolz über das Geleistete, manchmal mit Langeweile. Es gab Tage, an denen hätte er aus dem Fenster schreien, und andere, an denen er das ganze Manuskript hätte verbrennen mögen. Er begann, den Grund von Septimus' raschem Einsammeln zu begreifen.

Septimus kam zweimal vor der Beisetzung und zweimal danach. Bei jedem dieser späteren Besuche hatte Lemprière ihn wegen seiner Nichtteilnahme gescholten, ließ aber ab, als Lydia, die ihn bei allen vier Gelegenheiten begleitete und jedesmal zu Lemprières Verdruß das Apfelsinenbäumchen wässerte, die Kritik auch auf sich selbst bezog, Tränen zu vergießen begann und schließlich ihre Zuneigung zu dem Earl bekannte, der nach ihrer Meinung der liebenswürdigste und besterzogene unter all den gemischten Bekanntschaften von Septimus war. Septimus machte die üblichen Geräusche und sprach Entschuldigungen aus, die auf Walters Sünde des Vergessens am Tag zuvor beruhten, aber sein Ausdruck war abwesend, und Lemprière bemerkte, daß Lydia von Zeit zu Zeit rasch zu ihm hinblickte, als ob sie sich vergewissern wollte, daß er immer noch da sei. Seine Ausbrüche unangemessener Biederkeit und rücksichtsloser Energie wurden seltener, er schien durch Lemprière hindurchzublicken, während er redete, die Augen auf irgendeinen Punkt hinter ihm gerichtet. Als man ihn nach dem Grund fragte, begann er, vom Wetter zu sprechen.

Bei Septimus' erstem Besuch hatte ihm Lemprière ein Bündel überreicht, das etwas dünner war als üblich, und noch dünner bei seinem zweiten. Der dritte erbrachte nur magere vier Seiten, und der vierte nurmehr eine. In der zweiten Hälfte des Juni saß Lemprière während ganzer Tage an seinem Tisch, ohne auch nur einmal nach der Feder zu greifen. Die Hitze trocknete die Tinte im Tintenfaß aus, während eine Heimsuchung von Einzelheiten ihm um den Kopf schwirrte wie jene Blattläuse, die sein Apfelsinenbäumchen verseuchten, oder die Fliegen, die sich auf seinen vergessenen Mahlzeiten niederließen. Als die Hitze des Juni von der noch glühenderen Hitze des Juli abgelöst wurde, begann er zu begreifen, daß die Aufgabe, die er vor acht Monaten begonnen hatte, nahezu beendet war, und so, wie sich die Seiten und die leeren Stellen des Wörterbuches füllten, leerte sich die Stadt, in der sein Geist auf der Suche nach den Gegenständen des Buches umherwanderte.

Sie erhob sich jetzt aus dem Geröll, als sei sie ein Teil der eintönigen Landschaft, die sie umgab; die beiden kaum noch unterscheidbar. An ihren Toren stand Lavernas Altar leer, ihres Hauptes beraubt. Die Straßen waren unverändert, die Türen und Fenster vielleicht schmaler, die Innenräume undurchsichtiger. Er wußte, sie waren leer. Er schritt dahin, und das Geräusch seiner Füße sank in die Pflasterplatten. Nichts gab ein Echo. Nichts bewegte sich in den Straßen. Er fand Zeichen auf den grauen Steinen. Eine von jener Python, die Hera geschickt hatte, um die schwangere Latona zu verfolgen, abgestreifte Schlangenhaut sagte ihm, daß sie vorübergekommen und gegangen seien. Er hatte sie schon. Er glaubte, er sehe die von Lamia beim Verschlingen ihrer Kinder verstreuten Gliedmaßen. Die Luft durchdrang ein Wohlgeruch, dem Lailaps auf ewig folgen würde, ohne doch je seine Beute aufzuspüren und mit ihr zu seinem Herrn zurückzukehren. Der Geruch nach Brennendem. Von der Fassade geworfene Schatten waren die Dunkelheit, in der Leukippos seinen Vater aus Irrtum tötete, das rote Moos, das die Risse in den Pflasterplatten verfugte, war Ziegenblut aus irgendwelchen lupercalischen Riten, das aufstieg, nur um mitzuteilen, daß die Opferung bereits vor langer Zeit geschehen sei. Er fand die fest haftenden eisenbenagelten Schuhe des Magnes, die nach der Ader darunter strebten, den Drachenzahn, der niemals Menoikeus werden würde, die Schildkröte, auf der des Hermes Fuß niemals ruhen würde. Er hatte sie alle. Der Quell im Schloßhof zeigte ihm ein Antlitz hundertmal schöner als seines, aber er selbst war es und nicht Narkissos, der ins Wasser starrte, und der schwache, sich auflösende Schatten, der versank, als er hinabgriff, war der Brief, den Orest niemals von Iphigenie entgegennehmen würde, die niemals erfahren würde, daß er ihr Bruder sei, und niemals würden sie entkommen. Auch sie hatte er. Nicht sie ... Seine Schwester. Ihren Bruder. Der Gestank von der Leiche des Nessos lag in der Luft, von dem die Ozoler ihren Namen nahmen. In der Mitte des Platzes lagen vor den eisernen Toren der Zitadelle Tausende Schilde aufgetürmt. Er dachte an die Rutuler, die ersten Römer, und die Sabiner, die sich mit ihnen vermischt hatten, bis sie alle Quiriten waren. Tarpeia hatte auf die goldenen Reifen an ihren Schildarmen hingewiesen. «Den Schmuck an Eurem linken Arm für den Eintritt in die Stadt.» Sie hatten zugestimmt und sie unter ihren Schilden wegen ihres Verrates zermalmt, aber wenn er den Haufen Schild um Schild beiseite räumen würde, würde er nichts finden. Sie war mit ihnen allen gegangen, aufgesogen vom Wörterbuch, wie Utica Karthago ausgesogen und es später zu den Schreien der Kinder verschlungen hatte, die sich nach Vagitanus reckten und in Wassern versanken, die sich kaum kräuselten, als sie sie aufnahmen, sie stillten und zu stehenden Gewässern wurden wie die des Velinus, bei denen Alecto in die Hölle hinabgestiegen war, ebenso sicher verschluckt wie Xanthippos, der aus dem undankbaren Karthago, das er gerettet hatte, nach Korinth segelte, das er niemals erreichen würde. Es war das Sagunt, in dem sich die Zakynther lieber selbst lebendig verbrannten, als sich Hannibal zu unterwerfen. Es war Zama, wo Scipio Hannibal zermalmte; wo der lange Sturz Karthagos begonnen hatte.

Jetzt nahte er sich den Toren der Zitadelle. Er sah lange dunkle Male die Mauern hinauflaufen, schwärzer als die grauen Steine. Er sah sie sich über den hohen Bögen der Fenster ausbreiten, und er roch wieder Brennen. Als er den Arm hob, um an den Toren zu pochen, schwang das schwere Eisen auf und öffnete sich von ihm weg nach innen. Er konnte den Wind hören, aber nicht spüren; ein schwaches Klagen im Inneren. Das war das letzte von der Stadt, die letzte Seite des Wörterbuches. Wenn er so weit gekommen war, um seine Geister zu begraben oder auszutreiben, dann war er angekommen. Sein Vater war tot, die Frau in Blau war tot, Rosalie war tot. Die Geister, die diese Opfer gefordert hatten, waren Gestalten seiner Vergangenheit, gegangen mit ihren Opfern. Wenn das genug war, war es getan.

Er ging durch die Tore hinein und fand sich in einer Schale. Die Mauern reichten empor bis zu einem Block grauen Himmels, denn das Dach war verschwunden. Rauch streifte die Mauern, und Brandgrus knirschte unter den Füßen. Schwarze Holzstümpfe ragten aus den Mauern hervor, wo Querbalken höhere Fußböden getragen hatten, bis die Böden und ihre Träger gemeinsam weggebrannt waren. Die überwölbten Fenster waren Löcher, schwarz verbacken, wo der Rauch herausgeströmt war. Splitter verkohlten Holzes übersäten den Ort. Der Geruch nach Brennen war überall. Er stach ihm in die Nüstern. Der Steinboden und die Mauern schienen immer noch eine schwache Hitze auszustrahlen, doch was auch immer hier geschehen war, wie auch immer der Brand begonnen haben mochte, und was auch immer das Schicksal jener gewesen sein mochte, die er erfaßt hatte, das Feuer selbst war schon lange erloschen. Die einzigen Hinweise waren Asche, Rauch und Ruß. Nichts, sie erzählten ihm nichts.

In der zweiten Juliwoche legte Lemprière seine Feder nieder und sammelte die letzten Blätter seines Manuskriptes ein. Er gedachte der Zeit, die es ihn gekostet hatte, das zu schreiben, die acht Monate seit seiner Ankunft. Doch als er seine Mühen durchmusterte, war es nicht das A bis Z seines Wörterbuches, das seine Zeit in der Stadt kennzeichnete.

Er sah Septimus ihm im Triumph die Flasche überreichen, als sie gemeinsam das Becherspiel im Schweineclub gewonnen hatten. Er hörte seinen Rock reißen, als ihn eine starke Hand aus Farinas Getümmel herausriß. Er sah Georges Ausdruck sich aus Bitternis in Freude verwandeln bei der Erwähnung der *Vendragon*. Dann sah er George tot im selben Zimmer; er sah die Frau in der Mulde sterben und das schon gestorbene Mädchen bei Coade, der man Juliettes Gesicht über ihr eigenes geklebt hatte. Er sah Annabel Neagle schweigend in einem dunklen Zimmer in der Thames Street und hörte den bitteren Ausbruch von Alice de Vere und ihre hoffnungslose Aufforderung an ihn. Zuletzt aber sah er die Kutsche, die aus der Dunkelheit auftauchte, nur um im Schnee an ihm vorüberzufahren, und Juliettes Gesicht in derem Fenster eingerahmt, eine andere Aufforderung, als sie von ihm fort ins Dunkel jagte. Dann blickte er hinab auf den Rest seines Wörterbuches, und dachte an eine mit allen ihren Menschen zu Asche verbrannte Stadt, und wußte, daß das, was er getan hatte, nicht genug war. Da war mehr, und selbst wenn er es noch einmal von A bis Z durchgemustert hätte, hätte er es nicht gefunden.

Der Widerstand der Luft war eine genaue Freude, ein Gleichgewicht der Gleichgewichte. Er stieg auf warmen thermischen Winden hoch empor in den schimmernden blauen Himmel. Er spürte, wie sich dessen Kurven und Druckmulden gegen seinen Bauch drängten, wie Abwärtssoge seinen Rücken preßten und wieder losließen, sein ganzer Körper eine Tragfläche, die Auftrieb aus flachem Widerstand saugte und ihn da wie einen Schild gegen den Sog hielt, der ihm die Schwingen mit den Wurzeln herausreißen und ihn zur Stadt da unten hinabstoßen wollte, taumelnde Meter Sekunde um Sekunde. Doch nie fiel er, war nie gefallen, würde nie fallen. Die Luft, die da über und unter seinem Körper brauste, sagte ihm das; die Luft über allem war sein Element, nicht der Boden unten.

Und doch, als er auf die steinerne Haut hinabblickte, die jene verbarg, die er suchte, wußte er, daß er zurückkehren würde. Sein erwähltes Geschick war unvollständig, wie das seiner Vertreter. Er bemitleidete die Städter, die da als Insekten herumkrabbelten, und sich blind durch die Straßen tief unten tasteten. Nie würden sie sehen, was er sah, stellungslose Agenten, leicht fürs Brandzeichen einzufangendes herrenloses Vieh. Die Julisonne brannte ihm auf den Rücken, die Luft kühlte und hielt ihn. Er sah die kauernden Rhomben der Schildkröten Stalkarts, wie sie das Dach des Opernhauses besetzt hielten, und unten rechts, wie ein Krankenhaus auf Karrenrädern vom Platz vor dem Somerset House abgeschleppt wurde. Der Fluß sänftigte sein Mäandrieren zu einem sanften Schnitt durch die winzigen Quadrate der Elendsviertel und die Höfe und unter den großen Ausfallstraßen hinweg, ging vor Palästen und grüblerischen Denkmälern hin, und an den Kais und Docks entlang, an den bedeutungsloseren Behausungen, den Hütten, Schuppen, Elendslöchern. Barken und Leichter drängten sich im Upper Pool, wo *Vendragon* und *Megaera* und *Tisiphone* mit hundert anderen Schiffen vor Anker lagen, und die untersetzte Masse des Tower schien über ihnen allen Wache zu stehen. Er sah die großen Indienfahrer angedockt und ihre Ladungen ausgießen, und die hungrigen Mäuler des Marktes offen, sie zu schlucken. Der Apparat aus Kais, Lagerhäusern und Büros dehnte sich aus und zog sich wieder in Verdauungskontraktionen zusammen, und in seiner Mitte erstreckte sich ein steinerner Klotz wie ein versteinerter Leichnam die Leadenhall Street hinab, von dem er wußte, daß er einer der Münder der größeren Bestie darunter war. Jetzt, da er die verkohlte Platte seines Gesichts nach unten winkelte, sah er zwei Gestalten die Straße hinauf sich auf es zu bewegen, ein Haufen Rosa, ein Haufen Blond, die langsam durch die Durchfahrt krochen, bis sie in dem massigen Gebäude des East India House verschwanden. Eine Einweihung? Er wußte, es war eine Art von Einführung, eine erste Begegnung. Eine andere Einzelheit ihres Planes, der stetig seiner Beute entgegenkroch. Genug jetzt, dachte er, und drehte zum Abstieg ab. Alles zu seiner Zeit.

Als Lemprière den letzten Punkt hinter den letzten Satz setzte – schon von Zweifeln angenagt und sicher, er habe etwas ausgelassen –, fand er sich in Verlegenheit. Alle seine anderen Projekte hatten während der letzten Monate seiner Tätigkeit vernachlässigt gelegen, und jetzt war er unsicher, wie er die Fäden wieder aufgreifen sollte. Er dachte an das Abkommen, das ungestört in seiner Reisetruhe geruht hatte, an die *Vendragon*, die immer noch unterhalb von Kapitän Guardians Haus vor Anker lag, geschützt durch des Kapitäns Versprechen, ihn von ihren Bewegungen zu unterrichten. An Juliette, deren Aufenthalt und ob sie tatsächlich immer noch in der Stadt weilte, ungekannt waren. Aus Mangel an Besserem legte er Rock und Schuhe an und durchwanderte in dieser Nacht die Straßen.

Die Stadt hatte sich verändert. Er wußte es nach einer Minute, blind, es nicht früher gesehen zu haben. Die Straßen wurden nur vom Mond erleuchtet, die Straßenlampen waren nicht entzündet. An jeder Ecke lag Abfall in Haufen. Haufen gequetschtes Obst und Gemüse, zerbrochene Kisten, schmutziges Papier und gröbere Produkte, die Vorübergehende in die Durchgänge traten, bis sie davon übersät waren. Stroh wirbelte umher, wenn schwache Windstöße die Straßen beunruhigten, aber das war selten. Die Hitze lagerte in dicken Schichten zwischen Häusern und Geschäften. Die Rinnsteine waren trocken wie Staub. Er schritt rasch doch ziellos aus, zunächst nach Norden über den Markt, danach wandte er sich nach Osten und dann nach Süden. Haufen von Männern kamen an ihm vorüber, die sich zweckvoll bewegten, die Blicke auf Punkte geheftet, die er nicht sehen konnte. Er ging ihnen klüglich aus dem Weg, etwas an ihnen entnervte ihn, als seien sie für eine einzige Aufgabe ausgebildete Hunde auf der Suche nach ihr. Einige dieser Haufen, immer mehr als zehn, selten mehr als zwanzig, bewegten sich in einem federnden Halbgalopp. Alle ihre Mitglieder waren gleich gekleidet, als ob jeder eine unerkennbare Uniform passend zum ebenfalls geheimen Zweck trage: Schärpen, Armbinden, eckige Hüte. Einige trugen Abzeichen oder Kennzeichen: eine Reitpeitsche, einen leichten Stock, einen kurzen Degen. Er sah sie überall. Sie rempelten und bedrängten die anderen Stadtbewohner und schoben sich an ihnen vorbei, als ob sie nicht existierten. Wenn sie stehenblieben, versammelten sie sich, um mit leisen Stimmen zueinander zu sprechen, und als er an einer solchen Gruppe vorüberkam, verfielen sie in Schweigen und beobachteten ihn, wie er weiterging. Er sah sie niemals endgültig stehenbleiben, noch entdeckte er den Sinn im Marsch dieser Züge. Er mied sie, indem er rasch von einer Straßenseite zur anderen wechselte, wenn sie vorüberkamen. Sogar Kinder. Gesichter von sechs oder sieben, blaß vor Eifer, kamen an ihm vorüber, und als er seinen Mut zusammenraffte und eines fragte, ein Mädchen in jungen Kinderjahren, was denn der Zweck ihres Vorrückens sei, sah das Mädchen ihn an, als sei er verrückt, das nicht zu wissen, und sagte «Für Farina».

Da wußte er, daß diese Haufen die mutierten Erben jener Seidenweber waren, die er in der Schenke hatte sprechen hören, in der er Theobald und dessen dunkelgesichtigen Vortäuscher getroffen hatte, die jüngsten Abkömmlinge der Prügler vor dem Gasthaus, und der Grund ihres Marschierens war, ob sie das nun wußten oder nicht, daß sie einander fänden und bekämpften, oder sich vereinten. Er kehrte aufgewühlt nach Hause zurück. Als er während jener Nacht schlief, träumte er von Feuern.

Das Klopfen an seiner Tür ertönte in der Mitte des Nachmittags am folgenden Tag. Er war sicher, daß es Septimus sei, und er irrte sich. Als er die Tür aufmachte, erblickte er blonde Haare und ein bekanntes Gesicht.

«Sie hatten recht», sagte Theobald Peppard. «Ich habe mich geirrt.» Die Worte kamen nicht leicht, seine schlechte Laune war schlecht verhohlen. «Alles, was George gesagt hat» – er hielt inne, und Lemprière winkte ihm, einzutreten –, «es war alles wahr. Ich habe die Papiere gefunden, die das alles beweisen, direkt unter meiner Nase. George hatte von Anfang an recht.»

«Ich weiß», sagte Lemprière.

Das East India House erhob sich aus der Leadenhall Street, vier Stockwerke hoch erstreckte es sich siebzehn Meter nach jeder Seite und weitere hundert nach hinten. Lemprière hatte versucht, Theobald zu überreden, daß er seine Informationen enthülle, aber der andere hatte sich geweigert und schleppte ihn nach Osten durch die

Stadt, über den Fleet Market, an Sankt Paul vorbei und durch Cornhill zu seiner Arbeitsstätte. Die bedrohlichen Haufen, die er in der vergangenen Nacht gesehen hatte, waren wieder sichtbar, wie sie sich durch die kochenden Straßen schoben. Im Tageslicht erschienen sie weniger bedrohlich, aber die Spannung, die er unter den Stadtbewohnern gespürt hatte, war unverändert.

Auch Theobald schien nervös zu sein, aber sie kamen unbehelligt an. Nach den Schimpfreden von George und der Witwe Neagle gegen die Gesellschaft erwartete er ein dräuendes Gefängnis, eine finster ragende Festung, ein weitläufiges Haus des Bösen, aber das East India House war freundlich und gesichtslos und trotz seiner Ausmaße zwischen den es umgebenden Häusern und Geschäften kaum wahrnehmbar. Von der Hitze schwitzte er in seinem Gehrock und strebte eifrig hinter seinem Führer her, als Theobald die Treppe zu den kühlenden Korridoren im Innern erstieg.

«Das hier sind die Ratsräume der Eigentümer und Direktoren.» Theobald wies auf einen Riesenraum zur Rechten, in dem Lemprière einen hufeisenförmigen Tisch erblickte, groß genug, damit den Pegasus zu beschlagen. Das starke Sonnenlicht hatte ihn geblendet, langsam aber gewöhnten sich seine Augen an das dunkle Innere.

«Dies sind die Verkaufsräume.» Gleichermaßen riesige leere Räume erstreckten sich nach links hin. Den langen Mittelkorridor füllten Schreiber und andere Angestellte der Gesellschaft, die alle Papierbündel und Akten mit sich trugen und beflissen ihren Aufträgen nachstrebten. Doch als sie weiter nach hinten vordrangen, wurde der Gang leerer. Theobald wies auf weitere Ausschußräume und die verschiedenen Büros hin, die mit den Lagerhäusern hinter dem East India House befaßt waren. Er war offensichtlich stolz ob ihrer Anzahl und seiner Kenntnisse ihrer Arbeitsweise, die er Lemprière erläuterte, während sie an ihnen vorübergingen.

«Der Rat ist ein öffentlicher Senat», sagte er. «Er macht keinen Unterschied zwischen Christen, Türken oder Juden, und auch nicht zwischen Land oder Geschlecht. Die Eigentümer wählen die Direktoren, und die Direktoren ernennen die Ausschüsse. Hier», zeigte er, «trifft sich der Korrespondenzausschuß, der wichtigste aller Ausschüsse. Ich bin der Verwalter der Korrespondenz, wissen Sie. Hier der Schatzausschuß und hier der für Rechtsverfahren und der für Militärfonds.» Dann gingen sie durch einen anderen Korridor weiter, in dem Lemprière über die Ausschüsse für den Einkauf, für die Lagerung, für Behausung und für das Rechnungswesen berichtet wurde. Diese behandelte Theobald mit weniger Ehrfurcht. Eine kurze Treppenflucht brachte sie hinab in einen Gang, der dem letzten gleich war und unter ihm verlief.

«Hier tritt die dritte Reihe der Ausschüsse zusammen», erklärte Theobald. Und wieder mußte Lemprière Anekdoten lauschen, über die Saumseligkeit des Schiffahrtsausschusses, die bittere Feindschaft im Ausschuß für den Privathandel, die kleinlichen Streitigkeiten im Ausschuß für Regierungstruppen und die reine Dummheit des Ausschusses für Vorräte. Jeder dieser Ausschüsse besaß einen eigenen Vorsitzenden, eigene Direktoren, einen eigenen Chefbeamten und einen eigenen Stab von Angestellten, deren unterschiedliche kleine Sünden und bürokratische Eigentümlichkeiten Theobald alle kannte. «Aber der Korrespondenzausschuß ist, wie ich gesagt habe, der wichtigste», blies Theobald sich hämisch auf. Er wies hoch. «Hier hinauf», sagte er.

«Ist die Korrespondenz denn tatsächlich so wichtig?» fragte Lemprière halb unschuldig, und hatte dann zuzuhören, während Theobald erklärte, wie Anweisungen nach Indien im Prüfungsbüro vorbereitet, und dann ins Kontrollamt geschickt wurden, um dort in roter Tinte mit Anmerkungen versehen zu werden. Er ließ sich über die kleinlichen Fehden zwischen diesen rivalisierenden Abteilungen aus und gab dann eine saftige Geschichte der Tintenschlachten, bevor er weitermachte und erklärte, wie die mit Anmerkungen versehene Korrespondenz abgeschickt und die allfällige Antwort im Rat der Direktoren gelesen wurde, ehe der Sekretär sie an alle betroffenen Abteilungen der Prüfungsabteilung verteilte, wo man aus ihnen Kurzfassungen herstellte, die vervielfältigt und an die Direktoren gesandt wurden, woraufhin die Prüfer begannen, alle für die Beantwortung nötigen Materialien und Dokumente zu sammeln, woraufhin das ganze Verfahren erneut begann.

«Und alle Korrespondenz wird auf diese Weise bearbeitet?» fragte Lemprière in offenem Unglauben. Theobald schien zu zögern, während er einen kleinen inneren Kampf gewann oder verlor.

«Nicht alle», sagte er schnell. «Es gibt einen dreizehnten Ausschuß, der Anweisungen direkt und nur aus eigener Machtbefugnis nach Indien schicken kann. Das ist der Geheimausschuß.»

«Aber Sie wissen davon? Andere vermutlich auch. Wie geheim ist er?»

«Er ist geheim», sagte Theobald, «weil niemand weiß, wer in ihm sitzt, oder wo er sitzt, oder gar, was er tut.»

Dann gingen sie weiter, vorüber an langen Reihen von Bücherschränken mit Glastüren und mit verschnürten Papieren gefüllt, und an Zimmer um Zimmer mit Schreibern, die da in Reihen saßen und wild vor sich hin kritzelten. Theobald erklärte die genaue Funktion eines jeden zusammen mit seiner Stellung in der Geschäftsordnung der Gesellschaft, die irgendwie immer die jeweilige Abteilung irgendwo ans untere Ende zu setzen schien, ihn aber, den Wahrer der Korrespondenz, irgendwo in die Nähe der Spitze. Die Korridore waren nahezu verlassen. Theobald nickte den wenigen Angestellten, die ihnen begegneten, kurz zu. Sie benutzten Hintertreppen und schienen weiter vorzustoßen, als das Gebäude sich überhaupt erstrecken konnte, und stiegen dann verlassene Treppenschächte hinab, tief unter die tiefsten Kelleretagen. Am Fuß der letzten Treppe blieb Theobald vor einer schmalen ungekennzeichneten Tür stehen.

«Ich allein von all den Tausenden Angestellten der Gesellschaft habe einen ganzen Korridor für mich.» Dann öffnete er die Tür, und sie betraten ein Büro mit zwei Schreibtischen, einem Stuhl und einer Öllampe. «Das Amt des Verwalters der Korrespondenz», gab Theobald bekannt.

«Ihr Gang scheint irgendwie kleiner zu sein als die anderen», sagte Lemprière, als Theobald die Lampe entzündete und dann in eine Schublade griff. Ein großer Schlüssel erschien sozusagen als Antwort aus dem Schreibtisch, und Lemprière nahm eine niedrige Tür mit eingesetztem schmalem Gitterwerk wahr, die sich auf der anderen Seite von Theobalds überfülltem Zimmer befand. Theobald kämpfte mit dem Schloß, das von Nichtbenutzung unbeweglich war, und stemmte dann die Tür auf, deren Angeln noch unbeweglicher waren. Ein dumpfiger Geruch erfüllte das Büro, als sie sich öffnete. Theobald ergriff die Lampe und winkte Lemprière zu, ihm zu folgen. Sie traten nacheinander ein, denn die Tür war ebenso schmal wie niedrig. Theobald hielt die Lampe so hoch, wie seine Statur ihm nur erlaubte, und Lemprière reckte sich, um die Szene vor ihm zu überblicken.

Theobalds Reich erstreckte sich tatsächlich die Länge und Breite des East India House. Die Strahlen der Lampe erhellten fünfunddreißig Meter oder mehr, ehe das Düster des niedrigen Inneren sie besiegte, und dahinter war nur Schwärze. Es war in der Tat ein riesiger Keller. Rohe Korridore verliefen nach vorne und nach beiden Seiten zwischen Hunderten von dicken Blöcken. Jeder maß mindestens drei Meter im Durchmesser oder mehr und reichte vom Fußboden bis zur Decke. Lemprière hielt sie für massive Stützsäulen. Der modrige Geruch war im Inneren viel stärker, und die Luft kalt vor Feuchtigkeit. Dann sah er, daß die Säulen Papier waren, riesige Stapel von Papieren, die in Blöcken gestapelt waren. Der Keller war ein Archiv von ungeheuren Ausmaßen. Theobald schritt vor ihm her und wandte sich zwischen den modernden Stapeln hierhin und dorthin, bis sie die Tür, durch die sie eingetreten waren, nicht länger sehen konnten, und nicht die Seitenwände, aber auch noch nicht die ferne Rückwand des Kellers. Lemprière vernahm irgendwo aus der Dunkelheit das schwache Tröpfeln von Wasser. Der Geruch von feuchtem Papier umgab ihn überall.

«Das hier», sagte Theobald, als er neben einem übelriechenden Haufen Papier, von grünem Schimmel gefleckt, stehenblieb und in die Schwärze um sie herum wies, «ist die Korrespondenz. Die ganze. Alles. Von den ersten Abenteurern bis heute.» Dann hielt er inne und blickte um sich. «Es gibt Geheimnisse hier, wenn man sie zu finden weiß», sagte er mit seltsamem Unterton. «Dinge, die die Gesellschaft nicht in tausend Jahren veröffentlicht sehen möchte. Manches davon ist schrecklich...» Lemprière meinte einen Ton des Bedauerns in Theobalds Stimme zu hören, als ob er auf seinen Bruder und die unglücklichen Mitspieler in der Neagle-Affäre anspiele. Aber dann veränderte sich sein Ton, und er war wieder der Bürokrat.

«Nur ich habe das Recht, das Archiv zu betreten», versicherte er. «Selbst die Direktoren müssen die Erlaubnis beantragen. Nun sehen Sie her», und er zog ein Bündel mitten aus dem Stapel und übergab es Lemprière. «Die Konten der *Falmouth*, Neagles Schiff», sagte er. Lemprière sah Zahlenkolonnen neben Versorgungslisten, Rechnungen von Schiffszimmerern und anderen Ausgaben.

«Das Ende», sagte Theobald, und Lemprière blätterte, bis die Kolumnen plötzlich 1766 auf einer Seite endeten, vom Alter vergilbt und von Schimmel gefleckt, sonst aber völlig leer.

«Was?» fragte er. Er sah nichts von Bedeutung. «Ist sie da gesunken?»

Theobald nickte. «Keine Gesamtsumme», sagte er. «Und keine Zahlung. Die Versicherung wurde nie eingefordert. Nicht die für die Ladung, nicht die für die Mietung des Schiffes.»

Es begann Lemprière zu dämmern, daß dies der gesamte «Beweis» war, über den Theobald auf der anderen Seite der Stadt gelärmt hatte, und er wollte gerade ärgerlich werden, als er sah, wie Theobalds Schultern bebten und ihm dicke Zähren über die Krokodilswangen rannen.

«George hat von Anfang an recht gehabt», schluchzte er, als Lemprière sich der Pantomime anschloß, indem er ihm auf die Schulter klopfte. Aber seine Hand erstarrte und Theobalds Tränen versiegten im gleichen Augenblick, als sie beide hörten, wie die Tür hinter ihnen zum zweiten Mal aufgestoßen wurde.

Sie wandten sich um und sahen zwei leichte Gestalten das Archiv betreten, von hinten durch eine Lampe beleuchtet, die der dritte hielt, ein größerer Mann, der seine Schultern nur mit Mühe durch die Tür quetschen konnte. Theobald löschte seine Lampe und führte Lemprière von ihnen fort, tiefer hinein in das Dunkel des Archivs. Lemprière blickte Theobald rasch an und erwartete Panik, aber er war kühl und gesammelt. Hinter ihnen schwärmten die drei Gestalten aus.

Zwei verschwanden fast augenblicklich aus der Sicht, die dritte war nur ein undeutlicher Schatten im zwanzig Meter entfernten Lampenschein. Massig gebaut, dachte Lemprière. Die leisen Töne eines Gesprächs, dessen Worte sie nicht verstehen konnten, verfolgten Lemprière und Theobald, während sie sich lautlos um die modernden Stapel herum bewegten. Ab und zu erhaschten sie Blicke auf die Lampe und ihren Halter, aber die beiden anderen waren unsichtbar.

«Was machen sie? Wer sind sie?» flüsterte Lemprière. Theobald schüttelte nur den Kopf und zog ihn noch weiter zurück. Doch welche Richtung auch immer sie einschlugen, es schien, als ob die Lampe ihnen schließlich doch folgte, langsam das Archiv durchmaß und ihnen den Fluchtweg immer mehr einengte. Ab und zu hörten sie Geräusche, die die Schritte der anderen sein mochten, und dann zogen sie sich langsam weiter zurück, bis das Geräusch verstummte. Auf diese Weise manövrierten sie im Archiv scheinbar für Stunden umher, die in Wirklichkeit nur Minuten waren. Dann umrundete Lemprière eine Ecke und da, kaum einen Meter entfernt, war eine Gestalt, die sich bei seinem scharfen Einatmen umdrehte, und ihr Kopf kam herum, und Lemprière griff mit beiden Händen zu, um den Schrei zu versiegeln, und zog sie herab und drückte so hart zu wie er konnte, und die Lampe kam näher, kaum noch fünfzehn Meter entfernt, und ihr gelbes Licht kroch um die Ecke, bis es den Körper unter seinem erhellte und eine Stimme erklang, die er erkannte, wie er die Silhouette aus der Tür erkannte und jetzt das Mädchen neben sich. Die Stimme war die von Casterleigh. Das Mädchen war Juliette. Der Viscount rief nach ihr und bewegte sich auf sie beide zu. Ihre Augen waren vor Angst weit aufgerissen. Casterleigh rief wieder.

«Antworte ihm!» zischte er ihr ins Ohr. Sie sah stumm zu ihm auf, als er die Hand von ihrem Mund nahm. Ein langer Augenblick verstrich. Toll wünschte er sich, er möge weiter anhalten. Die Lampe war nur noch Meter entfernt, und er konnte die Schritte des Viscount näher kommen hören.

«Warte!» rief Juliette, erhob sich und flüsterte zugleich «Morgen», nur das, und er sah die Angst immer noch in ihrem Gesicht, als sie davonschlüpfte.

«Komm her!» befahl ihr der Viscount und Lemprière hörte, wie sie halb stolperte, als sie vorwärts gerissen wurde. Da begriff er, daß ihre Angst überhaupt nicht ihm gegolten hatte. Er wollte sich erheben, aber Theobald zog ihn zurück. Zusammen beobachteten sie, wie Casterleighs Lampe sich entfernte, deren gelbes Licht die Ecken jedes der kauernden Stapel erfaßte, deren Schatten sich wie Zähne gegeneinander schlossen, als die drei sich auf die der Tür fernste Mauer zu bewegten. Als es nur noch ein schwaches Glosen fast dreißig Meter entfernt war, erhob sich Lemprière und kroch ihm langsam nach. Er bewegte sich seitwärts und blickte nacheinander in jeden Durchgang. Er hörte ein Geräusch wie von einer Tür, das Licht waberte und erlosch plötzlich. Ein Schlüssel knirschte. Er rannte in die plötzliche tiefe Schwärze hinein.

Theobald entzündete seine Lampe wieder und folgte ihm langsamer. Ihr Licht warf einen riesigen Schatten auf die ferne Wand, die Lemprière entgegenstürzte, um ihn zu treffen, als er auf das Ende des Archivs zu vordrang. Es endete in einer Mauer, in die Nischen eingelassen waren, Hunderte nach links wie nach rechts. In jede war eine Tür eingesetzt, niedriger noch als die, durch die sie eingetreten waren.

«Wo ist sie?» Lemprière pirschte auf und nieder und starrte die Tür an, während Theobald näher kam. «Die, durch die sie rausgegangen sind, wo ist sie?» Er riß die nächste Tür auf. Sie war aus massiver Eiche, viele Zentimeter dick, mit Eisenbändern beschlagen. Eine Angel brach, als die Tür aufging. Papier. Wie tief auch immer die Kammer sein mochte, die er geöffnet hatte, sie war vom Boden bis zur Decke mit Papieren vollgestopft. Er öffnete eine andere. Das gleiche.

«Da ist nichts», sagte Theobald. «Das sind nur kleine Keller, zusätzliche Stapelkammern des Archivs. Keine führt irgendwo hin.»

«Haben Sie nachgesehen?» Lemprière riß eine weitere auf, und noch eine. Er bildete sich ein, das Lampenlicht sei irgendwo zu seiner Rechten verschwunden.

«Es gibt keine andere Möglichkeit.» Er arbeitete sich die Reihe hinab, wobei ihm Theobald trotz seiner erklärten Zweifel die Lampe über seine Anstrengungen hielt. Und dann zog er, aber die Tür blieb zu. Noch einmal, aber sie wollte sich um keinen Millimeter bewegen.

«Hier», wies er Theobald an, und dann sahen sie beide die frischen Kratzer am Schlüsselloch. «Den Schlüssel», forderte er, aber Theobald schüttelte den Kopf.

«Ich habe nicht gewußt, daß sie Schlösser haben. Ich habe nicht gewußt, daß es einen Schlüssel *gibt*.» Lemprière ließ den Kopf sinken, dann erhob er sich und versuchte die nächste Tür in der Reihe. Wie die anderen ließ sie sich unter Mühen öffnen, und wie die anderen war die Kammer hoch mit Papieren vollgestapelt. Aber schlecht.

Lemprière wurde fast begraben, als eine Lawine von Papieren auf ihn herabstürzte, die er wütend beiseite trat. Er riß erneut an der verschlossenen Tür und zerrte am Türpfosten, aber es war vergeblich. Da trat er in seinem enttäuschten Zorn so hart gegen das Hindernis, wie er konnte, und hörte ein tiefes Echo von irgendwo dahinter aufdröhnen. Die beiden Männer sahen einander an.

«Das hab ich nicht gewußt», sagte Theobald. «Ich hab geglaubt... Ich habe nie nachgesehen.» Theobald beugte sich nieder, um die Papiere aufzusammeln, die aus der Nebentür hervorgequollen waren. Sie waren vorwiegend zusammengeschnürt, was die Aufgabe erleichterte. Lemprière beugte sich nieder, um ihm zu helfen. Als sich seine Hände um den ersten Armvoll schlossen, starrte ihm ein bekanntes Titelblatt ins Gesicht. Er hielt inne.

«Was ist?» fragte Theobald, aber Lemprière blickte weiter auf die Flugschrift. «Was ist das?» fragte der andere wieder.

«Asiaticus», sagte Lemprière. Er hob andere der Heftchen auf. Es waren alles dieselben, Tausende von ihnen. «Die vierte Flugschrift», sagte er. Dann zu sich: «Und ausgerechnet hier...»

Unter ihnen, hundert Meter tiefer, blieben die drei am Fuß der Leiter stehen, die an der Seite des Schachtes befestigt war, und blickten hoch, als der dünne Lichtstrahl durch das Schlüsselloch fiel. Le Mara wandte sich als erster ab. Der Viscount zerrte Juliette herum. Als die drei die schwache Neigung der Kaverne hinabschritten, scholl ein dröhnender Schlag von der Tür herab durch den Schacht und rollte durch den breiteren Tunnel, durch den sie gingen. Casterleigh lächelte vor sich hin, als er sich den mächtigen Schlag vorstellte. Das Mädchen schien bei dem Klang zu zögern.

«Beweg dich!» bellte er. Der Befehl schloß sich dem ersterbenden Echo des ersten Schlages an, und beide vermischten sich und prallten von Seite zu Seite gemeinsam die Gurgel der Bestie hinab. Er schob sie wieder vorwärts. Er wußte, sie schwankte und wurde schwächer, und er fragte sich, wie weit man ihr noch trauen könne. Noch ein bißchen weiter, drängte er sie wortlos. Danach spielt es keine Rolle mehr. Nach morgen würde nichts mehr eine Rolle spielen.

«U steht für den fetten weißen *Unterbauch*, der da unter diesem Großen Königreich von *England* hänget und schaukelt, darannen sich *John Company* klammert wie ein Wilder Reitersmann, ein Gespenster-reiter, und auf seinem Rücken wuchert ein *Ulcus*, dorten festgehaftet, und der saugt ihm die Stärke aus, und durch ihn die Stärke des Königreichs. Und ich, Asiaticus, kenne diesen *Ulcus* für ein fremdes Gewächs, eine unerlaubte Einfuhr in dieses Königreich, eine Cabbala...»

Er hatte seinen Kampf mit der Tür aufgegeben und Theobald ge-holfen, die Flugschriften zurück in ihre Verwahrkammer zu stapeln, wobei er eine einzige für sich behalten hatte. Sie hatten sie verschlos-sen, hatten sie verkeilt, und dann ihren Weg zurück durch die Länge des Archivs bis in Theobalds Büro genommen. Theobald hatte alle Schubladen seines Schreibtischs geöffnet, um zu zeigen, daß er den Schlüssel nicht besaß. Lemprière hatte dem kleinen Mann für seine Bemühungen gedankt. Theobald war ihm geschniegelt erschienen und ob ihrer Entdeckung keineswegs nervös. Das Echo war sehr lang-sam verklungen.

«V steht für dieser Cabbala *Verzeihliche* Sünden, das Wort der Papisten zu verwenden, denn so glauben sie, doch aber sind es Tod-sünden, Dreißigtausende Mal Todsünden, und jetzt *Vampyrische*, wie die Völker im Banat sagen, denn jetzt saugen sie Blut, wo sie es zuvor vergossen haben, doch habe auch ich einiges von diesem Blute und habe damit meine Schlachtenfahne rot gefärbt, denn V steht auch für das *Vexillum*, das ich führe, dadurch meine Rache zu verkünden. Ich werde als *Vlad* über sie kommen und ihre Keller zu den meinen machen...»

Er ging in einer Art Wolke nach Hause. Ein heißer Wind schob sich langsam in trägen Stücken, in fetten Blöcken erhitzter Luft durch die Straßen. Es war Abend. Der Mond war fast voll. An einer Ecke hatte sich eine Gruppe Menschen versammelt und klatschte im Gleichklang in die Hände. Er sah Menschen Zeichen austauschen, wenn sie aneinander vorbeikamen, sonderbare kleine Begrüßungen, Kopfnicken. Er sah eine Frau mit einem Kind im Arm, aber das Kind war still und roch nach Verwesung. Auf der Straße im Schnee, zwischen den Stößen verrottenden Papiers, hatte er sie wieder entschlüpfen lassen.

«W ist der *Wolf*, den ich jetzt bei den Ohren gepackt habe, und der *Wurm*, der sich auf meiner Zunge windet. Ich werde mit ihnen zur *Walstatt* ziehen, denn die *Wörter* nahen sich dem Ende. Zu dem *Webstück*, das sie aus den Innereien der Toten gewoben haben, werden die ihren hinzugewebt werden, denn jetzt sind die *Weißen Damen* bei ihnen, diesen neuen *Würdigen* Londons, und sagen Tod voraus. Bald aber werde ich eintreffen, um ihnen mehr zu sagen...»

Er war zu Hause angekommen und zog die Flugschrift aus der eingerissenen Tasche seines Gehrocks. Der Zorn des Asiaticus erschien unmittelbarer als zuvor, und Lemprières frühere Vermutungen verstärkten sich. Nicht allein die Gesellschaft, auch die Einleger waren sein Ziel, «fremdes Gewächs... Cabbala» nannte er sie. Es schien, als habe Asiaticus sich zu irgendeinem Angriff über die Rhetorik seiner Flugblätter hinaus entschlossen. *«Würdige»*; es gab neun Würdige, wie die Einleger, obwohl das François mit einschloß. Er konnte sich kaum konzentrieren, als er weiterlas. Ihr Versprechen.

«X ist der Charakter des *Xerxes*, der in Sicherheit hinter seinen Heeren stand und falsche Zähren vergoß vor ihrer Schlacht mit den Griechen und sagte ‹Wer vermöchte wohl zu sagen, wie viele aus dieser großen Menge heimkehren werden?› Ihr Mentor ist er, denn alleine sie kehrten zurück, während ihre Armee verdarb. Die Juden kennen einen Namen, der heißt *Yom Kippur*, und ist mein Y, und bedeutet ihren Tag der Sühnung, und der ist jetzt über allen und vor allem über einem, über Dir, *Zamorin*. Denn Du bist mein Ende oder ich Deines, und Du bist mein letzter Buchstabe, mein Z.»

Damit endete die Kampfschrift. Lemprière versuchte sich vorzustellen, wie die Cabbala der Einleger hinter ihren Mitbürgern zu La Rochelle stünde, als seien die ihr Schild, aber Asiaticus deutete einen tödlicheren Verrat als das an. Schließlich war es ja doch Richelieu gewesen, der die Stadt zu Land und zu See abgeschnitten und ihre Einwohner bombardiert hatte, bis die den Geist aufgaben und lieber starben, als sich gefangen zu geben. Der Zorn des Asiaticus deutete auf eine viel furchtbarere Tat hin, als die Flucht der Einleger aus ihrer sterbenden Stadt. Doch was immer diese Tat gewesen sein mochte,

535

die vierte und letzte Flugschrift vervollständigte das Wörterbuch des Zorns, des Hasses und der Drohungen, ohne sie zu enthüllen.

Lemprière blätterte die Seiten zurück und vorwärts durch und fragte sich nach Asiaticus' eigener Rolle in dieser Saga. Vermutlich war er wie angekündigt in die Schlacht gezogen, aber schon allein das Vorhandensein der Flugschriften im East India House buchstabierte Niederlage. Er war tot seit langem. Sie hatten ihn und seine Flugschriften gefunden und sich um beide gekümmert. Oder dieser *Zamorin* hatte es getan; einer von ihnen, nahm er an. Ihr Führer.

Als Lemprière über den Seiten brütete, fiel ihm auf, daß das Papier, auf das sie gedruckt waren, kaum Spuren aufwies. Das Archiv hatte reichlich nach Schimmel gerochen, aber die vor ihm liegenden Seiten waren makellos. Gedruckt 1629 oder 1630; sie mußten da annähernd hundertsechzig Jahre gelagert haben. Sie waren vergilbt, aber das war alles. Er stand auf und hob Bücherstapel vom Deckel seiner Reisetruhe herab, dann wühlte er in ihr herum, bis er die drei voraufgehenden Flugschriften fand. Ein schneller Vergleich löste das Rätsel. Besseres Papier. Die ersten drei waren auf grobem Zeugs gedruckt, das vierte auf leichterem, fein gemahlenem Material, eher wie Schreibpapier. Auch mochten die kleinen Keller den in ihnen gestapelten Papieren eine trockenere Heimstatt geboten haben als das weitläufigere und feuchtere eigentliche Archiv.

Lemprière schob die vier Flugschriften auf seinem Schreibtisch herum. Eine andere Tatsache hauste im Hintergrund seiner Gedanken, wollte aber nicht zum Vorschein kommen. Irgendwas mit dem herausstürzen und ihn begraben, doch wurde sein Geist zu Juliette zurückgezogen. Schon wartete er auf sie. Er sah ihr Gesicht, wie es von ihm weggerissen wurde, und aus dem Fond der Kutsche starrte, und zwischen seinen eigenen Händen im Archiv. Jedesmal näher, jedesmal aber zurückweichend in andere Arten der Dunkelheit. Er hörte das einzige Wort *Morgen* und drängte es vorwärts, sie schneller zurückzubringen.

Starkes Sonnenlicht weckte ihn. Er war an seinem Tisch eingeschlafen. Die Morgensonne strömte durch das Fenster in sein Gesicht. Er erhob sich, rückte sich die Augengläser zurecht, setzte sie zum Waschen ab, setzte sie wieder auf und setzte sich wieder hin. Es war heiß im Zimmer, und er schwitzte. Dann begann ein Tag des Wartens.

Die Gazetten würden später den 11. Juli als den heißesten Tag des Jahres verzeichnen. Gegen Mittag war das Zimmer erstickend. Er öffnete die Fenster, aber die Luft hing da in satten Blöcken. Die Straße war ein Schmelzofen, und so wie die Sonne sich von Osten nach Westen bewegte, funkelten ihm die gegenüber liegenden Fenster grell ins Gesicht. Er versuchte, sich selbst mit dem Forträumen der Bücher zu beschäftigen, für die er nach dem Abschluß des Wörterbuches keine Verwendung mehr hatte. Er begann, Oppian *Über Fische* zu lesen, aber der Gedanke an Ozeane kühlen Wassers quälte ihn nur noch mehr, und so gab er es auf und legte sich auf sein Bett und versuchte, an die Eintragungen in sein Wörterbuch zu denken, die er vielleicht vergessen hatte. Soweit er sich erinnern konnte, gab es aber keine. Septimus hatte die letzten Bogen schon vor über einer Woche abgeholt. Zweifel nörgelten ihn an. Während er da lag, bildete er sich verschiedentlich ein, er höre leichte Tritte auf der Treppe, und sprang dann auf, die Tür zu öffnen, aber da war niemand. Das war das Warten, nichts anderes.

Vielleicht hatte sie etwas anderes gemeint. Komm *morgen* zu mir. Finde mich *morgen*. Vielleicht war es eine Warnung, und er würde heute nacht auf diesem Bett liegen, wie George auf seinem gelegen hatte. Doch der Gedanke, daß sie käme und ihn ausgegangen fände, hielt ihn dort und ließ ihn warten. Der Schatten, den sein Haus warf, wuchs langsam am gegenüberliegenden hoch, und die Southampton Street war so still, als ob die Hitze jeden Laut erstickte. Von Zeit zu Zeit nahm er tiefe Züge, aber Hitze füllte ihm statt Luft die Lungen. Das Apfelsinenbäumchen beobachtete ihn aus seiner Ecke und zog aus seiner Unbehaglichkeit ein grimmes Vergnügen.

Gegen Ende des Nachmittags begann die Hitze sich zu wandeln. Sie wurde schwerer, stickiger, allgegenwärtiger. Als die Sonne unterging, erhob er sich und hängte sich aus dem Fenster, aber die Luft war träge und rührte sich kaum. Er spritzte sich Wasser ins Gesicht und setzte sich gerade die Brille wieder auf, als er ein einfaches Klopfen an seiner Tür hörte, ein unbekanntes Zeichen. Lemprière holte tief Luft, sammelte sich und ging dann hinüber, um seinen Besucher einzulassen.

«Ah, John ...» Lemprière trat zurück, und seine Schultern sackten in einer Mischung aus Enttäuschung und Erleichterung herab. Es war Septimus, der unsicher schien, ob er eintreten solle oder nicht. Gewöhnlich donnerte er laut gegen die Tür; sehr laut, wenn er seinen Spazierstock trug. Gewöhnlich kam er ohne zu klopfen herein. Aber Lemprière sah, daß sein Ausdruck vage war, wie schon bei seinem letzten Besuch, und dem davor.

«Komm rein», sagte er, und Septimus trat über die Schwelle, blieb dann aber mitten im Zimmer stehen. Da war ein kurzes Schweigen.

«Was ist?» fragte Lemprière. Septimus drehte sich um.

«Ah, John», sagte er, als ob er ihn jetzt erst erblickte.

«Ja?»

«Ja.»

«Was?» Er hatte solche Gespräche schon früher mit Septimus geführt. Gewöhnlich wurde er dann ärgerlich, aber diesmal schien sein Freund wirklich verwirrt zu sein.

«Ich hab mich nach den Eintragungen gefragt. Ob du die letzten schon abgeschlossen hast, wie ich glaube. Dann wär es am besten, sie jetzt einzusammeln.»

«Ja», sagte Lemprière. «Aber ich hab dir die letzten schon vor über einer Woche gegeben.» Er sah Septimus neugierig an. «Wo bist du gewesen? Wo ist Lydia?»

«Oh...» Septimus wedelte undeutlich. Lemprière sah seinen Freund erneut an. Er wurde hin und her gerissen zwischen dem Wunsch, den Grund für diese unklare Laune zu erfahren, und dem Bedürfnis, ihren Eigner hinauszubegleiten, ehe Juliette käme. Septimus sah sich um, als suche er etwas, das hier kaum sein könnte.

«Ah, John», sagte er wieder. Sein Auge blieb an seinem rosa Gehrock haften, der über der Rücklehne des Stuhles hing. Er schien ihn zu festigen, denn seine übliche umtriebige Weise kehrte zurück, und er begann, Lemprière wegen des Zustandes auszuschelten, in dem der Rock sich befand, der kläglich war. Der Stuhl hob die zerrissene Tasche besonders vorteilhaft hervor.

«Ich bin zu dem Knaben oben raufgestiegen...», begann Lemprière, den es einigermaßen unerwartet erwischt hatte, und er wollte ihm gerade von der eigenartig engen Arbeitsweise des Schneiders erzählen, als Septimus plötzlich sein früheres Feuer wiederzugewinnen schien.

«Ärger dich nich mit dem Schurken rum!» brach er los. «Hab mir mal von dem n Hemd nähen lassen. Scheußliche Sache, ein Besoffener mit einer Hand hätte das besser machen können...» Und er fuhr fort, den Mann auf das Übelste zu beschimpfen, bis Lemprière laut loslachte. «Was der macht, der steckt sich die Nadel in n Arsch, schluckt die Hosen runter...»

«Hosen?»

«Hemd, Verzeihung, obwohl du die nicht hättest auseinanderhalten können. Halt dich von dem Schuft fern, das is mein Rat.»

«Recht hast du», sagte Lemprière, immer noch lachend.

«Ah, John», Septimus klopfte ihm auf den Rücken. «War n bißchen außer mir. Verzeih mir.» Er ging auf die Tür zu, die Lemprière aufhielt. «Ich weiß, ich bin aus irgendeinem Grund hergekommen», sagte Septimus, als er ging, «aber ich mag verflucht sein, wenn ich nicht vergessen habe, was es war.»

Lemprière grüßte und beobachtete, wie er zwei Stufen auf einmal nahm. Dann hörte er auf zu lachen. Wie lange würde es dauern? Zwei, drei Minuten.

Lemprière nahm den Rock vom Stuhl, drehte ihn um und rollte ihn zu einem festen Bündel. Dann stieg er in den nächsten Stock empor und klopfte sanft an der Tür. Er hörte einen Stuhl scharren und Schritte schnell über den Fußboden nahen.

«Wird Zeit...», als die Tür sich öffnete. «Ich hab schon gewartet... Oh.» Der Schneider hatte aufgeblickt und gesehen, daß es Lemprière war. Sein Ausdruck veränderte sich von Verärgerung über Überraschung wieder zu Verärgerung. «Ich hab Ihnen schon mal gesagt», sprach er schnell, «nur Hosen. Also, wenns Ihnen nichts ausmacht...» Und er machte Anstalten, die Tür zu schließen.

«Hosen», sagte Lemprière, hielt das Bündel hoch und setzte seinen Fuß gegen die Tür.

«Zu beschäftigt!» schrie der Schneider.

«Hosen!» Lemprière schwang seinen Rock. Dann lehnte er sich gegen die Tür und drückte. Der Schneider wich zurück, und Lemprière ging in das Zimmer hinein.

«Wo sind denn Ihre Kinder?» fragte er unschuldig. «Und Ihre Frau?» Der Schneider schwieg. «Die Arbeit, mit der Sie so beschäftigt sind? Nadeln? Faden?» Aber der Schneider stand nur da in mürrischem Schweigen.

Lemprière sah sich in dem Zimmer um. Ein schmales Bett, ein Tisch, ein Stuhl, Bücher gegen die andere Wand gestapelt. Es war das gleiche wie seines.

«Wen haben Sie erwartet?» fragte er, obwohl er die Antwort bereits gewußt hatte, als ihn der Schneider für seinen überfälligen Besucher hielt. Er hatte die gleiche Höhe, die ähnlich dunkle Kleidung. «Was also machen Sie?»

Die Antwort lag auf dem Tisch. Die letzten Eintragungen in sein Wörterbuch waren neben einen gleichen Stapel gehäuft. Eine saubere und genaue Abschrift. Lemprière starrte sie schweigend an.

«Sie haben mein Wörterbuch abgeschrieben», sagte er. Der

«Schneider» nickte. «Das ganze?» Wieder das Nicken. Lemprière dachte einen Augenblick lang nach. «Die Unterschrift», sagte er. «Wie haben Sie...»

«Hab sie ausgelassen. Die Daten auch. Weiß nicht, warum sie überhaupt drin sind.»

«Copyright, Herr Kopist», erwiderte Lemprière scharf.

«Spielt keine Rolle, macht überhaupt keinen Unterschied», sagte der Kopist. Lemprière verdaute diese Information, dann wechselte er die Richtung.

«Zahlt er gut, der Herr Praeceps, oder?» Der Zweck der Besuche von Septimus im Hause war jetzt nur zu klar, sogar wenn es das für Septimus selbst nicht so sein sollte.

«Ganz gut. Hören Sie, Mister Lemprière.» Die Stimme des Mannes war ernst. «Es ist nicht so sonderbar, eine Abschrift zu fertigen. Zur Sicherheit, meine ich. Cadells Laden ist nicht feuerfest...»

«Ohne mein Wissen? Insgeheim? Hinter meinem Rücken?» Der Gedanke, daß während er sein Wörterbuch geschrieben hatte, unmittelbar über ihm ein dort hingesetzter Schreiber jeden Strich seiner Feder nachzog, jedes von ihm geschriebene Wort verdoppelte, ärgerte ihn auf eine Weise, die er nicht leicht hätte erklären können. Die Tat schien ihn irgendwie zu verspotten. Lemprière nahm beide Haufen vom Tisch.

«Ich weiß nicht, warum er sie wollte.» Der Abschreiber versuchte, ihn zu beruhigen, aber Lemprière stürmte an dem Mann vorbei und umkrampfte den Rest seines Wörterbuchs. Er knallte die Tür zu und stapfte die Treppe hinab, zugleich bestürzt und verärgert und neugierig. Aber dann vergaß er die Papiere und den zusammengerollten Rock, seine Bestürzung schwand und sein Ärger verdunstete. Seine Neugier war nur mehr die Erinnerung an eine Neugier, fortgeschoben und schon halb vergessen, denn Juliette stand allein vor seiner Tür.

Sie trug ein Kleid aus crèmefarbenem Linnen. Er erkannte es als das, das sie getragen hatte, als sie ganz zu Anfang vor der Kirche in der Gemeinde Sankt Martin aus der Kutsche gestiegen war. Damals war sie als ein märchenhaftes unberührbares Geschöpf erschienen. Eine Erscheinung. Sie wandte sich ihm zu, als er sich näherte. Die Hügel und verdorrten Weiden Jerseys schienen sehr weit weg, jener Sommer ein anderes Zeitalter. Sie war sehr schön. Das hatte sich nicht geändert.

«Du bist gekommen», sagte er.

Sie saß auf dem Bett. Er beobachtete sie vom Stuhl aus. Zuerst war ihm die Zunge gelähmt. Die Ereignisse, die ihm widerfahren waren, stauten sich in ihm auf. Wenn er auch nur eines herauszöge, würde der ganze Strom hervorbrechen und sie beide ertränken. Sie erinnerte ihn an den Nachmittag in der Bibliothek, und sie lachten beide rasch, hielten dann aber inne, als die Erinnerung zum Vorspiel wurde. Sie hatte von seiner Arbeit gehört, seinem Wörterbuch. Ihm wurde klar, daß er dessen letzte Bogen immer noch umkrampft in der Hand hielt, und er ließ sie zusammen mit dem Rock los.

«Es ist also abgeschlossen?» sagte sie, und er nickte. Sie saßen beide sehr aufrecht an ihren Plätzen.

«Dann könntest du nach Hause fahren...»

«Ja, das könnte ich wohl», antwortete er, ohne wirklich daran zu denken. Als er zu ihr hinüberblickte, sah er eine Art Bitte in ihrem Ausdruck. «Komm mit mir, komm zurück mit mir», sagte er schnell. Er wußte jetzt, was er wollte. «Wir könnten all dies hinter uns lassen...»

«Nein!» unterbrach sie ihn. «Ich kann nicht, ich kann dir nicht sagen warum; deshalb bin ich gekommen. Geh jetzt, John, geh ganz einfach.»

«Dein Vater...»

«Was weißt du?» Plötzlich verließ sie alle Fassung. «Sags mir!» beschwor sie ihn.

Lemprière war verblüfft. Er begann zu berichten, was Walter gesagt hatte, daß sie praktisch als Gefangene gehalten werde, was seine eigenen Beobachtungen ihm sagten, ihre Angst zuletzt am Vortag im Archiv. Als er aber vom Viscount Casterleigh sprach, sah er, wie sich ihr Ausdruck vom Flehen zum Resignieren wandelte. Sie ließ den Kopf hängen.

«Der Viscount ist nicht mein Vater», sagte sie. «Ich bin nur sein Mündel. Sonst nichts.»

«Dann verlaß ihn, verlaß ihn jetzt», drängte er sie.

«Er weiß, wer mein Vater ist», erwiderte sie. «Er will es mir bald sagen...» Ihre Stimme war ohne Hoffnung. «Bis dahin muß ich bleiben, ich weiß, er wird es mir sagen. Letzten Endes *muß* er es mir sagen...» Sie redete in dieser Art weiter, aber mehr und mehr zu sich selbst, als ob sie es zu häufig wiederholt hätte. Schließlich verfiel sie in Schweigen. Lemprière begann erneut, sich dafür einzusetzen, daß sie mit ihm zurück nach Jersey komme. Juliette saß da und schüttelte den Kopf.

«Ich weiß nicht einmal, wie du mich noch ansehen kannst!» brach es aus ihr hervor. Lemprière hielt mitten im Satz inne. Langsam begannen seine Wangen sich zu röten.

«Ich habe davon zunächst nichts gewußt, erst sehr viel später», sagte sie. «Glaub mir das, ich flehe dich an.» Er sah weg, denn zwei Bilder stiegen unwiderstehlich vor seinem geistigen Auge auf: seines Vaters Körper, zerrissen und blutig, wie er sich in seinen Todeszukkungen herumrollte; und der Körper des Mädchens, das jetzt vor ihm saß, nackt, wie er im Teich gewesen war.

«Ich dachte», begann er und räusperte sich. »Ich hab gedacht, weißt du, daß es mein Fehler gewesen sei. Deshalb hab ich das hier geschrieben.» Er wies auf die letzten Bogen. «Da gab es noch andere Dinge; bei den de Veres, bei Coade . . .» Die Erinnerungen machten ihn einen Augenblick schweigen. «Aber es war nicht mein Fehler.» Er sammelte sich.

«Nein», sagte Juliette.

«Die Hunde, die hätten natürlich dich gekannt, aber nicht meinen Vater. Vielleicht wäre das alles nicht geschehen, wenn er still liegengeblieben wäre wie ich. Solche Sachen geschehen, das verstehe ich, und ich nehme an, wir müssen sie hinnehmen . . .» Jetzt war er es, der sich selbst anredete, während er ihr den Vorfall erklärte. Als er wieder aufsah, hatte sich ihr Ausdruck geändert. Juliettes Gesicht war zugleich entgeistert und erstaunt. «Was ist los?» fragte er. «Ich konnte nicht anders, als dich da sehen . . .»

«Ich weiß, daß du gesehen hast. Es spielt keine Rolle», sagte sie rasch.

«Was denn dann?»

«Nichts», sagte sie. «John, nichts hält dich hier. Geh, bitte geh.» Sie erhob sich, und John erhob sich auch.

«Komm mit mir», sagte er.

«Ich kann nicht. Siehst du denn nicht, was ich hier bin? Ich muß zurückkehren.»

«Dann komm ich mit.»

«Nein», sagte sie. Aber Lemprières Entscheidung stand fest. «Nein», sagte sie wieder, als Lemprière sich anschickte, ihr zu folgen. Er öffnete den Mund, um zu widersprechen, und sie schloß ihn ihm mit ihrem eigenen. Sie küßte ihn, und dann fühlte er, wie sie ihn vorwärts zog. Gemeinsam sanken sie auf das Bett.

«Zum Teufel mit dir», sie zerrte an seinem Hemd. Seine Hand verhedderte sich in ihrem Haar. «Zum Teufel mit uns», keuchte er. Juliette legte ihm ihre Hand auf den Mund.

«Ja», sagte sie . . .

Die Luft im Zimmer wurde zu Hitze und kreiste langsam über ihnen. Zweimal flüsterte sie «Schläfst du?» Zweimal hörte sie ihn eine Antwort murmeln. Sie lag an seiner Seite, immer noch halb bekleidet. Beim dritten Mal schwieg er. Sie flüsterte, «weißt du es denn wirklich nicht?» Er regte sich im Schlaf. Juliette erhob sich lautlos und stand am Fuß des Bettes und blickte auf ihn nieder. Er schlief, die Knie bis zur Brust hochgezogen. Sie beugte sich vornüber, um ihre Kleidung aufzusammeln, und er bewegte sich. Sie erstarrte, und fuhr dann mit ihrer Arbeit fort. Sie schlich sich leise aus dem Zimmer und kleidete sich auf dem Treppenabsatz an. Sein Unwissen war ein Wunder. Für sie ein Geschenk. Wenn er wüßte, was seinem Vater wirklich zugestoßen war, würde er niemals aufgeben. Aber er wußte es nicht, und als sie zur Treppe schlich, dachte sie an ihren eigenen Vater, wer immer er sein mochte. Der sich seines Platzes bemächtigt hatte, der Viscount, würde mit seinen Gefährten warten. Ihr eigenes Unwissen war es, das sie an sie band. Sie blickte noch einmal hinab auf die schlafende Gestalt. Seines, dachte sie, mochte ihn immer noch fernhalten.

Die Treppe knarrte, als sie hinabstieg, und für einen Augenblick blieb sie stehen und lauschte ins Dunkel. Dann ging sie weiter, hinaus durch die Tür und hinein in die Straße, wo sich ihre beiden unterschiedlichen Arten von Unwissen voneinander trennten. Am obersten Ende der Treppe öffnete sich ein Paar Augen, und ein von dem langen Warten verkrampfter Körper regte sich in der Dunkelheit.

Lemprière fiel zurück, keuchend, erschöpft, geleert. Er spürte ihren Körper sich an seinen schmiegen. Ihr Atmen wurde langsamer. Er hörte ihre Stimme mit ihm flüstern. Sie war warm, sogar in der Wärme des Zimmers. Eine schwache Brise drang durch die Fenster ein und kreiste langsam über ihnen. Vielleicht hatte sie noch einmal geflüstert, aber diesmal war ihre Stimme entfernter. Sein eigenes Atmen fiel mit dem ihren in den gleichen Rhythmus, und wiegte sie sanft auf einander zu, und von einander fort, zum Schlafe hin.

Das Geräusch von der Treppe würde sehr tief hinabreichen müssen, um ihn zu finden. Wenn sich seine Augen öffneten, würde das nicht nur durch dieses Geräusch sein. Ihr Gehen würde sich als Störung entlang der Achse seines Körpers fühlbar machen. Ein Ungleichgewicht, ein Traum, als sein Arm sich nach ihr hinüber streckte. Er würde wahr werden, und sein Atem würde zu stottern beginnen. Seine Augen würden sich öffnen, und schon würde er wissen, daß sie gegangen war. Dann würde er sich erheben und zum Fenster rasen und noch einen Blick auf sie erhaschen, bevor sie um die Ecke bog. Und dann, als er erwachte, war sie weg.

Lemprière stürzte sich in Rock und Schuhe, halb rannte, halb stürzte er die Treppe hinab, halb bekleidet, halb erwacht stolperte und rannte er ihr die Southampton Street hinab nach, bog in den Strand ein und sah sie schon hundert Meter weiter im Halblicht des Vollmondes, der ihre Kleidung von Crème zu hellem Weiß bleichte, ein bewegliches Leuchtfeuer, dem er die leere Straße hinab nachrannte. Wieder war sie geflohen. Das mußte an den frühen Stunden liegen. Der Mond stand tief am östlichen Himmel; die Brise war jetzt etwas stärker. Sie drehte sich um, sah ihn und rannte. Oben auf der Treppe erhob die Gestalt sich langsam ins Dunkel und rieb schmerzende Glieder, bevor sie sich die Treppe hinab bewegte, den beiden nach.

Lemprière rannte an weißen Stuckbogen und Bogenfenstern vorbei, an Geländern und an Mauerwerk, das Schatten, die das Mondlicht warf, zernarbte. Er sprang in der Verfolgung über kleinere Abfallhaufen hinweg und umlief größere Haufen von Marktabfällen. Sie rannte vor ihm her, und in jeder Straße kam er ihr näher, bis sie um eine Ecke bog, und wenn er sie selbst erreichte, war sie weiter voraus als je zuvor, als ob die Straßen selbst sich jedesmal streckten, wenn er sie aus dem Blick verlor. Sie nahm enge Gassen und Passagen, die im Zickzack nach Westen durch die Stadt führten, und er lief hinter ihr her, holte auf und fiel zurück, während die schweigenden Häuser emporwuchsen und sich um sie herum schlossen. Als er um die Ecke der Cockspur Street bog, glaubte er, er habe sie verloren. Er befand sich auf dem Heumarkt, und die Bürger, die zu dieser Zeit noch unterwegs waren, schlurften schleppend umher. Keiner von ihnen war sie. Die breiten Stufen des Opernhauses zogen zu seiner Rechten vorüber, und dann hörte er hinter sich eine Tür zufallen. Er wandte sich um, aber sah nichts. Er hielt an und ging ein paar Schritte zurück. Eine enge Gasse lief am Theater entlang. Sie war pechschwarz. Lemprière ließ sich von seiner Hand geleiten, als er sie der Länge nach hinabging. Plötzlich gaben die Steine der Mauer nach, er drückte, und eine Tür schwang auf. Er trat ein und fand sich in einem Gang, der sich nach links wie nach rechts wegbog. Ein schwaches Licht glomm aus der einen Richtung. Lemprière schloß die Türe hinter sich und bewegte sich darauf zu. Er vernahm ein leises Geräusch, das zu einem dumpfen Tosen anschwoll, als er näher kam. Der Gang führte ihn in weiter Biegung zu einer Treppenflucht. Das Geräusch war sehr viel lauter, eine Kakophonie aus Schreien und Kreischen. Er zog einen Vorhang beiseite, warf den Kopf zurück und schützte sich die Augen.

Der Zuschauerraum war eine Lohe aus Licht. Öllampen und Kerzen waren überall über Ränge und Bühne verteilt. Er war von der Seite hereingekommen, zwischen Orchestergraben und erster Sitzreihe. Der Zuschauerraum war eine wallende Masse kostümierter Menschheit, vollgestopft mit Körpern, die schrien und einander verfluchten, während sie vor und zurück wogten, über die Sitze kletterten und zwischen ihnen herum, und Bühne und Orchestergraben mit einer höchst wirren Auseinandersetzung füllten. Schwerter und Speere wurden geschwungen; das wirre Getöse war betäubend. Lemprière quetschte sich an die Wand, während das Feiervolk auf ihn zu und von ihm weg tobte, und Flaschen und improvisierte Waffen und sich gegenseitig umklammerte. Er schien nicht beachtet zu werden, während er die wirbelnde Masse überblickte. Von Juliette gab es immer noch kein Anzeichen.

Er trat zurück und erkannte, daß in der Szene vor ihm irgendeine Ordnung waltete. Sein erster Gedanke war der an ein streitendes Maskenfest. Es mochte zunächst sehr schön begonnen haben, mit höflichen Unterhaltungen und fröhlichen Demaskierungen und dem ganzen Drum und Dran des *bon ton*, aber dann war irgend etwas schiefgegangen, die Konvention unterlag der Flasche, beißender Witz verkam zu Beschimpfungen, vernünftiger Zweifel zu Wahnsinn. Jedermann trug Domino – lose umhüllende Kittel aus schwarzem oder weißem Leinen – und grobe hölzerne Gesichtsmasken mit Löchern für Augen und Mund. Unbeholfene Kämpfe brachen im Orchestergraben aus zwischen Schwarzkitteln und Weißkitteln, ungeschickte Hiebe wurden von flaschenschwingenden Kriegern beider Farben ausgeteilt. Dann ergriff, während er zusah, eine Anzahl der Schwarzkittel die Flucht, und die Weißkittel drängten vor und droschen mit wirkungslosen Schwertern auf sie ein (Holz? fragte er sich), während sie sich in den Hintergrund des Zuschauerraumes zurückzogen, wo unter dem ersten der aufsteigenden Ränge ein Mann in Schwarz mit gekreuzten Armen stand. Er war ein Riese.

Er sah sich wieder nach Juliette um, aber sie war nirgendwo im Zuschauerraum oder im Orchestergraben oder auf der Bühne, wo die Weißkittel zusammenströmten (von denen einige die Auseinandersetzung unten überhaupt nicht zu beachten schienen) und auf die auch er jetzt gefegt wurde, als sich die Weißkittel ebenfalls zurückzogen. Ein unsicherer Waffenstillstand hielt alle in Schach. Die Schwarzkittel sammelten sich singend und schreiend in einer Linie vor den vordersten Sitzreihen. Die Weißkittel ähnlich am Rand der Bühne. Sie hatten ihren eigenen Riesen, der sie – nicht so gigantisch wie der der Schwarzkittel – zu führen schien, und dann spürte Lemprière sich von seinen Nebenleuten auf die Bühne und zu dem Riesen hin geschoben, der ihm ein langes Holzschwert in die Hand drückte und ihm auf die Schultern schlug, wozu die Weißkittel jubelten, bevor sie ihn bei den Armen ergriffen und ihn trotz seines hilflosen Gestrampels von der Bühne in den Graben schleuderten, wo er sich aufs deutlichste bewußt war, daß er in seinem rosafarbenen Gehrock zur Schau gestellt wurde, wozu seine Förderer immer noch jubelten, und als er aufblickte, sah er seinen Herausforderer von den Schwarzkitteln vor sich stehen und ein Schwert genau wie seines halten, abgesehen davon, daß der herausfordernde Riese es auf einen zwischen ihnen liegenden Stuhl herabsausen ließ, der zerspellte, als die Stahlklinge sechs Zoll in den Boden fuhr. Unter all den Requisiten und dem kitschigen Betrieb dieses Schmierentheaters war das Schwert wirklich, und sein Herausforderer trug, wie er jetzt sah, Hörner, und hinter der Maske öffnete sich sein Mund, um ihm die Herausforderung des Hahnreis entgegen zu brüllen. «Paris!»

Lemprière kam auf die Füße. Für einen Augenblick hielt er sein hölzernes Schwert vor sich hoch, dann dachte er «Ich bin ja verrückt, das zu glauben». Menelaos rückte vor. Lemprière ließ seine schlappe Waffe fallen, um zurück auf die Bühne zu krabbeln, woraufhin ihn der weißbekittelte Riese einen Feigling und weichen Verführer schmähte, aber Lemprière überhörte diese Verhöhnungen und bahnte sich einen Weg durch das Gewühle in den Hintergrund der Bühne, wo er begann, seinen Mittrojanern die Masken herabzureißen. Er fand Gesichter von Rouge verkrustet, mit Farben und Kleister beschmiert, pockennarbige Gesichter, zahnlose Münder, und Augen, die in ihren Höhlen vom Suff rollten. Und selbst als er die fetten Farben von den kitschigen Vorspiegelungen abkratzte, dachte er an das Schwert, das im Holz des Fußbodens zitterte, und fragte sich: «Wo bleibt Aphrodite mit ihrer Nebelwolke, um mich in Sicherheit zu tragen?» Doch die Antwort darauf lag eine Stunde in der Vergangenheit und eine Meile zurück auf dem engen Bett in seinem Zimmer, wo sie ihm ein für alle Mal gezeigt hatte, daß sie aus Fleisch und Blut und ebenso menschlich war wie er, es sei denn, auch das wäre Einbildung. Er schrie «Juliette!» Aber das Gelärme überdröhnte ihn, und niemand wandte sich um, diesen Namen für sich zu fordern.

Hinter ihm drangen die weißbekittelten Trojaner wieder vor, und die schwarzbekittelten Griechen fielen hinter Sitzbarrikaden zurück und schleuderten leere Flaschen und hölzerne Lanzen und herausgebrochene Teile der Sitze gegen ihre Angreifer. Der Anführer der Trojaner, Lemprières Schmäher, Hektor, bricht durch und verwüstet die Griechen, indem er den einen gegen die Wände, einen anderen über seine Schultern, einen dritten in seine Gefährten schleudert. Der schwarze Riese ist unbewegt, ein brütender Achill, als Hektor sich umringt und dann an den Fuß der Bühne zurückgetrieben findet. Er packt den tapferen Führer dieses Gegenangriffs bei der Kehle, bis er zusammensackt und still liegenbleibt. Der schwarzbekittelte Achill bewegt sich endlich. Er schmettert weißbekittelte Krieger mit den Händen beiseite, wischt beiläufig trojanische Geschosse weg und erreicht Hektor, der vor der Bühne auf und ab rast. Olympische Trapezartisten schwingen sich von den Göttern herab, und schaukeln vor und zurück, und flüstern ihm zu, zu stehen und zu kämpfen. Der Rat wird aufgegriffen – ein Mißgriff. Achill erwischt ihn und fällt ihn mit einem einzigen furchtbaren Hieb. Aus dem Zuschauerraum links trotten zwei Pantomimepferde herein und ziehen einen Kampfkarren mit einem kaputten Rad, und Goldfarbe stäubt von dem billigen Kutschwerk herab, das sich unter Achills Masse auflöst, und er schleift Hektor selbst um den Zuschauerraum. (Gramdurchwirktes Wehgeheule der Trojaner sowie Ausstellung der Brüste Hekubas.) Achill ermattet, bleibt stehen und entkorkt eine Flasche, während auf der Bühne Paris seine Helena durch die Kulissen in den Hintergrund der Bühne entfliehen sieht und über das Getöse hinweg «Juliette!» brüllt. Ihr Kopf wendet sich, und ihr Mund formt ein weiteres Mal über ihre Schulter «Geh zurück!», während er sich abmüht, die trojanischen Körper beiseite zu stoßen.

So begann die Verfolgung aufs neue. Hinter der Bühne war die Requisite über dem zerschmetterten Kampfwagen bereits hart an der Arbeit. Die Pantomimepferde hatten sich mittleibs geteilt, und ihre Inwohner, rotgesichtig und schwitzend, erfrischten sich mit kalten Waschlappen und Bier. Kostüme wurden überall auf dem Boden verstreut, greller Chintz und Flor, Tierköpfe und wenig überzeugende Waffen. Er blickte auf und sah, daß sich die Decke in der Höhe des Bauwerks erstreckte. Seile und Flaschenzüge hingen herab zusammen mit schwanken Leitern, die hinaufreichten zu zerbrechlichen Plattformen und Laufstegen fünfunddreißig Meter oder mehr über ihm. Sonderbare Stücke Kulissen baumelten mitten in der Luft: ein Triumphbogen, ein Berg, einige Bäume und ein eigenartiger Apparat aus unregelmäßigen Röhren, die blau und weiß gestrichen waren und Handgriffe hatten, sie rotieren zu lassen, das Meer, vermutete er.

Juliette war schon hoch in der Takelage, ein winziges weißes Lodern in den hohen Schatten. Während er zuschaute, schob sie eine Luke im Dach auf. Er sah ein Viereck Nachthimmel, gegen den sich ihr Körper abhob, und dann war die Luke geschlossen. Lemprière begann, hinter ihr her die Leiter zu besteigen. Halbenwegs pausierte er und blickte hinab. Der Boden war sehr viel weiter entfernt, als er sich vorgestellt hatte; zu weit. Er machte weiter und bewegte sich langsam bis zur höchsten der Plattformen empor, und dann über einen Laufsteg, der frei an seinen Seilen schwang, bis er die Luke erreichte. Er drückte sie auf, zog sich hindurch, und lag keuchend auf seinem Rücken. Himmel, Sterne, die Nacht. Er war auf dem Dach des Opernhauses.

Ein warmer Wind wehte. Das flache Dach erstreckte sich vierzig Meter vor ihm. Es war bleibedeckt, aber die vom Regen hier abgelagerten Salze, das Mondlicht und die Luftoxide vereinigten sich, es fast weiß zu bleichen. Er stand auf der Rückseite, die flache Oberfläche vor ihm war mit eigenartigen Höckern übersät, irgendwelchen Geschöpfen. Zwanzig, vielleicht dreißig. Schildkröten! Ein einziges dieser Geschöpfe reckte sich auf der niedrigen Brüstung, am weitesten von ihm entfernt, empor. Sie waren groß, mindestens hüfthoch. Abgesehen von ihm selbst war die Szene völlig ruhig. Er rief wieder «Juliette!» Es gab einen Augenblick lang keine Antwort, dann sah er auf der anderen Seite des Daches eine Gestalt sich erheben und auf ihn zuschlendern.

«Guten Abend, Lemprière! Du bist hergekommen um das, was mein ist!» rief die Gestalt, als sie näher kam. Es war der Viscount. Seine Stiefel schlugen dumpf auf das Blei. Lemprière schob sich zur Seite.

«Sie gehört Ihnen nicht!» rief er zurück. «Sie hat mir erzählt... Sie sind nicht ihr Vater.» Der Viscount kam näher.

«Wahr, Lemprière, so wahr...» Er lachte kurz vor sich hin. «Um sie geht es hier nicht. Etwas Größeres hält mich zurück, etwas, das sehr viel schwieriger zu fassen ist.» Er blieb stehen, und die beiden sahen sich immer noch durch Meter getrennt an. Der Mondschein warf verzerrende Schatten über Casterleighs Gesicht. Er hatte Juliette gesucht; nur sie. Was sonst gab es noch?

«Deinen Anteil, Lemprière! Dein Neuntel der Gesellschaft!» Der Viscount schleuderte es ihm ins Gesicht. Er sah Juliettes Ausdruck, als er die Hunde erwähnt hatte; erstaunt, entgeistert. «Das, was dein Vater gesucht hat», brüllte der Viscount.

«Mein Vater!» keuchte er.

«Dein Vater, dein Großvater, und dessen Vater, und vor dem all die anderen. Die alle haben gesucht, was du auch suchst. So schnell wir sie auch abgeschlachtet haben, so schnell sprangen sie wieder hoch. Sie alle, Lemprière. Und dein Vater... Hast du wirklich geglaubt, das wäre ein Unfall gewesen?»

Lemprière sah die Hunde flach über den Boden rennen, seinen Vater anspringen, der sich zur Flucht gewendet hatte, die Arme erhoben, stürzen, herum und herum rollen...

«Sie alle Unfälle, Lemprière?» Der Viscount näherte sich ihm.

«Sogar François?» Casterleigh erstarrte im Schritt. Lemprière schob sich weiter seitwärts. Sein Rücken war nun zur Brüstung. Der Viscount rückte wieder vor. Seine Masse überragte Lemprière.

«Alles zu seiner Zeit», sagte er, und sprang ihn an. Lemprière sprang zurück. Die erste Schildkröte schlug ihm gegen die Rückseite seiner Beine. Er rappelte sich auf, und der Viscount sprang wieder zu. Er bewegte sich fast beiläufig hinter seinem Opfer her, umging die Schildkröten, trieb Lemprière auf die Brüstung zu.

«Diesmal bist du dran, Lemprière.» Er zog einen kurzen Dolch. Lemprière trat wieder zurück und schüttelte den Kopf. Fetzen aus seines Vaters Brief kamen ihm in den Sinn. *Wenn die Art meines Hinscheidens dem Muster entspricht, das unsere Vorfahren formten... Zweifel und unbeantwortete Fragen. John, gehe ihnen nicht weiter nach...* Der Viscount griff ihn erneut an. *Deine Neugier wird nicht befriedigt...* Er spürte die Brustwehr nahe hinter sich, den schieren Fall hinter ihr, *Deine Rache niemals verwirklicht werden.* Narr, verfluchte er sich. Der Dolch schwang vor ihm einen Bogen und zwang ihn zurück. Er trat zurück und wußte, daß er nicht weiter zurück konnte. Der Viscount grinste und schwang erneut. Lemprière sprang zurück und hoch auf die Brustwehr. *Was meine Papiere angeht, verbrenne sie.* Narr! Casterleigh stach ein letztes Mal nach ihm, der Dolch Zentimeter vor seinem Gesicht, sein Mund arbeitete, als ob er reden wolle, die Brustwehr glitt unter ihm davon, und der Mittelpunkt seines Schwergewichtes hatte seinen Körper bereits verlassen, und war hinter ihm, und raste den Steinen vierzig Meter tiefer entgegen. Er stürzte rücklings in den Raum. Er hatte verloren und mußte sterben, wie alle die anderen Lemprières, und nur weil er der letzte war.

Und Casterleighs Ausdruck erstarrte auf dessen Gesicht.

Lemprière sollte das Wesentliche dessen, was folgte, noch manches Mal überdenken, doch nie würde er sich des genauen Ablaufs sicher werden. Er hörte ein lautes Rauschen der Luft hinter ihm, betäubend und von unten aufsteigend. Er sah Casterleigh rückwärts stürzen, als ob er geschlagen worden sei, die Augen irgendwohin über seinem Kopf gerichtet. Er schmeckte Salz. Er spürte eine harte Hand in seinem Rücken, sicher war es eine Hand, die ihn mit außergewöhnlicher Kraft vorwärts schob. Am sonderbarsten von allem, er roch Brennen.

Aber der Wind hatte nicht zugenommen, und niemand hatte den Viscount geschlagen. Salz? Sein Mund war voller Speichel, Angst, nahm er an. Und nichts brannte, aber die Hand in seinem Rücken, das *war* eine Hand, dessen war er ganz sicher, und doch, wie konnte das sein? Die Hand Gottes? Er wurde mit großer Kraft vornüber von der Brustwehr geworfen. Das Dach erhob sich, ihn zu empfangen, als eine weite Bleifläche, die zu schmelzen und sich, als sein Kopf herabkam, in einen feinen leichten Nebel aufzulösen schien und seine Sicht ausfüllte, bis der Viscount, und die Schildkröten hinter ihm, und die Luke hinter ihnen, und sogar der Himmel fortgesogen und durch Blei ersetzt waren, das weiß war, dann grau, und dann schwarz.

John. Hände waren um seinen Hals, und zogen ihn vorwärts, und aufwärts. *Verfolge sie* ... Sein Gesicht wurde von Seite zu Seite geschlagen. Er versuchte, zurückzuschlagen.

«John.» Graue Wogen wallten zurück, es wurde heller. Er schlief, dachte er, und werde geschlagen.

«John! Wach auf!» Die Gräue wurde schärfer. Er blickte auf und sah ein Gesicht über seinem. Er hing verkehrt herum. Er stöhnte und versuchte, seinen eigenen Kopf zu heben. Die Schläge hörten auf.

«Steh auf, um Gottes willen. Wir müssen uns beeilen, los doch, John!» Das war Septimus.

Er lag in der Gasse neben dem Theater. Septimus kniete neben ihm.

«John, wir müssen gehn, du mußt aufstehn.» Er versuchte es. Sein Kopf hämmerte.

«Gut. Jetzt beweg dich.»

«Septimus, was tust du... wie kommst du her?» Er rieb sich die Stirn. Der Knochen fühlte sich weich an.

«Ich hab das Mädchen reingehn sehn, als ich rauskam, und hab auf der Treppe gewartet...»

«Juliette! Wo ist sie?»

«Ich weiß nicht. Ich bin euch beiden gefolgt und hab dich auf dem Dach liegen gefunden... Wir haben jetzt keine Zeit dafür. Sieh mal.» Er wies die Gasse hinauf zum Heumarkt, wo Lemprière Gruppen von Menschen in zielstrebigen Trupps vorbeiziehen sah, die sich einander zuschrien, sich hänselten, sich zusammenrotteten. «Die Stadt geht hoch, siehst du? Los, komm jetzt!»

Ihre Rückreise führte sie durch all die Straßen, die Lemprière zuvor durchreist hatte. Aber jetzt sah er statt des einsamen Mädchens, das vor ihm dahinfloh, Banden von Männern und Frauen, die herumwirbelten, und Knüttel und Fackeln schwangen, und eigenartige Gesichtsbemalungen trugen, und «Farina!» schrien. Sie bewegten sich in alle Richtungen, prallten aufeinander, vermischten sich, schlossen sich an, doch die allgemeine Richtung war Osten. Lemprière und Septimus wurden mitgerissen, aber als sich sein Kopf klärte, begann Lemprière, seinen Freund merkwürdig anzusehen. Je weiter sie gingen, desto mehr schien Septimus seine frühere Zielstrebigkeit und Dringlichkeit zu verlieren, und unten im Strand war es Lemprière, der sie beide durch die bedrohlichen Zusammenrottungen des Mob drängte. Sie erreichten die Southampton Street unversehrt, und Lemprière geleitete Septimus durch die Tür und hinauf in sein Zimmer, wo sein Freund zusammensank, als ob ihn irgendein innerer Kraftquell bis hierher gebracht hätte, aber nicht weiter.

Der warme Wind wehte durch das offene Feuer und raschelte mit den Blättern der Flugschriften, die auf seinem Tisch lagen, und rührte die Luft auf, die seit seinem Aufbruch in dem Zimmer gelagert hatte. Juliettes Duft und der seine wurden vermischt, als die schwere Schicht aufgestört wurde. Die Straße sandte seltsame Schreie herauf und das Geräusch von Schritten, die sich schnell über das Pflaster bewegten. Septimus war in die Unordnung des Bettes gesunken. Lemprière durchmaß das Zimmer und warf Blicke hinab auf Septimus, der tief in Gedanken schien.

«Dann hast du also oben auf der Treppe gewartet?» Er brach schließlich das Schweigen. Septimus stützte sich auf seine Ellenbogen auf und nickte erschöpft. «Vor der Tür des Kopisten?» Septimus blickte überrascht auf, dann resigniert, dann nickte er wieder.

«Warum?» fragte Lemprière. «Wenn du eine Abschrift vom Wörterbuch haben wolltest, hättest du mir das ebensogut sagen können, wie es verheimlichen.» Septimus machte den Mund auf, um zu sprechen, aber der andere hob die Hand zum Schweigen. «Du hast da also gewartet, und bist mir dann gefolgt, und ich nehme an, du hast die ganze Pantomime beobachtet. Sollte ich das eigentlich alles glauben? Sollte ich glauben, ich sei Paris? Ich bin nicht verrückt, verstehst du?» Er stand unmittelbar über Septimus, der versuchte, ihn beiseite zu winken, aber Lemprière hatte sein Thema fest gepackt und wollte es nicht loslassen. «Es war alles vorgetäuscht, oder? Heute nacht im Theater, und vorher...» Sein Geist raste zurück, seine Stimme wurde plötzlich kälter und sicherer. «Warum hast du dich an jenem Abend verspätet, als wir zu Coade gehen wollten?» fragte er. «Wer hat bei den de Veres veranlaßt, daß die Mulde gegraben und ein Kran mitten in einen Sumpf gestellt wurde? Komm schon, Septimus. Ein Entwässerungsprojekt?»

Und dann begannen Septimus' Erklärungen hervorzupurzeln: Juliette sei für Lemprière zur Besessenheit geworden, er sei zu allem fähig gewesen. Die Nacht bei Coade? Er war aufgehalten worden, zerstreut, hatte es vergessen, war zu spät gekommen, und was Kran und Loch angeht, wisse er gar nichts. Er habe lediglich dem Earl jemanden vermittelt, und wenn der Kerl ein Schurke war, dann – tut mir leid, aber das war alles. Septimus ulkte etwas herum, als diese Entschuldigungen vorgebracht wurden. Er setzte sich auf und ging Lemprières Fragen der Reihe nach durch. Aber er improvisierte, er schien seine Antworten danach zu bilden, wie sie in Lemprières skeptischen Ohren klängen, und sie waren schwach. Früher hätte Septimus, wie er wußte, herumgepoltert und eingeschüchtert, bis er, Lemprière, überzeugt gewesen wäre. Jetzt aber blieb er ungenau und zögerlich, hielt inne und wechselte unter Lemprières ungläubigem Schnauben mitten im Satz die Richtung. Er schien unfähig, sich auf die anliegenden Fragen zu konzentrieren. Das regte Lemprière auf. Fast hätte er seinen Gefährten angebrüllt.

«Was ist los mit dir? Du bist schon seit Wochen so gewesen, und sogar noch früher...» Er dachte an Septimus' Entsetzen beim Steinschlucker, als winzige harmlose Flammen ihn einringten und sein Körper vor Angst erstarrte. Und noch früher im Kaffeehaus, als er fortzutreiben und nur eine Schale zurückzulassen schien, eine Hülse, die Septimus war und nicht war. Damals sprach die Hülse zu ihm.

«Ich... ich bin nicht ganz bei mir, John, das ist wahr. Ich nehme an, ich hätte dich da lassen sollen, aber ich wollte dich zurückbringen. Hier, wo wir uns am häufigsten getroffen haben, dieses Zimmer. Ich dachte, nach heutnacht...» Er hielt inne und stand auf. «Du könntest denken, naja, alles. Ich hab geglaubt, du befändest dich in Gefahr, und deshalb bin ich dir gefolgt. Wir waren Freunde, glaube ich. Oder so was Ähnliches, nicht wahr?»

«Casterleigh hat versucht, mich umzubringen», sagte Lemprière. Sein Rücken war Septimus zugewandt, während er sprach. Der Mond war höher gestiegen, sein Licht strömte durch das Fenster auf den Tisch. Auch der Wind war stärker geworden. «Hat versucht, mich vom Dach zu schmeißen.» Blätter regten sich vor ihm.

«Seine Tochter», sagte Septimus hinter ihm. «Ich habs dir gesagt.» «Nein», sagte Lemprière. «Sie ist nicht seine Tochter; und sie war nicht der Grund. Es war das Ding, das dich und mich zuerst zusammengebracht hat.» Septimus bewegte sich hinter ihm. «Das Abkommen», sagte er. «George hat sich trotz allem geirrt. Es ist immer noch gültig, obwohl ich nicht weiß wie. Es war für uns alle ein Fluch, für alle Lemprières. Selbst für François. Ich glaube, sie haben versucht, ihn um seinen Anteil zu betrügen, nachdem sie entkommen waren.»

Der Wind wandte die erste Seite einer der Flugschriften vor ihm um. Der Mond schien hell, und für einen Augenblick erschienen beide Seiten des Textes ineinandergemischt, als das Licht durch das Papier schoß. Er dachte an François und an Thomas de Vere, an ihre zufällige Begegnung nach der Belagerung. Die Notiz im Tagebuch des vierten Earl brachte sich von seiner Begegnung mit Alice de Vere in Erinnerung. Er hatte sie für eine Närrin gehalten, für eine Verrückte, so wie vor hundertfünfzig Jahren ihr Ahne den seinen für verrückt gehalten hatte. Thomas de Vere hatte ihr Treffen verlassen mit der Versprechung François', die ihm in den Ohren klang: «...daß ich bald reicher als jeder andere Mann sein würde außer ihm selbst, denn er habe ein Abkommen mit mir getroffen und werde es halten.» Der vierte Earl hatte diese Worte niedergeschrieben und sich an seine Hoffnung geklammert, selbst als er notierte: «All dies ward in einem großen Zorne wie im Wahn gesagt...» Und dann war François verschwunden.

Lemprière dachte an Casterleighs Worte auf dem Dach. Sie hatten François gefunden und ihn schweigen gemacht, und er hatte jenes Versprechen als seine Erbschaft hinterlassen. Ein Neuntel der Gesellschaft gehörte den Lemprières, und einer nach dem anderen hatten sie alle sich auf die Suche danach gemacht, sogar sein Vater, sogar er selbst. Einer nach dem anderen hatten sie das gleiche Geschick erlitten wie François. Irgendwo und irgendwie hatte der Reichtum überlebt, während seine wahren Eigner auf der Suche nach ihm gestorben waren. War das das letzte Geheimnis? War das der Grund für die Fehde zwischen den Einlegern und den Lemprières? Das war nicht genug. Nicht genug für seinen Vater, auch nicht für dessen Vater davor, und nicht für irgendeinen von ihnen. Nicht genug für François.

«Doch als ich ihn dann frug, ob er die Mitkaufherren noch betraure, ist es doch jetzt schon einige Monate seit der letzten Abschlachtung, sagte er mir nein, denn noch lebten sie, und wären sie gleich zu Tode gebrannt wie die anderen, so bliebe seine Antwort immer nein, denn er hasse sie wie Vögel, die ihre Kleinen äßen, und schlimmer. All dies ward in einem großen Zorne wie im Wahn gesagt...»

Wahn. Irgendwas während der Belagerung. Der Wind stieß ein bißchen härter, und auf dem Tisch vor ihm begannen die Seiten der vierten Flugschrift sich durch die letzten Buchstaben des Wörterbuchs von Asiaticus zu blättern.

«X ist der Charakter des *Xerxes*, der in Sicherheit hinter seinen Heeren stand und falsche Zähren vergoß vor ihrer Schlacht mit den Griechen und sagte ‹Wer vermöchte wohl zu sagen, wie viele aus dieser großen Menge heimkehren werden?› Ihr Mentor ist er...»

Mentoren, üble Vögel, Könige, die ihre Völker schlachten. Die Gesellschaft, die ihre Profite Jahr um Jahr aufstapelt, irgendwo ein riesiger Hort. Der Mond wurde noch heller, während er Hitze aus den Strahlen der Sonne sog und frierende Strahlen auf den Tisch warf. Nicht genug für François.

«Ich glaube, er plant Böses gegen seine alten Gefährten, die anderen acht Kaufleute, aber er sprach nur davon, ihre Papiere zu markieren, oder markierte Papiere zu besitzen, und sagte *Merke Dir* mit seinem Akzent und zwinkerte. Mich betreffend, so hielt ich Frieden und wir sprachen von anderen Dingen, wie den schändlichen Angriffen käuflicher Scribifaxe auf die Gesellschaft...»

«Die Juden kennen einen Namen, der heißt *Yom Kippur*, und ist mein Y, und der ist jetzt über allen...» Unheil, Rache, Sühne. Wofür? Den Diebstahl? Das war nicht genug. Da war mehr, etwas jenseits des Hortes der Einleger, irgend etwas mehr hinter den Worten auf der Seite, die langsam umschlug, während das Licht es durchdrang und die Antwort zu ihm hochstarrte. Da wußte er.

Als das Mondenlicht durch das Papier strömte, begriff er, daß die Seiten der vierten Flugschrift die «markierten Papiere» waren, die Thomas de Vere so sehr verwirrt hatten. Lemprière hielt die Blätter hoch ins Licht und schlug eines nach dem anderen um. Jedes hatte ein Wasserzeichen, einen groben Halbmond.

«Es ist nie um das Geld gegangen», sagte er, halb zu sich selbst, halb zu Septimus. Lemprière starrte das Wasserzeichen an. Die Identität des Symbols vor ihm begann, ihr Geheimnis zu entfalten. Er kannte es schon, hatte es zweimal gesehen: als weites Banner und als enges Emblem, beide größer und kleiner. Nur der Maßstab hatte ihre Entsprechung unterdrückt.

«Septimus», sagte er zu der Gestalt hinter ihm. «In meiner Truhe ist ein Ring, und daneben ein großes Buch. Könntest du...» Er hörte die Gestalt hinter sich durch das Zimmer schlurfen. Er war bereits sicher, als er François' Ring nahm und ihn neben das Wasserzeichen hielt und das ausgefetzte «C» des Signets im Wasserzeichen der Flugschrift von Asiaticus wiederholt sah. François' «großer Zorn» und der Zorn von Asiaticus waren ein und derselbe. François und Asiaticus waren eine Person. Ihr Haß galt dem gleichen Objekt. Septimus schlug die Seiten in dem Buch auf dem Tisch vor ihm um. Pläne der westlichen Häfen boten sich dar: Le Havre, Cherbourg, Brest, Lorient, Nantes, von seinem Vater bestellt, von Ebenezer Guardian gesammelt und gebunden, und schließlich abgeholt und heimgebracht von Lemprière selbst.

«Da.» Er hielt des anderen Hand ruhig. Das gleiche Symbol erschien erneut, aber größer. Der ausgefetzte Halbmond war der Umriß eines Hafens, der Bruch im Kreis dessen Mündung. Als Lemprière die Beischrift über dem Plan las, begriff er, daß dies die wahre Bedeutung der Wassermarke in den Blättern der Flugschrift war. Das hier war François' wirkliche Drohung gegen die Einleger gewesen. Nicht das Geschimpfe gegen Hänschen Gesellschaft, nicht sein ABC des Hasses, sondern dieses Symbol, ihnen in den Blättern der vierten und letzten Flugschrift zugeschickt. Welches Verbrechen auch immer François Lemprières frühere Genossen begangen hatten und so seinen Zorn erregten, es war hier irgendwie gekennzeichnet. Vor dessen Enthüllung hatten sie solche Furcht, daß sie ihn ermordeten, und all jene Lemprières, die dem Pfade folgten, den er begonnen hatte. Die drei Bilder – Ring, Buch, Wasserzeichen – fielen plötzlich vor seinen Augen in scharfe Bündelung. Die Wurzeln der Fehde gründeten in dem Ort, dessen Plan jetzt vor ihm lag.

«Ich kenne die Zeichnung», murmelte er zu sich selbst. Septimus zog sich zurück.

«Hier», er zeigte auf den Ort, und dann kam der Name. «Es begann hier, hier zu . . .»

Aber er beendete das nicht. Septimus fing ihn unter den Armen auf, noch ehe er von dem Schlag zusammensackte, und ließ ihn auf den Boden nieder.

«Rochelle», flüsterte er in Lemprières bewußtloses Ohr. «Alles begann in La Rochelle.»

IV. La Rochelle

15.

Während sich der Roman seinem Schluß nähert, beginnt in Europa
ein systematischer Zusammenbruch, dem der Kaiser Joseph
verwirrt wie immer beiwohnt, doch bleibt der Krieg so
sinnlos wie stets, und das Wetter wird immer
dräuender und vielschichtiger

Der Antizyklon bewegte sich von den Azoren aus ostwärts auf Portugal zu und dann, als am 13. Juli die Morgenröte aufstieg, nach Norden. Ein Isobarensystem führte eine lebhafte Brise in einem Halbmond sommerlicher Turbulenzen ostwärts und nordwärts ins Binnenland. Der Antizyklon, der über die flachen Ebenen und die Gebirgsketten dahinkabbelte, begann seine Fahrt ins Binnenland, als Sonnenlicht auf die breiten Wasser der Donau fiel, deren Ufer die Schatten der Nacht aufsogen. Sein Hochdruckherz begann sich zu straffen, als die Sonne höher stieg und die Winde ein bißchen stärker bliesen. Stehende Luft über Mitteleuropa begann, sich aus Sympathie zu drehen, und setzte ihrerseits weitere Wirbel in Bewegung, und dahinter noch mehr, als der Vorgang sich selbst zu wiederholen begann in immer schwächeren und vielschichtigeren Verwindungen, im Uhrzeigersinn und gegen den Uhrzeigersinn, und jede Front noch vielschichtiger und weniger bestimmt als die vorhergehende, während sie sich nach Norden und Osten ausbreiteten, und Staub aufwirbelten und die Blätter zwischen dem Goldenen Horn und dem Hoek van Holland schüttelten. Örtlich vorherrschende Winde – der Mistral, der Schirokko, der Tramontana, unterschiedliche Föhne – unterbrachen und trugen bei, bis die Strömungen und Querströmungen, die Interferenzmuster und Druckzonen dermaßen in ein Wettersystem zusammengequirlt waren, daß dessen Komplexität seine Beobachter überforderte und sie zurückließ, wie sie ihre windbetriebenen Instrumente immer wieder neu adjustierten. Ganze Informationsordnungen wehten und wirbelten in geheimer süßer Verlorenheit vorbei und kräuselten durch die Milliarden Grashalme, und rieselten durch die Milliarden Sandkörner und Staubstäubchen, und wenn es ein Instrument gab, die Auswirkungen dieses Systems von seinen winzigsten Nanospannen bis zu seinen gigantischsten Gigaskalen aufzuzeichnen, dann war es eine Landmasse um nichts kleiner als ganz Europa. Schon zuckten seine Nadeln, waren seine Häfen weit offen und summten seine Schaltkreise von solch konfuser Musik, daß sie nur als ein Monoton vernehmbar war. Doch für den vollkommenen Beobachter, den einzigen eingesetzten Aufseher dieser überlasteten Maschine...

Der Kaiser Joseph beobachtete von seinem Balkon in Peterwardein, wie Wäscherinnen Bettwäsche, seine eigene, im Garten unten aufhängten. Große weiße Vierecke flappten im böigen Wind, jedes schwach befleckt, jedoch gewaschen und wieder gewaschen, bis die Spuren, die er da nächtens ablagerte, in eine allgemeine Überweiße schwanden. Er dachte düster an die Krimtataren, von denen ihm die letzten Depeschen berichteten, daß sie ihre von Rußland angelieferten Musketen in eine Reihe strategisch unbedeutender Bergfestungen geschleppt hätten, statt im Banat mit seinen disziplinierteren Truppen herumzusitzen und zu verhungern. Vielleicht hatten sie recht. Vielleicht hatten die Türken recht, oder Graf Ewald von Hertzberg, oder sein eigener Gesandter, der, wie er sich jetzt erinnerte, bereits vor Monaten gegen diesen Krieg geraten hatte. Jetzt war er spurlos verschwunden. Die Hohe Pforte behauptete derzeit, ein österreichischer Kaper habe ihn in den Gewässern vor Sizilien gefangengenommen und halte ihn jetzt gegen Lösegeld fest. Und das nur eine Woche nach seiner vielbeschrienen Hinrichtung des Wachtmeisters Wittig wegen des Massakers bei Karlstadt, und die war schließlich als versöhnliche Geste gedacht gewesen. Jetzt schrien, wie er vernommen hatte, seine Dragoner *Für Wittig und Österreich!*, wenn sie die türkischen Batterien angriffen, und Balladen über ihn und die russische Zarin liefen in seinen vorgeschobenen Divisionen frei um. Nächtens lebte er deren Spott, erschien in seiner schleimigen Bettwäsche vor ihr, und sie bearbeitete in Reitstiefeln mit Sporen sein bebendes Fleisch, eine Fingerspitze hier, ein Ohrläppchen da, eine raffinierte und ausgesuchte Chirurgie mit stahlbespitzten Schneidezähnen, bis seine Organe abgetrennt auf dem Tisch neben ihr lagen, woraufhin sie straff rittlings auf ihm sie zu nehmen und sich wie geschälte Weinbeeren in den Mund fallen zu lassen pflegte. Dann pflegte er aufzuwachen und die Entleerung seiner Nöte auf das Laken unter ihm zu betrachten. Manchmal zog er dann mit dem Finger die dicken nassen Spritzer nach, nahm Konvergenzen und Zufallsbahnen wahr, wie vielleicht der eine Spritzer zur Seite abwich und der Spur eines anderen folgte, oder ihn kreuzte, um einen faßbareren Klumpen zu schaffen, und manchmal fragte er sich, ob diese Zufallsergüsse ins Unendliche zu extrapolieren und nachzuziehen seien, wo es vielleicht einen Punkt gäbe, einen Zentralknoten, in dem sie sich alle zusammenfänden? Ob es da einen Punkt gäbe, von dem aus der Sinn in all diesem offen sichtbar wäre? Er hörte ein Knattern und dachte für einen Augenblick, das sei eine Haubitze. Unter ihm knallte der Wind mit seinen Laken. Er sah fort, von dieser Antiklimax enttäuscht. Er hörte die Wäschermädchen miteinander schwatzen. Er suchte den vollkommenen Punkt und fragte sich, wohin das alles führe. Das Kichern unten wurde lauter. Was mochten sie ihm erzählen, diese geheimen Nachrichten aus ihm an sich? Der Wind erhob sich in einer raschen kraftvollen Bö. Sichtbare und unsichtbare Spuren zickzackten in ein Fabelgitterwerk, als die Mädchen begannen, die Laken zu falten. Wohin führten sie, diese glitzernden Spuren? Sie kicherten wieder, während die Laken gestreckt und gefaltet wurden, und lachten lauter und lauter, und schrien und kreischten, und der Kaiser Joseph schlug sich die Hände über die Ohren und wollte, daß sie aufhörten, aber das hysterische Geräusch dauerte und dauerte an. Was, fragte er sich, was war die Bedeutung des geheimnisvollen Schleimes?

Der Antizyklon zog näher heran. Sein Zentrum verschob sich nach Norden und streifte die Kante der Landmasse, als ob es einen Eingang suche. Binnenlands wie über der See begannen die gekrümmten Winde wider die zentrale Druckzone zu zerren. Die Sonne stieg höher, und die träge Hitze der Vortage konzentrierte sich in einer heißen Brise. Die Maschine summte ein bißchen lauter. In den vollkommenen Kugeln und Zylindern der in kunstvolle Formen geschnittenen Bäume, entlang den exakten Linien der beschnittenen Liguster drehten Blätter und Nebenblätter ihre helleren Unterseiten in die und aus der Sicht, hell und dunkel. Der Spiegel des Teichs wich einer neuen durchrieften Oberfläche, deren Diagonalen von West nach Ost liefen und ins Zickzack gerieten, als der Wind die widerstrebende Oberflächenspannung durchbrach. Rasenflächen blitzten unentzifferbare Botschaften, als sich die einzelnen Grashalme in diese oder jene Richtung legten, alle in Übereinstimmung, alle gegen die gemähten Vierecke und die gestutzten Rechtecke zusammenarbeitend. Die Sonne verwandelte sie in Heliographen, die neue und verwirrende

Chiffren widerspiegelten, welche sich aus der lotrechten Logik der Gärten hinaus einer wilderen Aussicht und einer anderen Bestimmung zuzudrehen schienen.

Als er das Levée entgegennahm, verfolgte Seine Majestät die gleitenden Bewegungen der pomadisierten und gepuderten Gestalten über das Parkett auf sich zu. Ein Diener, ein Knicks, ein Rascheln erlesener Seiden, und fort. Er dachte an die Hemmung von Uhren, die Aufwärtsbewegung auf dem Zahn des Rades, dann ein sanftes Lösen, und hinab. Dann die nächste und die nächste, und für immer herum und herum.

«Ah, Monsieur!» Eine geschmeidige Gestalt trieb auf ihn zu, hielt inne, trieb von dannen, um von einer anderen ersetzt zu werden. Herum und herum, wie die Erde um die Sonne, oder der Mond um die Erde. Als er sich erhob und hinausging, erhoben sich alle, und er schritt durch diesen sauberen menschlichen Korridor zur Tür, wonach sie sich hinter ihm wieder schlossen. Nimm die Sonne, dachte er. Sie verstrahlt sich und zieht alle diese Planeten als Gefolge hinter sich her. Ohne sie würden sie auf völlig unberechenbaren Wegen, vielleicht sogar schädlichen, davonfliegen, wer weiß wohin. Die Autorität der Sonne stellt in diesem Modell eine Art Großzügigkeit dar. Einer *gab* Befehle, *gab* Anweisungen, ein Beispiel. So weit, so gut. Die Planeten und ihre Satelliten benahmen sich auf eine gewisse Weise, flogen mit einer gewissen Geschwindigkeit auf gewissen Wegen, erschienen in gewissen Abständen hier und da wieder... Das war Huldigung und wurde benötigt, vermutete er, um die Sonne an ihrem Platz zu halten. Jetzt kam der schwierige Teil.

Er spürte Sonnenschein heiß in seinem Gesicht und einen heißen Wind, als er auf die Terrasse trat. Der Tag war herrlich und windig. Gartenvolk zerstreute sich und schmolz dahin. Während die Planeten und so weiter herum und herum laufen, treffen sich die von ihnen gezogenen Linien niemals, aber ihre Kräfte (zentripetal, zentrifugal, gravitational, der Zug wetteifernder Massen, kurz die *Summe*) sind die Sonne. Oder vielmehr, die Linien, die man über die Durchmesser all ihrer Umläufe zieht, treffen sich in der Sonne. Das war besser. Alle in der Sonne.

Er stieg die Stufen hinab und ging auf die Orangenbäumchen zu. Hinter ihm kam sein Gefolge auf der letzten Stufe vor dem Erdboden zum Halt. Der Teich glitzerte lockend in der Ferne. Er winkte ihnen zu, und sie zogen sich rückwärts über die Stufen zurück. Vielleicht hätte er weiter um die Terrasse herumgehen sollen. Alle Linien treffen sich in der Sonne, selbst die auseinanderstrebendsten. Jetzt kamen die Linien der Orangenbäumchen näher, und er bewegte sich zwischen den mit Latten verblendeten Töpfen einher und bewunderte die skulptierten Kugeln, die seine Gärtner um ihn herum geschaffen hatten. Der Wind hatte sich erhoben, und obwohl die äußeren Formen der Bäumchen in langen Linien gereiht blieben, die sich in eine andere eigenartige Perspektive erstreckten, gerieten die Blätter in diesen Knollenkugeln alle durcheinander, als Brisen und Böen sie in Unordnung brachten und sie umherschnellten, bis sie alle kunterbunt durcheinanderstanden und Louis die Stirn runzelte. Sein Gefolge verschwand um die Ecke der Terrasse, indem es irgendeiner Nominalversion seiner selbst folgte. Die Blätter raschelten. Wieder blickte er die langen Reihen hinab und bildete sich ein, er erblicke eine leichte Biegung. Louis schritt weiter voran, dann runzelte er erneut die Stirn. Er hätte gedacht, daß seine Orangenbäumchen sich weiter erstreckten, jedoch die Reihen drehten sich ineinander, und sein Ausblick auf den Teich war erheblich gestört. Hinter ihm war es das gleiche. Aber immerhin war er soweit gekommen.

Er wandte sich um und kreuzte in die benachbarte Reihe hinüber, aber die Orangenbäumchen waren sehr eng aneinander gesetzt, und als er sich hindurchdrängte, fand er sie ebenso unordentlich wie die, die er verlassen hatte. Er rückte wieder vor, oder dachte, er täte es, fand sich aber lediglich wieder da, von wo er aufgebrochen war. Er legte eine Pause ein, dann bewegte er sich weiter. Sehr viel besser. Jetzt würde er jeden Augenblick vor dem Teich ankommen. Aber er wurde verwirrt, als er offenbar auf einen Pfad geriet, der ihn in rechten Winkeln führte, dann in einem Bogen, dann wurde er enger, und er hätte wohl erneut an seinem Ausgangspunkt sein können. Es war schwierig zu sagen. Wieder bewegte er sich vorwärts, aber diesmal hatte er kaum einen Schritt getan, als sich die Orangenbäumchen so eng zusammendrängten, daß er gezwungen war, stehenzubleiben. Die Sonne schien herab und half nicht. Die Blätter raschelten reihenweise, hoch und nieder und kreuz und quer, in alle Richtungen und Winkel. Er begann, einen Schritt zu versuchen, aber der Widerstand war groß, die Impedanz hoch. Er hielt inne, im Begriff, wieder loszugehen. Die Orangenbäumchen hinter ihm verschoben sich. Gleich würde er wieder losgehen, oder sogar jetzt. Die Blätter, die unsichtbaren Kräusel auf dem künstlichen Teich und die Grashalme auf dem Rasen raschelten in unordentlichem Konzert. Bald jetzt. Orangenbäumchen bewegten sich und schlossen sich zusammen wie

Satelliten. Die Sonne stand oben still. Bald. Er hielt inne. Die Heliograph-Rasen blinkten ein und aus, schwatzten in binärem Stakkato, der Teich bildete kleine Mulden und Spitzen, und die Blätter schalteten sich ein und aus, schneller und schneller, bis die Botschaft verschwamm und jede Luke der Maschine schwebte und jedes Tor auf und zu schwang. Der Unterschied zwischen ihren Eins- und Null-Zuständen verengte sich zum Staat, und innerhalb des Staates schossen Spuren hin und her und breiteten sich aus, agierten miteinander und vermischten sich, agierten und agierten gegeneinander, so daß das Feld der Operationen zu einem Feld der Möglichkeiten wurde, das Spurengatter eine Wolke, in der nahezu jedes Ereignis, das stattfinden konnte, ebensogut nicht stattfinden mochte, und jetzt erschien, aus dieser Perspektive wenigstens, dieser ganze ergodische panoptische Mischmasch überdeutlich, blendend klar.

Die luftgetragene Druckzone schwebte von der Iberischen Halbinsel fort, schnüffelte forschend durch die Biskaya und bewegte sich nordwärts. Der Antizyklon wirbelte die Atlantikküste hinauf, an der Girondemündung vorbei, auf die Île d'Oléron zu. Frische Winde gingen ihm vorauf und folgten in seinem Kielwasser. Seine Mitte war sehr ruhig. Duluc und Protagoras, die auf dem Hügel saßen und ihre Mole überblickten, verspürten in ihren Rücken die neue Empfindung einer östlichen Brise. Die Sonne schien ihnen noch hoch in die Gesichter. Sie saßen geduldig. Bald würden die Karren eintreffen. Dann würde es Nacht werden. Irgendwann danach würden sie das Signalfeuer fertigmachen, und irgendwann danach würde das Signal beantwortet werden. Aus all ihren fieberhaften Anstrengungen und denen ihrer Partner jenseits des Wassers, aus all den verrückten und getürkten Treffen, den Zufallskollisionen, und wenn alle Werte gegeneinander ausgewogen waren und nahezu jede Kraft ihrer Gegenkraft begegnet war und sie bekämpft hatte, *dann* würde ein einziges überladenes Partikel aus dem Gemetzel auftauchen und auf einem einzigen möglichen Vektor auf sie zukommen, und sobald die *Vendragon* endlich an ihrer Mole anlegte, würde auch diese Kraft mit allen anderen zusammen aufgehoben werden und der letzte Pfad sein Ende erreicht haben.

Jetzt begann der Wind zu ersterben, und nach kurzem fanden die beiden sich in einer sonderbaren Windstille sitzen. Sie sahen einander an und richteten dann ihre Blicke hinaus auf die See. Die Maschine hatte ihren unsichersten Zustand erreicht, und das Auge des aufziehenden Sturmes blickte auf sie alle herab. Das stille Zentrum des Antizyklons lagerte unmittelbar über La Rochelle.

Während die Sommermonate sich dahinschleppten, spürte Nazim, wie seine Mission von ihm forttrieb. Er stand in der kochenden Hitze hinter dem Ladegeschirr von Butler's Wharf und beobachtete, wie sich die *Vendragon* im Wasser durch die Tage suhlte, die sich zu Wochen längten. Manchmal hing er ebenso zur Abwechslung wie mit Absicht hinten in der Thames Street herum und starrte auf die lichtlosen Fenster von Le Maras Haus. Aber die *Vendragon* war beladen, oder vergessen, oder von ihren Herren aufgegeben – seinen Feinden, ermahnte er sich selbst –, und Le Mara schien sich in Luft aufgelöst zu haben.

Es gab keinen Zweifel, daß sie von seiner Existenz wußten. Er hatte seine Anwesenheit von Anfang an auf dem Kai Le Mara bekannt gemacht. Er war ein Fremdkörper, ein widerständiges Teilchen, das das glatte Arbeiten ihrer Maschine verkeilte und verdarb. Er versuchte zu glauben, daß seine wachsame Gegenwart eine Art Druck darstelle, unter dem ihre Operationen sich verbögen und aufbrächen und die Informationen ausspien, die er wie Öl brauchte. Aber das war nicht so. Wenn er ehrlich sein sollte, so waren ihre Handlungen für ihn jetzt immer noch nicht erkennbarer als vor neun Monaten, da er die Laufbrücke der *Nottingham* herabgekommen war. Sie bereiteten sich vor, sie *bereiteten* sich vor. Aber worauf?

Die Nacht bei Coade hatte ihr Spiel unverhüllter sichtbar werden lassen denn je zuvor, und doch war der Zwischenfall noch immer undurchsichtig. Zwei Mädchen, offenbar Zwillinge und gleich gekleidet, die schwarze Kutsche, Le Mara und sein größerer Gefährte, der junge Mann in Schwarz im Gasthaus: Die Aktionen, deren Zeuge er gewesen war, schienen außerhalb ihrer selbst auf nichts hinzuweisen, wie ein komplexes und blutiges Brettspiel oder eine Maschine, die sich selbst zusammensetzt und wieder auseinandernimmt. Im Mittelpunkt dieser zwecklosen Aktionen befand sich der Pseudo-Lemprière. Mitspieler? Triebfeder? Bauer? Er wußte es nicht, und der wirkliche Lemprière war tot, abgeschlachtet in dem Zimmer in der Blue Anchor Lane.

Nazim grub in seinen Taschen nach dem Memento jener Nacht.

Wußte die Frau, deren graue Augen ihn aus der Miniatur anstarrten, daß ihr Sohn tot und durch einen ehrgeizigen Hochstapler ersetzt worden war? Sie mußten wissen, daß er von diesen Dingen wußte, und doch übersahen sie ihn, und ihre Unaufmerksamkeit verminderte ihn, als ob er ein unwesentlicher Stoß in die Randfelder ihrer Aktionen wäre. Der Einflußbereich des Nawab war gleichermaßen geschrumpft, und seine Befehle an Nazim waren jetzt nur mehr schwache Anregungen, Verhaltenshinweise. Er erinnerte sich seines ursprünglichen Zweckes deutlich genug. Finde sie, töte sie, gewinne mir was mein ist zurück . . . Die Dringlichkeit war geschwunden und er als Zuschauer in einem Traum zurückgeblieben, zwischen zwei taumelnden Kreiseln treibend, von keinem weder gefaßt noch gehalten.

So trieb er in der Hitze des Sommers dahin, und die trägen Monate schleppten sich dahin. Als er den Streit bemerkte, der sich über die geschäftigen Kais ausbreitete und sie nach und nach zum Stillstand brachte, sah er ihn als äußeren Ausdruck seiner eigenen schleichenden Lähmung. Seine Welt zog sich in den dunklen Hafen des Kellers zurück, darinnen er lag und auf die schwachen Bewegungen der Frau über ihm lauschte. Nazim zog sich weiter zurück, in den Schlaf, in dem ihm Träume von blendendem Sonnenschein und roten Klippen eine andere Aussicht und eine andere Sicht auf die Sterblichkeit boten. Immer wartete dort Bahadurs unüberraschtes Gesicht auf ihn. Er erwachte dann mit dem menschlichen Geruch des Verfalls in den Nüstern, der in die saubere Stille des Traumes eindrang. Verfall, Tod, unterschiedliche Todesarten. Irgend etwas sagte ihm, daß die beiden Gegensätze waren. Irgend etwas von der allzu menschlichen Zerbrechlichkeit der Frau fehlte in Bahadurs langem Sturz die Klippen hinab, irgend etwas in der Kälte im Gesicht seines Onkels, als er auf seine Brust wies. «Wir ändern uns im Innern . . .» War es das, was mit ihm geschehen war? Mit ihnen beiden?

Gegen Ende Juni, als die Hitze täglich um ein bis zwei Grad anstieg, begann er, Veränderungen in der Stadt zu bemerken. All die aufgestaute Energie ihrer Straßen schien wirkungslos in Kreisen zu strömen. Die Städter schienen bei aller Unterschiedlichkeit dasselbe Gesicht zu tragen, in dem sich lediglich der Ausdruck änderte, um sie voneinander zu unterscheiden. Er sah auf den Märkten dieselben Geschäfte und hörte dieselben Wortwechsel. Die Unruhe der Stadt schien sich immer wieder in sich selbst zu drehen, als ob alle ihre Energien dazu benötigt würden, die Maschine so in Gang zu halten, wie sie eben ging.

564

Doch als der Juni sich immer näher an den Juli drängte, sah er neue Züge sich durch Stuck und Ziegel pressen. Schlagworte erschienen auf den leeren Mauern. Ein ruheloseres Geschöpf tauchte da auf, obwohl es lediglich wie einfache Vernachlässigung aussah, als sich der Abfall in den Straßen häufte und die Lampen unentzündet blieben. Die Nachtpatrouillen kamen immer seltener über dem Keller vorbei und hörten schließlich ganz auf. Da wagte er sich immer häufiger hinaus und durchwanderte die nächtlichen Straßen, und trieb unbemerkt durch Kneipen und Schenken, und lauschte dem beiläufigen Großstadtgeschwätz. Er sah, wie neue Bündnisse um brillante Redner entstanden und Zellen sich um eine wohlgeformte Phrase bildeten. Der Juli füllte die Gassen und Hinterhöfe mit ausländischen Akzenten und Gruppen von Männern, die ihn miß-trauisch ansahen, wenn er in seinem Umhang und dem breiten verbergenden Hut vorüberging. Ihr Murmeln folgte ihm, bis er aus der Sicht verschwand. Die zweite Woche des Monats brachte einen langsamen heißen Wind, und die Gruppen wuchsen an. Sie began-nen, in den Hauptdurchgängen herumzuhängen und sich als einzelne Einheiten die Straßen hinabzubewegen. Ein neuer Sinn für Zweck-mäßigkeit, immer noch unterdrückt, immer noch unklar, wurde in der Hitze spürbar. Er fühlte ihn von einem Tag auf den anderen anwachsen, als ob eine Vielzahl unterschiedlicher Sehnsüchte sich einander annäherten, um in der Stadt ihre Befriedigungen zu finden. Alle wurden das gleiche... Es war eine vertraute Konzentrierung. Woher vertraut, wußte er nicht. Er fühlte sich als ihr Mittelpunkt, gar von ihr angezogen. Er nahm seine Wache am Haus von Le Mara und auf den verlassenen Docks wieder auf, die gar nicht müßig waren, wie ihm klar wurde, sondern nur warteten, genau so wie er wartete. Die Straßen summten von unenthüllten Zwecken, wie seine eigenen, und das Gefühl des Vertrautseins nahm zu, als sich die Stadt um ihn herum spannte und streckte. Seine Vorahnungen sammelten sich in ihm zu einem Knoten, und verdichteten sich, bis in der Nacht des zwölften der erste Strang brach.

Er befand sich vor Le Maras Haus. Die Wohnung war verlassen. Ein fahler Sonnenuntergang malte Rosenfarben und dunklere Blaus an den westlichen Himmel. Die Hitze rollte wie ein Mühlstein durch die Straßen, und Nazim schwitzte unter seinem Hut, denn der lang-same heiße Wind bot keine Erleichterung. Er hatte das Haus seit über einer Stunde beobachtet, als die schwarze Kutsche vorfuhr. Nazim wich zurück und beobachtete, wie sie anhielt. Niemand stieg aus. Sie hielt da für einige Minuten, der Kutscher trotz der Hitze verhüllt und bewegungslos auf seinem Sitz. Dann öffnete sich die Tür des Hauses ohne Vorzeichen, kein Licht, kein Geräusch, und vier Gestalten tauchten auf. Nazim erkannte sie alle von der Nacht bei Coade. Zuerst kam das Mädchen, in Weiß gekleidet und offenbar widerstrebend, als die breite Gestalt hinter ihr sie vorwärts stieß: Le Maras Gefährte. Einer von den Neun. Als nächster kam Le Mara selbst, ausdruckslos wie immer. Als letzter der, den er bisher nur zweimal gesehen hatte, vor und nach dem Zwischenfall in der Fabrik, zunächst hier vor diesem Haus, und danach in der King's-Arms-Schenke, wo er die Schläger niedergestarrt hatte, die den Pseudo-Lemprière mit ihrer groben Gewalttätigkeit bedrohten. Die anderen redeten ihn als Septimus an.

Die ersten drei verschwanden in der Kutsche, die sich langsam davonbewegte. Nazim wollte ihr folgen, aber Septimus stand immer noch vor dem Haus und wandte sich hierhin und dorthin. Nazim konnte nur enttäuscht beobachten, wie das Fahrzeug nach Westen in die Thames Street einbog. Der junge Mann lungerte noch ein paar Minuten länger herum und begann dann, langsam die Straße hinaufzugehen. Nazim folgte ihm. Wie die Kutsche richtete der junge Mann sich nach Westen. Er ging bis zur Bow Street, wo er vor der Tür eines beeindruckenden Gebäudes zu zögern schien, ehe er nach einer inneren Entscheidung die Treppe hinaufstieg und eintrat.

Als die Türe sich schloß, kam Nazim näher und las die Tafel, die auf der einen Seite eingelassen war. «Hauptuntersuchungsgericht» und darunter «Sir John Fielding». Er sah sich um. Die Straßen waren ruhig, fast verlassen. Sonderbar um diese Zeit. Wieder empfand er das eigentümliche Gefühl der Vertrautheit. Die verwandelte Stadt brütete und wartete auf etwas. Unter den Namen von Sir John hatte jemand «Farina» gekritzelt. Nur wenige Minuten waren verstrichen, bevor die Tür sich wieder öffnete und Nazim Sir John selbst sah, die verbundenen Augen irgendwie auf seinen Informanten gerichtet, und er dankte dem jungen Mann, schüttelte ihm die Hände und sagte: «Ja, sehr hilfreich, Mister Praeceps, wirklich sehr hilfreich. Eine Sache ausräumen heißt eine andere finden...», und die folgenden Worte waren am Rande seines Hörens, aber er hörte den folgenden Namen, sicher hörte er ihn richtig, obwohl der Satz ein leises Gemurmel war, «...Lemprière...», nicht sicher, wer ihn gesagt hatte, und dann schloß sich die Tür, und er folgte diesem Septimus über den Platz und die Southampton Street hinab, wo er begriff, daß er sich wegen des Verlustes der Kutsche nicht hätte sorgen müssen. Sie wartete oben in der Straße auf ihn. Nazim sah zu, wie Mister Praeceps ihren Insassen zunickte und dann die Straße hinabging und in einem der Häuser verschwand.

Er bezog Stellung oberhalb der Kutsche mit klarer Sicht die Straße hinab und richtete sich darauf ein zu warten. Die Straßen waren sehr still. Nach über einer Stunde sah er die Tür der Kutsche sich öffnen und das Mädchen aussteigen. Der Mond war aufgegangen und schien hell auf ihr weißes Kleid. Sie ging die Southampton Street hinab und trat durch dieselbe Tür ein wie Mister Praeceps. Die Kutsche fuhr wieder an und bewegte sich westwärts. Und wieder war Nazim zwischen Bleiben und Folgen gefangen. Er blieb. Die Nacht rückte vor, und er hatte gerade begonnen zu glauben, daß seine Entscheidung ein Fehler gewesen sei, als die Tür des Hauses sich öffnete und das Mädchen herausgeschlichen kam und die Absätze hoch hielt, während sie geräuschlos über die Pflastersteine ging. Als sie das obere Ende der Straße erreicht hatte, blickte sie zurück. Beide sahen, wie die Tür aufflog. Das Mädchen verzichtete auf alle Versuche, leise zu sein, und floh. Eine unordentliche Gestalt in rosafarbenem Gehrock stolperte hinter ihr her, und im Mondlicht dachte Nazim zunächst, es sei Septimus. Er wartete, bis der junge Mann vorüber war, ehe auch er sich auf die Jagd begab. Irgendwie war er gar nicht überrascht, als er sah, daß es sich keineswegs um seine frühere Beute handelte. Der Pseudo-Lemprière zog Verwirrung auf sich wie ein Hund Flöhe.

Eine sonderbare Jagd folgte, wobei drei Sorten Schritte durch die Straßen klapperten. Nazim verfolgte Lemprière und wußte, daß der das Mädchen verfolgte. Ihr Weg führte im Zickzack nach Westen bis zum Heumarkt, wo beide verschwanden. Nazim durchschritt den Durchgang und sah sich nach links und rechts um. Er entdeckte, daß ihn die schwarze Kutsche wieder erwartete, in einer Gasse, die von der Straße aus an der Nordseite eines Theaters hinablief. Eine ähnliche Gasse lief an der anderen Seite hinab, aber die war leer. Der Heumarkt selbst war weniger verlassen als die kleineren Straßen, durch die er gekommen war. Männer und Frauen gingen zu zweit und zu dritt auf und ab. Der Mond war höher gestiegen, und in seinem kalten Licht sahen ihre Gesichter aus, als seien sie aus Kreide geschnitten. Er patrouillierte durch die Gasse auf der Rückseite des Theaters. Er erinnerte sich der Rolle des Mädchens in der Fabrik als eine Art Köder, der den Pseudo-Lemprière hineinzog so, wie sie ihn heute abend zu diesem Theater gezogen hatte. Und dieser Septimus, er war später wie ein wahrer Schutzengel erschienen, der die Guten vor allem Übel bewahrt. Heute nacht aber hatte das Mädchen versucht, ihn zurückzuwinken, ihn fortzuscheuchen; und Praeceps hatte mühelosen Eintritt in das Haus gefunden. Ihm vertraute der Pseudo-Lemprière, obwohl doch klar im Solde der Neun. Zweier von ihnen mindestens... Nur noch acht jetzt, verbesserte er sich, und erinnerte sich an die Leiche des wirklichen Lemprière in der Blue Anchor Lane.

Über eine Stunde war verstrichen. Ein Geräusch zu seiner Rechten, zur Kutsche hin, Schritte und die Stimme des Mädchens, als er sich um die Ecke schob und sah, wie die Kutschentür sich schloß und die Stimme dämpfte. Er kam näher und hörte, daß im Innern irgendeine Art Kampf stattfand, die Stimme des Mädchens schärfer denn je zuvor.

«Laß mich gehn, laß mich gehn! Du hast gesagt, ihm würde nichts geschehen. Das hast du geschworen, sei verflucht», und der Kampf ging weiter.

«Hör auf», bellte Le Maras Monoton nach ein oder zwei Minuten. Dann wieder: «Hör auf», und welche Drohung auch immer in der Dunkelheit der Kutsche geäußert worden sein mochte, sie erwies sich als wirksam, denn die Geräusche hörten plötzlich auf. Nazim duckte sich an die Seite der Kutsche, denn er erwartete, daß sie jeden Augenblick abfahre, aber die Pferde warteten ungerührt in ihren Geschirren. Er hörte irgendwo oben eine raschelnde Windbö. Der heiße Wind kam auf, und immer mehr Leute erschienen in der Durchfahrt und bewegten sich in kleinen Gruppen umher. Seine Aufmerksamkeit irrte ab, da er etwas in dem Auflauf erkannte. Die schwereren Schritte, die sich die Gasse herauf bewegten, waren schon fast bei ihm, ehe er sich umblickte und den breiten Umriß von Le Maras Gefährten auf die Kutsche und ihn selbst zukommen sah.

Er glaubte, er sei sicherlich gesehen worden, gefangen zwischen der heranrückenden Gestalt und der Straße hinter ihm, die vom Mondenschein übergossen wurde, aber der Mann schlurfte daher wie ein Schlafwandler, und Nazim sah, daß er den Kopf zurückgeworfen hatte und zum Himmel hinauf starrte. Das Gesicht war grau, und der Mund stand offen, als ob sein Eigner begonnen habe, etwas zu sagen, und sich plötzlich stumm fand. Das blutlose Gesicht nahm ihn nicht wahr, als der Mann auf die Kutsche zustolperte. Die Tür wurde geöffnet, und Nazim sah, wie sich der Wagen leicht neigte, als sich die

Federung unter seinem zusammensackenden Gewicht bog. Er kroch näher heran und hörte, wie Le Maras Stimme eine Frage herauskrächzte.

«Erledigt, Viscount?» Aber der Viscount sagte nichts, und Le Mara mußte die Frage wiederholen.

«Nein.» Die Antwort kam dann. «Er lebt noch.» Das Mädchen stieß einen kurzen Schrei der Überraschung und Erleichterung aus.

«Dann werde ich es beenden.»

«Nein!» schoß der Viscount zurück.

«Ich werde ihn finden...» Aber der Viscount hielt ihn zurück. Seine Stimme bebte.

«Unsere Vergangenheit ist zurückgekommen, jetzt. Da oben habe ich sie gesehen. Sie hat mich gefunden. Du kennst das Ding, von dem ich rede...»

«Praeceps wird den Jungen wie befohlen ausliefern, wenn wir ihn nicht finden.»

«Laß das, sag ich. Versteh mich doch, laß das. Wir haben größere Fische zu braten, und wenn der Junge auftaucht, mag er ihr Schicksal teilen. Laß uns aufbrechen.»

Nazim fand den Jungen mühelos. Als die Kutsche losfuhr, folgte er ihr in den Heumarkt und beobachtete, wie sie nach Norden bog. Praeceps und der Pseudo-Lemprière lagen in der Gasse auf der anderen Seite des Theaters. Der Heumarkt füllte sich mit Menschen, die verwirrt herumkreisten, und Nazim mischte sich unter sie. Und da tauchten die beiden auf, zunächst Praeceps und dann, von ihm unterstützt, der Pseudo-Lemprière, der hinter seiner Brille zwinkerte, in seinem rosafarbenen Gehrock auffällig wie immer. Sie gingen zusammen durch die Haufen der Männer und Frauen weg. Nazim folgte ihnen. Als sie sich der Southampton Street näherten, schienen sie die Rollen zu tauschen, und jetzt war es der Pseudo-Lemprière, der den anderen durch die angriffslustigeren Gruppen geleitete. Die Bürger der Stadt erschienen aus dem Nichts, und schlossen sich zusammen und lösten sich voneinander, als schrittweise in den Körpern eine Strömung nach Osten entstand. Einige hatten ihre Gesichter bemalt. Ein Haufen trug kurze Keulen, die man schwang und sich auf die Handflächen schlug. Der Name «Farina» war überall.

Als die beiden das Haus in der Southampton Street erreichten, spürte Nazim den angespannten Zweck, der durch die Straßen toste. So also fängt es an, dachte er bei sich.

Er gab nur flüchtig acht, als die beiden erneut auftauchten, die Rollen wiederum vertauscht. Es war unvermeidlich. Praeceps stützte seinen Gefährten, als ob der betrunken wäre. Die Haufen sammelten sich in der Straße. Er sah Praeceps einen Wagen vom Strand herbeiwinken und den bewußtlosen Pseudo-Lemprière hineinstopfen.

«Leadenhall, Ostindien-Haus!» Der Wagen rollte in die Menge hinein, und Nazim ließ ihn fahren. Wenn der Pseudo-Lemprière einen dem seinen parallelen Weg gegen die Gesellschaft verfolgt hatte, dann hatte er jetzt dessen Ende erreicht. Sein eigener führte noch ein bißchen weiter und war jetzt wenigstens frei. Die Stadt stand am Rande ihres Abgrunds, und nach morgen würde es keine Zeit mehr geben.

Er nahm seinen Weg zu den Docks und brach in ein Lagerhaus auf dem Hythe Wharf ein. Nachdem er das benötigte Werkzeug gefunden hatte, kehrte er in den Keller zurück. Während des ganzen unbehaglichen Zwischenspiels des nächsten Tages lag er da mit offenen Augen, starrte in die Dunkelheit und dachte darüber nach, was er jetzt endlich zu tun hatte. Als die Nacht sank, erhob er sich und ging durch den sich sammelnden Mob zum Haus von Le Mara. Die Fenster waren dunkel. Er trat durch die Hintertür ein und stieg in den Keller hinab. Der in den Fußboden eingelassene Riegel war versperrt, wie er es erwartet hatte. Nazim zog das Brecheisen aus seinem Gürtel und trieb es unter den Riegel. Er legte sein Gewicht auf den Hebel und stemmte den Riegel auf. Der ächzte und krachte und zersplitterte zuletzt unter dem Angriff. Nazim sammelte sich und öffnete dann die Falltür, und blickte hinab. Der Schacht stürzte in die Düsternis hinab. Da unten, sagte er sich, warteten sie auf ihn.

Lemprière spürte, wie der dicke Muskelstrang sich seinen Rücken hinaufkräuselte und sich in einen Peitschenriemen krümmte, der in die Tiefen seines Hirns hineinschnitt. Ein winziges orangenes Glosen wurde gelb und dann weißglühend, und wuchs, bis die lautlose Explosion weißen Lichtes alles ausfüllte, und dann verblich und zurückstürzte, und er flog durch die Erde, sein Körper dichter und härter als das umgebende Gestein und die Felsen, die er pulverisierte, als er mit unwiderstehlicher Kraft immer tiefer unter die Oberfläche fuhr. Er konnte weder sehen noch schmecken, noch hören, noch riechen, nur fühlen, wie die schrägen Kalksteinschichten zerbrachen und in seinem Kielwasser zersplitterten. Er fühlte weite Kurven und gewellte Bänder über und unter sich, als er Ablenkungen durch die Synklinalen und Antiklinalen des abfallenden Gesteins von sich abschüttelte und durch die Verwerfungen und Neigungswinkel der Faltungsebenen schlug. Sein Kopf war Diamant, seine Glieder waren gehärteter Stahl. Er fühlte, wie die Erde sich hinter ihm kräuselte, und er wußte, das war Septimus. Er hielt weder an noch wandte er sich um. Er schnitt durch kalkspatummantelte Bleiadern und zerschmetterte Fossilienlager, und hinterließ versteinerte Seelilien und Korallen als Staub. Glatte kalte Tonerden rot von Oxiden glitschten an seinen Flanken entlang, als er die Schichtungen eine nach der anderen durchbohrte. Wasser tropfte und sickerte um ihn herum in den Rissen und Schwammigkeiten der wasserführenden Schichten. Er fühlte dessen zurückkehrende Strahlen hochspritzen und von seinem Körper als Dampf absprühen. Er war glühend heiß. Gestreifter Marmor, Dolomit und Periklas zerkrümelten wie Kreide, als er weiter durch Schieferschichten, Geschiebelager und mächtige Sedimentplatten, Taschen voller Grubengas und Schächte toter Luft vordrang über die tröpfelnde phreatische Zone hinaus in eine granitene Dunkelheit, die währte und währte, bis er kaum noch wußte, ob er sich überhaupt vorwärts bewegte. Sein Abstieg wurde langsamer, der Felsen wurde härter und härter und immer widerständiger. Staub mahlte sich ihm in die Seiten. Die kräuselnde Gegenwart hinter ihm war verschwunden. Er begriff, daß er im Felsen feststak. Er spürte dessen Masse überall um sich herum, Tausende und Tausende von Tonnen, die sich zu bewegen und dann gegen ihn zu pressen begannen, gegen seine Haut, sein Gesicht, seine Augen. Er war allein. Es war dunkel. Er war gefangen.

Lemprière öffnete die Augen und dachte zunächst, das stimme. Er lag in Staub, sehr trocken und fein wie Mehl. Es war dunkel. Er war allein. Er beugte seinen Nacken, und ein dumpfer Schmerz schoß ihm durch die Schultern und dann hinauf in seinen Schädel. Sein Mund schmeckte übel. Er legte die Hände vor sein Gesicht und entdeckte die Brille immer noch an ihrem Ort. Sein Körper lag ausgestreckt, Füße und Kopf leicht durch die Krümmung eines Tunnels erhöht. Er befand sich unter der Erde. Als sein Bewußtsein sich klärte, stellte er fest, daß die Dunkelheit nicht absolut war. Wenn er sich die Hand vors Gesicht hielt, konnte er die Finger zählen. Ein diffuses Licht trieb durch die Düsternis, unbekannter Herkunft, das ihm zeigte, daß er in einem Tunnel lag, der sich nach beiden Richtungen davon kurvte und krümmte. Lemprière stemmte sich hoch und saß ruhig da, und dachte darüber nach, was er jetzt tun sollte.

Septimus hatte ihn vom ersten Tag in Skewers Büro an betrogen. Casterleigh war der Mörder seines Vaters, und vielleicht der seines Großvaters, und davor auch dessen Vaters. Casterleigh war einer von der Cabbala, der Flüchtigen aus La Rochelle. Zusammen mit Septimus (auch einer von ihnen?, oder ein Mietsknecht?) hatten sie ihn wie eine Marionette hierhin und dorthin gezerrt. Und er hatte an all das geglaubt: an den Tod seines Vaters, den der Frau in der Höhlung bei den de Veres, den in der Fabrik, an alles geglaubt, während er den Morden seine verrückten Vorstellungen aufzwang. Aktaion, Danae, Iphigenie, und dann er selbst als Paris, der nach seinen eigenen Worten «mit geringem Mute focht», dessen Vernarrtheit die Belagerung auf Troja und das Massaker auf dessen Einwohner herab brachte. Vielleicht war sein Mut schwach gewesen. Vielleicht hätte er die Wahrheit wegen all dieser Täuschungen ein wenig früher sehen können. Aber er war nicht Paris. Es war mehr als Vernarrtheit.

Die Luft im Tunnel war warm und still. Selbst mit seiner Brille konnte er nicht mehr als die allgemeinsten Umrisse ausmachen, und das sonderbare Licht war sehr schwach. Er bildete sich ein, er sehe einige Meter zu seiner Linken eine dunklere Form. Der Schmerz in seinem Kopf war ein dumpfes Pochen. Er begann, durch den Staub auf die Gestalt zuzukriechen, aber sobald er sich bewegte, verschwand seine ganze Sicht in einer dichten schwarzen Wolke. Der Staub war so fein, daß die geringste Störung große, sich blähende Federwolken aufsteigen ließ, und er hustete, als der ihn in seinen Rachen biß, und das jagte noch mehr Wolken hoch. Der Staub wirbelte um ihn herum, und blendete und erstickte ihn. Er hielt inne und saß mit geschlossenen Augen für einige Minuten ganz still. Als er sie öffnete, hatte der Staub sich gesetzt, und das schwache Licht war zurückgekehrt. Er wischte die feine Schicht auf seinem Gesicht sanft ab. Das Licht war gelber als zuvor, und auch heller. Er sah, daß die dunkle Form immer noch im Tunnel ruhte und einen Umriß ähnlich seinem eigenen hatte. Das Licht wurde stärker, und da hätte er eine klarere Identifizierung versuchen können, aber als er in die Düsternis blickte, sah er kleine Blähwölkchen aus Staub um die Kurve des Tunnels rollen. Jemand näherte sich, und trug eine Lampe, die fast völlig von den Staubteilchen verschlungen wurde, die die Schritte hochjagten. Und dann konnte er sie auch hören, sanfte regelmäßige dumpfe Aufschläge im Staub. Die Laterne bewegte sich näher und näher heran. Der Staubschirm rückte vor, und Lemprière wurde ein weiteres Mal verschlungen. Seine Augen tränten, und seine Nüstern wurden verstopft. Der Staub war ein trockener schwarzer Nebel, und die Laterne schwang näher, bis sie direkt über ihm hing. Miasma. Die sanften Schritte hielten an. Er versuchte zu sprechen, aber hustete statt dessen. Die Laterne hing da schweigend. Langsam setzte sich der Staub wieder, und Lemprière konnte aufblikken. Er hatte vielleicht Septimus erwartet. Oder Casterleigh, oder sogar Juliette. Das Gesicht, das er erkannte, gehörte keinem von ihnen. Wenn er an all die Menschen gedacht hätte, die ihn hier möglicherweise hätten finden können, wäre der Mann, den er jetzt begrüßte, nicht unter ihnen gewesen. Und doch war es der Mann, der ihn gefunden hatte, als er vor einem Menschenalter und in einer anderen Welt in den Feldern oberhalb von Blanche Pierre herumwanderte, am Tag des Tötens beim Teich auf Jersey. Und es war der Mann, den zu besuchen sein Vater an jenem Tage aufgebrochen war, bei dem er nie ankam, der gewußt hatte, daß Charles ihn an jenem Tag besuchen würde, dem letzten Tag des Sommers.

«Jake!» sagte er, als das Gesicht aus dem Staub auftauchte, gelb im Lampenschein, und ihn ruhig und ohne Überraschung ansah.

«Jacques», sagte Jacques, als er sich vorbeugte, um Lemprière auf die Füße zu helfen. Da gab es Fragen, gewißlich gab es da Riesenfragen, die jetzt zu stellen waren, und doch fragte Lemprière sie nicht. Als sie durch die sich windenden Passagen und die gewölbten Kavernen der Bestie schritten, erstarben ihm seine Fragen auf den Lippen, als ob schon allein die Anwesenheit Jakes eine Selbstanklage sei, die alles auf sich nahm und beantwortete. Wie sonst hätte er hier sein können, wenn er nicht…

Jetzt aber, da sich der Staub um sie beide setzte, war es die dunkle Form, die er schon zuvor bemerkt hatte und die ihm nun die Zunge band. Im Licht der Laterne tauchte sie als eine menschliche Gestalt auf, die etwa zehn Meter von ihm entfernt quer im Tunnel lag. Er bewegte sich langsam auf sie zu. Schwarzer Staub wirbelte ihm in sich blähenden Schichten bis zur Taille hoch und bedeckte den Körper, als er näher kam. Lemprière stand über der stillen Gestalt und wartete, daß sich der Staub setze. Als die Schichten dünner wurden und hinabfielen, tauchte ein Gesicht auf wie das eines ertrunkenen Mannes, das zu spät zur Oberfläche auftaucht; er sah weiße Zähne und straff zurückgezogene Lippen, dünn wie Bänder. Die Augen waren zu Erbsen geschrumpft und die Haut so dicht über den Schädel gezogen, als habe der wasserlose Tunnel alles Wasser aus dem Körper geleckt und nur Haut zurückgelassen, trocken wie Papier, das über Porzellanknochen gespannt ist.

Der Leichnam war mit ausgebreiteten Gliedmaßen hingelegt worden, immer noch bekleidet. Lemprière konnte Büschel weißen Haares erkennen, eine Art Krause um den Hals, und die Knöpfe eines Rockes, aber die Kleidung war so trocken wie ihr Träger, und beide jetzt kaum voneinander zu unterscheiden. Lemprière dachte an den Zorn des Asiaticus, den er für leere Rhetorik gehalten hatte, und an die wilden Reden seines Ahnen, die Thomas de Vere berichtete. Er blickte in das Gesicht der Leiche und wußte, daß jene Emotionen hier das selbe Ende gefunden hatten, im Dunkeln, allein. Sie hatten François gefunden, oder er hatte sie gefunden. Sie hatten ihn umgebracht und hiergelassen. Lemprière blickte auf seinen Ahnen nieder und fragte sich, ob ihn das gleiche Geschick erwarte.

«John», rief ihn Jacques an. «Es gibt Dinge zu regeln.» Lemprière blickte noch einmal auf seinen Ahnen nieder und wandte sich dann zu dem Mann um, der da stand und auf ihn wartete. «Du bist einer von ihnen, Jake, nicht wahr? Du bist einer von den Neun.»

«Bin ich», erwiderte Jacques. «Genau wie du, John.»

Nazim kniete inmitten der Bruchstücke der Falltür und schaute hinab. Ein langer vertikaler Schacht stieg hinab in die Dunkelheit. Er sah, daß die Seiten des Schachtes etwa für die ersten zehn Meter mit Ziegeln ausgekleidet, danach aber aus hartem Fels geschnitten waren. Eine Eisenleiter war in die Ziegel eingelassen. Nazim schob das Brecheisen in seinen Umhang zurück, zog einen kurzen Dolch aus seiner Scheide, und klemmte ihn sich zwischen die Zähne. Er überprüfte seine Taschen auf Kerzen und Streichhölzer, ergriff dann ein Stück Splitterholz und ließ es in den Schacht fallen. Er konnte bis sechs zählen, ehe ein gedämpfter Aufschlag den Schacht heraufscholl. Warme trockene Luft stieg aus der Öffnung auf und vermischte sich mit dem feuchteren Dunst im Raum. Nazim zog sich seinen Hut fest, und dann schwang er sich über den Rand des Schachtes, um den Abstieg zu beginnen.

Der Schacht war eng und schien sich nach unten endlos auszudehnen. Die eisernen Sprossen gingen weiter und weiter. Über ihm
schrumpfte der Eingang zur Größe eines Pennys zusammen, aber
der Schacht führte immer noch weiter nach unten. Er hielt inne, um
Atem zu schöpfen, und spürte sein Herz in der Brust hämmern. Als
er hinabblickte, sah er nur Dunkelheit. Irgendwo da unten warteten
sie auf ihn. Er machte weiter, Hand über Hand, weiter hinab in die
Tiefe. Seine Füße fanden ihren Rhythmus und bewegten sich
gleichmäßig über die Sprossen hinab. Seine Zähne umklammerten
den Dolch. Manche Minute verging. Dann plötzlich schien er abzurutschen, und die Sprossen hatten aufgehört. Er hing in den Raum.
Seine Beine baumelten, und traten dann gegen die Seitenwände des
Schachtes, bevor er sich hochziehen und erneut die letzte Sprosse finden konnte. Er blickte empor und sah die Spitze des Schachtes als eine
Nadelspitze aus Licht. Unter ihm nichts. Nazim hakte seinen Arm um
die Sprosse und wühlte in seiner Tasche nach den Streichhölzern. Als
er sie herauszog, verlagerte sich sein Gewicht, sein Fuß rutschte ab,
und er mußte wieder nach der Sprosse greifen. Er zog sich erneut auf
die Leiter hoch und fluchte. Er hatte die Streichhölzer fallen lassen.
Nazim ruhte sich einige Augenblicke lang aus und erwog, was als
nächstes zu tun sei. Nach einigen Sekunden Nachdenkens spannte er
die Beine, ließ die Leiter fahren und sprang ins Dunkel.

Wie er vermutet hatte, fiel er vielleicht einen Meter tief und
landete sicher. Die Leiter hatte knapp anderthalb Meter über dem
Grund des Schachtes aufgehört. Er stand auf einer Neigung, und es
wurde ihm bewußt, daß der Schacht in die Seite eines sehr viel
weiteren Tunnels führte. Seine Streichhölzer waren da liegengeblieben, wohin sie gefallen waren, und er war schon im Begriff, die
Kerze anzuzünden, als er bemerkte, daß er schwach zwei Formen
sehen konnte. Seine Hände. Die absolute Dunkelheit erhellte weiter,
als seine Augen nach dem Glosen suchten. Ein sehr schwaches
Leuchten schien von überallher und von nirgendwo zu kommen, aus
dem Gefels selbst. Der Tunnel hatte im Durchmesser mehrfach seine
Körpergröße. Seine Seiten kurvten empor und um ihn herum, von
ringförmigen dicken Rippen aus versteinertem Muskel durchzogen,
die zwischen sich flache Mulden bildeten. Er fand heraus, daß sein
Schritt ihrer Entfernung zueinander entsprach, und begann, bequem über die höckrigen Grate davonzugehen, wobei er daran
dachte, daß Le Maras Schritt ihnen ebenso entsprechen müsse.

Seine Sinne schärften sich, als er durch den Tunnel vorankam.

Nach einer Minute oder mehr bemerkte er eine zunehmende Neigung, als der Tunnel aufzusteigen begann, und bald danach war sein Weg durch eine Menge grob zusammengenagelter Verplankung versperrt. Die Sperre erstreckte sich bis an die Decke der Kaverne, aber das Holz war trocken und spröde. Nazim zog das Brecheisen aus seinem Umhang, stemmte zwei der Planken los und quetschte sich durch die Öffnung. Er fand sich in einer sehr viel weiteren Kaverne, die an die vorhergehende anschloß, so als ob diese sich plötzlich geweitet und geöffnet hätte. Er stand auf einer langen Steinplattform, die wie in den Raum gehängt erschien. Acht Meter unter ihm hatte sich ein kleiner Tümpel schwarzen Wassers gesammelt, aber das eigenartigste Merkmal waren die Reihen gebogener und zugeschärfter Obeliske, die auf beiden Seiten neben ihm vom Wasser getrennt aufragten und sich von der Decke herabstreckten, jeder zehn Meter oder mehr in der Höhe und nichts so sehr ähnelnd wie langen Zähnen.

Eine der ersten ähnliche Sperre lag zwanzig Meter vor ihm, und Nazim schritt vorsichtig über die Zunge, sie zu erreichen. Sie war der ersten sehr ähnlich gebaut, wenngleich die Hölzer hier nicht trocken, sondern vollgesogen waren. Nazim begann zu begreifen, daß er einen Fehler begangen hatte. Er zerrte an einer Planke, die sich unter seinem Zugriff löste und eine Wand aus rotem Ton freilegte, die hinter die Hölzer gestampft war. Während er sie beobachtete, begann die glitschige rote Oberfläche sich leicht auszubeulen und dann zu glitzern, als die ersten Wassertropfen sich ihren Weg durch den Pfropfen erzwangen. Nazim dachte an den Schacht, an die Position von Le Maras Haus, an die Richtung, die er durch den Tunnel eingeschlagen hatte, und vergegenwärtigte sich, daß er südwärts gegangen war, unter der Thames Street zum Fluß. Das Wasser, das durch den Tonpfropfen sickerte, den er unklug gestört hatte, war die Themse selbst, und während er beobachtete, sah er, wie ein stetiges Tröpfeln sich in ein dünnes Rinnsal die morschen Planken hinab verwandelte. Er wandte sich um und ging den Weg zurück durch das Maul der Bestie, und seine Gurgel hinab zum Fuß des Schachtes, an dem er vorüberging, und hinter ihm begann das Rinnsal sich in Gesprühe zu verwandeln, als der Ton aufzubrechen begann. Nazim schritt jetzt schneller aus, und dachte nicht an das, was hinter ihm war, sondern nur an das, was ihn vorauf erwartete.

«Wo sind wir?» fragte Lemprière.

«Unter der Stadt», antwortete Jacques hinter seinem Rücken. «Du warst mindestens fünfzehn Stunden oder mehr für die Welt gestorben.» Sie durchschritten eine Reihe von Kavernen so hoch, daß selbst die Strahlen der Laterne ihre Decken nicht finden konnten. Während er aufsah und um sich herum diese Reihe natürlicher Kathedralen betrachtete, konnte Lemprière kaum glauben, daß die faden Straßen über ihnen mit gewöhnlichen Frauen und Männern gefüllt waren, die sich in ihnen bewegten, ohne zu ahnen, daß der feste Boden unter ihnen von Tunneln, Durchgängen und weiten Kammern durchlöchert war. Er erinnerte sich an das antwortende Dröhnen, als er gegen die verschlossene Tür im Archiv trat, und dachte an jenen Laut, der eben diese Kammern durchflogen hatte.

«Du hast gewußt, daß mein Vater an jenem Tag sterben würde.» Er warf die Anklage über seine Schulter hin.

«Wirklich nein», kam die Antwort. Ein schweres Schweigen folgte. «Aber als er nicht kam, wußte ich, daß es geschehen war. Du kannst das nicht verstehen, John. Noch nicht.»

«Er glaubte, du wärest sein Freund, sein Partner. Du hast ihn immer im Stich gelassen. Selbst euer Geschäft ist schiefgegangen.»

«Ich hab versucht, ihn zu retten, ihn zu entmutigen. Verstehst du nicht, daß wir *versucht* haben, ihn zu ruinieren? Glaubst du nicht, daß ich alles getan habe, um ihn davon abzuhalten, uns zu finden?»

«Aber er hat euch gefunden . . .»

«Ihr alle habt uns gefunden. Jeder Lemprière hat das Geheimnis geerbt, jeder einzelne hat es gelöst oder ist ihm doch so nahe gekommen, uns zu Handlungen zu treiben. Alle von euch sind umgekommen und haben die Verpflichtung weitergereicht, oder haben irgendwie irgendwas herausgefunden. Wir wissen nicht, warum ihr beharrt, oder wie jeder Lemprière dazu gekommen ist, demselben Weg zu folgen. Das ist euer Geheimnis, aber irgendwas zog Charles zu uns, wie es seinen Vater angezogen hat und dessen Vater zuvor . . .»

«Und mich.»

«Nein. Die Umstände haben sich geändert. Wir haben dich von uns aus angezogen. Weißt du, wir haben dich vorausgeahnt, John. Wir haben lange Zeit auf dich gewartet.»

Sie überquerten zierliche Brücken aus Kalkspat und Granit, schritten unter Stalaktitnadeln mit Quarzspitzen dahin, krochen über glatte schräge Platten, glitten hinab in Tröge zerpulverten Steines, dessen Stäubchen hochwirbelten in hohle Kirchturmspitzen und Honigwabenminarette. Tiefe Bohrlöcher öffneten sich zu beiden Seiten, und ihre Schultern strichen an Fasern vorbei, als sie begannen, eine sich windende Steinsehne hinaufzusteigen, die sie in die Leere führte. Die Laterne schien in alle Richtungen, fand aber nichts außer dem Pfad vor ihnen, der in der Mitte einer weiten Dunkelheit hing. Lemprière trat einen losen Stein über den Rand und lauschte nach seinem Aufschlag. Er hörte nichts. Sie stiegen stetig durch die Dunkelheit empor, und schließlich erblickte Lemprière die Unterseite eines mächtigen Felsenflansches über ihnen, doch womit auch immer der verbunden war, blieb unsichtbar. Sie näherten sich ihm langsam von unten her, und als sein Oberrand ihm die Sicht freigab, erblickte er eine weite flache Vorbühne, die mit Kies und kleinen Steinen bedeckt war. Das Lampenlicht fand endlich die Decke dieser größten aller Kavernen, einige dreißig Meter über ihnen, die sich herab und fort bog, um Wände zu bilden, die in der Dunkelheit blieben. Ihre Füße knirschten auf dem Kies, als sie den Pfad verließen, und die Wände ragten schemenhaft dräuend empor, solides Gefels rechts wie links, aber aus sonderbar taillierten Säulen unmittelbar vor ihnen geformt. Jacques zeigte an, daß sie sich zur Linken halten sollten, und dann erblickte Lemprière eine schwere in die Wand eingelassene Tür. Sie überquerten den Kies, und als sie vor ihr standen, blieb Lemprière stehen und wandte sich zu Jacques um. Er dachte an den ausgetrockneten Körper, der da in den dunklen Tunneln hinter ihnen lag, und an die Stadt, die lange vor seiner Geburt brennend verlassen wurde.

«Was wußte François, das ihr alle so sehr gefürchtet habt?» fragte er. Jacques' Gesicht starrte ihm leer in sein eigenes. Er reichte zur Tür hinüber und stieß sie auf. Kerzenlicht flammte aus dem Raum. Lemprière vernahm Stimmen, die ruhig wurden, als die Tür aufschwang. Ein erwartungsvolles Schweigen trat an ihre Stelle, und er wußte, die in dem Raum warteten darauf, daß er eintrete.

Sein Geist raste, seine Füße sprangen rasch über die Grate des Tunnels. Bahadurs Gesicht kam aus der Dunkelheit auf ihn zu. Die Ruhe des Ausdrucks quälte ihn; eine unmenschliche Resignation, kalt wie sein Körper, als sie auf der Klippe rangen. Er blickte hinab über den Rand der Klippe. Er wartete im Palast. Er ging die Laufplanke der *Nottingham* hinab. Die Mannschaft rief ihm zu. Ein Bündel weißer Fetzen flatterte Hunderte Meter hinab, und er sagte *ja*, und des Nawab Gelächter hallte in den Korridoren des Palastes wider. Bahadur stürzte in seinen Tod, hinab und hinab. Warum konnte er den Aufprall nicht sehen?

Bald nachdem er den Schacht passiert hatte, durch den er hereingekommen war, begann die höhlenartige Passage, sich abwärts zu neigen. Sie wand sich und schlängelte nach links und rechts, während er sich tiefer in die Bestie hineinbewegte. Etwa eine halbe Meile vom Schacht entfernt blieb er plötzlich stehen, und eine verrückte Stimme in ihm sagte: *Hierhin ist er gefallen, hier ist er.* Ein Bündel weißer Lumpen lag vor ihm mitten im Durchgang. Als Nazim aber näher kam, sah er, daß es kein Stoff, sondern Papier war. Irgendwelche kleinen Heftchen. Sie lagen da zuhauf in der Mitte und zur einen Seite des Tunnels hin. Ein Schacht, mit jenem identisch, durch den er herabgestiegen war, öffnete sich unmittelbar über ihm in den Tunnel. Die Flugschriften waren herabgefallen, oder herabgeworfen worden, und hier zur Ruhe gekommen. Nazim sah diesen zweiten Schacht hinauf, aber er sah und hörte nichts. Nach seiner Berechnung befand er sich irgendwo unter der Börse, Hunderte von Metern unter ihren Fundamenten. Der Schacht mochte überall auftauchen, dachte er. Schon war er im Begriff, sich weiterzubewegen, als er sich an Septimus' Anweisung erinnerte, die der am Vorabend dem Wagenkutscher gegeben hatte. Leadenhall Street. Ostindien-Haus. Er blickte erneut den Schacht hinauf und wunderte sich, daß etwas so Weitläufiges wie die Gesellschaft durch einen so engen Zugang kontrolliert werden konnte, denn dies hier war mit Sicherheit der Durchgang, durch den ihre Befehle der Organisation oben zugeschickt wurden.

Der Tunnel begann steiler abzusteigen, und Nazim benutzte die Grate als Stufen. Die Luft wurde wärmer und trockener. Schließlich fand er sich wieder auf einer Ebene dahingehen. Der Durchgang wurde immer breiter und dehnte sich trichterförmig, bis er die Seiten nicht mehr sehen konnte. Die Grate ragten weniger hervor und waren öfter zerbrochen. Sonderbare konische Buckel erhoben sich aus dem steinigen Fußboden, und ihre Spiegelbilder ragten aus der Decke hervor. Er begann, um sie herumzugehen, als die auf dem Boden höher ragten und die aus der Decke tiefer herabhingen. Die Kegel begannen, sich zu berühren, und ihre dicken Basen reichten Stalaktiten den Stalagmiten, verbunden durch schlankes Faserwerk aus Stein, das so fein war, daß er mit der Hand hindurchfahren konnte und kaum spürte, wie es zersplitterte. Die Räume zwischen diesen sich zur Mitte verjüngenden Säulen deuteten auf Hunderte von sphärischen Kammern hin, Blasen voller Dunkelheit, durch die er kam, während er das Schwammwerk durchschritt. Nazim blickte auf und sah, daß die Decke außer Sicht gestiegen war. Statt ihrer breitete sich der wabenartige Stein hoch über ihm mit seinen dicken Kreuzungen und seinen Fasern aus, von Seite zu Seite, vorwärts wie rückwärts. Dann begann er, sich ebenso wie er aufgestiegen war wieder zurückzuziehen, und bald umschritt Nazim wieder die stumpfen Pyramiden, die sein Auftreten angekündigt hatten. Der Staub unter den Füßen wurde gröber, und er trat vorsichtiger auf. Es schien, als sei er auf eine flache Kieselebene hinausgetreten. Wände wölbten sich wie Klippen auf beiden Seiten fort, und schon wollte er der einen folgen, als er zwei unterschiedliche Schritte sich am anderen Ende der Vorbühne über den Kies bewegen hörte.

Nazim blieb stehen und kauerte sich nieder. Die Schritte kamen näher, an ihm vorüber, und verschwanden zu seiner Rechten. Er durchforschte die Düsternis und bildete sich ein zu sehen, daß der Kies in rund sechzig Metern Entfernung von ihm einfach aufhörte. Dahinter war Dunkelheit, nichts, ein Abgrund. Die Schritte hielten an, und dann sah Nazim weit zu seiner Rechten einen Lichtspalt, der sich weitete, bis er eine Tür war, und Licht strömte aus dem Raum hinter ihr hervor. Er sah zwei Gestalten, die da für einen Augenblick innezuhalten schienen, ehe sie eintraten, und die Tür wieder geschlossen wurde. Er wandte sich um und schritt in das Schwammwerk zurück, wo er warten wollte. Er wußte kaum, was er aus dem Gesehenen machen sollte. Die Brille, der rosafarbene Gehrock, wer sonst könnte das sein? Der Pseudo-Lemprière war also doch einer von ihnen.

Die Flammen der Kerzen flackerten und ließen ein Labyrinth von Schatten über die Oberfläche der Decke jagen. Er sah Juliette, die da mit ihrem Rücken zur Wand stand. Ihre Haut war in der matten Grelle wie Stein. Ihre Augen verließen nie das Kerzenlicht. Sie schien nichts zu sehen. Weder das Kandelabergestänge noch die Kerzenflammen, nicht ihn, und auch nicht die acht Männer um den Tisch herum, die da unbeweglich saßen und ihn anstarrten, als ob es an ihm sei, das Schweigen zu brechen. Er blieb stumm und sah sich aufs neue die Lampe und ihre Dochte an. Einer war nicht entzündet.

Der Tisch war wie ein Hufeisen geformt. Er stand fast zwischen den Schenkelenden und sah die wartenden Männer an. Vor ihm ließ sich zu seiner Linken Jacques in seinen Sitz nieder. Neben ihm starrte ein dünngesichtiger Mann kalt und ausdruckslos vor sich hin, und dahinter wabbelte eine fette Gestalt, rotgesichtig, die laut durch den Mund atmete. Dieses und anderes Geraschel sammelte sich in den gerippten Höhlungen der Decke und nährte sich da gegenseitig. Casterleigh saß Jacques gegenüber, und Juliette stand hinter ihm, und neben ihm saß ein fünfter Mann, den Lemprière nicht kannte. Am Kopf des Tisches wurde ein Sessel, tiefer und höher als die anderen, von zwei identischen Wächtern flankiert, grauen Männern mit Gesichtern aus Stein, die da bewegungslos und schweigend wie Karyatiden standen. Jemand saß in dem Sessel, aber Lemprière wußte das lediglich von den beiden Händen, die aus der Dunkelheit hervorwuchsen und auf dem Tisch vor ihm ruhten. Die Schatten schienen sich da dichter zu sammeln, und die hohen Backen des Sessels umhüllten und verbargen das Gesicht der Gestalt. Zwischen deren Händen lag ein Buch in schwarzem Ledereinband auf dem Tisch. Lemprière sah das Buch an und die Männer, die ihn aus ihren Sesseln betrachteten. Er bemerkte, daß der Tisch, obwohl an der Außenseite sauber beschnitten, auf der Innenseite phantastisch unregelmäßig war, mit allen nur denkbaren Einkerbungen und Auswüchsen. Er erkannte ihn vom Sinnbild auf dem Ring, dem Wasserzeichen in den Flugschriften, der Karte vom Hafen, doch übertraf er sie alle in der Größe, und wurde seinerseits nur noch vom Original übertroffen, dem Hafen von La Rochelle. Die Gestalt im Sessel schien sich zu bewegen. Der Führer, dachte Lemprière, und da er sich der letzten Worte in François' letzter Kampfschrift entsann, gab er dem Mann den Namen Zamorin. Die Schatten bewegten sich erneut, und dann sprach der Mann.

16

In einem Labyrinth von Gängen und Höhlen tief unter London begegnet
Lemprière endlich jenen Männern, die im Laufe der letzten
150 Jahre nacheinander alle Mitglieder seiner Familie
ausgemordet haben, in der Folge des Abkommens
von François mit Thomas de Vere, doch weiß
er immer noch nicht warum

«Willkommen denn endlich, John Lemprière», sagte er. Die Stimme klang, als ob sich Steine in seiner Kehle aneinander rieben. «Wir haben lange auf Euch gewartet.»

Die Finger der Hand bewegten sich. Casterleigh starrte zu ihm auf mit verhülltem Haß und etwas anderem, einem Rest seines Ausdrucks auf dem Dach, Enttäuschung, Erstaunen, Furcht. Er hatte das Ding gesehen, das ihm da Entsetzen einjagte, und als Lemprière jetzt auf den Mann zurückblickte, wußte er, daß das Ding nicht er gewesen war. Die Finger des Führers zuckten wieder, ergriffen dann das Buch und öffneten es. Lemprière schielte über den Tisch hin, als die Seiten umgeschlagen wurden. Er sah Handschrift, Streichungen, Kleckse, Randbemerkungen. Daten und die gleiche Unterschrift, immer und immer wieder. Die Unterschrift war seine. Das Buch war sein Wörterbuch.

«Ein schönes Stück Arbeit», polterte die Stimme des Führers aus den Schatten. Lemprière brach sein Schweigen.

«Mein Wörterbuch! Was machen Sie damit? Warum ist es... Warum bin ich hier?»

Der Führer wandte die Seiten des Manuskripts um. «Jedes zu seiner Zeit, John Lemprière. Es ist nach allem so viel Zeit vergangen. Ich habe nicht gedacht, daß es so lange dauern würde, aber jetzt seid Ihr hier, und Euer Wörterbuch mit Euch...»

«Wer sind Sie?» fiel Lemprière ein. Die Hände hielten inne.

«Ihr wißt, wer wir sind, John Lemprière. Wir sind die Einleger, die Ihr bei den de Veres entdeckt habt, die Flüchtlinge aus der Stadt, die vor anderthalb Jahrhunderten ausgeplündert wurde, die Männer, die Euer Ahnherr gejagt hat und die Ihr hier in die Ecke getrieben habt. Wir sind Euer Jagdwild, Lemprière, und jetzt habt Ihr uns. Wir sind die Cabbala.» Die Hände bewegten sich von einer Seite zur anderen und wiesen auf die Männer, die sich um ihn versammelt hatten.

«Jacques und den Viscount kennt Ihr von ihren Masken in der Welt oben. Die Herren Le Mara und Boffe zu meiner Rechten, zu meiner Linken Monsieur Vaucanson und hinter mir Monopole und Antithe Blas.

Euer Wörterbuch ist hier», er hielt inne und atmete schwer aus, «aus vielerlei Gründen. Einige davon wißt Ihr bereits, doch aber gibt es noch so viele andere Gründe, John. Ihr hättet sie niemals alle wissen können. Es ist hier, weil Euer Geist, wie Ihr wißt, nicht der Eure war; weil Ihr Euch selbst verrückt glaubtet; weil die Lemprières für zu lange Zeit auf einer Tangente zu uns gelaufen sind und wir Euch zurückbrauchen. Das Wörterbuch nun ist aus all diesen Gründen hier. Sogar schon vor ihnen, Ereignisse aus lange vergangenen Jahren, Dinge, die selbst uns fern erscheinen. Euer Wörterbuch begann lange vor Euch, John, lange bevor Ihr es entwarfet, oder wir es entwarfen. Es begann mit einer Reise. Einer Reise und einer Belagerung.»

«La Rochelle.»

«La Rochelle, ja. Und die Reise war die erste Expedition der Ehrenwerten Gesellschaft von Kaufleuten, die mit Ostindien Handel trieben; und sie war eine Katastrophe.»

Lemprière blickte zu Juliette hinüber, aber sie blieb bewegungslos und starrte ins Leere. Sie war ein Schatten. Ihr wahrer Körper war anderswo, und diese ihre Abstraktion wollte ihn nicht zur Kenntnis nehmen. Er blickte weg, und als er das tat, sah er, wie Casterleighs Blicke über den Tisch zu Le Mara schossen.

«Das Jahr war 1600, das Jahrhundert neu geprägt, und wir waren hier, in dieser Stadt, in der die Schiffe ihre Segel setzten», begann der Führer. «Wir hörten der Königin Freibrief vom Podium ausgerufen, und wir beobachteten vier Schiffe mit dem Ebbstrom flußab gehen, mit nichts beladen als Hoffnung und Wagemut. Wir beobachteten all dieses und bedachten unseres eigenen Souverän Mißtrauen. Wir dachten, daß jene Schiffe unsere Schiffe sein sollten, jene Besatzungen Männer aus La Rochelle, und daß die Ladungen, die sie zurückbringen sollten . . . Aber davon wißt Ihr bereits einiges.»

«Die Reise scheiterte», sagte Lemprière.

«Natürlich; sonst wären wir nicht hier, noch Ihr, noch Euer Wörterbuch. Wir hegten bereits damals diesen Verdacht, schon als sie ausliefen. Während wir nach La Rochelle zurückkehrten, verließ diese Expedition niemals unsere Gedanken. Wir waren Händler und Kaufleute, Schiffsbauer und Bankiers, neun Männer, die sahen, was unsere englischen Gegenspieler sahen, und die Holländer schon seit Jahrzehnten gesehen hatten. Der Osten war ein platzender Goldkessel, und alles, wessen es bedurfte, waren Schiffe, Männer und Privilegien. Ein Freibrief. Wir wußten, es war möglich, wir neun, aber der Allerchristlichste Hof wollte uns nichts gewähren. Wir waren anderen Glaubens, Hugenotten. La Rochelle war unsere Bastion. Hätten wir eine solche Expedition ausgerüstet, und wir hätten es tun können, würde das des Königs Fregatten entlang der Küste vor Anker und seine Dragoner vor unsere Häuser gebracht haben. Vielleicht hätten wir das Unternehmen wagen sollen, gleich, was da komme – die Kriegsschiffe und die Dragoner sollten in jedem Fall kommen –, aber wir taten es nicht, wir waren vorsichtig. Wir warteten.

Zwei Jahre verrannen, und wir hörten nichts. Unser gewöhnliches Geschäft, Waren die Küste auf und ab zu bringen, den Flußhandel zu betreiben, ging weiter. Wir waren reich, aber unbefriedigt. Wir wollten mehr, und als die vier Schiffe voll beladen, spät im Jahre 1602 zurückkehrten, bekamen wir, was wir ersehnten.»

Lemprière lauschte zum zweiten Mal, wie sich die Geschichte vom Pfeffer der Gesellschaft und dem Zusammenbruch des Marktes entfaltete, aber wo Alice de Veres Stimme in Düsternis und Mutlosigkeit versunken war, da hob sich die des Führers erregt. Erneut wand und krümmte sich Thomas de Vere unter der Last seines Scheiterns, verfolgten ihn seine Gläubiger wie hungrige Hunde, versanken seine Finanzen im Abgrund der Tollkühnheit des Unterfangens. Und noch einmal kämpften, als die Schilderung fortfuhr, des vierten Grafen Miteinleger an seiner Seite, alle mitsammen an eine Million Pfunde wertlosen Pfeffers gekettet, der ungewünscht in Lagerhäusern ruhte und sie einen um den anderen tiefer und tiefer in Schulden zerrte. Sie hatten gespielt, sie hatten verloren, und Lemprière wußte, daß sie weiterhin verlieren würden. Nicht nur der vierte Graf, sondern auch der fünfte und der sechste und der siebente. Die ganze Reihe hinab bis zu Edmund, dem zwölften, der seinerseits die Folgen aus Thomas' Irrtum erntete. Er schien sich durch die Generationenfolge zu erneuern und zu wiederholen, ein unzerstörbarer Fehler, bis der ursprüngliche Irrtum verloren und nur noch der endlose Preis zu zahlen war, immer und immer wieder. Das Unternehmen war gescheitert, die Einleger waren mittellos zurückgeblieben, und ihre Charta war wertloses Papier.

«Nicht für uns», fuhr der Führer fort. «Uns gelüstete vor allem anderen nach dieser Charta, und wir sollten sie auch bekommen, aber die Sache war voller Schwierigkeiten. Wir sahen in den Einlegern verwandte Geister, in Philpot, Smith, de Vere und den anderen. Sie hatten recht gehabt. Ihre holländischen Rivalen hatten den Markt verfälscht, das Überangebot stank nach Marktpolitik, aber es verschaffte uns die Gesellschaft. Die Reise war möglich, der Handel war da, und als wir die Profite berechneten, machten sie alle unseren vorherigen Unternehmungen zu Winzigkeiten. Wir legten unsere Mittel zusammen und setzten im folgenden Mai Segel nach London. Als wir ankamen, brauchte es nicht lange, um die Notlage der Gesellschaft zu entdecken. Jeder Schiffebauer und Lebensmittelhändler und Krämer zwischen Deal und dem Pool schien eine Schuld zu halten. Da gab es nicht einen Finanzmann in der City, der einem zweiten Unternehmen auch nur einen Deut anvertraut hätte. Da wußten wir sofort, daß wir sie hatten.

Wir neun verbanden uns jeweils einzeln mit den Ersteinlegern. Zunächst wußte niemand, daß auch mit den anderen verhandelt wurde. Sie müssen es alle vermutet haben. Wir boten ihnen Bedingungen, die sie nicht ablehnen konnten: Begleichung ihrer Schulden, die Gesellschaft wieder flott, eine zweite Reise unternommen. Umgekehrt würde jeder von uns je ein Neuntel von jedem Gewinn oder Verlust übernehmen und jedem der Einleger je ein Zehntel dieser Summe zahlen. Tatsächlich würden sie als unsere Agenten handeln. Natürlich wurden alle diese Verhandlungen in strengster Geheimhaltung geführt. Denn zwar mochten wir Protestanten sein, aber wir waren immer noch Franzosen, und unsere Länder waren fast im Krieg gegeneinander. Es war diese Tatsache, die uns aneinander band. Keine Seite konnte sich aus der Vereinbarung zurückziehen ohne Gefahr, von der anderen Seite bloßgestellt zu werden. Für einen Engländer bedeutete der Verkauf der königlichen Charta mehr als nur eine Gaunerei. Was wir trieben, war Verrat. Die Verträge wurden zwar in alle Arten Rhetorik verpackt, um diese Tatsache zu verschleiern, aber so war es, und wir alle wußten es.

Philpot hatte seinen Vertrag mit Jacques schon einige Tage zuvor unterzeichnet, wie Smith mit Casterleigh, und ebenso Cas de l'Île. Die anderen sogar noch früher. Der vierte Earl hielt am längsten durch. Er wußte, um was es ging. Aber im April jenes Jahres unterzeichnete Thomas de Vere in Norwich, und als er das tat, war die Gesellschaft unser. Wir kehrten nach La Rochelle wie siegreiche Könige zurück und feierten unsere Eroberung einen Monat lang. Wir gründeten uns einen Club. Wir sahen in diesen ganzen Gaunereien und Geheimnistuereien eine Art Witz, einen riesigen Jux, und nannten unseren Club ‹Die Cabbala› und dachten, auch das sei eine Art Witz. Wir haben uns niemals träumen lassen, daß er zur Wahrheit würde.»

Die Stimme des Führers war fast ungläubig, fast erschrocken. Lemprière beobachtete seine Hände, wie sie mit den Seiten seines Wörterbuchs spielten. Es waren alte Hände, verfärbt, und die Haut hing merkwürdig an den Fingern. Er dachte an die Priester, die er aus den tiefsten Verwinklungen ihrer verschiedenen Labyrinthe heraufgezerrt hatte, durch die grauen Straßen der schrumpfenden Stadt in sein Wörterbuch, darinnen sie nun ausgestellt waren wie exotische Trophäen, glasäugig wie Ichnabods Eulen. Ihre Schichten waren nicht tiefer, nicht weniger geheimnisvoll als diese. Die Hände zuckten um sein Wörterbuch. Die Cabbala starrte ihn aus ihren Sitzen an. Ihre Augen machten ihn frösteln. Natürlich wurde es zur Wahrheit. Sie hatten sich genommen, was sie begehrten. Sie waren die Herren ihrer Träume geworden, wie er selbst. Jetzt wollten sie nichts mehr damit zu tun haben und sie verleugnen. Er hatte nichts für sie übrig. Ihr Unglaube war eine Lüge. Der Führer seufzte in den Schatten, und dann kam seine Stimme wieder.

«Die folgenden Jahre brachten alles, was wir uns erhofften, und mehr. Wir führten andere Reisen mit anderen Schiffen durch. Wir hetzten die Holländer von Pontius zu Pilatus, und unsere Handelsstationen waren solche Füllhörner, daß sie von Gewürzen, von Seide und Edelsteinen, von seltenen Erzen und Silber und Gold überquollen. Wir brauchten nur den Eimer hineinzuwerfen, um Reichtum aus dem Meere selbst zu schöpfen. Wir wurden reich wie Krösus, und mit jedem vergehenden Jahr noch reicher. Die Schiffe der Gesellschaft wälzten sich so tief im Wasser liegend zurück, daß eine schwere See sie hätte vollschlagen können, und jede Tonne zahlte uns hundertfach zurück.

Unsere Partner in England hatten daraus ihren entsprechenden Vorteil. Philpot, de Vere, Smith und die anderen, sie alle wurden zu Mächten, mit denen man in dieser Stadt rechnen mußte. Die Summen waren märchenhaft, maßlos. Einmal in jedem Jahr lag vor der Küste einige Meilen nördlich von La Rochelle ein Indienfahrer auf Reede. Wir übernahmen dann die Ladung mit Ketschen und verstauten sie in einer Höhle nahe der Landzunge. Das waren Goldbarren und Edelsteine. Juwelen für unseren barbarischen Gott. Es war einfach. Einmal im Jahr wurden neun Zehntel der Gesellschaftsgewinne über offenes Wasser vom Schiff zum Ufer gerudert. Wir müssen verrückt gewesen sein, aber niemand hat es je erfahren. Niemand hat es je herausgefunden. Unser Reichtum wuchs, bis unsere Berechnungen ihn kaum mehr messen konnten. Es war alles so absurd, so außerhalb jeden Maßes. Wir wollten investieren oder ausleihen, aber jedes unauffällige Projekt hätte unseren Reichtum nicht um ein Tausendstel vermindert, und jedes umfangreichere Projekt hätte uns Aufmerksamkeit eingebracht, die wir uns nicht leisten konnten. Wir besaßen alles und konnten nichts damit anfangen. Das war ein Problem, das wir niemals richtig lösen konnten, erst jetzt vielleicht. Damals kümmerten wir uns kaum darum. Unsere Verträge hielten, und die Gesellschaft wuchs. Wir blickten auf Meere, die uns alles gaben, war wir uns je erträumt hatten, und während dieser ganzen Zeit harrte unser der Nachtmahr, in unserer Nachlässigkeit. Wir sahen niemals zurück, wir wandten uns niemals um, um uns über die Schulter zu blicken. Wenn wir es getan hätten, hätten wir es vielleicht rechtzeitig erkennen können, denn als unser Nachtmahr kam, kam er über Land.»

«Die Belagerung», sagte Lemprière.

«Ja», sagte der Führer. «Die Belagerung von La Rochelle; da gingen wir in die Irre.»

Flache Salzmarschen erstreckten sich von der Festung La Rochelle aus in alle Richtungen wie ein weites Glacis, das nichts verbarg. Kleine Wellen schwappten in den Hafen, Unterabteilungen der atlantischen Dünung hinter ihnen. Die Küste verlief wie ein gezackter Saum, der Armorika mit dem aquitanischen Becken vernähte und den Grenzbereich von Land und See kennzeichnete. Zwei Möglichkeiten, zwei Gegensätze, und die Stadt ein Punkt in ihrer Pufferzone. Vorrückende Heere und vorrückende Stürme, Dürren und sogar Mutterkorn, das durchs Getreide kroch; das konnte man so deutlich sehen, als ob die Linse des Ptolemaios auf die Zitadelle montiert gewesen wäre. Sie mochten vorrücken, aber meßbar, und von Wachtposten auf Wachttürmen beobachtet, die diese Entfernung für Sicherheit nahmen. Aber das war falsch; all dieses verstohlene Vorrücken von Heeren wie Stürmen geschah verschleiert, unter zweiten Häuten einer Bestie, die sich in jenem Sommer über die Ebenen bewegte wie unausweichliches Wetter.

Genau so wie die sich schnell und flach über den Boden bewegende Meute die vorrückende Aufregung der Jagd ankündigt und hinter der die Absicht des Jägers, so kündigt das Wetter seine eigene zyklonische

Stille an, sein totes Zentrum aus heißer Luft, und dahinter die mächtigen Höhen und Tiefen der Druckzonen, und dahinter die Wucht der Erdumdrehung, und die regelmäßigen Sonnenblitze, die man Tage nennt und die das Maß abnehmender Entfernung sind, wenn sich der Horizont von einem weit entfernten violetten Schmierfleck zu einer rot klaffenden Wunde des Unglücks verschiebt, das sich daraus auf die Köpfe der Belagerten ergießt, die vergeblich in einen vertrauten Himmel aufschauen. Der Regen ist kein richtiger Regen, die Sonne keine richtige Sonne. Das vorrückende System hat seine eigenen Vorurteile und Wahrscheinlichkeiten, die verborgen bleiben und nur jählings sichtbar werden, wenn die rollende Dünung des Roggens und das Wogen der Weinreben und die zaghaften Steilhänge und Böschungen der Ebenen um La Rochelle und sonstwo plötzlich von einer Energiewelle hochgepumpt, wenn sie überladen werden und sich in sich selbst falten. Dann wird der Spielraum verschlungen, Entfernung verschwindet, und Energie sammelt sich im ungestümen Scheitelpunkt der Welle. Auf einmal ist es offensichtlich. Hektor begreift, daß er allein, ausgetrickst und verteidigungslos ist. Achill erhebt seinen Speer. Das Schlimmste ist eingetreten.

Die flachen Marschen glätten sich, und die Falten enthüllen Zeltreihen, Zickzackgräben, vorgeschobene Feuerstellungen, die an die Bastionen anstoßen, und Tausende über Tausende winziger roter Punkte, die auf die Mauern zuschwärmen, während die Kanonen rauchende Prophezeiungen von Untergang schicken, die sich im Bruchteil einer Sekunde erfüllen, wenn die erste Kanonenkugel die erste Mauer aufbricht, in der Straße explodiert, und der erste Rochellaiser von Trümmern erschlagen wird, die aus einem brennenden Himmel zu stürzen scheinen, der sich bereits dem Schwert und der Kugel, der Pulvermine und der Lunte überlassen hat, und den kriechenden Erdwerken, die sich Monat um Monat um sie herum schlängeln und zusammenziehen, und ihren hoffnungslosen Verteidigungsbemühungen und ihrem Verrat und ihrer endgültigen Niederlage. Die Belagerung hat begonnen und ist schon vorbei. Die wirklichen Sieger sind schon in der Stadt.

Der Raum war ruhig. Lemprière sah Le Mara über den Tisch zu Vaucanson blicken. Jacques blickte zum Vorsitz und wandte sich dann um, als ob ein Zeichen gegeben worden sei.

«Die Belagerung war Mittel zum Zweck», sagte er. «Richelieu wollte uns unsere Privilegien wegnehmen, insbesondere unsere Handelsprivilegien. Er wollte neuen Gesellschaften Freibriefe erteilen, um uns unseren Handel zu nehmen. Der König seinerseits wollte auf die eine oder andere Weise La Rochelle für sich haben. Wir wollten ihm das verwehren. Es gibt noch mehr, aber ...»

«Sags ihm», fiel Casterleigh ein. «Sag ihm alles, die anderen Gründe.»

«Welche Gründe?» Lemprière suchte in den Gesichtern um den Tisch herum. Vaucanson sprach.

«La Rochelle war keine gewöhnliche Stadt. Sie hatte ihre eigenen Gesetze, ihre eigene Ratsversammlung, ihre eigene Kirche. Für die Hugenotten in Frankreich war sie ein Vorbild. Wie es sein könnte, verstehen Sie? Louis wußte das, und Richelieu wußte das. Jede reformierte Kirchengemeinde in Frankreich blickte um Führung auf La Rochelle. Und schrittweise wurde aus der Führung mehr als das. Eher ein System. Fast eine Verschwörung. Wir hatten nichts mit Königsmördern zu tun, aber der König war der Monarch der Jesuiten und der *dévots*, er unterstützte die Liga, er unterstützte unsere Gegner daheim und im Ausland. Wir brauchten unseren König auf unserer Seite, nicht gegen uns. Können Sie mir folgen?» Lemprière schüttelte den Kopf.

«Ein Staatsstreich!» platzte Boffe dazwischen. «Ein großartiger Staatsstreich! Er wurde seit vielen Jahren geplant, seit dem Massaker der Bartholomäusnacht, er ging auf Duplessis-Mornay zurück und eine ganze Reihe von Förderern. Oh, das war ein herrliches Stück Riesenschwindel ...»

«Aber es brachte die Belagerung auf unsere Mauern», fuhr Jacques nüchterner fort, «wie wir es im voraus gewußt hatten. Die Belagerung ging um Handel und Staat, und wir hatten unsere Finger in beiden. Des Königs Streitkräfte standen schließlich in der ersten Augustwoche 1627 in Sichtweite vor unseren Mauern. Buckinghams Flotte war eine Woche zuvor aus England eingetroffen und auf der Île de Ré gelandet. Der gute Herzog trug seine Sache bereits gegen Toiras und den Rest der Garnison im Fort Saint Martin vor. Wir sahen zu, wie die königliche Armee sich eingrub und die Forts östlich von uns wiederherstellte ...»

«Welch ein Schauspiel, Monsieur Lemprière.» Boffe bebte in seinem Sessel. «Die Männer, die Pferde, die Kanonen. Die Bühne war mit Gräben und Erdwerken besetzt, und mit Männern, Tausenden und Abertausenden. Und dann wir. Die tapferen Belagerten, die Helden. Ganz Europa kannte unsere verzweifelte Lage.»

«Und ganz Europa machte sich nichts daraus», höhnte Casterleigh. «Die Engländer sollten Fort Saint Martin gar nicht nehmen,
und selbst wenn sie es getan hätten, würde das kaum Folgen gehabt
haben.»

«Belagerungen hatte es schon früher gegeben.» Vaucanson redete.
«Aber das waren formelle Angelegenheiten. Austausch von Wörtern.
Bedingungen wurden vereinbart, und die Dinge blieben im wesentlichen so wie zuvor. Wir hatten keinen Grund anzunehmen, daß
sich unsere eigene Zwangslage in irgendeiner Weise anders zeigen
würde.»

«Aber sie *zeigte* sich anders», sagte Jacques. «Vielleicht wußte der
König, daß unsere Pläne schon viel weiter fortgeschritten waren, als
selbst unsere Gegner annahmen, vielleicht war unser Handel wertvol-
ler, als wir selbst wußten. Was aber auch immer die Gründe waren,
die königliche Armee wuchs und wuchs, bis schließlich im September
jenes Jahres mindestens 20000 Mann um uns herum lagerten. Aber
immer noch sahen wir von unseren Mauern aus unbekümmert zu.
Mit Hilfe unserer und der englischen Flotte beherrschten wir die
westliche See, und Nachschub konnte mühelos herangeschafft werden. Natürlich standen Batterien auf den Landzungen beim äußeren
Hafen, aber ihr Feuer war ungenau, die Mündung zu weit, und
unsere Schiffe waren zu schnell. Dann sahen wir Mitte Oktober, wie
eine eigenartige Konstruktion Form annahm. Tag um Tag und
Schritt um Schritt schienen sich die Landzungen immer weiter über
die Mündung des Hafens zu erstrecken.»

«Richelieu baute eine Mole», sagte Casterleigh, «um den Hafen
abzuschließen.»

«Eine Art Damm», führte Vaucanson weiter aus. «Zwei grobe
Molen aus Pfosten und Gestein. Der Ingenieur war Métézeau. Ich
kannte seine Arbeit, aber ich konnte nicht verstehen, wie sie Erfolg
haben könnte. Ein Sturm, ja schon eine starke Flut würde das alles
wegspülen. Aber dann versenkten sie mit Steinen gefüllte Schiffe auf
beiden Seiten und füllten die Zwischenräume mit Steinbrocken auf.
In der Mitte ließen sie eine Lücke, damit die Kraft der See sich dort
verausgaben könne. Wenn dieser Tisch der Hafen ist, maß der Raum,
in dem Sie jetzt stehen, schließlich nur noch einige Zentimeter. Aber
immer noch waren wir überzeugt, das würde niemals den Winterstür-
men standhalten. Sie brachten eine neue Batterie auf dem Point de
Coureille in Stellung und begannen, unseren Schiffen zuzusetzen.
Doch immer noch war die Mole kaum weiter fortgeschritten, und so

enthielten die letzten Monate jenes Jahres für keinen von uns wirkliche Schrecknisse.»

«Nach Osten hin», sagte Jacques, «waren die Linien des Königs unerschütterlich. Vom Land war nichts zu holen. Das Meer hatte immer für uns gesorgt und war jetzt unsere Lebensader. Und jetzt begannen wir zu begreifen, warum es bei nur 25000 Seelen in der Stadt keinen großen Sturm gegen unsere Mauern gegeben hatte. Sie wollten uns aushungern. Das war die Absicht hinter der Mole.»

«Wir ersuchten um sicheres Geleit für unsere Frauen und Kinder, aber davon wollte der König nichts wissen», sagte Casterleigh. «Entweder kämen wir alle heraus, oder niemand.»

«Buckingham segelte im November nach England», Jacques sprach wieder. «Er hinterließ sein Versprechen, zurückzukommen, und Saint Martin in den Händen der Königlichen.»

«Und kam er zurück?», fragte Lemprière.

«Er sollte im nächsten Jahr aus der Hand seines Meuchelmörders sein Ende finden, bevor er etwas tun konnte, aber die Engländer brauchten die von La Rochelle, wenn sie wollten, daß ihre Schiffe unbehindert an der westlichen Küste Frankreichs entlang führen. Sie begriffen sehr wohl, was Richelieu wollte, und wir wußten, sie würden zurückkommen. Wenn sie kämen, stellten wir uns vor, würden Richelieus Mole und des Königs Flotte wie Treibgut beiseite gefegt. Dann aber kam in den ersten Tagen des neuen Jahres ein mächtiger Sturm aus Süd. Er wütete die ganze Nacht, und am Morgen blickten wir hinaus auf den Hafen und gerieten zum ersten Mal in Sorge.»

«Warum? Was hatte sich geändert?»

«Nichts, gar nichts. Wir dachten, das sei vielleicht eine Laune des Sturms, ein Stück vom guten Glück des Kardinals, aber die Mole war noch da. Sie stand da unberührt, während wir erwarteten, jedes einzelne Teil von ihr liege neun Meter tief. Da wußten wir, daß die Stadt fallen könnte, und da schickten wir François nach England.»

Vaucanson hatte während dieses Berichtes Jacques angestarrt. Jetzt wandte er sich Lemprière zu.

«Wenn die Mole dem Sturm widerstehen konnte, könnte sie auch der Flotte widerstehen. Wir mußten wissen, was die Engländer planten, und dann selbst entsprechend planen. Wir mußten wissen, ob und wann abhauen. Deshalb haben wir François geschickt.»

«Er brach am letzten Januartag im Schutz der Nacht in einem Dinghi auf», Jacques übernahm die Geschichte von Vaucanson. «Sein Plan war, sich mit einigen Holländern zu treffen, die mit Salz die Küste heraufsegelten. Aber er wurde gesehen, als er durch die Mole fuhr. Wir beobachteten das Musketenfeuer von den Mauern aus. Wir konnten nichts tun und wußten nicht, ob er lebte oder tot war.»

«Er lebte aber», sagte Lemprière.

«O ja, er lebte», antwortete Casterleigh.

Jacques blickte zu ihm hinüber und räusperte sich. «Wir waren innerhalb der Mauern. Kein Boot, das größer als eine Pinasse war, konnte danach noch durch die Mole fahren. Sie hatten die Öffnung mit versenkten Schiffen blockiert, und deren Masten ragten wie Palisaden über die Oberfläche. Wir feuerten von den Mauern aus auf die Mole, aber ohne große Wirkung. Wir saßen in der Falle, und wir wußten das.»

Lemprière blickte in die Schatten nach dem Führer, der während der ganzen Zeit geschwiegen hatte. Die anderen waren lebendig geworden, als die Ereignisse der Belagerung wiederbelebt, ein zweites Mal durchlebt wurden. Aber die Schatten schwiegen, die menschlichen Säulen hinter ihm schwiegen. Selbst Le Mara schien lebendiger, und Le Mara hatte kein Wort geäußert.

«Da waren wir noch acht», fuhr Jacques fort. «Wir warteten auf Nachricht von François, von einem Botschafter, der tot sein mochte oder lebte. Die Stadt wartete auch, jetzt zu Land und zur See abgeschnitten. Wir kannten bereits die Mittel unseres eigenen Entkommens, sollte das nötig werden, aber sie waren gefährlich. Es gab da Gegebenheiten außerhalb unserer Kontrolle...»

Lemprière mischte sich ein. «Wie hätten Sie entkommen können? Wenn Sie so abgeschnitten waren, wie Sie behaupten...»

«Warten Sie, denn es gibt zuvor noch mehr. Die Rochellaiser begannen zu begreifen, daß sie verlieren könnten. Die Stadt begann, sich zu verändern. Eine Reihe von Bränden fegte durch das Viertel der Kaufleute, verursacht durch den Kanonenbeschuß, glaubten wir. Sie waren das Werk von Brandstiftern, von in unserer Mitte verborgenen Feuerteufeln. Alles Brennbare – Stroh, Heu, Reisigbündel, Pulver aus den Magazinen – wurde zur Zitadelle geschleppt und dort in den Kellern verstaut. Soldaten wurden gefangengenommen, die versuchten, mit von Richelieu selbst unterzeichneten Pässen durch die Linien zu entkommen. Verräter, die wir entlarvten, hingen im Dutzend an Galgen auf dem Markt. Wir spannten sie auf die Folter, und sie nannten uns Namen. Wir spannten die Namen auf die Folter, und sie nannten uns weitere. Falsches Zeugnis verlängerte unsere Liste der Ängste. Gegen Ende Januar verbreitete sich eine Krankheit durch die Stadt, die die Münder schwarz werden und das Zahnfleisch bluten ließ. Es war Skorbut. Lebensmittel wurden knapp. Wir begannen, die Pferde zu schlachten, dann die Esel und Maultiere, Katzen und Hunde, Ratten und Mäuse ganz zuletzt. Schon vorher trat in den ärmsten Vierteln Kannibalismus auf. Was nur lebte, wurde getötet. Was man nur hinunterschlucken konnte, wurde als Nahrung genommen: Ochsenhäute, Lederscheiden und in Unschlitt gekochte Stiefel, sogar Zimt und Süßholz aus den Apotheken. Wir buken aus Stroh und Zucker eine Art Brot, oder aus im Mörser zerstampftem Holz, aus Gips, aus Erde, sogar aus Dung. Wir hatten kaum noch die Kraft zu jubeln, als der Mai Denbighs Expedition mit fünfzig Schiffen vor die Küste brachte. Aber die Batterien auf der Mole schlugen ihn zurück, und unsere eigenen Brander trieben harmlos gegen die Ufer. Und immer noch kein Wort von François. Gegen Ende Mai waren die Speicher leer, und das Volk begann, unter den feindlichen Rohren an der Küste Herzmuscheln zu sammeln, oder zwischen Mauern und königlichen Linien Portulak zu rupfen. In der Stadt begannen die Alten und die sehr Jungen zu sterben.»

Juliettes Gesicht war vollkommen reglos, fast unmenschlich im Kerzenschein. Die Energie der Cabbala begann abzuebben. Lemprière lauschte, wie Jacques Bilder aus den letzten Monaten der Belagerung heraufbeschwor: hohle Gesichter auf ausgezehrten Körpern, Körper wie Gerippe, der Geruch nach den unbegrabenen Toten, flache Himmel, das dumpfe Krachen der Kanonen, dem keine Antwort wurde, obwohl es genug Pulver gab, denn die Soldaten konnten ihre eigenen Kanonen nicht länger ausrichten, die Haut glänzte in Nachäffung blühender Gesundheit. So wenige Kinder. Die ruhigen Straßen. Die Wachtposten der Nacht bei Tagesanbruch halbiert. Die große Glocke still. Niemand hatte da noch die Kraft, sie zu läuten. Die äußeren Mauern waren schon verlassen, und die Menschen bewegten sich geistergleich zum Mittelpunkt der Stadt hin. Gerüchte und Hörensagen brachten sie zu Tausenden vor die eisenbeschlagenen Tore der Zitadelle. Die Stadt starb, das wußten sie, aber die Art ihres Todes war noch unbekannt. Da gab es Geschichten, Androhungen von Rache, die ihr König nehmen werde. Die brachten sie durch die freudlosen Straßen in die Zitadelle, wo hinter ihnen die Türen verschlossen und verriegelt wurden. Spitzbögige Fenster blicken auf die Masse Körper hinab. Die haben nichts mehr zu verlieren, sagt die Geschichte. Überhaupt nichts.

«Im Oktober starben wir zu Hunderten. Abordnungen eilten zwischen Guiton und Richelieu hin und her, um Bedingungen auszuhandeln. Bras de Fer sprach von einem Selbstmordunternehmen gegen die Linien. Unser waren weniger als 8000 übrig in einer Stadt von 25000. In der letzten Woche dieses Monats erreichte uns François' Botschaft, verschlüsselt in einer Depesche an Guiton, den Bürgermeister. Wir hatten sie vor seiner Abreise verabredet: Jeder siebte Buchstabe war dem nächsten hinzuzufügen, und danach jeder neunte. Sieben und Neun waren François' Lieblingszahlen. Wir brüteten über dem Bericht, der neue englische Expeditionen versprach, geheime Nachricht über Richelieus Milde bot, und uns alle bedrängte, die Stadt noch einen weiteren Monat zu halten. Doch als die wirkliche Nachricht Buchstabe für Buchstabe hervortrat, erkannten wir diese fernen Ermutigungen als Lüge. François' Botschaft an uns lautete: *Es gibt keine weitere Expedition. Gnade wird nicht gewährt. Rettet euch.* Die Stadt sollte geplündert, ihr Mauerwerk geschleift werden. Unsere Abordnungen schoben lediglich die Stunde hinaus. Es gab keine Bedingungen, denn wir hatten nichts anzubieten, und jeder in der Stadt ahnte das. Sie hatten nichts zu verlieren. Überhaupt nichts. Also planten wir unser Entkommen.»

Lemprière blickte auf Jacques herab, aber Jacques wollte ihn nicht ansehen. Auch Vaucanson beobachtete den anderen Mann.

«Warum warten», fragte er. «Warum nicht früher?»

«Unser Leben war da.» Jetzt sah Jacques ihn an. Die Schatten rührten sich in einer Art Bestätigung. «Alles, was wir aufgebaut und wofür wir gearbeitet hatten, war in La Rochelle, seine Schiffe, seine Mauern, unsere Häuser... Wir wußten, wir würden das alles verlieren. Aber den Haupthort, den Reichtum der Gesellschaft, das alles seit über fünfundzwanzig Jahren versteckt und verborgen, das könne, dachten wir, immer noch gerettet werden, bis zur Nachricht von François. Wir hatten zu lange gewartet, und jetzt mußten wir um unser Leben laufen.» Jacques hielt erneut inne, und Lemprière sah den Führer sich in der Dunkelheit bewegen. Vaucanson sprach.

«Es gab da einen Durchgang. Das Land und die See waren uns verwehrt. Es gab lediglich zwei Wege aus La Rochelle: durch die Luft oder durch die Erde. Unter der Zitadelle gab es eine Art Höhle, einen Tunnel, der aus den Kellern unter den Fundamenten der Stadt zu einem unterirdischen See führte. Das war unsere Entdeckung, eine weite Lagune und in ihrer Mitte eine winzige Insel, die wir als unsere Schatzhöhle nutzten. Der See erstreckte sich unterirdisch über mehr als drei Kilometer nach Norden, und auf der anderen Seite bildete ein Kiesstreifen eine Art Ufer. Ein zweiter Tunnel führte von jenem geheimen Ufer zu der bekannten Küstenstelle Point du Plombe.»

«Wo Sie Ihre Frachten entluden...»

«Wir hatten niemals daran gedacht, ihn als Fluchtmittel zu benutzen, aber jetzt drängte uns unsere Not. Das also würde unser Weg sein, und er wäre ganz geradeaus gewesen, hätte es das königliche Lager nicht gegeben.»

«Meilenweit an der Küste rauf und runter. Riesig!» Boffe breitete die Arme aus.

«Wir wußten, daß es ein Feldlazarett in der Nähe gab, und wahrscheinlich auch ein Barackenlager. Wir mochten von Angesicht zu Angesicht der Dragoner des Königs auftauchen, oder sie mochten den Tunnel und den See gefunden haben...»

«Und das Gold.»

«Das war in jedem Fall so gut wie verloren. Wir konnten es nicht mitnehmen. Vor allem aber brauchten wir Ablenkungsmanöver, deshalb reichten wir François' Nachricht an die Überlebenden weiter. Gerüchte von dem bevorstehenden Massaker durchliefen die Stadt, als ob... Fast so, als ob die Menschen sie glauben wollten. Wir beriefen eine Zusammenkunft für die Nacht des Dreißigsten in die Zitadelle ein. Sie kamen zu Tausenden. Männer, Frauen, unsere eigenen Frauen und Kinder. Wir verriegelten die Türen...» Jacques' Stimme war leiser geworden. «Wir glaubten François, wir glaubten, daß La Rochelle und jeder einzelne darin zum Untergang verdammt war.» Er hielt inne, als ob ein zentrales Hindernis erreicht worden sei, und blickte sich zu den anderen Mitgliedern der Cabbala um. Niemand sprach.

«Dann sind Sie also durch die Passage unter der Zitadelle entkommen...»

«Ja!» Jacques sprach rasch. «Wir sind in jener Nacht entkommen. Durch den Tunnel, in einem Ruderboot über den See, wir alle acht und krank vor Hunger. Es dauerte so lange. Es war schon fast Tag, als wir am Point du Plombe auftauchten. Das königliche Lager war ein Chaos, ganze Koppeln Pferde frei, Soldaten rannten hin und her, führerlose Brigaden stritten sich und brachen in Züge auseinander, ein glückseliges Durcheinander, das jubelte und südwärts auf La Rochelle wies. Sie würden uns auch nicht bemerkt haben, hätten wir das Feuer auf sie eröffnet. Wir beobachteten mit ihnen. Eine mächtige

Rauchsäule stand aus der Stadt in den Morgenhimmel, und stieg aus der Zitadelle empor. Rauch und Flammen strömten aus den Fenstern. Wir beobachteten schweigend und sahen, wie sie zu springen begannen. Menschliche Feuerbälle stürzten senkrecht aus der Sicht. So ging das fast eine Stunde lang. Man konnte es selbst aus dieser Entfernung ganz deutlich sehen. Es war ein Feuerwerk, aber natürlich geräuschlos. Jedesmal, wenn ein Körper fiel, jubelten die Truppen um uns herum. Sie bewegten sich auf die Stadt zu. Sie wußten, die Stadt war erledigt. Dann wurden sie plötzlich still ...»

«Das geht ihn nichts an.» Casterleighs Stimme mischte sich schroff ein. Boffe blickte unruhig von Jacques zu dem anderen. Jacques überhörte den Ausbruch.

«Sie wurden still», wiederholte er, «und wir schauten zurück. Wir sahen einen Feuerball aus einem Fenster hinabstürzen, eine brennende Gestalt, kleiner als die anderen. Vielleicht ein Kind. Dann sahen wir es aufschlagen und wieder aufsteigen. Dann fiel es wieder, diesmal auf die See zu, und das Meerwasser löschte sein Feuer.»

«Eine Einbildung, ein Spiel des Lichtes», knurrte Casterleigh.

«Es stieg wieder auf, ein schwarzer Punkt, der davonschoß, bis er nicht größer als eine Möwe war, eine Fliege, und dann nichts mehr.»

«Davon habe ich schon gewußt», sagte Lemprière. «Das war der Geist, der fliegende Mann.»

«Kleiner als ein Mann», murmelte Jacques vor sich hin, «wie ich es gesehen habe.» Die anderen bewegten sich unbehaglich. «Später hat man gesagt, sein Gesicht sei verbrannt gewesen und es habe Flügel gehabt, wie ein Engel.»

«Ein dunkler Engel», sagte Lemprière. Jacques schien sich zusammenzunehmen.

«Es war ein Überlebender, wie wir selbst», sagte er. «Jede andere Seele in der Zitadelle sprang entweder oder wurde von den Flammen verzehrt.» Wieder schien er das gleiche Hindernis erreicht zu haben und hielt inne.

«François hatte sich ... geirrt.» Er sprach vorsichtig. «Die Stadt wurde nicht geplündert. Es stimmte, daß keine Expedition geplant war, damit hatte er recht. Aber La Rochelle sollte niemals geplündert werden. Weder Richelieu noch sein König hatten die Absicht, es in Trümmer zu verwandeln. Wir aber hatten anders geglaubt, verstehen Sie? Unsere eigenen Frauen und Kinder, Hunderte, Tausende von anderen ... Wir glaubten, es werde in jedem Fall geschehen, daß sie nichts mehr zu verlieren hätten. Die Zitadelle, dann die ganze Stadt.

Und wenn die königliche Armee uns auch tot glaubte, warum sollte sie uns dann jagen? Warum sollten wir auch sterben? Wir dachten, die von La Rochelle seien schon so gut wie tot.»

Das Verstehen begann einzusickern. Lemprière sah, daß Jacques auf seine eigenen zusammengekrampften Hände starrte, oder auf den Tisch.

«Ihr habt die von La Rochelle in der Zitadelle versammelt», sprach er bedächtig. «Ihr habt die Türen verriegelt. Ihr seid geflohen und habt sie zurückgelassen. Ihr seid am Point du Plombe aufgetaucht und habt zurückgeschaut und gesehen, wie sie aus den Fenstern sprangen und eine Rauchsäule sich erhob.» Jacques nickte langsam. Lemprière fuhr fort: «Die Stadt wurde nicht geplündert, aber die Zitadelle brannte, und mit ihr die Menschen, die Ihr darin versammelt hattet. Die Truppen standen noch außerhalb der Mauern, aber die Feuer hatten schon begonnen.»

Da sprach Le Mara, und Lemprière hörte zum ersten Mal seine Stimme. «Wir haben sie verbrannt», sagte er.

«Und für nichts», fügte Jacques hinzu.

Wieder blickte er auf Juliette, und wieder gab ihr Gesicht nichts preis. Die acht Kerzen brannten stetig, und das Widerspiel ihrer Flammen ergoß sich über die Oberfläche des großen Tisches. Jacques murmelte vor sich hin und schwatzte etwas von Opfer und Notwendigkeit und den eigenen Frauen und Kindern, die man um des höheren Zieles willen im Feuer verloren habe.

«Und François?» fragte er. Als Jacques seine Bestätigung zu nicken begann, bewegten sich Monopole und Antithe hinter dem Sitz des Führers leicht, als ob sie auf eine Bewegung in dem Sitz antworteten. Jacques sah durch den Raum hin zu Juliette.

«Wir waren entkommen», Vaucanson nahm die Geschichte auf, «und gegen Ende November waren wir hier in London eingerichtet, hier in diesen Höhlen. Wir legten sie trocken und machten uns daran, unseren Reichtum aus dem Nichts wieder aufzubauen.» Aber während Vaucanson redete, wurden Lemprières Gedanken zu dem Feuer zurückgezogen, zum letzten Todeskampf derer von La Rochelle, als sich das Grauen in der Zitadelle entfaltete. Zwei Meilen weiter vermöchten die Acht es kühl zu betrachten, vielleicht sogar in Hochstimmung ob ihres Entkommens, und der neunte, François, sah davon überhaupt nichts.

«Was war mit François?» fragte er, und schnitt Vaucanson mitten im Satz ab. Niemand antwortete ihm. «Sicherlich lag der Fehler ganz allein bei ihm? Euer Fehler kann es ja wohl kaum gewesen sein. Ihr wart schließlich auch in die Irre geführt worden», spornte er sie an, aber noch immer antwortete niemand. Vaucanson blickte zum Führer hin, und zum ersten Mal seit einer Stunde hörte Lemprière ihn sprechen.

«Berichtet ihm von François», befahl er.

«Wir trafen François im späten November in London», sagte Vaucanson. «Sein Bein war von den Musketen bei La Rochelle verwundet worden, und die Wunde war noch nicht geheilt. Wir hatten ihn seit über einem Jahr nicht mehr gesehen, aber von Anfang an war offenkundig, daß er sich verändert hatte, daß er sich in einer anderen Haltung befand als zuvor. Wir erzählten ihm alles, den Verlauf der Belagerung, die Not derer von La Rochelle, die Wirkung seiner Botschaft auf uns. Er erzählte uns offen, daß er sich geirrt hätte, aber daß dies sein letzter Fehler dieser Art gewesen sei. Dann erzählten wir ihm von unserem Entkommen, und wir begannen, ihm von seiner eigenen Frau und seinen Kindern und deren Los zu erzählen.» Vaucanson hielt inne.

«Machet weiter», sagte der Führer. Die Erzählung schien ebenso an ihn wie an Lemprière gerichtet zu sein.

«Er wurde wild. Er brüllte, daß er uns jetzt Söldner und Mörder wisse. Er schwur da und dann, daß die Lemprières sich rächen würden.»

«So also hat es angefangen», murmelte Lemprière zu sich.

«Danach schien er sich in Luft aufzulösen. Natürlich befand er sich auf Jersey, mit seiner neuen Familie; Ihrer Familie, Mister Lemprière. Damals gab es viel zu tun. Die Gesellschaft war während fast zweier Jahre steuerlos dahingetrieben. Unsere eigenen Einrichtungen waren in Unordnung. Ohne La Rochelle hatten wir keine Basis, und wenn die Profite wieder fließen sollten, brauchten wir neue Wege, neue Schätze. Soweit wir wußten, befand sich unsere Schatzhöhle in La Rochelle immer noch unangetastet – wir waren bei unserer Flucht tatsächlich daran vorbeigekommen –, aber es gab keine Möglichkeit, sie zu erreichen. In all diesem dachten wir nicht an François und sein Gerede von Rache. Er war verschwunden. Wir verwalteten seinen Anteil treuhänderisch und dachten nicht mehr daran. Dann erschien im Januar 1629 die erste Kampfschrift.»

«Asiaticus», sagte Lemprière.

«Zuerst konnten wir den Verfasser nicht erraten, aber im Februar erschien die zweite, und wir begannen Verdacht zu schöpfen. Der

März brachte eine dritte, und da waren wir uns sicher. Unser Feind war François. Die Flugschriften spielten auf Ereignisse an, die außer uns nur er wissen konnte: der Kauf der Gesellschaft, die Verträge, das System der Agenten, die Art, in der die Profite abgeleitet wurden, das alles und mehr. Sie haben sie gesehen, Sie wissen, wie sie eingerichtet waren. Die vierte würde von T bis Z laufen, sie sollte die letzte sein und würde uns wohl als die wirklichen Herren der Gesellschaft und zur Draufgabe als die Schlächter von La Rochelle bloßstellen. Wir wußten, daß er sich im späten März mit Thomas de Vere getroffen hatte, und einige Tage danach erhielten wir von ihm direkt Nachricht. Er ging auf uns los, um die Angelegenheit endgültig zu regeln.»

Lemprière dachte an die getrocknete Leiche, die in den Kavernen tief unter ihnen lag, und versuchte, sich den Zusammenstoß vorzustellen, der sich vor dem Töten abgespielt hatte. Er sah François, den Rächer, den wahren Geist von La Rochelle, wie er durch die Tunnel und die Galerien auf die acht zukroch, die ebenso geduldig auf ihn warteten, wie sie auf ihn selbst gewartet hatten. Er würde zu seiner Zeit kommen. Alles würde zu seiner Zeit kommen. Dann würden sie sich treffen, und ein schnelles blutiges Getümmel würde es beenden, oder hatte es sich länger hingezogen? Vielleicht hatten sie mit François argumentiert, um ihn erneut mit in ihren Pferch aufzunehmen.

«Er war nicht mehr der Mann, den wir zuvor gekannt hatten.» Jacques sprach, und er wählte seine Worte mit übertriebener Sorgfalt. «Er schien nur noch Kampf zu sehen und Zorn zu kennen. Wir waren die Mörder seiner Frau und seiner Kinder. Über diese Tatsache hinaus gab es nichts.»

«Aber er wußte, daß die anderen ihm folgen würden, daß die Lemprières sich immer und immer wieder in diesen Abgrund werfen würden, bis ihre Körper ihn ausfüllten . . .»

«Ja», schnitt die Stimme des Führers Lemprière kurz ab. «Ja, das wußte er.» Seine Hände wendeten wieder die Seiten des Wörterbuches um. Diesmal voller Absicht. Lemprière beobachtete, wie ein zusammengefaltetes Blatt Pergamentpapier zwischen den Mittelseiten seines Buches hervorgeholt und Monopole gereicht wurde, von diesem Boffe, dann Jacques, Le Mara, und schließlich ihm selbst.

«Das wurde kurz vor der Begegnung geschrieben. Es ist, glaube ich, an Euch gerichtet.» Lemprière entfaltete das Dokument und überflog den enggeschriebenen Text, der den Großteil der Seite füllte. Darüber war geschrieben «*Ich, François Charles Lemprière, Kauf-*

mann, an Dich, meinen Nachfolger, wann immer Du dieses lesen magst und wer immer Du seiest, willkommen.» Er hielt das vergilbte Pergamentpapier nahe ans Kerzenlicht und begann zu lesen. «*Vielleicht bist Du mein Sohn oder mein Enkel, doch glaube ich das nicht. Ich befürchte, daß diese Angelegenheit viele Generationen und noch mehr Jahre erfordern wird, ehe sie geregelt ist. Wenn Du aber dieses hier liesest, dann wird jene Regelung nahe sein, und während ich Dir in dieser Stadt London schreibe, meiner Zuflucht und dem Ort meines Exils, erquickt mich, daß Du nun endlich doch gekommen bist.*» Lemprière blickte von dem Testament auf.

«Er wußte, was er zu tun vorhatte?»

«Er wußte», erwiderte der Führer. Lemprière senkte erneut den Kopf.

«*Ich frage mich, wieviel Du wissen wirst? Mehr, glaube ich, als ich selbst weiß. Morgen werde ich mich auf die Suche machen, um mir zurückzunehmen, was sie mir in La Rochelle nahmen. Morgen auch werde ich meine Suche nach Dir beginnen. Meine erste Familie gab ich auf, als ich La Rochelle verließ, meine sechs Kinder und ihre Mutter Anne-Marie, die schwanger war mit einem siebenten. Nun muß ich meine zweite Familie auf Jersey verlassen, um die Rechnung zu begleichen, und ebenso muß ich auch Dich verlassen, meinen ungeborenen Nachfahren. Und während ich jetzt diese Worte schreibe, kann ich nur hoffen, daß Du sie finden wirst.*

Von meinen Partnern und unserer Gesellschaft will ich hier nur wenig sagen. Wenn Du dieses liesest, weißt Du schon, wie wir es von den Engländern genommen haben. Es waren das gute Jahre, als wir zusammenstanden und unsere Schlachten gemeinsam schlugen. Doch jetzt sind sie vergangen, vergangen mit der Belagerung und vergessen mit den Toten von La Rochelle. Doch meine Erben will ich nicht ein zweites Mal verlieren.» Lemprière las weiter von der Belagerung und François' Mission nach England. Die Engländer hatten die Mole nie durchbrochen. Die Cabbala war entkommen, und die von La Rochelle waren in der Zitadelle gestorben, und unter ihnen François' Frau und sechs Kinder. François wußte, daß sie die Mörder waren, und wollte haben, was ihm zustand. Der Bericht erschien Lemprière nicht wie das Toben eines Wahnsinnigen. Er las: «*Morgen werde ich diese Rechnung begleichen. Solltest Du das hier lesen, wird die Schlußabrechnung erfolgt sein.*» Dann fand er sich wieder direkt angesprochen. «*Du bist eine sonderbare Straße gereist, um diese Worte zu finden, meine Botschaft an Dich; bestreut mit den Leichen derer, die vor Dir fielen, und verstellt von Prüfungen und schwerer Arbeit. Vielleicht bist Du von Jersey aus gereist, vielleicht aus jenem Haus, das ich selbst zu Rozel erbaute. Wie ich selbst ließest Du Heim und Familie zurück und hast vielleicht um sie gelitten wie ich jetzt. Doch jetzt bist Du gekommen, Dich mir anzuschließen. Noch kann mein altes Versprechen eingelöset werden. Noch mögen wir zusammen nach La Rochelle zurückkehren als ihr Eroberer. Erneut Dir denn, mein ungeborener Nachfahre, Willkommen.»*

Auch dir ein Willkommen, dachte Lemprière und erinnerte sich der Leiche. Er faltete das Pergamentpapier sorgsam zusammen. Er spürte die Blicke des Führers auf sich.

«Wie sind Sie daran gekommen?» fragte er. François' Testament hatte ihn berührt. Es enthielt wenige Appelle, seine zuversichtlichen Hoffnungen und Erwartungen erschienen aus der Sicht des Nachhinein zum Scheitern verurteilt.

«Es ward vor der letzten Begegnung niedergeschrieben, jener, die in der letzten der Kampfschriften angedroht wird. Ihr habt dort davon gelesen, nehme ich an.»

«Haben Sie mich zu ihnen geführt, haben Sie die Flugschriften für mich hingelegt?» Lemprière dachte an seine Entdeckung im Archiv, an die Art, wie sie herausfielen ... Natürlich. Sie waren gegen die verschlossene Tür gestapelt worden, von innen gestapelt worden. Das Verschwinden von Casterleigh, Juliette und ihrem Begleiter wurde etwas klarer.

«Natürlich», antwortete der Führer. «So weit seid Ihr nicht ohne Hilfe gekommen. In dieser Hinsicht unterscheidet Ihr Euch von Eurem Ahn.»

«Er kam wegen seiner Frau und seinen Kindern. Ich komme wegen meines Vaters, und wegen George, und wegen der anderen aus meiner Familie ...»

«Und wegen der Frauen, John. Erinnert Euch der Frauen.» Der Ton war kaustisch, härter als zuvor. «Und all der anderen Unschuldigen, die Euch zu ihrem Kämpen erwählten. Fragt Euch, warum sie tot sind, während Ihr noch lebt. Warum ist das so, John? Warum ist George tot? Oder Euer Vater? Oder die Frauen? Ihr kommet um niemanden. Ihr wurdet hergebracht. Ihr seid nicht François. François kam um Wiedergutmachung, und das regelten wir ...»

«Und nach dieser Regelung sollte er diesen Ort niemals mehr verlassen», fuhr Lemprière zu ihm herum. «Diese Regelung hinterließ die Leiche, neben der ich aufgewacht bin, Ihr Werk, oder nicht?»

«Niemand leugnet diese Dinge, John, aber Ihr habt noch nicht genug gehört.» Der Ton des Führers war wieder ruhig, und beruhigend. «Wartet, vernehmet. Mit der Regelung kam ein neuer Aufbruch, eine andere Phase unserer Existenz. Wir besetzten diese Kammern und zogen uns von allen Kontakten mit der Welt oben zurück. Wie Ihr aus Theobalds Indiskretionen erraten oder vermutet haben werdet, bildeten wir den Geheimausschuß. Von dieser Kammer aus und in jener Verkleidung leiteten wir die größte Gesellschaft auf der Erde. Wir machten uns daran, unsere Reichtümer und jene der Gesellschaft, die während der Belagerung abgedriftet war, wieder herzustellen. In Indien förderten wir kleine Herrscher und Despoten, indem wir ihnen durch die Gesellschaft Kredite einräumten und die Rückzahlungen unmittelbar selbst einfuhren. Auf diese Weise wurden die Profite der Gesellschaft zu uns umgeleitet, noch ehe sie England erreichten. Jedes Jahr verließ eine Karawane den Hof dieses oder jenes Provinztyrannen zu den östlichen Küsten des Mittelmeeres. Jedes Jahr sandten wir ihr ein Schiff entgegen, das sich dann träge unter der Last der Goldbarren wälzte. Das Schiff segelte dann nach Westen, durch die Länge des ganzen Mittelmeeres, und dann nach Norden entlang der Westküste Frankreichs zu unserer alten Schatzhöhle. Im Wesen war das ein einfaches Verfahren. In der Praxis war es mit Schwierigkeiten belastet, und wenigstens einmal hätte es fast unseren Sturz bedeutet. Um Schiffe insgeheim zu erwerben, mußten wir Schiffbrüche vortäuschen, kleine Heere waren nötig, um die Karawanen zu schützen, und die Treue unserer indischen Agenten blieb immer fragwürdig. Wie immer wir es auch anfingen, das ganze Unterfangen schien bestimmt, unsere Existenz bekanntzugeben. Wir verwendeten Indienfahrer, die angeblich mit Mann und Maus untergegangen waren. Wir benannten sie neu. Die *Vendragon*, an der Ihr und andere so großes Interesse nahmet, war nur das letzte in einer langen Reihe. Kapitän Neagle stolperte vor mehr als zwanzig Jahren über ihren Vorgänger, und obwohl er, was er fand, für einen Versicherungsbetrug ansah, hätte sein Herumpfuschen doch fast die ganze Unternehmung ans Licht gezogen, und uns mit ihr. Aber wir brachten Neagel zum Schweigen, wie Ihr wißt, und nahmen sein Schiff. Die *Falmouth* wurde zur *Vendragon*, und das Gold strömte wieder. Nun liegt sie vollbeladen und wartet unser hier in London, wartet, bis wir hervorkommen. Doch eile ich voraus.

Von Anfang an haben wir alles von hier aus geleitet. Nachdem wir die Heimlichkeit gewählt hatten, wurde sie zu unserem Kreuz. Wir mochten auftauchen, wenn wir wollten, doch niemals als wir selbst. Im Inneren wie nach außen sind wir Exilierte geworden, anders, die in Wirklichkeit nur hierher gehören. Wir begannen uns zu verändern,

John, während die Jahre vergingen, wir änderten uns hier drinnen.» Eine Hand wurde in die Schatten zurückgezogen. Lemprière hörte, wie sie gegen die Brust des Führers schlug. Vaucanson sah angespannt zu, und es schien, als wolle er mehr sagen, aber dann ruhte die Hand wieder auf dem Umschlag von Lemprières Wörterbuch.

«Nach der Belagerung und ihrer Erledigung, und als wir eine Bestandsaufnahme unserer neuen Umgebung machten und die Gesellschaft wieder auf die Füße stellten, inmitten all dieser Schwierigkeiten und mit so vielem noch zu tun vor uns, glaubten wir, daß wenigstens die Fehde mit den Lemprières beigelegt sei. Wir irrten uns. Sie fing erst an. Einer nach dem anderen traten Eure Ahnen gegen uns an, und einer nach dem anderen hieben wir sie nieder. Wir fragten uns, was die Lemprières zu uns führte, einen nach dem anderen? Wie konntet Ihr wissen?» Lemprière schüttelte den Kopf, als er zurückdachte und sich fragte, wo alles begonnen habe. Er sah seinen Vater vom Rand des Teichs ins Wasser rollen.

«Der Vertrag», sagte er.

«Nein. Wir haben Euch zu ihm geführt, und nur Euch. Etwas anderes, John. Eine andere Hand hat die Lemprières geleitet. Aber wessen? Wessen ist die dritte Hand, John?» Die Cabbala hatte ihm ihre Köpfe zugewendet und starrte wie ein einziger. Er dachte, sind denn wir Lemprières dann nicht allein? Haben wir einen Verbündeten? Er durchwühlte sein Hirn nach irgendeiner Bemerkung seines Vaters, die Licht auf die Angelegenheit werfen könnte.

«François hat seiner Familie nichts berichtet», sagte der Führer. «Nichts von uns. Und doch kam Generation nach Generation auf der Suche nach uns, und wenn wir den einen anhielten, sprang ein anderer an seiner Stelle auf und griff uns aus einer anderen Richtung an. Zuerst war es La Rochelle. Die ersten Lemprières wußten mehr über die Belagerung und unsere Rolle in ihrem Nachspiel, als sie je hätten allein herausfinden können. Warum sollten sie überhaupt danach fragen? Danach rückten Eure Ahnen immer näher heran, an die Gesellschaft selbst, und wenn immer sich danach ein Riß in dem Schleier öffnete, den wir um uns herum aufhängten, schien es, als ob ein Lemprière schon da wartete, durch den Riß spähte und versuchte, das Gewebe zu zerreißen. Für Euren Vater war es die Neagle-Affäre. Wie konnte er deren Bedeutung erkennen? Was brachte ihn auf die westlichen Häfen Frankreichs? Hätte er lange genug gelebt, um sie zu durchforschen, wie er vorhatte, würde er vielleicht unser Depot zu La Rochelle und alles darinnen entdeckt haben. Wie erfuhr er davon?»

Einige Sekunden verstrichen, ehe Lemprière begriff, daß man von ihm eine Antwort erwartete.

«Ich bin niemals in meines Vaters Gründe eingeweiht gewesen», sagte er steif.

«Nein», sagte der Führer resignierten Tones. «Vielleicht spielt es keine Rolle mehr. Immer bleiben unvermeidlich lose Enden.»

«Bin ich deshalb hier? War auch mein Vater ein loses Ende?» Lemprières Stimme war bitter.

«Der Hauptstrang, John. Euch und Euer Wörterbuch hierherzubringen war nicht leicht.» Wieder das Buch. Die Finger des Führers zuckten um seine Ecken, hoben den Deckel ein Stückchen hoch, und ließen ihn wieder fallen. Plötzlich ward es aufgeschlagen, und die ungesehene Gestalt las laut: «Aarassus. Aba. Abacaena. Abadir. Abae. Abaeus...» Doch während die Verlesung andauerte, schien sie immer mehr zu einer Verspottung seiner Mühen zu werden. Das Wörterbuch. War er deshalb hier? «...Abagarus. Abala. Abali. Abalus...» Lemprière versuchte, an dessen Anfänge zu denken, an den Tag seiner Entscheidung, sich auf das Projekt einzulassen, nachdem Kalkbrenner den Gedanken hervorgebracht hatte wie ein Skelett, damit dann er es mit Fleisch bekleide. Septimus war da gewesen, und Septimus stand in ihrem Sold. Auch Kalkbrenner? «...Abana. Abandus. Abannae...» Des Führers Stimme wurde von denen seiner Kohorten überdröhnt, von Monopole und Antithe, die ihrem Meister nachplapperten. Kalkbrenner, Septimus, oder vor beiden. Er dachte an die Insel zurück, an die vieldeutige Abenddämmerung, und wie er aus seinem Fenster über die Felder von Rozel hinausstarrte, die sich in der Düsternis bewegten und um einen alten Glauben verformten, einen alten Körper, der sich selbst aus dem Wurzelwerk zog und dem drahtigen Gras, und über die Entfernungen hin zu seinen vernachlässigten Räumen schritt; Vertumnus. Das erste Wahnbild seines Wahnsinns; aber wie hätten sie davon erfahren können? «...Abanta. Abantes. Abantias...» Aktaion das zweite. Danae in der Mulde. Iphigenie bei Coade. «...Abantidas. Abantis. Abaorte. Abaratha. Abaraza...» Paris. Er blickte wieder zu Juliette hinüber und dachte an sie, wie sie vor Sankt Martin aus ihrer Kutsche gestiegen war. Wie weit mußte er zurückgehen? Wann hatten sie einen Blick ins Innere seines Kopfes erhascht? Er versuchte, an jene Nacht zurückzudenken, an die Vision, die er durch sein Fenster sah, und an den unruhigen Schlaf, der folgte. Er hatte irgend etwas in die Nacht geschrien. Hatte jemand das gehört und verstanden? Das konnte er nicht glauben. Nachdem er erwacht war, hatte er den Priester aufgesucht, und war als Narr fortgescheucht worden. Er hatte einen Baum erklommen, war hinabgefallen, Juliette hatte ihn gefunden auf ihrem Weg zu . . ., zur Kirche? Ja, die Kirche.

«Calveston», sagte er, und hinter dem Führer hörte die Verlesung auf. Sein Nacken begann erneut zu pochen. Er wollte sich hinsetzen. «Father Calveston hat Ihnen erzählt, daß ich Dämonen gesehen habe, Phantome in der Dunkelheit. Er hat Ihnen erzählt, daß ich verrückt sei.»

Juliette ging den Pfad zur Kirche hinab und überließ ihn seiner Verwirrung. Er ging nach Hause. Die Einladung in die Bibliothek war eingetroffen, und wenige Tage danach die Ovidausgabe als Dank für seine Dienste. In dem Buch war die einzigartige Illustration: Diana aufregend unbekleidet, Aktaion in der ersten seiner Agonien. Das war die Geschichte, die er gelesen hatte, die sie vorausgeahnt und auf die sie gerechnet hatten. Glühendes Rot. Stählernes Grau. Das Pferd hatte gewendet und war stromauf gegangen.

«Sehr gut, sehr gut.» Seines Vaters Körper war still. Der Führer sprach sehr weit entfernt. Calveston hatte es dem Mädchen gesagt, das Mädchen dem Viscount, der Viscount dem Mann, der ihn jetzt anredete.

«Ihr habt Euch selbst verwirrt gedacht, ein hilfloser Vulkanschlot Euren Monstren. Ihr gabet Eure Bücher auf und schlosset Eure Augen, aber da hatten wir Euch bereits, John. Als Ihr in diese Stadt kamet, gaben wir Euch Septimus, Euren Fidus Achates für die bevorstehende Reise, und wohin Septimus führte, folgtet Ihr. Zu Kalkbrenner, wo Euer Wörterbuch Euch zuerst nahegebracht wurde. Zu den de Veres, wo seine Seiten ins Leben erwachten. Zu Coade, wohin wir Iphigenie hängten. Das Wörterbuch war unseres, John, Danaes Tod unser Tun, und Iphigenie, sie war mein Geschenk an Euch.» Er blätterte die Seiten um.

«Hier sind Eure Monstren. Hier habt Ihr sie in Ketten gelegt. Und unter einem jeden ist ein Datum und Eure Unterschrift. Jedesmal, wenn Ihr Euren Namen dem Katalog hinzufügtet, kamen wir ein bißchen näher. Genaue Beschreibungen, genaue Daten, Euer genauer Name. Warum, glaubt Ihr, hat Septimus Euch jeden Eintrag unterzeichnen und datieren gemacht?» Lemprières ganzer Kopf pochte. Der frühere Schlag, Septimus' Schlag, schien ihm wie ein dicker Fleischkragen anzuhaften. Er sagte: «Septimus?»

«Ein junger Kader der Gesellschaft. Er zeigte in einer schwierigen

Lage Initiative; empfahl sich selbst...» Er konnte dem kaum folgen, was der Führer sagte. Jeden unterzeichnen und datieren, von absolut erster Wichtigkeit. Mach sie lachen, mach sie heulen. «...die Opfer waren wirklich, John. Mit oder ohne Eure Hilfe, sie sind tot.» Mach sie zahlen. «Nach Sir Johns Ansicht ermordet...»

Sir Johns Name brachte ihn wieder zu sich. Septimus und Cadell zerrannen in die Vergangenheit, in nichts. Sir John, der Mörder fing und Diebe, und sie henken ließ. Sein Name klang hier fehl am Platze, hallte von der Herrschaft des Gesetzes wider, die an diesem Orte, in dieser Gesellschaft außer Kraft gesetzt war. Sir John, den er in Peppards Zimmer angelogen hatte, der hinter den Suchern stand, vor denen er über den schneebedeckten Besitz der de Veres geflohen war, der jetzt den jungen Mann suchte, den man in jener Nacht von Coade weglaufen gesehen hatte, nämlich ihn selbst.

«Ihr seid der Mörder, John. Euer Wörterbuch ist der Schlüssel, ist der Beweis.» Der Kragen wurde dicker, ein Muskelstrang zog sich um seinen Hals zusammen.

«Das ist Euer unterzeichnetes Geständnis.»

Seine Hände berührten die Enden des Tisches zu seinen beiden Seiten. Das würden sie niemals glauben, ihn niemals als einen Mörder ansehen, nicht einmal... Aber die Beweise häuften sich: seine Anwesenheit bei oder nahe den Morden, sein anschließendes Schweigen, seine Lügen vor Sir John (Smith? Lemprière!) Sein Wörterbuch. Er stellte sich sein Erscheinen vor Gericht vor: kurzsichtig, in sich gekehrt, sonderbar. Schuldig. Vielleicht, meine Damen und Herren, durch seines Vaters jähen und verdächtigen Tod, bei dem er ebenfalls ein «Zeuge» war, aus dem Gleichgewicht gebracht, und allein in der Stadt nahm er furchtbare Rache an den Frauen, die seinen Annäherungen auswichen... Er würde hängen. Sie würden ihn hängen, und dann wäre die Fehde zu Ende. Willkommen dir, François. Willkommen John.

Ein zweites Mal spürte er die Brüstung unter ihm entgleiten. Casterleighs Gesicht starrte empor, zurückgeneigt, als ob Lemprière selbst hier und jetzt jene Erscheinung wäre, die – welche auch immer – hinter ihm auf dem Dach des Theaters aufgetaucht war. Dann spürte er zum zweiten Mal, wie die Hand hinter seinem Rücken ihn vorwärts schob.

«Aber du wirst nicht hängen, John.»

Casterleigh wollte ihn tot. Er hatte es auf dem Dach versucht, und er würde es wieder versuchen. Der in des Sessels Düsternis gehüllte

Mann drohte das gleiche, aber als der Schlag herannahte, schien er über ihn zu schwingen und sich zu einem steten Druck zu verlangsamen – wenn sie ihn tot wollten, würde er es sicherlich schon sein –, er lebte um eines Zweckes willen und schlurfte ihm jetzt entgegen, von dem Abgrund in seinem Rücken fort und dem Gespräch entgegen, das nun aufkam wie ein frischer Wind; es waren Jacques und der Führer, die da sprachen. Casterleigh sagte während der ganzen Vorlesung nichts, die ihn zurück in ihre Katastrophe zu La Rochelle zog, da weder begann noch endete, sondern sich vorwärts ausbreitete und zurück zu den Pastoreaux, den Caputati, der Roquetaillade, den Adepten des Freien Geistes und der Suche nach einem zweiten Karl dem Großen. Dann vorwärts zu Duplessis-Mornay und den *Vindicae contra Tyrannos* und den anderen Aufruhr schürenden Zellen, die alle von ihrem sie verschmelzenden Leuchtfeuer namens La Rochelle angesogen und zusammengezogen wurden so, daß alle diese Linien wirrer revolutionärer Absicht sich dort für jene wenigen kurzen Monate begegnen konnten, die es die königlichen Mörser und die Hilfsmittel der Cabbala wider ihre Nöte kostete, um sie aus ihren neuen und vielfältigen Masken herauszusprengen: *Les Chevaliers de l'Ordre de l'Union de la Joye,* Plantins Familie der Liebe, die Ritter des Frohlockens ... Lemprière trat Wasser in einem See von Geheimnissen, als die Sekten genannt und aufgezählt und ihre Tätigkeiten beschrieben wurden: wie Jean Rousset de Missy und Prosper Marchand den *Traité des trois imposteurs* durch die Poststation zu Lille schmuggelten, Voltaires *Urania* laut in der Geheimbibliothek des Barons Hohendorf vorgelesen wurde, wie d'Holbach Wilkes und später Farina förderte, und die Kulte der Minerva, und Picarts verschlüsselte Gravüren, und all die miteinander verzankten Parteiungen in der Umgebung des Prinzen Eugen von Savoyen. Aufsteigende Wogen von Enzyklopädisten und Republikanern stürzten in die Abflußtrichter der Abweichler, der Flüchtlinge und der Orangisten, die durcheinanderquirlten und sich einander anstießen, doch von allen wurden *Les Cacouacs* am häufigsten genannt, der *Conseil aux Conseils*, dessen Netzwerk aus Agenten und Zwischenträgern das Ganze wie Oberflächenspannung lose zusammenhielt, und darüber noch trieb, von dem geheimen See auf und nieder geschleudert, die Aufhebung seines Urteils. Vielleicht würde er nicht hängen. Dieser schwanke Abschaum von Strömungen und Gegenströmungen hatte etwas damit zu tun, war ein Teil jenes Zweckes, der ihn im Hier und Jetzt am Leben erhielt. *Les Cacouacs* hatten den Boden vorbereitet und sollten «für uns vor dem Pöbel handeln», sie waren «unsere zurückkehrenden Offiziere», und die Stadt war verfault. Die Stadt war Frankreich. Sie hatten alles geplant, die Verstreuten gesammelt, und die Unzufriedenen und die schurkischen und vernachlässigten Unterspielarten, und sie in ihren Entwurf eingesetzt. Dieses Mal würde die Koalition die Rolle der Opposition übernehmen. Frankreich und nicht mehr La Rochelle würde sich belagert finden, wenn auch nicht mit Waffen.

«Sein Geist ist zerfressen. Seine Taschen sind leer», sagte der Führer. Da war die Rede von Defiziten und Überschüssen und Vertrauensschwund, und Lemprière begriff lediglich, daß die Cabbala die Leiche Frankreichs mit ihrem Gold ausstopfen werde, wie sie das mit der Gesellschaft getan hatte, und auf diese Weise würde die Leiche wieder atmen, wenn auch in einem anderen Rhythmus als zuvor. Das war eine Frage des Abwartens, und das war es auch in La Rochelle gewesen. Aber dort war die Zeit ausgelaufen, und hier nicht. Vielleicht würde er nicht hängen.

«Vor vielen Jahren habe ich einen Schwur getan.» Der Führer sprach, und obwohl er nicht gesehen werden konnte, waren seine Worte nur für Lemprière und für niemanden sonst. «Ich würde als Eroberer zurückkehren. Heute nacht, in dieser Nacht will ich dieses Versprechen halten. Und ich will, daß Ihr es mit mir haltet. Ihr habt gut daran getan, so weit zu kommen, Lemprière. Kommet weiter. Die *Vendragon* erwartet uns Neun, uns nach La Rochelle zurückzubringen. Das Land, dem wir vor anderthalb Jahrhunderten entflohen, erwartet in Unwissenheit, uns als Herrscher willkommen zu heißen. Schließet Euch mir an, John. Das ist Eure Wahl. Werdet wie ich.» Und damit lehnte sich der Führer aus der verhüllenden Dunkelheit vorwärts ins Kerzenlicht, und Lemprière sah die Schatten sich von seinem Gesicht abschälen und aus dessen Falten und Kerben heraussickern wie Blut, das vom Fleisch abtropft. «Oder hänget.»

Da war irgend etwas falsch. Nicht auf der Oberfläche des Gesichtes, nicht innerhalb des Kopfes, sondern zwischen den beiden. Haut und Fleisch des Führergesichtes hingen und bewegten sich, als ob die Sehnenstränge, die Lippen und Wangen, Kinn und Nase zucken ließen und bewegten, miteinander verfitzt seien und so jene Bewegungen verzögerten. Der Mund war formlos, und wenn er sprach, sah Lemprière, wie sich sein Hals aufblähte, und der Ton schien ihm aus dem Bauch zu kommen. Die Muskeln waren zusammengefallen.

Das Gesicht hing schlaff herab, als ob sein Kopf ein Beutel aus Haut sei, den Fleisch unregelmäßig fülle.

«Die Kerze, John.» Eine leichte Bewegung des Kopfes wies auf den Halter hin, in dem sie brannten. «Acht für uns acht hier, und eine unangezündet.» Lemprière sah, wie Casterleigh von ihm fortblickte und über den Tisch hin Jacques oder Le Mara ein winziges Zeichen gab. «Die neunte ist für Euch, John. Entzündet sie.»

Aus dem Augenwinkel heraus sah er, wie Vaucanson über den Tisch zu Casterleigh blickte, aber nichts wurde gesagt oder bedeutet. Vaucanson und Casterleigh. Jacques oder Le Mara. Zwei mögliche Dreiecke. Jeder von ihnen beobachtete auf seine Weise den Führer, ohne es zu zeigen, so als ob sie wie er selbst sein Gesicht niemals zuvor gesehen hätten, und Lemprière dachte an die Einsamkeit des Mannes, durch all die Jahre seit der Belagerung, wie er auf den letzten Lemprière wartete, daß er komme und den neunten Platz einnehme. Aber warum? Immer noch schrieb sich ihm diese Frage ins Gesicht, und das Gesicht des Führers begann, sich in der Annäherung an ein Lächeln zu heben, eine Anerkennung seiner unausgesprochenen Frage.

«Warum Ihr, Lemprière? Weil Ihr Teil der François'schen Regelung waret. Wir wußten damals Euren Namen nicht, außer daß er Lemprière sein würde. Ihr waret noch für mehr als ein Jahrhundert ungeboren, ich aber wußte, daß Ihr schließlich kommen würdet. Euer Platz wurde offengehalten. Euer Anteil treuhänderisch gehalten. Das Mädchen gehört Euch, wenn Ihr es wollt, und zu gegebener Zeit mein Sitz an diesem Tisch. Alles das Euer, wenn Ihr Euch mir anschließen wollt.» Des Führers Augen ruhten auf ihm und erwarteten die Antwort. Casterleighs Gesicht wandte sich ihm auch zu. Seine Gestalt wartete angespannt darauf, daß er rede. Aber Lemprière stak noch in seinem Nichtwissen fest, stak immer noch verwirrt hinter seiner Frage. Warum ich?

«Könnt Ihr das nicht erraten, John? Könnt Ihr denn wirklich nicht erraten, von welcher Art die Regelung jenes Tages war?» Das verwüstete Gesicht lehnte sich vorwärts und dräute ihm ins eigene.

Hadalische Strömungen rissen am alten Wrack, und eine Planke kam los und schlug langsame Purzelbäume, während sie zur Oberfläche emportrieb. Dort durchbrach sie die Deckung und kündete vom größeren Schiff, das immer noch in den blinden Wassern tief unten verborgen ruhte. Lemprière erblickte es für einen vergehenden Augenblick, eine kurze Sekunde der klaren Sicht, ehe sein eigenes Eindringen Wolken wäßriger Sände über Rumpf und Spanten jagte. Er blickte hinüber zu dem Mann, der versuchte, ihm die eigenen Gesichtszüge aufzupressen. Seine Blicke fanden eine dünne Nase und hohe Wangenknochen, die fast unter den Überwucherungen älteren Fleisches verschwanden. Der Führer sprach. «Die Leiche, die Ihr unten sahet, war nicht François.»

Endlich tauchte das Gesicht auf. «Ich bin François. Und Ihr gehöret mir, John Lemprière, mein eigen Fleisch und Blut. Die Regelung, die ich damals angeboten habe, war mein Schweigen gegen Zamorins Leben. Seinen Körper hast du gesehen, als du erwachtest. Die vierte Kampfschrift war schon gedruckt. Hätten diese meine Partner mich getötet, wie sie das geplant hatten, würde die Welt noch gleichen Tages die Wahrheit über sie erfahren haben. Wie hätten sie mir da verweigern können, was ich forderte? Sie mordeten mir die Frau, meine sechs Kinder, vielleicht ein siebentes, und ich nahm ihnen ihre Gesellschaft, und ihrem Führer sein Leben.» Die anderen Mitglieder der Cabbala beobachteten ihn, und blickten dann weg, als ob die Aufopferung eines der Ihren sie alle selbst nach so langer Zeit noch erniedrige. Casterleigh blickte auf, und dann hinüber zu Le Mara. Lemprière ließ die Tatsache sich in die Bettung seiner Gedanken einnisten. Er dachte an die wirkliche Regelung, die an jenem Tag getroffen wurde, an François' Regelung. «Sie sind nicht um der Rache willen hergekommen.» Lemprière sprach bedächtig. «Sie sind nicht wegen Ihrer Frau gekommen, nicht wegen Ihrer Kinder, nicht wegen derer von La Rochelle. Sie kamen um die Gesellschaft.»

«Nein!»

«Sie haben Ihre erste Familie wie Vieh verkauft und haben Ihre zweite ermordet, um das zu schützen. Ich bin nicht von Ihrem Fleisch und Blut. Sie sind nicht einmal menschlich.»

Le Mara blickte von Casterleigh zu François und zurück. Casterleighs Gesicht war erstarrt. François starrte ihn an, und Lemprière hielt seinem Starren stand. Als François erwiderte, war seine Stimme verändert, waren die warmen Töne von der kalten Tatsache seiner Handlung abgestreift. Die Maske war gefallen.

«Ja, ich wollte die Gesellschaft, und ich habe sie bekommen. Ich wollte Dich, und ich habe auch Dich bekommen. Dir steht der Luxus eines Urteils nicht zu, Lemprière. Dir steht eine Wahl zu. Heute nacht kehren wir nach La Rochelle und nach Frankreich zurück, um jene zu vertreiben, die uns vertrieben haben. Schließ dich mir an, oder hänge.»

Und damit schlossen François' Hände sich um das Buch und schleuderten es quer über den Tisch.

«Nimm dein Wörterbuch zurück, Lemprière. Komm mit uns.» Er winkte zum Halter hin. «Entzünde die letzte Kerze.»

Lemprière ergriff das Buch und ließ das Testament seines Ahnen zwischen die Seiten gleiten. Es fühlte sich schwerer an, als er sich vorgestellt hatte. Le Maras Haltung war unverändert, immer noch in seinem Sitz zusammengerollt. Aber sein Gesicht war verändert. Lemprière bewegte sich mit dem Buch in der Hand auf den Halter zu. Er sah, daß der Ausdruck auf dem Gesicht des Meuchelmörders verwirrt war, als ob irgend etwas geschehen wäre, oder nicht geschehen war, und ihm das unerklärlich sei. Acht Kerzen flammten aus dem Halter. Er blickte einen Augenblick lang fort und zwinkerte. Der gleiche Ausdruck war auf Vaucansons Gesicht. Er nahm den Docht in seine Hand und wollte sich gerade umdrehen. Sie blickten beide über den Tisch, beobachteten beide Casterleigh. Sie warteten auf ihn. Der Docht brannte höher und heller, als sich seine Flamme ins Wachs fraß. Er blickte auf und sah Juliettes Angesicht sich ihm nun endlich doch noch zuwenden. Ihr Angesicht war angespannt. Da war eine Bewegung unter ihm und zu seiner Rechten, wo Le Mara saß und wo das Blickfeld seiner Brille aufhörte und die Welt ein Schmierfleck wurde. Der Halter war ein flammendes Licht, ihm so nahe, und als er sich bewegte, um die neunte und letzte Kerze zu entzünden, hörte er Casterleigh sagen «Ja», wie in Beantwortung einer Frage, und Jacques sagte «Nein», als ob es eine Frage gewesen wäre. Le Mara hatte sich schon bewegt, sich halb erhoben, und warf seinen Arm nach vorne. Lemprière blickte hinab und sah es. Le Maras Dolch hatte sich bis zum Heft eingegraben. Jacques taumelte vor und zurück, und versuchte, sich mit einem verwirrten Ausdruck im Gesicht nach vorn zu lehnen. Das Heft pochte gegen die Rückseite des Sitzes, *tap tap tap*. Der Dolch stak in Jacques' Rücken. Es schien François Stunden zu kosten, um zu protestieren.

«Was machst du!» Vaucanson hatte sich ebenfalls erhoben und Boffe umfaßt. Le Mara umschlang den Kopf mit seinen Armen und riß ihn so plötzlich zurück, daß der dicke Nacken in der Steinkammer laut krachte. Boffes Hände zuckten auf dem Tisch.

«Wie kannst Du!» François' Stimme hatte sich mit Wut gefüllt. Die beiden Gestalten hinter ihm hatten sich nicht bewegt. Auch François hatte sich nicht bewegt, obwohl sich seine Arme anspannten, ihn hochzustemmen. Er konnte nicht stehen, begriff Lemprière. Jacques versuchte zu sprechen, aber die Worte waren nur ein Gurgeln in seiner Kehle. Lemprière erstarrte.

«Entzünde die Kerze, John.» Der Viscount betrachtete ihn von seinem Sitz aus beiläufig, und sein Akzent äffte François' nach. Juliette war hinter ihm und starrte Lemprière direkt an, die Augen weit, ihr Ausdruck drängend. Sie sagte ihm etwas mit ihren Augen. Er erhob den Docht wie ein pathetisches Schwert.

«Du bist mein, John», die Nachäffung sprach wieder. Doch dieses Mal zugleich auch ernsthaft, denn der Viscount erhob sich aus seinem Sitz, und Lemprière erinnerte sich der Größe dieses Mannes, seiner körperlichen Massigkeit, und seines eigenen Entsetzens auf dem Dach. Jacques würgte und spie einen Klumpen Blut aus seiner Gurgel.

«Juliette» begann er zu sagen, doch ging der Rest verloren, da sein Mund sich aufs neue füllte. Sie starrte auf die Kerzen und gab Lemprière Zeichen. Casterleigh schleuderte einen Stuhl beiseite und begann, sich um den Tisch herumzubewegen. Er starrte zurück zu Juliette, sein Blick glitt ab zu dem Viscount, der auf ihn zukam. Die Kerzen tropften. Casterleigh grinste und krümmte seine Hände, während er näher kam. Juliette begann sich zu bewegen, und da begriff Lemprière plötzlich. Im gleichen Augenblick sah Casterleigh sie und begriff auch. Lemprière schlang gierig Luft in sich hinein und füllte sich die Lungen zum Bersten, und der Viscount warf sich vorwärts mit den großen Händen auf ihn zu, zu spät.

Zuerst streckte Nazim das eine Knie, dann das andere, bog und streckte seinen Rücken, rollte mit seinem Hals, bewegte jedes seiner Gelenke bis in die Finger und Zehen, und dann wartete er vor der Kammer in der Dunkelheit. Als der Pseudo-Lemprière und sein Begleiter in die Kammer verschwunden waren, hatte Nazim sich am Rande des Kieses niedergelassen. Seine Glieder bewegten sich rhythmisch, während zunächst die Minuten und dann die Stunden vergingen. Sein Geist raste dahin, und wieder war der Pseudo-Lemprière seine Jagdbeute. Er wiederholte sich die Begegnungen des jungen Mannes mit ihm selbst: der Gewinner der Schützlingin jener Frauen in Blau im Schweineclub, von Farinas Leuten vor dem Gasthaus umgerempelt, er sprach vertraulich mit dem wirklichen Lemprière in der

Nacht von dessen Ermordung in der Blue Anchor Lane, er verwechselte ihn eine Woche danach im *Ship in Distress* mit jemandem namens Theobald, er stürzte wie ein Verrückter aus Coade heraus, er rannte in der vergangenen Nacht hinter dem Mädchen her zum Theater, und wurde einige Stunden später bewußtlos von Mister Praeceps in eine Kutsche gestopft, demselben Mann, der in jener Nacht mit Sir John gesprochen hatte, und ihre Unterhaltung hatte sich um «Lemprière» gedreht, obwohl der Mann schon seit Monaten tot war, umgebracht von Le Mara, und alle schienen sie im Bündnis gegen seinen bebrillten Nachfolger zu sein, der zugleich das Opfer eines handfesten Streichs im Schweineclub war, das Fast-Opfer von Farinas Pöbel, Betrüger oder getreuer Mitstreiter des wahren Lemprière, ein kurzsichtiger Narr im *Ship in Distress*, ein Wahnsinniger bei Coade, ein Verliebter im Opernhaus, Kollege von Praeceps und dann nur Körper in der Southampton Street, und jetzt schien es, als sei er mit jenen Neun verbündet, oder vielleicht gar einer von ihnen, die beiseite zu räumen er, Nazim, hier war.

Nazim rang entschlossen mit diesen Pseudo-Lemprières und versuchte, ihre Spuren als Auswirkungen bis zu einem einzigen Ur-Lemprière zurückzuverfolgen, aber der Gegner, den er da konstruierte, war mit seinen dünnen Armen und Beinen immer noch viel zu unhandlich, und seinem sonderbar eckigen Körper, der alle Bemühungen vereitelte, ihn endgültig als dieses oder gewißlich jenes oder möglicherweise etwas ganz anderes festzumachen. Es war weder dunkel noch hell, Nazim aber wollte es klar haben. Real oder nicht, dieser Lemprière paßte nicht. Vor allem jetzt wünschte er sich, zielstrebigen Geistes zu sein, aber die Bestie war ebenso vieldeutig wie dieser Lemprière, hinters Licht geführt oder arglistig, schuldig oder unschuldig wie er, und ihr Licht ohne Quelle zog fremdartige Schatten aus den wabernden Höhlungen und den hohen gewölbten Räumen, die nacheinander seinen Blick anzogen. Wäre die Schwärze absolut gewesen, hätte er sie als Phantome beiseite wischen können, als Muster, die man sieht, wenn man die Augen zu fest zudrückt, Mißgeburten der müßig laufenden Hirnmaschine. Unbestimmte Gegenstände und Gestalten schienen in dem Halblicht über ihm zu schweben und herumzuhuschen.

Einmal oder zweimal bildete er sich ein, er höre Störungen in der Luft, Wind, der über einen fremdartigen Körper weit über ihm dahinrausche und davon über den Kies, und über den Abgrund, aus dem der Lemprière und sein Begleiter vor schon über einer Stunde aufgetaucht waren. Mißgeburten und Phantome: Die Bestie schickte sie, daß sie um seine unbeantworteten Fragen bettelten und sich an seinen Zweifeln nährten. Er dachte zurück an den weiten gerippten Tunnel, dem er zur Kammer gefolgt war, bis ihn Plankenwerk und Bastionen blockierten, zu den stalaktitischen Zähnen und der versteinerten Zunge, die nach dem Wasser zu schlabbern schien, das hinter der Tonwand preßte. Er erinnerte, wie das Wasser durch die Wand sickerte, deren Stütze er ohne nachzudenken weggeschlagen hatte, die winzigen glitzernden Perlen, dann ein silbernes Rinnsal, als ob die Bestie eine riesige Wasseruhr sei, die die Zeit bis zu ihrer eigenen Vernichtung messe. Ein Rinnsal, ein Bächlein... Und dann?

Und dann flogen seine Ängste zurück in die dunklen Räume über ihm. Er hörte die Luft da plötzlich rauschen, als habe eine Windbö ihren Weg durch die Tunnel gefunden, eine besondere Art Bö – er hatte den Klang schon zuvor vernommen –, und er fragte sich: eine Fledermaus? Aber die Form, die da in seinen Blickwinkel hereinfegte und in einem Blinzeln wieder hinaus, war größer als das, viel größer, als sie zu seiner Linken hin verschwand, und dann vernahm er ein hörbares Knirschen, als ob etwas fünfzig oder sechzig Meter weiter auf dem Kies gelandet wäre. Das Theater, Minuten bevor Le Maras Begleiter in die Kutsche gestolpert war, da hatte er es gehört. Er erhob sich und spähte in die Düsternis. Er sah nichts. Es war nichts. Nur das Geröll, das sich aus Eigenem bewegte, das Geflüster der Luft, eine von der Wärme seines Körpers ausgelöste Konvektionsströmung, eine verschobene Fassung seiner selbst, nichts, überhaupt nichts. Aber er konnte sich von dem Verdacht nicht befreien, daß auf der anderen Seite des Kieses und ferne vom Eingang in die Kammer jemand oder etwas beobachtete und im Dunklen wartete, wie er selbst.

Die Minuten tropften dahin und nichts mehr wurde gehört. Langsam schwang Nazims Aufmerksamkeit zurück zu der Kammer. Er begann erneut, seine Muskeln und Gelenke zu beugen, Rücken, Nacken, Schultern... Eine Geräuschblase platzte in der Dunkelheit, Stimmengewirr ergoß sich aus der Tür zur Kammer und wurde jählings kurz abgeschnitten, als die Tür wieder geschlossen wurde. Nazim hörte eines Mannes Stimme Befehle bellen, ein würgendes Geräusch, eine tiefere Stimme tobte, dann Schweigen, und aus dem Schweigen das Geräusch unbedachter Schritte, die sich von der Kammer her näherten. Kein Licht hatte geschienen. Zwei Arten Schritte, wurde ihm klar, als sie näher kamen. Die Tür öffnete sich von neuem. Es schien, als sei die Lampe im Inneren jetzt entzündet. Im Lichtschein aus der Tür hinter ihnen bewegten sich zwei Silhouetten auf Nazim zu, während in der Tür zwei weitere Gestalten – wie von den vorausstolpernden Beiden geworfene Schatten – für einen Augenblick eingerahmt erschienen, ehe sie sich ebenfalls in die Verfolgung zu bewegen begannen. Die Tür schloß sich, die Dunkelheit herrschte wieder, und da waren nur noch die Geräusche der sich überlappenden Schritte, die auf ihn zuknirschten. Nazim umklammerte die Miniatur mit der einen Hand und sein Messer mit der anderen, und dann bewegte er sich auf sie zu. Das erste Paar war jetzt schon sehr nahe, und ihr Geräusch war so laut, daß es ihm unmöglich erschien, sie nicht sehen zu können. Plötzlich kamen zwei Gesichter aus der Düsternis, verängstigte unbewachte Gesichter, zuerst das Mädchen und dann, ein wenig hinter ihr und vor Anstrengung zuckend, der Pseudo-Lemprière. Der Anblick Nazims brachte sie beide zu einem überraschten Halt. Die Augen des Pseudo-Lemprière verengten sich im Wiedererkennen.

«Sie!» keuchte er. Hinter den beiden hielt der gleichmäßigere Fußfall ihrer Verfolger ebenfalls inne.

Da herrschte ein kurzes vollständiges Schweigen, als die drei, Lemprière und Juliette und Nazim, einander ansahen und die Verfolger dahinten von der absoluten Stille plötzlich verwirrt stehenblieben. Dann fiel in diesem geräuschlosen Augenblick ein Klang, ein tonloses *pop*, dem etwas wie Luft folgte, jedoch massiver dieses Mal, machtvoller, und Nazim wußte, daß weit hinter ihm und jenseits des Schwammwerks und des weiten Tunnels und hinter den verrotteten Planken, die er aufgestört, der Ton nachgegeben hatte und die Uhr abgelaufen war, und daß jetzt Wasser durch die Gurgel der Bestie auf sie zugeschossen kam. Der Arm des Mädchens lag um den Pseudo-Lemprière. Sie blickten einander rasch an, als er die Messerhand hob und vortrat.

Es war einfach. Als Casterleigh sich vorwärts warf, blies Lemprière die Kerzen aus, und die Kammer stürzte in die Dunkelheit. Er hörte die Masse des Viscount gegen einen Stuhl krachen, ein Grunzen, als er stürzte, dann schloß sich eine starke Hand um sein Gelenk und riß ihn plötzlich zur Tür.

«Hier entlang», drängte Juliettes Stimme ihn. Sie führte ihn aus der Kammer, und dann fühlte er Kies unter seinen Füßen knirschen; sie waren draußen und rannten, und ihre Schritte echoten wie Schüsse in den Wölbungen der Kaverne. Ihr Kleid erschien, als sich seine Augen dem schwachen Licht anpaßten, als eine wabernde Weiße vor ihm. In seinem Rücken hörte er zugleich ein Streichholz anreißen und die Tür sich wieder öffnen. Die Lampe wurde aufs neue entzündet. Zwei Gestalten erschienen in der Tür, die eine breitschultrig und hochgewachsen, die andere kürzer und von leichterem Bau. Dann schloß sich die Tür erneut, und wieder war da Dunkelheit. Er konnte die erfahrenen Schritte ihrer Verfolger hören, als sie begannen, Juliette und ihm selbst nachzusetzen.

Sie hatten vielleicht vierzig Meter Vorsprung, und krachten gemeinsam über den Kies voran, ihre Hand immer noch um seine Hüfte, sein Atem bereits kurz. Der Boden schien unter ihm wegzugleiten und ihn bei jedem Schritt, den er machte, zurückzuschleppen. Er hörte Juliettes Atem jetzt schneller gehen und darunter das Geräusch ihrer eigenen Schritte, und die von Casterleigh und Le Mara näher kommen. Plötzlich prallte Juliettes Körper in seinen. Sie war jählings stehengeblieben, und als er gegen sie stieß, suchte ihr Arm den seinen als Unterstützung. Die Schritte hinter ihnen hielten inne. Lemprière sah auf und erblickte einen Mann, der ganz in Schwarz gekleidet war, mit schwarzem Umhang und einem Hut, dessen breite Krempe hochgeschlagen war und ein Gesicht enthüllte, das er aus dem *Ship in Distress* kannte, den Inder, der Theobald gewesen war, bis der wirkliche Theobald auftauchte.

«Sie!» rief er aus. Und der Hut... Den Hut hatte er inmitten der Prügelei vor dem Gasthaus gesehen, als eine starke Hand ihn von Farinas Schurken fortzerrte, und irgendwo anders. Sein Erretter damals. Sie drei waren still. Lemprière hörte irgendwo weit vor ihm ein Geräusch, als ob ein Korken gezogen werde und der Wein der Flasche entströme. Fließendes Wasser. Juliette blickte zu ihm auf, und ihr Arm schloß sich um seinen. Der Inder hatte seinen Arm erhoben und begonnen, sich vorwärts zu bewegen. Seine Augen schienen durch sie beide hindurchzublicken. Seine Hand hielt ein Messer. Die Schritte hinter ihnen begannen von neuem. Lemprière bewegte sich zur Seite und zog Juliette mit sich. Die Schritte wurden schneller und lauter. Der Inder rückte vor, als ob sie sich nicht bewegt hätten, auf die Stelle zu, die sie eingenommen hatten, und über sie hinaus auf ihre Verfolger zu, die man jetzt ganz deutlich hören konnte. Sie beobachteten für einen Augenblick, wie Nazim vorrückte, um seine Beute zu stellen. Es zog an ihnen vorüber, sie wurden verschont, und wieder war es Juliette, die ihn vorwärts zog, vorwärts in den Hafen des Schwammwerkes. Als die beiden sich fortbewegten und die verhüllte Gestalt vorwärts schritt, um ihre Verfolger anzugreifen, erhob sich ein sechster Mitspieler, von den anderen fünfen ungesehen und ungehört, vom kiesigen Vorplatz und richtete seine Blicke auf die Kammer, in der sich seine eigene Jagdbeute befand.

Als sie den Kies hinter sich hatten, rannten Lemprière und Juliette schnell über harten Fels. Ihre Schritte verlangsamten sich wieder, als sonderbare Steinbuckel sich zu erheben und ihre Flucht zu behindern begannen. Hinter ihnen konnte Lemprière die Schritte der drei hören, die sich einander näherten und dann anhielten. Dann gab es ein Durcheinander von Geräuschen, als ob es zu einem Kampf komme. Vor ihnen wurde das rauschende Geräusch lauter und deutlicher, und offenkundiger strömte ihnen Wasser entgegen. Ein Paar Schritte löste sich aus dem Handgemenge hinter ihnen, und wurde lauter, und verstummte plötzlich, als ihr Eigner den härteren Boden erreichte, über den sie selbst jetzt mit größerer Schwierigkeit dahineilten.

Die Buckel waren größer geworden, mehr wie Turmspitzen, jeder von der Höhe eines Mannes, die das Gelände in offene Kammern teilten, als ob Blasen in den geschmolzenen Fels geblasen worden und dann erstarrt seien, um eine Honigwabe zu hinterlassen. Das Geräusch von Wasser wurde lauter. Lemprière fragte sich, ob Casterleigh oder Le Mara die Jagd aufgenommen habe. Casterleigh, dachte er. Es würde der Viscount sein. Juliette war vor ihm und webte einen Weg durch das Schwammwerk. Das dumpfe Dröhnen war unmittelbar vor ihnen und löschte jetzt jedes Geräusch hinter ihnen aus.

Schrittweise begannen die taillierten Säulen wieder zu Hügelchen zu schrumpfen, und dann zu undeutlichen Unregelmäßigkeiten im steinernen Boden. Das Schwammwerk lag hinter ihnen, und vor ihnen hob sich eine Steinwand aus der Sicht. In ihrer Mitte durchbrach ein gähnender Schlund die schiere Klippe – der Eingang zu einem weiten Tunnel, zwanzig Meter breit und ebensoviele hoch –, aus dem das Brüllen des Wassers jetzt klar zu hören war. Lemprière begann, sich nach einem anderen Durchgang umzusehen, aber Juliette riß ihn vorwärts und zischte: «Diesen Weg!»

«Das Wasser», protestierte er, aber sie schien das nicht zu beachten.

«Der Fluß ist durchgebrochen», warf sie über die Schulter zurück.

«Das hier wird überflutet. Wir müssen den Schacht erreichen, ehe das Wasser steigt, oder wir ertrinken.»

«Es muß noch einen anderen Weg geben», Lemprière blickte verzweifelt um sich.

«Es gibt hierher nur drei Eingänge. Zwei davon sind da drinnen», sie wies in den Tunnel.

«Dann der dritte . . .»

«Kilometer weit weg. Er kommt unterm Opernhaus raus, dahinten», sie wies hinter sich. «Le Mara wird den bewachen, sobald er mit dem Inder fertig ist.» Juliette ergriff sein Handgelenk und riß ihn vorwärts.

Zum ersten Mal, seit er aus der Kammer geflohen war, dachte er daran, daß er sein Wörterbuch immer noch in der Hand hielt. Er rammte den dicken Band in die aufgerissene Tasche seines Gehrocks und hastete hinter ihr her. Und fast im gleichen Augenblick, da sie den Tunnel betraten, spürte Lemprière, wie sich die ersten Wasserzungen um seine Schuhe schlangen und durch deren Sohlen leckten. Der Boden des Tunnels schien sich zu wellen. Das Wasser sammelte sich in jeder Mulde. Er stolperte über die Grate. Das Brüllen des Wassers durchdröhnte den Tunnel so laut, daß sie kaum das Platschen ihrer Füße hören konnten, während sie vorwärts stolperten. Juliette sah immer wieder über die Schultern, als ob sie erwarte, daß ihr Verfolger sie jeden Augenblick ergreifen könne. Sie schürzte ihre Röcke und führte weiter. Bald war ihnen das Wasser bis zu den Knien gestiegen, und Lemprière konnte fühlen, wie die Strömung gegen ihn drückte. Der Tunnel begann anzusteigen, und das Wasser stürzte als breiter Fluß über die Grate hinab, die sie als Tritte benutzten.

Das Flußwasser stank. Als sie weiter emporstiegen, spürte Lemprière, wie sich etwas Weiches und Klammes um seine Beine wikkelte, dann ein anderes und wieder eines, etwas Weißes, wie Stoff. Sie rasten auf ihn zu, Dutzende von ihnen trug die Flut heran. François' Flugschriften, begriff er. Er zupfte sich eine vom Bein. Juliette drehte sich zu ihm um.

«Nicht mehr weit jetzt», keuchte sie. Das Wasser hatte ihre Hüften erreicht. Als sie ihren Kampf wieder aufnahm, vernahmen sie beide das Geräusch, das aus dem Tunnel hinter ihnen wuchs: das Bellen eines Tieres, das wortlose Wut erfüllt. Da wußten sie beide, daß der Viscount ihnen gefolgt war. Sie verdoppelten ihre Anstrengungen, aber die Strömung war stärker, der tobende Strom vor ihnen noch lauter. Sie konnten nicht länger in der Mitte des Tunnels gehen und mußten sich an den Seiten festklammern. Das Wasser stieg höher, und Lemprière dachte, daß von allen Toden, die seiner Familie von der Cabbala beigebracht worden waren, wie eine Ratte im Untergrund ersäuft zu werden der gräßlichste sei. Dann stieß Juliette einen kurzen Schrei aus.

Lemprière blickte auf und da, kaum zehn Meter vor ihnen, ragte aus einem Schacht in der Decke die Leiter hervor. Juliette wandte sich um, und wies auf sie, und versuchte über das Geräusch des Wassers zu sprechen. Das Brüllen war betäubend, unmöglich laut. Dann hörte, als sie sich vorwärts kämpften und die Leiter erreichten, ohne Warnung das Geräusch auf.

Lemprière und Juliette blickten einander in vollkommener Verblüffung an. Sie troffen und keuchten. Die Wasser begannen sogar zurückzuweichen. Lemprière grinste und setzte an, etwas zu sagen, aber Juliette legte ihm die Hand über den Mund. Da hörten beide die schnellen unregelmäßigen Platscher und die gegrunzten Flüche ihres Verfolgers. Er war nahe, noch nicht sichtbar, und er bewegte sich schnell.

Juliette machte ihn die erste Sprosse ergreifen. Als er empor kletterte, erklangen seine Schuhe auf den metallenen Sprossen. Juliette folgte ihm und drängte ihn, schneller zu klettern. Das Wasser war jetzt fast still, ein friedliches Ding, das in faulen Wirbeln kreiste und unter ihnen vom Ring des Schachtes eingerahmt war. Über ihnen nur das Dunkel. Er hörte ein Knarren, und zunächst dachte er, das sei sein eigenes Gewicht auf der Leiter. Doch hielt das Knarren an und wurde lauter und lauter. Das Geräusch stieg den Schacht empor, ein ohrenzerfetzendes Gekreisch von gemartertem Holz auf Stein, das sein Crescendo in einem grausig krachenden Geräusch erreichte, und dann explodierte das Wasser erneut durch den Tunnel, als sei es aufgestaut gewesen und plötzlich freigelassen worden. Juliette schrie ihm zu, schneller zu klettern. Das Wasser am Fuße des Schachtes stampfte und schäumte. Es schien zu glühen, als der Sturzstrom sich erneuerte, ein phosphoreszierendes Weiß, fast blauweiß, fast grün. Das Wasser glühte grün. Juliette zerrte an seinem Bein. Helles Grün, und in diesem Licht sah er eine undeutliche Gestalt sich unten bewegen. Sie schrie ihm zu und wies den Schacht hinab.

«Grün!» schrie er zurück. Aber das war ihre Nachricht nicht. Das Licht glühte heller, und in ihm sah er plötzlich, daß die undeutliche Form da unten weder so weit entfernt war, wie er gedacht hatte, noch so undeutlich. Es war Casterleigh, der sich die Leiter hinauf bewegte.

Er kletterte kraftvoll und voller Absichten auf sie zu. Selbst da zögerte Lemprière noch, wie festgenagelt von dem Anblick da unten, als den kreisrunden Rahmen des Schachtes eine andere, noch sonderbarere Ansicht ausfüllte. Das grüne Licht schwächte sich zu einer Korona an den Rändern ab und warf ein Schlaglicht auf eine dreieckige Form, die Lemprière erkannte, obwohl es unmöglich erschien, die sich aber unverkennbar den Tunnel hinabbewegte, durch den sie hergekommen waren. Es war der Bug eines Schiffes. Ein Dreimaster, dessen Masten allerdings einen Meter über Deck abgebrochen waren und dessen Seiten von der engen Umarmung des Tunnels zugleich aufgerissen und zusammengehalten wurden. Dann stand das Wasser wieder. Und wieder dröhnte das knarrende Geräusch durch den Durchgang, und Lemprière begriff, daß ein zweites Schiff unter der Anspannung ächzte, in die Bestie einzudringen.

In dieser Nacht ist London ein Vorposten der Europamaschine, ein Ort, wo La Rochelle von neuem möglich ist. Die Vorspiele dazu sind begraben: Troja, Karthago, das erste und das zweite Rom. Seine Echos suchen nun nach widerhallenden Oberflächen, nach Plätzen, die geeignet sind, das alte Drama erneut aufzuführen: die Belagerung Belgrads vielleicht, oder die durchlöcherten Fundamente von Paris, oder Konstantinopel, oder sogar Wien, wo des Kaisers Joseph Unentschlossenheit immer noch über der Stadt hängt. Oder London. Heute nacht ist London die Wahl, und eine unzureichende Übersetzung ist schon auf dem Weg, und Echos und Erwiderungen werden durch die Häfen und die angeschlossenen Kreisläufe gepumpt. Sie ächzen unter der Last. Die Maschine Europa brummt und dreht sich wirbelnd herum, und schaltet sich aus ihren möglichen Zuständen ein und aus, wie entsprechende Einzelheiten aus der alten Stadt eingespeist werden, vom ruhigen Zentrum des Antizyklons fort und in die neue hauptstädtische Schablone hinein.

Schon füllen die Kenner das Opernhaus und drängen sich da zusammen wie die zum Untergang verurteilten Massen in der Zitadelle. Die Straßen werden von Fackeln erleuchtet, von Tausenden, während die Eindringlinge sich im Osten versammeln. Von La Rochelle aus leuchtet ein grünes Leuchtfeuer entlang der vereinbarten Peilung über die dunkle See, und wartet, und auch das findet seine verzerrte

Entsprechung, sein verkehrtes Echo, als die Übersetzung sich dicht am Winde stromauf auf die Stadt zubewegt. Über der Erde sind wie darunter die Spieler auf ihren Plätzen. London ist bereit für La Rochelle.

Der Sonnenuntergang war ungewöhnlich gespenstisch. Eben sah vom Krähennest aus westwärts zu, wie das sterbende Licht Farbbänder in die sich versammelnde blauschwarze Nacht schoß. Rote, rosafarbene und goldene hatte er sich zu erwarten angewöhnt – die Himmel dieses Sommers waren verwirrt und unberechenbar, doch nie zuvor so sehr wie an diesem Abend. Auch des Himmels wildeste Palette erstreckte sich nur selten bis ins Grüne. Aber da war es. Ein fettes Glühen in den oberen Luftschichten, gebrochen von Gott weiß welchen meteorologischen Launen, wahrscheinlich kilometerfern, wahrscheinlich Afrika, dachte er, und es war kein schmutziges Grün. Es war hell, dieses Grün. Erbsengrün.

«Grün», sagte er.

«Grün», bestätigte Kapitän Roy. Er war entgegengesetzt stationiert und blickte nach Osten.

«Wahrscheinlich Afrika», fuhr Eben fort.

«Vielleicht als Anfang», sagte Roy. «Jetzt Shadwell», und er wies flußab, als Eben kam, um selbst zu sehen. Der Themse Mäander schlängelten sich durch die östlichen Bezirke, eine dunkle Flut bis Shadwell, wohin Roy jetzt wies und worüber hinaus Eben sah, daß die Schlängel des Flusses in der Tat hellgrün waren, als ob eine fahle Schlange binnenlands gekrochen sei auf der Suche nach einem Laokoon dieser Zeit, und ihr Kopf war, gegen das zum Heck sich fortschlängelnde Schillern umrissen, ein Schiff. Das Schiff bewegte sich auf den letzten Wogen der Flut flußauf, und seine grüne Schleppe folgte ihm und spreizte sich über die ganze Breite des Flusses.

«Außerordentlich», murmelte Eben.

«Algen», sagte Roy.

Das war es; und das Schiff war die *Herz des Lichtes*. Wieder *Alecto* benamst, bewegte sich der Dreimaster langsam im unheilvollen Glosen seiner Gefolgschaft stromauf. Schon bei Tilbury hatten die Algen sich ausgebreitet, um die Ufer auf beiden Seiten zu berühren. Der Fluß leuchtete geschmolzen, unheimlich. Grün. Peter Rathkael-Herbert sah von der Brücke aus zu, wie Leichter und Schmacken, die flußab geankert hatten, von größeren Fahrzeugen abgelöst wurden, als sie sich dem Hafen von London näherten, von Briggen und

Kohlenschiffen, dann Fregatten, Indienfahrern und schließlich Linienschiffen.

«Soviel zum Überraschungseffekt», knurrte Horst «die Wurst» Craevisch, der neben ihm stand. Sie waren in einer See aus grünem Licht ausgesetzt, das den Fluß hinter ihnen erfüllte, so weit sie sehen konnten. Die Flut schob sie stetig in die Stadt hinein, und ihre glühende Begleitung folgte ihnen. Vom Ziel ihrer Mission, der *Megaera* (und insbesondere ihrer Ladung sizilianischen Schwefels), war immer noch nichts zu sehen. Der kaiserliche Gesandte bewegte sich vorwärts und unternahm versuchsweise einen Hieb mit dem ihm jüngst ausgehändigten Entermesser.

«Sehr gut, Peter!» Wilberforce van Clam brüllte vom Achterdeck Ermutigung nach vorne. «Nu fall aus, fall aus! Ja, ja!»

Tote Fische tanzten in dem leuchtenden Teppich auf und nieder, der sie umgab. Er mußte sich immer noch an den Gestank gewöhnen, und nachts träumte er noch immer von seiner Zeit in der Last der *Tesrifati*, schreckliche Träume vom Ersticken und Verfaulen. Wilberforce winkte ihm zu, weiterzumachen, aber ihm war die Lust vergangen.

«Gib mal die Pfeife.» Er reichte zu Horst hinüber, der sie ihm gab. Blauer Rauch umrollte ihn dicht, als er zu paffen und den Duft der Fische für einen Augenblick zu vertreiben begann. Die Algen schienen das Schiff wie Wellen zu umwogen, und Horstens Stimme war sehr weit weg und klein, als er schrie: «Da ist sie, Wilberforce! Die *Megaera*, genau vor uns!» Piraten sammelten sich um Wilberforce auf dem Achterdeck, rückten ihre bunten Kopftücher zurecht und stopften sich Pistolen paarweise in die Hosen. Die meisten hatten Entermesser zwischen den Zähnen. Peter Rathkael-Herbert versuchte einen weiteren Ausfall. Nicht gut.

«Wo?» fragte er Horst, und blickte auf entsprechende Einweisung hin nach Steuerbord, wo er inmitten des Wirrwarrs aus Masten und sich aneinander drängender Schiffsrümpfe, aus dem der Upper Pool bestand, an einer langen Mole zunächst einen Prahm vertäut sah, dann etwas, das nach einem verkleinerten Indienfahrer aussah, danach einen Frachtfahrer, *Typhoon* oder *Tisiphone* oder so was, und zuletzt von allen die *Megaera*. Lobs de Vin übte bereits Würfe mit seinem Enterhaken. Peter Rathkael-Herbert sog tief aus der Pfeife. Der Hafen erschien verlassen, fast verwahrlost. Sonderbare Stapel und Haufen, improvisierte Lager und sorglos getürmte Ballen übersäten die Kais, als sie näher heranglitten. Die ersten Enterhaken wurden über das glühende Wasser ausgeschwungen und landeten und verhakten sich in der unteren Takelage der *Megaera*. Die *Alecto* schwang sich herum und bewegte sich auf ihre Beute zu. Ein leichtes Beben durchlief das Schiff, als er hinabsprang, um sich seinen Mitpiraten anzuschließen, dann ein weiteres.

Der Bug stieß sanft mit dem Heck der *Megaera* zusammen, die Taue wurden festgemacht, und dann stürmte er mit den anderen voran, Füße polterten über die Decks des geenterten Schiffes, das Entermesser in der Hand und die Pistole schußbereit, während ringsumher die Algen grün glühten und weitere Beben die beiden Schiffe zu durchlaufen begannen. Peter Rathkael-Herbert blickte über Bord, runzelte die Stirne, und sah dann erneut hin. Die Schiffe begannen, sich heftiger zu bewegen und an ihrer Vertäuung zu zerren. Der Fluß wirbelte. Seine Oberfläche senkte sich. Nein, dachte er. Er wandte sich zu seinen Gefährten um.

«Runter vom Schiff!» schrie er. «Wilberforce! Horst! Das Wasser, seht mal! O Gott, nein . . .»

Die leuchtende Flußoberfläche zog sich zusammen und türmte sich zu stampfenden Wällen aus Grün auf; massive Mauern aus steigendem Wasser schwankten um das Schiff herum, dessen Decks sich nach vorne neigten, als ob der alte Vater Themse plötzlich zu einem muskelbepackten Riesen geworden wäre, der mit der *Megaera* herumspielte wie ein Wal mit seinem Badebottich. Die Piraten rutschten die Decks herunter, und glitten und taumelten auf den Bug zu, als sich die erste Mulde im Wasser öffnete, eine allumfassende Wunde, die das Schiff in sich einsog und Beben durch seine Hölzer in die ältlichen Piraten entsandte, die jetzt über die Bugreling krabbelten, und alle Gedanken an Raubzüge für den Augenblick in einem verzweifelten Gewirr von Armen und Beinen und Köpfen, von Säbeln, Entermessern, Keulen und Pistolen verloren, einem großen Haufen menschlicher Panik, der sich vom Schiff ans Ufer ergoß, als die *Megaera* zu rollen begann.

Die Mulde vertiefte sich, und ein entsetzliches schlürfendes Geräusch erfüllte die Luft. Das grüne Licht pulsierte mächtig um das Schiff, das wild herumwirbelte, Taue zerrissen wie Fäden, als es wie verrückt hin und her schoß, und auf und nieder stampfte, und in einem wüsten zerstörerischen Kreisel gierte. Der Fluß war ein Strudel, der das Schiff unter die pulsierende Oberfläche saugte, und seine Masten waren wahnsinnige Finger, die in einen leeren Himmel wiesen. In ihrer Last zerbarsten die Fässer voller Holzkohle. Die

Megaera wirbelte herum, als der Fluß sie in den Griff bekam, der wirbelnde Pfuhl drehte sich schneller, und mit einem gewaltigen Rülpser entweichender Luft ward sie unter die Oberfläche gezerrt. Als sie verschwand, durchschnitten ein klagender Ton und das Gebrüll gemarterter Hölzer den mörderischen Malstrom, als ob das Schiff noch nicht tot wäre. Dann verklang der Ton. Für einen kurzen Augenblick waren die Wasser ruhig, ehe das Schiff verschlungen war und die abgründige Widersee erneut aufbrandete. Vom Kai aus sahen Peter Rathkael-Herbert und die Piraten ihr eigenes Schiff herumschwingen und seine sichtlose Nase dem Wirbelpfuhl zuwenden. Ein Loch hatte sich im Flußbett geöffnet, ein Mund, hungrig, Schiffe zu verschlingen.

Was konnten sie tun? Sie standen schweigend am Kai, zerbrechliche Zuschauer der sich entfaltenden Katastrophe, als jetzt ihr Schiff zunächst emporgeschleudert wurde und dann über Heck in die krachenden grünen Wasser stürzte, die sich um es schlossen und es hinabzogen.

Wieder die Pause, wieder der Augenblick der Stille, das Kreischen zerberstender Hölzer, und dann zerrte weiter kaiab die *Tisiphone* wie ein tolles Tier, sich ihren rasenden Schwestern anzuschließen. Der Einsog schlürfte die dritte der Schwestern hinab, und zog noch mehr vom Liebesteppich der Algen nach, und zerrte auch den hinab. Vielleicht folgten sie willig, wie kopflose Liebhaber, und trugen ein flammendes Lodern aus Grün zu den Schwesterschiffen, denn auch das werden sie brauchen. Eine Peitsche aus Skorpionen allein wird nicht zu der Rache ausreichen, die durchzuführen diese Furien entsandt waren.

Die letzten leuchtenden grünen Bächlein entsanken der Sicht. Die Wasser waren schwarz, Malströme wichen Strudeln, Strudel schwachen Schauern, bis schließlich der Fluß wieder ruhig war, dunkel und träge und klebrig unter den ungläubigen Blicken der Piraten. Peter Rathkael-Herbert, Wilberforce van Clam, Amilkar Buscallopet, Heinrich Winkell, «Slim» Jim Pett, «Muschel» Wilkins, Lobs und Oiß de Vin und all die von der gichtigen und grauhäuptigen Mannschaft der *Herz des Lichtes* standen beisammen auf dem Kai.

Horst wandte sich an Wilberforce.

«Und jetzt?» fragte er seinen Kapitän.

«Außerordentlich», fällte Guardian auf seinem Posten am östlichen Fenster des Krähennestes sein Urteil. «Niemals während all meiner Jahre...»

«Hab mal so was vor Malakka gesehn», fiel Kapitän Roy ein. «Stellte sich heraus als...» Seine Stimme verklang. Auf der Kartentruhe am nördlichen Fenster hockend beugte er sich plötzlich vor.

«Was? Als was hat es sich herausgestellt?» Aber Roy hörte nicht. Er blickte in den kurzen Durchgang, der die Zollkais mit der Thames Street darüber verband.

«Erinnerst du dich an den Steinschlucker, Eben?»

«Was? Den Steinschlucker im...»

«An dem Abend. Als die Männer von Sir John den...»

«Ah! Ja, ja natürlich.»

«Der flüchtige kleine Teufel, der da in der Verwirrung rausschlüpfte, erinnerst du dich an ihn? Gab dem jungen Lemprière Zeichen, als er sich die Treppe runterschlich.» Eben erinnerte sich, erinnerte sich auch seines zu hastigen Versprechens an Lemprière, hier in diesem nämlichen Zimmer abgegeben, und an seine eigenen Verdächte, als ihr winziges Bündnis sich in jener Nacht auszuweiten und Farinas getreuen Leutnant einzubeziehen schien, und hinter ihm auch Farina, und Gott weiß wen sonst noch, vielleicht gar den Pöbel selbst? Ja, vielleicht sogar den Pöbel, wenn es soweit kommen sollte, aber auf jeden Fall *dieses* Individuum, das da den Kai entlang auf die Piraten zumarschierte an der Spitze einer entmutigten Truppe (vierzig?, fünfzig? Keinesfalls mehr), die ihm in unordentlicher Reihe folgten. Da lag die *Vendragon*, immer noch sicher vertäut und anscheinend auch dem letzten Angriff des Flusses unzugänglich und immer noch jene frühere Verpflichtung bestätigend. Ob Eben sich erinnerte? Natürlich.

«Stoltz», sagte er. Roy nickte weise und dachte einen Augenblick lang nach.

«Und wo ist dann Farina?» fragte er.

Was jetzt?

«Wir werden uns verteidigen», sagte Wilberforce, und Horstens Kopf schwenkte nach achtern, als er auf den herantrabenden Haufe Desperados wies, die jetzt mit Knütteln in den Fäusten auf sie zukamen, und an ihrer Spitze ein Anführer, der im Näherkommen nervös über die Schultern blickte, als ob er kontrollieren wolle, ob die Mannschaft, m·t der er vor einer halben Stunde aufgebrochen war, immer noch nach Stärke und Anwesenheit vorhanden und vor allem korrekt war.

Stoltz flößte seinen Männern eher ruhigen Respekt als selbstmörderische Blutgier ein. Für ihn waren jene Attacken auf Deubel komm raus über blutverklumpte Schlachtfelder nichts, die General de Vens so liebte. Jeder von Stoltz geführte Feldzug würde stark sein in Sachen Nachschublinien, Pflege der Ausrüstung, zuverlässige Kommunikationssysteme, Logistik und dergleichen. Die Männer würden ernährt, die Pferde getränkt werden. Niemand würde aus Mangel an warmen Winterwesten bibbern, wenn Stoltz die Verantwortung trüge. Die Dienstvorschriften würden auf seinem Tisch liegen und die Lampen bis tief in die Nacht brennen, während er seine Stratageme aus erprobten und überprüften Mustern zusammensetzte. Die Feldzüge des großen Cunctators würden nachgespielt und dann in allem Ernst ausgeführt werden. Keine Gewaltmärsche durch das cisalpine Gallien, keine Nachtangriffe oder Blitzattacken. Steter Fortgang, Konsolidierung und Belagerung würden dieses zweiten Cunctators Kennzeichen sein. Dem Feind würde man zahlenmäßig immer überlegen sein, und der würde das immer wissen, und er würde irgendwie immer den schwerfällig daherrumpelnden Wendungen der Stoltzschen Kriegsmaschine ausweichen, die ihrerseits nach Gegnern suchen würde und sich undeutlich bewußt wäre, daß Chancen vertan wurden, daß sich der Krieg zu lange hinschleppte und niemals aufhören würde, es sei denn durch Trägheit, Desinteresse oder Seuchen. Soldaten würden leben, erwachsen werden, heiraten und sterben, und ihre Söhne würden diese ihre Rollen erben, und deren Söhne ebenfalls. Aus einem Lager würde Das Lager werden, aus einem Krieg Der Krieg. Das könnte heute nacht beginnen. Gut möglich. Heute nacht ist Stoltz da, um Schiffe zu versenken.

«Zwei gegen einen. Schlechte Karten, Wilberforce», murmelte Horst, als er sein Entermesser zog und sein zerlumptes Kopftuch zurechtrückte. Hätte die Augenklappe aufsetzen sollen, dachte er bei sich, und zuckte dann zusammen, als ihn sein Rücken zwackte. Lobs und Oiß de Vin umklammerten zu zweit ein Paar Pistolen, und hinter ihnen schlug Peter Rathkael-Herbert halbherzig nach einem imaginären Feind. Er machte in verbesserter Haltung mit dem Fuß vorauf einen Ausfall und drehte sich nach Anerkennung zu Wilberforce um. Aber Wilberforce achtete nicht darauf, nicht auf ihn, nicht auf Horst, nicht einmal auf den buntscheckigen Haufe, der sich keine zehn

Meter vor ihnen in einer pedantischen Reihe aufgestellt hatte, die Knüttel perfekt ausgerichtet.

«Die *sehn* nicht aus wie die Miliz», murmelte Amilcar. «Vielleicht sollten wir verhandeln? Wilberforce?» Aber Wilberforce blickte nach Osten kaiabwärts, an den verlassenen Liegeplätzen der *Tisiphone*, der *Megaera* und ihrer eigenen *Alecto* vorbei zu einem Schiff, das, hätte der Malstrom weiterbestanden, mit Sicherheit jenem glücklosen Trio hätte folgen müssen.

Über den Kai ging von dem Pöbel fort Wilberforce, von einer verblüfften Neugier auf das Schiff zu gezogen, das da erwartungsvoll im Wasser lag. Kann doch nicht sein, dachte er. Stoltzes Haufe rückte näher heran und hob kampfbereit die Knüttel. Peter Rathkael-Herbert richtete sein zitterndes Entermesser aus. Is *doch*, dachte Wilberforce. Er blickte sich nach seinen Männern um und sah einen mächtig aussehenden Kerl, gefolgt von einem kleineren (keine Beine?) über den Kai in den Rücken des Haufes hasten, der sich aufgestellt hatte, wie die Piraten sich aufgestellt hatten, ja, keine Beine, bestätigte er sich, als der erste Säbel geschwungen wurde, und er blickte zurück und sah den Namen des Höllenschiffes deutlich an den Bug geschrieben.

«Das is die verdammte *Vendragon*!» brüllte er, aber niemand hörte darauf, nicht Horst und nicht Amilcar, weder der Gesandte noch Stoltz oder sein Haufe, und nicht einmal der Kapitän, der da den Kai herabgestolpert kam (obwohl seine Identifizierung des Fahrzeugs, das zu verteidigen Eben sich verpflichtet hat, wenngleich widerwillig, sicherlich die Hauptursache ihrer entschlossenen Eile ist), denn in diesem Augenblick bebte der Boden, auf dem sie alle standen, mit mächtigem Stoß, und tief aus den Innereien der Erde herauf platzte ein grausiges pandämonisches Kreischen in die oberen Lüfte. Alle starrten wie ein Mann auf die Oberfläche des Flusses, die jetzt wieder aufbrach, als ob die Charybdis, die die Schiffe verschlungen hatte, sie jetzt wieder ausspeien wollte.

Liebe, verzweifelte Liebe. Drei Male hatte Lemprière die gemarterten Seiten eines Schiffes gegen den demantharten Fels kreischen gehört, drei Male die Wasser schweigen, dann wieder aufbranden und sich hinter den Schiffen aufbäumen und in den Schacht hochsteigen. Die klebrige Algenbegleitung suchte vergeblich, die Geliebten vor den schürfenden Auswüchsen und deren gezackten Nebenblättern der Bestie zu schützen, die ihre Hölzer während ihrer höllischen Niederfahrt zerfetzten und zerschmetterten. Die giftigen Wasser stiegen, und in ihrem Glosen sah er den Viscount, wie der sich die Leiter emporzerrte, eine Maschine aus Stahl in Fleisch gekleidet, die hinter ihnen grunzte und brüllte.

«Schneller!» schrie er Juliette zu. Deren Glieder bewegten sich jetzt langsam. Sie waren dreißig Meter geklettert oder mehr. Seine Lungen brannten, seine Hände waren taub, als sie sich um die nächste Sprosse schlossen. Das Rauschen des Wassers füllte ihm die Ohren, und über ihm war nur die tiefe Schwärze des Schachtes. Er blickte hinab und sah, wie die Wasser erneut hochwogten, in den Schacht emporstießen, den Viscount überholten, und wie ihr giftiges Glosen fast das Mädchen erreichte, das sich unter ihm abmühte. Sie fielen zurück, doch der Viscount war immer noch da, und klammerte sich an die Leiter, sein Körper von dem Eintauchen ein geisterhaftes Grün, und immer noch kam er ihnen nach. Juliettes Kräfte begannen, sie im Stich zu lassen.

«Nicht mehr weit!» keuchte sie. Lemprière griff hinab und spürte ihre Hand sich um seinen Arm schließen. Er hievte sie hoch wie eine Lumpenpuppe, die Muskeln in seinen Schultern kreischten, die Füße konnten die Sprossen nicht mehr fühlen, jede einzelne wie ein Berg, je näher sie dem Gipfel kamen. Aber der Viscount war nahe. Lemprière wagte kaum noch hinabzublicken, und jede Sprosse sagte ihm: anhalten, durchatmen, ausruhen, schlafen... Eine Art schmerzgefüllter Trance, hoch, weiter, und dann wühlten seine Hände in Papieren und gruben sich in trockene Erde. Er hatte den Gipfel des Schachtes erreicht. Ein schwerer Eisenrost lag vor ihm, als er über den Rand kroch und hinabgriff, um Juliette hochzuziehen. Sie blickten hinab und sahen den Viscount machtvoll klettern und die Wasser steigen. Zusammen stemmten sie das Gewicht des Rostes hoch, bis seine massiven Scharniere quietschten und er mit einem Krachen über die Schachtöffnung stürzte. Juliette fiel in die Knie.

Lemprière rannte in den Keller vor. Er sah die Tür, gegen die er in seiner enttäuschten Wut getreten, und daneben die andere, die er mit Theobald geöffnet hatte. Aber die war hinter einem großen Haufen Flugschriften blockiert. François' Flugschriften, die er jetzt fort trat und beiseite schob, um die Tür dahinter zu erreichen. Für einen Augenblick glaubte er, sie sei verschlossen; er trat wild zu, und das alte Holz knarrte in seinen Angeln, und schwang schließlich auf. Hinter sich konnte er das Wasser im Schacht steigen hören.

Durch das Gitter des Rostes sah Juliette das Gesicht des Viscounts sich wenden und zu ihr aufblicken. Er war nur noch wenige Meter unter ihr. Er kletterte noch rascher, aber das Wasser hatte bereits seine Knöchel erreicht. Juliette beobachtete seinen Fortschritt ruhig und dann, als er sich dem Gipfel näherte, erhob sie sich und trat entschlossen vor, um ihr eigenes Gewicht dem des eisernen Rostes hinzuzufügen. Die dunkle Form darunter jagte die letzten Sprossen der Leiter herauf. Die Hände des Viscounts schlossen sich um die Stangen. Das Wasser stand ihm bis zur Hüfte. Er drückte einmal zu, und der Rost erbebte; noch einmal, aber er konnte ihn nicht heben. Sein angespanntes Gesicht preßte sich zwischen die Stangen. Die Wasser stiegen jetzt langsamer. Seine Augen fanden sie durch die Stangen seines Käfigs.

«Deinen eigenen Vater?» Sein Ton klang vorwurfsvoll. «Du würdest deinen eigenen Vater töten?» Sein Gesicht verschwand für einen Augenblick und kehrte dann wieder.

«Du bist nicht mein Vater», sie redete ausdruckslos und sah auf ihn hinab. Das Wasser kroch um seine Brust empor. Als es seinen Nacken erreichte, schien seine Fassung ihn zu verlassen.

«Hilf mir», flüsterte er. Juliette kniete sich schnell nieder.

«Sags mir», zischte sie. «Nenn mir den Namen. Sag mir meines Vaters Namen.»

«Ich werd ihn dir sagen. Bitte, näher. Ich möchte dir sagen...» Seine Hände kämpften, um sie durch die Stangen zu erreichen. Der Mund schluckte und versuchte, sich zu formen; dann flüsterte er ihr ins Ohr.

Lemprière hörte ihren Schrei. «Nein! Du lügst!» Er rannte auf den Schacht zu, als Juliette rückwärts stolperte und zur Tür rannte. Das Wasser hatte die Stäbe erreicht. Das Gesicht des Viscount war gegen sie verzerrt, der Mund arbeitete, um Luft in die Lungen zu saugen. Aber das Wasser stieg unerbittlich und schloß sich über Mund und Augen und Nase. Lemprière beobachtete, wie der Körper des Viscount lautlos durch den gefluteten Schacht hinabsackte, bis er von den schwarzen Wassern der Bestie verschlungen wurde.

Er wandte sich um und ging aus dem Keller hinaus, und in das Archiv dahinter. Er blickte nach links und rechts durch die Gänge zwischen moderndem Papieren und wollte gerade rufen, als er auf der anderen Seite des Archivs die Tür zuschlagen hörte.

«Juliette?» rief er. «Juliette!» Er rannte vorwärts in die Düsternis des Archivs hinein, aber sie war fort. Sie hatte ihn erneut geflohen. Warum?

Geräumige Bestie, tiefer Absinkpfuhl und peitschender Höllenschlund, verstatte jetzt den widerstreitenden Versionen ihr Maß; laß sie sich in diesen letzten Zuckungen deiner steinernen Eingeweide mischen. Gib dieser Nacht all ihre Vergangenheiten und ihre unterschiedlichen Herkünfte mit all ihren Aspekten...

Meistsehende Augen sahen die Aufbrüche aus der Kammer. Meisthörende Ohren hörten Holz auf Fels kreischen, schwaches Fleisch auf vielen harten und in vielen engen Wahrheiten. Manche Wunden können nur mit Wahrheiten vernäht werden, die man allein an den Rändern der weiteren Sicht findet. Jetzt beginnen weite Schwingen sich über der weiteren Leinwand zu falten und diese Wahrheiten wie Schichten zu überlagern, eine über der nächsten. Graue Laken, vor einigen Monaten aus dünner Höhe über Peterwardein gesichtet, wie sie in kräftigen Böen flappten, Gitterwerk auf Gitterwerk gefaltet... die Hundsquecke sehr dicht, und Phosphorspuren werfen ihre Schiffe vorwärts durch die schwer arbeitenden, trügerischen Meere... Nein, nein, halt die Sicht klar, halt die dünne Luft klar, den schneidenden Sonnenschein, der hinabströmt, um den Schatten der Möwe scharf und hart auf das wirre und menschliche Drama da unten zu werfen. Meistsehende Augen sahen die Aufbrüche aus der Kammer, sahen die Liebenden und ihre Verfolger auf den Inder zuknirschen. Vom Warten verkrampfte Glieder streckten und bogen sich und bewegten sich auf die ferne Tür zu. Ein inneres Auge öffnete sich und sah die erinnerten Flammen die Mauern der Zitadelle hinaufzüngeln. Ein innerster Gedanke umschlängelte die in der Kammer verlassenen Männer. Das Warten war fast zu Ende.

Drei Male hörte Jacques die Wasser innehalten. Drei Male dachte er, daß er vielleicht doch nicht ertrinken mochte. Er dachte, da sei noch Zeit; noch Zeit, sie zu finden, Zeit, das Schiff zu erreichen, zu entkommen, zu leben. Aber wieder stiegen die Wasser, ein tiefes

Brüllen rollte durch die Kavernen und Kammern unausweichlich auf ihn zu, und schmetterte seine falschen Hoffnungen gegen harte Wahrheiten. Er würde sie nicht finden, oder den Jungen. Der Viscount würde sie beide finden. Vielleicht würde er sie verschonen. Vielleicht würde er ihnen die Lüge erzählen, die er selbst fabriziert hatte, und die Casterleigh als Wahrheit kannte, und die er ihnen mit solch schlichter Überzeugung erzählen würde, daß auch sie sie glaubten. Sie alle hatten sie geglaubt. Selbst Charles.

Jacques hatte die Klinge kaum gespürt, hatte sich kaum bewegt, als Le Mara das Messer hineintrieb. Nun war es ein Eissplitter an seinem Rückgrat. Er lehnte sich vorwärts und hörte, wie das Heft gegen die Rücklehne des Stuhles klopfte, der ihn gefangenhielt. Unterhalb der Taille fühlte er nichts. Boffes Kopf zuckte zu seiner Linken wieder auf dem Tisch. François murmelte in seinem Sitz vor sich hin. Hinter ihm waren Monopole und Antithe bewegungslos wie Statuen. Vaucanson war zu ihnen gegangen und hatte an irgend etwas im Inneren herumgearbeitet. Jetzt war Vaucanson geflohen, und sie waren zurückgeblieben und mußten warten, während Juliette und der Junge durch die Tunnel strampelten mit dem Viscount hinter sich, der die von ihm gelieferte Lüge wie eine Keule über ihren Hoffnungen schwang. Väter und falsche Väter. Es war keine Zeit gewesen.

Sein Magen hob sich, und mehr Blut quoll ihm in die Kehle. Jetzt würden seine Partner jeden Augenblick die Tür aufstoßen und ihn befreien, als Engel der Barmherzigkeit, als Agenten der Befreiung kommen wie in jener Nacht, der Nacht, in der die Lüge begonnen hatte. Bald, unterdrückte er seine Furcht. Sie würden kommen wie zuvor. Oder der Junge! Ja, der würde zurückkommen, um dem alten Jake zu helfen, dem alten Freund seines Vaters zu helfen, wie Charles selbst das getan haben würde. Charles würde ihn nicht zurücklassen. Nicht Charles mit seiner dickschädeligen Anständigkeit, seiner Weigerung, die Verantwortung abzulehnen, obwohl er das hätte tun sollen, als der Brief kam, und er, Jacques, ihm das gesagt hatte, ihm gesagt hatte, ihn nicht zur Kenntnis zu nehmen. Die Frau wolle Geld, nichts weiter, und er solle ihr nichts geben. Er sah die Lüge ihr den Bauch auftreiben. Schick ihn ungeöffnet zurück, er hörte seinen hitzigen Ratschlag, und vielleicht hätte er da mehr gesagt, aber Charles glaubte, das Kind sei seines, und damit auch die Verantwortung. Und also zahlte er, und der Viscount hatte seinen Hunden den Geruch gegeben, und sie hatten ihn die Spur der Quittungen zurück zu dem Haus in Paris geführt, dessen Fenster in roten Vierecken glühten, und der Regen goß auf sie beide herab, als sie triefend in die Halle stolperten.

Ein Dutzend Jahre später hatte Casterleigh sie gefunden, und hatte sie in die Form gezwungen, die er wünschte, und sie ihnen hier in dieser Kammer als Köder vor die Nase gehalten, und sie als die Bastard-Lemprière herausgeputzt, die er zugleich gegen den Vater wie gegen den Sohn einsetzen wollte. Sein Ergötzen ob des Preises, ob des sauberen Dreiecks, das sie bilden würden. Er hätte da reden können, aber er schwieg und dachte zurück an die Nacht, in der sie in der Rue Boucher des Deux Boules Zuflucht gefunden hatten, in der Villa Rouge; die Nacht, in der es geregnet hatte.

Die Sache mit dem Inder war vorüber. Vaucanson hatte ihn bereits verschnürt in der Kutsche verstaut. Der Regen strömte immer noch herab und klatschte wie die Wasser vor der Tür. Im Innern brannten Kerzen wie jetzt hinter ihm, und die Frauen bewegten sich wie wunderschöne Traumwesen und umwirbelten ihn in ihrem Putz, und Straßschmuck glitzerte ihnen an Fingern und Nacken. Es war fast Morgen. Er war auf der Suche nach Charles die Treppe hinaufgestiegen. Vor der Tür hörte er das erste Krachen. Er öffnete Türen und blickte hinein, um seinen Freund zu finden. Wieder ein Krachen, lauter diesmal. Er fühlte, wie ihm das Blut in die Kehle stieg. Kerzen flammten hinter ihm. Sie saß aufrecht in der Unordnung des Bettes. Charles war neben ihr bewußtlos zusammengesackt, sturzbesoffen. Das Zimmer war rot, aber so war es nicht gewesen. Sein Kopf drehte sich, und sie bewegte sich etwas. Sie sagte etwas, und der Regen war zu laut, das Wasser brüllte vor der Tür. Das Laken, das sie bedeckt hatte, glitt beiseite. Charles rührte sich, und sie blickte verdrießlich hinab. Ihr ganzer Körper war rot, und sein eigener, als ob das Haus um sie herum niederbrenne. Ihre Beine öffneten sich einladend. Die Zimmerdecke war ein dunkler Kreis, der über ihnen anschwoll, Falten entfalteten sich, und Augenlider schälten sich, und ein geschwärztes Gesicht blickte auf ihn herab. Nicht einfach schwarz. Verkohlt. Die Tür ging auf. Charles regte sich neben ihnen. Das Gesicht eines Säuglings, dessen verkohlte Lippen sich bewegten und dessen Augen hinter sich schälenden Lidern blinzelten, aber nicht jetzt im Schlafzimmer. In der Tür zur Kammer.

Es schien, als ob die Zeit stillgestanden habe, aufgestaut hinter der erinnerten Szene, und jetzt freigelassen schoß sie vorwärts, als die Tür zurückschlug und unter der Wucht des Eintritts zersplitterte. Eine Gestalt stand inmitten der Türtrümmer. Das Geräusch des brüllenden Wassers schlug über Jacques' Kopf zusammen. Sein eigenes Blut füllte ihm die Augen mit Rot, aber der tosende Strom jenseits der Tür gloste in grünem Licht und zwang den karmesinroten Schleier beiseite, bis er die drei Schiffe in den Strudeln herumgeworfen und zermalmt sah, die vor der Kammer hochstiegen. Die Gestalt in der Tür wandte ihm ihr verkohltes Gesicht zu, ein Racheengel, der in seinem Kopf von Dingen flüsterte, die sie beide bereits wußten. Die Schiffe krachten ineinander, ihre Rümpfe barsten und ergossen ihre Ladungen in die Luft, Fässer, die aufplatzten und Wolken erstickenden Pulvers entließen, die um die gemarterten Schiffe herumwirbelten, deren Arbeit jetzt fast getan war. Nun wandte sich der Racheengel von Jacques fort und dem einen zu, der am Kopf des Tisches saß, und Jacques sah zu, wie er vor François niederkniete. Er schien zu reden, aber seine Worte verloren sich in der Kakophonie aus splitternden Spieren und dem Hämmern von Jacques' Herz. Er würgte und kämpfte, aber er ertrank, starb, und niemand würde ihm zu Hilfe kommen. Das Licht schien zu schwinden. Juliette? Nein, für ihn war sie jetzt verloren. Der Engel hatte sich erhoben, und François' Mund arbeitete und versuchte zu sprechen, als die Fackel von der Wand genommen wurde und die Staubwolken dichter wirbelten, große Schwaden aus Gelb und Grau, und jede brennbare Fläche lag offen und wartete nur auf den Zündfunken. *Tisiphone, Megaera, Alecto.* Brennholz, verbrauchte Schiffe. Jacques schnappte nach Luft und fand nur Blut. Der dunkle Engel wandte sich ab, eines Kindes Lächeln brannte in seinem Antlitz. François kreischte hinter ihm her, aber auch seine Worte gingen verloren. Die schwarze Gestalt wandte sich um. Jacques sah, wie der Arm sich bog und dann den Leuchter mit seinen acht flammenden Kerzen mitten ins Herz des Pulvers schleuderte.

Die Europamaschine verwirrt sich. Duplikatbotschaften krachen ihr durch die Häfen, verzögerte Kopien die einen der anderen, und durcheilen die Kontrollschleifen auf verfallenden Bahnen. Die Übereinstimmung ist ungenau, das einst starke Signal zerbricht. Das Leuchtfeuer pulsiert von dem Hügel nördlich von La Rochelle, aber die Peilung liegt Gradbruchteile daneben, und ihr Ergebnis ist in den Straßen Londons heute nacht eine verdrehte Fassung. Im Opernhaus erwarten die glücklosen Kenner Marchesi mit hungrigen Ohren. Auf dem Kai gehen grobe Annäherungen vonstatten, Piratenfieber kreuzt sich mit Stoltzenfieber, um eine neue resistente Art hervorzubringen. Unterirdische Vektoren führen voneinander fort statt aufeinander zu, wie sie sollten. Alles geht schief. Die Meuchelmörder wirbeln von dannen, Stoß trifft auf Gegenstoß, westwärts in die Dunkelheit. Mit dem Viscount ist es bereits vorbei. Lemprière rennt durch die Korridore, die von seiner verlorenen Liebe widerhallen, hoch und hinaus aus den versenkten Schaltkreisen, die sich immer noch nach unten winden und von entstehenden Spannungsstößen summen, während die Schiffe ihre Ladungen vermischen und der meistwissende Spieler, der für uns einem perfekten Beobachter nächste, die Kerzen in die Hand nimmt und darauf wartet, sein Signal emporzusenden, um die beiden Ordnungen zu überbrücken und den größten von all diesen Spielern vorwärts zu schieben. Hunderte Meter über dieser Zündung wartet die Ladung darauf, hochzugehen. Der Pöbel hat sich in der Leadenhall Street massiert.

Des Tages voraufgehende glühende Hitze hat, mit der ganzen Hitze des Sommers hinter sich, den fetten schwarzen Boden gebakken. Der steigende Fluß hat die aufgerissenen Gräben gefüllt, und der gesättigte Mulch hat geblubbert und sich zu einer schäumenden Brühe verdickt, die in der dörrenden Sonne kristallisiert. Ein weites Salpeterflöz liegt brach und wartet auf die gröberen Elemente von Schwefel und Holzkohle, auf daß sie die Mischung richten. Die Verhältnisse ändern sich und rasen die Kolumnen rauf und runter; Handfeuerwaffen, Kanonen und Sprengpulver ordnen sich nach dem Verhältnis von Salpeter, Schwefel und Holzkohle, 75:10:15 nähern sich immer mehr dem magischen 75:12:13, wo die Komponenten und Elemente sich neu ordnen und auseinandersprengen können. Das Pulver ist zundertrocken, die Mischung genau genug. In den Innereien der Bestie ist das Streichholz bereits entzündet, wird über die Lunte gehalten. Eine weite Pulvermine liegt unter der Stadt, und vielleicht weiß die Stadt das, denn die Gebäude entleeren ihr Inneres in die Straßen, die sich mit Flüchtlingen aus der alten Ordnung füllen, mit Suchern nach der neuen. Die Gäßchen und Nebensträßchen kontrahieren und expandieren, als ob die Innereien des Monsters da unten lebendig geworden und durch seine steinerne Haut gebrochen wären, um hier auf der wimmelnden Oberfläche ein geschmeidiges Exoskelett zu bilden. Drängelnde Körper verstopfen die Durchlässe der Stadt, und das Fackellicht ist ein tiefes rotes Glühen nach dem dunklen Inneren hinter ihm, als Lemprière auf die Szene platzt und die Stufen des Ostindien-Hauses hinabrennt in den Pöbel hinein, der sich die Leadenhall Street hinab erstreckt, und die Aufrührer im Wartestand in seiner verzweifelten Suche beiseite schleudert, denn er hat sie wieder verloren, und jetzt ruft er «Juliette! Juliette!», aber sie kann ihn nicht hören, sie ist fort, und alles, was er findet, sind vulgäre Rebellen.

Menschengesichter füllen, im Fackellicht orangen und gelb, die Straßen weithin zurück bis aus der Sicht, und alle blicken nach Westen auf die kauernden Büttel und die Miliz, die sich ihnen in sicherer Entfernung am anderen Ende der Durchfahrt entgegenstellen. Bislang ist dieser Mob ein träges Vieh, dessen Hauptkörper immer noch die Möglichkeiten verdaut, aber am schuppigen Kopf dieser Hydra befindet sich Farina. Ein Wind bläst, ein heißer Wind, der von Minute zu Minute stärker wird. Seine Haare wehen hinter ihm, als er den Pöbel anredet.

Lemprière drängt sich rücksichtslos durch den schwerfälligen Körper, und zieht, wo er geht, Flüche und Zufallsschiebe auf sich, und verrenkt sich den Hals, um sehen zu können, und ruft immer noch ihren Namen. Die Menge um ihn herum bewegt sich und murrt. Da gibt es Gruppen, die schreien, und Gruppen, die angesichts des sich sammelnden Gedankens schweigen. Farina zeigt. Die Stimmung der Menge beginnt umzuschlagen. Lemprière sieht sich um, sein drängender Blick durchschweift die Gesichter, die alle auf etwas weiter oben gespannt sind. Vier Männer in der vordersten Reihe der Menge bücken sich, um etwas aufzuheben. Die Aufmerksamkeit der Menge bündelt sich auf ihre Anstrengungen, die eigenen Begierden klumpen sich um dieses neue Schauspiel. Lemprière blickt über wirre Schöpfe, als die vier Männer näher kommen und einen Gegenstand tragen, den er damals fürchtete, den er sich seither eingebildet hat, und den er jetzt wieder fürchtet. Könnte das sein?

Farinas Stimme erhebt sich über die Menge, über den heulenden Wind.

«... und das, das ist, was sie vor unserer Justiz verbergen!» Der Mob konzentriert sich, als die vier Männer ihre Last in volle Sicht heben. Ja, denkt Lemprière betäubt. Ein Teil seines Nachtmahrs wird da hochgehoben, damit er ihn noch einmal sehe, der obszöne Stumpf immer noch in ihrem Mund, das zerlumpte Kleid zerfetzt und im Winde flatternd. Die Luft ist plötzlich dick, der Geruch nach Verwesung stark, und er ist wieder bei den de Veres und starrt hinab in die Höhlung, wie jetzt die Leiche nur ihn anzustarren scheint. Doch nur für einen Augenblick. Irgendwo unter seinen Füßen, irgendwo unter ihrer aller Füße fängt ein langsames Gerumpel an. Der Boden selbst beginnt zu beben. Lemprière blickt sich in Panik um, während das Geräusch wächst und wächst, bis es kein Geräusch mehr ist, sondern eine physische Kraft. Dann bricht irgendwo hinter ihm, irgendwo aus den Tiefen unter seinen Füßen die ganze Gewalt der Explosion in die Straße.

So also fängt es an, dachte Sir John inmitten des schmuddeligen Pomps und Messings im Untersuchungsgericht in der Bow Street.

«Bewaffnet Euch», wies er seine Büttel in Tönen an, die Dringlichkeit und Ruhe einflößten. «Die Miliz wird sich uns an der Fleet anschließen.» Sein Blindenjunge scharrte neben ihm. Nervöse Büttel schwitzten in ihren Kitteln. Das konnte er riechen. Den ganzen Tag über waren Berichte hereingekommen über Leute, die sich im Osten versammelten. Ein heißer Wind blies, und die Straßen waren sonderbar ruhig. Sir John dachte an seinen alten Feind. Der Junge bewegte sich wieder und zupfte an der Kette. Farina.

«Los!» intonierte er und hörte seine Büttel sich gehorsam umdrehen, um ihm vorwärts in den Krieg zu folgen.

Er marschierte an ihrer Spitze und führte seine symbolische Streitmacht ostwärts aus der Bow Street, querte die Drury Lane und marschierte weiter durch die Lincoln's Inn Fields an der Portugal Row vorbei in die Cursitor Street, und der Junge klirrte eine kurze Kettenlänge vorauf, und die knallenden Schritte seiner Büttel machten den Beschluß. Als sie die Fleet erreicht haben, schließt sich die Miliz seiner Truppe an, die jetzt zuversichtlicher durch die Ellarden Street auf die Nordmauer der Sankt-Pauls-Kathedrale zumarschiert und dann an Cheapside vorbei nach Cornhill. Die Straßen sind dem Jungen zufolge alle fast leer, der während des ganzen Weges einen laufenden Kommentar gibt. Sir John ist dadurch ermutigt.

«Die Miliz hinter uns», wagte er aufs Geratewohl zu seinem Geleiter, «ob sie wohl, na sagen wir tausend Mann zählt?»

«Tausend, S'John? Ich bin mir da nich sicher im Zählen, Sir. Un ga nich sicher mit tausend, überhaupts nich, Sir.» – «Einige hundert also. Einige Hunderter zusammengezählt, verstehst du, Junge?»

«O ja, ich kenn doch meine Hunderter, Sir. Bin nur nich mit Tausender sicher. Ich werd ma hinkucken, Sir...» Sir John spürt die Kette anrucken, als der Junge sich herumwirft. «Ja so ungefähr wirds hinhaun, Sir.»

«Einige hundert?»

«Ungefähr hundert, Sir. Vielleicht n paa weniger. Wird doch wohl genuch sein, diesen Farina rauszufischen, oder Sir?» Aber Sir John antwortet nicht. «Sir?»

«Ja!» schnauzt Sir John und denkt nein, tausendmal nein. Der Junge schweigt nach diesem Ausbruch. Die Kette fühlt sich furchtbar schwer an in seiner Hand, und der Wind steht gegen ihn und bläst ihm hart ins Gesicht.

Der Junge ist für den Augenblick eingeschüchtert. Aber bald legt er wieder los. «Da sin sie, Sir! Genau vor uns, Sir!»

«Halt!» Sir John erhebt eine Hand gegen die Büttel direkt hinter ihm. «Ins Glied getreten!» Er hört das Scharren nervöser Militärabsätze. So wenige, denkt er. Zu wenige.

«Diese Aufrührer», er beugt sich verschwörerisch zu seinem Jungen hin, «ob die wohl, laß mich raten, ein paar hundert zählen?»

«Ein paar hundert, Sir? O ja, leicht ein paar Hunderte möcht ich sagen, Sir. Mehr wie n paar Tausende...» Sir John hört vor sich und hinter sich Bewegungen, dort das Grummeln einer Masse, da furchtsames Gezappel, als die Entschlossenheit der Miliz dahinzuschmelzen beginnt. «Stillgestanden!» ruft er über die Schulter und weiß doch, daß das schon zu spät ist. Es war schon vor Monaten zu spät. Der Wind erhebt sich aufs neue, und er kann Farinas Stimme hören, die durch die Leadenhall Street bis zu ihm getragen wird.

«... und das, das ist, was sie vor unserer Justiz verbergen!»

Sir John denkt an Verborgenheit, inbrünstig zu wünschen, an die verborgenen Dinge, und er denkt an Rudge. Der Junge sagt: «Die hem was hoch, Sir John», und Sir John weiß das Ding schon, das Farina ausgegraben hat, um den Mob zur Weißglut zu bringen. Henry in ihm schweigt, und die Kette klirrt, als der Junge sagt: «Die hamse gekriecht, Sir John. Die Frau, von der Se immer reden, die Tote...» Sir John weiß das schon, mit seinem geistigen Auge kann er das blaue Kleid sehen, das blaue Fleisch, das selbst der kälteste und tiefste von Rudges Kellern nicht vor dem Verfall und dem spähenden Auge seines Feindes Farina hat schützen können. Sie wird als geknebeltes Totem ihrem sprachlosen Groll entgegengehoben. Sie ist eine Greueltat, die sie verstehen können.

«Legt an!» befiehlt er in Stentortönen und lauscht nach hinten auf das scharfe Einatmen, das Knistern gestärkter Uniformen, das Knakken der Musketenhähne. Aber die Geräusche, die er vorweghört, werden von anderen überholt.

Ein tiefes Gerumpel erklingt von unten. Das Kopfsteinpflaster unter seinen Füßen scheint Wellen zu schlagen, als sich die Explosion ihren Weg irgendwo in die Straße vor ihm reißt. Er hört Wasser auf die Erde fallen, und dann Schweigen.

«Zielt!» Seine eigene Stimme klingt ihm dünn und fern nach dem Getöse des Ausbruchs. Er hält für einen kurzen Augenblick inne, stellt sich die erhobenen Musketen vor, dann gibt er den Befehl:

«Feuer!»

Stille.

Er fährt zusammen, als ob die Schüsse hinter ihm wirklich losgegangen wären. Er beginnt sich umzudrehen, hält die Bewegung aber an, als die Stimme des Jungen neben ihm aufklingt.

«Die komm auf uns los, Sir John!»

«Feuer!» befiehlt er wieder. Und wieder ist Stille. Sir John fühlt Panik aus dem Bauch aufsteigen. Er zerrt an der Kette, aber die scheint sich zu lösen. Er kann Schritte hören, Tausende über Tausende von Schritten, die sich alle auf ihn zubewegen. Plötzlich ist er ein fetter blinder Mann. Er ist weit weg von zu Hause. Er ist allein. Ein schwaches Geräusch an seiner Seite.

«Junge?»

«Ich bin noch hier, Sir John.»

«Guter Kerl. Du, hast du den Kragen abgenommen?»

«Hab ich, Sir John.» Jetzt kann er ihre Stimmen hören, das Scharren vorrückender Füße.

«Sind wir allein, Junge?»

«Die Männer sin abgehaun, Sir John.» Allein. «Der annere Haufen, die sin jetzt ganz nah, Sir John.» Nahe. Der andere Haufen. Er hat verloren, und Farina hat gewonnen.

«Laß mich nicht hier», flüstert er. Er wartet. «Junge?» Da ist Schweigen. «Junge! Wo hast...»

Jemand nimmt ihm das freie Ende der Kette aus der Hand. «Keine Sorge, Sir John.»

Der Wind schien den Verwesungsgeruch vierzig, fünfzig Meter weit die Straße hinabzutragen, als die Leiche vor den Mob gehoben wurde. Irgendwo hinter ihm schrie eine Frauenstimme «Bet!», und die Menge um sie herum wich zurück, als sie zu Boden sackte. Er sah Farina mit seinem nach hinten wegströmenden Haar, das Gesicht in den Wind gedreht und nach Gerechtigkeit brüllen. Die Rotröcke schmolzen hinter ihm dahin, und nur Sir John blieb. Die Erde zitterte und bebte, und riß dann auf, als die Furien unten ihre Rache nahmen.

Das Warten hat zu lange gedauert, ist in den Jahren seit La Rochelle zu sehr belastet worden, und seine unverbrauchte Kraft braucht Faltungslinien und Risse, braucht jetzt einen Zugang zur wirklichen Bühne.

Eine kraftvolle Wunde öffnet sich entlang der ganzen Leadenhall Street, als die Detonation unten die widerstrebende Erde zerspaltet. Der Mob ergießt sich nach links und rechts, und es sieht so aus, als richte sich der Riß gegen Farina, der die Arme trotzig hochreißt. Der ausgezackte Mund reißt die Straße zu ihm hin auf, und öffnet sich, ihn zu verschlingen, aber noch steht er da, stolz und verlassen und verdammt... Nein. Der Riß endet wenige Zentimeter vor seinem frechen Herausforderer. Farina ist für den Mob plötzlich Sieger, Führer, Heiler, all das und mehr, und der beginnt vorwärtszukriechen, sich zusammenzuraffen und die Fackeln wieder zu entzünden, die das Sprühwasser gelöscht hat. Jetzt folgen ihm alle, selbst Lemprière, wenn auch aus anderen Gründen. Sir John schlüpft durch eine Seitenstraße davon, geleitet von einem kleinen Jungen, an etwas, das wie ein Stück Schnur aussieht. Der Mob schiebt sich zentimeterweise vorwärts, wird dann großspurig, und rennt schließlich auf seinen Führer zu, der «Zum Opernhaus!» schreit, als er von der wüsten Woge mitgerissen wird, nach Westen, in der Verfolgung der Miliz.

Die Ausfransungen des Mobs, seine Nachzügler und schwankenden Anhänger gehen auf beiden Seiten der wassergefüllten Spalte, die durch die ganze Leadenhall Street läuft. Bald ist die Durchfahrt verlassen. Wasser schwappt im Riß. Die Gewalt der Explosion unten hat die Oberfläche der Straße zurückgeschält, so daß sie jetzt auf beiden Seiten des Spaltes Lippen bildet. Unregelmäßig steigen Blasen durch seine Oberfläche auf, und der Wind treibt Kräusel über seine ganze Länge. Das Wasser wird aufgewühlt. Da sind andere Körper, und die steigen jetzt auf. Die Flüssigkeit bewegt sich dringlicher. Eine dunkle Form rollt durch die blinden Wasser und steigt durch sie auf, stößt gegen die zerfetzten Ränder des Risses und befreit sich davon. Sie bricht durch die Oberfläche als ein Körper, glitschig und schimmernd, und mit ziellos wedelnden Armen. Die Straße ist still und leer. Das Ostindien-Haus überragt alles. Die Wasser rühren sich aufs neue. Den Riß weiter hinab steigt ein zweiter Körper an die Oberfläche. Für einen Augenblick scheint er wie schwebend im Wasser zu hängen, dann hebt er den Kopf, und seine Arme greifen nach der Luft.

Er konnte das Ausmaß nicht fassen, die maßlose Ausdehnung des Kerzenlichts im Bruchteil einer Sekunde in ein Inferno, und die blasenziehende Hitze, die schwarze Schicht der Wucht, die aus der Explosion herausfegte, als die Schiffe aufflammten wie Luzifere, und die Kammer zu einem Brei aus Holz und Wasser und Fleisch zerstampfte. *Lebwohl François*. Seine alte Furcht raste gegen die Flammen, aber die Flammen gewannen, wie sie immer gewonnen hatten. Der Thron seines Opfers war zersplittert, sein Thronsaal zerschmettert. François war schmelzendes Fleisch, und damit war es endlich beendet. Erde und Felsen waren sein Lorbeer, und die aufgerissene Durchfahrt in die Luft oben war sein Aufstieg durch die jubelnden Geister von La Rochelle. Die Erde schälte sich auf, und der Himmel darüber war sein. Warum sollte er länger weilen? Warum zwischen Wasser und Luft schwanken? Die Feuer waren gelöscht, und die Schreie der Brennenden waren Geflüster, das ihm sagte, aufzusteigen und aufzubrechen, um sich ihnen endlich anzuschließen. Warum also sollte er an Lemprière denken?

Er zieht sich aus dem Wasser. Der Kopf des toten Mannes schaukelt sanft. Er erkennt in der Leiche seinen Reisebegleiter durch die Erdlasten. Aber während er zusieht, beginnen die Wasser zurückzuweichen. Jacques Körper beginnt zu sinken. Die Wasser fallen schneller. Ein gewölbter Mond hängt niedrig im Himmel. Er sieht Jacques' Gesicht, einen antwortenden Mond, der aus dem schwarzen Wasser emporstarrt, und um ihn herum silbernes Gewirbel, und dann verschwinden auch diese kleinen Zeichen, als der Körper in der Dunkelheit des Risses versinkt.

Die Gerüche sind Rauch von Wachsfackeln, Schweiß und Erregung, ein zu ortender *sudor anglicus*, als der Mob sich westwärts hinter der Miliz hermacht. Entlang des Weges knistern Haufen getrockneten Strohs, toter Bäume und anderen ausgetrockneten Mülls in rätselhafte Flammen auf, als ob sich ein enttäuschter Scheunenbrenner eines Brandstifters *rus in urbe* aus der steinigen städtischen Umgebung schaffe. Banden verwilderter Kinder rennen kreischend herum. Textilarbeiter und Kupferbergleute, die durch die letzten Zusammenbrüche in ihren Branchen arbeitslos wurden, schwenken Banner. Barbiere, Kellner, Schneider, Schuster, Kunsttischler, Putzmacherinnen, Damenschneider, Kunstblumenmacherinnen, Sattler, Kutschenbauer, Hufschmiede, Köche, Zuckerbäcker und Droschkenkutscher finden sich hier und jetzt vereint durch einen wegen des jüngsten Sommerschlafs der Oberschicht für das Land so vollständigen Mangel an Arbeit, daß ihre üblichen Rivalitätsstreitigkeiten bedeutungslos sind; irgendwie ist das Opernhaus unwiderstehliches Ziel ihrer aufgestauten bösen Laune, Luxussymbol ihrer vormaligen und unbeständigen Arbeitgeber.

Umgeben von seiner Prätorianergarde aus Seidenwebern führt Farina den aufrührerischen Haufe weiter. Marktschreier und ihre Hanswurste, Spielhausleiter und Gaukelbrüder üben ihr Geschäft aus, während der Mob westwärts durch die Fetter Lane und die Lincoln's Inn Fields flutet. Straßenhändler bewegen sich mit Pasteten und Porter durch die Marschsäulen. Auch Fisch ist verfügbar. Schreie gerechten Zorns und glühende Flüche mischen sich mit den Rufen der Händler und treiben gemeinsam mondwärts. Fackelschein huscht im Zickzack an den gestaffelten Fenstern hinab. Geländer sind Stäbe eines Phenakistoskops, das entlang des Weges aufgebaut ist, um den Vorbeimarsch von Zehntausenden Beinen zu zählen. Viereinhalb Millionen Kopfsteine verzeichnen das Getrampel abweichlerischer Füße, von Kanonenstiefeln, Holzschuhen und Pantinen, und die Karte, die sie untereinander entwerfen könnten, würde Europa mit einem sich windenden Netzwerk von Linien überziehen, die alle in London zusammenliefen, bis diese Stadt schwarz vom Maßwerk wäre, ein saugender Mund, der sie alle auf Stalkarts gedrungenen Kulturturm zu zieht.

Lemprière taucht plötzlich auf, mit unbeholfenen Gliedmaßen und schreiend, und ragt aus einer Umgebung kleinerer Leute hundert Meter oder so hinter der Front heraus. Er sieht, wie sich der Mob weit hinter ihm erstreckt, während die Vorhut ihren Weg durch die Fleet Street und den Strand trampelt, johlend und höhnend, und ihre lose

Sammlung enger zieht, und der fliehenden Miliz herumliegende Steine nachschmeißt; ein wandernder Stadtstaat zieht in den Krieg. Beim Charing Cross teilt er sich, um durch das Gewirr der umliegenden Gäßchen zu sickern, bildet sich aber wieder neu, um als Einheit in den Heumarkt einzumarschieren, wo man die letzten der Miliz erspäht, wie sie in einem großen Gebäude zur Rechten verschwinden. Die *ad-hoc*-Bündnisse sind zu einem Verbund geworden, zu einer verärgerten und flüchtigen Legierung. Lemprière spürt Körper sich um seinen eigenen drängeln und wirbeln. Er will ein klares Bild von dem haben, was vor sich geht. Er schreit wieder ihren Namen, aber der Mob bellt um das Opernhaus und donnert gegen die Türen, die von innen verriegelt zu sein scheinen. Undeutliche, jammernde Geräusche steigen aus dem Gebäude auf und werden vom antiphonischen Wind beantwortet. Ein straffer Halbkreis öffnet sich in der Menge und erstreckt sich von den hohen Türen die Stufen herab. Lemprière tritt in ihn ein und überblickt von seinem erhöhten Blickpunkt aus den Mob. Er sieht in seiner nächsten Nähe aufwärts gerichtete Gesichter, die sich, während er sie überschaut, rückwärts durch die anbrandende Menge verbreiten, bis jedes sichtbare Auge dem Dach zugewandt ist. Lemprière wundert sich undeutlich, warum alle diese Leute ihre Aufmerksamkeit dahin richten, und dann prallt ihm ein Körper in den Rücken und prellt ihn vorwärts, platt und ohne Atem, als ein betäubender Aufschlag auf die Stelle kracht, wo er gestanden hat. Lemprière keucht und sieht sich um. Er sieht seinen Anrempler, die Arme immer noch um seine Beine, wie er ihn anschaut. Dann erstirbt das Grinsen.

Hinter ihnen liegt auf den Stufen, mit eselhaftem Grinsen im Gesicht und die kauernde Massigkeit rosahöflich in diesen überstürzten Niedergang seines Glückes ergeben, der Schildkrötkämpe. Lemprière nimmt die Schildkröte kaum wahr. Auf ihrem Rücken ist ein Körper. Dessen Brust ist von der Gewalt des Aufschlags aufgespellt, und da ist etwas in der Brust, etwas sich gefühllos Bewegendes, etwas nicht ganz Menschliches. Kleine Kolben zucken zwischen den losgelösten Fleischlappen, und eine glatte Messingraute ist in der zerstörten Maschinerie verfangen. Lemprière sieht um sich, aber die Gesichter des Mobs blicken immer noch aufwärts, von ihm auf dem Boden fort, zum Dach empor. Und diesmal blickt er auch hoch.

Vom Eingang des Schwammwerks tief im Inneren der Bestie aus, wo der Kampf begann, haben Le Mara und Nazim mit Stößen, Paraden und Gegenstößen ihren Weg westwärts durch Galerien, Tunnel und Höhlen genommen, entlang eines unterirdischen Vektors, der genau dem grölenden Fortschritt des Mobs hundert Meter darüber entspricht. Ihre eigene Auseinandersetzung wird schweigend ausgefochten. Nur ihr jähes Ausatmen und kurze Anstrengungsgrunzer verraten ihre Anwesenheit. Sie sind gewappnete Insekten, die den blutigen Ritus der Umwerbung wiederholen, winzige Hörner ineinander verhakt, Gliederbeine kratzen nach festem Halt auf dem lichtlosen Stein. Ihre Bewegungen entsprechen einander, Frage und Antwort werden hin und her gespielt in Bögen und schnellen Ausfällen, in Täuschungen und Rückzügen, als Nazim von seinem ungerührten Gegner rückwärts gezwungen wird. Es sieht ausgewogen aus, ist es aber nicht. Nur einmal spielt Nazim seine Stärke gegen den Meuchelmörder der Cabbala aus, indem er sein ganzes Gewicht auf dessen Messerhand wirft. Der Arm ist kalt und hart wie Metall. Die Kraft des Rückstoßes überrascht ihn, wie eine Puppe beiseite geschleudert erhebt er sich und nimmt den Kampf wieder auf. Er sucht nach Schwächen, Fehlern, unbewachten Augenblicken. Es gibt keine, und sie machen weiter. Das Rauschen des Wassers hinter ihnen erfüllt ihre Ohren; ihre Augen bleiben aufeinander geheftet. Sein Gegner zwinkert oder stolpert nie, er rückt nur gegen ihn vor und drängt ihn zurück.

Durch das tödliche Halblicht des Tunnels kommen ihm seine Geister, Bahadur und der Pseudo-Lemprière. Die Miniatur ist eine feste Raute in seiner Hand, Gegengewicht zu seinem Messer. Ihre graublauen Augen, ihr sanftes Lächeln ... Mutter des falschen Sohnes. Der wirkliche ist schon von dessen Hand tot, die sich jetzt gegen ihn wendet, und der zitternde Umriß seines Nachfolgers haust bereits in ihm und spielt ein Schattenspiel und duckt sich hinter die Umrisse seines Körpers, als sie von dem Meuchelmörder fortrücken und fortwirbeln. Und Bahadur, eine passendere Anwesenheit, die seine Bewegungen leitet, noch einmal der Lehrmeister, der seine Jünglingsgestalt zurechtrückt, *so, ja, auf der Seite reintreiben ...* Der Pseudo-Lemprière kichert ob seines Gezappels, und bietet falschen und widersprüchlichen Rat. Gestaltwandler, Selbstwidersprecher, den Nazim verschonte, dem er erlaubte vorbeizugehen, dem er Gutes zu seiner Flucht wünschte. Warum? Warum hat er das getan? Gab es da etwas Wertvolles, etwas in der Art des Arms des Mädchens um die

Hüfte des Jungen, und wie er auf sie herabblickte? Laß sie vorbei. Etwas, das in diesen unseren wandelbaren Zeiten bewahrt werden sollte. Narrheit, Unfug; Bahadurs Stimme mischt sich ein, kalt und drängend. Er ist zurück aus Paris, der magischen Stadt, die ihren Metallzauber in ihn gewirkt hat. Er ist anders, verändert. Sie gehen oben auf der Klippe entlang. Der verschonte Pseudo-Lemprière verschwindet in der Dunkelheit hinter ihm. Le Mara geht ihn aufs neue an. Bahadur fliegt hinab von ihm fort, er ist ganz an den Rand der Klippe gekrochen und sieht hinab, und kann nichts sehen, und kann nichts hören. Er hat nur den kalten Druck des Körpers seines Onkels gegen den eigenen und den Arm, der auf seine Brust weist, *wir ändern uns*... Der Tunnel steigt an. Le Maras Gesicht ist ausdrucks-los. *Ändern uns im Inneren.*

Plötzlich scheint der Boden zu schüttern, und den Bruchteil einer Sekunde später dröhnt ein schwerer Knall durch den Tunnel hoch. Für einen einzigen Augenblick lassen ihn Le Maras Augen los. Nazim stößt vor und treibt sein Messer dem Meuchelmörder in die Brust und dreht schon die Klinge, während sie noch Haut und Fleisch durch-bohrt, und wirft sein ganzes Gewicht hinein. Aber das Messer dringt nur einen Zoll tief ein, stockt dann und rutscht seitwärts auf etwas Glattem und Hartem unter der Haut ab, und reißt einen großen Fleischflansch von der darunterliegenden Oberfläche. Nazim taumelt zurück und starrt auf das, was er freigelegt hat. Le Mara geht auf ihn zu wie unberührt. Für einen Augenblick ist sein Geist erstarrt. Dann sieht er, wie der Staub hinter Le Mara aufzusteigen beginnt. Eine Staubwolke treibt hinter dem Meuchelmörder den Tunnel herauf, und überholt ein lautloses Aufsteigen zerpulverter Trümmer und umfängt sie beide, als die Schockwelle der Explosion durch jeden Pfad, jede Kapillare, jede Öffnung der Bestie vorwärts schießt. In dem Augenblick, bevor sie ihn blendet, dreht Nazim sich um und läßt seinen Blick den Tunnel hinauf schweifen, die grauen ansteigenden und fortkurvenden Seitenwände, irgend etwas Herabhängendes. Er rennt. Der Staub würgt ihn in Nase und Mund. Le Maras Schritte dröhnen dumpf als stetige Bumser in seinem Rücken. Schon klärt sich der Staub, als der Windstoß vorbeifegt, er ist auf der Flucht entdeckt, überholt und gefaßt. Etwas hängt da runter... Eine Leiter!

Eine Falltür öffnet sich, und er taucht zwischen schäbigen Bühnen-requisiten und mottenzerfressenen Perücken und Kostümen auf. Strickleitern hängen wie Takelung herab. Gesprächsgemurmel, Mu-sik, jemand singt, ein Mädchen ... Sie sind im Opernhaus, und

Nazim beginnt zu klettern, Le Mara hinter ihm her, zwei kämpfende Spinnen in ihrem eigenen Genetz, sie krabbeln die Taue empor und über die Laufstege zum Dach. Ein warmer Wind weht, und die Straße unten ist in Aufruhr, und wogt von all den Frauen und Männern, deren langsames Zusammenrinnen er während der letzten Wochen und Monate beobachtet hat. Winzige Insekten, die hundert Fuß tiefer herumkrauchen. Die Falltür kracht hinter ihm zu. Sein Gegner ist da, na schön, na schön. Er dreht sich um und beobachtet, wie Le Mara herankommt. Jetzt weiß er, wie es enden wird. Er dreht sich wieder um, seinen Rücken zu dem Mann, und geht auf den Rand zu. Über die niedrige Brüstung ragt eine Statue wie eine Schildkröte. Andere Schildkröten liegen über das Dach verstreut. Le Mara verfolgt ihn, seine Schritte klingen schwerer, als sie sollten. Er achtet nicht auf sie. Bahadur versteht seine Absicht. *Ja, gut, genau so.* Der Pseudo-Lemprière schweigt und rätselt in ihm vor sich hin. Le Mara folgt, während er sich einen Zufallsweg zwischen den massigen Statuen hindurchwebt. Requisiten einer nicht wieder belebbaren Aufführung. Sei klar, jetzt sorgfältige Schritte. Die Schritte des Meuchelmörders beschleunigen sich zum Rennen. Dreh dich nicht um, warte, warte *ja...*

Die Brüstung ist plötzlich ebenso nahe vor ihm wie die Schritte bei ihm, die jetzt auf ihn zu rennen. Er dreht sich um, als Le Mara ihn anspringt, duckt sich, fühlt etwas über sein Gesicht brennen, und dann ist der Meuchelmörder an ihm vorüber, und fliegt auf die Brüstung und die Statue zu, als Nazim sein Gewicht hinter dem Flug des Meuchelmörders herwirft und ihn über die Kante der Brüstung drängt.

Der Schildkrötkämpe rettet Le Mara. Eine einzige Stahlhand schließt sich um die Statue, während sein Körper in den Raum hinaus schwingt. Für einen Augenblick hält Nazim der Anblick dieses aufgeschlitzten ausgesetzten Körpers zurück, dann ist er an seinem Mann und steht auf der Brüstung mit dem Mob als schweigendem Zuschauer tief unten. Etwas Heißes tropft ihm übers Gesicht, und auf der Seite ist er blind. Sein Messer fährt hoch, und sein Opfer zuckt weg. Er sticht zu und spürt die Klinge in irgendein ungeschütztes Gelenk fahren. Der Nacken, drängt er, als er sich umdreht, laß es den Nacken sein. Der Körper ist kalt und hart. Es ist aber der Kiefer. Sein Messer hat nur den Kiefer gefunden. Le Maras Mund ist aufgestemmt. Er kann die Klinge im Mund sehen und die Zunge zerschlitzen, als sie in Zuckungen gerät. Le Maras Gesicht ist gegen seines

645

hochgepreßt, sein Arm bewegt sich abwärts. Er hat verloren. Er weiß das schon, ehe noch des Meuchelmörders Messer seinen Magen gefunden hat und beginnt, sich einen Weg in seine Brust hinauf zu reißen. Der Schmerz ist wie eine schwarze Woge, die sie beide bedeckt. Seine Zähne knirschen, seine Nägel bohren sich in seine Handflächen, während sich seine Hände um das Messer und, immer noch, die Miniatur klammern. *Ja, jetzt, genau so* ... Nazim hebt die Miniatur hoch und stopft sie in den klappernden Mund und zwingt sie durch die Gurgel hinab. Irgendwo im Inneren der Brust des Meuchelmörders beginnt ein kreischendes Geräusch. Nazim tritt schwer zurück. Der Meuchelmörder bebt, seine Glieder vibrieren unkontrollierbar. Seine eigenen sind aus Blei. Ihm ist sehr kalt. Le Maras Hand hält immer noch an der lächerlichen Statue fest. Die andere versucht, sich Nazims Messer aus dem Gesicht zu ziehen. Plötzlich kommt es frei, und Nazim sieht zu, wie der Meuchelmörder es sich langsam in die Brust schiebt. Die Klinge verschwindet hinter der Brustplatte. Er sucht da drinnen nach der widerstehenden Messingraute. Das Geräusch ist schrecklich. Für einen Augenblick hört das Beben auf. Der Kopf des Meuchelmörders dreht sich Nazim zu. Die Statue scheint zu schwanken. Beide lehnen sie sich vorwärts, halten für einen Augenblick inne, und stürzen dann in den Raum hinaus, als die Basis der Statue zersplittert und sie beide in die Luft und auf die Straße hundert Fuß tiefer hinab trägt. Nazim sieht stockähnliche Glieder wehen und in das reine Schweigen seines Traumes fallen. *Jetzt siehst du* ... Bahadur? Die Brust spellt tief unten auf, und die klaffende Wunde enthüllt Stäbe aus Messing und Stahl, Kupferkupplungen, winzige Ventile, die alle da unten pumpen. Jetzt kann er die Veränderung sehen, die Dinge, die sie Bahadur angetan haben. *Ändern uns im Inneren* ... Er steht auf der Brüstung und blickt hinaus über die mondbeschienenen Dächer dieser Stadt. Die Köpfe des Mobs sind ihm nichts, voller Nichtsträume. Er legt sich die Hand auf die Brust und spürt die Kälte in seine Glieder sickern. Sein Kopf ist schwerer als zuvor, und der Himmel schwärzer. Er sieht die Straße tief unten. Schwarzer Himmel und mondbeleuchtete Stadt. Er lehnt sich über die Brüstung hinaus und spürt, wie ihn sein Körperschwerpunkt vorwärts in den Raum zieht.

Der Mob schweigt, jeder Mann und jede Frau blicken hinauf zu der Gestalt, die da oben auf der Brüstung steht. Er sieht sehr gelassen aus, da oben ganz allein. Vielleicht ist es hier, wo Farina sie verliert, wo die besondere Ader, die er ausbeutet, zu Ende ist. Sie sind plötzlich alle so still, so auf den Mann da oben konzentriert. Er klappt langsam aus der Hüfte zusammen, als ob er sich vor seinen Zuschauern verneige. Er lehnt sich hinaus in den Raum. Er fällt. Enttäuschung und Trauer bewegen sich durch die Menge, als er vorwärts stürzt. Für den Augenblick ist die Miliz vergessen. Der Körper des Inders landet mit stumpfem Aufschlag neben dem seines Gegners auf den Stufen des Opernhauses. Nazim, Le Mara, Schildkröte: unterschiedliche Herausforderungen der Verstehensfähigkeit des Mobs. Schweigende Gesichter, vom Fackelruß gestreift, umringen die Körper auf den Stufen. Lemprière müht sich auf die Füße und wird zu Le Maras zerschmettertem Kadaver zurückgezogen. Die Brust ist vom Hals bis zu den Leisten aufgespalten. Er beugt sich hinab, um den Gegenstand herauszunehmen, der seine Aufmerksamkeit gefesselt hat, eine Messingraute, die nicht zu der übrigen zerborstenen Maschinerie gehört. Irgendwie ist er über ihre Anwesenheit hier nicht überrascht. Er öffnet die Miniatur. Graublaue Augen begegnen seinem bebrillten Starren.

«Mutter...»

Er spricht laut, als ob ihr gemaltes Bildnis ihm antworten könnte. Nazims Augen öffnen sich. Warum drehte sich Lemprière in diesem Augenblick um, um die Augen des Inders in seine eigenen blicken zu sehen? Da gibt es unspezifizierte Schulden, die zwischen ihnen Macht ausüben, etwas von Massen und für die Liebenden aufschwingende Türen, Lichter in lichtlosen Räumen. Alles zu spät jetzt. Zu viele Irrtümer. *Genau so, ja...* Des Inders Augen verfolgen die geheimen Entfaltungen vor sich. Seine Lippen bewegen sich.

«Lemprière...?» Lemprière bewegt sich auf den Inder zu, aber dessen Blicke bleiben fest auf den Raum geheftet, den er verlassen hat, einen schwachen Umriß, den er hinter sich schweben gelassen hat, damit ihn die Windböen und das unheimliche Fackellicht zerbrechen, Selbstusurpator, Pseudo-Lemprière, er bewegt die Hand über das ovale Gesicht, und die Augen blinzeln nicht. Das Atmen hat aufgehört. Lemprière schließt dem toten Mann die Augen und richtet sich auf. Die Miniatur ist geschlossen und in seine eine gute Tasche versenkt. Sein Wörterbuch hängt mit seiner anderen hinab. Der Körper des Viscount sackt fort in die Dunkelheit, er dreht sich um, und wieder ist sie gegangen. Lemprière stößt die Nächststehenden beiseite, um seine Suche nach ihr wieder aufzunehmen.

Nun beginnen die Energien des Mobs umzuschlagen; tatenloses Nachsinnen ist für dieses Tier kein natürlicher Zustand. Acht oder neun stämmige Männer weisen den Weg, indem sie durch die dichtgedrängten Reihen gehen und sich um die Schildkröte versammeln. Ein gemeinsames Grunzen, und die Schildkröte ist geschultert. Sie rücken mit ihrem improvisierten Rammbock über die Stufen auf die Türen zu und beginnen, ihn gegen sie zu prellen. Mächtige Schläge durchlaufen die Menge und lassen sie vorwärtsbranden, als die Männer einen Rhythmus finden und die Türen unter den Angriffen zu rütteln beginnen. Der Inder war interessant, empfinden sie, aber dies ist eher etwas für einen guten Mob: auf Dinge einschlagen, schreien, zahlreich und überwältigend sein. Sie schaukeln im Takt des Rhythmus der Angriffsgruppe vor und zurück. Als die Tür unter den Aufprallern erbebt, richtet sich ihre ganze hingerissene Aufmerksamkeit auf die Spitze des Aufschlags, das unregelmäßige crèmerosafarbene Ovoid mit seinem jetzt schicksalsergebenen Grinsen, das jetzt gegen die widerstandsstarken theatralischen Portale kracht, den blöd lächelnden Kopf des Schildkrötkämpen, der sie vorwärts in die Schlacht gegen die drinnen kauernden Spartaner führen wird.

Die von La Rochelle konnten es nicht einmal ahnen, als sie durch die freudlosen Straßen der sterbenden Stadt strömten, weit weg, vor langer Zeit, fast schon vergessen, fast völlig in jener Nacht verzehrt, daß die Gedächtnisse, die ihr Brennen verzeichneten, sich in Sachen Ersetzungsordnung als wählerisch und politisch erweisen würden. Andere Leben würden die verkohlten Räume füllen, die ihr Verrat zurückließ, Schatten an der Wand, andere Versionen dessen, was geschah, würden sie verraten. Hier also eine davon.

Klebrige gelbe Kerzen kennzeichnen im dunklen gewölbten Dachraum des Opernhauses Sternenbilder, glückverheißende Zusammentreffen, vielversprechende Vorbedeutungen für Stalkart. Da oben gibt es Götter, mächtige, schwere, die auf dem ächzenden Gefüge lasten wie Schildkröten. Schildkröten! Ja, und das Opernhaus glüht heute nacht mit Leben, denn die Lampen sind entzündet, und das schnaufende Orchester stimmt im Orchestergraben seine Instrumente, und alle Foyers, Durchgänge, Ränge und Treppen sind mit Kunstliebhabern vollgestopft. Lord Brudenell ist da, und die Herzöge von Cumberland und Queensberry sind es, Mister Edgecumbe und Sir W. W. Wynne, die Damen Harrowby und Fawcett in purpurfarbenem Crêpe, der mit grünem und silbernem Blattwerk bestickt ist, und die Ehrenwerte Miss Petre in Sleath's Vervollkommner Unvollkommener Formen. Der Herzog von Norfolk spricht seit dem Zusammenstoß über die Declaratory Bill nicht mehr mit dem Marquis von Landsdowne, und Charles Fox und Lord Loughborough und Mister Grey und Miss Sheridan werden zwar allgemein gegrüßt, aber nur knapp, denn es wird weithin angenommen, daß für sie zwischen der Oper und dem Heulen ihrer Hunde kein großer Unterschied besteht, weder in der einen noch in der anderen Richtung. Hinter winzigen Gläsern mit Crème de Canelle und Zitronenwasser aus Barbados beobachten Lady Frances Bruce und Lady Clunbrassil Mister Hanway, dessen Reichtum den mancher Provinzstadt übersteigt. Frisch aus seinem Triumph als Oberst Downright in *I'll Tell You What!* tröstet Mister Aiki die Witwe von Morris Morris, Kaufmann, an diesem Nachmittag verschieden.

«Ich weiß nicht, warum ich gekommen bin», jammert sie. «Ich fühl mich *entsetzlich*!»

«Is ja schon gut», tätschelt der tröstliche Oberst Downright.

Stalkart hüpft die Allee der Fatzken auf und nieder, preßt Fleisch und begrüßt seine Gönner. Er badet in der Wärme seiner Gastlichkeit, als köstlich Klatsch und Vorfreude die bereitwillige Versammlung durchkräuseln. *Welche* Oper heute abend? Er will es nicht sagen, nein, nicht einmal, als ihm Miss Manners ihr gewinnendstes Lächeln schenkt, nicht einmal, als ihn Mister Edgecumbe diskret beiseite nimmt, und ganz gewiß nicht, als ihn einige von Captain Hays abscheulichen Neffen umringen und einigermaßen ausfallend werden.

«Das ist ein Geheimnis», lächelt er und taucht unter einem Arm fort, nur um vom Grafen Trauttmannsdorff angegangen zu werden, der ständig alle Welt einlädt, mit ihm in seiner Residenz zu Brüssel zu dinieren. Er erblickt Bolger, der ihm über die Köpfe der Damen Villiers und Digby hinweg zuwinkt.

«Wieder einer», vertraut ihm Bolger an und zeigt ihm die jüngste knappe Nachricht aus dem Untersuchungsgericht. Sie sind während des ganzen Tages eingetroffen. Sir Johns saubere Handschrift starrt ihn an. *Rechnet mit Schwierigkeiten*, lautet sie. «Ich hab Tim im Foyer postiert», sagt Bolger, und Stalkart nickt Einverständnis. Rechnet mit Schwierigkeiten. Was sonst sollte man erwarten? Schwierigkeiten waren des Tages Grundton gewesen: Schwierigkeiten mit Marineris Bühnenbild (das nicht hochkommen wollte), Schwierigkeiten mit Signora Schinottis Diskant (der nicht runterkommen wollte), mit Lupinos Soldatenkostümen (die nicht fertig werden wollten), vor allem aber mit Signor Marchesi, der nicht kommen wollte. Eine Seelandschaft aus Papiermaché, Marmaduke brüllend, Nadel und Faden, und eine weitere Zahlung an den temperamentvollen Tenor haben diese geringeren Krisen angemessen gelöst. Nun ist die Seelandschaft aufgebaut, die Schinotti in Tränen, die Soldaten sind in ihre Waffenröcke eingenäht, und Marchesi wird wenigstens in der zweiten, wenn nicht gar in der ersten Aufführung des Abends auftreten. Ja: nicht eine, sondern zwei Opern – zwei fürs selbe Geld. Also was? Cramer dreht sich zu Stalkart um und Stalkart nickt. Cramer zupft an seiner Geige, und die Musik beginnt. Stalkart blickt himmelwärts, hinauf in die funkelnde Kuppel, wo ihm strahlende Kerzenkonstellationen eine Geschichte von falschen Opfern und wilder zerstörerischer Liebe erzählen. Er denkt an Troja und Sparta und deren Schicksale. Er denkt an hölzerne Pferde. Unmelodiös schwellen Streichinstrumente klagend vor ihm an. Stalkart träumt den Flug der Schildkröten.

Als das Eröffnungsandante einigen lastenden Oktavpassagen weicht und von da in einen trostlosen Streit zwischen Oboe und Flöte in g-Moll überwechselt, lehnt sich Sir W. W. Wynne in seinen Sessel zurück und denkt an eine Nacht in Paris vor vierzehn Jahren, als ihm dieselbe Musik um die Ohren gespielt wurde, und als die erste Zeile von Du Roullets scheußlichem Libretto ertönt, atmet er anerkennend aus.

«Ah», murmelt er, «Gluck. Ich erinnere mich, es war in Paris ...» Charles Fox fordert ihn laut auf, den Mund zu halten.

Signor Morigi tritt von der Seite her auf, «Diana, du Erzürnte! Umsonst gebeutst du mir dies so schreckliche Opfer ...», trällert er vor dem Chor rotröckiger Griechen. Die unterbrechen ihn, da sie mit ihm nicht übereinstimmen, und werden darin von Signor Morelli in priesterlicher Gewandung unterstützt, der ein Fleischbeil in der Hand hält. Morelli und Morigi duettieren eine Weile (Streicher *pianissimo*, Oboe und Fagott tauschen eine breite und edle Arie aus), und dann erscheinen zwei Frauen, Mutter und Tochter. Die Tochter ist ob ihrer bevorstehenden Hochzeit bekümmert, wird aber schnell

von ihrem Bräutigam beruhigt (Signor Forlivesi, zugleich leidenschaftlich und verliebt), und alles scheint gut zu sein. Im Hintergrund
kann man Signor Morelli sehen, wie er sein Fleischbeil schwingt.
Hinter ihm heulen die griechischen Soldaten hungrig.

«Irgendwie kommt mir das bekannt vor, ich bin sicher, ich kenne
diese Oper...», sagt Lady Harrowby grübelnd zu Lady Fawcett.

«Mmmm», stimmt die zu. Sir W.W. Wynne lehnt sich von der
Vorderreihe zurück.

«Iphigenie in Aulis», sagt er ihnen flüsternd. Ahhh.

Auf der Bühne ist der Chor aufgezogen und gratuliert Iphigenie
jetzt zur Wahl ihres Bräutigams. Achill schließt sich an, und einem
kurzen Gratulationsballett wird lärmig von den oberen Galerien
applaudiert. Als sie sich dem Altare nähern, werden sie von einem
Bedienten aufgehalten, und Iphigenies frühere Befürchtungen be-
wahrheiten sich, als sie erfährt, daß ihr Vater sie hier zu opfern plant.
Der Schuldige tritt zu Buhrufen und Gezische seitens der Bürger im
Parterre auf, die sich im anschließenden Schimpfkampf auf die Seite
Achills stellen. Die griechischen Soldaten werden ungeduldig, und
Achill schwört, sie alle zu töten. Iphigenie selbst hat sich in ihr
Schicksal ergeben. Die Liebenden müssen scheiden. Dem Willen der
Götter muß man willfahren. Die Musik nimmt an Klangfülle zu und
wird an dieser Stelle aufgeregter, eine Einzelheit, die den Kennern
nicht entgeht.

«Cramer scheint mir, wie soll ich sagen, reichlich *schnell*», flüstert
der Herzog von Cumberland. Lady Brudenell nickt.

Es ist wahr. Cramers Haupt schleudert wild hin und her, während
er das Orchester vorantreibt. Sein Haar ist bereits der bändigenden
Lage von Bärenfett entfleucht und fliegt ihm in manischen Kreisen
ums Haupt. Er schwitzt. Sie schwitzen alle, sogar der Triangelspieler,
und die Musik rauscht dahin, *allegro, vivace, prestissimo*! Seine Finger
verschwimmen, und jetzt durchbohrt sein Bogen die Luft wie ein
Rapier. Iphigenie tanzt den Gang hinauf ihrem Tod entgegen. Achill
und seine Mannen rasen über die Bühne, um die Griechen zu töten,
die Schlacht ist schnell und wütend, und verrückt gewordene Altstim-
men lassen Breitseiten von Triolen los, und Mezzosoprane antworten
mit zerreißenden hohen C's, die sich eindeutig außerhalb ihrer
beherrschbaren Reichweite befinden. Kalchas wirbelt sein Fleischbeil über dem Altar, und Iphigenie kreischt die Himmel an, als
WHUMMM! eine massive Erschütterung die Fundamente des Opernhauses erbeben läßt und eine Schockwelle durch Flur, Bühne,

Säulen, Wände, Parkett, Galerien und sogar durch die Stützpfeiler auf das Dach selbst schickt, wo siebenundzwanzig kauernde rosafarbene Schildkröten einander angrinsen und unter einem zunehmenden Mond erschauern.

Alles hält inne. Die Kenner umklammern die Armlehnen ihrer Sitze. Die Sänger erstarren in Haltungen aufgehaltenen Schlachtens. Iphigenies Hals ist in Erwartung des Streichs vorwärts gebeugt. Achill verhält über einem verteidigungslosen Griechen. Sie alle sind plötzlich Statuen, in die ihnen vorgeschriebenen Haltungen eingeschlossen, wie sie es einen Augenblick zuvor in die Schlacht waren. Iphigenies Gram ist völlig grundlos, geradezu absurd... Gram worob? Was kann hier schon geschehen? Nichts Wirkliches. Es bedeutet überhaupt nichts. Die Zuhörer starren empor, still wie die Schauspieler, und warten darauf, daß etwas geschieht, während das unterirdische Grollen durch und um das Auditorium rollt.

Morelli erhebt sich. Er schwingt sein Fleischbeil in antwortendem Gruß empor und richtet sich gleichermaßen an Sänger wie an Zuhörer.

«Die Götter haben gesprochen!» intoniert er vom Altar herab. «Iphigenie muß geschont werden!» Seine Überzeugung klingt absolut. Cramer schenkt ihnen ein langes mittleres C. Es ist vollkommen.

«Iphigenie! Sie muß geschooooont werden!» antworten die Griechen. Der Rest der Geigen schließt sich diesem langen Monoton an, dann die Holzbläser, die Blechbläser, und schließlich wird mit einem zerbrechlichen *ting!* vom Triangel das Crescendo erreicht, und die Zuhörer erheben sich, und ihr Applaus füllt die falsche Kuppel oben, und Rang um Rang erhebt sich und klatscht, und schon ruft man nach einem *da capo*, während die Sänger sich noch gegenseitig auf die Schulter klopfen.

«Wirklich großartig, Marmaduke», ruft der Herzog von Norfolk, als Stalkart im Triumph vorübersegelt.

«Reine Schaumschlägerei», murrt der Marquis von Landsdowne, ein moderner La Harpe zum Anonyme de Vaugirard seines Gegners. Lady Fanshawe schlägt weiterhin ihre Beine über- und untereinander.

Stalkart hat die Bühne erreicht. Er steht vor dem gesamten Ensemble, applaudiert ihm, und wendet sich dann zu seiner bewundernden Zuschauerschaft um und bittet um Schweigen.

«Dank Ihnen, Dank Ihnen allen.» Er hält inne und lacht in sich hinein. «Vielen, vielen Dank... Meine Freunde!» Sie applaudieren ihm. Er gibt ihnen, was sie sich wünschen. Sie sind seine Freunde. Man klopft ihm auf die Schulter, er nimmt das für ein Gratulationsgetätschel und beachtet es nicht, da aufs neue. Er dreht sich um. Es ist Tim.

«Was ist?» fragt Stalkart.

«Die Miliz is da, Sir. Will die Keller überprüfen.»

«Keller?» Er kann spüren, wie ihm sein Publikum entgleitet, wie seine Aufmerksamkeit abebbt. «Na schön, na schön... hinten rum, Tim. Und halt sie ruhig, verstehst du?» Tim nickt und geht pflichtbewußt zurück ins Foyer. «Meine Freunde», beginnt Stalkart von neuem, «diese unsere geheime Gala wird noch eine Weile andauern, und deshalb möchte ich Sie auffordern, Ihre Plätze zu behalten. In einigen Minuten werden Sie einen der, nein, *den* besten Tenor ganz Europas hören. Obwohl er seine ersten Töne an diesen Küsten erst noch singen muß, ist er doch schon in aller Munde dieser Stadt. Sie wissen, von wem ich rede. Nachdem er zuletzt am Teatro San Carlo in Neapel und an Münchens Cuvilliés-Theater war, gebe ich Ihnen heute abend den vollkommensten Künstler des *sostenuto*, von dem ich jemals die Freude hatte zu hören...»

In seinem Ankleideraum irgendwo in den Innereien des Opernhauses hört Marchesi den Tumult oben und beginnt zu schwitzen. Alle seine Ausreden sind verbraucht, all seine Verzögerungen am Ende. Er ringt die Hände und starrt in den Pfeilerspiegel an der anderen Wand. Ein großer dünner Mann starrt aus dickem Rouge und schwer gepudert zurück. Unter der Maske ist er käsig weiß. Bald wird er, wie er weiß, zu zittern beginnen, und sein Atem wird schneller werden. Die Muskeln in seinem Magen werden sich verknoten, und er wird sich leicht übel fühlen. Wenn sein Garderobier, den er hinausgeschickt hat – niemand, niemand darf ihn so sehen –, an die Türe klopft, wird er zusammenfahren. Das tut er immer. Er ist in Neapel zusammengefahren, und in München, und in Wien, und davor in Rom. Es wird schlimmer. Er kann es kaum noch kontrollieren. London wird nicht anders sein, die gleichgültigen Reihen von Gesichtern, die sich rückwärts in die Dunkelheit erstrecken, alle starren sie ihn an und legen sich drückend auf ihn. Er wird allein sein. Die Musik eine sich zuziehende Schlinge um seinen Hals, während sie ihn zu seinem Einsatz geleitet.

Sein Mund wird sich öffnen, und dieser Ton, dieser fremdartige wundersame Ton wird das Theater durchströmen, ein unirdischer Ton, der einfach da ist und plötzlich überall um ihn herum. Aber woher? Wo kommt er her? Vor langer Zeit ward ihm ein Geschenk gegeben, aber das war ein Irrtum, eine der seltenen himmlischen Nachlässigkeiten. Jetzt muß es zurückgegeben werden. Und eines Tages wird sein Mund sich öffnen, die ersten Töne werden in seiner Kehle schwellen, und er wird ein kreischendes klagendes Geräusch hören, ein Krächzen, ein stockendes Kratzen. Die schwere Hand wird an seine Tür pochen, und eine Gestalt in dem kapuzenartigen Überwurf wird die Forderung stellen, die er nicht verweigern kann. Er wartet in Grauen, drängt den Augenblick fast herbei, komm doch, komm doch... *Taptaptap*...

«Ja! Um Gottes willen, ja!» schreit Marchesi. Er hört schwere Schritte sich umwenden und fortgehen.

Oben im Auditorium gibt Marmaduke Cramer im Orchestergraben ein Zeichen und geht von der Bühne nach links in die Seitenkulissen ab. Die ersten ruhigen Takte der Ouvertüre umschweben lind die Zuhörer. «Natürlich», murmelt Sir W. W. Wynne sich selbst zu. «Wirklich großartig.» Er lauscht hingerissen, als die Musik feuriger wird. Iphigenie erscheint wieder und liefert ihre Eröffnungsarie vor einem sturmdurchtosten Hintergrund ab. Sie ist jetzt in Tauris, Priesterin der Diana, ihrer Erretterin vor dem Messer des Kalchas in Aulis. Hinter ihr tritt ein Chor rotberockter Krieger auf die Bühne. Sir W. W. Wynne runzelt die Stirn. Stalkart beobachtet zustimmend aus der Seitenkulisse, und Bolger steht strahlend neben ihm.

«Also, Marmaduke, Sie haben nach allem doch recht behalten. Kein leerer Platz im Haus.» Stalkart lächelt.

«Das Beste kommt noch», sagt er, als Marchesi in der gegenüberliegenden Kulisse erscheint. Schon ist er einem kleinen Teil der Zuhörer sichtbar, und Beifall breitet sich im Auditorium aus, als die unsichtigen Kenner den Grund erraten. Auf der Bühne kommt der Chor immer noch von rechts herein. Von denen scheint es mehr zu geben, als Stalkart sich erinnern kann, engagiert zu haben. Wieder der Schlag auf seine Schulter. Wieder ist es Tim.

«Ne Art Problem, Mister Stalkart.»

«Mmm?» Thoas ruft nach Opfern und wird unterrichtet, daß bereits zwei Kandidaten gefangen seien. Die Bühne ist fast voll.

«Is draußen, Sir. Da wollen die rein. N reichlicher Haufen von denen...»

«Nicht ohne Einladung», befiehlt Stalkart streng. «Unter keinen Umständen.» Er kann Marchesi tief Atem holen und sich auf seinen Auftritt vorbereiten sehen. «Ist das alles?»

«Nu, nein Sir. Da is auch die Miliz, Mister Stalkart.» Marmaduke sieht sich in den Gesichtern um, die sich auf der Bühne zusammen-drängen. Er runzelt die Stirn und verliert sich für einen Augenblick in anderen Gedanken. Er ruft sich zur Ordnung.

«Was ist mit ihr?»

«Sie is verschwunden.» Stalkart blickt auf den Chor, der sich jetzt bis fast ganz vorne auf der Bühne ausbeult. Niemand von denen sieht ihm bekannt aus. Marchesi tritt vor, und die Zuhörer sind fast alle auf den Beinen und jubeln ihm so laut zu, daß er seinen Einsatz verpaßt. Cramer leitet die Musiker zurück und wieder darauf zu. Wieder verpaßt Marchesi ihn. Ein paar vom Chor stürzen in den Orchester-graben. Die Zuhörer werden still und warten. Cramer nickt dem Tenor zu, und dann beginnt Marchesi, in das Schweigen des Audito-riums hineinzusingen; ein himmlisch schöner Ton, delikate silbrige Noten entströmen seiner goldenen Kehle, und die Zuhörer sitzen in verstummtem Wundern.

BANG! Ein grobes Donnern kracht durch das Glissando. *BANG!* Marchesi scheint zu stottern. *BANG!* Die Zuhörer drehen sich in ihren Sitzen um. Was in aller Welt ist das? *BANG!* Marchesi scheint seine Kehle zu umklammern. Warum? *BANG! BANG! BANG! KRACH!* Inzwi-schen ist der Ton unmißverständlich. Eine Tür wird eingeschlagen, und dieser Kakophonie folgt mancher rüde Schrei und Fluch, als der Mob von hinten eindringt und herein flutet und die Treppen hoch, und Stöcke, Fackeln, Slogans und grobe banausische Empfindungen schwingt. Stalkart beobachtet entsetzt, wie sich das Parkett mit wirrhaarigen Grobianen füllt, die hin und her stolzieren; die scheinen irgendwas zu suchen. Die Musik kommt knirschend zum Stehen, und auf der Bühne drängt sich der Chor nervös zusammen. Da ist jemand in seiner Mitte, der nicht ganz dazugehört, der bei ihrem früheren Rückzug die Leadenhall Street hinab mitgerissen wurde, als sie da in ihrer Abwesenheit herumlief und auf Befehl beim Kragen gepackt und mitgeschleift wurde, irgendein halbgarer Gedanke über Geiseln, denn ihr Anführer wußte, daß die Dinge heute nacht schieflaufen würden. Sie haben sie vergessen, aber Juliette ist immer noch da, wartet nicht und denkt nicht mal viel, nur da.

Leute stehen von ihren Plätzen auf, als immer mehr von dem Mob hereinströmt. Und noch mehr drängen sich draußen zusammen und umringen das Gebäude und die umliegenden Straßen. Die Seiden-weber wissen wenigstens, wonach sie suchen (die Miliz), aber die anderen verderben nur alles, schubsen Stalkarts Gönner umher und drängen sie beiseite, als sie durch die Parkette und Durchgänge hochbranden. Ein Trupp hoher königlicher Bediensteter läßt sich diese Behandlung nicht gefallen und teilt aus, womit das Chaos beginnt.

Die Kämpfe breiten sich von dem zentralen Geraufe in benachbarte Gruppen und Haufen aus, in scharfe kleine Scharmützel und allgemeines Handgemenge. Zwei schmuddelige alte Vetteln grabschen nach Lady Brudenells Gazehalstuch, und Graf Trauttmannsdorff droht ihnen tapfer mit Abtransport nach Brüssel und Diner. Tom Willis versucht einen Hieb auf die Ehrenwerte Miss Petre, zerschlägt sich aber lediglich seine Knöchel an Sleath's unverwüstlichem Vervollkommner tanzt vor Schmerzen umher und wird durch eine taktische Allianz zwischen dem Herzog von Norfolk und dem Marquis von Lansdowne zur Ruhe gelegt, die sich nach gesichertem Sieg einander mit Halbnelsons angreifen. Albert Hall, Weinhändler, kracht zu Boden, gefällt durch einen Hieb übers Ohr mit einem Strumpf voller Welch's Pillen Gegen Weibliche Beschwerden Und Jungfrauen Eigentümliche Leiden, und bald ist jedermann im Spiel. Leute ergießen sich über die Balkone und rollen sich in den Gängen umher, stürzen mit mächtigem theatralischem Stöhnen zu Boden und richten sich wieder auf und ziehen ihrem Gegner eins über, sobald der den Rücken gekehrt hat.

Aufgefangen, hineingestrudelt und inmitten dieses liebreizenden Pandämoniums gestrandet duckt Lemprière sich und webt einen Zickzackpfad zwischen den Kombattanten hindurch, und streckt sich und reckt sich nach der besseren Sicht, die er benötigt. Zur Front des Auditoriums hin und nächst der Bühne (bisher vom Konflikt noch nicht erfaßt) scheint das Handgemenge weniger hektisch, überlegter; geradezu berechnend. Die Schlacht erstirbt hier, ihre Teilnehmer trennen sich und treten zurück, und beobachten einander argwöhnisch. Immer mehr von ihnen hören auf, während Lemprière umherschnürt.

Jetzt stehen sie ganz ruhig da, die meisten blicken zur Bühne, auf der der Chor nervös beisammensteht. Lemprière riecht Rauch, der irgendwo hinter ihnen herkommt. Erkenntnis dämmert. Der Chor dreht sich um und sieht, wie Flammen an der Mauer hinter der Bühne emporzuzüngeln beginnen. Verstohlene Scheunenbrenner schleichen sich durch den Gang zur Rechten von dannen. Plötzlich flammt die Sturmlandschaft aus Papiermaché auf, und das Brüllen der Flammen macht jeden den Kopf wenden; überraschte, erschreckte Gesichter beobachten, wie das Feuer sich die Takelung hochschiebt, und aller Aufmerksamkeit ist auf *jenen* Teil des Theaters gerichtet, als sich der Chor langsam umdreht, nervöse Militärhacken knirschen auf den Planken, die Uniformen gerade einen Hauch zu realistisch für eine Stalkartsche Produktion, die Gesichter gerade einen Hauch zu ängstlich. Und bei weitem zu viele.

Der erste Laufsteg stürzt brennend herab, und die Miliz zerbricht. Sie stürzt sich von der Bühne hinab, eine wildgewordene, undisziplinierte Herde, hinein in die wartenden Stiefel und Fäuste des Mob. Dicker schwarzer Rauch erfüllt bereits die Kuppel hoch oben, und die oberen Ränge entleeren sich ins Parterre. Die Soldaten laufen Spießruten, während sich die Bühne leert und hohe Rauchwolken aus den Seitenkulissen heranschweben. Plötzlich schießt eine Feuerschicht an der gegenüberliegenden Mauer hoch und Mob, Miliz und Kenner werden sich ihrer Gefährdung gleichermaßen bewußt.

Jemand denkt an Wasser und schreit «Der Fluß!», aber der Schrei wird als zweiter Ruf zu den Waffen aufgefaßt, «Der Fluß! Der Fluß!» Es beginnt ein brutales Drängen nach den Türen. Dicke Wogen würgenden Rauches rollen von oben herab. Männer und Frauen husten und halten sich Taschentücher vor die Gesichter. Die Flammen breiten sich von der einen Seite zur anderen aus, und die Luft ist heiß und wirbelt mit Asche und brennenden Fetzen. Lemprière blubbert vor sich hin und drängt sich durch die Körper und starrt in Gesichter, die von Rauch und Asche gestreift sind, jetzt fast nicht mehr voneinander zu unterscheiden. Niemand sie.

Traurige Putten starren vom Proszenium herab, ihr Gold schwärzt sich in der Hitze. Der Putz zerplatzt noch durch das Geräusch des Feuers hörbar und beginnt, auf die letzten der fliehenden Körper unten herabzuregnen. Stuckengel vergehen, und geschwächte Deckenbalken beginnen zu ächzen. Das Gewicht ist zu hoch. Der Rauch erreicht Lemprière in Wellen, und umfängt und würgt ihn, als er sich auf die Bühne zu bewegt. Eine Gestalt bewegt sich da in der blasenziehenden Hitze, auf beiden Seiten von Feuern umrahmt und beleuchtet. Er kommt an Stalkart vorüber, der im Parterre steht, die Arme zum nachgebenden Dach erhoben und emporschreiend «Flieh! Flieh!» Das Dach flammt auf. Er bewegt sich vorbei, die Augen tränen, die Haut platzt in der Hitze. Große Flammenstrahlen schießen nach rechts und links. Vor sich kann er das weiße Kleid dahintreiben sehen, sichtbar immer nur für Augenblicke, wenn die Wogen aus Rauch und Asche vorüberrollen. Er erreicht sie mit berstenden

Lungen, reißt sie herum und an sich. Aber ihr Gesicht ist leer und sorglos. Über ihnen brechen die ersten Dachbalken und krachen ins Theater herab. Er schnappt sie und schleppt sie nach vorne, aber sie will nicht laufen, und blickt zurück in das Inferno, und widersteht ohne Energie oder Willen seinen Anstrengungen.

«Laß mich», sagt sie. Er zieht ihr Gesicht zu seinem hoch.

«Warum?» schreit er über das Brüllen des Feuers. Ihre Augen blicken überall hin, nur nicht in seine.

Die Explosion blies einen Wasserarm hoch, der fünfzehn oder zwanzig Meter erreichte, eine schwellende Säule, die da hing und dann in Tropfen aus jäher Flüssigkeit zerbrach, die auf die Oberfläche des Flusses unten herabregneten. Auf dem Kai starren Piraten und Mob auf die zusammenbrechende Säule. Die aufkommende Schlacht ist vergessen, und die Mitstreiter erstarren auf ihren Plätzen, als der Fluß diese letzte der gespenstischen Wohltaten dieser Nacht empfängt. Holzstücke treiben an die Oberfläche: zersplitterte Planken, Faßdauben, molluskenverkrustete Hölzer der einen oder anderen Art, die meisten über jedes Erkennen hinaus verkohlt. Einige schwache Rückflüsse von unten...

Als er zu seinen Mannschaftskameraden zurückschritt, sah Wilberforce van Clam hinab auf den traurigen Haufen Treibgut, der sich auf der Oberfläche sammelte, und lüftete den Hut. Die anderen Piraten folgten ihm. Peter Rathkael-Herbert senkte sein Entermesser, und Stoltzens Männer begannen, bequem zu stehen.

Schnaufend und pustend kam den Kai herauf Kapitän Guardian, in einiger Entfernung gefolgt von Kapitän Roy.

«Sie werden Stoltz sein», sprach er den Unauffälligsten der Versammlung an. Stoltz nickte. «Gut, gut», fuhr der Kapitän fort. «Nun, ich hab schon mit dem jungen Lemprière gesprochen, und der Plan ist...»

«Plan? Welcher Plan?» mischte sich Wilberforce ein, als er sich den untröstlichen Piraten wieder anschloß.

«Und wer in aller Welt ist ‹der junge Lemprière›?» fügte Stoltz hinzu. «Und übrigens: Wer in aller Welt sind Sie alle?» Wilberforce nahm die Pfeife aus der Tasche und begann, ihren Kopf mit Mohnharz zu stopfen.

«Naja», sagte er, «das Garn ist wirklich erzählenswert. Vielleicht erinnern Sie sich an den Kämmeaufstand damals '53.» Er klopfte seine Taschen ab. «Hat jemand ein Streichholz?» Von unten wurde ihm eine Handvoll angeboten. «Danke.»

«Macht zwei Pennies», sagte Kapitän Roy.

Nach vielleicht einer Stunde hatte die Pfeife einige Runden gemacht und niemand war mehr ganz sicher auf den Beinen; Stoltzens Männer und die Piraten saßen durcheinander in kleinen Haufen kaiauf und kaiab beisammen. Von Zeit zu Zeit stand jemand mühsam auf und trug die Pfeife zur benachbarten Gruppe, wechselte ein oder zwei Worte, und wanderte zurück. Der Wind war jetzt schwächer und der Fluß ruhig, als die Tide zu kippen begann. Nach Westen hin glühte ein orangener Lichthof über der Stadt. Stücke der *Herz des Lichtes* tappten sanft unten gegen die Mole. Sie waren bekalmt. Hinter ihnen war der Pool eine undeutliche chaotische Skulptur aus Masten und Spieren. Die kompakte Masse der *Vendragon* wiegte sich sanft auf der Gezeitendünung.

«...und so sind wir denn hier.» Wilberforce endete. Stoltz nickte faul. Peter Rathkael-Herbert sog an der Pfeife und gab sie an Eben weiter, der zum dritten Mal ablehnte. Wilberforce blickte über die Schulter zu dem verdunkelten Schiff hinter ihm. Eben beobachtete ihn.

«Kennen Sie sie?»

«Gewissermaßen», sagte Wilberforce. Die beiden Männer sahen einander argwöhnisch an. «Ich denke, ich würd mal gerne nen Blick unterdecks werfen», bot er an. Eben nickte. «Wir brauchen ziemlich dringend ein Schiff. Unseres ist, nun ja, verschlungen worden.»

«Haben wir gesehen», sagte Eben. Wilberforce erhob sich, um die Piraten anzureden, die sich auf dem Kai herumlümmelten.

«Männer», begann er, «wieder einmal befinden wir uns sozusagen in schlimmen Gewässern...» Er sprach weiter und umriß ihre Lage sowie die damit verbundenen Gefahren, «und deshalb schlage ich den folgenden Plan vor.» Einer oder zwei der Piraten blickten auf, als Wilberforce auf das Schiff zeigte und seine Ansicht darlegte. «Und schließlich, was haben wir denn zu verlieren?» Horst kämpfte sich auf die Ellenbogen und faßte Wilberforce müde ins Auge.

«Wilberforce», sagte er, «genug ist genug», und sackte zusammen. Die anderen schüttelten die Köpfe. Es war spät, und sie waren erschöpft und zu alt. Eben blickte auf die sich zurückziehende Mannschaft.

«Sieht nur nach uns beiden aus», sagte er zu Wilberforce.

«Drei», sagte Roy. Eben erhob sich und blickte entlang der Wasserfront zurück. Das Krähennest stand wie ein dunkles Türmchen vor dem orangenen Himmel. Man konnte dicke Rauchwolken aus der Glut aufsteigen sehen. Die Dächer der Stadt waren ein trübseliges Mosaik.

«Feuer», sagte er.

«Das Opernhaus», murmelte Stoltz aus den Tiefen eines allverschlingenden Traumes. Nur dank der Gnade Gottes nicht da, dachte Eben. Wilberforce bewegte sich zwischen seinen Kameraden umher, und beugte sich, um Schultern zu klopfen und Hände zu schütteln. Jetzt richtete er sich auf und nickte Eben und Roy zu.

Die drei Kapitäne gingen gemeinsam den Kai hinab auf das wartende Schiff zu. Als sie den Laufsteg der *Vendragon* erreichten, erklangen hinter ihnen Schritte. Wie ein Mann drehten sie sich um. Peter Rathkael-Herbert stand da, mit trüben Augen, ein bißchen selbstbewußt.

«Ich hab mir gedacht, wißt ihr, es wäre besser, wenn ich mitkomme. Wenn ihr einverstanden seid...»

«Guter Mann», sagte Eben. Wilberforce schlug ihm auf den Rücken. Die vier Männer grinsten einander an. «Also weiter», sagte Roy.

Die Decks waren verlassen. Sie krochen über die Heckreling und hinab aufs Achterdeck.

«Wir sollten uns aufteilen», regte Roy an, «und...»

«Nein!» Wilberforce schrie fast. Eben sah ihn überrascht an. «Ich meine, zusammenbleiben, in Ordnung?» fügte er ruhiger hinzu. Roy nickte.

«Wenn Sie wollen.»

Peter Rathkael-Herbert hob die Luke, und gemeinsam blickten sie hinab in die Dunkelheit. Eben roch Schwedenteer und warme schale Luft. Er dachte an die Prozession durch die Monate und an die Männer, die er aus der Sicherheit des Krähennestes beobachtet hatte, und an sein voreiliges Versprechen gegenüber dem jungen Lemprière. Kisten, Statuen... Nicht genug. Sie kletterten hinab und warteten am Fuß der Leiter auf Roy, der sich geweigert hatte, sich hinabheben zu lassen. Mondschein strömte durch die offene Luke und wies ihnen die massige Säule des Großmastes. Dahinter gab es in beiden Richtungen nur leere Kabinen und sauber verstautes Gerät. Sie bewegten sich vorsichtig voran und stießen Luken nach unten auf, aber das Mitteldeck war so leer wie das Oberdeck. Sie kletterten erneut tiefer, ins Unterdeck. Das Mondenlicht reichte so tief nicht hinab. Wilberforce ertastete sich seinen Weg entlang der Lücken zwischen den Kanonen des Indienfahrers, die das Deck auf einen schmalen Durchgang verengten. Sein Kopf schlug gegen die Balken des Decks über ihm, dann gegen etwas Schwingendes. Eine Lampe.

«Streichhölzer, Kapitän Roy», flüsterte er über die Schulter. Roy bewegte sich vorwärts. Ein Streichholz flammte auf, und plötzlich schrie Roy auf, laut in dem begrenzten Raum. Alle sahen sich in dem erleuchteten Deck um. Die Kanonen erstreckten sich auf beiden Seiten nach vorn und achtern über den Lichtschein der Lampe hinaus. Neben jeder Kanone stand ein Mann, und als ihnen das Licht in die Gesichter fiel, öffneten sich die Augen, *klickklickklickklickklick*... Sie waren von wettergegerbten Gesichtern umgeben.

Dann bewegten sich schwere Schritte auf sie zu, und aus der Dunkelheit kam ein Mann. Sein Gesicht war gegerbt wie das seiner Gefährten, sein Bart ebenso voll und sein Auge ebenso tot. Eben sah einmal hin, dann noch einmal. Das war unmöglich. Er drängte sich an Wilberforce vorbei, als die Gestalt vor ihnen stehen blieb. Es war wahr.

«Alan?» platzte er ungläubig heraus. «Kapitän Neagle? Ist das...»

«Der Befehl», sagte die Gestalt. Seine Augen waren auf Guardian gerichtet. Die Stimme war flach und tonlos, fast metallisch. Die vier sahen einander an, zugleich verwirrt und verblüfft.

«Ich glaube, das ist eine Frage», sagte Peter Rathkael-Herbert. Roy sah Neagle an und auf die Mannschaft, die entlang der Stückpforten aufgereiht stand.

«Legt ab», befahl er und rutschte geschickt beiseite, als die Mannschaft in lang erwartete Aktion sprang.

Sie war totes Gewicht, ein lebloses Ding, als er sie durch Rauch und Flammen schleppte. Das Dach war ein Scheiterhaufen, der über ihnen explodierte und Balken in das brennende Parterre unten schleuderte. Das Bauwerk ächzte, und dann begann sein endgültiger Zusammenbruch. Lemprière blickte hinauf und sah das sich durchbiegende Dach nachgeben. Etwas Massives krachte durch die Ränge herab, durchbrach sie wie Spanholz, und noch eines und noch eines. Von ihren Positionen hoch da oben stürzten sich die Schildkröten erdwärts und machten die letzten Reste des Daches einstürzen, als sie Geländer und Balkone durchschlugen. Er spürte Flammen seinen Rücken hinauflecken, als er dem Bombardement auswich. Die Treppe war ein lohender Korridor, in dem der Rauch wirbelte und ihm die Luft aus der Lunge sog. Er zog sie hinter sich her, und würgte und hievte, und sah sich nicht einmal um, bis er jenseits die Straße erblickte, und da kniete er sich plötzlich hin, und fühlte sich schwach, und die Brust schnürte sich ihm zu. Er hörte irgendwo hinter sich Glas zerbersten. Männer rannten hinter den Soldaten her. Er schloß die Augen, und wieder schien der schwarze Rauch in dicken schützenden Wellen über ihn hinzurollen, dunkler und dunkler...

Sie stand aufrecht und sah auf ihn hinab. Er kam langsam hoch und begann, sich den Rauch aus den Lungen zu husten. Als er ihren Blick suchte, hatte sie sich abgewandt.

«Juliette?» Sie drehte sich nicht um. Er griff nach ihr und zog sie an sich, aber als sie seine Absicht erkannte, wand sie sich los.

«Mein eigener Vater...» Ihre Stimme war ruhig. Er konnte sie kaum hören.

«Was meinst du?»

«Tot. Alle tot.» Ein Flüstern.

«Aber du hast mir gesagt... Du hast mir erzählt, daß er dir nichts bedeute, nichts...» Sie drehte sich zu ihm um, das Gesicht voll Zorn.

«Nicht der Viscount, du Narr! Verstehst du denn nicht? Mein Vater! Kannst du das nicht begreifen? Kannst du wirklich nicht erraten, was wir getan haben?»

Hinter ihnen begannen die geschwärzten Mauern des Opernhauses, nach innen zu zerfallen. Die hohen Bogen der Fassade zerbrachen, und die Flammen brüllten durch die Öffnungen. Der ganze Bau schien zu schmelzen, nicht zu stürzen, sackte zusammen, brach dann in sich ein, und sandte eine Pilzwolke aus Asche und Staub himmelwärts als Nachricht seiner Zerstörung.

Vom ablaufenden Ebbstrom an Shadwell, der Isle of Dogs, den Werften von Blackwall und den treibenden Lichtern von Gravesend vorüber und durch die Untiefen und Sandbänke der Mündung in die offene See dahinter getragen, arbeitete die Mannschaft der *Vendragon* schweigend in der knarrenden Takelage, als der umspringende Wind ihre Segel erfaßte und die starke Strömung von Alderney sie vorwärts schob, eine Kapsel auf ihrem vorbestimmten Weg nach Süden, mit den Kanalströmungen auf La Rochelle zu. Eben, Roy, Wilberforce und Peter Rathkael-Herbert standen beisammen auf dem Achterdeck und beobachteten die Mannschaft bei der Arbeit. Neagle schritt die Decks des Schiffes ab und kam an ihnen ohne Erkennen vorüber. Die See war schwarz und silbern. Mondlicht spielte im Wellengekräusel, und die Lichter der westlichen Häfen waren ferne Leuchtfeuer, die unbeachtet vorüberzogen, während sie südwärts eilten. Wasser rauschte am Schiffsrumpf, und Kapitän Guardian dachte an Nächte in der Südchinasee. Die Luft war so warm und voller Düfte, der Himmel so klar.

Hoch über dem Deck kletterte die Mannschaft der *Vendragon* an den Rahnocks entlang, um mehr Segel zu setzen. Die Leinwand schwoll über ihnen, und das Schiff sprang vorwärts, wobei sein Bug das Wasser zerschnitt und schimmerndes Kielwasser zurückließ. Wilberforce beobachtete, wie vertraute Landmarken nach Backbord vorüberglitten. Die letzte Reise der *Herz des Lichtes* wurde wiederholt, jedoch beschleunigt und umgekehrt, als Cherbourg und Lorient aus der niedrigen Küstenlinie heraufleuchteten. Landzungen, Vorgebirge und Klippen schmierten in der Dunkelheit ineinander, aber er erinnerte jede einzelne. Er dachte an die Reisen, die das Fahrzeug unternommen hatte, das jetzt unter ihm dahinschoß, die wiederholten Kreuzschläge Ost nach West und dann Süd nach Nord, und zurück. Er stellte sich die Wasser da vor, wo das Mittelmeer zum Atlantik wird, Meer zu Ozean, und in seinem Geiste sah er sie zerschnitten wie das Eis einer Eislauffläche, als die *Vendragon* dort Jahr um Jahr wendete, bevor sie ihre Peilung fand und entlang deren zweiter Achse weiterfuhr. Konnte die See je überbefahren werden, verschlissen sein? Riesige Zickzacks liefen über die Oberfläche des Ozeans so, wie die Reisen möglicher Schiffe ihre vergehenden Spuren einschnitten. Phosphormattierungen und Wasserfontänen waren die wahren Koordinaten, ihren Platz verändernde Dinge. Eine Walschule war eine Insel; unsichtbare Kreuzungen von Breiten und Längen kennzeichneten jeden Haufen Treibgut. Die Geheimnisse waren nicht am Pol, sondern überall hier zerstreut und vom zerfressenden Salzwasser aufgelöst. Wilberforce blickte übers Heck hinaus und sah die letzte Reise der *Herz des Lichtes* bestätigt im glühenden, dann verblassenden Kielwasser.

Das dunkle Land der Vendée glitt nach Backbord, und dann fiel das Land zurück, als sich die Küstenlinie fortschwang. Eine niedrige Insel schien den Anker zu liften und aus der Küste herauszutreiben, als die *Vendragon* einbog. Da, Peter Rathkael-Herbert kniff die Augen zusammen, dann zeigte er auf eine schwache Glut, die von einer der Landzungen herüberschien. Als er das tat, warf sich das Schiff wild nach Backbord herum, änderte die Peilung und hielt auf die Stelle zu, als willfahre sie seinem Zeichen. Alle vier Männer beobachteten, wie das schwache Leuchten näher kam. Ein grünes Licht gab der *Vendragon* Zeichen, ein Leuchtfeuer zog sie auf die Küste zu.

«Das ist unser Landfall», sagte Eben mit Überzeugung.

«Wo sind wir?» fragte Peter Rathkael-Herbert.

«Wenn das die Île de Ré ist», Wilberforce wies auf die dunkle Insel, die jetzt steuerbords lag, «dann sind wir etwa vier Seemeilen vor La Rochelle.»

Das Opernhaus war ein schwelender Haufen. Männer rannten die Straße hinab und schleppten Eimer. Es war zu spät. Der Mob war abgezogen. An seiner Stelle trieben in Klumpen verstörte Männer und Frauen, gestreift vom Rauch der Fackeln und Feuer, durch die Straßen. Sie schienen verwirrt, als ob sich ein erwartetes Ergebnis nicht aus ihren Anstrengungen verfestigt hätte. Asche, die der Zusammenbruch des Theaters hochgejagt hatte, kehrte jetzt zur Erde zurück und fiel wie schwarzes Konfetti auf Lemprière und Juliette.

«Hat es dir der Viscount erzählt? Hat er dir den Namen genannt?» fragte er sie. Sie nickte. «Wer?»

Papierspuren bildeten sich in der Luft um seinen Kopf und lösten sich auf. Der Brandgeruch hing ihm noch in den Nüstern. Kleine Spuren bildeten Linien zwischen ihnen, Quittungen «von Madame K. empfangen», *vergib mir, Marianne...*, die kurze Spanne ihrer Jahre zieht einen seichten Bogen zurück nach Paris und in ein Haus in der Rue Boucher des Deux Boules in der Nacht, in der es geregnet hatte. Kann Casterleigh diese Linien richtig gezogen haben? Er sah sie aus der Kutsche springen und mit der Hand auf den Tisch in der Bibliothek schlagen. Fehlendes Licht. Unwissenheit. Er ließ sie im Archiv gehen, verlor sie oben am Schacht. Ihr Gesicht wurde von seinem fort hinter das Glas des Kutschenfensters zurückgezogen, und beide wichen in unterschiedliche Dunkelheiten zurück. Sie war eine ihren Ort verändernde Gegenwart neben ihm, ein hungriger Mund, der sich an ihm im schmalen Bett nährte, plötzlich seine Liebhaberin. Seine Bedürfnisse waren da schnell und leicht befriedigt. Charles saß in gemieteten Zimmern und schrieb an seine Frau. Das Ideogramm versammelte sich zu einer monströsen Maschine, zur Chiffre für sie beide, doch gegen ihre Paarung jagt Casterleighs Maschine sie mit klackendem Getriebe jenem Punkt entgegen, an dem sie sich mit toten Augen zu ihm umdreht und antwortet: «Dein Vater. Deiner und meiner zugleich.»

Der Junge führte ihn in stolperndem Lauf nach Norden an Bishopsgate entlang, und dann nach Westen in das Gewirr der Gäßchen unterhalb von London Wall, und danach fand er sich nicht mehr zurecht. Er spürte weichen Schlamm, gestampfte Erde, Kopfsteinpflaster, Plattenpflaster, Bohlen unter den Füßen. Er hörte die leichten Schritte des Jungen vor sich herrennen, und ab und zu das ferne Brüllen des Mobs. Er war in den Windungen und Kehren des von seinem Führer gewählten Weges verloren und wußte kaum, ob er durch irgendeinen engen und überhängenden Rattenschlupf eilte, oder in voller Sicht die Mitte des Strand hinabschritt. Als er seinem Führer zurief, antwortete der Junge in Worten, die ihm nichts bedeuteten. Sie waren nahe der Gasse bei der Elster, oder kamen um die Ecke bei Silvero. Elster. Silvero. Die Stadt des Jungen war unverständlich.

«Warten Sie hier, Sir John.» Er blieb stehen und hievte sich Luft in die Lungen. Der Junge rannte vor. Eine Minute oder zwei vergingen, während er auf sein hämmerndes Herz lauschte. Dann kam der Junge zurück. «Reine Luft, Sir John.» Er duldete es, um eine Ecke in das Schweigen der Straße dahinter geleitet zu werden. Wieder blieb der Junge stehen. «Wir sind da, Sir John. Hier sind Sie sicher.» Sie stiegen eine kurze Flucht von Stufen hinauf, und Sir John fühlte, wie ihm die Hand zum Türgriff geführt wurde.

«Wo sind wir?» fragte er, als er zudrückte und die Tür öffnete. Die kalte Innenluft trieb heraus, als er eintrat. «Junge?» Es gab keine Antwort. «Bist du da?» Ein schwacher bekannter Geruch nach Karbol erreichte seine Nüstern aus den Kellern unten. Der Junge war schon gegangen. Er war allein im Leichenschauhaus.

«Guter Bursche», murmelte er, als er seinen Weg die bekannten Stufen hinab nahm. Die Monate des Wartens waren vorüber. Er war Farina endlich gegenübergetreten, und jetzt spürte er die Last der Gegenwart seines Feindes selbst in der Niederlage sich von seinen Schultern heben. Er hatte seine Männer in die Schlacht geführt, und sie waren geflohen. Nur der Junge war geblieben, um seinen besiegten General zu einer Zufluchtsstätte zu geleiten.

Die Stufen führten auf einen glatten Steinboden. An der Rückseite von Rudges Sektionsraum stand, wie er sich erinnerte, ein hochlehniger Sessel. Sir John ertastete sich zwischen Arbeitsplatten und Arbeitstischen hindurch einen Weg zu ihm. Henry hatte es niemals mit einer solchen Nacht zu tun gehabt, aber wenn, was würde er getan haben? Nichts, dachte Sir John. Überhaupt nichts.

Als er später nachrechnete, waren wohl zwei Stunden vergangen, als sich die Tür zur Straße zum zweiten Mal öffnete. Sir John hörte, wie auf dem Flur oben ein Streichholz angerissen wurde, und lauschte dann, wie schwere Schritte in vertrauter Gangart herabstiegen.

«Rudge?» Die Schritte hielten an.

«Sir John.»

«Haben Sie sie gesehen, Rudge? Die hatten die Leiche. Wie in aller Welt...»

«Ich habs gesehen, Sir John.» Sir John wartete. Da gab es etwas in Rudges Stimme, was er nicht mochte.

«Sagen Sie, Rudge. Wieso sind Sie hier?»

«Ich bin auf der Suche nach Ihnen gekommen, Sir John.» Sir John erhob sich und wandte sich seinem Besucher zu.

«Sie haben mich schon früher gefunden», sagte er sorgfältig und lauschte auf die Bewegungen des anderen.

«Und Sie auch wieder verloren», sagte der andere. Die Stimme hatte sich verändert, war tiefer und klangreicher geworden. Verändert, doch immer noch vertraut. Sollte er so lange Zeit hinters Licht geführt worden sein?

«Ich fühlte, wir sollten uns treffen, Sir John. Wenigstens dieses eine Mal.» Jetzt wußte er, wußte wie jedem seiner Züge zuvorgekommen, jeder seiner Maßnahmen von seinem unsichtbaren Feind begegnet worden war. Immer war er zu spät gekommen, war immer zu weit zurück gewesen, um mehr als die Richtung der Ereignisse zu fassen. Jetzt hatte sein Phantom angehalten, hatte sich umgedreht, und war gegen ihn zurückgekommen.

«Sie haben gewonnen», sagte Sir John. «Die Stadt gehört Ihnen.

Bleiben Sie oder gehen Sie, wie Sie wollen. Ich habe Ihnen nichts mehr zu sagen.»

Sir John hörte, wie die Glashaube von der Öllampe gehoben, wie eingeatmet und scharf ausgeatmet wurde, als die Flamme ausgeblasen ward. Er roch den Rauch vom Docht.

«Nein, Sir John», sagte da Farina. «Ich bin gescheitert. Meine eigenen Männer haben mich im Stich gelassen. Sie sind es, der heute nacht gewonnen hat.»

Als die *Vendragon* näher auf ihr Leuchtfeuer zulief, schuftete die Mannschaft hart in der Takelung, um die Segel einzuholen. Die drei Kapitäne und Peter Rathkael-Herbert beobachteten, wie die Küste in Sicht kam. Das grüne Licht war auf halber Höhe eines flachen Hangs gesetzt. Eine Mole lief in die See hinaus, von der Landspitze fort. Auf dem Strand dahinter konnte Eben eine lange Reihe von Karren ausmachen, zwanzig oder mehr, und locker um sie herum eine große Menge Männer, die mit Brechstangen und langstieligen Hämmern ausgerüstet waren. Die Mole kam schneller heran, als er gedacht hatte, und für einen Augenblick empfand er, daß das Schiff sie rammen müsse, aber nein, der breite Laufsteg glitt sicher ins Ziel, die Trossen liefen unten um die Poller, und wartenden Händen zugeworfene Taue wurden fest belegt. Die Mannschaft am Ufer begann, auf das Schiff loszumarschieren. Zwei, die besser als die anderen gekleidet waren, gingen über die Mole auf die *Vendragon* zu voran. Wilberforce sah sich die vor ihnen aufgereihte Truppe an und wandte sich zu Eben um.

«Ich mag ihren Anblick nicht sehr.» Eben nickte.

«Wir werden mit ihnen verhandeln», sagte er.

Die vier Männer begaben sich pflichtbewußt den Laufsteg hinab, um das sich nähernde Paar zu treffen, das sich einander zuwandte, als es herankam, und miteinander flüsterte.

«N Abend!» grüßte Eben sie.

Sie flüsterten wieder, dann streckte einer seine Hand aus. «Willkomm euch allen», sagte der kleinere der beiden. «Monsieur Jacques ist noch an Bord?»

«Jacques? Glaub nicht, daß ich nen Jacques kenne. Wir sind wegen dem jungen Lemprière hier», bekräftigte Kapitän Guardian beherzt. Dieser Erklärung folgte weiteres Geflüster. Die Mole war mit Männern gefüllt, die hinter ihren beiden Befehlshabern standen, während die miteinander berieten. Schließlich wandte sich Duluc von seinem Gefährten ab, um die Menge hinter ihnen anzusprechen. Er redete in aufrührenden Tönen und wies oft auf die vier, aber alles auf Französisch, so daß lediglich Peter Rathkael-Herbert eine sehr blasse Ahnung von seiner Botschaft mitbekam.

«Sie beglückwünschen uns», übermittelte er. «Ohne unser Opfer würde alles verloren sein. Noch was... Wir sind die unbesungenen Helden der... der Revolution.»

«Sehr schön», sagte Eben.

«Jetzt sagt er was über die Karren. Ich glaube, sie wollen das Schiff entladen. Ja, das ist es. Die Ladung...»

Fast noch ehe er enden konnte, hatten sich die ersten Männer vorwärts bewegt, den Laufsteg herauf, und durch die Luke hinab in die Last.

«Was ist die Ladung?» fragte Wilberforce.

«Statuen», sagte Eben.

Neagle und seine Mannschaft waren unter Deck verschwunden. Die vier sahen zu, wie die erste Kiste aus der Last gemeistert, über die Seite hinabgelassen und über die Mole auf die Karren zu geschleppt wurde, die entlang des Ufers aufgefahren waren. Dort machten sich die Männer mit ihren Eisen und Hämmern an die Arbeit, und bald war die Gegend mit zersplittertem Holz übersät. Die Statuen wurden aus den Trümmern ihrer Behältnisse gehoben und standen entlang der Küste aufrecht. Die Stauer arbeiteten ohne Pause, und bald drängte sich eine Menge von Statuen um die Karren: Minerva, Juno, Venus, Diana, umgeben von ihren Nymphen, Herkules Schlangen erwürgend, Jupiter mit seinem Blitzstrahl, Neptun mit einer Urne, Satyrn, Quellnymphen und Baumnymphen, die einander alle blind ansahen, während andere Götter, Göttinnen und Heroen aus den aufgebrochenen Kisten auftauchten, um sich ihren Reihen anzuschließen.

«Warum laden sie sie nicht auf?» fragte Peter Rathkael-Herbert. Wilberforce zuckte in Unkenntnis die Achseln, aber während er das tat, begann sich dieses kleine Rätsel zu lösen.

Die Männer, die die Hämmer trugen, versammelten sich um die stillen Gestalten, und auf ein Zeichen des Mannes hin, der sie früher angesprochen hatte, rückten sie gegen die zusammengedrängten Statuen vor. Sie schwangen die Hämmer wie Äxte. Glieder und Köpfe wurden abgeschlagen. Torsi, die zu Boden stürzten, wurden aufgeschlagen, und bald hing eine Wolke weißlichen Staubes über dem Schlachtfest. Einmal ging ein Wassereimer herum. Jeder Mann nahm einen Zug und dann ging die Arbeit weiter. Gesichter und Finger zersplitterten unten den Hammerhieben, bis jede einzelne Figur zerschmettert dalag. Der Staub begann sich zu setzen. Eben sah den ersten Mann sich bücken und etwas Schweres aus dem Schutt heben. Ein anderer schloß sich ihm an und half, den Gegenstand auf den nächsten Karren zu heben. Und dann durchsuchte die gesamte Arbeiterschaft die demolierten Statuen. Die Karren wurden nacheinander beladen und über den niedrigen Hügel im Hintergrund fortgefahren.

«Gold», sagte Kapitän Roy. Ein Mann hatte den Eimer über der ungewöhnlichen Erzader vor sich ausgeleert, und als der Staub fortgeschwemmt war, konnte man im Mondlicht ein vertrautes Glitzern sehen. Die letzte Karre rollte über den Rand des Hügels. Die Männer hockten um die Trümmerbeweise ihrer Anstrengungen und verschnauften. Die beiden Männer näherten sich erneut, und der erste des Paares sprach wie zuvor Eben an.

«Nun sind unsere Vorbereitungen vollendet. Überbringt Lemprière, Jacques und den anderen unseren Dank und unsere Grüße. Wir erwarten sie nach ihrem Belieben heute übers Jahr.» Beide Männer hoben einen Arm zum Gruß. «Am Vierzehnten!»

«Am Vierzehnten!» antworteten die vier und grüßten gleichermaßen. Sie wandten sich um und fanden Neagel schweigend dastehen.

«Was jetzt?» fragte Wilberforce.

Die Landmasse erstreckte sich binnenlands in die Dunkelheit. Das grüne Licht war ausgelöscht. Die *Vendragon* lag hoch im Wasser und stubste leicht gegen die Mole, während sie sich in der Dünung wiegte. Der östliche Himmel wurde heller, die Morgendämmerung war nur noch eine Stunde entfernt. Kapitän Guardian blickte über die Steuerbordreling dahin, wo La Rochelle wie ein schweigender Wachtposten stand und die Grenze zwischen Land und Wasser kennzeichnete. Peter Rathkael-Herbert dachte an das Morgendämmern in Konstantinopel, an das Glitzern des ersten Sonnenlichtes auf vergoldeten Kuppeln hoch über der Stadt. Wilberforce und Roy zitterten neben ihm. Ein dünner kalter Wind kam aus dem Norden auf.

«Nach Süden», sagte Eben, und die anderen nickten Zustimmung. Nach Süden.

Eine strahlende Sonne stieg am Morgen des 14. Juli über London auf. Hohe Winde bliesen aus Nordwest und fielen in kalten Böen auf die Stadt herab. In der Leadenhall Street waren die Straßenbauer bereits mit ihren Schiebkarren und Schaufeln an der Arbeit und füllten den Riß auf, der die Straße spaltete. Verlorene Rauchfahnen kräuselten sich aus den schwelenden Trümmern am Heumarkt hoch. Im Untersuchungsgericht in der Bow Street schiß Sir John seine Büttel zusammen und lauschte den Berichten so, wie sie aus der ganzen Stadt hereinkamen. Die Miliz war vom Opernhaus durch den Sankt-James-Park zum Fluß gejagt und dann hineingeworfen worden. Nichtsympathisierende Färgen hatten eine halbe Guinea pro Kopf für ihre Rettung gefordert. Es hatte Plünderungen gegeben, und es hatte Verhaftungen gegeben, aber der Mob hatte – endlich führerlos – den Mut verloren und sich geteilt. Er hatte sich irgendwann vor Morgengrauen zerstreut, und die Straßen waren ruhig geworden. Die Stadt war die gleiche Stadt wie am Abend zuvor.

Als er aus der Bow Street über den Covent-Garden-Markt zum Tilt Yard ging, lauschte Sir John auf das Geräusch und Geschnatter der Fischweiber und der feilschenden Händler. Gyps Schleifstein war ein leises Surren in der Ostecke, als er vorüberkam. Eine Frau verkaufte aus einem Korb Steinbutt. Er roch Fisch, Gemüse, die ungewaschenen Körper von Männern und Frauen. Nichts hatte sich geändert. Im kalten Licht des Morgens erschienen ihm seine Ängste jetzt übertrieben, fast Phantastereien. Was mochte er sich wohl gedacht haben?

Am Gefängnistor traf ihn der Aufseher und geleitete ihn durch den Hof zu den Zellen darunter. Er hörte Schlüssel klirren, Türen geschlossen und geöffnet werden. Tore rasselten hinter ihm zu.

«Gemischter Haufen, Sir John», bot der Aufseher an, als sie zu der ersten der Zellen kamen, in der Stoltz und seine Männer in schmollendem Schweigen saßen. «Wir ham sie auf Butler's Wharf gefunden.»

«Sehr gut. Und mit welchen Praktiken waren sie beschäftigt, als man über sie kam?» fragte der Richter.

«Sir John?»

«Was haben sie *getan*?»

«Oh, ich verstehe, Sir. Nuja, sie haben geschlafen, Sir John. Wir konnten sie nich ma wecken. Mußten sie wie Kohlesäcke in den Wagen laden.»

Sir John nickte weise. «Weiter», sagte er.

Die zweite Zelle war so vollgestopft wie die erste.

«Die hier warn mit Stoltz un denen da», kündigte der Aufseher an.

«Behaupten, sie wärn Piraten, Sir.»

«Piraten? Es gibt keine Piraten in London . . .»

«Uns hier, Sir», kam eine Stimme aus der Zelle.

«Und wer mögt Ihr wohl sein?», forschte Sir John.

«Horst Craevisch», erwiderte die Stimme, «und die Mannschaft von der *Herz des Lichtes*, vormals als *Alecto* bekannt . . .» *Alecto*. Piraten . . . Nein, das war unmöglich. Mindestens dreißig Jahre.

«Sagen Sie mir, Mister Craevisch, wie sind Sie denn ein Pirat geworden?»

«Jenun, Sir. Das ist wirklich mal ne Geschichte, wert erzählt zu werden. Vielleicht erinnern Sie sich an den Großen Kamm-Aufstand von '52. Also, damals gab es nen Richter . . .»

«Danke, Mister Craevisch», unterbrach Sir John den Vortrag. «Ich habe genug gehört. Aufseher, entlassen Sie diese Männer.»

«Sir John? Ich mein, Piraterie, das is ne schwere Anklage . . .» Aber Sir John hörte nicht. Hier denn war endlich eine Rätselfrage nicht seiner Machart. Also wirklich, Piraten. Hier endlich war der Vorwurf wirklich nicht ihm zu machen. Er dachte an seinen Halbbruder und dessen schlaue Lösungen. Er wandte seine blinden Augen der Zelle zu, als die Piraten begannen, ihre Habseligkeiten zusammenzuraffen. Nein, das hier war keinesfalls sein Fehler. Das war etwas, das Henry getan hatte. Sir John wartete, während die Piraten vorbeizogen, und folgte dem Aufseher dann zur letzten Zelle.

«Bißchen komischer Vogel, das hier», kündigte der Mann an.

«Gibt es eine Anklage?»

«Prügelei, Brandstiftung und Mord, Sir John. Er hat schon gestanden. Übrigens hat er ausdrücklich nach Ihnen gefragt.»

«Und die Grundlage dieser Anklage?»

«Naja Sir, er hat ne Menge von Ihren Konstablern verhauen, die ihn bei der Festnahme festhalten wollten, behauptet, er hat das Opernhaus am Heumarkt abgebrannt, un sagt, er hat diese Frauen umgebracht, un hält un hält sich dran. War schrecklich, Sir John. Hat sie mit Metall gefüllt un ins Fell von toten Tieren gewickelt . . .» Sir John seufzte inwändig.

«Trägt er eine Brille?»

«Warum, ja.»

«Und einen rosafarbenen Gehrock?»

«Ja, Sir John, tut er. Und nen verdammt scheußlichen . . .»

«Und was genau tat er, als er festgenommen wurde?»

«Naja, versuchte ins Opernhaus reinzurennen, Sir John. Das brannte lichterloh, un die Jungs dachten, besser ihn rausziehn, bevor...»

«Mister Lemprière!»

Sir John wandte sich an den Bewohner der Zelle. Da war eine Pause, und dann sprach ihn eine Stimme, die er erkannte, in trostlosen Tönen aus der Ecke an.

«Ich habe sie umgebracht, Sir John. Es steht alles im Buch, die Daten, die Methoden, alles aufgeschrieben. Ich werde Ihnen auch erzählen wie...» Sir John hörte ihn durch ein paar Seiten blättern.

Als er Atem holte, um mit der Verlesung zu beginnen, hob Sir John die Hand um Schweigen.

«Mister Lemprière, ich habe mit Ihrem Gefährten in beiden dieser Nächte gesprochen. Nach seinem Bericht befanden Sie sich bereits einige Meilen vom Anwesen der de Veres, als der Mord stattfand. Und was die Fabrik angeht, so wurden Sie in der Schenke an den King's Arms Stairs von Ihrem Freund und mindestens einem Dutzend Flußleuten gesehen und erinnert. Er kam vor nicht ganz zwei Tagen zu mir, um mich vor Ihrer Besessenheit zu warnen. Nun weiß ich...»

Der junge Mann explodierte plötzlich.

«Sie blinder Narr! Warum sollte ich es gestehen, wenn es nicht wahr wäre? Ich habe sie umgebracht. Ich. Ich habs getan. Verstehen Sie nicht?»

«Mister Lemprière, nach meinem besten Wissen sind Sie in diese Stadt gekommen, um einen Nachlaß zu regeln, und sind geblieben, um ein Wörterbuch zu verfassen. Sie haben niemanden umgebracht, und ob ich Sie in der Vergangenheit verdächtigt habe oder nicht, ändert die Tatsachen nicht. Ihr Freund, Mister Praeceps, hat Ihnen einen großen Dienst erwiesen, indem er zu mir kam. Nun denn, Mister Lemprière, nehmen Sie Ihr Wörterbuch und gehen Sie nach Hause.» Und damit winkte Sir John dem Aufseher zu, seinen Gefangenen freizulassen.

Der junge Mann saß mit seiner Reisetruhe und einem offen vor sich hingehaltenen Buch auf der Mole. Er war da seit dem mittleren Morgen. Immer wieder blickte er hoch, als ob er jemanden erwarte, um dann, wenn er die Wasserfront leer fand, weiterzulesen.

Kapitän Radley vom Postboot *Vineeta* beobachtete vom Heck aus, wie der junge Mann die Brille absetzte und sie zum x-ten Male rieb. Sein Aussehen war außerordentlich: ungekämmtes Haar, das Gesicht mit Ruß gestreift, ein Rock, der einst rosafarben gewesen sein mochte, ganz verschmutzt und zerrissen. Während er zusah, wickelte der junge Mann sich enger in ihn ein. Der Wind war kalt, da er übers offene Wasser blies. Ein Nordwester, eigenartig für Juli. Die Sonne schien auf das Boot herab. In ihre Kisten neben ihm gestopft fochten Hühner ihre lärmigen Privatkämpfe aus.

«Aufgepaßt!» rief er der Frau zu, die den Laufsteg herabstolperte. Sie trat behutsam aufs Deck, und Kapitän Radley sah wieder zu dem jungen Mann zurück. Er hatte sein Buch fallen lassen, das jetzt verloren zwischen seinen Füßen lag. Die Brille hing ihm müßig aus der einen Hand, und seine Lippen bewegten sich leicht, während er zu sich selbst murmelte.

Stromauf des Postbootes glitt die *Nottingham* in Sicht. Der große Indienfahrer ließ alle anderen Fahrzeuge auf dem Fluß zwergenhaft erscheinen, und die Fährleute ruderten wild, um ihm die Bahn freizumachen. Kapitän Radley wandte sich um und sah zu, wie seine Mannschaft die letzten Kisten im Heck verstaute. Er hörte, wie das Wasser entlang der Seiten des Bootes zu rauschen begann. Die Tide war bereits gekippt. Die *Nottingham* kroch unter ihrem Lotsen vorüber und begann, um die Biegung zu setzen. Das gegenseitige Ufer schimmerte. Die Frau ließ sich hinter dem Steuerhaus nieder.

«Nimmt er Passage?» fragte er seine Passagierin und wies auf die Gestalt, die da allein auf der Mole saß. Die Frau zuckte nichts wissend die Schultern.

«Alle an Bord!» rief er auf. Aber der junge Mann gab kein Zeichen, daß er gehört hätte. Er rief von neuem, und da bewegte sich die Gestalt wie hochgeschreckt. Kapitän Radley beobachtete, wie er die Truhe schulterte und sie die Mole entlang zum Laufsteg trug.

«Saint Peter Port?» Der junge Mann nickte. «Wissen Sie, keine Kabine.» Der junge Mann nickte wieder und gab ihm schweigend das Fahrgeld. «Legt ab!» schrie Kapitän Radley. Das Boot begann auszuschwingen.

«Warten Sie!» Der junge Mann zeigte auf die Mole. «Mein Buch. Ich hab es liegengelassen.»

«Belegt das Tau!» schrie Radley. «Schnell», warnte er seinen Passagier und sah zu, wie der junge Mann an Land sprang. Er drehte sich zu der Frau um.

«Hat sein Buch vergessen.» Die Frau zuckte wieder mit den Achseln. Kapitän Radley beobachtete die Möwen, die segelnd über das Wasser schossen und fast die Oberfläche berührten. Ihrer drei verfolgten eine vierte, die stromab floh, und alle kreischten zusammen, und dann höher und höher, bis sie winzige Pünktchen im umfassenden Blau des Himmels waren. Er sah wieder hinab zur Mole, aber sein Passagier war schon fünfzig Meter weiter, Meilen hinter seinem verdammten Buch, das immer noch da lag, wo er es hatte fallen lassen.

«Oi!» schrie er und winkte. Der junge Mann drehte sich um und winkte zurück. Jemand war bei ihm. Sie sprachen und gestikulierten mitsammen. Dann begannen beide, entlang der Wasserfront zurückzurennen.

«Das verdammte Buch», brüllte er, als beide daran vorbeirannten. Das Mädchen blieb stehen und hob es auf. Der junge Mann sprang an Deck und stürzte unbeholfen zwischen die Hühner. Das Mädchen hatte einen sichereren Fuß. Als er sich aufgerafft hatte, sah Radley, daß sein Benehmen verändert war. Er lächelte. Das Mädchen auch.

«Was n los?» fragte er. «Was n so spaßig? Kommen Sie jetzt auch mit?» Das Mädchen nickte. Wenn überhaupt möglich, war sie in einem noch übleren Zustand als der andere.

«Sie wissen ja, keine Kabine», sagte er wieder. Sie achteten nicht darauf. Der Junge fragte: «Woher weißt du ... und das Mädchen sagte: «Septimus ...»

«Legt ab!» schrie Radley zum zweiten Mal und duckte sich, als das Tau geworfen wurde. Die Hühner gackerten, die Möwen kreischten, und die *Vineeta* schwang langsam in die breite Rinne des Flusses, um die Heimreise anzutreten.

1788: Vorhang

Alt ist die Vorstellung, die Luft, das zweite Element und Junos Reich und weiblich, sei der Ort der Seelen, und ihre Umarmung wird ihn in den langen Jahren, die jetzt kommen, einhüllen und trösten, und ihn hoch in ihre kühlen Ströme und Steigen und luftigen Quellen werfen, und ihn mit Polargeheimnissen verblüffen, und ihn an ihre Nirgendbrüste ziehen und ihn dort sicher zwischen dem Himmel und der zerfetzten Erde unten halten, zwischen der hohen Lohe des Lichtes und der Aufgabe, deren Gewicht ihn erdwärts und seewärts zog, wenn er Luft und Licht und der Sonne Oxygen brauchte, deren Befehl ihm einen dunklen Zweck und Eisenschuhe gab, wenn er der Möwe Schwinge und ein erhebendes Gebet brauchte, sonnenlose Gewölbe statt des hellen Äthers, und Ersatz für seine herabfahrenden Hände, als La Rochelle flammend hinter ihm blieb, auch hinter ihren Verrätern, und die dünnen Schreie der Sterbenden schienen nie zu sterben, denn die Luft ist der Ort der Seelen, und ihn mußte er mit ihnen allen teilen, bis sie zusammen aufsteigen mochten, und diese Last war sein Gewicht, die ihn zurückhaltenden Taue hießen in ihrer erdbezogenen Gebundenheit ihre Regelung, und jetzt war die getan. Jetzt mochte er aufsteigen, oder warten, oder einfach über der gekerbten Oberfläche unten hängen und beobachten, wie sich ihr Zorn und ihr Gehetze entwirren, um ihn aufwärts und fort auf das zornmütige gelbe Auge hin zu entlassen, das den weiten neutralen Himmel galvanisiert... Warte, sagte er sich da, warte auf diese letzten Augenblicke. Er hing über der zernarbten Oberfläche der Stadt und verfolgte die sich kräuselnden Mäander des Flusses ostwärts, wie sie auf die weitere See zuströmten, eine glitzernde, fetter werdende Schlange, die ihre Kiefer um die Mündung öffnete, in der die Schiffe und Boote winzige Splitter waren, die von dem auffrischenden Wind vorwärts getrieben wurden, die Mole, die er suchte, war ein einzelnes Streichholz, der junge Mann eine winzige hüpfende Gestalt und das Mädchen ein Tupfer Weiß, als er da entlang der Wasserfront auf sie zurannte, und er selbst war eine Möwe, die auf den Thermen des Tages hoch aus der Sicht getragen wurde, wofür die beiden unten noch dankbar werden mochten, ein schwarzes Stäubchen in dem hohen Blau, ein schwindendes Einzel, das aus der Schlächterei zu La Rochelle an jenem Abend herausgeschossen und dem jungen Mann und dem Mädchen unten bekannt war als Septimus.

Bagage stapelte sich jetzt unten vor dem Steuerhaus und sackte zusammen, und da sah er sie sich umarmen, und hörte seinen Namen, und dachte: ja, ich. Wer denn sonst? Die kalte Luft kreiste und drehte sich um ihn und ließ weite Schlingen hinabsinken, um Fetzen ihrer Unterhaltung aufzufangen und emporzutragen. Triumphwagen des Schweigens ... Er kam spät und fand sie, wie sie beim brennenden Theater herumwanderte. Das lodernde Feuer schlürfte dunkle Luft ein und spie Flammen aus, die ihre Gesichter röteten, obwohl unter dem Feuerschein sein eigenes kalt und totfahl war. Als er sich durch die Menge näherte, schien sie aus einer Trance zu erwachen. Feuer brachen durch die Fenster des Theaters und griffen nach ihm. Er konnte es da kaum aushalten, nannte ihr den Namen, wandte sich um und ging zurück in die Dunkelheit, in die ihm das Brüllen des Feuers folgte und bei jedem Schritt lauter zu werden schien, als ob die Flammen nach seinem Rücken leckten und ihm, wenn er auch entflöge rasch wie der Wind, nachfolgten und ihn an die alte Stadt und das frühere Feuer erinnerten, und an den Novemberabend, an dem sein Flug begonnen hatte. Jetzt, und damals ein Zeitalter entfernt, sah er sie sich umwenden und nach ihm Ausschau halten, aber die Massen, die um den Scheiterhaufen wirbelten, blieben in Unentschlossenheit gefangen, und sie konnte nichts sehen außer Gesichter, auf denen das sterbende Feuer harmlos spielte. Abgesehen von ihrem aufbrechenden Engel aber ist diese Szene, in der sie für Lemprières verlorenen Anchises den Aenaeas zu spielen hat, noch anderthalb Jahrhunderte in der Zukunft. Die Straßen, durch die er geht, dann rennt, und die er für immer verläßt, sind die Straßen jener anderen Stadt, ein skeletthaftes Schauspiel jener einen, deren Fleisch jetzt von ihm abfällt wie sein eigenes sich in der Wiege der Luft auflöst, und er steigt empor, um das brennende Auge und das dunkle umgebende Gewölk zu schauen als den alten Schrecken, seinen eigenen, vor dem er geflohen war in einem Flug, dessen Kreis sich jetzt schließt, sowohl das Griechische Feuer seines Aufbruchs wie das Leuchtfeuer seiner Rückkehr, denn in der kreisenden Luft über London wird La Rochelle für kurze Zeit noch einmal möglich, und zwischen den hastenden Kolonnen seiner Bürger ist sein eigener winziger Körper das eine Einzel, der sich zusammenziehenden Schlinge des Selbstmordes der Stadt zu entkommen, die Augen fest im Schlaf geschlossen und das winzige Gesichtchen vergraben in die Brüste der Frau, die ihn durch die Menge der Betrogenen und schon Verdammten ihrem unruhigen Grab vor anderthalb Jahrhunderten entgegen trägt.

Cittadella, Gefängnis der Seelen. Körper umdrängen und bekämpfen sie, als sie sich herumschwingt, um ihre Kinder einzusammeln. Ein Säugling wacht und weint dünn durch die Nachtluft. Scharfe Ellenbogen, Schultern, hervorspringende Kinne, vom Hunger ausgehöhlte Wangen umrempeln sie, als ihre Brut erneut zusammen und vorwärts getrieben wird mit dem langsamen Anbranden der Rochellaiser. Es ist nach Mitternacht. Das Jüngste jammert wieder, und sie preßt es eng an sich, um es zu trösten. Sie ist wohlhabend, nicht gewöhnt, ihre Kinder auf diese Weise zu hüten, aber die Belagerung hat mit solchen Unterscheidungen aufgeräumt, und der einzige wahre Herr ihrer Lage ist bereits geflohen. Seine Partner bereiten sich darauf vor, das gleiche zu tun. Sie warten unter der Zitadelle. Morgen ist der Tag, an dem die Stadt fällt. Die Zitadelle ist ein Gerücht, das in den Hirnen derer von La Rochelle zur Hoffnung wurde, ein Ort der Sicherheit, an dem ihr Glaube vor dem umgebenden Feind geschützt werden kann. In der Zitadelle wollen sie sich sammeln, um ihren Glauben zu bekräftigen; ein Ort der Seelen. Wieder klingt des Säuglings schrille Stimme über das Murmeln der Menge. Fackelschein spiegelt sich in den verdunkelten Fenstern wider, und die Zitadelle liegt da vorne. Heute wird sie von überfluteten Schaltkreisen bedient, Hunderte, Tausende Seelen nahen sich in Kolonnen ihrem Eingang. Die schweren Pforten fliegen auf, und die dunkle Masse der Körper ergießt sich in eine hohe Halle mit in Rängen aufsteigenden Balkonen und hohen gewölbten Fenstern. Das Dach ist eine Ewigkeit fern, und die Rochellaiser sind Insekten, die unter ihm umherkriechen, ein Gekrabbel von Körpern, als Welle um Welle hinter ihnen Einlaß durch die Portale sucht. Sie werden weiter und weiter in das höhlenartige Innere gezwungen, dichter und dichter gepackt. Die Belagerung hat sie ans Warten gewöhnt. Hinter ihnen werden die Tore verschlossen und verriegelt. Sie sind im Inneren der Zitadelle und warten alle zusammen. Er wendet sein Gesicht zu ihr empor. Er sieht sie über die Köpfe der Menge blicken. Sie runzelt die Stirn, sieht etwas am anderen Ende der Zitadelle, eine Konzentrierung des Murmelns der Menge, eine Beschleunigung ihrer Maschinerie. Dann schneiden ohne jede Ankündigung die ersten Warnschreie durch die Unterhaltungen derer von La Rochelle. Damals ist er nach späterer Berechnung fünf Monate alt. Seine Mutter blickt auf ihn herab. Ihre Augen sind graublau.

Durch den Körper der Menge läuft Furcht wie ein Schauder. Männer brechen sich Bahn, als sie auf die Türen losstürzen. Der erste Rauch verstreut sich und erreicht die Nüstern eines jeden Bettlers oder hoffnungsvollen Reisenden an diesem Ort, jedes Kind und jede kauernde Mutter. Aber die Türen sind von außen verriegelt, und die ersten Männer signalisieren vergeblich und winken die in Panik verfallenden Wogen zurück, und versinken langsam unter den Körpern ihrer Leidensgenossen, die sich zum Grabhügel auftürmen. Eine Frau beginnt am anderen Ende der Halle zu kreischen. Seine Brüder und Schwestern halten sich eins am anderen fest, und seine Mutter umklammert ihn, als ob sie seine Sicht vor dem, was folgt, schützen wolle. Er windet sich in ihren Armen und beobachtet in Säuglingsschweigen, noch ungerührt, die Augen dem Schauspiel weit geöffnet. Rauch kriecht zwischen den Fußbodenplanken hervor, und das Klagen der Frauen und Männer wird lauter. Die Männer, die zu ihnen gesprochen haben, sind gegangen. Die ersten Flammen fressen sich durch die Täfelungen auf der anderen Seite, und danach geschieht für eine kleine Weile nichts. Die Rochellaiser wirbeln umher, und das kleine Feuer brennt zahm. Das sind eigenartige Minuten. Die Rochellaiser empfinden, daß sie in Panik verfallen sollten, aber sie verfallen nicht in Panik. Die da in den gerängten Balkonen stehen, blicken schweigend auf die da unten hinab. Die da unten blicken einander an. Das Feuer brennt ein bißchen heller. Leute beginnen sich abzuwenden und in ihre Taschentücher zu husten. Der Boden ist warm durch den dünnen Stoff, den sie um die Füße gewickelt haben, und wird wärmer. Das Feuer ist da unten, in den Kellern. Er hustet, und seine Augen beginnen zu tränen. Seine Mutter zieht ihre Kinder um sich zusammen und spricht zu ihnen mit einem drängenden Unterton. Familien sind überall in der überfüllten Halle zusammengedrängt, mutterlos, oder vaterlos, oder kindlos. Keines ihrer Worte wird irgendeinen Unterschied machen. Jeder, der in der Ruhe des Hiatus gefangen ist, weiß, was geschehen wird.

Eben, da er zuschaut, schießt das Feuer plötzlich hoch, die Nächsten werfen sich zurück, eine Frau fällt, und der Rauch ist dicker denn zuvor. Der Rang darüber beginnt zu schwelen. Sie versuchen, auf den Boden darunter zu klettern, aber der Boden selbst sackt durch und löst sich von der Wand. Plötzlich beult er sich durch, und die von La Rochelle können durch den Riß das Inferno in den Kellern darunter sehen. Frauen und Männer, die sich an die Balkone oben klammern, tropfen einer nach dem anderen auf den sich neigenden Boden herab und gleiten sehr langsam in die Flammen darunter. Der Hochofen brüllt, und die Männer und Frauen schreien vor Entsetzen, aber die Schreie jener, die hinab in das Feuer gleiten, sind am lautesten. Die Fenster bersten krachend. Der dicke Rauch wirbelt umher und flieht hinüber in die kühlere Luft. Er kann sehr schwach die See hören. Flammen brechen durch den Boden, und Rauch strömt als schwarze Woge an der Decke entlang. Die ersten Ränge brechen zusammen und ergießen Körper in die Flammenhölle. Die Luft ist dick von Asche und Trümmern. Er heult seine Mutter an, die ihn immer noch hält, während sie sich umwendet, um ihre anderen Kinder zu sammeln. Der Boden ächzt und bewegt sich. Da sind Männer, die in den Alkoven der Fenster kauern und Menschen vom Boden hochziehen, und zu denen bricht sie auf. Das Feuer brüllt und zwingt sie zurück. Eine Gestalt stolpert vorwärts wie ein blinder Mann. Sein Körper steht in Flammen, und er rennt von einem zum anderen, aber obwohl sich sein Mund zu öffnen und zu schließen scheint, entfleucht ihm kein Ton. Ein zweiter Mann rennt auf ihn zu, dann dreht er sich um, und beide verlieren sich zwischen Rauch und Körpern. Sie versucht es erneut. Er sieht ihr Haar schmelzen und dessen Form sich ändern. Ihre Röcke flammen auf, und die anderen Kinder sind bereits verloren. Die Hitze wird stärker, und saugt ihm den Atem heraus, und dörrt sein Gesichtchen, das zu reißen scheint. Sie bewegt sich, um die Flammen auszuschlagen, aber es ist zu spät. Jetzt gilt nur noch das Kind. Ihr Mund ist an seinem Ohr und flüstert ihre Botschaft. Er wird emporgehoben, und ihre letzten raschen Worte sind ein Schrei, als er freigezogen und ihm der Anblick aus dem Fensterbogen gezeigt wird, der Luft ist, die viele hundert Meter tiefer der Erde zustürzt, und er taumelt und taucht hinab und heult durch die Nachtluft, während die von La Rochelle hinter ihm brennen, seine Mutter, die Brüder, die Schwestern, Freunde, Nachbarn, Fremde... Er sieht Felsen und Meer auf sich zurasen. Er sieht seinen Körper erdwärts flammen wie einen sterbenden Kometen.

Fallend sah er die Mauern der Zitadelle von Flammen durchlöchert, das Gesicht seiner Mutter schwinden und in die Sicht und wieder heraus wirbeln, und ihre Worte klangen ihm in den Ohren. Die ihn umwindelnde Kleidung entfaltete sich im Luftstrom und strömte in flammenden Bändern hinter ihn, während er fiel. Seine Haut schwärzte sich, und das Fleisch darunter prickelte, als ob der Äther selbst sich zu Feuer verfeinere. Die Luft schleuderte ihn ihren dunklen Tunnel hinab, und er hörte ihre letzten Anweisungen um seinen Fall wirbeln, durch die sein Vektor bereits bestimmt, bereits festgelegt war. *Your father...* Dies die letzten Worte. *Dein Vater. Finde ihn. Berichte ihm.* Doch der Verrat so groß, seine Umarmung so weit in dieser Novembernacht, wer mochte dem entkommen, um davon zu berichten? *Berichte ihm.* Und die Luft so dick von entweichenden Seelen, schwarz wie seine verkohlte Haut, und das Wasser, das auf ihn zu raste, wie mochte er ihn finden? *Finde ihn.* Die Felsen, auf denen sein flammender Körper zerbrechen wird, sind teilnahmslose Auswüchse, die von den rauschenden Gezeiten bedeckt und aufgedeckt werden. Die letzten Schreie und Sterben fallen hinter ihm zurück, aber immer noch laut. Sein eigenes schrilles Geheul ist ein winziger Widerschrei, den der Strom protestantischer Seelen in den Scheitelpunkt eines klagenden Bogens trägt, eine Woge aus der Vergangenheit, die in eben diesem Augenblick seines Auftreffens ihren Gipfel erreicht, und bricht, und keinen Auslaß für ihre überströmende Kraft findet, und auf die eine Seele herabstürzt, die zwischen Leben und Tod schwebt, zwischen der Luft und der groben Erde, und sich das Kind als einziges mögliches Fahrzeug erwählt, das wie ein verschwimmender Fleck da schwebt, als der Todessturz aus der Senkrechten in eine überlastete Ellipse gebogen wird, die bricht und ihre Parabel hinaus über die flüssigen Mulden der Hafenwässer hinwegschießt und ihn mitträgt, ihn, Septimus, den siebenten von sieben, eine überladene Partikel, belastet mit den Seelen der Toten und den letzten Worten seiner Mutter, der über die Wogen dahinschießt und dessen genauer Zweck noch schlummert und ungeformt ist, im grauen Licht der Morgendämmerung von acht Augenpaaren beobachtet, von acht Männern, die seine Rückkehr erwarten werden, für den Augenblick noch namenlos, und ein neunter, der hier nicht anwesend ist und ihn doch genauer kennenlernen wird als irgendeiner von ihnen. Er ist der Geist von La Rochelle, der Fliegende Mann.

Gerade über dem Hafen von London sind Möwen Punkte in einem sonst leeren Himmel. Die *Vineeta* segelte von der Mole aus stromab. Septimus hing in der Luft hoch über dem Boot. Er spürte die Höhenwinde herumschwingen, und als er hinabblickte, sah er die beiden erschauern, als die Brise ihr Versteck fand. Kapitän Radley warf ihnen eine Decke zu. «Aber warum?» fragte Lemprière. «Warum hätte er dir das erzählen sollen? Er war doch während der ganzen Zeit ihr Geschöpf.» Das Mädchen schüttelte den Kopf. «Ich hätte es wissen müssen, hätte erraten sollen, daß es Jacques war ...» Aber das hätte sie niemals wissen können, dachte die Gestalt hoch oben. Sie hätte in seinen Kopf kriechen müssen, um die Wahrheit zu finden, und jetzt war er mit seinen Geheimnissen tief unter der Stadt begraben. Nein, sie würde es niemals erfahren haben. Charles selbst war betrogen worden. Jacques' unsicherer Aufstieg über die Treppe in der Villa Rouge, das Aufstoßen der Tür und sie unbefriedigt neben Charles Lemprière finden, der an ihrer Seite bewußtlos zusammengesackt war. Vielleicht war Charles der Katalysator, die Furcht vor seinem Erwachen beschleunigte ihrer beider hungrige Lust, als Jacques da in der Tür stand und sie aufrecht im Dämmerlicht saß und mit den Schultern zuckte. Warum nicht? Da wird es keinen Gedanken an Konsequenzen gegeben haben. Es wird schnell geschehen sein, eine Angelegenheit von leisen Seufzern und unterdrücktem Stöhnen im grauen Morgenlicht, und der Schläfer fügte unwissend seine Schauer der Kokotten und ihrem Kunden hinzu, als der Vertrag geschlossen und erfüllt wurde. Und dann, nachdem beide Männer gegangen waren, hatte sie in das von Madame Stéphanie geführte Buch geblickt und Charles' Namen gesehen... Und dann, neun Monate später, als das Ergebnis jener Begegnung entbunden war, hatte sie sich des Namens wieder erinnert und an ihn geschrieben. So begann die Täuschung, die alle Anstrengungen Jacques', sie zu zügeln, überholen und Charles und Casterleigh und Charles' Sohn und selbst das Mädchen überzeugen sollte, bis er sie bei den brennenden Trümmern des Theaters umherirren fand, und es ihr sagte, und wegging. «Aber warum?» Der junge Mann blieb unberuhigt, und seine Frage kam aus mehr als nur Neubegier. «Warum hätte er dir helfen sollen?» Nicht ihr, dachte die Gestalt hoch oben, es war für dich, John Lemprière. Für all die Lemprières.

Heliotroper Geist, Vektor, der Sonne zugewendet. Ein trübseliger Novemberfeuerball stieg über dem östlichen Horizont auf, rollte nach Westen und fiel in die Nacht. Er schoß über die Wogen, bis La Rochelle ersterbende Glut hinter ihm war. Die rollende Woge aus Seelen erstreckte sich nach beiden Seiten, Tausende winziger schwarzer Flügel strandeten zwischen der Oberfläche der See und dem feinen Äther oben, beladen mit ihrem Widergeschrei, das ihn umgab und sich mit den Worten seiner Mutter vermischte, bis sie sich verwirrten und neu ordneten. *Finde sie, berichte ihm, töte sie, berichte ihnen* ... Er versuchte zu fliehen, aber sie verfolgten ihn, und schrillten und schrien und ließen ihn nicht ruhen, bis sein Entschluß gefaßt war. Die Aufgabe erstreckte sich vor ihm wie eine Ausdehnung leerer Tage. Sie waren aufgegeben, geopfert, verraten worden. Aber es würde Wiedergutmachung geben. Es würde eine Regelung kommen. Acht Augenpaare wandten sich von den Trümmern der Stadt auf die See dahinter. Acht Männer sahen ihn aus dem Fenster geschleudert, flammend in den Hafen stürzen, sahen den Bogen seines Sturzes ausschwingen, sahen die Flammen vom Wasser ausgelöscht und den Körper glühgefrischt und in einer weiten Kurve hinaus auf die See gelenkt. Und da war einer, der nichts davon sah, ein neunter ... Er kreiste hoch über der sterbenden Stadt und beobachtete, wie ihre Mauern und Bastionen geschleift wurden. Er sah Kolonnen von Männern und Frauen ostwärts ins Marschland ziehen und Bauleute im zerfetzten Mund des Hafens arbeiten, um die Mole abzubauen. Er empfand Einschnürungen, als seine Kreisbahn sich weitete, Widerstände, als ob La Rochelle eine Masse sei, die eine Kraft ausübe, der er nicht zu entkommen vermöchte. Er schweifte über die klare Luft empor und verspürte einen ferneren Sog. Ein zweiter Körper rief aus Nordost, eine andere Bestimmung, die ihn herumzerrte, bis sein Kreis zu einer weiten Ellipse wurde. Seine Bewegungen waren nur teilweise seine eigenen. Die Seelen der Rochellaiser waren gefangen, und er mit ihnen. Die Sonne stieg und fiel und wirbelte um die Erde, und er schwang nach Nord und nach Ost, und dann trudelte er in spiraligem Gleiten hinab in den zweiten Brennpunkt seines elliptischen Königreichs. Er sah die breiten Schlieren von Küstenlinien eine glasige See umsäumen und diese See mit hohen Klippen eine Insel umgrenzen, deren Gras gekerbt war von Zäunen, Pfaden und Straßen, das Grün durchbrochen von anstehendem rotem Granit. Die Insel ist Jersey, von den Römern Caesarea genannt, wo er die Stellvertreter für seine Aufgabe fand: die Lemprières.

Investitionen: Das Schweigen der Nacht von Jersey wurde durchbrochen von Geflüster, Gerüchten, teuflischen Geschichten. Er kam in Verkleidungen und stieg aus den Lüften herab, um sie nacheinander über die folgenden Jahrzehnte hin zu besuchen. Es gab Andeutungen dessen, was sich ereignet hatte, Hinweise darauf, was sein mochte: die Flucht der Neun aus der brennenden Stadt, ihr Exil, die Gesellschaft und ihre Hauptbeweger, geheimnisvolle verschwindende und wieder auftauchende Schiffe, eine verlorene Erbschaft, ein auf die Einforderung wartender Nachlaß. Aber selbst während er seinen erwählten Ersatzleuten diese Krumen hinwarf, hörte er, wenn das dünne Klagen der Seelen anschwoll. Dann pflegte sich sein Gesicht zu umwölken, seine scheinbar beiläufige Art sich ins Unbestimmte aufzulösen und seine überredenden Worte zu versagen. Mehr als einmal hatte sich dann ein Lemprière vorgebeugt und fürsorglich nach seiner Gesundheit gefragt, ehe er ihn auf das Thema zurückführte, «...ja, ein Schiff von hundert Tonnen...», oder das Feuer, den Schatz, oder irgendeine der anderen tausend Einzelheiten, die sich zusammenfügen mochten, um die Neun aus ihrem Bau hervorzuzerren an das Licht, das aus La Rochelle lohte. Sie waren tief eingegraben, und er war ein Geschöpf der Lüfte. Dann hatte das Gesicht über dem Tisch genickt, oder war vor Entsetzen ob der Anklagen zurückgewichen. Er brauchte diese Männer, hatte sie als seine Stellvertreter eingesetzt und schickte sie hinter den Neun her, wie ihn seine Mutter hinter ihrem Liebhaber und Gatten hergeschickt hatte; seinem Vater. Er brauchte die Lemprières, und sie dienten seinen Bedürfnissen. Sie rückten unter seinem Banner als Krieger vor, als Kundschafter, Spione, Agents provocateurs, Sucher der Wahrheit, Ausüber der Rache. Sie kehrten, wenn überhaupt, als Leichen zurück: trieben mit den Gezeiten herein, umkrampften ihre Kehlen, während das Gift ihre Zungen anschwellen ließ, erstochen, verkrüppelt, niedergehetzt, zerfetzt. Dann sah er hinab auf die Leiche, und wartete, und wandte sich dem nächsten zu. Niemals erzählte er dem Nachfolger von seiner Hinterlassenschaft. Wenn er Zweifel hegte, kreischten die unruhigen Seelen, und der Himmel öffnete sein weites vorwurfsvolles Auge, das ohne zu blinzeln auf ihn herabstarrte, bis seine Aufgabe bestätigt, der nächste Lemprière eingesetzt war und der Zyklus erneut begann. Er war ihr Fluch; ein Miasma, eine Seelenpest. Er dachte an des Asiaticus letzte Flugschrift und wußte sich selbst als Xerxes, als der General, der hinter seinen Truppen kauert und sich fragt, wie viele wohl das Schlachten überleben mochten.

Justitia würde mit langem Arm nach den Neun greifen. Erwartet und zugelassen kam Justitia in Abständen und trug unterschiedliche Masken und Gesichter. Die Winkel wurden immer wieder verändert, Belagerung oder Schiffe, Gesellschaft oder Zitadelle, nie zweimal aus der gleichen Richtung. Nur der Name änderte sich niemals: Lemprière. Aus den steinigen Korridoren und Durchschlupfen ihres Schlupfbaus unter der Stadt sandten sie ihm seine Boten zurück. Seine Hand trieb die stete Nachfolge voran, vom Vater zum Sohn durch die Generationen und Jahrzehnte, und die Erbschaft wurde zum Fluch, bis er schließlich die Lemprières als eine Reihe von toten Männern sah, die sich in die Vergangenheit zurück und in die Zukunft vorauf erstreckte, kaum geboren und schon verdammt, den scheiternden Rächer zu spielen und unterzugehen. Und hinter ihnen allen preßte der Druck der Seelen vorwärts und drängte auf Erlösung, brannte immer noch die Zitadelle, und seiner Mutter Worte liefen wie ein einziger Faden durch das Gewirr all der Leben, die in jener Nacht abgeschnitten wurden. Er flog in die höchsten Höhen und blickte hinauf in die Sternenräume, die er nicht erreichen konnte. Kalte Lichter verkündeten Knotenpunkte, und unsichtbare Linien durchliefen den Nachthimmel und kennzeichneten Tangenten und Bogen in der blauschwarzen Kuppel. Er sah die Karte seines Aufstiegs bereits für ihn in das Gewölbe des Himmels gezeichnet. Er wollte höher steigen, aber seine Glieder waren Blei, und der Äther zu dünn, ihn hochzutragen. Er blickte hinab und sah das Becken des Ozeans sich heben und neigen. In dessen ungleichmäßiger Monotonie waren für ihn keine Pfade ausgesteckt, keine möglichen Vektoren, nur die Lemprières und die Neun, und er selbst zwischen ihnen. Er flog weiter, aber der Himmel stieß Lichtfinger in den Nachthimmel, die sich zu einer geballten Feuerfaust schlossen, die über den Horizont aufstieg. Der Hochofen flammte ihm ins Gesicht, und sein altes Entsetzen stieg auf, ihm zu begegnen. Er sah den Boden sich aufwölben und die Rochellaiser in die Flammen darunter hinabgleiten. Er sah, wie sein eigenes Gesicht in der Hitze verkohlte. Das Feuer würde ihn immer schlagen. Die See war eine glühende Lichtschicht, die unter ihm plötzlich ruhig war. Vor ihm lag die Insel, auf der ihn sein jüngster Bote erwartete.

Knackpunkt war, den Arm stetig zu halten. Er war früh und wartete in der Schenke von Saint Hélier auf seinen Mann. Marktgelärm draußen störte ihn für einen Augenblick. Er setzte sich wieder zurecht, dann streckte er den Arm aus und begann zu schlucken. Die Flüssigkeit glitt ihm die Gurgel hinab, seine Augen begannen zu tränen, und dann hustete er und stotterte und reichte den geleerten Humpen seinem Gegenüber zurück, der ihm auf den Rücken schlug und ihn weitergab, damit er wieder gefüllt werde. «Gut der Mann, gut der Mann!» Er rülpste und grinste. Sein Körper war schlank, sein angenommenes Gesicht glattrasiert und mit dunklen Farben. Er war ein Seezollinspektor. Sein Zechkumpan hatte davon erfahren und sich sofort in einen langen technischen Monolog über Lagunenhäfen gestürzt. Er war der Kapitän eines Schiffes, das gerade im Hafen unten entladen wurde, ein umgänglicher Mann von vierzig oder mehr. Es war am späten Vormittag, und in der Schenke war es ruhig. Sie hatten sich über Buhnen gestritten, und daraus war die Trinkerei entstanden. Jetzt trank der Kapitän seinerseits, aber sein Alehumpen schien metertief zu sein, kilometertief... zu tief, und er hatte ihn halbbetrunken hinuntergeknallt, war besiegt. Septimus hatte getröstet und die Unterhaltung trieb dahin. Da war ein großer Mann eingetreten, der stehenblieb und sich im Raum umsah. Septimus entschuldigte sich und stand auf, um ihn zu begrüßen. «Mister Philips?» Philips, Philpot, Philby, jeder Name außer seinem eigenen. Es spielte keine Rolle. Sie hatten zusammen Platz genommen, und erst da hatte er den Knaben bemerkt, der neben dem Mann stand und ihn in blinzellosem Schweigen beobachtete. Er sprach mit gedämpfter Stimme von Hafentiefgängen und Tonnagen, von einem eigenartigen Schiff, das mit unbekannten Ladungen die Küste hinauflaufe, von La Rochelle. Der Mann wußte bereits etwas von der Sache und sprach von seinem Vater, der Vermutungen gehegt hatte, aber jetzt war er tot, und damit hätte die Sache abgeschlossen sein können. Während der ganzen Zeit starrte der Knabe ihn feierlich an. Ja, das war sehr interessant, sehr beunruhigend. Er würde sich nach seiner Rückkehr aus Paris darum kümmern. Eine Geldanlage; eine Tapetenfabrik, gemeinsam mit einem Freund. Dann hatte er sich erhoben, aber der Knabe hatte nur dagestanden, immer noch starrend, so daß sein Vater genötigt war ihn anzurufen. «Komm jetzt, Sohn...» Der Knabe befand sich in seiner eigenen Welt. Sein Vater rief wieder, «John?»

Liebevoll sah er auf die *Vineeta* hinab, wie sie ins Mündungsdelta einlief, und erblickte dasselbe eigenartige Kind, jetzt aber erwachsen. Das frühere Gesicht hatte sich ihm in der Schenke bemerkbar gemacht. Das Kind hatte mit einer sonderbaren Eindringlichkeit gestarrt, als ob es wisse, wer der Fremde vor ihm wirklich war. Dieser Fremde hatte seine Vorfahren zu ihrem Tod von den Händen der Neun geleitet, und jetzt versuchte er das gleiche mit seinem Vater. Vielleicht vermutete Septimus schon da, daß auch Charles scheitern würde, und nahm bereits dem Sohn Maß für die Aufgabe. Er blickte dem Knaben ins Gesicht, und sein Blick konzentrierte sich auf die Augen, deren Pupillen im undeutlichen Inneren der Schenke zu schwarzen Bullaugen angeschwollen waren. Er blickte schärfer hin. Etwas bewegte sich hinter den Augen des Knaben. Dieser Knabe mochte der eine sein. Er sah wieder hin, ja, jetzt dessen gewiß. Er würde ihm nahe kommen müssen, nahe genug, um ihn bis zum Äußersten zu geleiten. Aber einmal dort angekommen, würde er nicht scheitern. Winzige Gestalten bewegten sich hinter den Augen des Knaben, wie Seelen, aber ihre Gesichter waren alle zusammengemischt. Sie waren lebhaft, und krochen durcheinander, und bedrängten sich. Die Seelen der Toten von La Rochelle konnten sie spüren und antworteten mit so intensiven Klagen und Widerschreien, daß Septimus kaum noch das Gesicht vor sich wahrnehmen konnte. Das Gesicht des Knaben war vollkommen ausdruckslos, sein Starren völlig unbewegt, und schließlich hatte er wegblicken müssen. Charles Lemprière rief seinen Sohn von der Tür aus, aber entweder hatte der Knabe beschlossen, die Rufe zu überhören, oder er hatte sich in eine andere, nur ihm gehörende Version der Welt verloren. Er war niemals auf die Idee gekommen, daß der Knabe einfach kurzsichtig sein mochte. Charles rief wieder. Der Knabe drehte sich um und ging feierlich hinüber zu seinem Vater. Auf der anderen Seite der Schenke bewegte sich sein Zechkumpan in seinem Sitz. Kapitän Guardian rührte sich und rief nach Essen. Ein Mädchen schwang ihre Hüften um den Tresen herum auf ihn zu. Er würde näher herankommen müssen. Der Knabe war sein eigenes Omen. Es gab Dämonen in seinem Kopf, Eumeniden und Rachefurien. Verlassene Götter für die verlassenen Rochellaiser. Er blickte zur Tür zurück, aber Charles Lemprière und sein Sohn waren bereits gegangen.

Metamorphosen: Septimus in den Fliegenden Mann, den Seelenträger, den rächenden und aufzeichnenden Engel, den Geist von La Rochelle; La Rochelle in Asche und Asche in den miasmatischen Staub, hinter dem die Neun nach London entflohen waren; London in ihre unwissende Herberge. Er mußte näher herankommen... Nach dem Treffen auf Jersey Septimus in einen Gesellschaftskader, einen bereitwilligen Einzuführenden, der den unsichtbaren waltenden Mächten seinen Wert bewies, einen jungen Rekruten, der falsche Signale aussandte, um die Admirale heranzulocken. Die Admirale in die Neun, die Neun in etwas anderes... Er spürte es, als ihn der Viscount und sein Partner befragten, eine nichtmenschliche Hinzufügung. Er durfte ihren Verdacht nicht wecken. Septimus in ihren Komplicen, Teil des sich entwickelnden Komplotts gegen diesen neuesten und letzten Lemprière. Charles in einen zerfetzten Leichnam am Rand des Weihers auf Jersey. Septimus wird den Neunen ein getreuer Leutnant sein, ein falschgesichtiger Achates für Lemprières zum Untergang verdammten Aeneas, ein Betrüger beider Seiten. Dann, als sie ihm ihren Plan erzählten und seine Rolle in dessen Ausführung, erinnerte er des Knaben Gesicht aus der Schenke. Sie würden ihn mit ihren Schauspielern, Gerätschaften und Maschinen betrügen und ihm seine Dämonen in Fleisch geben. Sie würden ihn in den Wahnsinn treiben und ihn als einen der Ihren wieder herausholen. Er war der letzte der Lemprières, anders als die anderen. Zuerst glaubte er, daß sie wüßten, daß sie dieselben Dämonen in des Knaben Augen gesehen hätten wie er. Das war nicht so. Sie versuchten, den Knaben von etwas zu überzeugen, das bereits wahr war. Sie wußten nicht, wie sich ihr Opfer verändern mochte. Metamorphosen des Lemprière: in Vatertöter, einen Wahnsinnigen, einen Sucher von Wahrheiten. Septimus hatte seine Ankunft in der Stadt beobachtet, seine wirrköpfigen Bogen über den Markt, das verpfuschte Gesuche nach seiner Absteige. Er war durch das vorhanglose Fenster geflogen und hatte sein vom Mondenschein weiß gebleichtes schlafendes Gesicht gesehen. Er war aufgestiegen und hatte auf die schlafende Stadt hinabgeschaut und im Netzwerk ihrer Straßen und Gassen die auftauchenden Spuren eines älteren Konfliktes gesehen. Lemprière in seinen eigenen Rächer.

Nichts hatte ihn auf ihr Treffen als Erwachsene vorbereitet. Lemprière stand da und schwang ein Stück qualmenden Holzes, die spindeldürren Beine in Abwehr eingepflanzt, stotternd und tränenden Auges hinter einem Paar eulenhafter Augengläser, als Septimus sich am nächsten Tag einführte. Bei Skewer hatte er bedeutungslose Fragen gefragt und in den Tag geträumt. Im Schweineclub war er auf die erste Täuschung seitens der Cabbala hereingefallen und hatte später im strömenden Regen eine Geschichte von Visionen herausgeschluchzt, die wahr würden, von Hunden, die seines Vaters Fleisch zerrissen, von Aktaions Überheblichkeit und Dianas Vergeltung. Kaum der Herr der Dämonen, auf den er gehofft hatte. Lemprière war schwach und unbeholfen, ihm fehlten praktischer Sinn und Zuversicht, er verriet sich bei Kalkbrenner als leichtgläubig und brachte sich fast selbst um, als er bei den de Veres in die frostklirrende Nacht hinauslief. Es war Septimus, sein vertrauter Freund, der ihm das Wörterbuch gab, genau so wie die Neun befohlen hatten, und es war Septimus, der ihn auf die Westweide führte, damit er dem Tod der Frau in Blau beiwohne. Er schubste sein Mündel hierhin und dorthin durch die Straßen der Stadt, und geleitete ihn durch das Gewirr der Spuren, die die Neun hinterlassen hatten: die Reise der

Vendragon, die Flugschriften von Asiaticus, das Abkommen, das die Lemprières mit den de Veres verband, die Gerüchte, die wie Seenebel um La Rochelle rollten und sich zu einem Nebel verdichteten, den nur das Feuer zerstreuen konnte. Und während der ganzen Zeit entwikkelte sich das gegen den jungen Mann zusammengebraute Komplott und verdichtete sich, und leckte nach ihm und streifte ihn und wich dann wieder zurück, wenn er sich bewegte, um Folgerungen aus Einzelheiten zu fassen, die er bemerkte, aber nicht verstand. Septimus umgab ihn mit Hinweisen und Schlüsseln, aber er stümperte immer weiter. Das Wörterbuch wuchs, und Sir Johns Untersuchungen nahmen an Geschwindigkeit zu. Seine Pfeile richteten sich aus den unterschiedlichsten Richtungen auf eine Stelle, und Lemprière schien entschlossen, ihn da zu treffen. Septimus beobachtete die Fortschritte seines Ersatzmannes, und insgeheim verzweifelte er.

Oben über die steinerne Kappe der Stadt und ihrer Außenbezirke, den Fluß und die See dahinter, über Ebenen und vom Flug der Sonne blau und schwarz schattierte Höhenzüge, und südwärts drehend entlang den ausgezackten Küsten der Halbinsel und ostwärts über das eingeschlossene Mittelmeer flog Septimus. Die Luft war klar und kühl. Lemprière stolperte und pfuschte da unten herum und schien die Schlinge zu begrüßen, die sich um seinen Hals zuzog. Die Luft war Trost. Europas dunkles Grün erstreckte sich unter ihm fort, durchschnitten von großen Flüssen und Fernstraßen. Er nahm die abtastenden Gefechte zwischen Muselmanen und ihren bleichgesichtigen Gegnern zur Kenntnis; das Schanzwerk um Belgrad. Der süße Duft der Verwesung trieb durch die Wärme des Frühlings und drang in die kühlen Höhenströme oben ein. Man ließ eine türkische Kolonne unter Bewachung westwärts marschieren, und als er hoch über ihr dahinflog, waren einige Gesichter ihm zugewendet, bis ihn der Rückruf auf die vertrauten Wege zog. *Finde ihn, berichte ihm...* Er wollte über allem bleiben, aber die Fehler des Lemprière zogen ihn hinab in seine eigene Fassung dieses abtastenden Streites. Es wurde immer verwirrter. Die Zeichen waren zerbrochen und ungenau. Er brauchte Räume, um seine Gedanken auseinanderzulegen, und er hoffte, sie im leeren Gewölbe des Himmels zu finden, seinem eigenen Null-Zustand. Hier war Lemprière. Hier waren die Verräter von La Rochelle. Zwischen ihnen stand die Gestalt, die er selbst war. Schon verdächtigte Sir John diesen Lemprière, war schon Teil ihrer Planung, und der Inder war die Vieldeutigkeit selbst. Bote, Meuchelmörder, Rächer aus eigenem Recht... Seine eigenen Anweisungen erreichten ihn durch den Geheimausschuß und schickten ihn los, seine Rolle für Lemprière zu spielen, so wie La Rochelle ihn losgeschickt hatte, deren Rolle für die Neun zu spielen, und seine Mutter in eine weitere Rolle. Er war Septimus, das gutgelaunte Gegengewicht zu den düsteren Selbstbeobachtungen dieses Lemprière, der zum Geheimausschuß abgestellte willige Agent, Sohn seiner Mutter, Sucher nach einem flüchtigen Vater, und alle Arten anderer Versionen und Rollen, die ihn zerstreuten, bis nur noch das Murmeln der Seelen eine Konstante war. Er war ein bereits von Aspekten überlasteter Träger und brauchte keine weiteren mehr. Er wollte nie, daß dieser Lemprière ihm seine Freundschaft biete.

Pylades hatte auf dem Altar zu Tauris sein Leben geboten, um das seines Vetters zu retten. Orest hatte es ihm zurückgegeben. Septimus blickte hinab auf die *Vineeta*, wie sie die Landspitze rundete, und fragte sich, ob die beiden da, einander so unähnlich und in ihren Zielen so getrennt, die sich jetzt auf ihren auseinanderstrebenden Achsen bewegten, wohl einen parallelen Vertrag abgeschlossen hatten. War dies denn überhaupt ein möglicher Punkt auf der Linie, die Septimus' perpendikulares Aufsteigen mit Lemprières horizontaler Ausrichtung unten verband? Es hatte Augenblicke gegeben, in denen der Schleier wich, in denen er seinem Gefährten hätte entdeckt werden können. Er war von den drei Professoren und ihrem Gerede über Fliegende Männer, über Geister, die aus La Rochelle herausschwebten, überrascht worden. Er hatte gespürt, wie sich die Seelen in ihm regten, und für einen Augenblick hatte ihn diese apokryphe Version seiner selbst verblüfft. All seine Prahlereien und seine grobe gute Laune hatten sich beim Steinschlucker aufgelöst. Durch Lemprières Hanswurstiaden abgelenkt hatte er nicht bemerkt, daß sein ehemaliger Zechkumpan neben ihnen unter den Zuschauern stand. Guardians Wiedererkennen war sicher gewesen, sein Ausdruck direkt. Er hatte nur dastehen und es leugnen können. Jersey? Eine Zecherei? Niemals, nicht ich. Ein anderer vielleicht, ein Doppelgänger... Und so war eine weitere Version seiner selbst hinzugekommen, sich von ihm zu nähren, ein anderer zehrender Umriß von ihm, den er mit der Prozession möglicher Selbste herumschleppen mußte. Wenn er sich bewegte, ließ er eine Gefolgschaft aus ihnen hinter sich, eine Spur aus übereinstimmenden Umrissen, aus abgestreiften Häuten, aus Stücken seiner selbst. Vielleicht erstreckten sie sich auch nach vorne, kennzeichneten die für ihn ausgesteckten Plätze, die noch zu bewohnenden Selbste. Sie waren beide gefangen. Der Lemprière bewegte sich vorwärts, zögernd und lächerlich mit seinem angebotenen Stein. Irgendwo hinten lärmte eine Unruhe auf. Eine Lampe glitt aus ihrer Halterung, fiel und zerbrach auf dem Bretterboden, die Flammenzunge, die auf ihn zu kroch und vor der er in dunkle Zufluchten floh, in denen niemand und nichts ihn finden konnte. Er kauerte vor seinem eigenen Familiengrauen. Sicherlich würde Lemprière kommen und diesen verängstigten Orest befragen, an ihm zweifeln und die Wahrheit erraten?

Quälende Fragen trieben über das Gesicht des Freundes wie Wolken, die das vertraute Gesicht der Sonne aus der Luft brennen würde. Die Himmel waren meistens klar. Doch wenn sich ihre blauen Tiefen ins Grau verdunkelten, so geschah das in Beantwortung anderer, breiterer Signale. Der Himmel war ein der Erde darunter angemessener Spiegel, der ihre Verwerfungen widerspiegelte, obgleich verändert und schwierig zu entziffern. Septimus würde sich mit Lemprière quer durch Zimmer auseinanderzusetzen haben, über Tische hinweg, durch die dünne Luft. Sie würden miteinander reden, wie sie es im Kaffeehaus getan hatten, oder später in Lemprières Zimmer, und Septimus würde spüren, wie ihn eine Undeutlichkeit überkam, eine eigenartige Ablenkung. Der andere hatte das bemerkt und versuchte, ihn zu fragen. Er konnte nicht antworten. Diese Stimmungen kamen ohne Vorankündigung, und öfter, als der Sommer voranschritt. Sie waren sich dessen auf ihre unterschiedlichen Weisen bewußt und unbewußt, und näherten sich so dem springenden Punkt. Er würde seinen Stellvertreter ansehen und fühlen, wie die Seelen in ihm lebendig werden. Das Geräusch war ein Getöse, das nur er vernehmen konnte, das aber alle Sinne auslöschte, die ihn mit dem anderen verbanden. Er konnte Lemprières Gesicht sehen. Die Augengläser machten seine Augen riesig. Sie zerrten an ihm und da, verborgen in der Dunkelheit seiner Pupillen, war das Heer der winzigen Gestalten, die er zuerst in der Schenke auf Jersey erspäht hatte. Lemprière trug immer noch seine Dämonen in sich. Sie schrien und brüllten und kämpften um ihr Entkommen, in ihrer Zitadelle zusammengedrängt. Die Seelen derer aus La Rochelle wurden in Reaktion darauf wild. Er konnte den jungen Mann vor ihm kaum noch wahrnehmen. Ihre Köpfe waren wettstreitende Städte, die von mißtönenden Kriegshetzern bevölkert waren. Sie schrien einander an und bedrohten sich mit Gewalttätigkeiten, bis Septimus nichts mehr tun konnte als aufstehen und Entschuldigungen murmeln, sich abwenden und seinen Gefährten verlassen. Dann pflegte

Lemprière aufzublicken, ob der Jähheit seines Aufbruchs verstört. Seine Dämonen beruhigten sich, und die Seelen der Rochellaiser beantworteten das mit gleicher Ruhe. Lemprière war ein Artverwandter, ein Bruder unter der Haut. Septimus fragte sich, ob Lemprière, wären die Positionen vertauscht gewesen, dasselbe wie er getan haben würde?

Rückerinnerung gab ihm den brennenden Mann, den blinden Mann, der aus den Flammen in der Zitadelle heraus und auf ihn und seine Mutter zugestolpert war. Er war nicht gestürzt. Ein anderer war auf ihn zugerannt, hatte ihn zu Boden gestoßen und seinen eigenen Körper auf den des anderen gelegt, um das Feuer zu ersticken, Glied auf Glied, Gesicht auf brennendes Gesicht. Als seine Mutter ihn aufgehoben und fortgetragen hatte, sah er die beiden, wie sie sich in den Armen hielten und sich um und um wälzten, bis die Flammen sie beide forderten. Würde Lemprière seinen Kopf auf den Altar in Tauris gelegt haben oder herbeigerannt sein, um den brennenden Körper an seinen eigenen zu pressen? Auf jeden Fall waren sie ineinander verklammert, Geschöpfe der Luft und der Erde, die übereinstimmende Pfade verfolgten, der eine des anderen Widerbild. Während des ganzen Sommers wurden die Netze um seinen Stellvertreter enger zusammengezogen. Die absurden, blutrünstigen Veranstaltungen der Neun umstellten ihn mit Verdächtigungen und Begleitumständen. Sir Johns Untersuchungen kreisten ihren möglichen Verdächtigten ein, und zogen sich enger, und bündelten sich. Die Stadt kochte in der Sommerhitze. Lemprières Wörterbuch näherte sich seinem Ende, und die lange Beladung der *Vendragon* war abgeschlossen. Eine traurige Parodie des Olymp lag in Kisten verpackt verstaut in ihrer Last, und erwartete die Ankunft der Neun. Als aus Juni Juli wurde, schienen Lemprières eigene ungeschickte Nachforschungen immer langsamer zu werden. Septimus flog jetzt in den Nächten. Er stieg in den frühen Stunden auf, um zu spüren, wie das kühle Rauschen der Luft die Hülle der Nacht entfaltete und ihn an breitere Schwingen über die treibende Oberfläche unten hängte. Er sah weiße Segel über die Platte des Ozeans kriechen, und die Lichter der westlichen Häfen waren Stationen, die ihn südwärts auf den zerfetzten Mund des Hafens zuzogen. La Rochelle war eine niedrige Silhouette, eine ruhige Anweisung zurückzukehren. Er stieg über der alten Stadt empor und spürte ihren Sog ihn herumschwingen und dann in die Flugbahn entlassen, die ihn zurückbringen würde. London war ein Leuchtfeuer im Norden, ein glühendes Netzwerk von

Hafenbecken und Schaltkreisen, die alle summten und pulsierten, und darunter warteten die Neun.

Sonderbares geschah. Ein Satellit war aus der Umlaufbahn abgetrieben und verlorengegangen. Die acht Übriggebliebenen hatten sich neu geordnet, um dessen Abwesenheit aufzuwiegen, aber die Summe ihrer Kräfte war aus der Ordnung geraten, und ihre Vektoren gerieten jetzt in Widerstreit. In der unbewachten Unterhaltung des Viscounts hörte Septimus von einer alten Abrechnung reden, von einem Opfer, das nach ihrer Flucht aus La Rochelle notwendig gebracht werden mußte. Einer war ausgebrochen und hatte die anderen in Verwirrung gestürzt. Einer war verlorengegangen, und sie waren jetzt acht. Aber das alte Gleichgewicht konnte nicht wiedergewonnen werden. Die alten Teilhaber waren geteilt, und ihr Bündnis hielt nur noch dünnstes Furnierholz zusammen. Und wieder war Lemprière das zufällige und unberechenbare Element in ihren Plänen. Er war unerklärlich und immer noch als ein Problem auf freiem Fuß, das sie nicht lösen konnten. Septimus ahnte tiefere Zwecke hinter ihrer Fallenstellerei. Der Rahmen war weiter, als er gedacht hatte, weiter, als sie selbst sich vorgestellt hatten. Nur Casterleigh war in seinen Zielen klar. Vielleicht war seine Abordnung, die letzte Phase ihres Planes zu überwachen, eine Prüfung, ein Weg für die andere Gruppe, seine eigenen Ziele an die Oberfläche zu bringen. Vielleicht war Lemprière während der ganzen Zeit der Lockvogel. Sie hatten ihm in jener Nacht das Mädchen gegeben, ihn westwärts zu führen. Sie schwankte schon. Sie hatte sich bereits Lemprière verbündet. Septimus wußte, daß sie das Ende fast erreicht hatten. Er ging mit einem Hut voller Alibis zu Sir John. Er wartete vor der Tür von Lemprières Zimmer. Er folgte ihnen ins Theater. Die Seelen spürten es auch. Der kritische Augenblick hing im Raum und schwankte wie das Mädchen, oder er selbst, oder sie alle, als das Drama auf dem Dach hoch oben ausgespielt wurde. Casterleighs Hand war jetzt unverhüllt, seine Lösung des alten Problems überdeutlich, als Lemprière rückwärts ins Leere hing. Die Seelen schrien in seinem Kopf. Lemprière war eine wankende Zitadelle, die über dem dunklen Sturz von der Brüstung hing, noch einen Augenblick lang still, und dann rückwärts ins Nichts stürzend... Er hatte keine Wahl, und den Lemprières waren so viele solcher Schulden geschuldet; so oft war er im Hintergrund geblieben und hatte zugesehen, wie der letzte Schlag durchgeführt wurde. Jetzt nicht.

Tosender Wind war aufgekommen. Hinter dem Steuerhaus der

Vineeta sitzend, lehnte Lemprière seinen Kopf gegen die Schulter des Mädchens und beobachtete die Möwen, wie sie von der Landzunge ausflogen. Sheerness glitt nach Steuerbord vorüber. Kapitän Radley nippte gegen die Kälte aus einer Taschenflasche und reichte sie den beiden nach hinten. Als Lemprière sie hochreichte, fing er den Blick des jungen Mannes ein und zwinkerte breit. Juliette lachte. Die Hühner gackerten in ihren Kisten. Sie hatte das Wörterbuch aus seiner Tasche genommen und wandte jetzt müßig seine Blätter um. Er beobachtete, wie ihr Finger faule Wellen die Seiten hinab zog, drehte sich dann um und schaute wieder über das Wasser. Jedesmal, wenn sie sich vorwärts lehnte, um ein Blatt umzuwenden, trennten sich ihre Körper, und dann stellte sich Lemprière für einen Augenblick lang vor, daß sie wieder einmal verschwunden sei. Eine steife Brise blies mit rauschendem Geräusch über die Leinwand am Fockmast. Das Wasser nächst dem Boot schien grauer als das umgebende Blau, da unterschiedliche Winkel der Brechung das Spektrum der See öffneten. Auf dem Dach des Theaters war der Viscount jäh stehengeblieben, die Augen auf eine andere Gestalt gerichtet, etwas, das hinter und über ihm schwebte. Die Brüstung glitt unter seinen Füßen fort, und er stürzte rückwärts. Dann kam der Geruch nach Brand, ein Geräusch wie von Segeln gebändigtem Wind, ein Geschmack nach Salz. Der Viscount war mit herabsackendem Mund und aschgrauem Gesicht rückwärts gestolpert. Eine harte Hand trieb sich in seinen Rükken... Oder war es anders herum? Der Geschmack nach Salz, das Geräusch rauschender Luft, dann die Hand und der Geruch, etwas brannte hinter ihm, verkohlte in dem dunklen Raum, der sich unter seinen Füßen öffnete, und stürzte mit solcher Kraft vorwärts. Es wollte sich nicht zusammenfinden. Er konnte keinen Sinn darin entdecken. Warum sollte Septimus Juliette den Namen ihres Vaters sagen? Und warum sollte er sie Lemprière zurückgeben? Graue Wogen und ein schwieriger Wind trieben die *Vineeta* weiter. Radley schrie der Mannschaft zu, den Baum herumzubringen. Juliette stieß ihn an und wies auf die leere Seite, mit der sein Wörterbuch endete, ihr Gesicht eine Frage und die Lücke, die sie verwirrte, Platz für den letzten Eintrag.

Unter der Stadt und ihrem Kernschatten, unter der Flut von Körpern, dem Fackelschein und den falschen Horizonten der Nacht hatte der seismische Grund gebebt und gezuckt. La Rochelle stieg erneut aus dem begrabenen Streit empor. Er hastete durch die Straßen, und Lemprière klammerte sich an ihn und stützte ihn wechselweise. Das vertraute Zimmer. Die vertrauten Verdächte. Die Seelen der Rochellaiser waren auf der Hut und verwirrt und tobten in ihm umher, während Lemprière ihn mit seinen Fragen angriff. Dann eine Atempause, als der andere die letzten Elemente des Rätsels zusammensetzte, das ihm die Neun stellten. Der Mond war groß und weiß und strömte durch die Fenster, als sein Gefährte den Ring zum Wasserzeichen fügte, das Wasserzeichen zum Hafen, den Namen zum Hafen ... Er hatte versucht, seine eigenen Kennzeichen anzubieten. Er stolperte durch trübsinnige Formeln und bemühte sich in diesem letzten Augenblick um Verwandtschaft, aber er war ungeschickt und die Neun zu nahe, und seine eigene Abrechnung endlich möglich. Er stotterte seine Gefühle zu spät heraus – Vettern, Brüder unter der Haut –, alles zu spät. Lemprière war bereits im Maul der Bestie und stand da, mit dem Rücken zu Septimus, und den Namen der alten Stadt auf den Lippen. Er war ein schlechter Schauspieler. Er hatte vergessen, daß dies ihre letzte gemeinsame Szene war. Die Puppenspieler warteten, und er mußte sich klar sein. «Alles begann damit ...» Ja, dachte er, als er seinem Freund den Schlag versetzte. Alles begann in La Rochelle. Das Gesicht des jungen Mannes sah im Mondschein friedlich aus. Jetzt konnte das Endspiel beginnen. Er mußte hinabsteigen, sie beide mußten es. Er ist ein Ingenieur, der unter der belagerten Stadt durch geheime Durchschlupfe kriecht und in seinen Armen die Pulvermine umklammert, die immer der Zweck dieser Ausgrabungen und Aushöhlungen gewesen war. Die Bestie stellte für ihn die Schrecken der Tiefe und des Zieles dar, aber sein eigener Plan war tief genug gewesen und sein Ziel klar. Die Ellipse hat sich geschlossen, und als er Lemprière neben den Leichnam legt, den er für seinen Ahnen halten wird, sieht er auf seinen eigenen Aufbruch zurück, wie er in der Dunkelheit verschwindet. Er beginnt gerade, beginnt gerade mit der Reise, die ihn hierher führen wird. Die Seelen beginnen in geschlossenen Kreisläufen zu summen und in ihm zu flackern. Lemprière wird in dem Tunnel zurückgelassen neben dem Leichnam, den er für seinen Ahnen halten wird, als Septimus sich auf den Weg zu der großen Vorhalle oben macht.

Vergeltung. Die Seelen in ihm wirbeln umher und sammeln sich und formen sich um sein Ziel. Er wartet in der Vorhalle darauf, daß sich die Spieler versammeln. Er sieht Lemprière vorüberkommen, von Jacques der fernen Kammer zugeleitet. Er fühlt die Gegenwart des einen, den er gesucht hat, ihn wie ein Vakuum in die Kammer saugen. Alle seine vergossenen Selbste treffen ein und holen endlich ihre Schablone ein und massieren sich in ihr. Er ist eine Armee, die um die Belagerten aufgezogen ist. Seelen mit schwarzen Schwingen versammeln sich entlang seiner Schaltkreise und Achsen, um ein Bild zu formen, das er jetzt erkennt, ein Gesicht, das das seiner Mutter ist, aber umgekehrt, Licht als Dunkel aufgetragen, und Dunkel als Licht. Der Flammenschein um ihren Kopf ist pechschwarz. Ihre Augen sind Zwillingsfeuer. Wenn ihr Mund sich öffnet, sieht er den Fußboden aufgähnen, um den Hochofen darunter zu enthüllen. Schritte knirschen über den Kies vor der Tür, von ihm fort. Und wieder. Die Tür zur Kammer blinkt wie ein gelbes Auge. Ihr Gesicht bildet sich und löst sich auf, verändert sich und bleibt doch dasselbe. Das Geräusch von Wasser erreicht sein Ohr, nur ist es jetzt nicht das ferne Anbranden der See weit unter der Zitadelle, sondern eine herabströmende Flut, die über den Kies zum Rand des Nichts vor ihm kracht. Das Jammern von Furien reißt durch die Luft. Kreischend und schreiend kommen die alten Racheengel den Schacht herab. Tisiphone, Megaera und Alecto schleppen ihre Körper auf der leuchtenden Flut vorwärts. Giftige Dämpfe hängen in der Luft, als ihre Bäuche aufreißen und ihre Inhalte ergießen, damit sie sich im Gewölbe der Vorhalle vermischen. Das Gesicht seiner Mutter verzerrt sich, und die Worte werden langsam ausgesprochen. *Finde ihn.* Die Seelen kreischen lauter und rahmen ihre eigene Botschaft um die erste, bis die beiden ineinandergemischt sind wie die dampfenden Wolken oben. *Berichte ihm.* Er bewegt sich durch das Gemetzel, von der Kakophonie zur Tür getrieben. Alle seine Verkleidungen sind verschwunden, und nur sein eigenes Gesicht ist geblieben, das des entstellten Kindes. Die Seelen klagen aufs neue, und er glaubt sich entschlossen. *Töte ihn.*

Was hat er hier zu finden erwartet, am Ende seiner Suche? Einen Despoten? Einen Luzifer im Versteck? Eine pathetische Kreatur starrte hilflos aus dem Sitz empor. Ihr Mund war ein formloses Loch, ihre Züge waren in der Ruine seines Gesichtes verloren. Kerzenlicht lohte auf, als die Tür zersplitterte. Die Schiffe schleuderten in dem Kessel hinter ihm umher, und ihre zerborstenen Ladungen wirbelten in dichten würgenden Wolken herum. Die Kreatur wollte ihre Arme erheben, konnte aber deren Gewicht nicht halten. Septimus riß die Lampe von der Wand und hielt sie der Kreatur ins Gesicht. François warf sich wild in seinem Sessel herum. War das, worum er gekommen war? Die Seelen heulten in seinem Innern. Draußen krachten die Furien blind gegeneinander. Er war von so weit her gekommen und war so lange gereist, da mußte es doch sicher mehr geben als dieses elende verkrüppelte Sein? Aber die Seelen zweifelten nicht. Sie hetzten in ihm, und selbst wenn das Streichholz, das den Zunder unter La Rochelle anzündete, in hundert Seemeilen Entfernung angerissen worden war, so waren doch dieser Kreatur Hände hinter dem Feuer. Dies war ihr Verräter. Der Kopf der Kreatur war abgewendet und ihre Augen dicht geschlossen, denn sie konnten Septimus nicht ansehen. Doch immer noch schwankte er vor der Tat. Die Seelen wurden ruhiger, schwiegen dann, und seiner Mutter Gesicht bildete sich wieder. Der dunkle Schein umgab ihre Züge. Die Lippen bewegten sich. *Töte ihn.* Aber das war nicht genug. Die Kreatur vor ihm war nicht genug. Der Seelen waren zu viele, ihr Gewicht zu schwer. Die von La Rochelle würden hier ihre Forderung nicht beglichen finden. *Ja*, schnitten ihre Worte durch seine Gedanken. *Für sie auch, vor allem aber für uns. Für uns, mein Sohn. Er ist vor allem Verräter an uns...* Er sah seine Mutter vorwärts taumeln, ihre Kinder bereits an die Flammen verloren. Jetzt wünschte er sich mehr denn je zuvor die leeren Gewölbe des Himmels, die klare Luft. Vor allem Verräter an uns... Aber wie? Wie konnte das sein? Die Kreatur wimmerte. Er wog die Lampe in der Hand und blickte auf das wirbelnde Pulverfaß draußen. *Du weißt, wer er ist.* Sein Arm bog sich zurück, um die tödliche Flamme vorwärts zu schleudern, aber er wußte es nicht. Die Kreatur wedelte mit den Armen, und seiner Mutter Antlitz war eine flammende Prophezeiung der Explosion, die sich bereits in der Vorhalle sammelte. Die Kerzen flogen vorwärts, als ihre Augen heller aufflammten und sich ihre Lippen endlich bewegten, um seine allverzehrende Frage zu beantworten. *Er ist dein Vater...*

X-Achse zu Y, die Lemprières reisen getrennt, jeder entlang seinem abweichenden Vektor, höher in den Himmel empor und westwärts über die sich ausweitende Oberfläche des Ozeans. Septimus Praeceps Lemprière erinnerte die Kreatur in der Kammer, den wahren Pseudo-Lemprière, der Frau und Kinder dem Hochofen überlassen hatte, der die brennenden Einzelheiten vergaß, die in jener Nacht einen Weg aus La Rochelle sprengten, der lebte, es wiederkehren zu sehen und ihn im Zentrum des Labyrinthes zu finden, jetzt sein Grab: François. Septimus sah seines Vaters Körper in der steigenden Flut ertrinken, im Feuer der Furien zu Asche zergehen, unter der Erde dunklen Lasten zermalmt, als die Bestie zusammenbrach und sich unter der Stadt selbst aufzehrte. Seiner Mutter Antlitz schwand, als ein anderes Licht das Feuer in ihren Augen löschte, und jetzt war nur noch Himmel zwischen ihm und dem Ort der Regelung. Er hatte lange genug zwischen Erde und Luft geschwankt. Die von La Rochelle erstreckten sich zu beiden Seiten in Reihen. Seine Schwingen waren mit aufbrechenden Seelen bedeckt, die sich an sie klammerten und da umherflatterten, und ihn von einer Seite auf die andere zerrten, und hoch, als ob er das Gewicht eines hochschwingenden Pendels wäre. Die Luft rauschte in Wellen über ihn hin, und er flog geradeaus durch flache schnelle Kurven, die mit jedem Schwung höher dem Ort der Stille an ihrem Ende entgegenstiegen, ein dünender Polarschwung, der hielt, dann brach, und entlang des antwortenden Bogens herabfiel. Er stieg, als ob das Pendel bei jedem Schwung höher gezogen werde. Verlorene Seelen krabbelten unten auf der Oberfläche umher, und seinen Ahnen und seinen Stellvertretern, den möglichen Versionen, die er nicht geworden war, und Lemprière dankte er und bot ihnen Lebewohl, *atque in perpetuum, frater, ave atque vale*... Die Luft lagerte in Schichten, die sich bogen und brachen, als er höher schwang, und die Bogen entfalteten ein aufsteigendes Zickzack, das Lächeln eines Alligators, die aufsteigenden Stufen einer Zikkurat, auf deren oberster Plattform es keinen Gott gibt, sondern nur das Selbst, das Ende, eine Kette aus Zs von der Plattform des Himmels hinabgeworfen und als Versuchsleiter der Vergangenheit unten angeboten.

Your father... Die vertraute Stimme rief zum letzten Mal im Innern von Lemprières Kopf. *Dein Vater*. Die Breschen, durch die die alten Geister geströmt waren, waren verstopft. Die Mauern waren wiederhergestellt, und in ihnen befand er sich jetzt sicher. Plötzlich torkelte das Boot. Es schwang sich herum und nahm erneut Kurs auf die Küste. Lemprière legte sich ins Gieren und hörte das Wasser an den Seiten vorbeirauschen, als die richtige Peilung genommen und beibehalten wurde. Der Wind blies gegen sie, aber sie kamen immer noch voran und lavierten westwärts in den Kanal hinein. Juliette hatte das Buch fallen lassen, als die Wende erfolgte, und lehnte sich jetzt vorwärts, um es wieder aufzuheben. Ihre Anwesenheit war ihm ein Rätsel. Als er auf der Mole wartete, hatte er versucht, sich vorzustellen, wie sie erscheinen mochte, aber ihm war keine Vision gekommen. Sie war aus dem Nichts entsprungen, lediglich mit der Geschichte von Septimus, sie zu ihm zu bringen. Warum hatte er das getan? Er erinnerte ihre letzte Begegnung. In seinem Zimmer hatte Septimus sich aufgeblasen und herumgepoltert, während er die letzten Elemente des Rätsels einordnete. In sein eigenes sich entfaltendes Geheimnis verloren, hatte er Septimus wenig Aufmerksamkeit geschenkt. Eine wirre Anrede, irgendwas, gewissermaßen Freunde. Freunde? Wieso das? Eine Minute später würde er Lemprière auffangen, als der zusammensank, und ihn jenen Männern ausliefern, denen er insgeheim die ganze Zeit hindurch gedient hatte. Danach war der Vorwand durchsichtig. Warum sollte er Wert auf Freunde legen? Im Steuerhaus über ihm hielt Kapitän Radley das Ruder, und die *Vineeta* pflügte sich weiter. Juliette hatte sein Wörterbuch aufgehoben und suchte in ihm herum. Er beobachtete sie, wie sie die Blätter umwandte, und seine Tage in der Stadt blitzten vorüber. Sie war zurückgekehrt, aber es hätte auch anders sein können. Da waren andere mögliche Pfade durch die Straßen und Durchgänge jener Nacht, Hunderte von Wegen und Achsen, die alle voneinander fortführten. Und doch waren sie sich begegnet, und Lemprière entsandte ein stilles Dankgebet zu Septimus. Sie war neben ihm, und hielt die letzte Seite hoch wie zuvor, und fragte dieselbe schweigende Frage nach der leeren Seite, die er für den letzten Eintrag frei gelassen hatte. Er hatte gewußt, er würde sich erinnern. Als er den Mund öffnete, um zu reden, gab Kapitän Radley wieder Zeichen an den Mann am Mast. «...», antwortete Lemprière, als der Baum herüberschwang und seine Worte über Bord fegten, «es war ein Beiname der Juno, wenn sie Ehen hütete.» Die *Vineeta* schwingt herum, und Septimus sieht, wie sie ihren Kurs wieder zurückläuft. Von seiner steigenden Stellung da oben sind Lemprière und Juliette Zufallsreisende in dem Boot, das zwischen Steuerbord und Backbord halst und dessen Kielwasser die Oberfläche des Ozeans von NNO nach SSW zackt, als sich der Heimatkurs entwickelt. Das Vergangene ist zum Erwählten geworden. Seine eigenen gleitenden Bogen kreisen in Übereinstimmung mit den engen Winkeln des Bootes unten, und deren Zacken kreuzen und erklimmen den Pendelschwung, dessen Scheitelpunkt Septimus ist. Das Pendel schwingt und kreiselt und steigt. Die ruhenden Augenblicke am Ende jeder Kurve berühren die Beugekanten einer Spirale, die mit ihm steigt und im frierenden Äther auskristallisiert, um einen aufsteigenden Korridor zu bilden. Über ihm ist der Himmel ein dunkelndes Auge mit einem lohenden Ofen als Pupille. Er blickt hinab und sieht ihr Fahrzeug sich an den Rand des Ozeans klammern. Mit jedem Schwung bewegt er sich noch höher, und der Ozean schrumpft zusammen, als gleite die Erde unter ihm von Ost nach West. Das breite atlantische Becken zieht sich zum Mittelmeer zusammen, wo die *Vendragon* und ihre Kapitäne die letzte Metamorphose dieses Schiffes bewerkstelligen werden. Er steigt höher, näher dem feurigen Auge der Sonne zu, und das Mittelmeer wird zu seinem kleineren Nachbarn, dem *Pontus Euxinus,* nach seinen Nebeln Schwarzes Meer benannt, und die Galeeren, die über seine Oberfläche dahinkriechen, sind winzige Splitter, Fleckchen auf der Oberfläche seines Auges. Landzungen, Buchten und Vorgebirge schwinden und verschwinden in der allgemeinen Küstenlinie. Jetzt sieht er die *Vineeta* nicht mehr. Der Feuerball zieht ihn immer höher in den Himmel, und der Ozean schrumpft weiter. Das Schwarze Meer fließt durch die Straße von Kertsch in sein eigenes nördliches Becken, das die Massageten *Temarenda* nannten, Mutter der Wasser, und die ihnen nachfolgenden Römer *Palus Maeotis.* Hier verlaufen die Strömungen gegen den Uhrzeigersinn und werden durch Frischwasserspritzer aus dem Don, der Jeja und einem Dutzend kleinerer Flüsse gespeist. Nach Osten hin kerben wüste Julistürme ein Labyrinth sandiger Landzungen vom Kubandelta landab. Nach Westen hin teilt die Zunge des Arabat es von den faulenden Marschen und Lagunen des *Siwasch* ab. Die Türken nennen diesen Ort den *Baluk Deniz,* den See der Fische, nach dem in seinen Wassern gefangenen Stör. Nun sind die Fische verschwunden, und *Temarenda,* die Mutter der Wasser, hat ihre Söhne an deren eigene Ziele verloren, die voneinander ebenso unterschiedlich sind wie von ihren.

Jetzt nennt man diesen Ort platter: die einen
Asowsches Meer, die anderen See von
Zaback.

Das Dossier des Übersetzers

Übersicht

1. Hilfreiche Handreichung des Autors

Als Lawrence Norfolk beziehungsweise seine literarische Agentur begann, das Manuskript auf die Rundreise zu Verlegern zu schicken, fügte ihm der Autor «Notizen zur Geschichte und zur geschichtlichen Genauigkeit» bei, die als Hilfe für die Lektoren gedacht waren. Doch dürften sie mehr noch der deutschen Leserschaft das Verständnis dieses ungewöhnlichen Romans erleichtern, der mit Elementen des klassischen britischen Bildungskanons und der englisch-französischen Geschichte spielt, die nicht als selbstverständlicher Besitz deutscher Schulbildung angesehen werden können. Hier sind die Anmerkungen des Autors:

«Diese Notizen sollen das Verhältnis zwischen den historischen Tatsachen und den Vorgängen, die in diesem Roman geschildert werden, klären, kurz: Hinweise darauf geben, was wahr ist und was nicht. Und da es sich um einen historischen Roman handelt, möchte ich gerne umreißen, wie jene Historie aussah, auf der so vieles in diesem Roman beruht.

Geschichte

‹Lemprière's Wörterbuch› wurde ohne irgendeine besondere Geschichtstheorie im Kopf geschrieben. Jedoch zeichneten sich beim Überlesen des Manuskripts für mich zwei miteinander in Verbindung stehende Vorstellungen von Geschichte ab. Erstens: Geschichte ist ein Zyklus, ein Rad, das sich voll dreht. Zweitens: Geschichte ist eine Ansammlung von Wiederholungen.

Diese beiden Vorstellungen sind in dem Buch durchaus vorherrschend. Um deutlich zu machen, auf welche Weise, möchte ich gerne ein Hauptbeispiel (das der Belagerung) und einige kleinere Beispiele besprechen.

Geschichte als Zyklus. Die Belagerungen von Troja und Karthago (die Lemprière beiläufig erwähnt) werden durch die Belagerung von La Rochelle ‹nachgespielt›, die ihrerseits in Sir John Fieldings Vorstellung von London als von abtrünnigen Aufrührern und ausländischen Unruhestiftern belagert ‹nachgespielt› wird, und alle diese Belagerungen werden schließlich ‹nachgespielt› im Fall von Paris unter den Machenschaften der *Les Cacouacs* (Duluc, Protagoras und der Kardinal). Auf diese Weise werden die Vorgänge, die eine Belagerung ausmachen, durchgespielt und nachgespielt. Es mögen die unterschiedlichsten Städte Gastgeber des Schauspiels sein, aber die Grundformen des Schauspiels wiederholen sich unverändert. Belagerungen geschehen immer wieder.

Geschichte als Ansammlung von Wiederholungen. Jede Belagerung ist eine Wiederholung der vorangegangenen, aber sie ändern sich. Sie antworten unterschiedlich auf unterschiedliche geschichtliche Gegebenheiten. So ist die Belagerung Trojas eine heroische – das einfache Muster, dem die anderen folgen. Karthagos Belagerung ist weniger heroisch. Lemprière ist der Ansicht, daß Scipio diese Belagerung lediglich durchgeführt hat, um vom Senat Roms das Konsulamt zu erhalten. Und La Rochelle ist noch weitaus politischer und sehr viel weniger ‹militärisch› oder gar ‹heroisch›. Die Motive dieser Belagerung sind eindeutig unedel und unwürdig. Die ‹Belagerung› Londons schließlich ist noch ‹moderner› und ‹psychologisch›. Ihre Erdaufschüttungen und Belagerungsmaschinen bestehen aus den Anzeichen anwachsender Unzufriedenheit, die Sir John Fielding entziffern und entschärfen muß. Die Belagerung von Paris (die gegen Ende des Romans unmittelbar vor ihrem Anfang steht) schließlich ist wirklich ein Fluch, sozusagen nur noch Propaganda. Das heroische Klirren der Schwerter zu Troja wird von charakterlosem Politisieren und Desinformationskampagnen ersetzt.

Wiederholungen und Zyklen kommen in dem Roman häufig vor. Die Handlungen der Charaktere werden oftmals von den Handlungen anderer Charaktere schattenhaft nachgebildet oder in genauer Umkehrung wiederholt, oder durch den genauen Gegensatz beantwortet. Die Entwicklung dieser Unterschiede ist der eine Weg, auf dem die Geschichte erzählt wird. Zum Beispiel: Lemprières Suche nach dem Schicksal seines Vaters wird von Nazims Suche nach dem seines Onkels gespiegelt. Beide fühlen sich an deren Tod schuldig, und ihre Suche führt beide zu der Erkenntnis, daß sie trotz dieser Selbstvorwürfe tatsächlich keine Schuld tragen. Es gibt in diesem Buch noch andere Suchen nach Vätern (die Juliettes, die des Septimus = der Siebente) und andere Versklavungen durch die Hinterlassenschaften toter Väter (Edmund de Veres zwanghafte Entwässerungsprojekte, Juliettes Unterwerfung unter Casterleighs Willen, der ein falscher Vater ist).

Auf diese Weise werden die meisten Charaktere verdoppelt: Juliette durch Rosalie (identische Zahnrädchen in der Verschwörung der Cabbala gegen Lemprière, die sich jeweils auf ihre eigene Zerstörung zu oder von ihr fort drehen), Nazim und Le Mara (beides Meuchelmörder, die von der Vorstellung gepeinigt werden, sie könnten vielleicht teilweise ‹homme machine› sein, Maschinenmenschen nach den philosophischen Vorstellungen jenes Teils der französischen Aufklärung, für den zum Beispiel La Mettrie steht), Sir John und Henry Fielding (hier verweist Sir John durch seine Fragen, was denn wohl Bruder Henry in dieser oder jener Situation getan haben würde, besonders deutlich auf dieses Dopplertum), die Peppard-Zwillinge. Das ergreift nicht selten auch geringere Charaktere: Mister Byrne (den praktischen schottischen Automatenbauer) und Monsieur Maillardet (den idealistischen französischen Automatenbauer). Und nicht selten sind Charaktere zusätzlich mit mythologischen Gestalten verknüpft: Lady de Vere, die Witwe Neagle und Juliette entsprechen Juno, Minerva und Venus (beziehungsweise Hera, Athene und Aphrodite), die Lemprière als einem neuen Paris Reichtum, Weisheit und Liebe als Anreize anbieten. Der am häufigsten und verschiedenartigsten mit mythologischen Gestalten verbundene Charakter ist Lemprière. Er ist Perseus, Theseus und Paris, je nachdem, wie sich seine Rolle entsprechend den sich ihm stellenden Herausforderungen ändert.

Und letzten Endes ist die römische Mythologie ihrerseits ebenfalls eine Verdoppelung: der griechischen Mythologie. Doch herrscht hier kein rigides Schema.

Historische Tatsachen und ‹Lemprière's Wörterbuch›

Je unbedeutender ein Ereignis ist, desto größer ist die Wahrscheinlichkeit, daß es den historischen Gegebenheiten entspricht. Umgekehrt wird, je bedeutungsvoller das Ereignis, es um so wahrscheinlicher, daß ich mit ihm herumgespielt habe. Doch steckt in dieser Verkehrung der üblichen Praxis nichts Bedeutungsvolleres als meine undeutliche Überzeugung, daß Gott im Detail stecke.

Eine vollständige Erörterung, was historisch zutreffend ist und was nicht, und wie sich beides jeweils unterscheidet, würde umfangreicher als der Roman; hier denn also einige Richtlinien und ein paar Beispiele, geordnet in vier Themengruppen (und vergleiche die Anmerkungen ab S. 713).

Hintergrundfragen

Geographie und Geologie. Die Geographie von Jersey, London, dem Nawab-Staat Karnatik in Indien, Paris, La Rochelle (und soweit wie möglich von Troja, Rom und Karthago) ist zutreffend geschildert mit Ausnahme der Zitadelle von La Rochelle (architektonisch verändert und näher an die Seemauer herangerückt) und der Geologie des Untergrundes von London (dargestellt als Kompendium aller möglichen Geologien und vervollständigt durch Dinosaurier-Fossile, ca. 4,5 km Länge). Und alle dargestellten Reisen waren damals so möglich.

Das Wetter ist historisch richtig beschrieben. Wenn jemand behauptet, es habe am 4. Mai 1788 um 10 Uhr 30 geregnet, dann hat es zu dieser Zeit geregnet. Die einzige Ausnahme ist der Antizyklon, der am 13. Juli 1788 über La Rochelle tobte (obwohl die schweren Stürme, die in der nächsten Nacht über Frankreich tobten, durchaus von einem Wettersystem hätten ausgelöst werden können, wie ich es beschrieben habe).

Kleidung, Möbel, Nahrungsmittel sind (bis auf erkennbar Erfundenes wie das Getränk *Lethe*) nach den Texten der Zeit korrekt beschrieben und benannt.

Roboter, damals Automaten, existierten einschließlich vielerlei humanoider Formen und waren sehr populär. Der bei den de Veres vorgeführte Automat wurde in London in den 1780er Jahren wie von mir beschrieben vorgeführt, von dem Mann des Namens und der Beschreibung in diesem Buch.

Schiffe, die im Verlauf des Romans genannt werden, segelten, legten an, luden aus, nahmen Passagiere und Fracht an Bord usw., wie und wann ich es beschrieben habe. Ihre Ladungen kamen von den Orten, die ich genannt habe. Die Schiffsformen sind so genau wie nur möglich beschrieben. Ausnahmen:
– kein Schiff namens *Vendragon* hat existiert, obwohl seine erste Verkörperung (wie die *Falmouth*) tatsächlich vor Arakan (West-Burma) verschwand;
– die drei racheschnaubenden Höllenschiffe *Megaera*, *Tisiphone* und *Alecto* sind (wie schon die Namen andeuten) erfunden, wie das türkische Kriegsschiff *Tesrifati*;
– leider auch die Pantisokratischen Piraten.
  Die Ozeane, Seen, Flüsse und Gezeiten sind jedoch ebenso zutreffend beschrieben wie die verschiedenen Docks, Werften, Molen, Häfen, Reeden mit ihren unterschiedlichen Befahrtiefen und anderen Eigentümlichkeiten.

Politik. Dieses Gebiet habe ich so weit wie möglich vermieden. Jedoch:
– die aus Frankreich berichteten Aufstände fanden alle so wie beschrieben statt;
– die Ränkespiele zwischen Österreich, der Türkei, Rußland und Preußen einschließlich des Hertzberg-Planes, der den Kaiser Joseph so ängstigte, ebenso;
– dito die Ereignisse des österreichisch-türkischen Krieges und die Kämpfe innerhalb der türkischen Bürokratie;
– der kaiserliche Gesandte in Konstantinopel (der in Wirklichkeit Peter Herbert-Rathkael hieß) verschwand tatsächlich zu der Zeit, da ich ihn entführen ließ.

Historische Ereignisse und Personen, die im Roman verändert wurden

Die Ostindien-Gesellschaft wird während des größten Teils des Romans als ‹Die Gesellschaft› bezeichnet. Sie wurde (wie ich schreibe) 1600 gegründet. Doch wurde die erste Reise erst 1601 begonnen. Ich habe aber 1600 als Ausgangsdatum vorgezogen, und dementsprechend sind die meisten Daten in ‹1600: Die Ausfahrt› um ein Jahr verschoben. Die Beschreibung der ersten Reise ist aus Ereignissen während der ersten sechs Reisen zusammengesetzt, da es sich als praktisch unmöglich erwies, die historischen Einzelheiten der ersten Reise ausfindig zu machen. Die Übernahme der Gesellschaft durch die Kaufherren aus La Rochelle nach der Rückkehr der ersten Expedition ist erfunden; jedoch konnte die Finanzierung der zweiten Reise nach dem Scheitern der ersten bis heute nicht zufriedenstellend geklärt werden.

La Rochelle. Die Belagerung fand im wesentlichen so statt, wie ich sie beschrieben habe. Es war eine sehr blutrünstige Veranstaltung, doch starben die 25000 Männer, Frauen und Kinder eher an Hunger denn durch jenes Feuer, auf das ich verschiedentlich angespielt habe und das ich dann beschreibe.

Lemprière's Wörterbuch. Bis heute blieb unbekannt, wie und warum John Lemprière sein Wörterbuch geschrieben hat. Es wurde angesichts der nötigen Forschungsarbeiten ungewöhnlich schnell abgefaßt. Alle Hinweise und Verweise auf es sind zutreffend, allerdings habe ich die erweiterte Auflage von 1850 zugrunde gelegt, da ihr vergrößerter Inhaltsumfang mir mehr Raum für meine Manöver bot, als es die 1. Auflage getan hätte.

Sir John Fielding hielt das Amt des Richters in der Bow Street (mit all den im Roman beschriebenen zeitgenössischen Befugnissen, als Polizeichef, Untersuchungsrichter usw.) bis 1780. Im Roman hat er es bis 1788 inne, was natürlich nicht zutrifft. Jedoch paßt er mir als blinder Halbbruder des großen satirischen Schriftstellers Sir Henry Fielding, der das gleiche Amt vor ihm ausgeübt hatte (und daraus für sein schriftstellerisches Werk in erheblichem Umfang Anregungen empfing) zu gut, als daß ich auf ihn hätte verzichten können. Die Darstellung seiner Wesensart und Handlungsweise basiert auf Berichten der Zeit.

Das Opernhaus am Haymarket (= Heumarkt) brannte 1789 ab, nicht 1788, wie ich behaupte. Die dort im Sommer 1788 gebotenen Ausführungen und Schauspiele sind im Roman genau nach zeitgenössischen Berichten beschrieben. Der Name der Farce ‹Oh I Say!›, den der Besitzer verwendet, um die geheime Oper am Ende des Romans zu verschleiern, wurde damals für jene Woche vom 7. bis 14. Juli 1788 zur Aufführung angekündigt.

Der Steinschlucker Francis Battalia führte seinen Akt dann und so vor, wie ich es beschrieben habe, zog sich allerdings 1788 noch nicht in den Ruhestand zurück.

Marchesi, der berühmte Tenor, besuchte tatsächlich, wie ich behauptet habe, London im Sommer 1788. Er erntete starken Applaus, scheint aber nur zurückhaltend bereit gewesen zu sein, aufzutreten. Verschiedene Konzerte und Opern wurden kurzfristig abgesagt. Ebenso entstammen alle anderen Operndiven und -sänger Berichten der Zeit.

Die Asiaticus-Flugschriften. ‹Asiaticus› war tatsächlich ein Kritiker der Ostindien-Gesellschaft, jedoch bereits im 17. Jahrhundert. Er bediente sich wie mein erfundener des 18. Jahrhunderts des Pseudonyms ‹Asiaticus› aus Angst vor Racheaktionen der Ehrenwerten Gesellschaft. Die vom fiktiven ‹Asiaticus› des 18. Jahrhunderts verfaßten Pamphlete sind meine Erfindung.

Unbedeutende Einzelheiten

Sie stellen jenes Forschungsgebiet dar, dem ich die meiste Arbeit gewidmet habe. Soweit ich das feststellen konnte, sind alle unbedeutenden Einzelheiten zutreffend geschildert. Da es ihrer so viele gibt, muß eines als Beispiel genügen: die Geranien. Edmund de Vere, Earl of Braith, und John Lemprière sitzen in der Berwick Street nach der Beisetzung von Alice de Vere in einer Schenke. Bei einer bestimmten Gelegenheit blickt der Earl auf und bemerkt einen Geranientopf auf dem Fensterbrett im dritten Stockwerk des Hauses gegenüber (einer Bäckerei). Zu gegebener Zeit wird Sir John Fielding davon Kenntnis nehmen, daß in der Berwick Street ein Kind durch einen herabstürzenden Geranientopf erschlagen worden ist. Den Blumentopf hat es gegeben, und er befand sich an jenem Tag, an dem ihn der Earl bemerkte, auf eben jenem Fensterbrett. Einen Tag später wurde er herabgestoßen und erschlug ein Kind. Der Vorfall ist historisch belegt.

Die Quellen, aus denen ich geschöpft habe, sind zu zahlreich, als daß sie hier im einzelnen aufgeführt werden könnten. Ich habe rund dreihundert Bücher gelesen beziehungsweise zu Rate gezogen. Das Jersey des 18. Jahrhunderts wurde aus Reiseführern der Zeit, aus Karten, Gezeitentafeln, Werken über Geschichte und Architektur und die natürlichen Gegebenheiten zusammengestellt. Ähnlich London bei zusätzlicher Heranziehung von Drucken, Stichen und rund zweihundert zeitgenössischen Zeitungsausgaben, insbesondere aus den Monaten Mai bis Juli 1788. Hierbei erwies sich *The Morning Chronicle* als besonders hilfreich. Paris rekonstruierte ich mir aus zeitgenössischen Reiseberichten, einigen Kochbüchern und Berichten über die Moden, Gebräuche und Vorgänge in den erwähnten Zeitungen. Einzelheiten der Belagerung von La Rochelle stammen vor allem aus Pierre Mervaults Zeitzeugenbericht sowie aus einigen der antikatholischen Flugschriften, die in Beantwortung der Belagerung nach 1630 verfaßt wurden.

Anachronismen

wurden nur relativ selten, dann aber bewußt eingesetzt. Zum Beispiel ist jenes Stückchen Musik, das Ernst KALKBRENNER, der häretische Psychologe, Lemprière auf dem Klavier vorspielt, um dessen psychologische Reaktionen zu testen, wie das Notat ausweist die Eröffnung des Trauermarsches von CHOPIN, der erst einige Jahrzehnte später geschrieben werden wird. Kalkbrenner ist aber der Name eines der frühesten Lehrer Chopins, wie auch der seines Freundes CLEMENTI. Die beiden historischen Namensträger haben Chopin beeinflußt, und so mag denn dieser Anachronismus als mögliche Alternativerklärung für das Entstehen des Trauermarsches angesehen werden. Weniger offensichtlich ist, daß bestimmte Technologien im Roman (vor allem im Bereich der Robotertechnik und der Kybernetik) für jene Zeiten viel zu fortgeschritten dargestellt sind. Im allgemeinen habe ich den Gedankenhorizont um 1788 als geschichtliche Grundlage genommen. Mit anderen Worten: wenn zu jener Zeit etwas bereits vorstellbar war und ich es auch glaubwürdig beschreiben konnte, habe ich es in den Roman eingebaut, ob es nun bereits tatsächlich existierte oder nicht.

Wenn ich als ‹allwissender› Erzähler mit meiner Stimme spreche, habe ich mir die Zügel freier gelassen. So habe ich die biochemischen Vorgänge im Earl während der Szene im Schweineclub in Begriffen beschrieben, die erst um 1850 geprägt wurden (Phagozyten, Leukozyten usw.). Zur Eröffnung des IV. Abschnitts ‹La Rochelle› wird Europa in Begriffen und Metaphern beschrieben, die vorwiegend aus der Chaos-Theorie stammen, die erst während des letzten Jahrzehnts entwickelt worden ist. Und die Beschreibung von La Rochelle unmittelbar vor der Belagerung verdankt der Katastrophentheorie viel. Es gibt noch viele andere Beispiele für dieses mein Verfahren. Sie alle sollen jedoch keineswegs bedeuten, daß diese Theorien auf die Geschichte oder auf meine Version Einfluß gehabt hätten. Sie sind lediglich Mittel, Ereignisse zu beschreiben. Denn manche der Dinge, die ich beschreiben wollte, waren nicht bereit, sich simplen Erzähltechniken zu unterwerfen, und deshalb mußte ich mir ausgeklügeltere Werkzeuge für meine Arbeit entleihen.

Schließlich aber und vor allem anderen dienten mir Nachforschungen, die Verwebung von Fakten und Fiktion, die Verfälschungen und bewußtes Hinterslichtführen der einen oder anderen Art keinem anderen Zweck als dem dieser Geschichte.»

2. Die Familie Lemprière und ihr Sohn John

John Lemprière, der Held unseres Romans, war tatsächlich der Verfasser eines «Classical Dictionary of Proper Names Mentioned in Ancient Authors» (Klassisches Wörterbuch von Eigennamen, die bei antiken Autoren erwähnt werden). Er wurde vermutlich im Jahr 1765 geboren und starb an einem Schlaganfall in der Southampton Street während der Rückfahrt von seinem Landhaus nach London am 1. Februar 1824.

Seine Familie, deren Namen frankonormannische Herkunft verrät, gehört zu den alten großen Familien auf Jersey, einer jener Kanalinseln, die weder zu Frankreich noch zu Großbritannien (oder gar England) gehören, sondern als Überrest des normannischen Herzogtums der britischen Krone als Rechtsnachfolgerin der normannischen Herzöge verbunden sind. Die Inseldialekte stellen eine eigenwillige Mischung aus normannisch betontem Französisch und aus Englisch dar und verfügen über einen reichen Schatz eigenständigen Vokabulars.

Der erste historisch bedeutende Lemprière war Hugh, der unter Elizabeth I. als Lieutenant Bailiff of Jersey diente, und als Judge Delegate unter James I. Sein zweiter Sohn Michael, Herr auf Maufant (auch als Hampden of Jersey bekannt), führte während des englischen Bürgerkriegs auf der Insel die Parlamentarische Partei, nicht zuletzt aus persönlicher Feindschaft zu seinem politischen Gegenspieler Sir Philip de Carteret, dem Führer der Royalistischen Partei. Zunächst gewann Lemprière die Oberhand, doch wandte sich die Bevölkerung 1643 gegen ihn, und er mußte sich auf acht Jahre ins Exil nach London flüchten. Unter Cromwell kehrte er als dessen Beauftragter zurück und regierte Jersey von 1652 bis 1660 «gerecht und zurückhaltend». Unter der Restauration wurden seine

Ländereien beschlagnahmt, ihm aber später zurückgegeben. Der heutige Herr auf Rozel ist sein unmittelbarer Nachfahre.

Charles Lemprière, der Vater von John, gehörte einem Nebenzweig der Familie an. Wahrscheinlich war er ein Bruder von Thomas Lemprière, dessen Sohn William 1834 als Generalinspekteur der Heereslazarette starb. Charles war ein Mann von gesellschaftlichem Status und ein kluger Kopf, weshalb er seinen Sohn 1779 auf die Schule nach Winchester schickte, die damals wie heute zu den besten des Königreichs gehörte (wenn es damals nicht sogar die beste war). John blieb dort bis 1779 und besuchte dann das Pembroke College – wahrscheinlich auf den Rat von Richard Valpy.

Richard Valpy, der fünfzig Jahre lang der Direktor der Schule zu Reading war, hatte bedeutenden Einfluß auf den zehn Jahre jüngeren John Lemprière. Nachdem Valpy 1781 Direktor zu Reading geworden war, führte er diese Schule zu hohem Ruhm und sollte dort ab 1787 Lemprière in die Gründe der hohen Gelehrsamkeit einführen. Die von ihm verfaßten Grammatiken des Griechischen und Lateinischen blieben noch lange nach seinem Tod in stetigem Gebrauch, und manche der bedeutendsten Gelehrten Großbritanniens jener Zeit zählten zu seinen Schülern: so von den Kanalinseln Francis Jeune, Master of Pembroke, Bischof von Peterborough und einer der Mitschöpfer des modernen Oxford; ebenso wie P. P. Dobree, der als Regius Professor des Griechischen zu Cambridge starb und als der bedeutendste Gräzist Englands nach Porson gilt. Valpys Sohn Abraham schließlich, der Begründer des *Classical Journal* und der Herausgeber des *Stephanus Thesaurus*, wurde als Drucker und Herausgeber ebenso bedeutend, wie sein Vater als Gelehrter und Hochschullehrer war.

In Pembroke lebten, als John Lemprière dorthin kam, noch alte Herren, die sich sehr gut an den großen Dr. Samuel Johnson (1709–1784) erinnerten, der dort als bedürftiger Stipendiat seine Laufbahn als letzter großer Vertreter der Aufklärung und als führender englischer Literaturkritiker und bedeutendster Lexikograph vor Lemprière begonnen hatte. So ist es nicht ausgeschlossen, daß die Erinnerungen an ihn und vor allem sein Wörterbuch den jungen Lemprière inspirierten, sich selbst eine Karriere als Lexikograph vorzunehmen. Fest steht, daß 1786, als er durch Bischof Morleys Foundation zum Scholar zu Pembroke gewählt wurde, die Arbeit an seinem Klassischen Wörterbuch bereits im Gange war. Es war dies eine Zeit der intellektuellen Hochblüte in England: Noch wirkte Dr. Johnsons Werk nach, und Männer wie Edmund Burke, Horace Walpole, Adam Smith und Edward Gibbon standen im Zenit ihres Ruhms. Das mag teilweise das Rätsel erklären, wie sich ein Zwanzigjähriger an ein so anspruchsvolles und so immense Nachforschungen verlangendes Werk machen konnte.

1787 wurden Lemprières Studien in Oxford zeitweilig dadurch unterbrochen, daß ihn Richard Valpy einlud, auf Zeit Mitglied des Lehrkörpers zu Reading zu werden. 1788 arbeitete er in Pembroke unter der Führung von Richard und dessen Bruder Edward (nachmals Direktor zu Norwich). Während dieser Zeit und unter solcher Führung dürfte er sein Wörterbuch beendet haben, das 1788 in Oxford mit einem «November 1788» datierten Vorwort erschien. 1789 scheint er die Weihen genommen zu haben, denn bekannt ist, daß er in diesem Jahr in Saint Hélier auf Jersey zur großen Befriedigung seines Vaters predigte. 1789 erhielt er zu Pembroke den Grad eines Bachalaureus Artium (Bachelor of Arts), 1791 war er Direktor des Gymnasiums (Grammar School) in Bolton, ab 1792 zusätzlich Kurat (Hilfspfarrer) in Radley, wurde aber noch im gleichen Jahr mit Hilfe Richard Valpys zum Direktor der Schule zu Abingdon gewählt, einer der ältesten (und in früheren Zeiten reichsten) Schulen Englands. (Zur Zeit der Erstellung des Domesday Books 1086 war die Benediktiner-Abtei von Abingdon in Berkshire nächst dem König größter Landbesitzer, und die Knabenschule der Abtei wurde bis zur Aufhebung der Abtei durch Heinrich VIII. ununterbrochen fortgeführt, danach aber durch private Sponsoren übernommen und zu neuer Blüte geführt; zur Aufnahme von jährlich 13 Stipendiaten aus Abingdon wurde 1610 das Pembroke College in Oxford gegründet.)

Um diese Zeit heiratete Lemprière; das erste Kind aus einer zahlreichen Schar, John Francis L., wurde 1793 geboren; John selbst blieb Kurat von Radley und übernahm zusätzlich das Predigeramt in Sankt Nicholas zu Abingdon. Gleichzeitig bereitete er die zweite, stark erweiterte Auflage seines Wörterbuchs vor – womit seine Schaffenskraft offenbar erlosch; denn weitere Auflagen seines Wörterbuchs folgten rasch, ohne daß er selbst an ihnen arbeitete; Pläne wurden entworfen (eine Übersetzung von Herodots Werken, eine Universale Biographie), von denen nur die «Universal Biography of Eminent Persons in all Ages and Countries» unbefriedigend verwirklicht wurde (1809). Seine Dienstobliegenheiten vernachlässigte er mehr und mehr: seine Unfähigkeit als Verwalter oder jener faule Müßiggang, in den damals ein Großteil des anglikanischen Priestertums versank, führten nahezu zum Ruin der bedeutenden Schule. 1809 mußte er zurücktreten und sich mit dem sehr viel geringer dotierten Amt des Direktors der Exeter Grammar School begnügen, von dem er 1819 ebenfalls zurücktreten mußte, wonach er nur noch von seinem 1811 zusätzlich übernommenen Amt des Rektors zu Meoth in Devonshire lebte.

Dem Schulmann wie dem Geistlichen flocht die Nachwelt mit Fug und Recht keine Kränze. Der nach Dr. Johnson bedeutendste Lexikograph Großbritanniens lebt ruhmreich heute noch fort.

3. Das «Classical Dictionary»

Der volle Titel der Erstausgabe lautete: BIBLIOTHECA CLASSICA or A CLASSICAL DICTIONARY / containing a full Account of all the Proper Names mentioned in the Antient Authors, to which are subjoined / Tables of Coins, Weights, and Measures, in Use among the Greeks and Romans / Reading / Printed for T. Cadell, London MDCCLXXXVIII.

Lemprière beginnt sein Vorwort zur 1. Auflage mit den Worten: «Auf den folgenden Seiten will der Autor den genauesten und befriedigendsten Bericht über all jene Eigennamen geben, die einem bei der Lektüre der Alten begegnen, und durch eine sorgfältige Zusammenstellung von Anekdoten und historischen Fakten ein Bild der Antike entwerfen, nicht weniger lehrreich wie unterhaltsam. Ein solches Werk zuhanden des Publikums wird hoffentlich nicht für nutzlos erachtet;

und während es den Studenten in die Kenntnis der Geschichte und der Mythologie einführt und mit der antiken Situation und dem Ausmaß von längst vergangenen Königreichen und Städten vertraut macht, mag es auch der Gelehrte vielleicht für einen nicht verächtlichen Begleiter halten, von dem er mancherlei Information erfahren und zum zweiten Male von vielen wichtigen Einzelheiten unterrichtet werden kann, die die Zeit oder arbeitsame Beschäftigungen ihm aus der Erinnerung gelöscht haben mögen.» Ursprünglich habe er geplant, alle Namen bei Plinius und anderen antiken Geographen aufzunehmen und ausführlich zu erklären. Davon habe er dann aber Abstand genommen, da das den Umfang des Werkes weit über seinen Wert hinaus aufgebläht haben würde, denn viele Namen tauchten eben nur bei einem einzigen Autor auf, und der sei auch die einzige Quelle, die man zur Erörterung jenes einzelnen Namens heranziehen könne. Besonders zu Dank verpflichtet sei er den *Siècles Payens* des Abbé Sabatier de Castres hinsichtlich der heidnischen Mythologie, der Arbeit des Abbé Banier und dem *Dictionnaire Historique* der literarischen Gesellschaft zu Caen, einem Schatzhaus historischer Anekdoten. Die Hinweise zur Aussprache folgten Smethius und Leede; hinsichtlich der Angaben zum römischen Recht und zu den Festlichkeiten der alten Einwohner Italiens und Griechenlands sei er den Sammlungen des Erzbischofs Potter und der Herren Godwyn und Kennet verpflichtet. Besonderen Dank schulde er den Hinweisen von Richard Valpy. «Und welche Bemerkungen auch immer der freundliche Kritiker machen wird», da sich trotz aller Wachsamkeit des Verfassers sicherlich auf jeder Seite Anlaß für zahlreiche Verbesserungen und Korrekturen finden werden, «wird er (der Verfasser) sich dankbar zeigen und die Bemerkungen eines jeden urteilsfähigen Lesers aufgreifen, sollten Gunst und Duldung des Publikums eine 2. Auflage fordern».

Sie folgte 1792, erweitert um eine chronologische Übersicht sowie zusätzliche Hinweise auf «moderne» Ausgaben der griechischen und lateinischen Autoren. 1794 erschien in Deventer (Niederlande) eine anonyme Übersetzung ins Lateinische, zu der 1797 John Lemprière im Vorwort seiner 3. Auflage erklärt: Der Anonymus habe mit unverdienter Härte über die Irrtümer in der 1. Auflage geurteilt, diese dann aber so sklavisch übernommen, daß er selbst jene Fehler wiederhole, die in der 2. Auflage bereits korrigiert worden seien. Das müsse als ebenso illiberal wie unfreundlich beurteilt werden.

1825 wurde das Wörterbuch in den USA als geistiges Eigentum eines US-Bürgers registriert und von Professor Anthon, einem deutschen Professor an der Columbia-Universität, binnen acht Jahren durch sieben Auflagen geführt, wobei die 7. Auflage bereits den doppelten Umfang der 1. hatte, was insbesondere durch die Aufnahme ungeheuer langer Artikel über Ägypten, die Pyramiden und Indien verursacht wurde. In dieser Form kam das Wörterbuch wieder nach England zurück und wurde jetzt von Professor E. H. Barker als sein Eigentum betreut und herausgegeben, von dem behauptet wird, er sei als Gelehrter von größerer Umtriebigkeit als Urteilskraft gewesen. Er blähte den Umfang erneut gewaltig auf: etwa durch sechs vorwiegend in Latein geschriebene Spalten über Suidas, den Lemprière in zweieinhalb Zeilen angemessen abgehandelt hatte.

Kurz nach Lemprières Tod ist ferner eine Neuausgabe des Wörterbuchs durch seinen Sohn F. D. Lemprière veranstaltet worden. In der Verlagsankündigung hieß es u. a.: «Diese Ausgabe enthält nicht nur des Verfassers letzte Korrekturen und Ergänzungen, sondern auch einige tausend neue Artikel, die der Herausgeber beifügte. In dieser Ausgabe werden die hervorragendsten Statuen und Büsten der Antike verzeichnet, die existieren.»

Trotz der Behauptungen von Anthon, Barker und F. D. Lemprière waren alle drei jedoch sehr viel mehr daran interessiert, dem Wörterbuch ihre Materialien beizufügen, als durchaus nötige Korrekturen durchzuführen: Lemprières ursprüngliche Artikel wurden weiterhin mit ihren Fehlern praktisch wörtlich nachgedruckt. Während nun aber nicht bezweifelt werden kann, daß auch diese Ausgaben erheblich zur Verbreitung klassischer Kenntnisse in der englischsprachigen Welt Europas und Nordamerikas beigetragen haben, gewannen sie beim Publikum keinen dauerhaften Zuspruch. Hingegen erschien Lemprières eigentliches Wörterbuch bereits 1829 in der 15. Auflage, immer noch für den ursprünglichen Verleger gedruckt, T. Cadell.

1850 wurde aus den aufgeblähten englischen wie US-amerikanischen Ausgaben von dem bedeutenden Altphilologen der Universität London, Prof. F. A. Wright, und unter Orientierung an der 2. Ausgabe, die Lemprière noch selbst veranstaltet hatte (bzw. der 15.), eine neue Ausgabe zusammengestellt, die einerseits das übermäßige Auswuchern der früheren Auflagen in England und den USA erheblich zurückschnitt, andererseits aber viel ergänzendes und korrigierendes Material dieser Ausgaben einarbeitete und insbesondere auf die Angabe bestimmter textkritischer Ausgaben zugunsten eines generellen Hinweises auf die Fundstellen in «Loeb's Library» verzichtete. Wrights Ausgabe übernahm insgesamt rund 1500 Eintragungen zusätzlich zu denen von Lemprière, ist um rund ein Drittel umfangreicher als die 2. Ausgabe und wird bis heute sozusagen als «Version II» unverändert fortgedruckt (zuletzt 1990 als Reprint des Reprints von 1984 bei Bracken Books, London; mit dieser Ausgabe arbeitete Norfolk). Die in ihr enthaltene Zeittafel beginnt noch mit der «Erschaffung der Welt im 710. Jahr der julischen Zeitrechnung, 4004 vor Christus» und endet mit der Eroberung Konstantinopels durch die Türken 1453. Sie enthält ferner (neben einer Anleitung zur Aussprache) Tabellen mit griechischen und römischen Münzen und Maßen sowie ihrer Umrechnung in die zeitgenössischen englischen Werte.

1879 erstellte Prof. Wright für den Londoner Verlag Routledge, der die Rechte des Verlags Cadell übernommen hatte (heute Routledge & Kegan Paul Ltd.), eine neue Ausgabe, die unter Beibehaltung aller Korrekturen zur Artikelzahl der 1. Auflage zurückkehrte. Wright nahm jedoch folgende Änderungen vor: er löste den Wirrwarr von griechischen und lateinischen Götternamen auf, indem er soweit wie möglich Querverweise anbrachte; er modernisierte die Namensschreibung und bemühte sich, sie nach englischem Gebrauch zu vereinheitlichen; er erarbeitete eine entmythologisierte Zeittafel vom Beginn des trojanischen Krieges (den er um 1200 vor Christus ansetzte) bis zum Untergang des letzten griechischen Staates, des Kaiserreichs Trapezunt, durch die türkische Eroberung 1461, und strich die Tabellen der Münzen und Maße; an einigen Stellen veränderte er Lemprières Wortwahl und Stil im Interesse besserer Verständlichkeit, beließ aber sonst die bereits damals «oftmals wunderlich» anmutenden Formulierungen unverändert, soweit sie verständlich waren. Diese Ausgabe, sozusagen die «Version I», erschien unverändert bis zum II. Weltkrieg und wurde 1949 durch eine erneut revidierte Fassung ersetzt, in der die «wunderlichen» Formulierungen, soweit sie inzwischen unverständlich geworden waren, umgeschrieben wurden. Davon erschien bereits 1951 eine Neuauflage, die seither ebenfalls immer wieder nachgedruckt wurde.

Der Einfluß, den Lemprière durch sein Wörterbuch auf das englische Geistesleben genommen hat, kann gar nicht überschätzt werden. Noch in seiner letzten Überarbeitung bietet das Wörterbuch selbst heute vor allem in den Artikeln zur griechischen Mythologie immer noch eine faszinierende Lektüre. Während über hundertfünfzig Jahren war es der getreue Begleiter und Führer ungezählter Schulmänner und Schüler, Studenten, Journalisten und Schriftsteller – von Burnand, der seine beste Burleske «Paris, vive Lemprière!» nannte, bis zu Norfolk –, vor allem aber auch der Dichter. Die gesamte romantische Schule des 19. Jahrhunderts ist ihm zutiefst verpflichtet (Colvin berichtet in seiner Biographie von Keats, daß dieser das Wörterbuch auswendig kannte: mit welchen Auswirkungen, belegt etwa der Vergleich des Artikels im Wörterbuch zu «Hyacinthia» mit Keats «Ode on a Grecian Urn», die man fast als die poetische Übersetzung des Wörterbuch-Artikels bezeichnen kann).

4. Zusätzliche Bemerkungen des Übersetzers

a) Norfolk bemerkt in seiner «Hilfreichen Handreichung», daß er als Gedankenhorizont den der achtziger Jahre des 18. Jahrhunderts gewählt habe. Automaten, der Gedanke des «homme machine» (de La Mettrie) und zu Automaten umgestaltete Lebewesen (Tiere wie Menschen) spielen ihre Rollen. Ebenso eine bestimmte Vorstellung von den Grundgegebenheiten der Geschichte. Daraus resultiert eine der eigentümlichsten sprachlichen Eigenarten in Norfolks eigenwilliger Darstellung eines eigenwilligen Geschichtsbildes: Bei ihm «gehen Füße» statt des Menschen; handeln Gliedmaßen manchmal, als seien sie selbständige oder zumindest selbständig und unabhängig voneinander handelnde Lebewesen; erscheinen natürliche Gegebenheiten wie animistisch beseelt – Berge und Ozeane und auch Bauwerke werden beschrieben, als ob sie bewußt wahrnähmen und handelten. Das alles erforderte im Englischen semantisch wie syntaktisch unübliche, ja ungewöhnliche Fügungen, um die imaginierten Kausalitätszusammenhänge und Kausalitätswirkungen erzählerisch und nicht kommentierend darstellen zu können. Norfolks Roman erhält dadurch eine ganz eigenartige Tonart und Stimmung. Das erforderte eine noch strengere Nachbildung des englischen Originals, als sie (nach meiner Überzeugung) sowieso Aufgabe des Übersetzers ist (dessen Aufgabe weder stilistische «Verbesserungen» des Autors noch Dienst an sogenanntem «schönen Deutsch» zu Lasten des Originals, seiner Bildwelt und seiner Sprachlage sein darf).

b) Da der englische Bildungskanon in vielem ganz anders aussieht als der deutsche, erscheint es sinnvoll, dem deutschen Publikum einiges an Schlüsseln zur Erleichterung des Zugangs auch zu den verschlosseneren Regionen dieses faszinierenden Erzählwerks an die Hand zu geben: daher das «Dossier des Übersetzers» mit den nachfolgenden Anmerkungen zu Personen, Sachen und fremdsprachigen Zitaten.

c) Norfolk erwähnt, daß er bewußt die 2. Ausgabe des Wörterbuchs (= «Version II» bzw. Ausgabe von 1850) zur Grundlage gewählt habe; dem Übersetzer lag zusätzlich ein Exemplar der Routledge-Ausgabe von 1951 (= «Version I» bzw. Ausgabe von 1879) vor. Da bereits darin Unterschiedlichkeiten zwischen dem griechischen Pantheon und seiner lateinischen Doublierung ausgeräumt wurden, allerdings nach Maßgabe des englischen Sprachgebrauchs, erschien es sinnvoll, für die deutsche Leserschaft konsequent nach deutschem Gebrauch weiterzumachen: so etwa durchgehend die griechischen Formen von Personen- und Städtenamen (mit Ausnahme der bekanntesten «Fehl»formen wie etwa Aeneas) zu verwenden, wo Norfolk nach englischem Gebrauch oftmals lateinische Formen verwendet. In den nachfolgenden Anmerkungen wird aber zur Erläuterung jeweils auf Lemprière's Wörterbuch «Version II» zurückgegriffen, dessen Erläuterungen ja – wie erwähnt – auch Norfolks Grundlage darstellen (nur in wenigen Fällen, in denen die Differenz zwischen Lemprières Erläuterungen und dem heutigen Wissensstand zu drastisch geworden ist, werden ergänzende Bemerkungen u. a. nach dem «Kleinen Pauly» hinzugefügt). Hierbei ist darauf aufmerksam zu machen, daß Vorgänge im griechischen beziehungsweise lateinischen Bereich der Mythologie keineswegs immer eindeutig geklärt sind, daß vielmehr bereits in der Antike unterschiedliche Erzählformen und Beschreibungen vorhanden waren, unter denen sich Norfolk die ihm genehmste ausgesucht hat: Widersprüchlichkeiten sind also den Mythen und nicht dem Autor des Romans anzulasten.

d) Norfolk betont, daß er vor allem in den bedeutungsloseren Details peinlichste historische Genauigkeit habe walten lassen, soweit eben möglich. Dementsprechend wurde bei der Erarbeitung der für nützlich erachteten historischen und Sachhinweise für diese deutsche Ausgabe herangezogen, was nur an modernsten Nachschlagewerken zur Verfügung stand, um die historischen Personen und Vorgänge unmißverständlich in der realen Geschichte Europas zu orten. Dem lesenden Publikum bleibt es überlassen zu entscheiden, ob nicht Norfolks Phantasie durchaus bedenkenswerte Aspekte zu manchem umstrittenen historischen Vorgang beiträgt: zur Geschichte der Ostindischen Gesellschaft (und ihrer scheußlichen Verbrechen), zum Komplex des ebenso menschenverachtenden Kampfes des katholischen Frankreichs gegen die Hugenotten, oder zur Frage der Wurzeln der Französischen Revolution.

5. Historische und mythologische
Orts- und Personennamen in alphabetischer Reihenfolge

Vorbemerkung: Aufgenommen wurden nur solche Namen, bei denen im Sinne des Romans zusätzliche Hinweise als nützlich erscheinen, insbesondere aus LEMPRIÈRES wirklichem Wörterbuch. Nicht aufgenommen wurden die erfundenen Mitspieler aus Norfolks Welttheater wie *Septimus* und *Juliette*, *Rosalie* und *Casterleigh*, sofern deren Namen nicht wie z. B. im Falle *Protagoras* historische oder mythologische Bedeutung haben. Ebenso wurden solche Namen aus zeitgenössischen Klatschkolumnen nicht aufgenommen, die nur bestimmte Szenen bevölkern, wie etwa die Opernaufführung S. 649 ff. Die Namen von *Gebäuden* und *Gaststätten*, *Plätzen*, *Straßen*, *Stadtvierteln*, *Ortschaften* und Gewässern sind zeitgenössischen Stadtplänen und Landkarten entnommen. Zwar sind die meisten Gaststätten heute verschwunden, doch die übrigen Namen findet man auf Jersey wie in London noch heute an den beschriebenen Stellen vor. Anders in Paris: dort verschwanden die meisten entweder durch die Französische Revolution und ihre ideologischen Umbenennungen oder durch die Modernisierung der Stadt unter NAPOLÉON III. durch Georges Eugène Baron HAUSSMANN (1853/70). Ebenso sind vor allem die Namen der kleineren *Balkanstädtchen*, die im Namen des Österreichisch-Türkischen Krieges genannt werden, damaligen Landkarten und Kriegsberichten entnommen, aber unter diesen Namen nach so vielen Umwälzungen anders als die größeren Städte wie *Belgrad*, *Iaşi* oder *Temeschburg* nicht mehr aufzufinden.

AARASSUS: Stadt in PISIDIEN.

ABA: Stadt in PHOKIEN.

ABACAENA: Stadt im NO SIZILIENS.

ABADIR: der Name des Steins, den OPS dem SATURN anstelle seiner Kinder reichte.

ABAE: Ort in LYKIEN.

ABAEUS: Name eines Tempels in ABAE, der dem APOLL geweiht war.

ABAGARUS: König der OSRHOENEN und EDESSER.

ABALA: Stadt in AFRIKA nahe dem Roten Meer.

ABALI: ein Volk in INDIEN.

ABALUS: eine Insel in der Ostsee, wo der Bernstein aus den Bäumen tropft.

ABANA: ein Platz in CAPUA.

ABANDUS: ein Fluß in ÄTHIOPIEN, der bei MEROE in den NIL mündet.

ABANNAE: ein Volk in AFRIKA.

ABANTA: eine dem APOLL geweihte Stadt beim PARNASSOS.

ABANTES: ein Volk auf dem PELOPONNES.

ABANTIAS: das Patronym der Abkommen von König ABBAS von ARGOS.

ABANTIDAS: ein Mann, der sich durch Mord zum Herrn von SIKYON (Stadt auf dem Peloponnes, jetzt Basilico) gemacht hat.

ABANTIS: alter Name der Insel EUBOIA.

ABAORTE: ein Volk nahe des INDUS.

ABARATHA: eine Stadt auf TAPROBANE (heute Sri Lanka, vormals Ceylon).

ABARAZA: eine Stadt in SYRIEN.

ACHATES: ein Freund des ÄNEAS, dessen Treue so groß war, daß sie sprichwörtlich wurde: der treue A. = Fidus A.

ACHERON: ein Fluß in EPIRUS, der gegenüber von KORKYRA ins Ionische Meer mündet, von HOMER zu einem der Unterweltflüsse gemacht, was alle späteren Dichter aufgriffen und aus dem Flußgott gleichen Namens den Sohn des CERES machten, der sich vor den TITANEN in der Unterwelt versteckte.

ACHILLES, Sohn von PELEUS und THETIS, «der tapferste aller Griechen, die am Trojanischen Krieg teilnahmen»; da ihm Oberbefehlshaber AGAMEMNON seine Geliebte BRISEIS stahl, schmollte ACHILL und nahm an den Kämpfen nicht mehr teil, bis sein Freund PATROKLOS im Kampf mit HEKTOR fiel, ACHILL wieder in die Schlacht zurückkehrte und seinerseits HEKTOR tötete. Daraufhin schoß ihm PARIS einen Pfeil in seine verletzliche Stelle, die (Achilles-) Ferse, woran er starb.

ADMETOS, König von PHERAI in THESSALIEN, gewährte dem aus dem Himmel verbannten APOLL Asyl, der ihm dafür 9 Jahre lang seine Herden hütete und von den PARZEN bzw. MOIREN die Gunst erlangte, der König brauche solange nicht zu sterben, wie jemand anders dazu für ihn bereit sei: → ALKESTIS. Er hatte sie zur Frau gewonnen, als er die Aufgabe des Brautvaters PELIAS mit Hilfe APOLLS erfüllen konnte, einen Löwen und einen Eber gemeinsam vor einen Rennwagen zu spannen und mit ihnen zu siegen.

AGAMEMNON, König von MYKENE und ARGOS und Sohn des ATREUS; Führer der Griechen im Krieg gegen TROJA und Vater der → IPHIGENIE. Wie die meisten Angehörigen des Hauses der Atriden wurde er ermordet, nämlich von seiner Frau KLYTAIMNESTRA, die ihm die Opferung der Tochter nicht verzieh, und ihrem Liebhaber AIGISTHOS.

AGRICOLA, Rudolphus (1444–1485), eigentlich Roelof HUYSMANS genannt FRISIUS; Wegbereiter des deutschen Humanismus, Musiker und Maler.

AHMED HEZARFEN hieß in Wirklichkeit Hezarfen Ahmed ÇELEBI und vollbrachte seine Tat laut *Türkischer Enzyklopädie* um 1650.

AIAKOS, Sohn des ZEUS und der AIGINA, lebte einsam auf einer Insel mit Ameisen, die ZEUS ihm auf seine Bitte hin zu Menschen umschuf, die MYRMIDONEN. Frömmigkeit und Milde machten ihn zum Liebling der Götter.

AIGEUS bzw. AEGUS → THESEUS

AISCHYLOS bzw. AESCHYLOS (525–456 v. Chr.), Teilnehmer der Schlachten bei MARATHON, SALAMIS und PLATAIAI; gilt als Begründer der abendländischen Tragödiendichtung, da er der Handlung eine zentrale Stellung einräumte und sie mit dem zurücktretenden Chor in innere Verbindung brachte; er ließ mehrere Schauspieler auftreten und entwickelte den dramatischen Dialog. Er zeigt, wie alles menschliche Handeln notwendig schuldhaft wird und der Mensch dafür auch dann verantwortlich bleibt, wenn ihn eine Gottheit zum Handeln veranlaßt hat. «Der berühmte Soldat und Dichter Athens... schreibt einen dunklen Stil und darf zu Recht als der schwierigste aller griech. Klassiker gelten... Im Alter zog er sich nach SIZILIEN zurück. Da ihm ein Orakel vorausgesagt hatte, er werde durch einen Sturz eines Hauses sterben, zog er sich aus der Stadt auf die Felder zurück, wo er sich niedersetzte. Ein Adler mit einer Schildkröte im Schnabel flog vorüber, sah seinen kahlen Schädel, hielt ihn für einen Stein und ließ die Schildkröte auf ihn stürzen, damit das Gehäuse seiner Beute darauf zerschmettere, und AISCHYLOS starb an dem Schlag sofort.»

AKRISIOS, Sohn von König ABAS von ARGOS und seiner Frau OKALEIA (= AGLAIA), und Zwillingsbruder von PROITOS, mit dem er in solchem Streit lebte, daß dieser schließlich aus ARGOS vertrieben wurde. EURYDIKE, die Tochter von LAKEDAIMON, gebar ihm die Tochter DANAE, doch als ihm ein Orakel weissagte, daß seiner Tochter Sohn ihn töten werde, verschloß er sie in einem erzenen Turm, auf daß sie nie Mutter werde (nach anderen Überlieferungen in einem unterirdischen Gewölbe), doch suchte sie ZEUS dort als Goldener Regen heim, und sie gebar den PERSEUS. Mutter und Kind wurden in einer Kiste im Meer ausgesetzt, aber in SERIPHOS angetrieben und freundlich aufgenommen. Als AKRISIOS vom wachsenden Ruhm seines Enkels vernahm, ging er unerkannt nach LARISSA, ihn zu sehen. Als PERSEUS im Begehr, seine Geschicklichkeit mit dem Wurfring (oder der Wurfscheibe) zu beweisen, diesen schleuderte, traf er einen unbekannten Greis tödlich: seinen Großvater, und so ward das Orakel erfüllt.

AKTAION bzw. ACTAEON, Sohn von ARISTAIOS und AUTONOE, einer Tochter des KADMOS; der berühmte Jäger sah DIANA im Bade nahe von GARGAPHIA. Aus Zorn über seine unverschämte Annäherung besprengte sie ihn mit Wasser, woraufhin er sich in einen Hirsch verwandelte, den anschließend seine eigenen Jagdhunde zerrissen. OVID überliefert sie mit ihren Namen, insgesamt 35 (s. Sachanm. zu S. 75 auf S. 752); HYGINUS nennt ihrer 80; APOLLODORUS nur 7. Ursprünglich war er ein böotischer Berggott und Heros.

AKTAION der Zweite: der erste in L.s Wörterbuch jener berühmten Jäger, den seine eigenen Hunde zerrissen; danach der zweite: ein herrlich schöner Jüngling aus KORINTH, den ARCHIAS zum Zwecke wollüstiger Nutzung entführte.

ALBORAN: aus dem Arabischen kommende, in der alten Literatur geläufige Bezeichnung für das westlichste Mittelmeer.

ALECTO, eine der FURIEN, dargestellt mit Fackeln als Waffen, mit Schlangen zwischen den Haaren und Rache, Krieg und Pestilenz schnaubend.

ALEXANDER der GROSSE (356–323 v. Chr.), König von MAKEDONIEN ab 336, Schüler des ARISTOTELES, sicherte sich 335 durch die Zerstörung THEBENS die Vormachtstellung in Griechenland, begann 334 den als gesamtgriechisch ausgegebenen Perserkrieg, stieß bis zum Indus vor, wälzte die gesamte antike Welt um, und legte die Grundlagen für die langwährende Wirkung der griechischen Kultur weit über Griechenland hinaus.

ALKESTIS, Gattin des Königs ADMETOS von PHERAI, opferte sich für ihren Gatten, da die MOIREN auf seinen Tod verzichten wollten, falls jemand an seine Stelle trete. Da kam HERAKLES des Weges, rang mit dem Totengott THANATOS und führte ALKESTIS ihrem Gemahl wieder zu.

ALKMAION von KROTON (ca. 570–500 v. Chr.), griech. Philosoph und Arzt, Schüler von PYTHAGORAS, erforschte die Sinnesorgane und beschrieb das Zustandekommen von Wahrnehmungen durch Kanäle, die das Gehirn mit Augen und Ohren verbänden.

ALKMENE, Tochter des Königs ELEKTRYON von ARGOS, Frau AMPHITRYONS, fiel während der Abwesenheit ihres Gatten im Kampf gegen die aitolischen TELEBOER zur Rächung der abgeschlachteten Prinzen den Machenschaften ZEUS' in der Gestalt ihres Mannes zum Opfer; sie gebar Zwillinge: den HERAKLES von ZEUS, den IPHIKLES von AMPHITRYON. Sie wird oft mit 3 Monden dargestellt, den Symbolen ihrer 3 Nächte mit ZEUS.

ALKYONE → KEYX.

ALTHAIA bzw. ALTHAEA, Tochter des THESTIOS und der EURYTHEMNIS und Gattin des Königs OINEUS von KALYDON. Die bekanntesten ihrer Kinder sind MELEAGROS, DEIANEIRA und ANKAIOS. Als MELEAGROS 7 Tage alt war, prophezeiten die MOIREN, er werde nur solange leben, wie das Scheit im Herde brenne. Da riß die Mutter das Scheit aus dem Feuer. Als MELEAGROS aber im Streit um die Beute der kalydonischen Jagd die Brüder seiner Mutter tötete, schleuderte ALTHAIA das Scheit wieder ins Feuer, und mit ihm erlosch MELEAGROS. Danach entleibte sie sich aus Trauer um den verlorenen Sohn.

AMALTHEIA, die Tochter des Königs MELISSOS von KRETA, nährte das Knäblein ZEUS mit Ziegenmilch, weshalb früh bei den antiken Autoren die Sage aufkam, sie selbst sei eine Ziege gewesen: → COPIA.

ANACHARSIS, «ein skythischer Philosoph, blühte um 592 v. Chr. Wegen seiner ausgedehnten Kenntnisse ward er einer der 7 Weisen Griechenlands genannt. Als er aus ATHEN nach seinen Studien heimkam, wollte er dort die Gesetze Athens einführen, wo er mit SOLON befreundet gewesen war. Das erboste seinen Bruder, der auf dem Throne saß, so sehr, daß er ihn mit einem Pfeil erschoß.» Heute nimmt man an, daß der Skythe aus fürstlichem Geschlecht den Kult der Göttermutter von KYZIKOS bei den Skythen einführen wollte, wesmaßen sie ihn erschossen. Ab dem 4. Jh. wurde er vor allem von den KYNIKERn aus der Tendenz zur Verherrlichung der Nordvölker zum Kulturheroen hochstilisiert; doch PLATON kannte ihn nur als Verbesserer bestimmter handwerklicher Geräte.

ANAKREON (vor 500 v. Chr.), griech. Dichter; seine anmutigen Gedichte besangen Liebe und Wein «und besitzen eine Schönheit, die nachfolgende Dichter vergeblich zu erreichen suchten ... Obwohl seine Zechlieder und Liebessonette oftmals eine Freizügigkeit aufweisen, die der Moral widerspricht, gelten sie zu Recht jeder Zeit und jedem Lande zur größten Bewunderung».

ANAXILAS, lateinischer Arzt und pythagoräischer Philosoph aus LARISSA, den AUGUSTUS 28 v. Chr. aus Rom unter dem Vorwurf verbannte, er übe magische Künste aus, wohl wegen seiner überlegenen Kenntnisse in der Naturphilosophie und Naturkunde. Da von seinem Werk nicht eine Zeile überlebt hat, stellt LEMPRIÈRE die Kenntnisse QUINTS mit erfundenen Zeilen auf die Probe.

ANCHISES, ein Sohn des KAPYS von THEMIS, war so schön, daß VENUS selbst aus dem Olymp auf den Berg IDA hinabstieg, um seine Gesellschaft zu genießen, wofür sie ihm den Sohn AENEAS schenkte. Als TROJA fiel, war er bereits so krank, daß, als die Griechen AENEAS erlaubten, sein Wertvollstes mit sich fortzutragen, er seinen Vater auf die Schultern nahm und so dessen Leben rettete. Der Vater begleitete den Sohn auf seiner Reise nach Westen und verstarb auf SIZILIEN.

ANDROMEDA, Tochter des Königs KEPHEUS von ÄTHIOPIEN und seiner Frau KASSIOPEIA, die sich rühmte, schöner zu sein als die NEREIDEN; da stachelten diese ihren Vater POSEIDON zur Rache auf, der eine Überschwemmung und ein Seeungeheuer sandte, von welchen Plagen nur Befreiung möglich war, indem ANDROMEDA dem Ungeheuer geopfert ward, doch kam rechtzeitig PERSEUS des Weges, der das Monster durch den Anblick des Hauptes der MEDUSA versteinte, ANDROMEDA mit sich fort führte und in ARGOS glücklich mit ihr bis zu ihrer beider Ende lebte, nicht ohne vorher u. a. den ELEKTRYON gezeugt zu haben, den Vater des HERAKLES. Und PHINEAS, ihren ehemaligen Verlobten, der seine Ansprüche mit Gewalt geltend machen wollte, zu schlagen.

ANGELUS, Johannes, genannt SILESIUS (1624–1677), schlesischer Liederdichter, Epigrammatiker und Mystiker; konvertierte 1653 zum Katholizismus.

ANTAIOS, der Sohn des POSEIDON und der GE, ein libyscher Riese, konnte nur dann überwunden werden, wenn er den Kontakt zu seiner Mutter, der Erde, verlor. HERAKLES hob ihn daher ihn die Höhe und zerbrach ihm dann mit den Fäusten die Rippen, woran er starb.

APHRODITE, «der griech. Name der VENUS, von *aphros* = Schaum, da man sagt, sie sei aus dem Schaum des Ozeans geboren». Die «griech. Göttin der weiblichen Schönheit und des Liebeslebens» ist die vielschichtigste und tiefstreichende Gottheit der griech. Welt; in einer Mythe wird berichtet, daß zunächst SATURN seinem unangenehmen Vater URANOS das Glied abgesichelt und es dann ins Meer geworfen habe, woraus anschließend Schaum aufsprudelte, aus dem APHRODITE entstieg. Ihre zahlreichen Beinamen führen teils auf die Orte ihrer Verehrung, teils auf ihre Funktion in Mythos und Verehrung hin.

AQUINATE → THOMAS von AQUINO.

ARAKAN: Gebirge, Küstenlandschaft und Provinz in Westburma, vor dem ca. 1760 eine *Falmouth* sank.

ARCHIMEDES (ca. 285–212 v. Chr. in Syrakus), griech. Mathematiker und Physiker, der hydraulische und Kriegsmaschinen aller Art sowie ein Planetarium baute.

ARCHON, a) griech. «Herrscher», Titel der gewählten höchsten Beamten in manchen Stadtstaaten, auch in ATHEN, wo jährlich 9 ARCHONTEN bestellt wurden, die anschließend Mitglieder des AREOPAGS wurden; b) Sohn des KLEINOS aus PELLA, 326 v. Chr., Trierarch (= Admiral) der Flotte ALEXANDERS des GROSSEN am HYDASPES; nach dem Tode ALEXANDERS wurde er bei der Reichsteilung Satrap (= König) von BABYLON, von PERDIKKAS abgesetzt und 321 im Kampf mit DOKIMOS getötet.

ARCOT → KARNATIK.

ARIADNE, Tochter des Königs MINOS II. von KRETA und von PASIPHAE, verliebte sich in THESEUS, half ihm beim Sieg über den MINOTAUROS, und begleitete ihn. Doch auf der Insel NAXOS verließ er die bereits Schwangere.

ARICIA, uralte Stadt in Italien, das heutige RICCIA.

ARISTOTELES (384–322 v. Chr.), aus STAGIRA in MAKEDONIEN; Schüler PLATONS und Lehrer ALEXANDERS des GROSSEN; gründete nach dessen Thronbesteigung in ATHEN die *Peripatetische Schule*; er war einer der bedeutendsten Philosophen und Naturforscher der Antike.

ASCHAM, Roger (ca. 1515–1568), engl. Humanist und Pädagoge, Professor in Cambridge und Lehrer ELIZABETH I.; *Toxophilus* erschien 1545, er widmete dieses Buch über die Schießkunst Heinrich VIII.

ATLAS, einer aus dem Geschlecht der Titanen, der Sohn von IAPETOS und der Okeaniden KLYMENE sowie Bruder von u. a. PROMETHEUS und DEUKALION; er heiratete PLEIONE, eine Tochter des OKEANOS, die ihm 7 Töchter schenkte, die Atlantiden. Er wurde König von MAURETANIEN und besaß ungeheure Schätze. Da ihm geweissagt worden war, ein Nachfahre des ZEUS werde ihn entthronen, weigerte er sich, PERSEUS bei dessen Durchreise zu empfangen, worauf dieser ihm das Haupt der MEDUSA zeigte, was ihn augenblicklich in das mächtige Gebirge in Nordafrika verwandelte, das so hoch ragt, «daß die Alten sich einbildeten, auf ihm ruhe der Himmel und ATLAS trage so die Welt auf seinen Schultern».

ATREUS, Enkel des TANTALOS und Sohn des PELOPS und der HIPPODAMEIA, König von MYKENE, Vater (oder Ziehvater) von MENELAOS und AGAMEMNON. Die Familie zeichnete sich durch besonders exzessiven Verwandtenmord mit besonders scheußlichen Varianten wie Kinderfressen aus, weshalb sie auch zugrunde ging und der «Fluch der Atriden» zur Kennzeichnung unseliger Familien sprichwörtlich blieb.

ATTICUS: TITUS POMPONIUS ATTICUS, «berühmter röm. Ritter, an den CICERO eine große Anzahl von Briefen schrieb, die die ganze Geschichte jenes Zeitalters enthalten. Sie liegen noch vor und sind in 17 Bücher gegliedert». Sein Bibliothekar war ein Sklave namens DIONYSOS.

AUGIAS, einer der ARGONAUTEN und nachmals König von ELIS, hielt immense Herden in einem riesigen Stall, der seit 30 Jahren nicht mehr gereinigt worden war, die 6. Aufgabe des HERAKLES.

AUGUSTIN(US) AURELIUS (354–430), gilt als der größte lateinische Kirchenlehrer des christl. Altertums.

BARTHIUS war Lehrer in Leipzig, wo er 1778 PROPERZ edierte.

BASILISK, reines Fabeltier der Antike, erstmals von DEMOKRITOS (= BOLOS von MENDES) beschrieben, der es selbst gesehen haben wollte; ein Schlangenwesen, dessen Heimat die KYRENAIKA in LIBYEN; verrufen wegen der Tödlichkeit seines Giftes, seines Atems und seines Blickes.

BASINIUS, eigentlich Thomas BASIN (1412–1491), franz. Professor für Kanonistik, ab 1447 Bischof von Caen, 1449 Berater König CHARLES VII., leitete den Rehabilitierungsprozeß der JEANNE D'ARC ein; von dessen Sohn LOUIS XI. verbannt, schrieb er im Exil zu Trier die Geschichte beider Könige.

BATTALIA, Francis: der wandernde Schausteller traf im April 1788 in LONDON ein und gab seine erste Vorstellung am 5. Mai in der COCKSPUR STREET Nr. 10, Eintrittsgeld 2 Schilling 6 Pence pro Person. Man erzählte sich über ihn, daß er als Soldat in Irland an der Belagerung von LIMERICK teilgenommen habe: offensichtlich eine bissige Erfindung, da die letzte Belagerung LIMERICKS durch brit. Truppen 1690 stattgefunden hat; doch wurden diese Truppen so schlecht verpflegt, daß sie Hungers sterben – oder Steine essen lernen mußten.

BELLEROPHON, der Sohn von König GLAUKOS von KORINTH (als es noch EPHYRE hieß) und der EURYMEDE, trug zunächst den Namen HIPPONOOS, bis er im Streit seinen Bruder BELLER erschlug, weshalb man ihn BELLERO-PHON = Töter des BELLER nannte. Der Enkel des SISYPHOS floh zu König PROITOS von TIRYNS in ARGOS, dessen Frau STHENEBOIA in heißer Liebe zu ihm entbrennt, aber abgewiesen wird und ihn daher beim König verleumdet. PROITOS schickt ihn zu seinem Schwiegervater IOBATES von LYKIEN mit einem Brief, der um die Tötung des Überbringers ersucht. IOBATES trägt ihm drei Aufgaben auf, deren jede einzelne ausreichen sollte, ihn zu töten: doch besiegt er mit Hilfe von ARTEMIS die CHIMAIRA, die mit feurigem Atem das Land verwüstet; mit Hilfe seines Flügelrosses PEGASOS die kriegstüchtigen SOLYMER; und anschließend die AMAZONEN. Als er aber bei der Rückkehr die ihm auflauernden besten lykischen Kämpen erschlägt, erkennt IOBATES in ihm den Sohn des Gottes und gibt ihm seine Tochter zur Frau zunebst dem halben Reich.

BENFIELD, Paul: der bekannteste Kreditgeber des Nawab von ARCOT.

BESNIER überflog das Haus in SABLÉ 1678 mit Stoffschwingen.

BIERCE, A.: Hommage an den bedeutenden US-Schriftsteller.

BLADUD, legendärer König Englands (oder in England, um 850 v. Chr.), erwähnt in *The New Chronicles of England and France* des Historikers Robert FABYAN (erschienen 1516), wonach das spätere LONDON zu jener Zeit NEU-TROJA hieß (was unseren Autor auf den Gedanken brachte, daß Städte sich wiederholen bzw. einander nachspielen).

BOLIRI, Denis: tat seinen tödlichen Sprung laut Pierre Jean GROSLEY *Œuvres inédites* (Vol. I, Paris 1812) im Jahre 1536.

BOUGAINVILLE, Louis-Antoine, Graf von (1729–1811), franz. Marineoffizier und Seefahrer, leitete 1766/69 die erste franz. Erdumsegelung, wurde 1791 Vizeadmiral und später Mitglied der franz. Meridiankommission.

BOUGUER, Pierre (1698–1758), franz. Physiker und Astronom.

BRAS DE FER = Eisenarm → LE NONE.

BRUNO, Giordano → Sachanmerkung zu S. 607.

BUCKINGHAM a) der Adelsname ist seit 1097 belegt und wurde nacheinander von 4 großen Familien jeweils bis zum Erlöschen getragen, zuletzt von den GREN-VILLE, mit denen er 1889 ausstarb. Die 3. Familie waren die VILLIERS: 1617 erhob JAMES I. George VILLIERS zum Grafen, 1618 zum Markgrafen und 1623 zum Herzog von B., welche Linie 1774 erlosch. Der BUCKINGHAM PALACE wurde 1705 als Landsitz von John SHEFFIELD, 1. Herzog von B. und NOR-MANBY aus einer Seitenlinie der VILLIERS erbaut. b) George VILLIERS, 1. Herzog von B. (1592–1628), wurde 1614 Günstling von König JAMES und nach dessen Tod mächtigster Mann Englands unter CHARLES I. Der glänzende Kavalier, glühende Liebhaber, waghalsige Befehlshaber und unfähige Politiker trieb den Kampf um die Wiedereroberung der Pfalz, gegen Spanien und für die Schaffung einer protestantischen Liga unter engl. Führung voran, in deren Rahmen er vor allem auch die franz. Hugenotten während der Belagerung von La ROCHELLE unterstützte. Er selbst befehligte das gescheiterte Unternehmen auf der Insel RÉ, von wo er mit weniger als der Hälfte der britischen Truppen zurückkehrte. Einer seiner Offiziere, John FELTON, der ihm eine Nichtbeförderung übelnahm, ergriff die Gelegenheit des wachsenden

Volkszorns gegen B.s kostspielige und fruchtlose Unternehmungen und erstach ihn am 23. August 1628 nach dem Frühstück. (Die Geschichte dieses Herzogs von B., seiner Liebesaffäre mit der franz. Königin und die gesamte Affäre La ROCHELLE aus franz. Sicht erzählt meisterhaft Alexandre DUMAS père in den *Drei Musketieren*.)

BURATTINI, Tito Livio: lebte um 1640 in KRAKAU, wo er zahlreiche komplizierte Maschinen auf der Grundlage des Ornithopters (= Vogelflügler) von Leonardo da VINCI erbaute, von denen keine funktionierte.

CACOUACS, Les: katholische Royalisten versuchten nach der Franz. Revolution, diese als eine protestantische (= hugenottische) Verschwörung zu interpretieren mit dem Ziel, die Herrschaft über Frankreich zu gewinnen. In dieser in mancherlei Schriften ausgebreiteten Theorie bedeutete das Wort *cacouac* (unbekannter Etymologie) Freund bzw. jemand, «der unserer Sache gewogen ist»; die Führer dieser Theoretiker nannten sich DULUC und PROTAGORAS.

CADELL, Tom: der Buchhändler und Verleger von LEMPRIÈRE'S Wörterbuch im Roman wie in der Realität.

CAESAR: GAIUS JULIUS CAESAR (100–44 v. Chr.), Staatsmann, Feldherr und Politiker sowie Verfasser politischer Propagandaschriften wie die *Commentarii de bello Gallico*; er gehörte zu den genialsten und skrupellosesten Selbstbereicherern innerhalb des parasitären römischen Raubstaatsystems.

CAESAREA: häufiger lateinischer Ortsname für von Kaisern erbaute Städte oder zu ihrer Ehre so benannte; hier: lat. Name der Insel, aus dem das heutige JERSEY wurde.

CALIXTUS, Georg (eigentlich KALLISSEN, 1586–1656), lutheranischer Gottesgelehrter aus MEDELBY bei Flensburg, wurde nach umfassenden Studien bei Reisen durch Holland, Frankreich und England mit den führenden Köpfen der Reformationsbewegung bekannt und setzte sich nach seiner Rückkehr als Anhänger MELANCHTHONs und Professor der Theologie zu HELMSTEDT in Lehre und Schriften (z. B. *Disputationes de Praecipuis Religionis Christianae Capitibus*) dafür ein, das Christentum in sich zu versöhnen, indem man alle unwesentlichen Unterschiede außer acht lasse. Daraus entstand der hochbedeutsame und tiefgreifende Synkretismusstreit.

CALONNE, Charles Alexandre de (1734–1802), franz. Jurist, Politiker und Finanzmann; übernahm 1783/87 die Finanzverwaltung und versuchte, NECKERS Reformen weiterzuführen; da die herrschenden Klassen ihm das verhinderten, veröffentlichte er 1787 Finanzbericht und Steuerreformvorschläge, wofür ihn der König entließ und verbannte, doch versuchte nun wieder NECKER, die Reformpolitik seines Nachfolgers und Vorgängers fortzuführen, erfolglos (und jetzt weiß man endlich auch, warum).

CALZABIGI, Ranieri (1714–1795), ital. Dichter und Librettist für GLUCK; mit CASANOVA eröffnete er 1757 in Paris eine Lotterie, ab 1761 lebte er in Wien.

CAMPANELLA, Tommaso → Sachanmerkung zu S. 607.

CATILINA: LUCIUS SERGIUS CATILINA (ca. 108–62 v. Chr.), hochbegabter skrupelloser röm. Adliger, der zunächst sein Vermögen verschleuderte und dann versuchte, durch Mord und Bestechung die Macht an sich zu reißen; «er verschwor sich mit anderen ebenso verkommenen Subjekten, den Senat auszurotten, den Staatsschatz zu stehlen und Rom in Brand zu setzen. Diese Verschwörung wurde rechtzeitig vom Konsul CICERO entdeckt, den er ebenfalls hatte ermorden wollen ... CATILINA zog sich nach GALLIEN zurück, wo seine Parteigänger eine Armee versammelten ... Da er neben all seinen anderen Verbrechen auch eine VESTALIN vergewaltigte und seinen Bruder ermordete, verdient sein Charakter die schändlichsten Bezeichnungen ... Es wird berichtet, er und seine Kumpane hätten Menschenblut getrunken, um so ihre Schwüre fester zu machen».

CATO: MARCUS PORCIUS CATO, nach seinem Zensoramt zubenannt CENSORIUS sowie auch MAIOR = der Ältere (234–149 v. Chr.); in TUSCULUM geboren, errang er nach und nach alle Staatsämter, focht als 17jähriger seine erste Schlacht gegen HANNIBAL mit auszeichnender Tapferkeit, die er in allen ihm übertragenen Aufgaben bewies, war berühmt wegen seines frugalen Lebenswandels, verteidigte «altrömische Art», wie er sie verstand, erbittert gegen die Einführung griech. verfeinerter Lebensweise und Kultur, da sie die Römer bis zur Zerstörung verweichlichten, und war insgesamt von der rigidesten Moralität, weshalb VERGIL ihn zu einem der Höllenrichter machte. Ähnlich bedingungslos forderte er immer wieder die Zerstörung KARTHAGOS, das der Größe Roms im Wege stehe, und beendete jede seiner Reden im Senat mit der stehenden Floskel *Ceterum censeo Carthaginem esse delendam* = Im übrigen bin ich der Meinung, daß Karthago zerstört werden muß. Mit diesem Tenor hetzte er zwischen 151 und 149 so lange gegen die afrikanische Stadt, bis der Senat KARTHAGO zum dritten und letzten Mal den Krieg erklärte.

CERATON bzw. KERATON, berühmter Altar im Tempel des APOLL auf DELOS. Er war ausschließlich aus dem Gehörn von Hirschen errichtet und angeblich von APOLL selbst, da man ihn ganz ohne Zementverbindungen sah. Er galt als eines der Weltwunder. THESEUS opferte hier bei seiner Rückkehr von KRETA.

CERBERUS bzw. KERBEROS, der das Tor zum HADES hütende Hund; er wird in der griech. Mythe viel genannt, jeweils unterschiedlich beschrieben, und ist bis heute ebensowenig deutbar wie die anderen mythischen Hunde Griechenlands.

CHARLES II. (1630–1685), englischer König ab 1660 durch den Sieg der Restauration über Oliver CROMWELL, neigte zum Katholizismus; gegen ihn setzte 1679 das Parlament die *Habeas-Corpus*-Akte durch.

CHARON, der Sohn von EREBOS und NOX, ein Gott der Hölle, geleitet die Seelen der Toten über die Flüsse STYX und ACHERON ins unterirdische Reich der Schatten und bekommt einen *obolos* als Fährgeld. Lebende durfte er nicht übersetzen: für die Überfahrt des HERAKLES lag er 1 Jahr lang in Ketten.

CHIRON, der gerechteste, mildeste und frommste aller KENTAUREN war berühmt wegen seiner Kenntnisse in Musik, Medizin und Schießen, Künste, in denen er die größten Helden seiner Zeit unterrichtete wie ACHILL, AISKULAP, IASON, AENEAS usw. Durch einen vergifteten Pfeil von HERKULES versehentlich in der schrecklichen Schlacht zwischen LAPITHAI und KENTAUREN verletzt, bat er ob der entsetzlichen Schmerzen ZEUS, ihn unter die Sterne zu versetzen, was auch geschah: als SAGITARIUS (= Schütze).

CICERO: MARCUS TULLIUS CICERO (106–43 v. Chr.), röm. Redner, Politiker und Schriftsteller; zunächst Anwalt, dann Quästor, Ädil, Prätor und schließlich Konsul, als welcher er die Verschwörung des CATILINA 63 unterdrückte; er war der politische Rivale CAESARs, gegen den er aber unterlag und kurzfristig deshalb ins Exil mußte; anschließend wurde er einer der bedeutendsten lat. Schriftsteller mit seinen Werken *Über den Redner, Über den Staat* und *Über die Gesetze.* 51 wurde er Prokonsul von KILIKIEN, schloß sich im Bürgerkrieg POMPEIUS gegen CAESAR an, von dem er aber begnadigt wurde. Nach CAESARs Tod geriet er in scharfen Gegensatz zu ANTONIUS und wurde auf der Flucht in dessen Auftrag ermordet.

CIRCE bzw. KIRKE, Tochter des HELIOS und der PERSEIS und Schwester der PASIPHAE. Sie heiratete einen sarmatischen Fürsten von KOLCHIS, den sie ermordete, um die Herrschaft zu erringen. Doch vertrieben ihre Untertanen sie, und sie ließ sich auf der Insel AIAIA bei Italien nieder. Dort verwandelte sie dank ihrer großen Hexenkünste und Kenntnisse aller Pflanzengifte jeden Fremden in ein Schwein, so auch die Gefährten des ODYSSEUS, ihn aber nicht, da ihn ein Kraut schützte, das ihm HERMES gegeben hatte. Sie soll von ihm die Söhne AGRIOS und LATINOS empfangen haben, sowie ROMANOS, der laut PLUTARCH zum Gründer ROMs wurde.

CONDILLAC, Etienne Bonnot de (1715–1780), franz. Philosoph und Volkswirtschaftler, entwickelte in Fortführung von Gedanken LOCKEs im Rahmen der franz. Aufklärung einen nichtmaterialistischen Sensualismus.

COPIA: die römische Göttin des Überflusses wurde dargestellt mit einem Horn in einer Hand, aus dem sich Früchte und Blumen, Perlen und Gold und Silber ergießen, in der anderen hielt sie ein Bündel verschiedener Getreide. Das Horn, aus dem dieser Überfluß strömt, gehörte wiederum der Ziege AMALTHEIA, die ZEUS als Knäblein gesäugt hatte, weshalb er sie dankbar unter die Sterne versetzte. In der Hand von Göttern und Heroen bedeutet das Horn die Wohltaten, die sie der Menschheit erwiesen haben.

CORBET → RULLECOURT.

CORSO, vom Autor als Bezeichnung einer algerischen Korsarenvereinigung verwendet (Korsar von ital. *corsaro* = Seeräuber, von mittellat. *cursarius* aus lat. *cursus* = Fahrt zur See als Sekundärbedeutung zu Lauf, Fahrt, woher auch ital. *corso* = Flanierlauf, Umzug bzw. die Straße dafür).

CROESUS bzw. KROISOS, der letzte König von LYDIEN, der 547 v. Chr. sein Reich an die Perser verlor, zuvor aber von so unermeßlichem Reichtum war, daß sein Name sprichwörtlich wurde.

CROMWELL, Oliver (1599–1658), aus dem engl. Landadel stammend, einer der Führer des Kampfes gegen den Absolutismus von CHARLES I., ließ 1649 den König hinrichten und die Republik (= Commonwealth) England errichten. Lehnte 1657 den ihm vom Parlament angebotenen Königstitel ab. Begründete im Kampf gegen die holländische Handelsrivalität und die spanische Seeherrschaft die engl. Weltmachtstellung und den Aufstieg zum Empire.

CUNCTATOR = der Zauderer: Beiname des röm. Feldherrn QUINTUS FABIUS MAXIMUS VERRUCOSUS (ca. 280–203 v. Chr.), der im 2. Punischen Krieg 217 zum Diktator ernannt wurde und durch hinhaltenden Widerstand (daher der Beiname) schließlich gegen HANNIBAL siegte.

CUPIDO, «bei den Alten der Gott der Liebe. Betreffend seine Eltern gibt es verschiedene Traditionen. CICERO spricht von 3 Cupidos: der eine Sohn von MERKUR und DIANA, der andere Sohn von MERKUR und VENUS, der dritte Sohn von MARS und VENUS. HESIOD spricht nur von einem, der zur gleichen Zeit entstand wie Chaos und Erde. Allgemeiner anerkannt ist die Theorie, daß es zwei gab, der eine der Sohn von JUPITER und VENUS, der andere der Sohn von NOX und EREBUS, den Buhllust und Prügelfreude auszeichneten. CUPIDO wird als geflügeltes Kind dargestellt, nackt und mit Bogen und vollem Pfeilköcher bewaffnet.» (Als PUTTEN oft benutztes Dekor.)

CYZICUS bzw. KYZIKOS, Stadt am Südufer der Propontis (= Marmarameer) auf den Ausläufern der gebirgigen Halbinsel ARKTONNESOS.

DANAE, Tochter des Königs AKRISIOS von Argos und der EURYDIKE; da ihrem Vater geweissagt worden war, daß der Sohn seiner Tochter ihn töten würde, sperrte er sie ihn einen erzenen Turm (oder ein erzenes Gewölbe), um zu verhindern, daß sie Mutter werde. Vergebens, da ZEUS als Goldener Regen zu ihr eindrang und über sie kam. Da AKRISIOS nicht glauben mochte, daß der Vater seines so entstandenen Enkels PERSEUS wirklich der Göttervater sei, setzte er Mutter und Kind in einer Kiste dem Meer aus. Sie trieben in SERIPHOS an und wurden von DIKTYS, dem Halbbruder des Königs POLYDEKTES, liebevoll aufgenommen. Da DANAE die Annäherungen des Königs abwies, entsandte dieser den PERSEUS auf eine Mission, die ihn hätte töten müssen: gegen die GORGONEN. Als PERSEUS erfolgreich zurückkehrte, ward POLYDEKTES angesichts des Hauptes der MEDUSA zu Stein. Der Ruhm des PERSEUS verbreitete sich so, daß sein Großvater, ihn zu sehen, insgeheim nach LARISSA kam, wo er durch einen von PERSEUS geschleuderten WURFRING versehentlich getroffen und getötet wurde. So erfüllte sich die Weissagung doch. (Andere aber sagen, es sei PROITOS, der Bruder des AKRISIOS, gewesen, der die Wächter DANAEs mit seinem Gold zwecks Einlaß bestochen habe.)

DANAOS, Sohn des BELOS und der ANCHINOE, Zwillingsbruder des AIGYPTOS und Ururgroßvater der DANAE. DANAOS hatte 50 Töchter und vertrieb aus Eifersucht den Bruder, der 50 Söhne hatte. Der ging in das Land, dem er seinen Namen gab, und kehrte später mit den erwachsenen Söhnen nach ARGOS zurück, wo es zur Bluthochzeit der Danaiden und Aigyptiaden kam; der allein gerettete LYNKEUS erschlug anschließend DANAOS mit all seinen Töchtern.

DANTE, Giambattista aus PERUGIA, soll sich laut Cesare ALESSI *Elogia Civium Perusinorum* von 1652 etwa 1498 Federflügel gebaut haben, verschiedentlich über den Trasimenischen See geflogen und dann in ein Kloster gestürzt sein.

DEANE, Sir Anthony (ca. 1638–1721), brit. Schiffsbauer, arbeitete in der Woolwich-Werft, veröffentlichte als erster Tabellen zur Berechnung des Tiefgangs eines Schiffes aus seinen Abmessungen und damit auch der Menge Ballast, die benötigt wurde, um ein Kentern zu verhindern; zuvor hatte man das schätzen müssen – ein nicht sehr befriedigendes Verfahren (und DEANEs Erfindung ist vor allem wegen der Ballast-Frage das, was Kapitän GUARDIAN an ihm fasziniert). Details berichtet sein Freund Samuel PEPYS in seinem Tagebuch.

DEIPHOBOS → HELENA.

DEROME, franz. Buchbinderfamilie im 18. Jh., das berühmteste Mitglied Nicolas-

Denis, genannt der JÜNGERE (1731–1788); er gilt als einziger Buchbinder seiner Zeit, der einen eigenen Stil erfunden hat. Sein Kennzeichen: ein kleiner Vogelstempel im Spitzenwerk (doch kann man ihn nur mit Vorsicht als Erkennungszeichen seiner Buchbindearbeiten betrachten, da ihn in ähnlicher Form auch PADELOUP und DUBUISSON verwendeten). Berühmt wegen seiner hervorragenden Materialien (Leder usw.), doch gilt seine Kunstfertigkeit im Handwerk als geringer denn seine Erfindungskraft.

DESCARTES, René (1596–1650), franz. Philosoph und Mathematiker; Kern seiner Lehre: als einzige Gewißheit verbleibt die Erkenntnis *cogito ergo sum* (ich denke, also bin ich).

DIANA, eine italische Gottheit, die Göttin der Jagd; der DIANA-Kult wird später als ältester auswärtiger Kult von Rom übernommen. DIANA, die jungfräuliche Jägerin, war die Beschützerin des weiblichen Lebens und seiner Funktionen und als im Hain verehrte Gottheit die Schützerin allen vegetativen Lebens, besonders aber des Wildes. Sie wurde sehr früh mit der griech. ARTEMIS identifiziert und ist in der Literatur von jener nicht mehr zu trennen, die bereits im mykenischen Hellas bezeugt ist. Sie gehört zu den großen tötenden und lebengebenden Ur- und Muttergottheiten. Die Geschichte vom Untergang des AKTAION durch seine eigenen Hunde gehört ursprünglich zu ARTEMIS und wurde erst später auch Teil der DIANA-Mythe.

DIDEROT, Denis → Sachanmerkung zu S. 607.

DIDO, die eigentlich ELISSA hieß, war die Tochter des Königs BELUS von TYRUS. Sie heiratete ihren Onkel SICHAEUS, einen Priester des HERAKLES, den ihr Bruder PYGMALION aus Habgier ermordete, nachdem er BELUS auf den Thron gefolgt war. DIDO verließ aus Schmerz TYRUS, raubte auf ZYPERN 50 Frauen für ihre männlichen Begleiter, erreichte die afrikanische Küste und erwarb von den Einheimischen soviel Land, wie eine Ochsenhaut umspannen konnte. (Ihren Trick, die Ochsenhaut in hauchdünne Streifen zu zerschneiden, wendete in der Folgezeit manch berühmter europäischer Landräuber erfolgreich gegen harmlose Einheimische an, was den Wert klassischer Bildung in ein eigenartiges Licht taucht.) Auf diesem Land erbaute sie BYRSA, die spätere Burg KARTHAGOS, aus der diese neue Stadt entstand. Als König IARBAS von MAURETANIEN sie ihrer Schönheit und ihres Reichtums willen heiraten wollte, andernfalls er sie mit einem entsetzlichen Krieg überziehen werde, gab sie dem Drängen ihrer lebenssüchtigen Untertanen scheinbar nach, indem sie einen Scheiterhaufen errichten ließ, auf dem sie zur Hochzeit Weiheopfer darbringen wolle. Als es soweit war, stieß sie sich auf dem entflammten Scheiterhaufen stehend den Dolch in die Brust, was ihr den Namen ‹Tapfere Frau› eintrug: DIDO. Später behaupteten römische Literaten, sie habe das aus Schmerz um die Abreise des AENEAS getan. «Diese poetische Fiktion stellt AENEAS dar, als habe er zur Zeit DIDOS gelebt, und führt so einen Anachronismus von 300 Jahren ein. DIDO verließ PHÖNIZIEN 937 v. Chr. oder 247 Jahre nach dem Fall TROJAS bzw. der Zeit des AENEAS.»

DOCIMUS aus TARENT wurde seiner militärischen Ämter und Ränge enthoben, da er für den Geschmack seiner Vorgesetzten das Verweilen in heißen Bädern seinem Dienst vorzuziehen schien.

DORIS, eine Meeresgöttin, Tochter von OKEANOS und TETHYS, heiratete ihren Bruder NEREUS, dem sie 50 Töchter gebar, die *Nereiden*.

DOUXFILS, Lambert Ignace → Sachanmerkung zu S. 607.

DOWNS: das Wort ist urverwandt mit *Dünen* und wird generell für Sandhügel, vor allem aber Dünen verwendet; speziell das Hügelland entlang der Süd- und Südostküste Englands; insbesondere die Reede an der SO-Küste vor Deal.

DUBUISSON, Pierre Paul (gest. 1762), franz. Buchbinder und Vergolder, der ab ca. 1750 als Buchbinder des Königs arbeitete und seine Einbände üppig mit zeitgenössischem Dekor im Stile Louis XV. versah.

DUHAMEL du MONCEAU, Henri Louis (1700–1781), franz. Naturforscher, ab 1739 Generalinspekteur der franz. Marine.

DUMONCEAU → DUHAMEL.

DUNDAS, Henry, eigentlich Henry Dundas MELVILLE → PITT

DU PLESSIS-MORNAY, Philipe (1549–1623), hugenottischer Führer, Schriftsteller und Revolutionär; vermutlich Verfasser der Schrift *Vindiciae contra Tyrannos*, die 1579 nach der Bartholomäus-Nacht (1572) in Basel erschien, den Volksaufstand gegen Tyrannen predigte und die Zeit möglicher politischer Kompromisse mit dem katholischen Absolutismus des franz. Königs aufkündigte – ein grundlegender Wandel in der hugenottischen Politik. Die Schrift erlebte eine neue Bedeutung nach dem Edikt Louis XIV. von Nantes 1685, die wiederum den Hugenotten die Toleranz aufkündigte.

DU ROULLET, François Louis Gaud de Bland, Attaché an der franz. Gesandtschaft in Wien nach 1770; dort traf er GLUCK, dem er RACINES *Iphigène en Aulide* als Libretto umschrieb; nach Fertigstellung der Oper setzte er sich bei der Pariser Oper für die Annahme ein, die Premiere in Paris fand 1775 statt.

EDUARD der BEKENNER (1003–1066), König Englands ab 1042, hatte eine Vorliebe für die Normannen, an deren Herzogshof mit seiner Billigung HAROLD von WESSEX zur Ausbildung weilte und dort jenen Lehnseid leistete, der später WILHELM dem EROBERER den Anspruch auf ENGLAND legitimierte.

ELEKTRYON, Sohn des PERSEUS und der ANDROMEDA, Vater der ALKMENE, König von ARGOS, bot dem Krone und Tochter, der ihn an den TELEBOERN räche, die ihm alle Söhne außer dem unmündigen LIKYMNIOS erschlagen hatten. AMPHITRYON, dessen Schwester ANAXO den ELEKTRYON geheiratet hatte, erfüllte die Aufgabe und wurde zum Mann seiner Nichte und König von Argos. Bei der Übergabe der zurückgebrachten geraubten Herden tötete AMPHITRYON seinen Schwiegervater.

EMPEDOKLES (ca. 490–ca. 430 v. Chr.), griech. Philosoph, Dichter und Historiker aus AGRIGENT von großem Ruhm; oftmals linderte er seine geistigen und körperlichen Leiden durch Musik. Er starb im Krater des ÄTNA, nach den einen, weil ihm seine Neugier auf das Wesen der Flammen tödlich wurde; nach den anderen, weil er wie ein Gott spurlos verschwinden wollte und sich deshalb in den Krater stürzte, doch habe der Vulkan seine Anmaßung dadurch bestraft, daß er eine Sandale des Philosophen wieder ausgespieen habe. Seine Philosophie kennt kein Werden und Vergehen, sondern nur immer neue Mischungen und Entmischungen der 4 Elemente.

ERICHTHONIOS, 4. König von Athen, ein Sohn von HEPHAISTOS, war wie sein

Vater deformiert und hatte statt Beinen die Schwänze einer Schlange. MI-NERVA hatte ihn der Fürsorge der Töchter des KEKROPS anvertraut. Er bestieg bereits jung den Thron, regierte 50 Jahre und starb 1437 v. Chr. Seine Mutter war eine der Töchter von KRANAOS, dem 2. König von Athen und Sohn des KEKROPS. Als Priesterkönig stellte er das hölzerne Kultbild der ATHENE auf.

ERNESTI, Johann August (1707–1781), Professor in Leipzig und Nachfolger GESNERs, edierte 1759/64 HOMER.

ETHELRED II. der UNBERATENE (968–1016), wurde 979 nach der Ermordung seines Stiefbruders EDWARDs des Märtyrers zum König von England gekrönt, das damals bis Northumbria reichte. Seine Herrschaftszeit wurde durch zahl-reiche Einfälle der Dänen gepeinigt, gegen die er sich jedoch aus Weichheit, Selbstverliebtheit und Unbesonnenheit trotz aller guten Ratschläge seiner Umgebung nie zu entscheidenden Maßnahmen aufraffen konnte, sondern immer wieder sein Heil in Freikäufen, Bestechungen oder auch plötzlichen Massenmorden an dänischen Siedlern suchte. Sein Opportunismus führte in keinem Fall zum Erfolg.

EUGEN von SAVOYEN → Sachanmerkung zu S. 607.

EULER, Leonhard (1707–1783), schweiz. Mathematiker, der auf allen Gebieten der reinen wie der angewandten Mathematik, Physik und Astronomie Bedeu-tendes leistete.

EURIPUS: «griech. Autor, der über die Schüler des SOKRATES schrieb».

EUROPA, eine Tochter des Königs AGENOR von PHÖNIZIEN und seiner Frau TELEPHASSA. Sie war so schön, daß ZEUS sich in sie verliebte, die Gestalt eines Stieres annahm und sie entführte. Er trug sie nach KRETA, wo er sich wieder in menschliche Gestalt verwandelte und der Nymphe seine Liebe gestand. Fremde an fremdem Strande, gab sie sich ihm hin, obwohl sie einst Keuschheit gelobt hatte, und empfing von ihm MINOS, SARPEDON und RHADAMANTES. Anschließend heiratete sie den König ASTERION, der mit ihr aber keine Kinder mehr bekam und schließlich ihre drei an Söhne Statt annahm. «Einige nehmen an, daß EUROPA um 1552 vor Christus lebte.»

EUSTATHIOS von THESSALONIKE (ca. 1110–1195), ca. 1150–1174 Professor an der Patriarchatsschule in Konstantinopel, wo er seine berühmten Kommentare zu HOMER, zu DIONYSIOS dem Periegeten und zu PINDAR verfaßte; er gilt als bedeutendster Altphilologe des Mittelalters. 1735 veröffentlichte Alexander POLITUS in Florenz seine Übersetzung der ersten 5 Bücher von EUSTHATIOS über HOMER ins Lateinische; seither erschienen keine Übersetzungen mehr.

FIELDING, Henry (1707–1754), Jurist, Untersuchungsrichter in der Bow Street (1737–1754, Begründer der ersten engl. Polizeitruppe, der *Bow Street Runners*), Journalist und Zeitungsherausgeber, satirischer Schriftsteller, Dramatiker und Romanautor (*Tom Jones*), sowie sozialkritischer Pamphletist. Sein Richteramt (heute identisch etwa mit den Ämtern des Polizeipräsidenten, Untersuchungs-richters und Amtsrichters) versorgte ihn mit unschätzbaren Kenntnissen aus dem Leben seiner Mitmenschen, die er in seinen literarischen Arbeiten entspre-chend verwendete. Eine schwere Krankheit zwang ihn 1754, sein Richteramt an seinen Halbbruder abzutreten und Erholung im Süden zu suchen; wenige Monate nach seiner Abreise starb er in Lissabon.

FIELDING, Sir John (1721–1780), blinder Halbbruder von Henry, von dem er 1754 das Richteramt in der Bow Street übernahm und bis zu seinem Tode innehielt; wegen seiner Verdienste wurde er 1761 geadelt. Anders als die meisten seiner Vorgänger, mit Ausnahme seines Halbbruders, bemühte er sich um Gerechtigkeit, statt das Amt zur Selbstbereicherung durch Erpressung zu mißbrauchen. Er führte die Arbeit seines Bruders in Gestalt von Reformen nach Maßgabe der Zustimmung der regierenden Klasse durch und wurde durch seine deduktiven und forensischen Talente berühmt. Er soll rund 3000 Kriminelle Londons allein der Stimme nach gekannt haben. (Daß unser Autor seine Amtszeit über seinen Tod hinaus verlängerte, beruht auf der reizvollen Möglichkeit, so beide Brüder FIELDING für den Roman nutzbar zu machen.)

FIELDING, William, 1. Earl of DENBIGH (?–1645, 1603 in den Adelsstand erhoben, 1622 gegraft), brit. Seeoffizier, der die gescheiterte Expedition zum Entsatz von La ROCHELLE im Mai 1628 kommandierte.

GALATEIA: eine Meeresnymphe, Tochter von NEREUS und DORIS; sie wurde leidenschaftlich vom Zyklopen POLYPHEM geliebt, den sie aber kalt und verächtlich behandelte, während sie leidenschaftlich den sizilischen Schäfer AKIS liebte, den POLYPHEM mit einem Stein zerschmetterte, als er in den Armen der Geliebten ruhte, die den Verlust nie verschmerzte und den toten Geliebten in einen Springquell verwandelte.

der GASCOGNER, einer der bedeutendsten Buchbinder in Paris zu Beginn des 17. Jh.s, doch weitgehend von Geheimnissen umhüllt: weder ist sein wirklicher Name bekannt, noch kennt man mehr als 2 der ihm zugeschriebenen über 350 Bindearbeiten sicher. Sein Werk gilt als Höhepunkt des «ländlichen Stils» zwischen 1620 und 1640 in Paris; ihm werden Einbände mit zierlich gepunkteten Stempeln (*fers pointillés*) zugeschrieben sowie solche mit feinem Fadenmuster und großen Blumenstempeln in den Ecken.

GAZI HASAN PAŞA, einer der wenigen Überlebenden der Katastrophe in der Seeschlacht von ÇEŞME, wurde 1774 zum Großadmiral der Pforte ernannt, um aus seinen Erfahrungen eine Marinereform durchzuführen. Da der ganze alte Marineapparat zerschlagen war, konnte er relativ ungehindert zu Werke gehen. Er erkannte zwei Hauptbedürfnisse: 1. moderne Schiffe, 2. entsprechend ausgebildete Offiziere. Neue Kriegsschiffwerften wurden mit Hilfe der franz. Marineingenieure Le ROI und DUREST am Goldenen Horn, im Schwarzen Meer und in der Ägäis errichtet, die gemeinsam mit franz. Facharbeitern die türkischen Arbeiter in den neuen Techniken ausbildeten. Ferner wurden Marineschulen in SINOP im Schwarzen Meer und auf der Insel MIDILLI in der Ägäis eingerichtet, in denen die Eingezogenen straffer Disziplin und konsequenter Ausbildung unterstanden. Schließlich baute er de TOTTS Mathematikschule zu einer vollständigen Akademie für Marineingenieure aus, die *Mühendishane-i Bahri-i Hümayun*, wo vor allem ausländische Experten Geometrie, Navigation usw. lehrten. 1784 hatte die Pforte 22 neue moderne Linienschiffe und 15 kleinere Fregatten zur Verfügung; doch die Ausbildung disziplinierter Seeleute und fähiger Offiziere kam kaum voran, da Beförderungen auch weiterhin nach Bestechung und politischen Interessen, kaum je aber nach Fähigkeit erfolgten. Erst im 19. Jh. konnte man auf GAZI HASANs Arbeiten

aufbauen und die moderne türkische Flotte entwickeln. GAZI hatte seine
Karriere als algerischer Pirat begonnen, wurde im Russisch-Türkischen Krieg
durch Siege gegen die Russen unter Admiral ORLOW berühmt; im Österreichisch-Türkischen Krieg sollte ihn dann Admiral SUWAROW besiegen, wofür
ihn sein Sultan dankbar 1789 exekutieren ließ.

GELANOR, Sohn des STHENELAS, überließ seine Herrschaft über ARGOS dem aus
ÄGYPTEN gekommenen DANAOS, kampflos aufgrund einer Weissagung, oder
nach einem erbitterten Zweikampf (je nach Quelle).

GENTILE, Antonio: ein Ende des 15., Anfang des 16. Jh.s tätiger italienischer
Buchbinder, der vor allem durch die Verwendung von Silberpunzen, flachem
Relief und offenen Mustern berühmt wurde.

GESNER, Johann Matthias (1691–1761), einer der bedeutendsten Altphilologen
des 18. Jh.s und ein glühender Verfechter des Neuen Humanismus, der eine
neue Rolle der Klassik in der modernen Welt suchte; er lehrte ab 1734 in
Göttingen, wohin er aus Leipzig berufen worden war. 1735 gab er CATOS *De Re
Rustica* mit verwandten Texten als *Scriptores Rei Rusticae* heraus.

GORGONEN, «drei berühmte Schwestern, Töchter von PHORKYS und KETO, mit
Namen STHENO, EURYALE und MEDUSA, die alle bis auf MEDUSA unsterblich waren. Laut den Mythologien schlängelten sich in ihren Haaren Schlangen, waren ihre Hände aus Messing, ihre Flügel von goldener Farbe, ihre
Körper mit undurchdringlichen Schuppen besetzt, und ihre Zähne so lang wie
die eines wilden Ebers, und wen sie nur ansahen, der erstarrte zu Stein. Gemeinsam hatten sie nur je 1 Auge und 1 Zahn, den sie wechselweise brauchten.
Und PERSEUS griff sie in dem Augenblick an, da sie das Auge wechselten und
schlug der MEDUSA das Haupt ab... Sie wohnten aber jenseits des Meeres im
Westen».

GROLIER de SERVIÈRES, Jean (1479–1565), franz. Gesandter in Italien, Freund
von Aldus MANUTIUS, ab 1532 einer der Schatzkanzler Frankreichs, der durch
entsprechend fragwürdige Methoden ein so großes Vermögen zusammenraffte,
daß er sich die größte Bibliothek nach der des Königs aufbauen konnte: über
600 Bände, die alle nach seinem Geschmack gebunden waren.

GUISE, Herzöge von: Nebenlinie des Hauses LOTHRINGEN, erlosch 1675; zur Zeit
der Affäre von La ROCHELLE war Henri II. de LORRAINE Herzog von GUISE
(1614–1664), der 1629 Erzbischof von REIMS wurde und sich wegen einer
Verschwörung gegen RICHELIEU nach NEAPEL flüchten mußte.

HAEMONIA, eigentlich HAIMONIAI, Stadt in ARKADIEN, gegründet von HAI-
MON, dem Sohn des LYKAON.

HANWAY, Jonas (1712–1786), engl. Reisender und Philantrop; der ursprüngliche
Titel seines Hauptwerkes ist *Historical Account of British Trade over the Caspian
Sea, with a Journal of Travels* etc. (London 1753).

HARPYEN, geflügelte Monster, dargestellt mit weiblichem Antlitz, dem Körper
eines Geiers und Fingern mit scharfen Krallen. Es gab ihrer 3: AELLO,
OKYPETE und KELAINO, Töchter von NEPTUN und TERRA, nach anderen
von THAUMAS und ELEKTRA. Sie besudelten und vergifteten Speis und Trank
und raubten AENEAS während seiner Reise nach ITALIEN aus. Heute gelten die
nirgends genau beschriebenen Wesen als weiblich gedachte Windgeister.

HASTINGS, Warren (1732–1818), angloind. Politiker, ab 1750 im Dienst der Ostindischen Gesellschaft, wurde 1772 Gouverneur von BENGALEN, 1774/82 erster Generalgouverneur von INDIEN, erweiterte und befestigte die britische Machtstellung in INDIEN durch Kriegszüge und den Ausbau der Verwaltung, wobei er sich skrupellos auch zur eigenen Bereicherung der Ostindischen Gesellschaft bediente; 1785 trat er von seinem Amt zurück, wurde 1786 des Amtsmißbrauchs und der Erpressung angeklagt, aber in diesem letzten Impeachment-Prozeß der engl. Geschichte (höchst fragwürdig) freigesprochen.

HEINRICH V. (1387–1422), englischer König ab 1413, nahm den 100jährigen Krieg gegen Frankreich wieder auf, siegte 1415 bei AZINCOURT; 1420 wurde im Frieden von TROYES sein Anspruch auf FRANKREICH anerkannt, den er durch seine Heirat mit der franz. Prinzessin KATHARINA, der Tochter CHARLES VI. von Frankreich, untermauerte.

HELENA, geboren aus einem der Eier, die LEDA, die Gemahlin des Königs TYNDAROS von Sparta, nach ihrer Begegnung mit Jupiter als Schwan gelegt hatte (nach anderen Autoren war sie die Tochter der NEMESIS, ebenfalls von Jupiter, und LEDA nur ihre Amme). Sie galt als schönste Frau ihrer Zeit, weshalb sich praktisch alle namhaften Prinzen und Fürstensöhne Griechenlands um ihre Hand bewarben, darunter ODYSSEUS und MENELAOS (ein Sohn des ATREUS). Sie wählte MENELAOS, dem sie HERMIONE gebar. Da erschien PARIS, der sie in Abwesenheit ihres Gatten verführte und dann (im Jahre 1198 v. Chr.) nach Troja entführte. Die Forderung nach ihrer Rückgabe wurde unter Einfluß von PARIS, einem der Söhne von König PRIAMOS, abgelehnt, woraus der Trojanische Krieg entstand. Nachdem im 9. Jahr des Krieges PARIS gefallen war, heiratete sie seinen Bruder DEIPHOBOS, den sie nach dem Fall Trojas verriet und zu MENELAOS zurückkehrte. Nach ihrem Tod wurde sie in Sparta als Göttin verehrt und für unschuldig am Trojanischen Krieg erklärt.

HEPHAISTOS, Sohn des ZEUS und der HERA, Gott des Herdfeuers und der Schmiedekunst; mißgestaltet geboren und daher von seiner Mutter ins Meer geworfen, in dem er 9 Jahre lang verweilte; dann erbaute er sich auf der Insel Lemnos einen Palast und Schmelzöfen und begann, die kunstfertigsten Geräte und Apparate zu bauen, mit denen er sich an allen rächte, die ihn wegen seiner Verformungen verspotteten, so auch an seiner Mutter. Auf Wunsch von ZEUS schuf er die erste Frau auf Erden, PANDORA. Die Zyklopen auf Sizilien waren seine Diener, alle Vulkane galten als seine Schmieden, vor allem aber der Ätna. Er wollte MINERVA/PALLAS ATHENE heiraten und, als sie sich ihm verweigerte, vergewaltigen, doch vermochte sie ihn zu besiegen. Später wurde VENUS/APHRODITE seine Frau, deren Seitensprünge und insbesondere der mit ARES/MARS berühmt sind. In den Olymp wurde er nur vorgelassen, wenn die Götter sich auf seine Kosten belustigen wollten.

HERACLEA = EREGLI am Schwarzen Meer, ca. 200 km östl. von ISTANBUL bzw. ca. 180 km nördl. von ANKARA; eine bedeutende Marinewerft der Pforte.

HERMES bzw. MERKUR(IUS): der griech. Gott HERMES ist wie sein Name unerkennbaren Ursprungs; Bedeutungen: u. a. Hüter der Türen und der Tore, der Wege und Wanderer, des Grenzgängers und nächtlichen Geleiters, auch in die Totenwelt, des Hüters der Herden und wehrhaften Hirten, als «Schelmengott» auch Schutzgott der Gaukler, Gauner und Diebe, als Wegbegleiter auch Schutzgott der Kaufleute und reisenden Händler usw.; Sohn des ZEUS und der MAIA, und als solcher auch Götterbote. Wurde sehr früh mit dem altitalischen Gott MERCUR, ähnlich unbekannter Herkunft (etruskisch?), aber mit ähnlichen Funktionen versehen, gleichgesetzt.

HERMOLAOS, ein junger Diener ALEXANDERS des GROSSEN, Makedonier wie sein König, begleitete diesen eines Tages zur Jagd, als ein wilder Eber auftauchte, den HERMOLAOS erlegte, ehe ALEXANDER zum Zuge kam. Der König war darüber so erbost, daß er befahl, HERMOLAOS auszupeitschen. Das erzürnte diesen so sehr, daß er eine Verschwörung anzettelte, die aber entdeckt wurde. Als ALEXANDER fragte, was ihn zu seinem Tun bewegt habe, antwortete HERMOLAOS, es zieme sich nicht für den König, seine getreuesten Diener wie Sklaven zu behandeln und ihr Blut erbarmungslos zu vergießen. Daraufhin ließ der König ihn töten. (LEMPRIÈRE kontrahiert hier 2 H.s in einen).

HERTZBERG, Ewald Friedrich Graf von (1725–1795), preuß. Politiker, entwarf das *Mémoire raisonné*, mit dem FRIEDRICH der GROSSE seinen Einfall nach Sachsen im 7jährigen Krieg rechtfertigte, schloß 1763 den Frieden von HUBERTUSBURG ab, wurde dafür zum 2. Staats- und Kabinettsminister ernannt und leitete fast 30 Jahre neben FINCK von FINCKENSTEIN Preußens auswärtige Politik, immer mit dem Ziel der Vergrößerung des Staates auf diplomatischem Wege. So strebte er ab 1786 einen Nordbund an aus Preußen, Großbritannien, Rußland und den skandinavischen Staaten. Als Vertreter massiv antiösterreichischer Gruppen riet er der Pforte durch seine Gesandten in KONSTANTINOPEL, sie möge ihre Reformen fortsetzen und den russischen Plänen so energisch wie nur möglich widerstehen: daraus entwickelte sich das Konzept des HERTZBERG-Planes.

HESIOD, um 700 v. Chr., griech. Dichter aus ASKRA in Böotien; seine *Theogonie* bietet gleichermaßen eine genealogische Ordnung und Systematisierung der griech. Götterwelt sowie eine Kosmogonie, die er beide zu ordnen und zu deuten suchte. Ziel seiner Arbeit war die theologische Rechtfertigung von ZEUS als des Gottes der Gerechtigkeit. Grundlegend sind seine Gedanken über die Unantastbarkeit des Rechtes und die Notwendigkeit der Arbeit. In seiner *Erga* entwickelt er den Mythos von den Zeitaltern und der schrittweisen Veränderung eines göttergleichen Lebens bis zum Zusammenbruch aller rechtlichen und sittlichen Normen. Er tritt als erster Grieche durch Nennung seines Namens als individuelle Dichterpersönlichkeit hervor.

HEZARFEN → AHMED HEZARFEN.

HIPPOLYTE, auch ANTIOPE genannt, war eine Königin der AMAZONEN, der ihr Wehrgehänge zu rauben die 9. Arbeit des HERAKLES war, für ADMETE, die Tochter von EURYSTHEUS, des Lehnsherrn von HERAKLES. Mit HERAKLES' Zustimmung brachte THESEUS ihr den Gürtel zurück und nahm sie zur Frau.

HIPPONOOS → BELLEROPHON.

HOHENDORF, Baron → Sachanmerkung zu S. 607.

HOLBACH, Paul Heinrich Dietrich Baron von → Sachanmerkung zu S. 607.

HYRKANIEN, im Norden von PARTHIEN und im Westen von MEDIEN an der

SO-Ecke des Kaspischen Meeres gelegen, «überreich an Schlangen, wilden Tieren etc. Sehr gebirgig und ungeeignet zur Aufstellung von Kavallerie».

ICHNABOD ist in der antiken Literatur nicht belegt: der «Name ohne Beispiel».

IOBATES → BELLEROPHON.

IPHIGENIE, Tochter des AGAMEMNON und der KLYTAIMNESTRA. Als die Griechen auf dem Weg in den trojanischen Krieg waren, hielten widrige Winde sie auf AULIS fest. Da sagte ihnen der Seher KALCHAS, daß es erst wieder gute Winde geben werde, wenn AGAMEMNON seine Tochter I. der Göttin DIANA opfere, da A. sie durch die Erlegung ihres Lieblingshirsches erzürnt habe. A. wollte das Heer umkehren lassen, doch ODYSSEUS bestand auf der Erfüllung des Opfers. Man sandte nach IPHIGENIE unter dem Vorwand, sie ACHILL zur Frau zu geben. KLYTAIMNESTRA stimmte zu. Als IPHIGENIE auf AULIS ankam und die Opfervorbereitungen erkannte, flehte sie ihren Vater um Erbarmen an, das dieser ihr verweigerte. Als sie bereits auf dem Altar unter dem gezückten Opfermesser des KALCHAS lag, verschwand sie plötzlich, und an ihrer Stelle lag da eine herrliche Ziege, die nun geopfert wurde. Guter Wind kam auf, und die zufriedenen Recken konnten in die so heiß begehrte Schlacht um TROJA ziehen. IPHIGENIE aber war von DIANA nach TAURIS entführt worden, wo sie ihrerseits im Tempel der DIANA alle Fremden zu opfern hatte, die dort ins Land kamen. Nach vielen solchen Opfern kamen auch OREST und PYLADES ins Land, in denen IPHIGENIE ihren Bruder und dessen Freund erkannte, mit denen sie nach Ermordung des THOAS, der auf der Opferung der beiden bestand, und unter Mitnahme der Statue der Göttin entfloh.

ISAURIER: die tapferen und kriegsbegeisterten Bewohner eines Berglandes in der heutigen Türkei zwischen PISIDIEN, LYKAONIEN und KILIKIEN.

JAKOB von UNGARN → Sachanmerkung zu S. 607.

JOHNSON, Samuel (1709–1784), engl. Journalist und Schriftsteller, gilt als der letzte große Literaturkritiker, der im Sinne der Aufklärung nach den klassizistischen Grundsätzen des Lehrhaften, Moralischen und Logischen unterteilte. Mit seinem *Dictionary of the English Language* (1747–1755) wollte er den engl. Wortschatz festlegen.

JOSEPH II. (1741–1790), ältester Sohn MARIA THERESIAS und des Kaisers FRANZ I. Folgte 1764 seinem Vater in der Würde des römisch-deutschen Kaisers und als Mitregent seiner Mutter in den habsburgischen Erblanden. Durch seine Bündnispolitik mit Rußland wurde er 1787 in den ergebnislosen Krieg gegen die Türkei hineingezogen. In seinem sehr offenherzigen Briefwechsel mit dem Fürsten LIGNE berichtet er immer wieder von seinen teils recht eigenartigen sexuellen Frustrationen, Ängsten und Beklemmungen, denen er in der Behaglichkeit seines Bettes in den Frieden zu entkommen suche, den ihm die Möglichkeit gebe, «dort mein eigener Herr zu sein und mich auf der Matratze auszustrecken und herumzurollen, wie es mir gefällt» (übersetzt aus einer englischen Biographie).

JUPITER bzw. ZEUS, der oberste der antiken Götter und hemmungsloser Zeuger vielerlei Halbgötter- und Menschenwesen mit allen möglichen weiblichen Wesen unter allerlei eigenartigen Gestalten, wie z. B. als Schwan mit LEDA, als Goldener Regen mit DANAE oder als Stier mit EUROPA.

KADMOS bzw. CADMUS, Bruder der EUROPA; nachdem die Schwester entführt worden war, suchte er sie auf zahlreichen Inseln, auf denen er später als Tempel- oder Stadtgründer erscheint; mit der Mutter blieb er bis zu deren Tod in THRAKIEN. Danach zog er auf Geheiß des Delphischen Orakels einer Kuh mit mondförmigen Flecken nach und gründete an ihrem Rastort in BÖOTIEN die Burg KADMEIA, aus der später die Stadt THEBEN erwuchs. Auf Geheiß ATHENES streute er die Zähne des von ihm getöteten heiligen Drachen in die Erde, woraus bewaffnete Männer entstanden, die sich gegenseitig umbrachten, bis nur noch 5 «Sparten» übrig blieben, die Stammväter der späteren Thebaner. KADMOS fand sein Ende in ILLYRIEN. Er hat «den Gebrauch der Buchstaben in Griechenland eingeführt, ein Alphabet aus 16 Zeichen, zu denen später PALMEDES 4 hinzufügte, und SIMONIDES aus MELOS weitere 4. Außerdem führte er die Verehrung vieler ägyptischer und phönizischer Gottheiten in Europa ein, als er 1493 vor Christus nach Griechenland kam.»

KALCHAS, Sohn des THESTOR, berühmter griech. Wahrsager, der als oberster Priester das griech. Heer nach TROJA begleitete und auf AULIS die Affäre → IPHIGENIE zelebrierte.

KALLIMACHOS (ca. 305–240 v. Chr.), griech. Gelehrter und Dichter aus Kyrene, verfaßte den Katalog der Alexandrinischen Bibliothek, zahlreiche wissenschaftliche Werke und umfangreiche Dichtungen, von denen ca. 80 Epigramme überlebten. PROPERZ bewunderte ihn und sein Programm der «kleinen Form» so sehr, daß er sich den KALLIMACHOS Roms nannte, CATULL übersetzte sein höfisches Gedicht *Die Locke der Berenike* ins Lateinische.

KANTOR aus NÜRNBERG: er wird ins 16. Jh. datiert, doch sind weder Einzelheiten über seine Tat noch über ihn bekannt; möglicherweise legendär (aus J. E. BURGGRAVIUS' *Achilles* von 1612).

KAPANEUS, einer der 7 gegen THEBEN, prahlte bei der Belagerung der Stadt damit, er werde sie auch gegen den Willen von ZEUS in Asche legen: da traf ihn nahe der Zinnen des ZEUS' tödlicher Blitz.

KAR KAWUS: diese Anekdote über den legendären persischen König ist der Ursprung einer ähnlichen Geschichte über ALEXANDER den GROSSEN.

KARNATIK, eine von frühen Europäern einer Landschaft an der ostindischen Küste gegebene Bezeichnung (aus dem Tamilischen von «kar» = schwarz und «nadu» = Landschaft: nach den dunklen Böden, also etwa «das schwarze Land»). Sie erstreckte sich vom Kap KORMORIN aus etwa 900 km nach Norden und zwischen 75 und 150 km nach Westen. Wichtige Städte von S nach N u. a. TANJORE, TRICHINOPOLY, MADURA, MADRAS, PONDICHERRY, ARCOT, ONGOLE. Die Bevölkerung bestand vormals fast ausschließlich aus brahmanischen Hindus, unter denen sich nur wenige Muslime befanden. Die Herrschaft über dieses Land an der KOROMANDEL-Küste wechselte im Lauf der Geschichte oftmals, teils bildeten sich selbständige Staaten, teils waren sie Provinzen größerer Herrschaftsgebiete. Nach dem Sturz des Vijayanagar-Reiches durch die Muslime im 16. Jh. machten sich die dortigen Hindu-Vizekönige in MADURA, TANJORE und KANCHI selbständig, doch wurden sie bald den Königen von GOLKONDA und BIJAPUR tributpflichtig, bis auch diese von Kaiser AURANGZEB unterworfen wurden, der 1692 Zulfikar ALI zum Nawab des KARNATIK ernannte und ihm als Sitz ARCOT anwies. Das Haus des Nawab von ARCOT wurde später vom Nizam von HAIDERABAD im Besitz des Amtes des Nawab von KARNATIK bestätigt, nachdem der Nizam von Haiderabad (das Haus begründete Asaf JAH, ein ausgezeichneter Militär turkomanischer Herkunft unter AURANGZEB, der 1713 zum Verweser des DEKKAN ernannt worden war, sich dann aber nach und nach zum wahren Herrscher Südindiens erhoben hatte) der wichtigste muslimische Fürst in Indien geworden war. Nach Asaf JAHs Tod 1748 folgte ein Machtkampf, an dem sich auch Briten und Franzosen beteiligten, in dem sich aber 1761 mit britischer Hilfe Nizam ALI durchsetzte, der bis 1803 regierte. Während der Kriege erbeutete Territorien mußte er zur Bezahlung der britischen Kriegshilfen an Großbritannien abtreten. Mit seinem Tod hörte das KARNATIK auf, eine selbständige politische Einheit zu sein, und verschmolz mit dem Reich von HAIDERABAD.

KEKROPS, aus Sais in Ägypten, gründete 1556 v. Chr. in Attika eine Kolonie, die nach ihm *Kekropis* genannt wurde, das spätere Athen, beherrschte Teile des Landes als König, die Landschaft *Kekropia*, «milderte und verfeinerte die groben und ungepflegten Manieren der Einwohner, die er vom Lande in 12 kleine Städte zog, die er gegründet hatte. Er gab ihnen weise Gesetze und Grundsätze der Regierung und lehrte sie die Anbetung der Götter, die man in Ägypten verehrte. Er heiratete die Tochter von AKTAIOS, einem Fürsten in Griechenland, und gilt als der Gründer Athens. Er lehrte seine Untertanen die Kultivierung der Olive ... Als erster erbaut er ZEUS einen Altar». Der Wissenschaft gilt er heute als lokaler erdgeborener schlangenförmiger Schutzgeist der alten Königsburg auf der Akropolis; seine Kultstätte, als Grab gedeutet, wurde in das Erechtheion eingebaut; später bedeutete «kekropisch» soviel wie von einheimischem Uradel.

KER, griech. «Tod, Verderben», im Plural «Todesarten, Todesqualen» o. ä. Die funktionalen Grundbedeutungen weichen stark voneinander ab, können aber im Sinne von «Schädigerin» zusammengefaßt werden – KER ist also in den Bereich der Todesdämonen zu verweisen, wofür auch ihr abschreckendes Äußeres spricht: Vogelkrallen, Blutsaugen, Zerfleischen usw. Auf bildlichen Darstellungen ist die Unterscheidung von GORGONEN, SIRENEN, HARPYEN usw. oft nicht möglich.

KEYX oder CEIX, König von TRACHIS am OITE, Gemahl der ALKYONE, der Tochter der ENARETE und des AIOLOS. Sie klagte so liebevoll um den toten Gatten, daß sie von den Göttern dafür in einen Eisvogel verwandelt wurde.

KI Kung-hi, ein eher mythischer chinesischer Kaiser v. Chr., über den viel erzählt wird, von dem aber nichts bekannt ist.

KLYTAIMNESTRA, Gattin des Atriden AGAMEMNON, die den König nach seiner Rückkehr aus dem trojanischen Krieg gemeinsam mit ihrem Liebhaber AIGISTHOS in der Badewanne ermordete.

KOMANA: Stadt in KAPPADOKIEN, die ob ihres Tempels der BELLONA (einer Kriegsgöttin, von den Griechen auch ENYO genannt) berühmt war, in dem 6000 Priester und Priesterinnen Dienst taten.

KTESIPHON der Athener, Sohn des LEOSTHENES; er forderte vom Volk, es möge DEMOSTHENES für seine großen öffentlichen Dienste, für seine Rechtschaffenheit und Tugendhaftigkeit einen goldenen Ehrenkranz bewilligen. Das trug ihm seitens der Gegner des D. und insbesondere seitens AISCHINES einen Prozeß wegen umstürzlerischer Ansichten ein, in dem ihn DEMOSTHENES verteidigte und die Verbannung des AISCHINES durchsetzte.

LA HARPE, Jean François (1739–1803), franz. Musikkritiker und Führer der Partei des ital. Opernkomponisten Niccolo Vito PICCINNI (1728–1800), ein Hauptvertreter der ital. komischen Oper, gegen die Anhänger von Christoph Willibald Ritter von GLUCK (1714–1787) in einem Kampf der franz. Opernliebhaber, der 1777 aus Anlaß der Premiere von GLUCKS *Armide* in Paris entbrannte und bis tief in die 80er Jahre dauerte. Sein Hauptgegner und Führer der Gluckisten war Jean Baptiste Antoine SUARD (1733–1817), der unter dem Pseudonym ANONYME de VAUGIRARD schrieb. Heute wird er noch als jener Zensor erinnert, der versuchte, BEAUMARCHAIS' *Figaros Hochzeit* 1784 wegen des revolutionären Inhalts zu unterdrücken.

LAILAPS, ein Hund, den DIANA dem PROKRIS geschenkt hatte, und der nie versagte, wenn man ihn anwies, etwas zu jagen. Insbesondere hatte er BÖOTIEN von einem gefährlichen Fuchs zu befreien, den die Göttin THEMIS dem Land zur Verwüstung geschickt hatte, weil es sie nicht ausreichend verehre.

LAIS: die Geliebte des ALKIBIADES (ca. 450–404 v. Chr.) war die jüngere der beiden gleichnamigen berühmten Hetären, geboren auf Sizilien, nach Griechenland als 7jährige entführt, wohnhaft in KORINTH; später folgte sie einem Thessalier in seine Heimat, wo sie die Frauen aus Neid erschlugen.

LAISTRYGONEN: die ältesten Bewohner SIZILIENS.

LAKEDAIMONIER: das Volk von SPARTA.

LAMIA, eine Tochter von BELOS und LIBYE, hauste in einer Höhle in LIBYEN, hatte Kinder von ZEUS, was dessen Gattin HERA so erboste, daß sie LAMIA den Wahnsinn schickte, der die Mutter vermochte, ihre Kinder zu verschlingen.

LAOKOON, ein Sohn des PRIAMOS und der HEKUBA, Priester APOLLS in TROJA, von seinen Mitbürgern beauftragt, dem NEPTUN ein Opfer darzubringen, um ihn günstig zu stimmen. Während des Opfers erschienen zwei riesige Schlangen und stürzten sich auf die Söhne L.s, die dem Altar nahe standen. Als der Vater ihnen zu Hilfe kam, zerquetschten sie ihn aufs Schmerzhafteste, als Strafe dafür, daß er Troja geraten hatte, das hölzerne Pferd in die Stadt zu holen.

LARGA: berühmte Hetäre in ROM zur Zeit JUVENALS (ca. 60–140).

LARISSA, die bedeutendste Stadt der thessalischen Landschaft PELASGIOTIS, heute Hauptstadt THESSALIENS → AKRISIOS.

LASKAREN: vom persischen *lashkar* = Heer, Feldlager, bzw. *lashkari* = Soldat; zunächst von den Portugiesen übernommen und zu *lascar* verwandelt, dann von Engländern und Holländern übernommen und in dieser Form an die indischen Sprachen zurückgegeben, aus denen es ins Angloindische in 3 Bedeutungen kam: (a) niedrigen Ranges wie *gun-lascar* = Artillerist; (b) einer, der niedere Arbeiten tut, die seiner Kaste verboten sind; (c) Seemann – überwiegend in diesem Sinne: Seemann indischer Herkunft an Bord englischer Schiffe.

LA TREMOUILLE, franz. Adelsfamilie, seit Mitte des 11. Jh.s belegt; Claude de T. wurde 1595 Pair de France, heiratete 1598 eine Tochter WILHELMS des Schweigers von ORANIEN, wurde Protestant und war in La ROCHELLE einer der wichtigsten Hugenottenführer. Sein Sohn Henrij (1599–1674) rettete sich 1628 vor RICHELIEU, indem er wieder katholisch wurde.

LAURENTUM, die Hauptstadt des Königreiches LATIUM, gelegen an der Küste, einige km östlich der Tibermündung.

LAVERNA, die röm. Göttin der Diebe und Gauner.

LEADENHALL STREET: die Straße, in der sich das Verwaltungsgebäude der Ostindischen Gesellschaft in LONDON befand.

LE MONNIER, Jean Charles Henri (gest. 1782), aus alter Buchbinderfamilie, Hofbuchbinder des Herzogs von Orléans; er schuf u. a. Mosaikeinbände im Stil der Chinoiserien und pflegte einen üppigen und ausgearbeiteten Stil, den andere Buchbinder übernahmen, so daß der Eindruck einer Schule entstand.

LE NAIN: die drei Brüder Louis, Antoine und Mathieu lebten im 17. Jh. und nehmen einen ungewöhnlichen Platz in der franz. Kunstgeschichte ein. Sie gehörten zu den ursprünglichen Mitgliedern der Académie de France, doch weisen ihre Arbeiten keine der Einflüsse auf, die sonst die Arbeiten der Akademiemitglieder kennzeichnen. Während man dort mit mythischen und heroischen Allegorien beschäftigt war, malten die Brüder das einfache Leben («Knaben spielen Karten», «Die Schmiede», «Bauernmahlzeit»). Sie wurden kurz vor 1600 in Laon geboren und gingen 1629 nach Paris, wo Mathieu als letzter 1677 starb. Er galt als bedeutender Porträtist, dem Maria von MEDICI und Kardinal MAZARIN saßen, doch sind seine Porträts alle verschollen.

LE NONE, einarmiger Kommandeur der Verteidiger von La ROCHELLE, wegen seiner Tapferkeit berühmt und wegen seiner Eisenprothese *Bras de Fer* = Eisenarm genannt.

LEUKIPPOS, ein Sohn von XANTHOS, dem Nachfahren des BELLEROPHON, fiel in Liebe zu seiner Schwester, mit der er inzestuös lebte. Als der Vater sie einem lykischen Prinzen vermählen wollte, erfuhr dieser, sie habe einen Geliebten. Als ihr Vater das hörte, lauerte er dem Liebhaber in der Kammer der Tochter auf. Als LEUKIPPOS wieder kam, die Geliebte zu besuchen, erstach er in der Dunkelheit den Vater, den er nicht erkannte.

LIECHTENSTEIN: das altösterr. Adelshaus (1140 erstmals belegt), teilte sich im 13. Jh. in zwei Linien, deren eine 1619 erlosch, deren andere, die mährische Linie L.-NIKOLSBURG, 1623 in den Reichsfürstenstand erhoben wurde; die 1699 von ihr erworbenen reichsunmittelbaren Herrschaften VADUZ und SCHELLENBERG wurden 1719 Reichsfürstentum L.

LIGNE, Charles Joseph Fürst von (1735–1814), Freund Kaiser JOSEPHs, wurde 1808 zum österr. Feldmarschall ernannt.

LINNAEUS, eigentlich Carl von LINNÉ (1707–1778), schwedischer Naturforscher, der die Grundlagen der botanischen Fachsprache und der systematischen Pflanzen- und Tierbeschreibung geschaffen hat (und seinen Dämonen durch das rätselhafte Werk *Nemesis Divina* zu entkommen suchte).

LIVIUS: TITUS LIVIUS (59 v. Chr.–17. n. Chr.): «Sein Name wurde unsterblich durch seine höchst wertvolle Geschichte des römischen Reichs. Daneben schrieb er philosophische Abhandlungen und Dialoge nebst eines Briefes an seinen Sohn über den Verdienst von Autoren, die junge Männer lesen sollten.»

LOCKE, John (1632–1704), engl. Philosoph und Politiker, der eigentliche Begründer der neuzeitlichen Aufklärungsphilosophie; er kämpfte gegen die Lehre von den angeborenen Ideen und erklärte, das Bewußtsein sei ursprünglich eine leere Tafel *(tabula rasa)*, einzige Erfahrungsquelle sei die Sinneswahrnehmung und die Selbstbeobachtung.

LUCRETIUS: TITUS LUCRETIUS CARUS (ca. 97–55 v. Chr.) – berühmter römischer Dichter und Philosoph, studierte in Athen und schloß sich den Lehren des Epikur und des Empedokles an und vereinigte sie in seiner Dichtung *De rerum natura* mit den Lehren von Demokrit und Anaximander: «Sein meisterlicher Genius und die unangestrengte Eleganz seiner Verse» werden hoch gelobt, «die Meinungen des Philosophen, der die Existenz eines höchsten Wesens leugnet, für Atheismus und Unfrömmigkeit eintritt und allen Ernstes die Sterblichkeit der Seele behauptet, werden zu Recht gerügt.»

LUCULL: LUCIUS LICINIUS LUKULLUS (ca. 117–ca. 57 v. Chr.), röm. Feldherr, Genießer ·ınd Politiker; Gegner CAESARs und seiner Partei.

LUD, mythischer König Englands, den man nur in GEOFFREY of MONMOUTHS Geschichte der Könige von England (ca. 1135 veröffentlicht) vorfindet. «Die Stadt des Lud» ist seither ein Übername für LONDON, wie z. B. in SHAKE-SPEARES *Cymbeline* (IV, ii). LUD soll in LUDGATE begraben sein; allerdings dürfte der Name LUDGATE auf altenglisch «ludgeat» zurückzuführen sein: Hintereingang, Hintertür o. ä.

LUTETIA: alter Name von PARIS.

LYDIEN: Königreich in Kleinasien zwischen dem HALYS und der ÄGÄIS.

LYKURG: der sagenhafte erste Gesetzgeber SPARTAS, der nach Abschluß seines Werkes die Stadt schwören ließ, seine Gesetze bis zu seiner Rückkehr nicht zu ändern, abreiste und sich dann im Sinne des strengen Rigorismus seiner Gesetze selbst den Tod gab.

MACCO galt den Griechen sprichwörtlich als das stumpf-törichte Weib.

MAGNES war ein Schäfer auf dem Berg IDA, der nicht mehr weiter gehen konnte, als er mit Eisennägeln in den Schuhen über einen Steinbruch wanderte: so wurde der Magnetismus entdeckt.

MANDANE: Tochter des Königs ASTYAGES, dem nichtadligen Perser KAMBYSES verheiratet, da dem Vater ein Wahrsager geweissagt hatte, daß der Sohn seiner Tochter ihn entthronen würde, was er durch die Verheiratung mit einem Nichtadligen zu·verhindern suchte. KAMBYSES wurde Herrscher Persiens, und ASTYAGES von seinem Enkel gestürzt.

MANDURIANER: die Bewohner der Stadt MANDURIA in KALABRIEN, sö von TARENT.

MANTO: bedeutendste Wahrsagerin THEBENS, von den ARGIVERN beim Sturz der Stadt entführt und als Priesterin dem APOLL im Heiligtum von DELPHI geweiht.

MARCHAND, Prosper → Sachanmerkung zu S. 607.

MARMONTEL, Jean François → Sachanmerkung zu S. 607.

MASSAGETEN: eines der skythischen Völker.

MEDUSA → GORGONEN.

MEGAERA bzw. MEGAIRA, die zweite der FURIEN, wie ihre Schwestern Tochter von ACHERON und NOX (= Nacht): die drei werden von den Göttern eingesetzt, um die Verbrechen der Menschen zu bestrafen durch Seuchen, innere Qualen und Tod; → auch ALECTO und TISIPHONE.

MELITA = MALTA.

MENANDER (341–290 v. Chr.), der bedeutendste griech. Dichter der «neuen Komödie», in deren Mittelpunkt er das athenische Bürgertum mit all seinen menschlichen Schwächen stellte, während er mythologische und politische Themen ganz aussparte. Gerühmt seine kunstvolle Zeichnung der Charaktere. «Anders als ARISTOPHANES befleckte er seine Dichtungen nicht durch billige und unanständige Überlegungen und grob-unfeine Satire; vielmehr ist sein Schreiben erfüllt von Eleganz, feinem Witz und treffenden Beobachtungen.»

MENELAOS, König von Sparta und Bruder AGAMEMNONS, beides Söhne des Königs ATREUS von MYKENE, eines Enkels des TANTALOS und Sohn von PELOPS und HIPPODAMEIA. Erster Gatte der → HELENA.

MENOIKEUS, ein junger Thebaner und Sohn des KREON, der sich selbst opferte, als der Seher TEIRESIAS den Thebanern mitteilte, sie würden gegen die Argiver nur dann siegen, wenn sie einen Nachkommen jener, die aus den Drachenzähnen entstanden, opferten, denn die Götter zürnten noch immer den Nachfahren des KADMOS, der den Drachen getötet hatte.

MÉTÉZEAU, Clément (1581–1652), Sohn einer Baumeisterfamilie. Er baute mit Hilfe des Pariser Steinmetzen TIRIOT im Auftrag RICHELIEUS jenen Damm, der La Rochelle von der Hilfe der Engländer abschnitt.

MINERVA/PALLAS ATHENE war ohne Mutter dem Haupt ihres Vaters ZEUS entsprungen; sie wurde die Göttin der Weisheit, des Krieges und aller freien Künste. ZEUS hatte ursprünglich als erste Frau METIS, eine der Okeaniden, geheiratet, sie dann aber, da ihre Klugheit und Weisheit sie weit über alle Götter stellte, schwanger verschlungen, damit ihre Kinder den Vater nicht überträfen. Kurze Zeit danach begann er, unerträgliche Kopfschmerzen zu empfinden und befahl HEPHAISTOS, ihm den Schädel zu öffnen. Aus dieser Öffnung sprang alsbald voll erwachsen und bewaffnet die Tochter hervor, die sofort Zutritt zur Versammlung der Götter erhielt und zur getreuesten und weisesten Beraterin ihres Vaters wurde, der ihr entsprechend ungewöhnliche Macht einräumte; so durfte sie u. a. seine Blitze schleudern.

MINOTAUROS, das Produkt der unnatürlichen Liebe der PASIPHAE zu einem Stier war selbst halb Mann, halb Stier. MINOS, der König von Kreta und Gatte der PASIPHAE, hatte sich geweigert, einen herrlichen weißen Stier dem Gotte NEPTUN zu opfern, der daraufhin PASIPHAE in den Stier verliebt machte, womit das Unheil seinen Anfang nahm. Um der Königin die Erfüllung ihrer Gelüste zu ermöglichen, «prostituierte DAIDALOS seine Talente», in dem er ihr eine Kunstkuh baute, in der lagernd sie den Stier empfangen konnte. MINOS sperrte das Zwitterwesen in sein Labyrinth und mußte ihm die Jünglinge und Jungfrauen zum Fraße vorwerfen, die ihm jährlich die Athener zu liefern hatten, bis auf THESEUS das Los fiel, ebenfalls geopfert zu werden, er aber mit Hilfe der Prinzessin ARIADNE das Untier töten konnte. Frühe tauchte schon die andere Version auf: PASIPHAE habe sich in einen Höfling namens TAUROS verliebt, welcher Liebe DAIDALOS dergestalt Vorschub geleistet habe, daß er den beiden sein Haus als Liebesort zur Verfügung stellte; die Frucht waren

Zwillinge, deren einer dem MINOS, deren anderer dem TAUROS ähnlich sah: daher man sie zum MINOTAURUS zusammenzog und die Fabel mit dem Stier erfand.

MIR KASIM wurde 1761 in BENGALEN von den Briten als Marionette nach der Absetzung von MIR JAFIR, dem Nawab von MURSHIDABAD, eingesetzt, hatte aber eigene Ideen. Er stellte eine Armee auf, unterstützt von dem schweizerischen Söldnerführer Walter REINHARDT, marschierte 1762 gegen PATNA, nahm es nach kurzer Belagerung, ließ die Garnison von 2000 Sepoys massakrieren, ebenso zahlreiche Stadtbewohner und einige hundert Briten. Er wurde in zwei Schlachten von Major ADAMS bei GHERIA und bei UDHA-NALA geschlagen, entkam aber und fand beim Nawab von OUDH Schutz.

MISSY, Jean Rousset de → Sachanmerkung zu S. 607.

MOIRA, griech. Grundbedeutung etwa «Teil, Portion, Anteil»: Portion des einzelnen beim gemeinsamen Essen, Beuteanteil, Anteil eines Gottes an der Herrschaft über die Welt usw. Daraus dann die Weiterentwicklung vom Begriff des Anteils eines jeden an Lebensglück zur Vorstellung vorbestimmten Schicksals, und daraus weiter zu den dafür zuständigen Gottheiten. HESIOD verzeichnet sie bereits als ins hierarchische Göttersystem eingegliedert: die 3 Moiren sind nach ihm Töchter des ZEUS und der THEMIS. Die Vielschichtigkeit des antiken Moiren-Glaubens ist rational nicht auflösbar, ebensowenig, ob ZEUS den MOIREN übergeordnet ist oder sie ihm als Urwirkmächte vorgeordnet bleiben.

MOLDAUEN: da der Begriff MOLDAU für deutsche Leser nahezu ausschließlich mit dem böhmischen Fluß, an dem Prag liegt, besetzt ist, mit MOLDAWIEN die ehemalige Sowjetrepublik aus Teilen BESSARABIENs und der transnistrischen UKRAINE bezeichnet wurde, für die heute der Name MOLDOVA steht, blieb nichts anderes übrig, als für das uralte Fürstentum am PRUTH diese neue Prägung zu verwenden.

MOLOCH, wohl zu altsemitisch *mäläk* = König; im alten Orient Bezeichnung für eine Gottheit, der wie in BYBLOS und KARTHAGO und ISRAEL Kinderopfer dargebracht wurden; sekundäre Bedeutung: Etwas, das von einem das Opfer des liebsten, was man hat, fordert.

NECKER, Jacques (1732–1804), geb. Schweizer, franz. Finanzmann und Politiker, 1777/81, 1788/89 und 1790 Chef der Finanzverwaltung, bemühte sich um eine Finanzreform, die an den herrschenden Klassen scheiterte.

NESSOS, ein Kentaur, den HERAKLES gebeten hatte, seine Frau DEIANEIRA über einen Fluß zu tragen. Da vergewaltigte er sie. Als HERAKLES das sah, schoß er ihm einen vergifteten Pfeil ins Herz. Bevor er starb, gab NESSOS der DEIANEIRA sein durchblutetes Hemd mit dem Bemerken, das in ihm gesammelte giftige Blut habe dem Hemd die Kraft gegeben, einen Ehemann von Seitensprüngen abzuhalten. Unwissentlich tötete DEIANEIRA damit später ihren HERAKLES.

NEWTON, Sir Isaac (1643–1727), engl. Physiker und Mathematiker, dessen für die physikalischen und astronomischen Forschungen einflußreichstes Werk *Philosophiae naturalis principia mathematica* 1687 erschien; seine grundlegenden optischen Untersuchungen veröffentlichte er als *Opticks* 1704.

NICOBAREN: Inselgruppe nördlich Sumatras; erstmals um 1050 als *Nakkavaram* erwähnt, Bedeutung etwa «Insel der reifen (Kokos)nüsse»; bei Marco Polo als *Necuveran* erwähnt; die 17 Inseln (12 bewohnt) gehören heute zum indischen Territorium «Andamanen und N.»

NIOBE, eine Tochter des TANTALOS, heiratete AMPHION, dem sie 10 Söhne und 10 Töchter schenkte, was sie so stolz machte, daß sie sogar LATONA, die Geliebte des ZEUS und Mutter von APOLL und DIANA, beleidigte, die daraufhin ihre Kinder bat, sie zu rächen, was augenblicks durch Tötung der 20 Kinder geschah, bei welchem Anblick NIOBE zu Stein wurde.

ODATIS, Tochter des Königs HORMATES von Kleinasien, war von überragender Schönheit. Sie hörte oftmals den Ruhm des Fürsten ZARIADRES am TANAIS (= DON) gesungen, bis sie sich in ihn verliebte, doch wollte ihr Vater sie soweit in die Ferne nicht verheiraten. ZARIADRES erfuhr von ihrer Liebe und erschien unerkannt auf einem Fest, das HORMATES für ihre Verehrer gab, dabei von ihr verlangend, sie solle dem unter den Anwesenden einen Becher Weines reichen, den sie zu heiraten wünsche. Als sie sich weinend von den Gästen ihres Vaters abwandte, erblickte sie den Unbekannten, den sie als ihre Liebe erkannte und dem sie den Becher reichte. Man heiratete, zu welchem Ende ist unbekannt.

OLISIPIO: alter Name von LISSABON.

OLIVER aus MALMESBURY (auch EILMER genannt) wird in WILLIAM von MALMESBURY *De gestis regum anglorum* (einer Zusammenstellung unterschiedlichster Quellen) genannt und in dem lat. Text mit «seinen eigenen Worten» zitiert: *ie causet to mak ane pair of wingus*; das Ereignis soll sich 1010 abgespielt, OLIVER sich beide Beine beim Sprung vom Turm gebrochen haben.

OMPHALOS (griech. = Nabel, Nabelschnur), Ort auf KRETA am Flusse TRITON, dem ZEUS geweiht, da ihm dort nach seiner Geburt die Nabelschnur abfiel.

ONEION: Vorgebirge und Stadt in DALMATIEN, heute Kap CUMANO.

OPHIADES: die «Schlangeninsel» vor den Küsten ARABIENS.

OPIE, John (1761–1807), Autodidakt aus Cornwall, den Dr. John WOLCOT (der sich als Satiriker Peter PINDAR nannte) unter seine Fittiche nahm und ihm den Beinamen «Das kornische Wunder» *(the Cornish Wonder)* beilegte. Er wurde ein sehr gefragter Porträtmaler, doch ließen ihn seine wohlhabenden Kunden ebenso plötzlich fallen, wie sie ihn angenommen hatten. Er wandte sich historischen Arbeiten zu, wurde erneut wohlhabend, Mitglied der Royal Academy 1788 und Professor für Malerei dortselbst 1805.

OPPIAN(OS) aus KORYKOS in KILIKIEN (2. Jh. n. Chr.), Verfasser des Lehrgedichts *Halieutika*, das in 5 Büchern sorgsam geordnet und präzise Arten und Lebensweisen sowie den Fang von Meerestieren beschreibt. Die Darstellung des spröden Stoffes in eleganten Hexametern kallimacheischer Art wurde bereits im Altertum bewundert. Gemeinsam mit diesem Werk ist ein Jagdgedicht *Kynegetika* überliefert, das aber von einem OPPIANOS aus dem syrischen APAMEIA stammt.

OVID: PUBLIUS OVIDIUS NASO (43 v. Chr.–17 n. Chr.), röm. Dichter aus wohlhabender Ritterfamilie, 8 n. Chr. nach Tomi am Schwarzen Meer in der Nähe von Konstanza verbannt, wo er starb. Er begann mit graziös-leichtfertigen Liebesdichtungen und schuf dann mit den *Metamorphosen* eine große epische, mit den *Fasti* eine große elegische Dichtung. Die *Metamorphosen* (= Verwandlungen) gelten als Glanzstück der Erzählkunst und fassen in 15 Büchern einen großen Kranz von Sagen und Mythen zusammen, in dem vor allem die Verwandlung von Menschen in Tiere, Pflanzen usw. behandelt wird. Aus seiner Verbannungszeit stammen seine *Tristia* (= Trauerlieder) und die *Epistulae ex Ponto* (= Briefe vom Schwarzen Meer). Vor allem aber in den *Fasti* (= Festkalender) wird sichtbar, wie sehr OVID der Dichter der gesicherten augusteischen Friedensordnung war. Sein Stil ist voller Witz und Anmut, brillant und klar, seine Phantasie ist unerschöpflich, sein Versbau formvollendet. Verbannt wurde er als Mitwisser der Ausschweifungen von AUGUSTUS' Enkelin JULIA, der vom Kaiser ins Schweigen gewünscht wurde.

OZOLER → NESSOS.

PADELOUP, franz. Buchbinderfamilie im 17. und 18. Jh.; darunter der bedeutendste Antoine Michel (1685–1758), genannt der JÜNGERE; Hofbuchbinder der Könige von Portugal und Frankreich (LOUIS XV.); seine Motive wurden mit sehr kleinen Stempeln ausgeführt, darunter vor allem ein Stempel mit schnäbelnden Vögeln, den er vorwiegend bei den Umrahmungen einsetzte.

PALLADIO, Andrea di Pietro (1508–1580), ital. Architekturtheoretiker und Baumeister, der aus der strengen Würde BRAMANTES, der venezianischen Sinnlichkeit SANSOVINOS und reinem klassischem Detail einen ganzheitlichen eigenen Baustil entwickelte, der im 17. und 18. Jh. vor allem in Holland und Frankreich angenommen wurde und in England zur Vorherrschaft gelangte.

PALLAS, nach ihm hat die Tochter Athene von Zeus den Beinamen P. Heute gilt P. als Zwischenwesen zwischen Gott und Heros, als Gigant, Gatte der TITANIS und Vater der ATHENE, die nach ihm ihren Beinamen trägt; seine Gestalt und Funktion sind höchst undurchsichtig; daß in manchen Mythen ATHENE ihn schindet und sich aus seiner Haut einen Schild macht, könnte als Zeichen der Unterordnung einer vorgriechischen Mythengestalt unter die griechische Mythenhierarchie gedeutet werden.

PALUS MAEOTIS = SCHWARZES MEER.

PARIS, ein Sohn des Königs PRIAMOS von Troja und seiner Frau HEKUBA. Da ihm bereits vor seiner Geburt vorausgesagt wurde, er werde die Ursache zur Zerstörung Trojas sein, wies sein Vater nach seiner Geburt den Sklaven ARCHELAOS an, ihn zu töten, jedoch setzte dieser ihn am Berg IDA aus, wo ihn Schäfer erzogen. Da er sich als tapferster Verteidiger ihres Viehs gegen Raubtiere erwies, erhielt er den Beinamen ALEXANDER (= Verteidiger, Helfer). Er heiratete die Bergnymphe OINONE, doch ward ihr Eheglück bald gestört. Bei der Hochzeit von PELEUS und THETIS war nämlich die Göttin des Haders ERIS auf Beschluß von ZEUS nicht eingeladen worden, weshalb sie einen goldenen Apfel mit der Aufschrift «Der Schönsten» unter die Versammelten schleuderte. Als Aspirantinnen blieben schließlich nur noch HERA/IUNO (= Reichtum), ARTEMIS/MINERVA (= Weisheit, Ruhm) und APHRODITE/VENUS (= Schönheit) übrig. Da zwingt auf Befehl des ZEUS dessen Bote HERMES den entsetzten PARIS, die Wahl zu treffen. Die Göttinnen stellen sich nackt dem Schiedsrichter und versprechen ihm im Falle ihrer Wahl: IUNO ein Königreich, MINERVA Kriegsruhm und VENUS die schönste Frau auf Erden.

Da übergibt PARIS den Apfel an VENUS, zieht sich und seiner Familie so den Zorn der beiden anderen Göttinnen zu, siegt am Berg IDA in einem Wettbewerb unerkannt über seine Brüder und andere Prinzen, wird als Sohn des Königs erkannt und anerkannt, macht sich mit seiner Flotte angeblich auf die Suche nach seiner Tante HESIONE, die HERKULES entführt hatte, in Wirklichkeit aber, um sich die schönste Frau zu gewinnen, HELENA – und so entstand der Trojanische Krieg.

PARTHER, die Einwohner von PARTHIEN, dem heutigen CHORASSAN, einer Landschaft im Südosten des Kaspischen Meeres im Iran. Zeitweilig bildete es mit HYRKANIEN eine Satrapie, mit der sich 246 v. Chr. der Satrap ANDRAGORAS selbständig machte. Doch beendeten die PARNER, ein iranisches Reitervolk, diese Selbständigkeit bald und nannten sich nun selbst PARTHER. Deren Reich sollte zum gefährlichsten Gegenspieler Roms im Osten werden, wozu es sich die Finanzmittel von Rom selbst beschaffte: als Zwischenhändler im Seidenhandel von CHINA nach ROM.

PATROKLOS → ACHILL.

PAYNE, Roger (1738–1797), der bedeutendste engl. Buchbinder des 18. Jh.s; er vernähte seine Bücher mit Seide und schuf die Rücken aus Russisch-Leder oder gekörntem olivem Maroquin, und gab ihnen purpurne Vorsatzblätter. Er war ein ebenso brillanter Handwerker wie verheerender Geschäftsmann – oft betrunken, meist geldlos, in Lumpen gehüllt und oft verprügelt.

PEIRSON → RULLECOURT.

PENLEZ, Bosavern, wurde 1749 zu HOLBORN BARS mit 14 anderen auf Anordnung von Henry FIELDING wegen der STRAND-Aufstände gehängt. Es gab einen Versuch entschlossener Seeleute, ihn während seines Transports zum Galgen zu befreien – vergeblich. Heute gilt er als unschuldig.

PERIERS, Bonaventur des → Sachanmerkung zu S. 607.

PERSEUS, Sohn von ZEUS und DANAE, Enkel von AKRISIOS, der Mutter und Kind in einer Kiste im Meer aussetzte, da ihm geweissagt war, sein Enkel werde ihn töten. Sie landeten wohlbehalten auf SERIPHOS, wo sie der Fischer DIKTYS (= Netz) freundlich aufnahm, ein Bruder des Königs POLYDEKTES. Da PERSEUS seine Mutter erfolgreich gegen die Nachstellungen des Königs verteidigte, schickte dieser ihn aus, ihm das Haupt der MEDUSA zu bringen, einem eigentlich tödlichen Unterfangen. ATHENE aber, die MEDUSA haßte, weil die in einem A.-Tempel mit POSEIDON geschlafen hatte, schenkte P. einen Bronzeschild und sagte ihm, wie er an Tarnkappe, Flügelschuhe und Mantelsack kommen könne. HERMES schenkte ihm wegen seines schönen Äußeren außerdem ein Sichelschwert. PERSEUS näherte sich den GORGONEN, indem er sie im Schild gespiegelt betrachtete und so nicht versteinte. Er hieb der MEDUSA das Haupt ab, barg es in seinem Mantelsack, entkam ihren Schwestern im Schutz der Tarnkappe, versteinte auf der Rückreise den ATLAS, rettete ANDROMEDA, die seine Frau wurde, versteinte bei der Rückkehr POLYDEKTES, gab alle Waffen an HERMES zurück, begab sich nach LARISSA, wo er versehentlich seinen Großvater AKRISIOS tötete (auf daß die Prophezeiung sich erfülle), wurde König von ARGOS, das er aber wegen der Tötung des früheren Königs, seines Großvaters, gegen TIRYNS austauschte, und wurde in einem Streit mit

Anhängern des DIONYSOS erschlagen. ATHENE aber versetzte ihn mit ANDRO-
MEDA und dem Seeungeheuer, vor dem er sie gerettet hatte, sowie ihren Eltern
KEPHEUS und KASSIOPEIA unter die Sterne.

PHILOMELE, Tochter des Königs PANDION von Athen und Schwester von
PROKNE, die König TEREUS von Thrakien geheiratet hatte. Nun sehnte sich
PROKNE so sehr nach ihrer Schwester, daß sie TEREUS vermochte, ihre
Schwester aus Athen zu ihr zu holen. Auf der Reise verliebte sich TEREUS
dermaßen in seine Schwägerin, daß er sie vergewaltigte und ihr anschließend
die Zunge herausschnitt, auf daß sie ihn niemals verraten könne. Er sperrte sie
in einem verlassenen Schloß ein und erzählte PROKNE, ihre Schwester sei auf
der Reise verstorben. PHILOMELE webte die Geschichte ihres Elends in einen
Teppich, den sie insgeheim PROKNE zukommen ließ. Daraufhin befreite diese
ihre Schwester und beschloß mit ihr Rache: sie tötete ihren Sohn ITYLOS und
servierte ihn wohl zubereitet dem Vater TEREUS als Mahlzeit. Als er während
des Mahles nach seinem Sohn rief, warf ihm PHILOMELE des Knaben Haupt
zu. TEREUS zückte sein Schwert, um PHILOMELE und PROKNE zu durchbohren. Da flehten die Frauen zu den Göttern, sie zu verwandeln: und TEREUS
ward zum Wiedehopf, PROKNE zur Schwalbe und PHILOMELE zur Nachtigall
(in den lateinischen Varianten; in den griechischen geschah es den beiden
Schwestern genau umgekehrt).

PHINEAS → ANDROMEDA.

PICART, Bernard → Sachanmerkung zu S. 607.

PINDAR (ca. 520–ca. 446 v. Chr.): griechischer Lyriker aus Theben; «es wird
berichtet, daß als er jung war ein Bienenvolk sich auf seinen Lippen niederließ
und dort eine Wabe Honig niederlegte, als er im Grase schlummerte. Dies
wurde allgemein als Voraussage seiner späteren Größe und Berühmtheit
verstanden».

PITT, William der Jüngere (1759–1806), britischer Politiker, 1781 Mitglied des
Unterhauses, 1782/83 Schatzkanzler, 1783/1801 und ab 1804 Premierminister.
Eines seiner langfristigen Hauptziele war es, die Ostindische Gesellschaft unter
schärfere Regierungskontrolle zu bringen, da sie ihm ein «Staat im Staate» war.
In INDIEN standen damals zwei einander grundsätzlich feindselig gesonnene
Verwaltungen bzw. Armeen gegeneinander: die des Königs und die der Gesellschaft. Vorsitzender des Aufsichtsrats der Gesellschaft war Henry DUNDAS,
der PITTS Politik unterstützte in der Hoffnung, nach der Aufhebung der Gesellschaft der erste Staatssekretär für Indien zu werden. Im Rahmen dieser Politik
versuchte im Juli 1787 PITT auf DUNDAS' Rat hin, den Truppen des Königs
4 weitere Regimenter hinzuzufügen, deren Kosten die Ostindische Gesellschaft
tragen sollte, vorgeblich um den Schutz Indiens (in Wirklichkeit der Besitzungen der Krone) gegen mögliche Angriffe von außen zu verstärken, in Wirklichkeit, um die Gesellschaft zu zwingen, einige ihrer Regimenter aufzulösen
und sich nur noch mit den vom Parlament entsandten Truppen zu begnügen.
Die Debatte engte sich auf die Frage ein, ob es legal sei, von der Gesellschaft
Zahlungen für einen Schutz zu verlangen, den sie nicht gefordert hatte. Da es
DUNDAS nicht gelang, den Aufsichtsrat zu seiner Politik zu bekehren, kam die
Sache im Februar 1788 vors Parlament, wo sich sowohl die Vertreter der

Regierung (ERSKINE, PITT) wie auch die der Gesellschaft (DUNDAS) als teils betrunken, insgesamt schlecht vorbereitet und der Situation absolut nicht gewachsen erwiesen (PITT und DUNDAS hatten die Nacht zuvor mit der Herzogin von GORDON durchzecht). Dennoch reichte PITTS Gefolgschaft aus, um das Gesetz (*Dundas' Gesetz* oder *Declaration Bill* oder *Offenlegungsgesetz*) mit knapper Mehrheit durchzusetzen. Das war zwar der Anfang vom Ende der Ostindischen Gesellschaft bzw. ihrer Selbstherrlichkeit in Indien, zeigte PITT aber zugleich, daß die Kontrolle Indiens durch die Regierung statt durch die Gesellschaft noch lange nicht erreichbar sei.

PLANTIN, Christophe → Sachanmerkung zu S. 607.

PLAUTUS: TITUS MACCIUS PLAUTUS (ca. 250–184 v. Chr.), lat. Komödiendichter, der aber ausschließlich griech. Komödien übersetzte und für die röm. Bühne bearbeitete. Sie sind von sprudelnder, oft derber Komik, lebendig im Dialog und äußerst bühnenwirksam. «Die Reinheit, die Kraft und die Eleganz seiner Sprache wurden von anderen Dichtern und Schriftstellern als Vorbilder nachgeahmt.»

PLOTIN(OS) (ca. 205–270), griech. Philosoph, der in ROM lehrte und PLATONs Philosophie selbständig erneuerte; als Quelle allen Seins nahm er Das Eine (Gott, das Gute) an, aus dem die Weltvernunft hervorgehe wie die Weltseele; Körperliches wie Materielles werden als Spiegelungen der Ausstrahlung des Einen im Nichtseienden verstanden.

POLYPHEM, König aller Zyklopen auf Sizilien, Sohn von NEPTUN und THOOSA. Er ist neben seiner Liebesgeschichte mit GALATEIA durch seine Begegnung mit ODYSSEUS bekannt und wird als einäugiges Monstrum und als Menschenfresser dargestellt.

POMONA, eine Nymphe zu Rom, die Herrin aller Gärten und Obstbäume war, hatte einen eigenen Tempel in Rom mit eigenen Priestern und einem eigenen Opferkult, der dem Schutz aller Früchte diente. Sie verachtete das Schuften auf den Äckern und die Ermüdungen der Jagd. Viele der ländlichen Götter trachteten nach ihrer Gunst, doch wies sie alle kalt ab bis auf VERTUMNUS, der sich ihr in der Gestalt einer alten Frau angenehm gemacht hatte und sie so dazu vermochte, ihr Keuschheitsgelübde aufzugeben und ihn zu heiraten.

PRINZ EUGEN → Sachanmerkung zu S. 607.

PROETUS bzw. PROITOS → BELLEROPHON.

PROMETHEUS, Sohn des IAPETOS und der KLYMENE, einer der Okeaniden (Töchter des OKEANOS und der Göttin TETHYS, 3000 an der Zahl, und Meeresnymphen), Bruder u. a. von ATLAS; der Gerissenste aller Irdischen, der die Götter verspottete und selbst ZEUS lächerlich machte. Zur Strafe entfernte ZEUS das Feuer von der Erde, doch PROMETHEUS beschaffte es listenreich seinen Menschen wieder. Da ließ ZEUS ihn zur Strafe durch HERMES am Kaukasus anschmieden, wo ihm auf 30000 Jahre ein Geier von der Leber fressen sollte. Doch wurde er bereits nach 30 Jahren durch HERKULES gerettet, der den Geier tötete. PROMETHEUS hatte die Menschen aus Lehm erschaffen, ihnen das Feuer geschenkt und sie gelehrt, aus Pflanzen und Tieren ihren Nutzen zu ziehen und die Erde zu ackern.

PROPERZ: SEXTUS PROPERTIUS AURELIUS (ca. 50–ca. 16 v. Chr.) – Klassiker der röm. Elegiendichtung aus Assisi; «seine Elegien sind mit soviel Geist, Lebhaftigkeit und Kraft geschrieben, daß er als Fürst der Elegien gilt. Er mag TIBULL an Zärtlichkeit, OVID an Vielfalt der Bilder und Leichtigkeit des Ausdrucks unterlegen sein, darf aber die Palme größerer Korrektheit, höherer Kunst und umfangreicheren Wissens beanspruchen.»

PROTAGORAS a) Gestalt des Romans; b) griech. Philosoph (ca. 481–ca. 411 v. Chr.); er leugnete die Existenz eines höchsten Wesens, weshalb sein Buch in ATHEN als gotteslästerlich verbrannt und er selbst verbannt wurde. Kernsatz seiner Lehre ist «Der Mensch ist das Maß aller Dinge» und daher: alles ist so, wie es dem einzelnen erscheint; daraus zog er entschiedene Konsequenzen auf rechtlichem und moralischem Gebiet, mit denen sich vor allem PLATON auseinandersetzte.

PTOLEMAIOS bzw. KLAUDIOS PT. (= Klaudios aus Ptolemaïs, Oberägypten; ca. 100–ca. 160 n. Chr.), griech. Naturforscher, dessen Erkenntnisse noch bis ins 17. Jh. wirkmächtig waren und der größten Einfluß durch seine astronomischen und geographischen Werke hatte.

PTOLEMAIOS I. SOTER (ca. 367–283 v. Chr.), Generaladjutant und Freund ALEXANDERS des GROSSEN, der ihm Ägypten schenkte, wo P. ab 323 aus der Satrapie den selbständigen Ptolemäer-Staat ausbaute. Sein Sohn PTOLEMAIOS II. PHILADELPHOS (308–246 v. Chr.) erbaute auf der Halbinsel Pharos vor Alexandrien ca. 280 den über 120 m hohen Leuchtturm, der als eines der 7 Weltwunder galt und erst im 14. Jh. durch ein Erdbeben zerstört wurde.

RATHKAEL-HERBERT, Peter: in Wirklichkeit Peter HERBERT-RATHKAEL; war Gesandter des Kaisers JOSEPH bei der Hohen Pforte bereits vor Ausbruch des Österreichisch-Türkischen Krieges, der 1787 ausbrach, und verschwand während seines Höhepunktes Anfang 1788; er tauchte gegen Ende 1788 in ANCONA wieder auf: man hatte ihn unter Hausarrest gestellt, doch war nach Einstellung des Krieges sein Arrest für die türkische Seite zu einer Last geworden.

RESTIF de la BRETONNE (1734–1806), bedeutender franz. erotischer und sozialkritischer Schriftsteller (der sich sicher nie hat träumen lassen, wie es mit *Juliette* einst weitergehen würde).

RICHELIEU, Armand-Jean du PLESSIS, Herzog von R. (1585–1642), franz. Staatsmann und Kardinal, der den Staatszentralismus Frankreichs vollendete und damit auch den Absolutismus seines Königs zum Gipfel führte. Seine Hauptziele waren: Beseitigung der Hugenotten (die Affäre La ROCHELLE!), Brechung der Vorrechte des Hochadels, Befreiung Frankreichs aus der Umklammerung durch die spanisch-habsburgischen Feinde.

ROHAN, Henri I, Prinz von LÉON, Herzog von R. (1579–1638), politischer Schriftsteller, Hugenottenführer und Widersacher RICHELIEUS.

RULLECOURT, Philippe Charles Félix Macquart, Baron de, französischer Glücksritter, unternahm am 6. Januar 1781 mit ca. 1000 Mann franz. Truppen den letzten Versuch, Jersey für Frankreich zu erobern, dem die Kanalinseln als Vorposten der britischen Krone und als Hort unbezähmbarer Piraten höchst unangenehm waren. De RULLECOURT landete in der Nacht an der Ostseite bei La Rocque und marschierte nach einem siegreichen Gefecht gegen eine Abteilung des 83. Regiments zu Platte Rocque nach St. Hélier, wo man Major Moses

CORBET, den Lieutenant-Governor und Verteidiger der Insel für die britische Krone, in seiner Residenz, Le Manoir de la Motte, im Bett überraschte. Der nachtbehemdete Major ließ sich von dem straff uniformierten de RULLE-COURT überzeugen, daß die Insel fest in französischer Hand sei, und unterzeichnete die Übergabe. Der 24jährige Major Francis PEIRSON hingegen, höchster Offizier unter CORBET, erklärte, die Kapitulation sei, da unter Pression erzwungen, ungültig, führte die Soldaten des 95. und des 78. Regiments zunebst der Miliz gegen die Franzosen, die in einem schweren Gefecht auf dem Marktplatz geschlagen wurden. De RULLECOURT und PEIRSON fielen und wurden auf dem Friedhof bzw. in der Gemeindekirche beigesetzt; CORBET wurde in London vor Gericht gestellt, seines Postens als Gouverneur der Insel enthoben, ansonsten aber nicht weiter bestraft.

SAGUNT(UM), Stadt in Spanien am Westufer des EBRO, gegründet von ZAKYN-TERN und einigen RUTULERN. HANNIBAL mußte die Stadt erst 8 Monate belagern (wieder eine Belagerung!), doch zogen ihre Bewohner es dann vor, sich mit der Stadt zu verbrennen, statt dem Gegner in die Hände zu fallen.

SAKEN, ein iranisches Nomadenvolk, das um 165 v. Chr. aus dem Gebiet am *Tien Schan* aufbrach und nach *Transoxanien* eindrang, wo es der griech. Herrschaft ein Ende bereitete. «Ihre Nachfahren an den Grenzen Europas wurden nachmals DAKER genannt.» Tatsächlich bildeten sie mit den ihnen eng verwandten MASSAGETEN die 10. altpersische Satrapie, und so wurden im alten Persien sowohl die THRAKER wie auch die SKYTHEN als SAKER bezeichnet.

SANTENUS hieß eigentlich Laurens van SANTEN (1746–1798), studierte und lehrte an der Universität Leyden, wo er 1780 die von ihm vollendete Edition der Werke des PROPERZ seines Lehrers BURMAN herausgab.

SARTI, Giuseppe (ca. 1729–1802), ital. Opernkomponist, Vertreter der neapolitanischen «Opera seria».

SCIPIO AFRICANUS: PUBLIUS CORNELIUS SCIPIO genannt AFRICANUS der Ältere (ca. 235–ca. 183 v. Chr.), röm. Politiker und Feldherr, Konsul 205 und 199, erhielt 211 den Oberbefehl gegen Karthago in Spanien, hetzte immer wieder zur Vernichtung K.s auf, eroberte Spanien für Rom, mußte sich wegen Bestechungsvorwürfen vorzeitig zurückziehen.

SERIPHOS: eine der SPORADEN-Inseln in der Ägäis.

SHANDY, Tristram: berühmte Romangestalt des irischen Dichters Laurence STERNE (1713–1768), die sich mit bedeutender Langsamkeit zu bewegen pflegte und als Vorbild der modernen Bewußtseinskunst in der Literatur gilt.

SIRENEN, Meeresnymphen, die durch ihre melodiösen Stimmen so verzaubern, daß man alles andere vergißt, um ihnen besser lauschen zu können, und schließlich an Nahrungsmangel stirbt. Weder über ihre Anzahl noch ihre Namen, noch ihre Eltern herrscht Eindeutigkeit, noch auch über ihr Aussehen. Ihr bevorzugter Aufenthaltsort: eine kleine Insel bei SIZILIEN.

SOKRATES (470–399 v. Chr.), «der berühmteste Philosoph der gesamten Antike»; er wurde wegen seiner Lehren der Jugendverführung angeklagt und zum Tode verurteilt; Fluchtmöglichkeiten lehnte er ab, da er so das Gesetz bräche, das zu ehren er doch immer gelehrt habe; er trank den Schierlingsbecher. Seine eigentliche Lehre ist schwierig zu erkennen, da sie nur in der pathetischen Bearbeitung des Idealisten PLATON bekannt ist.

SOMERSET HOUSE: durch Parlamentsbeschluß 1775/80 errichtetes mächtiges Gebäude zur Behausung zahlreicher Regierungsbehörden und dafür typisch bis heute: beeindruckend, grandios und langweilig.

SPHINX, ein Monster mit Kopf und Brüsten einer Frau, dem Körper eines Hundes, dem Schwanz einer Schlange, den Flügeln eines Vogels, den Klauen eines Löwen und einer menschlichen Stimme. Sie entstand aus der Begattung der CHIMÄRE durch ORTHOS (oder der ECHIDNA durch TYPHON). HERA entsandte sie nach THEBEN, um die Familie des KADMOS zu bestrafen. Sie tötete sich, als es OIDIPOS gelang, ihr Rätsel zu lösen, und befreite damit THEBEN von ihrer Herrschaft. (Nicht identisch mit dem ägypt. SPHINX!)

STENTOR, einer der Griechen vor TROJA, dessen Stimme so laut war wie die von 50 normalen Männern; seine Gestalt ahmte JUNO nach, um die ermattenden Griechen wieder aufzuhetzen.

STHENEBOIA bzw. STHENEBOAEA → BELLEROPHON.

STYX = «Wasser des Grauens», ein 200 m hoher Wasserfall am Nordhang des CHELMOS in Nordarkadien. Sein Wasser galt den Alten als so kalt und giftig, daß kein Menschlicher es trinken könne, ohne zu sterben, und selbst die Götter durch seinen Genuß 1 Jahr lang ihre Geisteskräfte verloren, weshalb es zu trinken ihre schwerste Strafe wegen Unbotmäßigkeit gegen ZEUS war. Der Styx windet sich 9mal um die Unterwelt, muß von den Seelen Verstorbener also 9mal überquert werden, ehe sie ins Reich der Schatten kommen; → ACHERON.

SUBURA: das Rotlichtviertel im alten ROM.

SYLVIUS, Aeneas, eigentlich Enea Silvio PICCOLOMINI (1405–1464), wurde 1458 zum Papst gewählt: PIUS II. Er war einer der bedeutendsten Humanisten seiner Zeit, zudem Dichter, Historiker, Verfasser bedeutender Briefe, Reiseschilderungen und Memoiren, Geograph und Ethnograph.

TAINARON: heute MATAPAN, Vorgebirge in LAKONIEN, einer Landschaft im südlichsten PELOPONNES.

TARPEIA: die Tochter des Gouverneurs der Zitadelle von ROM, TARPEIUS, bot den belagernden SABINERN an, sie werde ihnen die Tore öffnen, falls sie ihr ihre Armreifen schenkten. Der König der Sabiner TATIUS stimmte dem zu, doch nachdem er das Tor durchschritten hatte, schleuderte er nicht nur seinen Armreif auf TARPEIA, sondern auch seinen Schild, um ihren Verrat zu bestrafen, und seine Mannen taten es ihm nach.

TAURIEN – die heutige KRIM.

TEMESCHBURG, ungarisch TEMESVAR, rumänisch TIMIŞOARA: Burg und Stadt am Fluß TEMESCH, einem Nebenfluß der Donau.

TERENTIUS PUBLIUS AFER (ca. 190–158 v. Chr.): gebürtiger Karthager, als Sklave an den römischen Senator TERENTIUS LUCANUS verkauft, der ihn wegen seines Genies freiließ und ihm seinen Namen gab; gilt als einer der bedeutendsten röm. Komödiendichter, der das alte Singspiel zum Sprechdrama umwandelte und Einheit von Handlung und Charakteren sowie Reinheit der Sprache anstrebte; soll 108 Komödien MENANDERs übersetzt haben; vor allem seine Naturbeschreibungen und sein Geschmack «werden immer bewundert werden». Sein bekanntester Satz: «Da ich ein Mensch bin, ist mir nichts Menschliches fremd.»

TESRIFATI, der Name des türkischen Kriegsschiffes, entspricht dem Amtstitel *teşrifati* = Zeremonienmeister: für ein türk. Kriegsschiff der beschriebenen Art und in dieser Funktion kein schlechter Name.

THEBEN, Hauptstadt von BÖOTIEN an den Ufern des Flusses ISMENOS.

THESEUS, einer der berühmtesten Helden der Antike, der zahlreiche Abenteuer zu bestehen hatte; Sohn des Königs von Athen AIGEUS (oder auch POSEIDONS) und von AITHRAS, der Tochter des troizenischen Königs PITTHEUS, wuchs bei seinem Großvater auf und galt als dessen Sohn; als er sich schließlich über Land zu seinem Vater aufmachte, wurde er wegen der Ausrottung zahlreichen wüsten Raubgetieres unterwegs berühmt; zuhause angekommen erkannte ihn sein Vater zunächst nicht, der mit MEDEA lebte, die ihrerseits den unwillkommenen Nebenbuhler um die Gunst des Königs und die Macht vernichten wollte, indem sie AIGEUS überredete, dem Fremdling einen Giftbecher zu reichen; doch erkannte der Vater seinen Sohn noch rechtzeitig am Schwert. Zu seinen berühmtesten Abenteuern gehört die Reise nach Kreta, um dort mit Hilfe von ARIADNE den MINOTAURUS zu töten, der jährlichen Menschentribut von ATHEN forderte. Als er nach Athen heimkehrte, vergaß er, die schwarzen Segel gegen weiße auszutauschen: da er mit AIGEUS vereinbart hatte, schwarze Segel würden schlechten Ausgang des Unternehmens anzeigen, glaubte der seinen Sohn tot und stürzte sich in die See. THESEUS folgte ihm 1235 v. Chr. auf den Thron. Zu seinen weiteren Heldentaten gehörte u. a. die Entführung der HELENA mit Hilfe von PEIRITHOOS, der mißlungene Versuch, PERSEPHONE aus der Unterwelt zu rauben usw. Er war zunächst mit der Amazonenkönigin ANTIOPE und später mit PHAIDRA verheiratet. Das Ende erfuhr er durch den König LYKOMEDES von Sparta, der ihn aus undeutlichen Gründen von einem hohen Felsen stürzte.

THOAS, König TAURIENS → IPHIGENIE.

THOMAS von AQUINO (ca. 1225–1274), der bedeutendste Theologe und Philosoph des christl. Mittelalters, der die Lehren des ARISTOTELES mit denen des AUGUSTIN in einer umfassenden Synthese zusammenfaßte.

THUKYDIDES (ca. 460–ca. 400 v. Chr.); griech. Feldherr und Geschichtsschreiber, der mit seiner Geschichte des peloponnesischen Krieges die politische Geschichtsschreibung begründete, indem er statt der Götter die Politiker als die Handelnden und Verantwortlichen herausstellte.

TIBULL: ALBIUS TIBULLUS (ca. 50–19 v. Chr.), röm. Ritter, der gemeinsam mit PROPERZ der röm. Elegie ihre klassische Form gab; in seinem 1. Buch besang er seine Geliebte PLANIA (die er DELIA nannte), im 2. ein Mädchen namens NEMESIS, sowie die Knabenliebe in den *Marathus-Elegien*. Gilt vor allem als *der* Sänger des italischen Landlebens mit Sinn fürs Idyllische.

TISIPHONE: die dritte der FURIEN, deren Vater ACHERON einer der Höllenrichter war, deren Mutter NOX (= Nacht) eine der ältesten Gottheiten Griechenlands, eine Tochter des CHAOS und Mutter auch der PARZEN und HESPERIDEN, des Tages und des Lichtes, der Träume, des Streites und des Todes. TISIPHONE brachte den Menschen wie ihre Schwestern ALECTO und ME-

GAIRA Seuchen, Qualen und Tod. Sie wird dargestellt mit einer Peitsche in der Hand, Schlangen auf dem Kopf und wie Schmuckreifen um die Arme.

TOIRAS, Jean du Caylar de Saint-Bonnet, Marquis de T. (1585–1636), Königlicher Hofjägermeister unter LOUIS XIII. ab 1619, Gouverneur von AMBOISE ab 1622, Gouverneur der Île de RÉ ab Dezember 1625, die er erfolgreich gegen alle britischen Angriffe verteidigte; dafür wurde er 1630 Maréchal de France.

TOLAND, John → Sachanmerkung zu S. 607.

TOTHIL FIELDS: die TOTHIL STREET durchschneidet Zentrallondon (Westminster); von den elisabethanischen bis zu den viktorianischen Zeiten wurden hier immer wieder billige Arbeiterbehausungen errichtet und wieder abgerissen – daher TOTHIL FIELDS. Es gab dort eine Kneipe «The Cock» (= Der Hahn), in der den in der Gegend arbeitenden Tagelöhnern traditionell ihr Geld ausgezahlt wurde, angeblich schon den Arbeitern, die Westminster Cathedral errichteten – zur Zeit EDWARDS III. (König 1327/77).

TRAPEZUS = TRAPEZUNT (heute TREBZOND in der Türkei).

TRAUTMANNSDORFF, Grafen von und zu (seit 1623), österr. Adels- und Politikergeschlecht; der seinerzeitige Graf T. war Gesandter Wiens in Brüssel und durch seine ständigen Einladungen in seine Residenz in der europäischen Gesellschaft gefürchtet.

TRÉSAGUET, Pierre (1716–1796) war Straßenbaumeister des franz. Königs, erfand eine aus drei Schichten bestehende Straßendecke, und baute damit in Frankreich die damals besten Überlandstraßen.

TULLIANUM: von SERVIUS TULLIUS gebautes unterirdisches Gefängnis in ROM.

UTICA = BIZERTA.

VAGITANUS, der römische Gott für das Weinen und die Schreie von Kindern.

VAUCANSON, der V. des Romans ist sozusagen die Extrapolierung des historischen V. aus der Mechanik in die Kybernetik. Sein Vorbild war Jacques de VAUCANSON (1709–1782), ein berühmter franz. Mechaniker und Automatenbauer; 1738 stellte er einen flötespielenden mechanischen Mann vor; sein berühmtestes Produkt war eine mechanische Ente, die mit den Flügeln schlug, herumwatschelte, Körner pickte, verdaute und als Kot wieder ausschied. Sein Ruhm war so groß, daß sein Name als Bezeichnung für Automatismen allgemein diente. So schrieb z. B. Immanuel KANT in seiner *Kritik der praktischen Vernunft* (1788) u. a.: «Der Mensch wäre Marionette oder ein Vaucansonsches Automat, gezimmert und aufgezogen von dem obersten Meister aller Kunstwerke, und das Selbstbewußtsein würde es zwar zu einem denkenden Automate machen, in welchem aber das Bewußtsein seiner Spontaneität, wenn sie für Freiheit gehalten wird, bloße Täuschung wäre, indem sie nur comparativ so genannt zu werden verdient, weil die nächsten bestimmenden Ursachen seiner Bewegung und eine lange Reihe derselben zu ihren bestimmenden Ursachen hinauf zwar innerlich sind, die letzte und höchste aber doch gänzlich in einer fremden Hand angetroffen wird.» (1. Teil, 1. Buch, 3. Hauptstück, in Par. 181).

VELINUS: wegen mangelhaften Abflusses stehendes Gewässer im sabinischen Land nahe REATE; bereits 272 v. Chr. trockengelegt.

VENUS, «eine der meistverehrten Gottheiten der Alten. Sie war die Göttin der Schönheit, die Mutter der Liebe, die Königin des Gelächters, die Herrin der

Grazien und der Freuden, und die Beschützerin der Kurtisanen»; ihren zahlreichen Funktionen entsprechen ebensoviele Beinamen. Name wie Ursprünge der komplexesten aller italisch-römischen Gottheiten liegen nach wie vor im dunkeln; spätestens seit dem 4. Jh. v. Chr. wird sie mit der griech. APHRODITE identifiziert. Es gibt Belege für Erscheinungsformen in allen latinischen Kulturen, aber auch im etruskischen Kult, über den vermutlich die orientalischen Einflüsse eingedrungen sind. Ihr hier verwendeter Beiname EPISTROPHIA ist darauf zurückzuführen, daß sie als die Schutzgottheit des Phokerkönigs EPISTROPHOS auftrat, als der die phokischen Schiffe gegen Troja führte. → auch APHRODITE.

VERTUMNUS, «den Römern eine Gottheit, die für Frühling und Obstgärten zuständig war und sich um die Zuneigung der Göttin POMONA bemühte, zu welchem Zweck er alle möglichen Verkleidungen anlegte wie z. B. als Fischer, Soldat, Bauer, Ernter, jedoch vergeblich, bis er als alte Frau erschien, seine Geliebte so überzeugte und sie heiratete».

VICTORIUS, Petrus (eigentlich Piero VETTORI, 1499–1585), Lateinprofessor in FLORENZ, bedeutendster italienischer Altphilologe des 16. Jh.s; 1541 erschien seine Ausgabe von CATOS *De Re Rustica*.

VLAD, genannt Țepes (= der PFÄHLER, wegen seiner menschenfreundlichen Sitten im Umgang mit feindlichen Mitmenschen, ca. 1430–1476), Fürst der WALACHEI, der zeitweise erfolgreich gegen den türkischen Herrschaftsanspruch kämpfte, sich aber 1460 doch beugen mußte (das Vorbild DRACULAS).

VOLTAIRE → Sachanmerkung zu S. 607.

VOLUMNIUS: der Freund des MARCUS LUCULLUS, den MARCUS ANTONIUS hatte töten lassen, klagte so sehr um den Toten, daß man ihn vor den Triumvirn schleppte, von dem er verlangte, zur Leiche seines toten Freundes geleitet und dort auch getötet zu werden. Auch diesem Manne ward geholfen.

VULKAN → HEPHAISTOS.

WILHELM I., der EROBERER (1027–1087), Sohn des Herzogs ROBERT der Normandie, erhob gegen HAROLD II. lehensrechtlichen Anspruch auf den englischen Thron nach dem Tode EDUARDS des BEKENNERS 1066 und erkämpfte sich den Sieg über HAROLD in der Schlacht von HASTINGS 1066.

WILKES, John (1725–1797), kämpfte vor allem gegen die Korruption im britischen Parlament (das Muster für FARINA im Roman).

WILKINS, Peter: Titelgestalt eines Romans von Robert PALTOCK über einen Fliegenden Mann, erschien in England 1750.

WOLF, Friedrich August (1759–1824), war 1783–1806 Professor in Halle, wo er 1783 HESIODS *Theogonie* herausgab. Seine Vorlesungen waren berühmt, GOETHE soll ihnen hinter einem Vorhang verborgen beigewohnt haben.

WREN, Sir Christopher (1632–1723), studierte Chirurgie, lehrte in Oxford Geometrie und Astronomie, begann sich für Architektur zu interessieren und wurde nach dem großen Brand Londons 1666 zum Generalarchitekten des Wiederaufbaus ernannt. Er baute 51 Stadtkirchen; sein Hauptwerk ist die riesige St. Paul's Cathedral (1675–1710). Bei Profanbauten fühlte er sich der klassisch-antiken Baukunst weit mehr verpflichtet als seine Zeitgenossen.

WYATT erfand ein zusammensetzbares und auf 2 Wagen zu transportierendes

Militärhospital, das aber offenbar nie benutzt wurde; Näheres über den Erfinder ist nicht bekannt.

XENODIKE war eine Tochter der PASIPHAE.

XYLINOPOLIS: von ALEXANDER an der Mündung des INDUS erbaute Stadt.

ZAKYNTHER, die Bewohner der Insel ZAKYNTHOS (heute ZANTE in der Ionischen See), die nach ZAKYNTHOS heißt, einem Böoter, der HERAKLES nach Spanien begleitete, als der dort den GERYON vernichten sollte. Nach dem Sieg vertraute ihm H. die Herden des GERYON an, sie nach THEBEN zu bringen. Unterwegs stach ihn eine Giftschlange, woran er starb. Die Gefährten begruben ihn auf der Insel, die seither seinen Namen trägt.

ZAMA: Stadt in NUMIDIEN, wo SCIPIO AFRICANUS über HANNIBAL siegte.

ZENOBIA, eine der bedeutendsten Herrscherinnen der Antike, war 267–272 mit König ODAENATHUS von PALMYRA verheiratet, der dann (wohl mit ihrer Hilfe) ermordet wurde, da sie den Thron für ihren Sohn VABALLATHUS sichern wollte. Sie führte den Aufbau eines palmyrenischen Großreiches weiter, ergriff die Macht über ARABIEN, ÄYPTEN und große Teile KLEINASIENS. Nachdem sie aber sich und ihren Sohn zu Augusti = Gegenkönigen ausgerufen hatte, marschierte Kaiser AURELIAN gegen sie, dem sie nach schwerem und tapferem Kampf unterlag. Sie verbrachte den Rest ihres Lebens, hochgeehrt, in ROM im Exil; sie war eine hochgebildete Frau, die bedeutende Philosophen zu ihren Freunden zählte (u. a. PAULUS von SAMOSATE).

ZYRAS: das letzte Wort im Wörterbuch des John LEMPRIÈRE, der Name «eines Flusses in THRAKIEN, der durch DIONYSIOPOLIS fließt. L. gibt hierfür keine Quelle an, und kein Handbuch des Altertums kennt den Namen; wohl aber sind zwei Städte DIONYSIOPOLIS bekannt: die eine in PHRYGIEN am MÄANDER, die andere an den Küsten des SCHWARZEN MEEREs, also in THRAKIEN, beides griech. Siedlungen. Die thrakische Stadt lag etwa 30 km nö von WARNA (Bulgarien) – doch ist in der ganzen Umgebung nicht die Spur eines Flusses aufzuspüren. Nun wurde in der Antike der DNJESTR als TYRAS bezeichnet, daher der Name noch der heutigen Stadt TIRASPOL; eine Verschreibung TYRAS zu ZYRAS in L.s unbekannter Quelle erscheint durchaus möglich. Dann aber wäre die letzte Eintragung in L.s Lexikon der Name eines am angegebenen Ort nicht existierenden Flusses, eines Geisterflusses sozusagen, an dessen Ufern wahrlich kaum etwas wachsen konnte.

6. Sachanmerkungen inklusive der Übersetzungen fremdsprachiger Zitate und Begriffe

Vorbemerkung: Zahlreiche Einzelheiten des damaligen Lebens wie z. B. *Damenmoden, Gesellschaftstänze, Möbel, Speisen* und *Getränke, Unterhaltungen, Veranstaltungen* usw., aber auch *Patentmedizinen* o. ä. entstammen den damaligen Zeitungsanzeigen, Klatschkolumnen usw. Sie werden hier nicht eigens aufgenommen und erörtert, falls sie nicht – wie z. B. die Namen von *Schiffstypen* – innerhalb des Romans von eigener Bedeutung sind. Auch auf Darstellungen etwa der Geschichte der Ostindischen Gesellschaft, des Ausrottungskrieges des katholischen Absolutismus Frankreichs gegen die Hugenotten, oder des Österreichisch-Türkischen Krieges wird hier verzichtet: die Fachliteratur darüber ist mehr als reichlich und leicht zugänglich. Zu bestätigen ist aber erneut, daß die verwendeten Tatsachen der damaligen Wirklichkeit entsprechen.

1600: Die Ausfahrt

S. 5: «Barbarus hic ego sum, quia non intellegor ulli» – lat.: Hier bin auch ich nur Barbar, weil niemand mich verstehen kann (OVID *Tristia* 5, 10, 37). **S. 14:** «Finis exordium invocat» – lat. = Das Ende ruft den Anfang an (wobei *Ende* vornehmlich in geographischem Sinn zu verstehen ist, und erst danach auch in zeitlichem: die Zu- und Umstände des Endes der Reise, auch der durch die Geschichte, beschwören ihren Anfang wieder herauf; zugleich bedeutet *finis* aber auch die Grenze, das äußerste zu erreichende Gebiet, das Ende der bewohnbaren Welt o. ä. Das hier als Anfang übersetzte Wort *exordium* entstammt der klassischen Rhetorik, in der es die Eröffnungspartie einer Rede bedeutet; also etwa: Die Umstände des Endes der Reise beschwören den Anfang des Berichtes über sie wieder herauf. Der Autor bildete den Ausruf nach klassischen Formen, z. B. *Abyssus abyssum invocat* = Der Abgrund beschwört den Abgrund: in den *Confessiones* von AUGUSTIN, und *Finis coronat opus* = Das Ende krönt das Werk: aus OVID *Heroiden* 2, 85.

I. Caesarea

S. 30: «... klaffende Wunde ... Geburt ... vollbewaffnet» – die Geburt der PALLAS ATHENE aus dem Haupt ihres Vaters ZEUS. **S. 31:** «Emrilstein» – wohl ein besonders zugerichteter Diamant; «Saldamom» und «Tripelerde» – bestimmte Schleifpulver der Glasmacher; die engl. Begriffe *(emril-stone, saldame, water of Depart, powder of Tripolis)* entstammen einem im 16. Jh. erschienenen Buch von Giuseppe della Porta *Natural Magick*). **S. 34:** «Druiden» – Priesterkaste der keltischen Völker und Bewahrer der Geheimlehren ihrer Religion; «Menhir» – (bretonisch = langer Stein) aufrechtstehende, bis zu 20 m hohe Einzelsteine kultischer Bedeutung aus der Jungsteinzeit (ca. 6000–1800 v. Chr. in Europa) im gesamten keltischen Siedlungsbereich von Skandinavien bis Südfrankreich und Korsika; «Poquelays» – Wort aus dem Jerseyfranz. unbekannter Etymologie, bezeichnet kleine Hügel, die von der Archäologie versuchsweise als Ritualplattformen angesehen werden; «Houges» – anglisierte Schreibung des jerseyfranz. *hoghes* aus dem normannofranz. *hogue* (vgl. Kap Hogue am Ärmelkanal mit Seeschlacht v. 1692) aus dem skandinavischen *haugr* (urverwandt mit deutsch Höhe) = natürlicher oder künstlicher kleiner Erdhügel; «Martellotürme» – kleine runde Küstenforts mit starken Mauern gegen Angreifer; der Name korrumpiert aus Kap *Mortella* (Korsika), wo ein solcher Turm 1794 von der brit. Flotte erobert und so namengebend wurde; «Äpfel zum Pressen» – für *cider* (Apfelmost, Apfelwein); «Terrasse» – im Original *côtils*: jerseyfranz. für aus einem Hügelhang herausgearbeitete Stufen zur Bewirtschaftung (zu franz. côte = Rippe, Abhang, Hügel, Weinhang usw. bzw. côté = Seite von Körpern, Gegenständen, Gruppen usw., beides von ital. *costa* aus lat. *costa* = Rippe, Gerüst). **S. 38:** «Seetangsammler» – im Original *vraikers*: jerseyengl., von *vraic* (belegt seit 1610) = Seetang, aus skand. *wrek* über *varec* und *varech* zu *wrack*, wie holl. *wrak* und deutsch *Wrack* = von ärmlicher Qualität, minderwertig, wertlos, Abfall. **S. 43:** *«Novi Poetae»* – lat. = neue Dichter: Bezeichnung für die Dichter der *Goldenen Latinität* wie z. B. CATULL, HORAZ, OVID, PROPERZ, TIBULL oder VERGIL. **S. 44:** «Qui mirare meas tot in uno corpore formas, accipe Vertumni signa paterna dei» – lat. = Der Du Dich wunderst ob der vielen Gestalten in meinem einen Körper, vernimm denn die Zeichen der Herkunft, mit denen der Gott Vertumnus mich begabte (PROPERZ, trotz Lemprières damals richtiger Behauptung auf S. 64 nach heutiger Zählung doch aus dem V. Buch, 2. Elegie *Der Gott Vertumnus*, Eingangszeilen 1 und 2). **S. 50:** «Festland» – von Jersey aus gesehen die britische Insel. **S. 59/60:** «Saffianledereinbände...» – die Bibliothek wird zunächst nach dem Eindruck der Bucheinbände mit Nennung der berühmtesten Buchbinder («Stormont...» sind Bezeichnungen für Vorsatzpapiere; «Stormont» selbst = Irischmoos), sodann nach Inhalten, und schließlich ab S. 62 nach Herausgebern beschrieben. **S. 62:** «Amanuensis» – von lat. *servus a manu* = Sklave zur Hand (also für Handdienste) + Suffix *-ensis* = zugehörig: der Schreibsklave nach Diktat. **S. 63:** «Paläographie» – die Wissenschaft von den alten Formen der Buchstabenschriften und ihrer Entzifferung, wie auch der Auflösung antiker und mittelalterlicher Abkürzungen; «Emendationen» – Fachausdruck der philologischen Textkritik für Verbesserungen und besonders Berichtigungen bei der Herausgabe alter Handschriften und Texte. **S. 64:** «... sein fünftes Buch» – die klassische Philologie um 1786 teilte das Werk des PROPERZ noch in nur IV Bücher ein: insofern ist L.s Behauptung hier eine reine Fangfrage, wie sich wenige Zeilen später erweist. Und doch hat auch QUINT recht und L. unrecht: heute teilt man P.s Œuvre in V Bücher (vgl. die Anm. zum Zitat auf S. 44). **S. 65:** «Rumor in ambiguo est; aliis violentior aequo Visa dea est...» – lat. = Zwiespältig ist das Gerede; Den einen erscheint sie, die Göttin, wilder als billig... (OVID *Metamorphosen* III, Zeilen 253 und 254). **S. 67:** «crimen fortunae» – lat. = schicksalhaftes Vergehen. **S. 73:** «Kapelle der Wesleyaner» – Bezeichnung für die Methodisten (die so spöttisch nach ihrem «methodisch» geordneten Leben genannt wurden) nach ihrem Begründer John WESLEY (1703–1791), einem anglikanischen Geistlichen, unter dem Eindruck der Herrnhuterschen Lehre, einer Fortentwicklung der von HUS begründeten Reformgläubigkeit der Gemeinde. **S. 75:** «Der erste Hund... MELAMPUS» – die Zerfleischung von Charles durch die Hunde ist ziemlich genau dem Urmuster nachgebildet – der Zerfleischung des von der erzürnten DIANA/ARTEMIS in einen Hirsch verwandelten AKTAION durch seine eigenen Hunde. Die antiken Autoren nannten unterschiedliche Zahlen: HYGINUS 80, APOLLODORUS 7, OVID in seinen *Metamorphosen* (die Norfolks Roman grundlegend mit beeinflußt haben) die 35, die hier genannt werden; die entsprechende «Urszene» aus OVIDs Buch III, Verse 200–250, lautet in der Übertragung von Erich RÖSCH (dtv Artemis Nr. 2244, S. 84/85) wie folgt: «Als er aber Gesicht und Geweih in den Wellen erblickte, / Wollte er: ‹Weh mir!› rufen – es folgte keine Stimme, ein Stöhnen / nur!

(Dies ist seine Stimme fortan.) Das Antlitz – nicht seines / mehr – überströmen die Tränen; ihm blieb sein früher Gemüt nur. / Was soll er tun? Zum Haus des Königs zurückfliehn, im Wald sich / bergen? Die Scham, die Furcht verbietet das Eine, das Andre. / Während er zaudert, erspähn ihn die Hunde; es gaben als erste / Schwarzfuß und Spürauf, der scharfe, mit lautem Bellen das Zeichen / (Spürauf Gnosier, Schwarzfuß spartanischer Rasse.) Da stürzen / rascher als Sturmeswehn herbei in Eile die andern: / Allfraß, Bergfreund, Luchs (arcadische Rüden sie alle), / Hirschtod, der kräftige, und der grimmige Jäger und Wirbel, / Fittich, der tüchtige Läufer, der tüchtige Witterer Suchfein, / Waldmann, der wilde, erst kürzlich vom Zahn des Ebers getroffen, / Hainlust (ihr Vater ein Wolf!), die Rinder früher bewachte: / Hirtin, und dann, begleitet von beiden Jungen: Harpyia, / Packan aus Sicyon auch mit den eingefallenen Weichen, / Renner, Glocke und Fleck und Tiger und Bärin, die starke, / Blank mit dem schneeweißen Fell und Ruß in den schwärzlichen Haaren, / Lauthals, gewaltig an Kraft, und Sturmwind, der schnellste der Läufer, / Hurtig und Wölfin, die rasche, dazu ihr Bruder aus Cypern, / Räuber, die schwarze Stirn mit weißer Flocke gezeichnet, / Neger sodann und Rauh mit der harten, struppigen Decke, / Kreter vom Vater her, von Mutterseite Laconier: / Gierschlund und Scharfzahn, und Klaff mit der scharf durchdringenden Stimme. / Und noch andere mehr! In wilder Gier nach der Beute / jagt über Stein und Fels, über unzugängliche Klippen, / da, wo schwierig der Weg, und da, wo keiner, die Meute. / Und er flieht durch Gelände, in dem so oft er verfolgt hat. / Weh! Seine eigenen Diener flieht er! Er möchte wohl rufen: «Ich bin Actæon! Erkennt den eigenen Herrn!» Doch versagt das / Wort sich dem Sinn. Von Gebell nur widerhallen die Lüfte. / Schwarzhaar brachte zuerst im Rücken ihm bei eine Wunde, / Wildfang die nächste darauf, es hing am Buge ihm Bergwelp. / Später geeilt zur Jagd, hatten kürzeren Weg sie gewonnen, / steigend quer waldein. Dieweil ihren Herren sie halten, / kommt die übrige Schar und schlägt in den Leib ihm die Zähne. / Schon fehlt Wunden der Platz. Er seufzt – ein Klang wie ein Menschen- / laut zwar nicht, doch auch nicht so, wie ein Hirsch ihn kann äußern. / So erfüllt das bekannte Gebirg er mit traurigen Klagen, / und, einem flehend Bittenden gleich in die Kniee gesunken, läßt an der Arme statt die stummen Blicke er kreisen. / Ahnungslos jedoch hetzt der Gefährten Schar mit gewohnten / Rufen die rasende Meute; sie suchen mit Augen Actæon, / rufen, als wäre er fern, um die Wette zusammen ‹Actæon!›. / Er erhebt auf den Namen das Haupt. Sie beklagen sein Fernsein, / daß dem Säumgen die Schau der bescherten Beute entgehe. / Fernsein möchte er, doch er ist da! Er wollte wohl sehen, / nicht aber fühlen selbst das wilde Gewerk seiner Hunde. / Rings umdrängen sie ihn, in den Leib die Schnauzen ihm tauchend, / reißen im trügenden Bild des Hirschs ihren Herrn sie in Stücke. / Erst, als in zahllosen Wunden, so sagt man, geendet sein Leben, / war ersättigt der Zorn der köcherbewehrten Diana.» S. 78: «Coroner» – ursprünglicher Titel *custos placitorum coronae* = Hüter der Belange der Krone, später regionaler oder lokaler Beamter zur Wahrung der königlichen Besitzungen; heute vorwiegend Lokalbeamter, dessen Aufgabe die Feststellung der Todesursache bei Unfällen oder Verbrechen ist, also Vorbereitung eventueller zivil- oder strafrechtlicher Verfahren. Da die Bezeichnungen für die unterschiedlichen Arten von Rechtspersonen im englischen

Rechtswesen nur schwer mit den deutschen Begriffen (Staatsanwalt, Strafrichter, Rechtsanwalt, Zivilrichter usw.) in Übereinstimmung zu bringen sind, wurde in der Folge jeweils die Bezeichnung gewählt, die der Funktion am ehesten verständlich gerecht wird.

II. London

S. 87: «Ketsche» – kleiner Zweimaster (heute Yacht) mit größerem Mast vorn und kleinerem achtern am Heck vor dem Ruder. – «Upper-Wet-Docks» – zur Situation des Londoner Hafens insgesamt, soweit das für den Roman von Bedeutung ist: er besteht im wesentlichen aus dem *Pool*, jenem Stück Themse von Rotherhithe flußauf bis zur London Bridge; das obere Stück unmittelbar bis zur London Bridge ist der Upper Pool, das daran östlich anschließende der Lower Pool. Bis zur London Bridge, also bis in den *Upper Pool*, konnten Seeschiffe bis zu 400 Tonnen gehen. Kais und Lagerhallen erstreckten sich an beiden Ufern, dem Nord- wie dem Südufer. Die Hafenbehörden vermieteten das Nordufer an die Eigentümer der Kais und Lagerhallen: die *legal quays*, doch war das Gebiet viel zu beengt, als daß es den Löschbedürfnissen der einlaufenden Schiffe immer hätte gerecht werden können; andererseits hielten die Kai- und Lagerhalleneigentümer eine Art Monopol und weigerten sich daher, weitere Kais zum Entladen zu bauen bzw. zuzulassen, da das ihre Profite geschmälert hätte. Nur wenn der *Pool* völlig verstopft war, wurde das Löschen an den Kais des Südufers zugelassen, den *suffrance wharfs* (von to suffer = leiden, erdulden usw.), bis sich der Pool wieder einigermaßen geleert hatte. – «Susan... Hector... Ascension» – die Namen der ersten Schiffe, die um 1600 nach Indien (damals noch OSTINDIEN genannt zur Unterscheidung von WESTINDIEN) ausgelaufen sind. **S. 89:** «Gewürzwurzeln», im Orig. *radix* – die Aufzählung der Waren hier wie später im Buch basiert auf einem Schiffsverzeichnis von 1608; die meisten Güter aus dem Osten sind eindeutig identifizierbar, manche nicht: wie hier *radix*. **S. 93:** «der lachende Grieche» – gemeint ist NEOPTOLEMOS (= neuer Soldat, da der König von Epiros und Sohn des ACHILL lange nach den anderen vor Troja eintraf), der sich bei der Einnahme Trojas durch besondere Grausamkeiten auszeichnete und PRIAMOS erbarmungslos erschlug trotz des «offenen zahnlosen Mundes des Verratenen»; «Carthago delenda est» – lat. = Karthago muß zerstört werden; «Kreuzdorn und Pech» – bei athenischen Beisetzungsriten wurden die Türpfosten damit bestrichen, um den Geist des Toten an der Rückkehr in sein Haus zu hindern. **S. 94** (u. 427): «Currite fusi...» – lat. = Eilet, ihr Spindeln (nämlich der Schicksalsgöttinnen, die die Fäden des menschlichen Geschickes spinnen – und dann *schnipp schnipp* auch abschneiden). **S. 97:** «Zenana» – vom persischen *zanana* = Frauengemächer (von pers. *zan* = Frau). **S. 104:** «Ein agent provocateur» – franz. = einer, der bewußt (als Agent einer fremden Macht z. B. oder einer Stasi im Kreis einer Oppositionsbewegung) zu Handlungen provoziert, die die Provozierten dann in Schwierigkeiten bringen. – **S. 107:** «Offenlegungsgesetz» – im Original *Declaration Bill*, auch *Dundas' Bill* → PITT. **S. 110:** «Schwarzer Vogel» – Schimpfwort für → LASKAREN. **S. 129:** «Triremen...» – Schiffstypen: *Triremen* (oder Trieren) =

Dreiruderer: geruderte Kriegsschiffe seit antiker Zeit bis tief ins Mittelalter (vereinzelt bis ins 18. Jh.), ca. 40 m Länge, ca. 150 Tonnen, 144 Rudersklaven, die auf beiden Seiten in 3 Reihen übereinander angeordnet waren (Ruderdecks); *Brigantinen* (oder Schonerbriggs): Segelschiffe mit Fock- und Großmast, die rahgetakelt sind (also an den Rahen = am Mast angebrachte horizontal schwenkbare Rundhölzer, angebrachte viereckige Segel tragen); *Kraweel*(oder *Karwel-*) *boote:* kraweelbeplankte Boote haben stumpf aneinanderstoßende Planken (Gegensatz: Klinkerbeplankung, bei der sich die Planken dachziegelartig überdekken, z. B. die Wikingerschiffe); das Wort kommt von *Karavelle:* Hauptsegelschiffstyp des 14./16. Jh.s mit 50 bis 150 Tonnen, vor allem bei den damaligen Entdeckungsfahrten verwendet (von griech./lat. *carabus* = kleiner Kahn – aus Flechtwerk mit einem Lederüberzug); *Karaken:* bewaffnete (Ost)Indienfahrer; *Koggen:* hochbordiger, klinkerbeplankter, bauchiger, sehr seetüchtiger Schiffstyp des 13./15. Jh.s (auch noch später) vor allem der Hanse, Tragfähigkeit bis zu 300 Tonnen, ein fest eingebautes Deck und vorn und achtern kastellartige Aufbauten, auf denen sich die Bewaffnung befand: der erste Schiffstyp mit mittschiffs befestigtem Ruder; sie wurde zunächst von der noch geräumigeren *Hulk* und dann von der schnelleren *Karavelle* abgelöst. **S. 130:** «Färgen» – altertümlich für Fährknechte, -schiffer. **S. 131:** «Brüllende Vierziger» – besonders stürmischer Teil des Ozeans zwischen dem 39. und dem 50. Breitengrad; «Kalmengürtel» – Bereich der Windstillen und der schwachen umlaufenden Winde im Bereich des Äquators. **S. 132:** «Schandeckel» – (von ostfriesisch *schampen* = schützen, schonen) die ganz außen liegende, das Deck seitlich abschließende Planke. **S. 133:** «Leichter» – kleines offenes Schiff ohne eigenen Antrieb zum Be- oder Entladen größerer Fahrzeuge auf Reede (die also im offenen Wasser liegen und nicht an einem Kai). **S. 134:** «Anagnorisis» – (griech.) das plötzliche Erkennen einer Person oder eines Tatbestandes im Drama; «Peripetie» – (griech.) der Schicksalsumschwung, die entscheidende Wende im Schicksal des Helden und damit der Handlung, im Drama wie im Roman. **S. 136:** «... die sibyllinischen Weissagungen», im Orig. *leaves*» – die einzelnen Blätter, aus denen die sibyllinischen Bücher bestanden, eine im Keller des kapitolinischen Jupitertempels in Rom aufbewahrte Sammlung von Kultvorschriften und Weissagungen vor allem für Notzeiten, als deren Verfasserin die SIBYLLE von CUMAE galt. **S. 137:** «er ow» – *er* ist im Engl. ein Ausdruck der Verblüffung, *ow* einer des Schmerzes (wie *autsch* im Deutschen). Zugleich hier die Überreste des Straßennamens *Germey Row*, dessen fehlende Buchstaben der Regen abgewaschen hat. **S. 149:** «... persiadische Burleske» – wie einst PERSEUS die ANDROMEDA gerettet hatte, so wollte LEMPRIÈRE hier ROSALIE retten (und auf einer anderen Ebene des Romans ihre «Doppelgängerin» JULIETTE). «Scheitern und Lächerlichkeit» widerfahren ihm, da ROSALIE das Spiel umdreht, ihm die Miniatur stiehlt und ihn damit anführt. Die «geflügelten Sandalen» hatte HERMES dem PERSEUS als übernatürliches Hilfsmittel gegeben; den «prophysaktischen Schild» hat Norfolk so benannt, jenen Schild, mit dem man sich vor der Versteinerung durch den direkten Anblick der GORGONEN schützen kann: wie *prophylaktisch* konstruiert (das wörtlich *Schild wider Milch* bedeutet): *prophysaktisch* demnach wider Steinwerdung (von lat. *saxum* = Stein, Fels, Klippe). **S. 151:** «Anthesterien» – ein im Februar/März begangenes dionysisches Fest allgemeiner Verbreitung im ionischen Kulturbereich (ursprünglich wohl uralte Seelenfeier); den ersten Tag nannte man die *Pithoigien* = die Feier der Faßöffnung, den zweiten die *Choen* = das Fest der Kannen zur Heiligen Hochzeit des ARCHON BASILEUS mit seiner Gemahlin mit anschließendem allgemeinem Wetttrinken, der letzte Tag, die *Chytren* = Fest der Töpfe, war den Toten geweiht, deren Schatten man mit in tönernen Töpfen aufgestellten gekochten Erdfrüchten gnädig zu stimmen trachtete. **S. 155:** «Spiel der Becher» – es ist den Anthesterien nachgebildet. **S. 160:** «... Zenit des eumaeusischen Pferchs» – EUMAIOS war der edle Schweinehirt des ODYSSEUS (ein Königssohn von der Kykladeninsel Syros – heute Syra –, den eine ungetreue phoinikische Magd entführt und an den Vater des Odysseus, an LAERTES, verkauft hatte); *«hoi polloi»* – (griech.) etwa unser Krethi und Plethi (von den alttestamentarischen Völkern Kretern und Philistern); «Jerobeam» – nach dem biblischen JEROBOAM (1 Könige XI, 28) «ein vermögender Mann», der (laut IX, 16) «Israel zur Sünde verführt hat»: Spitzname für übergroße Weinflaschen; dementsprechend waren dem Schweineclub «Salmanazars» nach den mächtigen Herrschern des assyrischen Reiches noch gewaltigere Gefäße. **S. 162:** «Pithoigia» – zu griech. *pithos* = Tonne, Faß, Weinfaß (s. Anm. zu S. 151). **S. 163:** «Choen» – zu griech. *xoä* = Spende, Weiheguß (s. Anm. zu S. 151); «Chytroi» – zu griech. *xytra* = Topf, Krug (s. Anm. zu S. 151). **S. 164:** «... plautinisch» – also dem großen röm. Komödiendichter PLAUTUS entsprechend. **S. 167:** *«habibi»* – arabisch, etwa *Liebling, Zuckerschnute* o. ä. **S. 170:** «... das bleierne Götterblut» – (im Orginal *ichor*) das Blut der Götter ist eine Flüssigkeit, die sie unsterblich erhält; als VULCANUS für König MINOS von Kreta einen erzenen Riesen schuf, goß er ihm Leben in Form von *ichor* ein, und zwar durch ein winziges Loch in der Ferse. Als dieser TALOS durch Steinwürfe die ARGONAUTEN gefährdete, gab ihm MEDEA einen Schlummertrunk ein, was es dem Bogenschützen POIAS ermöglichte, mit einem Pfeilschuß dem TALOS den Verschlußbolzen von der Ferse zu schießen, so daß der *ichor* ausströmte und TALOS zu einem Haufen leeren Erzes zusammenbrach. **S. 178:** «Wer durchschweift die Höfe auch ärmlicher Art / Wen kennt man als Offene Börse? Wer streut Geschenke unter Penner und Nuttchen / Und Witwen hinter der Bahre? // Dein Vater! Dein Vater! / Dein zügelloser Erzeuger im Fleisch. / Dein Vater! Dein Vater! / Der Verschwender in der Gemeinde. // Wenn der Erbe allein steht von allem beraubt / Bis auf Bastarde, Rechnungen und Huren, / Dann spielt er und säuft und heiratet nen Drachen / Erkennst Du darin das Muster?» **S. 179:** «annus mirabilis» – lat. = das Jahr der Wunder, das wundervolle Jahr. **S. 198:** «Calvinisten» bis «Episkopalisten» – die unterschiedlichsten Sekten, die aus dem Anglikanismus entstanden sind; «Deisten» – die zwar an die Schöpfung durch Gott glauben, aber auch daran, daß er sich danach zurückgezogen habe und in die Geschehnisse nicht mehr eingreife; «sephardische Juden» – für Juden ist Spanien *sepharad*; die 1492 von den allerkatholischsten Majestäten ISABELLA und FERDINAND zugunsten der arbeitslosen Ritter (man hatte gerade die Reconquista gegen die Mauren gewonnen und stand jetzt hilflos vor einem Abrüstungsproblem) aus Spanien vertriebenen Juden und ihre Nachfahren in aller Welt demnach sephardische J. **S. 200:** «Wilkes» ist eine geschichtliche Gestalt (durch die der Autor zur Figur FARINA angeregt wurde;

«Gelbtalgaufstände und Großer Kamm-Protest» sind hingegen freie Erfindungen nach dem Muster weniger pittoresk genannter wirklicher Vorgänge; «BOSW» meint den bedeutenden Schriftsteller James BOSWELL (1740–1795), den Freund von Dr. Samuel JOHNSON und sein Biograph. **S. 206:** die Musiknotation stellt die Eröffnung des Trauermarsches von CHOPIN dar: hierzu s. Norfolks Bemerkungen zu seinen Anachronismen S. 705. **S. 208:** «ex nihilo» – lat. = aus dem Nichts. **S. 209:** «projektiv-objektive palilexische Echopraxie» – dieses nicht ganz frei erfundene Wissenschaftskauderwelsch zur Bezeichnung unverstandener Phänomene läßt sich mühelos als «durch Projizierung zwanghaft nachgeahmte in wirkliche Gestalten verwandelte Echos aus der Welt vergangener Worte» übersetzen. *Echopraxie* bedeutet (wie Echokinese) die mechanisch-zwanghafte Nachahmung wahrgenommener Bewegungen, Echolalie das sinnlos-mechanische Nachsprechen gehörter Wörter, *Palilalie* krankhaftes Nachplappern, *Lexik* ist der Wortschatz einer Sprache: aus all dem *Palilexie*. **S. 210:** «ein feszenninischer Dialog» – als feszenninische Verse bezeichneten die Alten derbkomische Gesänge, wie sie vor allem in der etruskischen Stadt *Fescennium* beliebt waren, ursprünglich wohl Fruchtbarkeitsbeschwörungen bei der Hochzeit aus Dankesliedern bei Erntefesten, und Soldatenlieder beim Triumphzug; «eine Inkunabel – zu spät», da man so nur die ersten Bücher (Wiegendrucke) bis 1500 bezeichnet; «eine Restitutionsediktsklage» – im Original *«a replevin»*, seit 1465 engl. Gesetz, wonach eine Person unter bestimmten Bedingungen eine Vollmacht erlangen kann, ihm fortgepfändete Gegenstände vom neuen Besitzer zurückzuerzwingen (höchst komplizierter und selten gebrauchter Rechtsvorgang, die reine Freude für Rechtstheoretiker); «eine Upanischade» – philosophisch-theologische Abhandlungen des Brahmanismus in Prosa und Vers in Anlehnung an die Veden (das Wort U. bedeutet soviel wie «das Sichniedersetzen nahe beim Lehrer»); «eine xenophontische Kosmologie» – der griech. Geschichtsschreiber, Schriftsteller und Militär XENOPHON (ca. 430–ca. 354) führte nach der verlorenen Schlacht bei Kunaxa die führerlos gewordenen 10 000 griech. Söldner unter schwierigsten Bedingungen heil zurück, wovon er in der *Anabasis* berichtet; der Schüler des SOKRATES war gegen die Demokratie, aber auch gegen PLATON; eine von ihm geschriebene Kosmologie könnte also äußerst interessante Aspekte aufzeigen; «eine Ypsilanti-Dynastengeschichte (zu *fanariotisch*)» – die YPSILANTI waren ein griech. Fürstenhaus auf dem Balkan im Dienst der Hohen Pforte (generell nannte man alle Griechen in türk. Diensten *Fanarioten*, nach dem Stadtteil Fanar in Konstantinopel, in dem sich vor allem alte byzantinische Familien wie die *Kantakuzinoi* niedergelassen hatten; Inhaber hoher Hof- und Verwaltungsämter: z. B. *Hospodare* Moldauens ab 1711, der Walachei ab 1716; Verlust aller Privilegien 1821 nach Teilnahme an der griech. Revolution); «ein zetetischer Traktat» – mit ZETETAI benannte man im Athen des 5./4. Jh.s v. Chr. einen gelegentlich eingesetzten Untersuchungsausschuß aus bevollmächtigten Privaten, die als heuristisches (= wahrheitssuchendes) Prinzip die Befragungsform pflegten; insbesondere die skeptische Schule der *Pyrrhonier* wurde zetetisch genannt (ihr Begründer PYRRHON von Elis, ca. 360–271 v. Chr., setzte bei der Frage nach den Werten an: jedes Werturteil sei zugleich berechtigt und nicht berechtigt, da es auf menschlichen Konventionen beruhe, und auch ein die Existenz eines Dinges feststellendes

Urteil sei ebensowenig berechtigt wie ein wertendes). **S. 212:** «Engel des...» – das engl. *angel* = Engel steht dem *agent* = Agent im Klang näher als im Deutschen. **S. 215:** «Tee, Tee, Tee» – die hier zusammengerafft folgende Geschichte von Tee und Kaffee verarbeitet an Legendärem: BUDDHA soll man die Augenlider abgeschnitten haben, um ihm die erste Tee-Einträufelung zu machen; der glückliche Unfall des Kaisers SRI LONG (oder NAG) bestand darin, daß ihm der Wind durchs offene Fenster Teeblätter in seinen Kessel kochenden Wassers blies; das *Ch'a Ching* des LU Yu ist ebenso wie die Traktatesammlung des Kitcha YOYOKA ermüdende Lektüre über Teeanbau und Teezubereitung; Joan de MAUVILLAIN war ein franz. Gelehrter des 17. Jh.s, der sich für die medizinischen Eigenschaften des Tees einsetzte und in ihm z. B. das Allheilmittel gegen das Zipperlein gefunden zu haben glaubte; «An the chinensium mentis confert?» – lat. = Ob denn wohl der Tee der Chinesen dem Geiste förderlich ist? Dr. BONTEKOE ist bereits genügend gekennzeichnet; KALDI beobachtete, wie seine Ziegen nach dem Genuß von Kaffeebohnen tagelang nicht mehr schliefen, und machte den örtlichen Imam damit bekannt; zu Ali bin Omar al SHADHILLY ist weiter nichts zu bemerken; ebensowenig zu Mathieu de CLIEUX NANTES; Francesco de MELHO PALHETA hat die Frau des Gouverneurs von Martinique verführt, bis sie ihm in einen Blumenstrauß verborgen eine Kaffeepflanze übergab, die er dann nach Brasilien brachte und mit jener so erworbenen Pflanze die Wurzel des südamerikanischen Kaffeeanbaus in die Erde senkte. **S. 219:** «gestreckter Boi» – eine Art Flanell oder Fries für Überzüge oder Vorhänge. **S. 220:** «comme ci comme ça» – franz. = soso lala. **S. 222:** «Sapeur» – franz., bedeutet den Pionier, der einen unterirdischen Graben unter eine Befestigung des Gegners ausschanzt und sie dann mittels einer Pulvermine in die Luft sprengt. **S. 224:** «Meuchelmörder» – im Original *assassin* im Sinne des gedungenen oder fest angestellten Berufskillers. **S. 238:** «Araberhengst Godolphin...» – das folgende Party-Geschwätz verarbeitet Namen und Ereignisse aus den Klatschkolumnen jener Zeit; «...die *la Chudley*» – Lady CHUDLEY hatte einige Jahre zuvor einen Skandal erregt, indem sie *oben ohne* auf einem Gesellschaftsball erschien. «maladies imaginaires» – franz. = eingebildete Krankheiten (auch: Modekrankheiten). **S. 240:** «...die Coade-Werke» – das Werk in Lambeth produzierte aus einer geheimgehaltenen Mischung auf Ton-Basis (erst dank Norfolk ist das Rezept jetzt wieder bekannt!) Replikate von antiken Statuen und anderen Gartenschmuck sowie dekorative Bauelemente (allerdings hat auch erst Norfolk die Schildkrötenproduktion aufgenommen); die Firma ging deshalb Anfang des 19. Jh.s pleite. **S. 255:** «...graues Ambra» – jene Ausscheidung des Wals, die bis heute eine der wichtigsten Grundlagen der Parfumherstellung bildet. **S. 256:** «...die Holländer waren lästig» – 1602 hatten die niederländischen Generalstaaten (= Parlament) der *Vereenigde Oost-Indische Compagnie* eine Handelscharter auf zunächst 21 Jahre für den Gesamthandel östlich des Kaps der Guten Hoffnung und westlich der Magellan-Straße erteilt: also ein Handelsmonopol für den gesamten Pazifischen Ozean; der Gesellschaft bzw. ihren 17 Direktoren war es gestattet, Friedens- und Bündnisverträge abzuschließen, Verteidigungskriege zu unternehmen und in dem gesamten Gebiet Forts und Stützpunkte anzulegen – im Grunde also die gleichen Rechte, die die englische Krone der *British East India Company* fast gleichzeitig erteilte; de facto teilten sich beide Gesellschaften den Kuchen weitestgehend, wenn auch nicht ohne Zwischenfälle: die Holländer gingen vor allem auf die Gewürzinseln (das heutige Indonesien, vormals die Niederländische Insulinde), während die Briten vorwiegend nach Indien gingen – wobei beide sich weder um die älteren portugiesischen Rechte noch gar um die der einheimischen Fürsten scherten. Über die politischen Vorgänge bzw. die Marktvorgänge in Europa liegt ausreichendes Material vor; über die Vorgänge «vor Ort» bis auf eine Reihe von Tagebüchern Deutscher im Dienste der VOC praktisch nichts (ob es in alten örtlichen Archiven Indiens oder Indonesiens noch zeitgenössische Berichte der Opfer jenes Raubhandelssystems gibt, ist unbekannt). **S. 259:** «... ihre Speise beim Herzog Humphrey suchen» – das Grab des Herzogs HUMPHREY befand sich in jenem Teil der St. Paul's Cathedral, in der Schuldner Schutz suchten und um Essen bettelten; die Redensart, die man auch als «mit Herzog HUMPHREY speisen» übersetzen könnte, bedeutet also: nichts mehr zu essen haben, von Luft leben usw.; «ein Krug Malmsey» – das deutsche Äquivalent ist der *Malvasier*, so nach der ital. Form *Malvasia* der griech. Stadt *Monemvasia* genannt, dem Hauptexporthafen dieses schweren süßen likörartigen Weißweines, der aus einer ursprünglich in der Ägäis beheimateten Traube gewonnen wird und bereits in der Antike weitberühmt war; der bukettreiche Wein wird meist aufgespritet, ist sehr lange haltbar und gold- bis tief bernsteinfarben. In Europa seit dem 15. Jh. immer beliebter. **S. 265:** «Grenobler Eiche» – eine besonders harte Eichenart. **S. 266** und öfter: «pietra dura» – ital. = ein Kunststein, der z. B. als Fußboden vergossen und danach poliert wird, sehr hart und wie polierter Marmor glänzend. **S. 268:** «Hornpipe» – vor allem bei Seeleuten beliebter Solo-Rundtanz zum Klang einer Flöte oder Fiedel. **S. 269:** «Vauxhall-Silber» – von einer Fabrik in Vauxhall hergestellte Gegenstände aus versilbertem Metall; die Arbeiten waren künstlerisch ausgezeichnet und sehr teuer (heute kaum noch erschwinglich); «trompe l'œil grisaille-Malerei» – franz. = Malerei Grau in Grau, die so täuschend die Realität nachahmt, daß sie dem Auge Wirklichkeit vorgaukelt (die Fliege dazu verleitet, sich auf den gemalten Schinken zu setzen, um von ihm zu atzen). **S. 275:** «claire et distincte» – franz. = klar und deutlich, von Descartes in seinem *Discours de la méthode* verwandte Kriterien; «nichteuklidisches Drüben» – also ein Ort, der nicht durch die *euklidische Geometrie* der linearen Verhältnisse beschrieben werden kann. **S. 276:** «... glückliche Parabel» – da Lemprière sie nicht bewußt gesucht und begangen hat, ist ein *glücklicher* Zufall sein Geleiter, daher also *glückliche* Parabel. **S. 287:** «Schwefel, Salpeter und Holzkohle» – bilden in einer bestimmten Mischung Schießpulver.

III. Paris

S. 297: «Zähne ... wie Porzellan» – im Original *like paste*: mit *paste* ist ein keramisches Material gemeint, aus dem man Nachahmungen von Edelsteinen brannte, die zwar hell, aber unnatürlich schimmerten; hier also: falsche Zähne aus gebrannten Erden. **S. 303:** «Conseil des Conseils» – franz. = der Rat der Räte, der Oberste Rat. **S. 307:** «Gannetin und Condrieu» – da im 19. Jh. alle Weine

Frankreichs und viele Weine des übrigen Europa durch die Reblaus (Phylloxera vastatrix) vernichtet wurden, die aus Nordamerika gekommen war, mußte man anschließend auf reblausresistenten Stöcken aus Kalifornien und dem Mississippi-Tal die europäischen Weine wieder aufbauen; heute kennt man zwar die Namen der alten Weine noch, hat aber keine Möglichkeit, sie nach Art und Qualität zu bestimmen. **S. 315:** «...brillante ‹philosophische› Feuerwerke» – unter dieser Bezeichnung wurden in zeitgenössischen Anzeigen Feuerwerke angepriesen bzw. in den Gesellschaftsspalten über sie berichtet, wobei auch alle nachfolgenden Bezeichnungen verwendet wurden, ohne daß heute jemand weiß, wie sie wirklich aussahen oder was sie bedeuteten, bis auf das *Katharinenrad.* **S. 316:** ein einfaches sprühendes Feuerrad an einem feststehenden Stab. **S. 337:** «Spring oder Stirb» – ist genauso als Spiel erfunden wie die es spielenden Professoren; es symbolisiert die Wahl, die denen von La ROCHELLE blieb, und besteht aus den verschiedenen Zügen der Belagerung und des Kampfes gegen die Hugenotten, der in ihr gipfelte. **S. 377:** «reçue par Madame K., Villa Rouge, Rue Boucher des Deux Boules, Paris» – franz. = Madame K. bestätigt den Empfang, Villa R... **S. 379:** «Captain Ebenezer Guardian (retired), the Crow's Nest, Pillory Lane, Wapping» – engl. = Kapitän Ebenezer Guardian [= Wächter] (im Ruhestand), im Krähennest,... **S. 380:** «eine Fluyt» – flachbödiger sogenannter Schlickrutscher, Seefahrzeug für flache Gewässer. **S. 392:** «hadalische Urtiefen» – das Hadal (auch *Ultraabyssal* oder *hadale Region* genannt) bezeichnet in der Ozeanographie Tiefen unterhalb von 6000 m bis in die tiefsten Tiefen der Tiefseegräben, also bis zum Meeresgrund; wohl von griech. *hades* = Unterwelt. **S. 396:** «vollendetes Spiel chinesischen Geflüsters» – wenn innerhalb einer Gruppe von Menschen eine Botschaft dergestalt weitergegeben wird, daß A sie B ins Ohr flüstert, und B dann C usw., bis sie wieder bei A ankommt, dann wird sie auf diesem Weg des *chinesischen Geflüsters* ihren Sinn verändert haben, weil Menschen nicht perfekt sind; wären es aber perfekt funktionierende Maschinen, die sich die Botschaft weiterreichen... **S. 403:** «milites gloriosi» – lat. = die prahlerischen (oder prahlenden) Soldaten (wie man auch von bramarbasierenden Soldaten spricht). **S. 413:** «j'adoube» – franz. = ich ziehe (nämlich den Stein auf dem Spielbrett, oder: ich setze). **S. 419:** «Reïs Effendi» – teils Kanzler (unter dem Großwesir), teils Außenminister (neben dem Großdolmetsch) und Oberbefehlshaber des Landheers; «Kapudan Pascha» – der Oberbefehlshaber der türk. Seestreitkräfte; «Diwan» – das pers. Wort bedeutete ursprünglich *Verwaltungsurkunde*: unter OMAR I. (634/44) speziell die Stammrolle um den Staat verdienter Personen, die deshalb einen Pensionsanspruch hatten; danach Bezeichnung für die obersten Verwaltungsbehörden im Kalifenreich und in vielen islamischen Ländern, wobei unter den ABBASIDEN die Verwaltungsaufgaben auf verschiedene *Diwane* aufgeteilt wurden: etwa Fachministerien; der oberste Staatsrat des Osmanischen Reichs hieß ab dem 15. Jh. *kaiserlicher Diwan,* der hier gemeint ist. **S. 420:** «Serail» – die Residenz des Sultans; «lettre de cachet» – mit einer solchen Verhaftungsvollmacht ausgestattet konnte man jede beliebige Person in einen der königlichen Kerker verbringen und ihn dort ohne Gerichtsverfahren oder Benachrichtigung seiner Familie verfaulen lassen; «Monsieur» – Titel des ältesten Bruders des Königs; «Madame» – Bezeichnung für die Königin; «Engramme» –

physiologische Spuren, die ein Reiz im Gehirn hinterläßt: die Grundlagen von Lernfähigkeit und Gedächtnis. **S. 423:** *«Serpentine»* – ein künstlicher See im Hyde Park (immer noch vorhanden), der Vorgang wie alle anderen hier beschriebenen einer der Zeit. **S. 424:** *«Lud's Town Monitor»* – das Blatt erfand der Autor zu dem ebenso unfaßbaren Stadtkönig → LUD. Alle anderen hier und im folgenden genannten Zeitungen jedoch haben existiert, insbesondere *The Daily Universal Register* (S. 425), das noch im selben Monat zu *The Times* wurde (am 18. März 1788). Hier seien die vom Autor verwendeten Zeitungen genannt: *The Morning Chronicle* (Tratschblatt mit gutem Auslandsnachrichtenteil), *The World* (Skandalblatt mit gutem Klatschteil und Gesellschaftsereignissen), *The Morning Post* (stark in kleinen Geschichten von Diebereien und Gaunereien, sonderbaren Vorgängen und Ereignissen), *Public Advertiser* (verzeichnete alle Bankrotte, Zwangsversteigerungen und übernahm aus anderen Blättern eigenartige Anzeigen), *The Gazetteer* (Hofnachrichten, gesellschaftliche Ereignisse, Ereignisse, Ausstellungseröffnungen, Gala-Abende usw.), ferner *London Chronicle, St. James's Chronicle, Morning Herald, Whitehall Evening Post, Bath Evening Chronicle* und, natürlich, *The Daily Universal Register* bzw. *The Times* (umfangreiche Berichterstattung aus dem In- und Ausland, von Anfang an zuverlässig, aber langweilig). **S. 425:** «Pandar des Pöbels» – *pandar* oder *pander* = Kuppler, Schmeichler, Speichellecker; «der britischen Kriegsmarine» – deren Lust auf Prostituierte aller Klassen sprichwörtlich war. **S. 427:** «Natürlich, elem...» – wären die Zeiten nicht so zerstückelt, könnte Sir John Sherlock HOLMES sein und zu seinem Rudge/WATSON den klassischen Spruch tun *Elementar, mein lieber Watson,* doch ach: die Zeiten sind nicht so. **S. 429:** «bon ton» – franz. = der gute Ton (nämlich das angemessene Wohlverhalten in der guten bzw. vornehmen Gesellschaft). **S. 435:** «Titular-Ordres» – (auch Portepee-Ernennung) die Verleihung eines Ranges ohne Nennung des Regimentes (z. B.), in dem mit einem neuen Rang zu dienen war; Sonderkommandos etc. **S. 436:** «moldauischer *Hospodar*» – slawischer Fürstentitel für den Herrscher Moldauens; «*Beylik... Ruus* und... *Tahvil*» – der *Kaiserliche Diwan* bestand aus den *Ämtern hinter der Hohen Pforte*: Großwesir, Haushalt, Diwan, Hausverweser, Oberster Schreiber und Oberster Vollstrecker, sowie den *Ämtern außerhalb der H. Pf.*, die jeweils den einzelnen Würdenträgern des Diwans innerhalb der H. Pf. zugeordnet bzw. deren «Ministerien» waren; dem *Obersten Schreiber* unterstand das Amt des Kaiserlichen Diwan, das Amt des Korrespondenzsekretärs, das Amt des (Steuer-/Abgaben-/Tribut-)Empfängers und das Amt des Dolmetsch des Kais. Diw.; das *Amt des Kaiserlichen Diwan* leitete ein Direktor, dem 6 Abteilungen unterstanden: das Prüfungsamt, das Amt für Rechtsfragen, das Amt des Berichterstatters sowie die Abteilungen des *Beylik* (Registrierung der Gesetze, Rechtsstatus der nichtmuslimischen Gruppen im Staat, Verträge mit und Zugeständnisse an ausländische Mächte, sowie Überwachung all dieser Rechtsakte und ihrer Erfüllung zunebst nachfolgender Rechtskonsequenzen), des *Tahvil* (Zuweisung von Ländereien) und des *Ruus* (Berufungen, Ernennungen, Beförderungen). Der *Großwesir* ernannte für den Fall seiner Abwesenheit von der Hauptstadt in Kriegszeiten (oder für Sonderaufgaben) einen *kaymakam* (wörtlich: Leutnant) als Stellvertreter oder Wahrer seiner Interessen. **S. 440:** *«Haruspices»* – Plural des lat. *haruspex*: aus dem etruskischen Kult

übernommene Kaste von Zukunftsdeutern aus Wundern, Blitzen und den Innereien von Opfertieren, wobei vor allem die Leberschau für Rom die wichtigste
Disziplin war. **S. 447**: «Schlicklerchen» – im Original *mudlarks*: Kleinkriminelle,
die sich bei Ebbe aus dem Schlick der Themse heraussuchten, was die Stadt an
Abfällen in die Themse leitete und für sie noch brauchbar war, bzw. was Schiffe
über Bord gehen ließen (wobei manchmal eingeschlichene Schlicklerchen nach-
halfen). **S. 459**: «Karner» = Beinhaus. **S. 460**: «Sprachknaben *à l'improviste*» – als
Sprachknaben wurden junge Männer bezeichnet, die in der Orientalischen Akademie des Kanzlers zu Wien, Fürst KAUNITZ, in den Sprachen (und Kenntnissen)
ausgebildet wurden, die beim Dienst an der Hohen Pforte nötig waren; auch wenn
sie als Übersetzer und Dolmetscher begannen, konnten sie doch höchste Ränge
erreichen: so war Franz Amadeus THUGUT, kaiserlicher Gesandter zu Konstantinopel 1769/76, ursprünglich ein Sprachknabe gewesen. *à l'improviste*: hier also
nicht aus dem normalen Dienst genommen, sondern – wie beschrieben – mehr
oder weniger sprachkundige ortsansässige Griechen. **S. 474**: «Schmacken» –
kleines, vorn und achtern rund gebautes, anderthalbmastiges Seeschiff (das Wort
vom niederdeutschen *smacken* = schlagen: der Typ fuhr ursprünglich ein Segel mit
schlagendem Zipfel). **S. 480**: «circulus vitiosus» – lat. = der Kreis, das Karussell
der Lasterhaftigkeiten (den kaum je einer die Kraft hat, in den *circulus virtuosus* zu
verwandeln, den *tugendhaften Kreis/lauf*, den nur Spötter als den *meisterlichen
Kreislauf* verfärben). **S. 495**: «Jansenist» – vom katholischen Priester Cornelius
JANSEN dem Jüngeren (1585–1638) aus den Niederlanden an der Universität
Löwen gegründete Reformbewegung, die sich auf AUGUSTINUS stützte, aber von
Papst URBAN VIII. 1642 als *häretisch* verdammt wurde, was die *jansenistischen
Wirren* auslöste. **S. 502**: «...Algen ...Freibewegliche Zellen ...im Dunkeln
leuchtende Lichter ... die Szintillonen der dreschenden Geißeltierchen...» – im
engl. Original: «... algae ... Motile cells ... noctilucal lights ... the scintillons ...
of thrashing diflagellates ...» – der Autor setzt hier auf die onomatopoetischen
Eigenschaften ins Englische eingebetteter und leicht variierter Wissenschaftster-
mini, wie sie im Deutschen nicht nachzuahmen sind. Die hier von Norfolk
beschriebenen Algen, die im Fortgang der Erzählung noch eine große Rolle
spielen und deren Eigenschaften immer deutlicher werden, stellen eine literarische Kreuzung verschiedener realer Algenarten und ihrer Eigenschaften dar. So
sind die «Noctiluca»-Arten die mit der stärksten Biolumineszenz und blaugrün,
während unter den Rotalgen (zu denen u. a. Irisch Moos gehört) die giftreichste
Art, der Blutrote Seeampfer, zu finden ist. Über die Zuordnung der bisher über
30000 beschriebenen Arten zum Tier- bzw. Pflanzenreich herrscht nicht in allen
Fällen Klarheit. Es gibt unbegeißelte und begeißelte Arten; die begeißelten bilden
in der Zoologie die Flagellaten, in der Botanik die Pyrrophyten, zu der insbesondere die Geißelalgen gehören. Die Ordnung der Di(no)flagellaten findet sich in
beiden: meist einzellige, mit zwei ungleich langen Geißeln ausgestattete Organis-
men, deren eine – die Bandgeißel – eine Rotation des Körpers, deren andere – die
Längsgeißel – eine Vorwärtsbewegung ermöglicht, die beide zusammen eine
weite Spiralbahn erzeugen. Dinoflagellaten bilden zusammen mit den Diatomeen
(= Kieselalgen) in astronomischer Anzahl die «Weidegründe der Meere», die
Grundlage aller Ernährungsketten. Einige ihrer Genera wie die Noctiluca oder

die Gonyaulax weisen lumineszente Unterarten auf, die wegen ihrer großen Zahl «phosphoreszierendes» Leuchten hervorbringen, sobald sie durch Störungen etwa von Wellen oder Schiffen stimuliert werden. Untersuchungen der Gonyaulaxpolyedra-Zelle haben die Existenz von Mikrokörpern nachgewiesen, die die Voraussetzungen für die Entstehung bzw. Erzeugung biolumineszenter Vorgänge in Blitzform enthalten: das Enzym Luziferase (Lase), das Substrat Luziferin (LFN) und ein LFN bindendes Protein (LBP). Diese Mikrokörper oder Partikel werden insgesamt als Szintillonen bezeichnet (vom lat. «scintillare» = leuchten, funkeln, glitzern mit dem Suffix -on, das zur Kennzeichnung von Elementarteilchen wie Meson und Neutron, von Quanten: Photon, Molekulareinheiten: Codon oder Substanzen: Interferon, verwendet wird). Ein Szintillon bezeichnet also die Gesamtheit jener Elementarkörperchen in einer Alge, die gemeinsam die Erscheinung der Biolumineszenz hervorbringen. Da vor allem unter Dinoflagellaten zahlreiche symbiotische Arten bekannt sind, kann die Vorstellung einer Liebesbeziehung symbiotischer Art zwischen ihnen und der *Herz des Lichtes* von daher nicht grundsätzlich ausgeschlossen werden. Übrigens berichtete DER SPIEGEL in seiner Nr. 21 vom 18. Mai 1992 auf S. 314 unter dem Titel «Schimmernde Schönheit» von einer «Killeralge aus den Tropen», der Caulerpa taxifolia aus der Karibik oder dem Indischen Ozean, daß diese «mörderische Alge», dieses «grüne Krebsgeschwür des Mittelmeeres» seit 1984 die Küsten des nördlichen Mittelmeeres erobere, und wo immer sie wuchere, sterbe die einheimische Meeresflora und gingen Fische und Krebse zugrunde. Wenn man nicht bald ein wirksames Gegenmittel finde, bestehe die Gefahr, daß sie nicht mehr zu stoppen sei: «Ein Sommer mehr könnte ein Sommer zuviel sein.» S. 504: «Filibustern» – vor allem im US-Kongreß gepflegte Methode, gegen mißliebige Gesetzesvorlagen dergestalt zu kämpfen, daß man z. B. als Redebeitrag die Bibel vorliest, bis entweder das Haus abstimmungsunfähig geworden oder eine bestimmte Frist überschritten ist. S. 511: «...hochgereckte Schildkröteld» – im Original *tortoise-rampant: rampant* ist ein Begriff aus der Heraldik und bedeutet das springende Tier im Gegensatz zu einem stehenden oder liegenden, etwa *lion-rampant* = der springende Löwe; da nun eine *springende Schildkröte* im Deutschen kaum die gleichen Assoziationen auslösen würde, wurde diese Lösung gewählt. S. 515: «Kohlensteuerbehörde» – im Original *Coal Meter's Office*: das Amt wurde 1711 nach dem Wahlsieg der Tories 1710 geschaffen, um den Bau von 50 neuen Kirchen zu finanzieren (von denen nur 12 gebaut wurden), und danach öffentliche Gebäude zu unterhalten; die zu diesem Zweck verordnete und von diesem Amt eingetriebene Steuer auf Kohle wurde bis in die Mitte des 19. Jh.s eingetrieben, erwies sich aber immer als bei weitem zu gering für den angestrebten Zweck. Der Behörde gehörten 15 Beamte an, deren alltägliche Hauptaufgabe es war, darauf zu achten, daß im gesamten Londoner Kohlenhandel korrekte Maße und Gewichte verwendet wurden. S. 521: «lupercalische Riten» – die Lupercalien waren eines der bedeutendsten Feste im alten Rom (am 15. Februar), zu Ehren des Hirtengottes FAUNUS, ursprünglich ein Fest, um den Schutz des Gottes für das Vieh vor den Wölfen zu erflehen. S. 535: «...die *Weißen Damen*... diesen neuen *Würdigen* Londons» – die *Weißen Damen* sind aus der germanischen Mythologie übernommen, die *Huldas* oder *Berchtas*, die z. B. die Aufgabe hatten, die Seelen kleiner Kinder in Empfang zu nehmen; sie erscheinen in weißen Gewändern, meist mit einem Schlüsselbund in der Hand. In der Normandie hingegen warten sie auf einsame Wanderer in Schluchten und bei Brücken, fordern sie zum Tanz auf und stürzen sie, wenn sie verweigern, in den nächsten Fluß (z. B. *La Dame d'Aprigny* oder *La Dame Abonde*). Die *neuen Würdigen* spielen nicht nur auf die 9 ursprünglichen Mitglieder der Cabbala an, sondern auch auf die 9 Würdigen von London, die Richard JOHNSON 1592 in einer Chronik teils in Versen, teils in Prosa vorstellte: Sir William WALWORTH, der den Rebellen Wat Tyler (aus dem Volk) erstach und 2× Bürgermester von London war: 1574 und 1581; Sir Henry PRITCHARD, der 1357 EDWARD III. mit 5000 Anhängern, EDWARD den Schwarzen Prinzen, JEAN, König von Frankreich, den König von Zypern und DAVID, den König von Schottland, je mit ihrem Gefolge bewirtete; Sir William SEVENOKE, der 1418 Bürgermeister war und eine Schule gründete; Sir Thomas WHITE, ein Schneider und Kleiderhändler, der 1553 Bürgermeister war und das St. John's College zu Oxford sowie die Merchant Taylor's School in London gründete; Sir John BONHAM, der zum Oberbefehlshaber eines Heeres ernannt wurde, um SOLEIMAN den PRÄCHTIGEN aufzuhalten; Christopher CROKER, der sich bei der Belagerung von Bordeaux (eine weitere!) hervortat und dem Schwarzen Prinzen bei der Inthronisierung Don PEDROS in Kastilien half; Sir John HANKWOOD, berühmter Soldat und Kommandeur der *Weißen Gesellschaft* in Italien, wo man ihn noch heute als *Giovanni Acuto Cavaliero* kennt; Sir Hugh CALVELEY (starb 1393), Kommandeur von Freischärlern, der unter dem Schwarzen Prinzen gegen Frankreich focht, Gouverneur der Kanalinseln wurde und Polen von einem Riesenbären befreite; Sir Henry MALEVER, genannt Henry von Cornhill, der unter Heinrich IV. lebte, ein berühmter Kreuzritter war und zum Wächter des Jakobsbrunnens im Hl. Land erhoben wurde. Diese Neunerreihe ahmt die 9 *Helden* nach: je 3 aus der Antike (HECTOR, ALEXANDER, CAESAR), aus der Bibel (JOSHUA, DAVID, JUDAS MAKKABAEUS) und des Rittertums (König ARTUS, KARL der GROSSE, GOTTFRIED von BOUILLON); sie werden manchmal auch als die 3 Christen, die 3 Heiden und die 3 Juden bezeichnet.

IV. La Rochelle

S. 561: «die Impedanz» – (= Scheinwiderstand) das Verhältnis des Scheitelwertes der Wechselspannung an einem Teil des elektrischen Stromkreises zum Scheitelwert des hindurchfließenden Wechselstroms. **S. 562:** «... ergodisch» – ein Begriff aus der Chaos-Theorie, der ungefähr besagt, daß ein System nach und nach durch jeden möglichen dynamischen Zustand gehen wird, der mit seiner Energie vereinbar ist. **S. 571:** «Synklinale» = Mulde einer geologischen Faltung; «Antiklinale» = Sattel einer geologischen Faltung; «Periklas» = ein seltenes Mineral, farblos oder grau oder grün: MgO; «phreatisch» = wasserführende Schichten. **S. 607:** «Pastoreaux, Caputati...» – unser Autor rafft hier die Geschichte der wichtigsten Geheimgesellschaften Europas zusammen. Die knappsten Anmerkungen zu ihnen in der Reihenfolge ihrer Nennung: die PASTOREAUX wurden von einem JAKOB, Meister aus Ungarn, vermutlich einem entlaufenen Mönch, zu

Ostern 1215 in die Pikardie zusammengerufen und als Bauernarmee bezeichnet, weil man sie alle für Schäfer hielt, obwohl sich unter ihnen viele Mörder und Diebe befanden; sie zählten mehrere Tausende, durchzogen Frankreich, erhielten von Kaufleuten und Bürgern Unterstützung und Zuzug und *griffen aufs Schärfste den Klerus an*; als sie Bourges erreichten, wurden sie für gesetzlos erklärt, besiegt, und JAKOB ward gevierteilt. Die CAPUTATI nannte man so nach ihren weißen Kapuzen; sie schlossen sich um 1180 zu einer frommen Bruderschaft zusammen, um Zentralfrankreich von Banden räuberischer Söldner zu reinigen, und nannten sich *Kreuzfahrer des Friedens*; nachdem sie die Söldner vertrieben hatten, entwikkelten sie sich zu einer revolutionären Organisation mit dem Ziel, allen Menschen *die ursprüngliche Freiheit von Adam und Eva* zu bringen, weshalb sie begannen, den Adel anzugreifen, was ihnen bewaffnete Streitkräfte auf den Hals zog, denen sie unterlagen. Der Franziskaner Jean de ROQUETAILLADE veröffentlichte 1356 einen prophetischen Traktat *Vademecum in tribulationibus*, der die Zerstörung Europas durch barbarische Horden und deren Rückschlagung durch einen französischen König voraussagte, der dann als *zweiter Karl der Große Heiliger Römischer Kaiser* werde; diese Weissagung als Abkömmling volkstümlicher revolutionärer Träume wurde wie alle Revolutionen von den etablierten Mächten integriert (nach diesem Modell entwickelt unser Roman *Les Cacouacs*). Die ADEPTEN DES FREIEN GEISTES nannte sich eine nur schattenhaft auszumachende Sammlung gleichgesinnter gnostischer Gruppen im nördlichen Europa zwischen 1200 und mindestens 1500; sie zogen die Randgruppen konventionellerer Organisationen an sich: *Beginen* und *Begarden*, *Amaurianer*, die *Brüder vom Freien Geiste*, die *Homines Intelligentiae*, die *Gesellschaft der Armen* (auch *Turlupins* genannt), *Quintinisten* und *Geistige Libertiner*; sie alle glaubten an eine unmittelbare mystische Union mit Gott, die die Adepten von allen moralischen Verantwortlichkeiten befreie; natürlich wurden sie von allen Päpsten streng verfolgt, aber niemals ganz ausgerottet (und gaben einen Teil ihrer Spiritualität ohne Zweifel an spätere Geheimorganisationen wie Rosenkreuzer, Freimaurer usw. weiter). DUPLESSIS-MORNAY und seine Schrift *Vindiciae contra Tyrannos* s. unter seinem Namen. Die *Chevaliers de l'Ordre de l'Union de Joye* waren in der Mitte des 17. Jh.s eine halbgeheime republikanische Gesellschaft mit Basis in den Niederlanden. PLANTIN (1514–1589) hielt in der 2. Hälfte des 16. Jh.s das lukrative Monopol des Bibeldrucks für den spanischen König in Antwerpen, mit seinen Profiten finanzierte er eine radikale *protestantische Sekte*, seine *Familie der Liebe*, und die Publikation einer Reihe verbotener Bücher, die entweder *antispanisch* oder *antikatholisch* oder beides waren. Die Geheimgesellschaft der RITTER DES FROHLOCKENS entstand nach freimaurerischen Regeln in der ersten Hälfte des 18. Jh.s in Kreisen der *englischen Republikaner*, der *holländischen Dissenter* und der *französischen Exilanten* (meist *Hugenotten*) in den großen Städten der Niederlande, vor allem aber in der Hauptstadt der radikalen Aufklärung Den Haag; sie bildete durch John TOLAND (1670–1722) das Bindeglied zwischen den englischen radikalen Whigs und der ersten Generation der kontinentalen Radikalen wie z. B. de MISSY, MARCHAND und PICART. Die Ritter waren Freigeister und überwiegend tätig als Schriftsteller, Drucker, Verleger und Buchhändler und *kämpften gegen den Absolutismus der französischen Monarchie und der katholischen Kirche*. Ein bedeutendes Mitglied war DOUXFILS, der zwischen 1710 und 1753 als Journalist, Verleger und Postmeister in Brüssel tätig war und diese Position dazu ausnutzte, einen *Apparat der Postämter* aufzubauen, der subversive Literatur aus den Niederlanden nach Frankreich schmuggelte, wobei dem *Postamt in Lille* zentrale Bedeutung zukam; dieses Netz transportierte auch Spione gegen Frankreich. DOUXFILS gelang es sogar, immer wieder die Postmeister der französischen Armee für seine Zwecke «kollegial» einzuspannen und mit ihrer unwissentlichen Hilfe verbotene Bücher nach Frankreich einzuschmuggeln. De MISSY (1686–1762) war protestantischer Propagandist und Journalist in Laon, floh nach der Verhaftung seines Vaters in die Niederlande und wurde einer der entschiedensten Kämpfer gegen den französischen Absolutismus; er war Mitherausgeber des *Traité des trois imposteurs* 1716. Um 1740 war er einer der bedeutendsten Freimaurer der Niederlande, mußte aber 1749 wegen seiner führenden Rolle in der niederländischen Revolution nach deren Niederschlagung fliehen und beendete seine Tage als Spion für Österreich. MARCHAND (1678–1756) hatte als Hugenotte in Paris um 1690 einen Buchladen eröffnet, wo er PICART traf und zum Mitarbeiter gewann; 1709 floh er nach Den Haag, wo er die RITTER DES FROHLOCKENS mitbegründete und als Verleger radikaler Bücher arbeitete; er entwickelte ein System für die Klassifizierung von Büchern, dessen sich später DIDEROT und d'ALEMBERT für ihre *Encyclopédie* bedienten. Der *Traité des trois Imposteurs* ist ein pantheistischer Traktat, der im 17. Jh. als Gerücht begann, zur Dementierung heranwuchs und als Tatsache endete; häretische Schriftsteller (hieß es: von *Giordano Bruno* bis *Spinoza*) hätten einen Traktat verfaßt, wonach MOSES, JESUS und MOHAMMED Betrüger seien; 1694 dementierte der Journalist de la MOMNOYE rechtens die Existenz dieses Traktates, was de MISSY und einen anderen RITTER DES FROHLOCKENS, nämlich Charles LEVIER, dazu anregte, ihn zu schreiben; der Text war überall streng verboten, und sein Besitz wurde streng bestraft, doch fanden sich spätestens um 1725 vor allem in Deutschland, Frankreich, den Niederlanden überall Abschriften und Kopien, aber auch in anderen Ländern. VOLTAIRES *Sonett an Urania* wurde um 1650 in Paris veröffentlicht und geriet zum Skandal, da es Heidentum mit unbegrenzter Suche nach Wissen verband. Das sagte insbesondere dem Kreis um Baron HOHENDORF zu, einem engen Freund von Prinz EUGEN und in dessen Abwesenheit ab 1714 Gouverneur der Südlichen Niederlande; er war das Bindeglied zwischen dem Prinzen und den radikaleren Gruppen in Den Haag während der ersten beiden Jahrzehnte des 18. Jh.s, und seine Bibliothek war der Sammelplatz aller Arten von Dissidenten und Radikalen; seine Bibliothek kam später nach Wien, wo sie sich bis auf den heutigen Tag befindet. Einen ähnlichen, aber noch bedeutenderen Kreis unterhielt in Paris der Baron von HOLBACH (1723–1789), der zwischen 1760 und 1780 die republikanischen und die freigeistigen Zirkel der Hauptstadt beherrschte; HOLBACH war Materialist, dessen Hauptwerk *Système de la Nature* (1770) viel den *Letters to Serena* (1704) von TOLAND verdankt, die er übersetzt hatte. Seine Hauptbedeutung aber lag in dem *Salon*, den er in seinem Hause unterhielt und in dem sich alles traf, was damals ungestraft *Deismus, Atheismus, Pantheismus* und *Republikanismus* diskutieren wollte. Die Vorkämpfer der radikalen Aufklärung ließen sich vor allem von Schriften PERIERS' (1500–1544) und vor allem seiner Satire

Cymbalum Mundi, VANINIS (1585–1619), CAMPANELLAS (1568–1639) und vor allem Giordano BRUNOS (1548–1600) anregen, in denen die heidnischen Götter Roms, vor allem aber MINERVA, zum Sprachrohr ihrer Reformgedanken gemacht wurden, woraus ein üppiger *Minerva-Kult* entstand. Als besonders leidenschaftlicher und erfolgreicher Propagator auch dieser Gedanken stellte sich der bedeutendste Kupferstecher seiner Zeit heraus: PICART (1673–1733), der als übergetretener Protestant aus Paris über Brüssel und Antwerpen nach Den Haag floh, wo er 1710 eintraf, sich den RITTERN DES FROHLOCKENS anschloß und seine Stiche immer dichter mit Freimaurersymbolen und mit MERKUR (= Handel) und MINERVA (= Weisheit) füllte, den beiden Schutzgöttern der RITTER (die ja vor allem vom Handel mit Büchern lebten). Prinz EUGEN von SAVOYEN schließlich (1663–1736) hätte nach seinen großen militärischen Erfolgen als einziger Freund der radikalen Aufklärer die Möglichkeit gehabt, ihre Ideen in die politische Tat umzusetzen: sein Hof in Den Haag wie später in Wien war immer ein Sammelplatz der bedeutendsten Köpfe und Freigeister, und seine Bibliothek in Den Haag umfaßte praktisch das gesamte Schrifttum der Radikalaufklärer sowie die vollständige Sammlung der Schriften Giordano BRUNOS. Er hat die Möglichkeit nicht wahrgenommen, wie man weiß; warum nicht, weiß man nicht. **S.634:** «Exoskelett» – (auch Ektoskelett) = Außenskelett, das im Gegensatz zum Endoskelett (= Innenskelett), wie es z.B. Wirbeltiere haben, den Körper von außen umhüllt (z.B. bei Wirbellosen wie Gliederfüßer, Stachelhäuter usw.). **S.641:** «sudor anglicus» – lat. = englischer Schweiß(geruch); «rus in urbe» – lat. = das Land(gut) in der Stadt; «Phenakistoskop» – 1834 erfundenes Gerät, um mithilfe einer Scheibe und auf ihr montierten Figuren, die eine Gestalt in verschiedenen Stadien eines Bewegungsablaufs zeigen, durch Rotieren und Beobachtung durch Schlitze oder Spiegelsysteme die Illusion einer sich bewegenden Gestalt zu verursachen. **S.649:** «Allee der Fatzken» – zeitgenössisches Spottwort für den Mittelgang im Theater.

1788: Vorhang

S.675: «Vorhang» – im Original *Settlement*; das Wort umgreift sowohl Regelung (einer Rechnung), Bereinigung (einer Schuld), Beilegung (eines Streits) usw. wie auch Niederlassung, Seßhaftwerdung usw. Da all diese Begriffe weder besonders gut klingen, noch die jeweils andere Bedeutungsvariante mitenthalten, wurde mit Zustimmung des Autors und in Anbetracht der Bedeutung des Opernhauses für den Roman der vielschichtigere Begriff *Vorhang* gewählt. **S.697:** «atque in perpetuum, frater, ave atque vale» – lat. = und auf ewige Zeit, Bruder, sei gegrüßt und lebe wohl! (CATULL, Carmen 101 *Multas per gentes* – Durch viele Völker und weithin über Lande und Meere gezogen kehre ich endlich heim, Bruder, . . .; eine als Abschied gedichtete Elegie, deren letzte Zeilen lauten: Nimm hin denn, Bruder, das Ehrengeschenk, was reichliche Brudertränen benetzten: und auf ewige Zeit, . . .); «Zikkurat» – altsumerischer Stufentempelturm, in dem man die Abbildung jenes geheimnisvollen Berglandes erblicken zu können glaubt, aus dem einst die Sumerer ins Zweistromland gezogen kamen.